KB261647

1세기:
예루살렘, 팔레스티나,
메소포타미아 등의
유다계 그리스도교

1/2세기: "전승 – 교부들"
영지주의
초기 가톨릭; 박해들
그리스와 라틴 교부들

4/5세기:
콘스탄티누스 전환
보편 공의회

7세기:

11세기: "교회 – 교황"
그레고리우스 개혁
중세 교황들
십자군
종교재판

15세기:
콘스탄츠 공의회
르네상스 교황들

16세기: "하느님의 말씀 → 무류성"
종교개혁
트렌토 공의회
루터파와 개혁파 정통교회
종교전쟁 + 바로크 문화
경건주의

17/18세기: "이성"
자연과학과 철학의 혁명
계몽주의의 문화혁명
미국과 프랑스의 혁명
인권선언

19세기: "역사 – 진보"
국가주의
산업혁명
자유주의와 사회주의

20세기:
1차대전과 2차대전
다중심적 세계
세계교회협의회
탈식민주의 – 탈제국주의 시대

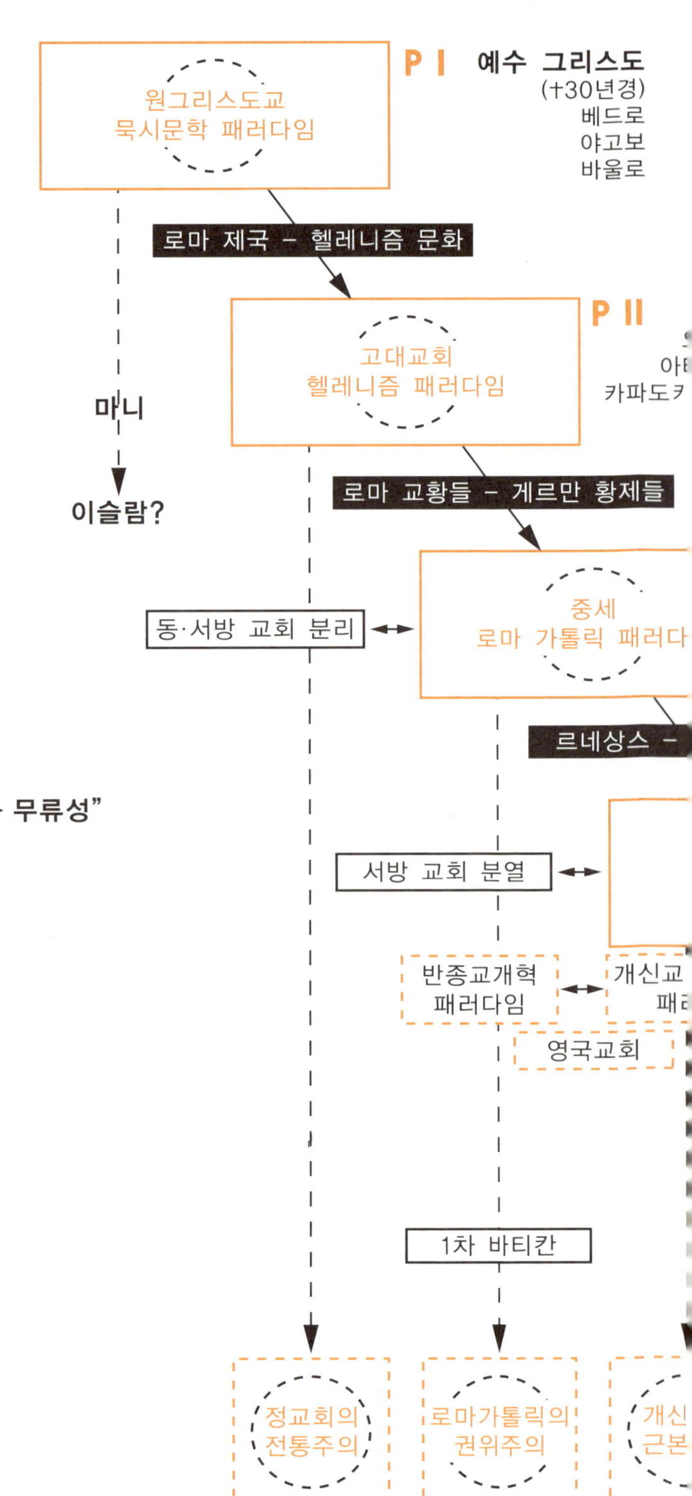

그리스도교의 패러다임 전환

영속하는 신앙 본질 :

메시지 : "예수는 그리스도"
결정적 계시사건 : 나자렛 예수의 오심으로 인한 이스라엘 역사의 전환
그리스도교의 특징 : **예수**는 하느님의 **메시아요 아들**

변전하는 패러다임(=P)
(사회·종교·신학의 거시 모델)

"특정 사회 구성원들이 공유하는 신념·가치·행동방식들의
총체적 위상" (토마스 쿤)

우구스티누스
레오 1세
고리우스 1세

P III   스콜라학
토마스
보나벤투라

그리스도교

그리스도교
2002년 9월 초판 | 2019년 3월 6쇄
옮긴이 · 이종한 | 펴낸이 · 박현동
펴낸곳 · 성 베네딕도회 왜관수도원 ⓒ 분도출판사
찍은곳 · 분도인쇄소
등록 · 1962년 5월 7일 라15호
04606 서울시 중구 장충단로 188(분도출판사 편집부)
39889 경북 칠곡군 왜관읍 관문로 61(분도인쇄소)
분도출판사 · 전화 02-2266-3605 · 팩스 02-2271-3605
분도인쇄소 · 전화 054-970-2400 · 팩스 054-971-0179
www.bundobook.co.kr

ISBN 978-89-419-0231-7 94230
ISBN 978-89-419-0151-0 (세트)

신학 텍스트 총서 3.1

한스 큉

그리스도교

본질과 역사

이종한 옮김

분도출판사

우리 시대의 종교 상황

종교간 평화 없이
국가간 평화 없고

종교간 대화 없이
종교간 평화 없으며

종교들의 근본 탐구 없이
종교간 대화 없다

차 례

그리스도교에 관한 당신들의 패러다임을 참답게 체현하여
전세계 그리스도교의 고귀한 일치를 위해 제공하셨던
로마 교황 요한 23세와
콘스탄티노플 총대주교 아테나고라스와
캔터베리 대주교 마이클 램시와
세계교회협의회 초대 사무총장 빌렘 비세르토프트를
감사하는 마음으로 기억하며

이 책의 목적

하필이면 지금 그리스도교에 관해 무작스레 큰 책을? 그렇다, 바로 지금! 그리스도교가 직면한 크나큰 위기가 참으로 큰 대답을 절박하게 요구하고 있기 때문이다. 미리 말해두어야겠다: 이 대답은 근본적이고 철저할 것이다. 이 대답은 말 그대로 철저히 복음이라는 중심에 바탕을 두고 있기에, 그리스도교의 어떠한 전통이나 교회도 비판에서 제외하지 않을 것이다. 이 대답은 가톨릭·정교·개신교·성공회 등을 이리저리 재고 봐주고 함이 없이, 곧장 그리스도교의 원천적 소식과 대결시키고, 그렇게 함으로써 그 교회들이 그리스도교의 일치를 향해 나아가는 데 도움이 되고자 한다. 이 책은 사실 교회에 대해 비판적일 수밖에 없으니, 나는 예수 그리스도의 인격과 업적에 대한 흔들리지 않는 믿음에 터해 이 책을 썼고 또한 제3천년기에도 그리스도의 교회가 여전히 존립하기를 진심으로 바라기 때문이다.

오늘날 우리는 도대체 그리스도교라는 것을 아직도 신뢰할 수 있는가? 3천년기를 코앞에 둔 지금 그리스도교에 대해 절망하는 것이 마땅하지 않을까? 그리스도교는 적어도 본고장 유럽에서는 설득력과 신뢰성을 상실하지 않았는가? 오늘날 그리스도교를 저버리고 동양종교들, 온갖 종류의 정치단체와 체험 동아리들 또는 아예 아무 귀찮은 책임수행 없는 안락한 사생활에 빠져드는 경향이 과거 그 어느 때보다 뚜렷하지 않은가? 우리네 "그리스도교" — 특히 가톨릭 — 나라들에서조차 많은 사람들이 그리스도교를 권력에 걸신들린 분별없는 관청교회, 권위주의와 교리독재, 불안감 조장, 성性 콤플렉스, 대화거부, 생각 다른 사람들에 대한 다반사의 인간모욕적 취급 등과 결부시켜 생각하지 않는가? 특히 가톨릭 교회는 로마가 여성 사제서품을 — 사제 결혼과 피임 등도 — "최종적으로" 금지함으로써 여성차별 그 자체로 여겨지고 있지 않은가? 스스로를 고쳐나갈 생각도 능력도 도무지 없는 교회의 그러한 모습 때문에, 그리스도교에 대한 예전의 다소나마 우호적이기도 했던 무관심이 곳곳에서 악의로, 아니 공공연한 적개심으로 변해버리지 않았는가?

어쨌든: 도대체 그리스도교는 무엇인가? 여러 가지 그리스도교들 — 동방 정교회 그리스도교, 로마 가톨릭 그리스도교, 개신교 프로테스탄트 그리스도교(각색의 자유교회파와 잡다한 이단종파나 단체들은 아예 제쳐놓자) 이외에 요컨대 **바로 그** 그리스도교라는 것이 있는가? 처음부터 인정해야 할 사실: "그리스도교"라는 말 자체가 사람들에게 극히 상반되는 감정들을 불러일으킨다. 그리스도인들조차 매우 찜찜한 기분을 느끼고 있다. 얼마나 많은 제도·정당·운동·교조·법규·의례가 "그리스도교적"이라는 딱지를 붙이고 있는가! 그리고 역사를 통해 그리스도교적인 것이 얼마나 자주 소홀히 다루어지고 낭비되고 더 나아가 배반당했던가! 다름아닌 교회들 자신은 또 얼마나 빈번히 그리스도교를 무시·남용·배반했던가: 그리스도교 대신 오로지 교회주의, 그리스도교의 본질과 정신 대신 로마식 체제, 개신교식 근본주의 혹은 정교식 전통주의 ….

그래도 어쨌든: 그리스도교는, 유다교 이상으로, 모든 대륙에 현존하는 영적인 힘으로 살아남아 있다 — 옛 동구 공산주의의 탄압과 세속적 서구 소비지상주의의 온갖 위협에도 불구하고. 그리스도교는 파시즘과 나치도, 레닌주의·스탈린주의·모택동주의도 없애버리지 못한 명실상부 최대의 세계종교다. 그리고 많은 그리스도인이 자신들의 교회에 아무것도 기대하지 않으면서도 그리스도교

를 내버리고 싶어하지는 않는다. 오히려 "그리스도교"가 본디 무엇인지, 또 무엇을 의미할 수 있는지 알고 싶어한다. 오늘도 그리스도인으로 살아갈 수 있는 용기를 얻고 싶어한다. 이 책은 바로 이 일에 도움을 주고자 하며, 그렇게 함으로써 모든 교회 안의 개혁적 역량들을 뒷받침하고자 한다.

나에게도 그리스도교는 여전히 정신의 고향으로 남아 있다 ― 로마 체제의 온갖 무자비함을 갖가지로 겪었어도. 교회에 적극적으로 헌신·비판해온 그리스도인에 의한 그리스도교 서술은 그리스도교에 관한 "중립적" 종교학 또는 교파학 저술이나 냉소적이고 반그리스도교적인 고발이나 풍자보다 필경 훨씬 자극적일 것이다. 그렇다. 나는 사람들이 3천년기에도 그리스도교 신앙을, 교조적으로 경직화되지 않은 설득력있는 신앙내용들 그리고 도덕주의적 간섭이 아닌 윤리적 지침들에 따라, 참되게 ― 경건하면서도 동시에 비판적으로 ― 살아낼 수 있다는 희망을 포기하지 않았다. **그리스도교는 더 그리스도교다워져야 한다** ― 제3천년기의 미래전망도 다름아닌 이것이다. 로마식 체제, 정교식 전통주의, 개신교식 근본주의, 이것들은 그리스도교의 역사적 외양들이다. 이것들은 언제나 있던 것이 아니며 언젠가는 사라질 것이다. 어째서? 이것들은 그리스도교의 본질에 속하는 것이 아니기 때문이다!

그리스도교가 더 그리스도교다워지자면, 전환, 다시 말해 **근본적이고 철저한 개혁**이 필요하다. 이것은 그리스도교의 심리주의화나 재再신화화 이상의 것이다. 무릇 개혁이란 **본질적인 것**이 다시금 뚜렷이 드러나도록 만들 때에만, "근본적"인 ― 즉, "뿌리에까지 이르는" ― 것이 될 수 있다. 그러나 그리스도교에 있어서 이 본질적인 것은 도대체 무엇일까? 여기서 우리는 단순히 종교적 체험에만 의지하거나, 갖가지 지적 작업을 게을리해서는 안된다. 여기서는 온 힘을 다해 다음 물음을 파고들어야 한다: 그토록 다양하고 상이한 모든 그리스도 교회들, 그토록 각양각색의 모든 그리스도교 시대들을 함께 묶어주고 있는 것은 도대체 무엇인가? 우리가 각양각색의 교회들 안에서 ― 여러모로 왜곡·훼손되었으면서도 ― 인식·식별할 수 있는, 이를테면 **그리스도교의 본질** 같은 것이 존재하는가?

이 문제는 많은 책들이 다루어왔는데, 그것들은 서로 상충되기도 한다. 이 책에서 나는 이미 1974년 「그리스도인 실존」*Christ sein* (축소판의 한국어 역: 「왜 그리스도인 인가」 정한교 옮김, 분도출판사 1982)에서 그리스도교의 본질을 밝혀내기 위해 폭넓게 서술했던 것을 다시 받아들이고자 한다. 왜냐하면: **그리스도교의 방향을 지시하는 원천들에 대한 돌이켜 깨달음** 없이는, 그리스도교의 본질을 묻는 물음은 답을 얻지 못하기 때문이다. 그 원천은 물론 그리스도교의 바탕 문서인 성서와 전범적 인물 예수 그리스도다. 그리스도이신 예수는 모든 그리스도교다운 것의 바탕인물이요 원모티프다. 그리스도교는 중심이 되는 길잡이 인물 예수 그리스도로부터만 자신의 정체성과 정당성을 획득한다.

그러나 한편으로 이 책은 「그리스도인 실존」의 — 신학과 교회의 역사 안에서의 — 속편이기도 하다. 왜냐하면 각양각색의 종파적 특징들을 보여주는 **교회 전통들에 대한 비판적 조망** 없이는, 그리스도교계의 분열로 점철된 2천 년 역사에서 참으로 그리스도교다운 것을 묻는 물음은 답을 얻을 수 없기 때문이다. 참으로 그리스도교적인 것을 판단하는 척도는 그때그때 현존하는 그리스도교가 아니라, 그리스도교의 원천·바탕·중심에 가까운가 먼가이다.

지금까지 말한 바에 따라, 이 책은 2천 년 그리스도교에 대한 일종의 비평사적 정산精算을 시도할 것이다. 이 일이 엄청나게 어려운 작업이라는 것은 나도 알고 있다. 이 일을 아예 불가능한 것으로 여기는 신학자나 역사학자들도 적지 않을 것이다. 그러나 우리가 그리스도교 전체를 시야에서 놓쳐버리지 않고 오늘을 이해하며 내일을 위한 전망을 발전시키고자 한다면, 이 어려운 작업은 어떻게든 감행되어야 한다. 분명히 말해두자: 이 책은 그리스도교 역사에 관한 중립적 종교학 서술도 아니고, 그리스도교 교리에 관한 조직신학 논술도 아니다. 이 책은 역사와 조직신학 두 차원의 종합을 감행하고자 한다. 역사의 흐름을 따라 이야기해 나가면서도 동시에 그리스도교의 본질에 대한 분석적 논증을 제시할 것이다. 이 책은 매우 극적이고 복합적인 역사를 서술할 터이지만, 동시에 그 역사를 거듭 새삼 그리스도교의 원천에 비판적으로 비추어보고, 그리스도교가 그때그때의 특정 패러다임 아래에서 치러야 했던 희생에 관해 캐물을 것이다. 또한 "미래를 위한 물음들"도 제기될 것인바, 사실 어떤 교회 전통이 경직되어 참된 "보편성"Ökumenizität을 저버릴 경우에는 언제나 그러한 물음들이 생겨나게 마련이다. 이처럼 이 책은 여러 분야를 아우르는 방식으로 구성되어 있는데, 그 까닭은 불모不毛의 "전문분야들"을 돌파하여 **그리스도교에 관한** 일종의 **다차원적 관찰**을 모색하기 때문이다. 이 책은, 단어의 가장 참된 의미에서, 보편적(일치운동적)인 저작이 되고자 한다. 제3천년기에 그리스도교 종파들은 **참된 보편성**의 정신과 형태 안에서만 살아남게 되리라고 나는 확신한다. 내가 이 책을 헌정한 4대 교회 지도자들이 이러한 관점을 대표하고 있다.

내가 이 시도를 감행할 수 있는 것은, 어디까지나 패러다임 분석을 통해 하나의 가설적 이론과 개념도구들을 얻을 수 있었기 때문인데, 그 방법론은 「신학의 새출발」*Theologie im Aufbruch*(1987)과 「세계윤리 구상」*Projekt Weltethos*(1990)에서 숙고를 거쳤고, 역사적 정산精算에서의 그 유용성은 「유다교」*Das Judentum*(1991)에서 입증되었다. 그래서 이 책에서는 2천 년 그리스도교 역사를 여러 시기와 지역, 온갖 잡다한 경향, 주도적 인물들과 함께 상세히 재구성하는 것을 기꺼이 포기할 수 있었다. 그런 문제에 관해서는 입맛에 맞는 갖가지 교회사 책들이 훨씬 많은 것을 제공한다. 패러다임들 안에서 사고함은 역사를 그 지배적 구조들 안에서 그 끌지은 인물들과 함께 이해함을 의미한다. 패러다임들 안에서 생각을 전개함은 다양한 그리스도교의 **총체적 상황들**, 그 발생·성장·경직화를 — 매우 약술할지언정 — 분석함을 뜻한다. 패러다임들 안에서 사고함은 전통주의로 경직된 패러다임들이 오늘날 어떻게 잔존하는지 서술함을 의미한다.

이 모든 작업은 무엇을 위한 것인가? 현재를 더 깊이 이해하기 위한 것이다. 내가 관심을 갖는 것은 과거 자체가 아니라, **그리스도교가 어떻게 또 왜 오늘날의 모습으로 되었는가라는 문제다 — 그리스도교의 바람직한 가능태를 염두에 두면서.** 이러한 유형의 역사서술의 특징은 단순한 연대기가 아니라 시대들과 문제들을 교차시킴에 있다.

수많은 재미있는 세목들, 자극적인 일화들 그리고 중요한 관점들을 포기할 수밖에 없었는데, 그 까닭은 언제나 다시금 변화하는 역사적 상황 속에서 필수불가결한 시각의 예리함을 획득·견지하기 위해서였다. 나는 각각의 거대한 전체상황들 또는 패러다임들 — 유다계 그리스도교 묵시문학(P I)이든, 헬레니즘 비잔틴 러시아(P II)든, 중세 로마 가톨릭(P III)이든, 개신교 프로테스탄트(P IV)든, 또는 끝으로 계몽주의 근대(P V)든 — 을 다룸에 있어, 약술한 역사 전개 배후의 조건·원인·제약들, 상수와 변수들을 뚜렷이 드러내는 데 노력을 집중해야 했는데, 그것은 그때그때의 패러다임을 그 근본 특징들에 터해 통찰하고 정위定位시키기 위해서였다. 그리고 옛 패러다임들이 새 패러다임의 득세에도 불구하고 소멸하지 않고 새것과 병행하여 계속 발전하고 또한 더 나아가 흔히는 서로 맞물리기 때문에, 더 작은 단위로 나누어 상호 교차·연결시키는 일은 불가피할 뿐 아니라 매우 유용하다.

이 책은 3부작이 될 "우리 시대의 종교 상황"의 둘째 권이다. 이 3부작은 보쉬 기념재단과 다임러 벤츠 기금이 지원하는 "종교 평화 없이 세계 평화 없다" 프로젝트의 일환으로 기획되었다. 첫권 「유다교」에서와 마찬가지로, 나는 그리스도교에 관한 연구도 다음 두 가지를 동시에 추구할 때에만 정당하다는 사실에서 출발했다: 우선 오늘날에도 여전히 깊은 영향을 끼치고 있는 2천 년 역사의 정신적 힘들에 대한 **분석**, 다시 말해 역사적·체계적 **진단**이다. 그다음 이 진단은 현재에 대한 분석을 토대로 하여 선택 가능한 다양한 미래 **전망들** — 실천적·일치운동적 해결시안들을 지닌 — 에로 나아가야 한다. 그런데 작업을 하다 보니 역사와 중대한 그리스도교 전통들에 대한 서술만으로도 이처럼 책의 부피가 엄청나게 되었다. 현재와 미래 전망들에 대한 서술은 앞으로 별도의 책으로 담당할 수밖에 없겠다.

이 책을 올바로 이해하기 위해 꼭 알아두어야 할 또 한 가지: 이 책에 담긴 구상과 사상은 **오랜 사고과정의 결과**다. 사실 필자가 그리스도교의 역사적 발전에 관해 서술하는 것이 이번이 처음은 아니다. 이 책에서는 40년 신학 연구에서 비롯하는 응축된 종합적 진술을 제시했다. 개개 항목에서, 이 책의 논증들을 뒷받침하거나 심화하기 위해, 예전에 출간한 책들을 참조하라고 하더라도 양해해주기 바란다.

끝으로 나에게는 중요한 한 가지 사실을 덧붙이기로 하자: 이 책을 나는 독일의 한 대학에서 썼다. 그러나 한 "세계시민"으로서, 최대한 **보편적 지평을 염두에** 두고 썼다. 나는, 그때그때 시대에 따라, 어떤 역사적 상황을 변화시키거나 꼴지은 힘들이 유래한 나라들의 관점에 입각해서 서술하려고 노력했다. 이 책에서 유럽 이외의 대륙들은 그저 겉핥기 식으로만 다루어질 수밖에 없었다. 그 대륙들이 덜 중요해서도 아니고, 지면 때문도 아니다. 그 대륙들에서 그리스도교의 "본고장"에 대한 중요한 자극이 나타난 것은 겨우 몇십 년밖에 되지 않기 때문이다. 아무튼 이 대륙들이 그러한 자극을 제공한다는 사실은, 우리가 현대의 유럽중심주의 상황을 벗어나 — 1차대전 이후 분명히 드러났고 2차대전 이후 확고히 관철되고 있는 — "탈현대"(또는 다른 어떤 이름으로 부르든)라는 다중심(바로 탈식민주의와 탈제국주의) 상황에 진입했음을 말해주는 뚜렷한 표지 가운데 하나라고 나는 생각한다. 따라서 유럽 이외의 대륙들 — 아프리카·아시아·남북 아메리카·오세아니아 — 의 영향과 고유한 의의를 앞에서 언급한 또다른 책에서 서술할 이유는 충분하다 하겠다. 그러나 우선 해야 할 일은 「이슬람교」를 출간하여 예고한 "우리 시대의 종교 상황" 3부작 프로젝트를 마무리하는 일이다 — 하느님이 그리 원하시고 우리가 살아 있으면 …

1994년 7월 튀빙언에서

한스 큉

본질에 대한 물음

종교는 다 비슷하다는 말은 어리석은 주장이다. 오히려 그 반대다: 모든 종교, 특히 예언자적 종교 — 그리스도교든 유다교든 이슬람교든 — 에서는 다음과 같은 물음이 매우 중요하다: 나의 종교를 다른 종교들과 구별해주는 것은 과연 무엇인가? 이러저러한 종교의 특별한 점, 전형적인 것, 고유한 특성, "본질적인 것" 아니 "속알"은 도대체 무엇인가?[1] 나는 이 물음을, 이미 유다교에 대해 제기했듯이, 그리스도교에 대해서도 던지고자 한다 — 보편적(일치운동적) 정신에 터하여, 다른 종교들에 대한 공격 없이.

그리스도교의 "본질"과 "왜곡"

분명한 것: 어떤 종교의 전형적이고 특유하고 본질적인 요소에 관한 이야기는 체계적인 총체적·통일적 구상 — 예컨대 유일하게 그리스도교적인 체제 혹은 제도 — 에 대한 추상적·이론적 물음을 겨냥하는 것이 아니다. 오히려 극히 실천적인 물음, 즉 그리스도교에 있어서 **언제까지나 타당하고 끊임없이 구속력을 지니며 결코 폐기될 수 없는 것**은 무엇인가라는 물음을 겨냥한다. 나의 인식을 주도하는 관심사를 여기서 굳이 감출 필요는 없겠다: 그것은 현상의 보존(모든 종파의 보수파 인사들에겐 매우 소중한)이 아니다. 구체제의 복원(로마 가톨릭, 근본주의 개신교, 옛 정교 혈통의 반동주의자들이 몸바치는)은 더욱 아니다. 나의 관심사는 — 바로 본질적인 것을 보전하기 위해 — 현실 상황 너머, 즉 미래를 내다보면서 **그리스도교를 변화·개혁·쇄신**하는 것이다. 이러한 맥락에서 그리스도교의 이상상과 원수상과 실상을 구별하는 것이 중요하다.

☐1 이상상

인간의 정치적 지혜가 만들어낸, 지구상에 존재했거나 존재하는 정치 기구 가운데 로마 가톨릭 교회만큼 연구해볼 만한 것은 없을 것이다. 이 교회의 역사는 인간 문명의 중요한 두 시대를 결합시킨다. 오늘날 존재하는 제도 중에서, 우리의 상념을 판테온에서 희생제물들의 연기가 피어오르고 플라비우스 원형극장에서 호랑이와 기린들이 날뛰던 저 시대로 이끌어가는 것은 로마 가톨릭 교회밖에 없다. 가장 으스댈 만한 왕가들도 로마 가톨릭 교회의 최고위 성직자들의 대열에는 견줄 바가 못 된다. 우리는 면면히 이어온 이 승계선을, 19세기에 나폴레옹을 대관했던 교황으로부터 8세기에 난쟁이 피핀에게 황제의 관을 씌워주었던 교황에 이르기까지 중단없이 뒤밟아볼 수 있다. … 베네치아 공화국은 교황직과 비교할 때 참신했으나, 그 공화국은 멸망했고 교황직은 여전히 존속하고 있다. 교황직은 한낱 고대 유물로서 근근히 명맥을 유지하고 있는 것이 아니라 원기왕성한 생명력을 지니고 있다. 가톨릭 교회는 지금도 이 세상 끝까지 선교사들을 파견하고 있는데, 그들은 그 옛날 아우구스티누스와 함께 켄트 해안에 상륙했던 사람들과 마찬가지로 열성적이다. 가톨릭 교회는 그 옛날 아틸라 왕과 맞서던 그 정신으로 적대적인 권력자들과 맞서고 있다. 로마 가톨릭 교회의 자녀들 숫자는 과거 그 어느 때보다도 많다. 이 교회가 새로운 세계에서 이룩한 성장은, 옛 세계에서 잃었던 것을 상쇄하고도 남는다. 이 교회의 정신적 지배는 지구상 모든 나라에 미치고 있다. 이 나라들은 아마 한 세기가 지나면, 유럽의 현재 인구와 맞먹는 숫자의 주민을 보유하게 될 것이다. 로마 가톨릭 교회에 속한 사람은 최소한 15억 이상이다. 그밖의 모든 그리스도교 종파의 신자들은 전부 합쳐 12억을 넘지 못한다. 로마 가톨릭 교회의 오랜 권세가 끝장나리라는 조짐은 없다. 이 교회는 지금 이 세상에 존재하는 모든 정권과 교회 단체들의 생성을 지켜보았고, 이 교회가 그것들의 종말 또한 목격하리라는 것을 자신있게 부인할 만한 근거도 없다. 작센인들이 영국 땅을 딛기 전에, 프랑크인들이 라인 강을 건너기 전에, 안티오키아에서 그리스 웅변술이 한창이고 메카의 신전에서 우상들이 숭배되던 시대에 가톨릭 교회는 이미 거대했고 존중되었다. 언젠가 뉴질랜드 출신 나그네가 끝없는 적막 가운데서 런던 다리의 무너진 아치 위에 자리잡고 세인트폴 성당의 폐허를 스케치북에 담을 때라도, 이 교회는 여전히 약화되지 않은 활력을 지니고 존립할 것이다.

  지난 세기 영국 자유주의 역사학의 주요 대표자요 정치가였던 매콜리[2]는 거창한 문체로 가톨릭 교회를 그리스도교의 가장 오래되고 가장 위대하고 가장 강력한 대표자라고 묘사했다. 우리 세기에도 얼마나 많은 가톨릭 신자, 비가톨릭 신자, 개종자들이 영국인 매콜리처럼 이 가톨릭 교회를 찬탄하고 있는가: 유례없는 방식으로 관철·형성된 역사, 경외하여 마땅한 연륜과 동시에 생동하는 젊음, 전세계에 퍼져 있으면서도 늘 가까이 존재하며 십억이 넘는 구성원과 엄격히 질서지어진 교계제도를 보유한 강력한 조직, 오랜 전통의 장엄한 전례, 심사숙고를 거친 신학적 교리체계, 그리스도교 서구세계 건설·형성에서의 미증유의 문화적 공헌, 현대적 사회교리 등등 …. 그러나 주지하다시피 갖가지 유형의 권력숭배자들과 범죄자들도 가톨릭 교회를 찬탄했으니, 나폴레옹이나 오스트리아 가톨릭 신자 아돌프 히틀러 같은 사람들이 그들이다. 히틀러는 가톨릭 교회의 조직, 확고한 교의, 장려한 전례[3]에 탄복하여 그대로 흉내냈다.

튀빙언 대학교 가톨릭 교의신학 분야의 내 선배인 저명한 신학자 **칼 아담**은 여러 판版을 거듭하며 유럽의 거의 모든 언어로 번역된 「가톨릭 신앙의 본질」의 서문에서 매콜리를 인용한 후 이렇게 덧붙였다: "현대의 폐허 속에서 우리의 시선을 사로잡는 것은 바로 가톨릭 교회다: 이 불멸성, 이 충만한 생명력, 오래된 참으로 오래된 교회의 이 영원한 젊음."[4] 한때 히틀러 찬미자이기도 했던 ("그는 가톨릭 남부에서 왔으나, 우리는 그를 알아보지 못했다") 아담은 확고한 의도하에 "국가주의와 가톨릭 신앙"은 "자연과 초자연처럼"[5] 서로 짝을 이룬다고 주장했는데, 나치와 2차대전을 겪고 난 후에도 여러 곳에서 여전히 "시간과 공간에 의해 훼손되지 않은 가톨릭 이념"을 서술했다: 그리스도의 몸이요 이 지상의 하느님 나라인 가톨릭 교회, 그 본질적 특징들, 이 교회만이 구원의 원천이라는 주장, 이 교회가 그것들을 통해 구원을 준다는 특별한 권능들 따위 말이다.

가톨릭 교회의 현실이 참으로 그러했던가? 교의신학자 아담은 마지막 장에서야 비로소 "고유한 이념 속의 가톨릭 교회"로부터 "현상現象으로서의 가톨릭 교회"로 관심을 돌리는데, 좀 풀이 죽긴 했으나 여전히 호교론을 전개하며 다음과 같이 변명한다: "역사상 가톨릭 교회가 이상적 가톨릭 교회와 항상 완전히 일치하지는 않는다. 오히려 실제 가톨릭 교회는 자신의 이념에 크게 미치지 못한다. 따라서 가톨릭 교회는 역사를 통해 완전하거나 완결된 적이 없으며 다만 언제나 형성중에 있고 힘들여 성장하는 도중에 있었다."[6] 이것은 그리스도교의 제도화와 교회 안의 인간적인 너무나 인간적인 면들을 감안한 때 "전혀 놀랄 만한 사실이 못 된다". 실제로 사람들은 특히 독일 관념주의와 낭만주의(개신교의 프리드리히 슐라이어마허, 성공회의 존 헨리 뉴먼, 가톨릭의 요한 아담 묄러) 이래 그리스도교의 역사를 다음과 같이 생각해왔다: 썩은 열매와 말라죽은 가지들이 생겨나게 하기도 하지만, 그래도 끊임없는 발전과 완성에로 나아가게 되어 있는, 일종의 **유기적으로 성장하는 실재**: 성장과 삼투 과정으로서의 그리스도교 역사.

그러나 놀라운 발전이 파행적 전개과정이었음이 드러나고, 얼핏 보기엔 멋진 진보가 결국엔 위험한 역행으로 판명되는 경우가 얼마나 많은가. 그렇다. 온갖 곳에서(교리·제도·법·전례·신심 등) 유기적 성장을 확인하고자 하는, 교회사에 대한 낙관적·이상주의적 입장은, 신약성서에 비추어볼 때도 그렇거니와, 교회사 자체에 비추어보면 더욱 근거없는 것이다. 일례로 그리스도교가 갈수록 대교회들과 수많은 이단종파로 분열되는 사실 하나만 생각해보더라도, 전혀 비유기적이고 비정상적이며 부조리한 파행적 전개과정이 존재함은 부인하지 못할 것이다. 그렇다. 교회에 대한 그렇게 이상주의적이고 의기양양한 묘사들은, 간혹 교회에 대해 이런저런 비판도 하지만(그러나 "로마"나 교황에 대한 비판은 거의 없었다) 실제로 현존하는 가톨릭 교회와는 너무나 동떨어져 있다: 칼 아담의 서술이나 저명한 프랑스 예수회 신학자 앙리 들뤼박이 「교회에 관한 묵상」[7]에서 내보인 견해 그리고 그의 제자 한스 우르스 폰 발타사르가 「말씀의 신부」[8]라는 표제어로써 드러낸 관점 따위가 그런 것들이다(들뤼박과 발타사르가 추기경직으로 보답받은 것은 까닭없는 일이 아니다). 개신교에서 가톨릭으로 개종한 게르트루드 폰 르포르의 「교회 찬가」[9]는 논외로 하자. 어쨌든 오늘날도 여전히 교회 찬가를 부르려는 사람이 있을까?

간혹 비판도 하지만 결국엔 로마 체제를 위해 실제로 유익한 결실은 낳지 못하는 그런 이상화와 신비화와 찬미로는 "그리스도교는 무엇인가?"라는 물음에 대답을 줄 수 없다. 여기서 요구되는 것은 오히려 탁 털어놓는 **정직함**이다. 일찍이 내가 이 정직성을 추구하는 것을, 내가 개인적으로는 매우 존경하던 들뤼박도 금지시킬 수 없었다. 그는 2차 바티칸 공의회에 즈음하여 성 베드로 성당에서 나의 강연 "교회 안의 정직성"[10]이 끝난 후 이렇게 선언했다: "교회에 대해 그렇게 말하는 게 아니오. 교회는 그래도 어쨌든 우리의 어머니요". 그러나 많은 성직자들의 어머니 콤플렉스를 그동안 특히 오이겐 드레버만이 철저히 분석했다[11]. 공의회 후 30년이 지난 지금, 갖가지 멋진 "교회에 관한 꿈"은 꿀 만큼 꾼 것으로 보인다. 그러나 또 한편: 정직성과 함께 교회와 그리스도교에 대한 공정하고 온당한 태도도 요구된다. 이제 반대관점이 제시되어야겠다.

② 원수상

"나는 그리스도교를 **단죄**한다. 일찍이 어느 고발자가 입에 담았던 것보다 더 무서운 고발을 그리스도 교회에 대해 제기한다. 나에게 그리스도 교회는 인간이 생각해낼 수 있는 최고의 패덕이다. … 모든 가치를 무가치로, 모든 진리를 거짓으로, 모든 올곧음을 영혼의 비굴함으로 바꾸어버렸다. … 나는 그리스도교를 바로 거대한 저주라고, 가장 깊은 내면의 끝없는 도착이라고, 더 유해하고 음험하고 비열하고 천박한 수단이란 없는 그런 복수의 거대한 본능이라고 부른다 — 영원히 지울 수 없는 인류의 치욕이라고 …" 증오에 가득찬 이 "그리스도교 저주"는 **니체** 자신이 출판을 결정한 저작 중 마지막 것, 즉 그리스도교의 말살을 직접 겨냥하는 「반反그리스도」의 끝부분을 이루고 있다.[12]

　찬가 대신 이젠 저주! 그저 한때의 저주? 걸핏하면 저주받지만 뭐라 해도 쉽사리 끝장나지 않는 그리스도교 역사가 흐르면서 오늘날은 이미 극복된 저주? 극복? 천만에! 바로 니체의 구절이 최근 베스트셀러 「**그리스도교 범죄사**」[13]의 중심주제를 이루고 있다. 열 권으로 계획된 이 책의 저자 **데쉬너**는 목사의 아들 니체와 달리 가톨릭 보수파 환경에서 성장했고 대학에서 잠시 신학을 전공하기도 했다. 데쉬너의 역사 비판은 그저 "여러 교회, 교부·교황·주교, 이단 창시자와 논객, 종교재판관, 경건하지만 지독한 악당들, 성직자들의 권력욕과 무법행위에 관한 서술만을 목표로 하는 것이 아니다. "그것을 훨씬 넘어, 바로 그리스도교의 역사, 그 왕조와 전쟁, 그 소름끼치는 추악함의 역사 자체"를 서술 목표로 삼고 있다. 과연 이 저자는 스스로 밝힌 대로 그 작업을 해나가고 있다. 데쉬너가 아주 구체적인 목표로 삼는 것은, "이른바 세속정치와 교회정치의 끈끈한 맞물림 그리고 이 종교의 세속화의 결과들, 즉 외교·농업·무역·금융·교육·문화·검열 정책에서의 범죄, 무지와 미신의 끊임없는 유포,

성윤리·혼인법·형법의 무자비한 남용"에 관해 상세히 기술하는 것이다. 또한 데쉬너는 "개인적 치부, 독직瀆職, 기적이나 성유물 존숭과 관련된 경건한 사기, 온갖 유형의 위조 등에서의 성직자들의 범죄 역사"[14]도 밝혀내고자 한다.

교회 체제에 대한 비판은 물론 매우 정당하지만, 그러한 비판이 이데올로기적인 반反성직자주의에서 비롯해서는 안된다. 사실 예전에 신앙인이었던 사람들의 신랄한 비판은 쓰라린 환멸의 소산인 경우가 매우 많다. 확언하건대 나는 그리스도교에 대한 니체의 고발을 정말 진지하게 받아들인다. 나는 이미 15년 전에 그의 고발을 인용하는 데 그치지 않고, 깊은 공감을 느끼며 상세히 논구한 바 있다.[15] 또한 나는 데쉬너의 고발사유들도 진지하게 수용한다. 나 역시 그의 비판적 논제 중 상당 부분, 예를 들어 유다인·이단자·광신자들에 대한 교회의 입장[16], 교회내 개혁과 관련된 갖가지 문제들 그리고 언제나 다시 등장하는 교황직이라는 난제[17]를 이미 오래 전부터 역사적 관점에서 다루어왔다. 그리고 「유다교」에서 그랬듯이 이 「그리스도교」에서도 갖가지 과오와 탈선을 밝혀내야 할 것이다. 데쉬너는 많은 점에서 실로 정당하며, 교회 이데올로그들에게는 지식과 양심을 도야하라는 한 도전이다. 예전에 공식 교회는 선의의 신학자들의 진심에서 우러나온 비판을 무시·억압할 수 있다고 믿었던 탓에 이제는 악의적인 "범죄학자들"(그리고 온갖 괴문서 날조자들)의 과장된 비판을 감수하지 않으면 안되게 되었다. 이들은 이해하려고도 비판적으로 구별하려고도 하지 않으며, 그저 싸잡아 고발하고 저주하려 든다.

아무튼 교회와 관련하여 많은 시달림을 겪어온 사람으로서, 다음과 같이 말해도 외람되지는 않으리라 생각한다: 세부적으로 논박할 것 많은 데쉬너의 「그리스도교 범죄사」(유다교와의 관계에서 이미 시작되었다!)가 제시하는 것은 새로운 자료들이 아니다. 나쁜 체험 때문에 역사가가 된 이 저자의 물의를 일으키는 교황사 왜곡도 전혀 유별난 것이 아니다. 새로운 것은 단지, 저자가 솔직히 털어놓았듯이, 2천 년 그리스도교 역사에서 빛나는 좋고 훌륭한 것들에 관해서는 아예 입다물고, 그리스도교에 대한 "적대적"[18] 정신에 터하여, 어디서나 발견되는 갖가지 과오·오류·비행·악습·파행·타락들을 증오심에 가득차 끌어모아 놓았다는 점이다. 이러한 빈정댐·인신공격·조롱·비방을 하느라 그토록 애쓰는 까닭은 무엇일까? 그것은 그리스도교가 "과학적으로" 분쇄되어야 마땅한, 그 자체로 범죄적이고 무법적인 하나의 망상·기만·광기라는 명제를 주장하기 위함이다. 그러나 최근의 신학 문헌들은 데쉬너를 거의 알지 못하며, 그 대신 이미 오래 전에 낡아버린 호교론적 저작들이나 인용하고 있다.

어떤 사람이 2천 년 교회사에서, 귀중하고 거룩한 면엔 눈 돌리지 않고, 기괴하고 병적이고 범죄적인 면들만 끌어모아 여러 권의 책을 꾸미는 것은 어렵지 않은 일이다. 평생의 과업으로 삼을 만도 할 것이다. 그러나 그 사람은 동일한 방식과 유사한 동기로, 역시 힘들이지 않고 또다른 범죄사들을 서술할 수도 있을 것이다: 독일·프랑스·미국의 범죄사, 또는 전투적 무신론이나 종교비판의 범죄사 따위 말이다. 그러나 그저 그림자와 진창들만 모아놓은 그러한 범죄사들은 결국엔 과장된 "교회 찬가"와 마찬가지로 지겨운 것이 되지 않을까? 지겹다니, 왜? 어두운 면들만 모으는 자는 그림자 연극만 보여주기 때문이다. 스스로 흙탕에 들어가는 자가 길에 대해 불평하는 것은 옳지 않다.[19]

이 두 가지 유형의 책들(승리주의적으로 덧칠하고 경건하게 미화하는 책들과 공격적·적대적·냉소적·경멸적인 책들)은 모두 의심스러운 반쪽 진리의 책들이다. 반半 진리는 반 오류이며, 둘다 참 역사는 아니다. 물론 미움도, 사랑과 마찬가지로, 사람들의 눈이 밝아지게 만들 수 있다. 그러나 흔히는 맹목적으로 만들기도 한다. 일찍이 밤베르크 대학의 신학 전공 학생이 쓴 증오의 장광설「교회를 박차고 나와야 할 필연성에 관하여」를 읽어볼 일이다. 그에게 교회는 "세계사상 괴물의 거대한 시체", "요괴의 잔해"다.[20] 그러나 근본적·공격적·광신적으로 독일·프랑스·미국을 반대하는 사람이 참된 독일·프랑스·미국을 알지 못하는 것과 마찬가지로, 극단적으로 그리스도교를 적대하는 사람은 — 온갖 정당한 관찰에도 불구하고 — 그리스도교 고유의 참모습에 관해서는 거의 알지 못한다. 요컨대: 왜 그 많은 독일인·프랑스인·미국인들이, 온갖 비판을 하면서도, 독일인·프랑스인·미국인으로 남아 있고자 하는가? 왜 그토록 많은 그리스도인들이 그리스도인이기를 그만두지 않는가?

그렇다, "추문록"chronique scandaleuse이란 아직 그 자체로는 역사서가 아니라 — 두덴 큰 사전을 그대로 옮기면 — "한 시대 또는 특정한 영역의 추문과 험담을 모아놓은 것"일 따름이다. 이것이 의미하는 바: 그러한 적대적 관점에서 본 그리스도교의 모습은, 전통적인 이상화된 모습과 마찬가지로, 그리스도교는 참으로 무엇인가라는 물음에 답을 줄 수 없다. 찬미나 중상 대신, 정직성과 공정성에 터한 역사비판적 이해가 요구된다. 그리고 이 이해는 물론 신학적 판단, 즉 그리스도교의 근원, 원천적 소식에 입각한 판단의 토대가 되어야 한다.

③ 실상 : 이중 변증법

1960년대 공의회 시기부터 나에게 분명해진 사실: 교회의 참모습을 이해하기 위해서는 언제나 두 관점, 즉 본질과 형태의 **변증법**(대립적 상호관련성)과 본질과 왜곡의 변증법에 대한 신중하게 차별화된 고찰이 필요하다. 이 고찰은, 현대의 종교 상황이라는 맥락 안에서, 사회학적·정치적·신학적으로 이해되어야 할 "그리스도교"라는 실재에 갈수록 의식적으로 확대·적용되어야 할 것이다.[21]

본질과 형태

그리스도교라는 개념은, 늘 그래왔듯이, 그때그때의 역사적·구체적 모습에 의해 상당 부분 규정된다. 그리스도교계系는 특정한 시대에 자신이 그린 자화상의 포로가 될 수도 있다. 사실 어느 시대나 그리스도교에 관한 자기 고유의 표상을 가지고 있거니와, 그것은 특정한 상황에서 생겨나고 특정한 사회적 세력들과 교회 공동체들에 의해 지탱·각인되며, 개념적으로는 정신적 영향력이 큰 특정 인물과 신학들에 의해, 미리 혹은 나중에, 규정된다.

그러나 눈먼 자가 아니라면, 다음 사실을 확인할 수 있을 것이다: 사회·교회·신학 역사의 온갖 조류와 역류 안에서도, 또 끊임없이 변화하는 그리스도교의 다양한 역사적 모습들 안에서도, 어떤 **항구적이고 불변적인 것**이 굳건히 자신을 지켜왔다는 사실 말이다. 우리가 관심을 집중해야 할 것이 바로 이 불변적인 것, 곧 언제까지나 구속력있는 규범으로 남아 있는 원천으로부터 비롯하는 기본요소들과 근본관점들이다. 그러니까 그리스도교와 그리스도교의 자기이해의 역사 안에 영속적인 어떤 것, 아니 **"본질"**(essentia, natura, substantia)이 존재한다는 말이다. 이 단어와 관련된 오해들을 나는 익히 알고 있다. 그래서 온갖 경직된 "본질주의"를 거슬러 곧바로 덧붙여야겠다: 이 본질은 오직 **변화하는 것** 안에서만 드러난다고.

 다른 말로 해서: 동일한 것이 존재하지만, 오직 변화하는 것 안에만 존재한다. 연속성은 발생 안에만, 오직 변천하는 현상現象 안에만 존재한다. 간단히 말해서: 그리스도교의 "본질"은 형이상학적 부동성不動性과 무관계성 안에서 드러나는 것이 아니라, 끊임없이 변화하는 역사적 **"형태"** 안에서만 드러난다. 정태적으로 경직되지 않고 역동적으로 발생하는 이 원천적·항구적 "본질"을 꿰뚫어보기 위해, 끊임없이 변화하는 역사적 "형태"에 주의를 기울여야 한다.

 우리가 변화하는 역사적 형태 안에서 그리스도교의 본질을 알아볼 때에만 그리스도교를 참으로 이해할 수 있거니와, 우리의 서술의 출발점도 바로 이것이다: 신학 이론이나 문학의 추상적 영역에서 이상화된 그리스도교가 아니라, 세계 역사 한가운데 존재하는 **현실의** 그리스도교 말이다. 사실 신약성서도 그리스도교에 관한 어떤 **이론**(앞으로 실현될 터인 교리)에서 출발하지 않고, 그리스도교라는 **실재**(추후적으로 반성되는 현실)에서 출발한다. 참된(실제의) 그리스도교는 우선 한 사실, 사건, 역사적 운동이다. 실재하는 그리스도교의 참된 본질은 다종다양한 역사적 형태들 안에서 발생한다. 여기서 유념해야 할 두 가지:

— **본질과 형태는 떼어놓을 수 없다**: 이 둘은 서로 떼어놓아서는 안되고 오히려 둘의 통일성에 터해 고찰해야 한다. 본질과 형태의 구별은 실제적인 것이 아니라 개념적이다. 사실 교회적 형태들의 강물로부터 화학적으로 순수하게 증류되어 떨어져나온 그리스도교의 본질 "자체"란 어디에도 없고 또 없었다. 변화하는 것과 불변하는 것은 — 실천을 위해 중요한 점이거니와! — 깔끔하게 분리되지 않는다: 항구적이고 불변하는 것들은 과연 존재하지만, 아예 본디부터 개혁될 수 없는 영역들이란 없다. 본질과 형태의 상호관계는 씨와 껍질의

관계처럼 단순한 것이 아니다. 형태 없는 본질은 추상적이며 따라서 비실제적이다. 본질 없는 형태는 껍데기뿐이며 따라서 마찬가지로 비실제적이다.

— **본질과 형태는 동일시될 수 없다**: 이 둘은 동일시되어서는 안되며, 오히려 둘의 상이성에 터해 고찰해야 한다. 본질과 형태의 구별은 개념적이기는 하지만 그래도 현실에 바탕한 필수불가결한 것이다. 그렇지 않다면 어떻게 생성·변화하는 형태 안에서 항구적인 것을 확인할 수 있겠는가? 달리 어떻게 구체적이고 역사적인 형태를 판단할 수 있겠는가? 그런 구별을 하지 않는다면 어떻게 그리스도교의 다양한 역사적·경험적 모습 안에서 참된 것을 판단하기 위한 기준과 규범을 가질 수 있겠는가? 이것이 얼마나 중요한지는 둘째 관점을 고찰해보아도 분명히 드러난다.

본질과 왜곡

교회 비판이 공격해서 마땅한, 그러나 교회 이상화와 찬미는 기꺼이 모르는 체하는 온갖 부정적인 것 안에는 그리스도교의 역사적 "형태"만 드러나 있는 것이 아니다. 그렇게 생각한다면 그리스도교 안에 있는 악을 무해화無害化하는 셈이다: 긍정적인 것은 항구적인 "본질"과, 부정적인 것은 덧없는 "형태"와 동일시한다? 아니다, 그래서는 안된다. 우리는 아무리 내키지 않더라도 교회의 부정적인 면, 그리스도교의 왜곡을 진지하게 받아들여야 한다. 그리스도교의 왜곡은 그리스도교의 본질에 힘입어 존재하면서도 본질과 상충된다. 그것은 그리스도교의 비정상적 상태요 참 본질이 아니라 왜곡된 본질이다. 그리스도교의 왜곡은 어두운 그림자처럼 모든 역사적 형태 안에서 그리스도교의 본질을 따라다닌다. 한마디로: **그리스도교의 참 본질은 왜곡 안에서 발생한다.**

그리스도교 찬미자에게나 적대자에게나 다음과 같이 말해야겠다: 그리스도교와 교회에 진지한 관심을 갖고 있는 사람이야말로 그리스도교의 어두운 왜곡을 당초부터 셈에 넣어야 한다! 본질과 형태, 항구적인 것과 변화하는 것의 상호관계와 마찬가지로, 좋은 것과 나쁜 것, 유익한 것과 해로운 것, 본질과 왜곡은 서로 뒤얽혀 있으며, 인간의 계산에 의해 깨끗이 정산精算되지 않는다. 가장 본질적인 것도 변화하며, 나아가 왜곡될 수 있다. 가장 선한 것도 악에 떨어진다. 가장 거룩한 것을 가지고 죄를 범할 수도 있다.

그러므로 우리는 그리스도교의 역사를 긍정적 표지 아래에서뿐 아니라, 부정적 표지 아래에서도 고찰할 수 있다. 그렇게 한다면 우리는 다음 사실을 확인하게 된다: 그리스도교는 역사를 형성하고 지배해왔지만 한편으로는 역사 앞에 맥없이 항복하기도 했다. 강력하고 효율적이라는 온갖 조직 이면의, 극히 세속적인 수단을 사용하는 권력·금융기구; 그리스도교 대중에 관한 근사한 통계수치 이면의, 천박하고 속 빈 전통주의 그리스도교; 훌륭하게 질서지어졌다는 교계제도 이면의, 끊임없이 로마 눈치 보고 아첨하고 속속들이 유약하고 세상 물정 모르고 독단적인 성직자 관료들; 장엄한 전례 이면의, 중세 바로크 전통에 붙박인 비복음적·피상적 의식儀式주의; 확실하고 명료하다는 교리체계 이면의, 대대로 물려받은 개념 껍데기들을 이리저리 조작하는 비역사적·비성서적인 완고하고 독단적인 교과서 신학; 서구 문화에의 공헌 이면의, 교회 고유의 사명으로부터의 이탈과 세속화 등등 … 이것이 많은 사람들에게 실제로 존재하는 현실 교회다. 그래서 그들은 교회로부터 떠나버리기도 했다.

이 모든 것이 의미하는 바: 일반적인 역사적 사실뿐 아니라, 특히 반反그리스도교적 요소가 그리스도교에 끼친 역사적 영향도 우리 고찰의 근본적 대상이 되어야 한다. 우리는 그것을 그릇된 호교론적 변명 없이 당초부터 언제 어디서나 고려에 넣어야 한다. 확실히 교회 이탈의 많은 경우가 순전히 (결코 가난한 사람들 얘기가 아닌) 돈 문제(教會稅) 때문에 생겨나며, 교회에 대한 많은 비난이 납득할 수 없고 방자하고 일방적이고 부당하다. 아니, 아예 거짓되고 나아가 악의적인 경우도 흔하다. 이 모든 비난에 대해서는 물론 헛된 호교론이 아니라 이유있고 정당한 질책을 수용하는 변호·방어·해명을 통해 대답할 수 있다.[22]

그러므로 나는 이 책에서 단순히 오늘날의 그리스도교를 척도로 삼거나 나아가 정당화하지는 않을 것이다. 오히려 비판적 통찰에 힘쓸 것인바, 그것은 언제나 다시금 새로이 필연적으로 요구되는 그리스도교의 쇄신(언제 이루어지든)의 전제조건이다. 그러한 노력을 나는 「유다교」에서 이미 기울였거니와, 앞으로 「이슬람교」에서도 그렇게 할 것이다. 모든 종교의 개혁자들은 끊임없이 엄습하는 좌절과 체념에 맞서(그들은 종종 자신들이 마치 달 보고 짖고 담벽 향해 달려드는 개 같다고 느낀다), 나는 값싼 폭로와는 다른 분석적 고찰을 통해, 현재 상태에 대한 진단을 제공하고자 하거니와, 이것은 폐해를 고발하고 책임져야 할 자들을 밝혀내고 개혁에의 압력을 강화하고 **구조변화**를 촉진시키는 데 쓸모가 있을 것이다. 어떠한 종교에서도 — 유다교든 그리스도교든 이슬람교든(인도나 중국에 기원을 둔 종교들은 논외로 하겠다) — 우리는 그저 현실 상황에 만족할 수는 없다. 세 종교 곳곳에서 미래의 쇄신을 염두에 둔 유사한 물음들이 제기되고 있다.

미래를 위한 물음

유다교에서도 본질과 형태의 변증법 및 본질과 왜곡의 변증법은 불가피하지만, 그것을 무릅쓰고 유다교 신앙에서 언제까지나 타당하고 항구적인 구속력을 지니며 결코 포기할 수 없는 것을 새삼 뚜렷이 드러내주는, 널리 합의된 새로운 관점이 시간이 흐르면 생겨날 수 있을까?[23]

이슬람교는, 자신에 대한 온갖 일방적인 희화(戱畵)에 대항하고 여러모로 부담스러운 전통을 무릅쓰면서, 본질적인 것을 왜곡된 것과 구별하고 또 갖가지 유토피아적 자화상을 넘어서서, 이슬람 신앙의 본질적 요소를 사실적으로 뚜렷이 제시할 가능성들을 지니고 있는가?

형태들의 온갖 변화와 본질의 갖가지 왜곡에도 불구하고, 그리스도교 고유의 본질을 다시금 더 뚜렷이 드러내기 위해 꼭 필요한 것은 무엇인가?

이상과 같은 목표에 입각하여, 추상적 이상주의 관점이 아니라 냉철한 사실적 관점에서, 이제 그리스도교의 본질에 관한 물음을 내용적으로 구체화해야겠다: **본질**(형태 및 왜곡과 구별되는)에 관한 일반적 물음을 넘어, 이제 **그리스도교의** 참으로 **고유한 요소**에 관한 물음에 대답해야겠다.

논쟁 속의 "그리스도교"

▣ 그리스도교의 본질 — 철학적으로 꿰뚫어본?

1841년 37세 된 한 철학자의 책이 「그리스도교의 본질」이라는 제목을 달고 세상에 나왔는데, 그 자신 공공연히 밝힌 목적인즉 "인간들을 신학자에서 인간학자로, 신을 사랑하는 자에서 인간을 사랑하는 자로, 내세의 지원자에서 현세의 학생으로, 천상과 지상의 군주제와 귀족들을 종교적이고 정치적으로 섬기는 하인들에서 자의식을 지닌 자유로운 이 땅의 시민들로 만드는 것"[1]이었다. 그의 이름: 루트비히 포이어바흐.

종교 — 인간의 투사(포이어바흐)

그 책의 주장은 엄청났다. 그것은 종교적인 것을 인간적인 것에로 철저히 환원시킴으로써, 결정적으로 모든 종교의 급소를 공략하고자 했다. 그 책의 영향은 굉장했으니, 막스 슈티르너, 브루노 바우어, 젊은 리햐르트 바그너와 니체뿐 아니라, 칼 마르크스와 프리드리히 엥겔스도 무신론으로 돌아서게 만들었다! 공산주의 체제 어디서나 변증법적 유물론은 포이어바흐가 전개한 종교비판을 전제로 했고, 그래서 그는 현대 무신론의 "교부"가 되었다.[2] 바야흐로 포이어바흐의 철학은 말 그대로 세계사적 지평을 획득했다.

포이어바흐의 근본명제: **"신학의 비밀은 인간학이다."**[3] 다시 말해서: 인간이 신에 대한 믿음 안에서 제시하는 것은 자기 자신으로부터 끄집어낸 자신의 인간적 본질인바, 그런데도 인간은 그것을 외부에 존재하는, 자기와 따로 떨어져 있는 어떤 것으로 여긴다. 인간은 그러니까 자신의 본질을 독자적인 어떤 것으로 하늘에 투사하고, 그것을 신이라 부르며 섬긴다. 간단히 말해서: 신이

라는 개념은 **인간의 투사**Projektion 이외에 다른 것이 아니다: "**절대적 존재**
Wesen 곧 인간의 신은 **인간 자신의 본질**Wesen이다. 인간 위에 있는 **대상**의 힘
은 그러므로 **인간 자신의 본질**의 힘이다."[4] 따라서 신에 대한 인식은 강력한
조명등이다. "신"은 인간이 자기 자신에 대해 갖고 있는 영상을 신성한 존재의
온갖 속성들로 눈부시게 장식하여 투사·구상화具象化한 것에 불과하다. 신의 사
랑, 지혜, 정의? 그것들은 실제로는 인간, 인류menschliche Gattung의 속성들이다!
인간이 인간의 신이다: 바로 이것이 종교의 핵심 비밀이다.

포이어바흐는 장章마다 매우 자극적인, 그래서 나중엔 사람을 질리게 만들되
바로 그렇기 때문에 나중까지 깊은 영향을 남기는 방식으로 자신의 새로운 신
조信條를 독자들 머리에 주입시키고, 또 그런 식으로 자신의 근본적 통찰을 그
리스도교 교의 전체에 적용시킨다. 그 결과 이제 사람들은 이런저런 교의에 대
한 설명을 거의 스스로 제시할 수 있을 정도가 되었다: 육화, 곧 **하느님의 인
간되심**의 비밀은 무엇인가? 인간이 되신 하느님은 바로 하느님이 된 인간의 나
타남이다. 인간에 대한 하느님 사랑의 비밀은 무엇인가? 바로 인간 자신에 대
한 인간의 사랑이다 …. 포이어바흐는 그리스도교의 본질, 아니 모든 종교의
본질을 결정적으로 꿰뚫어보았다고 믿었다. 또한 인간이 자기 자신을 찾게 되
는 그만큼, 그리스도교를 포함한 종교는 소멸하리라고 확신했다.

그저 투사?

150년이 지난 지금, 상황은 달라진 것처럼 보인다. 우리는 포이어바흐의 예
상이 빗나갔음을 확인할 수 있다. 이것은 그렇게도 설득력있어 보이던 포이어
바흐의 이론이 결국은 철학적으로 적확하지 못했다는 사실과도 관계가 있다.
아무튼 많은 사람들이 되풀이하고 변주變奏했던 포이어바흐의 종교비판은, 오늘
날에는 거꾸로 그 자신이 낱낱이 간파되고 끝장난 것으로 여겨지고 있다. 그의
종교비판의 근본바탕인 두 가지 주장을 검토해보자:

(1) **투사**에 관한 주장: 포이어바흐는 종교는 인간의 투사에 불과하다(나중에 마
르크스는 이것을 사회비판적으로 극단화하여 "종교는 인민의 아편"이라 했다)는 개인 혹은 사회 심리

학적 주장을 약간씩 손질하며 거듭 내세웠다. 그러나 그로써 하느님은 **단지** 한 투사, 인간의 희망이 만들어낸 일종의 자기위안 혹은 훗날 프로이트가 동일한 노선에서 말한 "유치한 환상"일 따름이라는 것이 결정적으로 입증되었던가? "단지"라는 표현이 담긴 명제들을 조심해야 한다! 그런 명제들이 확실한 근거가 없는 것을 확실하다고 암시한다.

하느님 신앙이 심리학적으로 설명될 수 있다는 것은 물론 인정해야 한다. 그러나 여기서 심리학을 따를 것인가 말 것인가 식의 양자택일은 옳지 않다. 아무튼 심리학적으로 볼 때, 하느님 신앙은 언제나 투사의 구조와 내용들을 드러낸다. 사실 하느님 신앙은 투사의 혐의를 받을 만한 소지를 내포하고 있다. 그러나 투사라는 사실 자체가, 그것이 암시하는 대상의 존재 여부를 좌우하는 것은 아니다. 다른 말로 해서: 하느님이 존재하기를 바라는 것과 실제로 하느님이 존재하는 것은 전적으로 부합할 수 있다. 죽음과 함께 모든 것이 끝장나지는 않는다는 것, 나의 삶과 인류 역사에는 의미가 있다는 것, 요컨대 하느님이 존재한다는 것을 바라서는 안될 까닭이 도대체 어디에 있는가? 사실 어찌보면 포이어바흐는 전적으로 옳았다: 종교가, 믿음·희망·사랑과 마찬가지로, 투사라는 동인動因을 내포하고 있음은 이론의 여지가 없다. 그러나 종교가 "단지" 투사일 따름이라는 것은 포이어바흐도 결코 입증하지 못했다. 과연 종교는 어떤 전혀 다른 실재와의 관계이기도 하다.

(2) **종교의 소멸**에 관한 주장: 거듭 새삼 변주되었던 종교의 종말에 관한 역사·문화·철학적 주장 역시 미래에 대한 극단적으로 분극화分極化된 근거없는 추정에 바탕을 두고 있다: 미래에는 "신앙의 자리에 회의가 들어서고, 이성이 성서를, 정치가 종교와 교회를, 땅이 하늘을, 노동이 기도를, 물질적 궁핍이 지옥을, 인간이 그리스도를 대체"[5]하리라는 것이다. 참으로? 오늘날 너무나 분명해진 사실: 무신론적 인본주의에 의한 "종교의 폐기"(포이어바흐)나 무신론적 사회주의에 의한 "종교의 절멸"(마르크스)이나 무신론적 과학에 의한 "종교의 대체"(프로이트) 그 어느 것도 올바른 예측이 아니었음이 밝혀졌다. 오히려 완전히 거꾸로, 선한 인간 본성(포이어바흐)에 대한 신앙(!)은 명백한 투사임이 드러났고,

미래의 사회주의 사회에 대한 신앙(마르크스)은 인간의 희망이 만들어낸 자기위안임이 밝혀졌으며, 합리적 과학에 대한 신앙은 위험한 환상임이 입증되었다. 또한 우리는 이론적일 뿐 아니라 실천적인 허무주의의 문제제기를 매우 진지하게 수용해야 하지만, 어쨌든 신의 죽음에 관한 니체의 예고 역시 그릇된 것이었음이 드러났다! 오히려 거꾸로 오늘날 우리는 (이것은 후현대라는 새 시대의 가장 뚜렷한 표지 가운데 하나이거니와) 오랜 세월 무신론 아래 있던 구舊 소련과 아직도 공식적인 무신론 국가인 중국에서도 종교가 돌아오고 있음을 지켜보고 있다.

그런데도, 후현대에서의 종교(그리스도교든 유다교든 이슬람교든, 또는 인도나 중국에 기원을 둔 어느 종교든)의 미래를 위해서는 각 종교가 앞에서 언급한 걸출한 종교비판가들의 정당한 근본 관심사들을 진지하게 받아들이느냐가 중대한 변수가 될 것이다:

— 종교는 후현대에도 또다시 (현대에 그토록 자주 그러했듯) 인간의 지성적·윤리적·정서적 소외와 빈곤화의 표현이 될 것인가, 아니면 인간을 여러모로 풍요롭게 만들어주는 이론적으로나 실천적으로나 참된 인본주의가 될 것인가?

— 종교는 또다시 "아편"이나 사회를 달래고 진정시키거나 억압하는 도구가 될 것인가, 아니면 포괄적 계몽과 사회적 해방의 수단이 될 것인가?

— 종교는 "환상"이나 정신적 미숙·노이로제·억압의 표현으로 드러날 것인가, 아니면 인격적 정체성과 정신적 성숙의 표현으로 드러날 것인가?

그리스도교에서는 19세기 이래 "도대체 그리스도교는 무엇인가?"라는 물음이 더욱 절박하게 제기되었다. 역사주의의 전성기였던 당시에 신학은 이 근본 문제에 갈수록 깊이 몰두했다. 그리고 그리스도교의 "본질"에 관해 새로이 되물음으로써 이 문제에 대답하고자 노력했다 — 철학적·사변적 관점이 아니라 역사적 관점에 터하여.

② 그리스도교의 본질 — 역사적으로 복원될 수 있는?

포이어바흐 후 거의 50년 만인 1900년, 고명한 개신교 교회사와 교의사 학자 하르낙의 강의들이 「그리스도교의 본질」[6]이라는 책으로 세상에 나왔다.

소박한 복음으로 돌아가라(하르낙)

위의 제목으로 하르낙이 베를린 대학에서 모든 학부 학생들을 대상으로 행한 강의가 그랬듯이, 책 또한 (같은 해에 출판된 또하나의 세기적 저서인 프로이트의 「꿈의 해석」과는 정반대로) 엄청난 호응을 얻었다. 왜? 이 책에서는 그리스도교 교의학의 지극히 복잡한 발전과정을 꿰뚫어 알고 또 그것을 여러 권짜리 교의사[7]에서 상술했던 사람이, 간결하고 투명하며 누구나 이해할 수 있는 방식으로, 그리스도교의 본디 모습과 처음의 단순소박하고 "싱싱한" 그리스도교 메시지에 관해 되묻고자 애쓰고 있기 때문이다: "그리스도교는 무엇인가? 그리스도교는 무엇이었고, 무엇이 되었는가?"[8] 이것이 주도하는 물음들이다.

사실 하르낙의 작업은 "그리스도교 신학으로 하여금 역사적으로 신빙성있는 **복합체 약분**約分, 다시 말해 철학적·사변적·개념적으로 지나치게 복잡하고 거대한 덩어리에 대해 일종의 '군비축소'를 단행하게 함으로써, 오늘날 그리스도교 선포의 핵심내용이 뚜렷이 드러나게 해준 비할 데 없이 대담한 시도"[9]였다고 말할 수 있다. 물론 하르낙은 그리스도교에 대한 시각이 유럽중심적으로 국한되어 있었던 점에서 전형적으로 근대적이었다: "우리는 이 물음에 대답하는 가운데 자연스럽게 보다 포괄적인 저 물음, 곧 종교는 무엇인가 그리고 종교는 우리에게 무엇이어야 하는가라는 물음에도 빛이 비추어지기를 희망한다. 그러나 우리는 종교에 관한 물음을 다룸에 있어서도 결국은 아무래도 그리스도교에 집중하게 마련이다. 다른 종교들은 우리에게 깊은 감명을 주지 못한다."[10]

하르낙의 등장은 무엇보다도 다음 물음을 야기했다: 그리스도교 역사에서 그리스도교의 "본질"에 관해 묻게 된 것은 언제부터였던가? 이 물음은 실상 그리 새삼스러운 것이 아니었다. 개신교 신학자요 역사학자인 트뢸취는(그는 신학에도 역사적 사고방식을 엄격히 적용해야 한다고 이미 오래 전에 주장했었다)[11] 이 물음을 낭만주의와 관념주의 시대에 중요한 논문 「"그리스도교의 본질"은 무엇을 의미하는가?」[12]에서 제기했다. 그리고 이미 계몽주의 신학에서도 이 물음이 제기된 바 있었다.[13]

근년에 개신교 신학자 롤프 셰퍼는 이미 1694년 경건파 사제 슈페너가 "그리스도교"와 "그리스도교의 정확한 본질"에 관해 이야기했음을 밝혔다. 그러므로

"그리스도교의 본질" 언급은 학문적 이야기가 아니라 신심을 고취하는 이야기에서 유래하며, 따라서 그 단어는 "계몽주의가 만들어낸 말이 아니라, 경건주의가 만들어낸 말"이라는 것이다.[14] 가톨릭 신학자 바겐하머[15]의 조사는 더 꼼꼼하다: "그리스도교의 본질"이라는 상투어는 이미 1666년 루터교 경건파 목사 베트케의 유고인 「그리스도교의 가장 중요하고 실체적인 본질」에서 발견되며, 「그리스도교 종교의 본질」이라는 최초의 전공 논문은 프랑스 경건파Labadist 이봉[16]에게서 유래한다. 이러한 정황이 말해주는 것은 무엇인가?

종교개혁과 계몽주의가 제기하는 물음

"그리스도교의 본질"이라는 말을, 예를 들어 "그리스도교의 실체substantia"(평화주의자인 슈트라스부르크의 종교개혁가 마르틴 부커에게서 발견된다. 그는 루터 교회와 개혁 교회를 결합시켜주는 공통된 그리스도교적 요소를 찾아내려 애썼다)[17] 같은 유사한 표현들과 함께 놓고 볼 때, 두 가지 추론을 할 수 있다:

첫째: 그리스도교의 "본질"(또는 실체)에 관한 이야기가 그리스도교적인 것의 농축 그리고 비그리스도교적인 것, 다시 말해 그리스도교의 "왜곡"과의 경계설정을 의미하는 한, 그것은 16세기 **종교개혁**을 전제하고 있다. 이 추론은 사실 타당하다. 왜? 종교개혁은 과연 그리스도교의 타락과 왜곡을 용납하지 않고 원천적 복음을 되찾고자 했기 때문이다. 성서에 담긴 복음을 종교개혁가들과 경건파가 **확실히 주어져 있는 그리스도교의 정수**(본질)로 여겼음은 두말할 것이 없다 ― 그 정수를 구체적으로 정확히 무엇(의인義認·중생重生·은총 …)으로 규정했든 간에.

둘째: "그리스도교의 본질" 이야기가 그리스도교의 각양각색 "형태들"에 대한 역사적 통찰을 의미하는 한, 그것은 18세기 **계몽주의**를 전제하고 있다. 왜? 계몽주의는 과연 무엇보다도 그리스도교의 합리성을 드러내려 애썼으나, 그러는 가운데 그리스도교적인 모든 형태의 근본적 역사(예속)성을 인식하게 되었으며, 그리하여 이미 원천적으로 성서 안에 주어져 있는 **그리스도교의 정수**(본질) 또한 **한 물음**으로서 파고들기 시작했기 때문이다.

그 이후 이제는 대놓고 (그리스도교적인 것의 약분이나 대체를 위해서가 아니라, 농축과 집중화를 위해!) 그리스도교에 중요하고 결정적이고 특징적인 것, 다시 말해 "실제적"이고 "핵심적"이고 "본질적"인 것을 캐묻게 되었다. 물론 이 본질적인 것은 오늘날, 앞에서 말했듯이 이상주의적으로 이해되어서는 안되며, 현실적으로 다음과 같은 것으로 이해되어야 한다:

— 그리스도교의 변화하는 역사적 형태들 **안에** 있는 항구적 본질로서;

— 거듭 새삼 독성毒性을 옮기는 악하고 왜곡적인 것을 무릅쓰는 참 본질로서; 그리고 신앙 분열 이후 계몽주의의 화해적 경향들을 수용하면서 하나 더 첨가한다면,

— 각양각색의 모든 그리스도교 종파들과 교회들을 묶어주는 공통된 본질로서.

오늘날 사람들은, 역사적 연구에 터하여, 서로 완전히 대립되는 두 가지 관점을 배척하는 데 널리 일치하고 있다: 그리스도교의 본질은

— 일종의 **이성종교**, 즉 이른바 모든 시대에 합리적인 자연(본성)종교와 동일시될 수 없다. 이러한 동일시는 영국의 사상가 로크, 톨런드, 틴덜이 각각 「그리스도교의 합리성」[18], 「불가사의하지 않은 그리스도교」[19], 「창조만큼 오래된 그리스도교」[20]에서 논증·제시했는데, 그것은 계몽주의를 위한 (그리고 어디까지나 그리스도교의 핵심을 옹호하기 위한) 선구적 시도였다.

— **가톨릭교**의 본질과 동일시될 수 없다. 이러한 동일시는 2차대전 이후에도, 예를 들면 독일 가톨릭 신학자 슈마우스[21]와 과르디니[22]의 저작들에서, 공의회 이전의 정신에 터해 시도되었다.

그러면 이제 무엇을 해야 하는가? 더 낮게 표현하여: 자연종교가 아니라 역사적 종교인 그리스도교의 본질을 규정하기 위해 어디서 든든한 근거를 얻을 수 있을까? 바로 그리스도교의 **기원**에 대한 통찰에서 얻을 수 있다. 그리고 여기서 역사적으로 보아 이론의 여지가 없는 사실: 바로 자신의 기원에 터해 볼 때, 그리스도교는 모든 인간에게 자연적으로 주어져 있는 일종의 합리적 종교가 아니며, 특정한 로마교회 체제와 동일시될 수는 더구나 없다. 오히려: 자신의 기원에 터해 볼 때, 그리스도교는 특정한 **이름** 없이는 생각도 할 수 없다.

③ "그리스도교" — 이름대로 이해해야

나는 사상事象들을 제 이름대로 부르고 개념들을 제 뜻대로 파악하는 명확한 언어 사용에 힘씀으로써, 아무리 선의에서 비롯되었을지라도 그릇된 그리스도교적인 것의 지나친 확장·혼합·왜곡·혼동을 저지하고자 한다. "그리스도교"라는 개념은 너무나 묽어졌고 제멋대로 잡아늘여졌다. 나는 여기서 그 개념을 정확히 움켜쥐고자 한다. 그리스도인들의 그리스도교는 그리스도교답게 남아 있어야 하기 때문이다. 아니, 필경 새로이 그리스도교다워져야 하기 때문이다.

그리스도 없이는 그리스도교 없다

"그리스도교의 본질" 또는 "요체"라는 **문구**에 집착하지 않고 **실제 그리스도교**에 눈을 돌린다면 다음 사실을 부인하지 못할 것이다: 경건주의나 계몽주의가 그리스도교의 "본질"에 관한 물음을 제기하기 전에도 전적으로 "본질에 맞갖은" 그리스도교가 존재했다! 종교개혁이 "참" 그리스도교에 관해 신학적 물음을 제기하기 전에도 "참" 그리스도교가 존재했음은 두말할 것이 없다! "그리스도교"라는 단어가 고대교회와 특히 중세교회에서 비교적 드물게 사용되었고, 사람들은 오히려 그리스도교 "신앙"이나 "교회" 등에 관해 더 많이 이야기했다는 사실을 확인한다고 해서 사정이 달라지는 것은 아니다. 예를 들어 2세기의 호교론자요 철학자였던 순교자 유스티누스는 "참된 철학"인 그리스도교에 관해 말했는데, 그것은 한 종교이론만이 아니라 삶의 실천도 아울러 의미했다.

우리에게 진짜 중요한 것은 개념의 역사가 아니다. 개념의 역사에서 실제 역사로 옮겨간다면 다음 사실이 확인된다: 믿음과 삶의 길로서의 그리스도교라는 2천 년 묵은 역사적 현상은 당초부터 또 모든 시대를 지나오면서 (유다교와는 달리) 아주 근본적으로 한 특정한 인간의 이름과 결부되어 있다. 신학자들은 그동안 대체로 **사상**事象을 제 **이름**대로 부르는 대신 둘러말하는 특별한 재주를 키워 왔다. 독일어에서 "아이는 이름을 가져야 한다"라고 말할 때, 그것은 한 사상이 구체적 기원·정체성·근거를 필요로 함을 의미한다. 아주 초보적으로, 왜 그리스도교는 그리스도교라는 이름을 갖고 있느냐고 묻는다면, 대답은 다음과 같을 수밖에 없다: 그리스도교는 자신의 **바탕**을 이러저러한 원리·이념·원칙·개념들 안에 두지 않고, 오늘날에도 옛날 말로 **그리스도**라 불리는 한 **인간** 안에 두고 있기 때문이다. 이 대답은 과연 매우 초보적이다. 그러나, 앞으로 다루려니와, 이 초보적 대답은 이론과 실천에 있어 극히 복잡한 결과를 낳는다.

"그리스도교"라는 이름은 "그리스도"(이것은 이 사람의 고유한 이름, 그를 다른 이들과 구별해주는 특징적 명칭이 되었다)에게서 유래한다. 물론 "그리스도교"라는 명칭은 성서에는 나오지 않는다. 마르틴 루터가 이 단어를 아주 드물게 사용한 것도 아마 그런 까닭에서였을 것이다. 그러나 어쨌든 이 명칭은 그것에 의해 특징지어지는 현상만큼이나 오래되었다. **"그리스도인들"**이라는 단어는 이미 사도행전에 나오는데, 그 보도에 따르면 이 이름은 ― 아마도 별명으로서? ― 시리아의 안티오키아에서 생겨났다. 당시 그곳에는 예루살렘에서 피해 온 유다계 그리스도인들 외에 첫 이방계 그리스도인들도 있었다.[23] 필시 이 안티오키아에서 "그리스도교"Christianismos("Christos"처럼 그리스어다)라는 낱말도 생겨났을 것이다. "그리스도교"라는 낱말의 생성은 "유다교"Judaismos[24]라는 낱말의 생성과 매우 흡사한데, 둘다 교리와 실천 그리고 공동체를 두루 아울러 지칭하는 말이다. "그리스도교"라는 낱말이 처음으로 등장한 것은 110년경 시리아 대도시의 주교 이냐티우스의 편지에서다. 이냐티우스는 트라야누스 황제의 박해 때 체포되어 로마로 압송되던 중에 마그네시아인들에게 써 보낸 편지에서, 마땅히 "그리스도교에 맞갖게" 살라고 썼다.[25] 그러면서 그는 벌써 "그리스도교"와 "유다교"를 극히 엄격하게 구별하고 있다. 심지어는 "예수 그리스도를 말하면서 유다교식으로 사는 것은 당치 않다"[26]라고 말한다. 반면 라틴어에서는 그리스도교가 본디 그저 "그리스도적 이름"nomen christianum을 의미했다.[27]

그리스도중심주의적 협소화 아닌 그리스도에의 집중

2세기에 들어서자마자 벌써 이냐티우스 같은 이방계 그리스도인 주교는 놀라울 만큼 유다계 그리스도교에 관해 아무것도 알고 싶어하지 않았다. 하지만 우리는 "그리스도인"이나 "그리스도교"라는 낱말이 처음부터 유다인 예수 그리스도의 이름과 결부되어 있었다는 사실을 확인하지 않을 수 없다. 과연 신약성서의 문서들은 그에 관해 끊임없이 이야기하고 있다: 한 역사상 인물로서! 이 사실은 거의 같은 시기의 그리스도교 밖의 증언들도 확인해 준다:

— **요세푸스 플라비우스**: 유다인 역사가인 그는 90년경 로마에서 "소위 그리스도라는 예수의 형제" 야고보가 62년 돌에 맞아죽은 일을 신중하게 전한다.[28]

— **가유스 플리니우스 2세**: 소아시아 비티니아 지방의 로마 총독이었던 그는 112년 여러 가지 범죄 혐의로 고발된 "그리스도인들"의 처리 문제를 트라야누스 황제에게 문의한다. 그의 심문에 따르면, 이들은 황제 숭배를 거부했으나, 그 외에는 그저 "그리스도라는 신"에게 찬미가를 부르고, 몇 가지 계명(훔치지 말라·강탈하지 말라·간음하지 말라·배교하지 말라)을 지키기로 서약을 했었다.[29]

— **코르넬리우스 타키투스**: 로마의 저명한 역사가요 플리니우스의 친구였던 그는 플리니우스보다 좀 뒤에 로마의 대화재에 관해 전했다: 백성들은 방화의 장본인을 네로 황제로 지목했으나, 네로는 "그리스도인들"Christiani(우직한 자들?)에게 혐의를 뒤집어씌웠다는 것이다. 그리고 이 낱말은 티베리우스 황제 치세에 총독 본디오 빌라도에게 처형된 "그리스도"라는 자에게서 유래하는데, 그가 죽은 후 이 "불길한 미신"이 온갖 추악하고 야비한 것들과 함께 로마에 번져 들었고, 게다가 화재 이후엔 거대한 신도 무리를 얻게 되었다고 했다.[30]

그리스도교에 관한 1·2세기 유다인과 이방인들의 이 가장 오래된 증언들이 말하는 내용은 2천 년 동안의 무수한 증언들에 의해 거듭 새삼 확인되며, 또한 본디 실로 자명해야 하는데도 전혀 자명하지 않게 된 그 어떤 것에 눈을 돌리라고 지시한다: 즉, **"종교"** 다시 말해 **구원의 소식과 구원의 길**로서의 그리스도교는, 근본적으로

● 그 어떤 영원한 이념("정의"든 "사랑"이든 또는 그밖의 무엇이든)이나

● 그 어떤 도그마(제아무리 엄숙할지언정)나

● 그 어떤 세계관(제아무리 멋지더라도)을 주장하는 것이 아니라

● 구체적 인간 예수 그리스도의 결정적·궁극적 의의를 선포한다.

그리스도교(교회·신학·법률·영성·민중신심) 역사 안에 덕지덕지 쌓여온 (앞으로 상술할) 것들을 치워놓는다면, 그리스도교의 **원천**에는 다름아닌 한 인물이 자리잡고 있음을 발견하게 된다. 오로지 이 인물에게서 그리스도교의 항구적 **중심**을 만날 수 있고, 오직 이 인물로부터 그리스도교의 **본질** 물음의 대답을 얻을 수 있다.

그러므로 이제 여기서 무엇보다도 중요한 것은 **그리스도에의 집중**이다. 이 집중은 그러나 **그리스도중심주의적 협소화와는 다르다!** 그러한 협소화를 당초부터 방지하고, 모든 면에서 보편적이고 인본주의적인 지평을 활짝 열어두기 위해, 여기서 몇 가지 중간질문을 제기하기로 한다.

미래를 위한 물음

유다교 고유의 것(한 분 하느님의 백성이요 나라로서의 이스라엘)에의 집중은, 바로 이 한 분 하느님께 대한 유다교적 신앙이 그 사람의 이름으로 온 세상에 선포되었던 저 나자렛 출신 유다인을 당초부터 배척해야 하는가?

이슬람교 고유의 것(하느님의 말씀을 기록한 경전 「쿠란」)에의 집중은, 무함마드 이전의 저 위대한 예언자요 메시아(유다교 문헌도 이미 5백 년 전에 그에 관해 언급한다)의 역사 및 선포와의 참된 대결을 포함해서는 안되는가?

그리스도교 고유의 것(이 한 분 하느님의 그리스도요 아들)에의 집중은, 당초부터 나머지 두 아브라함적 종교들과의 매정한 결별로 귀결될 수밖에 없는가? 혹시 바로 이 그리스도교의 중심으로부터 유다교 및 이슬람교와의 연결선들이 그어질 수는 없을까?

그러면 이제 그리스도교 신앙의 핵심을 고찰함으로써, 그리스도교의 본질을 보다 정확히 규정해 보기로 하자: 그리스도교의 중심을 이루고 있는 것은 무엇인가? 그리스도교의 바탕 인물과 근본 동인動因은 무엇인가? 그리스도교의 중요한 구조적 요소들은 무엇인가?

중 심

유다교에 관해 말해야 했던 것이 그리스도교에는 더더욱 통용된다: 즉, 그리스도교의 "중심"은, 그것에 비하면 그리스도교의 다른 모든 이념과 개념들은 단지 역사적 과정의 소실일 뿐이라는 어떤 "근본이념"이나 "근본개념"과 (헤겔 식으로) 혼동해서는 안된다. 또한 그리스도교의 중심은, 그것에 터해 그리스도교 신앙 전체가 체계적으로 구성될 수 있다는 어떤 "근본원리"와 (교조적·정통주의적으로) 혼동해서도 안된다. 그렇다면 그리스도교의 중심에 관한 문제에서 진짜 중요한 것은 무엇인가?

바탕인물과 근본동인

구약성서와 마찬가지로 신약성서로부터도 한 통일된 개념체계나 응집력 있는
스콜라식 교의학을 이끌어낼 수는 없다. 신약성서의 문서들이 구약성서와는 달
리 기껏해야 한 세기 안에 전부 씌어졌지만, 역사비판적 연구는 신약성서 안에
서도 갖가지 전승·지층·신학들을 꼼꼼히 구별해내야 함을 가르쳐준다. 그러
나 여기서도 다음 물음은 마찬가지로 절박하다: 그 온갖 다양성에도 불구하고
전승·지층·인물·신학들을 묶어주는 어떤 것이 있어야 하지 않을까?

1 그리스도교 원전들에 공통된 것

신약성서는 공통분모 없는 잡다한 문서의 집적일 뿐인가, 아니면 그 이상인가?[1]

온갖 다양성에도 불구하고 하나인 바탕인물

이론의 여지가 없는, 그러나 통찰력 없고 교조적으로 눈먼 사람들은 인식하
지 못하는 사실: **신약성서에 모아들여진 문헌들**은 매우 **다양**하고, 우연히
생겨나기도 했으며, 때로는 심지어 서로 상충되기도 한다. 거기에는 주로 과거
의 사화와 말씀 그리고 놀라운 사건들을 전해주는 복음서들과, 현재와 미래를
겨냥하는 예언적 서간들이 있다. 상세하고 체계적인 교리서간들이, 수신인들의
물음에 대한 답변으로 치밀한 구상 없이 씌어진 서간들과 어깨를 나란히하고
있다. 이 문서들의 범위는 도망친 노예의 주인에게 우연히 써보내게 된 두 쪽
도 안되는 편지에서부터, 그리스도인 첫 세대와 그 중심인물들의 행적에 대한
좀 지루한 서술에 이르기까지 매우 폭넓다. 어떤 문서들은 문체가 깔끔하고,
어떤 것들은 다듬어지지 않았다. 어떤 문서들은 언어나 사상 배경으로 볼 때

아람어를 사용하던 유다인들에게서 유래하고, 또 어떤 것들은 그리스어를 사용하던 유다계 또는 이방계 그리스도인들에게서 유래한다. 문서의 저자로 명기된 사람이 진짜로 쓴 문서들도 있고(바울로 친서 등), 저자 이름만 빌린 것들도 있다(위서들). 어떤 문서들은 예수 사후 매우 이른 시기에 씌어졌고(50년경), 또 어떤 것들은 아주 늦게 씌어졌다(100년경) … !

그래서 절박한 **물음**: 이렇듯 다양한 신약성서 27권의 "책들"을 (그 배후의 저자들 및 공동체들도 포함하여) 함께 묶어주는 것은 도대체 무엇인가?

그 **대답**은, 문서들 자체의 증언에 따르건대, 놀랄만큼 단순하다: 그것은 나자렛 **예수**라는 한 유다인의 이름이다. 추종자들은 그에게 유다인들이 인간에게 부여할 수 있는 최고의 존칭을 드렸으니, 곧 마쉬아(히브리어)·메시아(아람어)·크리스토스(그리스어)가 그것인바, 하느님께 기름부음을 받은 자 또는 하느님이 파견하신 자라는 뜻이다. 하느님의 그리스도인 예수가 바로 신약성서의 모든 이야기·비유·서간·공문들 그리고 또한 각양각색의 유다계 그리스도인 공동체들과 이방계 그리스도인 공동체들을 함께 묶어주는 **바탕인물**이다. 압축된 성서적 표현을 따르건대: "예수(는) 그리스도(이시다)."

한 가지 덧붙이면, 1947년부터 1956년 사이에 사해死海 부근 **쿰란**의 폐허가 된 집단 주거지 가까운 곳의 동굴들에서 발견된 저 말 많은 두루마리들에서는 나자렛 예수에 관한 것이 전혀 발견되지 않는다.

예수의 감추어진 비밀?

일찍이 1974년에 성실한 학술문헌들에 의지하여, 예수 및 그의 제자 공동체와 에세네파 및 쿰란 공동체 사이의 공통성뿐 아니라 조화될 수 없는 상이성을 꼼꼼히 밝혀냈던 사람으로서(그 연구에 필요한 주요 텍스트들은 이미 당시에 모두 공개되어 있었다)[2], 학문적으로 전혀 미덥지 못한 몇몇 선정적 작가들이 특정 대중매체들의 도움으로, 가톨릭 교회 특히 바티칸이 예수에 관한 진실("예수의 감추어진 비밀")[3]의 보도·공개를 강압적 수단을 동원하여 가로막고 있다고 주장함으로써, 무수한 사람들을 오도하는 데 성공했다는 사실이 그저 놀라울 따름이다. 이 문제와 관련하여 나 역시 바티칸의 탄압 희생자로 거명되었음에도, 또 내가 여러 다른 문제에서는 로마 종교재판소와 맞서 싸우고 있지만, 어쨌든 이 "(예수 비밀) 폭로 이야기들"에 대해 진실을 **명백히 밝혀야**만 하겠다:

— 쿰란에서 발견되었다는 진실을 은폐하기 위한 바티칸의 음모 따위는 전혀 없었다. 그러나 어쨌든 그런 허황된 주장들이 널리 받아들여지고 있다는 사실은 가톨릭 교회의 신뢰성 위기를 말해주는 증거다. 사람들은 오늘날 다시금 새로이 강압적이고 방자해진 바티칸이 하는 말은 믿지 않는다. 그러나 바티칸이 무슨 짓이든 할 수 있다는 것은 믿는다.

— 그러한 풍설의 빌미를 제공한 것은, 여러 그리스도교 종파들로 구성된 이기적이고 속좁고 비효율적인 7인 연구위원회다(슬프게도 당시 요르단령이었던 동예루살렘에서 유다인은 한 사람도 참여하지 못한 채 구성되었다!). 이 위원회는 모든 — 우표 크기만 한 것들을 포함해 약 10만 개 — 단편들을 무조건 자기네가 출판하려 했고, 그 꼴로 계속 지지부진이었다.

— 게다가 여기서 고지식한 신학의 무능이 여지없이 드러나는바, 이 신학은 연구 결과를 알아듣기 쉬운 말로 대중에게 소개하는 일에 항상 무능하거나 혹은 뜻이 없음을 드러내고 있다. 그리고 교회 지배층의 못남 또한 뚜렷이 드러나고 있으니, 그들은 비판적 주석학과 역사학의 결실들을 되도록 본당이나 기타 공동체들로부터 멀리 떼어놓으려 한다(사람들은 그런 결실들에 관해 주일 강론에선 아무것도 듣지 못하다가, 어느 날 전혀 뜻밖에 텔레비전을 통해 알게 되곤 한다).

— 그러나 이 모든 것이 비밀스러운 것·감추어진 것·선정적인 것에 대한 대중의 욕구나 만족시키는 소위 학문적이라는 서적들을 가지고 뻔뻔스런 장삿속이나 채우는 저 수완좋은 출판사와 대중매체들의 못된 짓을 덮어주지는 않는다. 그리스도교와의 결별 이유를 애써 찾고자 하는 사람은 이따위 "예수의 감추어진 비밀"이나 (이른바) 예수의 가사假死, 토리노의 (가짜)[4] 수의壽衣, (멋대로 꾸며낸) 예수의 인도 여행[5] 그리고 유사한 공상이나 음모설들[6]을 이유로 끌어대서는 안 된다. 그는 자신이 그리스도교와 결별할 수밖에 없는 까닭을 보다 설득력있게 제시해야 한다.

이제 **핵심 사항들**에 관해 말하기로 하자: 쿰란 문헌들이 예수의 등장 및 첫 그리스도인 공동체 생성 직전의 유다 사회와 신심에 관한 중요한 정보를 제공한다는 것은 두말할 것이 없다.[7] 진지하고 성실한 쿰란 문헌 연구는 유다인과 그리스도인을 대립시키지 않고 오히려 결합시킨다. 왜냐하면 쿰란 문헌은 많은 세부적인 면(특히 언어)에서 신약성서를 더 올바로 이해하도록 도와주기 때문이다(예컨대 "하느님의 아들"이라는 낱말은 시편뿐 아니라 한 쿰란 단편에도 나온다). 무엇보다 중요한 것은, 이 문헌이 그리스도교가 뿌리박고 있는 토양인 유다교 신앙과 문화 공간을 공유하고 있다는 점이다.

아마 68년경 로마군에 의해 괴멸된 것으로 보이는 쿰란 공동체의 기능을 명백히 규정할 수는 없지만, 어쨌든 많은 학자들의 믿을만한 추측에 의하면, 그곳은 에세네파 혹은 어떤 다른 분파의 집단 거주지였으며, 그들은 그 사해 부근 황야에서 그들 특유의 엄격한 율법 준수를 생활화하고 있었다. 원原그리스도교에 관한 어려운 문제들의 연구를 위해 중요한 점들:

— 1991년 이스라엘 당국이 실시한 방사능 탄소에 의한 연대 측정에 따르면, 중요한 쿰란 문서들은 모두 예수 이전, 즉 기원전 1~2세기에 씌어졌다(예전 문서들을 베껴 쓴 것들은 연대가 좀 늦다).

— 세례자 요한, 예수, 예수의 형제 야고보, 사도 바울로 그 누구도 우리가 알고 있는 문헌들에 따르면 쿰란과는 관계가 없다.

— 특히 예수의 이름은 지금까지 공개된 모든 쿰란 문서 그 어디에도, 암시적으로건 암호화되어서건, 단 한 번도 언급되지 않는다. 예수를 "의로움의 스승"(그 인물됨이 알려져 있지 않은 공동체 창설자인 이 사제는 기원전 150~100년에 활동했다)과 동일시하는 것은 명백히 잘못된 연대 측정과 그릇된 해석에 기인한다.

— 그러므로 쿰란 문헌에서는 그리스도교의 흔적을 전혀 찾아볼 수 없다. 더구나 이미 내림한 메시아, 아니 십자가에 처형되고 부활한 메시아에 관해서는 더 말할 것도 없다. 오히려 거꾸로다: 바로 쿰란 특유의 반복되는 침례욕·공동식사·재산공유·위계질서야말로 예수 및 그의 제자 공동체와 뚜렷이 상이한 점들이다.[8]

② 그리스도교 역사를 통합해주는 것

그리스도교 역사는 그 무엇, 그 누구에 의해서도 통합되지 않는 대조적 이념들과 사건들의 극히 자의적이고 모순적인 진행의 연속인가, 아니면 그 이상인가?

온갖 상충에도 불구하고 하나인 근본동인

교회 전통 아니 **그리스도교 역사** 자체 **안에는** 온갖 균열·비약·단절·대조·상충이 존재한다는 것은 이론의 여지가 없는 사실이니, 교회사 이데올로그가 아니라면 그러한 상충을 억지로 조화시키거나 얼버무리려 들지 못할 것이다. 아무튼 거의 사회학적 "법칙성"에 따라 다음과 같은 일이 일어났다: 작은 공동체가 거대한 조직이 되었고, 소수집단이 다수파가 되었으며, 지하교회가 국가교회가 되었다. 박해받던 자들이 지배자들이 되었고, 이 지배자들은 이제 스스로 박해자들이 되었다 …. 어느 시대가 진정한 그리스도교 시대인가? 네로의 박해를 받던 순교자들 시대? 콘스탄티누스 대제의 황궁 주교들 시대? 아일랜드·스코틀랜드 수도자들 시대? 혹은 고명하신 중세 교회정치가들 시대?

그리스도교는 얼마나 많은 것을 겪었는가! 유럽 생성기의 야만족 개종, 독일 황제들과 로마 교황들에 의해 새로이 창건되어 또다시 멸망한 로마제국, 십자군 전쟁과 유다인 박해, 교황 공의회와 교황들을 괴롭히던 개혁 공의회 …. 그리스도교는 인문주의자들과 르네상스 인물들의 황금기를 경험했고 종교개혁가들의 엄청난 교회혁명을 겪었으며, 그것은 또한 반反종교개혁과 종교재판으로 이어졌으니, 곧 바로크·가톨릭 정통주의와 루터·칼뱅파 정통주의 시대였고, 개신교 각성 시기가 뒤따랐다. 그후 순응의 시기, 저항의 시기, 암흑의 시기, 계몽주의 시기, 개혁의 단계와 복고의 단계, 절망의 시간과 희망의 시간 … !

그래서 절박한 **물음**: 이렇게 극히 자기모순적인 2천 년 그리스도교 역사와 전통을 통합시켜주는 것은 도대체 무엇인가?

그 **대답**은, 여기서도 마찬가지로 근본적이거니와, 다음과 같을 수밖에 없다: 그것은, 어느 시대에나, 하느님이 파견하신 종말론적 예언자요 그분의 대리자이자 아들로 불리는 저 **예수**의 이름이다. 예수 그리스도라는 이름은, 이를테면 그리스도교 역사라는 끊임없이 새로 꼬아가는, 흔히는 몹시 터지고 지저분한 밧줄 한가운데의 "금줄" 같은 것이다: 그것은 온갖 타락과 퇴행에도 불구하고 결코 소멸되지 않고 그리스도교 전통·전례·신학·신심 안에 살아 있는, 모든 것을 결합시키는 근본동인動因이다.

이것은 오늘날에도 통용된다. 한번 다음과 같이 자문해 볼 일이다: 우리 세기의 그토록 다양한 인물들, 예컨대 유다인 여성 철학자 에디트 슈타인(†1942), 저항운동가 디트리히 본회퍼(†1945), 미국의 시민운동가 마르틴 루터 킹(†1968), 엘살바도르의 대주교 오스카 로메로(†1980), 폴란드의 사제 예르치 포피엘루츠코(†1984)의 공통점은 무엇일까? 그들은 모두 그리스도인이었고, 방자한 폭력정권 아래에서 동시대인들의 인간다운 삶을 위해 맨주먹으로 싸웠다. 그들은 모두 잔인한 폭력에 죽임을 당했고, 바로 그랬기에 그들의 표양이신 저 십자가에 처형된 나자렛 사람과 비슷하게 되었다.

이로써 우리는 그리스도교의 중심에 관한 물음에, 일반적이긴 하지만 근본적이고 결정적인 첫 대답을 제시할 수 있게 되었다:

● 예수 그리스도 없이는 신약성서 문서들의 결집도 신앙공동체도 없다: 그는 (그래도 완전히 이질적이지는 않은) 그 모든 전통들을 통합시키는 **바탕인물**이다.

● 예수 없이는 그리스도교의 역사와 그리스도 교회들의 역사도 없다: 그는 (그래도 완전히 상이하지는 않은) 역사적 시기들을 온갖 단절을 넘어 결합시키는 **근본동인**이다.

● 이미 신약성서 시대에 한 고유명사로 묶여진 예수 그리스도라는 이름은, 그리스도교에서 **언제까지나 유효한 것, 끊임없이 구속력을 지니는 것, 절대로 포기할 수 없는 것**이다!

추상적 원리가 아니라 구체적 인물

그러므로 그리스도교는 어떤 비인격적 이념, 추상적 원리, 보편적 규범, 순수한 사고체계에 목매고 있지 않다. 다른 많은 종교들과는 달리, 그리스도교는 하나의 일, 하나의 온전한 삶의 길을 보증하는 구체적인 한 인물과 묶여 있으니, 곧 예수 그리스도가 그 사람이다.

과연: 예수는 영원한 이념들을 선포하지 않았다. 그러므로 그리스도교의 중심에는 어떤 영원한 이념이 아니라 뚜렷한 한 인물이 자리하고 있다. 이념·원리·규범·체계는 명료성·확실성·단순성·안정성·사유—표현 가능성으로 특징지어진다. 그러나 그것들은 구체적이고 개별적인 것으로부터 떨어져나와 추상화되었기에, 단색單色적이고 현실과는 거리가 멀다. 추상화는 거의 필연적으로 획일성·경직성 그리고 상관적相關的 공허로 귀결되며, 모든 것을 핏기 없는 사고를 통해 병들게 한다. 간단히 말해서: 이념·원리·규범·체계에는 본질적으로 생명의 운동, 생생한 인식, 경험적·구체적 실존의 생각도 할 수 없는 무진장한 풍요로움이 결여되어 있다.

예수는 다르다 — 한 구체적 인간! 그러므로 그리스도인 실존은 달라야 한다! 신약성서뿐 아니라 2천 년 그리스도교 역사 또한 뚜렷이 보여주는 것: 구체적 인물 예수는 사색과 비판적·이성적 토론뿐 아니라 상상·감동·자발성·창의성·개혁을 거듭 새삼 촉발시켜 왔다. 위격으로서의 예수는 사람들로 하여금 성령 안에서 당신과 직접 실존적 관계를 맺도록 해주었다: 사람들은 그에 관해 추리·논증·토론·신학을 전개할 수 있었을 뿐 아니라, 그를 이야기할 수 있었다. 역사를 추상적 이념으로 대체할 수 없듯이, 예수의 경우 역시 이야기를 선언과 요구로, 그림을 개념으로, 실존적 감동을 지성적 이해로 대체할 수 없다.[9] 인격이 어떤 확정적 공식으로 환원될 수는 없다.

그리스도교 고유의 특징을 이루는 것은 어떤 **원리가 아니라 살아 있는 인물이다.** 살아 있는 인물만이 단어의 가장 깊고 넓은 의미에서 "매혹적"일 수 있다: 말은 가르치고, 본은 이끈다Verba docent, exempla trahunt. 그리스도인은 전반적인 "그리스도교" 생활을 실천해야 할 뿐 아니라, 이 예수 그리스도(이분의 영은 언제나 역사하고 계시다) 자신을 신뢰하고 자기 삶을 그분의 본보기에 따라 영위해 나가려 노력할 수 있다. 이렇게 예수는 당신이 본보기로서 존재하고 의미하는 그 모든 것에서 (요한 복음서가 해석하듯이) **"길이요 진리요 생명"**이심이 드러난다.[10]

그러면 이 이름, 이 인물에게 특별한 점은 무엇인가? 이 인물이 끼친 **영향의 역사**는 기껏해야 **혼란스러운 대답**만을 제공할 따름이니, 사실 개혁가와 이단자, 성인과 악당, 경건자와 위선자, 도덕가와 파락호, 권력자와 무력자 모두가 이 인물을 제편으로 끌어대 왔다. 분명한 대답은 원사元史만이 제공하거니와, 여기서 우리가 그리스도중심주의적 협소화를 방지하고자 한다면 그리고 그리스도교의 특별하고 전형적이고 고유한 점을 규정하고자 한다면, 우리는 신약성서 문서들 곧 신약성서의 원천적 소식Ur-Kunde에 관해 되물어야 한다. 그러면 그리스도교 신앙의 다양한 원전들 안에 도대체 무엇이 들어 있는가라는 물음에 구체적이면서도 간명하게 대답해보자:

— 항구적 전제(원리가 아님),

— 전범적 근본표상(도그마가 아님),

— 좨쳐대는 힘(율법이 아님).

여기서 우리는 그리스도교의 핵심적 구성요소들을 마주하게 된다.

— 항구적 전제이신 한 분 하느님에 대한 믿음,

— 전범적 근본표상이신 예수 그리스도에 대한 믿음,

— 좨쳐대는 힘이신 성령에 대한 믿음.

〈냐〉

핵심적 구성요소들

수많은 사람이 삶의 방향 설정을 갈망하고 있다. 우리는 어디서 와서 어디로 가는가? 한 분 하느님에 대한 믿음이 이 물음에 답을 제공한다.

　수많은 사람이 인생길의 이정표를 갈망하고 있다. 우리는 무엇에 의지해야 할까? 한 분 주님이신 예수 그리스도에 대한 믿음이 이 물음에 답을 제공한다.

　수많은 사람이 삶의 용기와 기쁨을 갈망하고 있다. 우리는 어디서 그 힘을 얻을 수 있을까? 성령에 대한 믿음이 이 물음에 답을 제공한다.

1 한 분 하느님에 대한 믿음

"은사는 여러 가지이나 영은 같은 영이십니다. 섬기는 일은 여러 가지이나 주님은 같은 주님이십니다. 일은 여러 가지이나 모든 이 안에서 모든 일을 하시는 분은 같은 하느님이십니다."[1] 사도 바울로가 고린토의 그리스도인 공동체에 써보낸 첫째 편지에서 한 말이다.

세 예언자적 종교의 공통성

　그리스도인들 역시 아브라함·이사악·야곱의 하느님을 믿고 있다는 사실은 오늘날 유다인과 그리스도인의 상호이해를 위해 실로 중요한 의의를 지닌다. 유다인들이 믿는 창조·정의·율법의 하느님은 배척하고, 그리스도인들이 믿는 은총·사랑·복음의 하느님만 섬기겠다? 예수 그리스도의 복음에 철저히 집중하기 위해 구약성서를 배격하거나 복음에로 축소·환원시키는 짓은, 일찍이 2세기 전반기에 주교의 아들이요 선주船主였던 마르키온이 주창한 바 있거니와, 당시 어린 그리스도교계는 그것을 최대의 이단으로서 단호히 배척·제거했다.

방금 위에서 인용한 바울로의 말이 마르키온을 물리친다(마르키온은 바울로가 예수를 진정으로 이해한 유일한 인물이라고 하면서, 그를 자신의 정당성의 근거로 끌어댔다).

그리스도교는 유다교와 함께, 또 나중에는 이슬람교와도 함께, 당초부터 전형적인 **예언자적 종교**다. 예언자적 종교는 인도의 신비주의 종교들이나 중국의 깨달음 종교들과 다르다[2]: 구원 사건에서 결정적 주도권이 하느님께 있으며, 인간은 본성적으로 그분과 같을 수 없고 인간적 노력을 통해 같아질 수도 없다. 인간은 그분 "앞에서" 행동하며 믿음 안에서 그분께 자신을 맡길 수 있다.

이 말이 뜻하는 것: 인도 종교에서처럼 합일合—의 신비나 중국 종교에서처럼 세계 조화調和가 아니라 (상징적으로 말해서) 하느님과 인간의 **"마주섬"**이 당초부터 유다교·그리스도교·이슬람교의 바탕을 규정하고 있다. 이렇게 그리스도교는 다른 두 예언자적 종교와 마찬가지로 거룩하신 하느님과 죄스러운 인간의 **대면**의 종교다. 그러나 이것은 인간을 향한 하느님의 **말씀**과 하느님께 대한 인간의 **믿음**을 통해 **상호소통**의 종교가 된다.

그러므로 그리스도교 특유의 것을 탐구·부각시키기에 앞서, **그리스도교·유다교·이슬람교**의 중요한 **공통점**을 뚜렷이 제시해야겠다:

● 세 종교 모두의 원조 아브라함의 **한 분 하느님에 대한 신앙**[3]: 세 종교 모두의 전승에 따르면, 아브라함은 한 분인 참되고 살아계신 하느님, 비탄과 찬미와 청원 속에서 말을 걸 수 있는 하느님의 위대한 증인이다: 세 종교 모두 믿음의 종교다.

● 우주적 순환 안에서 사고하는 역사관이 아니라, **목표를 향해 나아가는 역사관**: 역사는 하느님의 창조로써 시작되고, 시간 안에서 하느님의 위업과 구원의 표지들에 의해 보증되며, 하느님에 의한 완성을 통한 종말로 정향定向되어 있다: 세 종교 모두 역사적으로 사고하는 종교다.

● 면면히 이어지는 **예언자적 인물들**에 의한 하느님 말씀과 뜻의 언제나 새로운 선포: 세 종교 모두 신비가들이 아니라 예언자들에 의해 각인되어 있다.

● 단 한 번 결정적으로 인간에게 주어진, 언제까지나 규범적인 하느님 계시를 기록한 **계시문헌**: 세 종교 모두 말씀과 경전의 종교다.

● 끝으로 한 분 하느님의 뜻에 바탕한, 본질적으로 인본적인 **근본윤리**: 열 개
의(또는 그에 상응하는) 하느님의 계명("십계명"): 세 종교 모두 윤리적으로 곧추선
종교다.

유다교·그리스도교·이슬람교 공통의 근본윤리

유다교 연구에서 분명히 드러난 사실: 성서에 담긴 계명과 금령들 역시 인간
이 매개한 것들이다. 토라("가르침"), 곧 모세 오경의 윤리적 요구들 또한, 내용으
로나 형식으로나, 졸지에 하늘에서 떨어진 것이 아니다.[4] 예언서와 지혜문학의
윤리에서 곧장 드러나는 사실은 모세 오경의 모든 계명에도 통용된다. 오늘날
우리는 매우 긴 시나이 사화[5]가 다양한 시기들을 반영하는 하느님 명령들을 포
함하고 있는 매우 다층적인 이야기임을 알고 있다. 두 가지 본문[6]으로 전해오는
저 유명한 십계명("열 가지 말씀")[7]도 오랜 역사를 거쳐 형성되었거니와, 이른바 "둘
째 석판"에 씌어진 계명들(동료 인간에 대한 의무들)은 이스라엘 이전의 반┼유목 생활
을 하던 씨족들의 윤리적·법률적 전통들에까지 소급된다. 우리는 근동 여러
곳에서 십계명과 유사한 것을 수없이 찾아볼 수 있다. 십계명이 내용과 형식에
서 그처럼 보편적이고 간결하게 꼴지어지고, 야훼 뜻의 오롯한 표현으로 간주
되기까지 오랜 세월 동안 시험·검증·손질되어 왔음은 이론의 여지가 없다.

시나이 이야기의 (그 역사적 배경이 무엇이든간에) 의미: 이스라엘의 또 따라서 당연
히 유다교의 특징은 개개의 계명이나 금령 자체가 아니라 이 모든 계명·금령
을 야훼 당신 뜻의 표현으로 받아들이는 **야훼 신앙**이다. 원산지를 따지자면
이 최소한의 근본요구들은 야훼 신앙 이전에 이미 존재했으며 이스라엘만의 것
이 아니다. 이스라엘 특유의 요소는 바로 이 요구들을 "첫째 석판" 계명들(하느님
께 대한 의무들)의 대상이신 계약의 하느님 야훼의 권위에 종속시킨 점이다.

이 새로운 야훼 신앙은 필연적으로 **그때까지의 윤리에 중대한 영향**을 끼
치게 되었다: 이제 이 요구들은, 야훼 신앙과 조화될 수 있었던 일련의 다른
계명들과 마찬가지로, 인간에 대한 하느님 뜻의 최대한의 요약으로 여겨졌다.
둘째 석판이 부모공경·생명보호·결혼생활·재산·이웃의 명예와 관련하여

공통의 근본윤리

유다교와 그리스도교의 십계명 (탈출 20,1-21)	이슬람교의 의무법전 (수라 17,22-38)
나는 너의 하느님 야훼다.	자비롭고 자애로우신 하느님의 이름으로 명하노니,
나 말고 다른 신들을 모시지 말라.	(한 분) 하느님 곁에 다른 신을 섬기지 말라.
우상을 만들지 말라. 네 하느님의 이름 야훼를 함부로 부르지 말라.	너희 주께서 너희가 그분만을 섬기도록 정하셨다.
안식일을 기억하여 거룩히 지켜라.	
부모를 공경하여라.	부모에게 잘해 드려라. 혈족에게 줄 것을 주고, 가난한 자들과 나그네들에게도 그렇게 하라.
살인하지 말라.	빈궁해질까 두려워 자식들을 죽이지 말라. … 하느님이 살인을 금하신 사람을 죽이지 말라.
간음하지 말라.	간음하지 말라.
도둑질하지 말라.	고아의 재산을 손대지 말라.
이웃에게 불리한 거짓증언을 말라.	(동의한) 의무를 완수하라.
이웃의 집을 탐내지 말라.	되어줄 때는 옹글게 되어주고, 바른 저울로 달아라! 모르는 일에 몰두하지 말라.
이웃의 아내나 남종이나 여종이나 소나 나귀 할 것 없이 이웃의 소유는 무엇이든지 탐내지 말라.	세상에서 제멋대로 지내지 말라.

확언하듯이, 이제는 야훼 친히 계명들을 통해 인간들의 최소한의 인간다운 실존을 보호·감독하신다. 구약성서 윤리의 특징은 그러므로 새로운 윤리적 규범들의 창안에 있는 것이라, 전래된 규범들이 그것들을 정당화하고 수호하시는 야훼의 권위와 계약에 뿌리박게 한 데 있다. 기존 윤리를 하느님과의 새로운 관계에 끌어들임에 있다. 이러한 신율神律은 윤리적 규범들의 자율적 발전을 전제하면서도, 동시에 그것이 새로운 길로 나아가게 한다. 바로 이 하느님과 그분 계약의 빛 안에서 기존 규범들이 계속 발전하고, 또한 — 물론 모든 영역(예컨대 결혼·여성의 지위 등)이 그런 것은 아니지만 — 수정·개선된다.

그러므로 **하느님 자신**이 참된 **인간성의 변호자**시다! 인간의 경험과 그것에 대한 판단에 터하여 자율적으로 생겨난 규범들이 토라 안에서 비인격적 율법이 아니라 하느님 자신의 요구로 나타난다. "너는 ~해야 한다"라는 무조건적 요구의 근거는 인간이나 국가의 권력이 아니라, 하느님의 말씀과 뜻이다: "너희 하느님, 나 야훼가 말한다!" 이 말씀은 인간다움의 윤리를 위해서는 포기할 수 없는 저 "열 가지 말씀" 곧 십계명에 특히 해당한다. 과연 십계명은 인간들의 인간다움을 위한 기본적 정언定言명령이다. 그리스도교는 십계명을 (안식일 계명은 예외지만) 글자 그대로 넘겨받았고, 「쿠란」 역시 메카 시대 말기에 가장 중요한 윤리적 의무들[십계명(역시 안식일 계명은 예외)에 상응하는 것들이 많음에 주목해야 한다]을 요약·제시했다. 「유다교」에서 이미 확인했듯이, 우리는 하느님 말씀과 뜻에 바탕한 **세 예언자적 종교 공통의 근본윤리**에 관해 이야기할 수 있거니와, 이것은 앞으로 만들어내야 할 **세계윤리**에 매우 중대한 기여를 할 수 있을 것이다.

유다교와의 각별한 공통성

유다인 "선조들"의 한 분 하느님 믿음은, 그리스도교 신앙에서도 오늘에 이르기까지 항구적 전제로 받아들여져 왔다. 그리스도교 신앙은 유다교 신앙과 마찬가지로, 하느님의 맞수 격인 어떤 악신이나 여성 배우자 신의 존재를 인정하지 않는다.[8] 한 가지 덧붙이면, 유다교에서는 이미 바빌론 유배 이후 이 하느님을 **"아버지"**라고 불렀다.[9] 그러나 그렇다고 해서, 이를테면 남성 우월주의적 관점에서, 하느님의 남자스러움과 여자의 열등성을 강조했던 것은 아니다. 사실 여자는, 창세기에 따르면, 남자와 똑같이 하느님의 모상으로 창조되었다.[10] 하느님을 아버지로 부르게 된 것은, 오히려 국가 조직이 붕괴된 이후, 하느님께 가장家長의 가족보호 기능과 유사한 역할 수행을 탄원한 것과 관련이 있다. 그러니까 하느님의 "남자스러움"을 강조하려던 것이 아니라, 하느님의 권능과 비호를 강조하고자 했다. 그런 까닭에 이 아버지 하느님 상像은 여하한 다신론적 신앙도 배척하지만, 여성적 측면을 배제하지는 않는다.

그리스도교와 **유다교**의 각별한 공통점은 이것 외에도 매우 많다. 그리스도교 역시, 구약성서 전승에 터하여, 사실 모든 인간의 하느님이신 **한 분 하느님의 세 가지 계약**[11]을 받아들인다:

— **노아와의 계약**: 이것은 모든 창조물과의 계약으로서, 무지개가 계약의 표지이다(아담 = 인간: 전체 인류).

— **아브라함과의 계약**: 이것은 아브라함적 인류와 맺은 계약으로서, 그 표지는 할례다(아브라함: 많은 민족의 아버지: 유다교 - 그리스도교 - 이슬람교).

— **시나이 계약**: 이것은 이스라엘 백성과 맺은 계약으로서, 그 표지는 제단과 계약궤이다(야곱 = 이스라엘: 열두 지파, 곧 이스라엘 민족의 아버지).

이로써 다음 사실 또한 분명해졌다: 그리스도교는 구약성서의 한 분 하느님을 믿기 때문에, 근본적으로 이스라엘 유다교 신앙의 핵심적 구성요소들과 중심개념들도 받아들인다[12]:

— **이집트 탈출**: 이스라엘 백성의 선택. 유다인들은 이것을 자랑스러운 권리가 아니라 은총이자 의무로 이해한다.

— **시나이**: 계약 체결 그리고 율법(토라)으로 표현된 계약에의 의무.

— **가나안**: 백성의 선택에 마땅히 따르는 약속의 땅.

물론 그리스도교와 유다교의 상이점을 무시해서는 안된다: 그리스도교는 (적어도 오늘날 다시) 선택된 백성과 약속의 땅이라는 현실을, 자신과 다른 구체적 유다교 안에서 인지하고 있다. 그리스도교는 그 현실을 여러모로 **영성화**된 형태로만 받아들였다: 영적으로 이해된 하느님 백성과 약속의 땅. 이 영성화는 한 유다인을 둘러싼 사건과 관련이 있다. 그리스도인들은 그를 메시아·그리스도·주님으로 받드는데, 그렇다고 해서 아버지이신 한 분 하느님 믿음을 버리거나 그분과 나란히 제2의 신을 섬기는 것은 아니다. 좀더 자세히 살펴보자.

② 예수 추종

이 나자렛 사람[13]을 이해하기 위해 근본적으로 중요한 것: 이스라엘의 하느님이 또한 그의 하느님이시다! 모든 경건한 유다인과 마찬가지로, 그도 "하늘에 계신 아버지"이신 이 하느님과 마주서 있다. 그는 그분을 "나보다 크신 분"[14] 아니 "홀로 선하신 분"[15]이라 말한다. 매우 해석적인 넷째 복음사가가 비로소 예수와 아버지 사이의 의지와 계시의 일치를 도처에서 강조하지만, 여기서도 하느님과 예수의 마주섬이 결코 폐기되지는 않는다.[16] 바로 이 두 가지, 즉 아버지이신 하느님과의 마주섬과 일치 안에서, 예수는 그리스도교의 중심인물이다.

중심인물

「그리스도인 실존」에서 신약성서에 터해 상론한 것을 여기서 요약해도 좋겠다: 예수는 **이스라엘 하느님의 일**을 자신의 일로 삼았다. 그 일은 하느님 친히 곧 찾아오시어 당신 뜻을 관철하시고 당신 주권을 확립하시며 당신 나라(다스림)를 실현하실 종말 시기에 살고 있다는 전형적인 묵시문학적 대망에 의해 규정되어 있었다. 이 하느님 나라, 하느님의 뜻을 예수는 **인간의 구원**을 겨냥하며 앞서서 선포하고자 했다. 그가 모든 일의 척도로 삼은 것은 오로지 이 인간의 구원이었다. 그래서 예수가 요구한 것은 그저 하느님 계명 준수의 갱신 정도가 아니라 **사랑**이었다. 이 사랑은, 그때그때 경우에 따라, 계급 질서를 떠난 사심없는 봉사, 보상을 바라지 않는 포기, 끝없는 용서로 나아간다. 적과 원수조차 끌어안는 사랑: 자애自愛("네 몸처럼")에 상응하는 하느님 사랑과 이웃 사랑.

그리하여 과연 예수는, 경건한 자들이 분노를 터뜨릴 정도로, 종교적 이단자, 정치적 타협자, 도덕적 실패자, 성적 피착취자, 특히 여자와 아이들과 병자들 아니 사회의 변두리로 내쳐진 모든 인간과 참으로 **하나가 되었다**. 그들 모두를 위해 예수는 하느님 말씀의 선포자로서뿐 아니라 사랑의 치유자로서 카리스마적 치유 능력을 심지어 안식일에도 남김없이 발휘했다. 사랑이라는 척도에 견주어 볼 때, 율법 세칙들, 특정한 음식·정결례·안식일 규정들은 예수에게 (그 자신 철저히 율법에 터하고 있었는데도) 부차적인 것이었다. 안식일이나 계명들은 인간을 위해 있는 것이라고 그는 믿었다 ….

이 사나이는 의심할 바 없이 예언자적 도발을 감행했으니, 심지어 성전과 거기서 성행하던 장사 짓거리를 거슬러 모진 말씀과 행동으로 시위를 벌였다. 통상적 규범들을 깨뜨렸고 어떤 당파에도 편입되지 않았던 인간: 정치적·종교적 기성 권력체제와 충돌했으나(사제도 신학자도 아니었다), 그렇다고 정치적 혁명가도 아니었다(오히려 폭력 포기의 설교자였다). 외면적이거나 내면적인 떠남(탈속)의 주창자도 아니었고(금욕고행자나 쿰란 수도자가 아니었다), 경건한 결의론자도 아니었다("계명에의 기쁨"으로 충만한 바리사이가 아니었다). 그런만큼 이 나자렛 사람은 인도의 신비주의 전통과 중국의 깨달음의 전통의 위대한 대표자들(붓다와 공자 등)과 다를 뿐 아니라, 근동 셈족에서 기원하는 다른 두 종교의 대표자들(모세와 무함마드)과도 다르다.

예수는 전혀 걸림없고 열정적인 대예언자적 인물이었다. 특별한 직위도 칭호도 없이, 그저 말씀과 치유행위로써 여느 랍비나 예언자들의 주장을 멀리 넘어섰고, 그래서 사람들이 그이 안에서 메시아를 보았던 인간. 갈수록 깊이 빠져들어간 저 엄청난 충돌 속에서, 자신의 정당성의 근거를 스스로 더없이 친밀하게 "아빠"라 부르던 하느님께만 두었던 인간. 이 사람이 **대결**에 빠져 들어간 것은 전혀 이상한 일이 아니다:

― 많은 경건자들의 전통적 신심에 대한 그의 비판은 너무나 철저했다.

― 성전 장사와 성전의 보호자 및 수익자들에 대한 그의 공공연한 항의는 너무 참람스럽게 여겨졌다.

― 인간중심적인 그의 율법 이해는 너무나 도발적이었다.

― 율법을 모르는 천한 민중 및 악명높은 율법 위반자들과 그의 연대·친교는 너무나 파렴치했다.

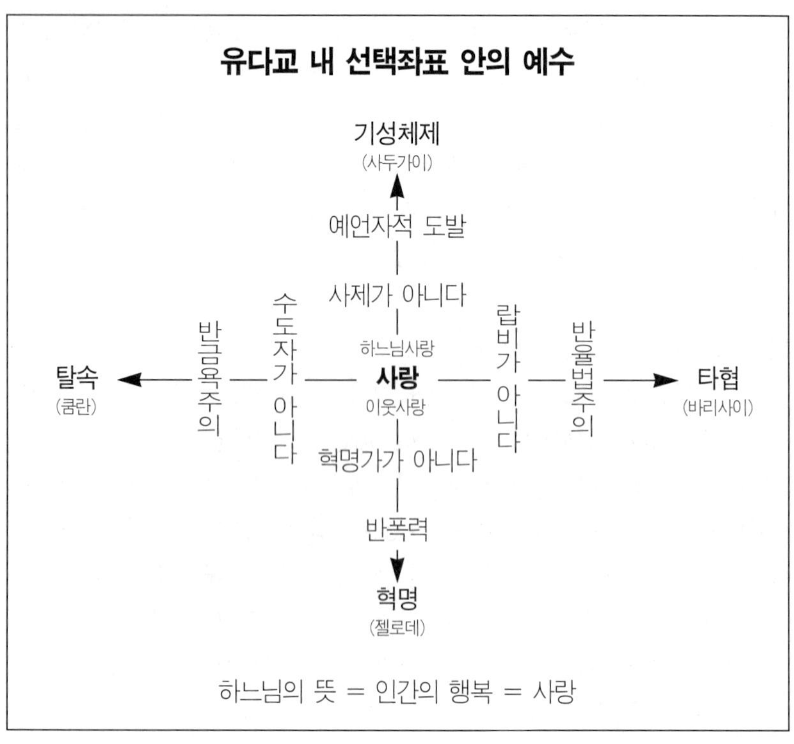

— 지배층에 대한 그의 비판은 너무나 모질었고, 수많은 민중이 따르던 그는 이제 그들에게 그저 성가신 존재 이상이었다.

이 나자렛 사나이가 민중이 아니라 당시의 유다교 당국 그리고 그를 (오늘날까지도 명확히 밝혀지지 않은 재판을 거쳐) 로마 총독 본디오 빌라도에게 넘긴 성직계급과 벌였던 대결 전체를 나는 유다교에 관한 책에서 전거에 입각해 상술한 바 있다. 그 책에서 그려 보였던 좌표들을 여기서 다시 제시하기로 한다.

십자가라는 걸림돌

이제 그리스도교의 특징을 규정하는 데 결정적으로 중요한 한 가지를 더 뚜렷이 밝혀야겠다. 그런데 이 점은 오늘날에도 유다인이나 무슬림 그리고 다른

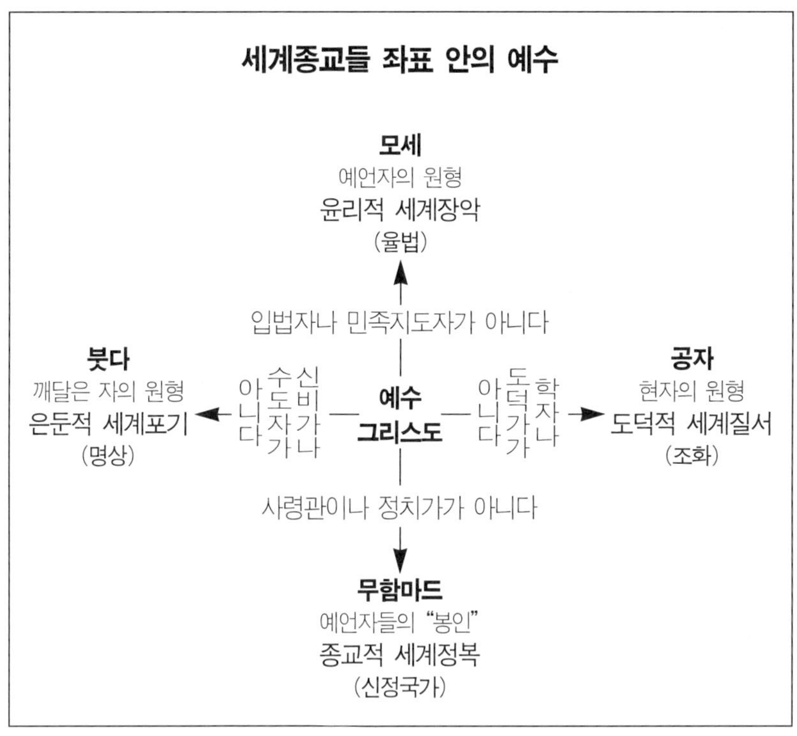

종교인뿐 아니라, 많은 그리스도인 역시 이해하기가 어려우니, 곧 그리스도인의 식별 표지인 **십자가**의 의미가 그것이다.[17] 바로 여기서, 모든 종교와 그 창시자들은 모두 비슷하다는 일반적 판단은 근거없는 선입견임이 분명히 드러난다. 종교 창시자들의 죽음 하나만 비교해보더라도, 상이점이 확연하다: 모세·붓다·공자 모두 크게 성공한 후, 아주 고령에, 제자와 추종자들에게 둘러싸여, 이스라엘 족장들처럼 "인생을 누릴만큼 누리고" 죽었다. 나아가 무함마드는 삶의 즐거움을 한껏 누린 후, 자기 하렘에서 총애하던 여인의 팔에 안겨 생을 마감했다. 나자렛 예수는? 그는 길어야 3년, 혹은 겨우 몇 달간 공적 활동을 하다가 젊은이로 죽었다: 제자와 추종자들에게 배반·부인당하고, 적수들에게 조롱·모욕당하고, 하느님과 인간들에게 버림받은 채, 가장 치욕스럽고 잔인한 죽음의 의식儀式에 의해. 그 의식은 로마법에 의하면 로마 시민권을 지닌 범죄자에게는 적용할 수 없고 오직 도망친 노예와 정치적 폭도들에게만 집행할 수 있는 것이었으니, 곧 십자가형刑이 그것이었다.

콘스탄티누스 대제가 이 형벌을 폐지한 후 5세기까지도 그리스도인들이 십자가에서 고통받는 예수를 그림으로 표현하기를 꺼렸던 것을 이해할 만하다. 십자가형 그림은 중세 고딕에서 비로소 그럭저럭 통례가 되었다 — 그리고 그 후에는 슬프게도 너무 흔해빠진 것이 되었다. 또한 유다인이건 그리스인이건 로마인이건, 이 배척받은 자의 형틀에 어떤 긍정적인, 아니 더 나아가 종교적인 의미를 가져다 붙이려는 생각은 꿈에라도 할 수 없었다는 것은 더욱 쉽게 이해할 만하다. **예수의 십자가**는 머리 깬 그리스인들에게는 야만스런 어리석음으로, 로마 시민들에게는 한낱 치욕으로, 경건한 유다인들에게는 하느님의 저주로 여겨졌음이 틀림없다. 그런데 왜 그리스도인들에게는 **구원의 표지**인가?

그저 소박하게 확인하자: 십자가가 잔혹하고 무참하고 부인할 수 없는 역사적 사실이었던 것처럼, 이미 그리스도인 첫 세대가 예수의 십자가를 전혀 다른 빛으로 보았다는 것 또한 마찬가지로 부인할 수 없는 사실이다. 어찌 그럴 수 있었던가? 간단히 말하자: 그들은 특정한 영적 체험들("발현"·환시·환청) 그리고 동시에 구약성서의 해석틀에 근거하여, 십자가에 처형된 분이 죽음에 머물러 있지 않고 하느님에 의해 **영원한 생명에로 깨워일으켜졌다**[18]는, 하느님의 영광 안으로 **들어높여졌다**는 확신에 이르렀기 때문이다. 십자가에 달렸던 분이 허무 속으로 죽어간 것이 아니라 (구체적으로 어떻게 이해되었든지간에) 가장 실제적인 실재 곧 하느님 안으로 죽어 들어갔다는 것이었다.

곧이어 사람들은 죽음에서 깨워일으켜진 분을 기리기 위해, 메시아와 관련되어 이해되던 시편 노래들, 특히 왕위 등극 시편들을 부르기 시작했다. 당시 유다인이었던 그들은, 하느님께로 들어높여짐을 별 어려움 없이 바로 이스라엘 왕의 즉위와 유사한 것으로 생각할 수 있었다. 왕이 즉위의 순간 **"하느님의 아들"로 책봉**되듯이(아마 고대 근동의 제왕 이데올로기에서 빌려왔으리라), 이제 십자가에 처형되었던 분 역시 부활과 고양高揚을 통해 그렇게 되었다는 것이다.

특히 다윗이 자신의 미래 "자손"이자 "주님"이신 분을 찬미하는 시편 110장 — "야훼께서 내 주께 선언하셨다. '내 오른편에 앉아 있어라!'"(1절) — 이 거듭 새삼 불리고 인용된 것 같다. 이 구절은 예수의 유다인 추종자들에게 부활하신 분의 "장소"와 역할을 묻는 타는 듯한 물음에 답을 주었기 때문이다(헹엘)[19]. 부활하신 분은 지금 어디 계신가? 그들은 대답할 수 있었다: 아버지 곁에, "아버지 오른편에" 계시다고: 아버지와의 본질 공유는 아닐지언정 적어도 "옥좌(주권) 공동체" 안에 계시다고. 이리하여 하느님 나라와 메시아 나라는 사실상 동일시되었다. "십자가에 처형된 메시아 예수가 '죽은 자들 가운데에서의 부활'을 통해 하느님 곁에 계시는 '아들'로 책봉되었다는 것은, 과연 모든 선포자들에게 공통된 가장 오래된 소식에 속한다. 이 소식을 통해 '메시아의 전령들'은 십자가에 처형되셨다가 하느님에 의해 부활하여 그분 오른편으로 들어높여지신 '이스라엘의 메시아'에 대한 믿음과 회심을 자기 민족에게 호소했다."[20]

그리하여 하느님에 의해 하느님 곁에 살아 계신, 십자가에 처형되었던 분에 대한 믿음은 당시 그 누구도 생각할 수 없던 일을 이루어냈다: 치욕스럽게 처형된 그 사람이 하느님의 권능으로 보증된 분으로, 그 **치욕의 표지가 승리의 표지**로 나타났다! 그렇다, 노예와 반란자나 당하는 그 더러운 죽음이 마침내 구원과 해방의 거룩한 죽음으로 이해되기에 이르렀다! 예수의 십자가, 그가 살아온 삶에 상응하는 이 핏빛 봉인은, 그리하여 이기적인 삶의 포기에의 외침, 타인을 위한 희생적 삶에의 격문檄文이 되었다!

십자가의 의미는 바로 **모든 가치의 전도**다(이것을 니체는, 그리스도교를 공격하면서도, 옳게 감지했다). 그러나 이것은 목사의 아들 니체가 어려서부터 전해 받았음이 분명한 "순종하는 태도"(글자 그대로는 "십자가를 향해 기어감")와 같은 유약한 자기비하나 뒤틀린 마음자세를 의미하는 것이 아니다. 가치의 전도란 오히려 치명적인 위험 앞에서도 두려움 없는 씩씩한 일상의 삶, 어찌해도 피할 수 없는 투쟁과 온갖 괴로움, 아니 죽음조차도 꿰뚫고 나가는 삶을 살아낼 수 있음을 의미한다. 이러한 삶은 흔들리지 않는 신뢰("믿음")와 참된 자유·사랑·인간다움 그리고 마침내 영원한 생명이라는 목표에 대한 희망에 터하고 있다. 그리스도인으로 살아가고자 하는 사람들에게는 그 치욕스러운 걸림돌이 곧장 놀라운 구원의 체험이 되었고, 십자가의 길은 씩씩하게 걸어갈 수 있는 생명의 길이 되었다.

물론 어린 그리스도인 공동체들이 십자가에 처형된 메시아라는 엄청난 걸림돌을(예수를 정당화하는 것은 사실 공동체들에게는 사느냐 죽느냐의 문제였다) 일거에 제거할 수는 없었다. 예수 제자들의 낭패감은 부활 체험에 의해서도 쉽사리 극복되지 않았다. **십자가와의 대결**이 다양한 신약성서 문헌들의 모든 전승층을 관통하고 있으며, 그래서 가장 오래된 일련의 예수 이야기가 수난사화라는 사실은 까닭없는 것이 아니다. 상당한 시간이 흐르고 나서야 비로소 사람들은 십자가야말로 그리스도교 신앙과 삶의 요체요 전체임을 깨닫게 되었다. 십자가를 둘러싼 공동체들 안에서의 논쟁과 대對사회적 자기변호는 필연적으로 깊은 성찰을 요구했기 때문이다. 아무튼 이러한 성찰은, 십자가에 대한 태도에서 그리스도인 공동체와 유다인 · 그리스인 · 로마인이 결정적으로 갈라지고, 과연 신앙과 불신앙이 판가름난다는 것을 뚜렷이 보여주었다.

처음의 절망감과 무참함의 자리에, 부활 체험에 터하여, 우선 소박한 확신, 즉 예수에게 일어난 모든 일이 어디까지나 하느님의 결정에 의한 것이 틀림없으니, 예수는 그분의 뜻에 따라 그 길을 "가야만 했다"는 확신이 들어섰다. 사실 그렇게 확신할 만한 근거로서, **구약성서의 본보기들**도 있던 터였다:

— 하느님께 위임받았으나, 사람들에게 박해받은 예언자들.

— 많은 사람들의 죄를 대신하여 아무 죄 없이 고통당하는 야훼의 종.

— 상징적으로 인간의 죄를 짊어지고 가는 희생 동물.

이 모든 표상이 잔혹하고 뜻없어 보이는 십자가 사건에 차츰 어떤 의미를 부여할 수 있게 도와주었다. 이 표상들은 인간 제물로써만 달랠 수 있는 피에 굶주린 가학적 신에 관한 고대의 관념이나 토막쳐져 죽었다가 다시 소생하는 신(디오니소스)에 관한 밀교密敎 의식의 선전과는 아무 관계가 없었다. 오히려 예수에게 일어난 일이 아무 뜻없이 멋대로 일어난 것이 아님을 분명히 말해주었다. 사람들은 모든 것이 "성서에 기록된 대로" 일어났다고 말했다. 여기서 성서는 전체 구약성서를 가리키거니와, 만일 예수가 메시아라면, 구약성서는 과연 곳곳에서 그에 관해 암시하고 있어야 했다.

　이러한 것들을 발견하기 위해서는 물론 독창적인 성서주석이 필요했는데, 이
주석은 "옛 계약" 곳곳에서 새 계약의 "예형들"을 찾아냈다. 예를 들어 이사야
예언자[21]가 하느님의 종의 노래에서 묘사한 인물이나 괴롭힘을 당하는 의인은
그리스도에 대한 분명한 예시가 아닐까? 구약성서는 십자가에 터해 더욱 잘 이
해될 수 있고, 또 거꾸로 십자가는 구약성서에 터해 더욱 잘 해석될 수 있지
않을까? 그리하여 예수 안에서도, 아니 바로 예수 안에서 하느님 곧 이스라엘
의 하느님 친히 역사하셨다는 것이 갈수록 분명히 입증될 수 있지 않을까? 그
렇게 발전된 "십자가 신학"은 한편 네 복음서 중 가장 오래된 마르코 복음서의
이야기 양식 안에, 다른 한편 바울로 서간들의 철저한 논구 안에 힘차게 등장
했다. 십자가에 관한 말씀은 고통, 특히 죄 없이 당하는 고통의 부조리함을 따
져 묻는 오래고 오랜 물음에 대한 그리스도교의 엄청난 대답이었다.

철저한 인본주의인 그리스도교

　이로써 **그리스도교**를 유다교뿐 아니라 다른 모든 종교 및 인본주의와 **구별
해주는 것**이 명백히 규정되었다: 그리스도교를 구별해주는 것은 바로 **십자가
에 처형당했으나 그런데도 살아 있는 그리스도 자신**이다! 이 그리스도에
대한 믿음은 공허한 신조(信條)나 교리정식에 불과한 것이 아니다. 왜냐하면:

● 그리스도 신앙은 실로 구체적이고 역사적인 인물 나자렛 예수와 결부되어
　있기 때문이다. 그리스도교의 시작 그리고 2천 년 그리스도교의 거대한 전
　통 전체가 나자렛 예수에 터하고 있다: 이 그리스도에게 귀착될 수 있는 것
　이 그리스도교적인 것이다.

● 그리스도 신앙은 말씀뿐 아니라, 생생한 전례들을 통해서도 표현되기 때문
　이다: 그의 이름으로 베풀어지는 세례와 그를 기억하는 성찬례를 통해.

● 또한 그리스도 신앙은 현재와 미래를 위한 근본 지침을 제시하기 때문이다:
　그리스도가 새로운 율법을 가져온 것은 아니지만, 사랑을 그리스도인들의
　삶과 행동, 고통과 죽음의 근본 척도로 제시했다.

신약성서의 윤리적 요구들 역시, 신약성서 연구[22]가 밝혀주듯이, 내용으로나 형식으로나 하늘에서 떨어진 것이 아니다. 이 말은 전체 신약성서 윤리에 통용되거니와, 이것은 사도 바울로의 윤리적 요구에서 특히 분명히 입증된다. 당초부터 바울로의 "윤리학"이라는 것에 관해서는 말할 수가 없으니, 그는 윤리에 관해 어떤 체계나 결의론을 전개 · 발전시키지 않았기 때문이다. 오히려 바울로는 자신의 훈계들paraenesis을 헬레니즘 그리고 특히 유다교 전통에서 끌어왔다.

당시 널리 퍼져 있던 그리스-로마 윤리학(에픽테투스 · 세네카)에서 통례적이었던, 여러 사회계층을 위한 훈계들을 담고 있는 덕행 목록은 바울로 친서에서는 물론 발견되지 않으며, 골로사이서[23]와 그것에 의존하고 있는 에페소서 그리고 사목서간들 또 후대의 사도교부들에게서 발견된다. 그러나 이미 바울로 자신도 당시 헬레니즘 유행철학의 표상과 개념들을 사용하고 있다. **보편적 · 인본적 윤리와 그리스도교 고유의 윤리는 상호배타적이 아니다!** 바울로가 철학적 윤리학의 중심개념인 "덕(성)"을 필립비서에서 단 한 번밖에 사용하지 않았지만, 그 구절에 그리스 윤리학 특히 스토아 윤리학의 개념성을 온전히 부여했기 때문에, 사람들은 거기서 당시의 통상적 그리스 윤리학의 총괄 · 요약을 발견할 수 있었다: "참되고 고상하며 의롭고 순결하며 사랑스럽고 명예로운 것은 무엇이든지, 그리고 덕성스럽고 칭송받을 만한 것이면 모든 것을 마음에 간직하시오."[24] 바울로는 그밖의 덕과 악덕 목록[25]에서는 물론 헬레니즘 전통보다 유다교 전통에 더 많이 의존하고 있다.

이러저러한 윤리적 요구를 요모조모 따져보아 달리 유례가 없어야 그리스도교 고유의 윤리적 요구[26]가 되는 게 아니다. 바울로가 유다교나 헬레니즘에서 넘겨받은 윤리적 요구들은 다른 전통들에서도 발견된다. 또한 바울로는 종합이나 선택을 위한 무슨 원칙 같은 것도 없었고, 오히려 자신의 윤리적 요구들에 근거를 부여하기 위해 다양한 소재들(하느님 나라, 예수 추종, 종말론적 선포, 그리스도의 몸, 성령, 사랑, 자유, 그리스도 안의 실존)을 이용했다. 바울로가 순종이나 자유 같은 열쇠어를 사용할 때도, 어떤 체계의 중심개념들을 가리키는 것이 아니라, 어디까지나 신앙인과 신앙공동체의 주님께 대한 의무의 온전성과 총체성을 말한다.

그러므로 그리스도교의 특징은 모든 윤리적 요구를 십자가에 달렸다가 부활하신 예수 그리스도에 터하여 이해한다는 점이다. 그리스도인들이 세례 안에서 신앙을 통해 결정적으로 귀속된 예수는 언제까지나 그리스도인들의 주님**이어야 한다**. 이 말이 의미하는 것: 유다교 윤리를 다른 윤리들과 구별해 주는 것이 야훼 신앙이듯, **그리스도교 윤리를 구별해 주는 것은 그리스도 신앙**이다. 개개의 모든 계명과 금령은 예수 그리스도와 그분 영에 터하여 이해·준수되어야 한다. 그리고, 이제는 또한 거꾸로, 그리스도교 윤리에 터해 볼 때, 그리스도교적인 것의 규정은 어떤 추상적 원리가 아니라 이 구체적인 예수 그리스도로부터 출발해야 한다는 것이 뚜렷이 드러난다.

이러한 관점에서 이제 그리스도교는 참으로 철저한 **인본주의**로 이해될 수 있다: 그리스도인 실존은 인간 실존을 온전히 포괄하기 때문이다. 그리스도인들은 자신들의 인간다움의 바탕을 비그리스도교적인 것, 반그리스도교적인 것, 아니 반종교적인 것에 두거나 혹은 아예 무작정 주장하는 저 인본주의자들 못지않게 인본적이다. 그리스도인은 인본주의라는 낱말 앞에서 접촉·오염 공포 따위를 느낄 까닭이 없다. 오히려 그리스도인들은 **철저한** 인본주의를 대변·대표·옹호한다. 그리스도인들은 이토록 이율배반적인 인간의 삶과 저토록 갈등 가득한 사회 안에서, 이상주의적 신新인본주의가 말했던 모든 진·선·미와 인간다운 것을 긍정하기만 할 뿐 아니라, 이에 못지않게 현실적으로 온갖 위·악·추와 비인간적인 것에 대결하기도 감행한다. 물론 그리스도인들일지라도 인간 삶과 사회 안의 그 모든 부정적인 것을 깨끗이 제거할 수는 없으나(만일 그럴 수 있다고 생각한다면, 그것은 다시금 불길한 환상이거니와, 그러한 환상은 필연적으로 민중을 노예화하고 강제로라도 행복을 떠안기려는 인간 모독으로 귀결된다), 그것들을 참아 견디고 싸워내고 변화시킬 수는 있다.

그렇게, 바로 그렇게만, 이 세상 삶 안에서 참된(그러나 결코 고통 없지 않은) **행복도** 얻어 가질 수 있다: 수단 방법을 가리지 않고 교묘하게 만들어낸 끝내주는 체험이나 끊임없이 갈구되는 절정감을 통해서가 아니라, 곤경과 영혼의 나락 안에서도 견지되는, 현실의 삶에 대한 만족에 터한 근원적인 행복감을 통해.

이 말이 의미하는 것: 그리스도인 실존은 모든 긍정적인 것뿐 아니라 온갖 부정적인 것, 고통·죄·무의미·죽음까지도, 자신의 능력이나 성공이 아니라 어디까지나 하느님의 은총과 자비에 의지하는 흔들리지 않는 하느님 신뢰에 터하여 극복할 수 있는 인본주의를 실천하고자 애쓴다.

그러나 그 옛날의 그 위대한 인간이 지금 아무런 현재도 미래도 갖고 있지 못하다면, 무슨 소용이 있겠는가? 어떻게 해야 그리스도는 언제나 다시금 현재가 되고 미래를 가질 수 있을까? 어떻게 그리스도인은 이 그리스도 신앙으로부터 삶의 용기와 기쁨을 얻을 수 있을까? 이 문제에서는 그리스도교 신앙의 셋째 핵심 구성요소가 결정적 중요성을 지닌다: 그 안에서 그리고 그것을 통해 예수가 살아 활동하는 하느님의 영에 대한 믿음 말이다.

③ 성령의 활동

아브라함의 하느님께 대한 믿음으로 유다인과 그리스도인은 일치한다. 그러나 하느님의 그리스도인 예수에 대한 믿음으로 그리스도인은 다른 종교인 및 비종교인과 구별된다. 이 두 핵심요소 외에 한 가지가 더 있으니, 곧 성령에 대한 믿음이다. 이 셋째 요소는 그리스도인의 신앙에 독특한 윤곽을 부여하는 동시에, 그것을 다른 종교 전통들과 결합시킬 수 있다. 아무튼: 그리스도인은 — 신약성서의 증언들에 터하여 — 십자가에 처형되었던 예수에게서 성취된 죽은 자들 가운데서의 부활이라는 한 동떨어진 사건만을 믿는 것이 아니라, 이 부활하신 분이 이제 하느님의 영 안에서 여전히 살아 계시고 다스리시고 역사하신다는 것을 마찬가지로 믿는다. 이것을 어찌 알아들어야 할까?

영은 무엇인가?

여기서도 **유다교 전통**에 터해 고찰하는 것이 제일이다. 구약성서와 신약성서에 따르면 하느님은 영이시다. 영은 히브리어로 여성명사 "루아흐"인데, 본디 숨·미풍·바람을 뜻한다. 구체적이지만 포착할 수 없고 볼 수 없지만 강력하며, 사람이 호흡하는 공기처럼 생명에 필수적이고, 바람·돌풍처럼 역동적인 — 이것이 영이다. 여기서 말하는 것은 하느님으로부터 방출되는 **활기찬 힘과 능력** 이외에 다른 것이 아니다. 이 힘은 개개 인간뿐 아니라 이스라엘 백성 안에서, 교회만이 아니라 온 세상에서 보이지 않게 역사役事하신다. 이 영은 인간과 세상의 속된 영과 구별되기에 거룩하다: 하느님의 영으로서. 그리고 이 영은, 그리스도인들의 신앙 이해에 따르면, 그리스도교계界 안에서 강력히 쾌쳐대는 힘dynamis이다(법칙이 아니다).[27]

그러나 잘못 알아들어선 안되는 것: 신약성서에 의하면 성령은 (종교사에서 흔히 찾아볼 수 있듯이) 하느님과는 별도의, 인간과 하느님 사이의 어떤 제3 존재가 아니다. 활기찬 자연의 어떤 마술적·물질적·신비적·기적적 유동체 같은 것(영적인 "무엇")이 아니며, 물활론物活論에서 말하는 무슨 마력적 존재(정령이나 유령)도 아니다. **성령은 바로 하느님 자신**이다! 하느님이 인간과 세상에 가까이 계시는만큼, 엄습하되 포착되지 않는 힘으로서, 생명을 창조하되 또한 심판하는 힘으로서, 선사하되 인간 마음대로 할 수 없는 은총으로서 인간과 세상 깊은 곳에서 활동하시는만큼, 성령은 하느님 자신이다. 성령은 하느님의 영으로서, 태양 광선이 태양으로부터 떨어질 수 없듯이, 하느님으로부터 분리될 수 없다. 그러므로 볼 수 없고 붙잡을 수 없고 파악할 수 없는 하느님이 도대체 어떻게 인간에게 가까이 계시고 현존하시냐고 묻는다면, 신약성서는 한 입으로 대답한다: **하느님은 영 안에서** 우리 인간에게 **가까이 계시다**고: 영 안에서, 영을 통해, 아니 영으로서. 그러면 그리스도는?

지금까지 말한 것을 십자가에 달렸다가 부활하신 분의 인격에 적용시켜보자: — 하느님이 거두어 들어높이신 예수 그리스도 역시 이제는 하느님의 존재·활동 양식 안에 살아 계시다. 그래서 바울로는 전적으로 사리事理에 맞게 부활하신 예수를 "생명을 주는 영"[28]이라 지칭할 수 있었으며, 또한 "영"이신 예수[29]에 관해 그리고 거꾸로 "예수 그리스도의 영"[30]인 하느님의 영에 관해 말할 수 있었다. 이것이 구체적으로 의미하는 것: 영을 통해, 영 안에서 그리고 영으로서, 예수는 당신 공동체에 (예배, 이웃 봉사, 친교 모임, 개개인의 마음 안에서) 가까이 계실

수 있다. 돕고 부추기고 위로하고 심판하시며,

— 그러나 이러한 그리스도론적 관점은, 이 또한 성서에 증언되어 있는 다른 관점을 간과해서는 안된다: **예수 그리스도의 영은 하느님의 영**이며, 하느님의 영으로 남아 있다. 그리고 포착할 수 없고 한정할 수 없고 측량할 수 없는 이 영은 그리스도교계 안에서뿐 아니라 (이미 태초에 관한 구약성서 첫장이 말해주듯)[31] 삼라만상 어디서나 활동하신다. 또한 하느님의 영은 신약성서에 따르면 "당신 **불고 싶은 대로**"[32] 부시니, 어떤 교회도 그 활동을 제한할 수 없다. 다른 말로 해서: 하느님의 영은 그리스도교계 안에서만이 아니라, 온 세상 안에서 활동하신다. 이 말은 무슨 뜻인가?

그리스도 이후에도 예언자들 있다

자유로운 하느님의 영은 물론 자의와 거짓 자유의 영이 아니라 참된 자유의 영이며, 혼돈의 영이 아니라 바른 질서의 영이다. 그러나 하느님의 영은 당신이 **원할 때** 역사하시며, 어떠한 교회 법규도 이 영에게 지금 역사하시라 마라 강제할 수 없다. 그렇다. 하느님의 영은 저 성령강림 때처럼 원하실 때, **원하시는 곳에서** 역사하신다. 루가 복음사가의 전승에 따르면, **성령강림** 날 예루살렘에서 (주로) 갈릴래아에서 돌아온 예수 제자들의 첫 "집회"가 이루어졌고, 성령에 사로잡힌 열광적 현상들이 일어나는 가운데 **"교회"**(히브리어 kahal; 그리스어 ekklesia = 집회)가 **탄생**했다. 그 이후의 그리스도교계의 역사歷史에서도 성령은 그렇게 역사役事하셨으며, 또한 그리스도교계를 요한 복음서의 말씀처럼 (새로이) "모든 진리 안으로 인도"[33]하실 것이었다.

이처럼 하느님의 영은 계속 역사하시기 때문에, 신약성서의 진술들을 따르건대, **예수 사후死後에도 참된 예언자들**이 존재한다: 하느님의 영에 부추겨져 예수와 그분의 소식을 선포하고 해석하며, 새로운 시대와 상황 안에서 증거하는 사람들 말이다. 그래서 예를 들어 바울로 공동체들에서는 (고린토 전서에 나타나듯이)[34] 예언자들이 사도들 다음가는 둘째 지위를 차지하고 있었다. 이렇게 초대교회의 건설에는 사도들뿐 아니라 예언자들도 매우 중요한 역할을 했다.[35]

물론: 예언(주로 유다계 그리스도인들에게 일어났던 현상)은 바울로의 선교가 끝난 후, 유다계 그리스도교의 퇴조와 더불어 곧 대부분의 그리스도인 공동체에서 거의 사라졌다. 그러나 신약성서에 비추어볼 때, 예수 **이후**에, 하느님의 뜻을 선포함에 있어 예수와 근본적으로 일치한다고 주장하는 새로운 예언자들이 출현하더라도, 그것을 처음부터 교의를 내세워 배척해서는 안된다. 가장 두드러진 세계사적 본보기: **무함마드**(이슬람교가 그에게 주어져 「쿠란」에 기록된 계시를 "영"(어떻게 이해하든)에 의한 것이라고 믿는 **예언자**)[36]를 예컨대 낡아버린 그리스도론의 수정자로 아주 진지하게 받아들일 수는 없을까?

성서 특히 구약성서와 「쿠란」을 나란히 놓고 읽어본다면, 스스로 묻게 되리라: 셈족에 기원을 둔 세 가지 **계시종교**(유다교·그리스도교·이슬람교)는, 특히 구약성서와 「쿠란」은 **동일한 바탕**을 갖고 있는 것이 아닐까? 이 두 경전 안에서는 똑같은 한 분 하느님이 말씀하신다는 것이 너무나 분명하지 않은가? 구약성서의 "주께서 이렇게 말씀하신다"는 「쿠란」의 "말하여라"와, 성서의 "가서 선포하여라!"는 「쿠란」의 "일어나 경고하여라!"와 상응하지 않는가? 사실상: 아랍어를 사용하는 수백만 그리스도인들은 "알라" 외에 다른 하느님 지칭을 모른다! 따라서 우리가 아모스·호세아·이사야·예레미야 등 많은 사람들을 하느님께 부름받은 예언자로 인정하면서 무함마드는 그렇게 알아주지 않는 것은 필시 그저 교의적인 편견이 아닐까?

그리스도교와 이슬람교의 관계

그리스도교계의 역사에서 오랫동안 「쿠란」은 업신여겨졌고 무함마드는 마귀 비슷하게 간주되어왔다. 여느 때는 그렇게도 보편적으로 사고하던 철학자 야스퍼스는 무함마드를 독창적이지 못하다 하여 자기 책 「전범적 인물들」에 절대로 싣지 않으려 했다.[37] 오늘날에야 비로소 자기비판적이고 보편적인 신학이 유다인·그리스도인·무슬림을 결합시키는 **한 분 하느님 신앙**의 역사에서의 이 남자의 세계사적 의의를 인식하게 되었다. 오늘날 그리스도교 신학도, 세 종교의 상이점을 지워 없애지 않으면서도, 다음 사실들을 인정할 수 있다:

— 7세기에 아라비아 주민들이 무함마드의 외침을 듣고 따른 것은 당연했다.

— 그들의 매우 현세적인 다신교 신앙에 비추어볼 때, 고대 아랍인 부족 종교들은 무함마드의 선포에 의해 전혀 다른 종교적 수준, 곧 유일신적 고등종교 수준으로 끌어올려졌다.

— 모로코와 방글라데시 사이, 중앙아시아 초원과 인도네시아 군도群島 사이에 사는 수많은 사람들이 무함마드로부터, 아니 더 낫게 표현하면「쿠란」으로부터 종교적 새 출발을 위한 영감과 용기와 힘을 끊임없이 넉넉히 얻어왔다: 더 위대한 진리와 더 심오한 인식으로의 돌파를 위해, 물려받아온 종교의 활성화와 쇄신을 위해.

그러므로 **그리스도교와 이슬람교의 관계**[38]는 원칙적으로 다음과 같이 말해야 할 것이다:

● 그리스도인과 무슬림은 한 분뿐인 하느님을 믿으며, 따라서 또한 하나뿐인 구원사史를 믿는다: 그리스도인이 이미 아담·노아·아브라함 그리고 이스라엘의 모든 조상들을 그리스도 이전의 "그리스도인"으로 여기듯이, 무슬림은 (아랍인들이 이스마엘의 후손이라는 입증할 수 없는 얘기가 역사적으로 어찌 판단되든간에) 동일한 조상들 그리고 예수 또한 무함마드 이전의 "무슬림"으로 인정한다.

● 그리스도인은 이 무함마드(그는 예수에 관해 좋게 증언했다)에게 아예 무관심하거나, 마치 예수 이후엔 더이상 예언자가 있을 수 없다는 듯이, 그를 간단히 사이비 예언자로 치부해버려서는 안된다.

● 무슬림들을 위해 이 예수(무함마드도 그를 위해 증언했다)는 자신의 복음을 통해 언제까지나 중요한 그 무엇을 말해줄 수 있어야 한다.

● 이렇게 그리스도교와 이슬람교는 서로 완전히 갈라진 종교로서 멀리 떨어져 있지 않으며, 오히려 (유다교와 그리스도교처럼) 종교적 운동들로서 서로 긴밀히 관련되어 있다. 이 둘은 함께 근동·셈족에 기원을 둔 위대한 예언자적 종교체계를 이루고 있는데, 이 체계는 다른 두 위대한 종교체계(인도의 신비주의적 종교체계와 중국의 깨달음의 종교체계)와 구별된다(자연종교들은 논외로 한다). 이슬람교는 한 분 하느님께 관한 원천적 소식을 새로이 활성화하여 선포하는만큼, 하느님

의 뜻에 따라 살고자 하는 무수한 사람들에게 큰 도움을 주는, 하느님의 영의 그느르심을 받는 종교로서 나타난다.

성령에 대한 바로 이러한 관점이야말로 그리스도인들로 하여금 그리스도교의 **정체성** 보존과 종교적 **다원성**의 인정, 다시 말해 그리스도에의 집중과 보편적 인간성의 결합을 가능하게 해준다. 이러한 개방적 마음가짐으로 그리스도인은 **세상 곳곳에서 발견되는** 인간다움·연대·신심을 **긍정**할 수 있다. 유다교와 이슬람교 안에서뿐 아니라, 인도와 중국에 기원을 둔 고등종교들, 자연종교들 그리고 온갖 종류의 종교적·윤리적 집단들 안에서도. 그리스도인은 그러한 인간다움·연대·신심을, 처음부터 그리스도교를 위해 **횡령**하거나(예를 들어 "익명의 그리스도교" 식으로) 무비판적으로 넘겨받지 **말고**, 있는 그대로 긍정해야 한다.

그러나 (이것은 보편적 지평 앞에서 그리스도교의 정체성을 묻는 물음이거니와) 인간을 그리스도 인으로 만드는 것은 도대체 무엇인가?

④ 무엇이 사람을 그리스도인으로 만드는가?

잘라 묻건대, 그리스도교의 궁극적 식별표지는 무엇인가? 이제 이 물음에 대답함으로써, 그리스도교 신앙의 중심에 대한 극히 간략한 소개를 끝맺기로 하자.

그리스도교의 궁극적 식별표지

● 그리스도교를 오래된 세계종교들 그리고 현대 인본주의들과 구별해주는 것은 **그리스도 자신**이다. 그러나 이 그리스도와 여러 가지 종교적·정치적 그리스도상像들과의 갖가지 혼동으로부터 우리의 신앙을 지켜주는 것은 무엇인가?

● 그리스도는 역사상 실재 인물 나자렛 예수와 동일한 분이다. 그러므로 그리스도교를 오래된 세계종교들 및 현대 인본주의들과 구별해주는 것은 이 구체적인 **그리스도 예수**다. 그러나 이 역사의 예수 그리스도와 그릇된 예수상들과의 온갖 혼동으로부터 우리의 신앙을 지켜주는 것은 무엇인가?

● 그리스도교를 오래된 세계종교들 및 현대 인본주의들과 구별해주는 것, 그리스도교의 궁극적 식별표지는 바울로의 말 그대로 "예수 그리스도, 곧 **십자가에 처형되신 그분**"[39]이다. 그는 복음서의 속알이며, 신앙인은 그의 이름으로 세례를 받고 성찬례에서 그의 수난과 죽음 그리고 새 생명을 기억한다. 십자가는 유다교의 7지七枝 촛대menora나 이슬람교의 초승달과는 전혀 달리 그리스도교의 사실적인 핵심 표지다.

요한 복음사가도 그리스도교를 구별해주는 것을 바울로와 마찬가지로 인식했으니, 예수를 (물론 앞에서 보았듯이 풍부한 개념성을 부여하곤 있지만) 길이요 진리요 생명[40]으로 지칭하고, 다음 상징들을 통해 생생하게 묘사했다: 예수는 생명의 빵[41], 세상의 빛[42], 문[43], 참 포도나무[44], 양들을 위해 제 목숨을 내어놓는 어진 목자[45]. 여기서 예수는 끊임없이 입에 달고 다녀야 하는 한 이름이 아님이 분명하다("주님, 주님, 부른다고 다 하늘나라에 들어가는 것이 아니다 …"). 그는 생명의 진리의 길이거니와, 이 진리는 행해져야 한다. 사실 그리스도교에서는 **진리**를 매우 중요시한다. 그러나 여기서 말하는 것은 순전히 이론적인 이성진리들이 아니라 실천적인 신앙진리들이니, 이것들은 체험 · 결단 그리고 행동 안에 터하고 있다. 그렇다. 그리스도교의 진리는 "관찰"되고 "이론화"되어야 하는 것이 아니라, "행해지고" **"실천되어야"** 하는 것이다. 그리스도교의 진리 개념은 그리스의 그것처럼 관조적 · 이론적이 아니고, 활동적 · 실천적이다. 그리스도교에서 말하는 진리는 단순히 찾고 발견하는 진리가 아니라, 따르고 성실하게 실행하고 진리임을 증명하고 입증해야 하는 진리다. 실천을 겨냥하는, 먼 길에 나서라고 외치는, 새로운 삶을 선사하고 가능케 해주는 진리다.

그러면 왜, 어떻게 사람은 그리스도인이 되는가? 그것은 단순히 그 사람이 인간적이고 사회적이고 종교적이기 때문이 아니라, 그가 자신의 인간성 · 사회성 · 종교성을 이 **그리스도라는 척도와 그분 영의 이끄심을 따라**, 형편이 좋건 나쁘건 성실하고 정직하게 **살아내고자 노력**하기 때문이다. 이 문제는 앞으로 더 깊이 다루게 될 것이다. 아무튼 지금은 이것부터 묻기로 하자: 신앙고백이 그리스도인이 되는 데 근본적으로 중요하지 않은가?

짧은 공동 신앙고백 정식들

그리스도교 신앙은 벙어리 믿음이 아니다. 믿는 것을 인식하고, 인식한 것을 고백한다. 규정된 신앙내용 없이는 신앙행위도 없다. 인식하고 고백하는 이 신앙은 자기진술을 하는만큼 신앙의 말과 명제들에 의존한다. 그리스도교 신앙은 한낱 추상적 개인 신앙이 아니고 개인주의나 유아론唯我論도 아니며 신앙공동체 안의 또는 **신앙공동체**와 결부된 신앙인만큼, 공동체 내에서의 전달을 위해 말과 명제들로 이루어진 언어, 즉 가장 넓은 의미의 **신앙 명제들**에 의존한다.

그래서 그리스도 신앙인들의 공동체는 매우 일찍부터 **공통된** 신앙명제들을 정식화定式化했으니, 바로 그리스도 신앙을 총괄·요약하는 신앙고백문들이다: 이것들은 아직 논쟁적 한정은 없고 방어적인 명제들이며, 후대 교회가 알고 있는 신앙의 정의定義나 교의들이 아니다. 그러나 결정적으로 중요한 내용을 아주 짧고 간결하게 요약하여 사람들의 뇌리에 박아주고자 하는 **압축·개괄적** 명제들, 곧 신앙고백문들 또는 신조信條들이다.

여기서 다음 물음들은 우리의 고찰에 별로 중요하지 않다: 개개의 명제·신앙고백문·신조에서 선포의 말씀과 신앙고백의 응답 중 어느 것이 더 중요한가? 구체적 "삶의 자리"는 예배나 교리교수나 교회법규 가운데 어느 것인가? 전례·교리교수·법규·신심 고취 가운데 어떤 특성을 더 많이 갖고 있는가? 중요한 것은 "아멘!"·"알렐루야!"·"호산나!"·"마라나 타(= 우리 주님, 오소서)!"·"아빠!"·"주 예수!"와 같은 공동 환호인가, 아니면 나중에 찬미가 형태를 갖추게 된, 하느님 이름과 예수 이름을 부르는 찬미와 감사의 문구들(영송·감사송)인가? 축복 문구(유다교의 정해진 인사 문구와 행복선언문의 의미에서), 성사 의식문(고정된 용어로 이루어진, 세례와 성찬례를 위한 전례 양식문), 본격적 의미의 신조 정식 가운데 어디에 속하는가? …. 개개의 형식들과 정식들 간의 전이·변천은 본디부터 자연스러웠다. 특히 환호로부터 영광송 그리고 흔히 세례식 및 그것을 위한 교육과 관련되어 생겨난 것으로 보이는 본격적 신앙고백 정식으로의 변천이 그러했다.[46]

아무튼 이미 신약성서 공동체들에서 하나같이 그리스도 사건을 에고도는 그러한 **짧은 공동 신앙고백 정식들**이 생겨났음은 이론의 여지가 없다:

— 이 신앙고백 정식 가운데 가장 짧은 것들은 **한 항**項으로 되어 있는데, 수가 매우 많다. 이들은 예수라는 고유명사를 유다교 또는 헬레니즘 세계에서 빌려온 특정 존칭들과 결합시켜 놓고 있다: "예수는 메시아시다", "예수는 주님이시다", "예수는 하느님의 아들이시다".[47]

— 또 신약성서에는 하느님과 그리스도에 관한 **2항**으로 된 신앙고백 정식들[48]과 특히 그리스도의 죽음 및 부활을 더 상세히 말하는 작은 신조들[49]도 나온다.

— 끝으로 전례 의식문들 안에 들어 있는 **3항** 형식의 신조들[50]도 있다(성부·성자·성령에 대한 믿음). 신약성서 시대를 전후로 하여 생겨난 이 오랜 짧은 신앙고백 정식들은 오늘날까지 교회 안에 보존되어왔다.

신앙법규가 아니다

그리스도교의 이 원原신앙고백들을 살펴보면, 오늘날 그리스도교 예배에서 사용되는 신경과의 상이점이 곧장 눈에 들어온다: 옛날 신앙고백들의 중심에 자리잡고 있는 것은 예수의 십자가와 부활이지, **동정녀로부터의 탄생·저승에 내려가심·하늘에 오르심** 등이 아니다. 그러한 것들은 신약성서에서 아주 드물게만 언급된다. 동정녀로부터의 탄생은 마태오와 루가의 예수 유년사화에만, 승천은 루가에만, 저승에 내려가심은 가명서간인 베드로 전서의 극히 논란 많은 한 대목[51]에만 나온다. 그리스도교 신앙의 중심을 이루고 있는 것은 십자가와 부활이다. 오랫동안 사도들에게서 유래한다고 간주되어왔던 「사도신경」이 오늘의 형태를 갖추고 나타난 것은 4세기 이후였다〔나는 오늘에 이르기까지 많은 교회에서 사용하고 있는 이 사도신경을 성서에 터해 그리고 현대 상황을 고려하여 어떻게 이해해야 할 것인지를 (이 책에 지나친 부담을 주지 않기 위해) 독립된 소책자에서 다룬 바 있다〕.[52]

그러므로 이 짧은 신앙고백 정식들이 (아주 일찍 생겨났건 조금 뒤에 생겨났건, 본디 세례·교리교수·교회 공동체 생활 그 어느 것과 관련된 것이건) 오늘날에도 일정한 의미를 지닐 수 있다는 것은 전혀 논란의 여지가 없다. 여기서는 다만, 이 최초의 신앙고백 정식들이 오직 하나인 신경의 단편들이 아니라는 점만 유념할 일이다. 오히려 그 정식들은 그리스도 사건과 신앙인 공동체를 위한 예수의 의의에 집중하면서도,

최초의 그리스도교 신앙고백

1항으로 된 고백:
"예수는 주님이시다."
(1고린 12,3: 참조: 로마 10,9)

2항으로 된 고백:
"우리에게는 오직 **한 분 하느님**이 계실 뿐이니, 곧 아버지이십니다.
모든 것은 그분에게서 나오며 우리도 그분을 향하고 있습니다.
그리고 오직 한 분 주님이 계실 뿐이니, 곧 **예수 그리스도**이십니다.
모든 것이 그분으로 말미암아 있고 우리도 그분으로 말미암아 있습니다."
(1고린 8,6)

3항으로 된 고백:
"주님 **예수 그리스도**의 은총과 **하느님**의 사랑과 **성령**의 친교"
(2고린 13,13)

"**아버지**와 **아들**과 **성령**의 이름으로 세례를 베푸시오."
(마태 28,19)

더 상세한 고백:
"내가 전해받아 여러분에게 제일 먼저 전한 복음은 이렇습니다.
곧, **그리스도**께서 성서 말씀대로 우리 죄를 위해서 죽으시고 묻히셨으며,
성서 말씀대로 사흗날에 부활하셨습니다."
(1고린 15,3-4)

"**하느님**의 복음은 … 당신 **아드님**에 관한 것입니다.
이 아드님은 육에 따라서는 다윗 가문에서 태어나셨고
거룩하신 **영**에 따라서는
죽은 이 가운데서 부활하여 권능을 지닌 하느님 아드님으로 책봉되셨는데,
바로 우리 주님 예수 그리스도이십니다."
(로마 1,2-4)

내용·형식·존칭·모티프 등에 있어 너무나 다양하다.

더 중요한 점: 원신앙고백(문)들은 현대적 의미의 교의들이 아니다. 교리규정들이 아니다: 그것들은 자연발생적이고 가변적이고 다양했으니, 규정적·강제적 특성을 지닌, 논란·능가될 수 없이 고정된, 다른 새로운 명제들을 배제하는 명제들이 되고자 하지 않았고 또 그렇게 될 수도 없었다. 그렇다. 신앙은 그러한 정식들에 근거하고 있는 것이 아니라, 그 정식들을 통해 자신을 표현하는 것이다: 신앙명제들은 공동체 신앙의 법률적 확증이 아니라 그 신앙의 자유로운 표현이다. 이러한 통찰은 (신앙공동체의 "교화"를 위해 그리고 또한 갈라진 교회들의 상호이해를 위해) 현대인들이 좀더 잘 이해할 수 있는 새로운 신앙고백(신경)들을 만들어내는 데 있어 매우 중요하다.[53]

그러나 계속 발전해간 신앙고백들 앞에서, 유다인과 무슬림뿐 아니라 그리스도인 역시 다음과 같은 심각한 의문을 품게 될 수도 있다: 예수 그리스도, 그분의 아버지 하느님 그리고 성령에 대한 이 신앙고백들이 세 아브라함적 종교가 처음부터 공유해온 것을 손상시킬 수도 있지 않을까? 그러므로:

미래를 위한 물음

그리스도교에서는 예수 그리스도에 대한 둘째 신앙항목이 역사가 흐르면서 갈수록 큰 비중과 높은 지위를 보유하게 됨으로써, 결국 **이스라엘의 한 분 하느님께 대한 신앙**이 손상되고 있지 않은가?

그리스도교에서는 무함마드를 비롯한 교회 밖의 예언자들을 아예 처음부터 인정하지 않을 정도로, **온 세상에 두루 미치는 성령의 역사에 대한 믿음**이 지나치게 교회 안에 한정되어 있지 않은가?

그리스도교에서는 **예수 그리스도에 대한** 신뢰하는 **신앙** 자체도 결국 일종의 명제 신앙, 시험보듯 캐묻고 세금처럼 징수하고 틀리면 제재를 가하는 그런 신앙으로 해체되고 있지 않은가? 그래서 정확한 신앙고백에 비하면, 예수 그리스도라는 척도와 그분 영의 이끄심에 따르는 삶은 부차적인 것이 되고 있지 않은가? 정행Orthopraxie 대신 정론Orthodoxie?

옛것이건 새것이건 그리스도교계의 신앙고백들은 물론 모두 존중해야 한다. 그러나 그리스도인 실존을 위해 더 중요한 것은 다른 것이다. 예수는 어디서도 **"내 말을 따라하시오!"**라 하지 않고 **"내 뒤를 따르시오!"**라고 말했다.[54] 다시 말해: 예수는 제자 누구에게도 신앙고백을 우선적으로 요구하지 않고 오히려 온전히 실천적 추종에로 불렀다. 결정적으로 중요한 것은 "주님, 주님, 부르는 것"이 아니라 "하늘에 계신 아버지의 뜻을 행하는 것"이다.[55] 하느님 뜻을 행하고자 하는 우리에게 예수는 자신의 모든 말씀과 행동, 고난과 죽음 안에서, 처음부터 역사를 거쳐 오늘에 이르기까지 위대한 본보기로 남아 있다.

본보기 인물 예수: 그리스도교 윤리의 특징

그리스도교적 행위, 그리스도교 윤리에 결정적으로 중요한 것은 무엇인가? **그리스도교적인 것의 척도**, 실천에서 그리스도교적인 것을 구별해주는 것은 무엇인가? 많이 논란되는 **그리스도교 윤리의 "특성"**[56]은 무엇인가? 대답: 앞에서 보았듯이, 온전한 선명성 · 가청성可聽性 · 실현성을 지닌 **구체적인 전범적 인물** 예수다! 나는 이에 관해 「그리스도인 실존」에서 상론한 바 있다: 모든 시대의 그리스도교계에게 예수 그리스도는 여러 방식으로 실현될 수 있는, 삶의 관점과 실천의 **근본 귀감**이다. 예수 그리스도는 그 자신이 개인에게나 사회에게나, 형편이 좋거나 나쁘거나, 초대(너는 해도 된다!), 촉구(너는 해야 한다!), 독려(너는 할 수 있다!)이다: 그는 구체적으로 다음을 가능하게 해준다:

● 새로운 근본방향과 근본자세.
● 새로운 동기 · 계획 · 행동.
● 새로운 의미지평과 목표설정.

그리스도교 윤리의 신약성서적 열쇠 개념은 그리스도 추종이다.

추종이야말로 그리스도인들을 인류의 다른 위대한 스승들의 제자 · 지지자들과 구별해준다. 그리스도인들에게 예수 그리스도의 가르침만이 아니라 그의 삶, 죽음 그리고 생명, 곧 예수 자신이 궁극적 지향점으로 주어져 있는 한 그렇다. 플라톤주의자나 아리스토텔레스주의자, 마르크스주의자나 프로이트 신봉자라면 자기네 스승에 대해 이런 식의 주장을 하지는 않을 것이다. 플라톤·아리스토텔레스·마르크스·프로이트는 친히 저작들을 남겼지만, 이것들은 저자 자신과의 특별한 유대 없이도 연구·동조할 수 있다. 그들의 저작과 교설은 원칙적으로 그들 자신과 분리될 수 있다. 그러나 **예수**(주지하다시피 그는 한 글자도 남기지 않았다)의 "가르침"(소식)인 복음은 그의 삶과 수난, 죽음과 새 생명에 비추어서만 비로소 그 참뜻을 이해할 수 있다: 신약성서 전체를 통틀어 예수의 "가르침"은 그 자신과 따로 떼어놓을 수 없다. 이렇게 그리스도인들에게 예수는 물론 스승이요 본보기이지만, 동시에 단연코 스승과 본보기 이상이다: 예수는 **그 자신이 그의 일의 생생하고 전범적인 체현**이다. 예수는 하느님의 그리스도이며, 그래서 그를 믿는 사람들은 예수인이 아니라 그리스도인이라 불린다.

예수 자신이 그의 일의 생생한 화신으로 남아 있는 까닭에, 그는 물론 (예를 들어 예전 전체주의 체제하의 마르크스나 엥겔스처럼) 공허하고 냉정한 초상, 생명 없는 가면, 개인숭배의 길들여진 대상이 되어서는 안된다. 이 살아 계신 그리스도는 어디까지나 살아서 설교하고 싸우고 고난받던 나자렛 예수로 남아 있다. 이 살아 계신 그리스도가 요구하는 것은:

● 속 빈 경배나 신비적 합일도 아니고,

● 글자 그대로의 모방이나 흉내도 아니며,

● 바로 실천적·인격적 추종이다.

그러면 추종은 무엇인가? **"추종"**은 "뒤따라가다"라는 뜻이다(신약성서에서 이 말이 동사로만 사용됨은 주목할 만하다).[57] 물론 이제는 예수 생시의 제자들처럼 방방곡곡 예수를 따라다닐 수는 없지만, 어쨌든 같은 예수의 제자로서 언제나 예수와 하나되어 자신의 삶을 예수 따라 가꾸어감을 뜻한다. 다시 말해서: 추종은 **예수와 예수의 길에 동참**하여, 그 길이 가리키는 대로 자신의 길을 걸어감을 뜻한다(누구에게나 자신만의 길이 있다!). 이 가능성은 처음부터 엄청난 기회로 여겨졌다: 그렇게 해야 하는 것이 아니라, 그렇게 할 수 있는 기회로. 그러한 삶의 길을 걸어가라는 부르심은 참으로 은총이다. 이를 신뢰하며 움켜쥐고 이에 따라 자신의 **삶을 가꾸어가라**는 것 외에는 아무 전제조건도 없는 그런 은총이다.

그리스도교의 바탕을 이루는 것은 바로 그리스도에 대한 믿음이거니와, 이렇게 삶의 자세·길·방식을 정당화하는 생생한 근거로서 아주 특정한 역사적 본보기 인물을 제시할 수 있다는 것이야말로 이 큰 종교의 강점이다. 아무튼 예수 그리스도에 비추어 (앞에서 살펴보았듯이 충분히 근거있게) 인간의 근본자세와 근본방향, **삶의 형태·방식·길**을 포괄적이면서도 구체적으로 그려낼 수 있다. 그렇다, 그리스도교의 소식 전체가 겨냥하는 것은 특정한 결단·행동·동기·계획만이 아니라 전혀 새로운 **삶의 자세**다: 근본적으로 변화된 의식, 새로운 근본태도, 전혀 다른 가치척도, 철저한 사고전환, 통사람(全人)의 "회개"metanoia[58]다. 바로 이것이 그리스도교 윤리의 핵심인 "산상설교"가 말하는 것이다.

산상설교의 의미

"내가 이해하기에는 예수의 복음은 산상설교에 담겨 있다. 내 마음의 지배권을 놓고, 산상설교의 정신이 거의 동일한 조건에서 「바가바드기타」와 각축을 벌이고 있다. 내가 예수를 사랑하게 만든 것은 바로 이 설교다"[59]라고 마하트마 간디는 고백한다. 마태오와 루가가 예수의 윤리적 요구들(주로 Q어록에서 따온 단구와 어군들)을 모아놓은 산상설교[60]는 그리스도인과 비그리스도인에게, 또한 프랑스혁명 당시 자코뱅 당원과 사회주의자 카우츠키에게도, 레오 톨스토이와 알베르트 슈바이처에게도 언제나 다시금 새로이 심각한 도전이 되어 왔다. 산상설교가 겨냥하는 것은 과연 무엇인가?

한 가지는 확실하다: 산상설교는 **율법 순종을 강화하는 윤리가 아니다.** 종종 그릇되이 산상설교를 (유다교 율법을 대체하는) "그리스도의 법"이라 지칭해 왔다. 그러나 산상설교는 법적 규정의 대상이 될 수 없는 것을 요구한다. 특히 사랑의 계명은 한 새로운 율법이 되어서는 안된다. 오히려: 예수는 아주 구체적이고 힘차게, 온갖 결의론과 율법주의를 아랑곳하지 않고 거리낌없이 정곡을 찌르며, 개개 인간에게 그의 삶 전체를 포괄해야 할 **하느님께의 순종**을 촉구한다. 산상설교는 권위나 전통에 대한 주장 따위는 당초부터 단념한, 그러나 변화된 삶의 본보기·표지·징후들을 제시하는, 단순명료하고 해방하는 외침이

다. "만일"과 "그러나"가 없는, 종종 일부러 극단적으로 표현되나 참된 도움이 되는 엄청난 요구들이다: 눈이 죄짓게 하거든 빼어 던지시오! "예" 할 것은 "예" 하고 "아니오" 할 것은 "아니오" 하시오! 형제와 먼저 화해하시오! 이 요구들을 자기 삶에 구체적으로 적용하는 일은 각자가 스스로 알아서 해야 한다.

"더 넘치는 의로움" 또는 "완전함"이란 윤리적 요구의 양적 증가 따위가 아니다. 산상설교의 대당명제對當命題들[61]에서 알 수 있듯이 예수가 구체화하는 것은 마태오[62]가 인용하는 유다계 그리스도교 토막말씀Logion이 요구하는 율법 자구字句에 대한 복종이 아니다. 자구에 대한 복종은 참된 순종을 (자유롭게가 아니라 초보수적으로) 둔화시키게 된다.[63] 예수의 말씀은 요컨대 계명들의 총합 같은 것이 아니다. 예수 추종이란 일정한 율법 규정들의 준수가 아니다. 산상설교 첫머리에 불행한 사람들에 대한 진복선언이 자리잡고 있는 것은 까닭없는 일이 아니다. 하느님의 선사·시여·은총이 규범·요구·명령보다 앞선다: 먼저 일정한 공로를 쌓아야 함이 없이, 누구나 부름받았고 누구에게나 구원이 주어져 있다. 윤리적 지침들 자체는 하느님 나라에 관한 예수 복음의 자연스러운 귀결일 따름이다. 예수는 다만 예를 듦으로써 자신의 입장을 상징적으로 내보인다.

하느님의 뜻이 이루어지소서! 이것이 산상설교의 공통분모다. 하느님의 요구는 세속의 한계와 율법 체계를 침식하고 꿰뚫고 넘어선다. 산상설교의 도발적 본보기들[64]이 겨냥하는 것은 율법적 경계설정이 아니다: 왼뺨도 돌려대주고 2천 걸음이라도 걸어가주고 겉옷마저 벗어주어라, 그러면 할 만큼 다 한 것이다라는 그런 뜻이 아니다. 하느님의 요구는 인간의 넓은 도량을 촉구하며, 더 많은 것을, 아니 무조건·무한정·전부를 겨냥한다. 하느님이 한정된, 조건부의, 형식적인 (무엇이 명령 또는 금지되어 있기 때문에만 지키는) 순종에 만족하실 리가 있는가. 그런 순종이라면 권리와 율법의 온갖 세칙을 다 모아서도 포착할 수 없는, 인간의 근본자세를 결정짓는 궁극 실재를 배제하는 셈이다. 하느님은 더 큰 것을 요구하신다. 반만이 아닌 온 뜻을. 통제할 수 있는 외면만이 아니라 통제할 수 없는 내면도 — 인간의 마음을. 좋은 열매만이 아니라 좋은 나무를.[65] 행위만이 아니라 실존을, 무엇인가만이 아니라 고스란히 나 자신을.

십계명과 산상설교

    ✝

나는 너의 하느님 야훼다.	"두 주인을 섬길 수는 없습니다. … 하느님과 마몬을 함께 섬길 수는 없습니다"(마태 6,24).
나 말고 다른 신들을 모시지 말라. 우상을 만들지 말라. 네 하느님의 이름 야훼를 함부로 부르지 말라.	"그러나 나는 말합니다. 아예 맹세하지 마시오. 하늘을 두고도 … 땅을 두고도 … 예루살렘을 두고도 …"(마태 5,34-35).
안식일을 기억하여 거룩히 지켜라.	"여러분 가운데 양 한 마리를 가진 어떤 사람이 있었는데 그것이 안식일에 구덩이에 빠진다면 잡아 끌어내지 않겠습니까? 사람이 양보다 얼마나 더 귀합니까? 그러므로 안식일에 좋은 일을 해도 됩니다"(마태 12,11-12).
부모를 공경하여라.	"아버지 어머니를 나보다 사랑하는 사람은 내 제자로 마땅하지 않습니다"(마태 10,37).
살인하지 말라.	"그러나 나는 말합니다. 형제에게 성내는 사람은 재판에 넘겨질 것입니다"(마태 5,22).
간음하지 말라.	"그러나 나는 말합니다. 누구든지 남의 아내를 탐내어 바라보는 사람은 이미 마음으로 간음한 사람입니다"(마태 5,28).
도둑질하지 말라.	"누가 오른편 뺨을 때리거든 다른편 뺨마저 돌려대시오"(마태 5,39).
이웃에게 불리한 거짓증언을 말라.	"'예' 할 것은 '예' 하고, '아니오' 할 것은 '아니오' 하시오. 거기서 더 보태는 것은 악한 자에게서 나오는 것입니다"(마태 5,37).
이웃의 집을 탐내지 말라.	"무엇이든지 사람들이 해 주기 바라는 것을 그대로 여러분도 해 주시오. 이것이 율법과 예언자들의 정신입니다"(마태 7,12).
이웃의 아내나 남종이나 여종이나 소나 나귀 할 것 없이 이웃의 소유는 무엇이든지 탐내지 말라	"그러나 나는 말합니다. 누구든지 음행한 경우 말고 아내를 버리는 사람은 간음하게 하는 사람입니다"(마태 5,32).
(탈출 20,1-21)	

이것이 율법을 하느님 뜻과 대결시키는 산상설교의 놀라운 대당명제들이 말해 주는 의미다: 간음·거짓 맹세·살인만이 아니라, 본디 율법이 개입할 수조차 없는 음란한 마음, 진실하지 못한 생각과 말, 적대적 태도 역시 하느님 뜻에 어긋난다. 산상설교를 어느 일면에 "만" 한정시켜 해석하는 것은 절대적인 하느님 뜻을 위축시킴을 뜻한다. 산상설교의 요구는 어느 일면만이 아니다: 더 나은 율법 준수 "만" 도, 새로운 지향 "만" 도, 홀로 의로운 예수에 비추어 죄를 바라보는 양심성찰 "만" 도, 완덕에 부름받은 사람들에게 "만" 해당하는 것도, 그 당시 "만" 위한 것도, 당분간 "만" 유효한 것도 …. 최종적 궁극 실재인 하느님 나라를 바라볼 때 인간의 근본적 변화가 요구된다. 산상설교는 우선적으로 각 인간을 향하며, 새로운 국가나 법률 체계를 직접 겨냥하지 않는다. 산상설교로써는 "큰 일을 할 수 없다"고 감히 말하는 사람은, 산상설교가 내포하는 국가와 사회를 위한 중요한 의미를 보지 못한다(이 문제를 나는 유다교를 논하면서 다룬 바 있다)[66].

예수의 요구들은 **철저**하다. 개인들에게는 물론이고 사회 (또한 인종·민족·종교) 집단들에게는 더더욱 쉽게 적용할 수 없는 세 가지 예를 들어보자:

— 타자를 위한 자기 권리의 포기: 천 걸음을 함께 가자고 강요하는 사람과 2천 걸음 걸어가주기.[67]

— 자기 손해를 감수하는 힘의 포기: 속옷을 가지려는 사람에게 겉옷마저 벗어 주기.[68]

— 대응 폭력의 포기: 오른뺨 때린 사람에게 왼뺨도 돌려대주기.[69]

이 예들이야말로 예수의 요구들은 글자 그대로 지켜야 하는 **절대적 율법으로 오해되어서는 안된다**는 것을 그 앞의 모든 예보다 뚜렷이 보여준다. 예수의 요구들은 윤리적 호소이며 또 언제까지나 그렇다. 뺨을 치는 것엔 맞받아쳐선 안되지만, 배를 때릴 때는 보복해도 된다는 그런 뜻이 아니다. 물론 이 예들이 상징적 의미만 있는 것은 아니다. 이것들은 매우 의미심장한 (그리고 자주 근동의 전형적 과장법으로 표현된) 극단적 사례들이지만, 언제라도 현실이 될 수 있다. 그러나 율법적 의미로 말해진 것은 아니다: 언제나 꼭 그렇게 행해야 하는 계명이 아니라는 말이다. 대응 폭력의 포기는 어떠한 저항도 아예 포기함을 의미하지 않는다. 성서 기록에 따르면, 예수 자신이 법정에서 뺨을 맞았을 때 다른 쪽 뺨을 돌려대지 않고 오히려 항의했다. 포기를 유약함과 혼동해서는 안된다. 예수의 요구에서 중요한 것은, 그 자체로 일정한 의미를 지닐 수도 있는 윤리적 혹은 더 나아가 금욕적 행업이 아니다. 그 요구들은 인간들을 위해 그때그때 처한 상황에서 하느님의 뜻을 철저히 실현하라는 강력한 호소다. 모든 포기는 다만 새롭고 적극적인 실천의 소극적 측면일 따름이다.

여기서 인간성의 보편적 윤리뿐 아니라 **유다교 윤리** 또한 극히 **철저화**되고 있음이 뚜렷이 드러난다. 심지어 십계명[70]조차도 "더 넘치는 의로움"에 관한 예수의 말씀에 비추어 3중적 의미(폐기되지만, 더 높은 차원으로 고양되기에, 여전히 보존되는)에서 지양aufheben된다.[71]

산상설교가 **그리스도교계 자체**에게 얼마나 엄청난 **도전**인지는 새삼 설명할 필요가 없을 것이다. 산상설교의 말씀 하나하나가 전체 그리스도교계, 가지각색의 교회들과 집단들 그리고 개개 그리스도인에게 심각한 물음을 던진다:

미래를 위한 물음

† 과연 다음과 같다면, 정치·문화·개개인의 삶에 어떠한 엄청난 변화를 가져오게 될까?

— 한 분 하느님 외에 다른 신을 섬기지 않을 뿐 아니라, "마음을 다하여" 하느님을 사랑하고 이웃을 그리고 더 나아가 원수까지도 사랑한다면?

— 하느님의 이름을 함부로 부르지 않을 뿐 아니라, 하느님을 내세워 맹세하지도 않는다면?

— 안식일을 고요하고 거룩하게 지킬 뿐 아니라, 안식일에 적극적으로 선을 행한다면?

— 이 땅에서 오래 살기 위해 부모를 공경할 뿐 아니라, 참 생명을 위해 불가피한 경우에는 자연스러운 인간관계들도 중요하게 여기지 않는다면?

— 사람을 죽이지 않을 뿐 아니라, 치명적인 생각과 말을 하지 않는다면?

— 간통하지 않을 뿐 아니라, 음란한 마음씨를 조심한다면?

— 도둑질하지 않을 뿐 아니라, 당한 불의를 보복할 권리를 포기한다면?

율법의 완성인 사랑

지금까지 말한 것에 터해 볼 때, 사랑하는 사람은 율법을 완성한 것이라는
사도 바울로의 확신[72](여기서도 역사의 예수와의 일치가 곧장 눈에 띈다)이 왜 옳은지가 뚜렷
이 드러난다. 아우구스티누스는 이 이치를 더 첨예화하여 표현했다: "사랑하라
그리고 하고 싶은 대로 하라!" 여기서 말하는 것은 새로운 율법이 아니라, 사
랑을 위한 새로운 자유다. 여기서 사랑은 감정적·정서적 애정(사실 모든 사람에게 이
런 애정을 가질 수는 없다)이 아니라, 무엇보다도 호의적이고 기꺼이 도울 준비가 된
위타爲他 현존으로 이해되어야 한다. 이 사랑을 예수는 가르침·행동·투쟁·수
난 전체에서 체현했다. 만일 예수가 비상한 운명("기쁜 소식"을 위한 삶과 죽음)을 겪지
않았더라면, 필경 산상설교 같은 가르침은 우리에게 전해오지 않았으리라.

이 사랑의 소식은 너무 추상적이 아니냐고? 바울로가 고린토 전서에서 온전
히 예수의 정신에 터해 노래한 사랑의 아가雅歌는 너무 높이 올라가지 않았느냐
고? 전혀 다른 근본자세가 삶을 얼마나 구체적으로 변화시킬 수 있는지를 보여
주는 데는, 온갖 결의론보다 저자 불명의 저 소박한 대구對句들이 훨씬 낫다:

> 사랑 없는 의무는 짜증나고 사랑 품은 의무는 끈기있네
> 사랑 없는 책임은 가차없고 사랑 품은 책임은 정성스럽네
> 사랑 없는 정의는 무정하고 사랑 품은 정의는 든든하네
> 사랑 없는 교육은 대들게 하고 사랑 품은 교육은 너그럽네
> 사랑 없는 총명은 교활하고 사랑 품은 총명은 참으로 아네
> 사랑 없는 친절은 역겨웁고 사랑 품은 친절은 자비롭네
> 사랑 없는 제도는 편협하고 사랑 품은 제도는 관대하네

사랑 없는 지식은 독선적이고 사랑 품은 지식은 믿음직하네

사랑 없는 권력은 난폭하고 사랑 품은 권력은 도움주네

사랑 없는 명예는 교만하고 사랑 품은 명예는 겸손하네

사랑 없는 소유는 인색하고 사랑 품은 소유는 아끼지 않네

사랑 없는 믿음은 광적이고 사랑 품은 믿음은 온화하네

그러나 잠시 멈추자. 늦어도 여기서는 크게 놀라 멈추어야 하겠다: 사랑의 이상은 그 얼마나 숭고한가 — 그러나 현실은 또 그 얼마나 참담한가! 지난 2천년간 그리스도교계는 그리스도의 이 초대·호소·요구들로부터 도대체 무엇을 이루어왔던가! 그리스도교의 본질과 중심, 핵심적 구성요소들과 중심인물에 관해 충분히 살펴본 지금, 우리는 한 책이 허용하는 테두리 안에서, 그리스도교의 **역사**, 지극히 이율배반적이고 때때로 단절되었던 역사와 대면해야 하겠다:

그러나 여기서는 먼저 다음 작업으로의 연결고리를 겸해 결론적 반성을 시도하기로 하자. 지금까지 상술해온 것을 돌이켜본다면, 이제 변천하는 모든 시대사적 패러다임들 안에서 그리스도교의 불변하는 신앙의 내용이 무엇이었고 또 무엇인지를 밝혀내는 일이 더이상 어렵지는 않을 것이다.

불변하는 신앙의 요체와 변화하는 패러다임들

지금까지 고찰한 것에 의하면, 그리스도교의 **중심과 바탕**은 무엇인가? 달리 묻자: 그리스도 종교, 신약성서, 그리스도교 신앙의 항구적인 **신앙 알맹이**는 무엇인가? 대답: 역사적·문학적 혹은 사회학적 성서주석이 어찌 비판·해석·환원하든간에, 역사에 큰 영향을 끼치게 된 그리스도교 신앙의 권위있는 원전들에 따르면, 핵심적인 신앙 내용은 **예수 그리스도**다: 그는 아브라함의 한 분 하느님의 메시아요 아들로서, 오늘도 동일한 하느님의 동일한 **영** 안에서 활동하신다. **"예수는 메시아, 주님, 하느님의 아들이시다!"**라는 신앙고백 없이는 그리스도 신앙도, 그리스도 종교도 없다. 예수 그리스도라는 이름이 "신약성서의 — 결코 정태적으로 알아들어선 안되는 — 중심이다."

　　물론 신약성서의 중심은 하느님 자신임을 강조하는 신약성서의 **"하느님중심성"**을 옹호할 수도 있다. 그러나 신약성서의 "새로움"은 바로, 이 한 분 하느님을 볼 때 하느님 혼자만 보지 않고 언제나 그분을 "새로이" 선포한 분과 함께 본다는 점이다. 신약성서 문서들은 내밀한 "신성神聖의 비밀"을 에고도는 것이 아니라, 예수 그리스도 사건에 집중하거니와, 이 사건은 당연히 신관神觀에 큰 영향을 끼쳤다. 당시에 예수를 믿던 유다인들에게 (온 세상으로 흩어져버린) 유다 민족이나 (망해버린) 유다 국가는 하느님 계약의 표지로서의 중심적 지위를 갈수록 상실해가고 있었다. 이제 그들에게 중심은 예수였으니, 그는 항구적 계약의 보증인으로, 대망하던 "메시아" 또는 "주님"〔혹은 "사람의 아들"(人子), "다윗의 자손" 등 그 어떤 칭호로 불리든〕으로 받들어졌다.

　　한 분 하느님께 대한 믿음은 확고한 채로, 이를테면 **신앙의 중심이 새로이 규정**되었다: 예수의 이름이 그가 도래를 선포했던 하느님 나라를 대체했다. 하느님 믿음이 이렇게 그리스도론적으로 구체화, 아니 인격화되었다. 그렇다고 그리스도인들이 한 분 하느님과 나란히 제2의 신을 섬기거나 유일신 신앙 대신 2신 신앙을 지녔던 것은 아니다. 그러나: 사람들은 이스라엘의 한 분 하느님을 그분의 마지막 예언자요 메시아를 통해 새로이 보았고, 이 메시아 자신도 갈수록 더욱 새로이 이해하게 되었다: 하느님의 모상, 말씀 그리고 아들로서. 이러한 의미에서, "하느님중심성"이 **"그리스도중심성"**에 의해 새로이 규정되었다. 예수 그리스도의 이름에 의한 그리스도교의 중심에 대한 이러한 재규정은 그리스도계의 원原신앙고백들 안에 뚜렷하고 충실히 드러나 있다.

　　지금까지 고찰해온 것에 따르면, 그리스도교 신앙의 특징적 구성요소들과 항구적 준선準線들은 다음과 같다:

● 십자가에 처형되었으나 새 생명으로 일으켜진 주님이신 예수에 대한 믿음.

● 예수가 아버지라고 부르신, 아브라함(물론 또한 유다인들)의 하느님께 대한 믿음.

● 예수 안에서 예수를 통해 역사하신 하느님의 영의 권능에 대한 믿음.

하느님과 예수의 이 **특별한 관계**는 그리스도교의 근원적 기점이며 본질 규정적 결정화結晶化 핵이다. 이것은 신약성서가 처음부터 전해주는 그리스도인 민중들의 온갖 무능·실패·자기모순 그리고 그리스도교 역사의 갖가지 파행적 발전에도 불구하고, 그리스도 종교의 결코 포기할 수 없는 근본표상으로 언제까지나 남아 있을 것이다. 모든 것을 움직이게 하는 이 항구적 중심을 그리스도인들이 다양하게 이해할 수도 있겠지만, 어쨌든 오로지 이것에 그리스도교의

● 초창기 이래의 **특유성**,

● 2천 년 오랜 역사 안에서의 **연속성**,

● 다종다양한 언어·인종·문화·국가를 관통하는 **정체성**이 바탕을 두고 있다. 그리고 그리스도교가 (이슬람교와 함께) 유다교의 세계사적 유산, 곧 한 분 하느님께 대한 신앙을 물려받았지만, 이제는 그리스도교로부터 새로운 도전(이것을 이슬람교도 자기 나름대로 원칙적으로 받아들이고 있다)이 제기되는바, 곧 예수가 한 분 하느님의 메시아라는 것이다!

이 중심, 이 바탕, 이 신앙 알맹이는(이 책의 도표에서 패러다임 전환은 가는 점선의 원으로 표시되어 있다) 물론 추상적으로 따로 떨어져 있는 것이 아니라, 시대의 변화하는 요구들 안에서 언제나 다시금 새로이 해석되었고 또 구체적으로 실현되었다. 그래서 이어지는 이 책의 방대한 중심부분인 "역사"에서 **체계적·신학적 서술과 역사적·연대기적 서술**(이것 없이는 앞부분이 설득력을 지니지 못한다)**의 종합**(나는 「유다교」에서도 이런 종합을 시도한 바 있다)을 필히 시도할 것이며, 또 이해를 도와주는 도표들과 현실적인 중간성찰들도 곳곳에 삽입할 것이다.

이렇게 말하는 사람들도 있을 것이다: 예수 그리스도에 대한 이 믿음은 어차피 신앙의 "주제"이며, 결코 자명하지 않은 하느님의 계시로서 오직 믿는 자들의 눈에만 분명할 따름이라고. 물론이다. 그럼에도 이 믿음은 개념·표상·역사적으로 중요한 실체로서, 역사가들이 (믿든 아니 믿든) 성서 문헌 어디서나 인지하고 해석하고 분석할 수 있으며, 성서 후의 그리스도교 역사에서도 마찬가지다.

각 시대의 (사회 전체, 신앙 공동체, 신앙 선포, 신앙 성찰을 두루 아우르는) **새롭고 획기적인 총체적 상황**은, 그리스도교의 이 동일한 중심을 언제나 다시금 새로이 해석하고 구체화할 것이다. 여기서 **패러다임**이라는 말이 쓸모가 있는데, 내가 토마스 쿤을 따라 이해하는 패러다임의 뜻은 다음과 같다: "그때그때 현존하는 공

동사회의 구성원들이 공유하는 신념·가치·행동방식 등의 총체적 상황."[73] ("거대 패러다임"의 의미에서) 패러다임 이론을 자연과학으로부터 빌려 종교와 신학 분야에 전용轉用할 수 있는지, 그렇다면 어느 정도까지 가능한지는 매우 중요하고 절박한 문제인데, 나는 그 가능성을 이전 저작들에서 상세히 논증했고[74], 또 이 3부작의 첫 권「유다교」에서도 뚜렷이 입증했다.

앞으로 보겠거니와, 과연 그리스도교의 역사는 매우 극적으로 전개되어 나간다. 신앙공동체는 처음엔 보잘것없었으나 곧 비상하게 급성장했고, 거듭 새삼 새롭고 중대한 세계사적 도전들에 대응하는 가운데, 일련의 근본적인 종교적 변화들, 아니 좀더 긴 안목으로 볼 때, 혁명적 패러다임 전환을 겪게 된다. 패러다임 전환에 대한 나의 관심을, 키에르케고르의 말을 빌려 요약하는 것으로 이 단락을 끝맺기로 한다: "그리스도교계는 자신도 제대로 깨닫지 못하는 가운데 그리스도교를 처치해버렸다. 그래서, 만일 우리가 뭔가 제대로 하고자 한다면, 그리스도교를 다시 그리스도교계 안으로 들여보내려 시도해야 한다 …"[75]

역 사

오늘날 어찌해야 한 개인이 2천 년 그리스도교 역사를 조망할 수 있을까? 아래 몇 쪽에 그리스도교 역사를 대충이나마 서술해보고자 하는 것도 터무니없는 생각이리라. 그러나 여전히 진행되고 있는 2천 년 역사를 조망하지 않고, 그리스도교를 어찌 이해할 수 있으랴. 이미 원原그리스도교에 대한 역사적 파악은 무엇보다도 역사와 역사서술에 관한 몇 가지 원칙적 고찰을 요구한다.

〈다〉

원그리스도교의 유다계 묵시문학 패러다임

전문가들은 갈수록 많이 알게 되지만, 한편 모르는 것도 갈수록 많아진다. 그리스도교 역사의 모든 구석을 들고파는 교회와 일반사회 역사학자들은 어마어마한 세부자료 앞에서 탄식하고 있다. 아무튼 역사 분야에도 정보의 홍수가 범람하여 전문가들조차 온갖 전공논문·보고서·학위논문·단행본들을 섭렵하기는 거의 불가능한 지경이다. 게다가 첨단 컴퓨터 공학 덕분에 정보처리 능력이 폭발적으로 확대되었다: 타자 용지 30만 장 이상의 분량이 손바닥 크기의 콤팩트 디스크 한 개에 몽땅 들어간다! 이렇게 기술적으로 극대화된 정보처리 능력 앞에서 한정된 정보 소화 능력밖에 지니지 못한 개인은 어쩔 줄 모르고 있다.

⓵ 근본적 방향설정의 불가피성

우리의 뇌는 정보 과잉에 직면하여 (이미 지금 무의식적으로 매순간) **선별**을 통해 자구책을 강구한다. 그리스도교 역사를 어떻게든 조망해보고자 하는 사람에게도 이 선별이라는 방법밖에 없다. 선별은 관찰자의 관점에 의존하게 마련이지만, 그래도 독단적이어서는 안되며 납득할 수 있는 적절한 규칙들에 따라야 한다.

전체 상황에 대한 조망

필요한 정보, 유익한 정보, 쓸데없는 정보를 구별하고, 또한 단순한 정보 지식과 방향설정에 필수적인 지식을 가려내야 한다. 근본적인 방향설정이 없다면, 그 온갖 정보가 무슨 쓸모가 있으랴?

나는 「세계윤리 구상」에서, **패러다임 이론**이 이 근본 방향설정을 위한 매우 적절한 수단임을 논증한 바 있다. 여기서는 그 논증을 전제하기로 한다. 사실 고등종교들에 대한 총체적 서술과 분석에서는, 정正·반反·합合이라는 체계에 얽매여 사고하는 관념론적 역사관(헤겔)은 적합치 않으며, 큰 문화들에 대한 결정론적·비관적 형태론(슈펭글러)이나 더 경험적이고 낙관적인 문화권 대조(토인비) 역시 별 쓸모가 없다. 그러나 한 종교의 패러다임들, 즉 저 **거대 패러다임들 혹은 새로운 시대를 여는 총체적 상황들**에 대한 철저히 역사적인 분석은, 그리스도교 역사의 총체적 조망을 위한 선별 작업을 가능한 한 포괄적이면서도 정확하게 수행할 수 있게 해주는 한 가능성이다.

요컨대 패러다임 분석은 중요한 역사적 구조들과 변화들을 드러내 준다: 근본적 상수常數들과 결정적 변수들 모두에 집중함을 통해. 아무튼 그렇게 해서 오늘날에도 그리스도교계의 상황을 규정하고 있는 그리스도교의 저 세계사적 변화·단절들과 그것들에 기인하는 신기원적 근본 모델들을 서술할 수 있다.

그런데 원그리스도교의 역사는 (그리스의 헤로도토스·투키디데스, 로마의 살루스티우스·리비우스·타키투스의 역사 서술에서와는 달리) 역사는 영웅·권력자·민족·국가들의 이념과 업적들, 중대한 정책 또는 결정적 전쟁 등에 의해서만 좌우되는 것은 아님을 보여준다. 사실 세계정치라는 관점에서 볼 때, 짧지만 근본적으로 중요한 그리스도교 초창기에는 "위인들"과 "중대 사건들"(이것들은 19세기까지만 해도, 가령 랑케 식의 근대 역사학의 주요 대상이었다)을 거의 찾아볼 수 없다. 더 중요한 것은 다른 것이다.

"새로운 역사연구"

오늘날 후현대postmodern 역사연구는 "… 왕들과 으리으리한 남자들만의 역사가 아니라 인간들, 모든 인간의 역사; 사건들만의 역사가 아니라 구조들의 역사; 고여 있는 역사가 아니라 움직이는 역사, 발전과 변화의 역사; 장부 상의 재고조사 따위가 아닌 역사; 이야기나 묘사 대신 설명; 교조 대신 해석 …"에 예전보다 훨씬 예민한 감수성을 지니고 있으며, 더 포괄적이고자 한다. 프랑스의 새로운 역사 편찬 운동, 곧 **"새로운 역사"**[1]nouvelle histoire의 강령은 앞의 인용문이 잘 나타내준다. 이 "새로운 역사" 운동은 볼테르·샤토브리앙·기조·미슐레의 노선을 따라, 이미 세계 경제공황의 해인 1929년 잡지 「경제·사회사

연감」을 중심으로 형성되었다. 이 잡지는 루시엥 페브르[2]와 마르크 블로흐[3]에 의해 슈트라스부르크에서 발행되었는데, 특히 페르낭 브로들과 그의 전범적 저작 「지중해」(1949)에서 많은 영감을 받았다. 그들은 (물론 주로 프랑스와 지중해 주변 세계 그리고 시대적으로는 중세와 근대 초기를 집중적으로 연구했지만) 모두 역사연구의 새로운 방법들을 제시했는데, 그것을 오늘날 이 학파의 주요 대표자 르고프는 다음과 같이 표현하고 있다. 진짜 중요한 것은 "경제사와 사회사, 구조사, '오래 지속되는 것', 변두리 인생들의 역사, 육체·성·상상想像의 역사 그리고 특히 심성心性의 역사에 대한 새로운 (주제에 적합한 방법론적) 통찰들"이다.[4]

이 새로운, 주제에 적합한 방법론적 통찰들은 특히 그리스도교 역사 서술에 풍성한 결실을 가져다줄 수 있다. 아무튼 여기서 가령 프랑스식 역사서술과 독일식 역사서술 사이의 일종의 국가적 대립을 주장한다면 어리석은 짓이다. 사실 "새로운 역사"의 주창자들 자신이 독일의 「계간 사회-경제사」가 「연감」 초창기의 "본보기"였다고 말했다[5]. 물론 막스 베버도 시조의 한 사람으로 거명되어야 할 터인즉, 그는 특히 사회학자로서 역사적으로 사고했고, 이미 1901년 종교와 사회윤리의 관계를 밝혀냈었다.[6]

그러나 특히 독일의 교회사 서술은 무엇보다도 제도사라는 점을 간과해서는 안된다. 이 제도사는 새로운 방법론들과 이론들에 접촉·오염 공포를 드러냈으며, 60년대에 들어올 때까지도 경제-사회사의 자극을 받아들이기를 상당히 주저했다. 비록 예를 들어 예딘이 펴낸, 특정한 교회론에 입각하여 씌어진 7권짜리 「교회사 편람」[7]에서, 플리슈와 마르탱이 펴낸 21권짜리 「교회사」[8]에서처럼, 종교 생활의 사회적·경제적·실존적 조건들에 대한 몇 가지 고찰을 찾아볼 수 있기는 하지만 말이다. 전세계 그리스도교의 일치를 염두에 두고 그리스도교계의 삶을 모든 측면에서 파악하고자 애쓰는 다층적 "전체 역사"라는 설계에 제대로 부응하는 저작으로는 최근에 출간되기 시작한 「그리스도교 통사」[9](몰라 뒤 주르댕과 앙드레 보슈의 편집으로 1990년부터 간행되었고, 전부 14권 만 6천 쪽 분량을 예상하고 있다)가 처음이라고 할 수 있다. 그리고 이 책들을 훌륭히 보완할 수 있는 독일어권 저작으로는 컬조프와 레만이 편집한 총서 「그리스도교와 사회」[10]를 꼽을 수 있는데,

여기서 안게넨트(「중세 초기」)·레만(「절대주의 시대」)·그레샷(「산업혁명 시대」) 같은 필자들의 논문은 프랑스의 연구 수준에 뒤떨어지지 않는다.[11]

물론 교회와 일반사회의 전문 역사학자들조차도 엄청난 정보를 담고 있는 이 모든 책을 한결같은 정성으로 소화해낼 수는 없을 것이다. 그러나 이 저작들이 (특수 전공 문헌들과 함께) 우리가 패러다임 분석을 통해 2천 년간 "그리스도교"라는 딱지를 붙이고 생겨났던 모든 것의 가능한 한 많은 측면과 단면들을 포착하는 데 매우 귀중한 가치가 있음은 두말할 것이 없다. 그리고 설사 다양한 패러다임들을 통해 **"총체적 역사"**[12]를 되비추는 일(이것이 "새로운 역사"가 추구하는 것이다)이 불가능하다 하더라도, 오늘날 후현대에 — 무엇보다도 제도적·정치적으로 정위定位된 전통적(「현(근)대적」) 교회사를 보완하는 — "그리스도교의 역사"를 서술하는 데 중요한 조건들의 테두리를 제공해 줄 수는 있을 것이다.

배제되었던 측면들의 복귀

오늘날 역사학이 추구해야 할 것을 여기서 윤곽이나마 그려 보자:

— 사실자료를 끊임없이 쌓아올리는 사건사만이 아니라, 구조·사고방식·심성의 역사. 다른 말로 해서 이념사, 정신사, 사회사.

— 권력과 제도, 교회와 국가의 정치사만이 아니라, 신심·신학·문화의 주요 문제들에 관한 역사.

— 위인·권세가·엘리트의 역사만이 아니라, 지금까지 역사학에서 홀대받아온 사회집단·힘없는 자·차별받는 자·별볼일없는 사람·남자와 여자 들의 역사.

— 공공생활의 역사만이 아니라, 개인들의 삶. 일상생활 세계의 역사.

— 유럽 그리스도교의 역사만이 아니라, 아메리카·아프리카·아시아 그리스도교의 세계적 역사.

— 로마 가톨릭 세계교회의 역사만이 아니라, 동방 정교회·개신교회 그리고 새로운 교회들의(그것도 가능한 한 다른 세계종교들과 연계하여) 전세계 그리스도교 역사.

물론 패러다임 분석은 이 모든 다양한 내용을 잘해도 매우 제한적으로만 성취할 수 있을 것이다. 그러나 어쨌든 여기서 중요한 것은 "오래 지속되는 것"에 대한 긴 안목, 즉 "역사의 추진력들은 오랜 세월 동안 작용하며 … 수백 년 지속되는 체계들 안에서만 포착된다고 생각하는 관점"[13]이다. 물론 역사에 관한 이 새로운 고찰은 "거의 변동 없는 역사"(브로들)에 대한 온갖 과장을 물리쳐야 하며, 현대 역사연구의 결정적 성과들은 반드시 받아들여야 한다.

이미 유다교 역사에서 다윗 왕의 예가 보여주듯이, "위대한 남자들"은 한낱 단역배우가 아니며, 예루살렘 점령과 훗날 그것의 파괴 등의 사건들도 난외주欄外註 같은 것이 아니다. 요컨대 "사건", 전기傳記, 설화, 정치적 역사서술을 무시해서는 안된다! 사건사를 구조사나 정신사와 따로 떼어놓아서는 안된다! 프랑스의 "새로운 역사" 쪽에서도 요즈음 다음 사실을 인정하고 있다: 즉, 역사가의 인식과정은 계속 발전하며, 오늘날 **역사서술에서 배제되었던 측면들이 복귀**(호好·불호不好가 뚜렷이 나뉘면서)하고 있다는 사실 말이다: "'사건'의 복귀는 가장 볼 만한 예이고, 전기의 복귀는 가장 친근하며, 설화조 역사서술의 복귀는 가장 논쟁적이고, 정치적 역사서술의 복귀는 가장 의미심장하다."[14]

다시 한번 말해두자: 이 책은 그리스도교 역사를 서술하려는 것이 아니라 (역사를 바탕에 깔되) 그리스도교의 **신기원적 총체 운세들**epochale Gesamtkonstellationen에 **대한 역사적·체계적 분석**을 시도한다. 프랑스의 "새로운 역사"도 "본디 있었던 그대로의 것"에 대한 실증주의적인 (그리고 근본적으로는 기만적인) 서술로는 충분치 못하며, 오히려 역사서술도 교조적 편파성을 버리고 자신의 척도들을 현재로부터 끌어내야 함을 강조하고 있다. 블로호도 르페브르와 함께 "역사학자들에게 양다리 걸치기를 방법론으로 유증遺贈했으니, 곧 과거를 현재를 통해 이해하라는 것이었다"(르고프)[15]. 오늘에 이르기까지 그리스도교의 다양한 구조·형태·인물들을 포괄적이면서도 구체적으로 밝혀내는 일이 어느 정도나 성공할지는 앞으로 드러나겠지만, 어쨌든 우리 작업의 과제는 분명하다:

● 그리스도교에 대해 종파주의 관점이 아니라 종파간 일치운동적 관점을 제공해야겠다.

● 중대한 정신사적·세계사적 교류에 대해 유럽중심 시각이 아니라, 보편사적 시각을 얻고자 애써야겠다.

● 역사에 대해 과거지향적 고찰이 아니라, 비판적 관점에서 현재와 관련시키는 고찰을 추구해야겠다. 즉, 과거에 터하여 현재를 그리고 현재에 터하여 과거를 이해할 수 있어야겠다.

② 원공동체

거의 2천 년이나 지난 지금, 그리스도인 첫 세대의 일상적인 삶에 관해 무엇인가를 탐구·발견한다는 것은 사실 매우 어려운 일이다. 과연 우리는 그들의 평범한 일상, 나날의 근심·걱정·기쁨 등에 관해 거의 아는 게 없다. 아무튼 이 역사의 주인공들은 누구였던가?

하층계급 출신 유다인들

원原공동체의 역사[16]를 이해하기 위해서는 다음 세 가지 관점이 중요하다:

● 이 역사는 로마인이나 그리스인 역사가 아니라, 팔레스티나 헬레니즘 문화권 안에 살던 **토박이 유다인** 역사다. 그들은 아람어나 그리스어를 사용했고, 막 성장을 시작한 교회에 유다교의 언어·표상세계·신학을 전해주었으며, 그리하여 (곧이은 이방계 그리스도교계는 물론이고) 후대 그리스도교계 전체에 오늘에 이르기까지 지워지지 않는 결정적 영향을 끼쳤다.

● 대부분의 역사서술이 초점을 맞추는 상층계급의 역사가 아니라, 보통은 아무도 기록해주지 않는 **하층계급 사람들**(어부·농부·장인·영세민 등)의 역사다. 그리스도인 첫 세대는 최소한의 정치적 세력도 지니지 못했으나, 종교적·정치적 기존체제 안의 번듯한 입지를 애써 얻고자 하지도 않았다. 그들은 당시 사회에서 보잘것없고 힘없고 괴롭힘당하고 의심받던 변두리 집단이다.

● 남자들만의 운동사가 아니라 **여자들**의 역사이기도 하다. 그녀들은 예수를 추종했고 예수와 제자들을 물질적으로 뒷받침했으며 예루살렘까지 예수를 따라갔다(그중 막달라 마리아는 예수 부활의 첫 증인이다). 여자에게도 추종 소명을 부여한 것은 당시 관습을 거스르고 기존 가부장 구조들을 침해하는 행태였다.

그러나 그리스도교의 초창기가 흠없고 완전했던 것은 아니다. 첫 그리스도인들에 관한 기록들은 대체로 양식화되고, "이념적으로" 채색되고, 선포를 목적으로 선별된 것들이다. 예를 들어 사도행전은 "신도들의 무리는 한 마음 한 정신이 되었고, 아무도 자기 재산을 자기 것이라 하지 않고 모든 것을 공동으로 소유했다"[17]고 말하는데, 이것은 방금 묘사한 일들을 루가가 두 세대 뒤에 이상화하여 서술한 것이다.

확실한 것: **예수** 자신 장인 집안 출신이었고 아람어를 사용했으며, 자신의 복음을 도발적인 방식으로 "가난한 사람들"에게 선포했다. 그는 가난한 사람, 굶주리는 사람, 우는 사람, 내쳐진 사람들이 복되다고 선언했다.[18] 종교사회학적 관점에서 볼 때, 예수가 일으킨 쇄신운동은 전형적인 **시골사람들**(소도시 주민들도 낀)의 운동이었거니와, 그들은 (세례자 요한과 쿰란 공동체 사람들처럼) 헬레니즘에 깊이 물든 도시들 특히 보수적이고 부유한 수도 예루살렘을 불신하거나 아예 적대시했다. 예수의 적수들도 주로 도시의 얼마 되지 않는 중류층 소시민(대부분 바리사이)이었는데, 율법의 수위성首位性을 고집했다. 또한 그보다 숫자가 더 적은, 역시 도시에 터잡고 살던 상층계급 사람들(특히 사두가이)도 예수의 적이었다. 그들은 성전을 중심으로 벌이 좋은 지위를 차지하고 있었는데, 예수의 복음은 그들의 종교적 양심뿐 아니라 사회적 양심도 괴롭혔음이 확실하다.

이미 이사야 예언자는 (예수는 세례자 요한의 물음에 대답하면서 이사야서를 인용한다) **"가난한 사람들"**(아나윔)이라는 말을 포괄적 의미로, 즉 억압받고 얻어맞고 기가 꺾이고 낙담하고 고통당하는 모든 사람을 가리키는 말로 이해했다. 그런데 예수는 부자들을 통박했지만 민중에게 강제로라도 행복을 떠안겨 주려고는 하지 않았고, 부자들 재산의 몰수나 일종의 "죽 한 그릇 공산주의" 또는 아예 "프롤레타리아 독재"를 설파하지도 않았다. 경제의 수위성을 선포한 것이 아니다. "우선 처먹고, 그다음에야 윤리도덕이다"란 브레히트의 「서푼짜리 오페라」[19]에 나오는 말이다. 예수는 산상설교에서 정반대로 말한다: "먼저 하느님 나라와 그분의 의로움을 찾으시오 … 그러면 그런 것도 다 곁들여 받게 될 것입니다."[20] 예수는 모든 사람에게 욕심의 절제와 만족할 줄 아는 마음, 근심 걱정 버린 신뢰심, 소유로부터의 내적 자유를 촉구했고, 걸림 없는 유랑생활을 하던 예수와 함께 떠돌아다니고자 하는 사람들은 불가피하게 모든 것을 버려야 했다. 그러나 예수는 사해 부근 쿰란의 에세네파 수도원에서처럼 사유재산을 공동체에 넘기라고 요구하지 않았다. 자캐오가 재산의 반만 남들에게 나누어주는 것을 칭찬한 예수는 무슨 법규나 규칙을 제정하지 않았다. 예수 추종자 가운데 상당수가, 훗날 원공동체에서 매우 중요한 존재가 된 베드로 역시, 자기 집을 갖고 있었다.

원공동체(예루살렘 그리고 필경 갈릴래아에도 있었을 것이다) 안에도 다양한 유다인 집단(바리사이·에세네·젤로데·사제계급) 출신의 예수 제자 중에 자기 집을 소유한 사람들이 꽤 있었고, 그 집들을 공동체 집회 장소로 내놓았다. "가난한 사람들"(아나웜 또는 에비오님)이 (이 점에서 오늘날 학자들의 견해가 일치하거니와) 원공동체를 특징짓는 고유명사는 아니었다. 가난한 사람들을 위한 바울로의 모금도 예루살렘 공동체 전체가 아니라, 그 공동체의 참으로 가난하고 곤궁한 사람들을 위한 것이었다.[21] 물론 (아마 특히 에세네파 출신 그리스도인들 중에서)[22] 자발적으로 사심없이 재산을 포기하는 경우도 있었고, (필시 베드로를 비롯한 열두 제자도 그러했듯) 원그리스도교의 유랑 설교자들은 자기 소유를 버리고 오로지 예수의 복음 선포에 헌신해야 했다.[23]

그러나 루가는 (바울로와 달리) 나중에 원공동체의 상황을 이상화했다: "아무도 자기 재산을 자기 것이라 하지 않고 모든 것을 공동으로 소유했다."[24] 그리고 루가는 (마르코 및 마태오와 비교해보면 뚜렷이 드러나거니와) 자신이 더욱 엄격하게 고친, 모든 소유를 배척하는 예수의 말씀으로 이 이상화를 뒷받침했다. 사실을 말하면, 원공동체가 여러모로 끈끈한 형제애를 실천했지만, 전반적인 재산 포기 같은 것은 알지 못했다. 루가 자신도 사도행전에서 (가령 과부들 구호의 경우) 곤궁한 사람들과 그렇지 않은 사람들을 분명히 구별하고 있다.[25] 사유재산의 수용이 아니라, 가난한 사람들에 대한 도움과 나눔이 목적이었음이 확실하다. 어떤 사회적 유토피아가 실현되었던 것이 아니라, 일종의 "사회적 연대책임 공동체"가 실현되었다고 하겠다.[26] 아무튼 이 공동체의 정신적 지평(공동체의 사회적 태도 역시 이 지평에 터해 이해해야 한다)은 무엇이었던가?

종말 대망

아람어를 사용하던 예루살렘 (그리고 필시 팔레스티나 다른 곳의) 원공동체의 정신적 지평 또는 "풍토"는 한마디로 특징지을 수 있으니, 곧 **묵시문학적**·종말론적 지평이었다. 구체적으로 말해서: 초창기 그리스도인들은 세상의 종말이 곧 닥치리라 믿고 있었다. 이 그리스도인 첫 세대는 저 "묵시"("가린 것을 벗김", "드러냄") 운동으로부터 깊은 영향을 받았는데, 기원전 2세기 마카베오 시대 이래 유다교의 경건한 사람들("하시딤") 사이에서 갈수록 강력해진 이 운동은, 예언·유언·꿈·환상 등의 방식을 통해 하느님의 비밀 그리고 무엇보다도 미래의 "너울을 벗길" 수 있다고 주장했다.[27]

당시 팔레스티나에 살고 있던 이 사람들은, 그리스인들과는 달리, 하늘과 땅의 현상들에 관한 지식인 물리학에도, 존재하는 모든 것의 근본원리들에 관한 지식인 형이상학에도 관심이 없었다. 그들이 관심을 갖고 있던 것은 **미래**였다: 그것도 "아래로부터", 인간과 세계로부터 자연적으로 전개될 미래futurum가 아니라, "위로부터", 하느님으로부터 올 미래adventus였다. 또한 마카베오 왕조의 타락과 멸망에 크게 낙담한 사람들은 이미 기원전 2세기에 구원은 현세의 다윗 혈통 "메시아"(기름부음받은 자)에게서는 올 수가 없고, 하느님이 파견하신 자(천상적 메시아, 선재하는 초월적 심판자요 구원자인 "인자")에 의해 곧장 천상으로부터만 올 수 있다는 확신을 지니기에 이르렀다.

그러면 **예수**는? 예수가 인자를 자칭했는지, 했다면 얼마나 명확히 어떤 의미로 했는지에 이론이 분분하지만, 아무튼 예수(당시 상층계급은 그에 관해 거의 관심이 없었고 자신들의 역사에도 기록하지 않았다)가 이 묵시문학적 풍토 안에서 활동했고[28], 그의 사상과 선포가 전형적인 묵시문학적 종말 대망待望에 의해 규정되어 있었음은 확실하다: 이것을 우리는 앞에서 암시한 바 있다.[29] 사실 예수 역시 하느님 나라가 **아주 가까운 장래에** 도래하리라 믿고 있었음을 입증해주는 매우 골치아픈 몇 가지 본문들[30]이 있다. 예수의 활동과 함께 종말이 이미 시작된 것이다. 눈에 띨 것 없는 예수의 말과 행동, 가난하고 불행하고 울고 내쳐진 사람들을 부르는 그의 말씀, 병자와 죄인들을 치유하는 그의 카리스마적 행위에서, 죄와 고통과 죽음이 사라지게 될 고대하던 하느님 나라가 이미 도래하고 있었다.

물론 예수는 세상 종말의 정확한 "시간표"를 말해주기를 언제나 거부했다.[31] 그는 인간적 호기심을 만족시켜주려 하지 않았으니, 하느님 나라 도래의 틀림 없는 시간과 장소, 엄청난 묵시문학적 사건과 비밀들의 누설, 종말 드라마의 세세한 진행과정의 예언 따위에는 도무지 관심이 없었다. 그런데도 확실한 것: 주지하다시피 예수의 선포와 행동의 중심은 묵시가 아니라 하느님 나라 자체였 지만, 그래도 어쨌든 그의 지평, 그의 이해·표상 전체의 틀은 묵시문학적이었 다. 오늘날의 성서주석에 의하면, 이 점에서는 이론의 여지가 없다.

원공동체의 모든 생각과 활동, 그들의 정신상태 전체 역시 묵시문학적 표상 들에 의해 꼴지어져 있었다는 것도 틀림없는 사실이다.[32] 그들의 신학뿐 아니 라, 성·결혼·기도·수덕修德·삶·죽음에 대한 이해 또한 이 정신적 지평에 터하여 보아야 한다. 그들은 (이미 마르코 복음서의 작은 묵시록[33]에서 볼 수 있거니와) 특히 종 말 사건들을 생생히 묘사하기 위해 묵시문학 전승 자료들을 넘겨받았고, 그리 하여 예루살렘 멸망 무렵에 자신들이 겪은 일들을 그런 관점에서 해석했다. 아 무튼 그리스도인 첫 세대의 이러한 종말 대망은 두 가지 방식으로 성취된 것처 럼 보였으니, 곧 예수의 부활(고양)과 성령 체험이 그것이다.

망아적 성령 체험

예수 추종자들에게 이 묵시문학적 대망은 더욱 절박해졌다. 그들은 하느님 나라의 도래를 선포하고 촉진하던 분이 하느님께 버림받은 자로 처형되는 것을 생생히 몸겪어야 했다. 그래서 그들은 하느님 나라에 대한 믿음과 희망을 정녕 포기했던가? 천만에. 예수의 체포와 처형의 충격 이후, 유다인 여자들(예루살렘에 있던?)과 남자들(갈릴래아에 있던?)은 여러 가지 망아忘我적 성령 체험, 곧 일련의 환시 와 환청을 경험했는데, 이 체험으로 그들은 예수는 살아 있다는 확신을 갖게 되었다. 오늘날 성서 주석학과 종교학이 이 현상을 역사적·심리학적으로 어찌 설명하든간에,[34] 예수의 유다인 남녀 제자들은 — 물론 부활에 대한 유다교의 희망과 해석 본보기들(에녹과 엘리야가 하늘로 들려 올라감·순교자들의 부활·모세와 이사야의 승천 전설 등)에 터하여 — 이 체험을 자신들의 절망감이 만들어낸 해석이 아니라, 하느님이 선사하신 계시로 이해했다: 능멸과 고통을 당했던 그분은 죽음에 버려져 있지 않고, 친히 하느님에 의해 **생명에로 일으켜졌다**는 것이었다. 그럼 지금 그분은 어디에 계신가? 확신에 찬 그들의 대답: 유다 당국과 합작으로 로마 총독 본디오 빌라도가 유죄판결을 내려 처형시켰던 그분은 하느님께 들어높여지셨고, 지금은 (시편 110장이 예고한 대로) 심판하러 다시 오실 때까지 천상 영광 속 "하느님 오른편" 드높은 옥좌에서 온 세상을 다스리고 계시다. 과연 이제 그분은 도래하고 있는 하느님 나라에 대한 희망의 보증인이시다: 인도자요 구원을 가져다주는 분이요 세계 심판자시다. 바로 여기에 모든 그리스도론의 원천이 있다: 하느님은 전권을 지니고 당신 나라를 선포했던 예수를 십자가 죽음을 거슬러 부활을 통해 "주님과 그리스도로 삼으셨다".[35]

아무튼 예수가 체포될 때 달아났던 제자들은 이제 베드로의 주도 아래 새로운 모임을 이루었다 — 그것도 다시금 예루살렘에서. 하느님의 영이 쏟아부어진 오순절 사건에 대한 사도행전의 보도[36]는 〔이상한 언어(靈語)나 광희狂喜와 같은 망아적 현상들 배후에 역사적으로 무엇이 있었든〕 열광케 하는 종말론적 영에 관해 증언하거니와, 이 영 안에서 최초의 **메시아 공동체**가 탄생했다. 이 사건은 유다교 순례 축제의 하나인 추수절, 주간週間절(과월절 후 50일째)에 일어났고, 그래서 이날을 그리스도인들은 "오순절"pentekoste이라 불렀다. 유다교 전통 관념에 따르면 당시에는 꺼져 있던 하느님의 영을 어린 그리스도인 공동체가 체험했고, 영의 은사를 받은 적지 않은 사람들이 예언을 했다.

묵시문학이 어린 그리스도교의 산물이 아니듯, 어린 그리스도교 또한 묵시문학의 소산이 아니다. 그러나 둘 사이에서 상호의존 현상들은 찾아볼 수 있다. 아무튼 사람들은 하느님이 생명에로 일으키신 분이 이미 시작된 하느님의 다스림을 완결하고 궁극적인 하느님 나라를 완성하기 위해, 세계 심판자로서 다시 오시리라는 믿음 안에서 더욱 힘을 얻어 나갔다. 그 마지막이 올 때까지 그분에 관한 소식(복음)이 선포되어야 했다. 예수 그리스도의 이름은 "이미 지금" 영 안에서 체험되는, "그러나 아직은" 실현되어 분명히 드러나지 않은, 도래하는 하느님 나라의 인장印章이자 등대였다. 과연 이제는 그분과 한편 되는 결단이 정녕 중요한 일이었다. 그러면 예수와 한편 되는 이 결단은 (당시 매우 절박하고 동시에 항구적인 의미를 지닌 문제였거니와) 유다교 공동체와의 결별, 유다 민족과의 절연을 뜻했던가? 결코 그렇지 않았다.

③ 그리스도교의 중심 — 어디까지나 유다교적으로 꼴지어진

나자렛 사람을 메시아로 믿는 그리스도인 첫 세대가 (나자렛 사람 자신, 그의 가족, 첫 제자들과 마찬가지로) 온전히 **유다교에 통합**되어 있었음은 긴 설명이 필요없다.[37]

유다계 그리스도인들은 누구인가?

예수가 처형된 뒤 달아났다가 압도적인 부활 체험으로 인해 다시 모인 제자들의 무리는 아람어를 사용하는 남녀 유다인들로 이루어져 있었다. 자신들을 유다교의 한 집단으로 이해하고 주위의 유다교 세계와 외적 일치를 보존하고 있었던 그들은, 처음에는 유다교의 한 "분파"로 여겨졌다. 오늘날 우리는 그들을 (엄밀한 의미의) **유다계 그리스도인들**Juden-Christen이라 부른다. 이 첫 그리스도인 공동체는 모든 유다인들과 마찬가지로,

● 한 분 하느님께 대한 유다교 신앙("Schema Israel")을 간직했고,

● 거룩한 문서들Tenach을 굳게 받아들였으며,

● 율법Tora(할례[38] · 안식일[39] · 축제[40] · 정결례와 음식 규정[41] 등)을 준수했고,

● 성전예배에 참여하고[42] 희생제사를 드리고 똑같은 시편과 찬가를 노래했다.

나자렛 사람을 참 메시아로 믿던 어린 메시아 공동체는 이스라엘 민족 전체가 마침내 그분을 받아들이게 되길 기대했다. 그들은 예수가 하던 선포를 그의 이름으로 계속해 나가야 한다는 소명을 느꼈다. 그들의 선교도 우선 유다인 동포에게 국한되었다. 그러나 그 선교는 필연적으로 공식적 유다교와 거듭 새삼 갈등을 일으키게 되었으니, 유다교에서는 예수를 율법 위반자요 거짓 메시아로 엄격히 배척했다. 사실 나자렛 예수, 그의 도발적 소식(복음), 걸림 없는 행동,

잔혹한 운명을 둘러싼 충돌은 이미 분열의 싹을 내포하고 있었다.

아무튼 다음 사실을 간과해선 안된다: **원공동체의 삶 전체**, 그들의 생각뿐 아니라 실천·예배·축제 등 모든 것이 근본적으로 **십자가에 처형되었으나 하느님에 의해 부활하신 예수를 에고돌고 있었다**. 예수는 당시의 공식적 유다교와의 연속성 그리고 동시에 (종교적·정치적 기성체제의 배척으로 인한) 비연속성의 체현이었다. 원공동체는 예수를 인격적으로 깊이 느꼈고 그에게 신앙고백을 했으며 시간이 흐르면서 "다윗의 자손"·"인자"·"메시아"·"그리스도"·"하느님의 아들" 같은 유다교적 존칭을 드렸다.

여기서 중요한 것은 개개의 칭호나 거기 함축된 다양한 표상이 아니다. 진짜 중요한 것: 온전히 유다교에 의해 꼴지어진 이 최초의 묵시문학 패러다임에서는 다른 누구도 아닌 예수가 바탕인물로서 "새로운" 계약의 여러 문서에 담긴 모든 다양한 표상의 중심에 처음부터 자리잡고 있다. 예수는 갖가지 전승을 결합시키는, 아니 말 그대로 그 중심을 잡아주는 핵심 인물이다. 따라서 **하느님 나라에 관한 예수의 하느님중심적 선포가 그리스도이신 예수에 관한 그리스도중심적 선포**로 바뀐 것은 극히 당연했다고 하겠다: 예수가 선포한 복음이 예수 그리스도에 관한 복음으로 바뀌었다. 사람들은, 갈수록 더욱더, 하느님이 당신의 "선택된 민족"과 함께하셨던 이전 역사 전체가 예수 안에서 새롭고 결정적인 정점에 이르렀다고 믿었다. 또한 예수 안에 새로운 척도가 주어져 있으며, 이 척도에 터해 하느님과 모든 민족들(비유다인 이방 민족들)의 관계도 새로이 판단해야 한다고 생각했다. 그렇게 하는 가운데, 개개인의 신앙만이 아니라 공동체의 신앙이 중요하게 부각되었다.

새로운 신앙공동체

이 첫째 유다계 그리스도교 묵시문학 패러다임에서, 십자가에 달렸다가 부활하신 예수 그리스도는 그리스도교를 당시 유다교와 구별해주는 존재로 뚜렷이 부각되는데, 이것은 처음부터 그러했다(바울로에게서 비로소 부각된 것이 아니다): **예수 그리스도**가 그리스도교 신앙과 삶의 **확고한 중심**이요 **항구적인 알맹**이다.

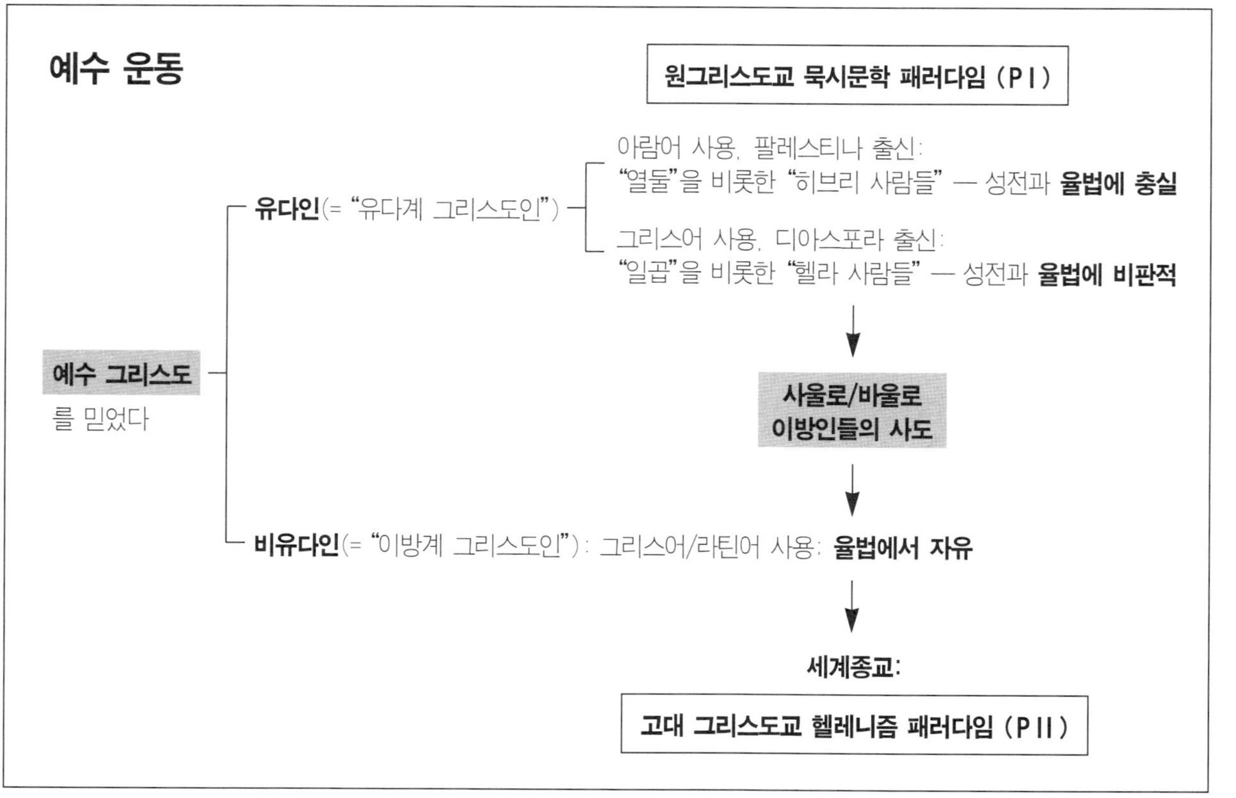

예수 운동
원그리스도교 묵시문학 패러다임 (P I)
예수 그리스도
를 믿었다
유다인(= "유다계 그리스도인")
아람어 사용, 팔레스티나 출신:
"열둘"을 비롯한 "히브리 사람들" — 성전과 율법에 충실
그리스어 사용, 디아스포라 출신:
"일곱"을 비롯한 "헬라 사람들" — 성전과 율법에 비판적
사울로/바울로
이방인들의 사도
비유다인(= "이방계 그리스도인") : 그리스어/라틴어 사용: 율법에서 자유
세계종교:
고대 그리스도교 헬레니즘 패러다임 (P II)

예수 그리스도 없이는 그리스도교의 시작부터 납득할 수 없고, 그분을 빼놓고는 그후의 그리스도교 역사도 이해할 수 없다. 예수 그리스도가 (교회의 역사가 흘러가면서 그렇게도 자주 무시·배반당했음에도 불구하고) 그리스도교에서 영원히 소중하고 항구적인 구속력을 지니는 존재임은 두말할 것이 없다. 공동체의 신앙은 그분께 정향定向되어 있고, 공동체의 감각적 신앙 상징들은 그분을 상기시킨다.

신앙(구약성서에 터한, 하느님께 대한 흔들리지 않는 무조건 **신뢰**. 이런 신앙의 본보기를 예수가 보여주었다)은 원그리스도교계의 바탕이었다. 이 신앙은 원그리스도교계를 유다교의 다른 형제자매들과 갈라놓지 않았다. "아버지의 뜻이 이루어지소서", 유다인 예수의 이 청도請禱는 그리스도교 신앙의 유다교적 원석原石이다. 오늘에도 유다인들과 그리스도교인들이 어려움 없이 "주님의 기도"를 함께 바칠 수 있다.

그러나 예수를 메시아로 받아들인 유다인들은 곧 특별한 **신앙인 공동체**를 형성해야 했다. 십자가에 처형되었던 분을 메시아로 고백하는 신앙으로 그들은 그때까지 유다교의 모든 메시아 대망과 구별되었고, 결국 그들만의 고유한 신앙공동체, 곧 **그리스도 신앙인들의 공동체**를 이룰 수밖에 없었기 때문이다. 바로 이것이 나중에 사람들이 "교회"라는 다른 낱말로 지칭하게 된 것의 기원에 관한 원천적 서술이다. **그리스도 신앙**(그리스도의 복음에 대한 인간들의 응답)은 과연 원그리스도교적 패러다임의 테두리 안에서 **새로운 공동체의 바탕**이었다: 이 그리스도인 공동체는 부활하신 분은 하느님의 "대리자"[43](이미 바빌론 유배 이후 유다교에서는 하느님의 지혜, 위대한 족장들, 대천사들이 이런 대리자라고 믿어왔다!)라는 확신에 의해 지탱되고 있었으며, 깊은 영적 체험들에 터해 이 대리자와 실로 생생한 관계를 맺고 있었다. 이 신앙의 공적 표현은 예수에 대한 "그리스도" **고백**, 고양되신 분을 찬미하는 **찬송가**, "주님"이신 그리스도께 드리는 **기도**, 이제 고양되신 분의 말씀으로 간주되는 **예언** 그리고 그분 **이름**을 내세움이었다.

그분 이름을 내세웠다? 이와 관련하여 한 가지 묻자: 사람들은 어떻게 이 신앙공동체의 구성원이 되는가? 사람들은 언제부터 명시적으로 이 공동체에 속하게 되는가? 그리고 예수는 신앙의 이 새로운 표지와 무슨 관계가 있는가? 신앙공동체의 두 가지 근본표지, 곧 세례와 성찬례를 살펴보자.

신앙공동체를 구별해주는 것: 세례

사람들은 고유한 **가입의례**를 통해 자신들의 신앙을 공개적이고 명시적으로 표명함으로써 이 공동체에 속하게 되는데, 그것이 곧 **세례**[44]로서, 새로운 신앙공동체의 **첫째 근본표지**다. 예수의 제자들은 처음에는 이 표지를 그들의 유다교적 과거로부터 아직 끊어내지 못했음이 분명하다. 세례 의식들은 유다교에서도 오래 전부터 시행되고 있었기 때문이다. 유다인들은 유다교로 개종한 사람들에게 세례를 베풀었는데, 여기서는 법적·의식儀式적 관점이 중심에 있었다. 쿰란 수도원에서도 세례가 행해졌는데, 물론 스스로 베푸는 세례, 즉 나날이 반복할 수 있는 속죄의 침례욕浸禮浴이었다. 공관복음서들에 의하면,[45] 예수 자신은 사람들에게 세례를 베풀지 않았고, 생시에는 따르는 자들에게 수세受洗를 명시적으로 요구한 적도 없다.[46] 그러나 예수도 다른 사람들처럼 세례를 받았는데, 주지하다시피 그에게 세례를 베푼 사람은 세례자 요한이었다.[47] 요한의 단 한 번인 세례는 이미 인간이 자신의 죄를 참회하고 하느님 앞에서 새사람이 되겠다는 각오를 상징하는 행위였다.[48] 그리스도교 세례의 본보기는 그러므로 요한의 세례임이 확실해 보인다. 그리스도교의 세례는 종말을 내다보며 죄를 용서받기 위한 회개의 세례로 베풀어졌다: 인간의 결정적 회개는 정화하는 물 속에 잠김으로써(수세자가 들어가는 것이 아니라 세례자가 담근다) 뚜렷이 드러내고 봉인되어야 했다. 세례는 단 한 번 베풀어졌고, 반복은 허락되지 않았다. 종말론적 의미를 지닌 한 번뿐인 속죄의 세례는 필시 요한의 독창적 창안인 듯하며, 그가 "세례자"라는 별명으로 불린 것도 까닭없는 일이 아니다.

부활 후 예수의 "세례 명령"이 역사적 사실이 아니라 할지라도, 아무튼 신앙공동체는 **예수와 그분 말씀에 의해 자신에게 세례를 베풀 권한이 주어져 있다**고 느꼈다. 세례 의식이 정식으로 "제정"된 적은 없지만, 어쨌든 세례 없는 그리스도교 초창기는 존재하지 않았다. 최초의 증언들은 예수 죽음 직후까지 거슬러올라간다.[49] 명사 "세례"to baptisma는 동사 "물 속에 담그다", "세례를 베풀다"baptizein와 달리 그리스도교 고유의 용어가 되었다. 이제 신앙공동체는 요한의 세례만이 아니라 예수 자신의 세례를 기억하며 세례를 베풀었다. 아니

사도행전[50]과 바울로[51]가 전해주듯이, **"예수의 이름으로"** 세례를 베풀었다. "예수의 이름으로"란 무슨 뜻인가? 히브리어의 맥락에서 "이름"은 권위와 법적 지위를 표현하는 법적 개념이다. 신앙인은 고양되신 주님께 자신을 온전히 내맡기고, 그분의 주권과 보살핌 아래 살아가야 한다. 수세자는 죄를 용서받고, 그분의 생명과 그분의 영 그리고 그분의 하느님 아들됨에 참여하게 된다.

이러한 의미에서 마태오 복음서만 증언하는 **"아버지와 아들과 성령의 이름으로"[52]**라는 정식은 "예수의 이름으로"라는 그리스도론적 정식의 내용이 확장·발전된 것이라 할 수 있으며, 그리스도교 신앙의 구조적 요소들을 보여준다: 세례는 한 분 하느님 자신(성부)이 당신의 영(성령)을 통해 그분(성자) 안에서 우리와 함께 계시는 예수 그리스도의 이름으로 베풀어진다. 이 정식이 극히 상이한 이 세 분의 어떤 "일치"에 관해 말해주는 바는 물론 없다.

신앙공동체를 묶어주는 것: 성찬례

또하나의 물음: 그리스도인 공동체를 하나로 묶어주는 것은 무엇인가? 매우 중요한 요소로 공동 성찬례를 들 수 있다.[53] 사람들은 기도하고 **"빵을 떼기 위해"** 정규적으로 개인들의 "집들"에 모였으며, "신명나는 순박한 마음으로 음식을 함께 들었다".[54] 예수 친히 성만찬을 이를테면 법적으로 "제정"했다고 생각하는 것은 세례를 정식으로 제정했다는 생각과 마찬가지로 의심스럽다. 특히 가장 오래된 마르코복음서에는 만찬을 반복하라는 요구가 나오지 않는다. 그러나 예수가 제자들과 일종의 **이별 식사**, 죽음을 앞두고 마지막 식사를 했다는 것은 원전들에 비추어 의심할 여지가 없다. 신약성서 여러 문서에서 이 사건을 전해주는 전승은 보기 드물게 내용이 풍부하고, 서로 비교해보아도 거의 동일하다. 네 가지 이문異文이 전해오는데[55], 55년경 씌어진 고린토 전서의 본문이 특히 중요하다. 가장 오래된 이 본문은 예수 자신에게까지 소급되는, 그때까지 살아 있던 목격 증인들이 확인할 수도 있었을 전승을 담고 있다.[56]

아무튼 예수의 이 최후만찬을 구체적 상황과 유리시켜 일종의 성사聖事 제정 식사로 고상하게 만들어서는 안된다. 이 만찬은 예수가 제자들과 가졌던 많은 식사를 배경으로 하여 이해해야 한다. 과연 세례자 요한에게는 속죄의 세례가 그를 특징짓는 표지적 행위였듯이, 예수를 특징짓는 것은 즐거운 분위기 속에서 행해진 잔치 식사였다. 그런 식사를 하면서 모두가 도래하는 하느님 나라에 속해 있음을 축하했다. 그리고 이 잔치 식사에는, 이미 주어져 있는 은총과 용서의 표지로서, 착취당하고 차별받는 사람들 그리고 "세리들"과 "죄인들"도 배제되지 않았다. 다가오는 하느님 나라와 이별을 앞두고, 예수는 자기 사람들과 그러한 식사를 다시 한번 가지고자 했으니, 그 식사는 (요한복음서가 아니라 마르코복음서에 따르면) 필시 정식의 과월절 만찬이었던 것 같으며, 혹시 하루 먼저 있었던 일이라 하더라도, 그 식사에는 유다교의 과월절 표상이 짙다.

만찬 때 **예수**가 한 특별한 **말씀**은 이를테면 거룩한 제정 말씀으로 하늘에서 떨어진 것이 아니다. 그 말씀은 부분적으로는 오늘날 유다인 가정에서도 흔히 거행되는, 정식 유다교 축하연의 관례적 진행에 어울리는 것이었다:

— 본식本食 전 감사기도 때 하는 **빵에 대한 말**: 이때 가장은 빵을 들고 하느님을 찬양하는 기도를 드린 후, 빵을 쪼개거나 찢어서 함께 식사하는 사람들에게 나누어준다.

— 본식 후 감사기도 때 하는 **포도주에 대한 말**: 이때 가장은 포도주가 담긴 잔을 사람들에게 내주고, 모두가 그 잔을 돌려가며 마신다.[57]

예수는 그러니까 새로운 의식儀式을 만들어낸 것이 아니다. 그러나 극적 순간에 오래된 의식에 새로운 의미를 부여하고자 했다. **오래된 상징 행위를 새로운 상징 말씀**과 결합시켰다. 다가오는 자신의 포악한 죽음을 암시하며 예수는 쪼개진 빵과 피처럼 붉은 포도주를 말하자면 **예언적 표지들**로 해석했거니와, 과연 그 순간 그것들은 예수가 누구였는지, 그가 무엇을 했고 또 하고자 했는지를 실로 온전히 상징해주었다: 희생, 자기 생명을 내어줌 말이다. 이 빵처럼 그의 몸도 부서질 것이요, 이 붉은 포도주처럼 그의 피도 쏟아질 것이다: "이것 내 몸, 이것 내 피!" 훗날 그리스도 교회들 사이에 그토록 격렬한 논쟁을 불러일으켰던 "이다"라는 말은 아람어(예수는 민중 언어인 아람어를 사용했다)로는 아예 발음되지 않았음이 거의 확실하다. 두 말씀 모두 예수라는 인간 전체와 그것의 내어줌을 말하고 있다. 그리고 가장이 빵과 포도주를 나누어줌으로써 함께 먹고 마시는 사람들을 식탁의 축복에 참여하게 하듯이, 예수도 제자들을 죽음에 내어줄 자신의 몸〔"몸" 또는 "살"(肉)은 히브리어나 아람어에서 언제나 통사람(全人)을 가리킨다〕과 "많은"(포괄적으로 "모든"의 뜻) 사람을 위해 흘리는 자신의 피에 참여하게 한다.

스승과의 이별은 제자들 무리에게 확실한 사실이 되었다. 그런데도 그들은 스승의 죽음과 부활의 체험에 터하여 서로간에 그리고 스승과 새로운 친교와 연대를 이루었다: 하느님 나라에서 밥상 공동체가 새로이 이루어질 때까지. 그리하여 예루살렘 혹은 다른 곳의 개인들 집에서 매우 단순하고 명료한 **기념제**(그리스어 anamnesis, 라틴어 memoria), **감사제**(그리스어 eucharistia)가 거행되었는데, 이것은 감사와 믿음으로 예수를 기억하며 그분의 단 한 번의 영원한 생명의 희생의 힘에 동참하는 의식이었다. 이 식사는 아주 일찍부터 **"주님의 성찬"**[58] 또는 바로 **"감사제"**[59]로 불리었고, 세례에 이은 새로운 신앙공동체의 **둘째 근본표지**가 되었다. 이것은 기념과 감사의 식사였으며, 동시에 계약과 친교의 식사, 더 나아가 하느님 나라에서의 완전한 식사의 표지요 상징이어야 했다. 아람어 환호성 **"마라나 타"**(우리 주님 오소서!)는 훗날 그리스어로 드리던 예배에서도 그대로 남아 있게 될 터였다.[60]

다시 한번 유념하자: 구약성서가 증언하는 한 분 하느님(그리고 그분의 영)께 대한 신앙은 당연한 전제로 하고, 예수 그리스도(그의 이름으로 베풀어지는 세례와 그를 기억하는 성찬례는 그에 대한 믿음의 감각적 표현들이다)가 처음부터 그리스도교의 **확고한 중심**이요 **항구적 알맹이**다. 여기에 원그리스도교의 엄청난 역동성이 터해 있었다.

지금까지 말한 것을 돌이켜볼 때, 여기서 이미 **유다계 그리스도교 패러다임**의 몇 가지 특징들을 정확히 규정할 수 있거니와, 이것들은 70년 예루살렘 성전 파괴 이후에도 중요한 요소로 남게 된다:

● 예수를 추종했던 유다인들이 다른 많은 유다인과 공유하던 종말론적 지평.

● 의식儀式에 관한 모세의 율법, 특히 할례·안식일·축제·정결례·음식 규정들을 준수하는 유다교적 생활태도.

● 끝으로 유다교 신학: 묵시문학적 모티프들, 지혜문학적 성찰 …

물론: 종말이 곧 닥쳐오리라는 기대는 깨어져야 했다. 이미 여기서 원그리스도교의 실상을 간단히 복원하려는 시도는 필경 그릇된 길로 빠질 수밖에 없음이 드러난다. 임박한 하느님 나라를 대망하던 "종말시기"를 이어 교회의 "중간시기"가 시작되었다. 교회? 예수는 요컨대 교회라는 것을 원했던가? 이것은 수사학적 질문이 아니라 매우 심각한 질문이다. 특히 교회에 열심인 사람들에게.

④ 교회 창설?

지위도 직책도 없던 나자렛 사람은 하느님 나라를 선포했으나, 고유한 신조·의식·조직·직무들을 갖춘, 이스라엘과 구별되는 별도의 공동체를 창설하고자 하지는 않았다. 다른 말로: 예수는 위대한 **종말론적 소집 운동**을 일으켰으며, 그에게 베드로를 비롯한 열두 제자는 온전히 복원되어야 할 이스라엘 지파들의 상징이었다. 그러나 예수는 어떤 거대한 종교 조직을 만들 뜻이 없었으니, 실제로 선택된 자들의 공동체나 무슨 교회 같은 것을 계획에 따라 창설하라고 사람들에게 공개적으로 촉구한 예수의 말씀은 전혀 없다. 복음서들에 따르면, 과연 예수는 "교회"라는 낱말을 한 번도 사용하지 않았다.

교회는 무엇인가?

이스라엘과 구별되는 종교적 공동체라는 의미의 **"교회"**는 **예수 사후** 유다계 그리스도교 공동체들과 관계된 사안임이 확실하다: 예수에 의해 창건되지는 않았으나, 그래도 어쨌든 십자가에 달렸다가 부활하신 그분을 인증引證으로 내세워 생겨났다. 과연 부활절 이후에야 비로소, 부활과 성령 체험의 감동에 바탕하여 종말론적으로 정향定向된 공동체가 존재하게 되었다. 이 공동체의 토대는 우선적으로 어떤 고유한 의례나 제도, 특정한 직무들을 갖춘 조직이 아니라, 앞에서 살펴보았듯이, 어디까지나 오직 메시아이신 예수에 대한 신앙고백이었던바, 이 고백은 세례에 의해 확증되고 그분을 기념하는 성찬례를 통해 경축되었다.

"**교회**"를 간략히 정의하자면 **그리스도를 믿는 사람들의 공동체다**[61]: 예수의 인격과 일에 몸바치고, 그 인격과 일을 모든 인간의 희망으로 증언하는 사람들의 공동체다. 그러므로 예수 그리스도의 일에 봉사하고 그것을 관철하는 대신 그 일을 가로막을 때 교회는 자신의 본질을 거스르는 죄를 범하며 자신을 왜곡하는 괴물이 되어간다! 교회가 주님의 일에 얼마나 깊이 헌신해야 하는지는 이미 그 이름에서 분명히 드러난다. 게르만 어족語族의 "키르헤"Kirche(독일어), "처치"church(영어), "키르카"kyrka(스웨덴어: 슬라브어 cerkov 참조)는 루터가 생각했듯이 라틴어 "쿠리아"curia(원로원·귀족집회)에서 파생한 말들이 아니다. 아마 고트인들이 전한 비잔틴 민중어 "키리케"kyrike에서 유래한 듯하며, 그 뜻은 "주님kyrios께 속한"이다(좀더 한정하면 "주님의 집 또는 공동체"를 의미한다). 로만 어족(ecclesia, iglesia, chiesa, église)은 신약성서의 "에클레시아"ekklesia와 언어상의 직접 관련성을 보존하고 있다. "에클레시아"는 일상 그리스어에서 집회, 특히 정치적 민중집회를 뜻한다. 하지만 신약성서에서 "에클레시아"는 구약성서에 나오는 "카할"의 의미로 사용되며, 구약성서의 그리스어 번역("70인역")에서도 "카할"을 "에클레시아"로 옮겼다. "카할"은 "하느님(야훼)의 (백성의) 집회"를 가리키는 엄숙한 표현이다.

유다계 그리스도교 원공동체는 바로 이 표현을 전용轉用함으로써 유다교 안에서 엄청난 자기주장을 한 셈이다: 자신들이야말로 이제 하느님이 보증하신 메시아의 이름과 영 안에서 모인, 종말 시기의 **참된** 하느님의 집회, **진정**한 하느님의 공동체, 즉 "예수의 카할"이라고. 신약성서에서 "카할-에클레시아"는 현존하는 **소집된 공동체** 자체를 뜻할 뿐 아니라, 동시에 **모임의 사건**도 의미한다. 다시 말해서: 모임의 행위 없이는 공동체도 교회도 없다! 구체적인 예배 모임은 이미 유다계 그리스도교 패러다임에서 새로이 탄생한 예수 공동체의 표명, 표현 아니 실현으로 여겨졌다.

이로써 결정적인 원칙이 확정되었다: "에클레시아"는 근원적으로 볼 때, 구체적 집회 상위에 있는, 이런저런 직무들을 갖춘 추상적이고 막연한 초hyper조직을 의미하는 것이 아니라, 본디부터 특정한 장소와 특정한 시간에 특정한 행위를 위해 모이는 공동체를 뜻한다. 물론 고립자족하는 종교적 결사結社가 아니라, 다른 공동체들과 폭넓은 친교를 이루는 공동체를 의미한다. 개개의 **지역교회**는 **전체교회**를 온전히 현재화한다. 하나하나의 지역교회에 그 교회가 자기 자리에서 인간을 구원하기 위해 필요한 모든 것, 즉 복음선포·세례·주님의 성찬·다양한 은사와 직무들이 주어져 있다. 개개 신앙공동체와 공동체의 모든 구성원은 하느님 백성, 그리스도의 몸, 성령의 집으로 자처할 수 있다.

여성의 중요성

예수 자신 "조상들"과 그들의 전통을 상대화했고, 자신의 제자단에 여성들도 불러들였으며,[62] 나아가 어린아이들의 소중함까지 명백히 인정한 사실에 비추어 볼 때, 가부장적 교권제도가 자신의 근거로 예수를 내세우는 것은 있을 수 없는 일임이 분명하다. 예수는 또한 독신을 당신 추종의 조건으로 들이밀지도 않았다. 어떠한 경우에도 예수를 끌어대어 독신법을 정당화할 수는 없으며, 사실 구약성서의 어디서도 독신을 찬양하지 않는다. 사도들은 기혼이었고, 또 결혼생활을 계속 유지했다(바울로는 자신을 예외라고 했다)[63]. 우리는 유다계 그리스도교 패러다임의 교회를 단어의 가장 훌륭한 의미에서 민주적이었다고 말할 수 있을 것이다: **자유, 평등 그리고 형제애의 공동체** 말이다. 이 교회는

— 지배제도나 나아가 거대한 종교재판소가 아니라, 자유인들의 공동체였고,

— 계급·인종·신분·관청 교회가 아니라, 원칙적으로 평등한 사람들의 공동체였으며,

— 가부장주의적으로 통제되는 개인숭배 제국이 아니라, 형제자매들의 공동체였다. 자매들? 바로 이 문제를 좀더 상세히 다루어야 하겠다.

오늘날의 연구 결과에 의하면, **여성**들이 예수 제자단에서뿐 아니라 원그리스도교에서도, 신약성서 본문에 기록되어 있는 것보다 훨씬 중요한 역할을 했음은 의심의 여지가 없다. 신약성서 자료들을 곧장 "여성신학"의 시각에서 연구·분석한 것은 특히 독일계 미국 여성 신약성서 학자 피오렌차의 공헌이다. 그녀의 연구는 초창기 유다계 그리스도교의 예수 운동에서는 남녀 제자들 "모두를 동등하게 대우하고 참여시킨 관례"가 있었음을 확인한다: "그들 대부분은

'소유로부터 자유로워지기 위해' 사유재산과 높은 사회·문화적 지위를 거부하는 선택을 할 수 있었던 견유犬儒학파 철학자들처럼 부유하지 않았다. 오히려 그들은 매우 가난하고 굶주리며 고달픈 짐을 진 시골 민중들 가운데서 부름받은 사람들이었다. 그들은 세리, 죄인, 여자, 어린아이, 어부, 가정주부들, 질병에서 치유되고 악령의 종살이에서 풀려난 사람들이었다. 예수의 제자들이 제공했던 것은 대안代案적 생활양식이 아니라, 대안적 윤리Ethos였다: 그들은 멋진 미래는 몰랐지만, 뭐라 해도 새로운 희망을 품은 사람들이었다. 내쳐지고 변두리로 밀려난 사람들이었으나, 이제는 뭐라 해도 새로운 친교(공동체)를 선사받아 누리고 있었다."[64]

초창기 유다계 그리스도교 공동체에서 여성들이 카리스마적 유랑설교자로도 어느 정도 활약했는지에 관해서는 막연한 추측밖에는 할 수 없다. 이 문제는 "여성들이 비유다인들에게로의 예수 운동의 확장에 결정적 역할"을 했다는 주장과 마찬가지로 역사상 확실히 입증되지 않는다.[65] 그러므로 개개의 성서 본문들(예컨대 마르 7,24-30의 시로페니키아 여인 이야기)에서 여성들의 "역사적 주도 역할"[66]이나 나아가 "여성들의 지도적 지위"[67]를 추론해내는 것은 삼가야 한다. 이 말은 예수와 지근至近한 제자 무리에서 필시 가장 중요한 여인이던 막달라 마리아의 역할에도 해당된다.

아무튼 예수의 활동이 평등한 사람들로 이루어진 추종 공동체를 생겨나도록 했다는 중요한 인식을 잊어서는 안되거니와, 사실 이 공동체는 오늘날의 교회 상황에 대해 비판할 말이 많다. 가부장제도에 대한 단호한 비판이 예수 운동의 본질적 구성요소는 아니었지만, 아무튼 피오렌차의 말은 옳다: "누구도 배제되지 않았다. 모두가 초대받았다. 남자들과 똑같이 여자들도, 바리사이들과 마찬가지로 창녀들도 부름받았다. 큰 잔치 비유는 청중들에게 하느님 나라는 모든 사람을 포섭한다는 깨달음을 박아준다. '1차로' 초대받았으나 거절한 사람들은 쫓겨나게 된다는 것을 경고·환기시켜준다. 예수의 중심 관점은 선별된 사람들의 성성聖性이 아니라, **모든 사람**의 구원이다. 그래서 예수는 자기 비유 속 상징들을 여자들의 세계에서도 빌려왔다. 그의 치유와 구마 행위는 여자들을 온전히 고쳐주었다. '종말론적 반전反轉'에 대한 예수의 통고(첫째가 꼴찌 되고, 꼴찌가 첫째 되는 사람들이 많을 것이다)는 여성들 그리고 가부장적 구조들에 의한 그들의 부서진 실존에도 해당된다."[68]

물론 여기서 유념해야 할 사실: 이 초창기 교회에서 모든 구성원이 원칙적으로 평등했고, 근본적으로 동등한 권리와 의무를 지니고 있었지만, 그것이 은사와 봉사(직무)의 다양성을 무질러버리는 **획일적 평등주의**를 의미했던 것은 **아니다**. 오히려 거꾸로: 루가에 따르면 "한 마음, 한 정신"[69]이었던 예루살렘 원공동체 안에도 이미 서로 대립하는 사람들, 구별되는 여러 직책, 분화된 기능들이 존재했다.

일시적 구조들: "교권제도"가 아니다

성서 본문들에 터하여 확인해두어야 할 사실: 신앙공동체 안에는 처음부터 (묵시문학적 종말 임박 기대에도 불구하고) **일시적 구조들**이 존재했다: 특히 **열두** 사도 동아리와 사도행전이 "헬라 사람들"이라 지칭하는 **일곱** 봉사자 동아리가 있었다. 여기서 추론할 수 있는 사실: 예수를 추종하던 예루살렘 원공동체는 예수 사후 아람어를 사용하던 유다인들로만 이루어져 있었던 것이 아니라, 작지 않은 부분은 **그리스어를 사용하던 헬라계 유다인들**로 구성되어 있었다.

사도행전 6,1이 전해주는, 날마다 행해지던 과부 구호를 둘러싼 갈등은, 이미 원공동체 내에 존재하던 "헬라 사람들"과 "히브리 사람들" 간의 현저한 분리현상을 반영하는 것으로 보인다. 이러한 분리는 이 두 유다계 그리스도인 집단이 짐작건대 각기 자기들만의 회당이나 가정 집회를 가졌으며, 거기서는 예배 중에 성서를 자기들 언어(히브리어 혹은 그리스어)로 봉독함으로써 더욱 심화되었다. 그리스어를 모국어로 사용하던 해외 유다계 그리스도인들(사회·문화적으로 헬레니즘의 영향을 받은 디아스포라 유다교의 도시적 환경 출신이며, 본토 유다인들보다 개명했기에 정신적으로도 더 적극적이었다)은 스테파노 동아리(모두 순수한 그리스 이름을 지니고 있던 "일곱")가 이끌었던 것 같다: 이 동아리는 상당히 독자적이었고, "히브리 사람들"을 대표하던 사도단(이스라엘 열두 지파를 나타내는 "열둘")과 병립했던 듯하다. 다시 말해서: 이 "일곱"은 한 세대 뒤에 루가가 사도행전에서 보도하는 것과는 달리, "열둘" 휘하의 단순한 빈자 구호 담당자들이 아니었던 것 같다. 이미 당시에 예루살렘에서 적극적으로 선교하던 독자적 공동체 집단의 지도부였다고 보아야 할 것이다.

사도들? "열둘"이나 방금 말한 "일곱" 사람만이 사도였던 것이 아니라, **원조 증인들**과 **원조 사자**使者들로 여겨지던 모든 사람, 즉 첫 증인들로서 그리스도의 말씀을 선포하고 공동체들을 창설·지도한 사람들 모두가 사도였다. 사도 칭호가 여자들에게도 부여되었는지는 유다계 그리스도교 내에서는 거의 입증되지 않는다. 그러나 이방계 그리스도교 영역에서는 사정이 달랐다. 반면 유다계 그리스도교에는 (흔히 간과되고 있거니와) 맨 처음부터 **남자 예언자들**과 나란히 **여자 예언자들**도 있었음이 확실하다: 사도행전은 아가보·유다·실라 외에 필립보의 네 딸을 분명히 예언자로 지칭하고 있다. 그밖에 여러 유형의 복음 선포자와 협력자들도 있었는데, 여기에도 여자들이 상당수 포함되어 있었다.

직무들? 당시 신앙인들은 다양한 교회적 봉사와 소명들을 결코 직무라고 지칭하지 않았다. 사실 신약성서는 교회적 기능들과 관련하여 "직무"에 해당하는 세속 개념들의 사용을 삼가는데, 까닭이 없지 않았다. 그런 개념들은 지배관계를 표현하기 때문에, 그리스도교 공동체로서 그대로 넘겨받고 싶지 않았다! 그 대신 다른 대★개념, 상당히 하찮은 뉘앙스를 지닌 아주 평범하고 비종교적인 단어, 모모한 관청·공권력·지배·고위직·권좌 따위를 전혀 연상시키지 않는 낱말이 사용되었으니, 곧 "**디아코니아**"diakonia(봉사)다. 본디 식탁 시중을 의미한 이 낱말을 사용하게 된 데는 제자들의 식탁 시중을 들었던 예수 자신이 확고한 본보기로 자리잡고 있었음이 분명하다. 이런 사정을 염두에 두어야만, "가장 높은 사람은 모든 사람에게 (식탁) 봉사하는 사람이어야 합니다"라는 말씀이 여섯 번 씩이나 병행문으로 전해져 오는 까닭을 이해할 수 있다.

"**교권제도**"Hierarchie ＝ "**거룩한 지배**"? "교권제도"는 그리스도교계 초창기에 신앙인들이 여하한 지배 양식이나 지배 태도도 삼가야 했던 교회적 봉사(직무)들을 표현하는 데 사용하지 않았던 개념이다. 5백 년이 지나서야 자칭 사도들의 제자라는 디오니시우스가 이 개념을 처음으로 도입했다(「가假디오니시우스 법령집」).

물론 교회 안에도 권위와 권력은 존재한다. 그러나 그것들은 예수의 정신에 터해, 지배(와 특권 유지)를 위해서가 아니라 봉사(와 전체의 복지)를 위해 행사되어야 한다. 신약성서에 비추어보건대, 오직 **"교회적 봉사"**라는 단어만이 허용되거니와, 물론 이 단어는 성직자들이 교회 지배를 은폐하기 위해 겸손을 가장하는 데 이용되어서는 안된다.

내친김에 더 나아가자: 신약성서가 공동체 직무들과 관련하여, 제물을 바치는 제관hiereus, sacerdos이라는 종교사적 의미의 **"사제"**라는 단어 그리고 온갖 거룩한 종교 예식들과 결부된 칭호들을 기피한다는(그것도 일반 세상의 직무 명칭들을 사용하기 위해) 사실은 주목할 만하다. 물론 유다교와 이교 세계의 높은 사람들에게는 "사제"라는 단어가 자연스럽게 사용되었으나, 그리스도교 공동체의 직무 담당자들에게는 이 낱말이 사용되지 않았음을 유념해야 한다. 이러한 까닭에 대부분의 개신교회에서는 사제라는 단어의 사용을 피하고 있다.

독일어 "프리스터"Priester(사제: prêtre, prete, presbitero, priest)는 (비록 전통적으로 예식적 · 종교적 사제직이 그 의미 내용을 이루고 있기는 하지만) 본디 공동체의 원로元老라는, 예배와는 관계없는 칭호에서 유래하며, 따라서 이 낱말은 상당수 교회에서 흔히 볼 수 있듯이, **"장로"**, **"원로"** 또는 **"사목자"**로 적절히 대체될 수 있다. 먼 옛날부터 모든 유다인 공동체의 윗자리에는 "제케님", 즉 장로들과 원로들이 있어왔다. 예루살렘 원공동체에도 이미 40년대 이래 원로들이 있었는데, 그들의 임명에 관한 기록은 전해져 오지 않는다. 추측건대 거의 같은 시기에 역시 유다교 전통에서 유래하는 **안수** 혹은 **서품**도 이미 시행되었던 것 같다. 이 예식은 그리스도교 공동체가 특정 구성원들로 하여금 특별한 봉사(직무)를 수행토록 하기 위해 전권을 부여하여 파견함을 의미했다. 루가는 사도행전에서 헬라계 사람들의 대표로 뽑힌 일곱 사람과 관련하여 안수에 대해 처음으로 보도한다.

역사적으로 볼 때, 베드로가 떠나가고 예루살렘 원공동체의 지도권을 야고보가 넘겨받기 전에 이미 예루살렘 원공동체에 지역교회들에 대해 그리고 나중엔 전체교회에 대해 권위를 주장하던 본격적 의미의 원로단 조직이 있었는지는 확인되지 않는다. 아마도 원로단은 원천으로부터 갈수록 거리가 멀어지고 열두 사도가 죽어가고 공동체가 성장하고 또 이단의 위협이 증가하던 때에, 나이 지긋하고 평판 좋은 공동체 구성원들의 존재가 돋보이면서 생겨난 것 같다. 어쨌든 이제 다음 물음을 파고들어야겠다: 베드로, 야고보, 요한 그리고 바울로까지 얽혀들었던 원그리스도교 내부의 최초의 충돌의 정확한 사정은 무엇인가?

⑤ 최초의 심각한 충돌

신약성서에 의하면 이론의 여지가 없는 사실: 아마도 예수 친히 "바위"(아람어 Kepha; 그리스어 Petros)라는 별명을 붙여주셨던[70] 저 시몬(베드로), 베싸이다 출신이요 가파르나움에서 결혼생활을 하던 이 어부는 확실히 (그의 역할이 나중에 그럴듯하게 꾸며지기는 했지만) 이미 예수의 공적 활동 중에도 **제자들의 대변자**였으며[71], 그래서 그의 이름은 열두 사도단의 첫머리에 나온다.[72]

베드로: 이방인들에게로 향함

물론 베드로는 **동등한 사람들 가운데 첫째**였다. 그리고 분명히 예수에게 열정적으로 헌신했던, 그러나 변덕스럽고 갈팡질팡하는 남자였으니, 첫 두 복음서는 그를 이상화하지 않는다. 그는 그르치기 쉽고 결함 많은 사람이지 영웅이나 천재가 아니었다. 그의 무지·소심·못미더움 그리고 마침내 줄행랑은 얼버무림 없이 고스란히 기록되어 있다. 이것은 다른 제자들의 경우도 마찬가지다. 원공동체를 본보기로 이상화한 루가만이 베드로의 바람직하지 못한 몇 가지 특징적 면모를 완화하거나 삭제했다: 베드로가 예수를 메시아로 고백한 후 예수가 그를 사탄이라 질책하신 말씀을 모르는 체했고[73], 게쎄마니 장면을 제자들에게 유리하게 축소했으며, 제자들의 도망을 예고하신 말씀을 빼버렸고, 베드로와 제자들에 관해 터무니없이 긍정적으로 진술한다.[74]

그밖에 역사적으로 확인할 수 있는 것: 베드로는 (막달라 마리아를 비롯한 여인들을 제외하면) **예수 부활의 첫 증인**이었고[75], 그로 인해 교회의 반석으로 여겨질 수 있었다. 그러나 마찬가지로 확실한 (오늘날 가톨릭 성서학자들까지도 동의하는) 것[76]: 예수께

서 **베드로를 바위**라 부르며 그 위에 당신 교회를 세우리라 하신 유명한 말씀[77]

은 (아람어 특성이 나타나지만 묘하게도 다른 복음서들에 병행구가 없거니와) 예수께서 생시에 친히 하신 말씀이 아니라, 부활 후 팔레스티나 그리스도교 공동체 혹은 마태오가 지은 것이다. 역사상 베드로가 구체적으로 믿고 설교한 내용은 루가가 사도행전에 편집한 설교들로부터도, (가명 작품인) 베드로 서간들로부터도 알아낼 수 없다.

물론 베드로는 이미 신약성서에서 그리스도 신앙의 모범 그리고 유다인과 이방인으로 구성된 교회 일치의 본보기로서 갈수록 중요한 존재가 되었다("베드로 전범론")[78]. 사도행전 첫 부분에 의하면 그는 논란의 여지 없이 제자들의 대변자였다. 그러나 베드로가 배타적 권위나 나아가 일종의 군주제적·법률적 지배 전권(관할·재치권)을 보유하고 있었던 것은 아니다. 우리는 역사적으로 다음 사실 확인을 회피할 수 없다: 베드로는 예루살렘 "사도 공의회"(48년경) 때까지는 **어디까지나** 열두 사도 동아리와 **함께**, 그후에는 세 "기둥"[79][야고보(그의 이름이 제일 먼저 나온다!)·베드로·요한]으로 존경받던 동료들과 함께 **예루살렘 원공동체의 지도권**을 보유하고 있었다.[80]

예루살렘의 베드로는 바울로의 이방인 선교에 매우 우호적이던 관용적 유다계 그리스도교의 한 대표자로 나타난다. 이들과는 반대로, 예를 들어 갈라디아에서 분규를 일으켰던 유다계 그리스도인들은 이방계 그리스도인들에게 엄격한 율법 준수를 요구하여 곧장 사도 바울로의 분노를 촉발시켰다. 아무튼 사도 공의회에서 예루살렘 사람들(앞에 언급한 세 "기둥")과 사도 바울로는 선교 대상 분할을 공식 합의했다: 이제 베드로는 "할례받은 사람들 사이에서 사도직을 수행하도록"[81] 하느님이 정하신 사람으로, 바울로는 "이방인들 사이에서 봉사하도록"[82] 하느님이 가려내신 사람으로 여겨졌다. 그리하여 베드로는 **유다인 가운데서 율법을 준수하는 선교**를 추진했고, 그 결과 로마제국 여러 곳에 유다계 그리스도교 공동체들이 생겨났다.

그러면 **로마**는? 과연 베드로는 (우리가 교회사를 통해 익히 아는 것처럼) 당시 세계의 수도에 체류한 적이 있었던가? 이 문제에서도 역사적으로 신중해야 마땅하다. 베드로가 열두 사도 중에서는 유일하게 예루살렘 밖에서 선교한 것은 확실하지만, 그의 여행기나 정확한 연표는 없다. 그러나 베드로가 안티오키아에 머물렀던 사실(49~50년경)은 바울로가 증언하며[83], 필시 유다계 그리스도인 집단이 있던 고린토를 방문했을 개연성도 크다.[84] 그에 반해 로마에 관해서는 전체 신약성서가 베드로와 관련하여 한 마디도 하지 않는다. 더구나: 특히 베드로의 "후계자"(그것도 로마에서의)에 관해서는 암시조차 없다. 이것은 사실 바위 상징 말씀의 논리에 비추어 절대로 그럴 수가 없는 일이었다[85]. 베드로의 믿음은 과연 전체 교회의 항구적 기초로 언제까지나 남아 있어야 하는 것이었다!

베드로와 관련된 (처음에는 교회정치적 의도가 없었던!) 로마 전승인 이른바 클레멘스 서간[86](96년경)과 안티오키아의 이냐티우스의 로마서[87](110년경)가 매우 오래되었고 한결같으며 무엇보다도 반증이 없기 때문에, 우리는 역사적으로 베드로가 말년에 로마에 머물렀으며 아마도 네로의 박해 때 순교했으리라는 데서 출발해야 할 것이다. 바티칸 바실리카 아래의 무덤이 정말 베드로의 것인지는 고고학적으로 확인되지 않았지만, 1974년 미국에서 가결된 루터교와 가톨릭의 공동 선언문이 말한 대로 "베드로가 로마에 갔었고 그곳에서 순교했다는 데에 사람들의 의견이 갈수록 일치하고 있다". 물론 그 선언문은 의미심장한 단서를 하나 달아놓았다: "그러나 베드로가 일찍이 우두머리 혹은 주교로서 로마 지역 교회를 통괄했다는 것에 대한 믿을만한 증거는 없다. 신약성서로부터도 로마에서의 베드로 후계에 관해서는 아무것도 찾아 읽을 수 없다."[88]

로마의 베드로에 관한 전승의 신학사적·교회사적 결과는 앞으로 더 상세히 다루어야 할 것이다. 아무튼 가톨릭 신약학자 호프만이 "후대의 성직자 정치적 교회 구조의 토대인 주교 독재 공동체 조직의 형성"에 관해 말했던 것을 여기서 이미 염두에 두어야겠다: "인간적 카리스마가 직무 카리스마로 대체되고, 제도 자체가 은총의 보유자·전달자·보증인, '은총 기관'이 되었다. 이 과정은 교회사가 진행되면서 중세 교회 안에서 세계 역사 최초의 합리적 관료제도로 귀결되었고, 마침내 19세기에는 (교황의 재치권적 수위권의 교의화에 의해 정당화되어) 교회적 형태의 독재 관료제도로 귀착되었던바, 이것이 오늘날 실재하는 가톨릭 교회를 꼴지어 놓고 있다."[89]

야고보: 유다교 회당과의 연결

 초창기 그리스도교계의 중심지와 모母교회는 로마가 아니라 (라테란 바실리카에 새겨져 있는 명문銘文 "로마와 온 세계 모든 교회들의 머리요 어머니"는 의기양양하나 틀렸다) **예루살렘**이다. 늦어도 사도 공의회 이후 특히 베드로가 딴 데로 떠난 후, 예루살렘에서는 다른 사람이 갈수록 중심인물로 부각되었으니, 곧 "주님의 아우" **야고보**였다. 그는 아마도 예수 육신의 형제 넷 중에서 가장 손위였던 것 같다.[90] 이 야고보는 제베대오의 아들이요 요한의 동기로서 열두 사도의 한 사람이며, 43년경 헤로데 아그립파에게 처형된 야고보[91]와는 다른 사람이다. 예수의 아우 야고보는 처음엔 다른 형제들과 마찬가지로 별난 예수를 수치로 여겼고,[92] 고향 나자렛에서 충돌이 일어났을 때도 예수 편에 서지 않았다.[93] 야고보가 예수를 믿게 된 것은 부활 후임이 확실하며, 그가 부활하신 그리스도의 발현을 직접 체험했다는 기록도 전해져 온다.[94] 야고보는 사도 공의회에서 도량을 발휘하여 바울로와 타협을 이끌어냈다: 예수를 믿는 이방인들은 유다교 의식 율법의 구속을 받지 않으나, 예수를 믿는 유다인들은 반드시 율법을 엄수하기로.[95] 유다계 그리스도인과 이방계 그리스도인은 같은 교회 공동체 안에서 함께 살아가야 했고, 또 유다계 그리스도인들은 조상 전래의 회당(시나고게)에 계속 속해 있을 수 있어야 했다 ─ 온 이스라엘이 메시아 예수께 돌아오리라는 희망을 품고.

 율법을 엄수하면서도 동시에 원만하고 인간적으로 흠잡을 데 없던 예수의 이 형제는, 그리하여 40년대 아그립파 1세의 박해 와중에 베드로가 떠나간 후, 뜻 맞는 "원로들"과 협의하는 예루살렘 **원공동체의 최고 지도자**가 되어 그 자체로 초지역적 권위를 보유했으며, 그후에도 유다·그리스도교의 권위있는 계도적 인물로 남았다.

 유다인 역사가요 사제이며 목격증인인 요세푸스에 따르면, "그리스도라 불리는 예수의 이름을 야고보라 하는 형제는 다른 몇 사람(유다계 그리스도인들)과 마찬가지로" 페스투스 총독이 사망하고 그의 후임자 알비누스가 부임하기 전에 유죄판결을 받았다.[96] 추측건대 재판은 62년경에 있었던 것 같으며, 사두가이파 대제관 안나스 2세가 우두머리로 있던 유다교 최고법정(산헤드린)의 고발 죄목은 필시 "율법 위반"이었을 것이다: 야고보는 중대한 종교적 범죄에 부과되는 **돌로 쳐죽이는 형벌**을 받았다. 이 사법 살인에 항의한 것은 바리사이들("예루살렘에서 특히 생각 올바르고, 율법 엄수를 서약한 사람들")이었다. 필경 야고보는 메시아 운동의 지도자로서 정치적 혼란을 야기하는 것으로 비쳐졌고, 또한 예수의 형제였을 뿐 아니라 율법에서 해방된 이방인 선교의 대표자 바울로를 대접·용인했기 때문에 골치아픈 존재로 여겨졌던 것 같다. 그후 얼마 되지 않아 바울로 역시 예루살렘에서 "율법 위반자"로 (그리고 "성전 모독" 때문에)[97] 체포되어 가이사리아에서 2년 정도 재판을 받은 후, 야고보 순교 2년 뒤인 64년 로마에서 처형되었다.

지도자 야고보와 그와 가깝던 사람들의 처형은, 원공동체가 "다시는 회복될 수 없게 만든 … 재앙"이었다: "제관 귀족 당파가 야고보와 그의 동료들에게서 32년 전 예수에게서 보았던 것과 같은 민족에게 닥쳐올 종교적·정치적 위험을 보았음이 분명하다"(헹엘)[98]. 훗날 야고보는 많은 유다계 그리스도인들에게 한 전설이 되었고, 그의 모습은 갈수록 미화·절대화되었다. 그가 썼다고 하는 서간은 곳곳에서 바울로의 견해를 바로잡고 있다. 위경僞經인 「히브리 복음서」(정경인 히브리서와 혼동하지 말 것)는 야고보가 (여타 모든 원전들과 달리) 예수의 최후만찬에 참석했을 뿐 아니라, 부활하신 예수가 처음 발현하신 사람도 야고보라고 전한다.

앞에 말한 박해는 어린 그리스도인 공동체와 유다교 당국의 관계에 **치명적 결과**를 가져왔다: 헬라·유다계 그리스도인 스테파노의 최초의 순교(이때문에 헬라·유다계 그리스도인들은 예루살렘에서 달아났다), 그다음으로 제베대오의 아들 야고보의 처형 그리고 이번 야고보의 투석형投石刑은 유다인들과 유다계 그리스도인들 간의 근본적인 단절을 초래했음이 확실하다. 이러한 박해와 (70년 대참사 이후의) 유다교 회당으로부터의 축출은 그리스도인 공동체와 유다교 회당 간의 결정적 분열로 귀결되었다. 이제는 바리사이가 중심이 된 기존체제에 의한 **그리스도인들의 파문**破門이 그리스도인들의 온갖 유다인 박해에 앞서 있었다.[99] 여기에 (실로 한탄할 일이거니와) 이미 유다계 그리스도인들의 반유다주의의 역사적 뿌리가 있는 바, 이것은 마태오복음서 그리고 특히 요한복음서에 기록되어 있다. 그러므로 묻자: 요한계 공동체는 어떠했던가?

요한계 공동체: 회당에 의한 파문

최근 연구에 의하면, 그리스어로 씌어진 요한복음서의 저자 역시 유다인이었다. 그는 **헬라계 유다인**으로서 구약성서와 유다교 지혜문학 전통에 뿌리박고 있었으며, 이방계 신자들이 얼마간 섞여 있던 유다계 그리스도인 공동체를 위해 복음서를 저술했는데, 종종 이방계 구성원들을 위해 유다교 개념과 관습들을 설명해준다.[100] 눈여겨보아야 할 점: 요한복음서는 예루살렘 원공동체의 세 기둥 가운데 한 사람이요 모든 공동체에 널리 알려져 있고 높이 존경받던 야고보의 이름을 베드로의 이름과는 달리 애써 언급하지 않으며, 나아가 인상적인 한 장면에서는 예수의 형제들을 하나같이 믿음 없는 사람들로 제시한다.[101]

물론 우리는 요한복음서가 씌어지던 100년경, 그러니까 이 주님의 아우의 사법살인 후 30년 이상이 지난 당시에는, 야고보의 노선(메시아 예수에 대한 신앙고백과 회당의 예배와 생활에의 참여)은 예루살렘에서 실패로 끝났음을 유념해야 한다. 당시에 이미 **그리스도인 공식 파문**이 실시되고 있었다: 유다 독립 전쟁과 두번째 성전 파괴 후 거의 바리사이로 채워진 (야파 부근) 얌니아 "공의회"에서 의결된 저 불길한 "이단자 저주"가 시나고게(회당) 예배 시작 때마다 따라외워지고 있었다.[102] 그 저주는 다른 이단자들에게도 물론 해당되었으나, 꼬집어 지칭한 그 나자렛 사람의 유다인 추종자들에게는 특히 치명적 결과를 초래했다. 이제 그들은 회당 예배와 전체 생활에서 완전히 배제되었던바, 그것은 필연적으로 그들에게 종교뿐 아니라 사회·경제 면에서도 심대한 영향을 끼쳤다: "오래된 인연들이 전부 끊어졌고 모든 개인적·사회적 인간관계들이 차단되었으며, 어떠한 도움도 거부되었다."[103]

다시 한번 문자: 왜 요한복음서는 **주님의 아우 야고보에 관해** 고집스럽게 **침묵**하는가, 아니 왜 은연중에 비난하는가? 이 문제를 파고든 튀빙언의 성서학자 디츠펠빙어의 설득력있는 대답[104]: 요한복음서가 불신의 죄를 범했다는 예수 형제들을 거슬러 단호히 경계설정을 한 것은, 이미 죽은 예수 육신의 형제들에게 해당하는 것이 아니라, 그때까지도 야고보의 노선을 따를 것을 주장하던 저 유다계 그리스도인 집단들에 해당한다. 왜냐하면 요한복음서 저자는 현실적으

로 이미 회당에서 축출된[105] 그리스도인 공동체 그리고 사실 이쪽에서도 구태여 회당과의 연계를 원하지 않던 그런 공동체에 살고 있었기 때문이다. 회당은 예수 복음의 선포를 용납하지 않았고, 그리스도인 공동체를 적대했으며, 그리하여 자신이 예수를 대적하는 사악한 어둠의 "세상"에 속해 있음을 드러냈다. 요한의 공동체에는 일종의 공포 분위기, 곧 "유다인들에 대한 두려움"[106]이 짙게 깔려 있었음이 틀림없다. 예수를 비판하던 회당이 이제는 예수를 적대하는 회당이 되었다.

그러므로 넷째 복음서 기자에게 그리스도인 공동체와 회당의 상호이해는 가능하지 않았다: "예수 믿음과 회당 소속은 양립할 수 없었다. 전에는 이 두 가지가 조화될 수 있어야 했지만, 이제 그러한 조화는 예수와 예수 공동체에 대한 회당의 끊임없는 배척 때문에 끝장이 났다."[107] 그리하여 결국 요한의 공동체는 **메시아 예수에 대한 회당의 배척에 자기들 또한 배척으로 맞섰다.** 회당을 거슬러 요한 공동체는 세상의 빛이요 착한 목자이신 예수에게 온전히 집중된, 새 시대의 정신적·영적으로 심화된 새로운 공동체로 자처했다. 이집트 탈출 때의 만나건 초막절의 물(水)이건 종말의 영이건, 모든 것이 이제는 예수와 결부되어 해석되었다. 과연 예수는 성전과 율법을 대신하는 존재였다. 토라(율법)가 아니라 예수가 "길이요 진리요 생명"이었다. 오직 그를 통해서만 아버지께로 갈 수 있었다.[108] 그리고 예수는, 요한에 따르면, 로마인들에 의해 정치 반란자로서 사형판결을 받은 것이 아니라, 유다교 당국에 의해 신성모독을 범한 종교적 범죄자로 단죄되었다.

요한으로서는 미흡하다고 여겼을 것이 틀림없는 공관복음서의 그리스도 전승에 비해 매우 **심오한** 요한 공동체의 **그리스도론**(아브라함이 태어나기도 전에 하느님 곁에 계셨던 천상적인 하느님 아들 예수)과 역시 매우 심오한 성찬례관(생명의 빵인 예수)이 회당 축출에 얼마만큼 빌미를 제공했는지, 혹은 축출의 결과 그러한 심오한 신학이 생겨났는지는 거의 밝혀낼 수 없다. 아무튼 확실한 것: 그러한 그리스도론적 언명들은 정통 유다교에게는 명백한 신성모독으로 여겨졌다. 그러한 비난은 복음서에 뚜렷이 반영되거니와, 거기서 관건이 되는 것은 율법(안식일 등)과의 이런저런 충돌 따위가 아니라, 예수와 하느님의 동등화다: "유다인들이 갈수록 예수를 죽이려 한 것은, 그가 안식일 계명을 범했기 때문이 아니라, 하느님을 자기 아버지라 부르고 그로써 자신을 하느님과 동등하게 내세웠기 때문이다."[109] 복음서가 전해주는 예수의 말에 대한 비난은 "유다인들"에 의한 그리스도인 공동체 배척을 반영한다: "우리가 그대를 돌로 치려는 것은 그대가 좋은 일을 해서가 아니라 신성모독을 했기 때문이오. 그대는 한갓 사람인데도 자신을 하느님으로 내세우기 때문이오."[110]

그러나 그것이 참으로 하느님 모독이었던가? 필경 이렇게 말하는 사람들이 있으리라: "그렇다. 이미 요한복음서의 저 유명한 머리말에 예수의 선재先在가 뚜렷이 나타나 있지 않은가? 선재라니, 도대체 그게 말이 되는가?" 대답: 여기서는 요한복음서의 머리말은 하느님 아들의 선재가 아니라 로고스, 곧 말씀의 선재에 관해 말하고 있다는 것만 우선 지적하기로 한다.

요한복음서에서의 로고스의 선재

요한복음서 머리말 저자는 필경 오래된 **유다계 헬레니즘의 시가**詩歌를 사용했으며 이 노래의 대상은 선재하는 신적 존재인 "아들"이 아니라, 착실히 유다교적으로, 창조와 계시에 있어서의 하느님과 그분의 로고스·말씀·지혜라는 견해가 오늘날 성서 주석학에서 널리 받아들여지고 있다. 그리스도인인 머리말 저자는 한처음부터 하느님과 함께 계셨던 말씀에 관한 이 본문을 고치지 않았고, 끝에 가서야 비로소 그리스도론적으로 **첨예화**시켰다: "정녕 말씀이 육신이 되시어 우리 가운데 거처하셨다."[111] 그리스도인인 저자에게는 이 구절이 "머리말의 정점"[112]이거니와, 저자는 이런 방식을 통해 머리말의 보편성을 손상시키지 않았다. 하느님의 말씀은 사람들의 생명과 빛으로 언제까지나 남아 있다.[113] 하느님의 말씀은 창조에 함께했고 지금도 창조계 어디서나 활동하신다. 그러나 이제 우리 가운데 한 인간 안에서 볼 수 있고 만질 수 있게 되었다.

그러므로 그리스도론적 "첨예화"가 겨냥하는 것은 단 하나, 하느님의 보편적 말씀을 역사 안에 자리매김하는 것이다: 나자렛 예수는 살(肉)이 되신 말씀, 인간 안에 있는 하느님의 로고스, **사람의 모습 안에 있는 하느님의 지혜**시다. 예수의 동시대인이었던 알렉산드리아의 유다인 철학자 필로는 온 우주를 포괄하는 스토아 철학의 로고스를 "신" 또는 "신의 아들"로 지칭했고, 엄격한 유일신론을 견지하기 위해 그 로고스를 "제2의 신"으로서 절대적인 신("ho theos") 아래에 두었다. 그러나 요한복음서 기자는 더 나아가 로고스나 하느님의 아들을 구체적 인간, 곧 지상의 예수와 동일시했고, 그로써 특히 하느님의 아들이라는 칭호에 인격적 충만함을 부여했던바, 그것은 필로의 신의 아들은 지니지 못했던 것이고 또 유다인들로서는 용납할 수 없는 것이기도 했다.[114]

그러나 동시에 유념해야 할 점: 하느님의 지혜는 예수 안에서만이 아니라, 언제 어디서나 사람들 가운데서 활동하신다. 신약학자 곱펠트는 이 골치아픈 문제의 핵심을 짚었다: "머리말의 로고스는 예수가 **된다**. 예수는 살이 되신 로고스지, 로고스 그 자체가 아니다."[115] 또한 콘첼만은 요한복음서 머리말이 겨냥하는 것은 선재 그리스도론이 아니라, 파견 및 계시 그리스도론임을 뚜렷이 밝혀냈다: 요한은 "선재도 기술하지 않고(육화 전 아들과 아버지의 천상 대화에 관해 전혀 말하지 않는다), 육화의 과정도 묘사하지 않는다(동정녀로부터의 탄생 이야기도 아예 없다). 그러한 것들은 요한의 철저한 제한·단순화 때문에 탈락되어 있다. 서술되는 것은 오로지 육화 후에 일어나는 일, 곧 이 세상에서의 예수의 출현뿐이다. 선재와 육화는 이 서술을 돋보이게 하는 **박편**薄片을 이룬다: 그것들은 꿰뚫어볼 수 없는 예수의 근원을 가리킨다".[116]

선재 문제에 관해 포괄적 해석을 시도하게 된 것은 근자의 일이거니와, 이 해석은 신·구약성서의 문제층層뿐 아니라, 조직적·현실적 해결 시도들(하르낙과 바르트로부터 라너와 몰트만에 이르기까지)도 두루 숙고한다. 튀빙언의 신학자 쿠셀은 중요한 저작 「영원으로부터 태어난?」[117]에서 문제의 본질을 밝힌다[118]: 요한복음서는 제자들에 의한 예수의 신격화와 마찬가지로 예수 자신의 신격화도 말하지 않는다. 하느님 아들의 선재에 관한 몇 안되는 진술도 신화화神話化하거나 추상적 사변을 전개하지 않으며, 오히려 구원론적으로 정향된 파견 진술에 봉사하거니와, 그러한 파견 진술은 이미 수세기 이래 유다인들에게 친숙한 것이었다: 구원자는 하느님께로부터 온다는 것이다. 요한의 그리스도론은 선재 그리스도론이 아니라 계시 및 파견 그리스도론이며, 여기서 선재 진술들은 구원자요 메시아이신 나자렛 예수의 의의를 강조하는 기능을 지니고 있다.[119] 다시 말해서: "요한계 문헌들의 핵심은 동떨어져 그 자체로 옹근 시원론始原論도, 영원으로부터 존재하는 신적 존재에 관한 사변도, 인간 예수가 시간적 의미로 선재한다는 가정도 아니고, 믿음에 터한 다음과 같은 근본 언명이다: '이 세상에서의' 예수의 현존은 하느님의 주도에 힘입고 있다."[120]

그렇다면 요한복음서가 그토록 힘주어 강조하는 **아버지와 아들의 일치**는 어떻게 이해해야 하는가? 대답: 아버지와 아들이 "하나"라는 말씀[121]은 요한계 문헌들의 유사 문구들과 마찬가지로 "아버지와 아들의 일치에 관한 형이상학적 명제가 아니다"(셸클레)[122]. 그 말씀이 의미하는 것은 헬레니즘 본체론의 범주들 안에서의 일치가 아니라 (형이상학적으로가 아니라 인격적으로 이해된) "활동의 일치"(그닐카)[123], "행위의 일치"(무스너)[124], 계시의 일치다: "나(인간)를 보는 사람은 아버지(하느님)를 보는 것입니다."[125] 그러므로 쿠셸이 온갖 형이상학적 사변신학(예컨대 칼 바르트)을 거슬러, "일치를 규정함에 있어" 요한이 겨냥하는 것은 "신화적 사변도 아니고, 예수의 신성, 신적 본질 혹은 본성의 형이상학적 개념화도 아니다"[126]라고 말한 것은 옳다. 최근 가톨릭과 개신교 성서주석학은 다음과 같은 견해에 대체로 동의하고 있다: "요한은 선재하는 그리스도의 형이상학적 본질과 존재를 묻지 않는다. 그에게 중요한 것은 육화 전 한 신적 본질 안에 결합되어 있었다는 두 신적 위격의 존재에 대한 인식이 아니다. 그러한 표상들은 요한에게 낯설다. '신내재적 출산'이라는 표상 역시 낯설기는 마찬가지다."[127]

그러면 요한이 적극적으로 겨냥하는 것은 무엇인가? 그것은 다음과 같은 "신앙고백"이다: "영원으로부터 하느님과 함께 계시는 말씀, 곧 하느님의 말씀과 또한 그로써 하느님 자신이 나자렛 예수 안에서 사람이 되셨다. 예수는 그 자신 하느님의 영원한 말씀**이다**. 왜냐하면 사람들이 그렇다고 믿거나 스스로 그렇다고 주장하기 때문이 아니라, 과연 그가 하느님께 터해 영원한 말씀이기 때문이다. 예수는 하느님의 영원한 아들**이다**. 왜냐하면 사람들이 그것을 이해했거나 그가 그것을 납득시켰기 때문이 아니라, 과연 그가 하느님께 터해 영원한 아들이고, '언제나 이미' 영원한 아들이었기 때문이다."[128] 이러한 설명은 유다인들과 유다계 그리스도인들이 함께 믿을 수 있는 것의 표상틀을 아직은 구조적으로 파괴하지 않는다. 오히려 거꾸로다: **유다계 그리스도인인 요한의 그리스도론**은 아직 온전히 당시 유다교의 이해지평 안에 머물러 있다. 그것은 **근원적으로 유다계 그리스도교 패러다임의 한 부분**이다.

그러면 사도 바울로에게 있어서는 사정이 어떠한가? 그의 심오한 그리스도론은 여러모로 그리스도인들을 유다교적 근본 토양으로부터 멀어지게 했다는 비난을 뒤집어쓰고 있지 않은가?

예수와의 연속성: 유다인 바울로의 믿음

베냐민 지파 출신 바리사이였던 바울로가 유다교 율법에 대해 어떤 입장을 취했는지에 관해 앞으로 무슨 말을 하든간에, 바울로는 그의 유다교적 뿌리에 터해 이해해야 한다. 그의 신학은 철두철미 예수의 선포와의 연속성 안에 머물러 있으며, 또 따라서 온전히 유다교적 근본 토양에 뿌리박고 있다.

이러한 연속성을 간과하고는 바울로 신학의 주요 주제들을 이해할 수 없다. 바울로가 예수와 공유하고 있는 것:

― 곧 도래할 하느님 나라에 대한 기대.

― 인간의 실제적 타죄성墮罪性에 대한 통찰.

― 믿음과 회개에의 촉구.

― 역사 안에서의 하느님의 역사役事에 대한 믿음.

― 이스라엘의 하느님은 모든 민족의 하느님이라는 믿음.

― 하느님께 대한 무조건적 신뢰로서의 신앙관과, 죄인들은 자신의 공로나 율법 행업을 통해 의로움을 당연히 얻는 것이 아니라, 오직 이 신뢰로 인해 하느님께 의인義認된다는 확신.

― 율법의 실제적 완성인 하느님 사랑과 이웃 사랑: 하느님께의 무조건적 순종과 동료 인간들을 위한 사심없는 헌신.

바울로는 예수의 선포를 (이제는 예수의 죽음과 부활에 비추어 해석하여) 동질변형同質變形시키기는 했지만, 새로운 체계를 만들어내거나 새로운 **"신앙 알맹이"**를 꾸며내지는 않았다. 유다인으로서, 그 자신의 말마따나, 하느님이 단 한 번 결정적으로 놓으신 저 기초 곧 **예수 그리스도**[129] 위에 계속 쌓아 올렸을 따름이다. 바로 이 예수 그리스도가 바울로의 선포의 원천이고 내용이며 비판적 척도다. 요컨대 바울로는 예수의 죽음과 부활 이후의 전혀 다른 상황에서 똑같은 일에 헌신했다: **예수의 일**, 즉 다름아닌 하느님의 일이자 인간의 일. 그러나 이제는 죽음과 부활에 의해 봉인되어 **예수 그리스도의 일**로 요약·이해되는 그 일 말이다.[130] 생생히 체험된 이 예수 그리스도가 바울로에게는 새로운 자유의 원천이자 척도였고, 그리스도교적인 것의 확고한 중심이자 규범이었다.

그러므로 **신앙 알맹이**에 있어 바울로는 모세의 의식儀式 율법을 준수하고자 했던 유다계 그리스도인들과 다르지 않았다. 바울로에게도 극히 중요했던 것:

● 하느님의 메시아 / 그리스도이신 예수에 대한 믿음과 실천적 추종.

● 예수 이름으로 베풀어지는 세례.

● 예수를 기념하는 성찬례.

그러나 되묻자: 어쨌든 바울로는 특히 그의 그리스도론에서 유다교로부터 멀리 떨어져 나가지 않았는가? 바울로에게서야말로 예수가 하느님 아들이라는 위격으로서 선재했다는 표상이 발견되지 않는가? 이런 표상은 유다교에선 전대미문의 것이요, 유다교의 유일신론과 상충되지 않는가?

바울로에게서 나타나는 아들의 선재?

쿠셸은 사도 **바울로**의 이른바 "선재 그리스도론"도 최근 성서 주석학의 연구 성과를 바탕으로 면밀히 연구·분석하여 다음과 같이 확인한다:[131]

— 바울로가 유다교 묵시문학과 지혜신학 안에 "이미 마련되어 있던" 선재 진술들을 자신의 그리스도론을 위해 유용하게 써먹지 않은 것은 주목할 만하다.

— 필경 신약성서 최초의 그리스도 선재 진술이 담긴 필립비서의 시가[132]를 넘겨받았으면서도, 바울로는 예수의 천상적 유래가 아니라 어디까지나 예수의 자

기 비허_{卑虛}와 십자가에 강조점을 둔다.

― 그밖의 그리스도론에서도 바울로는 그리스도의 하느님 곁 천상 "존재 방식"을 형용하는 데는 관심을 보이지 않는다.

― 오히려 이 사도는 처음부터 끝까지, 묵시문학적 지평(종말 임박 대망)에 터하여, 십자가에 달렸다가 부활하신 분께만 오롯이 집중하는 신학을 내세운다.

바울로에 관해 쿠셀이 내린 결론: "바울로가 헬레니즘의 영향을 받은 그리스도인 공동체의 선재 진술도 갈등 없이 넘겨받기는 했지만, **바울로 본연의 그리스도론은 예수 그리스도의 전**前**세상적 혹은 전시간적 존재에 관한 독립된 진술들을 모른다**(세상 출현 전 '하느님 곁에' 있었다는 의미든, 창조의 협력자로서 고유한 역할을 했다는 의미든, 혹은 아예 하느님과의 동일시의 의미든). 바울로에게 있어 시원론始原論은 독자적 의미를 지니지 못한다. 엄밀하게 말해, 선재라는 단어는 자칫하면 바울로의 그리스도론을 오해하게 만든다. 그러므로 적절치 못한 이 낱말의 사용은 앞으로 삼가야 할 것이다. 바울로의 신앙고백은 시간적으로 동떨어진 어떤 전세상적 '존재'와 관련된 것이 아니라, 하느님으로부터 비롯하고 하느님 안에 있는 그리스도의 **근원 · 도래 · 현존**과 관련되어 있다. … 바울로에게 그리스도는 인간 안에 계시는 십자가에 처형된 하느님의 지혜이지, 의인화된 선재적 지혜가 아니다."[133]

이 점에서 바울로는 통상적인 유다계 그리스도교 그리스도론의 테두리 안에 머물러 있다. 바울로가 하느님이 당신 아들을 "파견"하셨다고 말할[134] 때도, 그 바탕에 깔린 것은 선재라는 신화적 사고도식이 아니라, 수세기 전부터 유다인들에게 친숙한 예언자적 사고도식이다: 하느님이 예언자들을 파견하셨듯이, 이 종말시기에는 결정적 구원자인 메시아 예수를 파견하셨다는 것이다. 네덜란드 주석학자 바스 판 이에르셀은 옳게 말했다: "아들의 파견은 그 이전 예언자들의 파견이라는 배경 안에서 이해해야 한다는 것은 두말할 필요가 없다. 아들 파견 진술이 말하고자 하는 것은, 하느님이 예언자들을 계속 파견하는 것으로는 만족하지 못하고 그들을 훨씬 능가하는 당신 아들을 파견하신다는 것이다. 하느님이 이 아들을 하늘로부터 파견하시는가? 하느님이 지혜를 천상으로부터 파견하신다고 말하는 지혜서 9,10과는 달리, (바울로는) 천상으로부터의 아들 파견을 단 한 번도 말하지 않는다. 또한 지혜서 9,9가 지혜가 (천지창조) '이전부터' '하느님 곁에' 있었다고 주장하는 것과는 달리, (바울로는) 아들에 관해 그런 주장을 하지 않는다. 오히려 거꾸로: 파견된 아들은 때가 찼을 때 율법 아래에서 (다시 말해 이미 율법이 지배하고 있는 특정한 시간에) 여인으로부터 태어난다(갈라 4,4 참조). 그러므로 바울로가 말하는 아들의 파견은 역사 개벽 이전 상황과 관련되는 것이 아니라, 예수 탄생 후 부활 전의 사건과 결부되어 있다. 하느님께로부터 파견된 예수는 그에 앞선 그 어떤 예언자, 아니 모든 예언자보다 더 많이 더 참되게 하느님을 계시했고 하느님 뜻을 성취했다."[135]

요컨대 본격적 의미의 선재 그리스도론이나 나아가 "셋-하나 하느님"은 요한에게서와 마찬가지로 바울로에게서도 흔적을 찾아볼 수 없다. 바울로의 **그리스도중심성**은 단호한 **하느님중심성**에 바탕하며, 또한 그 안에서 정점에 이른다: 바울로의 사고 도식은 아버지·아들·영의 **동등화가 아니라**, 하느님을 인간에게 향하게 함이다: "하느님께로부터 예수 그리스도를 통해 영 안에서." 그리고 인간을 하느님께 **향하게 함**이다: "예수 그리스도를 통해 영 안에서 하느님께로." 유념해야 마땅한 점: 바울로가 율법에서 해방된 이방인 선교를 통해 이미 이방인 그리스도교로의 패러다임 전환을 개시했는데도, 그의 그리스도론 어디서도 유다교 유일신론의 바탕을 손상시키지 않았다. 특히 바울로는 아버지·아들·영의 그렇게도 다른 "역할들"과 기능들을 상이한 전치사들을 통해(예컨대 아버지로부터 – 그리스도를 통해 – 영 안에서), 혹은 상이한 속성과 활동들을 통해 표현했다. 바울로가 하느님 자신을 **"주님"**이라고 부르는 경우는 매우 드물다. 이 칭호는 주로 (온갖 주님들과 신들의 폐위를 위해) "주님" 예수에게 사용했다. 그러나 또한 거꾸로, 예수를 **"하느님"**으로 지칭하는 일도 없다.

하느님? 그런데 왜 "셋-하나" 하느님에 관해 말이 없는가? 많은 신학자들의 말처럼 과연 삼위일체가 그리스도교의 "핵심 신비"라면, 신약성서에야말로 이 "셋이면서 하나인 하느님"·"삼중신三重神"·"삼중성聖"·"삼위일체"에 관한 언급이 있어야 마땅하지 않은가? 신약성서 어딘가 삼위일체에 관한 언급이 있는가?

⑥ 유다계 그리스도인들의 신앙

유다계 그리스도교 원공동체에서 한 분 하느님께 대한 신앙은 너무나 자명한 것이었기에, 하느님과 맞먹는 다른 신적 존재에 대한 생각은 애당초 싹이 틀 수 없었다. 십자가에 처형되었던 분이 하느님에 의해 하느님께로 들어높여져 지금은 (온전히 시편 110장을 따라) "하느님 오른편" 영광의 자리에 앉아 계시다는 것, 그분은 부활을 통해 "주님이요 메시아로 책봉"되셨다는 것,[136] 그리고 이제는 인도자요 구원을 가져다주시는 분이며 앞으로 세계 심판자로서 도래하시리라는 것, 이 모든 것은 유다계 그리스도교 패러다임에서 (그리고 바울로와 요한에게서도) **한 분 하느님 신앙에 대한 반대증언이 아니라 오히려 그 신앙의 귀결**로 여겨 졌다. 예수 그리스도는 이미 지금 영 안에서 체험할 수 있는 하느님 나라의 체 현이다. 신앙의 감각적 표지는 세례인데, 처음에는 "예수의 이름으로" 베풀어 졌고, 나중에는 (그리스도론적 정식들을 마태오 공동체가 전례에서 계속 발전시킨 결과) "아버지와 아들과 성령의 이름으로"도 베풀게 되었다: 세례는 아들("성자")의 이름으로 아들 의 이름 안에서 베풀어지는바, 그 아들 안에서 한 분 하느님 자신("성부")이 영 ("성령")을 통해 우리와 함께 계시다. 그러나, 그럼에도 불구하고,

신약성서에는 삼위일체가 없다

신약성서에도 아버지·아들·영을 함께 아우르는 정식적 표현이 매우 많다. 그러나 매우 상이한 이 세 분의 "일치", 동일한 신적 차원에서의 일체성에 관 한 말은 신약성서 전체에 단 한 마디도 없다. 물론 요한 1서에 영·물·피에 관한 말씀과 연계하여, 아버지·말씀·영이 "일치"한다고 말하는 단 한 구절(이 른바 요한 소절)이 있기는 하다.[137] 그러나 역사비판적 연구는 이 구절이 3세기나 4 세기에 북아프리카나 스페인에서 위조된 것임을 밝혀냈고, 로마 금사성禁邪省이 금세기 초까지 이 구절의 진정성을 강변한 일은 헛짓이 되고 말았다.[138]

명명백백한 것: 유다계 그리스도교 안에, 아니 전체 신약성서 안에 **아버지 하느님께 대한 믿음, 아들 예수에 대한 믿음** 그리고 **하느님의 거룩한 영**

에 대한 믿음은 있지만, **세 위격**(존재 양식) **안의 한 하느님에 대한 가르침**, "셋이면서 하나이신 하느님", "삼중신"에 대한 가르침은 없다. 그렇다면 신약성서는 아버지·아들·영의 관계를 어떻게 이해하는가?

신약성서에서 루가가 사도행전에서 전해주는 최초의 순교자 스테파노의 변호설교보다 아버지·아들·영의 관계를 더 생생히 말해주는 대목은 없을 것이다. 설교 도중 스테파노는 환상을 본다: "스테파노가 성령으로 충만하여 하늘을 눈여겨보니 하느님의 영광과 또 하느님의 오른편에 서 계신 예수님이 보였다. 그래서 그는 '보시오, 하늘이 열리고 하느님의 오른편에 서 계신 인자가 보입니다' 하고 외쳤다."[139] 스테파노는 하느님과 예수(곧 인자)와 성령에 관해 말한다. 그러나 그는 세 얼굴을 지닌 어떤 신을 보고 있는 것이 아니고, 비슷한 모습의 세 남자를 보고 있는 것은 더구나 아니며, 수세기 후 서구 그리스도교 예술에서 흔히 사용하게 될 삼각형 상징 같은 것을 보고 있는 것도 아니다. 오히려:

— **성령**은 스테파노 편에, 곧 스테파노 자신 안에 있다. 하느님께로부터 방출되는 보이지 않는 힘과 권능인 성령은 스테파노를 온통 채우고, 그리하여 그의 눈을 열어준다: "영 안에서" 하늘은 자신을 스테파노에게 드러낸다.

— **하느님** 자신ho theos은 여전히 감춰져 계시며, 인간과 비슷하지 않다. 다만 그분의 "영광"(히브리어 kabod, 그리스어 doxa)을 볼 수 있을 따름이다: 하느님께로부터 충만히 방출되는 빛·광휘·권능만 보일 뿐이다.

— 끝으로 **예수**는 인자人子로 나타나는데, "하느님 오른편에"(이미 우리는 이 정식의 의미를 알고 있다) 계시다: 다시 말해 하느님과 주권 공동체(공유)를 이루며, 똑같은 권능과 영광을 지니고 계시다! 하느님의 아들로서 들어높여지고 하느님의 영원한 생명 안에 거두어지신 예수는 우리에게 하느님의 전권 대리자이며, 동시에 인간으로서 하느님 앞에서 우리 인간들의 전권 대리자시다.

아버지·아들·영을 믿는다는 것은 무슨 뜻인가?

우리는 성서에 터하여 아버지·아들·영의 관계를 다음과 같이 둘러 표현할 수 있을 것이다:

— 하느님은 볼 수 없는 아버지로서 우리 **위에** 계시다.

— 예수는 인자 · 하느님의 말씀 · 아들로서 우리와 **함께** 계시다.

— 성령은 하느님의 권능과 사랑으로서 우리 **안에** 계시다.

사도 **바울로도** 매우 유사하게 인식하고 있다: 하느님 자신이 예수 그리스도를 **통해** 영 **안에서** 구원을 이루신다. 우리도 마찬가지로 영 **안에서** 예수 그리스도를 **통해** 아버지께 기도드려야 한다: 기도는 "우리 주 예수 그리스도를 통해" 아버지 하느님 자신에게로 향한다. 하느님께 들어높여진 주님이신 예수에게는 하느님의 힘 · 권능 · 영이 온전히 당신 것으로 주어졌기 때문에, 그분은 영으로 충만하고 또 영을 당신 것으로 하실 뿐 아니라, 부활로 인해 과연 영의 존재 · 역사役事 방식 안에 계시다. 그리고 이 영 안에서 예수는 신앙인들에게 가까이 계실 수 있다: 육체적 · 물질적으로 현존하시는 것은 아니지만, 그렇다고 이 현존이 비실제적 · 비현실적인 것은 아니다. 예수는 영적 실재로서 개개인과 신앙공동체의 삶 안에, 특히 예배, 그분을 기념하고 감사하기 위해 빵을 나누고 잔을 마시는 성찬례 안에 함께 계시다. 그러므로 신앙인들이 "하느님"과 "주님"과 "성령"을 만나는 것은 결국 동일한 만남이며, 이것은 하느님 자신의 고유한 역사를 의미한다. 이러한 사리事理를 바울로는 예컨대 편지 인사말에서 정확하게 표현한다: "주 예수 그리스도의 은총과 하느님의 사랑과 성령의 친교가 여러분 모두와 함께하시기를!"[140]

요한복음서의 이별 말씀도 아버지 · 아들 · 영에 관해 비슷하게 이야기한다고 볼 수 있다. 여기서는 영에게 "협조자"와 "원조자"라는 인간적 특징을 부여하고 있다(요한 14,16의 "다른 파라클레토스"란 무슨 "위로자"를 의미하지 않고, 바로 이런 협조자를 뜻한다)[141]. 영은 말하자면 고양高揚되신 그리스도의 지상地上 대리자시다. 영은 아버지로부터, 예수의 이름으로 파견되신다. 그래서 영은 스스로 말하지 않고, 예수 자신이 말했던 것만을 되새기게 해주신다.

지금까지 말한 것에 비추어볼 때, 다음 사실이 분명해졌다고 하겠다: 신약성서를 따르건대, **삼위일체론의 핵심 문제**는 그렇게도 서로 다른 세 존재가 본체론적으로 어떻게 하나일 수 있는가라는 꿰뚫어볼 수 없는 "신비"로 선포된 그런 문제가 아니라, 어떻게 예수(또한 당연히 영도)와 하느님 자신의 관계를 성서에 맞갖게 진술해야 하는가라는 **그리스도론적 문제**다. 아무튼 여기서는 그리스도교가 유다교·이슬람교와 공유하는 한 분 하느님 신앙이 한순간이라도 흔들려서는 안된다: 하느님 외에는 다른 어떤 신도 존재하지 않는다! 특히 유다인이나 무슬림들과의 대화를 위해 결정적으로 중요한 것은 다음과 같은 통찰이다: 신약성서에 따르면, 아버지·아들·영의 **일치의 원리**는 4세기 신新니케아 신학 이래 표상해왔던, 여러 존재가 공유하는 하나인 신적 "본질"physis이 아니다. 일치의 원리는, 신약성서를 따르거나 구약성서를 따르거나, 모든 것이 그분으로부터 나오고 모든 것이 그분께로 향하는 한 분 하느님ho theos(아버지)이다.

그러므로 신약성서에 비추어볼 때, 아버지·아들·영의 관계 문제에서 관건이 되는 것은 하느님 자체와 그분의 깊디깊은 본질에 관한 형이상학적·본체론적 진술이 아니다: 정태적靜態的으로 자체 안에 머물러 있으며 우리가 멋대로 상상할 수 있는 삼위일체 하느님의 내적 본질에 관한 왈가왈부가 진짜 중요한 것은 아니다. 오히려 어떻게 **하느님 자신**이 예수 그리스도를 통해 이 세상에서 **당신을 계시**하시는가라는 구원론적이고 그리스도론적인 진술이 진정 중요하다. 역사 안에서의 하느님의 역동적·보편적 역사役事, 인간에 대한 그분의 관계와 그분께 대한 인간의 관계가 근본적으로 중요하다. 따라서 "역할"의 상이성에도 불구하고, 아버지·아들·영은 서로 일치한다. 다시 말해 **계시 사건과 계시의 일치**로서의 아버지·아들·영의 일치가 존재한다: 하느님 자신이 예수 그리스도를 통해 성령 안에서 당신을 계시하신다. 이러한 사고구조는 유다계 그리스도교 패러다임의 틀 안에서 꼴지어졌거니와, 이 구조가 ("셋이면서 하나이신 하느님"에 관한 사고구조와는 달리) 오늘에 이르기까지 유다인들에게 무조건 낯선 것이어야 할 까닭은 없다.

그러므로 바로 유다계 그리스도교가 뒤이은 시대에도 메시아요 주님인 나자렛 예수는 신적 존재, 제2의 하느님이 아니라 인간에게서 태어난 한 인간이라는 역사적 사실을 언제나 강조한 것은 놀랄 일이 아니다. 따라서 유다계 그리스도교가 예수 선재 관념과 관련된 2세기 이래의 교의 발전 과정에서 삼가는

태도를 취한 것도 당연했다 하겠다. 이방계 그리스도인 교회사가 에우세비우스
는, 물론 유다·그리스도교에 대한 이해는 전혀 없이, 3~4세기의 유다계 그리
스도교 집단들에 관해 기록하는데, 그들은 예수 그리스도가 "하느님, 로고스
그리고 지혜로서 선재했다"는 것을 인정하려 하지 않는다고 했다.[142] 그러므로
중대한 의문이 제기된다: 역사의 예수(함축적으로만 그리스도론을 대변했다)가 자신의 선
재를 선포하지 않았고, 유다계 그리스도인 공동체(분명한 그리스도론을 내세웠다)도 삼
위일체론을 만들어내지 않았는데, 그렇다면 삼위일체에 관한 이 가르침은 도대
체 어디서 생겨났는가? 대답: 삼위일체론은 묵시문학적 원그리스도교 패러다임
으로부터 헬레니즘적 고대교회 패러다임으로의 거대한 전환의 산물이다. 이 문
제에 관해서는 앞으로 다루게 될 것이다.

마지막으로 묻자: 유다계 그리스도교의 역사는 그후 어찌 진행되었는가? 원
그리스도교계를 꿀지었던(우리가 어찌 잊을 수 있으랴!) 예루살렘 원공동체와 그밖의 유
다계 그리스도인 공동체들의 운명은 무엇이었던가?

⑦ 유다계 그리스도교의 운명

에우세비우스는 「교회사」[143]에서 유다계 그리스도교 **예루살렘 원공동체**는 야고
보가 처형되고 66년 유다 독립전쟁이 발발하기 전, 예루살렘을 **떠나** 요르단 강
동쪽 지역 펠라로 이주했다고 전한다. 이에 관해서는 논란이 계속되어 왔다.[144]

예루살렘 원공동체의 종말

그러나 예수 자신이 "왕"으로, 다시 말해 로마에 맞선 반란의 우두머리로 추
대되는 것을 단호히 거부했음을 상기한다면, 그러한 이주의 가능성을 아예 처
음부터 배제해야 할 까닭이 있을까? 산상설교에 농축되어 전해오는 내용은, 로
마제국에 대항하는 민족적 봉기의 이데올로기와는 반대되는, 폭력 포기의 메시
지다. 이것은 훨씬 강력한 외세에 항거하는 무장봉기와 전쟁을 단호히 경고했
던 이사야와 예레미야의 입장과 같은 노선에 있다. 그런데 당시 그렇지 않아도

초대교회의 우두머리 야고보를 비롯한 여러 사람이 유다 당국에 의해 처형된 마당에, 그리스도인들이 자신들의 종교적 신념을 거슬러가면서까지 반反로마 무장봉기에 동참해야 했을까?

최근 연구들[145]은 적어도 원공동체의 주요 구성원들이 애당초 성공 가망이 없던 유다 독립전쟁 전에 예루살렘을 떠나 요르단 동쪽 지역으로 이주했을 가능성이 많다고 판단한다: "로마 총독 자리가 비어 있던 62년 주님의 아우 야고보(또 다른 그리스도인들도?)의 처형으로 예루살렘 공동체에 닥친 위험과 깊은 불안감은 특히 공동체의 '명망있는' 구성원들로 하여금 ('시련을 이겨낸 자들'dokimoi에게 내린 신적 계시에 고무되어) 예루살렘을 버리고 인접한 외국 땅 데카폴리스로 이주할 결단을 내리도록 했다. 추측건대 이미 62년 예루살렘(또 다른 곳도?)의 유다계 그리스도인 중 많은 숫자가 유다인 지배 지역을 벗어나 (아마 예리고와 요르단 계곡을 지나) 데카폴리스 지역에 속하는 펠라에 이르러 (대다수가?) 거기 정착한 것 같다"(베너트).[146]

원공동체 구성원 중 예루살렘에 남은 사람들 그리고 전쟁이 끝나고 돌아온 사람들이 얼마나 되는지는 확인할 수 없다. 어쨌든 에우세비우스의 주교 명단에 따르면,[147] 재앙의 해인 135년까지 예루살렘에는 최소한 15명 이상의 유다계 그리스도인 "주교들"〔모두(아마 원로들과 예수의 친척들도 포함되었으리라)가 할례를 받았다〕이 있었다. 유다인들이 또다시 로마와 전쟁을 벌여, 135년 예루살렘은 철저히 파괴되었으며 모든 유다인들이 추방되고 예루살렘은 엘리아 카피톨리나Aelia Capitolina로 이름이 바뀌었으며, 그와 함께 **예루살렘의 유다계 그리스도교 공동체**와 그 공동체가 어린 그리스도교계에서 차지하고 있던 우뚝한 지위도 **종말**에 이르렀다. 그 공동체의 영광은 이제 이방계 그리스도인들에게로 넘어갔다. 오늘날의 교회사가들은 거리낌없이 유다계 그리스도교를 교회사의 "고생물학 시대"라고 폄하하여 지칭한다. 과연 옳은 일일까?

유다계 그리스도교의 어두운 역사

인정해야 할 것: 그후 몇 세기간의 유다계 그리스도교 역사는 교회사에서 **가장 어두운 부분**에 속한다. 왜?[148] 중요한 이유들은 다음과 같다:

— 유럽의 "고대학"古代學이 거의 전적으로 고대 그리스와 로마에 관심을 집중했던 반면, 그리스도교 교부학은 유다계 그리스도교를 오랫동안 무비판적으로 (교부들의 이단론 진술들을 좇아) 온통 이단적인 통일체로 간주했다.

— 그리스어나 라틴어를 사용하던 초기 신학자들은 셈족 언어들로 씌어진 사본들에 거의 관심을 기울이지 않았다. 게다가 이제는 아람어·히브리어 사본들 외에 시리아어, 아랍어, 에티오피아어로 씌어진 사본들도 나타났다.

— 로마제국과 인접한 유다계 그리스도교 공동체들은 유다교 색채를 띤 세례자 교敎나 영지주의 분파들과 접촉이 쉬웠기에 처음부터 이단의 혐의를 받았다.

— 유프라테스와 티그리스 유역의 유다계 그리스도교 공동체들은 사해 부근 쿰란 수도원 사람들이나 이집트 낙 함마디의 영지주의자들처럼 행운이 없어 (주지하다시피 그들의 문헌들은 건조한 사막 기후 덕분에 크게 손상되지 않고 보존되었다) 대부분의 문헌이 상실·훼손되었다.

그래서 우리는 근동의 유다계 그리스도교 공동체들(꼬집어 말하면, 우리는 이 공동체들의 100년 역사에 관해 두서너 가지 문서밖에 갖고 있지 못하다)에 대해서는, 서방교회(이 교회의 10년 역사에 관해서는 수천 쪽의 원전 자료들을 갖고 있다)에 비해 훨씬 많이 추측에 의존할 수밖에 없다. 신약성서에서 시몬 베드로는 약 190번, 사울로·바울로는 약 170번 언급되는 데 반해, 야고보는 겨우 열한 번(그것도 사도행전에는 단 세 번) 이름이 나온다. 이러한 사정은, 오늘날 여러 주석학자에 의하면, 이방계 그리스도인 교회에서 유다계 그리스도교(그리고 예수의 형제들)가 축출되었음을 미루어 짐작게 한다.

전통적 교회사가 주장하듯이, 유다계 그리스도교는 자신의 예전 지위나 노선을 고집했기 때문에, 그렇게도 빨리 일종의 **이단 분파**가 된 것일까? 오늘날의 연구 결과에 의하면, 70년 예루살렘의 점령 이후에도 유다계 그리스도교가 여전히 존재했다는 사실만은 이론의 여지가 없다. 계속 가지를 뻗어나간 이 유다계 그리스도교의 **흔적들**을 찾기 위한 흥미있는 작업에 많은 전문가들이 헌신하고 있다.[149]

널리 인정받는 것: (운좋게도 아람어에서 그리스어로 번역되어 마태오와 루가 복음서에 들어오게 된) 매우 이른 시기에 예수의 말씀들을 모아놓은 「**어록**」(보통 "Q"로 약칭)의 원산지는

1세기 유다계 그리스도교다.[150] **마태오복음서**(80년경 아마 안티오키아에서 씌어진 듯)와
야고보의 편지 그리고 **요한복음서**(100년경. 특히 여기서는 앞에서 살펴보았듯이 "유다인들"과
의 대결이 마태오복음서에서보다 더 첨예화되어 있다) 역시 유다계 그리스도교 환경 속에서 태
어났다. 아무튼 유다계 그리스도교의 흔적이 신약성서 밖에서도 발견되는가?

흔적 찾기

신약성서 **정경**正經**이 아닌 유다계 그리스도교의** (교부들이 전해주는 단편적 기록들을
가지고 재구성해야 하는) **복음서가 셋** 있으니, 곧 「히브리 복음서」·「나자렛 복음
서」·「에비온 복음서」다. 「에비온 복음서」는 마태오복음서와 유사하지만, 가장
오래된 정경 복음서(마르코)처럼 예수 유년시절은 건너뛰고, 예수의 신자성神子性
을 세례 때 성령이 예수 위에 내려온 것에 터해 이해한다.[151] 미국 신약성서 학
자 마르틴의 가설을 신뢰해도 된다면, 유다계 그리스도인들은 2세기에도 율법
준수를 요구하는 선교를 추진했던 것으로 보인다.[152] 이들은 이미 **갈라디아에**
(필립비에도) **있던 바울로 적수들**의 배후인물들이었던 것 같기도 한데, 아무튼
(바울로처럼 율법을 그리스도에 비추어보는 대신) 그리스도를 드러내놓고 하느님 율법에 비추
어보았고,[153] 자신들은 율법(할례·축제·정결례 등)에 순종하기 때문에 아브라함의 참
된 자녀들이라고 자처했다.[154] 역시 유다계 그리스도교 문헌인 「**이사야의 승
천**」(100~130년경)도 시사하는 바가 많은데, 여기서는 한 무리의 예언자들이 묵시
문학적 지평에 터해 이사야 예언자에게 계시를 설명하며, 바로 그것을 통해 메
시아 예수에 대한 충성을 표현한다.[155]

바울로가 아니라 베드로와 야고보를 따르며 아직 영지주의에 물들지 않은 **유
다계 그리스도인들의 존속**은 그밖의 전승 단편들로도 거의 확실히 입증된다.
그 단편들은 (로마의 클레멘스의 가명 작품인) **재인식**再認識**에 관한 그리스도교 소설**(클
레멘스의 개종·팔레스티나와 시리아에서 베드로 동행·죽은 줄 알았던 가족 재회)에서 소재로 사용되
었다: 중요한 것으로 「베드로의 선포들」과 특히 「야고보의 승천」이 꼽힌다.[156]

여기서 배경을 이루는 사람들은 필시 2세기 후반 요르단 왕국에 살던 그리스
어를 사용하는 유다계 그리스도인들이었는데, 이들은 예수 이름으로 세례를 베

풀었지만 동시에 모세 율법도 (필경 할례도) 준수했다. 이들은 야고보를 예루살렘 공동체의 지도자로 공경했으나 바울로는 비난했으니, 율법을 지키지 않는 그의 선교 때문에 온 유다 민족이 메시아 예수께 회심할 수 있는 길이 가로막혔다는 것이었다. 이 유다계 그리스도인 공동체는 율법 준수 고집 때문에 새로운 이방계 그리스도인들의 대大교회와 단절되었고, 또 한편으로는 예수를 그렇게도 많은 유다인들이 고대하던 모세와 같은 예언자이자 메시아로 믿었기 때문에 유다교 본류本流로부터 떨어져 나갔다.[157]

그밖에 시리아에도 율법에 충성을 다하는 유다계 그리스도인 공동체들이 있었는데, 이들의 존재는 「사도들의 교훈」*Didaskalia*에 의해 확인된다. 요르단 골짜기와 유프라테스 강 상류에는 유다계 그리스도교인 동시에 영지주의 종교혼합주의 분파인 **엘케사이파**가 있었다.

그리스도교 시노드들은 분명 콘스탄티누스 전환기까지도 널리 퍼져 있던 유다계 그리스도교 관습들을 배척하는 입장을 표명해야 했다: 스페인의 엘비라 시노드(305년), 소아시아의 라오디케아 시노드(343~81년) 등. 그리고 5세기로 넘어가던 무렵에도 히에로니무스는 자신이 잘 아는 (아직 대교회에서 확실히 떨어져 나가지는 않은) 베레아(알레포·시리아)에 있던 "**나자렛 사람들**"이라는 작은 유다계 그리스도인 공동체의 존재를 알려주는데, 이들은 바울로를 이방인들의 사도로서 전적으로 인정하면서도, 히브리어 마태오복음서를 공식적으로 사용했다.[158]

그러나 아직도 우리는 예루살렘의 종말 이후에도 매우 오래된 신앙의 표상들과 생활규범들을 보존하며 여전히 팔레스티나와 국경 인접 지역에 본거지를 두고 로마·이집트·메소포타미아·남아라비아에도 분파들이 있던 유다계 그리스도교계에 관해서보다는 근동의 이방계 그리스도인들에 관해 훨씬 많이 알고 있다. 이들 역시 훗날 칼케돈의 정통 입장에 터해 상당수가 단성설單性說파 또는 네스토리우스파 "이단자들"로 간주되었다. 비판적 안목으로 읽어야 할 것이되, 아무튼 교부들의 문헌을 좇아 우리는 여러 지역에서 여러 이름을 갖고 있던 **다양한 유다계 그리스도인 집단들**을 (그 이름들 뒤의 실상을 역사적으로 복원하기가 매우 어렵더라도) 구별해야 한다[159]: "나조라파"는 유다인들이 그리스도인들을 지칭하던 히브리어·아람어 명칭에서 유래하는 반면(예수 이전의 유다교 분파인 "나자렛 사람들"과는 관계 없다), "에비온파"(하느님 앞에 "가난한 사람들")는 특정 유다계 그리스도인 집단의 자칭이다("에비온"이란 실존 인물은 없었다). "케린투스파"·"심마쿠스파"·"엘케사이파"는 모두 특정인의 이름(케린투스·심마쿠스·엘케사이 혹은 엘카사이)에서 유래한다.

초기 그리스도교의 이단적 혹은 정통적 상속자들?

이 모든 집단의 사람들을 엄밀한 의미에서 **"유다계 그리스도인들"**로 규정하게 하는 요소에 관해 우리는 유다교적 맥락과 그리스도교의 중심을 다룬 장章에서 이미 살펴보았다: 바로 유다계 그리스도인들은 — 다시 한번 간략히 말하건대 — (대부분 유다인 혈통의) 구성원들이 **메시아 예수에 대한 믿음과 모세의 의식**儀式**율법 준수를 결합**시켰던 그리스도교 형태의 화신化身이다. 이 유다계 그리스도인들은 율법 준수로 예수 추종을 실천하고자 했다. 그리스도인인 이 유다인들은 유다교적으로 꼴지어진 고유한 삶의 자세와 신학을 보존하고자 했는데, 점차 커가던 대교회와 계속 관계를 유지한 경우도 드물지 않았고, 때로는 안식일과 주일을 함께 지키기도 했다.

물론: 이 유다계 그리스도교 공동체들은 개명한 교육을 받은 이방계 그리스도인들에게 일찍부터 무시나 경멸을 받았고, 결국엔 (갈수록 복잡하고 심오해지는 헬레니즘적 그리스도론의 발전 과정에 한몫 낄 수 없었기 때문에) **이단의 낙인**이 찍힐 운명이었다: 이들에게 처음으로 이단의 낙인을 찍은 사람들은 안티오키아의 이냐티우스를 비롯한 주교들이었다. 이냐티우스는 이미 110년경에 그리스도 신앙과 유다 관습의 여하한 연계도 무조건 배척했고[160], 역시 그리스어로 글을 쓰던 리옹의 이레네우스는 180~85년 유다계 그리스도인들을 싸잡아 "에비온파"(이 이름은 이레네우스에게서 처음 나온다)로 단호히 "이단자들" 안에 때려넣었다.[161]

그러나 이레네우스에 앞서 2세기 중엽, 팔레스티나(나블루스) 출신으로 유다교를 잘 알고 있던 한 교부가, 유다계 그리스도인들에 관해 기록하면서 여러 모습을 지닌 유다계 그리스도교를 그래도 상당히 신중하게 구별·서술했으니, 곧 **순교자 유스티누스**다(헤게십푸스도 유사한 서술을 했다). 유스티누스는 이단이라는 말의 사용을 삼가면서, 전적으로 **올바른 신앙을 지닌** 대부분의 **유다계 그리스도인들**(그리스도인으로서 유다교 의식율법과 할례를 지키지만, 바울로와 사도 공의회처럼 이방인들에게 강요하려 하진 않았다)과 그로서는 용인할 수 없는 **율법주의적 유다계 그리스도인들**(율법을 구원에 필수적인 것으로 이방인들에게도 강요하려 했다)을 준별했다. 유스티누스에 의하면, 유다계 그리스도인들은 예수를 메시아·그리스도로 받아들였으나, 예수는 "인간에게서 태어난 하나의 인간"이며 메시아·그리스도로 "선택"되었다고 주장했다.[162] 그런데 이런 주장을 과연 이단적이라고 할 수 있을까? 아무튼 동방에서는 사람들이 (가령 오리게네스나 에우세비우스처럼) 자기들 판단에 터해 부분적으로만 알고 있던 유다계 그리스도교를 그래도 심하게 박대하지는 않았다. 이단 전문가인 살라미스의 에피파니우스는 374~77년에 저술한 80개 이단에 관한 유명한 책(*Panarion*)에서, 상실된 문헌들을 통해 혹은 개인적으로 알고 있던 많은 유다계 그리스도인 집단을 최초로 분석·분류·평가했다. 그러나 지금 개개 이단의 이름 뒤의 실상을 역사적으로 복원하기는 물론 거의 불가능하다! 에피파니우스는 "나조라파"에 관해 이렇게 말할 뿐이다: "나조라파는 예수를 하느님의 아들로 고백했지만, 그것 외에는 전적으로 유다교 율법에 따라 살았다."[163]

그러나 에피파니우스의 이 진술에 터해 나조라파를 반드시 이단이라고 말할 수는 없다. 바로 예수의 첫 제자들, 원공동체 대부분의 구성원들 그리고 우리가 잘 아는 모든 그리스도교 선교사들이 유다인, 더 정확히 말해 바로 "유다계 그리스도인"이었다. 그들은 원칙적으로 율법과 할례를 지켰고, **유다교적으로 꼴지어진 그리스도론**을 주장했는데, 메시아 신앙과 율법 준수의 분명한 연계를 보여주는 이 그리스도론은 나중에야 (이른바 "자연적" 혹은 "입양설적"이라는 이유로) 이단의 낙인이 찍혔다. 유다계 그리스도교의 그리스도론을 보통 일곱 유형으로 나누어왔지만, 이것들이 서로 상충되는 것은 아니다.[164] "아래로부터의" 그리스도론 세 가지: 제왕 그리스도론("다윗의 자손" 예수), 예언자 그리스도론("새로운 모세" 예수), 제관 그리스도론("대제관" 예수). "위로부터의" 그리스도론 네 가지: "인자"人子 그리스도론, 모든 천사 위의 존재 그리스도론, "하느님 아들" 그리스도론, "하느님 말씀" 그리스도론. 이 모든 표상이 뚜렷한 유다교 배경을 지니고 있다.

주지하다시피 그리스도론은 예수의 유다인 제자들의 관점에 입각하여 극히 소박하게 "아래로부터" 시작되었다: 고도의 형이상학적 사변이 아니라, "도대체 이분은 누구신가?"[165] "나자렛에서 무슨 좋은 것이 나올 수 있겠는가?"[166]라는 물음으로부터 출발했다. 만일 니케아 공의회 전 시대 그리스도인들을 모조리 그 공의회 교의에 터해 판단하려 든다면, 유다계 그리스도인뿐 아니라 거의 모든 그리스 교부 역시 (적어도 문헌 자료상으로는) 이단자이리라. 과연 그 교부들은 "아들"의 "아버지"께의 **종속**을 너무나 자명한 것으로 가르쳤거니와("종속설"), 이 가르침은 훗날 니케아 공의회의 아버지와 아들을 나란히 놓는 "동일 본질"homo-ousia 교의에 비추어보면 이단으로 간주된다. 사정이 이러하니, 이렇게 묻지 않을 수 없다: 만일 신약성서 대신 그야말로 니케아 공의회를 척도로 삼는다면, 처음 몇 세기 고대교회에서 도대체 누가 정통신앙을 지녔다고 할 수 있으랴?

신약성서의 유다계 그리스도교 문서들이 개별적으로 어떻게 평가되든간에, 아무튼 오늘날의 연구는 유다계 그리스도교에서 이단적 일탈보다는 초창기 그리스도교계와의 **연속성**을 더 많이 보고 있다. 현대 연구자들은 유다계 그리스도인들을 **초창기 그리스도교계의 적법한 상속인들**로 본다. 그에 반해, 나머지 신약성서 문서들은 대부분 바울로와 그의 동조자들이 옹호했던 이방인 그리스도교의 관점을 반영한다.

유다계 그리스도교 연구에 공로가 큰 슈트렉커는 그리스도인과 유다인의 관계에 있어 유다계 그리스도교의 현실적·신학적 중요성을 뚜렷이 밝힌다: "그리스도교 초기뿐 아니라 오늘에 이르기까지 다양하게 구현해온 그 모습의 보편성 안에서 유다계 그리스도교는 회당과 교회 사이의 연결고리로 드러난다. 유다계 그리스도교는 회당을 향해서는 그리스도 사건을 통해 하느님께서 조상들에게 하신 약속들이 밝혀졌고 구약성서에 계시된 하느님의 뜻이 실현되었음을 증언한다. 교회를 향해서는 유다교의 유산을 받아들이게 하고 이스라엘의 항구적 권리를 대변한다. 유다계 그리스도교를 일종의 '자연적' 그리스도론을 주창했던 에비온파와 우악스레 동일시해선 안된다(유다계 그리스도교에서는 선재 표상도 발견된다). 오히려 유다계 그리스도교는 그리스도교 신앙의 역사적 근본바탕을 거듭 새삼 강조함으로써, 대교회나 교회 밖 집단들이 가현설假現說이나 영성주의에 빠져드는 것을 바로잡아 줄 수 있다."[167] 과연 유다계 그리스도교의 신학은 그리스도 가현실과 영성주의에 떨어질 위험에 처한 너무나 고상한 그리스도론에 대한 비판적 수정이 될 수 있다!

물론: 에피파니우스 이래, 유다계 그리스도교는 이제 동방에서도 영구히 "이단"으로 낙인찍혔다. 요한 크리소스토무스는 386~87년 안티오키아에서 강한 사명감을 지니고 여덟 번에 걸쳐 유다인들을 배척하는 설교[168]를 하면서, 회당 예배와 유다교 축제나 관습(할례)에 호감을 나타내는 그리스도인들을 질책했다. 아무튼 5세기 전반기 이후 유다계 그리스도교의 자취는 갈수록 희미해졌다. 종교혼합주의 경향들이 심화되었다. 그러면 유다계 그리스도교 집단들은 어찌되었던가? 유다교도 대교회도 그들을 완전히 흡수하지는 못했다.

두 흔적이 (여기서 자세히 추적할 수는 없지만) 오늘날 아프리카와 인도에서 발견된다:
— **에티오피아**에서는 초기 유다계 그리스도교 패러다임이 오늘날 단성설적 공식 그리스도교의 바탕을 이루고 있는 것으로 보인다. 나는 이것을 아디스 아바바를 방문했을 때 그리스도 공현公現 축일에 확인할 수 있었다: 모세 계약궤 존숭; 전례에서 셈족어 사용; 시편을 노래하고 북과 나팔 반주로 춤추는 사제들; 세례 외에 할례, 주일 외에 안식일, 특별 단식과 음식 규정(돼지고기를 먹지 못함).[169]
— **남인도**에는 인종이 다른, 텍쿰바감 그리스도인들 또는 "남쪽 치들"이라 불리는 약 7만 명의 사람들이 있다. 이들의 지방 전설에 따르면, 345년 카나(가나안?)의 토마스라는 인물과 72 그리스도인 가정이 시리아 혹은 메소포타미아로부터 케랄라에 도착했다고 한다. 이들은 예수를 유다인들을 위한 메시아로 믿는 유다계 그리스도인이었다. 반면 이미 케랄라에 살고 있던 그리스도인들은 사도 바울로 추종자들이었다.[170]

그러나 같은 시기의 셋째 흔적은 훨씬 크고 뚜렷하니, 저 유명한 페르시아인 마니Mani(그리스어 Manes, Manichaios, 216~76)가 있었기 때문이다. 그는 자라투스트라와 붓다 그리고 특히 영지주의적으로 이해한 그리스도를 두루 묶어 새로운 종류의 "그리스도교적" 세계종교를 창설했으니, 곧 이원론적이고 금욕주의적인

마니교다. 마니교는 이미 3~4세기에 그리스도교의 중대한 경쟁자였고, 대서양에서 중국에까지, 코카서스로부터 인도양에 이르기까지 널리 퍼져나갔다. 요즈음 새로이 밝혀진 것: 아라비아의 서지書誌학자 이븐 안나딤의 전승과 쾰른에서 새로 발견된 그리스어로 씌어진 마니 고사본[171]에 따르면, 마니는 **젊은 시절 엘케사이파 유다계 그리스도교 집단에 속해** 있었다고 한다: "율법 준수, 묵시문학 사상 같은 유다교의 영향이 유다계 그리스도교를 거쳐 마니에게 이르렀다"라고 튀빙언의 마니 전문가 뵐리히는 쾰른 고사본에 관한 학술회의에서 말했다. "마니가 그 아래에서 성장했던 세례자들은 사실상 엘케사이파였다. 그들은 엘케사이를 그들 율법의 정립자로 여겼다. … 유다계 그리스도교의 율법 준수 특성이 마니교의 율법 준수 특성의 바탕을 이루고 있다."[172] 요컨대 엘케사이파는 한편으로는 팔레스티나의 세례자교敎와 유다계 그리스도교 사이를, 다른 한편으로는 세례자교를 마니교와 연결해주는 고리다. 그러나 — 아직도 계속되는, 훨씬 중요한 흔적이 하나 더 있다.

8 유다계 그리스도교와 「쿠란」

우리는 유다계 그리스도교의 또하나의 놀라운 영향을, 특히 종교간 대화를 염두에 두고, 파고들어야 한다. 오늘날의 연구 성과를 신뢰할 수 있다면, 이렇게 말해도 되리라: 유다계 그리스도교 공동체들은 자신들의 신학을 통해 (이단 낙인·혼합·소멸에도 불구하고) 많은 영향을 끼쳤는데, 그 하나는 과연 세계사적 의의를 획득하기에 이르렀다: 더 정확히 말해, 아라비아의 **예언자 무함마드**가 예수 사후 6백 년, 니케아 공의회 이후 3백 년이 지나 불을 당긴 아라비아의 일신교적 개혁운동을 통해.

아라비아 반도의 유다계 그리스도교?

유다계 그리스도교와 「쿠란」 메시지의 드러나지 않은 관계는 그리스도교 연구자들에 의해서도 오래 전부터 논구되어 왔다.[173] 이미 1926년 저명한 개신교

주석학자 **슐라터**는 「초기 그리스도교계의 역사」에서 이렇게 말했다: "유다인 교회는 팔레스티나의 요르단 강 서쪽 지역에서만 소멸했다. 유다교 관습을 지키는 그리스도인 공동체들이 요르단 동쪽 지역, 데카폴리스, 베타니아, 나바테아인들 영역, 시리아 사막 경계 지역에는 여전히 존속했고, 아라비아에까지 파고들어갔는데, 여타 그리스도교계로부터 완전히 떨어져나가 전혀 교류가 없었다. … 그리스도인들에게 유다인은 원수일 따름이었다. 그리고 트라야누스와 하드리아누스 황제의 장군들에 의한 (유다인) 학살을 음흉하고 경멸받아 마땅한 유다인들의 자업자득의 운명으로 치부해버리던 그리스적 정서가 교회 안에도 스며들었다. 가이사리아에 살면서 가르치던 오리게네스와 에우세비우스 같은 교회 지도자들도 놀랍게도 예루살렘과 그 교회의 종말을 모르고 있었다. 존속하던 유다계 그리스도교에 관한 그들의 기록도 보잘것없다. 그들은 (원문대로!) 그리스도교계에서 전반적으로 통용되는 법규를 따르지 않았기 때문에 이단자들이었고, 또 그로 인해 일반 그리스도교계로부터 떨어져나갔다." 그러나 슐라터가 덧붙인 말: "제국교회 지도자들 가운데 그 누구도 그들이 경멸했던 이 그리스도교계가 온 세계를 진동시키고, 그들이 건설한 교회의 막대한 부분을 결딴낼 날이 오리라는 것을 예상하지 못했다. 그날은 무함마드가 유다계 그리스도인들이 지켜온 재산, 곧 그들의 신의식神意識·심판의 날을 선포하는 종말론·관습·전설을 넘겨받아 스스로 '하느님의 사자' 使者로서 새로운 사도직을 일으켰을 때 찾아왔다."[174]

삼위일체론 대신 유일신론, 두 본성 그리스도론 대신 하느님의 종 그리스도론: 유다계 그리스도교가 「쿠란」에 영향을 끼쳤다는 주장은 일찍이 하르낙[175]에 의해, 그후 쉽스[176]에 의해 논구·강화되었다. 오늘날의 연구자 벅도 다음과 같은 확신을 갖기에 이르렀다: "세월이 흐르면서 에비온파와 성신星辰을 숭배하는 세례자교가 아라비아에 스며들어간 것으로 보인다. 이 수정受精이 「쿠란」이 에비온파의 예언자론을 반영하고 있다는 가설이 생겨나게 했다."[177] 슈트렉커는 **"이슬람교가** 유다교와 그리스도교의 영향에 대해서뿐 아니라 (비록 이 문제에 있어서는 앞으로 본격적으로 천착해야 할 연구 분야가 매우 많지만) 유다계 그리스도교의 영향에 대해서도 개방적이었다"는 것은 "이론異論의 여지가 없다"[178]고 말한다. 그러니까 **최초의 유다계 그리스도교 패러다임**은 어떤 형태로든지 계속 전해졌다고 하겠다. 아무튼 유다계 그리스도교와 「쿠란」이 정말 어떤 밀접한 관계가 있는가? 4~5세기 유다계 그리스도교와 「쿠란」 사이에는 어쨌든 1세기 이상의 거리가 있지 않은가?

유다계 그리스도교와 「쿠란」 사이의 그럴싸한 **연결고리**로 곧장 초기 그리스도교의 나조라파를 떠올려서는 안된다. 오히려 하르낙 이래 연결고리로 지목되는 사람들은 엘케사이파 같은 영지주의에 깊은 영향을 받은 유다계 그리스도인들인데, 최근 연구에 의하면 그들은 「쿠란」이 "성신 숭배자들"이라 지칭하는 사람들인 것 같다.[179] 아무튼 아랍어로 씌어진 유다계 그리스도교 문헌들이 있었음은 오늘날 의심없다. 벨하우센[180]은 히라와 안바르의 이바디아인들과 몇몇 작가들을 그 저자로서 구체적으로 거명했다. 베를린의 종교학자 콜페[181]가 간추려 지적했듯이, 아라비아 그리스도교 전례서들에 관한 언급이 많이 나오는데, 이것은 아라비아 반도에 그리스도교 공동체들이 있었음을 가르쳐준다. 예배용 시편과 복음서들이 아랍어로 번역되었던 것 같다.

콜페는 나아가 매우 놀라운 사실을 알아냈다: 예언자 무함마드를 가리키는 **"예언자들의 봉인封印"**[182]이라는 유명한 칭호가 매우 이른 시기에 라틴 교부 테르툴리아누스의 「유다인 논박」[183](200년 이전)에 이미 나온다(물론 여기서는 예수의 존칭으로 사용됨)[184]. "예언자들의 봉인"이라는 칭호는 무함마드 예언자가 유다계 그리스도인들 혹은 마니교인들과 논쟁하면서 자칭한 것이 아닐까? 콜페의 말을 들어보자: "무함마드가 메디나에서 격돌했던 유다인 종족들을 전부 유다계 그리스도인이라고 단언하는 것은 지나치다. 그러나 아라비아 반도의 유다교가, 일종의 병렬접속사적 의미에서는 유다계 그리스도교라 지칭할 수 있는, 유다계 그리스도교의 한 변형태에 의해 크게 잠식되어 있었음은 의심할 여지가 없다. '예언자들의 봉인'이라는 칭호가 비롯한 곳은 바로 이 유다계 그리스도교일 가능성이 많거니와, 사실 이 칭호는 그곳에서뿐 아니라 원칙적으로는 유다계 그리스도교 어디서도, 특정 종파의 정체성을 보증하기 위해, 사용할 수 있었다."[185]

그밖에도 몇 가지 흔적이 더 있다. 하나는 콜페 자신이 추적한 것인데, 그는 비잔틴 사람 소조메노스가 439~50년에 저술한 교회사의 한 텍스트에 의존하여, 자신들의 정통성의 근거를 바로 이스마엘과 그의 어미(하갈)의 혈통에 두는, 그래서 이스마엘파 또는 하갈파라 불리는 유다계 그리스도인들의 존재를 밝혀냈다: "이로써 한 근동 유다계 그리스도교 '종파'가 출현했거니와, 이 종파는 네스토리우스파나 야고보파보다 오래되었고, 나중에는 그것들과 함께 주로 아랍인들 가운데 계속 존립했다. 그 유형으로 미루어볼 때, 그들은 무함마드가 유다교적 전승들을 얻어온 유다인들이었을 가능성이 크다 ― 미드라쉬는 갖고 있으나 탈무드는 없는 유다인들이자 예수와 마리아를 공경하지만 하나 또는 두 본성 그리스도론은 모르는 그리스도인들 말이다. 그러한 유다계 그리스도교가 아라비아 반도 특히 메디나에 있었을 가능성은 충분하다. 그 유다계 그리스도교가 「쿠란」에서 발견되는 종류의 성서 및 성서해석 전승들의 전달자였을 수 있다."[186]

또 한 흔적은 유다교 학자 스턴과 피네스가 10세기 바그다드에서 활동한 압달자바르가 썼거나 아니면 더 이른 시기의 어떤 이슬람 학자가 쓴 아랍어 사본에서 찾아냈다. 이 사본에는 5~6세기 유다계 그리스도교의 한 텍스트가 원용되어 있는데, 그리스도교 공동체의 초기 역사를 담고 있는 그 텍스트는 유다교와 그리스도교의 분열을 한탄하고 그리스도교계의 "로마화"를 비판하는 한편, 예수는 신적 존재가 아니라 한 인간이며 모세 율법을 존중했다고 믿었던 예수의 첫 제자들이 초석을 놓은 예루살렘 공동체의 아직은 소멸되지 않은 전통을 계승할 것을 요구하고 있다.[187] 여기서도 유다계 그리스도교가 팔레스티나와 시리아 지역뿐 아니라 아라비아와 바빌로니아 지역에서도 (아무튼 7세기에 들어설 때까지는 싱싱하게) 살아 있었음이 확인된다.[188]

유다계 그리스도교 예수상과 「쿠란」 예수상의 유사성?

「쿠란」이 어떠한 역사적·발생학發生學적 관계를 얼마만한 농도로 어떤 그리스도교 집단과 지니고 있는가라는 물음은 결국엔 미해결로 남을 수밖에 없겠지만, 이것 하나만은 이론의 여지가 없다: **「쿠란」의 예수상像과 유다계 그리스도교적으로 꼴지어진 그리스도론 사이의 내용적 유사성**은 기가 막힐 정도다. 결코 부인할 수 없는 이 유사성은 역사적 설명을 고대하고 있다.

세들은 「쿠란」 예수상에 대한 포괄적 연구를 통해 처음으로 그 설명을 시도했는데, 결론은 이렇다: "서방의 헬레니즘적 교회는 사도행전에 단편적으로 담겨 있는 하느님의 종 그리스도론의 설계를 계속 심화·발전시키지 않았지만, 동방의 시리아 셈족 그리스도교계에서는 예수를 압드(종)로 지칭하는 것이 지배적인 그리스도론적 신앙고백 정식이었던 것 같다. 그러므로 무함마드가 종 칭호를 이샤(예수)에 관한 자신의 선포 중심에 놓은 것은, 그가 원그리스도교의 설계 하나를 받아들여 그것을 동시대인들의 오해로부터 정화했다는 것, 그러나 (헬레니즘적 동방 사상을 지닌 자라면 의당 기대했을) 엄밀한 존재론적 정의定義들은 기피했음을 말해준다. 따라서 우리는 무함마드가 그리스도교에 관해 매우 빈약한 지식밖에 갖고 있지 못했다는 말은 그만두어야 한다. 물론 「쿠란」에서 무함마드가 서방교회 공의회에서 결정된 교의들에 대해 논전을 벌이지는 않는다. 그러나 우리의 연구·분석이 얻어낸 전모全貌에 의하면, 그는 시리아 셈족 그리스도론의 근본구조를 꿰뚫어 알았고, 그것을 독자적으로 발전시켰다. 무슬림과 그리스도인의 대화가 결실을 거두려면, 이러한 근본 사실로부터 출발해야 한다." [189]

실제로 이러한 역사적 관계는 유다인 및 무슬림과의 대화를 위한 놀라운 가능성을 열어준다. 그러나 그러한 대화를 위해서는 물론 처음부터 무슬림들에게 이렇게 확언해주어야 한다: 역사에 대한 이러한 통찰 때문에 저 호교론, 그리스도인들이 그 도움으로 「쿠란」을 유다교나 유다계 그리스도교의 원전들 또는 그 "이단적" 가공품들 속으로 축소·환원시켜버리곤 했던 호교론이 되살아나지는 않으리라고. 사실 마지막 교부 다마스커스의 요한 이래, 그리스도인 가운데는 이슬람교를 흔히 "그리스도교적 이단"으로 폄하하는 사람들이 있어왔다. 그래서는 안된다. 온갖 유다교적 원천 자료들을 밝혀내 복원한다 해서 그리스도교의 계시가 묽어지지 않는 것과 마찬가지로, 이슬람교와 그리스도교 전승들의 연계를 밝혀낸다고 해서 **「쿠란」 계시의 진정성** [190]이 의문시되지는 않는다. 유사점과 상응하는 면들을 언급하는 것은 그리스도교의 우월성을 입증하거나 「쿠란」 계시의 진정성을 문제삼기 위해서가 아니라, 그리스도교와 이슬람교의 근친관계를 지적하기 위함인바, 과연 이 관계는 대화 당사자들에게 한편으로는 힘겨운 도전이, 다른 한편으로는 소중한 기회가 된다.

만일 그리스도인들이 무함마드를 (슐라터의 말을 다시 한번 인용하자면) "유다계 그리스도인들이 지켜온 재산, 곧 그들의 신의식·심판의 날을 선포하는 종말론·관습·전설을 넘겨받아 '하느님의 사자'로서 새로운 사도직을 일으킨", 한 분이신 참 하느님의 "유다계 그리스도교적 사도"로 이해할 수 있다면, 그것이 유다인·그리스도인·무슬림의 대화에 어떤 의미를 지닐 것인지를 한 순간만이라도 깊이 생각해 볼 일이다.[191]

종교들의 대화를 위한 기회

시대의 표징들이 우리를 속이지 않는다면, 우리는 전쟁조차 서슴지 않는 온갖 엄청난 정치문제와 인종적·종교적 갈등에도 불구하고, 새로이 싹트기 시작한 신학적 대화의 기회를 마주하고 있는바, 그 대화는 세 위대한 유일신교 사이의 아무도 부인할 수 없고 누구나 익히 아는 상이점들을 다른 빛 안에서 볼 수 있게 해줄 것이다.

유다교와 그리스도교의 대화는 (수백 년간 상호저주의 역사를 뒤로 하고) 이제 결정적 시점에 도달했으니, 유다인과 그리스도인들이 함께 예수의 모습과 소식의 항구적인 유다교적 근본 특징들을 자신들의 신앙을 위해 진지하게 받아들이기 시작했다. 그리스도교와 이슬람교의 대화를 위해서는 (빠를수록 좋거니와) **원그리스도교와 원이슬람교의 근친관계**에 대한 통찰이 함축하는 바가 풍성한 결실을 거두도록 해야겠다: 「쿠란」의 예수관觀을 이슬람교적 이단으로 여겨서는 안되며, 오히려 아라비아 땅에 뿌리박은 원그리스도교 색조의 그리스도론으로 이해해야 한다! 이러한 통찰들은 세 예언자적 종교 모두에게 (솔직하기로 하자) 우선은 매우 찜찜한 것이다. 그러나 어쨌든 상호이해에 도달하고자 한다면, 바로 다음과 같은 절박한 물음에 대답해야 한다:

미래를 위한 물음

✝ 그리스도인들이 여전히 별생각 없이 헬레니즘적 공의회들의 고상하나 난해한 그리스도론을 내세우고, 그것을 하느님의 사자인 그리스도에 대한 믿음과 관련하여, 모든 "아브라함의 자녀들"을 위한 유일한 규범으로 만들어도 될까? 그리스도인들은 나자렛 **예수가 유다인**이라는 사실에 어떤 의미를 부여하고 있으며, 그들의 신앙에서 그 사실이 어떠한 가치를 지니고 있는가? 그리스도인들은 「쿠란」에도 반영되어 있는, 예수의 유다인 제자들 그리고 초기 유다계 그리스도인 공동체들의 훨씬 원초적인 그리스도론을 진지하게 받아들일 준비가 얼마나 되어 있는가?

유다인들은 예수라는 인물을 오늘날도 여전히 간단하게 배척하고 유다교 신앙을 위해 무시해도 될까? 만일 유다인들이, 「쿠란」에서도 그렇게 하고 있듯이, 예수를 항구적인 유다교적 특징들을 지닌 **유다 민족의 마지막 큰 예언자**로 진지하게 받아들인다면, 예수는 오늘날의 유다인들의 신앙에도 중요한 의의를 지닐 수 있지 않을까?

🌙 무슬림들은 오늘날도 여전히 — 이른바 유일신론을 위태롭게 하는 — 헬레니즘적 그리스도론을 비판하는 것으로 만족해도 될까? 무슬림들은 예수의 종교적 의의를 **신약성서의 관점**에 터해 고찰하고, 그리하여 예수의 참모습을 더 포괄적으로 이해하며, 편파성과 옹졸함을 벗어버리려는 준비가 얼마나 되어 있는가?

물론 이 물음들에 솔직하고 진지하게 대답하는 것은 세 아브라함적 종교 모두에게 심히 힘겨운 일이리라. 하지만 유다계 그리스도교의 그리스도론과 「쿠란」의 그리스도론의 유사성에 대한 이 찜찜한 통찰은 매우 풍요로운 결실을 거둘 수도 있을 것이다. 바로 여기에 **세 예언자적 종교 모두에게** (눈 크고 밝게 뜨기로 하자) **기회**가 주어져 있다:

● **유다인들**을 위한 기회: 유다인들은 선조들 곧 아브라함·이사악·야곱의 하느님께 대한 믿음에 언제까지나 굳건히 머물러 있을 수 있다. 하지만 그들도 그 나자렛 사람을 이스라엘의 위대한 아들로 알아보고, 오로지 하느님

과 인간을 위해 혈통·안식일·율법의 절대적 가치를 상대화하고, 말씀과 운명을 통해 자신을 모세의 계승자로 그러나 또한 "모세보다 큰 사람"으로 드러낸 이 마지막 위대한 예언자를 맞아들일 수도 있을 것이다.

● **그리스도인들**을 위한 기회: 그리스도인들은 하느님의 유일무이한 메시아요 그리스도인 예수께 대한 자신들의 믿음에서 아무것도 덜어내지 않아도 된다. 하지만 그들은 예수의 "하느님 아들됨"(神子性)에 대한 자신들의 이해를 유다인과 무슬림이 알아듣게 설명할 수도 있을 것이다: 구약성서와 유다계 그리스도교 공동체들의 이해에 따르면, 이 신자성은 성性적·육체적 혹은 형이상학적·존재론적 "출산"으로 생각될 수 없었고, 하느님 자신에 의한 부활로 말미암아 예수가 "메시아"(왕)로 "책봉"되어 "권능의 자리"에 앉혀짐으로 생각되었다.[192]

● **무슬림들**을 위한 기회: 무슬림들은 오직 한 분 하느님께 대한 자신들의 믿음 그리고 지상적 존재와 하느님의 "어울림" 혹은 "동아리지음"의 불가능성을 언제까지나 철저히 고수할 수 있다. 하지만 그들도 「쿠란」에 의하면 하느님께 들어높여진 "하느님의 사자"·"말씀"·"메시아"인 예수를, 신약성서에 터해 보다 포괄적으로 이해하려 노력해볼 수 있을 것이다.

고대 그리스도교의 보편적 헬레니즘 패러다임

패러다임은, 쿤[1]의 정의를 다시 한번 인용하면, "어떤 공동체의 구성원들이 공유하는 신념·가치·행동양식 등의 총체적 상황"[2]이다. **패러다임 전환**은 지금까지 통용되던 패러다임이 새로운 패러다임에 의해 대체됨을 말한다.

내가 "우리 시대의 종교 상황" 분석에서 시도하듯이, 패러다임 이론을 세계 종교들의 역사와 현재에 적용하려면 아래 세 가지를 마땅히 구별해야 한다:

— **소패러다임들**: 개별적 문제들에서의 패러다임 전환. 예를 들어 안식일 수계守誡(혹은 안식일과 주일 동시 수계)로부터 주일 수계로의 이행.

— **중패러다임들**: 부분적 영역에서의 패러다임 전환. 예를 들어 묵시문학적 그리스도론(시간의 끝인 그리스도)으로부터 초기 가톨릭 그리스도론(시간의 중심인 그리스도)으로의 이행.

— **대패러다임들**: 신학, 교회, 사회 전체에서의 패러다임 전환. 예를 들어 유다인 그리스도교로부터 이방인 그리스도교로의 이행.

이미 신약성서 시대부터 조짐을 보였던 유다인 그리스도교로부터 이방인 그리스도교로의 패러다임 전환은 수많은 중·소 패러다임들을 내포하는 대패러다임의 교체였음은 두말할 것이 없다. 그 전환으로 말미암은 갈등과 충돌은 어디까지나 창의성과 생명력의 표출이었다. 그러한 근본적인 패러다임 전환에서 관건이 되는 것은 물론 개개의 인간·사건·증후도, 개개의 신학자·신학·신학파도 아니다. 그럼에도 불구하고: 개개 인간(개개 신학자 또는 성직자)이 그러한 전환에서 일종의 촉매로서 그야말로 혁명적 역할을 수행할 수 있다. 패러다임 전환에 결정적 역할을 한 최초의 신학자(마지막 신학자일 수는 없다)는 두말할 것 없이 저 그리스도인 박해자 사울로, 그리스도 선포자 바울로였으니, 그는 유다계 그리스도교와의 연속성과 비연속성을 함께 지니고 있었다.

1 패러다임 전환의 주도자: 바울로

특히 종교 영역에서의 패러다임 전환은 대개는 갑자기 이루어지지 않는다. 하나의 대패러다임이 역사적으로 관철되기까지는 오랜 성숙기가 필요하다. 초창기 교회의 묵시문학 패러다임(P I)을 로마제국 거의 전 지역에서 대체한 **보편적** ökumenisch(전세계적·세계교회적) **헬레니즘 패러다임**(P II) 역시 3~4세기에 홀연히 "거기" 있었던 것이 아니라, 사람들과 상황들을 통해 이미 1세기부터 준비·시작되었다.

거기서 핵심 역할을 한 인물은 두말할 것 없이 사도 바울로였다. 그러나 스테파노 순교 이후 예루살렘에서 달아나 **안티오키아**(오늘날의 안타키)에 정착했던 헬라계 유다인 그리스도인들(특히 키프로스 출신 바르나바 사도)이 바울로의 길을 앞서 닦았다. 당시 로마제국의 쌍雙 속주屬州 시리아와 길리기아의 수도였던 안티오키아는 로마와 알렉산드리아 다음으로 중요한 도시로서, 국제 교역의 중심지였고 소아시아·메소포타미아·이집트를 연결하는 육로들을 관장하고 있었다.[3] 이곳 안티오키아에서 헬라계 유다인 그리스도인들은 막바로 이방인들에게 복음을 선포했고, 태생 유다인들과 태생 이방인들로 이루어진 **최초의 혼합 공동체가** 창설되었다.[4] 또한 이 안티오키아에서 그리스도를 믿는 사람들이 처음으로 "그리스도인들"(그리스어 christianoi)이라는 이름을 얻었다.[5]

대도시 안티오키아가 그리스도교의 이방인 선교 중심지가 된 것은 우연이 아니다. 이곳에서 이미 사회문화적으로 (생활환경과 언어에서) 패러다임 전환의 징후가 나타났는데, 이것에 관해서는 특히 타이센이 지적한 바 있다[6]:

— 팔레스티나의 예수 운동이 시골 환경 속에 뿌리박고 있었던 반면, 이제 그리스도교는 **도시적 현상**이 되었다("pagani"= "촌사람들"은 고대 말엽 아예 마지막 "비그리스도인들"의 동의어가 된다).

— 유다인 그리스도교가 시골에서 사용되던 오래된 민중 언어(시리아·팔레스티나 지역에서는 아람어)를 계속 사용할 수 있었던 반면, 이방인 그리스도교는 도시에서 공용어인 **코이네**koine **그리스어**를 사용해야 했다.

전에는 바리사이 — 이제는 사도

당시 조짐을 보이기 시작한 그리스도교 내의 패러다임 전환에 결정적 역할을 한 것은, 원그리스도교의 사도 중 가장 눈부신 성공을 거둔 바울로의 신학과 선교였다. 유다계 그리스도교 패러다임과 관련하여 볼 때 그는 철두철미 유다교 토양에 뿌리박고 있으면서도 또한 헬레니즘 정신에 흠뻑 젖어 있었다. 이방인의 사도 바울로의 지칠 줄 모르는 정신적·신학적 활동과 선교·교회정치 활동을 통해 유다계 그리스도교 내에서 과연 최초의 중대한 전환이 준비·시작되었으니, 곧 (일부는 아람어를, 일부는 그리스어를 사용하는) 유다인 그리스도교로부터 전적으로 그리스어(나중엔 라틴어)를 사용하는 이방인 그리스도교로의 전환이 그것이었다. 안티오키아에서 벌어졌던 바울로와 베드로의 저 유명한 충돌은 이러한 배경을 갖고 있었다.[7]

여기서 나의 책 「유다교」에서 사도 바울로 신학의 특징(특히 토라에 대한 그의 입장과 관련된)과 당시 유다교 지배층과의 충돌에 관해 언급했던 것을 전제하기로 한다[8]: 엄격한 바리사이 교육을 받은 유다인 바울로는 처음에는 하느님과 그분 율법을 위한 뜨거운 열정 때문에 그리스도인 공동체들을 박해했다. 그러나 그리스도 발현 체험으로 인한 철저한 회심 이후엔, 자신이 이방인 선교의 전권을 부여받은 사자로 불리었다고 느꼈다. 사실 오늘날 유다인 학자들도 "바울로 회심 체험의 진정성"[9]을 이스라엘 예언자들의 그것과 마찬가지로 진지하게 받아들이고 있다: 율법에 충성하던 **바리사이 바울로가 바리사이적 신앙으로부터 예수 그리스도 신앙으로 돌아선** 것은 환상중에 예수가 살아 있음을 생생히 체험했기 때문인데, 바울로는 그 그리스도 발현을 원조 사도들의 부활 체험과 맞먹는 것으로 여겼다. 이 전향은 바울로 자신에게도 그저 유다교 내의 패러다임 전환 정도가 아니라, 훨씬 중대한 의미가 있는 것으로 판명될 터였다.

바울로의 회심 체험은 마침내 **이스라엘의 메시아** 예수를 **유다인과 이방인을 아우르는 온 세상의 메시아**로 선포해야 할 소명의 자각으로 귀결되었다. 이제 바울로는 그 자신 유다계 그리스도인인데도 유다교 의식儀式율법 곧 할라카의 준수를 절대적 의무로 보지 않았다: 인간은 그 온갖 "율법 행업"을 빠짐

없이 꼼꼼히 완수해야 하느님 앞에 "의롭게" 되는 것이 아니다. 결정적인 것은 하느님께 대한 무조건의 신뢰pistis("믿음"), 하느님의 뜻을 신뢰하며 자신을 내맡기는 일이다 — 그리고 이것은 유다교 의식율법의 온갖 계명들의 준수 여부와 관계없이 행할 수 있다. 그리하여 바울로가 한 일은 더도 덜도 아닌, 바로 거대한 할라카 체계의 독점적 구원기능을 뿌리째 마비시킨 것이었다 — 율법의 이름으로 십자가에 처형된 분을 깨워 일으키심으로써 그분을 메시아요 주님으로 보증해주신 하느님의 이름으로.

바울로가 가는 곳마다 유다교 지배층에게 배교背敎의 혐의를 받고 적대시되었던 것은 놀랄 일이 아니다. 그러나 바울로는 할라카를 아예 폐기하려는 생각은 꿈에도 하지 않았다. 사실 그 자신 유다인들 가운데서 활동할 때는 할라카를 준수했다. 바울로는 복음을 위해 "모든 이에게 모든 것이 되고자" 했다: "유다인들에게는 유다인이" 되었고, "율법이 없는 사람들에게는 율법이 없는 사람이" 되었으며, 언제나 "그리스도의 법"(사랑)에 매여 있었다.[10] 또한 바울로는 유다교의 한 분 하느님 신앙을 그리스도교적인 일종의 2신二神 신앙으로 대체하고자 하지 않았다. 오히려 하느님의 영에 의해 하느님께 들어높여진 예수는 이 한 분 하느님이신 아버지께 언제까지나 복속되어 있다고 생각했다: 한 분 하느님의 메시아·그리스도·모상·아들로서. 따라서 바울로의 그리스도중심주의는 언제나 하느님중심주의에 터하며, 또한 그 안에서 정점에 이른다: "하느님으로부터 예수 그리스도를 통해" — "예수 그리스도를 통해 하느님께."[11] 그러므로 바울로의 그리스도론은 유다교 유일신론과 아무 문제 없이 조화될 수 있다. 하지만 결정적으로 중요한 것은 다른 것이다.

세계종교로의 길

바울로는 하느님의 선민에 속하지 못한 이방인들에게도, 우선 할례를 받고 그들이 기이하게 생각하는 유다교의 정결례 계명과 할라카의 안식일·음식 규정들을 지키지 않고도, 이스라엘의 보편적 하느님께 나아갈 수 있는 길을 어떻게 해서든지 마련해주고자 했다. 다시 말해서: 이방인은, 먼저 유다인이 되지 않고도, 온갖 "율법 행업들"을 완수하지 않고도, 그리스도인이 될 수 있어야 했다.[12] 바울로의 이러한 신학적 통찰과 선교적 실천은 아주 어린 그리스도교계에서 이미 일찍부터 **세계사적 결과**를 가져올 **세계사적 변혁**을 의미했다:

— 바울로에 의해 (이미 바울로 전에도 있었고 또 바울로 당시 다른 선교사들에 의해서도 수행되던) 그리스도교의 이방인 선교는, 헬레니즘적 유다교의 이방인 선교와는 달리, 전 로마제국에서 (스페인에 이르기까지?) 결정적 **성공**을 거두었다.

— 바울로에 의해 헬레니즘 문화세계 안에서 그리스도교 메시지의 참된 **토착화**가 이루어졌다.

— 바울로에 의해 유다교의 작은 "분파"가 마침내 **세계종교**로 발전했거니와, 그 속에서는 동방과 서방이 알렉산더 대왕 때보다 더 긴밀히 결합되었다.

언제까지나 명심할 점: 바울로가 없었다면 가톨릭 교회도, 그리스·라틴 교부신학도, 그리스도교적 헬레니즘 문화도, 콘스탄티누스 전환도 없었다. 그러나 또한 언제까지나 참된 사실: 그렇다고 해서 바울로가, 슬프게도 많은 고집쟁이들이 지금도 새로운 논거 제시 없이 거듭 새삼 강변하는 것처럼, 그리스도교의 실질적인 창설자가 되는 것은 아니다.[13] 그렇다. 전체 신약성서 그리고 바울로 자신에 따르더라도, 십자가에 달렸다가 부활하신 예수 그리스도가 창도자요, 그분의 말씀이 그리스도교의 바탕이다. 그러나 당시 마찬가지로 (특히 안티오키아에서) 집중적인 이방인 선교를 추진했던 유다교가 보편적 유일신 신앙에도 불구하고 세계종교가 되지 못하고, 그리스도교가 **인류의 보편적 세계종교**가 된 것은 바울로 덕이다.

새로운 헬레니즘 이방계 그리스도교 패러다임

바울로는 그리스도교 창립자가 된 것이 아니라, 예수가 실제로 행했고 또 함축적으로 말했던 것을 같은 정신에 터해 신학적으로 설명하고 실천한 **최초의 그리스도교 신학자**가 되었다. 그렇게 함에 있어서 헬레니즘 교육을 받은 다르소(소아시아) 출신의 로마 시민 바울로에게는 랍비 교육과 성서주석뿐 아니라 **주위의 헬레니즘 세계**의 관념과 표상들도 큰 도움이 되었다. 당시 그 세계는,

역사 연구가 오랫동안 추정해왔듯이, 확실히 불안정했고 내적 분열의 위기에 처해 있었지만, 다른 한편으로는 많은 면에서 번영을 누리고 있었다: 그것은 갖가지 제식·종파·종교들이 현란하게 뒤섞여 있는 세계였다. 우리는 앞에서 바울로의 신학은 예수의 선포와 확고한 연속성을 지니고 있다는 것을 살펴보았다. 하지만 예수 전승은 바울로 서간에서(애석하게도 우리는 바울로의 독창적인 교리 해설을 갖고 있지 못하다!) 우선은 어딘가 좀 낯선 모습으로 나타난다. 왜 그런가? 그 전승이 전혀 다른 관점·범주·표상들 안으로 흡수·변형되어버렸기 때문이다: 예수 전승이 전혀 다른 전체상황, 바로 **헬레니즘 패러다임** 안으로 옮겨졌던 것이다!

아무튼 바울로에게는 추호도 의심의 여지가 없는 것: 그리스도교를 유다교나 다른 모든 세계종교들과 구별해주는 것, **그리스도교의 "핵심"**은 이 **예수 그리스도 자신**이며 또 언제까지나 그러해야 한다. 예수는 바로 십자가에 처형된 분으로서, 부활(소생)하고 현양되고 살아 있는 신들 그리고 세계 역사의 신격화된 종교 창시자·황제·천재·군주·영웅들과 구별된다. 또한 구체적 인간 예수가 하느님의 그리스도임을 믿는 신앙은 모든 인간이 예수를 통해 하느님께 나아갈 수 있는 보편적 가능성을 열어준다. 새로운 것은 바로 이 점이다: 이제 결정적으로 중요한 것은 어떤 특정 (선택된) 민족에의 소속이 아니라, 오직 신앙뿐이다. 이것만이, 이스라엘의 메시아 예수가 이스라엘 민족 대부분에게 배척받고 많은 이방인들에게 받아들여진 후, 왜 **그리스도교가 그저 유다교 안의 다른 하나의 패러다임**에 불과한 것이 아니라, 사실상 **다른 종교**(물론 포기해선 안될 유다교의 뿌리를 지닌)일 수밖에 없는지를 설명해 준다.

그러므로 바울로를 다른 유다계 그리스도인들과 구별해주는 것은, 신앙의 알맹이substanz가 아니라, 전혀 다른 패러다임이다. 유다인 그리스도교로부터 헬레니즘적으로 꼴지어진 이방인 그리스도교로의 최초의 그리스도교 내의 패러다임 전환의 결과들은 매우 빨리 매우 뚜렷이 나타났다. 그것은 여러 중간 영역에서의 패러다임 전환을 내포한 새로운 대패러다임으로의 전환, 성서·율법·하느님 백성에 대한 이해에서의 패러다임 전환이었다.

(1) 새로운 성서 이해:

— 이미 유다계 그리스도인들은 구약성서를, 예수와 결부하여 해석하기 위해, 회고적 관점에서 읽기 시작했었다. 하느님과 인간을 위한 예수의 의의를 표현하기 위해 "메시아", "주님", "다윗의 자손", "인자" 그리고 "하느님의 아들"(구약성서에서 아주 드물게 이스라엘 왕이나 민족 전체를 지칭하는 데 사용됨)과 같은 유다교적 존칭들을 예수에게 전용轉用했다.

— 이제 이방계 그리스도인들은 구약성서를 거리낌없이 그들의 헬레니즘적 맥락 안에서 읽었다. 과연 바울로는 좀 이른 동시대인이요 역시 디아스포라(해외 유다인 집단 거주지) 출신인 헬라계 유다인 알렉산드리아의 필로처럼 이미 구약성서를 우의적寓意的·상징적으로 해석했고, "문자"보다 "영"에 우위를 부여했다. 이방계 그리스도인들에게는 "다윗의 자손"이나 "인자" 등의 유다교적 존칭과 표상들이 의미가 없었다. 그들은 그것들 대신 자신들에게 친숙한 "하느님의 아들"(황제나 영웅들을 지칭하는 데 사용됨) 칭호를 애호했는데, 신약성서 시대 이후 이 존칭은 그리스 헬레니즘 존재론의 영향 아래 갈수록 본성적으로 이해되었다.

(2) 새로운 율법 이해:

— 이미 유다인(특히 헬라계) 그리스도인들은 안식일에 대한 예수의 태도를 좇아, 유다교의 예법·의식 계명들을 윤리 계명들보다 덜 진지하게 받아들였고, 실천적 사랑을 매우 중시했다.

— 그러나 이방인 그리스도인들은 유다교 의식율법은 자신들과 아무 관계 없다고 생각했고, 할례나 할라카에도 전혀 의무감을 느끼지 않았다.

(3) 새로운 하느님 백성 이해:

— 이미 유다인 그리스도인들은, 비록 태생적으로 그리고 할례를 통해 이스라엘 민족에 속한다고 느끼곤 있었지만, 성전과 율법에 비교적 거리를 두고 있었다(특히 그리스어를 사용하는 경우에는 더욱).

— 그러나 애당초 선민에 속하지 않은 이방인 그리스도인들은 신앙공동체 구성원이 되는 데 결정적인 것은 결코 혈통이 아니라 예수 그리스도에 대한 믿음이

라고 생각했다. 그 믿음은 예수 그리스도의 이름으로 베풀어지는 세례라는 가
입의례에 의해 봉인되었다.

과연 바울로는 주지하다시피 눈밝은 신학자일 뿐 아니라 매우 실제적인 조직
자였고, 교회의 이론가일 뿐 아니라 실천가·설립자·지도자였다. 또한 주지하
다시피 이미 당시에 그리스도인들은 자신만을 위해 자기 혼자 살지 않고, 구체
적 구조나 제도가 필요한 공동체·공동사회 안에서 생활했다. 여기(교회 제도 문제)
에서도 (이 또한 바울로에 의해 시작·주도되는) 중패러다임의 전환을 알아볼 수 있다.

② 교계제도를 갖춘 교회의 생성

인간들의 공동사회에는 통상적으로 많은 임무·직책·기능들이 있으며, 신약성
서도 일련의 직무(기능)들을 구별하고 있다: 복음 선포 기능은 사도·예언자·교
사·설교자·권고자들이 담당했고, 그다음 자선·구호 기능은 봉사자·구호 담
당자·간병看病자·공동체 봉사 과부들이 맡았으며, 끝으로 공동체 지도 기능은
첫 회심자·책임자·감독·지도자들이 담당했다 ….

바울로 서간에 나타나는 카리스마적 교회

바울로(우리는 그의 공동체에 관해 가장 잘 알고 있다)는 공동체 안의 이 **모든** 기능(특정 "직
무들"만이 아니라)을 하느님의 영과 고양되신 그리스도가 주신 선물로 이해했다. 그
러한 기능들을 수행하는 사람들은, **공동체에서 특정한 봉사를 하도록 하느
님께 불리었다**고 스스로 느낄 수 있었다. 그러한 성령의 은사를 바울로는 그
리스어로 간단히 카리스마charisma라고 부른다. 개신교 주석학자 케세만[14]은 바
울로 서간에 나타나는 교회의 카리스마적 차원을 뚜렷이 밝혔다: 바울로에 따
르면, 오늘날 성령운동 열심히 하는 공동체들이 매우 중요시하는 특이한 현상
들[이상한 언어(靈言)·치유 등]뿐 아니라, 위로·훈계·지식·지혜의 말·영들의 식별
등의 은사처럼 극히 일상적이고 이른바 "안 보이는" 은사와 봉사들도 카리스마
들 곧 성령의 선물들이다. 카리스마들은 특정 동아리 사람들에게만 주어지는

것이 아니다. 바울로 서간에서는 성직자중심주의도 열광주의도 찾아볼 수 없다. 오히려 거꾸로다: 바울로에 의하면, 실제로 (지속적이건 아니건, 공공연하건 드러나지 않건) 공동체 건설을 위해 수행되는 봉사(직무) **하나하나가 모두** 카리스마요 **교회의** 직무다. 그러한 개개의 구체적 봉사는 마땅히 인정과 복종을 받을 자격이 있다. **각각의** 봉사는, 공적이건 아니건, 공동체의 유익을 위해 사랑 안에서 행해지는 경우, 고유한 권위를 지니게 된다.

그런데 바울로 공동체들은 **일치와 질서**(사실 이것들은 서로 경쟁하는 집단들, 무질서한 행동, 윤리적으로 의심스러운 관습 때문에 너무나 자주 위험에 처했다)를 어떻게 보존할 수 있었던가? 바울로가 자기 공동체들과 주고받은 편지에서 분명히 드러나는 것: 바울로는 일치와 질서를 결코 다양한 면들의 평준화·획일화·위계화·중앙집권화를 통해 이루려고 하지 않았다. 바울로는 오히려 일치와 질서는 하나인 같은 영의 역사役事에 의해 보증된다고 믿었거니와, 이 동일한 영은 각 개인에게 모든 카리스마를 주지 않고 각자의 카리스마를 선사하신다(원칙: 각자에게 그의 것을!). 카리스마는 자기만이 아니라 다른 사람들을 위해 사용해야 하고(원칙: 서로서로를 위해!), 한 분 주님께 순종하며 사용해야 한다(원칙: 주님께 순종!). 예수에 대한 믿음을 고백하지 않고 자신이 받은 은사를 공동체의 유익을 위해 사용하지 않는 자는 (그래서 영들의 식별이 필요하거니와!) 하느님께로부터 오는 영을 받은 것이 아니다. 구성원들의 하나된 행동, 화합, 협심, 상호이해, 대화 — 이것이 공동체의 삶에 함께하시는 하느님의 영, 곧 예수 그리스도의 영의 표지다.

유다계 그리스도교 패러다임에서는, 앞에서 살펴보았듯이, 묵시문학적인 종말 임박 기대로 말미암아 공동체의 구조들은 임시적이었다: 열두 제자, 일곱 대표, 사도들, 예언자들, 원로들, 설교자들. 역시 임박한 예수 내림을 고대하고 있던 **바울로**의 공동체들도 조직하고 지도하는 직무들을 알지 못했다.[15] 아무튼 바울로의 카리스마(은사) 목록에서 "도와주는 은사"와 "지도하는 은사"는 사도·예언자·교사 훨씬 뒤 끝에서 둘째(!) 자리, 곧 바울로가 가장 평가절하한 이상한 언어(靈言)의 은사 바로 앞에 배치되어 있다.[16] 오늘날 확인할 수 있는 한에서는, 바울로 공동체들에서 조직하고 **지도하는 직무들**은 처음엔 어디까지

사도적 공동체 조직

예루살렘 유다계 그리스도교 원공동체 (48년경)

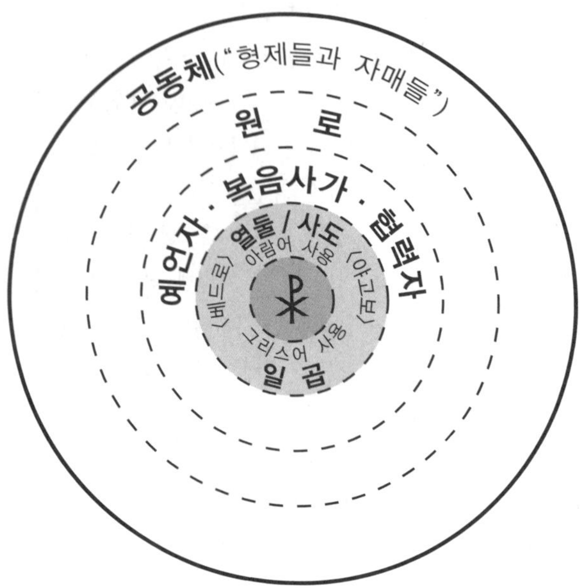

"그들은 예루살렘에 도착해서는 그곳 교회와 사도들과 원로들의 영접을 받았다"(사도 15.4).

"나는 계시를 받고 올라가서 내가 이방인들에게 전하는 복음을 특별히 지도층 인사들에게는 해명했습니다"(갈라 2.2).

"기둥 같은 존재로 존경받던 야고보와 게파와 요한은 내게 베풀어진 은총을 알아보고 친교의 표시로 나와 바르나바에게 …"(갈라 2.9).

"그 무렵 예언자들이 예루살렘에서 안티오키아로 내려왔다"(사도 11.27).

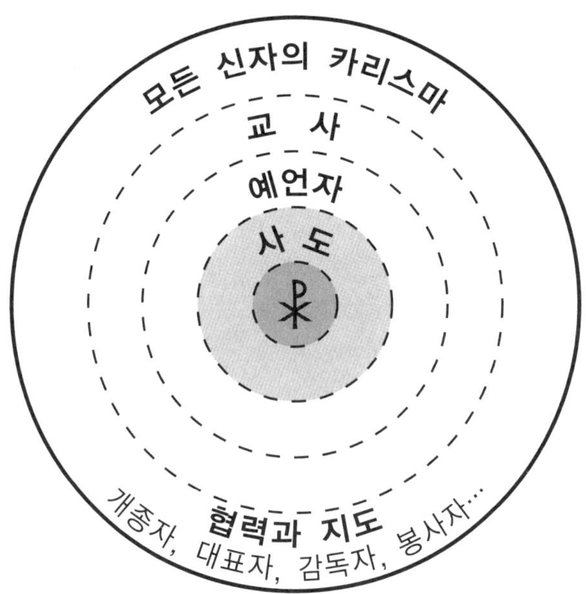

"여러분은 그리스도 안에서 모든 면에 부요하게 되어 … 모든 은사에 모자람이 없습니다"(1고린 1.5.7).

"각자에게 영을 드러내는 은사가 베풀어지는 것은 공익을 위해서입니다"(1고린 12.7).

"하느님이 교회 안에 세우신 이들로 말하면, 첫째로 사도들이고, 둘째로 예언자들이며, 셋째로 교사들입니다"(1고린 12.28).

"하느님은 여러분에게 온갖 은총이 넘쳐흐르게 하실 수 있습니다"(2고린 9.8).

나 **자연발생적으로 갖추어졌다.** 공동체의 다양한 직무에의 (바울로의 "사도적 전권"에 근거한) 법적 임명에 관해서는 한 마디도 찾아볼 수 없다. 바울로 친서에 대한 분석은 다음과 같은 두드러진 특징들을 밝혀준다[17]: 바울로 공동체들 안에는

— **군주제적 주교(감독)직이 없었다**: "주교"episkopos직에 관한 단 하나의 전거인 필립비서 인사말의 구절은 여러 명의 주교들(그리고 봉사자들)에 관해 말하고 있다[18](사도행전에서도 그렇다. 그러나 사목서간에서는 다르다).

— **사제직도 없었다**: 사제 혹은 사제단은 바울로 친서에 단 한 번도 언급되지 않는다(사도행전과 사목서간에서는 다르다).

— **서품식도 없었다**: 카리스마 보유자들에게 사전에 행해지는 안수按手에 관해서도 전혀 말이 없다(여기서도 사도행전과 사목서간은 다르다). 그런데도 바울로는 자신의 이방인 그리스도교 공동체들 역시 필요한 것은 모두 갖춘 나름대로 완전한 교회들이라고 확신했다. 갈등이 끊이지 않던 고린토 공동체(여기도 주교·봉사자·사제가 없었음이 확실하다. 있었다면 바울로가 특정 폐해들에 관해 그들에게 말을 했을 것이다)에 사도는 이렇게 써 보냈다: "여러분은 그리스도 안에서 어느 면에서나 부요하게 되어 … 모든 은사에 모자람이 없습니다 …."[19]

사실 군주제적 주교직은 바울로 공동체들이나 「열두 사도의 가르침」(디다케)뿐 아니라, 초기에는 그 어디에서도 도무지 찾아볼 수 없으며, 사도행전도 마찬가지다.[20] 원그리스도교의 가장 오래된 공동체 규범인 「열두 사도의 가르침」(100년경)에 따르면, 주로 예언자들과 교사들이 그리고 그다음에야 선거로 뽑힌 주교(감독)들과 봉사자들이 성찬례를 거행했다.[21] 안티오키아 공동체를 이끌어나간 사람들도 주교들과 사제들이 아니라 예언자들과 교사들이었음이 역사적으로 거의 확실하다.[22] 로마서 집필 당시 로마에도 사제들과 주교들로 이루어진 공동체 조직은 아직 없었음이 분명하다. 언제까지나 명심할 것: 바울로는 모든 공동체에서 똑같은 방식으로 제도화되어야 하는 직무, 그 직무에 사람들이 임명되고 그 직무 담당자들만이 성찬례를 거행할 수 있는 그러한 직무는 아직 모른다. 그의 첫 서간인 데살로니카 전서에 "지도하는 자들"[23]에 관한 언급이 나오지만, 훨씬 중요한 고린토 전·후서엔 나오지 않는다. 스테파나와 그의 가족은 자발적으로

공동체를 위한 봉사에 헌신했다.[24] 다시 말해서: 바울로 공동체들은 아직은 자유로운 카리스마적 봉사(직무)들로 이루어진 공동체였다. 그러나 이 말이 그 직무들에 아무런 권위도 주어지지 않았음을 뜻하는 것은 아니다. 오히려 거꾸로다: 공동체를 위한 그러한 자발적이고 카리스마적인 봉사들, 특히 자신들의 집을 마음대로 쓰도록 내어놓은 부유한 여인들의 봉사에도 마땅한 권위가 분명히 부여되었다. 그 봉사에의 복종도 사람들에게 요구할 수 있었다. 특히 바울로에게 있어 참된 직분 봉사를 가늠하는 것은 그저 이러저러한 직분의 소유가 아니라 그 직분을 수행하는 방식이었다.

여성의 지위를 둘러싼 갈등

확실한 사실: 이미 유다계 그리스도교 패러다임의 교회는 단어의 가장 훌륭한 의미에서 민주적이라 불리어질 수 있는 자유·평등·형제애의 공동체였거니와, **바울로의 공동체들**은 더욱 그러했다. 이 점을 가장 인상깊고 뚜렷하게 보여주는 것은 바울로가 갈라디아 공동체에 써 보낸 다음과 같은 구절이다: "그것은 그리스도와 하나가 되는 세례를 받은 여러분이 누구나 그리스도를 새 옷으로 입었기 때문입니다. 이제는 유다인도 없고 헬라인도 없으며, 노예도 없고 자유인도 없으며, 남성이랄 것도 여성이랄 것도 없습니다. 여러분은 모두 그리스도 예수 안에 하나이기 때문입니다".[25] 과연 바울로는 서간에서 여성들을 인상깊게도 자신의 "동역자들"synergoi이라 부르는데, 글자 그대로 "함께 일하는 여자들"이란 뜻이다.

얼마나 많은 여성이 복음선포에 적극 동참했는지를 알자면, 로마서 말미의 인사말만 읽어보아도 충분하다: 여기서 거명된 빼어난 인물 29명 가운데 10명이 여자다.[26] 첫자리에 **페베**가 나오는데, 그녀는 켄크레아 교회를 위한 공식 선교에 종사하고 있었다. 그녀는 "봉사자"라 불리는 사실로 미루어, 가정교회를 이끌고 있었음을 짐작할 수 있다.[27] **유니아**는 특별히 중요한 여성이었으니, 바울로는 그녀를 안드로니고와 더불어 심지어 자신보다 먼저 "그리스도 안에 들게 된" "**사도들** 가운데서도 출중하다"고까지 말한다.[28] 바울로에게 사도(그리스어

에는 여성형이 없다)는 최고의 존칭이었다. 유니아는 (빌켄스가 옳게 확인했듯이) "수적으로
제한된 선도적 선교사들 동아리"에 속해 있었던 것 같은데, "그들에게는 '사
도'로서의 특별한 권위가 마땅히 주어졌고, 바울로 자신은 나중에야 그들에게
포함되었다. 그들은 열두 제자단보다 큰 동아리였다."[29]

널리 알려진 분명한 사실: 바울로가 언급하는 많은 여성이 복음을 위해 "수
고하는 사람들"(바울로가 사도들의 헌신을 표현하기 위해 애용하는 말)이라 불린다.[30] 필립비서
에 의하면, 유오디아와 신디케 같은 여인들은 (바울로나 여타 남성 동료들과 전적으로 똑같
은 중요성을 지니고 있었거니와) "복음을 위해 투쟁했다".[31] 바울로가 넌지시 비추는 그
녀들의 갈등은 분명 그에게 매우 중대했기에, 바울로는 두 여인에게 화합을 권
면한다. **브리스카도** 특별한 위치에 있었는데, 남편 아퀼라와 함께 바울로 서
간에 자주 언급된다.[32] 이 부부는 에페소에 가정교회가 모이는 집을 소유하고
있었던 것 같고[33], 나중에는 로마에서도 자기들 집에서 모임을 주도했던 듯하
다. 통상 브리스카가 남편 아퀼라보다 먼저 언급되는 점으로 미루어, 선교사와
교회 건설자로서 이 여인의 특별한 중요성을 짐작할 수 있다.

여성 예언자들의 적극적 활동 역시 (비록 신약성서가 이방인 그리스도교계의 개개인의 신상
에 관해선 말하고 있지 않지만) 확인된다는 것에 관해서는 이미 앞에서 살펴보았다. 바
울로도 그런 여예언자들을 알고 있었다. 바울로는 고린토 공동체 여성들이 예
배중에 예언할 때는 반드시 머리에 너울 쓰는 것을 의무로 만들고자 했는데,
그것은 한편으로는 여성들이 공동체 모임에서 자유롭게 말할 수 있는 권리를
인정한 것이기도 했다: "누구든지 머리를 가리지 않고 기도하거나 예언하는 여
자는 자기 머리를 부끄럽게 하는 사람입니다."[34] 그러므로 이론의 여지 없는
것: 바울로가 보는 교회, 에페소서에 의하면 "사도들과 예언자들의 기초 위에
세워진"[35] 교회는 **여사도들과 여예언자들의 교회**이기도 했다. 그러므로 우리
는 피오렌차와 함께 이렇게 간추려 말해도 되리라: "바울로 서간과 사도행전은
여성들이 초기 그리스도교 운동의 탁월한 선교사와 지도자들의 일부를 이루고
있었음을 깨닫게 해준다. 그녀들은 바울로와 마찬가지로 사도요 지도자였으며,
적지 않은 여성들이 협력자·설교자·복음을 위한 경주에서의 경쟁자였다. 그

녀들은 가정교회를 세웠고, 다른 선교사와 그리스도인들을 뒷받침하기 위해 명
망있는 후원자로서 자신들의 영향력을 행사했다.”[36]

그러나 이미 고린토에서 여성들의 공적 복음선포를 둘러싸고 최초의 **갈등들**
이 나타났고, 바울로조차 이중적으로 처신했다: 그는 여성들이 공개적으로 말
할 권리는 옹호했지만, 머리를 가리도록 **너울 쓰는 것**을 관철시키기 위해, 초
기 유다교의 여성차별 논법[37]을 빌려와 그리스도론적으로 더욱 강화했다. 즉,
남자는 여자의 머리이고, 그리스도는 남자의 머리라는 것이었다.[38] 몇십 년 후
에 삽입된 몇몇 본문은 여성들이 공동체에서 **발언**하는 것을 완전히 금지한다:
심지어 고린토 전서 11장에서 여성들의 예언 설교의 권리를 명백히 인정했는데
도, 같은 서간 14장에 “부녀자는 집회에서 잠자코 있어야 합니다”라는 악명높
은 구절이 후대에 끼워넣어졌다.[39] 이 발언금지령은 이른바 사목서간에 매우 가
혹한 형태로 나타나는데, 이 서간들은 그 이방인의 사도의 권위를 차용하여 후
대에 씌어진 것들이다: “여자는 언제나 순종하며 묵묵히 배워야 합니다. 나는
여자가 가르치거나 남자를 다스리는 것을 허락하지 않습니다.”[40]

이 모든 것이 말해주는 바: 앞에서 인용한, 바울로가 갈라디아서에서 강조한
“그리스도 안에서” 남자와 여자의 일치(초기 그리스도교에서는 세례 때 이것을 고백했다)가
언제 어디서나 실제로 행동에 옮겨졌던 것은 아니다. 유다인과 헬라인, 자유인
과 노예, **남자와 여자의 동등한 대우를 저지하려는 세력들**이 언제나 활동
하고 있었다. 마침내 이러한 풍조가 득세하여, 신약성서에서 언급된 여성들조
차 갈수록 잊혀지고 그네들의 중요한 의의가 평가절하되었다. 그리하여 라틴어
를 사용하던 서방에서는 로마서에 사도로 지칭된 **유니아**를 수백 년 동안 남성
인 “유니아스”로 둔갑시켜버렸다.[41] 또한 (물론 신약성서에는 나오지 않지만) 설교하고 세
례를 베풀던 사도들의 여제자 이고니움의 테클라도 세상을 등진 금욕고행자로
업종 전환을 하게 되었다.[42] 그리고 공관복음서가 갈릴래아 출신 여인들의 우두
머리 격으로 묘사하는 **막달라 마리아**도 이미 요한복음서에서 십자가 밑에 있
던 여인들 중 첫자리를 예수의 어머니 마리아에게 빼앗기는데[43], 그녀는 공관복
음서에서는 이상하게도 십자가 아래 있지도 않았다. 물론 막달라 마리아는 바

로 그 요한복음서에 "부활의 첫 증인"으로 나오며[44], 이로 인해 훗날 심지어 "사도 중의 사도"라는 존칭으로 공경되기도 했다.[45] 그러나 사람들은 세월이 흐르면서 이 사실로부터 남자들과 똑같이 복음을 선포할 수 있는 여성들의 권리를 뒷받침해줄 근거들을 이끌어내려 하지 않았다. 여성의 지위 문제에서야말로 초창기 그리스도교의 본디 "민주적"이고 "카리스마적"인 구조들이 점차 밀려나고, 갈수록 남성에게 유리한 제도화 과정이 진행되었음이 뚜렷이 드러난다.

제도화: 사도 계승?

물론: 앞에서 살펴보았듯이, 팔레스티나 전통에서 매우 일찍부터 어느 정도 **제도화**가 시작된 이후, 바울로 공동체들도 결국 **제도화**를 피할 수 없었다: 제도화는 **유다교의 원로단과 안수 의식을 넘겨받음으로써** 시작되었다. 80년대에 루가가 집필한 사도행전 그리고 그후의 사목서간들(이것들이 후대의 군주제적 주교직과의 가장 중요한 연결고리다)은 더 뚜렷이, 바울로 공동체들에서도 제도화가 상당히 진척되었음을 보여준다(예를 들어 안수를 통한 서품. 그러나 직무와 명칭에 따른 주교(감독)들과 사제(장로)의 구분은 아직 없었다)[46]. 이러한 사정은 매우 카리스마적인 구조를 갖고 있던 고린토 공동체에서도 마찬가지였는데, 여기서도 〔필시 저항이 없지 않았을 것이다(클레멘스 전서!)〕 사제-주교 제도가 관철되기 시작했다. 그러나 다른 공동체들(마태오와 요한 주변의)은 1세기 말엽에도 여전히 "형제적" 구조들을 뚜렷이 보여준다. 따라서 신약성서 시대 끝무렵에도 조화되기 어려운 **공동체 구조의 다양성**과 — 일부는 카리스마적이고 일부는 이미 제도화된 — **지도적 직무들의 다양성**이 상당히 컸으나, 공동체들 상호간의 일치는 보존되었다.

연구자들은 매우 복잡한 역사적 정황을 성서 본문에 터해 밝혀냈고, 이제는 보다 조직적이고 신학적 물음들에 대답할 수 있게 되었다. 그러나 일련의 문제들은 오히려 해결이 더 어려워진 것처럼 보이기도 한다. 그러한 역사비판적 연구 결과에 비추어보건대, 공동체 조직과 관련하여 아직도 일종의 **"사도 계승"**을 말할 수 있을까? 오늘에 이르기까지 정교회와 가톨릭 그리고 부분적으로는 개신교의 직권자들까지 자신들의 직권을 정당화하고 직무적 요구를 관철하기

위해, 그 근거로서 걸핏하면 내세우는 저 사도 계승 말이다. 이 문제에서는 다음 세 가지를 구별해야 한다:

(1) 사도직: 앞에서 유다계 그리스도교 패러다임과 관련하여 살펴보았듯이, 공동체의 영속적이고 공적인 직무들 가운데 사도직은 어느 시대에나 교회를 위해 **교회를 건설하는 기능**과 의의를 보유한다. 사도들(루가 복음사가가 처음으로 "열두 사도"로 국한했다)은 원조 증인들이요 원조 사자들로서, 다른 모든 교회직무들보다 우선하며, 따라서 전체교회와 개개 구성원은 언제까지나 그들에게 큰 덕을 입고 있다. 사도들은 첫 증인들로서 그리스도의 말씀을 선포했고, 첫 교회들을 세우고 이끌었으며 또한 교회들의 일치를 보살폈다. 이처럼 교회는 사도들 (예언자들도 함께) 위에 세워져 있다.

(2) 교회의 "사도 계승": 원칙적으로 계승(추종)은 특정 직무 담당자들만의 일이 아니라, 전체 신앙공동체와 개개 그리스도인 모두의 본분이다. 다시 말해서: 전체 교회와 개개 그리스도인들은 사도들과의 실질적 결합을 위해 언제나 다시금 새로이 노력해야 한다. 구체적으로: **사도들의 증언**(신약성서에 담겨 우리에게 전해오는)과의 항구적 일치 그리고 **사도들의 봉사**(공동체 건설과 세상 안에서의 선교)의 끊임없는 실천을 위해 진력해야 한다. 그러므로 사도 계승(추종)은 무엇보다도 사도들의 신앙과 고백 그리고 사도들의 봉사와 삶을 계승함이다.

(3) 주교들의 "사도 계승": 이러한 원칙적 고찰을 염두에 둘 때, 주교들의 특별한 "사도 계승"을 어떻게 주장할 수 있을까? 역사적 대답은 우선 냉정하다: **주교들이 직접적이고 독점적 의미에서 사도들의** (심지어 열두 사도단의) **계승자라는 것은 입증되지 않는다.** 예수 그리스도의 첫 목격증인이자 첫 사자인 사도들은 애당초 후계자들에 의해 대체·대리될 수 없는 사람들이다. 사도들로부터 오늘날의 주교들에게까지 중단되지 않고 이어져온 "안수"나 (후대의 후계자 명단이 자세히 제시하는 바와 같은) 계승의 부단한 고리는 역사적으로 확인되지 않는다.

그런데도 교회의 다양한 지도적 직무들의 **기능적 의미의 특별한 사도 계승**에 관해서는 당연히 말할 수 있다. 왜? 바로 지도적 직무들은 〔주교(감독)들과 사제(장로)들은 초기에는 동일시되었기에 신학적·교리적으로는 구별되지 않지만, 법과 규율로는 구별될 수 있다〕

교회 건설과 지도라는 사도들의 과업을 특별한 방식으로 계속 수행하기 때문이다. 그래서 교회 지도자들(주교들)에 의한 (물론 공동체의 참여 아래) 교회 직분에의 임명은 자연스레 (물론 배타적이지는 않은) 보통의 경우가 되었다.

이것이 의미하는 바: 주교들(그리고 사제들)의 **특별한** "사도 계승"의 요체는 공동체·교회 건설과 지도에 있으나, 그것은 복음 선포에 뿌리박아야 한다. 또한 그들은 다른 사람들의 카리스마를 "끄지 말고"[47] 북돋아야 한다. **예언자들과 교사들**도 고유한 권위를 보유한다.[48] 결국엔 관철된 안수를 통한 서품은 자동적·기계적으로 효력을 발생하는 의식이 아니다. 서품은 사도들의 정신에 터해 적극적으로 활동해야 할 믿음을 전제하고 또 요구한다. 이 말은 교회 지도자들의 실패와 오류 가능성을 배제하는 것이 아니다. 그들은 신앙인 공동체에 의해 끊임없이 검증될 필요가 있다. 그런데 그후의 전개 과정은 어떠했던가?

주교 한 사람에게의 집중

동방정교회뿐 아니라 가톨릭, 성공회, 감리교회 그리고 몇몇 루터 교회도 오늘날까지 유지해오는 **사제-주교 교회제도**는 우연이나 변태變態가 아니라, 바울로에 의해 시작된 헬레니즘 패러다임으로의 전환의 일부이며, 또 그로 인한 역사적 전개과정의 산물이다. 이 직무구조가 매우 중요하고 또 전체적으로 볼 때 성공적이기도 했지만, 오늘날도 여전히 주교중심 교회제도는 "하느님의 제정"이나 "예수 그리스도를 통한 제정" 또는 "신법"神法에 근거한다는 전통적·교의적 주장을 고집한다면, 그것은 역사를 완전히 무시하는 짓이다.

역사 연구가 뚜렷이 밝혀준 것: 이러한 주교중심 교회제도는 문제가 없지 않은 오랜 **역사적 전개과정**[49]에 기인하는데, 그 과정은 여러 지역에서 상이하게 진행되었다.

단계 1: 지역에 터잡은 **사제-주교들**이 (흔히는 떠돌아다니던) 예언자, 교사 그리고 그밖의 카리스마적 봉사자들을 제치고 주도적인 그리고 마침내는 **독점적인** (성찬례 거행에 있어서도) **공동체 지도자들**로서의 위치를 확고히했다. 여기서 문제점: **모든** 신자들의 "동료성"communio(친교)은 점차 약화되고, 공동체와 **마주하여**

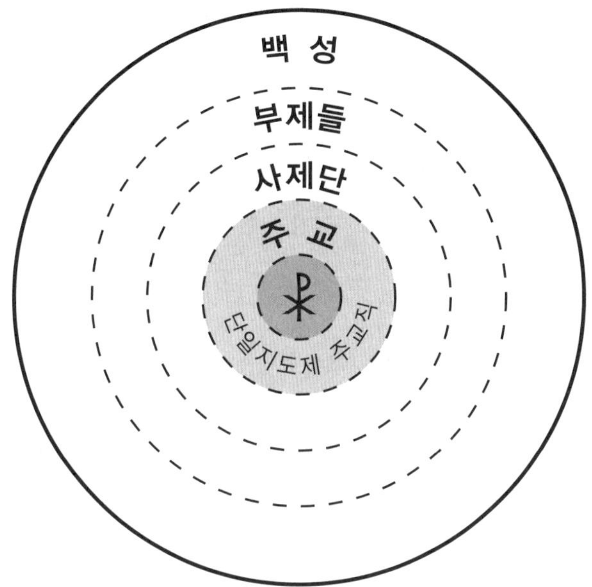

"모두들 주교 따르기를 예수 그리스도께서 성부 따르듯이 하고, 사제들 따르기를 사도들 따르듯 하시오. 부제들을 하느님 계명처럼 존중하시오! 주교 없이는 누구도 교회와 관련된 일을 해서는 안됩니다. 주교나 주교의 위임을 받은 사람이 거행하는 성찬례만이 합당한 것으로 인정됩니다. 그리스도 예수께서 계시는 곳에 가톨릭 교회가 존재하듯이, 주교가 보이는 곳에 공동체가 있어야 합니다. 주교 없이는 세례를 베풀어서도 애찬愛餐을 거행해서도 안됩니다. 주교가 옳다고 생각하는 것은 하느님도 기쁘게 여기시는 것이며, 그들이 행하는 모든 것은 확실하고 신뢰할 수 있습니다. … 하느님과 주교를 인정하는 것은 훌륭한 일입니다. 주교를 공경하는 사람은 하느님 곁에서 공경받습니다. 주교 등 뒤에서 무슨 일을 하는 사람은 악마에게 봉사하는 것입니다"(스미르나인들에게 보낸 편지 8.1 이하; 9.1).

특정 직권자 동아리들의 동료단collegium이 갈수록 부각되었으며, 그리하여 이미 일찍부터 "성직자들"과 "평신도들"의 구분이 생겨났다.

단계 2: 공동체의 많은 동료 사제들을 마주하여, 갈수록 **군주제적 1인 주교직**이 도시에서 관철되었다: 이 과정은 안티오키아에서 최초로 나타났는데, 그곳 주교 이냐티우스의 글에 주교-사제단-부제(봉사자)들이라는 세 가지 직무 조직이 처음 나온다. 물론: 이냐티우스가 주교에 관해 서술한 내용은 당시 여러 가지 점에서 아직은 희망사항이었다. 성찬례는 흔히 주교 없이 거행되었음이 분명하다. 이러한 발전과정의 문제점은 이미 당시에도 드러났었다: 여러 주교 또는 사제들의 동료성은 약화되고, 이제는 **한 명**의 주교와 그의 사제단 및 부제들의 동료성이 갈수록 부각되었으며, 그리하여 "성직자들"과 (교회) "백성"의 분리가 결정적으로 관철되었다.

단계 3: 도시에 있던 교회가 시골에까지 확장됨으로써, 도시 교회의 우두머리였던 주교가 이제 **교회 관할지역 전체** 곧 교구의 **우두머리**가 되었다: 즉, 오늘날 의미의 주교가 된 셈인데, 이제 주교의 "사도 계승"은 후계자 명단의 계승 차례를 헤아림으로써 역사화·정식화·표면화되었다. 여기서 문제점: 주교와 사제단의 동료성 외에 이제는 개개의 군주적 주교들 상호간의 동료성뿐 아니라, 비록 서방에만 해당되지만, 로마 주교와의 결속이 갈수록 중요해졌다.

로마 주교의 점진적 부상

전체 신약성서가 로마 주교(혹은 로마에서 활동하던 베드로)에 관해 전혀 언급하지 않는다는 것은 유다계 그리스도교 패러다임(P I)과 관련하여 이미 살펴보았다.[50] 더욱 묘한 점: **신약성서 이후의 가장 오래된 문헌들도 로마 주교에 관해서는 전혀 말이 없다**:

— 안티오키아의 **이냐티우스**[51](110년경)는 교회(그가 "가톨릭 교회"라는 말을 처음 사용했다)·공동체의 일치·성찬례의 일치·"이단들"(유다계 그리스도교적 혹은 그리스도 가현설적?) 퇴치를 위해 진력했는데, 소아시아 공동체들에 보낸 편지에서 이미 신학적·이데올로기적 논거를 내세우며(야고보의 본보기를 따라?) 군주제적 주교직을 옹호했다. 하

지만 그 자신이 말하길 "사랑에서 상석을 차지하는" 로마 공동체에 보낸 편지에서도, 사도 바울로가 그랬듯이, 이상하게도 주교의 이름은 거명하지 않는다.

— 로마 공동체의 가장 오래된 서간(96년경 고린토 공동체에 보냄)에도 특정 개인으로서의 필자는 어디에도 나오지 않는다(에우세비우스가 전하는 170년경 고린토의 디오니시우스의 진술에 의하면, **클레멘스**라는 사람이 썼다고 함). 이 서간은 로마든 고린토든 군주적 주교에 관해 전혀 언급하지 않는다.

— 서방의 공동체들(폴리카르푸스의 편지에 의하면, 예컨대 마케도니아의 필립비)은 안티오키아나 소아시아에서와는 달리, 125년경에도 군주제적 주교직을 모르고 있었기 때문에, 많은 역사학자들은 "동방에서 유래한 이 제도가 서방에서는 아주 서서히 관철"될 수 있었으리라고 추측하고 있다(헹엘).[52]

그러면 많은 가정교회를 거느리고 있던 대도시 **로마의 군주적 주교**가 수많은 주교들과 사제들 가운데서 처음으로 두각을 나타낸 것은 언제였던가? 그것은 전혀 확인되지 않는다. 베드로 후계자들에 대한 기록들(예를 들어 이레네우스가 전하는 가장 오래된 로마 주교 명단은 베드로가 아니라 리누스를 로마의 첫 주교로 꼽는데, 까닭인즉 베드로와 바울로가 리누스에게 주교직을 맡겼기 때문이라고 한다)은 2세기에 다시 만든 것들로서, 경우에 따라서는 잘 알려진 로마식 이름들을 사용하고 있다. 로마의 군주제적 주교직은 상당히 늦게야(거의 2세기 중엽부터(아니케투스 주교)) 확인된다. 로마교회와 주교들에 관한 정보는 3세기 중반 이전까지는 매우 단편적이다. 로마 교황직 최초의 정확한 연표는 235년 9월 28일 폰티아누스의 퇴위다.

그런데도 이론의 여지가 없는 것: 로마교회는 처음부터 자명한 듯이 **강한 자부심**[53]을 지녔고, 또 마땅히 **대단한 명망**[54]을 누렸다. 왜? 로마교회는

— 제국 수도의 교회였고,

— 오래되고 규모 크고 부유했으며,

— 우두머리 사도들인 베드로와 바울로의 무덤이 있는 곳이고[55],

— 자선활동("사랑에서 상석")으로 이름 높았으며[56],

— 리옹의 이레네우스가 확인해주듯이[57], 영지주의와의 투쟁에서 사도 전승의 수호자임을 입증했기 때문이다.

비록 로마 공동체나 신자 개인들이 오랫동안 수위권 주장을 내세우지는 않았지만, 아무튼 (135년 예루살렘과 그곳 유다계 그리스도인 공동체가 종말을 맞은 뒤) 이제는 로마가 사실상 그리스도교의 선도적 교회가 되었다. 유다계 그리스도교 패러다임(P I)에서 이방계 그리스도교 **패러다임**(P II)으로의 **전환**을 상징적으로 가장 잘 보여주는 것은 바로 이 점이다: **예루살렘 대신 로마**가 (이방인들 제국의 다른 도시들과 함께) 그리스도교의 우두머리 담지자이자 대들보가 되었다. 새로 건설된 엘리아 카피톨리나(예루살렘)에는 이제 이방계 그리스도인 공동체만 존재했다.

고대교회 패러다임의 구조적 특징

어린 이방계 그리스도교의 처음 백 년간의 복잡한 발전과정을 돌이켜보건대 (신앙 알맹이는 동일하게 남아 있는 가운데) 바울로에 의해 시작된 새로운 패러다임의 다음과 같은 **두드러진 특징들**이 드러난다:

● 유다인들로 이루어진 교회 공동체 대신 이제 유다인들과 **이방인들**로 구성된 그리고 마침내는 이방인들만으로 이루어진 교회 공동체.

● 히브리어와 아람어 대신 이제 **그리스어**가 공용어(모든 신약성서 문헌도 그리스어로 씌어 우리에게 전해져 온다).

● 근동 팔레스티나의 소박한 토양 대신 이제 **헬레니즘 로마 문화**로의 토착화.

● 예루살렘 대신 이제 **로마**가 그리스도교계의 중심이자 우두머리 교회가 됨.

● 사제(장로)들이 이끌어가는 공동체 조직 대신, 이제 갈수록 제도화되어가는 **사제-주교 교회 조직**.

과연 3층 교회조직(주교·사제들·부제들)은 사도 후대 그리스도교에서 더디고 복잡한 역사를 거쳐 마침내 확고히 자리잡았다 — 오늘날도 납득할 수 있는 원인들에 터하여. 물론: 이 조직은, 바로 우리의 패러다임 분석이 뚜렷이 보여주듯이, 감히 보편타당성을 주장할 수는 없다. 예수 자신의 뜻(서로 섬김!)과 첫 유다계 그리스도인 공동체를 이끌던 정신(교계제도가 아니라, 상호간의 봉사!) 그리고 바울로 공동체들의 카리스마적 구조(각자 자신의 카리스마를!)에 비추어보건대, 주교들 듣기에는 심히 거북하겠으나, 이 조직에 결코 절대적 의미를 부여할 수는 없다.

신약성서 학자 호프만은 이 전개과정의 부정적 결과를 옳게 지적했다: "남자들과 신부들의 교회가 '(지나치게) 강력하고 오래 지속'됨으로써 치러야 했던 대가는 무엇보다도 여성 모독, 성숙한 공동체의 퇴행, 교도권이 모든 권한을 전유專有함에 따른 성령의 은사들의 대대적 구축驅逐, 교회 안에서 성직자와 평신도의 분열, 갈수록 화석화되어가는 전통에 의한 예언자적 선포의 대체다. 그리하여 많은 사람들이 '교회의 일치' 혹은 '교리의 순수성'의 이름으로 체제 유지를 위해 희생되었다. 이 모든 것의 결과는 바로 일치운동의 상실이다."[58]

교회들이 가르치고 지배하는 지위를 유지하기 위해 수백 년간 써먹어온 정당화 논증 전략들을 익히 아는 사람이라면, 위와 같은 사실확인이 전세계 교회에 얼마만한 파괴력을 지니고 있는지를 쉽게 알 수 있을 것이다. 그러므로 우리는 여기서 (물론 시대착오적으로 신약성서의 공동체 구조들을 그대로 답습하자는 것은 아니다) 몇 가지 자기비판적 물음을 제기하지 않을 수 없거니와, 이 물음들은 위의 역사적 사실확인이 미래를 위해 매우 중요한 일치운동적 의미를 내포함을 가르쳐준다.

미래를 위한 물음

● **동방 정교회들**이 미래를 위해 깊이 숙고한다면, 분명히 성서 시대 이후에 생겨난 세 직무 교회조직(주교·사제들·부제들)을 결코 변경될 수 없는 것으로 여길 수 있을까? 미래에는 "아버지들"(대부분 주교들)에 의존하는 대신, 복음 자체에 의지해야 하지 않을까? 이 복음은 교회 제도와 규율(주교 결혼, 여성 사제 서품 등)과 관련된 수많은 문제에서 자유를 허용하고 있지 않은가?

● **서방 가톨릭 교회**가 미래를 감당해 나가려면, 자신의 전제군주적 중앙집권 체제를 계속 고집할 수 있을까? 그 체제는 역시 서방에서 거의 천 년간 훌륭히 기능해온 사제-주교 교회조직을 중세 때에 사실상 무력화시켰고, 로마 권력 중심부에서 거의 절대적으로 군림하는 교황 한 사람이 교의·윤리·규율 등 모든 문제를 좌지우지하게 만들지 않았던가?

● **개신교회들**은 미래에도 교회의 현재 체제를 무조건 완강히 고집해야 할까? 고래古來의 장로(사제)-감독(주교) 교회조직은 필요에 따라("비상시 주교"로서의 영주

들), 그리곤 원칙에 따라("summepiscopi"로서의 영주들) **"영주 교회"**에 의해 대거 대체되었고, 그다음엔 지역(지역교회)·지방(주州교회)· 국가(국가교회)의 자치에 의해 대체되지 않았던가? — 그리하여 이 교회들은 흔히 전체교회와 연계 없는 교회적 지역주의에 떨어지지 않았던가?

● **정교적·가톨릭적 전통의 교회들**이 미래에도 개신교 전통 교회들의 직무들과 성찬례의 유효성을 이른바 사도 계승이 결여되었다는 이유로 계속 부정할 수 있을까? 바로 바울로나 이방계 그리스도교의 교회조직에 비추어보건대, 교회 지도 직무에의 참여와 교회 지도자들의 사도 계승의 또다른 길들이 처음부터 열려 있지 않았던가? 신약성서에 비추어볼 때, 공동체 구성원들의 초빙에 의해서도, 혹은 자유로이 터져나온 카리스마에 터해서도, 공동체를 건설·지도하는 직무 담당자가 될 수 있지 않을까?

그러므로 우리는 앞으로의 고찰에서도 특정 발전과정들과 그것들로부터 비롯하는 조직 형태들의 역사적 상대성을 언제나 깊이 유념해야 한다. 신약성서 자체에 따르건대, 다른 가능성들도 있다. 혹은 적어도 그 가능성들을 배제할 수 없다. 그러므로 **개개의 교회들은 다른 선택가능성들에 대해 개방적이어야** 한다. 그리고 다른 교회들의 조직·구조들을 비그리스도교적, 비복음적 혹은 비교회적이라고 낙인찍는 짓은 용납될 수 없다. 교회 안의 어떤 발전과정의 참됨과 그릇됨을 판단하는 유일한 기준은 복음 자체뿐이며, 따라서 그 과정이 복음을 거스르는지 복음에 맞갖은지, 혹은 복음을 "스쳐 지나가는지"를 꼼꼼히 따져보아야 한다. 바로 패러다임 분석을 통해, 교회에서 절대적인 것으로 간주되어온 발전과정들을 참으로 "절대적인 것" 자체에 터해 상대화할 수 있다. 이른바 신성하다고 인정받아온 것들을 하느님의 본디 뜻(복음 안에 증언되어 있다)에 터해 문제삼을 수 있으며, 그럼으로써 발전의 역동성과 원천에의 충실성을 함께 그리스도 교회들의 일치를 위한 대화에 들여올 수 있다.

짧게나마 비판적 중간고찰을 했으니, 이제 어린 이방계 그리스도교 교회의 이후 역사를 다루어야겠다. 물론 여기서 그 세부내용을 전부 이야기할 수는 없고, 이 고대교회 패러다임의 그 이후 발전과정을 염두에 두고 분석하자.

③ 그리스도인 박해와 신앙의 투쟁

나자렛 사람이 빌라도 치하에서 처형된 지 백 년 후, 로마제국의 그 누가 그리스도교에게 수많은 종교와 철학, 신전과 주장, 투기장과 경기장으로 가득찬 이 그리스-로마 세계에서 확고한 위치를 차지할 기회를 주려 했으랴?[59]

박해받는 소수집단

영국 계몽주의 사학자 에드워드 기번은 7권짜리 명저 「로마제국 쇠망사」 서문에서 네로와 도미티아누스 황제 이후 시대에 관해 (좀 지나치게 낙관적으로) 이렇게 쓴다: “서기 2세기에 로마제국은 세상에서 가장 넓은 지역과 인류의 가장 문명화된 부분을 지배하고 있었다. 이 광대한 군국주의 국가의 국경들은 고래古來의 명성과 잘 훈련된 용맹에 의해 지켜졌다. 법률과 관습의 부드럽고도 강력한 영향력은 점차 속주屬州들의 연합을 굳혔다. 제국의 태평스런 주민들은 부와 사치를 누렸고 또 넘치게 즐겼다. 자유로운 체제라는 관념은 적당한 경외감에 의해 보호되었다. 제국 원로원은 최고 권위를 보유한 듯이 보였고, 황제들에게 모든 행정권을 양도했다. 80년 넘는 호시절 동안 국가 통치는 네르바, 트라야누스, 하드리아누스 그리고 두 명의 안토니우스의 덕과 능력에 의해 이루어졌다.”[60]

그리스도인들에 관한 최초의 로마 관변官邊측 기록이 이 시기(정확히는 112년)의 것이니, 곧 **플리니우스**가 아직 젊었을 때 흑해 부근 비티니아 속주(그곳엔 이미 많은 그리스도인이 시골에도 살고 있었다)의 총독 재임시 트라야누스 황제에게 보낸, 우리가 앞에서 인용했던 편지다: 플리니우스는 많은 신전이 비어 있고, 희생제물로 바칠 고기가 팔리지 않는다고 썼는데, 과연 그리스도인들은 국가의 신들과 황제 숭배를 거부했다. 그러나 **국가 제의와 국가 정신을 거부하는 것은 국가에 대한 반역죄**였고, 그래서 어떠한 그리스도인도 고발과 형벌 앞에 안심할 수 없었다. 아무튼 플리니우스는 로마 시민이 아닌 몇 명의 그리스도인을 처형했고, 다른 자들은 재판을 받도록 로마로 이송했다고 무덤덤히 쓴다. 그런데 플리니우스는 그리스도인들에게 씌워진 혐의들 가운데 그러한 거부 외에는 어떠한 것도 확인되지 않으니, 그들을 어찌 처리했으면 좋겠느냐고 황제에게 문의한다. 당시 그리스도인들은 무신론자들이요 대역죄인이며, 심지어 밤에 모여 근친상간(아가페적 사랑과 관련?)을 하고 인육人肉을 먹는다는(성찬례와 관련?) 등 별의별 풍설이 떠돌아다녔다. 또 플리니우스는 이자들은 특정한 날(주일이었으리라) 새벽에 "그리스도라는 한 신에게" 교성交聲으로 노래(시편?)를 불러 찬미하고, 절도·강도·간음·배교·사기를 범하지 않을 것을 서약(세례 때 서원?)한다고 했다.[61]

트라야누스 황제의 널리 알려진 답변서가 우리가 아는 그리스도인 심리審理에 관한 최초의 국법상 규정인데, 이것은 3세기 중엽까지 황제들의 근본 정책으로 지속되었다: 이 규정에 따르면, 익명의 고발은 조사하지 말고 대대적 수배나 체포도 벌이지 말 것이며, 적법 절차에 따른 개별적 고발사건만 다루되 피고발자가 그리스도 신앙을 포기하고 제신들에게 기도를 바치면 풀어주고, 고집센 자들만 처벌토록 했다. 황제들은 처음엔 그리스도인들(숫자가 아직 미미했다)이 대대적 박해를 해야 할 정도로 국가에 위협적이라고는 생각하지 않았다.

그리스도인 박해[62]는 [첫번째는 64년 네로가 일으켰고(수많은 그리스도인들이 네로 자신이 저지른 로마 대화재의 희생양으로 무자비하게 처형되었다), 두번째는 81~96년 도미티아누스 치세에 일어났다(그는 황제 수호신에게의 서약을 의무로 공포했다)] 250년까지는 조직적이고 지속적으로 행해지지 않았고, 어떤 지역에 국한되어 갑작스럽고 산발적으로 행해졌다. 그래서 교회가 어디서나 카타콤바 속으로 쫓겨들어가지는 않았다. 그것은 후대의 "낭만적" 상상이다. 성찬례는 물론 가정집에서 거행되었다. 아무튼 네로의 박해는 불길한 선례였으니, 사람들은 남자든 여자든 자유인이든 노예든, 그리스도인이라는 사실 하나 때문에 처벌될 수 있었다! 과연 그리스도인이 된다는 것은 이제 언제나 모험을 뜻했으니, 그리스도 신앙은 비장한 결단을 요구했기 때문이다. 그리스도인으로 산다는 것은 경우에 따라서는 "순교"할 각오, 즉 그리스도 신앙을 위해 [고통과 고문(여자들의 경우 강제 매춘도)을 통해 그리고 마침내 죽음을 통해] "증언"할 각오가 되어 있음을 의미했다. 그러나 여기서도 미화·이상화를 경계해야 한다. 그리스도인들에 대한 수많은 심리가 있었음은 확실하지만, 이냐티우스·폴리카르푸스·유스티누스·블란디나·페르페투아·펠리키타스 같은 "순교자들"(순교자라는 낱말은 갈수록 "피의 증인"이라는 엄밀한 의미로 사용되었다)의 숫자는 매우 적었다. 아무튼 순교자들은 그리스도교가 세상에 널리 알려지게 했다. 박해를 견뎌낸 "고백자들"도 높은 명망을 누렸다. 그리스도인들은 순교라는 치명적 상황을 견뎌내야 했으나 (사실 그렇게 행동했거니와) 순교를 유발해선 안되었다.

그리스도교 최초의 신학자들

이러한 불안정한 상황에서 이른바 "호교서"들이 생겨났으니, 곧 최초의 그리스도교적 문학양식이다.[63] 여기서 유념할 점: 콰드라투스 · 아리스티데스 · 유스티누스 등 소수의 **"호교가들"**은 때로는 황제에게도 바친 자신들의 그리스도교 옹호 문서로는 이방인들의 온갖 오해 · 공격 · 비방을 이겨낼 가망이 전혀 없음을 깨달았다. 당시 사회에서 그들의 저술가로서의 정치적 영향력은 처음에는 매우 미미했다. 그에 반해 교회 안에서의 영향력은 매우 컸다. 아무튼 모두 그리스어를 사용했던 이 문사文士들이 처음으로 그리스도교 "문학"을 산출한 **최초의 그리스도교 저술가들**이었다. 이들은 신약성서 저자들 그리고 그 직후의 "사도 교부들"(이냐티우스 · 폴리카르푸스 등 몇 사람)[64]과는 달리, 문헌들(대부분 "서간들")을 교회에서 사용하기 위해서가 아니라 일반 사회에 그리스도교를 믿을만한 것으로 제시하기 위해, 널리 알려진 헬레니즘의 개념 · 견해 · 방법론들을 이용하여 저술했다. 그들은 성서만 인용하지 않고 철학적 논증을 전개했다! 그리하여 이 그리스도교 변호자들은 (바울로 이후) **최초의 그리스도교 신학자**들이 되었고, 교회 공동체 안에서 정신적 · 지적 **헬레니즘화로의 추진**을 촉발시켰다.

물론 그리스도교 내에서는 이미 일찍부터 그리스 철학에 대한 다양한 입장들이 나타났고, 이것은 모든 세기를 통해 언제나 다시금 찾아볼 수 있을 터였다: 테오필루스와 타티아누스 그리고 조금 뒤 북아프리카의 라틴 교부 테르툴리아누스는 철학에 부정적이었던 반면, 아테나고라스와 유스티누스 그리고 조금 후대의 알렉산드리아 사람들인 클레멘스와 오리게네스는 철학에 우호적이었다. 미래를 위해 중요한 인물은 누구보다도 **유스티누스**[65]였으니, 팔레스티나 출신으로서 나중에 로마에서도 철학자의 겉옷을 걸치고 공공연히 활동했던 그는 호교가들 가운데 유일하게 철학 교육을 받았었다(165년경 처형됨). 유스티누스는 이지적이고 진지하게 동시에 네 방향으로 (식자들의 조소, 국가의 탄압, 유다인들의 적개심, 이단자들의 도전을 거슬러) 논증을 전개했다. 그는 플라톤 형이상학, 스토아 윤리학, 헬레니즘의 신화비판을 능숙하게 이용하여, 한편 이교의 다신론·신화(비도덕적인 제신 설화들)·제의(피의 봉헌이나 동물 숭배)를 미신이요 귀신들의 소행으로 폭로하고, 다른 한편 헤라클리토스와 소크라테스 같은 위대한 철학자들을 "그리스도 이전의 그리스도인들"[66]이라고 주장했다. 이 모든 것은 그가 바야흐로 보편적이고 유일하게 **참된 철학**으로 선포하고자 했던 그리스도교를 위한 일이었다. 유스티누스에게서 그리스도교는 이성에 맞갖은 지혜가 되었거니와, 이 지혜는 예언자들의 예로부터의 예언들을 성취했고 씩씩한 순교자들과 겁없는 고백자들을 낳았던 바, 그것이 그토록 짧은 기간에 온 세상에(사실상 이미 카스피 해와 흑해로부터 스페인과 영국까지) 널리 전파된 것은 까닭없는 일이 아니었다.

앞에서 살펴보았듯이 유다계 그리스도인들과 관계를 끊지 않았던 유스티누스가 철학자들의 신과 성서의 창조주 하느님을 함께 사유한 것은 물론 특별한 중요성을 지녀 마땅하다. 또한 유스티누스는 헬레니즘 사유의 널리 알려진 핵심 개념 **로고스**[67]를 차용했는데, 이 로고스는 유다교적 형태로는 "말씀"(지혜)으로서 이미 요한복음서 앞머리 찬가에 나타나 있다: 말씀이 "맨 처음에 하느님과 함께 계셨다".[68] 이제 로고스는 신적 이성으로 이해되었던바, 그 이성은 "씨앗을 분여分與하는 로고스"logos spermatikos[69]로서 개개 인간에게 진리의 씨앗을 심어주며 "참 빛으로서 모든 사람을 비추고 있다".[70] 그리고 이 로고스는 이스라엘 예언자들뿐 아니라 그리스 현인들을 통해서도 드러났으며, 그다음엔 예수 그리스도 안에서 정녕 "육신이 되었고"[71] 인간의 모습을 취했다. 로고스가 다른 인간들에게서는 그저 약하고 희미하게 인식될 뿐이지만, 이제 이 예수에게서는 뚜렷하고 확실하게 인식될 수 있다.

신적 로고스의 몸갖춘 계시인 예수 그리스도를 그리스도교의 중심으로 견지하면서, 신적 로고스의 한몫을 분여받은 모든 철학자·시인·역사가들도 정당하게 평가하고자 시도한 유스티누스의 구상은 확실히 미래를 배태한 웅대한 구

상이었다: "그들이 말한 훌륭한 것들은 모두 우리 그리스도인들의 것이다."[72] 그러나 복음의 이러한 헬레니즘화에서 처음부터 간과해선 안될 한 가지: 이제 사람들은 그리스도교라는 것을 실존적인 예수 추종으로 이해하기보다는 갈수록 (지적 협소화와 더불어) 하느님과 예수 그리스도, 세상과 인간에 관해 계시된 가르침의 수용으로 이해하게 되었다. 특히 로고스 그리스도론은 신앙 교리를 위해 그리고 마침내 "인간이 되신 하느님"에 관한 교회의 교의를 위해 역사의 예수를 갈수록 뒷전으로 밀어내게 될 터였다.

혼합이냐 구분이냐

이러한 그리스도교 호교론에 대해 당시 로마의 식자들 그리고 2세기의 갈레누스와 켈수스, 3세기의 포르피리우스, 4세기의 "배교자" 율리아누스 같은 유명한 그리스도교 비판자들은 이렇게 반문했다:[73] 그런 종교가 **로마제국 안에** 확고히 자리잡을 **가능성**이 과연 있을까? 혹시 다음과 같은 경우라면 …

만일 로마제국의 기존 사회질서에 순응한다면.

만일 (물론 유다교의 율법을 준수하지는 않지만, "유감스럽게도" 유다교의 후예인바) 위대한 헬레니즘 문화를 전적으로 수용한다면.

만일 (새로운 종교인바) 스스로를 고래의 로마 국가종교에 온전히 맞추어 넣고, 다른 종교들에게 관용적이며 혼란을 야기하거나 도덕을 훼손하지 않는다면.

만일 세세대대로 새삼 다시 전해내려온 동일한 관습과 풍속들을 준수한다면.

만일 마침내 제국이 과연 자신의 위대함과 강력함에 힘입고 있는 신들에게 믿음을 고백한다면.

사실 그리스도교는 이제 싫든 좋든 이 세상 안에 자리잡을 수밖에 없었다. 유다계 그리스도교 패러다임으로부터의 이탈은 새로운 문화·사회·정치 상황에 대한 응답이었다. 오늘날에도 심히 시대착오적으로 "묵시문학"을 옹호하는 신학자들은 다음 사실을 유념해야 한다: 예루살렘 원공동체와 바울로가 많은 유다인들과 함께 지니고 있던 **묵시문학적 종말 임박 대망**은 누가 뭐라 해도 **성취되지 않았다**(그후에도 거듭 새삼 깨어졌다). 바울로의 죽음과 예루살렘 멸망 이후

(이 시기에 복음서들과 그밖의 신약성서 문헌들이 편집되었다) 그리스도교 공동체들에게 남아 있는 가능성은 로마제국이라는 세계 안에 **항구적으로** 자리잡는 것 외에 무엇이 있었겠는가?

1세기 말과 2세기 초에 이미 신약성서, 특히 루가계 문헌과 사목서간들 또 베드로 후서 그리고 다른 방식이긴 하지만 요한복음서도 증언하는 사실: 어느 결엔지 그리스도교의 종말론적·묵시문학적 관점이 (민중들에게 널리 퍼진, 세계 심판 전에 1천 년 동안 다스린다는 메시아의 "천년 왕국"에 대한 희망은 제외하고) 극복되었다. 그 대신 이제는 **구원사적 관점**이 널리 힘을 얻었다: 예수 그리스도는 그저 시간의 끝이 아니라, "시간의 중심"[74]이다. 예수와 하느님 나라 도래 사이에는 필경 제법 긴 중간시기가 정해져 있으니, 곧 **교회의 시대**다.[75] 교회는 그동안, 앞에서 살펴보았듯이, 유다인들의 교회에서 유다인들과 이방인들로 이루어진 교회로 변했다. 이제 교회는 자신의 유다교적 원천에 거의 관심을 기울이지 않았고, 갈수록 헬레니즘화·제도화·안정화되어가기 시작했다.[76]

아무튼 바로 이 유다교로부터의 이탈과 교회 및 신학의 헬레니즘·로마 세계 안으로의 갈수록 심화되는 삼투는 **원칙적 물음**을 제기하거니와, 이 물음은 오늘날에도 중대한 의미를 지닌다:

— 그리스도교는 로마 국가종교처럼 온갖 종교적 요소들을 손쉽게 수용하고, 그리하여 헬레니즘 세계의 다른 종교들과 **혼합**되어서는 안되는가: 종교들의 "융합"으로서의 "혼합주의"는 안되는가?

— 혹은 그리스도교는 시리아나 이집트에서 (궁극적으로는 필경 인도에 뿌리를 둔) 동양 사상에 큰 영향을 받은 저 여러모로 매혹적인 종교들과 그 비밀스런 제의들 및 교설들과 결정적인 점에서는 단호히 **경계설정**을 해야 하는가?

영지주의: 깨달음을 통한 구원

당시의 경향과 로마제국의 관심의 근저에 깔려 있던 것은 혼합주의Synkretismus였고, 시대의 표어는 (이미 바울로의 고린토 공동체에서처럼) **"영지"**靈知(gnosis: "깨달음"·지식)였다! 그러나 "영지"는 한 구호 이상의 것이었다. "영지"(불어와 영어에선 "영지주의"

Gnosticism라고도 함)는 고대 말엽의 거대한 종교적 운동의 하나로서, 선택된 엘리트에게 인간·세계·하느님의 비밀에 관한 구원의 지식을 약속했다.

1세기 이래 로마제국 동부 지역에서 가지각색의 영지주의 집단·노선·학파·체계가 형성되었다.[77] 오늘날 우리는 영지주의에 관한 정보를 교부들의 기록과 논박〔누구보다도 이레네우스(140~200년경)〕에만 의존하지 않는다.[78] 1945~48년 상부 이집트의 작은 도시 **낙 함마디**Nag Hammadi 부근 사막에서 콥트어로 씌어진 영지주의 수사본 집록이 발견되는 대사건이 있었는데, 이 사본들의 연대는 4세기 후반이지만 본디는 2~3세기에 그리스어로 저술되었던 것들이다. 그후 우리는 비로소 51종 13권(1,153쪽)으로 이루어진 작은 도서관을 마음대로 이용할 수 있게 되었거니와, 이 문헌들은 영지주의자들(그리스도인이건 아니건, 그리스도교적 영지주의자건 영지주의적 그리스도인이건) 자신의 "세계관"을 고스란히 보여준다.[79] 사실 그 문헌들 대부분은 그리스도교적이다. 낙 함마디는 고대 체노보스키온 지역인데, 4세기에 파코미우스(낙 함마디 사본들 중 한 편지 단편에 언급되어 있음)가 그곳에 그리스도교 수사들을 위한 최초의 수도원을 세웠고, 추측건대 그 수사들 중 여럿이 그러한 두루마리 책들을 사막으로 가져갔던 것 같다. 아마 그 두루마리 책들이 알렉산드리아 총대주교 아나타시우스의 반反이단 부활절 교서(367년 콥트어로 번역되어 이집트 수사들에게도 널리 알려졌다)에 따라, 땅에 파묻히게 되었던 것으로 보인다.

영지주의와 관련하여 많은 **역사적 문제들**이 오랫동안 논란되어왔다: 그리스도교 이전에 그리고 그리스도교 밖에도 영지주의가 있었던가(이것은 낙 함마디 사본들 가운데 그리스도교의 영향을 받지 않은 것들에 의해 입증되었다); 사도행전에 나오는 시몬은 최초의 영지주의자였는가(이레네우스의 이 주장은 입증되지 않았다); 마르키온도 영지주의자로 간주되어야 하는가(이것은 일종의 정의定義 문제다); 더 나아가 이미 신약성서 자체가 영지주의의 영향을 받은 것은 아닌가(이 물음은 바울로 서간과 동아리 그리고 요한계 문헌과 관련하여 응당 물을 수 있다).[80] 아무튼 영지주의가 알렉산드리아 출신의 바실리데스 그리고 누구보다도 로마에서 가르치던 이집트인 발렌티누스에 의해 2세기 중엽 한창 꽃을 피웠고, 3세기에 마니의 혼합주의적 세계종교를 통해 절정에 이르렀다는 것은 이론의 여지가 없다.[81]

영지주의는 어디서 유래했을까? 추측건대 유다교 토양에서 유래했을 것이다: 한편 페르시아의 이원론과 종말 사상의 요소들을 받아들였던 유다교 묵시문학에서, 또 한편 세월이 흐르면서 회의론으로 변한 유다교 지혜론에서 유래한 듯하다. 그러나 또한 계몽된 그리스 사상과도 결부되어 있었는데, 철학적으로는 특히 중도 플라톤주의의 이원론과 하강-상승 사유 도식을 넘겨받았다. 그래서 영지주의의 언어 · 어휘 · 개념, 아니 전체 외피外皮가 그리스-헬레니즘적이었다. 하지만 영지주의 이원론은 그 단호한 **세상 · 물질 · 육신 적대성**으로 인해 페르시아-유다교적 이원론 및 그리스-헬레니즘적 이원론과 구별된다.

영지주의의 특성은 영지주의와 싸우던 교부들의 흔히는 편파적인 기록이나 인용을 통해서보다는 영지주의자들 자신의 관점, 그들의 문헌들(평화적이건 논쟁적이건)에 터해 보아야 뚜렷이 드러난다. 여기서 유념해야 할 중요한 사실: **교회 공동체와 영지주의 사이의 경계선**은 많은 그리스도인들에게 오랫동안 **유동적**이었다. 영지주의가 당초부터 이단사설이었던 것은 아니다. 사실 신약성서에서도 영지주의적 성향의 그리스도인들과 결부시킬 수 있는 전승들(특히 요한복음서 머리말의 찬가 · 필립비서의 찬가)을 찾아볼 수 있다.[82] 3세기에도 많은 영지주의자들이 교회 공동체의 테두리 안에서 살고 활동했다. 사실 영지주의는 본디 "깨달음"을 추구하는 사람들의 **종교적 사유양식 · 태도 · 정서**로서, 그리스도교 안에 국한되지 않고 널리 퍼져 있었다. 영지주의자들은 그리스도교의 통상적 전승을 자신들만의 고유한 방식으로 해석하고자 했던 사람들이다. 코쇼르케는 그리스도교 영지주의자들이 겉으로는 전혀 드러나지 않았지만, 안으로는 그리스도인 공동체 대중을 감화시키려 노력했으며, 스스로 "대교회의 핵심 동아리, 정신적 중심"으로 자처했음을 밝혔다: 영지주의적 그리스도교는 요컨대 "일반 그리스도교에 **맞선** 대립물로서가 아니라, 일반 그리스도교를 전제하고 그것 위에 세워진 보다 차원 **높은** 단계로서 자신을 정립했다."[83] 그러므로 교회 그리스도인들Kirchenchristen의 신앙이 아예 무시당했던 것이 아니라 상대화되었다. 그 신앙이 결코 절대적이고 배타적인 것으로 내세워져서는 안되니, 그것은 "단순한 민중"simplices을 위한 차원 낮고 잠정적인 구원의 길이라는 것이었다.

이와같이 "이미 초기 그리스도교에도 **그리스도교적 표상들과 영지주의적 표상들 간의 상호작용**"이 존재했다.[84] 그리스도교 공동체에 파고든 영지주의 신학자들은 매우 다양하게 그리스·유다교·페르시아적 요소들을 그리스도교에 통합시키려 시도했다. 그리스도교는 제의중심의 위계적 민중종교로 머물러서는 안되고, "아는 자들"의 영적 차원 높고 지적 성찰을 거친 엘리트 종교로 고양되어야 한다는 것이요, 온전히 개인적으로 살고 체험하고 계속 궁구할 수 있는 헬레니즘적 "비의秘儀종교"가 되어야 한다는 것이었다. 영지주의에서 중요한 것은 "소수의 사람들"(대부분 주로 동방과 로마의 헬레니즘 대도시에서 낮은 계층민들로 이루어진 추종자들을 거느리고 있던 지성인들)의 철학적·신학적으로 정향定向된 비교秘敎적 전통이다. 오늘날 우리는 교회 그리스도교를 평가절하하여, 대교회 전통은 "특정 원전들을 몇 가지 골라잡았을" 따름이고, 영지주의가 훨씬 폭넓은 경향이었다고 주장해서는 안된다.[85] 그런 주장은 그렇지 않아도 "모든 것이 영지(주의)"라는 표어를 내걸고 영지주의를 연구하는 사람들의 관점을 쓸데없이 강화시킨다.

왜 당시 많은 사람들이 성서 메시지보다 영지주의에 깊은 감명을 받았을까? 대답은 바로 이것이다: 무엇보다도 영지주의는 새삼 다시 제기되는 인간의 상황에 대한 절박한 물음들, 예컨대 **악의 근원**, 하느님과 세상의 관계의 전체 과정에 대한 물음들에 포괄적 대답을 제공한다고 주장했기 때문이다. 영지주의에 의하면, 악의 근원은 성서가 말하듯 그저 악에 기우는 인간의 성향과 관련있는 것이 아니라, 최고신神 자신의 (여러 가지로 설명되는) 단계적 타락과 관계가 있다. 최고신으로부터 생겨난 열등한 창조신 곧 무지한 데미우르고스가 자기를 영광스럽게 하기 위한 행위로 신과 관계없는 악한 세상을 창조했던바, 이 세상에서는 본원적인 신적 광명의 세계의 불씨들이 당연히 인간 육신 안에 갇혀 있게 되었다. 2~3세기 그리스도교-영지주의 체계들은 물론 매우 잡다했지만, 아무튼 그 "핵심 관념"은 **신적 "불씨들"의 하강과 상승**이었다.[86] 요컨대 영지주의의 사유와 세계해석의 틀은 알 수 없고 포착할 수 없는 초월적인 신("많은" 천사·천상 존재·위격체들과 함께)과 사악한 권세들이 지배하는 가시적 세상, 악한 물질, 육신(신적 광명의 불씨인 영혼의 감옥)에 관한 염세적·이원론적 관점에 의해 규정되어 있다.

우주론에서나 인간론에서나 세상 적대적인 이 이원론은 그럼에도 불구하고 매우 희망찬 전망을 내포하고 있었다. 왜냐하면 영지주의는 다른 한편 **구원의 길**을 약속했고, 인간이 현세 실존의 속박들 그리고 세상 권세들과의 연루에서 해방될 수 있는 **깨달음**(그리고 그밖의 수단들)을 제공했기 때문이다. 그렇다면 자력 구원인가? 그렇지는 않다. 왜냐하면 구원자의 각성에의 촉구, 전도 설교 또는 비밀스런 가르침을 통해서만, 사악한 영들에 의해 잠들고 귀먹은 영혼이 무지의 어둠을 깨뜨리고 자기 자신에 대한 깨달음에 이를 수 있기 때문이다. 이 자기인식의 요체는 바로 인간의 참된 본질을 이루는 신적 광명의 불씨(영·영혼)를 깨닫는 데 있다. 그러므로 목표는 신적 광명의 불씨로 하여금 악한 물질세계를 벗어나 신적 광명의 본향本鄕으로 돌아갈 수 있도록 하는 것이다. 그리하여 세상을 지배하는 권세들에 의해 거듭 새삼 심히 위협받는 영혼들이 지상 위의 영역들을 지나 저 신적 통일체 안으로 되돌아가는 "영혼들의 상승" 혹은 "**영혼들의 여행**"이 시작되는바, 그 신적 통일체는 태초에 열등하고 방자한 창조신이 세상을 만들어냄으로써 깨뜨렸던 것이다.

많은 영지주의 문헌에 의하면, 여기서 **구원자적 인물**(때로는 여럿)이 중요한 역할을 하는데, 이 인물은 그리스도교 이전 혹은 밖에 존재했을 수도 있고, 그리스도교에서 처음 나타났을 수도 있다: 이 구원자는 광명의 존재로서 자신과 본질이 유사한 광명의 불씨들의 운명에 동참하여 그것들을 자신과 함께 광명의 세계로 귀향시킨다. 그러나 영지주의에는, 불트만이 (부세와 라잇첸슈타인을 따라) 생각한 것과 달리, 일관된 "구원자 신화"가 있는 것은 아니다. 낙 함마디 문헌들에 따르면, 그런 신화가 있으리라는 생각은 포기할 수밖에 없으니, 사실 거기에는 구원자·해방자·계시자·사자에 관한 매우 상이한 관념들이 나타난다.

영지주의자들에게 결정적으로 중요한 것: 구원은 지금 여기서 이미 체험·시작될 수 있는데, 그 궁극적 성취는 물론 신적 광명의 불씨가 죽음을 통해 육체로부터 분리됨으로써 비로소 이루어진다. 이렇게 볼 때 영지주의 이원론의 배경을 이루는 것은 일종의 일원론적 통일관이다. 구원은 영혼이 세상과 육신을 벗어나 자신이 선재하던 순수하게 영적인 원상태로의 귀환으로 이해되지, 신약성서 문헌들에서처럼 예수 그리스도에 의한 인간의 역사적 새 출발, 죄와 과실로부터의 해방으로 이해되지 않는다!

덧붙이기: 명성 높은 영지주의자들이 **영혼의 여행을 위협하는 것들을 물리치는 수단**으로서, 기묘하게도 그러나 선전효과 크게도, 매우 물질적인 방책들도 제공했으니, 식별 표지("인장") · 보호 표지 · 주문呪文 · 부적 · 죽음의 의식(암호를 주고받으며) 등이 그것이다. 이러한 영지주의 체계들이 종종 이 세상을 정반대의 대립쌍들을 빌려 설명한 것도 확실히 많은 사람들에게 매혹적이었다. 여기서 인간은, 남성적으로 파악되는 (그리스도교의) 하느님과는 전혀 달리, 한 쌍의 부부(夫婦)를 통해 뚜렷한 양성을 지닌다. 또한 남성적인 것과 여성적인 것은 신성 안에 동등하게 고양 · 보존되어 있다고 여겨졌는데, 이 점이 오늘날 몇몇 여성 학자들이 여성 사제직 사상은 정통 그리스도교보다 영지주의에서 더 튼실한 토대를 발견할 수 있다고 생각하게 된 원인이다. 사실 당시에 남자건 여자건 식자건 무식자건 많은 사람들에게 단순한 복음서 · 계명 · 교회 예식에 의지하기보다는, 특별한 "계시들" · 신화 · 비전秘傳 · 세계관 · 밀의密儀 · 마술에 의존하는 것이 훨씬 매혹적이었으리라는 것은 오늘날 우리도 쉽게 이해할 수 있다.

어찌됐든: 영지주의의 근본 관심사는 악의 근원 그리고 불안 · 혼란 · 고통 · 죽음의 삶에서의 구원에 관한 물음에 답을 얻는 것이었다. 영지주의 연구의 초석을 놓은 튀빙언의 교회사 학자 바우어가 생각한 것과는 달리, 영지주의는 근본적으로 한낱 이론적인 "종교철학"이 아니었다. 영지주의에서 참으로 중요했던 것은, 이미 요나스와 불트만이 강조했던 바와 같이 (물론 처음에는 사상적으로 극복해야 할) **실존적 문제들**이었다.[87] 특히 로마제국 동부 지역의 심한 문화적 침체와 정치적 무관심에 직면하여, 영지주의는 헬레니즘 문화 속에 흘러들어온 동양의 종교성도 빌려 특정한 실존적 자세를 확립해야 했거니와, 과연 그것은 소외의 극복과 정치적 · 사회적 속박으로부터의 탈출을 가능케 해주었다. 이렇게 볼 때, 영지주의 안에는 일종의 사회적 저항도 표출되어 있다.

영지주의자들은 (대교회의 "많은 사람들"과 달리) 정해진 신앙규범, 골라 뽑은 거룩한 문헌들, 한결같은 교회 예식 그리고 성직자중심 교계제도에 그저 들러붙어 있으려 하지 않았다. 그들은 교회의 신론 · 창조론 · 그리스도론 · 교회론 · 성사론에 이의를 제기했다. 그들은 나름대로 고독과 내성內省의 길을 가고자 했거니와, 그 길은 그들로 하여금 자신들의 종교적 체험을 통해 참됨이 입증된 것만을 받아들이게 했다. 그러나 영지주의자들이, 교부들이 종종 그릇되이 묘사한 것처럼, 일종의 "본체적substanzhaft 구원신학"을 내세웠던 것은 아니다. 우리는 영지주의자들이 스스로를 본체적으로 광명의 세계와 연결되어 있기에, 은총에도 (신앙의) 확증에도 의지할 필요가 없는 "본디부터 구원된 자들"로 자처했다고 생각해서는 안된다. 과연 영지주의자의 삶은 그의 깨달음의 정도에 온전히 상응하여 변화되어야 했다. 그는 "충만함"pleroma에 들어갈 때까지 자신을 윤리적으로 계속 입증해야 했다.

사실 적지 않은 사람들이 이렇게 자문했다: 그리스도 교회의 소박한 "**신앙**"pistis은 혹시 이 차원 높고 철저히 영적인 "**깨달음**"의 단순하고 피상적인 전前형태에 불과한 것이 아닐까? 그리고 제도교회의 여러모로 독단적인 주교 · 사제 · 부제들에 맞서 자기 고유의 종교적 통찰 · 영적 체험 · 자유의 윤리를 내세우는 것은 정당하지 않은가?[88] 사실 최근의 연구는 우리가 영지주의의 사유 · 실천 · 체계들 속에서 특이하고 혼란스럽고 비그리스도교적인 것만 골라 보아서는 안된다는 것을 깨우쳐주었다! 상당수의 영지주의자들은 글자 그대로 이해된 동정녀로부터의 예수 탄생이나 육체의 부활 표상들을 우악스러운 믿음으로 배척했는데, 이것을 오늘날의 관점에서 실로 기특하게 봐줄 수는 없을까?

영지주의의 위험: 신화화와 혼합주의

그러나 영지주의를 아무리 호의적으로 해석한다 해도, 그것이 **그리스도교에 끼친 위험**을 모르는 체해서는 안된다: 그리스도교적 "영지주의자들", 이른바 "아는 자들"(발렌티누스파 · 바실리데스파 · 배사拜蛇파 등 서로 경쟁하던 온갖 집단)은 뭐라 해도 비신화적 · 역사적인 그리스도교의 원천에는 거의 관심을 기울이지 않았고, 단순한 "믿는 자들"의 소박한 교회적 신앙을 업신여겼으며, 역사에 뿌리박고 있는 그리스도교의 메시지를 온갖 신화 · 상징 · 은유 · 표상 · 의식儀式을 동원하여 일종의 **신비신학**으로 변형시키려 시도했다. 그들은 철저한 영신화와 현세 속박으로부터의 해방을 약속했고, 대개 세상 적대적·금욕적 경향을 지니고 있었다 (때로는 방탕적 경향도 보였다. 낙 함마디 문헌에 의해서는 입증되지 않지만!). 그로써 원천적 유다계 그리스도교 신앙이 모든 것을 집어삼키는 헬레니즘적 혼합주의의 소용돌이 속으로 사라질 뻔한 위험이 엄존하지 않았던가?

물론 그리스도교를 새삼 다시 해석하는 것을 반대할 까닭은 없으며, 또 한편 영지주의에 관해 잘 배워 알고 있었음이 확실한 이레네우스로부터 오리게네스에 이르는 반反영지주의 신학자들의 진술의 진정성을 부인할 이유도 없다. 그러나 어쨌든 제멋대로의 끝없는 그 신학적 사변은 어찌할꼬? 예를 들어 그리스도가 다시 태어난 위대한 셋, 아담의 아들이라고? 온갖 자의恣意적 상징 해석과 우의寓意, 갖가지 극단적 개념 곡예를 용납해야 할까? 창세기를 거슬러, 창조주 하느님을 인간이 구원을 가져다주는 "깨달음" 얻는 것을 시기하는 저급하고 적대적인 존재로 만들어버려도 될까? 이따위 이른바 시샘하는 하느님을 거슬러, 아예 "깨달음"으로 유혹하는 낙원의 뱀을 오늘날에도 언제나 다시금 새로이 성취되어야 할 구원의 원계시의 담지자로 긍정해야 할까? 그리하여 유다교 역사 전체를, 이 창조신의 작품이기 때문에, 웃음거리로 삼아야만 할까?

혼합주의의 위험은 실제적이고 심각했다: 어린 그리스도교계는 경우에 따라서는 한 분 하느님과 구원자 외에 다른 존재들도 받아들여야 한다? 다른 종교들에도 참된 신들과 구원자들이 있다? 하느님 아버지 옆에 하느님 어머니도? 아버지·아들·영의 삼위일체 대신 아버지·어머니(혹은 아내)·아들의 삼위일체? 쌍雙-신화에 따르건대, 천상 그리스도의 짝으로 삼라만상의 어머니인 천상 지혜가 그리스도 옆에 있어야 한다? (공동체 교회 예배에서 봉독하는) 복음서 내용을 거슬러, 그리스도는 (여러 영지주의 문헌에 나중에야 끼어들었지만) 영인靈人으로서 아예 고통을 당할 수도 없었고 십자가에 처형되지도 않았다고 생각해도 될까?

물론 우리는 영지주의의 표상들을 후대 교회의 그리스도론에 입각해서 판단해서는 안된다. 초기 그리스도교에서는 하느님과 예수의 관계를 매우 다양하게 이해했음을 앞으로 살펴보게 될 것이다. 그러나 어쨌든 **영지주의 그리스도론**

에 대한 교부들의 부정적 반응은 오늘날에도 온전히 납득할 수 있다. 영지주의 전문가 쿠르트 루돌프의 고찰을 따라가보자[89]:

(1) **영지주의 그리스도론**은 영지주의 구원자상像의 역사화를 꾀했는데, 이 것은 동시에 그리스도상의 **신화화**神話化, "그 정도에 있어 거의 능가될 수 없는 그리스도상의 '신화화'"를 초래했다. 사실상: "바로 이러한 측면이 영지주의가 (오늘에 이르기까지 거듭 새삼 그럴 계기가 있었는데도) 결국은 그리스도교 사상 안의 거주권을 부여받지 못하게 했다."[90]

(2) 역사적 관점과 신화적 관점으로부터 공통점을 끌어내기 위해, 영지주의 신학자들은 "그리스도교의 구원자를 완전히 분리된 두 실재로 **갈라놓았다**": 지상적이고 무상한 나자렛 예수는 "그리스도의 잠정적·현세적 출현으로서 앞 에서 언급한 영지주의 교설들의 계시자 임무를 지니고" 있는 반면, 천상적이고 영원한 그리스도는 "한 처음부터 충만함 속에서 '아버지' 곁에 머무르는 고귀 한 광명의 존재이며, 흔히 아버지의 '모상', '스스로 생성된 분', '아들' 또는 '처음으로 태어난 분'으로 지칭된다(혹은 그런 존재들과 동일시된다). 이러한 자격을 지 닌 그리스도는 광명의 세계에서 중요한 역할을 한다 …".[91]

(3) 지상적·육체적인 것을 철저히 무시하는 영지주의의 세상 적대적 이원론 의 여러 체계는 극단적으로 나아가, 예수는 **가짜 육신**을 지니고 있었을 따름 이라고 주장했다. 물론 낙 함마디 문헌들 가운데는 그리스도 가현설의 혐의를 씌울 수 없는, 요한복음서의 그리스도관觀과 유사한 관점을 보여주는 텍스트들 이 있다. 그러나 예수 자신이 키레네 사람 시몬의 모습을 취하고, **십자가형**刑 현장에서 웃으며 구경하는 텍스트들도 있다: "그들이 갈대로 친 자는 내가 아 니었다. 십자가를 어깨에 지고 간 자는 다른 사람, 곧 시몬이었다. 그들이 머 리에 가시관을 씌운 자는 다른 사람이었다. 나는 높은 곳에서 집정관들(세상을 지 배하는 권세들)의 (덧없는) 부와 그들의 오류 및 속된 명성의 씨앗을 크게 기뻐했다. 나는 그들의 어리석음을 비웃었다…".[92]

(4) 십자가형에 대한 이러한 관점(예수가 십자가에 처형된 것이 아님)을 염두에 두면, 영지주의자들이 그리스도의 **부활**도 십자가형 전에 혹은 십자가형과 동시에 이

루어졌다고 믿었던 것도 납득할 수 있다(육신의 절멸 그리고 동시에 영혼의 해방). 그러므로 영지주의가 겨냥한 것이 결국은 **그리스도교의 알맹이의 해체**였음은 두말할 것이 없다: "'구원'·'십자가형'·'부활'은 영지주의에서 흔히 우주적 외연外延을 지닌 상징적 과정들로 이해되었고, 그에 상응하여 새로운 해석이 가해졌는데, 그것들은 대개 자세히 살펴보아야 식별해낼 수 있다. 이것은 정통 그리스도교 이해에 대한 영지주의 교설의 위험성이 뚜렷이 입증된 한 사례다."[93]

교회 안에는 **이중의 진리**(웬만하면 이해할 수 있는 대중을 위한 진리와 "아는 자들"을 위한 비의적 진리)가 존재할 수밖에 없다? 많은 경우 신약성서 텍스트와 영지주의적 "깨달음"이 극단적으로 상충된다는 것이 당초부터 영지주의에 대한 중대한 비판이었다. "영지주의자들은 말은 신자들과 비슷하게 하지만, 그것을 신자들이 이해하는 것과 다르게, 아니 정반대되거나 완전히 하느님을 모독하는 내용으로 이해하고 있다"라고 이레네우스는 기록했다.[94] 사실 앎을 추구하는 믿음과 믿음에 터한 앎을 반대할 까닭은 전혀 없다. 바울로는 종종 믿음에 대한 지식에 관해 말했고, 요한복음서는 믿음과 인식을 흔히 동일시했다. **믿음**이 인식의 전제일 수 있고, **인식**이 믿음의 전제일 수도 있다. 그러나 신약성서에 따르건대, 지식이 믿음을 넘어가거나 (훗날 헤겔도 자신의 종교철학에서 꾀했듯이) 변증법적으로 믿음을 지식 안으로 지양止揚해서는 결코 안된다.[95]

이러한 상황에서 영지주의자들은 교회 안에 존재하기가 갈수록 어려워졌다. 그리하여 "간선자들"·"빛의 자녀들"·"영적 인간들"·"자유인들" 아니 하느님의 "변치 않는 종족"·광명의 세계의 "씨족"·"셋의 종족"으로 자처하던 영지주의자들이 자기들만의 **공동체들**을 이루게 된 것은 놀랄 일이 못 된다. 엘리트 식자들("정통한 자들"과 지도자들) 그리고 그들에 비해서는 아는 게 모자라는 사람들로 이루어진 그 공동체들에 관해서는 오늘날 그저 막연한 추측만 할 수 있을 뿐인데, 아마 위계적으로 조직된 공적 "교회들"이라기보다는 비밀스런 규율을 지니고 카리스마적으로 구성된 "제의 결사祭儀結社들"이었던 것 같다.

영지주의에서는 **여성들**[96]이 공식 교회에선 허용되지 않던 직무들(예언자·교사·선교사뿐 아니라 기도·찬송·설교 그리고 세례·성찬례에서의 인도자)을 수행할 수 있었음은 확실하다. 영지주의자들은 원칙적으로는 의식에 적대적이었으나, 세례와 성찬례는 자주 거행했다. 낙 함마디의 한 단편은 이 두 예식뿐 아니라, 세정례·도유례·만찬례·장례도 거행되었음을 입증해준다. 영지주의자들 공동생활의 윤리적 토대 구실을 한 것은 구원받은 자들의 형제애(현세에서의 협력·공존이 아니라, 현세적 실존으로부터의 구원을 지향하는 형제애) 사상이었던 것 같다.

여기서야말로 **영지주의의 이상화**(공동체 교회를 희생시키는)를 경계해야 한다. 영지주의가 여성을 실제적·제의적으로 동등하게 대우하기도 했지만, 많은 텍스트에서는 여성에 대한 명백한 평가절하, 아니 여성적인 것의 악마화와 결혼 기피도 찾아볼 수 있다. 부분적으로는 지고의 존재에게서 그 기원을 찾는 양성兩性의 이상 앞에서, 성이 분리된 죄과는 흔히 여성(하와)에게 전가된다. 과연 몇몇 텍스트에 의하면, 여자는 남자로 변해야 "충만함"pleroma에 들어갈 수 있다.

그러므로 (최근의 연구 덕분에, 이미 오래 전부터 예상되던 영지주의의 복권復權이 이루어졌음에도) 다음과 같은 물음들이 제기된다: 어린 그리스도교계는 영지주의의 사변·혼합·조합과 **경계설정**을 할 수밖에 없지 않았겠는가? 그러지 않았다면 어린 그리스도교계는 차원 높은 인식이라는 명분 아래, 잡다한 종교·문화권의 온갖 신화적·종교적 표상들을 공동체 안에 들여왔어야 하지 않았겠는가? 그랬다면 유다교의 일신교적 유산은 영지주의의 혼합과 변형 때문에 종교혼합적 이교로 변질되지 않았겠는가? 공동체 그리스도교는 수많은 영지주의 집단으로 해체되지 않았겠는가? 사실 모든 종교가 혼합적 구성물이라는 것은 이론의 여지가 없을 것이다. "순수한" 종교란 "순수한" 인종처럼 실제로는 존재하지 않기 때문이다. 그러나 한 종교의 본질이 손상되지 않고 보존되는 패러다임 전환과, 패러다임뿐 아니라 본질도 변하는 종교들의 융합과 용해(이것이 엄밀한 의미의 **종교혼합**이다)는 근본적으로 서로 다른 것이다.

바로 그리스도교의 존재 자체를 위협하는 근본적으로 "기생寄生적"인 이 종교성의 유혹에 대해 2세기 후반과 3세기의 **교부들** — 주교들·신학자들·신학자 주교들〔그리스어권에서는 리옹의 이레네우스를 이어 그의 "제자" 히폴리투스(160/170~238년), 라틴어권에선 누구보다도 카르타고의 테르툴리아누스(160~220년경)〕 — 은 단호히 대응했다. 이들이 편파적

202 〈ㄷ〉 역 사

이었고 "이단자들의 계보"를 좀 억지스럽게 만들어내기는 했지만, 우리는 이 교부들의 도량을 전혀 부인하거나 이들을 한낱 교권주의자로 비난해서는 안된다. 영지주의 연구에서는 한 극단에서 다른 쪽 극단으로 내닫는 경향이 종종 나타난다. 예전처럼 교부들의 영지주의관觀을 무비판적으로 따라서도 안되고, 또 그것을 (다시금 무비판적으로) 아예 처음부터 비난해서도 안된다. 영지주의자들을 직접 겪었던 이레네우스로부터 클레멘스와 오리게네스에 이르는 교회의 스승들은 부분적으로는 고대의 교양 유산과 영지주의 신학을 매우 상세히 다루었으며, 그리스도교의 원천적 소식에 비추어 쓸모있는 생각들을 영지주의 세계관으로부터 가려냈다. 그리하여 영지주의 교설들이 교부들의 교설 발전에 실로 긍정적인 자극을 제공하기도 했다. 예를 들어 이레네우스는 바울로의 아담-그리스도 예형론像型論을 하와-마리아 예형론으로 보완했다(클레멘스와 오리게네스에 관해서는 앞으로 더 상세히 고찰할 것이다). 하지만 전체적으로 볼 때, 교부들은 그 어떤 생소한 제의와도 무차별적 혼합이나 교차를 단호히 배척했고, 신학적·윤리적·영성적으로 독자적인 그리스도교의 특성을 올바로 옹호했다.

이것이 신학적·정치적으로 의미했던 것: **그리스도교**는 영지주의적 사변을 빌려 **기존의 혼합주의적 국가종교 체제에 순응해선 안되었다.** 그리스도인들은 두 가지 관점에서 유다교의 유산을 굳게 지켰고, 또한 그리스도교와 다른 종교 혹은 철학과의 어떠한 타협에도 저항했다:

— 그리스도인들은 많은 신들에 맞서 **한 분 하느님**만을 고집했거니와, 이 하느님은 신-황제이건 (여자들을 위한) 이시스이건 (남자들을 위한) 미트라스이건, 그 어떤 신도 당신과 병립하는 것을 용납하시지 않는다. 또한 한 분 하느님을 섬기는, 그래서 그리스도인들이 찬미하며 기리는 예수 그리스도를 이교 만신전萬神殿 안에 고만고만한 신들의 하나로 끼워넣거나, 제멋대로의 사변과 무성한 공상의 하늘로 유괴해가서는 안된다.

— 황제 시대 말엽 특히 대도시의 윤리 붕괴에 직면하여, 그리스도인들은 **윤리** 곧 이스라엘의 하느님의 엄격한 계명들에 굳게 의지하고 끈기있게 그것들을 준수했다. 더 나아가 그리스도인들이 우선적으로 촉구한 것은 철학적 "깨달음"이

아니라, 고통받는 자들을 위한 단호한 헌신, 가난한 사람들에게의 음식 제공, 병자들 보살핌, 죽은 자들 매장 등이었다. 교회 사람들은 여러 층 하늘에 들어가기 위해 필요한 마술적 암호 따위는 몰랐다. 영지주의는 세상기피와 내세지향 때문에 사회에 무관심했고, 사회개혁에의 의지보다는 기존 지배상황에 대한 근본적 거리감을 지니고 있었다. 영지주의의 세상 적대성은 금욕주의로 귀결되기도 했지만, 한편 방탕주의로 나아가기도 했다. 공동체 교회 사람들은 일반적으로 세상 귀속성과 세상 적대성 사이, 금욕주의와 방탕주의 사이의 가운데 길에 머물러 있었다. 바로 그렇게 해서 그리스도교는 광범위한 대중운동이 될 수 있었던 반면, 영지주의는 결국 침체했고 늦어도 6세기에는 소멸되었다.

물론 공동체 교회의 이러한 발전과정에서 일신론과 도덕의 강조는 주지主知주의와 도덕주의로 귀결되었고, 이 둘 모두 대가를 치렀다는(그리스도교 고유의 것이 너무 뒷전으로 밀려났다는) 사실을 잊어서는 안된다. 또한 영지주의의 배척과 더불어, 권위의 원천·여성 동등권·타종교와의 관계 등의 문제와 관련하여 제시되었던 몇 가지 쓸모있는 대안도 헛일이 되었다. 많은 것이 너무 성급하게 내쳐졌고, 그리하여 세월이 상당히 흐른 뒤에야 다시 사람들의 의식에 떠오르게 되었다. 몇 가지 **영지주의 관념들은 그 뒤에도 꽤 오랫동안 영향**을 끼쳤으니, 심지어 그리스도교 교의학(예컨대 두 본성 그리스도론)에도 자취를 남겼고, 특히 마니교를 거쳐 이슬람교에, 끝으로 중세 때 남부 프랑스의 카타리파와 불가리아의 보고밀파에 깊은 영향을 끼쳤다. 그러나 고대 영지주의 분파 가운데 오늘날까지 존속하는 것은 단 한 개이니, 곧 유프라테스-티그리스 남부 지역에 약 1만 5천 명 신봉자를 거느리고 있는 만데파(무슬림들은 사비파, 세례자파라 부름)이다.

혼합주의적 영지주의를 제거하는 것 외에 다른 대안은 없었던가? 편파적 자료 선택을 통해 영지주의를 대안적·민주적·여성해방적·환경친화적 그리스도교의 한 전례前例로 극히 이상화하는 파겔스도 영지주의 복음서들에 관한 책 말미에서 이렇게 시인하지 않을 수 없었다: "그리스도교가 여러 모습으로 머물렀다면, 필경 서로 경쟁하던 고대의 수많은 종교 제의들과 함께 역사에서 사라져버렸을 것이다. 내가 말하고자 하는 것은, 그리스도교 전통의 오랜 존속은 생성중의 교회가 발전시킨 조직적·신학적 구조 덕분이라는 사실이다."[97] 아무튼 확실한 것: 그리스도교 안에도 처음에는 상당한 다양성·상이성이 존재했고, 시간이 흐르면서 비로소 더 조직된 구조가 생겨났다. 그러면 이제 이렇게 물어야겠다: 여기서 말하는 것은 어떠한 종류의 조직적·신학적 구조인가?

세 원칙: 신앙규범 - 정경 - 주교직

초기 그리스도교계는 영지주의 교설의 홍수에 어찌 대처했던가? 대답: 어떤 경우에도 폭력이 아니라, 확고한 **척도**(그리스어 kanon = 척도·원칙·규범)**들**에 터해 대처했다. 이 **원칙들**은 근본적으로 이미 마련되어 있었으며, 우리는 그것들을 잘 알고 있다. 그러나 이 규범들은 2세기 후반 들어 "가톨릭 교회"(이제는 엄연히 "대교회"로 불리었다)와 **이단과의 경계설정**을 위해 정식으로 확립되었고, 그 기원을 (이미 매우 이상화된) 사도들에게 돌림으로써 자연스럽게 "사도적"이라고 선언되었다. 3세기 대교회에 이정표를 제시했던 인물들은 그리스어를 사용하던 리옹의 주교 **이레네우스**와 법률가이자 교회 라틴어 창시자인 카르타고의 **테르툴리아누스**였다. 이러한 경계설정에는 세 가지 병행 과정이 내포되어 있었다:

● **신앙고백**(그리스도인들이 세례 때 바치던)이 이제 **신앙의 규범**kanon pisteos, regula fedei = **진리의 규범**이 되었는데, 이것은 구원사의 주요 사실들을 집약하고 있다: 이것이 첫째 원칙이다.

세례 때 바치던 그리스도께의 신앙고백으로부터 일찍부터 특히 로마에서 아버지·아들·영에 대한 3중 고백이 생겨났고, 이것이 4~5세기에 마침내 오늘날의 **사도신경**으로 발전했다.[98] 또한 신앙의 규범은 갈수록 성서 해석을 위한 준칙이 되었는데, 다른 한편 이 규범 역시 오직 성서에 바탕을 두었고 또 성서에 터해서만 해석될 수 있었다. 이 신앙규범으로부터 고대교회의 교의들, 특히 그리스도론 및 삼위일체론과 관련된 교의들이 발전되어 나왔다. 반면 다른 분야의 것들은 아직 교의로 "정의"되거나 "경계지어"지지 않았다.

● **구약성서**[히브리어 성서의 그리스어 역본(70인역)]를 고수하는 한편, 이제는 **신약성서 정경**正經(kanon) 확정 작업이 진행되었다: 사도적 원천이라는 척도에 따라 "정

경적"인, 다시 말해 공식적인 신약성서 문헌들이 선별되었다: 이것이 둘째 원칙이다.

어린 그리스도교 공동체는 신약성서(선하신 구원자 하느님의 "복음")만 중시하고 구약성서(악한 창조신의 "율법")를 배척하는 짓은 하지 않았다. 그러한 배척은 극단적인 바울로 숭배자인 소아시아 사람 마르키온이 제안했는데, 그는 구약성서를 상징적·우의적으로 해석하는 것도 철저히 배격했다. 그리스도교 정경을 루가복음서와 몇 편의 바울로 서간으로 국한하려 한 마르키온은 144년경 로마에서 파문되었으나, 상당한 세력을 지닌 마르키온파 대립교회가 생겨났다. 대교회의 예배에서는 이미 일찍부터 셋 혹은 네 가지 복음서와 바울로 서간이 봉독되었다. 정경 성서로 인정된 것들은 (사실이건 추측이건!) 사도들이나 사도들의 제자들에게서 유래하는 복음서들과 서간들 그리고 사도행전과 요한 묵시록이었다.[99] 그런데 신앙규범과 성서 정경 외에 셋째 원칙이 첨가되었으니, 특히 이레네우스가 주장했듯이,[100] 분쟁이 생길 경우에 신자들은 예전에 사도들이 활동했던 가장 오래된 교회들의 지침을 따라야 한다는 것이었다.

● 군주제적 **주교직**은 이미 오래 전부터 교회 일치의 중심이었거니와 이제 **교도권**으로 발전했다. 이 교도권은 점점 동료 사제들과도 분리 부각되었고, (갈수록 중요해지던) 교회 수입 관장 권한을 보유했는데, 사도들로부터 중단 없이 이어져온다는 이른바 **사도계승**을 믿고 있던 신자들은 주교의 교도권이 참된 사도적 가르침에 관해 내린 결정을 신뢰했다: 이것이 셋째 원칙이다.

군주제적 주교직으로의 발전과정의 역사적 문제점은 앞에서 지적했다. 상당한 세월이 흐른 후 비로소 생겨났던 3위계 직무조직은 이제 그것들을 본업으로 하는 담당자들이 갈수록 많이 필요했으며, 시간이 지나면서 어디서나 확고히 자리잡았다. 이 조직은 이제 하나의 지역조직(수도대주교 관구 제도)으로 귀결되었는데, 이 제도는 제국 속주 수도들의 주교들에게 특별한 지위를 부여했고, 특히 가장 큰 세 도시(로마·알렉산드리아·안티오키아) 주교들에게는 최고 지위를 안겨주었다. 처음에는 특별한 경우에, 그후에는 점차 정규적으로 개최된 지역 시노드들은 사실상 주교들이 좌우했다. 가장 믿을 수 있는 전승을 확정하기 위해(우두머리 사도 두 사람의 무덤이 있는 제국 수도 로마는 여기서 특별한 중요성을 지녔다) 주교 명단이 작성되었다. 이제 **"전승"**(그리스어 paraosis, 라틴어 traditio)이라는 말이 중요한 단어가 되었다. 카리스마적 교사들과 더불어 예언자들도 사라졌다. 초창기 교회 예언운동의 마지막 불꽃은, 앞으로 다시 다루겠거니와, 이른바 몬타누스파에서 타올랐다.

이러한 발전과정이 **주교들의 엄청난 권력증대**로 귀결되었음은 두말할 것이 없다. 공동체 봉사자가 갈수록 매고 푸는 권한을 지닌 공동체 지배자가 되었거니와, 이 지배자는 혼자서 모든 것을 결정하는 교사·대사제·비의秘義 전수자로 자임했다. 이미 일찍부터 나타났던 "성직자"와 "평신도"의 대조·대립이 이제는 제도적으로 굳어졌고, 평신도는 (주교 선출 때의 동의 외에는) "거룩한 제관들"[101]로서의 고유 권한들을 거의 모두 상실했다. 그러나 신자들은 그것을 처음에는 기꺼이 감수했으니, 고대 말엽 사회체제에서 주교가 점점 더 "후견인" 또는 "보호자"가 되어갔기 때문이다. 사실 평신도 피보호자들은 천국을 위해서뿐 아니라 세상살이를 위해서도 갈수록 더욱 주교의 도움을 간청했다. 콘스탄티누스 시대 이후 추천서와 청원서 쓰는 일이나 중재자 역할도 주교들의 (아우구스티누스가 종종 성가셔했던) 주요 용무의 일부가 되었다.

어찌됐든: 표준적 신앙규범·성서 정경·주교 교도권 이 세 원칙에 터해 견고히 결합된 가톨릭 대교회는, 이제 언제 어디서나 이 세 원칙에 비추어 참된 사도적 가르침을 발견·확정할 수 있게 되었다. **신앙규범 – 정경 – 주교직**의 확정과 더불어 **단일한 고대교회의 보편적 패러다임**은 자신의 **세 가지 전형적 척도**를 확보했다! 이로써 묵시문학적 유다계 그리스도교 패러다임은 결정적으로 대체되었다. 또한 이 원칙들은 훗날의 중세 가톨릭 교회에 의해서도 (비록 교황중심주의적으로 변형되긴 했지만) 보존되었다. 먼 훗날에야 종교개혁에 의해 셋째 원칙(주교직)이 그리고 계몽주의에 의해 둘째(정경)와 첫째 원칙(신앙규범)이 의문에 붙여지게 될 터였다. 그러나 이 원칙들은 오늘에 이르기까지 대부분의 교회에서 (비록 여러모로 수정되긴 했지만) 중대한 의미를 보유해왔고 지금도 그러하다.

우리의 고찰 여정에서 이제 제기되는 물음: 내적으로 견고해진 이 교회가 밖으로 로마–헬레니즘 사회의 여러 문제와 마주하여 어찌 처신했던가? 주위의 이

교세계로서는 그리스도인들이 무엇을 믿는가보다 어떻게 사는가가 더 중요했다. "그리스도교 또한 고대다"(자크 퐁텐). 그리스도교는 물론 고대 후기 주위세계 속에 얽혀 있었다. 그러나 그리스도교는 그저 고대만이 아니라 "새로움의 체험"(칼 프룀)이기도 하며, 개혁적·사회변혁적 역량을 뚜렷이 드러냈다.

4 그리스도인들은 다르다?

구체적인 사회문제들에 대한 그리스도인들의 입장은 매우 다양했다:

— 그리스도인들은 황제 숭배는 거부했지만 **국가**에는 아주 충성스러웠는데, 그 것은 "황제의 것은 황제에게 돌려주시오"[102]라는 예수의 말씀 그리고 국가 공권력은 하느님 뜻에 따라 악을 제거하는 역할을 수행하므로 거기에 순종하고 세금 바칠 것을 요구한 바울로의 가르침을 따랐기 때문이다.[103]

— 사회 깊이 뿌리박혀 있던 **노예제도** (로마 사회 전체는 계급적으로 구성되어 있었다기보다 는, 보호자와 피보호자로 이루어진 후견 체제로 조직되어 있었다) 역시 처음 몇 세기 동안은 그리스도인들이 (노예들 자신도) 전혀 문제삼지 않았다. 하느님 앞에서는 인종·국가·성·신분이 중요하지 않고 또 모든 인간이 똑같은 존엄성을 부여받았기에, 노예를 형제로 대우할 것만 요구되었다. 사실 노예도 사제나 부제가 될 수 있었다(노예였다가 속량된 칼릭스투스의 경우엔 로마 주교까지 올랐다). 다만 처음엔 널리 실천되던 교회에서의 노예 동등권이 결국에는 흐지부지되었다.

— **병역**에 대해서는 처음엔 조심스러운 입장을 취했다. 대부분의 신자들은 군인은 개종과 수세受洗 후에도 군대를 떠날 필요가 없으나, 이미 세례받은 사람이 군대에서 사회경력을 시작해선 안된다는 생각을 갖고 있었다. 특히 성직자는 군인이나 그밖에 신앙에 걸림돌이 되는 직업들을 가져선 안되었다. 일반적으로 우상숭배·성적 문란·미신·점성술·마술과 관련되는 직업들과 특히 검투사·광대·연예인이 기피되었다.

— **결혼 윤리**도 엄격했다: 사람들은 그리스도인들이 정절을 지키고 이혼을 배척하며 특히 재혼을 삼간다는 것을 알게 되었다. 독신생활은, 금욕고행을 위한

것일지라도, 신자 개인의 자유의사에 맡겨져 있었다. 주교·사제 독신법은, 처음에는, 존재하지 않았다.

부드러운 혁명

의심의 여지 없는 것: 그리스도교는 신앙인 공동체들을 넘어, 사회를 변혁시키는 **도덕적 힘**으로 입증되었다. 프린스턴의 교부학자 **피터 브라운**은 바로 사생활 연구자로서 사생활과 공생활을 결코 따로 떼어놓으려 하지 않거니와, 그리스도교와 더불어 일어난 사회적 변화의 뿌리를 무엇보다도 새로운 윤리적 이상에서 찾았다: 그저 법률·관습·계급윤리에 따르는 행위가 아니라, 언제나 다시금 새로이 성찰해야 할 인간 내면에서 비롯하는 행위, 그리스도와 동료인간들을 위한 거짓없고 나뉘지 않은 **순박한 마음**에서 우러나오는 행위. 이것은 이른바 "하룻밤 불꽃놀이" 식으로, "자신들의" 도시를 위해, 그 도시와 자신들의 영광을 위해 막대한 돈을 기부하곤 했던 이교세계 상류계급의 윤리 같은 것이 아니었다. 오히려 이것은 다른 사람들보다는 가진 것이 많으면서도 가난하고 고통받는 자들을 위한 한결같이 꾸준한 연대에 몸바친 사람들 모두의 일상적 도덕이었다: "**자신들의** 도시를 부흥시키기 위한 상류층의 의무를 강조하는 도시사회의 모델이 불행하고 가난한 자들과 가진 자들의 포괄적 연대에 바탕을 둔 모델에 의해 마침내 대체되었다. 이 대체는 고전적 세계로부터 후後고전적이고 그리스도교화된 세계로의 전환의 가장 뚜렷한 사례들 가운데 하나다."[104]

그리스도인들은 (이 세상 안에 살고 있으나 이 세상으로부터 비롯하지는 않거니와) 고대 사회에서 모든 것을 남들이 하는 대로 따라할 수는 없었다. 그들은 자신들의 **고유한 면모**를 보존했다. 그들이 공유한 그리스도 신앙에 터해 서로를 "형제들"과 "자매들"로 여겼던 그리스도인들 간의 **사회적 결합**은 인종·계급·교양과 관계없이 많은 외부인들에게 매우 놀라운 것이었고, 적지 않은 사람들의 마음을 사로잡았다. 그리스도인 공동체들은 많은 면에서 고유한 구조들을 발전시켰을 뿐 아니라, 예수께 받은 원천적 충동을 꽃피웠으니, 가난한 자·병자·고아·과부·나그네·갇힌 자·궁핍한 자·노인들에 대한 조직적 보살핌이 그것이었다.

이 일은 (주로 예배중에 바친) 매우 많은 자발적 기부금이 있어 가능했는데, 이 돈은 주교가 관장·분배했다.

아무도 차별하지 않던 공동 성찬례와 타지에서 온 그리스도인들에 대한 손님 후대는 공동체 의식을 강화했다. 이 시대에는 아직 올바른 삶Ortho-praxie이 올바른 교설Ortho-doxie보다 중요했고, 바로 이것이 그리스도교의 예상치 못한 성공의 주된 원인이었다. 교리 문제에서도, 말과 글을 통한 온갖 논쟁과 공박에도 불구하고, 아직은 꽤 관용적이었다. 사실상: 일종의 **부드러운 혁명**을 통해 그리스도교는 점차 로마제국 안에 확고히 자리잡게 되었다. 그것은 어쩌면 옥스퍼드의 교부학자 헨리 채드윅의 말처럼 그 시대 "**그리스도교의 역설**"이라고 표현할 수 있을 것이다: "그리스도교는 혁명적 종교운동이었지만, 어떤 의식적 정치 이데올로기는 갖고 있지 않았다. 그리스도교는 모든 계층 안에서의 사회 정복을 겨냥했으나, 동시에 이 세상 권력관계에 대한 무관심은 그리스도교의 독특한 면모 가운데 하나였다."[105] 채드윅은 그리스도교의 인본주의적 감화력을 특히 다음과 같은 점에서 찾고 있다:

— 개인의 양심과 가치에 대한 강조.

— 하느님 자녀로서의 인간 동등성을 보장하는 더 정의로운 사회 건설 노력.

— 가난한 자, 고아, 과부 그리고 온갖 못난이들을 위한 복지시설 건립.

— 역사 안에 역사役事하시는 하느님의 섭리와 개인 및 사회의 실제적 변화 가능성에 대한 믿음.[106]

이제 더 상세히 살펴보자.

달라진 것들

처음 몇 세기 동안 물론 교회제도도 매우 많이 달라졌는데, 그것들은 오늘날에도 흔히 "원그리스도교적"인 것으로 알고 있으나, 사실은 나중에 생긴 것이며 부분적으로는 이교세계에서 유래하는 것들도 있다:

— **세례**(아직은 대부분 어린이 세례가 아니라 성인 세례였다)를 위한 상당히 긴 준비기간(교리수업 등)이 도입되기 시작했다. 그런데 이것은 흔히 (세례 때 죄의 용서가 베풀어지기 때문에)

가능하면 죽기 직전까지 세례를 연기하는 결과를 낳기도 했다. 이제 세례에는 갈수록 풍성한 예식들, 특히 구마驅魔와 세례 후의 도유塗油가 덧붙여졌는데, 도유 예식은 훗날 별개의 **견진**성사로 발전될 터였다.

— **성찬례**는 이제 아침에 거행되었고, 수세자들만 참여할 수 있었으며(비밀 준수 규율: 세례받지 않은 사람들에게 성찬례에 관해 침묵을 지켜야 함), 유다교의 본보기를 따라 공적인 **말씀의 전례**(성서 봉독·시편 봉송·찬송·기도·설교)가 첨가되었다. 원그리스도교의 예배는 제물 봉헌이 없었던 데 반해, 이제는 성찬례가 갈수록 **희생제사**로 이해되었다. 그리고 제단 위에 바친 (예식 자체와 가난한 이들을 위한) 헌물뿐 아니라, 주교나 사제가 빵과 포도주(또는 그리스도의 몸과 피)를 들고 바치는 성찬기도 역시 제물로 간주되었다. 본디 저녁에 거행되던 성찬례에 연계되어 있던 애찬愛餐(agape)은 세월이 흐르면서 없어지거나 폐해 때문에 폐지되었다.

— 본디 예배를 위한 집회는 **가정집**에서 열렸었는데, 이미 3세기에 별도의 **예배소**("교회")들이 사용되었다. 예전에 온갖 공공목적에 사용되던 **바실리카**들이 그리스도교 특유의 종교적 건물이 될 터였다. 성찬례를 거행하는 **탁자**가 갈수록 **희생제단**이 되었고, 평상시에도 "거룩한" 것으로 여겨졌다.

— 흔히 지하에 있던 고대의 **묘지**(카타콤바)에서 고대 그리스도교의 매우 상징적인 초기 그림들과 석관石棺 조소물彫塑物들이 발견된다. 이것들은 유다교적 혹은 그리스-로마적 모티프들을 넘겨받았을 뿐 아니라, 그리스도교 고유의 전형들을 발전시켰다: 기도하는 사람들·물고기·착한 목자 예수(수염 없는 젊은이로 묘사)·신구약 성서의 여러 장면들이 그것인데, 예수 수난사화는 전혀 묘사하지 않았다.

— 이미 2~3세기에 **순교자와 성유물 공경**이 나타났다: 무덤 존숭 의식, 순교자·사도·족장·대천사들을 기리는 많은 경당들이 생겼고, 기적 신앙이 갈수록 퍼져나갔다(거룩한 뼈·부적 등). 그리스도교의 성인들이 이교세계의 영웅과 신들을 점차 밀어냈다.

그 결과: 헬레니즘 문화를 멀리했는데도 그리스도교는 시간이 흐를수록 기존 환경에의 실제적 적응을 회피하기가 어려워졌다. 특히 교회규율 문제에서 그러했다. 원그리스도교에서는 원칙적으로 **단 한 번의 참회** 기회가 있었으니, 모

든 죄를 사해주는 세례 전 참회가 그것이다. 그리고 파문ex-communicatio, 즉 성찬례·공동체 친교로부터의 배제는 본디 중대한 윤리적 범죄에 대한 징계였는데, 시간이 흐르면서 점차 교리상의 오류에도 부과되었다.

그런데 결국엔 중대한 과오를 범했을 때 **두번째 참회**를 허용하지 않을 수 없었다. 이 경우 처음엔 평생 참회생활을 해야 했으나, 나중에는 기간을 정하기도 했다. 성찬례에서 배제되는 매우 가혹하고 오랜 참회 기간이 지나면 참회자들은 마침내 교회 공동체의 온전한 친교에 다시 받아들여졌다. 세 가지 죽을 죄인 살인·간음(우상숭배)·배교는 처음에는 용서받지 못했다. 그러나 3세기에 특히 로마교회가 옹호한 사목적 배려는 먼저 간음한 사람들 그리고 나중에는 배교자들lapsi(데키우스 황제의 박해 때 매우 많이 생겨났다)도 다시 교회 공동체의 온전한 친교 안에 받아들였다. 북아프리카에서는 키프리아누스 주교가 251년 카르타고 시노드에서 배교자 재수용 문제를 주교 혼자 관장토록 한 규정을 (너무나 기꺼이 순교를 각오한 고백자들과 사제들의 반발을 누르고) 관철시켰다. 이 조치가 주교들의 권한을 크게 증대시켰음은 두말할 것이 없다. 비슷한 시기에 로마 주교 코르넬리우스는 매우 이지적이고 윤리적으로 엄격한 사제 노바티아누스의 엄격주의를 배척했는데, 이것은 온 제국에 산재하게 될 "카타리파"(순결한 사람들) 이단 교회 창설로 이어졌다. 이 교회는 서방에선 5세기까지, 동방에선 7세기까지 존속했다.

역사의 패배자: 여성들

확실한 것: 이방인 그리스도 교회는 최초의 심각한 내적 위기(영지주의)와 마찬가지로 최초의 심각한 외적 위기(박해)도 이겨냈다. 그러나 그리스도교 최초의 이단과 정통에 관한 발터 바우어의 모범적 연구[107] 이래, 우리는 (엄정한 역사적 관점에 터해 되돌아본다면) 초기 그리스도교 저술가들을 그렇게 손쉽게 승자와 패자, "정통 신자"와 "이단자"로 갈라놓을 수는 없음을 알고 있다. 오늘날 우리는 신학사와 교회사 역시 거의 대부분 승리자들에 의해 (교의적 혹은 교회정치적 관점에 터해) 패배자들을 희생시키며 기록되어 왔음을 알고 있다. 이런 류의 전통 교회사에서의 패배자들은 단지 개인으로서의 "이단자들"(새로운 역사서술은 그들 중 많은 이를 복권시켰

다)만이 아니다.[108] 그리스도교계의 이런저런 부분 전체(예컨대, 앞에서 살펴보았듯이, 이미 2~3세기에 대부분 이단이라 간주되었던 유다계 그리스도인들)도 역사의 패배자다. 마찬가지로 그리스도교계의 "다른 반쪽"도 역사의 패배자들이 되었으니, 곧 **여성들**이다.

분명한 사실: 전통 역사학은 역사의 주체로서의 여성에 관한 물음((다) **1**에서 언급한 "새로운 역사"의 한 주요 주제)을 너무나 오랫동안 모르는 체해 왔다. 물론 여성들의 상황에 관한 **자료**는 원그리스도교의 것도 매우 **빈약**하며, 초기 교회에 와서는 더 말할 것도 없다. 물론 많은 교부들이 여성들에 "관해" 자주 언급했지만, 여성들 자신에 의한 증언은 매우 드물어 단 네 개의 확실한, 그러나 매우 상이한 문서가 전해올 따름이다.[109] 그밖에는 다른 주제를 다루는 남성들의 저술 여기저기에 흩어져 있는 단편들을 볼 수 있다.

학자들은 특히 그리스 교부들이 **하느님 앞에서의 남자와 여자의 동등한 가치**에 관해 많이 언급했음을 거듭 새삼 지적했다: 남자와 여자는 함께 하느님의 모상으로 창조되었다, 둘은 동일한 윤리적·영적 능력과 의무를 지닌다, 여자들이 예수 부활의 첫 증인들이었다 등등. 그러나 다른 한편으로 그리스도교계에는 이미 일찍부터 (수도자들만이 그랬던 것은 아니지만, 특히 그들에 의해 조장된) 육신을 적대하고 **여성을 평가절하하는 경향들**이 존재했다는 것도 부인할 수 없다. 매우 개방적이던 신학자 알렉산드리아의 클레멘스조차(그는 스토아적 정신으로 남자와 여자의 동등성을 옹호했고, 평생의 성적 금욕은 바람직하게 여기지 않았으며, 독신을 결코 그리스도인의 고결한 삶의 이상으로 간주하지 않았다) 거리낌없이 남자에 대한 여자의 복종을 지지했다. 그밖에 여성의 열등함과 교회직무로부터의 여성 배제를 지치지도 않고 주장한 주교와 신학자들이 수없이 많았다.

신약성서와 초기 교회 문헌 해석사史도 그런 사정을 반영한다. 그리고 특히 이 "여성 문제"에서, 자료에 대한 해석이 그때그때 시대의 이데올로기적 관심에 얼마나 크게 예속되는지가 뚜렷이 드러난다. 오랫동안 사람들은 교회가 원하는 여성의 복종을 마치 당연하다는 듯이 하느님의 계시이자 거룩한 전통으로 정당화해 왔고, 지금도 로마·영국 등지의 상당수 보수파 성직자들은 이런 짓을 계속하고 있다. 그러나 오늘날 그리스도교 세계의 큰 흐름은 어느 쪽인가

하면, "여성에 관한" 교부들의 긍정적 진술들을 강조하고 여성해방에 있어서의 특별한 공헌을 그리스도교에 돌리고 있다. 그러면 누가 옳은가?

이 문제와 관련하여 일찍이 역사학자 **클라우스 트레데**는 자료 정사精査를 통해 결정적 요점에 주의를 환기시켰다: 2~3세기 그리스도교 공동체에서 여성의 비율이 높게 나타나긴 하지만, 교회에서의 여성 동등권은 전혀 별개의 문제였다. 정통파 신학자들은 오히려 여성해방을 저지하려 했다: "여기서 정통 그리스도교는 금욕주의적 이상들이 확고히 자리잡아 갈수록 … 더욱 보수적으로 사고했으니, 화장·위생·유행 복장 등에 관한 아예 틀에 박힌 비난이 그것의 한 예이다. … 윤리적 근본 입장에 있어 대교회는 (그리스도교가 여성해방을 촉진시켰다는 요즘 널리 퍼져 있는 견해와는 반대로) 황제 시대의 현실상황에도 훨씬 미치지 못했다(부분적으로는 철학적 이론에서도 뒤처져 있었다. 그리스도교 이전 시대의 반反여성해방적 도덕설교의 유산이 여전히 막강한 위력을 지니고 있었다)."[110]

여성에 "관한" 교부들의 증언뿐 아니라 당시 여성들의 삶의 세계와 자기이해를 어느 정도 제대로 파악하기 위해서는, **"교부" 문헌** 전체를 새로이, 부분적으로는 "뒤집어서" 읽어야 할 것이다. 이것은 물론 쉽지 않은 작업이다. 초기 교회의 규범(카논)·교회 규율·금욕주의적 논설·성인聖人 설화 문헌들만 대상으로 삼는다 하더라도, **여성들의 삶의 현실과 자기이해를 복원**하기 위해서는 매우 힘겨운 꼼꼼한 작업을 통한 역사적 **흔적 추적**이 필요하기 때문이다. 튀빙언 대학교의 기획 연구 "여성과 그리스도교"의 일환으로 여성 가톨릭 신학자이자 역사학자인 **안네 옌센**이 선구적 연구 작업을 시도했는데, 여기서 그 주요 성과에 의존해도 좋으리라 생각한다.[111] 옌센은 전통적인 교회사 서술(여기서는 "승리자들의 관점"이 지배하고 있다. 다시 말해 후대에 그어진 대교회와 "이단자들" 사이의 경계선을 무비판적으로 받아들이고 있다)을 극복하려 진력했는데, 그것은 마땅했다.[112]

옌센이 최초로 시도한 초기 교회의 네 가지 권위있는 **교회사**(에우세비우스·소크라테스·소조메노스·테오도레투스)의 비교 연구가 뚜렷이 밝혀준 것:[113] 가이사리아의 주교 에우세비우스가 325년경 펴낸 처음 3세기간의 교회사는 나머지 세 사람의 4~5세기 교회사보다 여성들의 적극적 교회활동을 훨씬 많이 전해준다. 세 사람의 교회사에서는 **여성들의 난외화**欄外化**와 익명화** 경향이 뚜렷하다. 이들의 저서가 다른 문헌들이 탁월한 영적 권위에 관해 전해주는 자주적 여성 금욕수행자들에 대해 기록하지 않은 것은 주목할 만하다. 반면 에우세비우스와 그가 언급하는 증인들에게는 여성 부제들 또는 그들의 선배 격인 교회가 인정하던 공동체 봉사 "과부들"에 대한 기록이 없다. 그러나 후대의 기록에서는 이러한 서품된 여성 교직자들을 좀더 많이 찾아볼 수 있다는 사실도, 여성의 적극적 교회활동 증대의 증거는 아니다. 오히려 다른 문헌들과의 비판적 비교·분석은, 부제직 제정은 비록 그것이 여성들에게 교회 내의 활동 공간을 어느 정도 마련해주었다 할지라도, 제한적 조처의 하나로 보아야 함을 말해준다. 갈수록 주교의 감독을 받게 된 "동정녀들"의 공동체에도 같은 말을 할 수 있으니, 교회는 이들을 단호히 자주적으로 살아가던 여성 금욕수행자들보다 선호했다.

여성 순교자·예언자·교사들 되찾기

고대교회사 전체에 관한 이러한 조망 후, 옌센은 그리스도교 초기의 특히 중요한 여성 집단도 하나하나 분석했다. **순교자**[114] 기록들의 고찰 결과: 순교자 수는 남자가 훨씬 많지만, 기록된 순교녀들은 남자들과 동등하게 묘사되어 있다. 특히 노예 블란디나가 중심인물이었던 177년 리옹에서의 재판·순교 기록과, 203년 카르타고에서 있었던 페르페투아와 펠리키타스의 재판·순교 기록은 주목할 만하다(페르페투아 자신이 갇혀 있는 동안 재판에 관해 기록한 것이 있는데, 이 시대 여성들의 몇 안되는 자기증언의 하나다). 이 문서들에 대한 신학적 분석이 밝혀준 것: 생명을 걸고 그리스도를 증언한 여성 고백자들은 남성 고백자들과 똑같이 성령에 사로잡힌 부활의 증인들로 인정받았다. 박해 시대에 많은 교회 공동체가 그녀들에게 배교했던 그리스도인들을 공동체에 다시 받아들이는 권한을 부여하기도 했다. 물론 일반화는 경계해야 한다: 이러한 "고백 교회" 개별 집단들의 평등주의적 실천이 당시 그리스도교계 전체를 대표하는 것은 아니다.

그리스도교 초기에 특히 여성 **예언자들**[115]이 성령에 사로잡힌 증거자들로 여겨졌다. 우리는 여기서 앞에 언급한 "몬타누스파"와 다시 마주치는데, 2세기

프리기아 지방에서 일어난 이 예언운동은 몬타누스뿐 아니라 여예언자 브리스카 및 막시밀라의 이름과 결부되어 있다. 이 "새로운 예언"(독자적 교회로 발전한 이 운동의 자칭)만큼 후대의 인신공격성 텍스트들에 대한 무비판적 독해에 의해 이단시되고 배척당한 그리스도교 초기 운동은 없을 것이다. 아무튼 공격 뒤에 감춰진 사실들을 발견하기 위한 원전 연구와 전해오는 약간의 예언들에 대한 고찰은, "몬타누스파"라는 오늘날의 이름은 타당하지 않다는 것을 두 가지 점에서 밝혔다: 우선 이 이름은 운동의 정신적 지도자들이었던 여자들을 중심에 내세우지 않고, 그녀들에게 조직상의 거점을 제공한 그녀들의 "대리인" 몬타누스를 전면에 부각시킨다. 그러나 무엇보다도 이 이름은 그 운동이 어디까지나 평등주의적·카리스마적 정신을 내세웠기에 "우두머리"가 없었는데도 마치 그런 인물이 있었던 것처럼 암시한다. 보존되어온 원전들에 따르면, 이 "새로운 예언" 운동에서 가장 중요했던 인물은 **브리스카**였음이 틀림없다. 그러므로 여기서도 2세기 그리스도교 공동체들에서 **남자와 여자의 실제적 동등성의 실천의 흔적**이 다시 발견된다. 여기서 특히 유의해야 할 것은, 후대의 논쟁에서야 비로소 여성들의 적극적 활동 자체가 비판의 대상이 되었다는 점이다.

역사서술에서 "승리자 관점"을 극복하는 것이 얼마나 풍요로운 결실을 가져다주는지는, **교사**[116]로서 교회에서 공적으로 활동한 여성들에 관한 연구가 특히 뚜렷이 보여준다. 우리는 그 여성들을 특히 영지주의와 관련된 운동들을 배경으로 하여 이해해야 한다. 그렇게 한다면, 예를 들어 오늘날엔 거의 잊혀졌으나 매우 중요한 여신학자 **필루메네**를 재발견하고 그녀의 진가를 인정할 수 있을 것이다. 필루메네는 2세기 로마에서 한 학파의 우두머리였으며, 바로 마르키온의 경쟁자였다. 영지주의와 대교회 사이에서 중도적 입장을 취했던 이 교사요 예언자는 부활에 관한 철저한 영적(육신과 무관한) 이해를 주창했는데, 그러면서도 그리스도 가현설에 떨어지지는 않았다. 데미우르고스 같은 존재가 세상을 창조했다는 관념은 선한 창조주를 이 세상의 악과 떼어놓기는 하지만, 세상과 물질을 악한 것으로 배척하는 철저한 이원론으로 귀결되지는 않는다. 요컨대 필루메네는 나름대로 고대 말엽 유다교 성서 사상과 헬레니즘 철학 사상 간의 새로운 종합을 꾀한 중요한 선구자의 한 사람이었다. 그러나 이 학파의 창시자는 이미 4세기부터 그리고 근대의 교회사에서는 더욱, 그녀의 선포를 기록으로 보존하고 그녀의 교설을 널리 유포시킨 남성 제자 아펠레스에 가려져 버렸다.

지금까지의 여성 연구의 결과들을 일별하면, 예상했던 것보다 사정이 복잡하다는 것이 드러난다. 신약성서 시대에 관한 피오렌차의 연구와 유사하게, 엔센의 분석도 다음과 같은 모순을 뚜렷이 보여준다:

● 여성들은 남성중심으로 윤색된 문헌들이 추측하는 것보다 훨씬 적극적이고 강력하게 그리스도교의 전파에 기여했다.

● 다른 한편 성의 동등권을 저지하려는 세력들 또한 어디서나 작용했다. 평등주의적 정신의 철저한 실현에 대한 저항이 갈수록 증대했다.

여성들의 대안적 삶의 방식 — 그리고 그 어두운 면들

엔센이 밝혀낸 바에 따르면, 여성들의 적극적 교회활동을 저지하려는 많은 조처들이 처음에는 거의 성공하지 못했는데, 까닭인즉 그리스도인이 된 헬레니즘적 로마 여성들은 쉽사리 길들여지지 않았기 때문이다. 그 여성들은 정치적 직위를 차지할 수는 없었으나, 그럼에도 말 그대로 "해방"되어e-manzipiert 있었다: 그녀들은 남편들의 "손"manus 안에 있지 않고 자유로운 배우자였으며, 일정한 재산을 지닌 한 경제적으로 독립해 있었다. 그래서 상류층 여성들은 결혼생활에서도 자결自決이 전적으로 가능했다. 이러한 사실이 왜 옛 문헌들에 여성들이 그리스도교로의 개종을 통해 자신들의 "여성 조건"의 개선을 기대했음을 말해주는 증거가 전혀 없는지를 설명해준다.

그럼에도 많은 독신녀들(미혼녀든 과부든)이 전통적 가정생활을 거부하는 결단을 내렸다. 그래서 이제 **과부**들이 교회 공동체에서 중요한 역할을 하게 되었고, 곧이어 **동정녀**, 즉 아예 결혼에 뜻 없는 젊은 여자들도 그렇게 되었다. 물론 금욕 애호는 당시의 일반적 현상으로서, 여자나 그리스도인에게 국한된 것은 아니었다. 그러나 어쨌든 이 자발적인 신자 독신녀들은 교회 안에 조직을 이루었거니와, 당시 헬레니즘 사회에서 그만큼 널리 퍼져나간 여성 조직은 없었다.

그리스도교 밖에서 아내와 어머니로서의 전통적 역할을 거부한 여성들은 거의 언제나 개인이었다. 그러나 이제 그리스도교 내에서 생물학적 조건에 의해 규정되지 않는, 큰 무리의 여성들을 위한 **대안적 삶의 방식들**이 가능해졌다. 이러한 제도화는 여성들에게 물질적 생계뿐 아니라 높은 수준의 사회적 인정도 보장했다. 이로써 여성들을 정해진 사회적 역할에 속박하는 것은 분쇄·극복되었다. 이 새로운 삶의 방식들의 토대를 놓은 사람들은 두말할 것 없이 그리스도인 여성들 자신이거니와, 오늘에 이르기까지 다양한 특색을 지닌 수도회·공동체·협회들에서 결혼생활의 대안을 찾는 것은 근본적으로 남자들보다 여자들의 선택이다. 여성에 대한 전적으로 생물학적인 규정으로부터 벗어난 이러한 새로운 여성 이해는 **해방의 역사에 근본적으로 중요한 기여**를 했다.

물론: 고래古來의 성의 역할에 대한 이러한 상대화는 그 나름의 문제를 내포하고 있었다. 철저한 **성의 포기**를 통해서만 생물학적 결정론에서 벗어남이 가능했기 때문이다. 그리고 그리스도교에서 아내와 어머니가 아닌 여성들은 이성의 포기가 **종교적·금욕주의적으로 근거**있을 때에만 사회적 인정을 받았다. 그러나 바로 이 점에서 갈등이 발생했다. 왜? 평범한 가정생활을 거부하기로 결단하는 여성들의 동기가 사실 각양각색이었기 때문이다. 어떤 여성들에게는 성의 포기가 세속 삶에 대한 철저한 거부를 의미했고, 또 그런 것으로서 교회에 의해 인정, 아니 더 나아가 치하받았다. 그러나 또 어떤 여성들에게는 성의 포기가 생물학적 속박에서 해방되어 다른 사명을 맡기 위해 행해졌다. 하지만 많은 사람들은 이것을 "남자의" 역할 및 그것과 결부된 지배권을 넘보는 행위로 여겼다. 교회는 이러한 행위를 개별적·예외적인 경우에는 묵인하기도 했으나, 그것이 집단적 현상이 되자 갈수록 위협적으로 인식했음이 확실하다. 그리하여 상반된 반응들이 생겨났다:

— **"긍정적" 해결책**은 **"성에서 벗어난" 동정자**(여자든 남자든)에 관한 신학 확립이었다. 말하자면 성의 근본적 초월인데, 이것은 이론적으로는 남자와 여자의 완전한 동등권에, 실천적으로는 편견없는 형제자매적 친교에 귀결되어야 할 터였다. 이 모델에서는 성의 위계位階는 있을 수 없었다. 그러므로 여기서는 성의

극복이 성에 대한 적대와 당초부터 동일시될 수는 없었지만, 걸핏하면 그렇게 되었다.

— **"부정적" 해결책**은 특수한 형태의 여성 경멸이었는데, 이것은 곧 금욕주의 운동의 일각을 지배하게 될 터였다. 통제할 수 없게 될지도 모르는 추세에 대한 두려움은, 그릇된 길로 유혹하는 여성에 관한 적대적 표상을 만들어냈다. 이러한 경향은 고대교회에서 점차 확고히 자리잡았고, 성의 분리 원칙으로 귀결되었다. 이로써 치명적인 상호작용이 시작되었다: 제국교회에서는 교권제도적 관념이 그리스도교 본래의 평등주의적 노력들을 갈수록 강하게 억압했고, 금욕주의에도 깊은 영향을 끼쳤다. 반면 점증하던 성적 염세주의는 수도원 너머 교회와 사회에도 큰 영향을 미쳤다. 교회생활에 적극적으로 참여하려던 미혼 여성들도 결국은 거의 모두 성직계급에서 배제되었다. 양성의 관계에 대한 규정에서 마침내 교권제도의 관념이 승리했다(평등주의 정신이 그리스도교에서 다시 기반을 확보하게 되는 것은 근대 자유교회 운동에서다). 아무튼 우리는 교회 초기 그리스도교에 의한 여성해방에 관해 말할 수 있을까?

그리스도교에 의한 여성해방?

엔센은 널리 퍼진 다음의 두 가지 주장이 거짓임을 밝혔으니, 그것들은 실상 궤변의 호교론적 여성해방주의적 변형과 보수적 반여성해방주의적 변형에 불과하다: ① 대교회보다 이단들이 여성에게 우호적이었다. ② 여자가 남자보다 이단 사조에 쉽게 빠져들었기 때문에, 교회는 여자들이 가르치는 것을 금지할 수밖에 없었다. 그러나 원전들에 대한 꼼꼼한 분석이 도달한 결론: 배척당한 "이단적" 교회들 안에서도 철저한 평등주의 정신은 오래 견지되지 못했다. 다시 말해서: 고대 말엽 **여성에 대한 우호와 적대 사이의 경계선은 종교들이나 종파들 간의 경계선과 일치하지 않았다.**

또하나 중요한 점: 그리스도교의 전통적 호교론은, 성서적 유산을 내세우면서, 성에 대한 적대를 흔히 이교도들 탓으로 돌렸다. 그러나 그것 역시 무책임한 짓이었으니, 초기 그리스도교계가 세상 기피 성향을 헬레니즘 문화로부터만

넘겨받은 것은 아니기 때문이다. 초기 그리스도교계는 그리스도교 고유의 세계 종말 및 심판에 대한 임박 기대와 더불어 세상 기피 성향을 첨예화했으니, 이것은 특히 **금욕주의 이상**에서 뚜렷이 드러난다: 고대 말엽 일반사회에서 금욕생활에의 결단은 어디까지나 개인적 우월성의 문제로 남아 있을 수 있었던 반면, **교회의 가르침에서의 독신**은 시간이 흐르면서 구원사에 근거한 **우월성**을 획득하게 되었다. 이것은 직접적으로는 성에 대한 평가절하로, 간접적으로는 여성에 대한 평가절하로 귀결되었으니, 여자들은, 금욕생활을 하지 않는 한, 갈수록 아예 생물학적·성적 존재로 간주되었다.

물론 이미 고대의 인본주의적 이상이 모든 인간의 동일한 인간적 존엄성, 남자와 여자, 노예와 주인, 빈자와 부자의 동일한 존엄성을 강조했음은 이론의 여지가 없다. 그러므로 그리스도교의 평등 정신과 고대 평등 정신의 결합은 마땅히 기대할 만했다. 그런데 왜 역사는 달리 진행되었던가? 여기엔 여러 요인이 작용했음이 틀림없으니, 서구 그리스도교계의 역사에서 여성차별이 증대한 것을 그리스도교의 전파 하나**만으로는** 설명할 수 없기 때문이다.

그러므로 무엇보다도 중립적 질문을 제기하는 것이 중요하다: **초기 교회에서 참된 여성해방을 가로막은 것은 무엇이었던가?** 여러 요인 가운데 특히 세 가지가 중요한데, 이제 이것들이 슬프게도 고대교회의 헬레니즘적 패러다임을 점차 강력히 규정하게 될 터였다:

― **교권제도적 구조들**의 확립: 로마제국뿐 아니라 교회들 안에서도 평등 정신과 정치적 권력관계가 힘을 겨루었다. 동등성 원칙은 주로 개인적 영역에서만 주장되었고, 특히 성사聖事 분야에서는 남성 지배권이 관철되었다.

― **성에 대한 적대**: 이것은 그리스도교에서 기인한 현상이 아니라 고대 말엽의 일반적 현상이었으나, 그리스도교계 안에서 특유한 모습으로 발전했다.

― **교육 경시**: 교육(교양)은 헬레니즘 이상의 하나였고 그리스도교에서도 처음엔 무시되지 않았으나, 나중에는 부분적으로, 특히 여성 교육의 경우에 공공연히 멸시되었다. 이것은 여자들을 그저 "살덩어리"로 간주하게끔 하는 데 큰 몫을 했다.

오늘날도 전통을 논거로?

예수, 팔레스티나의 유다계 그리스도교 공동체들 그리고 바울로의 이방계 그리스도교 공동체들의 근본입장에 비추어볼 때, 이 여성 적대 전통을 어찌 평가해야 할까? 명백히 밝혀진 사실: 수직적 교권제도가 예수와 초기 그리스도인들에 의해 끌지어진 형제자매성을 갈수록 강하게 억눌렀다. 교회는 성에 대한 적대를 (예수의 가르침에서는 하느님 나라를 위한 결혼과 가정의 단호한 상대화 외에는 그 비슷한 것도 찾아볼 수 없건만) 고대 전통으로부터 넘겨받았고, 이것은 여자들의 고통스러운 업業이 되어 널리 퍼져나갔다. 교육은 사실 예수의 가르침에서도 적극적 가치로서 뚜렷이 부각되지는 않는다. 배우지 못한 사람도 하느님 나라에 들어갈 수 있다. 그러나 바울로는 박식한 유다계 그리스도인이었고, 에페소서나 히브리서 같은 극히 신학적이고 세련된 서간들의 (가명) 저자들 역시 그러했다. 어쨌든 교육 경시에 있어서도 그 근거로 예수를 (바울로나 여타 신약성서 저자들은 말할 것도 없고) 끌어대서는 안된다. 특히 여성들의 "가르침 금지령"으로 귀결되거나, 여성을 오로지 성적 역할에 터해 규정하기 위한 구실로 이용된 교육 경시의 빌미를 예수에게서 끄집어낼 수는 없다.

그러면 그리스도교는 초기 교회 여성해방에서 어떠한 의미를 지니고 있었던가? 대답: 그리스도교는 여성해방을 이루어내지 못했다. 그리스도교는 여성해방을 촉진시킬 수도 있었고, 또한 대안적 삶의 방식을 통해서 행한 것 이상으로 촉진시켜야만 했다. 그러나 오히려 후대의 교리와 실천에서 점증하게 될 여성 적대로의 전환이 2~3세기에 이루어졌다. 고대 말엽 사회에서 여성들은 자신들의 해방을 이미 널리 성취했다. 반면 "3세기 이래 여성의 교회직무 종사를 금지하는 금령들이 갈수록 많이 생겨났는데, 이것은 일반사회에서와 달리 교회에서는 정반대의 관행들이 이루어지고 있었음"을 뚜렷이 확인해준다. "그리하여 교회 차원에서나 사회 차원에서나 정통파의 정치적·교조적 세력 증대와 여성해방에 대한 억압의 증대는 서로 보조를 맞춘다"(트레데).[117]

상황이 그렇게 전개되어서는 안되었으니, 고대 인본주의의 유산과 그리스도교의 복음 모두 다른 방향의 길을 가리켜주었기 때문이다. 어쨌든 오늘을 염두

에 두고 말해야겠다: 고대교회 헬레니즘 패러다임의 그리스도교를 그럭저럭 "이해해 줄 만하다" 할지라도, 오늘날에도 여전히 그리스도 교회들이 공공연하거나 은근한 여성차별을 **"교회 전통"**을 근거로 내세워 고집한다면, 그것은 용납할 수 없다. 여기서도 미래를 위한 물음들이 제기되는바[118], 이 물음들은 특히 정교회와 로마 가톨릭 교회에 던져져야 할 터이다:

미래를 위한 물음

● 정교회와 로마 가톨릭 교회는 무슨 권한으로 교회직무에서 여성의 완전한 동등권을 거부하는가? 여성은 "그리스도의 표상"이 될 수 없다는 따위의 전통신학적 정당화 구조들을 예수와 초기 그리스도교 공동체들[119]의 본디 정신에 터해 문제삼아야 하지 않을까? 초기교회 여성들(페베, 브리스카 등)의 지도적 역할과 오늘날 경제·학문·문화·국가·사회에서 완전히 달라진 여성의 지위를 감안하건대, 여성 사제 허용을 미루어도 될까? 예수와 초기교회는 여성의 가치를 인정함에 있어 시대를 앞서가지 않았던가? 여성 사제서품 금지를 고집하는 교회들은 복음과 다른 교회들에게 한참 뒤떨어진 것이 아닌가?

● 감리교회가 교회 최초로 1980년에, 미국 성공회는 1989년에 그리고 독일 루터 교회는 1992년에 여성을 주교(감독)로 선출했다. 가톨릭 교회와 정교회의 대표자들은 무슨 권한으로 일치운동을 위한 "대화"를 협박하고 심각한 문제들을 야기하는가? 일치운동을 위한 대화가 여성 동등권을 짓밟고 나아가야 한단 말인가? 오히려 거꾸로 여성 주교·사제직을 거부하는 교회들이야말로 자신들의 기이한 관행을 복음과 초기 교회 전통에 비추어 자기비판적으로 검증해야 하지 않을까?

● 이제는 정교회와 가톨릭 교회가 성직과 여성 문제에서는 개신교회와 성공회가 자신들보다 복음에 더 충실함을 인정해야 할 때가 된 것이 아닐까? 보수적인 "자매 교회들"을 끌어대는 것은 자기 교회 안의 개혁을 저지하기 위한 구실이 아닌가? 지금이야말로 복음 정신에 터해 여성에 대한 차별·불신·모독 관행을 끝장내고, 교회 안에서도 여성들에게 마땅히 주어져야 할 존엄성과 적절한 법적·사회적 지위를 보장해주어야 할 때가 아닐까?

여성들도 잊어서는 안될 사실: 고대교회 헬레니즘 패러다임에 뚜렷이 나타났고 중세 로마 가톨릭 패러다임에서 더욱 확립된 남성 지배권은 신약성서에선 눈씻고 봐도 찾을 수 없는 저 금령이 없었다면 거의 불가능했을 것이니, 곧 **성직자 결혼 금지령**(독신법)이다(동방교회들에서는 물론 주교들에게만 해당되고, 로마 가톨릭 교회에선 모든 사제·부제들에게도 강요된다). 피터 브라운은 옳게 말했다: "이 점에서 그리스도교계는 '큰 거부'를 선택했다. … 랍비직職이 결혼을 지혜의 반半의무적 시금석으로 수용했기 때문에 우월한 지위를 획득했던 바로 그 시대에, 그리스도교 교회 지도자들은 정반대 방향으로 나아갔다. 그리스도교 사회에서 지도적 지위로의 진출은 반의무적 독신과 동일시되었다. 한 권력구조가 성의 포기 같은 매우 개인적인 행위를 토대로 하여 그렇게 빠른 속도로 그렇게 날카롭게 편을 가르며 확립되었다는 것은 매우 기이한 일이다."[120]

⑤ 그리스도론에서의 패러다임 전환

채드윅에 의하면 어린 그리스도교계의 옹골찬 힘을 처음 알아본 사람은 3세기 알렉산드리아의 철학자 켈수스다: "이 비정치적인 정적靜寂주의·평화주의 공동체는 로마제국의 사회적·정치적 질서를 변화시킬 힘을 지니고 있다."[121] 당시 켈수스와 전통적인 다신교에 관한 그의 포괄적인 철학적·신학적 논증에 당당히 맞서기 위해서는 그리스도 교회 최고의 두뇌가 필요했으니, 다름아닌 **오리게네스**[122]였다. 학문의 도시 알렉산드리아 출신인 오리게네스는 많은 칭송을 받아왔으나 한편으로는 그를 둘러싼 논쟁도 계속되어 왔다. 나는 최근 「위대한 그리스도교 사상가들」에서 오리게네스에 관해 긴 장章을 할애한 바 있기에, 여기서는 꼭 필요한 정보만 제공하기로 한다.

학문적 신학의 첫 본보기: 오리게네스

유념할 점: 그리스 교부들 가운데 비할 나위 없는 천재요 만족할 줄 모르는 지식욕, 해박한 학식, 엄청난 창작욕(에우세비우스가 작성한 문헌목록에 의하면 2천 권의 "책들"

을 썼다)의 인간인 오리게네스는 위대한 열정을 지니고 신학 작업을 했다: 그리스도교와 그리스 문화의 결정적 화해를 위해, 아니 더 낫게 표현하여, **그리스 문화를 그리스도교 안으로 지양**止揚하기 위해 신학을 했다. 그러나 헬레니즘의 그리스도교화는 또한 그리스도교의 헬레니즘화로 귀결될 수밖에 없었다. 오리게네스의 신학은 패러다임 전환을 의미하는 것은 아니지만, **바울로가 창시한 이방계 그리스도교 헬레니즘 패러다임의 신학적 완성**을 의미한다.

완성이 뜻하는 것: 헬레니즘의 인간으로 머물렀으면서도 확고부동한 그리스도인이었고, (플로티노스의 전기 작가 포르피리우스가 격분하면서도 경탄하며 증언했듯) 그리스도인의 병역 의무는 강력히 거부했지만 (신앙 문제 외에는) 국가권력에 충성스러웠던 평화주의자 오리게네스는 **학문적 신학의 첫 본보기**(모델)를 창출해냈다. 아니 바로 그 본보기의 체현이었다(이 신학은 고대 그리스도교 세계 전체에 엄청난 영향을 끼치게 될 터였다). 세상 어디서나 가치있는 것을 찾아내는 우주적 정신을 지닌 이 사람은 영지주의를 포함한 그때까지의 모든 신학적 경향과 소재들을 비판적·조직적으로 처리·소화하려 했다. 그리하여 이 경건한 사상가는 참된 문화적 중재자, 아니 그리스도교 고대의 가장 위대한 학자로 자신을 드러냈거니와, 교부학자들의 일치된 견해에 따르면 그는 학문으로서의 신학의 창시자다. 프랑스 교부학자 샤를르 카넨기서의 말은 옳다: "오리게네스는 이러한 종류의 신학에 맞갖은 **실천**의 토대를 놓았고, 그 신학에 필요한 방법론적 이론을 확립했다. 우리는 다만 하나의 새로운 패러다임의 창출은, 오리게네스의 창의성이 그렇게 했듯, 언제나 그처럼 많은 새로운 것을 가져올 수밖에 없는지를 물을 일이다."[123]

어쨌든: 오리게네스는 교회 공동체에 굳게 뿌리박고 있으면서도 동시에 이교 및 유다교 학자들과 끊임없이 대화하면서, 알아듣기 쉬운 언어로 새로운 길들을 꼼꼼히 개척해나갈 수 있었다: 그리스도교 호교론(그는 「켈수스 반박」에서 이 이교도 철학자를 조목조목 논박한다)과 성서주석(성서의 거의 모든 문헌에 대한 해설과 설교)을 위해서뿐 아니라, 성서 메시지의 조직신학적 삼투를 위한 새로운 길들 말이다. 이방계 그리스도교의 헬레니즘적 패러다임이 완성된 내용을 좀더 구체적으로 고찰하기로 하자:

오리게네스는 **그리스도교에 관한 체계적 설명**의 새로운 길들을 개척했다: 고대 그리스도교의 가장 뛰어난 언어학자인 오리게네스는, 추측건대 공공연한 비난에 대한 응답으로서, "헥사플라"Hexapla(여섯 칸으로 이루어진 본문비평 히브리어-그리스어 성서 판본) 작업과 엄청난 창세기 주석 작업을 중단하고, 하나의 거대한 체계적 구상 속에 자신의 신학사상을 집약했다. 이 구상은 그 관념론에서는 플라톤으로부터, 진화론적 특성은 스토아 학파로부터 영감을 얻었다. 이 저작의 제목은 「원리들에 관하여」인데, 존재·인식·그리스도교 교리의 근본원리들을 다룬다. 이 저작은 너무 대담한 몇 가지 주장(특히 영혼의 선재와 종말 때 만유의 화해에 관한) 때문에 오리게네스를 논란 많은 신학자로 만들었고, 죽은 뒤에도 그에게 이단이라는 비난과 단죄를 안겨주었다. 이 일은 그의 저작에 치명적 영향을 끼쳤으니, 그 책은 그저 단편들만 전해져 온다(특히 루피누스의 라틴어 번역본). 아무튼 오리게네스는 고수해야 할 교회 전통의 "교의들"dogmata과 토론되어야 할 미해결의 "문제들"problemata을 엄밀히 구별했고, 그러한 문제 해결을 위해 벌써 당시에 주교들에 맞서 신학자들의 사상의 자유를 요구·실천했다.[124]

가장 완전한 종교인 그리스도교

오리게네스는 그리스도교 신앙과 헬레니즘 교양의 결합을 시도하여, **그리스도교가 가장 완전한 종교**로 나타나게 했다. 그는 이것을 최초의 신학적 체계 안에서 논증하는데, 이 체계는 성서에 터하여 그리고 물론 사도들과 교회의 신앙전승을 따라, 무슨 "교의학"이라기보다는 "그리스도 신앙의 가르침"[125]을 처음으로 확립하고자 했다. 매우 사려깊은 이 문제있는 사상가에게는 다양한 주제들에 관한 응집성 있는 논구가 진리 추구의 한 표지였다. 아무튼 오리게네스는 「원리들에 관하여」의 네 책에서 거창한 세 가지 논증, 하느님과 그분의 자기개진, 창조된 영(인간)들의 타락, 구원과 회복(4권에서는 우의적 성서해석을 다룬다)을 통해 그리스도교 전체를 제시한다. 이렇게 오리게네스는 그리스도교의 중심적인 "요소들과 토대들"로부터 "응집성 있는 유기적인 전체"[126], 거대한 종합을 이끌어낸다. 그리고 이 종합은 그리스 철학의 사유와 전적으로 상응하니, 여기서는 모든 것이 하강과 재再상승 그리고 영원한 이데아와 덧없는 시간적 현상現象의 철저한 분리라는 플라톤주의적·영지주의적 도식 안에서 서술된다.

오리게네스는 선배인 알렉산드리아의 클레멘스의 노선을 좇아 인류 역사를 끊임없이 위로 나아가는 웅대한 **교육과정**으로 이해한다: **인간들과 함께하시는 하느님의 교육학**paideia으로! 이것이 의미하는 바: 죄와 허물 때문에 인간 안에 파묻힌 하느님의 모상이 하느님 자신의 섭리와 교육학을 통해 그리스도 안에서 다시 회복된다. 그리하여 인간은 확정된 구원계획에 따라 완성에로 이끌어진다. 그리스도 안에서 "신성과 인성의 결합이 시작되었거니와, 그것은 인성이 신성과의 긴밀한 교섭을 통해 신적으로 되기 위함이다."[127] 이 계획에 따르면, **하느님의 사람되심** 자체는 **인간의 하느님됨의 전제조건**이다!

이러한 체계적 구상을 전개하는 도구가 **우의적**allegorisch **성서해석**이다. 옛 그리스 철학자들이 신화들(특히 호메로스의 신화)을, 서력 기원 무렵 알렉산드리아의 유다인 필로가 모세 5경을 해석할 때처럼, 오리게네스는 성서를 역사적으로 해석하지 않고 "우의적"으로, 즉 상징적·비유적·영적으로 해석했다. 그 까닭은, 성서가 글자 그대로 해석할 경우 종종 하느님께 어울리지 않는 비도덕적이고 모순되는 내용들을 포함하기 때문만은 아니었다(이러한 모순성을 영지주의자들과 마르키온은 일찍이 구약성서에 대한 비판으로서 제기했던 터였다). 오리게네스는 오직 우의적 해석을 통해서만, 영감받은 하느님 말씀이요 로고스의 현존 장소인 성서의 깊은 심연과 비밀을 캐낼 수 있다고 믿었다. 아무튼 오리게네스에게 성서의 모든 것은 어디까지나 "영적" 의미를 지니지 역사적 의미만 지니지 않았다. 우주와 인간이 육·혼·영으로 이루어져 있듯이, 과연 성서도 **3중 의미**를 지니고 있다[128]:

— 육적·자구적·역사적 의미: 육적 인간은 그리스도에게서 그저 인간만을 알아본다.

— 혼적·도덕적 의미: 혼적 인간은 예수에게서 단지 그의 시대의 역사적 구원자만을 알아본다.

— 영적·우의적·신학적 의미: 영적 인간은 그리스도에게서 이미 한처음부터 하느님 곁에 계시는 영원한 로고스를 알아본다.

이 탁월한 문화중개자 오리게네스의 작업을 역사적으로 평가해보면, 다음 사실을 확인하게 된다: 여기서는 모든 것이 우리가 유다교(당시에도 생생히 살아 있었다)에 관해 들어온 내용과 너무나 다르다! 오리게네스의 작업에서 관건이 되는 것은 유다교 묵시문학 패러다임과는 다른 새로운 패러다임, 다시 말해 **헬레니즘**으로 꼴지어진 "신념·가치·행동양식들의 총체"인바, 이것은 말하자면 헬레니즘 당대를 위한 "현대적" 패러다임이었다: "오리게네스는 자신이 속해 있던 보편적 문화에 어떻게 그리스도교 신앙이 자유롭게 접근할 수 있는지를 개인적으로 예시하는 가운데, 비할 바 없는 천재적 능력을 통해 무엇이 다음 시대 교회 전체를 위한 패러다임이 되어야 할지를 깨달았으니, 곧 **그리스도교 신학 안으로 '현대적인 것'을 수용**하는 것이었다."[129]

새로운 패러다임의 특징들(성서 정경, 교회의 신앙전통, 주교직 그리고 중도 플라톤주의와 신플라톤주의 철학사상)은 성서 본문을 여러모로 새롭게 새기는 이 알렉산드리아 사람의 우의적 성서해석의 해석학적 틀이기도 했다. 그의 영적 성서해석은, 사모사타의 루키아누스에게 소급되는 안티오키아 학파의 무미건조한 자구적·역사적 해석에 맞서, 마침내 동방과 서방의 신학에서 확고히 자리잡게 되었다. 유다교에서 물려받은 묵시문학적 종말 임박 기대의 모델 대신, 이제는 (루가의 두 작품에서 준비되었던) 예수를 시간의 중심으로 인식하는 구원사적 구상이 처음으로 완성되었다. 그리스도 안에서의 하느님의 사람되심이 하느님과 세상 간의 드라마로 이해된 세계 역사의 축점軸點으로 여겨졌다. 하지만 전체적으로 보건대:

문제 많은 중심이동

간과해선 안되는 것: 오리게네스의 사상은 신플라톤주의 헬레니즘의 영향으로 인한 **그리스도교 사상의 중심이동**을 의미한다. 이 전위轉位는 이미 오래 전부터 모습을 드러냈으나, 이제 매우 뚜렷해졌다. "로고스 그리스도론이 교회의 **신앙**에 근본적 관절關節로서 확고히 자리잡음"에서 "신앙이 그리스 철학에 의해 꼴지어진 신앙**교리**로 변형되었음"[130]을 보려 한 하르낙처럼 극단으로 나가지는 않더라도, 우리는 다음과 같은 비판적 물음들을 제기하지 않을 수 없다:

그리스도 선포에서의 강조점 이동

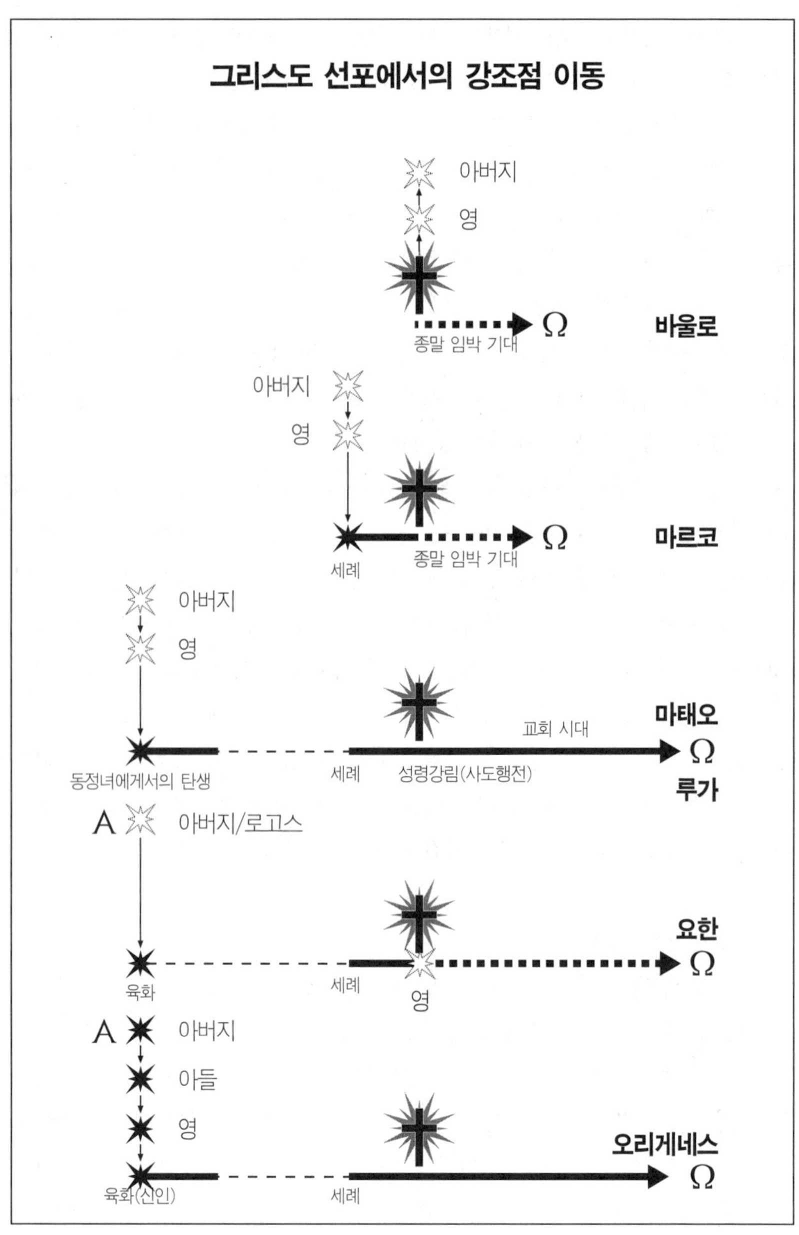

— 오리게네스는 인간이 직면하고 있는 근본 문제를 무엇이라고 생각했던가? 그것은 영적 우주와 물질적 우주, 하느님과 인간에 관한 철저한 이원론이었거니와, 그런 따위는 구약성서도 신약성서도 전혀 알지 못한다.

— 그 결과 오리게네스의 사상체계에서 구원사의 핵심사건은 무엇이었던가? 그것은 하느님과 인간, 영과 물질, 로고스와 육肉 사이의 무한한 차이를 신인神人 그리스도를 통해, 역시 신약성서는 전혀 모르는 방법으로, 극복하는 것이었다.

그 대가는 무엇이었던가? 이제 그리스도교 신학의 중심은 바울로, 마르코 아니 전체 신약성서에서처럼 예수의 십자가와 부활이 아니었다. 새로 중심에 자리잡은 것은 극히 사변적인 문제들이었다: 한 신성 안에서 세 위격이 어떻게 일치를 이루는가; 하느님 말씀의 육화 그리고 그것과 결부하여 플라톤주의에서 말하는 참되고 관념적인 천상계와 헛되고 물질적인 지상계의 균열의 극복을 어떻게 개념할 것인가; 예수는 동정녀요 "하느님을 낳으신 분"theo-tokos의 아들인 인간으로서 먹고 마실 수 있어야 하지만, 하느님으로서 용변을 보거나 성욕을 느낄 수는 없는데, 어떻게 "신인"神人으로 표상할 수 있을까 등. 성서의 본디 메시지에 비추어보건대, 여기서는 그리스도상像이 극히 난해하고 왜곡되었다!

간과해선 안될 것: 이미 초기 그리스 교부들에게서 신학적 근본 관심사는 이스라엘 백성과 나자렛 랍비의 구체적 구원사로부터 거창한 구원론적 체계로 옮겨졌고, 여기서도 (물론 잊지 않고 언급은 하는) 성금요일(그리고 부활절)로부터 성탄절(공현절)로, 아니 하느님 아들의 선재(아들의 영원으로부터의 신적 생명) 그리고 신성 안의 세 "실체"(서방에선 "위격"이라 지칭했다)로 옮겨졌다.

미래를 위한 물음

유다교의 관점에서: 그리스도교 신학자들이 성서의 성령 감응感應을 극단적으로 강조하면서, 성서를 그리스도교의 깊은 비밀들(그들은 이른바 우의적·비유적 방법을 통해 이것들을 밝혀내려 한다)을 담고 있는 책으로 여기고, 나아가 "구약"성서에서 심지어 아버지·아들·영의 삼위일체까지도 찾아낼 수 있다고 생각한다면, 그것은 (구약)성서를 사뭇 외람되이 횡령하는 짓이 아닐까?

오리게네스는 자신의 신학 전체(성서주석·호교론·조직신학)가 뜨겁게 사랑하는 성서의 비밀들을 밝혀내는 작업일 뿐이라는 굳은 신념을 지니고 있었다. 그러나 그는 자신이 아주 특정한 철학적 세계관에 사로잡혀 있음을 깨닫지 못했다. 오늘날에도 동방 정교회 사람들은 교부들의 정통교리는 신약성서 메시지와 온전히 일치하며, 따라서 동방교회들은 초창기 교회와 단절되지 않은 연속성을 보유한다는 확신을 너무나 당연한 듯이 지니고 있다. 마치 패러다임 전환은 일어난 적이 없다는 것처럼!

그러나 특히 헬레니즘적 그리스도론의 발전과정과 오리게네스에게서 시작된 사변적 삼위일체론의 형성과정을 상세히 살펴보면, 다음과 같은 물음들을 더 엄밀히 고찰하지 않을 수 없다: 이 헬레니즘 패러다임에서는 그리스도교 신앙의 중심을 논구하기 위해 참으로 성서 메시지만을 해석했던가? 신약성서의 메시지가 헬레니즘적 개념과 표상들에게 지나치게 침범되지 않았던가? 잊지 말아야 할 것은 당시 어린 그리스도교계는 매우 어려운 처지에 있었다는 사실이다.

온 제국에 걸친 박해

오리게네스가 재개된 그리스도인 박해 와중에 체포되어 고문받고 석방된 후 사망했을 때까지만 해도, 그리스도교계(주로 제국 동부 지역에 전파되었고, 로마에서조차 그리스어를 사용했다)는 아직 소수집단이었다. 3세기에 가장 널리 전파된 것은 인도-페르시아에서 유래하는 미트라스(태양신) 숭배였는데, 이것은 황제 숭배와 연결될 수 있었지만 헬레니즘 문화와는 결합될 수가 없었다. 그리스도교의 경우는 전혀 달랐다. 그리스도교는 오리게네스 이래 헬레니즘 철학의 역량과 사유방식들을 자유로이 사용했다. 그리고 혼합주의적·헬레니즘적 종교성의 풍부한 자극들도 예컨대 세례(이제 유아세례가 갈수록 많이 보급되었다)와 성찬례(희생제사로 여겨졌다)의 이해를 위해 받아들였다.

이제 많은 사람들은 자문하게 되었다: 갈수록 깊이 제국 안으로 뚫고 들어오는 그리스도교가 필경 미래의 종교가 되는 것은 아닐까라고. 이론의 여지 없는 것: 오리게네스는 신앙과 학문, 신학과 철학의 결합을 통해 신학적 전환을 성취했거니와, 이것은 **문화적** 전환(그리스도교와 문화의 결합)을 가능케 했고 또 나름대로 **정치적** 전환(교회와 국가의 결합)을 준비했다. 오리게네스가 죽은 지 50년 남짓에 그리스도교가 갈수록 극렬해진 이교 제국의 온갖 박해에도 불구하고 그렇게 널리 전파되었다는 것은 매우 놀라운 일이다.

이교 제국에 대한 그리스도교의 위험성을 인식하고 온 제국에 걸친 조처로 그리스도교를 뿌리뽑으려 했던 황제 데키우스(249~51)와 발레리아누스(253~60) 치세의 박해들은 일정 지역에 국한된 산발적인 것이 아니라, 10년 내내 그리스도교계를 두려움에 떨게 한 대대적인 것이었다. 특히 258년 발레리아누스의 칙령은 이전 칙령들을 제국의 모든 속주에 강화·적용했다: 주교·사제·부제는 즉결처형, 그리스도인 원로원 의원과 기사騎士들은 신분박탈과 재산몰수 그리고 악질적인 경우는 사형, 귀부인들은 재산몰수와 경우에 따라 귀양, 궁정 관리들은 재산몰수와 황제 장원 강제노동, 모든 교회 건물과 묘지의 몰수 등등. 수많은 사람이 희생되었는데, 그 중에는 갈수록 큰 권력을 요구하던 로마 주교를 거슬러 주교들의 권한을 옹호하던 카르타고의 주교 키프리아누스도 있었다 ….

그러나 온갖 강제조처에도 불구하고 박해는 실패로 끝났다. 260~61년 발레리아누스의 아들 갈리에누스는 반反그리스도인 법령들의 집행을 어쩔 수 없이 포기했다. 그리하여 약 40년간 평온한 시기가 계속되어, 법적으로는 허용되지 않았지만 사실상 용인되었던 그리스도교는 메소포타미아·페르시아·아르메니아·북아프리카·갈리아 그리고 게르마니아와 브리타니아까지도 퍼져나갈 수 있었다. 그리고 유혈 희생제사·훈향·신상·성전 없는, 하느님 숭배의 보다 철학적·정신적 형태인 그리스도교는 식자들과 부자들에게도(황궁과 군대에서조차) 점차 가까이 다가갈 수 있었다.

비교적 평온했던 이 시기는 앞으로 다가올 교회 신학 전성기의 한 전제조건이었다. 이 시기가 없었다면 폭넓은 토론과 조직적 신학이 발전하지 못했을 것이다. 이러한 토론과 신학은 특히 그리스도론의 중심문제와 관련하여 중대한 패러다임 전환을 마무리할 터였다.

헬레니즘 형이상학에로의 전환

그리스도인 공동체들이 처음부터 믿어온 것을 다시 한번 상기하자:

— 십자가에 처형된 인간 예수는 하느님에 의해 새로운 생명에로 깨워 일으켜졌고 메시아로 책봉되었으며 고양高揚되신 주님으로서 세상을 다스리신다.

— 아브라함과 이사악과 야곱의 하느님은 바로 예수가 아버지라고 부른 그 하느님이시다.

— 예수 안에서 예수를 통해 강력히 역사하신 영의 권능은 삼라만상에 삼투할 뿐 아니라, 예수를 그리스도로 믿는 모든 사람에게 힘과 위로를 선사한다.

그래서 우리는 앞에서 그리스도 신앙의 세 가지 본질적 구성요소이자 항구적 도선導線에 관해 말했거니와, 이것들은 이미 신약성서의 신앙고백문들 (예수 그리스도에 대한) 1항짜리 고백문, (하느님과 예수 그리스도에 대한) 2항짜리 고백문, (하느님 예수 그리스도 영에 대한) 3항짜리 고백문 속에 표현되어 있다.[131] **그리스도교 신앙의 중심에 있어서의 패러다임 전환**이 가장 뚜렷이 드러나는 곳은, 바로 처음부터 주어져 있던 마태오 공동체 전승의 3중 세례 양식문에서와 같은 "아버지와 아들과 영"에 대한 이 신앙이다. 바로 이 중심을 이미 초기 이방인 교회는 전혀 다른 관점에서 이해했고, 그로써 새로운 시대가 시작되었다. 그리스도론에서의 이 패러다임 전환을 제대로 이해해야만, 다음 사실들을 이해할 수 있다:

— 왜 메시아 신앙이 그리스도인들과 유다인들 사이에서뿐 아니라, 이방계 그리스도인들과 유다계 그리스도인들 사이에서도 서로 그렇게 달랐던가?

— 왜 그리스도 신앙이 동방의 헬레니즘적 이방계 그리스도 교회들 내에서도 교회 분열을 야기했던가?

— 왜 이미 1천년기에 결국 동·서 교회 사이에 심각한 균열이 생겨, 2천년기에 결정적 분열로 귀결되었던가?

상황 전개과정을 따라가보자: 하느님 아들의 선재에 관해 거의 아무것도 몰랐던 유다계 그리스도교의 그리스도론은 예루살렘 멸망 이후 갈수록 쇠퇴한 반면, 말씀의 선재와 육화에 관한 진술을 담고 있는 요한복음서 머리말이 강력히 대두하여 말 그대로 역사를 만들어나갔다: 곧 교의사 말이다. 이미 2세기에 유스티누스와 초기 그리스도교 호교가들이 한 분 하느님께 대한 신앙과 예수 그리스도의 보편적 의의를 동시에 강조하기 위해 유다계 헬레니즘으로 꼴지어진 요한복음서의 로고스 개념을 그리스의 로고스 형이상학과 결합시켰을 때, **패러다임 전환**은 뚜렷이 드러났다. 왜? 그리스도론의 출발점이 세상에서 활동하다 고양된 그리스도로부터 선재하는 그리스도로 옮겨졌기 때문이다. 탁월한 교의사가 프리드리히 로프스는 이 과정을 옳게 비판했다: "호교가들은 … 아들 개념을 당연한 듯이 **선재하는** 그리스도에게 양도함으로써 4세기에 그리스도론의 난제들이 생겨나게 했고, 그리스도론적 반성의 출발점을 _(역사의 그리스도로부터 선재하는 그리스도로) 멀리 옮겨버렸으며, 예수의 삶을 육화의 그림자로 가려버렸다. 그들은 그리스도론을 우주론과 결합시켰으나 구원론과는 연결시키지 못했다."[132]

호교가들에 의해 관철되어 오리게네스에 이르러 첫 정점에 이른 그리스도론에서의 이 패러다임 전환의 구체적 특징은 무엇인가? 교의신학자들은 흔히 거의 진지하게 인식하지 못했던 것을 교의사가들이 여러모로 뚜렷이 밝혔으니, 다음 세 가지다:

— 앞으로 향해 나아가는 묵시문학적 · 시간적 구원도식(예수의 지상생활 - 수난 - 죽음 - 부활 - 재림) 안에서 사유하는 대신, 이제는 **우주적 · 공간적 도식**(구원자인 하느님 아들의 선재 - 하강 - 상승) 안에서 위로부터 아래로 사고를 전개했다.

— 예수와 하느님의 관계를 성서적 · 구체적 표현방법(예수의 말씀 · 이야기 · 찬가 · 세례식 · 신앙고백 등)으로 설명하는 대신, 이제는 당시 헬레니즘 형이상학의 **존재론적 · 본체론적 개념들**을 통해 설명했다(hypostasis, ousia, physis, prosopon 같은 그리스어 개념들 또는 substantia, essentia, persona 같은 라틴어 개념들이 토론을 지배했다).

— 이 세상 역사에서 아들을 통해 영 안에서 이루어지는 하느님의 역동적 계시활동을 계속 더 깊이 고찰하는 대신, 성찰의 중심이 **당신의 영원성 안에 계신 하느님 자신과 그분의 내밀하고 고유한 본성에 대한** 정태적靜態的 **반성** 그리고 하느님의 세 형상의 선재先在 문제로 옮겨갔다. 신약성서를 관통하는 핵심 물음(메시아 예수는 하느님과 어떠한 관계에 있는가)은 결정적으로 중요한 신학적 문제가 아니었다. 오히려 아버지와 아들과 영이 영원으로부터 서로 어떠한 관계에 있는가라는 물음이 갈수록 결정적 문제로 대두했다.

이러한 관점전환의 한 가지 예: 로마서 서두의 (필경 바울로 이전의) 오래된 신앙고백문과 약 두 세대 뒤 안티오키아의 이냐티우스의 유명한 그리스도론적 정식 사이에는 매우 큰 차이가 있다! 둘다 **하느님의 아들** 그리스도에 관해 말하고 있으나, 그 방식은 전혀 다르다.

— **바울로**의 고백은 사도행전이 전해주는 베드로의 유명한 오순절 설교[133]에서처럼, 예수의 역사를 짧게 요약하는데, 그것은 아래로부터, 즉 다윗의 후손이요 부활 이래 하느님의 아들로 책봉되신 인간 예수로부터 출발한다: "이 복음은 … 당신 아드님에 관한 것입니다. 그분은 육으로는 다윗의 후손으로부터 태어나셨으며 거룩함의 영으로는 죽은 자들의 부활 이후 권능을 지닌 하느님의 아들로 책봉되신 분, 곧 우리 주 예수 그리스도이십니다".[134]

— 이에 반해 벌써 **이냐티우스**는 예수 그리스도는 "영원으로부터 아버지와 함께 계셨고, 시간의 종말에 나타나실 것"[135]을 자명한 듯이 말한다. 과연 이냐티우스는 별 망설임 없이 하느님과 예수를 동등시하여 예수를 "육 안에 오신 하

느님"이라 말하는데, 이것은 다음과 같은 역설적 표현으로 귀결된다: "육적이
면서 영적이시고, 태어났으나 태어나시지 않은 분, 육 안에 오신 하느님, 죽음
안에 있는 참 생명, 마리아에게서 태어났으나 하느님으로부터 비롯하신 분, 처
음엔 고통을 겪을 수 있었으나 나중엔 고통을 겪으실 수 없는 분, 예수 그리스
도 우리 주님만이 의사."[136]

간과해선 안되는 것: 이냐티우스 이후 시대에 본디 유다계 그리스도교적으로
꼴지어진, 아래로부터 출발하여 죽음과 부활에 중심을 두는 **고양**高揚 **그리스도
론**(인간 메시아가 하느님 아들로 고양됨. 2단계 그리스도론)은 **위로부터 출발하는 육화 그리
스도론**(로고스 그리스도론)**에 의해** 갈수록 **밀려났다.** 육화 그리스도론은 요한복음
서와 골로사이서 및 히브리서의 찬가들에 담긴 선재와 창조에의 동참에 관한
진술들을 존재론적으로 보강한다: 하느님 아들의 선재와 육화, 그분의 자기 외
화外化와 비허卑虛는 나중에 그분이 하느님께로 고양되기 위한 전제조건이다. 우
리는 이렇게 말할 수도 있을 것이다: "아래로부터 올라가는" 상승 그리스도론
에서 신자성神子性은, 구약성서적 의미에서 간택과 아들로서의 입양(고양 세례 탄생
안에서)을 뜻한다. 이 그리스도론이 이제 "위로부터 내려오는" **하강 그리스도론**
에 의해 보완, 아니 아예 대체되었다. 하강 그리스도론에서는 신자성이 (헬레니즘
적 개념과 표상들을 통해 끊임없이 더 정확히 해석되어야 할 것이거니와) 고차원적 성질의 **존재론적
출산**을 뜻한다. 실로 영특한 신학자들이 이 모든 것을 신약성서로부터 재주껏
읽어내어 "사도적"이라 정당화했다!

그 이후 신학의 근본 관심사는 구약성서적 의미의 예수 그리스도의 법적 지
위와 주권보다는 헬레니즘적으로 이해된 그분의 **기원**이었다. 구원자의 기능보
다는 본성이 훨씬 중요한 문제였다. 본질·본성·본체·실체·위격·일치 같은
개념들이 갈수록 중요한 의미를 지니게 되었다. 그러나 이러한 새로운 맥락에
서 아버지와 아들(그리고 필경 영도)의 관계를 어떻게 해석해야 했던가? 사람들은 한
편으로는 그리스도를 하느님으로 지칭하고 그에게 기도했으며, 다른 한편으로
는 유다교 전통에 터해 하느님의 단일성과 유일성monarchia은 어찌하든 고수하려
했으니, 양자간의 모순 해결이 갈수록 신학의 핵심 난제로 대두했다. 유일한

해결책은 로고스(아들)를 하느님 아래, 영은 로고스 아래 단호히 종속시키는(하지만 로고스와 영 둘다 하느님의 "본질"substantia을 공유해야 한다) 데 있는 것으로 보였다. 그러나 그것은 어찌 가능한가? 이제 이 문제를 둘러싸고 오랫동안 싸우게 되었다.

정통교리를 둘러싼 싸움

당시 신학자들이 신약성서에 충실히 머물러 있었다면, 바야흐로 대두하기 시작한 하느님 "안의" 세 위격의 관계에 관한 저 유명한 골치아픈 문제들, 1과 3이라는 숫자를 둘러싼 그 온갖 사변을 피할 수 있었을 것이다. 그러나 이미 당시에 **3이라는 숫자를 가지고 사변을 전개**하는 것은 꽤 유행이었다. 그리스어 "트리아스"trias(3)는 이미 2세기 호교가 안티오키아의 테오필루스에게서 발견되며(그러나 하느님·로고스·지혜를 가리킴)[137], 라틴어 "트리니타스"trinitas는 3세기의 아프리카인 테르툴리아누스에게서 처음 나타난다. 테르툴리아누스에게서는 한 "숩스탄시아"substantia(실체·본체·본질) 안의 세 "페르소나"persona(위격)에 관한 정식도 최초로 발견되는데[138], 이 정식이 당시 그리스도교 정신계를 주도하던 그리스 신학에는 거의 영향을 미치지 못했다. 그 시대의 많은 종교와 철학 체계는 3이라는 숫자의 매력을 익히 알고 있었으며, 그리스도교 신학에서도 신내재적 3중성에 관한 관념이 강력히 대두했는데, 큰 영향을 끼친 것들은 다음과 같다:

— 피타고라스 학파의 숫자 상징학에서 볼 수 있는 3이라는 소수素數의 매력(정돈 완결된 단일성 안의 다양성).

— 신화·미술·음악·문학과 일상생활(예: "삼세번")에서 이 "가장 거룩한 숫자"가 지니고 있던 (거의 마술적인) 의미.

— 고대 바빌로니아와 이집트, 인도와 중국뿐 아니라, 특히 헬레니즘 영역(델피, 디오니소스 제례, 아스클레피오스교, 황제 숭배)에서도 찾아볼 수 있는 3중 신성.

— 영지주의(아버지·어머니·아들; 하느님·의지·이성)나 신플라톤주의(일자·者·영혼·세계영혼)의 3체 형이상학.

마지막 것은 특히 중요하다: 신플라톤주의적으로 꼴지어져 있던 당시 철학은 신 안의 세 실체를 필수적인 것으로 간주했거니와, (바야흐로 학술적인) 삼위일체론의 발전에 결정적 기여를 한 사람은 다시금 **오리게네스**였다. 그는 높은 지적 수준을 요구하는 삼위일체 사변의 토대를 놓았는데, 이것은 시간이 흐르면서 갈수록 복잡한 개념 장치로 귀착되었다. 오리게네스는 **실체**hypostasis(라틴어 sub-stantia)에 관한 중도 플라톤주의와 신플라톤주의의 교설[139]을 넘겨받아, 아버지·아들·영의 관계를 개념적으로 규정했다. 그는 대담하게도 이 세 "분"을 세 실체로, 다시 말해 존재에 있어 독자적인 세 실재로 이해했는데, 물론 이 셋 사이에는 등급, 아니 뚜렷한 종속관계가 있다:

― 오직 아버지만이 "엄밀한 의미의 하느님"(정관사를 붙여 ho theos) 또는 오리게네스의 표현대로 "하느님 자신"autotheos이다.

― 아들은 (요한복음서 서시의 로고스처럼) 그냥 "하느님"(관사 없이 theos)으로서 아버지 하느님이 아니며, 하느님에 한몫 낀다. 아들은 창조되지 않았고 입양된 것은 더구나 아니며, 빛이 발광체로부터 끊임없이 나오듯, 하느님에 의해 낳아졌다.[140]

― 아버지와 아들(그리고 영)에 관한 이러한 이해에서 성찰의 중심은 자신 안에 머물러 있는 하느님의 영원한 본질이며, 예수의 인성과 역사는 거의 관심의 대상이 되지 못한다. 여기서 무엇보다 중요한 것은 하느님의 비밀 그 자체이지, 이 세상에서의 하느님의 역사役事나 우리를 위한 하느님의 계시가 아니다.

본디 신앙과 고백의 변두리에 있던 것이 이제는 중심에 들어섰고, 바로 그것을 둘러싸고 논전이 벌어졌다. 과연 그리스도교계는 가지각색의 철학적 사변체계들 때문에 갈수록 심각한 **정통교리의 위기**에 빠져들어갔거니와, 이것은 치명적 결과를 초래할 터였다. 사실 당시 신학계에 군림하고 있던 사람들은 결코 오리게네스 혼자만이 아니었다. 그러나 오리게네스 이후 바로 3세기 후반기는 이상하리만큼 문헌이 빈약하며, 역사가들에게는 일종의 암흑기다. 그 까닭은 우리가 흔히는 아주 단편적인 증언들만 갖고 있고, 특정인들의 이름 뒤에 어떤 (제법 큰) 공동체들이 있었는지를 모르기 때문만이 아니라,

① 독자적인 많은 신학자들(예컨대 사모사타의 파울루스)이, 우리 세기의 역사학자들에 의한 그들의 복권復權이 입증해주듯, 나름대로 온전히 정통적인데도 이단자로 단죄되었기 때문이다.

② "이단자들"의 저작 대부분은 (유죄판결 이후 오리게네스의 많은 저서 역시) 폐기되었고, 그래서 우리는 그들의 적수들이 의도적이고 편파적으로 선택 인용한 구절들에 의존할 수밖에 없기 때문이다.

③ 당시 사용된 헬레니즘적인 전문용어들은 여러 의미를 지녔고 종종 정반대의 뜻으로 쓰여지기도 했기 때문이다. 예를 들어 "히포스타시스"hypostasis(실체·실재. 라틴어 substantia와는 본디 어원학적 의미에서만 동일시된다)는 하느님께만(신적 실체의 뜻으로만) 사용될 때도 있었고, 아버지와 아들에게(두 실재), 혹은 성령에게도(세 실재) 사용될 때도 있었다.

정확하고 "틀림없는 신앙", "정통교리"(이 비성서적인 낱말은 4세기에 들어설 무렵부터 교회 언어에서 갈수록 자주 사용되었다)를 둘러싼 싸움에 얽혀들어간 인물들의 이름을 하나하나 모두 꼽을 수 있는 사람이 과연 있을까? 그 모든 인물과 학파를 열거하고 그들의 입장을 진단하고 그 전개과정을 기술하는 것은 별 의미가 없다. 그런 따위에 관해서는 갖가지 교의사 책에서 길고긴 장들을 찾아 읽어볼 수 있다.[141] 아무튼 여기서 잊어서는 안될 것: 3세기까지만 해도 사람들은 온갖 헬레니즘적 로고스–실체 교설에 (어디까지나 유다교 유산의 이름으로) 끈질기게 저항했다. 여기서는 무엇보다 중요한 것이 한 분 하느님 신앙이었으니, 그리스 신학자들도 그 신앙을 하느님의 **단독 주권**monarchia 또는 "유일성"이라는 이름으로 단호히 옹호했다. 그러나 하느님의 단독 주권에 관한 진술들은 종종 모호했고 혼란을 불러일으켰다. 이 "단독주권설"은 두 개의 정반대되는 변체로 귀결되었는데, 둘다 로마에서 심각한 교회정치적 분란을 야기했고 민중들에게도 꽤 오랫동안 해독을 끼쳤다:

— **입양설**入養說 **그리스도론**(비잔틴 출신의 두 명의 테오도루스가 먼저 그리고 그의 적수의 견해에 따르면 안티오키아 주교인 사모사타의 파울루스도 나중에 주장했다): 여기서는 예수를 평범한 인간, 그러나 비할 바 없는 하느님 공경으로 특징지어지는 인간으로 이해하는바, 이 인간 예수가 세례 때(또는 그 이전에) 하느님의 아들로 "받아들여졌다", 즉 "입양"되었다(사모사타의 파울루스는 이 교설을 세상 밖에서 유래하는 본원적인 신적 로고스에 관한 교설과 결합시켰는데, 격렬한 비난을 불러일으켰다).

— **양식설**様式說 **그리스도론**(노에투스와 사벨리우스가 주장함): 여기서는 그리스도와 아버지를 동일시한다. 이 두 존재는 한 분 하느님이 상이한 양식·에네르기·이름·모습·역할·출현방식일 따름이다. 그러나 그리스도를 아버지의 현현양식(또는 심지어 가면)으로 이해한다면, 이미 당시에 사람들이 비판했듯이, 아버지 자신이 육이 되어 고통을 겪으신 것이 되는데("성부수난설"), 이것은 복음서와 완전히 상충되니, 복음서에 따르면 예수는 아버지께 기도했고 죽어가면서 자신의 영혼을 그분 손에 맡겨드렸던 것이다.

그러나 3세기 후반의 이름있는 신학자 대부분은 종속설로 이해된 오리게네스의 로고스 신학과 세 실체론(로고스는 아버지 아래·다음에 위치한다)의 노선에 머물렀다. 거의 비성서적인 양식설(사벨리우스) 그리스도론과, 그보다는 성서적 전거가 있고 신앙규범과 양립할 수 없는 것도 아닌 입양설 그리스도론은 이단으로 단죄되었다.

6 콘스탄티누스 전환과 그리스도론 논쟁

그리스도교를 뿌리뽑으려 했던 모든 박해는 (4세기 초 디오클레티아누스 황제 치하의 마지막 대박해 역시) 수포로 돌아갔다. 그리하여 로마제국으로서는 그리스도교를 묵인·인정할 수밖에 없었다. 오랜 세월 신학적·교회적·문화적으로 확립되어 온 고대교회의 이방계 그리스도교 헬레니즘 패러다임은 이제 몇 년 사이에 정치적으로도 강력히 대두할 수 있었다. 신앙과 학문, 신학과 철학, 교회와 문화의 결합에 이어, 실로 필연적으로 그리스도교와 제국의 결합이 뒤따랐다.

박해에서 관용으로: 콘스탄티누스

관용과 인정은 311년 갈레리우스 황제가 죽기 전에 반포한 칙령에 의해 준비되었고, **콘스탄티누스**라는 이름의 새 황제에 의해 실현되었다. 그는 비그리스도인이요 냉혹한 권력지향적 인간이었으나, 로마 길목 밀비 다리에서 제위 찬탈자 막센티우스와 싸워 이긴 것을 그리스도인들의 하느님과 십자가 표지 덕으로 돌렸다(고대 말기 미신의 영향이 없지 않았을 것이다). 다음해 313년 콘스탄티누스는 밀라노에서 제국 동부 지역 통치자 리키니우스와 함께, 온 제국에 걸친 **제한 없는 종교자유**를 보장하는 헌법을 반포했다. 콘스탄티누스는 신심 깊은 그리스도인이 아니었으나, 그렇다고 위선자도 아니었다. 어느 쪽인가 하면, 그리스도교를 자신의 강권 정치 속에 냉정하게 끌어들인, 고대 말기 미신에서 벗어나지 못한 정치가였다. 그는 야영 때는 언제나 그리스도의 머리글자(모노그램)를 새긴 화려한 깃발을 앞세웠다(모든 병단도 그렇게 하도록 했다). 콘스탄티누스는 곧 그리스도교에 여러 가지 혜택을 베풀었다. 315년에 (그리스도인들에게는 매우 언짢은) 십자가형이 폐지되었고, 321년에는 일요일을 법정 공휴일로 지정했으며, 교회에게 유언장 인수 집행 권한을 부여했다. 324년 콘스탄티누스는 그리스도교보다 이교에 호의적이던 공동황제 리키니우스와의 전쟁에서 승리했고, 다음해에는 이미 유일한 지배자가 되어 있었다. 이러한 상황이 실제적으로 의미했던 것: 콘스탄티누스로 말미암아 (영리한 현실 정치가인 그는 그밖의 종교제의들도 계속 허용했지만) 그리스도교는 온 제국에 널리 퍼져나갈 수 있었다.

아무튼 그리하여 **보편적 제국**은 곧 **보편적 종교**, 그것도 많은 비참한 사람들에게 자선을 베풀고 모든 개인에게 불멸에의 희망을 제공하는 종교를 갖게 되었다. **그리스도교의 "승리"**의 공功을 단지 각 지역에 깊이 뿌리내린 교회의 광범한 자선 조직이나 그리스도교가 고대 후기 사회에 성공적으로 적응한 것에만 돌린다면, 그것은 전혀 옳지 않다. 그러나 그리스도교의 일신론이 신화로 가득찬 다신론보다 진보·개명된 것으로 좋게 비쳐졌고, 또한 금욕수행자와 순교자들에 의해 입증된 그리스도인들의 숭고한 윤리가 이교 윤리보다 우월한 것으로 여겨졌다는 사실을 간과해선 안된다. 그리스도교는 죄와 죽음 등의 문제에 분명한 답을 제공했다. 그렇게 함에 있어 그리스도교는 이교와는 전혀 달리 거룩한 책 곧 성서에 바탕을 두고 있는 것으로 보였거니와, 과연 성서는 온갖 신화들과는 달리 엄격한 윤리를 내포한 심오한 비밀의 책으로서, 창조로부터 시간의 종말에 이르기까지의 구원사를 열어 보여주었다. 이 새로운 종교는, 엄청나게도, 하느님의 아들이 타락한 이 세상 안에서 사람이 되셨다는 사상에 중심을 두고 있는 듯이 보였다. 이 사상은 설교와 교리교수를 통해서뿐 아니라,

세례와 성찬례 같은 거룩한 예식을 통해서도 확언 보증되었는데, 그것들은 악령들에 대한 극심한 공포로부터의 해방과 영원한 구원을 약속했다.

얼마 전까지만 해도 박해받던 그리스도교계는 크게 안심했고, 이 세계사적 급변을 매우 기뻐했다(1989년 동유럽에서 일어난 일과 비견할 만하다)! 그러나 다른 한편 한탄스러운 사실(다시금 1989년 이후의 일들과 비교해 볼 일이다): 고대하던 종교 자유가 마침내 주어지자, 아주 오래 전부터 내재해 있던 그리스도교계 내의 종교적 갈등들(무엇보다 헬레니즘적 그리스도론, 특히 오리게네스의 세 실체설이 야기한)이 백일하에 드러났다.

콘스탄티누스 전환 후 얼마 되지 않아, 신심 깊고 자부심 강한 알렉산드리아의 사제이자 인기 설교자인 **아리우스**(그리스어로는 아레이오스)가, 생소한 것을 주장한다고 자신을 비난하던 알렉산더 주교(오리게네스의 제자)를 거스르고 나섰을 때, **엄청난 위기**가 돌발했다. 거기서 교의적으로 관건이 되었던 문제는, 그리스도에 관한 물음 그리고 특정한 구원관의 전제로서의 그리스도 선재의 방식에 대한 물음이었다. 이제 이 중대한 논쟁을 좀더 상세히 살펴보아야겠다.

그리스도 ― 신 혹은 반신?

아리우스가 무엇보다 중시했던 것은 한 분 하느님이었으니, 중도 플라톤주의 정신에 깊이 젖은 그에게 하느님은 절대 초월 속에 머물러 계신 분이다: 생성 출산되지 않고 영원하고 시작도 없고 변화하지 않는 존재다.[142] 한편 아리우스도, 오리게네스와 비슷하게, 종속 관계에 있는 하느님 안의 세 실체를 상정했다. 그러나 엄격한 유일신론적 전제를 고수하던 아리우스는 창조되지 않은 것은 첫째 실체 곧 하느님 자신뿐이며, 둘째 실체 곧 **아들**은 **창조**되었다고 생각했다(다만 아들이 창조된 것은 시간 안에서가 아니라 "모든 시간 전"이라고 수정 보완했다). 그리하여 아리우스는 매우 형식철학적인 논증을 전개하며, 오리게네스와 알렉산더 주교가 내세웠던 선재하는 로고스와 아버지의 "동시성"同時性 교설을 배척했다.[143] 극심한 비난을 불러일으킨, 많이 인용되는 (그러나 아리우스의 원문으로는 전해오지 않는) 구절: "한 옛날 그(아들)가 존재하지 않았던 (시간이) 있었다."[144] 아리우스에 따르면, 아들은 "모든 시간 전에" 존재하지만(그리고 이 점에서 "시간 안에서" 창조된 다른 모든 조물과 구별된다), 창조되지 않은 것은 아니며 영원하지 않으니, 어쨌든 영원한 하느님에 의해 창조되었기 때문이다: 아들은 하느님의 가장 귀중한 조물이다.

이처럼 아리우스에 따르면, 아들은 위대한 신적 중간존재요 세계창조의 도구이긴 하지만, 바로 그 점에서 아버지와 본질적으로 구별된다: **아들은 아버지와 한 본질**homo-ousios(일체)**이 아니며**[145], 그 존재가 아버지와 다르다. 이러한 방식으로 아리우스는 유일신론을 격렬히 옹호하고자 했다. 그의 하느님은 접할 수 없는 초월적 실체, 낳아지지 않았고 시작 없고 영원하고 변하지 않는 실체로서 엄밀한 의미에서는 도무지 아들을 가질 수가 없다. 아들은 아버지의 은총 덕분에 오직 유비적으로만 "하느님"으로 불릴 수 있으니, 아버지는 모든 조물에게처럼 아들에게도 당신 신성의 한몫만 주신다. 이것이, 아리우스에 따르면, "아버지"가 아들에게 궁극적으로는 "인식될 수 없는" 까닭, 아들이 아버지를 꿰뚫어 알 수 없는 까닭이다. 로고스는 엄밀한 의미에서 하느님ho theos이 아니라 첫 조물이며, 바로 그런 존재로서 물론 세계의 창조자다.[146] 그러나 이것은 또한 왜 아들이 가변적이고 "생성"될 수 있는지를, 왜 아들에게만 강생과 육안으로의 비하의 가능성이 있는지를 설명해 준다. 나아가 아리우스에 따르면, 이 로고스는 인간 안에서 영혼의 자리를 차지하고 육sarx과 긴밀하게 결합한다. 여기서 우리는 뚜렷한 로고스-육 그리스도론을 볼 수 있다. 이렇게 육이 된 로고스는 모든 인간의 구원자이며 드높은 귀감이다.

아리우스에게 (사람들은 그를 그 시대의 가장 저주받을 이단자로 지칭해 왔다) 뒤이은 모든 혼란과 분규의 책임을 지우고자 한다면, 그것은 전혀 옳지 않다. 아리우스에게서는 오래 전부터 헬레니즘적 패러다임의 근본문제의 하나였던 것이 극명하게 돌출했을 따름이다: 요컨대 신학자들이 아들 예수를 (유다계 그리스도교 패러다임에서와는 달리) 아버지와 동일한 **존재 차원**으로 끌어올릴수록 그리고 둘의 관계를 **자연적 범주들**을 통해 서술할수록, 그들은 유일신론과 예수의 신자성을 설득력 있게 연결시키기가 갈수록 어려워졌다!

아리우스의 최대 적수는 **아타나시우스**[147] 부제였다. 알렉산더 주교의 오른팔이었고 얼마 뒤 그 자신 알렉산드리아의 주교가 된 아타나시우스는 투철한 신앙과 사목 감각을 지닌 신학자이자 투쟁적인 교회정치가였다. 그에게 중요한 것은 그저 철학적 신학 이상의 것, 즉 깊은 신심·교회관습·수도생활·금욕고 행·구원이었다. 물론 아타나시우스에게도 하느님의 유일성은 중요했으나, **하 느님을 통한 구원** 그리고 바로 그때문에 **아버지와 아들의 일치**가 더 중요했 다. 그가 지니고 있던 확신: 아리우스처럼 하느님으로 받들어 모셔야 할 둘째 실체 혹은 실재, 이를테면 일종의 "제2 하느님"deuteros theos을 하느님께 덧붙이 는 자는, 헬레니즘의 다신론을 뒷구멍으로 다시 끌어들이는 것이다. 세계창조 를 위해 창조되었다는, 하느님과 세상 사이의 저 중간존재라는 것은 헛되고 터 무니없는 신화적 존재에 불과하다. 참으로 하느님이 영원으로부터 아버지가 아 니란 말인가? 아들의 창조를 통해 비로소 아버지가 되어야 한다는 말인가? 아 타나시우스가 볼 때, 그따위 하느님은 그리스도교의 하느님이 아니었다!

만일 예수가 **신인**神人이 아니라 정말 한낱 조물이었다면, 신적 생명에로의 인 간 구원과 예수 안에서의 구원의 확실성이 어떻게 보장될 수 있는가? 만일 아 들이 하느님과 하나이지 않고, 하느님이 인성人性 안에 들어오시지 않았다면, 아들은 결코 구원자일 수 없다! 아타나시우스는 본성적이고 실재적으로 이해된 구원 관념(인간은 하느님 자신에 의해 신화神化되고 아들로 입양되며 불멸하게 된다)을 실로 단호하 게 고수했으니, 그의 유명한(이레네우스와 연계된) 말이 그것을 잘 보여준다: "우리가 신화되기(그리스어 theopoiethomen) 위해, 그분(하느님)이 인간이 되셨다."[148] 아타나시 우스에 따르면, 하느님의 인간되심과 인간의 하느님됨이 그리스도교를 유다교 및 이교와 구별해준다. 아타나시우스는 이 두 가지를 집중 강조함으로써 그동 안 이집트에서 점차 융성하던 수도생활에 강력하고 풍요로운 자극을 제공했다. 아무튼: 아타나시우스는 아리우스에 대한 명백한 반대입장을 공식화했고, 이 싸움은 결판을 내지 않으면 안되었다.

정통교리의 확정: 고대교회의 공의회들

이 논쟁에는 신학자들과 주교들만이 열정적으로 관여했던 것이 아니다. 그리 스도인·유다인·이교인·식자·무식자를 막론하고 모든 주민 계층도 한몫 끼어들었다. 동방 전체에 번져나간 이 교회 내의 싸움은 **콘스탄티누스 황제**를 매우 불편케 했으니, 그 싸움은 그에 의해 마침내 정치적으로 재통일된 제국을 정신적으로 분열시키려 하고 있었기 때문이다. 몇 번의 중재 시도가 무위로 끝나자, 325년 콘스탄티누스(몇 년 전 아를르 주교 시노드를 가까이에서 체험한 바 있었다)는 제국의 주교들(얼마 전까지만 해도 박해를 받았으나, 이제는 제국의 역마차를 이용할 수 있었다!)을 제국 공의회 곧 **보편 공의회**로 소집하고, 공의회를 위해 니코메디아의 황제 관저 부근 **니케아**에 있는 화려한 궁전 대강당을 내주었다.[149] 서방으로부터는 황제의 고문인 코르도바의 오시우스 주교 외에 로마 주교의 대리인인 두 명의 로마 사제, 카르타고 주교의 대리인 한 사람 그리고 칼라브리아·갈리아·파노니아 지방의 주교 한 명씩이 참석했다.

누가 보편 공의회에서 (이때뿐 아니라 그후에도!) **주도권**을 쥐고 있었는지는 처음부터 분명했다: 그것은 절대적 교황권을 옹호하는 후대 이데올로그들이 종종 강변하듯 교황이 아니라 어디까지나 **황제** 한 사람이었다: 황제는 보편 공의회를 소집했을 뿐 아니라, 자신의 전권을 위임한 주교를 통해 (황제 감독관들의 입회 아래) 공의회를 주재했고, 정회·폐회도 결정했다. 공의회 결의사항들은 황제의 재가를 거쳐 제국법이 되었다. 콘스탄티누스는 이 최초의 공의회를 특히 **교회 조직을 제국 조직에 맞추어 정비**하는 데 이용했다: 제국의 주州별로 교회는 한 명의 수도대주교와 지역 시노드(특히 주교들 선출을 위한)를 두도록 조직되어야 했다. 또한 이미 이 첫 공의회에서 로마·알렉산드리아·안티오키아 총대주교좌들 그리고 예루살렘(이제는 유다계 그리스도교적이 아니라 헬레니즘적이었다!)의 그와 동등한 명예로운 지위가 강조됨으로써, 총대주교좌 중심 체제가 뚜렷이 모습을 드러냈다. 다른 말로 해서: 제국은 바야흐로 자신의 **제국교회**를 갖게 되었다!

콘스탄티누스의 정치적 속셈은 분명했다: 각 지역 혹은 관구 교회들이 조금씩 다른 신앙고백문(신경)을 사용해 왔으나, 이제 제국교회는 통일된 "**보편적 신앙고백문**"이 필요했고, 이것을 모든 교회가 **교회법이자 제국법**으로 수용해야 했다. 그래야 제국의 일치를 확립할 수 있다고 콘스탄티누스는 믿었으니, 표어는 다음과 같았다: 한 하느님 – 한 황제 – 한 제국 – 한 교회 – 한 신앙!

황궁 신학자요 교회사가인 에우세비우스가 초안을 내놓았으나, 공의회는 그것보다 더 분명하게, 아타나시우스(그리고 몇몇 서방 신학자들)의 노선을 따라, 하느님 아버지와 예수 그리스도의 존재론적 동등성을 강조하고자 했다. 그래서 그리스도를 순전한 조물로 격하시키는 교설이나, 그리스도교 고유의 특징(하느님은 영원으로부터 이 아들의 아버지이시다)을 내포하지 않는 하느님 개념은 용납될 수 없었다. 다음 사항들이 단호히 말해져야 했다: 하느님은 신플라톤주의자들이 생각하듯 비밀스럽고 불가해한 궁극근원이 아니다. 하느님은 그리스도 안에서 당신의 한 부분만이 아니라, 당신 자신을 고스란히 계시하셨다. 그리스도는 아버지를 온전히 꿰뚫어 알고 계시며, 그리스도 안에는 처음도 없고 창조되지 않은 영원하고 살아계신 하느님 아버지 자신이 고스란히 현존하신다. 그리스도는 참 하느님 곁의 제2의 하느님 혹은 반半하느님이 아니니, 그분을 통해 참 하느님 자신이 현존하신다: **"하느님으로부터의 하느님, 빛으로부터의 빛, 참 하느님으로부터의 참 하느님이요, 낳아지셨으나 창조되시지 않았으며**, 아버지의 본질ousia로부터 비롯하신다."[150] 과연 그리스도 안에 계신 분은 바로 하느님, 참 하느님이기 때문에, 인간의 구원, 즉 신성과 하느님의 영원한 생명에의 참여 또한 그 그리스도의 실재를 통해 가능하다. 이것을 분명히하기 위해, 아리우스의 여러 명제들이 단호히 단죄되었고, 아리우스 자신은 파문되었다.

하느님과 그리스도의 일치는 새로 삽입된 단어 "호모우시오스"homoousios[=(아버지와) **동일 본질** 혹은 동일체]에 의해 강조되어야 했거니와, 이 낱말은 오리게네스와 이전 신학자들이 내세웠던 아들의 아버지께의 종속성을 두 분의 동등성과 단호한 일치로 대체했다: 아들은 동일한 본질을 아버지와 공유한다(공의회는 성령에 관해서는 고찰하지 않았는데, 이것은 곧 엄청난 논쟁을 불러일으킬 터였다!). "동일 본질"은 두말할 것 없는 비성서적 단어로서, 신플라톤주의와 영지주의에서 유래하는데, 이전의 중요한 한 시노드에서 단죄되었으나, 이제 마침내 황제(그는 다른 일에서는 일방적 편들기를 삼갔다) 친히 신학적 혹은 정치적 동기에서 공의회에 이 낱말 사용을 강요했다(필시 서방 사람 오시우스의 부추김으로). 물질주의적 기미를 내포한(ousia = 실체 · 물질 · 실질) 이 학술적 개념은 오해와 왜곡의 소지가 매우 많았다. 아타나시우스(328년부터 알렉산드리아 주교로 재임) 자신은 공의회 이후 그 단어를 상대화했고 오랫동안 거의 사용하지 않았다. 나중에는 반대개념 "본질이 비슷한"homoi-ousios도 "모든 면에서" kata panta가 덧붙여질 경우에는 받아들였다. 아타나시우스에게 참으로 중요했던 것은 정통교리의 표지로서의 그 단어가 아니라 구원의 사실이었다. 아무튼 이제 공의회의 수확에 관해 물음을 제기해야 하겠다.

그리스도론의 헬레니즘화

공의회는 문제를 해결했던가? 한 신앙고백 정식만을 찾는다면 확실히 그렇다. 그러나 신학적 핵심 물음과 일치운동 문제의 해결은? 혼란과 갈등은 계속되었으니, 아타나시우스의 파란많은 운명이 그것을 말해준다. 결코 간과해서는 안되는 것: (이미 신약성서에서 시작된) **그리스도교 메시지의 헬레니즘화**는, 하르낙이 뚜렷이 밝혔듯이, 니케아 공의회와 더불어 최초의 그리고 공식적인 정점에 도달했다. 그리고 주로 가톨릭 교의사 서술(예컨대 알로이스 그릴마이어)에서 시도하듯이, 헬레니즘화의 유형을 두 가지(바람직하고 정통신앙에 부합하는 헬레니즘화와 그릇되고 이단적인 헬레니즘화)로 구별하는 것도 거의 설득력이 없다. 그러한 도식에 따른다면 니케아 공의회는 사실상 탈脫헬레니즘화를 수행했다고 할 수 있으니, 공의회는 신성과 그것의 방출 그리고 신적 존재의 하강 과정에 관한 신플라톤주의적 사변을 따르지 않았고, 아리우스의 헬레니즘 신플라톤주의 실체 관념을 배척했기 때문이다. 이 경우엔 다만 아리우스와 이단자들만이 "헬레니즘화"를 시도한 것이 된다. 아니다, 그러한 호교론적 도식은 너무나 속들여다보이게 교조적이며 역사적 사실에 부합하지 않는다

신약성서를 기준으로 삼는다면, 사실 니케아 공의회도 확실히 신약성서 메시지를 고수했고, 그것을 온통 헬레니즘화하지는 않았다는 것을 부인하지 못할 것이다. 그러나 공의회가 유다인 나자렛 예수와 초창기 교회는 도무지 알지 못했던 헬레니즘의 개념 표상 사고틀 속에 갇혀 있었다는 것 또한 마찬가지로 이론의 여지가 없다. 유다계 그리스도교 묵시문학 패러다임으로부터 고대교회 헬레니즘 패러다임으로의 전환의 결과가 바로 이 공의회에서 뚜렷이 드러났다.

신약성서가 선포하는, 그리스도의 지상생활 **이후** 부활과 고양을 통한 그분과 하느님의 종말론적 **"주권 공동체"**와 시원론始原論적·전前시간적으로 사유된, 다시 말해 영원으로부터 이미 언제나 주어져 있는, 존재론적으로 이해된 하느님 아버지와 하느님 아들의 **"본질 공동체"** 사이에는 사실 어마어마한 차이가 있다. 이런 관점을 지닌 많은 공의회 교부들에게는 요한복음서의 로고스(하느님의 말씀) 개념조차도 위험하게 여겨졌으니, 그 개념은 아리우스파에 의해 오용될 수 있었기 때문이다. 그리하여 (그렇지 않아도 아리우스파로 의심받던) 가이사리아의 주교 에우세비우스가 공의회에 제출한 신앙고백문(신경)에서 오해의 소지도 거의 없던 "로고스"라는 단어는 삭제되고, 하느님의 "아들"로 대체되었다. 그러나 다른 한편 뚜렷이 드러났던 사실: 신학자들이 아들을 아버지와 동일한 존재차원으로 끌어올릴수록 그리고 두 분의 관계를 자연적 범주들을 통해 설명할수록, 예수와 하느님의 구별성과 일치성을 개념적으로 함께 연관지어 고찰하는 것이 그만큼 더 어려워졌다. 그래도 어쨌거나 남은 길은 그저 개념들의 신비극神秘劇에 호소하는 수밖에 없었으니, 그 오묘한 놀이는 물론 예수가 선포하지도 사도들이 증언하지도 않았던 것이며, 신학자들이 성서의 진술들을 다른 영역에로 치환置換시킴으로써 만들어낸 것이었다.

다시 한번 묻건대: 공의회가 문제들을 해결했던가? 적어도 나중에는 그렇게 생각했다. 그러나 처음에 공의회의 실제 결과는 각색의 집단 사조들이 난무하는 엄청난 혼란과 반세기에 걸친 (신학과 정치 수단들을 동원한) 싸움이었다. 콘스탄티누스는 337년 사망할 때까지(죽음에 임박해서야 세례를 받은 듯하다) 이교도들에게 관용적이고 교회 안에서는 정통파와 아리우스파를 통합하는 "평화 정책"을 계속 추진했다. 그러나 제국을 나누어 가진 그의 아들들, 특히 콘스탄티우스(동방의 통치자)는 이교도들에 대해 광신적 비관용 정책을 폈다: 미신과 희생제사는 사형으로 다스렸고 희생제사를 금지하고 신전을 폐쇄했는데, 이것은 그리스도인 무뢰배들에게는 신전으로의 돌격 나팔이었다("배교자" 율리아누스가 361~63년 그리스도교를 본떠 만든 일종의 신플라톤주의적 국가교회를 등에 업고 이교로의 복귀를 꾀한 것은 그저 한 에피소드로 남았다). 콘스탄티누스의 아들들은 교회내적으로는 거의 아리우스파의 입장을 지지했는데,

이 입장은 권위있는 동방 주교단에서 종종 다수파를 차지하기도 했다. 그러는 사이에 이제 싸움은 성령의 동일 본질에 관한 물음으로 확대되었는데, 이 물음은 특히 "영과 싸우는 자들"Pneumatomachen이라 불리던 수많은 주교들이 강력히 제기했다.

국가종교와 국가권력의 이단자와 유다인 박해

아리우스설을 둘러싼 논쟁에서 최종 교회정치적 결정은 **테오도시우스** 대제(379~95)에 의해 내려졌는데, 이 서방인은 니케아 공의회의 신앙고백을 확신하고 있었다. 그의 종교 칙령 「모든 민족」이 중점적으로 다룬 것은 유다인과 이교도를 배척하는 법적 조처들이 아니라, 아리우스파였다. 그는 치세 말기인 392년에야 "모든 이교 예배와 희생 제의를 금하는, 그 이후 결코 폐기되지 않은 전반적인 금지령을 반포했고, 위반하는 자들은 엄벌에 처하겠다고 위협했다."[151] 이로써 테오도시우스는 그리스도교를 사실상 **국가종교**로 만들었고, 가톨릭 교회를 **국가교회**로, 이단을 **국가에 대한 반역죄**로 만들었다.

교회의 기억력이 그토록 형편없을 줄이야! **박해받던 교회**가 **박해하는 교회**로 변하는 데는 채 백 년도 걸리지 않았다! 교회의 적은 이제 제국의 적이기도 했으며, 그에 상응하는 처벌을 받았다. 385년 스페인의 금욕적이고 광신적인 평신도 설교자 프리쉴리아누스가 동료 여섯과 함께 이단 죄목으로 트리어에서 처형되었다. 이 일은 다가오는 그리스도교 시대가 어떨지를 미리 보여준 불길한 표지였다. 처음으로 그리스도인들이 다른 그리스도인들을 믿는 것이 다르다는 이유로 살해했다. 여러 쪽에서의 항의에도 불구하고, 사람들은 곧 거기에 익숙했져 갔으니, 과연 레오 대교황도 그런 전개과정에 만족감을 표시했다.

교회는 아리우스파와 이교도에 대한 국가의 강제조처들을 착실히 거들었고, 되살아난 신전 약탈을 통해 강화하기조차 했다. 주교들도(요한 크리소스토무스 같은 걸출한 사람도) 그런 짓에 열심이었다. **공공생활의 그리스도교화**가 철저히 추진되었다: 로마 원로원은 옛 종교를 버리기로 장엄한 의식을 통해 서약했고(원로원 의원들의 가족 중엔 오랫동안 이교도로 남은 사람들도 있지만), 빅토리아 여신의 제단을 회의장에서 치웠으며, 이교 사제들과 베스타 여신을 섬기는 처녀들의 모든 특전을 박탈했다. 올림픽 경기가 금지되었고, 테오도시우스와 공동황제인 그라티아누스는 치세 초기에 로마제국 최고 사제의 칭호 "대사제"Pontifex Maximus를 버렸는데, 5세기 이래 로마 주교가 이 칭호를 별문제 없이 제것으로 삼을 수 있었다.

이제 그리스도교는 정치 제도와 종교적 신념뿐 아니라, 철학 사상과 문화 예술 안에도 깊이 스며들었다. 깊이와 넓이에서 그렇게 철저한 **토착화**Inkulturation는 그리스도교의 이후 패러다임들에서는 다시는 이루어지지 않았다! 이교는 도시의 공공생활에서 갈수록 자취를 감추었고, 그저 대도시의 몇몇 철학자와 시골의 "촌것들"pagani에게서 명맥을 유지했다.

그리스도 교회가 제국교회로 확고히 자리잡은 일은 뭐니뭐니 해도 **유다교**에 특히 심한 타격을 주었다. 유다교는 70년과 135년의 대파국(예루살렘 성전과 도시가 깡그리 파괴됨)에서도 살아남아, 로마제국 곳곳에 흩어져 존립하고 있었다. 바울로의 말처럼 그리스도 교회는 일찍이 유다교라는 뿌리에서 힘을 얻어 살아왔다는 사실을 사람들은 이제 기억하지 않았다. 이교 제국의 기존의 반유다주의로부터 점차 **그리스도 교회 특유의 반유다주의**가 알게 모르게 형성되기 시작했다.[152] 이것 또한 (하느님이 탄식하실 일이거니와) 고대교회 헬레니즘 패러다임의 한 표지다. 이 사실을 숨긴다면, 종교간 대화에 전혀 도움이 되지 못하리라.

적지 않은 **교부들**은 여전히 유다인 스승들에게 히브리어와 성서주석을 배웠고, 최초로 학문적 신학작업을 한 천재 신학자 **오리게네스**는 알렉산드리아 교리신학원의 우두머리로서 유다인들 가운데 살며 정다운 관계를 유지했으며 이교도들에 맞서 그들을 옹호했다(유다인들이 메시아 예수를 거부했기 때문에 강론에서 호되게 질책하긴 했지만). 그러면 유다인과 그리스도인 사이의 반감이 갈수록 첨예화되고, 이미 2세기에 유다인들을 노골적으로 적대시하는 **"반反유다인" 서간문헌들**(바르나바, 사르디스의 멜리토, 테르툴리아누스, 히폴리투스 등)이 생겨난 것은 어찌된 까닭일까?[153]

이 문제를 다룬 책들은 도서관을 꾸밀 만큼 많으며, 나도 「유다교」에서 유다인과 그리스도인이 완전히 딴살림을 차리게 된 근본 원인들에 관해 상론한 바 있다.[154] 이 불행한 전개과정을 이해하기 위해, 여기서는 다만 **교회 특유의 반**

유다주의에 책임이 있는 몇 가지 중요한 (구체적 삶에서는 여러모로 서로 맞물려 있는) **요인들**을 논평 없이 지적하기로 한다:

① 교회는 그리스도교 메시지를 헬레니즘화·교의화하다 보니 뿌리인 구약성서적 토양으로부터 갈수록 멀어졌다.

② 교회는 점차 구약성서(물론 그리스어 번역본인 "70인역"을 사용했다)를 제 것으로 독점코자 했거니와, 구약성서의 참 가치를 몰라보고 그저 예형론像型論적·우의寓意적 해석을 통해 거의 전적으로 교회 자신의 존재를 정당화하는 데만 이용했다.

③ 교회와 회당 간의 대화가 단절되고 서로 멀리했으니, 그런 상황에서는 대화라는 것이 대개 호교론적 독백으로 끝났다.

④ 예수의 십자가 죽음의 책임이 이제는 전칭적全稱的으로 "유다인들"에게, 즉 모든 유다인에게 들씌워졌다. 유다인들이 배척받고 사방으로 흩어진 것은 하느님이 저주받은 민족에게 내리신 마땅한 형벌로 간주되었다.

이미 2세기 후반 소아시아 사르디스의 주교 **멜리토**가 (반유다교적이 아닌 그리스도론에 터한) 치명적인 말을 했거니와, 이것은 역사를 통해 엄청난 비극을 불러일으킬 터였다: "들으라, 인류의 모든 종족이여, 그리고 보라: 전대미문의 살해가 예루살렘에서 일어났도다. … 하느님이 살해되셨도다, 이스라엘 왕이 이스라엘 법에 의해 죽임을 당하셨도다."[155] 이로써 유다인들은 "하느님 살해자들"이라는 무서운 비난이 세상에 생겨났다. 이미 이때부터 사람들은 유다인 선교가 아니라 유다인 배척을 겨냥했다.

312~13년 콘스탄티누스 전환 자체는 유다교의 처지를 악화시키지 않았다. 콘스탄티누스는 유다인들에 관해 말할 때(특히 교회에 조언을 구했을 경우) 극히 비우호적이었다(필경 조언자들의 영향 때문?). 하지만 (콘스탄티누스 시대에 유다인들에 대한 관용이 끝장났다는 판단을 거슬러 슈템베르거가 확인하듯이) "콘스탄티누스를 유다인 적대자로 묘사하는 것은 잘못이니, 무엇보다도 그가 반포한 법령들은 유다인들의 상황을 실제로 전혀 악화시키지 않았으며, 오히려 많은 점에서 그들의 특전을 강화시켰다."[156]

제국의 유다인 정책이 근본적으로 변한 것은 콘스탄티누스가 죽은 지 거의 정확히 한 세기 후였다. 테오도시우스 대제는 이교로의 개종을 금지했는데, 이제 **테오도시우스 2세**(401~50) 때에는 유다교도 대놓고 공격했다. 유다교는 **국가교회의 예외 법규**(438)에 의해 거룩한 제국(여기에는 교회의 성사聖事를 통해서만 들어갈 수 있었다)에서 배제되었다. 그리고 **제국교회** 성립 이후 유다인들이 역시 그리스도교적으로 채색된 제국 이데올로기(그리스도 신자 황제는 천상 임금님의 모상!)도 시종일관 거부했기 때문에, 제국교회는 기존의 이교 특유의 반유다주의까지 넘겨받아 그리스도교적 모티프들을 통해 크게 강화했다.

이제 교회는 자신이 박해받던 것을 까맣게 잊었다. 얼마 전까지만 해도 로마제국 안에서 박해받던 불법 소수집단이었던 바로 그 교회가, 이제는 거꾸로 국가의 힘을 빌려 유다교(그때까지는 어쨌든 "허용된 종교"religio licita였다)를 하찮은 권리만을 지닌 초라한 집단으로 만들어 버렸다. 유다교는, 이단들처럼 뿌리를 뽑아버려야 할 것은 아니더라도, 그리스도인들의 삶의 영역과 사회로부터 격리되어야 마땅했다. 이러한 목적을 지닌 **최초의 억압조처들**이 시행되었다: 유다교로 개종한 자들과의 결혼 금지, 유다인의 공직 취임 금지, 회당의 신·증축 금지, 유다교로 개종하라는 선전 금지 등. 바로 이 선전 금지령이 예전엔 공격적 포교로 많은 성공을 거둔 선교 종교였던 유다교에게 숙명적인 자기전념과 자기재생산을 강요했고, 그 결과 훗날 사람들은 유다교를 흔히 특이한 "유다인종"과 결부시켜 말할 수 있게 되었다! 그리하여 이 시대에 랍비들의 (할라카에 터한) 자발적인 격리 노력과 그리스도교의 (정치적·신학적 동기에 터한) 차별 조치가 서로 맞물려, 쇠망해가는 로마제국 안에서 유다교의 철저한 고립을 야기했다.

이제 유다인들은 제국 안에서도 사실상 제국 밖에서처럼 살아갔으니, 많은 유다인들은 예전보다 더 자신들의 처지를 "유배"로 인식했으며, 메시아가 곧 구원하러 오시기를 다시금 새로이 고대하게 되었다. **아우구스티누스**(그는 유다인들은 하느님 살해자라는 통념을 거슬러, 유다인들에게는 그들의 죄과에도 불구하고 회심의 기회가 남아 있다고 보았다) 같은 신학자나 주교들은 여전히 유다인들에 대한 선교 사명을 인식했던 반면, **암브로시우스** 같은 이들은 회당의 재건축을 저지했고, 나아가 **크리소스토무스**를 비롯한 주교들은 이미 후대의 반유다주의 선동꾼들 식으로 유다인들을 배척하는 설교를 했다[157]: 회당은 불법의 장소, 악의 병영兵營, 악마의 요새라고, 유다인들은 환락의 잔치에서 게걸스레 처먹는 자들이요 탐욕스런 부자들이며 일에는 쓸모없고 그저 짐승 잡는(!) 데나 소용되는 자들이라고 …. 하지만 이 온갖 억압 조처에도 불구하고 유다교는 제국 곳곳에 생동하는 종교로 존립했다. 과연 크리소스토무스 시대에도 안식일과 축일에 회당에 가고 유다교 예식들에서 기쁨을 얻던 그리스도인들Ioudaizantes(유다교화된 그리스도인들 혹은 유다계 그리스도인들?)이 여전히 존재했다.

국가종교의 정점: 삼위일체와 그리스도 교의

그리스도 교회는 니케아 신경을 초석으로 하여, 바야흐로 교의들을 확립해 나가야 했다. 그것은 제국 정치가 요구한 것이기도 했으니, 과연 380년 반포된 종교 칙령 「모든 민족」에서 정통신앙을 지니고 있던 스페인 사람 테오도시우스 대제는 제국의 모든 민족에게 로마교회와 알렉산드리아 교회가 대변하는, 동일한 위엄과 거룩한 3중성trinitate 안에 계시는 성부·성자·성령의 하나인 신성에 대한 신앙을 받아들일 것을 촉구했다. 바로 이 신앙이 이제, 성령을 단지 "봉사자" 혹은 "조물"로 간주하는 자들도 거슬러, 아리우스설을 둘러싼 논쟁을 끝장내기 위한 또하나의 공의회에서 확정되어야 했다.

381년 황제는 동방 공의회를 수도 콘스탄티노플로 소집했는데, 훗날 **콘스탄티노플 2차 보편 공의회**[158]로 불리게 되었다. 이 공의회는 아리우스파·반半아리우스파("영과 싸우는 자들")·아폴리나리스파 그리고 그밖의 이단들을 단죄하고, **성령과 하느님의 본질이 동일함**을 천명했다(homoousios(동일 본질의)라는 낱말은 사용하지 않았다). "주님이시요 생명을 주시는 분, 성부에게서 좇아나시며 성부 성자와 함께 흠숭과 찬미를 받으시는 성령"[159]에 대한 믿음이 신경에 삽입되었다. 추측건대 이 보충 구절은 로마의 한 시노드에서 제정된 「로마-니케아 신경」에서 따온 것으로 보인다.[160] 아무튼 이 신경은 훗날 「니케아-콘스탄티노플 신경」으로 지칭되었고, 오늘날에도 전례에서 사용되고 있다. 그러면 아리우스설은 어찌되었던가? 아리우스설은 수백 년을 더 존속했으니, 그 가장 중요한 까닭은 공의회 다음해 제국에 편입되었고 불필라가 개종시킨 서고트인들이 아리우스파였고, 아리우스설에 터한 자신들의 신앙을 여타 게르만 종족들에게 전해주었기 때문이다.

어쨌든 유념할 것: 325년 니케아 공의회에서는 하느님 안의 단 하나인 실체가 핵심 주제였던 반면, 381년 콘스탄티노플 공의회의 출발점은 성부·성자·성령 세 실체였다. 교의사가들은 한 실체 신학으로부터 세 실체 신학으로의 이행移行은 단지 용어가 변한 것뿐인가 아니면 〔사실일 법하거니와(안티오키아에서 구정통파와 신정통파의 일시적 분열이 그것을 말해준다)〕 표상 틀의 실질적 변화도 내포하는가를 놓고 무수히 토론해왔다. 아무튼 확실한 것: 콘스탄티노플 2차 보편 공의회 이후에야 비로소 **삼위일체 교의**에 관해 말할 수 있게 되었다.

공의회에서는 (로마와 연계된) 아프리카인들과 바야흐로 학문적 주도권을 쥐고 있던, 오리게네스의 노선을 따르는 소아시아인들이 날카롭게 맞섰다. 고전적 삼위일체론은 4세기 후반기에 카파도키아의 저명한 세 사람의 신학자와 주교에 의해 발전되었으니, 373년 아타나시우스 사망 이후 동방교회의 가장 걸출한 성직자였던 대大바실리우스, 그의 친구 나지안즈의 그레고리우스 그리고 그의 동생 니싸의 그레고리우스가 그들이다. 이 **세 카파도키아 사람**은 아타나시우스의 믿음과 오리게네스의 교설을 결합시킬 줄 알았다. 그들은 니케아 신경에 대한 그들의 새로운 해석으로 인해 "신정통파", 혹은 "싱싱한 니케아인들"이라 불리었다. 그들은 니케아 신경을 따라 극히 복잡하고 종종 모순되고 아무튼 지루한 그리스도론적 사유과정을 거쳐, 마침내 새로운 언어 규정을 확립할 수 있었다: 하느님 — **하나인 신적 본질**ousia, physis, 그러나 **세 위격**prosopon 안에.

고전적이 된 이 정식은 이미 오리게네스에 의해 그리고 라틴어로는 테르툴리아누스의 "하나인 실체, 세 위격"(물론 어디까지나 계시사건 안에서, 그리고 엄격한 종속관계에 있는)에 의해 초석이 놓여졌었다. 그래서 이 정식은 라틴 사람들에게도 마음에 들었다. 그러나 **라틴 사람들**에게는 본질의 단일성이 확실한 출발점이었고 다양성은 신비였던 반면, **동방 사람들**에게는 거꾸로 하느님 위격의 3중성이 확실한 출발점이었고 단일성은 신비였다. 세 카파도키아 교부들은 "동일 본질"homo-ousios에 관한 고백을, 하느님의 하나인 본질 안에서 종속관계(오리게네스)에 있는

게 아니라 완전히 동등한 세 위격에 관한 진술과 결합시킴으로써, 오리게네스처럼 **성령**을 처음부터 신성에 포함시켰다. 물론 세 위격은 각기 고유한 특성과 존재방식을 지닌다: 성부는 "낳아지지 않았음"을, 성자는 "낳아졌음"을, 성령은 (사람들은 다른 특별한 말을 찾아내지 못했다) "좇아나옴"을 고유한 특성으로 지니고 있다. 이때부터 비로소 그리스도교계에서는 **셋이면서 하나인 하느님**에 관해 본격적으로 말할 수 있게 되었다. 여기서 일치의 원리arche는 다시금, 니케아 공의회에서보다 뚜렷하게, 성부의 단독 주권Monarchie이었다. 오직 신성의 바탕인 성부에게서 성령 또한 좇아나온다.

그러나 신학적 충돌은 니케아와 콘스탄티노플 공의회의 결정들에 의해서도 끝나지 않았다. 충돌은 계속되었고, 이제는 바로 예수 그리스도의 위격이 문제가 될 수밖에 없었다. 사실 니케아·콘스탄티노플 신경에 담긴 카파도키아 교부들의 위대한 "해결책"에는 근본적으로 교회들간의 새로운 싸움을 야기할 소지가 많이 내포되어 있었다. 이 싸움은 여러 번의 공의회가 개최되게 했고, 마침내 동방교회를 결정적으로 분열시킬 터였다. 문제는 무엇이었던가? 문제는 근본적으로 이미 니케아의 정식에서 드러난다. 성자가 성부와 "동일 본질"이라면, **예수 그리스도 안에서 신적 본질과 인간적 본질**은 서로 어떠한 관계에 있는가? 이 물음에는 물론 가지각색의 답변이 있었다. 저명한 스승이요 아리우스설을 배척했던 라오디케아의 아폴리나리스는 일찍이 주장하기를, 그리스도 안에서 하느님의 로고스가 인간의 "육신"과 "혼"은 취했으나 인간의 "영"은 취하지 않았다고 했다. 이를테면 하느님의 로고스가 아예 인간의 영을 대체했다는 것인데, 이것은 당시 많은 종교적 인간들에게 큰 공감을 얻었다: 예수는 인간의 모습을 취한 온전한 하느님이다! 그러나 로고스가 인간의 영을 대체했다는 것은, 대부분의 신학자들의 견해에 의하면, 그리스도의 온전한 인간성, 완전한 인간 본성을 부인하는 것이었다. 그리하여 이 설은 동·서방의 여러 시노드에서 단죄되었다. 그러나 아폴리나리스가 제기한 문제는 계속 영향을 끼쳤다: 그리스도 안에서 어떻게 "둘=하나"가 가능할 수 있을까? 더 나아가 삼위일체에서 "셋=하나"와 같은 "비밀"을 어찌 알아들어야 하는가?

니케아 콘스탄티노플 신경

우리는 믿나이다.
오직 한 분이신 전능하신 천주 성부,
하늘과 땅과 유형 무형한 만물의 창조주를 믿나이다.

오직 한 분이신 주 예수 그리스도,
모든 세대에 앞서 성부께 나신 천주의 외아들이시며,
천주로부터 나신 천주시요,
빛으로부터 나신 빛이시요,
참 천주로부터 나신 참 천주로서
창조되지 않고 나시어,
성부와 일체이시며,
만물이 다 이분으로 말미암아 창조되었음을 믿으며,
우리 인간을 위하여 우리의 구원을 위하여
하늘에서 내려오시어,
성령으로 동정녀 마리아께 혈육을 취하시고
사람이 되셨음을 믿으며,
본시오 빌라도 치하에서 고난을 받으시고,
십자가에 못박히시고 묻히셨음을 믿으며,
성경 말씀대로 사흘날에 부활하시고,
하늘에 올라 성부 오른편에 앉아 계시며,
산 이와 죽은 이를 심판하러
영광 속에 다시 오시리라 믿나니,
그의 나라는 끝이 없으리이다.

주님이시며 생명을 주시는 성령을 믿나니,
성령은 성부와 성자에게서 좇아나시며,
성부와 성자와 더불어 같은 흠숭과 같은 영광을 받으시며,
예언자들을 통하여 말씀하셨나이다.
하나요 거룩하고 보편되고 사도로부터 이어오는 교회와,
죄를 사하는 하나인 세례를 믿으며,
죽은 이들의 부활과
후세의 영원한 삶을 기다리나이다. 아멘.

　5세기 초 그리스도론 문제는 동방교회의 수위권을 둘러싼 콘스탄티노플 총대주교좌와 알렉산드리아 총대주교좌의 격렬한 권력투쟁과, 그들을 떠받치고 있던 안티오키아 학파와 알렉산드리아 학파의 대립 속에 휘말려 들어갔다. 싸움은 다시 극적으로 전개되었는데, 여기서 그 얽히고설킨 곡절을 자세히 서술하는 것은 별 의미가 없다. 428년 콘스탄티노플 총대주교 네스토리우스가 알렉산드리아 총대주교 키릴루스를 공격함으로써 형성된 양진영간의 주요 전선戰線을 살펴보는 것으로 족할 것이다:

— 알렉산드리아 총대주교 키릴루스와 **알렉산드리아 학파**는 그리스도 위격의 철저한 **단일성**과 신성을 주장했다. 로고스가 인성人性을 마치 옷처럼 취했다는 것이다. 아니 인성이 신성 안으로 스러져 "단일한 본성", 즉 신성만이 남았다는 것이다(그래서 "단성설"로 불린다). 그래서 마리아를 "하느님을 낳으신 분"theo-tokos이라 부른다. 이 설은 좀더 경건하고 민중에게 친근한 해결책으로 여겨졌다.

— 그러나 콘스탄티노플 총대주교 네스토리우스와 **안티오키아 학파**는 본질의 단일성은 말하려 하지 않았고, 예수 그리스도 안에서 신성과 인성의 **구별**을 철저히 고수했다. 그래야만 그리스도의 온전한 인간성이 보장된다고 생각했다. 마리아를 ("그리스도를 낳으신 분" 대신) "하느님을 낳으신 분"으로 부르는 것은 실제적인 복음선포에서 웃음거리만 된다는 것이었다. 이 설은 "학문적으로" 좀더 확실한 해결책으로 여겨졌다.

　키릴루스는 주저할 줄 모르는 권력 정치가였으니, 새 공의회에서 자신의 입장을 관철시키기 위해 거리낌없이 선동과 조작을 일삼았다. 431년 그는 전적으로 자신의 영향력 아래 있던 **에페소 공의회**[161]로 하여금, 콘스탄티노플에서 네스토리우스가 도착하기도 전에, 그 적수와 안티오키아 학파의 신학을 단죄토록 했다. 또한 공의회는 온전히 키릴루스의 단성설 그리스도론 노선에 입각하여, 마리아의 칭호로 "그리스도를 낳으신 분"을 배격하고 대신 **"하느님을 낳으신 분"**을 확정했는데, 이것이 오늘날에도 교회의 교의다. 네스토리우스와 그의 추종자들은 (이해할 만하거니와) 키릴루스에 대한 역逆단죄(그리고 역파문)로 응수했다. 그리스도교계는 또다시 심각한 분열의 위험에 처했고, 그리하여 황제 테오도시우스 2세가 또 한 번의 에페소 공의회(433)에서 양측의 연합을 독촉했으나 분쟁을 해결하지는 못했다. 449년 에페소에서 또다시 공의회가 열렸는데, 거기서 키릴루스 못지않게 권력에 굶주린 후임자 디오스쿠루스는 자신의 수도자 무리와 함께 공의회 교부들을 폭행하고 안티오키아 학파의 주요 신학자들을 파면시켰다(그래서 레오 교황은 "공의회"라 하지 않고 "강도들의 시노드"라 지칭했다).

그러나 콘스탄티노플에서의 정치적 격변이 곧 상황을 변화시켰다. 여제女帝 풀케리아와 그 남편 마르키아누스는 즉위한 후 교회의 권력 요구에 맞서 교회에 대한 황제의 전통적 지배권을 다시 확립하기로 결심했다. 교황 레오 1세의 동조 아래 그들은 지나치게 "교황처럼" 처신하던 알렉산드리아 총대주교 디오스쿠루스를 파면하기로 작정하고, 그를 451년 새 공의회 곧 **칼케돈 공의회**[162]에 초청했다. 이 공의회에서는 325년의 니케아 공의회, 381년의 콘스탄티노플 공의회 그리고 431년의 에페소 공의회만을 보편 공의회로 인정했다. 칼케돈 공의회는 **4차 보편 공의회**로 꼽힌다. 디오스쿠루스는 굴욕적인 심리를 거쳐 파면되었다. 이로써 황제가 제 생각에 그럴싸한 그리스도론적 언명들(사실은 레오 교황의 서간에서 유래함)을 공의회에 명령할 수 있는 길이 곧장 열렸다. 그리하여 키릴루스의 입장도 네스토리우스의 견해도 큰 빛을 보지 못하고, 오히려 테르툴리아누스·노바티아누스·아우구스티누스의 서방·라틴 그리스도론이 부각되었다. 그리스도교계가 훗날 고전적인 것이 된 칼케돈 공의회의 그리스도론 정식을 갖게 된 것은 근본적으로 그들 덕이다: "동일한" 주 예수 그리스도는 "신성에 있어서도 완전하시고 인성에 있어서도 완전하시며, 참 하느님이요 참 인간이시다". 동일한 그분은 "신성을 따라서는 성부와 본질이 같으시고, 인성을 따라서는 우리와 본질이 같으시다". 그러므로 "동일한 그리스도는 … 두 본성 안에서 뒤섞이지도 뒤바뀌지도 나누어지지도 갈라지지도 않고 존재하신다".[163] 이 유명한 네 수식어는 알렉산드리아 급진파와(뒤섞이지도 뒤바뀌지도 않음) 네스토리우스를(나누어지지도 갈라지지도 않음) 다함께 겨냥하고 있었다.

공의회가 라틴 그리스도론에 의해 꼴지어진 정식들을 받아들이긴 했지만, 바로 이 공의회가 다른 한편으로는, 다시금 황제의 부추김으로, 이미 지나치게 강력해졌고 이제 신학적 입지도 강화된 로마 주교에게 뼈아픈 정치적 패배를 안겼다. 이미 381년 콘스탄티노플 공의회의 카논 3항은 새 로마 주교의 막강한 지위의 초석을 놓았었다: "콘스탄티노플 주교는 로마 주교 다음가는 영예로운 지위를 지녀야 한다. 이 도시는 새 로마이기 때문이다."[164] 이제 칼케돈 공의회의 유명한 (앞으로 살펴보겠거니와, 구로마는 물론 인정하지 않은) 카논 28항은 "**새 로마**"인 "**콘스탄티노플의 거룩한 교회**"에게 옛 로마와 **동등한 수위권**을 부여했다(베드로와 관련된 신학적 근거가 아니라 제국 수도라는 정치적 근거에 입각해 두 주교좌에 부여된 동등한 수위권). 그리하여 **전통적인 다섯 총대주교좌 제도**(381~451)가 확립되었는데, 그 서열은 로마 – 새 로마(콘스탄티노플) – 알렉산드리아 – 안티오키아 – (꼴찌로!) 예루살렘이었다. 이 또한 패러다임 전환이 이루어졌음을 말해주는 뚜렷한 증거다. 오늘날도 콘스탄티노플(지금의 이스탄불) 주교는 "보편(세계)교회의 총대주교"로 불린다.

일치운동을 위한 되물음

오늘날 사람들은 칼케돈 공의회가 과연 자신의 **목적을 달성했는지**를 묻는다. 하르낙은 칼케돈 정식에 부정사否定詞들을 동원하여 만들어낸 순전히 피상적인 타협책이라는 딱지를 붙였다: "그것들을 통해 모든 것을 말했다고 하는 밍밍하고 소극적인 네 가지 정의(뒤섞이지도 않고 등)는 … 따끈하고 구체적인 내용이 없다. 그것들은 땅과 하늘을 이어주는 다리(신앙인에겐 곧 믿음)를 이슬람 신봉자들이 붙들고 언젠가 낙원에 들어갈 수 있기를 희망하는 머리카락보다 가느다란 선線으로 만들어버렸다."[165] 칼케돈 공의회는 혹시 신약성서를 대체하고자 했던가? 그렇지는 않다. 이 공의회에서도 신약성서는 근본 바탕이었다. 그러나 사람들은 451년 칼케돈 공의회의 교의를 "그리스도의 위격에 관한 계시 내용을 정확히 표현하기 위해 앞선 수세기 동안 쏟아온 모든 노력의 무르익은 성과와 결산"[166]으로 간주하는 로마 가톨릭의 승리주의적 호교론을 받아들이기는 꺼릴 것이다. 칼 라너처럼 의식적으로 체제 안에서 사고하는 교의학자조차 칼케돈 공의회 1,500주년 기념제에 즈음하여 다음과 같은 도발적인 물음을 제기해야 겠다고 마음먹었다: "칼케돈 — 끝인가 시작인가?"[167]

그동안 라너의 타협 신학을 둘러싼 토론이 활발했고, 그 결과가 순전히 교의학적 관점이 아니라 훨씬 포괄적인 관점에서 검토되었다. 칼케돈 공의회에서 만들어진 그리스도론 정식(참 인간 — 참 하느님)은 물론 비잔틴 교회와 서방교회 모두에게 교의학의 항구적 토대의 하나를 제공했고, 전례에서도 중요한 의의를 지니게 되었다. 이미 삼위일체론에서 그랬듯이, 이제 그리스도론에서도 다시금 인간 이성으로는 꿰뚫어볼 수 없는 "신비"로서 받아들일 수밖에 없는 정식이 만들어졌다! 어쨌든 이 정식은 분쟁을 끝장내지 못했다. 오히려 그 반대였다:

— 칼케돈 교의를 둘러싼 **그리스도론 논쟁**은 비잔틴 제국에서나 서방에서나 그후에도 몇 세기간 **계속**되었다. 왜냐하면 그리스도의 본성이 하나인지 둘인지에 관한 논쟁이, 이제는 정치 및 외교와 깊이 뒤얽혀, 그리스도 안의 하나 혹은 두 에네르기에 관한 논쟁을 거쳐, 하나 혹은 두 의지에 관한 논쟁으로 나아갔기 때문이다(單力說 논쟁과 單意說 논쟁). 논쟁에는 비잔틴과 로마 간의 증대하는 갈등과 알력 또한 한몫을 했다. 과연 황제가 타협안으로 내놓은 「일치 정식」(482)에 콘스탄티노플 총대주교 아카키우스가 동의하고, 또 단성설을 따르던 알렉산드리아 총대주교가 인정을 받게 되자, 동로마와 서로마 간에 35년에 걸친 최초의 공식적 교회분열이 발생했다(아카키우스 이교離敎, 484-519).

— 그리스도론 논쟁은 갈수록 더욱 교회정치와 뒤얽혔다. 과연 그 논쟁에서는 동방교회와 서방교회의 적대감뿐 아니라, 지배권을 행사하던 비잔틴에 대한 특히 이집트와 시리아의 국가적 증오도 드러난다. 마침내 황제조차도 일치를 더 이상 강요할 수 없었다. 결국 **제국교회는 해체**되었다.

오늘날도 유서깊고 중요한 여러 그리스도 교회는 지나치게 서방 신학에 의해 꼴지어진 칼케돈 공의회를 인정하지 않는다. **칼케돈을 부인하는 교회들**[168]은 지금도 동방의 비잔틴 정교회뿐 아니라 서방의 로마교회와도 분리되어 있다:

① 단성설을 따르는 이집트의 콥트 교회.

② 시리아의 네스토리우스 교회. 이 교회는 나중에 특히 페르시아뿐 아니라 인도("토마스 그리스도인들")와 동아시아의 북경에까지 널리 퍼져나갔다.

③ 아르메니아 교회와 게오르그 교회. 이들은 훗날 단성설을 받아들였다.

지금까지의 전개과정 전체를 다시 한번 훑어보자. 그리스도 교회들은 교리를 확립하면서 물론 결단을 내릴 수밖에 없었다. 하지만 그 과정이 치러야 했던 대가 또한 간과해서는 안된다:

― 공의회들에서 부각된 신학은 **신약성서로부터 멀리 떨어져나갔다.** 마태오 복음서의 소박하고 알기 쉬운 3중 세례정식에서 4세기의 극히 복잡한 삼위일체 사변이 생겨났으나, 이 사변은 세 "분"이 어떻게 하나일 수 있는가라는 문제를 그저 동사들을 구별함으로써 형식논리적으로 "해결"할 수 있었을 뿐이다. 근본적으로 이론의 여지 없는 것: **그리스도교를 특징짓는 것은 삼위일체론이 아니다.** 그리스도교에 결정적인 것은 바로 그리스도론적 반성이다. 그러나 여기서 참으로 중요한 것은 사변을 전개하거나 "믿어야 하는" 그리스도 교의가 아니라, 앞서 그리스도교의 본질과 중심에 관한 고찰에서 살펴보았듯이,[169] 바로 예수 그리스도 자신인바, 우리는 그분의 아버지이신 하느님께 나아가는 길에서 성령의 이끄심을 따라 그분을 본받아 걸어나갈 수 있다. 신학적으로 볼 때, 모든 것은 아들·아버지·영의 성서에 맞갖은 올바른 자리매김에 달려 있다. 니케아·에페소·콘스탄티노플·칼케돈 공의회 교의들을 해석하는 잣대 역시 헬레니즘 존재론이 아니라 어디까지나 신약성서여야 한다. 사실 공의회 교부들도 유일신론을 결단코 고수하고자 했거니와(물론 유일신론과 예수의 신성을 결합시켰다), 만일 우리가 현대 신학자들 식으로 그들의 삼위일체 신학을 유일신론과 다신론 사이의 (이 신학자들에겐 아예 논리적으로 불가능한) 어정쩡한 입장으로 치부한다면, 그들은 필경 무덤 속에서 뒤척일 것이다.

― 신학은 또한 **민중에게 친근한 선포로부터도 멀어졌다.** 삼위일체론은 극히 높은 지적 수준을 요구하는 개념의 유희, 일종의 "삼위일체 고등수학"이 되어버렸거니와, 신학자나 설교자들조차 별 관심을 보이지 않은 이 교의는 이성적인 인간들에게 그저 언제나 "지성을 희생시키며" 오로지 받아들여야 할 뿐인 "참 신비"로서 제시되었다.[170] 그런데 적어도 라틴 전례에서 오늘에 이르기까지 기도는 "삼위일체"에게 바쳐지지 않고, "예수 그리스도를 통해 성령 안에서" "전능하신 아버지 하느님"께 바쳐진다. 그러나 어쨌든 체제 안에서 전통주의적

으로 사고하는 정교·가톨릭·개신교 신학자들은 삼위일체 교의에 대한 온갖 반문에 맞서 "그건 이성주의야!"라는 반이성적 판결의 면역주사를 맞아두었다. 그러나 갈수록 많은 그리스도인이 하느님 비밀의 아찔하게 드높은 곳을 감히 엿보려 한 그런 그리스적 사변은 필경 이카로스의 모험과 같은 것이 아닐까 묻고 있다. 아테네 공예가들의 선조인 다이달로스의 아들 이카로스는 깃털과 밀랍으로 마무른 날개를 달고 태양에 너무 가까이 다가갔고, 그리곤 추락했다.

— 공의회의 결정들은 그리스도교계를 끊임없이 교회정치와 뒤얽히게 된 예상치 못한 신학적 분란 속에 몰아넣었다. 그 결정들은 종교사에서 유례를 찾을 수 없는 **분열**과 **이단자 박해**를 불러일으켰다. 그리하여 그리스도교계는, 자기 본질의 왜곡 속에서, 박해받던 소수집단으로부터 박해하는 다수집단으로 변했다. 믿음을 달리하는 사람들은 폭력 포기와 평화 건설의 설교자인 예수 그리스도의 이름으로 탄압을 받았고 나아가 죽임을 당했으며, 지극히 귀중한 문화재들(책들!)과 보물들이 배척·파괴·절멸되어 버렸다. 그리하여 그리스도교계 자체도 오늘에 이르기까지 가지각색의 교회들로 분열되어 있다. 이 분열은 첫 공의회들과 함께 시작되었거니와, 아리우스파는 교회로부터 축출되어 박해받았으며, 칼케돈 공의회 이후에도 많은 교회들이 전체교회로부터 배제되었다.

이러한 전개과정으로부터 그리스도 교회들은 (만일 나자렛 예수가 이 교회들 안에 여전히 척도로 살아 계시다면) 자기 비판과 회심 그리고 쇄신을 위한 깨달음을 이끌어내야 한다. 그래서 제기되는 미래를 위한 물음들:

미래를 위한 물음

✝ 철학적으로 규정된 개념들은 갈수록 첨예화되었고 학파들간의 차이는 갈수록 분화되었으며, 설명과 해석은 갈수록 복잡해졌고 교의와 국법을 통한 정통신앙에 대한 안전장치는 갈수록 견고해졌다. 그러나 다른 한편 오해, 편가름, 분열, 적수 공격을 위해 개최되는 시노드, 파문을 주고받는 주교들 또한 넘쳐났다. 오늘날 세계사의 이 새로운 시대에, 고래古來의 헬레니즘적 교의들을 단순히 반복하는 대신, 다시금 새로이 신약성서 메시지

자체에 집중하고 그것을 현대인들에게 역시 다시금 새로이 해설해 주는 것이 마땅하지 않을까? 사실 일찍이 헬레니즘 세계의 신학자들은 바로 그와 같은 작업을 그들의 동시대인들을 위해 수행했고, 그것은 당연한 일이었다.

헬레니즘적 그리스도교계는 ("구약"성서를 고수하면서도) 유다교적 근본 토양으로부터 멀어진 것으로 보인다. 그리고 오늘에 이르기까지 유다인들은 하느님의 유일성(하나인 본질)과 하느님 안의 실제적 3중성(세 위격)의 구별을 유일신론을 사실상 위태롭게 하는 짓으로밖에는 알아듣지 못한다. 사정이 이러한즉, 유다인들이 언젠가는 니케아로부터 칼케돈에 이르는 헬레니즘적 공의회들, 두 본성 그리스도론 그리고 세 위격 신학에 동의하리라 누가 기대할 수 있을까? 그러므로 "하느님의 아들"과 같은 개념들 그리고 예수와 하느님의 관계와 관련하여, 구약성서의 본디 히브리적인 맥락과 뿌리들을 다시금 온전히 새로이 인식하는 것이 필수불가결하지 않을까?

니케아 공의회에서 예수 안의 신적 요소가 너무 우악스럽고 배타적으로 강조되었고, 모든 인간적 요소들은 뒤로 밀려났다. 그리고 성부와 구별되는 아들의 위격의 본질은 어디 있는가라는 물음은 "낳아졌음"(낳은 분과 구별되어)이라는 말을 통해 너무나 형식적이고 불충분하게 해결되었다. 역사상 그리스도는 교의상 그리스도 뒤로 내쳐졌고 복음서들은 교회의 신앙교리들 뒤로, 그리스도 추종은 교리와 전례의 정통성 뒤로 밀려났다. 오늘에 이르기까지 이슬람교는 과연 예수를 예언자 심지어는 메시아로 인정하지만 헬레니즘적 그리스도론은 배척하며, 도대체 이 그리스도론에서 한 역사상 인간 그리고 개인적 인간 삶이 중요시되고 있는지 의문을 제기한다. 그러므로 예수를 제대로 이해하기 위해 다시금 "아래로부터" 출발하여, 「쿠란」처럼 예수를 한 인간으로 진지하게 받아들이고, 그것에 터해 예수 안에서 어떻게 하느님의 지혜가 인간적 모습을 취했는지를 이해하는 것이 필수불가결하지 않을까?

우리가 지금까지 신학 그리스도론 문제들을 상세히 — 많은 사람들에겐 너무 상세했는지도 모르겠다 — 다룬 것은 두 가지 이유 때문이다:

① 4~5세기에 헬레니즘 패러다임 안에서 형성된 교의체계는 동방교회뿐 아니라 서방교회에서도 수백 년간 결정적 중요성을 지니게 되었다.

② 이 시대에 형성된 성부의 외아들 그리스도론은 3세기 황제 권위의 정당성 위기 이후, 4세기에 황제권을 새로이 정당화하는 토대를 제공했다. 독재군주 황제는 그리스도의 친구요 대리자라는 것이었다.

이 그리스도 교의는 이 오래된, 그러나 한편 성장중인 새로운 비잔틴 세계에서 신학과 교회뿐 아니라 황제와 제국을 위해서도 본질적 구성요소가 되었다.

7 비잔틴 — 정교의 탄생지

헬레니즘 패러다임은 **고대교회의 보편적 패러다임**, 즉 고대 동·서방 교회 전체의 패러다임이었다. 이 패러다임의 중심(사도들이 창설한 "사도적" 교회들, 훗날의 총대 주교좌들, 공의회들, 학문 중심지들, 수도원들)은 물론, 제국의 옛 수도 로마의 중요성에도 불구하고, 어디까지나 동방에 있었다. 이 패러다임은 제국 수도가 보스포루스 해협으로 옮겨간 후에도 **동방 제국**에 의해 천 년 이상 계속 전해졌다. 1453년 동로마와 로마인들의 제국이 마침내 멸망할 때까지 ….

제2 로마: 규범으로서의 비잔틴

오랫동안 고대교회 헬레니즘 패러다임의 정치적·문화적 담지자는 어디까지나 **동로마**였다. 반면 서방에서는, 앞으로 살펴보겠거니와, 로마제국과 함께 고대 문화도 크게 쇠락했고, 그와 동시에 이제 교황으로 불리게 된 로마 주교들이 동로마로부터의 독립과 서방교회에 대한 독재권을 줄기차게 추구 확대해나갔다. 서방에서 교황의 이 우위권은 (아우구스티누스 특유의 라틴 신학 그리고 끝으로 게르만 민족의 정치적 패권과 함께) 새로운 세계사적 패러다임 대두의 본질적 전제조건을 형성할 터였으니, 곧 라틴적이고 특히 로마 가톨릭적인 새로운 패러다임(P III)이 그것이다. 이 패러다임은 11세기에 그레고리우스 개혁과 더불어 강력히 대두하여, 동방과 서방 교회의 결정적 분열을 초래할 터였다.

그러나 서방의 이 역사를 다루기 전에, 먼저 이제는 주로 동방에서 계속 전해지며 안팎으로 굳게 견지되었던 고대교회 헬레니즘 패러다임(P II)이 오늘에 이르기까지 전개되어온 과정에 대한 우리의 분석을 계속해야겠다. 근년의 동방 정교는, 어려운 정치적·학문적 상황 때문이겠지만, 동로마에 대해 별로 관심을 보이지 않았고, 동로마에 관한 연구를 몇 가지 특수 문제를 제외하곤 대부분 세속 역사학자들에게 넘겨버렸다.[171]

330년 5월 11일 콘스탄티누스 황제는 새로운 수도를 봉헌했으니, 보스포루스 해협의 고대 그리스 도시 **비잔틴**(그리스어: Byzantion) 자리에 세워진 **콘스탄티노플**이었다. 이 비잔틴은 근 현대에 동로마제국을 가리키는 학문적 명칭이 될 터였다. 이 새로운 중심지는 사전 숙고를 거쳐 선택되었다: 이 도시는 도나우 강 및 유프라테스 강과 가까웠고 따라서 게르만인들과 페르시아인들이 습격하곤 하던 제국 국경선 부근에 있었다. 또한 바야흐로 경제적으로 번창하던 지역들과도 가까웠으며, 끝으로 동방의 종교적 중심지들에 가까이 위치하고 있었다. 유럽 안에 있으면서도 아시아에의 관문이었으며, 주요 통상로들의 교차점에 자리하고 있었다. 이 도시는 로마제국의 힘의 새로운 과시였으며, 동방 그리스도교계의 강력한 기지였다. 새 수도 콘스탄티노플은 도시계획에서도 숙고를 거쳐 옛 로마와 유사하게 건설되었다: 원로원이 세워졌고, 유력한 원로원 의원 가문들과 제국 행정 관청들이 보스포루스 해협으로 옮겨왔다. 콘스탄티누스가 자랑스럽게 **"제2 로마"**라고 부른 새 수도는 나중엔 **"새 로마"**라고도 불리었는데, 이 말은 근본적으로 "로마의 계승"이라는 의미를 내포하고 있었거니와, 그것을 381년의 콘스탄티노플 보편 공의회는 장엄하게 확언할 터였다.

테오도시우스 사후 395년 **제국은 동로마제국과 서로마제국으로 결정적으로 분리**되었다. 그 경계선은 20세기에 유고슬라비아로 불리게 되었으며, 최근 동로마와 서로마 간의 그리고 로마 가톨릭교와 비잔틴 정교 간의 고래古來의 적대관계가 첨예화된 (예전에는 아드리아 해 출신의 서방 수도자들이 비잔틴 성당 건축가로 일하는 등 풍성한 문화교류도 이루어졌다) 지역을 가로질렀다. 당시 비잔틴 제국의 제도들은 여전히 로마식이었으니, 무엇보다도 행정·법률 용어가 라틴어였다. 그러나 민중의 (라틴적인 몇몇 서부 지역은 제외하고) 언어와 문화, 특히 종교는 그리스적이었다. 서방에서는 로마제국이 세기가 지남에 따라 프랑크인들과의 결합을 통해 **게르만** 제국이 된 데 반해, 동방에서는 비잔틴을 통해 **그리스** 제국이 되었거니와, 이 제국의 주요 주시방향은 갈수록 로마나 서방이 아니라 동방과 아시아였으니, 그곳에서 제국에 대한 새로운 위협이 끊임없이 생겨나고 있었기 때문이다.

동로마제국의 주민들은 망설임 없이 "로마인들"Romaioi이라 자칭했는데, 그것은 그들의 동방 제국이 로마제국을 고스란히 계승했다고 여겼기 때문이다. 사실 서방 제국은 게르만 민족 이동의 거센 물결 속에서 갈수록 와해되었고, 476년 마침내 결정적으로 멸망했다. 그러나 **고대교회 헬레니즘 패러다임**(P Ⅱ)은 존속했으니, 이교적인 옛 수도가 그리스도교적인 새 수도에 의해 대체되었을 따름이다. 이 대체는 전적으로 하느님의 섭리에 따른 것이 아닐까? 그리하여 곧장 내세워졌던 공식적 이데올로기: 새 로마는 옛 로마의 세계 지배권을 넘겨받아, 그것을 이제 바야흐로 그리스도의 표지 아래 행사하기 위해 선택되었다. 새 로마는 참된 **구원의 국가**다: 왜냐하면 이교적 로마의 마귀들로부터 해방된 그리스도교적 새 로마는 세계 지배를 위해 최고의 정치적 권한뿐 아니라, 더 나아가 유일한 참된 신앙을 보유하고 있기 때문이다.

그러면 도시요 제국으로서의 비잔틴의 본질을 이루는 것은 무엇이었던가? 비잔틴의 삶과 문화 그리고 전체 발전과정은 매우 상이한 세 가지 "근본 원천들"에 터했다: "이 세 요소 중 하나라도 제외한다면, 비잔틴의 본질은 생각할 수 없다"고 페테르부르크 출신 비잔틴 제국 역사의 탁월한 연구자 오스트로고르스키[172]는 말한다. 그 요소들은 무엇인가? 고대교회 헬레니즘 패러다임의 존속을 뚜렷이 확인해주는 세 요소는 바로:

● 로마 국가제도,

● 그리스 문화,

● 그리스도교 신앙이다.

그리스도교에 매우 중요한 셋째 요소에 관해 살펴보자: **신앙**은 이제 신약성서에서처럼 무엇보다도 하느님과 예수 그리스도를 믿는 신뢰로 이해되지 않고, 우선적으로 **정통신앙**, **정교**Orthodoxie로, 즉 교회가 확정하고 국가가 재가한 특정 교조들의 진실성에 대한 확신으로 이해되었다. "정교"나 "정통신앙"이라는 단어는, 특기할 만하게도, 신약성서에는 나타나지 않으나, 4세기부터 널리 사용되었다. 비잔틴 교회를 원그리스도교(P I) 그리고 결국엔 다른 교회들과도 구별해주는 것이 이 "정교"인바, 이것이 그 교회의 고유한 이름이 되었다.

정교를 신봉하던 비잔틴을 모르고는 오늘날의 동방 정교를 이해할 수 없다. 너무 일찍 세상을 떠난 러시아 신학자 슈메만(정교에 대한 나의 이해는 그에게 힘입은 바 크다)은 그 점을 남달리 분명히 표현했다: "어떤 의미에서 비잔틴 시대는 정교 역사의 결정적 시기, 즉 교회의 생활이 결정結晶되던 시기로 보아야 한다. 오늘날의 정교는, 역사적으로 볼 때, 비잔틴 제국보다 5백 년을 더 살아남은 비잔틴 교회다."[173] 물론 나중에는 동방 정교 내에서도 전례·신학·성화상·신심·법 등의 분야에서 여러 가지 변혁을 동반한 발전들을 확인할 수 있다. 그럼에도 간과해선 안되는 사실: 서방 가톨릭 교회의 구체적 모습이 오늘날도 중세 로마에 의해 꼴지어진 그대로인 것처럼, **동방 정교회의 구체적 형태는 오늘날도 비잔틴에 의해 꼴지어진 그대로다.** 칼케돈 공의회를 부인하는 교회들에서의 특수한 발전과정을 논외로 한다면, 다음 사실을 뚜렷이 확인할 수 있다:

● 전례도 비잔틴적으로 꼴지어져 있다.
● 신학도 비잔틴적으로 확립되어 있다.
● 성화상도 비잔틴적 규범에 맞추어져 있다.
● 신심도 비잔틴적 영감에 감싸여 있다.
● 법과 제도도 비잔틴적 토대 위에 확립되어 있다.
이 마지막 사항은 특별히 주목할 필요가 있다.

이교와 그리스도교의 공존

로마제국이라는 세계가 콘스탄티누스로 말미암아 하룻밤 사이에 그리스도교화되었다는 환상에 빠져서는 안된다. 콘스탄티누스 시대에 제국 주민 대다수는 여전히 이교 신앙에 머물러 있었다. 고대 말엽에 관한 근년의 모든 연구는(공생활뿐 아니라 사생활도 갈수록 깊이 파헤쳐지고 있다)[174] 특히 동방에서는 **그리스도교와 이교가**(여러 이단 집단과 종파는 논외로 하자) **경직된 집단으로서 서로 대립하지 않았으며,**

오히려 도처에서 함께 뒤섞여 존재했음을 밝혀준다.[175] 콘스탄티누스 자신이 이
교 제의를 영리하게 관용했고, 콘스탄티노플에도 이교 신전 신축을 허용하지
않았던가? 그 이후 시대에 이교는 직접적인 정치적 영향력은 크게 상실했지만,
6세기까지 문화의 토대로서 굳건히 존속했다. 그럴 수 있었던 근본 이유는 단
순했다: 교부들 자신이 (그들은 "고전" 교육을 받은 터였다) 대부분 교회 테두리 안에서의
고전 교육을 포기하려 하지 않았거니와, 엘리트층 전체가 여전히 추구하던 고
전 교양은 어디까지나 이교 문학·미술·수사학·과학·철학과 결부되어 있었
다. 그리스-로마 여러 신들의 세계를 모르고는 그 모든 것을 얻을 수 없었다.

그러므로 이교적 **학교교육 제도**가 처음에는 온전히 존속했다는 것은 전혀
놀랄 일이 아니다. 사실 그 제도는 배교자 율리아누스 황제가 단명으로 끝난
이교 부활 시도에서 그리스도인들을 그 제도로부터 배제하려 했던 후에는, 심
지어 그리스도인들에게 새삼 매혹적으로 비쳐지기까지 했다. 그리스도교 철학
이 문학 및 역사학과 함께 전적으로 교회내적으로 정향되어 있었는데도 교회의
정신적 지도자들은 예전엔 특정 엘리트 층만을 위한 것이었던 이교 철학을 "민
주화"하고, 그것을 그리스도교 신앙이라는 전혀 새로운 체계에 유용하게 만들
줄 알았다. 이 교육은 적어도 기초교양으로서 그리스도인들에게도 중요했다.
물론 그들에게 항구적이고 규범적 의의를 지닌 것은 어디까지나 성서와 교회
전통이었지만 말이다. 그리하여 많은 그리스도인 아이들이 이교 학교를 다녔
고, 그리스도 신자들도 유서깊은 교육기관을 찾아 특히 아테네와 안티오키아
(526년의 대지진과 540년 페르시아인들에 의한 정복과 주민 감소 때까지) 그리고 무엇보다도 알렉산
드리아로 몰려들었거니와, 알렉산드리아에서 그리스도인들은 이교도들과 함께
저명한 신플라톤주의 여철학자 히파티아(415~16년 그리스도인 폭도들의 돌에 맞아 사망했다)
의 강의를 경청했다 ….

많은 이교적 사회구조와 외적 생활양식들은 특히 동방에서는 4~5세기에도
별로 변하지 않았다. 사회 상류층은 예전처럼 노동을 천한 것으로 여겼다. 상
류층에선 그리스도인들도 사치와 향락의 생활에 빠져 있었던 반면, 하층민들은
이교도건 그리스도인이건, 흔히는 그저 상류층의 노동기피와 향락추구 덕분에

생계를 꾸려갔다. 동방에서는 "고대 후기" 문화가 아직은 "야만인들"의 위협을 별로 받지 않았다.

그러면 교회는 어떠했던가? 황제가 교회 주교 성직자들에게 부여한 특전들이 처음에는 엘리트 층의 입장을 거의 변화시키지 못했으며, 민중 문화 안에도 성직자들이 못마땅해할 만큼 많은 이교 관습(연극·서커스·검투·전차·경주·목욕 등)과 미신 행위(부적·점술 등)가 여전히 행해지고 있었다. 그래서 고대 후기에 관한 최고 전문가의 한 사람인 영국의 역사가요 교부학자인 피터 브라운[176]은 이렇게 기술할 수 있었다: "4세기의 교회는 매우 별나게 비쳐졌다. 교회는 이 '세상'의 변두리에 머물러 있었다. 그 근본구조들이 안녕 및 위계질서에의 욕구와 권력의 강력한 압박 아래 발전해가던 '세상'의 변두리 말이다. 그리스도교는 이제 힘 있는 자들의 명목상의 신앙인데도 이 세상의 가장자리에 머물러 있었다." 아무튼 그리스도교 공동체를 결합시킨 것은 무엇이었던가? 다시 한번 브라운의 말을 인용하자면 그것은 "매우 특수한 허구, 즉 주교의 바실리카에서 전례가 집전되는 가운데 뚜렷이 표현되는 연대라는 허구였다".[177] 말하자면 주교와 성직자들을 마주하고 모두가 동등한 예배에서는 과연 이 "세상"의 위계질서와 구조가 존재하지 않는다는 것이었다. 여기서는 모든 사람이 차별없이 세 가지 새로운 주제와 맞닥뜨렸는데, 오직 교회만이 관장할 수 있던 이 주제들을 교회는 권력자들에게도 설교했고, 또 그들의 힘을 빌려 고대 후기 사회를 마침내 아무튼 "그리스도교화"할 터였다. 그 주제들은 죄(모두가 죄인이다!), 가난(모두가 자선의 의무를 지닌다!) 그리고 죽음(모두가 항상 죽음을 각오하고 있어야 한다!)이었다. 이것들은 모두 영혼의 영원한 구원을 얻는 데 근본적이고 중요한 관련이 있었다.[178]

아무튼 마르쿠스가 뚜렷이 밝혔듯이[179], 점차 "시간과 공간의 그리스도교화"가 진행되었다. 그리하여 여러 가지 이교 축제, 결혼과 장례 풍습 등이 차츰 그리스도교적 정신으로 채워졌다. 많은 순교자와 고백자들의 축일이 표시된 그리스도교 달력이 이교 달력을 대체했다. 성유물 덕택에 그리스도교의 성소가 된 교회들은 곧 순례 도로망을 통해 연결되었으며, 이교 성소들의 지지地誌를 능가하게 되었다. 세속 문화에 동화된 삶이 아니라, 세상기피와 **금욕고행**이 갈수록 참된 그리스도교의 표지로 여겨졌다. 이제 **공개참회**는 물론 점점 드물게 행해졌다. 사실 공개적인 죄의 고해는 작은 공동체 앞에서가 아니라 큰 공중 앞에서 행해져야 했다 — 이것은 자칫 사회적으로 치명적인 결과를 초래할 수 있었다! 그래서 동방에서는 공개참회 대신 조용히 **비밀고해가** 생겨났다: 처음에는 수도자들 서로간에, 나중에는 평신도들도 자발적으로 수도자(사제가 아님)에게 비밀고백을 했다. 이것은 의무가 아니라 한 기회였다. 그러나 교회가 가져다준 새로운 것들 가운데 많은 사람들에게 가장 중요했던 것은 뭐니뭐니 해도 **사회적 그물**이었다. 갈수록 부유해져가던 교회는 거대 영지領地 경제와 높은 세금 때문에 비참한 상태에 처한 대중을 구제하기 위해 그러한 그물을 구축했다. 특히 동방에는 빈자·과부·기아棄兒·이주자·병자·나환자·노인 등을 위한 시설이 매우 많았다.

동전의 다른 면에 관해 입다물어서는 물론 안된다: 교회는 이제 자신이 엄청난 영지 소유자가 되어가면서, 고대 후기 경제의 이 근본 폐해와 맞서 싸우는 대신 오히려 그것을 증가시켰고, 그로써 민중의 고통 증대에 큰 몫을 했다. 그리고 **대영지 소유자**인 교회가 엄청난 수의 **노예 소유자**가 된 것도 두말할 필요가 없다. 노예 처지의 법적 개선이나 나아가 속량에 관해, 사실 교회는 콘스탄티누스 전환 전부터 스토아 윤리학의 영향을 받은 많은 이교도들보다 훨씬 적은 관심을 보였다. 전에는 노예(속량된 칼릭스투스)가 심지어 로마 주교가 될 수도 있었던 반면, 이제 레오 대교황은 노예를 주교로 선출하는 것을 금지했다. 서방 게르만인 사회에서는 노예의 처지가 오히려 개선된 반면, 비잔틴에서는 노예제도가 제국이 멸망할 때까지 존속했다: 이른바 "그리스도교" 국가와 "그리스도" 교회(둘다 "그리스도인" 황제 아래 있었다)의 테두리 안에서.

신권정치: 정치신학

콘스탄티누스 대제는 모든 그리스도인 황제의 항구적 전범이었다. 이 말이 의미하는 것: 국가와 교회를 결합시킨 그리스도교 제국의 중심에는 주교나 교황이 아니라 로마 황제가 자리잡고 있었다. 황제는 "평신도"였지만 (게다가 콘스탄티누스는 죽음을 앞두고야 세례를 받았다), 또한 "교황처럼" 교회의 일상사에 끊임없이 간섭하지는 않았지만, 교회 안에서도 어떤 성직자보다 강력한 최종 발언권을 보유했다. 콘스탄티누스의 확신에 따르면, 황제는 어떤 주교보다도 하느님께 가까이 있다. 고대 로마의 이교적 신神-황제를 고스란히 본받아, 이 그리스도인 황제는 **지상의 하느님 대리자**로 자처했다. 황제는 바로 하느님으로부터 통치권을 위임받아 보유한다. 과연 황제는 이제 **하느님과 본질이 같은**(니케아!) **그리스도의 친구**로 자처했다. 황제는 모든 사람을 하느님과 그리스도의 참된 법에 복종시킬 권한과 의무가 있다. 이렇게 황제는 사실상 일종의 사도직을 보유했으며, 참된 신앙의 (물론 오류가 없지는 않은) 고백자로 인정되었다.[180]

가이사리아의 에우세비우스(†339)보다 일찍이 그리스도교적 황제 이데올로기를 기초놓고 훌륭히 선전하고, 마침내 (비잔틴 사람들 그리고 나중엔 남·동 슬라브인들의) 동방 정교의 역사의식과 국가-교회 이념 속에 깊이 각인시킨 사람은 없다. 에우세비우스는 우연치 않게도 위대한 선구자 오리게네스의 제자였고, 가이사리아에 있던 오리게네스의 유명한 도서관을 이용할 수 있었는데, 처음엔 아리우스파에 동조했다가 콘스탄티누스의 궁정 신학자로 출세하여 국가 문서고에도 드나들게 되었다.

에우세비우스를 올바로 평가하자면,[181] 에우세비우스처럼 그때만 해도 자기 고향 도시에서 많은 순교자들을 직접 만났던 세대에게 그리스도교가 이제 제국에서 "허용된 종교"religio licita가 되었다는 사실이 어떤 의미가 있었는지를 잊어서는 안된다. 그 점을 염두에 둔다면, 에우세비우스가 「교회사」(니케아 공의회 직전, 로마의 베드로 바실리카 건축이 시작된 324~25년에 저술)에서 그때까지의 그리스도교 역사 전체가 하느님의 은총의 섭리에 따라 그리스도인 황제에게서 정점에 이르렀다고 서술한 것을 이해할 수 있을 것이다. 그로서는 그리스도인 황제를 말과 글로 아무리 찬양해도 부족했다. 로마 주교의 특별한 지위에 관해서는 에우세비우스도 여느 동시대인들과 마찬가지로 아는 바 없었다. 황제가 교황에게 로마 시와 제국의 서방 반쪽을 양도했다는 것에 관해서는 더더구나 아무것도 몰랐다(요즘은 이른바 「콘스탄티누스의 증여」라는 문서를 8~9세기에 위조된 것으로 본다).

교회사의 시조요 궁정신학의 원조인 에우세비우스는 또한 그리하여 **정치신학의 비조**가 되었거니와, 이 신학의 본 모습은 지배계급 아니 군주의 이데올로기를 종교적으로 장식하는 데서 고스란히 드러난다. 에우세비우스가 「황제께 올리는 말씀」(335)에서 로고스의 신성을 들먹이며 동시대인들의 비판에 맞서 예루살렘 성묘聖墓성당의 호화로운 건축을 옹호한 것은, 그래도 별 해로울 것 없는 신비화 속임수의 한 형태라 하겠다. 이제 그 가난한 나자렛 사람과 부유한 황제의 교회 곳곳에서 사치가 노골적으로 과시되었다. 진짜 해로운 것은, 에우세비우스가 고전적인 그리스-로마 역사가들과는 전혀 달리, 「복된 황제 콘스탄티누스 전기」(황제 사후 337년 저술)에서 황제의 종교적 면모를 장황하게 묘사했으나 (자유로 향하는 교회의 길을 인도한 "새로운 모세" 등), 그의 인품과 정치의 온갖 부정적인 면에 관해서는 전혀 언급하지 않았다는 점이다. 이런 행태가 불행하게도 동·서방 교회의 궁정 신학자와 역사가들 사이에서 많은 모방자를 얻었다.

세계사적으로 볼 때 가장 중요한 것: 에우세비우스는 이미 「교회사」에서 **하느님 섭리에 의한 교회의 보호자요 후견인으로서의 황제의 역할**(교회의 "외적" 사안들을 관장하는 주교)을 너무나 강력히 내세웠고, 그리하여 그것으로부터 온갖 그럴싸한 교회법적·신학적 결론들을 손쉽게 이끌어낼 수 있었다. 절대적인 로마 황제의 지위는 그렇지 않아도 막강했다. 콘스탄티누스는 그 지위를 이제 자신에 의해 해방된 교회에 대해서도 행사했으니, 절대적 권한으로 교회 최초의 보편 공의회를 자신의 관저가 있던 니케아에 소집했고, 신앙고백문(신경)의 작성에 이르기까지 공의회의 모든 것을 관리들을 통해 자신의 뜻대로 조종했다. 콘스탄티누스와 그의 후계자들은 교회에 대해 **"최고 재치권"**을 행사했다. 비록 요한 크리소스토무스와 많은 비잔틴 신학자들은 교회에 대한 황제의 지배권을 인정하지 않았지만 말이다. 황제는 3중의 권한을 보유하고 있었다:

— 최고 입법권: 보편 공의회 소집·주재·재가: 공의회 결의는 국법이 되었다.

— 최고 사법권: 지역 시노드에 의해 해임된 주교들의 항소심 관장.

— 행정 감독권: 총대주교 임명, 흔히는 주교 선출에 대한 재가, 개개 교회 공동체 사안에의 간섭.

하지만 안톤 미헬이 온갖 수많은 전거를 끌어대며 입증했다고 믿었던 것 그리고 프란츠 될거(그는 비잔틴 공문서 연구의 초석을 놓았다)[182]가 다음과 같이 요약한 것은 옳다고 볼 수 없다: "비잔틴에서는 처음부터 황제가 (숭고한 콘스탄티누스 대제의 후계자요 '그리스도의 대리자'로서) 교회의 조직·행정·입법·사법 그리고 가장 내면적이고 영적인 사안들에 이르기까지, 모든 영역에서 교회의 유일한 지배자였다."[183] 이것은 지나치게 로마-가톨릭적 관점의 해석이다. 그리스-비잔틴적 관점에서 고찰한다면, 하느님이라는 원상原像의 모상인 황제에 관해 더 올바로 말할 수 있을 것이다. 아무튼 이론의 여지가 없는 사실: 이미 콘스탄티누스 전대의 교회에서도 어디서나 감지될 수 있었던 **황제의 지배권**은 **헬레니즘 비잔틴 패러다임**을 특정지었거니와, 콘스탄티누스 이후 이 패러다임에서 헬레니즘과 국가교회주의가 **로마 황제의 신권정치**에 의해 결합되어 나타났다: 인류는 그리스도교 신앙 안에서 하나되고, 황제 아래 하나인 정치적 통일체로 결합된다.

국가교회주의의 확립: 유스티니아누스

6세기에 이르러 그리스도교 문화가 강제적 수단도 사용하면서 확고한 입지를 구축했을 때, **이교의 종말**은 돌이킬 수 없는 것이 되었다. 그리스도교적 동로마제국은 처음엔 발칸 반도와 도나우 강으로부터 그리스와 소아시아를 거쳐 시리아·이집트·리비아에까지 이르렀으나, 게르만 민족 이동기에 많은 지역을 "야만인들"에게 잃었고, 6세기에 콘스탄티누스의 가장 탁월한 후계자요 라틴 문화의 영향을 깊이 받은 마케도니아 사람 유스티니아누스 1세(527~65)에 의해 당당히 "복구"되었다: 국제정치적으로는 상실한 지역의 탈환, 내정 면에서는 행정과 법률의 개혁을 통해. 과연 유스티니아누스는 로마제국을 (물론 일시적이긴 했지만) 다시금 지중해권 전체로 확장시켰다: 반달족(북아프리카), 동고트족(이탈리아) 그리고 서고트족(스페인)과의 전쟁을 통해.

더 나아가 단호한 정교 신봉자였던 유스티니아누스는 제국의 내적 형성, 즉 **그리스 정교에 터한 제국의 형성**을 완수했다. 몇 가지 연도만 제시하기로 하자:

— 527: 모든 이단자와 이교도들("헬라인들")은 관직·존칭·교수·자격·국고 지원금을 박탈당했다.

— 528: 유스티니아누스는 처음으로 포괄적인 법령집을 편찬하도록 지시했다. 이 법령집은 그리스어로 번역되어 새로운 법률의 토대가 될 터였다(훗날 *Corpus iuris civilis*라 불림).

— 529: 이교 문화의 독자성의 마지막 버팀목이었던 아테네 철학 학교가 폐쇄되었고, 아직도 콘스탄티노플과 소아시아에 매우 많던 이교도들이 강제로 세례를 받았다.

— 535: 유스티니아누스의 수정 법령 반포와 더불어 그리스어가 공용어로 되었다(여기에는 필경 정략적 측면도 있었다).

— 537: 이제 주민이 약 30만에 이르는 제국의 상징적 중심지 콘스탄티노플에 그리스도교계 최대의 교회요 앞으로 황제들의 대관식이 거행될 성 소피아 대성당 건축이 시작되었다(이때부터 동방 건축에서 반구半球 천장의 개선행렬과 모자이크는 신앙인들에게 기도의 초점이자 천상의 상징과 문이 되었다).

— 553: 새로운 그리스도론 논쟁("삼장서"三章書 논쟁 등) 때문에 콘스탄티노플에서 5차 보편 공의회가 소집되었다. 공의회는 칼케돈 공의회의 교의에 대한 키릴루스의 단성설 해석을 유일하게 올바른 해석으로 인정하는 등 온갖 호의를 베풀었는데도 단성설파의 호응을 얻지 못했다.

유스티니아누스(역사가 그에게 "대제"라는 칭호를 부여하지 않은 것은 온당치 않다)에 의해 **비잔틴 국가교회주의**는 정치적·법률적·문화적으로 완전히 관철·확립되었다 ─ 이교 교육제도의 재정적 고사枯死, 그리스도인들에 의한 교과 과정 규제와 학교 인수에 이르기까지. 아무튼 비잔틴 사람들은 특히 유스티니아누스의 재건정책 이후 이렇게 확신했다: 이제 **새 로마**는 옛 로마와 대등한 정도가 아니라, **정치적으로는 옛 로마보다 우월**하다. 사실 서방의 케케묵어 소멸해가는 로마가 야만인들의 쇄도 아래 약탈·파괴·와해된 것과는 달리, 비잔틴은 분명히 갱신되고 원기 넘치는 영원한 로마가 아닌가? 이론의 여지 없는 사실: 유스티니아누스와 더불어 로마 황제권 이념은 그리스도교의 옷을 입고 정점에 도달했다.

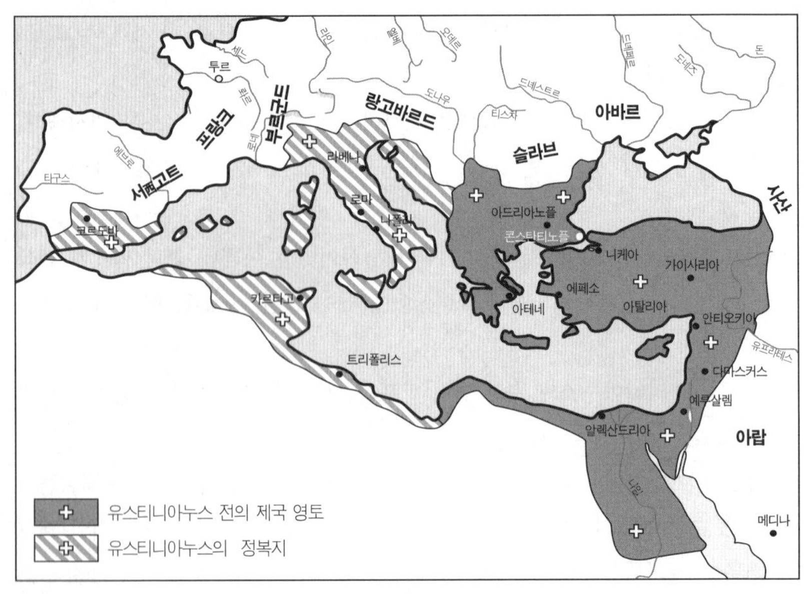

유스티니아누스 1세의 제국 (565년경)

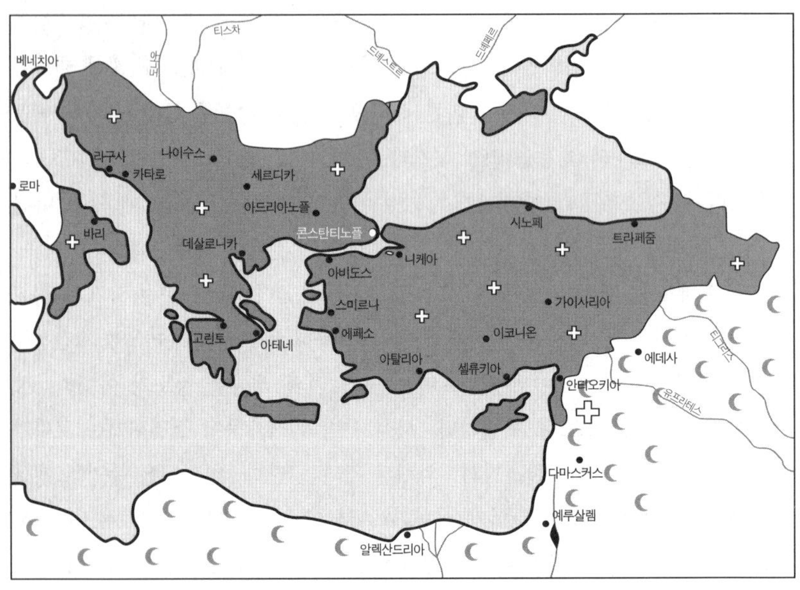

바실리우스 2세의 제국 (1025년경)

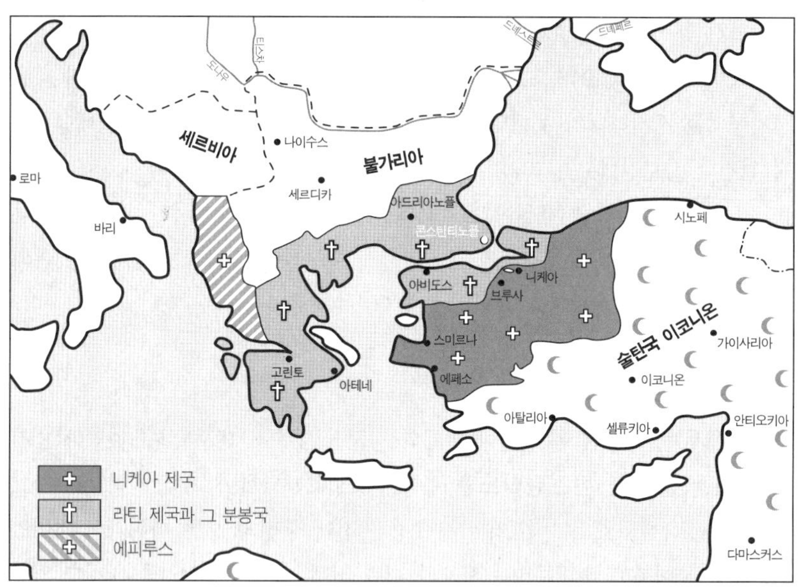

소아시아와 발칸 (1214년경)

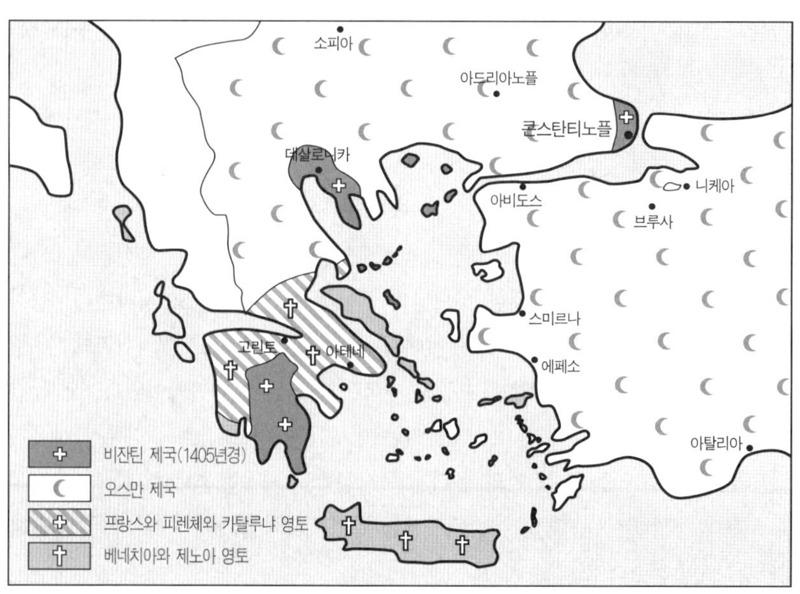

비잔틴 제국의 몰락 (14/15세기)

이러한 갱신 이데올로기는 결코 지배계급만의 확신이었던 것이 아니라 민중들의 신념이기도 했으니, 그들은 (바야흐로 그리스도교적 모습을 지닌) 군주정체보다 나은 정치형태는 생각해내지 못했다. 과연 사람들은 자신들의 국가교회 이데올로기에 완전히 사로잡혔고, 그리하여 옛 로마의 주교(비록 실제로는 황제의 지배를 받지 않았지만, 어쨌든 황제의 신하였다)가 세월이 흐르면서 자신의 고유한 교회국가 이데올로기를 발전시킬 줄은 꿈에도 생각하지 못했다. … 아무튼 아직까지는 황제가 이론의 여지 없는 국가의 통치자요 교회의 보호자로 여겨졌다.

제국과 교회의 교향악

동방에서는 교황 같은 인물이 황제의 정치적 맞수로 대두할 수 없었다는 것은 이해할 만하다. **콘스탄티노플 총대주교도** 그 역할이 거의 전적으로 종교적 영역에 국한되었으니, 교리의 순수성과 전례 규범의 보존 따위가 그것이었다. 그러나 어쨌든 총대주교는 황제의 대관 전에 그가 정통신앙을 지니고 있는지를 심사할 수 있었고, 그래서 (자주적인 교회 관장과는 별도로) 최소한 대항세력의 소지를 드러내기도 했는데, 포티우스와 케룰라리우스 같은 유력한 총대주교들은 실제로 그런 세력을 형성할 수 있었다.

제국과 제국교회의 **"교향악"**(융화)은 시대의 요구였으며, 비잔틴의 강령이 되었다. 물론 그것은 대개 황제가 그 악보를 다 쓰고 또 지휘하는 교향악이었다. 고대 로마의 신神황제를 본받아, 또한 에우세비우스가 제시한 왕권 신수설王權神授說의 그리스도교적 이상에 따라, 그리스도인 "독재군주들"은 자신들이 "사람 사는 땅", 곧 "전세계"에 대한 하느님의 독재권을 반영한다고 생각했다. 심지어 유스티니아누스는, 천상 "만유 지배자"의 지상 대리자로서, 자랑스레 "우주 지배자"라고 자칭했다. 이렇게 지상의 제국은 하늘나라의 판박이였다. 오래 전부터 "위"(볼 수 없는)와 "아래"(볼 수 있는)라는 범주들 안의 그리스-플라톤적 사유가 "현재"와 "미래"라는 도식 안의 유다계 묵시문학적 사유를 대체했다.

요컨대 동방에서는, 훗날 서방에서와는 달리, **교회국가가 아니라 국가교회** 가 생성·발전했다.

— 서방에서는 신앙 및 교회 재산과 관련된 사안에서는 황제도 한 사람의 그리스도인으로서 주교들 **아래** 있다고 본 암브로시우스 이래, 로마 교황들의 세력 확장 활동(비잔틴에서는 오랫동안 심각하게 여기지 않았다)으로 말미암아, 시간이 흐르면서 교회와 국가 간에 뚜렷한 적대관계가 형성되었고("신국"과 "세속 국가") 마침내 **교황 중심주의** 체제가 생겨났는데, 여기서는 교회 전체가 온전히 "아버지·교황"을 정점으로 질서지어졌다.

— 반면 동방에서는 국가권력과 교회의 최고 재치권裁治權의 통합, 나중에는 아예 교회와 국가 그리고 국민의 통합이 확립되었다. 서방 사람들은 이것을 "**황제 교황주의**"라고 지칭했는데, 이 딱지붙임은 물론 삼가는 것이 좋았을 것이다. 황제가 동시에 교황? 황제는 사제도 아니었고, 오늘날의 교황처럼 무슨 무류성을 지니고 있지도 않았다. 여기서는 일방적 종속 관계보다는 오히려 교회 권력과 국가권력의 **상호의존** 관계가 지배하고 있었다. 요즘 교황과는 달리 황제에게는 교리 문제에서 절대적 권한이 주어져 있지 않았으니, 황제는 자신의 교의적 입장(예컨대 단성설이나 로마와의 일치를 지지하는)을 관철하려다 여러 번 좌절을 겪었다. 과연 정통신앙에 충실치 못한 황제는 폭군으로 여겨졌다.

이 모든 것에도 불구하고: 황제들은 실제적으로는 "교황보다 더 교황처럼" 처신하는 데에 거의 거리낌이 없었으니, 수시로 교황들을 콘스탄티노플로 호출했을 뿐 아니라, 거역하는 총대주교들은 간단히 해임해버렸다. 황제들에게는 신약성서적인 "하나인 하느님, 하나인 신앙, 하나인 세례"뿐 아니라, 콘스탄티누스-유스티니아누스적인 "**하나인 제국, 하나인 법, 하나인 교회**" 또한 중요했다. 교회와 국가의 긴밀하고 "조화롭고" "교향악스런" 결합 안에서 국가와 국가의 최고 대표자는, 수백 년간 다듬어져온 엄숙한 예식과 거룩한 종교적 상징들을 통해 모든 사람들과 뚜렷이 구별·부각되어, 막강한 권력을 보유했다. 이것은 **헬레니즘 비잔틴 패러다임의 한 가지 특징**으로 남게 된다 — 비잔틴 으로부터 차르가 절대 권력을 마음대로 휘두르던 모스크바에 이르기까지. 물론: 국가교회는 정교의 겉모습일 따름이다. 정교를 안으로부터 규정짓는 것은 무엇인가?

전례 ─ 정교회의 튼실한 척추

세계교회는 처음 몇 세기 동안 중앙집권적으로 지배되는 거대한 계급 조직이 아니라 무엇보다도 온 "세계" 곧 "사람 사는 땅" 전체에 퍼져나간 그리스도 믿는 사람들의 공동체(친교)로 자처했다. 이 공동체는 개개 지역교회와 주교좌 교회들 안에, 거기서도 특히 예배 안에 구체적이고 생생하게 살아 있었다.

국가가 막강한 권력을 행사했지만, 아무튼 잊어서는 안되는 것: 부침하는 모든 시대를 관통하여 **전례는 정교회의 가장 강력한 힘**, 이를테면 정교회의 튼실한 척추로 존속할 터였다. 전례는 어려운 시기에도 교회를 곧추세웠고, 동시에 다양한 민족들에게 적응할 수 있게 했다. 이 전례의 중심에 자리잡고 있던 것은 (훗날 중세의 라틴 전례에서처럼) 예수의 십자가상 희생의 "피흘림 없는 반복"이 아니라, 고양高揚되신 주님과 그분 공동체의 메시아 혼인잔치였다. 이 전례의 주선율主旋律은 죄의 참회와 용서가 아니라, 부활의 기쁨과 주님의 현존에 대한 환호였다. 그래서 서방에서처럼 무릎을 꿇고 손을 깍지끼거나(옛 게르만 식으론 사슬 따위로 묶음) 꼭 붙인("불꽃"의 상징) 채 거행하지 않고, 원칙적으로 똑바로 서서 팔을 아래로 내리거나 위로 뻗으며, 또 때로는 교차시키며 거행했다(물론 이것도 전형적인 비잔틴 식이거니와, 잦은 성호 긋기, 무릎 꿇기, 엎드림, 성물에의 입맞춤도 동반되었다).

전례는 신자들과 부활하신 주님의 인격적 만남이라는 사상에 터해, 처음 몇 세기 동안 자연발생적인 다양한 전례 형식들(흔히 즉흥적 성찬 기도문들도)이 매우 많이 생겨났다. 이 처음의 자유와 다양성은 물론 갈수록 제한을 받았다. 콘스탄티누스 전환 이후, 수도대주교좌들을 중심으로 **전례 계보들**이 형성되었다.[184]

─ 알렉산드리아에서 그리스 식 "마르코 전례"와 콥트-에티오피아 전례가 생겨났다.

─ 안티오키아에서 동·서 시리아 전례인 그리스식 "야고보 전례"가 생겨났다.

─ 콘스탄티노플에서는 비잔틴 전례와 아르메니아 전례가 생겨났다.

이 동방 전례들은 그 교회들만큼 매우 다양했으나, 여러 지방어와 고유한 특징들에도 불구하고, 다함께 헬레니즘 패러다임(P II)의 테두리 안에서 발전해나갔다. 이 전례들은 로마로부터 퍼져나간 로마 전례와 점차 뚜렷이 구별되었는데, 로마 전례는 특히 프랑크 제국에 큰 영향을 끼치고 고유한 전례적 패러다임(P Ⅲ)을 창출할 터였다.

훗날 동방에서 콘스탄티노플은, 서방에서 로마가 그랬듯이, (물론 주로 정치적인 이유로) 전례의 통일을 강요했다. 그리하여 로마 시市 전례가 서로마제국 전체와 나중에는 프랑크 제국에서 관철된 것처럼, 비잔틴 시 전례는 동로마제국 전역과 대부분의 슬라브 왕국들에서 관철되었다. 10세기에 들어설 때까지 비잔틴 영역에서는 바실레우스 대제 전례가 가장 많이, 그다음으로는 안티오키아에서 생겨난 요한 크리소스토무스 전례도 널리 행해진 것으로 보인다.

전례에 대한 이 회고는 중요하니, 이것이 국가교회 체제 안에 있던 교회의 내적 생활에 관해 중요한 것을 말해주기 때문이다. 처음 몇 세기 동안의 교회들에 관해 유념해야 할 것: 이 교회들은 콘스탄티누스 전환 이후 점점 제도화되고 콘스탄티누스의 바람대로 통일제국 체제에 순응했지만, 그럼에도 한 우두머리 주교에 의해 위로부터 아래로 엄격하게 조직된 통합(단일) 교회는 아니었다. 여전히 **교회들의 공동체**(친교)를 이루고 있었으며, 이들의 일치와 결합은 법률적·제도적으로 이해된 것이 아니라 무엇보다도 성사적·정신적으로 이해되었다. 그것은 이를테면 교회들의 **연방적 결합**이었던바, 그 안에서 많은 시市 주교들은, 수도대주교들과 총대주교들 아래에서, 서로 동료로서 결합되어 있다고 느꼈으며, 물론 로마 주교와도 긴밀히 연결되어 있다고 생각했다. 그들은 로마 주교를 옛 제국 수도의 주교로 대접했고 또한 "총대주교들 가운데 첫째"로 인정했으나, 그것은 무슨 특별한 "약속"이나 "전권" 때문이 아니라, 두 우두머리 사도 베드로와 바울로의 무덤이 로마에 있기 때문이었다. 실상 동방의 많은 교회들 역시 사도들이 창설했고, 그런 의미에서 "사도좌들"이었다: 예루살렘·안티오키아·알렉산드리아뿐 아니라 에페소·데살로니카 혹은 아테네 교회도 그러했다. 이 교회들은 믿음을 직접 사도들로부터 전해받았지 (후대의 대부분의 게르만 교회들처럼) 로마나 (훗날의 거개의 슬라브 교회들처럼) 비잔틴에게서 받지 않았다.

그러나 정교에 대한 온갖 치하에도 불구하고 명심해야 할 것: 이미 당시의 **정교회의 전례와 제도는 원천적·사도적 전례와 제도**(P Ⅰ)**가 아니었다는**

것을 간과한다면 큰 잘못이다. 왜? 우선 (주교들의 막강한 지위는 아예 논외로 하고) 일반 성직자들의 지위 하나만 살펴보자. 유다계 그리스도교 묵시문학 패러다임에서는, 앞에서 보았듯이, 교회직무들은 어디까지나 지배가 아니라 봉사를 의미했고 그 직무들의 구체적 형성에 있어 온전한 자유가 존재했었다. 특별한 교회직무를 수행하는 것은 오랫동안 적지 않은 부담이요 큰 모험이었다. 매우 많은 사람들이 비싼 대가를 치렀고, 박해 시대에는 목숨까지 바쳐야 했다. 그런데 이미 콘스탄티누스 이전 세기에 주교직(그리고 간접적으로는 또한 일반 성직자들)의 권력 증대와 더불어, 모든 것이 변했다. 콘스탄티누스 전환 이래, 성직자들이 점차 하나의 고유한 사회계급이 되어가는 과정이 시작되었다.

성직자 — 이제 고유한 계급

"**평신도**"laikos라는 유다계 헬레니즘 낱말은 그리스적 의미로는 교육받지 못한 대중을, 유다교적 의미로는 사제도 레위인도 아닌 사람을 뜻한다. 이 단어는 신약성서에는 전혀 나오지 않고, 2세기 초엽 이른바 클레멘스 서간[185]에 나타나는데, 대사제·사제·레위인과 구별·대조되는 평범한 신자들을 의미했다. 이 낱말은 3세기 이래 온 교회에서 널리 사용되었다.

한편 그리스어 "클레로스"kleros는 본디 "제비"·"몫"을 의미했는데, 콘스탄티누스 이전 교회에서 사제단에의 참여를 나타내기 위해 사용되었고, 나중에는 그밖의 직무 종사자에게도 적용되었다. 오리게네스의 저술에서 "클레로스"**는 백성과 구별되는 교회직무 종사자들을 가리키는 확고한 명칭**이었다.[186] (사제다운!) "백성"laos과 "비非백성"ou laos 사이의 성서적 구별[187]이 콘스탄티누스 시대 이후 점점 "백성"과 "사제들"(성직자들) 사이의 구별로 바뀌어갔다.[188]

콘스탄티누스 이후 **구약성서로의** 뜻밖의 놀랄 만한 **복귀**가 일어났다 — 이제 갈수록 확정되어가던 전례 텍스트·예식·사제·복장·하느님 집의 형태에 이르기까지.[189] 어디서나 사람들은 성전과 성전 예배의 상징학에 몰두했다. 성전과 성전 예배는 예수 친히 상대화했고 초기 이방인 그리스도교계도 무시했던 것들인데, 콘스탄티누스 이후의 그리스도교계는 제 눈으로 본 적도 없는 그것들을 이제 자신의 거룩한 본보기로 삼았다. 마치, 이미 유스티니아누스가 억측한 것처럼, 유다 백성은 하느님의 벌에 의해 성전과 성전 예배를 빼앗겼고, 그것들이 이제는 "새로운 하느님 백성"이요 "참 이스라엘"인 교회에 주어졌다는 듯이 말이다. "솔로몬이여, 내가 그대를 능가했도다"라고 유스티니아누스 황제는 완공된 소피아 대성당을 바라보며 외쳤다고 한다. 또한 사람들은 시리아와 게오르기아의 여러 교회를 "시온"이라고 불렀다. 혹시 그때까지 그저 중요한 윤곽만 확정된 예배를 갖고 있던 그리스도교가 (이제는 허용된 종교로서 다른 종교들과 경쟁하는 가운데) 릴리엔펠트가 추측하듯이, 구체적 "규범"nomos(예식과 교회법을 동시에 의미하는 종교실천), 다시 말해 엄격한 예배 규범을 가지고 드러나고 싶었던 것일까?

아무튼 교회와 세상(이제는 그 자신 점점 더 "그리스도교적"으로 되어갔다) 사이의 긴장이 갈수록 교회 안으로 옮겨왔으니, 바로 "성직자들"과 "평신도들" 사이의 긴장으로 변했다! 그러는 가운데 성직자들은 점차 사회적으로 특수 지위를 보유하게 되었고, 하나의 고유한 계급으로 발전해갔다. 여기서 **교회직무라는 지위에서의 패러다임 전환을 완결**한, 서로 맞물려 있는 세 가지 과정을 관찰할 수 있으니, 곧 전문직업화 과정, 특전 부여 과정, 독신제로의 과정이 그것이다.

(1) 유다계 그리스도교 묵시문학 패러다임에서는 대부분의 교회직무가 **부업**이었다. 사도 바울로도 (전통에 따라) 천막 일로 생계를 꾸렸다. 그러나 이제 교회의 고위직은 갈수록 **전업**으로 되어갔다. 주교 그리고 사제와 부제 또한 **전문직업**이 되었다. 이것은 다음과 같은 결과를 초래했다: 기부금이 가난한 사람들을 위해서뿐 아니라 성직자들의 생계유지를 위해서도 갈수록 많이 쓰여야 했다. 흔히는 나중에 자기 재산을 교회에 유증할 수 있는 유복한 자들을 주교로 선출하게 되었다. 그리하여 이제 교회는 부유해졌거니와, 이것은 성직자 수의 증가를 촉진했으나 그들의 삶에는 별로 유익하지 못했으니, 많은 폐해가 그 사실을 곧 입증해줄 터였다.

이제 성직자들은 평신도들과 "근본적으로" 구별되었다: 안수(사목서간들!)와 도유를 통해 거행되는 서품에 의해. 이제 사제는 오직 주교에 의해, 주교는 오직 수도대주교에 의해서만 (인접 지역 주교들의 동반 아래) 서품될 수 있었다. 또한 성직자들 사이에도 갈수록 여러 품계가 생겨났고, 품계에 따라 서품식도 차이가 있었다. 그리고 성직자들 외에, 특히 큰 공동체에, 많은 집사가 있었으며 때로는 교회 음악가·환자 돌보는 사람·무덤 파는 사람이 몇백 명에 이르기도 했다(이 모두가 정치적으로 동원할 수 있는 세력이었다).

(2) 유다계 그리스도교 묵시문학 패러다임에서는 교회직무 종사자 대부분이 **사회적 특권 지위를 지니지 않았고**, 오히려 그리스도 신앙 때문에 불이익을 받았으며, 흔히는 고발과 피해 그리고 더 나쁜 일들도 각오해야 했다. 그러나 콘스탄티누스 이후 시대에 성직자들은 점차 고유한 **특권 신분**이 되어갔다:

— **신분적 특권들**: 이것은 이미 콘스탄티누스 치세에 인두세의 면제와 특별 재판권(중재 재판권·조정권·비호권)의 부분적 부여에 의해 시작되었다.

— **신분의 상징들**: 5세기 이래 톤수르Tonsur, 즉 수도자들에게서 전해받은 (기원은 이시스Isis교 사제들?) 머리 중앙부 삭발이 행해졌고, 그후에는 특별한 복장(428년까지만 해도 교황 쾰레스티누스 1세는 강력히 반대했다)도 도입되었다.

— **예배의 격식화·장엄화**: 여기에는 화려한 전례복과 비싼 교회 집기들도 포함된다. 예식은 구약성서와 이교의 관습들을 넘겨받는 등(처음에는 배척했지만) 갖가지 방법으로 풍성해졌다: 비싼 모자이크로 장식된 웅장한 바실리카 안에서 타오르는 촛불, 피어오르는 훈향(마귀들을 쫓아내기 위함), 연속기도, 찬송가 ….

이 모든 것은 이제 교회 백성들을 "위해" 엄숙하게 예배를 집전하는 사제들을 갈수록 수동적으로 "참례"하는 백성들로부터 뚜렷이 구별하고 한껏 돋보이게 했음이 틀림없다. 대신 백성들에게는 예전엔 다신론적 이교에서나 널리 행해졌던 "열등한 숭배"가 "너그럽게" 허용되었다: 성인들과 천사들 그리고 특히 마리아를 "수호자" 혹은 구원의 중개자로 공경하고 그들에게 기도함; 성유물과 성유물 장사; 성화상聖畵像 공경과 팔레스티나·로마·투르 등으로의 순례.

(3) 유다계 그리스도교 묵시문학 패러다임에서는 대부분의 교직자가 **기혼**이었다. 예수와 바울로가 본보기로 살아보인, 사람에게 봉사하기 위한 독신은 계율이 아니라 은사, 다시 말해 자발적으로 사로잡힌 소명이었다. 그러나 이제 고위 성직에 있어 **독신**이 점진적으로 관철되기 시작했다. 이 현상은 고대 후기

에 널리 퍼진 금욕주의 경향을 배경으로 하여 고찰해야 한다. 사실 금욕적 생활양식은 당시 유다교뿐 아니라 헬레니즘 세계에서도 발견된다. 특히 스토아학파는 금욕, 극기와 성관계의 자제를 옹호했다. 남자가 원기를 과도하게 헛쓰면, 남성다움(생식력: 고대 로마인들의 주요 덕목의 하나였다)을 잃고 유약해질(여성화될) 위험이 있다고들 생각했다 ….

이미 3세기에, 그때까지는 (물론 로마에서도) 보통 결혼을 했던 주교·사제·부제들이 **서품 이후**에는 결혼을 할 수 없는 관습이 생겨났다. 그것을 어기는 경우에는 교직을 떠나야 했다. 왜 사람들이 첫 서품(부제품) 전에 결혼을 해야 했는지를 알고자 한다면, 레위기의 정결례 규정과 역대기의 사제들에 관한 규정을 읽어볼 일이다. "정"淨과 "부정"에 관한 구약성서의 특정 규정들이 정교회와 그 주교·사제들의 많은 행동양식의 배경을 이루었다.

4세기 이래 조처가 강화되었다. 기혼 성직자들에게도 성의 억제를 강요하려는 시도가 빈번해졌다. 서방의 시노드들(첫번째는 306~12년 스페인 엘비라에서 개최된 금욕주의 시노드)은 이 요구들을 받아들인 데 반해, 니케아 공의회는 거부했다. 이 문제에 있어서도 동방과 서방의 상이한 발전과정이 뚜렷이 드러나거니와, 동방이 서방보다 초기 교회규범을 충실히 준수했다고 할 수 있다. 오늘날에도 동방은 691년 혹은 692년 비잔틴 황제 궁정에서 유스티니아누스 2세 주재로 개최된 2차 트룰란 시노드의 결정을 따르고 있다. 이 시노드는 전과 마찬가지로 기혼 남자의 사제 서품과 성직자의 부부관계 지속을 허용했다. 이것은 오늘도 마찬가지인데, 서방에서는 이와 달리 11세기 이래 엄숙주의적 교황들이 모든 재속 성직자들에게도 원칙적 독신(본디 의미는 동정童貞)을 법적 의무로 부과했다. 동방에서는 오직 주교 지원자들에게만 아내와의 별거(아내가 동의해야 함)가 요구되었는데, 이것은 신학적으로 앞뒤가 맞지 않았고 또 실제적으로 불행한 결과를 초래했다. 아무튼 이 규정 때문에 결국 동방의 주교들은 거의 전부가 수도자들 중에서만 선출되었다. 덧붙여 말하면, 동방에서는 오늘날에도 독신생활이 수도자들에게만 국한되어 있는데, 그들은 그 생활양식을 자발적으로 선택한다. 또하나, 아내와 사별한 사제가 재혼할 수 있음은 물론이다.

이렇게 교직자 지위의 패러다임 전환은 교회의 정신과 구조에 중대한 결과를 초래했다. 그것은 꼭 필요한 문화적 적응 이상의 것이었다. 교회직무에 대한 이해가 실질적으로 변했다: 사회적 계급 형성과 더불어 **교회직무의 신성화**가 생겨났는데, 이것은 구약성서(특히 "정"과 "부정"의 구분)에서도 발견되지만, 신약성서에서는 낯설다. 신약성서 그 어디에, 사제 서품이 세례보다 중요하게 여겨질 만큼, 교직자가 일반인들과 분리된 인물, 하느님과 사람 사이의 중개자로서 평범한 그리스도인들 위로 들어높여진 거룩한 인물로 나타나는가? 사목서간들에서도 그런 대목은 찾아볼 수 없다. 그러나 정교회에서는 세례가 그저 그리스도교적 삶의 하나의 "시작", "맹아"萌芽로 간주된다. 수도 서원이나 사제 서품이 비로소 참으로 "새로운 조물"을 낳는다.

아무튼 교회직무에 대한 이른바 "그리스도론적" 논증은, 그릇되이 바울로의 말들을 전거로 끌어대면서 그리스도인 공동체를 무시하고 교회 지도자들을 "제2의 그리스도"와 "중개자"로서 공동체로부터 분리시키는데, 이것은 그리스도의 유일무이한 중보성과 신앙인들의 보편 사제직에 대한 신약성서의 관점과 상충된다. 오히려 신약성서에 따르면, 과연 모든 신앙인이 그리스도의 사제직에 참여하며 모두가 믿음과 세례를 통해 이 세상에서 특별한 지위를 보유하고 있으니, 그것은 복음에 터해 세상과 동료인간들을 위해 살아가기 위함이다. 모든 신자들의 "왕다운 사제직"이 인정되기는 하지만 교회생활에서 거의 중요한 역할을 하지 못하는 정교회에 대한 힐문이 거듭 제기되고 있다. 이 문제에 관해서는 유다교와 이슬람교의 관점에서도 물음이 많을 터이다.

미래를 위한 물음

✝ 교회직무가 처음엔 전업이 아니었고 반드시 직업이 되어야 하는 것도 아니었다면, 미래에도 다시 부업 활동으로서의 교회직무. 경우에 따라서는 평생이 아니라 한정된 기간의 봉사로서 수행되는 교회직무를 생 각해볼 수 있지 않을까?

교회직무가 처음엔 사회적 신분일 까닭이 없었다면. 미래에도 다시 특별한 신분적 특권과 상징들 없는, 인간들에 대한 봉사로서 수행되는 교회직무를 생각해볼 수 있지 않을까?

교회직무가 처음엔 주교와 사제들에게서도 독신생활과 결부되지 않았고, 오늘도 동방교회들에서는 적어도 사제에게는 독신이 의무가 아니라면, 미래에는 서방교회에서도 주교의 독신이 다시 자발적으로 선택하는 소명이 될 수 있어야 하지 않을까? 그리고 우리 시대에 서방의 많은 교회에서 이미 행해지고 있듯이, 교회직무가 여성들에게도 열려 있어야 하지 않을까?

교회직무가 이렇게 처음에는 신성시되지 않았고 교직자가 "거룩한 인간"으로서 일반인들과 분리되고 하느님과 사람 사이의 중개자로 떠받들어지지 않았다면, 지금 곳곳에서 군림하고 있는 비성서적 성직자중심주의는 다시 극복될 수 있어야 하지 않을까?

유다교에는 두번째 성전 파괴 이후 사제는 없었으나 종교에 관해 가르치는 학자들은 있었다. 그러나 이 **랍비**들은 거룩한 인간들이 아니라, 다만 성서(토라)와 전통(미쉬나·탈무드), 특히 포괄적인 종교적 율법(할라카)에 정통한 사람들이었다. 이들은 그 직무를 부업으로 수행할 수 있었고, 또한 독신으로서 백성들로부터 분리되지도 않았다. 그러나 그렇다고 "성직자중심주의"의 위험이 유다교에서 완전히 제거되었던가? 종교적 율법의 전문가와 해석자들 가운데 많은 이가 극히 포괄적인 율법체계(정통교리는 아니지만, 마찬가지로 힘겨운 짐이 될 수 있는 정통실천)를 사람들에게 강요하지 않았던가?

이슬람교는, 유다교와 달리, 당초부터 사제라는 것을 몰랐다. 그러나 유다교에서처럼 종교에 관해 가르치는 학자들은 있었으니, 그들을 수니 파에서는 **울라마**, 시아파에서는 **물라**라고 불렀다. 그들 역시 경전(「쿠란」)과 (시아파는 예외지만) 전통(순나) 그리고 특히 종교적 율법(샤리아)에 정통한 사람들이었다. 그들 또한 직무를 부업으로 수행할 수 있었고, 대개들 결혼했다. 그러나 그렇다고 "성직자중심주의"의 위험이 이슬람교에서 완전히 제거되었던가? 이 이슬람교 학자들 역시 경우에 따라서는 아주 사소한 것에 이르기까지 머리를 짜서 만들어낸 극히 포괄적인 생활규범(「쿠란」보다는 전통에 토대를 둔)을 온 백성에게 강요했고, 이 이슬람적 "체제"를 때때로 온갖 공권력을 동원하여 정치적으로 여지없이 관철시키려 하지 않았던가?

지금까지 성직자들에 관해 전반적으로 살펴보았다. **"평신도들"** 및 그들의 도덕과 관련하여 말한다면, 연애와 성 문제에 있어서 정교의 엄격주의가 종종 세인들의 입방아에 오른다. 그러나 좀더 면밀한 조사가 밝혀준 것: "한편에는 사회적·개인적 도덕 그리고 다른 한편에는 교회 당국의 규범, 이 둘 사이의 괴리는 비잔틴에서 매우 깊고 또 거의 어디서나 발견된다. … 그러나 정교는 연애문학을 결코 경솔하게 단죄하지 않았다. 우리는 비잔틴 교회사에서 책들이 고발·소각되고 그것들을 읽는 일이 엄금되었던 사례를 많이 알고 있다. 그런데 그 책들은 정통 교의를 반대하는 저작이 거의 대부분이었다. 그 중에 선정적이고 성애를 부추기는 대중문학에 포함시킬 수 있는 것은 한 권도 없었다고 할 수 있다."[190]

수도자들은 물론 경우가 달랐다. 우선 그들은 성직자가 아니었거니와, 신앙과 세례를 통해 세상 안에서 분리되어 있고자 했을 뿐 아니라, 더 나아가 아예 이 세상으로부터의 떠남을 추구했다. 수도생활은 (그것과 결부된 성화상 공경 역시) 분명히 동방에서 생겨났고, 그곳에서 오늘에 이르기까지 중대한 의의를 지녀왔다. 수도생활과 성화상 공경은 동방 정교의 포기할 수 없는 표지에 속하기 때문에, 그것들에 관해 간략하게 고찰하자.

8 동방교회의 표지: 수도생활과 성화상 공경

수도생활[191]은 그리스도교나 유다교(쿰란!)의 발명이 아니라, 고대 **인도의 제도**이다. 이미 우파니샤드는 포기가 왜 최고 덕목의 하나인지에 대한 논증을 제시하고 있다. 그후 수도생활은 불교에서도 매우 중요했으니, 불교는 그 기원과 핵심에 터해 볼 때, 일종의 수도자(승려) 종교이다. 붓다를 추종하고 그의 가르침을 결정적 척도로 받아들였던 사람들은 대부분 은둔거사와 편력승들이었는데, 나중에는 사원(수도원)에 함께 사는 공주共住 승려들이 많아졌다. 불교 경전에서 붓다가 말을 건네는 상대방 또한 (그 말씀들이 간접적으로는 평신도들에게도 해당되지만) 승려들이다.

수도생활의 본디 모습과 목적

이제 인도 불교의 수도생활로부터 그리스도교 수도생활의 역사로 눈을 돌려보면, 매우 상이한 배경에도 불구하고, **불교 영성과 그리스도교 영성의** 괄목할 만한 **유사성**이 뚜렷이 드러난다.[192] 135년 2차 유다-로마 전쟁에 참여했던 수도자들이 전멸함으로써 사해 부근 쿰란의 **유다교** 수도원은 종말을 맞았고, **유다계 그리스도교** 수도생활에 관해서도 전해오는 바가 아무것도 없는 까닭에, 사람들은 이집트에서(동시에 시리아와 소아시아에서도) 수도생활이 생겨난 것이 혹시 **인도**의 영향 때문은 아니었을까라고 줄곧 자문해왔다. 사실 알렉산더 대왕 시대 이래 인도와 이집트 간에는 상업적·문화적 교류가 빈번해졌었다. 200년경 그리스도교 문헌에 붓다에 대한 언급이 나온다는 사실이 놀랄 일은 못 된다. 그 문헌은 저명한 알렉산드리아의 클레멘스의 「양탄자」인데, 그는 그리스도교적 그노시스(靈智)를 그 어떤 그노시스보다 우월한 이상으로 제시하고자 했다: "인도에는 붓다의 계율들을 준수하는 사람들이 있는데, 그들은 그의 드높은 덕성 때문에 그를 마치 신처럼 숭상한다."[193] 그러나 나일 유역과 헬레니즘 세계 전체에 끼친 인도의 영향이 어느 정도였는지를 상세히 입증하기는 매우 어렵다. 영지주의, 특히 페르시아의 마니교 그리고 오리게네스의 수덕(修德)신학과 영혼의 신비학이 끼친 영향은 인도의 영향보다 좀더 분명하다. 아무래도 역사적 의존 문제는 미해결로 놔두어야 할 것 같다. 다만 붓다의 생애는 발람-요사팟 전설로 동방 그리스도교에 널리 알려졌다는 것만 말해두기로 한다.[194]

그런데 혹시 이미 초창기 교회 안에 그리스도교 수도생활의 기원이 있는 것은 아닐까? 과연 초창기 교회 안에는 재산 공유·가난·독신이 원그리스도교적·사도적 이상으로서 존재하지 않았던가? 그러나 신약성서의 그 대목들이 일반화·이상화하는 서술이라는 것은 차치하고라도, 다음 사실을 유념해야 한다: 재산 공유·가난·독신은 그 자체만으로는 수도생활의 표지가 되지 못한다. 은거와 자족의 풍조는 이미 고전 고대에도 존재했었다. 이교 세계에도(예를 들어 자족적인 퀴닉학파) 유다교에도(예컨대 필로에 따르면 이집트의 치료사들) 금욕고행자들이 있었다.[195] 그리스도교에도 금욕고행자들이 이미 2세기에 그리고 3세기에는 상당히 많은 수가 오래된 도시와 마을에 존재했었다는 것은 놀랄 일이 못 된다. 그들은 결혼을 포기했고 최소한의 소유로 만족했으며 기도와 "자비행行"에 헌신했다. 그러나 이 금욕생활은 (규칙·특별한 의복·공동 재산 따위는 전혀 없었거니와) 아직은 수도생활의 형태를 띠고 있지 않았다.

수도자를 특징짓는 것은 **세상에서 벗어나 고독으로 물러남**이다. 그런데 이것은 사실 초창기 교회의 자세는 아니었다. 수도자Mönch〔그리스어로 monachos(홀로 있는 사람)〕는 세상 안에서 홀로 사는 사람이다. 그는 또한 "독거자", (세상을 떠나 사막으로) "피해간 자", "물러난 자" 또는 "사막 거주자"(은수자: Eremit; 그리스어로 사막은 eremos)로 불리기도 한다. 아무튼 이 세상에 대해 비판적 거리를 두고 거기서 물러나는 것이 중요한데, 이 모든 것이 예수 그리스도의 이름으로 행해진다. 사람들은 세상에서(평범한 그리스도인 공동체에서도!) 물러나 처음엔 마을이나 도시 주변으로, 마침내는 사막의 완전한 고독 속으로 은거했는데, 물론 종종 "스승들"(아버지들)을 중심으로 무리를 이루기도 했다. 이 생활에서는, 적어도 아타나시우스에 따르면, 마귀들과의 싸움이 큰 비중을 지녔는데[196], 사실 사막은 흔히 싸워 물리쳐야 할 이교 마귀들이 퇴각하여 숨어 있는 곳으로 여겨졌다.

다른 한편 사막으로 물러남은 은거자가 천상세계와 특별히 새로운 관계를 맺고 있음을 말해주는 표지였다.[197] 사막은 물러남의 장소요 마귀들의 처소일 뿐 아니라, 내성內省의 장소요 하느님께 가까이 다가가는 곳이기도 했다. 여기서 당시 사회의 인간들에게 한 **대안적代案的 생활양식**이 제시되었다: 인간은 고독 속에서, 자족하며, 스스로에 터해, 참으로 자유로울 수 있다는 것이었다. 그러나 여기서 중요했던 것은 배고픔과 성적 욕망의 극복 등 단순히 육신을 제어하는 것이 아니라, 무엇보다도 예전에 살던 사회로부터 완전히 멀어지는 것이었다. "사회적 죽음"은 자성自省과 자제를 통해 새로운 생명을 얻고, "새로운 아담"이 되기 위한 대안이었다. 고대 이교 세계의 관점에서 보건대, 신계神界로의 전혀 새로운 통로가 이제 4~5세기 그리스도교적 고대 후기에 제시되었다. 이것은 예컨대 이교 사제들(이들은 언제나 가까이 있는 신들을 부르기만 하면 되었다)이 소유하고 있다고 믿던 그런 자명하고 편한 통로가 전혀 아니었다. 오히려 이제는 가까이 있지 않은 천상세계, 숨어 계신 하느님께 이르기 위해, 온갖 마귀 특히 자신의 죄와 고통스럽게 싸워 얻어야 하는 통로였다. 이리하여 그리스도교 수도자는 이를테면 새로운 종류의 "거룩한 남자"로 나타났거니와, 그는 세속의 힘을 버림으로써 영적 힘을 얻었던바, 이 힘은 이교 세계의 "신의 친구들"에게서처럼 탈혼·꿈·환시에서 비롯하는 것이 아니라, 끊임없는 치열한 금욕고행에서 비롯했다. 저세상 일들에 관한 잠시 동안의 환시만 주어진 게 아니라, 지금 여기서 인간의 마음을 꿰뚫어볼 수 있는 항구적 은사가 주어졌다. 이렇게 그리스도교의 "하느님의 친구들"인 **새로운 영적 엘리트들**이 등장했는데, 이들은 마침내 자신들의 고유한 조직·규율·문학·미술·건축을 발전시켜 나갈 터였다.

그리스도교 은수생활의 기원은 이미 300년 이전 이집트(더 정확히 말하면, 고도로 문명화된 도시 알렉산드리아 등과는 전혀 다른 이집트 시골, 가중되는 세금 때문에 가난과 고통, 법의 동요가 갈수록 깊어가던 곳)에서 찾아볼 수 있다. 그곳에 **안토니우스**라는 남자가 살았다. 일찍이 까막눈이긴 했으나 유복한 지주였던 그는 오랫동안 마을 밖 한 무덤에서 살았고 다음엔 버려진 성城에 그리고 마침내는 황량한 바위산으로 들어갔다. 거기서 그는 "관능의 마귀들"과 격투를 벌였는데, 사람들은 위로와 충고, 도움을 갈망하며 그를 찾아왔다. 백 살 넘게 살았다고 전해지는 안토니우스(†356년경)가 죽은 후, 아타나시우스는 전설을 섞어 이상적으로 묘사한 이 사막교부의 전기 「안토니우스의 생애」를 펴냈다. 이 책에서는 마귀들과의 싸움, 기적 그리고 아리우스파(그리고 필경 영지주의파도?) 이단 배척이 매우 많은 부분을 차지하고 있다. 자기 재산을 가난한 사람들에게 모두 주고 은거하도록 안토니우스를 부추긴 것은, 부자 청년에 관한 복음서 구절[198]이었다고 한다.

여러 사람이 안토니우스의 선례를 따랐는데, 매우 공경받던 사막교부들이 한 말들(「사막교부들의 금언집」)은 수도자 문학, 온갖 영적 서간, 전기, 도덕 논문들의 기원이 될 터였다. 이 금언집은 사막교부들이 스스로를 사막(광야)의 예언자들의 후예로 여겼음을 보여준다(아모스 외에도 특히 엘리야와 세례자 요한은 많은 사막 교회들의 수호성인이었다). 훗날 수도자들은 자주 도시 교회들의 호사로운 전례 행태를 반대했고, 백성 전체가 아니라 개개인을 상대했다.

아타나시우스의 책으로 말미암아 **은수생활**은 동방에서 **신속히 전파**되어 나갔고, 상당한 시간이 흐른 다음에는 서방에서도 그렇게 되었다. 수천 명의 사람들이 사막으로 떠나갔는데, 사회적 곤경에 떠밀리어 그렇게 하는 경우도 있었다(이것은 동시에 밉살스런 로마제국의 재정적·행정적·생산적 힘에 손상을 입히는 일이기도 했다). 수도원 등 은수자 거주지들이 팔레스티나와 시리아에도 빠르게 퍼져나갔는데, 여기서 진기하고 특이한 수행방식들이 생겨났다: "기둥 위에서 수행하는 자들", 기도와 경배가 끊기지 않게 교대해가며 "잠자지 않는 자들", "기적을 행하는 자들"(마술사들)[199]. 이 수도자들은 대부분 성직자가 아니었다. 흔히는 배운 것 없는 농투성이들이었고, 그리스어를 몰랐다. 많은 사람들이 참으로 하느님을 찾고 있었으나, 재정 파탄자, 탈세 도주자, 정신질환자, 도망친 범죄자 등도 물론 있었다.

공주共住 **수도생활**, 즉 조직된 **수도자 공동체**의 공동생활은 더 널리 전파되었다. 이것이 마침내 수행방식이나 인간적·사회적 측면에서 은수생활보다 강력히 그리스도교 수도생활을 꼴지을 터였는데, 그 중요한 까닭은 은수생활보다는 좀 손쉬웠기 때문이다. 안토니우스의 동시대인으로서 콥트인 농부 집안 출신의 **파코미우스**(292~346)는 (수많은 미심쩍은 유랑 수도자들이 떠돌아다니는 것을 보고) 남부 이집트 나일 강 부근(타벤니시)에서 로마 군대식 규율로 엄격히 짜여진 수도원 생활을 처음으로 조직했다: 수도원 생활의 토대로서 장상長上에 대한 무조건 순종, 가난과 정결 의무, 침묵(고대 이집트에서 생활의 이상적 덕목의 하나였다)과 힘겨운 육체노동의 실천. 마침내 파코미우스 아래 9개의 남자 수도원, 그의 누이 마리아 아래에서 2개의 여자 수도원이 생겨났는데, 이것이 수천 명 회원을 거느린 초기 그리스도교계의 가장 중요한 수도자 조직이었다. 아타나시우스의 「안토니우스의 생애」, 「사막교부들의 금언집」, 파코미우스의 「수도회 규칙」, 「수도원장 쉐누테와 그 제자들의 생애」는 오늘에 이르기까지 **콥트 그리스도교인들**이 매우 중시하는 저작들이다. 콥트인들은 (종종 방자하게 비쳐지던) 그리스인 침입자들과는 전혀 다른, 아주 오랜 옛날부터 이집트에 살던 토착민들로서 그리스도 신앙을 받아들였는데, 이집트어의 마지막 단계인 콥트어를 전수해오고 있다.[200]

한편 가이사리아 주교 대★**바실리우스**는 수도자들의 경건한 개인주의·분리주의 과시벽僻에 직면하여, 처음으로 수도생활에 신학적 토대(복음에 터해 이웃사랑을 실천함)를 제공하려 애썼다. 또한 수도자들에게 **확고한 규칙**(수련·서원·장상에 대한 단호한 순종·징계·극단적 고행의 통제 등)을 제시한 사람도 바실리우스였다. 그의 규칙서는 동방의 모든 수도원의 영적 독서물이 되었고, 동방 전체에서 보편타당한 것으로 받아들여졌으며, 그리하여 동방에서는 수도회들이 서로 크게 다르지 않았고, 지금도 그러하다. 마침내 451년 칼케돈 공의회는 그때까지 조직화되지 않은 수도자 집단들을 교회 조직에 통합시키고, 주교의 감독을 받도록 했다.

수도원 설립의 전성기는 6세기 유스티니아누스 황제 때였는데, 당시만 해도 동방에는, 서방과는 달리, 평신도들이 창출하는 문화가 존속하고 있었다. 스키타이 출신의 총명하고 온건한 수도자 요하네스 카시아누스는 자신의 저서 「규범들」을 통해 수도생활을 라틴 서방(특히 마르세이유)에 전했고, **누르시아의 베네딕도** 역시 같은 6세기에 베네딕도 규칙서(저자 이름 없이 「스승의 규칙」이라는 제목으로 사용됨)를 통해 서방 수도생활에 자신의 방식을 제공했다. **수도자들 생활양식의 결정적 요소들**은 예나 지금이나 다음과 같다:

— 거처·일터·기도장소에 있어 **공동의 생활공간**.
— 의복·음식·금욕적 몸가짐에 있어서의 **동일성**.
— 공동체 보전을 위한 **명문화된 규칙**. 그래서
— 장상에 대한 **순종**.[201]

　수도자들과 주교들 간에 처음부터 거듭 새삼 **갈등**이 발생했으리라는 것은 쉽게 짐작할 수 있을 것이다: 갈등의 주요 원인으로는 수도자들의 지역교회와 그곳 예배로부터의 분리, 지나친 금욕고행, 교권제도에 맞서는 요구들을 꼽을 수 있다. 그러한 분리는 신자 공동체들을 약화시켰으나, 시골 출신의 거친 수도자들은 이교 신전의 파괴나 "이단자들"과의 싸움에서 주교들(예컨대 알렉산드리아의 키릴루스)의 돌격부대 역할을 한 적도 드물지 않았다. 물론 앞날에 더 위험했던 것은, 수도생활이 보다 우월한 그리스도교적 삶, 기혼자는 이 세상에서 제아무리 열심히 살아도 도달할 수 없는 삶의 구현 방식이라는 생각이었다. 아무튼

(이 물음은 패러다임 분석의 테두리 안에서 거듭하여 강력히 제기되거니와) 수도생활을 신학적으로 어찌 평가해야 할 것인가?

수도자들에게 무엇보다 중요한 것이 철저한 예수 추종이었음은 두말할 것이 없다. 그러나 그들은 많은 점에서 오히려 세례자 요한을 당연하다는 듯이 자기들 삶의 방식의 전범으로 내세우지 않았던가? **신약성서** 어디를 뒤져보아도 "고독 속으로 들어가라"는 따위의 예수의 요구는 없다. 예수의 요구는 "나를 따르라"다. 이것은 "모든 것에서 떨어져 나오라"거나 "'사회적 죽음'을 죽으라"는 의미가 아니다. 복음서에 의하면 예수 자신도 요한에게 세례를 받은 후, 하느님의 영에 내몰려 광야로 들어가 (여기서도 역시 상징적인) 40일 동안 짐승들 가운데 지내면서 천사들의 시중을 받고 사탄의 유혹을 겪었다고 한다.[202] 필경 예수를 "새로운 아담"으로 부각시키고자 한 이 이야기가 역사적으로 얼마나 신빙성이 있든지간에: 예수는 언제까지나 광야에 머물지 않았고, "사막교부"가 되지도 않았다. 그는 독신이었으나 보란 듯한 참회생활을 하지는 않았으며, 염세적 이원론이나 영지주의적 육신 적대의 주창자도 아니었다. 예수는 여인들을 자신을 따르라고 불렀으며, 훗날의 은수자들과는 달리, 그에게서는 마귀들〔끔찍하고 사나운 짐승들, 반인반수半人半獸의 사티로스, 유혹하는 여자들의 모습으로 나타남(심리적 억압 현상?)〕과의 끊임없는 무서운 싸움에 관한 말을 전혀 들어볼 수 없다. 묵언默言이나 장상에의 순종 계율에 대해서도 아무 말 없다. 금욕고행이라는 행업을 통해 하느님께의 통로와 새로운 정체성을 획득하려는 완강한 노력에 대해서도 한 마디 없다.

그러나 "완전함"(마태 19.16-22 참조)은? 예수가 이 유명한 물음에 대한 응답으로, 질문자(부자 청년)를 당시 널리 알려져 있던 사해 부근 쿰란 수도원(여기서 그는 율법을 철저히 준수하면서 "공동생활"을 할 수 있을 터였다)으로 보내지 않은 것은 실로 주목할 만하다. 그렇다. 예수에 터해 보건대, **수도생활은 단지 한 은사**로, 하늘나라를 염두에 둔 하나의 특수한 개인적 소명으로 이해되어야 한다.[203] 그러므로 수도생활은, 바울로가 기혼의 베드로, 주님의 형제들 그리고 다른 사도들과 관련하여 올바로 설명한 것처럼[204], 예수를 추종하는 한 가지 생활양식으로 여겨야지, 모든 그리스도인들에게 해당되는, 추종의 보다 우월한 형식으로 여겨서는 안된다. 수도자들의 영향 아래 점차 정교의 영성으로 자리잡은 세상 등진 영성을 예수 자신은 결코 주창하지 않았다. 물론 정교회와 오래된 동방 수도회들이 오늘도 신심 고양을 위한 독서물로 사용하는 고전적인 영성 서적들[205] 안에는, 경신敬神과 금욕고행의 행업에 의한 하느님 앞에서의 인간의 자기의화義化를 가르치는 대목은 없으니, 그런 따위의 것은 예수를 본받아 바울로 같은 사람들이 철저히 배척한 바였다. 그러한 자기의화는 (로마 가톨릭의 영향으로?) 근대 정교 신학에서 비로소 나타난다.

수도자들의 개선행렬은 중단되지 않았고, 이제는 특히 팔레스티나가 수도자들이 찬양하는 땅이 되었다(532년 사망한 사바스 성인은 여기서 7개 은수자 단체를 이끌었다). 처음에 수도자들은 교회와 사회 변두리에 멀리 떨어져 살았고, 수도원들은 대부분 가난했으며, 상업적·경제적 욕심도 없었다. 그러다가 유스티니아누스 시대에 특히 많은 수도원이 설립되었는데, 이것이 이제 수도원들이 제국교회와 궁정 안에서도 일정한 정치적 역할을 하게 되는 결과를 초래했다. 7세기에 이집트·팔레스티나·시리아의 중요한 수도원들이 이슬람 세력에 의해 짓밟히긴 했지만, 비잔틴 세계 전체에서 수도자들의 지위는 갈수록 함부로 손댈 수 없는 것이 되었다.

수도생활과 관련하여 중대한 정치적 순간이 8~9세기에 닥쳐왔다. 정교회와 제국을 함께 뿌리부터 뒤흔들어 놓은 엄청난 싸움이 벌어졌고, 거기서 수도자들이 중요한 역사적 역할을 수행했으니, 이른바 성화상聖畵像 싸움이다. 그림을 둘러싼 싸움? 서방 사람들은 종종 묻곤 했다: 어떻게 하필이면 그림 때문에 싸울 수 있단 말인가?

그림을 공경해도 되는가?

오늘날 동방 정교 성당에 들어서는 사람은 곧바로 많은 성인들의 그림과, 신자들이 그 그림들에게 위계에 따라 차례로 절하고 입맞추는 것을 보게 된다. 흔히는, 특히 러시아에서, 통그림 벽Ikonostase이 제단 구역과 신자들 구역을 나누어놓기도 한다. "콘스탄티누스식" 바실리카와 모자이크는 동·서방 교회에 공통적인 데 반해, 이콘(그리스어 eikon = 그림)은 동방에서 특유하게 생성·발전된 것이다. 이콘은 특히 6~7세기에 생겨났는데, 당시 **경건한 기억을 위한 그림들이 예배적 공경을 위한 그림들로** 되었으니, 사람들은 그 그림들이 거기에 그려진 성인들의 도움을 중개해 준다고 믿었다.[206]

여기서 유념할 것: 이교 제국 시대에는 교회 안에서 그림 공경은 철저히 배척되었다. 콘스탄티누스 이후 시대에도 사람들은 그림 공경 안에서 무엇보다도 이교적 관념의 지속적 영향을 간파했다. 그림 공경 배척의 전거로는, 특히 하느님의 상을 만들지 말라는 구약성서의 금령이 내세워졌다. 그래서 그리스도(예컨대 석관石棺 위에 착한 목자로 그려진)와 성인들 그리고 구원사건들에 관한 초기 그림들은 순전히 상징적 성격을 지니고 있었다. 그 그림들은 하느님 아들을 표현하거나 더 나아가 똑같이 묘사하려 한 것이 아니라, 구원을 가져다주는 것(목자로서의 그리스도·세례·성찬례 등)을 가리키고자 했다. 그러니까 그림을 통해서가 아니라, 살아 계신 그리스도와 그분의 말씀 및 성사를 통해 은총을 얻었던 것이다. 예컨대 에우세비우스는 그림을 통한 그 어떤 묘사도, 그리스도의 현세적 인간성의 표현조차도 배척했다. 그분의 영적·신적 본질은 도무지 그림으로 표현할 수 없으며, 인간 예수만을 묘사하는 것은 참된 하느님 아들을 나타내는 것이 아니라는 것이었다. 4세기 말엽 살라미스의 에피파니우스는 그림 공경을 한마디로 새로운 형태의 우상숭배라고 단죄했다.

그에 반해 3대 카파도키아 교부들(바실리우스와 두 그레고리우스)과 크리소스토무스는 그림 공경을 옹호했다. 예전에도 새로운 황제가 즉위하면, 제국의 끄트머리 구석에서도 그의 현존을 느낄 수 있도록, 황제의 초상을 모든 지역으로 운반해갔다는 것이었다. **그림**에 표하는 경의는 **원상**原像을 겨냥하는 것이니, 실제로는 그리스도·마리아·성인들을 향한다는 것이었다. 이러한 사리事理를 사람들은 이제 플라톤주의식으로 설명했다: 인간이 그린 그림은 그것의 신적 원상에 "참여"한다는 것이었다. 아무튼 이미 5~6세기에 동방 그리스도교계는 교회와 가정에서 그림들 앞에 촛불이나 등을 세우고 향을 피우며 그림에 입맞추고 격식 차려 씻고 장식하고 그 앞에 무릎 꿇는 것에 전혀 주저함이 없었다 — 이것은 옛날 비그리스도인들이 통상적으로 행하던 것과 똑같았다. 사람들은 말하기를, 이콘에 입맞추는 것은 그리스도와 성인들 자신에게 입맞추는 것이며, 그들의 권능과 은총이 그림 안에 현존한다고 했다. 이교에서와 마찬가지로, 이제 그리스도인 민중들도 그리스도교 성화상에는 보호와 기적의 힘이 있다고 믿었다.

이 새로운 유형의 그리스도교 성화상 공경은 단연 아래로부터의 운동이었다. 그리스도 안으로의 하느님의 "육화" 교설을 가르치던 신학은 〔신적인 것을 (그리스도의 모습을 통해) 그림으로 표현하기를 허용했거니와〕 뒤늦게 그림 공경을 정당화하고 또 때로는 바로잡으려 했다. 그리스도는 그림으로 표현할 수 없다고 주장하는 자는 그리스도 안으로의 하느님의 실제적 육화 또한 부인하는 것이 된다는 것이었다. 그리스도와 성인들을 **생생히 눈으로 보고** 그분들의 **도움을 얻고 싶어하는 민중의** 오래디오랜 **갈망, 은총과 기적**을 체험하고자 하는 **열망**을 제대로 파악하고 거기에 부응한 것은 누구보다도 수도자들이었다. 특히 순례지에서 이러한 갈망의 충족이 강력히 촉진되었다. 수도자들에게뿐 아니라 일반적으로 널리 퍼져 있던 "우리의 하느님이신 그리스도"에 관한 단성설單性說적 관점(여기선 지상적인 것은 신적인 것의 껍질일 따름이다)이 이러한 경향을 더욱 부채질했음은 두말할 것이 없다. 나아가 그림 공경은, 고고학 발굴이 밝혀주었듯이, 기둥의 성인 시메온의 유적지 순례를 통해 더욱 촉진되었다. 그리하여 곧 그리스도(나중에는 마리아도)의 어떤 그림들은 기적적으로 생겨났으며, 그래서 놀라운 효험을 지니고 있다는 믿음이 널리 퍼져나갔다. 사람들은 이콘은 온갖 기적을 일으킬 수 있으니, 병자를 낫게 하고 죽은 자를 되살리며 마귀를 쫓아내고, 심지어 전쟁에도 끼어들어 적군의 화살을 되날려보내고 대포를 파괴할 수 있으며, 또한 이콘이 손상되면 보복(예컨대 피흘림)을 한다고 믿었다. 이론의 여지 없는 사실: 이 모든 기적은 그리스도교 이전 그리고 밖의 세계에 그 본보기들을 갖고 있었다.

이리하여 **성화**는 비잔틴 세계 **어디에나 존재**했으니, 교회·가정·상점·수도자의 방 따위에만 걸린 게 아니라 행렬 앞에도 내세워졌다. 여행이나 전쟁 때에도 모시고 갔다. 마침내 626년 콘스탄티노플 총대주교 친히 이콘의 기적적 작용을 인정하고, 아바르인들의 공격을 막기 위해 마리아의 그림들을 수도 서쪽 성문에 내걸게 했다. 당시 성화를 단지 "공경"만 했는지 아니면 "흠숭"(본디 하느님 자신에게만 바쳐야 함)도 바쳤는지, 그림과 그것이 표현하는 인물을 어느 정도 나 구별했는지, 참된 신심과 미신 그리고 주술은 각기 얼마만큼 작용했는지는 아직도 정확히 알 수 없다. 사실 민중신심은 너무나 자주 신학적 식별을 대수 롭지 않게 여긴다. 아무튼 7~8세기에 상당수의 이콘 공경자들은 성화를 아예 일종의 새로운 형태의 육화로 여겼던 듯하다: 그리스도께서 그 옛날 그곳에서 살과 피 안에 육화하셨듯이, 이제 여기 목판과 기름 물감 안에 육화하신다는 것이었는데, 물론 이러한 견해가 정통 교설로 들어높여지지는 않았다.[207]

성화상 비판자들은 무슨 말을 했던가? 앞에서 살펴보았듯이, 이미 일찍이 제기되었던 의혹과 비판은 이 새로운 유형의 그림 공경에 대해 입다물고 있지 않았다. 그 증거들은 아르메니아와 소아시아 밖에서도 찾아볼 수 있다. 사실 흔히는 이콘에 대한 물질적·신체적 접촉(예: 입맞춤)이 전례 자체보다 중요시되었거니와, 조잡한 미신(서방의 성유물과 관련된 미신과 유사한)에 관한 기록들이 매우 많이 전해온다. 꽤 조심스러운 신학적 이콘론과 지나치게 경건한 이콘 공경의 실제 사이의 괴리는 매우 심했다. 신학자들의 논문은 이콘의 기적적 작용과 효험을 다채롭고 생생하게 묘사하는 매우 인기있던 구비口碑문학을 당해낼 수가 없었다. 그럼에도 많은 그리스도인들은 이 새로운 유형의 물질화된 이콘 신심을 그리스도교의 옷을 뒤집어쓴 우상숭배로 느꼈음이 틀림없다. 그렇지 않았다면 그림을 둘러싼 저 엄청난 싸움은 설명되지가 않는다. 그 싸움은 8세기에 발발했다.

그림을 둘러싼 광적인 싸움

이 싸움은 신학·처벌·경찰을 동원해가며 제국을 백 년 넘게 투쟁 속에 몰아넣었으니, 칼케돈 공의회 전후 시기보다 상황이 더 험악했다. 주목할 것은, 싸움이 바로 황제 **레온 3세**에 의해 촉발되었다는 점이다. 그는 동쪽 변방 국가들에 근무했던 군인으로서, 일찍이 717~18년 아랍인들의 두번째 콘스탄티노플 포위 공격을 막아냈고 또한 비잔틴 제국에 대한 직접적인 위협과 내부적 혼란을 종식시킨 터였다. 레온이 **성화상**을 비판하는 정도가 아니라 **파괴**하는

운동을 뒷받침해준 구체적 동기를 놓고 역사학자들은 많은 논쟁을 해왔다. 레온이 그렇게 한 것은, 동방에서 칼리파의 군단과 맞서 싸우던 군대를 강화하고자 함이었던가(지정학적 설명)? 아니면 동쪽 변방 국가들의 중산층 농민들과 그들의 주교들 사이에서 일고 있던 운동에 영합하려 했던 것일까(사회정치적 설명)? 그것도 아니면 성화상 파괴는 725~26년 성화상을 비난하는 첫 연설을 했고, 자신의 궁정 청동 문 위에 걸려 있는 유행하던 그리스도의 그림을 파기하도록 한 그 남자의 고독한 결단이었던가(개인심리학적 설명)?[208] 어찌됐든: 이미 교회 안에 존재하던, 그림 따위는 아예 걸지 않거나 그림에 비판적이었던 옹골찬 전통을 염두에 둔다면, 성화상을 둘러싼 싸움의 원인을 그저 "갱신자들"이나 이슬람교와 유다교의 직접적 영향 탓으로 돌리는 것은 전혀 온당치 않다. 그러한 원인 소급은 이미 8세기에 성화상 공경자들이 성화상 비판자들을 궁지에 몰아넣기 위해 (그들은 "비그리스도교적"이라는 식으로) 시도한 바 있었다. 튀빙언의 비잔틴 전문가 게뢰가 옛 문헌들에 대한 철저한 연구·조사 끝에 확인한 것: "옛 문헌들에는 유다교나 이슬람교의 직접적 영향을 입증해줄 만한 구체적 근거는 거의 없다."[209] 오히려 성화상 반대자들이야말로 "이교적 갱신(새로운 짓거리)"에 맞서 싸우는 그리스도교 고래古來의 전통의 수호자로 자처했다.

아무래도 그동안 사람들은 콘스탄티노플의 시리아 왕조 창시자인 레온 3세가 저 그리스도교적·셈족적 전통을 이어받은 종교적 개혁가였다는 사실을 너무 간과해온 것 같다.[210] 이 전통은 그리스 문화와 그림에 대한 그 문화의 열광적 애호를 처음부터 단호히 거부했다. 아르메니아인들과 유사하게 시리아인들도 성서 내용의 삽화로서의 그림들은 받아들였으나, 그림을 공경함으로써 신종新種의 이교적 우상숭배라는 의혹을 받는 것은 원치 않았다.[211] 여기서 헬레니즘적 "영성주의", "아시아적 양식"(그리스적 특성에 맞서)[212], 혹은 더 나아가 "예술의 일종의 세속화"[213] 운운하는 것은, 성서의 신상 금지령을 염두에 두고 볼 때, 어리석은 일이다.[214] 비잔틴 교회사의 가장 탁월한 전문가의 한 사람인 베크는 옳게 말했다: "성화상 옹호자들은 진짜 원인(성화상 공경에의 탐닉)을 딴 데로 돌리려고 온갖 짓을 다 했다." 그리고 "황제도, 과연 그가 독자적인 판단으로 그랬든지 다른 사람들에게 설득되어서 그랬든지간에, 지나친 성화상 공경을 반反그리스도 교적이라고 여겼다"[215]는 것도 사실이었을 법하다. 다른 말로 해서: 성화상 배척 운동은 **제국교회** 밖이 아니라 **안에서 생겨났다!** 국가 권력은, 분명히 밝혀졌듯이, 나중에야 개입했다. 그리고 730년 황제가 성화상을 전면적으로 금지했을 때, 대부분의 군대뿐 아니라 많은 국민들도 황제를 편들었다.

그러나 황제는 수도자들과 수도원들을 적으로 만들었으니, 그들에게 이콘의 공경·제작·판매는 종종 크나큰 영예였고, 동시에 생계의 바탕이었던 것이다. 또한 황제는 수도자들의 강력한 영향력 아래 있던 백성들도 적으로 삼게 되었다. 그리고 전면적인 성화상 금지령으로 말미암아 황제는 서방 라틴 지역과 교황〔주지하다시피 그레고리우스 3세(731~41) 때부터〕도 적으로 만들었다. 끝으로 황제는 (이 문제에 있어서는 교황보다 중요한 인물이었던) 한 사람의 탁월한 신학자를 적으로 삼게 되었으니, 마지막 위대한 교부로 간주되는 **다마스커스의 요한**(700~53년경)이 그 사람이다. 요한은 정교회의 가장 중요한 조직신학자로 평가되는데, 「인식의 원천」이라는 교의학 저작은 오늘도 정교회 어디서나 규범적 권위를 누리고 있다. 한때 칼리파의 재정 담당 관리였던 요한은 수도자로서, 역설적이게도, 아랍인들의 보호 아래 예루살렘 부근 사바스 수도원에서 **성화상 파괴자들을 반대하는 세 가지 논문**을 썼다. 여기서 그는 포괄적인 성화상 신학을 전개한다: 그리스도(성인들은 물론이고)의 성화상을 제작 공경하는 것은 하느님의 사람되심에 비추어볼 때 충분히 정당화되니, 육화는 이 세상 모든 것에 새로운 의미를 선사했으며, 물질도 성화聖化될 수 있게 했다는 것이었다. 보는 것은 듣는 것보다 더 크며, (인간의 모습 안에 계시는) 하느님의 그림은 하느님의 말씀보다 더 명백하다는 것이었다. 그러므로 성화상 공경은 의무라는 것이었다.

그러나: 레온의 뛰어난 아들이자 후계자인 콘스탄티누스 5세(그는 제국의 군사·경제·행정 개혁을 계속해 나갔다) 때인 754년 칼케돈 부근 히에라이아에서 개최된 대규모 공의회(7차 보편 공의회로 자임했다)에서 **성화상 파괴**가 전체 동방교회**의 교의로** 선언되었다. 그것은 예전에 교황이 성화상 파괴를 단호히 단죄했던 사실을 전혀 개의치 않은 결정이었다. 이 공의회의 반反성화상 신학은 하느님 자신은 본질적으

로 포착할 수도 표현할 수도 없음을 강조하는 데 그치지 않고, 그리스도를 묘사하는 것도 원칙적으로 불가능하다고 주장했다. 그러한 묘사는 그리스도의 인성과 신성을 갈라놓거나, 결코 묘사할 수 없는 그의 신적 위격을 축소·제한·왜곡한다는 것이었다.

제국교회의 교의(다마스커스의 요한은 이단자로 선언되었다!)가 처음에는 박해를 불러일으키지 않았다. 물론 공공건물에 걸려 있던 그림들은 파기되거나 석회 덧칠을 당했다(개인 것은 손대지 않았다!). 그러나 몇 년 후에는 성화상 옹호자들이 박해를 받고, 수도원들은 파괴되거나 몰수되었으며, 많은 수도자들(이들은 흔히 교회에 대한 황제의 최고 지배권 자체를 인정하지 않았다)이 쫓겨나고 귀양가고 강제 결혼과 괴롭힘을 당하고 때로는 살해되기도 했다. 그런데 훗날 "순교자"로 공경받게 된 사람들 가운데 주교를 비롯한 성직자들은 거의 찾아볼 수 없다(그러나 황제는 766년에 고위 관료와 장교 19명을 처형시켰다).

레온 4세(콘스탄티누스의 아들)가 죽은 뒤, 그의 황후 이레네(780~802)에 의해서야 첫 전기가 마련되었다. 그리스 본국 출신으로서 수도자들의 영향을 받고 있던 그녀는 고위 측근을 총대주교로 임명하여, 교황(물론 그는 그림을 통해 알기 쉽게 설명하는 "가난한 자들의 성서"라는 의미에서만 성화상 공경을 허용했다)의 동조하에, **787년 니케아 공의회**(오늘날 7차 보편 공의회로 셈함)에서 **성화상 공경이 다시 허용**되게 만들었다. 그림과 말씀을 분리하지 않고 동일한 사상事象의 두 측면으로 본 이 2차 니케아 공의회는 다음과 같이 결의했다: "그림에 대한 공경은 원상prototypos에게로 넘어간다"(바실리우스). 참 "흠숭"latreia, adoratio은 하느님께만 바쳐야 하며, 그림에 대해서는 무릎꿇기·입맞춤·분향·촛불 등을 통한 상대적 공경timetike proskynesis, veneratio이 허용된다.[216] 이 모두가 "교회 전통"에 대한 옹호이자 온갖 "갱신"에 대한 단죄였다. 앞으로 주교와 성직자들은 그림으로 표현할 수 있는 것을 결정해야 했다. 화가들은 그렇게 결정된 그림만 그리면 될 터였다. 이것은 비잔틴 예술에 있어 중대한 결정이었다: 이때 "그리스도교 역사상 처음으로" "조형예술에 대한 교회의 통제"가 결의되었거니와, "그리스도교 화가들의 자유는 제한되어야 한다"(그라바르)[217]는 것을 암암리에 전제하고 있었다! 비잔틴 예술에 대한 신학적 규제(비록 처음에는 내용에만 관계되는 것이었지만)의 토대가 놓인 것이었다.

오늘날 정교회는 7차 보편 공의회(2차 니케아 공의회)로써 **공식 교의 형성이 완료**되었다고 여긴다. 정교회 공의회의 중요한 교의 결정들은 사실 모두가 삼위일체와 육화라는 두 주제에 관한 것들이다. 성화상 공경을 옹호한 결정을 이미 당시 사람들은 바로 육화 교의의 마지막 귀결로 보았다. 그때부터 동방 정교회에서는 **전통이 진리 판별의 척도**가 되었다. 구체적으로: 척도는 성서보다

● 일곱 차례 보편 공의회의 신앙과

● 옛 교부들의 합치된 견해였다.

물론 2차 니케아 공의회가 싸움을 끝낸 것은 아니다. 오히려 반대였다: 이레네가 죽은 후 9세기에 성화상 파괴론자인 레온 5세(역시 그리스가 아니라 아르메니아 출신이었다!)와 그의 후계자들 치세에 30년에 걸친 **성화상을 둘러싼 싸움의 둘째 단계**(814~43)가 도래했다. 이 단계를 특징지은 것은 궁정 안의 음모와 총대주교들의 부침이었는데, 그런 와중에 황제의 (고위) 성직자들은 (예외도 있지만) 말잘듣고 고분고분하며, 수도자들은 광신적이고 특권을 탐하고 있음이 드러났다. 이 단계에서는, 성화상 공경을 옹호하던 총대주교 니케포루스가 파면·추방된 후, 테오도르 스투디오스가 자신이 복구한 수도 안의 스투디우 수도원 원장으로서 성화상 옹호자들을 위해 중요한 역할을 했다. 그는 수도원장에 대한 철저한 순종을 바탕으로 엄격히 조직된 수도자 공동체를 배후 세력으로 가지고 있었다.

아무튼 다시 한 여인, 곧 수도자와 성화상에 우호적이었던 미망인 황후 테오도라(수도자인 메토디우스를 새로운 총대주교로 임명했다)에 의해 오래 계속되어온 싸움이 마침내 끝을 보았으니, 843년의 콘스탄티노플 시노드는 **성화상 공경을 옹호하는 최종 결정**을 내렸고, 반대파 주교들은 (예전에 성화상 공경을 옹호하던 주교들처럼) 해임되었다. 이 마지막 큰 "이단"에 대한 성화상 공경자들의 승리를 기념하기 위해, 정교회는 오늘날에도 매년 사순절 첫 주일에 **"정통교의의 축일"**을 지내고 있다. 이제 모든 것이 성취된 듯이 보였다: 신앙의 정통교의와 성화상의 정통교의. 그러나 우리는 여기서 성화상을 둘러싼 싸움이 치른 희생에 관해 물어야만 하겠다: 미학적·신학적·정치적 희생 말이다.

이콘의 신학 — 비판적 되물음

이 시기 이후 **정교회의 이콘**은 물론 계속 변했다 — 그러나 다마스커스의 요한 이래 교의적으로 확립된 공식적 **정교회 신학**이 변한 것보다 많이 변했던가? 이콘의 작법과 모티프 그리고 신학의 방법론과 주제는 당연히 그것들이 생겨난 시간과 장소의 영향을 받는다. 그리고 신학사가史家들이 동방 신학의 다양한 단계를 구별할 수 있듯이, 예술학자들은 비잔틴 회화와 모자이크의 여러 시기를 구별할 수 있다. 끝으로 사실 서방의 르네상스와 바로크도 러시아와 발칸 반도의 이콘 회화에 영향을 끼쳤다. 그럼에도, 대표성 없는 예외적 작품들의 경우를 제외하면, **비잔틴 양식**은 늘 존속했으니, 이콘 신학에 관한 오늘날 정교회의 저작들도 이 양식에 바탕을 두고 있다. 계속 영향을 끼쳐온 비잔틴 교회와 그 뒤를 이은 교회들의 이 미학 때문에, 동방교회의 전통적인 그림들은, 대부분 성서 말씀에 바탕을 두고 있으면서도, 오늘날 많은 서방 사람들에게는 매우 낯설고 지나치게 엄격하며 너무 고풍스럽게 비쳐지고 있다. 그래도 그동안 (특히 여러 전시회와 출판물 덕분에) 이콘에 대한 서방의 선입견이 많이 해소되었다. 오늘날 우리가 알고 있는 것: 이콘 화가들에게 중요한 것은 (르네상스 이래의 서방 예술가들과 달리) 화가 개인의 풍부한 예술적 영감이나 독창성이 아니었다. 우리는 그들의 작품을 서방의 독창성과 개성의 원칙에 터해 이해하지 않는다〔물론, 이 원칙이 19세기 러시아, 이미 상당히 탈교회화된 나라의 종교적(흔히 반교회적) 예술에서도 관철되기는 했지만〕.

오늘날 정교회에서는 (지난 수백 년 동안과는 달리) 교의신학뿐 아니라 미학적 표현도 정해진 규범의 지배를 크게 받는다. 교회의 교의는 일곱 차례의 보편 공의회와 옛 교부들의 합치된 견해에 의해 영구히 확정되었다(물론 앞으로 다루겠거니와, 훗날 신학과 신심에서 중요한 발전과정이 계속되긴 한다). 새로운 것은, 신학뿐 아니라 예술에서도, 흔히 **생경함**(이단)의 혐의를 받았다. 신학에서나 예술에서나 창조적 상상력은 금기시되었다. 오히려 표준화된 규범들(법적으로 규정되지는 않은 채 수백 년을 전해져 내려오는)을 준수해야 했다. 더구나 신학과 그림은 전례 텍스트에 정확히 부합해야 했는데, 거기선 예컨대 예수가 (가축 우리가 아니라) 동굴에서 태어난 걸로 되어 있었다. 언제 어디서나 확정된 이념형理念型들이 고수되어야 했으니, 이것은 이콘

제작에서 예컨대 어떤 화가는 눈만 그리고 어떤 화가는 손만 그리는 식으로 이루어지기도 했다.

나아가: 이콘은 **천상적 원상**原像, **신적 원형을 재현**해야 했다. 중세의 채색 유리창처럼 지상적 형상들의 영원한 의미를 비쳐보여야 했다. 20세기 러시아 종교철학자들(E.N. 트루베츠코이, P.A. 플로렌스키)은 일찍이 플라톤주의적으로 꼴지어져 있던 성화상론論을 더욱 심화시켰다. 이콘의 비교적 한결같은 색채·형태·의상·몸짓의 상징적 표현 그리고 특히 고정된 배경으로서의 금색(황색·황갈색) 바탕은 그들이 심화시킨 성화상론에 터해 설명할 수 있다.[218] 또한 비잔틴 미술이 원상을 반영하는 2차원적 묘사만 하고, 자칫 이교 신상들을 상기시키는 입체적 표현을 엄격히 금지해 온 까닭도 그것에 터해 설명된다. 그리고 이 성화상론에 따르면, 이콘 그리는 일은 종교적 행위가 된다. 작업에 착수하기 전에 기도와 단식을 하고 물감과 도구들을 축성하며, 완성된 그림은 고유한 의식을 통해 봉헌되고, 그려진 형상과 원상의 동일성이 교회에 의해 보증된다. 이콘은 표현한 대상의 영광이나 성서의 장면을 반조하는 한에서만 "유효"하다.

이콘은 (이제 분명해졌으려니와) 순전한 미학적 작품 이상이며, 또한 단순히 민중을 교화하기 위한 도구 이상의 것이다. 오히려 정교회의 이해에 따르면 말씀의 선포와 성체성사에 버금가는, 이를테면 일종의 "성사스런" 것이다: **신자들과 하느님의 소통**의 특별한 형식이다. 이 점을 서방 사람들도 이해해야 하며, 경솔히 판단해서는 안된다. 하지만 예술과 신학에서의 전통주의에 맞서 여러 가지 반문이 제기되는바, 교회들의 일치를 위한 대화에서도 이 물음들을 배제해서는 안된다.

우선 신新비잔틴 **미학**에 대한 되물음: 서방에서도 옛 예술작품들은 패러다임의 전환 이후에도 자신들의 가치를 상실하지 않는다. 옛 작품들은 원칙적으로 자신의 유효성을 보유한다. 모든 참된 예술품은 시간을 초월하는 항구적 가치를 지니기 때문이다. 하지만 예술 분야에서 "왕년의 거장들"을 아무리 높게 평가한다 하더라도, 특정 시대에 계속 머물러 있고 그저 그럭저럭 모방·복사되기만 하는 예술작품들은 (그럭저럭 형식적으로만 전해오는 신학처럼) 교회와 신학 그리고 예술이 전시대, 옛 패러다임 안에 계속 머물러 있음을 말해주는 증거가 아닐까? 이 옛 패러다임이 완전히 "폐기"되어야 한다는 것은 아니다. 사실 오늘날 옛 그림들(또는 전통신학)을 아예 없애버리려고 할 사람은 없을 것이다. 그러나 옛날의 본보기들과 선구적 사상가들도 새 시대에는 자신들의 의미를 잃어가게 마련이다. 아무튼 생명력과 창조력을 옛 시대로부터 빌려올 수는 없는 일이다.

그러므로 앞의 물음이 겨냥하는 것은 동방의 예술가나 신학자들〔아무도 경솔하게 그들의 창조적 능력을 부인해선 안된다(현대 추상미술의 위대한 선구자는 러시아 사람인 칸딘스키와 말레비치다)〕이 아니라 바로 교회다: 이 교회는 자신의 규범적 미학(그리고 교의학) 때문에, 탁월한 예술가들(그리고 신학자들)을 그저 우수한 복사자·모방자들로 만들어놓지 않았는가? 새로운 패러다임 안에서도 **"옛 작품"**은 신심 고취를 위한 자신의 **예술적 가치**를 보유할 수 있다. 그러나 **"옛 양식"**은 (신고딕이건 신비잔틴이건) **예술품 생산**에서의 경직화라는 대가를 치르고서야 존속할 수 있다. 과연 예술(그리고 신학)에서 시대적 위기는 조만간 양식의 위기를 야기하고, 또 양식의 위기는 다시금 양식의 변화를 낳게 마련인데, 그렇다고 이것이 새로운 시대에 옛 양식의 요소들을 넘겨받는 것을 배제하지는 않는다.

이제 바로 **신학**에 대해 묻자: 앞에서 암시했듯이, 신학의 역사성과 끊임없는 쇄신의 필요성에 관한 전반적인 물음이 제기되고 있다. 성화상을 둘러싼 싸움을 종식시킨 결정들과 더불어 동방 정교회의 교의체계 형성은 완료되었고, 전례와 신학의 형태도 근본적으로 꼴지어졌다. 물론 후대에도 예를 들어 (특히 아토스의) 수도생활 분야에서 **"묵정默靜주의"**Hesychasmus[219] 같은 중요한 발전들이 있었다. 묵정주의는 12세기 이후 알려진 중세 동방교회 신비주의의 한 형태인데, 여기서는 특별한 호흡법과 예수에 대한 끊임없는 간청을 통해 "헤시키아"hesychia, 즉 평화로운 침묵과 창조되지 않은 신적 광명에의 직관에 도달한다고 한다. 이 신비주의는 14세기 그레고리우스 팔라마스에 의해 정신공학적으로 다듬어졌고, 신학적 성찰을 거친 망아忘我적 환시법을 통해 3중적 하느님의 신적 에네르기를 직관하고자 노력했다. 팔라마스의 저술들은 두 시노드에 의해 단죄되었으나, 황제 요한 6세 칸타쿠제노스(14세기 중엽) 이래 정통신앙에 부합한다고 인정되었다. 19세기 전례 개혁에 반대하던 보수파 신자들도 이 묵정주의에서 영감을 얻었다. 묵정주의는 **동방 정교의 이미 경직된 패러다임**에 생기를 부여할 수는 있었으나, 그것을 결정적으로 변화시키지는 못했다.

또한 **친교**(성체성사)에 대해서도 각별한 물음이 제기되고 있다. 정교회는 친교에 신학적으로 큰 가치를 부여한다. 사실 신앙공동체의 실천에 있어 정교회 사제는 독신생활을 하는 가톨릭 성직자보다 자기 신자들과 친밀하게 생활하는 경우가 매우 흔하다. 그러나 2차 니케아 공의회 이후 정교 성당들 안에 생겨난 성화벽壁은, 서방 성당들에서 평범한 낮은 난간이 변한 고딕식 칸막이가 그러하듯, 전례에서 **주님의 성찬 식탁과 신자 공동체 사이의 비성서적 분리**, 사제와 백성, 성직자와 평신도의 분리를 야기했다. 평신도로서는 "사도에 버금가는" 존재로 간주되는 황제 한 사람만이 성화벽 저쪽에서 양형兩形 영성체를 할 수 있었다(트룰란 시노드가 교령 69항에서 양형 영성체 권리는 평신도 계급 모두에게 마땅히 주어져 있다고 확언했음에도).

이러한 분리는 (정교 신자들은 이런 현상에 대한 신학적 정당화에 잘 길들여져 있다) "지성소"(지상에 존재하는 천상세계의 모상으로 여겨짐)를 신자석席과 교회 백성(지상에서 순례하는 교회)으로부터 떼어놓으려는 구약성서적 관념의 발로가 아닐까? 신약성서에 따르면, 지성소 앞을 가리고 있던 휘장은 찢어졌고, 또 예수 그리스도가 당신을 내줌으로써 모든 신앙인들로 하여금 자유로이 지성소에 들어갈 수 있도록 해주었는데도 말이다![220] 아무튼 성체성사에서는 주님과 신자들 그리고 신자들 상호간의 "친교"가 경축되어야 한다. 그래서 여기서 개혁에 대한 물음들이 강력히 제기되는데, 범汎정교회 시노드[221]에서 이 물음들을 다루어도 좋을 것이다.

미래를 위한 물음

— 성인들이 엄격한 위계에 따라 정렬해 있는 성화벽은 교회 백성과 성직자들을 갈라놓고 있다. 개신교회들에서는 16세기에, 가톨릭 교회에서는 4백 년 뒤늦은 20세기에 충분한 이유 있어 단행했던 **전례 개혁**이라는 문제를 정교회들도 진지하게 논구해야 하지 않을까? 성체성사의 제단은 다시금 옛 전

통을 따라 백성과 가까워져야 하고, 사제는 전체 공동체를 마주보고 성사를 집전해야 한다. 요컨대 (예루살렘 성전이 아니라) 예수의 만찬이 본보기다.

— 따라서 **이콘 공경**의 관습 역시 재고되어야 하지 않을까? 물론 사람들은 성화벽이 천상세계를 이 땅 위에 나타내준다고 말할 것이다. 그러나 어쨌든 인간의 손(아무리 거룩할지언정)으로 만들어진 작품은 어디까지나 인조물이지 않은가? 신학자들의 견해에 의하면, 아무리 아름다운 모자이크나 색유리창일지라도 한낱 반조요 반영일 뿐 거룩한 사상事象 자체는 인간의 손으로 표현할 수 없듯이, 성화상은 교회적·전례적 기능은 지니고 있지만 어디까지나 모사일 뿐이지 않은가? 그리고 그리스도가 그분의 모든 천사들 및 성인들과 함께 임재하심을 특별히 장엄하게 경축하는 정교회의 성체성사 역시 어디까지나 상징행위이지 진정한 육화는 아니지 않은가? 천상적 원상 자체가 참으로 지상적 모상 안으로 변화해 들어온다는 말인가?

— 서방의 예술과 신학이 여러 번 획기적 패러다임 전환을 겪었음에도 불구하고, 서방 라틴 그리스도교는 중세 이래 들음과 따름의 종교에서 봄과 만짐의 종교로 변해왔다: 그러므로 로마 가톨릭 영역에서도 성유물 존숭이나 "은총의 그림" 공경과 같은 몽매한 신심행위들을 신학적·사목적으로 재고해야 하지 않을까?

이 물음들이 겨냥하는 것은 계몽된 합리주의로 나아감이 아니다. 정교회 신학이 **성화상 사상을 포기할 수 없음**은 두말할 것이 없다:

— 정교회와 그 신학이 인간은 하느님의 모습대로 하느님과 비슷하게 창조되었으며, 그래서 인간은 하느님의 이콘을 자신 안에 지니고 있다는 성서 말씀을 중요시하는 것은 마땅하다.

— 비잔틴 세계에서는, 서방과는 달리, 원죄 교리가 발전하지 않은 것은 당연하다. 그 교리에 따르면 인간 안에 있는 하느님의 모습이, 하필이면 성적 타락 때문에, 완전히 더럽혀지고 일그러졌다.

— 그리스도는 마땅히 하느님의 로고스만이 아니라 하느님을 꼭 닮은 분으로 이해되어야 하거니와, 그분 안에서 인간의 본모습이 다시금 회복·갱신될 터이

다. 전능자Pantokrator 하느님께 대한 이 믿음은, 역사가 보여주듯이, 당연히 독재자Autokrator 황제에 대한 믿음을 이겨냈다. 이것은 그러나 이제 성화상을 둘러싼 싸움이 치러야 했던 정치적 대가에 관해 묻게 한다.

수도자들의 승리

성화상을 둘러싸고 벌어졌던 엄청난 싸움에서 **승자**가 있었던가? 승자는 두 말할 것 없이 **수도자들**이었다. 수도자들은 갈수록 총대주교와 주교들의 권력에서 벗어날 수 있었고, 때로는 자신들이 그러한 지배적 지위에 오르기도 했다. 우선 성화상을 둘러싼 싸움 와중에 결딴이 난 많은 수도원들이, 복구를 위해 재정 능력이 있는 성직자나 평신도들에게 넘겨졌다(Kommende: 교회의 직무를 수행할 의무가 따르지 않는 공직봉록空職(俸祿). 그런데 도움을 받고자 생각해낸 이것이, 많은 경우에 영주나 대지주가 마음대로 할 수 있는 성직록이 되어버렸다. 그러나 9~10세기에 황제와 재력가들에 의해 새로운 수도원들이, 특히 콘스탄티노플과 아토스 산에, 점점 많이 설립되었다. 그 시기에 이 "거룩한 산"에서 꽤 자주 적인 일종의 "수도자 공화국"이 발전하여, 비잔틴 수도자들의 정신적·교회정치적 중심지가 되었는데, 물론 나름대로 문제점을 안고 있었다.

다음 시대에 비잔틴 수도자들의 수는 약 10만 명으로까지 늘어났다. 이것은 전체 인구와 비교할 때 엄청난 숫자였고, 당연히 〔신분적 특전(세금 면제 등) 때문에〕 비잔틴 제국에 큰 부담이었는데, 이런저런 법적 조처도 소용이 없었다. 수도원들은 부유해졌고 나날이 재산을 불려나갔으며, 폐해와 악습이 생겨났다. 이제 수도자들은 조언자·교육자·고해신부로서 비잔틴 사회 어디에나 존재했다.

다시 한번 분명히 해두자: 앞에서 보았듯이, 수도생활은 교회 변두리에서 은 사적·개인적·비공식적 평신도 운동으로 시작되었다. 그러나 이제 수도생활은 자신을 교회(또 따라서 국가)의 불가결한 내적 핵심으로 여겼다. 일종의 **새로운 수도자 이데올로기**가 생겨나, 특히 명민하고 정력적인 스투디우 수도원 원장 테오도르에 의해 널리 퍼져나갔다. 예전엔 스스로를 "은거자"·"사막의 아들"이라 부르던 사람들이 이제는 바야흐로 교회의 "신경"神經이 되었고, 나아가 "이 땅의 소금" 또는 "세상의 빛"으로 자처했다. 테오도르가 볼 때, 복음의 요체는 이 세상으로부터의 물러남에 있었다. 그런데 그러한 물러남을 수도자보다 충실하게 살아낼 수 있는 사람이 누가 있는가? 보통사람들은 이 세상과 타협하며, "최소주의" 아니면 흔히는 방종에 "도가 트지" 않았는가? 수도자들의 관점에 의하면, 원칙적으로는 수도생활 밖에도 구원이 있기는 하지만, 아무튼 이제는 뭐라 해도 수도생활이 그리스도교적인 것의 규범이요 척도였다.

이제 수도자들이 올바른 교리의 수호자이자 백성들 영혼의 인도자로 자임했고, 스투디우 수도원이 비잔틴에서 일종의 정통신앙 감독기관이자 주교 공장 노릇을 했다는 것은 놀랄 일이 아니다. 테오도르 스투디오스는 다른 여러 수도자들과 함께 성인으로 공경받았는데, 평신도에게는 그러한 영예가 거의 주어지지 않았다. 수도자 성인전들(대부분 성화상 싸움에 관해서는 언급하지 않는다)은 신학과는 달리 호경기를 누렸으나, 평신도 성인전은 거의 없었다. 서로 적대적이던 바울로파와 보고밀파(경건하나 교권제도와 맞섰고 사회혁명을 꾀했다)도 성인전들에서는 거의 언급되지 않는다. 아무튼 동방에서 수도자들이 거듭 새삼 국가를 신랄히 비판하거나 적어도 국가를 멀리하는 세력으로 등장했음은 부인할 수 없는 사실이다.

교회와 국가 — 진정한 교향악?

수도자들의 승리가 비잔틴 국가교회주의의 붕괴를 의미했던 것은 물론 아니다. **황제**는 여전히 막강한 지위를 보유하고 있었다 — 특히 총대주교에 대해서도. 그는 자신이 어쨌든 하느님 뜻의 집행자로 인정받고 있음을 알고 있었다. **총대주교**는 (콘스탄티노플 자신의 "상설 시노드"에서 모든 교회 문제를 결정했음에도) 모든 성직자들과 함께 여전히 황제에게 종속되어 있었다. 그래서 경건한 체하던 여제女帝 테오도라는 성화상 투쟁이 끝난 후(847) 교회법을 거슬러가며 (시노드의 결정을 무시하고) 열광적인 수도자 이냐티우스의 총대주교 임명을 감행했는데, 이 일은 비잔틴 내부에 (그리고 로마와도) 끊임없는 분쟁을 야기했고, 결국 테오도라에게 저항하는 쿠데타(그녀는 수도원에 유폐되었다)와 이냐티우스의 추방 그리고 학덕 높은 포티우스의 총대주교 선출로 귀결되었다. 그러나 나중에는 이냐티우스가 재임명되었고, 또 얼마 후엔 다시 해임되었다. 포티우스처럼 정신적으로 탁월한 총대주교 조차도 이러한 어렵고 골치아픈 분규에 휘말려 두 번이나 추방을 감수해야 했다. 이러한 전개과정을 염두에 둔다면, 그후로는 수도자들이, 주교직과 총대주교직에 자주 올랐던 것처럼, 지식인들의 자리를 차지하게 된 사실을 쉽게 이해할 수 있을 것이다. 성화상 싸움은 이러한 "범汎수도자주의" 외에 또하나의 문제를 야기했으니, 바로 "이단적" 황제라는 문제였다. 콘스탄티누스에 의해 토대가 놓였고 유스티니아누스에 의해 확립된 국가와 교회의 결합과 "교향악"이 내포하고 있던 모든 문제가 일거에 뚜렷이 드러났다.

그 전개과정을 어찌 평가해야 할 것인가? 비잔틴 교회는 국가에 맞서 자신의 고유성을 지키기 위한 싸움에서는 이겼으나, 자유를 얻기 위한 싸움에서는 패배했던 것일까? 국가와 교회의 완전한 융화는 바로 유스티니아누스가 선도했던 과정의 궁극적 정점이었던 것일까? 이것은 개신교 교회사와 교의사 학자 하르낙²²²의 견해인데, 많은 서구 학자들이 동조하고 있다. 아니면 성화상을 둘러싼 싸움의 승자는 제국이 아니라 교회였던가? 이것은 정교회 신학자 슈메만²²³의 견해인데, 그는 일찍이 오스트로고르스키²²⁴가 그랬듯이 반反명제를 주장한다: 즉, 후대의 비잔틴 신정神政체제가 생겨난 데에는, 10세기 말 마케도니아 사람 바실리우스 1세가 「에파나고게」*Epanagoge*(법전 편람의 안내서로 기획됨)에서 시도한 국가와 교회의 관계 규정(황제와 총대주교의 병렬적 지위)이 큰 영향을 끼쳤다는 것이다. 총대주교에게는 정통신앙 수호 감독권과 교리 해석권이 마땅히 주어져 있다. 황제도 정통신앙에 충실할 것이 요구된다. 교회와 국가는 서로의 활동.영역의 경계를 법적으로 설정할 필요가 없으니, 둘은 정통신앙에 의해 결합되어 있기 때문이다. 그러나 안톤 미헬은 이 (분명히 포티우스에 의해 기초起草된 이상적인) 구상이 법제화되지 않았다는 사실에 주의를 환기시켰다.²²⁵ 또한 슈메만 역시 황제와 총대주교의 양권론兩權論이 실제로는 거의 남아 있지 않았다는 것을 알고 있다: "국가 권력의 전적으로 전횡적인 속성은 언제나 교회의 삶에 치유될 수 없는 상처로 남아 있었다. 더욱 몹쓸 것은, 교회 고위층이 이 전횡을 또한 거의 전적으로 군말 없이 받아들였다는 사실이다."²²⁶

명백한 사실: 교회의 교의가 아예 국가의 신조가 된 이후, 교회는 사실상 황제의 권력을 제한할 필요가 없었다. 또한 황제는 정통신앙을 받아들인 이후, 스스로 교회와 선을 그을 까닭이 없었다. 비잔틴 국가가 "교회화"되어 갈수록 (궁정 예식이나 군대에서도 모든 것이 "만유의 지배자 그리스도"의 이름으로 행해졌다), 황제는 그만큼 더 용이하게 교회 문제들을 결정할 수 있었다 — 교의처럼 모든 것이 이미 확정되어 있지 않은 한. 8~9세기 성화상 투쟁과 11세기 로마와의 분쟁 때만 해도 탁월한 총대주교들이 있었던 반면, 후대의 총대주교들은 (거의 예외없이) 갈수록 황제의 광채 뒤에서 빛을 잃어갔다. 덧붙여, 이 제국 말기에는 교회와 국가의 경계가 더 허물어졌으니, 비非정교 지역들을 모두 상실했고 정교 신자가 아닌 사람들은 모조리 축출했기 때문이었다.

정교의 이 국가교회 체제〔사람들은 종종 이 체제의 이원성 안에서의 단일(통일)성을 표현하기 위해, 심지어 "섞이지도 나뉘지도 않는"이라는 칼케돈 공의회의 그리스도론 정식定式까지 애써 끌어댔다〕에 대해 늦어도 여기서는 **비판적 물음들**을 제기해야겠다. 이 물음들은 종파주의 정신이 아니라 일치운동 정신에 터해 제기되지만, 일방적이라는 비판을 받을 소지도 내포하고 있으니, 왜냐하면 앞으로 (로마 가톨릭 전통에 대해 자기비판을 할 때) 살펴보겠지만, 국가를 교회에 종속시키고자 했던 서방 교황들의 신정체제의 문제점들 역시 교회를 국가에 종속시켰던 동방 황제들의 신정체제의 문제점들과 마찬가지로 심각했기 때문이다. 더 나아가 이 물음들은 많은 점에서 불가피했고 또 나름대로 쓸모있던 과거 체제에 대해 시대착오적 판결을 내리기 위한 것이 아니라, 미래를 위한 것이다. 이 물음들은 비잔틴 교회만이 아니라 러시아 교회에도, 아니 국가와의 조화를 전제로 하고 있는 모든 교회 체제에 해당된다.

미래를 위한 물음

— 교회와 국가의 통합은, 비잔틴식이건 모스크바식이건 또는 그 어떤 유형이건간에, 거의 필연적으로 교회에 대한 국가의 우위, 아니 결국은 국가에 대한 교회의 복속으로 귀결되지 않았던가?

고대교회 헬레니즘 패러다임의 역사는 비잔틴과 그리스에 국한되지 않는다. 이제 비잔틴 교회의 세계사적 선교에 관해 살펴보자.

⑨ 비잔틴과 로마 사이의 슬라브인들

4세기에서 7세기 사이에 게르만족들이 동유럽으로부터 집단적으로 이주했고, **슬라브인들**은 카르파티아와 드녜페르 사이에 있는 본거지로부터 널리 퍼져나갔다. 그들은 서쪽으로는 발트 해까지, 남쪽으로는 아드리아 해, 발칸 반도 그리고 그리스에까지 밀고나갔으며, 그곳에서 교회 조직들을 파괴했다. 그러나 그들은 서서히 그리스도교화되었고, 그러는 가운데 비잔틴과 로마로부터 구애를 받았다. 이러한 사실은 그리스도교화는 종교적이면서 동시에 언제나 정치적인 사건이었음을 말해준다.

문화접합으로서의 그리스도교화: 슬라브 전례

의심의 여지 없는 것: 남·동 슬라브족의 그리스도교화는 **비잔틴의 획기적 공적**이었다. 비잔틴에 의해 거듭 도나우 강 건너쪽으로 격퇴당했으나, 580년 큰 무리를 지어 그리스 땅으로 쇄도해 들어온 슬라브 민족 가운데 몇몇 종족은, 7세기에 마침내 로마의 속주인 일릴리아·모시아·트라키아·마케도니아에 자리를 잡았다. 그리고 성화상 투쟁이 끝난 후 다시 강력해진 비잔틴은 9~10세기에 시골에서 농사짓고 있던 슬라브인들 가운데에서 엄청난 선교 역량을 발휘할 수 있었다.

새 로마인 비잔틴은 이 모든 "야만인들"(본디 의미: 비그리스도인들)에게 도시들의 여왕이요 온갖 부富·예술·문화를 구현하고 있는 세계의 중심으로 비쳐졌다. 비잔틴의 손님 후대는 유명했고 외교는 정평있었으며, 역사와 전사前史는 유례를 찾기 어려웠다. 옛 로마가 아니라 바로 여기에 그리스-로마 문화가 모든 시대를 관통하여 생생히 살아남아 있었다: 그리스 문학·철학·과학뿐 아니라 로마법까지도. 특히 비잔틴의 종교적인 독재군주제 국가 원리가 많은 이교 군주들에게 매혹적으로 비쳐졌음은 놀랄 일이 아니다. 그들에겐 비잔틴 궁정의 아무리 낮은 작위라도 인기가 있었다. 아무튼 이 군주들 그리고 그들과 함께 세례받은 신민들에게 그리스도교로의 개종은, "야만 상태"로부터 세계문화와 그 정상에 황제가 하느님의 대리자로 자리하는 보편교회로 건너감을 의미했다.

8세기에 페스트 때문에 결딴난 그리스로 밀고들어온 **남슬라브족**의 그리스도교화는 **비잔틴**에 의해 이루어졌다.[227] 그리스에서 헬레니즘화되었던 그들은 9세기에 그리스도교로 개종했다. 특히 중요한 것은 **불가리아인들**의 그리스도교화다. 그들은 864년 칸(군주)인 보리스가 영세함으로써 그리스도교를 받아들였다. 보리스는 로마와 비잔틴 사이에서 눈치보기 정책을 통해 독자적인 총대주교좌와 최대한 자주적인 교회의 창설을 꾀했으나, 로마도 비잔틴도 그것을 허용하지 않았다. 870년 황제가 콘스탄티노플 공의회와 관련하여 소집한 동방 총대주교좌들의 대표자 회의는, 교황 사절들의 격렬한 항의에도 불구하고, 불가리아를 콘스탄티노플 총대주교좌에 귀속시켰다.

이미 863년부터 모라비아에서는 **메토디우스**와 **콘스탄티누스** 형제가 활동하고 있었다. 슬라브족에게 둘러싸인 데살로니카 출신으로서 어릴 때부터 슬라브 말을 익힌 그들은 비잔틴의 엘리트 지식인 집단에 속했다. 이 형제는 총대주교 포티우스에 의해 선교사로 파견되어 모라비아에서 큰 성공을 거두었는데, 그것은 예배 때에 프랑크인들은 라틴어를, 여타 비잔틴 사람들은 그리스어를 사용한 데 반해, 그들은 슬라브어(그때까지 문자는 없는 농민어였다)를 사용했기 때문이다. 당시의 비잔틴 관습, 그리스인들의 언어적 교만 그리고 제국의 요구에 의식적으로 맞서, 두 형제는 하느님 앞에서 모든 민족의 원칙적 동등성과 군소 국가 및 군주들(이들은 유럽의 군주들과 단지 영적 친연성을 통해서만 연결되어 있었다)의 자주성을 옹호했다.

박식한 철학자요 언어학자인 콘스탄티누스는 아르메니아 사람 마쉬토츠-메스롭의 본보기를 따라 (오늘날 흔히 말해지는) 그리스도교의 문화접합이라는 맥락에서, 매우 독창적인 고古슬라브 알파벳을 만들었으니, 이것이 **최초의 슬라브 문자**다. 복음서와 전례 텍스트들이 슬라브어로 번역되었다. 이리하여 두 형제는 모라비아와 파노니아에서 동프랑크인들의 선교와는 별도의, **슬라브 전례**를 거행하는 선교의 토대를 놓았다. 로마는 당시 자신의 지배권 아래 있던 이 지역이 슬라브 전례를 거행하는 것을 처음에는 허용했다.[228]

교황 하드리아누스 2세는 콘스탄티누스와 메토디우스가 콘스탄티노플로 도움을 얻으러 가던 중 베네치아에 머무를 때 그들을 로마로 초대했고, 바이어른-동프랑크 주교들과 "세 가지 언어 전통"의 대표자들(이들은 전례에서 "세 가지 거룩한 언어", 즉 히브리어·그리스어·라틴어만 사용할 것을 주장했다)의 반대를 거슬러 이들 형제를 옹호했다. 중병에 걸린 콘스탄티누스는 로마에서 수도복과 **키릴루스**라는 이름을 받고, 얼마 후 사망했다. 메토디우스는 로마에서 사제로 서품된 뒤 모라비아와 파노니아 대주교로 임명되었으나, 정권 교체 때문에 모라비아로 돌아가지 못하고 파노니아에서 활동했는데, 그 지역에 대한 지배권을 주장하던 라틴계 잘츠부르크 대주교의 격렬한 반대에 부닥쳤다. 더 나아가 870년에는 체포·단죄·감금되기까지 했는데, 3년 뒤 교황 요한 8세가 석방시켜주었다. 슬라브 전례도 처음에는 금지되었다가 나중엔 제한적으로 허용되었으나, 885년 메토디우스가 사망한 후, 결국 스테파누스 교황에 의해 전면적으로 금지되었다.

메토디우스와 키릴루스 추종자들은 동프랑크 제국 안에서 프랑크-로마의 영향 아래 있던 모라비아에서 쫓겨났다. 그러나 개종한 지 얼마 되지 않은 불가리아가 그들을 받아들였는데, 이제 그곳에서 고슬라브 알파벳은 좀더 간단한 키릴루스 알파벳으로 개량되어, 거기서부터 남슬라브인들 사이로 널리 빠르게 보급되었다. 메토디우스와 키릴루스가 "슬라브인들의 사도요 스승"이라 불리는 것은 실로 마땅하다. **슬라브 그리스도교**(특히 러시아에게도 큰 도움을 주게 됨)를 발전시키고자 한 그들의 노력은 세계사적 의의를 지니게 될 터였다. 그들에 의해 비잔틴-슬라브 그리스도교 세계의 기초가 놓여졌던 것이다.

비잔틴-슬라브 그리스도교 세계

불가리아인들은 칸 보리스의 손자인 그리스 교육을 받은 차르 시메온 (893~927) 때에 갈망하던 자치권을 획득했다. 시메온은 불가리아가 훌륭한 슬라브-비잔틴 문화(언어는 슬라브어, 정신은 비잔틴적이었다)를 발전시키는 데 공헌했다. 그는 최초의 슬라브인 군주로서 어떻게 해서든지 비잔틴 황제가 되려고 온갖 노력을 다했는데, 이것이 정교 세계 최초의 대규모 내전을 불러일으켰다. 불가리아인들과 그리스인들의 경쟁이 끝없이 계속되다가, 30년간의 잔혹한 전쟁 끝에 불가리아는 "불가리아인 도살자" 황제 바실리우스 2세에게 정복되어 다시 비잔틴 제국의 속주로 완전히 편입되었다. 그러나 불가리아는 12세기 말엽에 다시 강성해졌고, 일시적으로 로마와 동맹을 맺기도 했다 — 그러나 14세기 말엽 불가리아 왕국 또한 터키-이슬람 세력의 지배 아래 들어가게 되었다.

불가리아인들의 그리스도교화와 더불어 비잔틴에 의한 **세르비아인들**의 그리스도교화도 시작되었다. 세르비아인들은 오랫동안 불가리아의 정치적·문화적 영향을 받았으나, 군주 미하일 보이슬라프의 영도 아래 독립할 수 있었다(1077). 세르비아인들은 정치적인 이유로 (잠시동안) 로마 쪽에 붙었고, 교황 그레고리우스 7세는 왕관을 보내주기도 했다. 그러나 이후 시대에 세르비아 군주들 또한 비잔틴 제위를 탐냈는데, 4차 십자군 원정 뒤인 1204년 비잔틴 황제로부터 세르비아 교회 그리고 마침내 국가의 자주권을 얻어냈다.

같은 시기에 **루마니아인들**의 그리스도교화도 이루어졌다. 이들은 로마화된 다크족에서 갈라져 나왔을 뿐 아니라(이른바 "차우체스쿠 이데올로기") 언어와 이주사移住史에 터해 볼 때 블라크인들(왈라키아인들) 및 아로문인들과 밀접한 관계에 있었는데, 대부분 13~15세기에야 도나우 삼각주 지대로 이주해와서 불가리아인들의 지배를 받았으며, 그래서 교회·전례·관청 용어로 자신들의 로만계 언어 대신 교회 슬라브어를 사용하게 되었다.

하나인 슬라브 세계 — 그러나 두 패러다임

헝가리인과 서슬라브인(뵈멘인·폴란드인)과 서방 남슬라브인(크로아티아인·슬로베니아인)의 운명은 달리 전개되었다. 이들은 비잔틴이 아니라 **옛 로마** 쪽에 붙었다:

— **헝가리인들**: 본디 돈 강과 드녜페르 사이 지역의 헝가리-핀란드 초원 유목민으로서, 때로는 그리스 중부 지역까지 진출하기도 했다. 이들은 정주定住와 그리스도교화(헝가리 사신들이 948년 콘스탄티노플에서 영세함) 이후 서방-로마 그리스도교 세계에 편입되어 있었는데, 이러한 상황은 1001년 교황이 하사한 왕관을 쓰고 즉위한 독신자篤信者 스테파누스 1세(997~1038)에 의해 확정되었다.

— 서슬라브족인 **뵈멘인들**: 이들은 9세기에 레겐스부르크에 의해 그리스도교화되었고, 973~76년 프라하에 고유한 주교좌를 갖게 되었는데, 라틴어 알파벳과 전례용어를 받아들였다.

— 바이크셀 강과 오데르 강 사이에 살던 **폴란드인들**: 역시 서슬라브족인 폴란드인들은 피아스트 왕조 때 통일되었다. 이들은 10세기 미에츠코 공작 시절 서방 가톨릭 그리스도교와 연결되었는데, 그것은 공작의 영세와 996년 포젠 선교 주교좌의 창설로 표현되었다. 폴란드는 볼레슬라우 1세 크로브리 시절 오토 3세의 로마제국에 편입되었고, 그리스도교화된 슬라브 세계(한때는 키예프에까지 이르렀다) 내에서 주도적 지위를 보유했다. 폴란드는 일찍부터 고유한 국가교회와 999~1000년에 창설된 그네센 대주교좌를 갖고 있었다. 폴란드인들 역시 알파벳과 전례용어로 서방 라틴어를 받아들였다.

— 끝으로 남슬라브족인 **크로아티아인들**(그리고 슬로베니아인들): 이들의 지역, 곧 로마의 속주 일릴리아는 이미 7세기에 황제 헤라클레이오스가 서방의 총대주교인 교황에게 선사했었다(교회법상으로). 그러나 일릴리아는 로마와 비잔틴 그리고 나중에는 프랑크 제국 교회 사이의 끊임없는 분쟁의 씨앗으로 남게 되었다(잘츠부르크와 파싸우 주교들은 파노니아와 일릴리아에 대해서도 재치권을 요구했다). 특히 프랑크인들이 패권을 잡은 후 9세기에 크로아티아인들과 슬로베니아인들은 서방에 의해 그리스도교화되었고 또한 라틴화되었다. 이들은 왕이라 자칭하던 영주 토미슬라프(910~28) 때에 비잔틴의 지배로부터 결정적으로 벗어났고, 그리하여 (세르비아인들과

는 달리) 로마-게르만 문화의 영향권 안에 계속 머물러 있게 되었다.

물론 그후 국경선과 세력권이 여러 차례 바뀌었으나, 여기서 상론할 필요는 없겠다. 아무튼 훗날 남슬라브(유고슬라비아)의 운명이 이미 9세기에 근본적으로 결정되었다: 영구히 둘로 갈라졌다! 더욱 한탄스러운 것은, 평화롭게 분리되지 못했다는 사실이다. 그 반대였다: 불가리아와 모라비아에 그리스 선교사들이 들어옴으로써, 슬라브인 선교를 둘러싸고 라틴 교회와 그리스 교회 간에 싸움이 일어났고, 이것은 마침내 교황(니콜라우스 1세)과 비잔틴 총대주교(포티우스)의 격렬한 투쟁을 야기했는데, 이 문제는 나중에 좀더 상세히 다루기로 한다.

결과: 그후 **슬라브 세계는 비잔틴 교회와 로마 교회 사이에서,** 그리스-비잔틴적으로 꼴지어진 문화와 게르만-로마적으로 꼴지어진 문화 사이에서 **분할**되었던바, 여기서 **두 개의 전혀 다른 패러다임**이 뚜렷이 대조를 이루었으니, 곧 고대교회 헬레니즘 패러다임과 중세 로마 가톨릭 패러다임이 그것이다. 모라비아-헝가리 선교지역은 (비잔틴과의 이런저런 인연에도 불구하고) 로마 밑으로 들어갔고, 고유한 총대주교좌를 갖고 있던 규모 큰 불가리아 교회는 (세르비아 교회도 결국 그렇게 되었지만) 계속 비잔틴 편으로 남았다. 로마와 비잔틴의 이러한 대립의 결과는 오늘날에도 그 흔적을 남기고 있으니, 바로 이 후(後)공산주의 시대에 다시 그 해독이 뚜렷이 드러나고 있다. 아무튼 상이한 교회적 발전과정(서로 다른 알파벳, 전례와 학문 용어, 문화)은 오늘날에도 남슬라브인들의 민족적·정치적·문화적 정체성과 적개심에 영향을 미치고 있다. 요즘의 민족 갈등은 거의 천 년 동안 존속해 온 동로마와 서로마 사이의 이 경계선을 모르고는 전혀 이해하지 못한다.

그러나 세계사적으로 볼 때 훨씬 중요한 것은 **동슬라브족들**의 발전과정이니, 이들은 흑해 연안으로 진출하여 860년에는 콘스탄티노플까지 공격했으며, 그후에는 **러시아 제국**을 창건했다.

키예프: 러시아 역사의 첫 단계

9세기 이래 루리키드 왕조(역사적으로 확인할 수 있는 최초의 러시아 왕조로서, 노르만-스웨덴의 바레거인들에게서 갈라져 나왔음) 때에, **키예프 왕국** 안의 루스의 동슬라브 종족들이 동방 유목민들로부터 독립했다.[229] 사도 안드레아가 로마로 가는 길에 러시아에 왔었다는 이야기는 10세기 말에 생겨난 전설이며, 여기서 (비잔틴이 로마에 반대하여 주장하는 것과는 달리) 무슨 직접적인 교회법적 권리주장을 끌어낼 수는 없다.[230] 9세기 중엽 유력한 귀족들의 개종과 마찬가지로, 955년 키예프 대공비妃 올가의 세례 역시 한 일화에 불과하다. 누구보다 중요한 사람은 올가의 조카 블라디미르 대공이니, 피비린내나는 내전에서 승리한 후 국가의 견고한 이데올로기적 토대를 모색하고 있던 블라디미르가 러시아를 그리스도교 민족들의 공동체 안으로 끌어들였다: 대공의 영세, ("존귀하게 태어난") 비잔틴 공주와의 결혼, 드녜페르 강에서 키예프 백성들의 집단 영세.[231]

예전에 불가리아인들의 세례가 그러했듯, 러시아인들의 세례 역시 심사숙고를 거친 국사國事였으니, 그 목적은 **러시아를 문명화된 세계의 그리스도교 전통에 편입**시키는 것이었다. 그러므로 러시아에서도 그리스도교는 아래로부터 자라난 것이 아니라, 어디까지나 위로부터 강요된 것이었다고 하겠다. 블라디미르는 세례를 받은 후 곧 양로원과 구빈원 설립 그리고 보다 정의로운 국가제도 확립에 힘썼다. 그러나 그리스도교는 그후에도 오랫동안 정치적·종교적 엘리트들의 소관으로 남아 있었고, 민중들은 여러모로 고래의 이교적 관념과 관습에 계속 머물러 있었다. 이러한 사정을 염두에 두면, 여러 러시아 역사학자들이 키예프 그리스도교계에 대해 비판적 관점을 지녔던 것을 이해할 수 있다. 그러나 페도토프[232]를 위시한 새로운 연구자들은 키예프 시대를 "황금 같은 유년기", 러시아 그리스도교계의 "하나인 기준, 황금 자, 왕도"로 파악함으로써 그러한 관점의 보정補整을 시도했다.

러시아 역시 늦어도 11세기부터는 로마와 관계를 맺었고, 헬레니즘-비잔틴 패러다임과 라틴-로마 패러다임 사이에서 선택을 해야 했다. 러시아의 선택은 자신의 슬라브 형식 안의 비잔틴 패러다임이었다. 이것은 두 가지를 의미했다: — 한편, 러시아는 전설과 달리 메토디우스와 키릴루스가 전혀 러시아에 온 적이 없음에도 불구하고 **슬라브 전례 용어와 학문 용어**를 넘겨받았다. 여기에는 특히 불가리아의 강력한 부추김이 영향을 미쳤음이 분명하다.

— 다른 한편, 러시아는 콘스탄티노플 총대주교를 수장으로 하는 **비잔틴 교회 조직**에 편입되었다. 콘스탄티노플 총대주교는 "키예프와 온 러시아"의 수석대주교를 임명했는데, 수석대주교 교회의 관할 지역은 북방 삼림지대로부터 카르파티아 산맥에까지 그리고 발트 해에서 볼가 강 하류에까지 이르렀다. 러시아 교회 역사의 처음 250년 동안, 그러니까 타타르인들의 지배가 시작될 때까지 총대주교가 러시아 수석대주교를 임명했는데, 물론 갈등이 없지 않았으니, 그 오랜 기간 동안 키예프 수석대주교가 된 러시아 사람은 단 두 명에 불과했다.[233] 그들 외엔 언제나 그리스 사람이 수석대주교가 되었는데, 이들은 대개 자신들의 성직자·예술가·외교관들을 데리고 왔다. 그러나 러시아인들은 불가리아인들이나 세르비아인들과는 달리, 한 번도 비잔틴 제국의 정식 구성원은 아니었으며, 그래서 정치적인 자치 노력이 러시아와 비잔틴의 종교적·문화적 결합을 방해하지는 않았다. 과연 블라디미르가 콘스탄티노플에 파견한 사절들은, 987년 하느님의 현존을 느끼게 하는 소피아 대성당과 비잔틴 전례의 아름다움을 보고 경탄하는 보고를 가지고 돌아왔다. 블라디미르 자신도 키예프에 살던 어떤 그리스 철학자요 신학자의 강연을 통해 비잔틴 "철학"의 탁월함을 몸소 느꼈다. 이러한 감탄과 찬미는 그후에도 계속되었다.

키예프 시대가, 사람들이 종종 생각했던 것과는 달리, 러시아 역사와 그리스도교계의 서막에 불과했던 것이 아니라, 앞에서 보았듯이 새로운 연구자들이 "황금기"로 제시하려 할만큼, 매우 중요한 첫 단계였음은 의심의 여지가 없다: 그것은 성인들(특히 블라디미르의 아들들로서 형제에게 살해된 보리스와 글렙)과 저 유명한 키예프 동굴 수도원의 시대였다. 성 안토니에 의해 창설되고, 성 페오도시(테오도시우스 †1074)에 의해 비잔틴의 스투디우 수도원 규칙에 따라 조직된 이 수도원은, 러시아 성직자 양성 학교(50명이 넘는 주교를 배출했다)이자 키예프 왕국의 정신적 중심지가 되었다. 우리는 최소한 다음 사실은 확실히 말할 수 있다: 러시아에서 그리스도교계는 처음부터 **수도자** 정신에 의해 결정적으로 꼴지어졌고(비잔틴 신학보다는 비잔틴 성인들의 삶에 더 깊은 관심을 기울였다!), 또한 당시의 비잔틴 정신에 터해 매우 **전통주의적**인 성향을 지니게 되었다! 그러나 여기서도 국가와 교회의 "교향악"

이 들려오는데, 처음에는 그리스도교의 주요 사상들을 보유하고 있는 교회에게 우위성이 인정되었다. 이교적인 슬라브인들이 (게르만인들과 마찬가지로) 이미 종교적 왕권을 익히 알고 있었는데도 말이다.

새 시대를 열어간 이 발전과정이 비잔틴 자체에게도 문화적 세력권을 엄청나게 확장하는 결과를 가져다주었다. 그리스 건축가들이 수많은 성당을 지었고, 키예프에도 모자이크로 치장된 성 소피아 대성당이 세워졌다. 비잔틴 사람들이 러시아에 학교를 설립하고 도시를 건설했으며, 동방교회와 서방교회의 분열 직전인 블라디미르의 학덕 높은 아들 현자 야로슬라프(1019~54) 치세에 문화적 전성기에 이르렀다. 야로슬라프는 일종의 전담 위원회로 하여금 수많은 비잔틴 책들을 번역토록 했고, 그리하여 그의 시대에 러시아 역사학과 문학이 태동했다. 몽골인들이 침략했을 때(1240), 러시아에는 이미 17개의 주교좌가 있었다.

결말: 근본적으로 비잔틴에 의해 수행되었던 남·동 슬라브 민족과 국가들의 유럽화와 그리스도교화는 1000년경에 완료되었다. 비록 이 나라들의 역사는 그후에도 (때로는 자주적으로, 때로는 예속적으로) 매우 많은 변화를 겪게 되지만 말이다. 아시아로부터 중부 유럽 끄트머리에까지 휘몰아쳐 들어왔던 몽골인들의 침략은 슬라브 그리스도교계의 문화적 결속을 심각하게 손상시켰다. 그에 반해 비잔틴 제국 자체는 변두리 지역만 몽골인들에게 짓밟혔다.

우리의 패러다임 분석의 맥락 안에서는 슬라브 민족들과 비잔틴 제국의 변화무쌍한 운명(초기 비잔틴으로부터 중기 비잔틴을 거쳐 후기 비잔틴까지의 모든 전개과정)을 상세히 서술하는 것은 별로 의미가 없겠다. 비잔틴 제국은 거듭 새삼 정치적·문화적 부흥을 이룩했으나(비잔틴 미술과 문학은 867~1056년의 마케도니아 왕조 때 그리고 특히 1259~1453년의 팔레오로그 왕조 때 활짝 꽃피었다) 길고긴 국경선에서는 분쟁이 끊이지 않았으며, 11세기 이래 동쪽에서는 이슬람교를 믿는 터키인들의 침략, 서쪽에서는 노르만인들의 습격 그리고 슬라브인들의 반란, 마침내는 "라틴인들"의 "십자군 원정" 때문에 갈수록 방어적 처지에 내몰리게 되었다.

그러나 오늘날의 당면 문제를 이해하기 위해서는, 무엇보다도 옛 로마와 새 로마, 교황들의 로마와 황제들의 로마가 함께 휩쓸려들어갔던 저 세계사적 충돌에 대한 좀더 정확한 분석이 필수불가결하다. 사실 비잔틴과 슬라브 국가들 (특히 불가리아와 세르비아) 사이의 온갖 정치적 적개심은 비잔틴적으로 꼴지어진 정교 신앙(이것은 또한 슬라브 교회들의 패러다임으로 계속 남았다)의 일치를 파괴하지는 않았다. 그러나 비잔틴과 로마의 충돌은, 온갖 방식으로 정치와 연루되어 생겨난 전혀 다른 두 패러다임에 궁극적인 뿌리를 두고 있었다. 그 충돌은 매우 심각했으니, 교회의 일치를 파괴하고 더 나아가 동방교회와 서방교회의 저 분열로 귀결되었던바, 이것은 아직도 극복되지 못한 채 남아 있다.

⑩ 동방교회와 서방교회는 왜 분열되었는가?

거의 근절시킬 수 없는, 오랜 역사에 뿌리박고 있으며 1989년 부분적으로 새삼 그 독성毒性을 드러냈던, 로마에 대한 수많은 동방 그리스도인들의 반감을 이해하고자 한다면, 동·서 이교離敎를 초래한 여러 요인을 정확히 알아야 한다. 가톨릭 교회와 정교회 사이의 과거사를 극복하는 일은 그저 신학적·교의적 문제가 아니라, 무엇보다도 역사적·심리적 문제다. 우선 역사적 조망(슬라브 전문가들과 비잔틴 전문가들을 신뢰하기로 하자)이 필수불가결하다.[234]

점진적 상호 소외

동·서 교회의 분열은 본디 연월일을 꼽을 수 없다고 말하면 이상하게 들릴 수도 있겠지만, 사실 분열의 정확한 날짜는 없으며, 다만 분열의 오랜 역사가 있을 뿐이다. 너무 일찍 세상을 떠난 뉴욕 성 블라디미르 정교 신학교 교회사와 교부학 교수였던 러시아 정교 신학자 메옌도르프가 다음과 같이 기술한 것은 옳다: "오늘날 모든 역사학자는 동방과 서방이 **점진적** 상호 소외(마찬가지로 **점진적**인 교황권 증대와 때를 같이했다) 때문에 분열되었다는 것에 의견이 일치한다."[235] 또한 동·서 이교의 기원에 관한 아마 가장 탁월한 전문가인 워싱턴의 가톨릭 역사학자 드보르닉은 이렇게 확언했다: "교황과 교회 안에서의 교황 지위에 대한 비잔틴의 관계가 전개된 과정을 고찰해보면, (11세기 가톨릭) 개혁가들이 선전했던 모든 주교와 신자들에 대한 교황의 절대적이고 직접적인 권력의 확대는, 비잔틴의 심성과 비잔틴이 친숙했던 전통에는 완전히 상충되는 것이었음을 인정하지 않을 수 없다."[236]

슬라브 민족들의 여러 갈래 역사를 서술할 때 이미 드러난 사실: 동·서 이교는 서방에서 일어난 패러다임 전환의 결과다! 사실상: 로마와 비잔틴 사이에서 모든 것은, 시간이 흐를수록 노골적으로, **그리스도교의 두 가지 상이한 패러다임**의 생성·확립에 귀착되었다: 기존의 고대교회 헬레니즘 패러다임(P II: 비잔틴이 이것의 상속자로 여겨진다)과 라틴 로마 가톨릭 패러다임(P III).

물론 동방도 유스티니아누스 시대 이래 점차적인 **그리스화**를 통해 예전에 동·서방이 공유하고 있던 패러다임을 독특하게 변형시켰고, 상호 소외를 어느 정도 야기했음은 부인할 수 없는 사실이다. 예를 들어 그리스인 엘리트들은 (슬라브인들의 사도 키릴루스 및 메토디우스와는 달리) 라틴어 사용을, 시리아와 이집트에서는 동방의 (이제는 마찬가지로 "이단적인") 지방어들의 사용을 계속 거부했다. 그리하여 곳곳에서 비잔틴에 대한 반감이 깊어져 갔다. 상호 소외의 주요인은 다음과 같다:

● 동·서방 교회의 서로 다른 **언어**: 언어의 상이성은 흔히 정신적·문화적 상호폐쇄를 야기했고, 신학 용어에서도 수많은 오해를 불러일으켰다. 그레고리우스 대교황(590~604: 일찍이 콘스탄티노플 주재 교황사절이었다) 같은 박학한 교황조차 그리스어를 말할 줄 몰랐고, 거꾸로 비잔틴의 총대주교들은 라틴어를 구사하지 못했다. 상호 교류는 언제나 통역관·비서·전문가들에게 의지했다.

● 상이한 정신적 가치와 태도를 포함한 서로 다른 **문화**: 그리스인들은 라틴 사람들에게 교만하고 약빠르고 음험하게 비쳤고, 라틴 사람들은 그리스인들에게 무식하고 야만스럽게 보였다. 상대편의 새로운 발전(예컨대 클뤼니 수도원에서 시작된 중세의 개혁운동)에 관해 감감 무소식이거나 빈약한 정보만 갖고 있었다.

● 서로 다른 "**관습**": 관습이 상이하다는 것은 동방 사람들에게 단지 전례 형식이 다르다는 것만이 아니라, 신학·예배·신심·교회법·제도·조직을 포괄하는 교회의 전체 생활방식과 신앙형태가 독자적이며 동등한 권리를 지니고 있음을 의미했다. 5세기부터 이 전례 "관습들" 그리고 전례력·성인공

경·신심 형태들이 따로따로 발전해 나갔다. 요컨대 (교의는 공통적이었지만) 실로 중요한 종교적 감수성이 서로 달리 전개·발전되어 나갔다. 동방교회에서는 고해성사를 수도자들이 전담했다. 라틴 사람들에게 수염 기르고 결혼한 정교회 성직자는 기이하게 보였고, 거꾸로 동방 사람들은 말쑥하게 면도한 독신의 라틴 사제를 징그러워했다.

그러나 이 문화적·종교적·사회심리적 요인들이 분열을 불가피한 것으로 만들었던가? 그렇지 않다. 분열에 **결정적** 작용을 한 것은 오히려 특정한 **교회정치적 요인들**이었다. 분명한 사실: 흔히는 극히 혼란스러웠던 양 교회의 대결에서, 로마와 비잔틴은 삼갈 수도 있었을 수많은 선동과 외교적 술책을 구사했다. 그러나 참으로 결정적인 요인은 뭐니뭐니 해도 "교황권의 점진적 강화"(메옌도르프)였으니, 이것을 동방교회는, 로마를 그리스도교 세계의 첫째 총대주교좌로 인정하면서도, 오늘날도 위협적인 것으로 느끼고 있다. 이러한 사실은 오늘날의 관점, 예를 들어 콘스탄티노플 총대주교 포티우스에 대한 서방의 깊은 편견을 제거한 드보르닉에 의해서도 확인된다: "우리는 오늘날 정교회들과 가톨릭 교회가 좀더 가까워지는 데 있어 단 하나의 중대한 걸림돌은 로마의 수위권 문제라는 것을 실로 정당하게 주장할 수 있다. 그밖의 장애물들, 특히 11세기부터 15세기 사이에 그리스어와 라틴어로 씌어진 논쟁서들에서 매우 중요한 역할을 했던 관습들과 전례 양식들의 상이성은 극복된 것으로 볼 수 있다."[237]

물론: (앞에서 말했듯이) 동방 역시, 스스로 의식한 것 이상으로, 헬레니즘 사상의 영향을 받아 자신의 교회들을 변모시켰고, 그리하여 갈수록 독자적으로 발전했다. 그러나 서방에서 점진적으로 형성된 군주제적·절대주의적·중앙집권적 통합(단일)교회는 동방에서 당초부터 생경한 것으로 배척되었다. 동방(그리고 아프리카!)의 교회관은 한 사람의 세계주교로부터가 아니라, 언제나 신앙인들의 "친교(공동체)"로부터, 지역교회들과 그 주교들로부터 출발했다. 동방 사람들은 로마인들처럼 그토록 법률에 목매는 짓은 하지 않았다. 교회의 중심에 자리잡고 있던 것은 "교회법전"이 아니라 성사·전례·신경들이었으며, 교회는 자신을 동료관계에 터해 질서지어진 개별 교회들의 연방적 공동체로 이해했다.

물론: 콘스탄티노플 총대주교는 갈수록 교회법의 독점적 관장자가 되었는데, 그것은 7차 보편 공의회 이후 동방에서는 보편 공의회가 개최되지 않았기 때문이다. 비잔틴 교령권權이 발전하기 시작했고, 곧이어 부분적으로 서방에서처럼 고도로 발달된 교회법학이 뒤따랐다. 그럼에도 인정해야 할 사실: 자신을 어디까지나 **"일곱 차례" 공의회**(325년 니케아 공의회로부터 787년 2차 니케아 공의회까지)**의 교회**로 이해한 동방교회가 서방교회보다 훨씬 충실하게 본래의 교회질서를 보존해 왔다. 교회제도에 있어 동방 그리스도교계가 서방의 로마교회보다 신약성서에 더 충실했다. 훗날 서방의 종교개혁가들 또한 이 교회제도의 여러 근본요소들을 되찾아 받아들였다.

그러나 로마에서는 이 옛 교회제도에 관해 시간이 흐를수록 점점 더 알려고 하지 않았다. 사람들은 교회법·정치·신학의 온갖 수단을 동원하여, 모든 교회에 대한 로마의 수위권과 교황을 정점으로 하는 중앙집권적 교회체제를 동방에도 관철시키려 했다. 동방교회와 서방교회 간에 갈수록 상호소외·갈등·분열의 조짐들이 나타나기 시작했다. 이 상호소외의 세 단계를 반성하고 그것들을 역사적 정직성과 공정성에 터해 고발하는 것은, 오늘날 로마와 비잔틴 간의 과거사를 심리적·역사적으로 극복하기 위해 필수불가결하다. 그러므로 (앞날의 일치운동을 위한 상호이해에 관심을 가지고) 우선 과거를 돌아본 다음, 앞으로 나아가자.

새 로마 대 옛 로마: 1단계(4~5세기)

만일 로마 황제가 티베르 강가에 그대로 머물러 있었더라면, 로마 주교들은 자신들의 정치적 권력을 황제의 권력과 맞먹을 정도로 구축·확장하지 못했을 것이다. 그러나 어쨌든 황제는 "새 로마"로 옮겨갔고, 그토록 오랜 세월 아무도 넘보지 못했던 "옛 로마"는 게르만 민족 이동과 결부된 새로운 세계 정세의 첫 제물이 되어야 했다. 초기 역사 이래 처음으로, 410년 로마는 게르만족인 서고트인들의 우두머리 알라릭의 군대에게 함락되어 3일 동안 약탈당했다. 이 무슨 무시무시한 일, 아니 그야말로 묵시록적인 사건이던가! 제국 통치의 중심지 로마의 빛이 꺼지고 말았다! 그리스도교화된 로마에 대한 신들의 징벌이라고 많은 이교인들은 말했다. 이교적인 옛 로마 혹은 아직도 이교에 물들어 있는 로마를 하느님이 벌하신 것이라고 많은 그리스도인들은 말했다. 누가 옳았던가?

그러나 "로마"라는 말이 의미하는 내용은, 이미 오래 전에 하느님의 지혜로운 섭리에 따라, 바야흐로 그리스도교적인 새로운 제2 로마에 의해 대체·보전되지 않았는가? 특히 비잔틴 사람들은 이렇게 믿었다. 그러나 서방에서는 달리 생각했는데, 그것에 관해서는 나중에(P Ⅲ) 살펴보기로 한다. 로마는 비잔틴과 비잔틴의 요구·주장을 갈수록 의식적으로 무시했다. 그리고 로마 주교들은 민족 이동기의 혼란 와중에 생겨난 권력의 공백을 자신들의 권력으로 메우기 위해 온갖 애를 썼다.

사람들은 점차 베드로의 "수위권"을 근거로 내세우면서, 교회와 정치에 있어서 로마의 지배권 주장을 정당화·옹호하려 했다(세금 징수하는 일에까지). 다른 일에 몰두하던 비잔틴의 눈에 그것이 유일 정통의 황제권에 대한 도전으로 비쳐졌음은 두말할 것이 없다. 아무튼 동방과 서방 사람들은 갈수록 서로를 이해하지 못하게 되었고, **서로에 대해 교회적·정치적 지배권 주장을 내세우기 시작했다**:

— **옛 로마**는 **교황교회 원칙**을 관철시키려 노력했는데, 이것은 이미 342년 사르디카 시노드에서 동·서 사이에 최초의 단절을 야기했다. 아무튼 5세기 말 교황 **겔라시우스 1세**는 처음으로 황제의 권력에서 완전히 벗어난, 온 교회에 대한 절대적인 최고 사제권을 주장했다.

— 이에 맞서 **새 로마**는, 역시 종종 우악스러운 수단을 동원하여, 6~7세기에 다시 강화된 **제국교회 원칙**을 옹호했고, 서방에도 단호히 관철시키고자 했다. 그리하여 **유스티니아누스**(6세기의 "삼장서"三章書 논쟁)와 **콘스탄스 2세**(7세기의 단의설單意說 논쟁)는 황제권에 대한 전통적 이해에 터해, 반항하는 교황들을 아예 콘스탄티노플로 잡아오게 하여, 그들에게 정치적 사안뿐 아니라 교의 문제에서도 황제의 뜻을 받아들일 것을 강요했다. 그 어디서도 로마 교황의 무류성 같은 것은 흔적도 찾아볼 수 없었다! 갈등은 이제 첫 고비를 향해 치닫고 있었다.

게르만인 황제 그리고 포티우스 이교: 2단계(8~9세기)

제국 반역자, 국가와 교회에 대한 배신자! 8세기에 많은 동방 사람들은 이렇게 외쳐댔다. 무슨 일이 있었던가? 교황 스테파누스 2세가 몸소 **프랑크 왕 피핀**의 궁정에 가서, 옛 비잔틴 지역들을 자신에게 일종의 교회국가(교황령)로 증여하겠다는 보증을 받아냈던 것이다("피핀의 증여", 754). 그것은 그때까지 극히 거룩한 것으로 유지되어온 그리스도교 세계의 정치적 통일성을 심히 손상시키는 행동이었다. 이제 교황 또한 정치적 지배자로서 영토를 좌지우지하고자 했으니, 영토 지배권은 오직 황제 한 사람에게만 귀속된 권한이었던 것이다. 게다가: 순전히 정치적인 동기로, 교황이 제국의 적인 야만인들 쪽에 붙었던 것이다!

약 50년 후 교황 레오 3세가 독단적으로 또 한 번 결정적 발걸음을 내디뎠을 때, 정치적 분열은 돌이킬 수 없는 것이 되었다: 교황이 훗날 유명해진 800년 성탄절 밤에 로마의 성 베드로 성당에서 독단적으로 야만인 군주, 곧 **프랑크 왕 칼에게 황제 칭호**[그때까지 오직 비잔틴 황제(그리고 황제의 대리자들)에게 유보되어 있었다]를 부여했던 것이다. 독자들은 나중에 라틴 사람들의 관점에서(P III) 고찰하게 될 이 일을, 지금은 비잔틴 사람들의 관점에서(P II) 보기 바란다. 야만인 추장이 지금 교황에 의해 로마 황제로 대관되었다. 마치 로마 황제가 아예 존재하지도 않는다는 듯이 말이다. 그 결과: 교황의 은덕으로 태어난 서방의 새로운 게르만인 황제가 이제 동방의 유일 정통의 로마 황제와 병립, 아니 대립하게 되었다! 교황에 의해 재가된 게르만족의 거룩한 국가가 비잔틴의 구원의 국가와 각축을 벌이게 되었다. 비잔틴 사람들이 볼 때, 이로써 옛 로마는 결정적으로 이단이 되었거니와, 많은 정교 그리스도인들과 신학자들은 지금도 이런 생각을 버리지 않고 있다.

정치적 분열에 이어, 몇십 년 후인 9세기 중엽, 교회의 분열도 뒤따랐다. 성화상 투쟁이 끝난 후 일어난, 앞에서 언급한 이냐티우스와 포티우스 총대주교들을 둘러싼 얽히고설킨 사건의 전개과정은 여기서 서술하지 않기로 한다.[238] 아무튼 여제 테오도라가 교회법을 거슬러 총대주교로 임명했던 수도자 이냐티우스(메토디우스 후임자)가 해임된 뒤, 마침내 학자요 황제 사무국의 우두머리였던

포티우스가 총대주교로 선출되었는데, 이 평신도는 닷새 만에 온갖 서품을 다 받아야 했다. 그런데 이 일은 (아마도 「가假-이시도루스 법령집」을 읽고 자신의 직무에 뜨거운 사명감을 지니게 된) 교황 **니콜라우스 1세**가 (8세기에 황제 레온 3세가 로마의 허약함을 감안하여 비잔틴에 복속시켰던!) 일릴리아와 더 나아가 동방교회 전체에 대한 교황의 지배권 주장을 관철하려는 마음을 먹는 빌미가 되었다. 니콜라우스는 재빨리 867년 로마 시노드로 하여금 비잔틴 총대주교의 해임을 선언케 했는데, 이에 비잔틴 시노드는 교황 폐위로 응수했다. 이것이 이른바 **포티우스 이교**離敎다.

그루멜·드보르닉·베크를 비롯한 많은 서방 학자들이 내놓은 포티우스에 관한 새로운 연구서들은, 서방에서 너무 이단시되어온 이 인물의 정신적 모습을 뚜렷이 보여준다: 탁월한 언어학자요 교부학에 정통했으며, 많은 성서 주석서와 신학 저술 그리고 고대 작가들과 성서 문헌들에 관한 사전辭典의 저자요 편찬자였던 포티우스는 결코 방자한 분열 책동자가 아니었고, 오히려 적수들도 인정한 신학자요 교회사람이었다. 더 나아가 그는 사람을 두려워하지 않고 사목에 진력했던 주교로서, 카사르·불가리아·모라비아·러시아 사람들에게 그리스도교 신앙을 전파하는 데 결정적 역할을 했으며, 오늘에 이르기까지 동방에서 성인으로 공경받고 있다. 포티우스는 로마의 전통적 수위권(그러나 다른 총대주교좌들에 대한 재치권은 없는)을 전적으로 인정했고, 아르메니아인들과의 재결합을 위해 노력했으며, 또한 키릴루스와 그의 형제 메토디우스의 선교 그리고 불가리아 선교도 뒷배를 봐주었다. 포티우스를 교황의 불법적인 적수로 묘사해서는 안된다. 사실 포티우스가 한 일이라곤, 새로이 형성·발전된 철저히 중앙집권적이고 재치권적인 서방 로마 총대주교좌의 수위권 주장(이것은 프랑크인들의 방자한 불가리아 선교와 교황 니콜라우스 1세의 그리스 관습 경멸에서 노골적으로 드러났다)에 맞서, 동로마 총대주교좌의 전통적 자주권을 단호히 옹호한 것밖에 없다. 어쨌든 그때 무슨 일이 일어났던가?

포티우스는 콘스탄티노플 시노드 초청 교서에서 로마와의 쟁점들을 요약해놓았는데, 여기서 그는 사제 독신 제도와 함께 교의상의 쟁점 한 가지도 처음으로 언급했다. 포티우스는 불가리아의 로마 선교사들이 **신경**에 끼워넣은 **첨가**

구를 보고 매우 놀랐다고 밝혔다: 실제로는 스페인 사람들이 (특히 서고트 지배층의 아리우스적 경향에 대항하기 위해 개최된 675년의 톨레도 시노드)[239] 성령에 관한 신앙 항목에 (니케아·콘스탄티노플 신경의 원문과는 달리) "필리오퀘"filioque(그리고 성자에게서)라는 표현을 처음 끼워넣기 시작했다: "성령은 성부 그리고 성자에게서 좇아나오신다"라고. 이 첨가구는 이미 칼 대제가 교황 레오 3세에게 수용을 독촉했고, 809년 아익스 시노드 이후엔 서방 전역으로 퍼져나갔으며, 로마에서의 하인리히 2세의 대관식(1013)을 계기로 마침내 로마에서도 사용하게 되었다. 이 라틴적인 두 근원 교리의 배후에 숨어 있던 것은 무엇인가? 앞으로 라틴 패러다임(P III)의 테두리 안에서 더 상세히 고찰하려니와, 그것은 바로 삼위일체 하느님께 대한 다른 관점이었다. **동방**에서는 일치의 원리가 한 분 하느님 곧 **성부**였다. 그러나 **서방**에선 세 위격이 공유하는 하느님의 신적 **본성**(본질)이 일치의 원리였다.[240]

아무튼 867년의 공의회 이후 곧이어 극적 사건들이 거듭하여 발생했다. 교황 니콜라우스 1세가 비잔틴이 자신을 단죄한 것도 모르는 채 사망했다. 황제 미카엘 3세는 살해되었으며, 제위 찬탈자인 마케도니아 사람 바실리우스 1세는 비잔틴의 보수층과 새 교황 하드리아누스 2세의 환심을 사기 위해 포티우스를 해임하고 이냐티우스를 다시 총대주교 자리에 앉혔다. 869~70년에 열린 콘스탄티노플 공의회는 처음엔 겨우 12명, 마지막엔 단지 103명의 주교만이 참석했는데 (교황사절들의 철저한 통제 아래) 포티우스를 파문·추방했다. 그러나 포티우스는 주교들 대다수의 지지를 얻었고, 마침내 추방에서 풀려 돌아와 왕자들의 스승이 되었으며 이냐티우스와 화해했다(로마와의 온갖 껄끄러운 일에도 불구하고). 877년 이냐티우스가 사망한 뒤 얼마 지나지 않아 포티우스는 다시 총대주교가 되었고, **879~80년의 콘스탄티노플 공의회**에서 383명의 주교들이 참석한 가운데 당당하게 명예를 회복했다. 869~70년의 반反포티우스 공의회는 무효로 선언되었고, 그래서 서방에서도 11세기 말엽까지는 보편 공의회로 셈해지지 않았다. 교황 요한 8세는 포티우스를 복권시킨 879~80년의 공의회를 명시적으로 인정했고, 그후 2백 년 이상 후임 교황들도 그렇게 했다(11세기 그레고리우스 개혁 때까지). 그레고리우스 개혁파 교회법 학자들은 성직 임명권을 둘러싼 투쟁에서 독일 황제에게 맞서기 위해, 포티우스를 단죄했던 869~70년 공의회의 카논 22항을 다시 끄집어내어 잘 써먹었고, 그래서 이제 서방 사람들은 이 공의회를 여덟번째 보편 공의회로 꼽으려 했으나, 동방에서는 물론 아무도 동조하지 않았다. 아무튼 879/880년의 공의회에서 한 가지 현명한 타협이 이루어졌으니, 서방을 위해서는 로마의 전통적 수위권을 인정해주고, 동방을 위해서는 교황의 여하한 재치권도 배척했다. 또한 신경의 원문("필리오쿼"가 없는)도 새삼 확증했다.

그때까지는 늘 경의로써 대하던 로마에 대한 비잔틴 교회의 신뢰는 물론 크게 흔들렸고, 그 영향은 영구적이었다. 그런데 망은_{忘恩}은 인지상정임을 확인하는 일이 콘스탄티노플에서도 일어났다: 포티우스 자신은 두번째 총대주교직 재임시 넉넉하게 모든 적과 화해하려 애썼으나, 새 황제 레온 5세(포티우스의 제자였으나, 자신의 16세짜리 동생을 총대주교 자리에 앉혔다!)에 의해 886년 강제사직당한 후 891년 아르메니아에서 추방자로서 사망했다. 이 일은 옛 로마의 교회뿐 아니라 새 로마의 교회에서도 거듭 새삼 노골적으로 황제의 강권정치와 권모술수가 군림했음을 보여주는 뚜렷한 표지다. 동방의 정치적 정교회 체제를 비판하는 서방 사람은, 동시에 로마의 신학화된 정치체제 또한 비판해야 할 것인바, 이 체제는 〔10세기에 교황권의 철저한 몰락("암흑기") 이후〕 11세기에 그 뚜렷한 모습을 드러낼 터였다.

파문, 스콜라 신학 그리고 십자군 전쟁: 3단계(11~12세기)

독일 황제들에 의해 쇄신되어 재강화된 교황직은 11세기 중엽 콘스탄티노플과 새로이 힘겨루기를 할 수 있게 되었다. 아랍인들과 번갈아 남부 이탈리아를 넘보던 노르만인들의 위협에 직면하여, 로마 교황과 비잔틴 황제는 군사적 동맹과 신학적 상호이해에 큰 관심을 보였다. 그러나 새로운 갈등이 불거졌다. 독일인 개혁 교황 레오 9세의 노르만인 정벌과 비잔틴 영역인 남부 이탈리아에 대한 로마의 간섭(그리스 전례를 라틴 전례로 대체)에 콘스탄티노플 총대주교 **케룰라리우스**(1043~58)는 격한 반응을 보였는데, 이것이 새로운 분쟁을 불러일으켰다. 케룰라리우스의 지시로 오크리드의 대주교 바실리우스가 작성한 격렬한 서간은 "제멋대로인 자들"(라틴인들)의 전례 관습들, 특히 성체성사에서 누룩 넣지 않은 빵의 사용과 사순절 기간 중 토요일 단식 등과 같은 의식상의 차이점을 꼼꼼히 공박했다(그러나 "필리오쿼" 문제는 언급하지 않았다). 또한 케룰라리우스는 그리스 전례를 받아들이지 않는 콘스탄티노플 거주 라틴 사람들의 성당들을 폐쇄시키겠다고 으르대었다.

불길한 운명은 신학적 소양 없고 과격한 이 총대주교가 콘스탄티노플에 파견된 로마 사절단 속에서 마찬가지로 과격하고 신학적 편견에 사로잡힌 맞수를 발견하도록 했으니, 사절단 단장인 실바 칸디다의 **훔베르트** 추기경이 그 사람이었다. 이미 훔베르트는 "제멋대로인 자들"을 공박하는 저 서간에 대해 「어떤 로마인과 콘스탄티노플 사람의 대화」를 통해 칼질하듯 모질게 응수한 바 있었다. 이 교황사절은 클뤼니 개혁운동의 열광적 옹호자요 군주제적 교황직의 주도적 이론가였는데, 이 이론의 의심스러운 토대에 관해서는 뒤에 다룰 것이다.

훔베르트는 콘스탄티노플에 도착하자마자 콘스탄티노플 총대주교의 칭호(범그리스도교계의 총대주교)에 이의를 제기하고, 심지어 그의 서품의 유효성까지 문제삼는 등 공공연히 총대주교를 거슬렀다. 훔베르트는 슈투디우 수도원의 한 수도자가 동방의 관습들을 옹호하자, 그는 필경 수도원 출신이 아니라 창녀촌 출신일 것이라고 모욕했으며, 또한 마치 신경에 손을 댄 것이 라틴 사람들이 아니라 비잔틴 사람들이기나 한 듯이, 새삼스럽게 "필리오쿼" 문제를 끄집어냈다. 더 나아가 훔베르트는 (가히 짐작할 만하거니와) 담판에서 밀리게 되자, 그동안 교황이 사망했다는 소식을 들었는데도, "주교" 케룰라리우스와 그의 협력자들에 대한 **파문 교서**를 자신이 직접 작성하여, **1054년** 7월 16일 성 소피아 대성당 제대 위에 놓아두고 사절단과 함께 로마로 돌아갔다. 이 교서는 거짓되고 옳지 않은 주장들(예를 들어 사제의 결혼이나 수염 기르는 문제와 관련하여)로 가득 차 있었던바, 추기경과 그의 동행들에 대한 콘스탄티노플 총대주교의 역파문(교황에 대한 파문이 아니다)을 불러일으킨 것은 당연했다.

이리하여 로마와 비잔틴은 연합하기는커녕 결정적으로 **분열**되었다! 오늘날 사람들은 이 불행한 사건을, 특히 일치운동적 동기에서, 되도록 과소평가하려고 애쓴다. 그 일은 엄밀히 말해 교회들이 서로 파문한 것이 아니라, 그저 몇

몇 개인들이 그렇게 한 것이었다고. 그러나 그때부터 교황의 이름은 비잔틴 전례에서 불려지지 않았고, 콘스탄티노플에 있던 라틴 사람들의 성당들은 폐쇄되었다. 간과해선 안되는 사실: 그후에도 사람들은 다시금 새로이 서로 협의했고 친선을 이룬 적도 있었지만, 동·서 교회의 분열은 다시는 돌이킬 수 없었다! 비잔틴의 오래 묵은 세계지배 관념과 새로 생긴 교황의 세계지배 관념은 도무지 서로 조화될 수가 없었다. 그때부터 교황들은 그리스 교회를 로마에서 떨어져나간 교회, 열교회裂敎會, 아니 나중엔 아예 이단 교회로 간주했다.

비잔틴의 (이탈리아) 라벤나 총독직이 없어지고(751) "피핀의 증여"(754) 이후 교황은 자신을 황제의 신하로 생각하지 않았다. 한편 이미 레오 9세 이전에 독일인 교황들에 의해 옛 로마에서 시작된 그레고리우스 개혁(훗날 그레고리우스 7세가 되는 힐데브란트는 훔베르트와 함께, 레오 9세에 의해 교황청 고위 관료로 임명되었다)과, 다른 한편 전혀 다른 유형의 라틴-스콜라 신학이 분열을 고착화시켰다. 이제 서방에서는, 비록 여기저기 일종의 그리스도교적 신정체제가 군림하고 있기는 했지만, 고대교회(비잔틴 교회만이 아니다)의 패러다임과는 전혀 다른 패러다임이 등장했으니, 곧 로마 가톨릭 교회 특유의 패러다임(P Ⅲ)이었다: "로마교회는 여전히 동방을 지배하고 있던 정치적 이데올로기와는 매우 다른 새로운 이데올로기를 신봉하고 있음을 공언했다. 두 이데올로기 사이에 타협이 이루어질 가능성은 거의 없었다"(드보르닉)[241]. 그러나 사람들은 양측의 상호이해를 여전히 바라고 있었다.

동·서 관계 최악의 상황은 물론 11세기 말에 시작된 **십자군 원정**에서 비롯되었다. 십자군 원정은 그동안 위협적으로 떠오른 이슬람 세력을 몰아낼 뿐 아니라, 일릴리아(발칸 반도의 대부분 지역!)와 계속 뻗대는 비잔틴 "열교회"를 결정적으로 교황의 최고 지배권 아래 복속시킬 수 있는 기회를 로마에게 제공했다. 예전에도 양측은 서로에게 종종 폭력을 일삼았다. 그러나 이제, 온갖 협의와 경고도 소용없던 터에, 필요하다면 군사적 수단을 동원하여 일치를 강요할 수 있는 기막힌 기회가 찾아온 것이었다. 사실 남부 이탈리아에서는 노르만인들에게, 소아시아에선 셀주크 터키인들에게 위협받고 있던 비잔틴 황제는 교황의 도움에 의지하여 버티고 있는 처지였는데, 그러면서도 교의·전례·교회조직

문제에서 정교회의 자주성을 수호하고자 했고 또 그렇게 해야만 했다. 그의 문제는 그러니까 "교황이 주선해주는 서방의 군사적 원조와, 그 대가로 요구된 로마 교황좌 아래로 비잔틴 교회의 복속 사이의 딜레마였다"(베크)[242].

아무튼 황제 알렉시우스 1세 콤네노스는 교황 우르바누스 2세와 협의하여 1차 십자군 원정대를 조직했으나(집결지가 콘스탄티노플이었다!), 이것이 정치적인 정교회 체제를 곧장 위협하리라는 것은 예상하지 못했다. 과연 황제와 교황은 곧 원정의 진행과정을 도저히 통제할 수 없게 되었고, 이슬람 세력을 대적해야 할 십자군이 노르만인들의 외교 술책에 넘어가 비잔틴도 공격했는데, 사실 서방 사람들은 갖가지 그릇된 정보로 인해 비잔틴을 "내통자"로 비난하곤 했다. 그러므로 명심할 것: 교황이 무서운 범죄를 무수히 자행한 그 "거룩한 전쟁"을 주도했고, 이슬람 군대와 싸우던 전쟁이 나중에는 동방의 자매교회도 공격하는 전쟁이 되었다는 사실은, 오늘날에도 동방 그리스도교계에 지울 수 없는 마음의 상처로 남아 있다. 십자군 원정은 로마에게 엄청난 승리를 안겨주었다(동·서 교회의 관계를 최악의 상황으로 내몬 대가로). **1204년 4차 십자군 원정중에는 콘스탄티노플이 라틴 서방 군대에 의해 점령·약탈당했다!** 아무튼 이 일을 다시 한 번 비잔틴 사람들의 관점에서 되돌아보자:

— (비잔틴의 관점으로는 유일 정통의) **황제와** (서방 총대주교인 교황과 동등한 권한을 지닌) **콘스탄티노플 총대주교는** 콘스탄티노플에서 소아시아 땅으로 쫓겨났다("니케아 제국").

— 실로 불법적으로, 비잔틴에 라틴 황제직(플랑드르의 발드윈 백작이 비잔틴 황제로 즉위했다!)과 라틴 교권제도와 유사하게 조직된 교계제도를 거느린 라틴 총대주교직이 들어섰다.

— 모든 그리스 성직자들은 로마에 대한 순종 서약을 강요당했고, 정복된 정교 지역들은 널리 라틴화되었다.

— 십자군 원정의 교황 인노켄티우스 3세는 로마 추기경 한 사람을 통해 이반 칼로얀을 "불가리아인들과 왈라키아인들(루마니아인들)의 황제"로 대관했다.

극히 처량한 처지에서 동맹할 나라들을 애써 찾던 비잔틴 황제는 **세르비아 교회**에 **자주권**을 부여하고, 아토스 산의 수도자인 세르비아 초대 왕의 형제

사바를 세르비아 대주교로 임명했다. 성聖 사바는 오늘에 이르기까지 세르비아 정교회와 국가의 아버지로 공경받고 있다. 군사적으로나 경제적으로나 완전히 와해된 니케아의 비잔틴 자투리 국가는 1261년에 이르러서야 콘스탄티노플을 탈환할 수 있었다.

재결합은 가능한가?

이미 1204년 로마와 비잔틴의 분열은 치유할 수 없는 것이 되었고, 그래서 그리스도 교회들의 재결합에 대한 기대 역시 결국 헛된 꿈이 되어버렸다. 로마 스스로 동방에 있던 자신의 보루를 결정적으로 파괴해버렸다. 나중에 교황들과 허약한 비잔틴 황제들에 의해 추진된 연합 공의회들(274년 2차 리옹 공의회와 1438~39년의 페라라-피렌체 공의회)[243]은 종교적 동기가 아니라 정치적 동기에 바탕을 두고 있었다. 즉, 터키인들의 위협과 재정 파탄 위기에 직면한 황제가 애써 궁리해낸 것으로서, 비잔틴 교회 백성들뿐 아니라 대부분의 성직자들도 그것에 반대했다. 동방 사람들은 그 공의회들을 로마에 대한 완전 항복으로 느꼈고, 로마도 전적으로 그렇게 생각했다. 그 공의회들은 분열을 제거하기는커녕 첨예화했고, 비잔틴을 집안싸움에 몰아넣었으며, 이런저런 타협안들 때문에 전 슬라브 그리스도교계에서 비잔틴의 신뢰성을 크게 손상시켰다. 그 이후 시대에는 분열이 아예 일종의 습관 같은 것이 되어, 사람들은 거의 그것을 교회의 균열로 느끼지 않고 오히려 당연한 기존현상으로 받아들였으니, 로마와 비잔틴 양측은 서로를 그저 왜곡된 모습으로만 인식하게 되었다.

피렌체 "연합 공의회" 이후 그 누구도, 사람들이 로마교회와 동방교회들의 화해를 위해 다시금 진지하게 노력하게 될 때까지 5백 년 이상 세월이 흐르리라고 생각지 못했다. 우리 세기의 그리스도교계가 (가톨릭과 정교회 양측 일치운동 신학자들의 지칠 줄 모르는 성실한 준비작업을 거쳐) 수백 년 상호 소외의 비통한 역사와 9백 년 동안의 분열을 철저히 반성하고 종합적으로 고찰하여, 부분적으로 상호 이해와 협력 방식을 도출할 수 있었던 것은, 누구보다도 교황 요한 23세, 2차 바티칸 공의회(1962~65), 교황 바오로 6세 그리고 콘스탄티노플 총대주교 아테나고라스에게 힘입은 바 크다. 그러나 지금 폴란드인 교황이 소비에트 정권 붕괴 이후, 자신의 근시안적 · 로마적 "선교정책"을 통해 러시아 · 불가리아 · 우크라이나에서 그분들의 업적을 짓뭉개는 일을 새삼 벌이고 있기 때문에, 여기서 상호이해와 일치운동 정신에 터해 나은 미래를 위한 비판적이면서도 희망찬 물음을 몇 가지 제기하기로 한다:

미래를 위한 물음

— 2차 바티칸 공의회에 따르면,
교회들의 다양성은 일치를 약화시키지 않고 오히려 강화하며,
동방교회들은 서방교회들과 동등한 권리를 지니고 있으며,
고유한 전례 · 법규 · 영성을 보존 · 발전시킬 권리와 의무가 있다:
이러한 것들이 동방과 서방 교회의 새로운 친교(공동체)를 위한 원칙적 토대가 될 수는 없을까?

— 2차 바티칸 공의회에 따르면,
동방교회 총대주교들의 오랜 권한과 특전들은 복원되어야 하며, 특히 주교 임명권은 마땅히 그들에게 귀속되어야 한다:
그렇다면 동방과 서방이 무수히 논쟁했던 로마의 수위권 문제 또한 본격적으로 토론하고, 양측이 함께 인정해온 일곱 차례의 보편 공의회와 옛 교부들의 합치된 견해의 바탕 위에서 일치운동적인 해결책을 모색해야 하지 않을까?

— 879~80년 콘스탄티노플 공의회의 타협안은 로마도 수백 년간 인정해온 터에, 이제 그 타협안에 오늘을 위한 이정표의 기능을 부여할 수는 없을까? 즉, 서방을 위해서는 로마의 법률상의 수위권을 인정해주고, 동방을 위해서는 언제나 그래왔듯 교황의 여하한 재치권도 부인하고, 또 신경의 원문(후대에 첨가된 "필리오쿠에" 없는)을 확증하는 타협안 말이다.

— 2차 바티칸 공의회의 폐막에 즈음한 1965년 12월 7일 교황 바오로 6세와 아테나고라스 총대주교는 상호간의 파문을 "교회의 기억에서 지워"버렸고 교회의 분열을 통회했거니와, 그렇다면 이미 오래 전에 파문 선고의 파기에 이어 친교의 회복이 뒤따랐어야 마땅하지 않은가?

그러나 옛날 그 당시 비잔틴은 서서히 죽어가게 되어 있었다. 사실 우리는 과거를 되돌아보며 이렇게 물을 수도 있으리라: 하느님 친히 부여하셨다는 새 로마의 보편적 세계지배권이라는 비잔틴의 이상은 애당초 지나친 것이었고, 이 제국의 제한된 운신 능력 때문에 수포로 돌아갈 수밖에 없는 것이 아니었을까?

비잔틴의 종말, 그러나 정교는 살아남았다

비잔틴 역사와 문화에 관한 가장 탁월한 전문가의 한 사람인 뒤슬리에는 "동방 제국의 역사를 처음부터 끝까지 관통하는 무지근한 불만감"은 **지나친 이상**理想**과 불충분한 정치적 가능성 사이의 긴장**에 그 원인이 있다고 보았다. 그러나 그는 또한 (필경 찬탄하는 마음도 없지 않았으리라) 다음과 같이 확언했다: "그리스도교 사회조직인 정교회는 현세적 완전함이라는 자신의 이상이 상충되는 현실 때문에 거의 언제나 타협에로 나아가는 것을 보았으나, 그럼에도 하느님 친히 부여하신 세계지배라는 자신의 목표에 결코 회의를 품지 않았다. 자기 역사의 가장 어두운 순간에도, 정교회는 이러저러한 권리주장이 어느 사이에 전혀 근거 없는 것이 되었다는 것, 저러이러한 지역이 영구히 상실되었다는 것을 한 번도 솔직히 시인하지 못했다."[244]

아무튼 그리스도교의 고대교회 헬레니즘 패러다임의 국가교회 형태는 1천 년 이상 지탱될 수 있었다. 비록 비잔틴이 변화된 정치적 상황에 언제나 다시금 자신을 맞추고, 그리하여 자기 세력의 중심과 경계를 거듭 새로이 모색해야 했지만 말이다.[245] 비잔틴은 유스티니아누스 시대에는 지중해 세력이었고, 전성기에는 유라시아 세력이었으나, 그후엔 에게 해 세력이 되었다가, 마지막 단계에선 콘스탄티노플과 펠로폰네소스 반도에 국한된 나라로 오그라들었다.

이 마지막 단계 때 비잔틴은 전적으로 서방의 도움에 목을 매고 있었다. 그러나 도움은 (피렌체 공의회에서 선언된 교회 연합에도 불구하고) 주어지지 않았다. 서방은 너무 의견이 갈라졌고, 로마는 너무 무심했으며, 비잔틴 스스로도 너무 진이 빠지고 마비되었으며 또한 반反라틴 적개심에 짓눌려 있었다. 정력적인 젊은 술탄 메흐메트 2세의 노골적인 전쟁 준비에 직면하여, 교황은 이시도루스 추기경을 콘스탄티노플로 파견했는데, 그는 성 소피아 대성당 함락 다섯 달 전에 로마와의 연합을 떠들고 다니고 로마식 미사를 집전하여 비잔틴 성직자와 백성들을 격분시키는 등 아무에게도 도움이 되지 못했다. 로마와 연합하기보다는 차라리 터키인들과 타협하고자 했던 집단들이나 도와주었을 뿐이다. (서방 기술자들에 의해!) 사정거리가 훨씬 늘어난 대포를 앞세운, 거의 열 배나 많은 터키 군대에 의한 콘스탄티노플 포위 공격은 7주 동안 계속되었다. 이 극적인 세계사적 사건에 관해 생생한 느낌을 얻고자 한다면, 영국의 비잔틴 학자 런시먼 등의 전문가들이 상세히 묘사한 **비잔틴 정복**과 아직도 분명히 밝혀지지 않은 비잔틴 마지막 황제의 전사 이야기를 읽어볼 일이다.[246] 종말: 1453년 5월 29일 단 하나의 포대와 요새에 의해 지켜지던 제2 로마는 멸망했다. 콘스탄티누스 대제가 심혈을 기울였던 작품이 약 1,100년이 지나 콘스탄티누스 11세와 더불어 비극적 종말을 맞았다. 엄청난 재물과 값을 따질 수도 없는 예술적 보물·교회 기물·이콘·고사본들이 술탄이 의기양양하게 개선할 때까지 사흘 밤낮 계속된 약탈의 제물이 되었다.

이제 자연스럽게 오스만 제국의 중심지가 된 콘스탄티노플(이후 이스탄불로 불리게 됨)은 유럽과 아시아의 점령 지역들을 연결시켰고, 메소포타미아로부터 아드리아 해까지 이르는 그리고 발칸 반도의 나머지 국가들도 곧 복속하게 된 거대한 터키 제국이 형성되었다. 그리스도교 세계로서는 예전에 근동과 북아프리카에 있던 그리스도교의 본거지를 상실한 데 이어, 이번에는 위대한 동방의 보루 비잔틴이 이슬람 세력의 손에 떨어진 것이었다. 이 멸망에는 로망 교황좌의 수백 년간의 반反비잔틴 정책도 근본적으로 공동책임을 져야 한다. 콘스탄티노플 함락 이후, 로마와 라틴 사람들에 대한 동방인들의 불신과 혐오가 갈 데까지 간 것을 우리는 이해할 수 있다. 뒤이은 시대에도 라틴 사람들의 온갖 개종 시도에 대해 동방인들은 비잔틴 멸망 당시의 말을 늘 새삼 되풀이했다: 로마보다는 차라리 죽음을! 미트라(주교관)보다는 차라리 터번을!

그러나 과연 놀랄 만한 사실: 비잔틴의 멸망과 함께 헬레니즘 고대교회 패러다임도 종말을 고한 것은 아니었다! 이 패러다임(P Ⅱ)은 결코 옛 유다계 그리스도교 패러다임(P I)처럼 와해되지 않았다. 그 반대였다: 정교 신앙 그리고 라틴 그리스도교와는 매우 다른 동방 그리스도교는 이슬람 세력이 지배했던 그후의 "암흑기"에 그리스인들과 남·동 슬라브인들을 결합시켰고, 이슬람교 속으로 용해되지 않도록 지켜주었다(근동과 북아프리카의 그리스도교 공동체들을 상기하라). 그렇다. 헬레니즘 고대교회 패러다임(처음에는 로마 역시 이 패러다임의 담지자였다)은 자신의 정치 적·종교적 전통들과 함께(물론 언제나 그랬듯이 상당한 변화와 적응을 거쳐) 새로운 제국에 의해 받아들여졌다: 그것은 모스크바를 중심으로 한 러시아 제국이었으니, 이 제국은 천천히 그러나 꾸준히 특히 발칸 지역 정교 신앙의 거대한 수호세력으 로 발전했다. 정교 신앙은 거기서 러시아 역사의 둘째 시기인 모스크바 시대에 자신의 생명력을 다시금 새로이 입증할 터였다.

⑪ 제3 로마: 모스크바

로마에 대해 비잔틴이 가졌던 것과 유사한 적개심이 나중에 **러시아**[247]에서도 생 겨났다. 그 까닭을 밝힘에 있어, 사람들은 흔히 타타르 시대에 발트 해 연안 지역 종족들에 대한 선교를 군사적으로 지원했으며, 그러는 가운데 노브고르드 와 프스코프의 정교 공국公國들과 국경분쟁을 일으켰던 **라틴 독일 기사수도회** 의 역할을 과대평가해 왔다. 그러나 실제로는 **가톨릭** 신앙을 지닌 **폴란드인들** 의 침략이 더 중대한 역할을 했으니, 이들은 "대혼란" 시기인 1605년 모스크바 까지 점령했다. 폴란드인들은 모스크바 제국의 지배권을 장악하려 했고, 또한 러시아 정교회를 폴란드에(또 따라서 로마에) 복속시키려 시도했다. 요한 바오로 2 세의 "재복음화 운동", 우크라이나 교회를 둘러싼 싸움 그리고 라틴 사람의 러 시아 주교 임명이 그러한 옛 기억을 다시 떠올리게 하는 것. 또 바로 이 슬라 브인 교황이 (침략적 선교 활동을 벌이는 미국 이단종파들처럼) 슬라브 정교회와의 화해에 심 각한 부담으로 등장하고 있는 것을 보아야 하는 것은 참으로 슬픈 일이다.

동방의 견해에 따르면, 역사가 흐르면서 로마는 아랍인·터키인·몽골인들을 막아주던 두 개의 위대한 "그리스도교 세계의 방벽", 즉 처음엔 제2 로마인 비잔틴 제국, 그다음엔 제3 로마인 모스크바 제국을 약화 · 와해시키기 위해 온갖 짓을 다 했다. 어쨌든 러시아의 발전과정은 어떠했던가? 우리는 많은 현대 역사학자들처럼 러시아 역사를 주로 경제 · 사회 · 정치적 관점에서만 보아서는 안된다. 제3 로마 이념이 러시아 국가 이데올로기(물론 갈수록 국수주의적으로 고취되었다) 생성에서 차지하는 비중을 어떻게 평가하든간에, 비잔틴의 종교와 문화가 러시아에 끼친 영향이 깊고 넓다는 것을 유념해야 한다. 러시아는 어쨌든 거의 5백 년간(988~1448) 콘스탄티노플 총대주교좌에 속한 지역이었다. 또한 비잔틴적으로 꼴지어진 러시아 교회는 (서방의 영향도 갈수록 많이 받게 된) 러시아 국가보다 훨씬 적게 변했다.

모스크바: 러시아 역사의 둘째 단계

그렇게 오래 전에 그리스도교화되었던 러시아(키예프 제국을 기억하라)는 이제 1240 년부터 1448년까지 2백 년 넘게 **몽골-타타르 제국의 지배**를 받게 되었다.[248] 이 지배는 바투에 의해 시작되었는데, 칭기스 칸의 손자인 그는 1206년 모든 몽골 부족들 그리고 타타르인들까지 자신의 권력 아래 통합시켰고, 황하에서 흑해에 이르는 세계제국을 건설했다. 새로운 대★칸 오고타이의 조카이기도 한 바투는 1236년 몽골 제국회의의 결정사항(러시아 · 폴란드 · 헝가리 그리고 온 유럽 정복)의 관철을 세계 지배자인 자신의 사명으로 여겼다. 바투는 기마부대를 이끌고 먼저 볼가 강 유역의 불가리아인들을 섬멸했고, 몇몇 러시아 공국들(모스크바 포함)을 정복하는 데도 성공했다. 1240년에는 러시아의 명목상의 수도 키예프가 함락되었고, 그로써 폴란드 · 슐레지언 · 헝가리로의 진군이 뒤따라 이루어질 수 있었다. 다행히 대칸의 갑작스런 사망으로 바투는 철군했고, 덕분에 유럽의 나머지 지역은 (1258년에 멸망하게 될 바그다드 칼리파들의 거만한 이슬람 대제국과는 달리) 몽골인들의 말발굽을 모면할 수 있었다.

러시아는 약 2백 년간 타타르 제국의 지배를 받게 되었다. 그리하여 옛 러시아 통합체는 더이상 존재하지 않았으나, 교회는 존속했다. 그리고 정치적 와해 · 경제적 피폐 · 문화적 쇠퇴의 시기인 13~14세기에, **러시아의 민족적 통**

일체 의식이 생생히 살아 있도록 해준 것은 무엇보다도 **정교회**였음은 이론
의 여지가 없다. 그때부터 "러시아적"이라는 말은 (지금도 그렇거니와) "정교회적"을
의미한다. 본디 몽골인들의 강권통치는 대개 복종 서약·조공·병력 분담 요구
등에 국한되어 있었다. 그래서 교회는 최소한 활동을 계속할 수 있었고, 자신
의 정신적·신학적 전통을 계속 발전시킬 수 있었다. 아니 나중에는 선교활동
까지 전개할 수 있었는데, 특히 러시아 교회의 가장 탁월한 선교사인 페름 주
교 슈테판(1340~96)은, 메토디우스와 키릴루스를 본받아, 성실한 준비 끝에 루네
문자를 사용하여 동부 핀란드의 시르얀 사람들에게 복음을 전파했다. 러시아
교회는 전과 마찬가지로 자신을 여전히 비잔틴 그리스도교 세계의 한 부분으로
인식했으며, 러시아 사람들은 이미 매우 허약해진 비잔틴에 대해서도 경탄을
멈추지 않았다. 예전에는 키예프의 대공들만 그랬으나, 이제 야만인들의 지배
아래에서는 러시아 공국들의 제후들도 자신들을 사실상 황실의 젊은 구성원들
("조카들")로 여겼다.

그런데 왜 러시아는 이 어려운 시대에 노브고르드와 발트 해의 한자 도시들
을 통해 관계를 맺고 있던 서방에 의지하지 않았을까? 대답: 모스크바 왕조의
선조인 노브고르드 대공 **알렉산더 넵스키**(1252~63)가 가톨릭 서방에 빌붙기보
다는 차라리 이교 타타르인들의 지배를 택했기 때문이다 — 그것도 종교적 이
유로. 알렉산더는 로마가 이 기회를 이용하여 이른바 "이교적"離敎的 러시아를
자신의 지배권 아래 복속시킬까봐 두려워했다. 이 두려움이 망상이 아니었음을
알고자 한다면, 법률가 교황 인노켄티우스 4세가 알렉산더에게 보낸 편지를 읽
어볼 일이다.[249] 외교상 황금 군단의 칸들에게 충성을 맹세하는 예방禮訪을 했던
알렉산더는 서방 침략자들은 처음부터 배척했고, 스웨덴인들·독일 기사수도
회·리투아니아인들에게 쓰라린 패배를 안겨주었다. 그는 오늘에 이르기까지
러시아 민족의 성인이자 서방에 맞서 러시아를 수호한 상징적 인물로 공경받고
있다. 아무튼 알렉산더는 (물론 러시아는 언제나 아시아가 아니라 유럽에 속하고자 했지만) 러시
아·정교 세계와 서방 세계의 단호한 구분에 진력했다. 알렉산더는 죽기 전에
수도자로 축성된 최초의 옛 러시아 제후 가운데 한 사람이다.

키예프는 타타르인들의 침공의 상처에서 오랫동안 회복되지 못했고 러시아의 중심은 북동 지역으로 옮겨갔는데, 거기서 (블라디미르 슈스달에서의 중간 시기 이후) **모스크바**의 제후들이 14세기에 유혈 분쟁도 겪어 가면서 새로운 정치세력의 중심부를 형성하게 되었다. 이로써 러시아 역사의 둘째 단계인 모스크바 시대가 시작되었는데, 교회의 주도권도 수도대주교들간의 다툼을 겪은 후, 키예프로부터 모스크바로 넘어갔다. 이 과정에서는 러시아의 가장 위대한 성인 라도네치의 **세르게이**(1314~92)가 중요한 역할을 했다. 본디 은수자였던 세르게이는 도반徒伴들에게 깊은 감명을 주었고, 마침내 모스크바에서 적당히 떨어진 러시아 "광야"의 황량한 삼림 속에 삼위일체 수도원을 세웠다(곧 러시아 최대의 수도원이 되었는데, 1920년 자고르스크 수도원으로 이름이 바뀌었다). 삼위일체 수도원의 금욕적 영성은 약 180개의 다른 수도원들에게 본보기가 되었다. 이 수도원들은 그후 약 150년간 농부들을 도와 점진적으로 러시아 삼림을 개간했다. 모스크바 대공들의 친구였던 세르게이는 나라가 모스크바의 주도권 아래 새로이 통합되도록 애썼고, 1380년 (드미트리 대공에게 보낸 강복 편지를 통해) 러시아가 도요새 평야 전투에서 타타르인들에게 최초의 승리를 거두는 데 결정적으로 기여했다. 이 승리는 당할 자 없다는 타타르 군대에 큰 충격을 안겨주었고, 모스크바의 위세와 러시아 민족의식을 한껏 드높였다. 세르게이는 그러나 수도대주교직은 사양했다. "정치적 인간"이 아닌 그는 영혼과 믿음의 인간으로 머물렀고, 수도원장으로서도 가난하게 살았으며 육체노동까지 했다. 이렇게 그는 참다운 "장로"요 영혼의 인도자였으며, 러시아적 성성聖性의 이상들(단순·겸손·자비·사회와 민족에의 헌신)을 모범적으로 체현했다.

사실 그런 이상들은 어두운 측면들을 지닌 러시아 역사에서는 절실히 필요한 것이었다. 러시아 전문가들에 따르면, 정교 신앙을 지녔든 아니든 러시아 정교회를 찬탄하는 사람들은 이 측면들에 관해 애써 침묵을 지킨다. 러시아 민족이 비잔틴-그리스도교 문화와 전례를 받아들였지만, 그들 마음 밑바닥에는 **옛 슬라브 이교 세계에서 유래하는 "제2 문화"**가 아주 옛날부터 끈질기게 살아남아 왔다. 이것을 우리 시대의 탁월한 러시아 신학자의 한 사람인 플로롭스키는 다음과 같이 표현했다: 영혼과 오성의 "그리스도교적인 '낮'의 문화" 아래 "'밤'의 문화"가 "그토록 오랫동안 그리고 그토록 끈질기게 숨어 있었거니와, 이것은 '사색'에 의한 검사·검증·정화를 피해"갔으며, 다른 무엇보다도 이것이 "옛 러시아의 병든 전개과정"에 대해 책임이 있다.[250]

게다가 2세기 동안 **타타르인들의 종살이** 중에 러시아 제후들은 타타르인 칸들에게 굴욕적인 복종 서약을 했고, 모든 러시아인들은 말 타고 지나가는 타타르인들에게 허리굽혀 절을 해야 했다. 이 시기가 러시아 사회에 남겨준 것은, 슈메만이 상술한 바 있는 "'타타르주의'(원칙의 결여와 강자에 대한 복종 그리고 약자에 대한 억압의 역겨운 결합)였는데, 불행하게도 이것이 모스크바와 모스크바 문화의 형성 발전을 처음부터 꼴지어 놓았다."[251] 슈메만의 말을 더 들어보자: 미신·음주벽·무절제·야만·폭력의 어두운 세계에 맞서, 특히 수도원(이제는 규모 큰 도서관을 갖춘 곳도 많았다)이 대안적 삶을 구체적으로 보여주었으니, 곧 회심·정화·쇄신의 가능성들을 내포한 절대적이고 성스러운 가치들을 추구하는 삶이 그것이었다: "수도원은 그리스도교 세계의 영관榮冠이 아니라, 오히려 그 세계의 가장 내밀한 법정이요 고발자, 어둠 속에서 비치는 빛이었다."[252]

정교의 새로운 수호자

아무튼 모스크바는 15세기에 대大러시아 제국의 이론의 여지 없는 중심지 그리고 이탈리아 건축가들의 영향을 받은 러시아 교회 건축(크렘린의 우스펜키 대성당)·회화(그리스 사람 테오파노스)·이콘 미술(루블료프의 「삼위일체」 이콘)의 중심지가 되었다. 비잔틴의 형식과 규범은 러시아의 특성에 맞게 변경되었다. 그러나 이제 모스크바는 무엇보다도 정교의 새로운 수호자가 되었으니, 곧 콘스탄티노플의 패권에서 벗어나게 될 터였다.

그 시점은 비잔틴이 1438~39년 **페라라-피렌체 공의회**에서 오랜 적수였던 로마와의 연합에 동의했을 때 찾아왔다: 그 연합은, 앞에서 살펴보았듯이, 단명으로 끝난(14년 후 콘스탄티노플은 멸망했다) 그리고 실제로는 비잔틴 교회가 전혀 수용하지 않은 방책이었다. 그러나 비잔틴으로부터 로마에 대한 적개심을 배웠던 러시아 사람들은 크게 실망했고, 이 사건을 정교 신앙에 대한 배신으로 여겼다.[253] 키예프와 온 러시아의 수석대주교 이시도르(연합파의 우두머리 격이던 이 그리스인은 대공의 뜻을 거슬러 공의회에 참석했다)가 교황 에우게니우스 4세의 개인 특사로서 공의회에서 돌아와[254], 1441년 예배중에 연합 문서를 낭독하기 위해 라틴식 십자가를 앞세우고 당당하게 모스크바로 들어왔을 때, 대공 바실리 2세는 즉시 그를 체포하여 감옥에 처넣게 했다. 모스크바 사람들은 일곱 차례의 보편 공의회 이후의 무슨 "8차 공의회"라는 것은 인정하지 않았다. 이시도르는 나중에 도망을 쳐 로마에서 추기경이 되었고, 콘스탄티노플의 라틴인 총대주교로서 로마에서 사망했다. 1448년, 필경 대공의 뜻에 따라, 리야잔의 이오나 주교가 로마와의 연합을 지지하던 콘스탄티노플 총대주교의 아무런 동의 없이, 러시아 주교들의 공의회에 의해 키예프와 온 러시아의 수석대주교로 선출되었다: 이때부터 러시아는 자신의 수석대주교를 제 손으로 뽑게 되었다.

그러나 "이단적"이 되어버린 비잔틴(러시아가 볼 때, 비잔틴은 참된 신앙을 "배반"했기 때문에, 동방 정교를 주도할 자격을 상실했다)으로부터의 분리가 이교離敎로 귀결되지는 않았다. 1453년 이후 콘스탄티노플·이스탄불의 상황이 정돈되자마자, 러시아 교회는 관계 정상화를 위해 노력했다. 그러나 러시아 교회가 그때부터 자신을 **"자기 머리(頭)의 교회"**(다시 말해 "자기가 자신의 우두머리"인 교회)로 인식했음은 의심의 여지가 없다. 그것은 교회정치적으로 볼 때 이해할 만한 일이었다. 그러나 동시에 러시아 교회는 그때문에 비싼 대가를 치렀으니, 교회가 러시아 국가(서방의 국수주의 사상의 영향을 받은)에 결정적으로 종속된 것이었다. 예전 비잔틴의 초국가적 권력 아래 있을 때와는 달리, 이제 교회는 자기 나라 통치자의 온갖 정치적 조종 아래 놓이게 되었다.

이 모든 것은 모스크바가 1453년 콘스탄티노플이 멸망한 이후, (140년간은 총대주교좌가 아니라 여전히 수석대주교좌이긴 했지만) 최대한 (보편주의적 권리주장을 내세우지 않고) 비잔틴의 유산을 계승하고 또 언젠가는 **동방 정교의 주도권을 넘겨받기** 위해 국가교회적으로 착실히 준비를 했던(그저 관심만 가졌던 게 아니다) 까닭을 설명해준다. 러시아 사람들이 볼 때, 러시아가 타타르인들의 종살이에서 마침내 해방된 바로 그 역사적 순간에 비잔틴이 멸망한 것은 우연일 수 없었다. 그리고 과연 누구도 다음 사실을 그냥 보아넘기지 않았다: 다른 정교 국가들(불가리아·세르비아·루마니아)이 이슬람교를 믿는 터키인들에게 정복된 후, 러시아는 이제(15세기 후반) 그리스도교 동방에서 정치적으로 자주적인 마지막 국가로 남아 있었다. 비잔틴의 멸망은 로마와의 연합에 대한 하느님의 징벌로 보아야 하지 않을까? 모스크바는 자신의 역사적 "사명"을 깨달았으며 또 그 사명을 수행하기 시작했다.[255]

그후 대공 **이반 3세**(1462~1505)가 이 일에서 결정적 수단을 강구했으니, 곧 비잔틴이 멸망할 때 전사한 마지막 로마 황제의 조카딸(로마로 피신했었다) 조에(소피아)와의 결혼이 그것이었다. 이 계획은 본디 바티칸이 연합을 통해 러시아를 손에 넣기 위해 궁리해낸 것이었으나[256], 정반대의 결과를 초래했다. 물론 이미 서방 유럽의 국가 사상의 영향을 받은 이반이 1472년 **콘스탄티노플의 유산**을 어느 정도나 정식으로 계승했는지에 관해서는 역사학자들 사이에 논란이 많다. 아무튼 이반은 비잔틴(혹은 합스부르크?)의 독수리 모습의 황제 문장紋章을 의식적으로 러시아 국가 문장 속에 집어넣었다. 그리고 예전 비잔틴 통치자들이 그랬던 것처럼 스스로를 자랑스럽게 "독재군주"Autokrator라 칭했다. 온 러시아의 "차르"(황제)라는 칭호도 (이미 아주 오래 전부터 "왕·황제"basileus의 칭호로 사용되어 오긴 했으나) 이반으로 말미암아 특별한 의미를 부여받았으며, 또 콘스탄티노플 총대주교의 재가도 얻었다.

확실한 사실: 러시아를 통합한 이반은 그러나 로마와의 통합에는 전혀 뜻이 없었다. 비록 러시아는 언제나 유럽의 일부로 자처했지만 말이다. 이탈리아 르네상스 예술가들은 모스크바와 가까워지기도 했으나(이탈리아 건축가들이 크렘린 궁전을 개축했다), 가톨릭 고위 성직자들은 그렇지 않았다. 모스크바는 점차 자신을 새로운 비잔틴, 또는 〔나중에(1510년경) 프스코프 출신 수도자 필로페이가 처음으로 이름붙이게 된〕 **제3로마**로 이해했다. 마지막 대大세계제국에 관한 다니엘서의 묵시록적 예언을 모스크바에 결부시켰던 필로페이는, 역사를 러시아인의 관점에 터해 이렇게 보았다: "모든 그리스도교적 황제직은 종막을 고했고, 예언서들에 기록된 대로 유일무이한 우리 통치자의 황제직, 즉 러시아 황제직 안으로 수렴되었다. 과연

제2 로마는 스러졌고, 제3 로마는 서 있다. 제4 로마는 그러나 존재하지 않을 것이다."[257] 제1 로마는? 야만인들의 수중에 떨어졌고 이단적으로 되어버렸다. 제2 로마는? 피렌체 공의회를 통해 이단에 떨어졌고 이제 이교도들 차지가 되었다. 정교의 마지막 중심지, 유일하게 정통신앙을 지닌 그리스도교계의 중심지는 이제 모스크바다. 그러나 이 이념이 널리 퍼져나가게 된 것은 오랜 시간이 흐른 뒤였다. 그리고 제3 로마 이념을 정치적으로 실천에 옮긴 사람들은, 19세기의 슬라브 찬미자들 그리고 특히 그들의 정치적 "아들들"인 범汎슬라브주의자들이었다. 훗날 거듭 새삼 돌출한 러시아적 메시아주의(물론 너무 쉽사리 세속화되기도 했다)는 적지 않은 부분 이 이념에 뿌리를 두고 있다.

모스크바는 곧 자신의 독자성에 대한 콘스탄티노플의 인정을 확실히 받아낼 수 있었다. 1589년 러시아인 수석대주교 욥이 "모스크바와 온 러시아의 **총대주교**"로 임명되었다〔그것도 콘스탄티노플 총대주교 예레미아스 2세에 의해(그는 오로지 이 일을 위해 모스크바로 왔다)〕. 모스크바가 성취하지 못한 것은 오직 한 가지, 곧 총대주교좌 서열의 전도顚倒였다. 모스크바는 바라던 것처럼 (로마와 콘스탄티노플 다음의) 셋째 총대주교좌가 되지 못하고, 언제나 여섯째이자 마지막 총대주교좌로 머물러 있었다. 그러나 그러한 사실이 모스크바가 비잔틴 이데올로기를 넘겨받아 극단화하는 데 장애가 되지는 않았다.[258] 아무튼 모스크바의 비잔틴적 국가-제국 이데올로기는 한편으로 모스크바와 비잔틴을 결합시켰으나, 다른 한편으로는 하느님의 대리자인 **차르**에게 국가에 대한 절대적 권력뿐 아니라, (비잔틴에서와는 달리) **교회에 대해서도** 사실상 **절대적인 권력**을 부여했다.

유념할 것: 콘스탄티노플에서는 황제가 교리와 도덕률을 어기면, 총대주교가 훈계·질책할 수 있었다. 그리고 키예프 시대에는 키예프와 온 러시아의 수석대주교가, 콘스탄티노플 총대주교에 의한 자신의 임명에 근거하여, 지역의 지배자들에 맞서 상당한 자주성을 지니고 있었다. 그러나 1448년부터 모스크바 지역 시노드에 의해 선출된 모스크바와 온 러시아의 수석대주교는 처음에는 대공 그리고 나중엔 차르의 직접적인 통제를 받았다. 그와 동시에 교회에 대한 비판이 커져갔다. 이반 3세 시대에도 수도원의 토지 소유 옹호자요 "유산자"

당파의 우두머리였던 규율에 엄격한 수도원장 볼로콜람스크의 요시프(사난)와 "무산자" 당파 대표자 소라의 닐 사이에 벌어진 격렬한 논쟁에서, 국가와 교회의 긴밀한 결합("이단자들"에 대한 고문과 처형 포함)이 긍정되었다. 물론 차르에 대한 신민들의 복종의 한계도 강조되었다.[259] 타타르인들의 많은 잔인한 관습(예컨대 태형笞刑)을 넘겨받은 차르들의 통치에서는, 비잔틴적 특징들 외에 아시아-몽골적 특징들도 종종 나타났다. 같은 시기에 일상생활은 종교적 상투어·몸짓·의례 등의 끊임없는 반복을 통해 매우 의식화儀式化되었다.

그래도 "공포제帝" 이반 4세(스탈린이나 그와 맞먹을 수 있으리라) 치하의 대량학살·집단추방·재산몰수·강탈에 맞서, 모스크바 수석대주교 필리프가 마침내 1568년 전례중에 공공연한 저항을 감행하지 않았던가? 과연 그랬다. 그러나 그 결과는? 차르는 필리프를 해임했고, 더 나아가 그를 감옥에 가둔 다음 끝내는 옥졸 하나를 시켜 살해했다. 필리프는 오늘날에도 순교자로 공경받고 있는데, 그의 유해가 장엄하게 모스크바로 운반되어 올 때, 차르는 자신의 전임자가 범한 죄를 용서해달라고 기도했다. 그후 모든 인간과 사물을 복속시키고 자기비판을 용납치 않는 전체주의 체제에서도 통치자에 대한 공공연한 저항들은 있었다. 그러나 이제 교회는 국가의 한 부분이었으니, 국가는 교회의 전례 텍스트·역사 기록·행정까지도 모스크바 중심에서 통제하고, 심지어는 러시아 전역의 유명한 이콘들을 크렘린 성당으로 모아들이기 위해 온갖 짓을 다 했다.[260]

쫴쳐대는 물음: 비잔틴 그리스도교 세계로부터 러시아 그리스도교 세계로 건너감은 대규모의 패러다임 전환을 의미하는 것은 아니었던가? 제국의 교체는, 역사학자들에 따르면, 언제나 정통성 및 쇄신이라는 측면과 결부되어 있다. 그러나 우리는 러시아 그리스도교와 관련하여 쇄신을 말할 수 있는가?

러시아에 의해서도 패러다임 전환은 일어나지 않았다

러시아와 러시아 정교회의 부상浮上과 결부된 정치적·문화적 변화들이 상당히 컸음은 이론의 여지가 없다. 그러나 종교적·교회적 차원에서는 (사실 우리는 그리스도교에 관해 논하고 있다) 놀랄 만한 연속성이 드러난다. 다시 한번 오스트로고르스키가 분석해낸 비잔틴 사회의 주요 구성요소들을 염두에 두고 고찰하면, 다음과 같은 차별화된 모습을 파악할 수 있다:

● 러시아는 **로마의 정치적 전통**을 넘겨받지 않았다. 러시아는 로마-비잔틴 제국의 한 부분이었던 적이 한 번도 없었다. 물론 이반 3세는 차르 칭호를 넘겨받았고, 권력을 한 손에 쥔 전제군주로 행세했으며, 또한 교회의 지배자로 자처했다. 그러나 그는 "온 러시아의 차르"로서, 전세계적·보편적 권리주장을 내세우지는 않았다. 그러한 한에서, 모스크바는 제3 로마가 아니었다. 여기서 **비연속성**이 뚜렷이 드러난다: **로마-비잔틴 세계국가**에서 **러시아 민족국가**로 변한 것이다.

● 러시아는 **그리스 언어와 교육**을 받아들이지 않았다(프랑크 왕국이 라틴 언어와 교육을 받아들인 것과는 다르다). 수많은 교회 문헌들이 그리스어에서 슬라브어로 번역되었으나, 헬레니즘 이교적 교육 자산들(금언집은 예외) 특히 그리스 고전철학은 수용되지 않았다. 과연 러시아에서 그리스어와 라틴어는 서방에서 초기 계몽주의(17세기 후반)가 들어올 때까지 사실상 거의 사용되지 않았다. 여기서도 **비연속성**이 드러난다: 러시아가 받아들인 것은 **그리스 헬레니즘 문명**이 아니라, 단지 **비잔틴 그리스도 종교**뿐이었다.

● 그러나 다른 한편, 러시아는 비잔틴으로부터 **정교적 그리스도교 신앙**을 넘겨받았다. 물론 여기서도 세세한 부분에서는 어느 정도의 변화, 특히 슬라브어에 의한 변경이 있었다. 그러나 전체적으로 보건대, 러시아의 **교의·전례·신학·규율·신심은 비잔틴적으로 꼴지어졌다**. 그러므로 신앙과 삶에 대한 이해에 있어 비잔틴과 모스크바 사이에는 근본적인 **연속성**이 뚜렷이 드러난다. 그것은 다음과 같다:

— 교회의 동일한 정교 전통.

— 일곱 차례의 보편 공의회와 옛 교부들의 동일한 신학.

— 수도자들과 이콘의 동일한 세계.

다시 말해서: **그리스도교** 그 자체는 비잔틴에서 러시아로 건너가면서 전혀 **패러다임 전환을 겪지 않았다**. 오히려 러시아는 근본적으로 **헬레니즘 비잔틴**

패러다임(P Ⅱ)**을 넘겨받았으며**, 그것을 상당히 유기적인 발전과정을 통해 자기 고유의 사회적·정치적 조건들과 조화시켰다.

그러나 그리스도교는 이미 2천년기 초반에 비잔틴에서 전통주의적 특성들을 지니게 되었기 때문에(과연 교의와 기도로부터 관습과 성화상에 이르기까지 모든 것이 이미 크게 표준화되었다), 러시아의 정교 패러다임 역시 **처음부터 매우 전통주의적이고 수도생활적 특성**을 지니게 되었다:

— 비잔틴에서처럼 고정된 전례 텍스트.

— 비잔틴적 정신에 터해 씌어진 러시아 성인전의 본보기인 성도전聖徒傳.

— 비잔틴 풍의 금욕적이고 영성적인 문학.

— 보수성의 보루인 곳곳의 수도원들.

그러므로 언제 어디서나 중요한 문제는, 모름지기 진실성·신뢰성이 확증된 과거의 것에 의지하고, 기존의 것을 온전히 지키는 일이었다. 사람들은 확정된 규범들을 준수했고, 언제나 똑같은 의식들을 거행했다(앞으로 보게 되겠지만, 중세 서방에서보다 훨씬 더했다). 창의성과 비판, 책과 인쇄물을 통해 전해지는 개혁적 사상과 지식은 요구되지 않았다(모스크바 최초의 인쇄소는 곧 폐쇄되었고, 두 명의 인쇄업자가 이단 혐의로 고발당했다). 이러한 어두운 현실은 인쇄업자들로 하여금 1565년 이후 모스크바를 떠나 폴란드와 리투아니아에서 일거리를 찾도록 만들었다.

그럴수록 더욱 절실한 물음: 왜 러시아에서는 아무도 서방에서처럼 교회는 본디 어떠했던가를 묻지 않았는가? 왜 러시아에서는 같은 시기 독일에서처럼 "머리와 지체들의 개혁" 요구를 내세우지 않았는가? 왜 누구도, 교회 전통을 개혁하려는 의도하에, 성서를 교회 전통의 비판적 규범으로 들이대지 않았는가? 한마디로: 왜 정교에서는 종교개혁이 일어나지 않았는가?

왜 정교에서는 종교개혁이 일어나지 않았는가?

많은 정교 신자들에게 종교개혁에 관한 물음은 전혀 황당하게, 아니 거의 모독적으로 들릴 것이다. 뭐라 해도 정교회는 옛날과 다름없는 원천적인 사도들의 교회가 아닌가? 도대체 정교회가 중세의 교황교회(P Ⅲ)처럼 기이한 짓과 과

오를 저질렀단 말인가? 그러나 어쨌든 정교와 개신교 종교개혁(P IV)의 관계를 우선 역사적 관점에서 살펴보고, 왜 개신교 종교개혁(그리고 반反종교개혁)이 러시아와 터키 제국의 국경선을 넘지 못했는지를 묻는 것은 오늘의 현안을 통찰하는 데 도움이 될 것이다. 여기서는 다양한 관점들을 염두에 두어야 한다:

첫째: 국가에게 억압받는 (특히 통치자들이 다른 종교를 믿기 때문에) 자유롭지 못한 교회가 스스로를 개혁할 수 있을까? 분명히 알아둘 것: 러시아 교회를 제외한 나머지 정교회들은 완전히 **다른 종교**, 즉 이슬람교의 **지배하에** 들어갔다.[261] 과연 콘스탄티노플 정복 이후의 첫 콘스탄티노플 총대주교인 로마와의 연합 반대파 수도자요 신학자 겐나디우스 스콜라리우스는 주교들에 의해 선출되기는 했으나 (이제는 황제 대신에) 술탄에 의해, 전적으로 비잔틴 예식에 따라 임명되었다. 물론 이러한 상황이 그저 괴롭기만 했던 것은 아니다. 왜냐하면 종교와 정치를 구분하지 않는 무슬림(이슬람 교도) 술탄에게는 총대주교가 오스만 제국 안에 있는 모든 그리스도인들의 우두머리로서 동시에 정치적 지도자였기 때문이다. 이것은 왜 콘스탄티노플 총대주교가 이슬람 통치 아래 있던 모든(총대주교좌들을 포함한) 정교회들의 종교적 수장이었을 뿐 아니라, 동시에 그리스 민족의 민간인 우두머리이기도 했는지를 설명해준다. 그리스는 이러한 방식으로 자신의 고유한 종교적·정치적 조직을 지녔으니, 이것은 터키 제국 안에서 어쨌든 1923년까지 존속할 터였다. 이렇게 그리스 민족은 터키의 지배 아래 4세기를 버텨낼 수 있었다. 그러나 교회에 심각한 문제들이 생겨난 것은 두말할 것이 없다.

사실 무슬림들은 종교개혁 시대에 그리스도인들이 상호간에 그랬던 것보다 훨씬 더 그리스도인들에게 관용적이긴 했다. 「쿠란」에 따르면 "책의 사람들"인 그리스도인들은 위대한 예언자 예수를 통해 고유한 계시를 받았기에, 그들을 박해해선 안된다. 무슬림 통치자들은 교회가 정치적으로 온순하게 처신하는 한, 거의 간섭하지 않았다. 그러나 동시에 실제적으로는 많은 악습과 차별이 행해졌다: 술탄들은 총대주교가 새로 선출될 때마다 거액을 요구했고, 돈을 가장 많이 바치는 사람에게 총대주교직을 내주었으며, 순전히 금전적 이유로 총대주교를 갈아치웠다. 새로 선출된 총대주교는 갖다바칠 돈을 자기 주교들로부터, 주교들은 또 성직자와 신자들에게서 긁어모았다. 개종은 강요받지 않았으나 인두세를 바치고 구별되는 옷을 입어야 했던 그리스도인들은 이슬람 법에 따라 확실한 2등 국민이었으니, 무슬림을 배우자로 맞거나 개종시킬 수 없었고 군대의 비중있는 자리를 맡을 수도 없었다. 그리스도인들이 완강한 사회적 압박에서 벗어나 사회적 신분을 일거에 상승시키는 길은 이슬람교로의 개종뿐이었다. 그러므로 그렇게 살아남기 위해 고투하던 교회가 자신의 전통에 집착하고 근본적인 변화를 꺼려한 것은 충분히 이해할 만하지 않은가? 사실 당시의 정교회들은 내부적 개혁과는 전혀 다른 종류의 걱정거리들을 갖고 있었다.

둘째: 한 교회(개신교)가 (다른 교회의 상이한 패러다임을 거의 이해하지 못하면서) 다른 교회(정교)에게 종교개혁을 매개할 수 있을까? 아무튼 **종교개혁** 측에서는, 새로운 개신교 패러다임의 동방교회로의 전달 가능성과 관련하여, 처음부터 **착각**에 빠져 있었다. 사실 루터를 비롯한 종교개혁가들은 정교회에 많은 호감을 갖고 있었다(다같이 로마에 저항하고 있다는 사실 때문만은 아니었다). 특히 멜란히톤과 칼뱅은 다른 인문주의자들과 마찬가지로 그리스 애호주의의 영향을 크게 받았고, 터키인들의 멍에를 메고 고통받는 교회를 위한 연대에 깊은 관심을 보였다. 과연 멜란히톤은 1530년 「아욱스부르크 신앙고백」을 그리스어로 번역하게 했다. 그러나 개신교회들과 정교회들의 관계는 긴밀해지지 않았다.[262] 비교적 낮은 교육수준에 고집스럽게 머물러 있던 대부분의 정교회들은, 독일과 유럽에서 일어난 엄청난 교회혁명의 영향을 멀리하고자 무진 애를 썼고, 그래서 양측의 관계는 여행중인 인문주의 학자와 성직자들 그리고 학생들과 이스탄불 주재 외교관들이 정교회 사람들을 개인적으로 접촉하는 데 국한되었다.

이러한 상황에서 16세기에 예수회와 교황청 선교국Propaganda Fide이 터키(소아시아)에 있는 정교회들에 접근하려던 시도 역시 성공을 거두지 못한 것은 당연하다고 하겠다. 야콥 안드레에와 마르틴 크루시우스 교수들이 **총대주교 예레미아스 2세**와 서신 왕래를 한 것도 성과 없이 끝났다. 이들은 1573년 **튀빙언 대학교 개신교 신학부**의 위탁으로 대사관 목사 슈테판 게를라흐를 통해 총대주교와 선이 닿았고, 마침내 그에게 「아욱스부르크 신앙고백」의 그리스어 번역본이 전달되도록 했다.[263] 그러나 이들도 총대주교에게 그 신앙고백문의 내용이 구원에 필수적임을 설득하는 데는 실패했다. 오히려 총대주교는 거의 스콜라 신학식의 논증을 전개하며 정교회 전통을 완강히 주장했고(이 전통에 대한 상이한 평가가 "튀빙언과 콘스탄티노플 간의 근본적인 차이점"이었다)[264], 세 번의 서면 답변(1576·1579·1581) 끝에, 교리에 관해 쓰지 말고 우의나 보존하자는 부탁과 함께 서신 교환을 중단했다. 한편 콘스탄티노플에서는 이미 비잔틴 제국 마지막 20년 동안, 토마스 신학 및 스콜라 사상의 영향과 씨름을 했었다.

개신교 측이 정교회와의 대화에서 성서와 전통, 자유의지와 은총, 성사와 성인들에게의 기도 같은 주제들에 집중했던 사실은, 그들이 당시 정교회로서는 이해할 수 없는 완전히 다른 패러다임(P IV)에 터해 논증을 전개했다는 것을 분명히 말해준다. 훗날 **키릴로스 루카리스**가 콘스탄티노플 총대주교로서는 유일하게, 로마의 위협(브레스트 연합)에 직면하여, 정교 신앙을 칼뱅의 교리에 따라 개혁하려 시도했다. 1629년 루카리스는 칼뱅파적인 「아나톨리아(소아시아) 신앙고백문」을 제네바로 보냈다. 그러나 그는 결국 용의주도하게 꾸며진 음모의 제물이 되었으니, 나중에 자신의 후임이 된 자에게 대역죄인으로 무고당해, 1638년 술탄의 명령에 따라 교살되었다.[265] 이 신앙고백문은 아나톨리아 교회(1923년까지 존립)의 마지막 시노드인 1672년 예루살렘 시노드에 의해 단죄되었다.

셋째: 교회가 재고의 기준이 없다면 고유한 전통을 비판적으로 재고할 수 있을까? 앞에서 살펴본 것: 러시아 교회는 이미 키예프 시대에 비잔틴 모母교회로부터 매우 경직된 상태의 정교 패러다임을 넘겨받았고, 모스크바 시대의 러시아 교회 역시 철저히 전통주의적으로 꼴지어졌다. **러시아적인 것**(예컨대 역시 비잔틴에게 물려받은 수염 기르는 것에 관한 "교의")은 모두 **정통적**으로 간주되었고, 모든 **낯선 것**은 **이단적**으로 여겨졌다. 그래서 공포제 이반 4세 때에는 수염 깎는 것조차 시노드에 의해 단죄되었고, 그리스도교적 장례葬禮 불허의 처벌을 받았다.

전례의 사소한 변경도 백성과 성직자들은 독성瀆聖으로 여겼다. 17세기에 실천력 있는 **총대주교 니콘**은 복음이 아니라 그리스적 전범에로의 철저한 회귀와 고대 "그리스 법"의 부활을 위해 애썼는데, 그것은 차르의 뜻에 따라 모스크바를 제3 로마로, 정교 세계의 새로운 수도로 부각시키기 위해서였다.[266] 총대주교가 1667년 모스크바 공의회로 하여금 사문화된 전례 테스트의 수정과 몇 가지 전례 관습의 변경을 결의하게 했을 때, 러시아 국민들은 격앙했다. 그러나 우크라이나에서는 사정이 달랐으니, 글을 읽을 줄 알고 책에 친숙한 사람들이 많은 그곳에서는 개혁이 별 어려움 없이 이루어질 수 있었다. 비록 자신의 총대주교로서의 권위를 차르 위에 두려고 시도했던 니콘은 끝내 해임되었지만, 백성들은 그야말로 묵시록적으로 **옛 러시아 전통의 무류성**을 열망했다. 왜냐하면 정교의 마지막 보루인 모스크바의 거룩한 전통 안에 오류와 왜곡이 존재한다면, 이제 정말 반(反)그리스도의 출현을 믿어야 할 판이었기 때문이다!

본디 예수 그리스도의 교회에서는 모든 것이 지금과 전혀 달랐었다는 생각은 누구의 머리에도 떠오르지 않았다. 러시아 역사에 대한 고찰은 과거와 현재의 비판적 비교에 봉사하지 않고, 전통의 미화와 영구화를 위해 봉사했다. **성서**는 혁신적 신학과 개혁되어야 할 교회관습을 위한 **권위있는 규범으로서의 역할을 전혀 수행하지 못했다.** 따라서 개혁자들 역시 전통의 개혁을 위한 궁극적 권위를 지닌 기준을 갖고 있지 못했다. 그리고 개혁에 적대적인 "구교우들"은 교회 분열조차 마다하지 않을 태세였다.[267] 이들은 국가의 가혹한 박해·처형·강제 전향 조처에도 불구하고 뿌리뽑혀지지 않았다(이들의 전범적 투사였던 사제 아바쿰은 화형당했다). 역사비판적으로 사고하지 않고 구세사적으로 사고하는 이들이 러시아 말과 의식(儀式)에서 중시한 것은, 그저 외적인 무엇이 아니라 정통신앙 그 자체였으니, 때로는 그 신앙을 증거하기 위해 심지어 분신(焚身)을 감행하기도 했다. 한편 이 시기에 러시아 사목사제들이 일반적으로 점점 더 몽매해졌다는 사실도 물론 그러한 상황 전개에 일조를 했다. 17세기 이래 교육 여건 개선 노력에도 불구하고, 자질과 능력이 영혼의 인도자가 되기에는 부족하고 그저 성사나 집전할 정도인 사제들이 많았다.

하지만 이러한 전개과정이 불가피한 것은 아니었다. 이것은 폴란드-리투아니아의 로마-가톨릭 세력 지배 아래 있던 우크라이나와 백(白)러시아 정교회들의 역사가 입증해준다.

우크라이나의 특수 역할

수석대주교들이 모스크바로 옮겨간 후, 모스크바 제국 밖의 정교 신자들은 **독자적 교계제도**를 확립했다.[268] 가톨릭 지배자들에 맞서 그리고 제국의회Sejm 에서 끊임없이 동등한 권리를 쟁취해야 했던 절박한 상황은, 오히려 정교 **평신 도들**의 자의식을 적지 않게 계발시키는 결과를 낳았다. 이들은 목적 달성을 위 해 성직자들과 함께 조합을 결성했다. 이 조합들은 학교와 인쇄소를 운영했고 구성원들의 품행을 감독했으며, 위험에 처한 정교 신앙을 수호·쇄신하기 위해 싸웠고, 또한 주교 선출과 교회생활 규제를 위한 시노드에도 참석했다.

이들에게는 모스크바식의 **완고한 전통주의**나 낯선 것에 대한 두려움이 **없 었다**. 이들은 당연하다는 듯이 중·서 유럽의 가톨릭 또는 개신교 대학에 다녔 고 서방의 이념들과 씨름했으며, 정교 신앙과 조화될 수 있는 많은 것을 받아 들였다. 전례서들이 여러 차례 이들에 의해 개정되었다 — 러시아에서처럼 전 통주의의 반동을 겪지 않고.

이들은 신학적으로도 매우 깊은 소양을 지니고 있었다. 로마 가톨릭과 개신 교 신학자들과의 끊임없는 대화를 통해, 양측 모두에게 특히 신학 형식과 논증 방식을 배웠다. 그러나 원칙에 있어서는 정교 전통에 충실히 머물렀다. 이들은 일치운동에 관해 가톨릭뿐 아니라 개신교 신자들과도 토론했다. 1596년 브레 스트-리토프스크에서 결정된 로마와의 **연합**(페라라-피렌체 연합 공의회에 바탕을 두었다)은 어디까지나 주교들과 고위 성직자들의 소행이었으니, 백성들 특히 조합들은 대 부분 연합에 반대했다. 이 연합으로부터 로마 가톨릭 패러다임의 정신에 입각 한 "제3 신앙고백" 따위가 나온 것은 상당한 시간이 흐른 뒤였다. 반면 1699년 18개조 계획을 기초로 하여 정교와 개신교 신자들의 동맹이 이루어졌는데, 이 계획은 성서의 우위권을 명확히 인정했다. 개신교 신자들은 그 이상의 인정이 나 양보 변경은 요구하지 않았다!

이 서러시아 정교회의 걸출한 대표자는 서방에서 교육받은 루마니아 제후의 아들 **페트로 모힐라**(1595~1647)였다. 그는 일찍이 1631~32년에 키예프 동굴 수도원 원장으로서 고등교육 기관을 설립했다. 또한 1633년부터는 키예프 수석대주교로서 교회 개혁을 위해 지칠 줄 모르고 헌신했으며, 매년 시노드를 개최했는데, 거기엔 일반 성직자들과 평신도들도 참여했다. 모힐라가 제출한 교리교육안은 전 키예프 시노드(1640)에서 재가되었고, 2년 후 야씨에서 정교회 전체의 승인을 얻었다.

그러나 모힐라가 사망한 후 얼마 지나지 않아, 서부 지역에 대한 **모스크바의 정복**이 시작되었다: 1654년 백러시아, 1659년에는 동우크라이나, 1667년 키예프와 스몰렌스크, 1772년엔 갈리지엔을 제외한 서우크라이나가 정복되었다. 모스크바는 연합교회를 억압하고 정교회를 러시아화했으며, 1685년에는 키예프 수석대주교좌의 독자성을 무효화시켰다. 16~18세기 러시아 교회의 근대화에서는 우크라이나와 백러시아 사람들이 결정적 역할을 했다. 이들은 물론 절대군주제적 국가교회주의에 관한 서방의 이념도 모스크바에 들여왔다.

본디 러시아의 국가 정책은 서방의 기술적 진보에 대해서는 관심을 가졌지만 (서방의 군사 기술과 무기는 이미 16~17세기에 차르들에 의해 즉시 도입되었다), 문화적 발전에 대해서는 오랫동안 반감을 지니고 있었다. **서방의 문화·세계관·종교와의 차단**은 한 구호□號였다. 그러나 서방의 문화는 이탈리아 르네상스 이래 점점 더 많이 그 문화를 접하게 된 러시아인들에게 엄청난 매력을 발산했다. 16~17세기에 이른바 개명한 리투아니아인들과 폴란드인들의 영향은 서러시아 제국에서조차 크게 증대했다. "라틴놈들" 그리고 로마와의 "연합"에 맞서, 사람들은 서방 (특히 독일) 책들을 읽고 또 수많은 "서방인들"(학식 높은 예수회원들까지)이 러시아로 들어오는 것을 허용할 수밖에 없었다. 당시 극히 미숙했던 러시아 신학은, 자신이 눈치챘던 것보다 훨씬 많이, 서방의 영향을 받아들였다(페터 대제가 서방에 문을 활짝 열고, 러시아에 종교적 개혁 대신 세속적 계몽주의를 처방하기 훨씬 전에).

페테르부르크: 러시아 역사의 셋째 단계

당시 **페터 대제**(1672~1725)가 (하늘을 향해 울부짖는 사회적 폐해와 엄청난 문화적 빈곤에 직면하여) 러시아에 처방한 것은 한 혁명이었다. 아주 일찍부터 모스크바의 외국인 공동체와 교류했고, 나중에는 신분을 감추고 특히 네덜란드와 영국으로 여행을

감행하기도 했던 이 젊은 차르는, 서방적 국가 절대주의의 주창자로서 러시아
의 **내면적 유럽화**(사실 이것은, 역사적으로 볼 때, 이미 오래 전에 조짐이 나타났다)를 관철시키
겠다는 단호한 결심을 했다. 다른 말로 해서: 러시아 그리스도교계는 새로이
등장한 후後종교개혁적 패러다임, 곧 **근대 패러다임**(P V)과 맞닥뜨렸다.

이로써 러시아 역사의 **셋째 단계인 페테르부르크 시대**가 열렸거니와, 이
것은 러시아의 의식적意識的 세속화와 합리화를 가져왔다. 수염 기르는 관습의
폐지, 서방식 달력[269], 전문 교육기관인 학교에 대한 지원 등은 사람들의 일상
생활에 큰 영향을 끼쳤다. 그러나 페터 개혁의 핵심은 상비군·근대식 함대·
새 수도(1712년부터 페테르부르크)의 건설이었다. 그밖에 일반 관청의 재조직과 **교회
의 구조조정**(이것은 러시아 정교회의 전통주의를 감안할 때 엄청난 모험이었다)[270]도 개혁의 중요
사항이었다. 페터는 페오판 프로코포비치 대주교의 조언을 받았는데, 우크라이
나인인 프로코포비치는 로마 그레고리안 대학에서 공부했으며 당시의 근대적이
고 계몽주의적인 왕권신수설의 옹호자였다. 페터는 자신에게 부여된 국가와 교
회에 대한 절대적 권력을 행사하여, 1721년 자신에 대한 잠재적 저항세력의 정
점이 될지도 모르는 매우 전통 깊은 모스크바 총대주교좌를 동방 총대주교들의
동의하에 폐지해버렸다. 이제 모스크바 총대주교좌는 비잔틴의 "상설 시노드"
(황제 궁정 안에 있었다)를 본떠 만든 상설 합의기구, 즉 "거룩한 시노드"에 의해 대
체되었다. "거룩한 시노드"는 "이 영적 동료단의 최고 판관"인 차르에게 모든
점에서 복종한다는 서약을 해야 했다.[271] 그밖에 교회의 위계적·성사적 구조는
그대로 유지되었으나, 독일 개신교 영방領邦교회의 규율도 넘겨받았다.

이리하여 종교개혁으로부터는 전혀 자극을 받을 줄 모르던 정교회가 이제 갑
작스레 **정치적·세속적 계몽주의**와 직접 관계를 맺게 되었던바, 이것은 교회
당국을 손쉽게 통제할 수 있는 일종의 "정교 신앙고백성省"으로 만들어버렸다.
과연 국가는 갈수록 더욱 러시아의 신앙적 일치를 요구했고, 황제의 나라 안에
서는 러시아인이 아닌 사람들도 러시아적이 되고 정교로 개종해야 했다. 이러
한 정책에 그럭저럭 잘 적응하던 서방의 루터교 신자들에 비해, 끊임없이 저항
을 일삼던 로마 가톨릭 신앙의 폴란드인들은 많은 고통을 겪어야 했다.

물론 수도 밖의 정교회는 광활한 땅 저쪽에서 근대화 과정의 영향을 훨씬 적게 받았다. 거기서는 황제가 좌지우지하던 성직자들보다 수도자들이 평신도들의 신앙생활에 훨씬 깊은 영향을 끼쳤다.[272] "하늘은 높이 있고, 황제는 멀리 있다"라는 러시아 속담은 까닭없는 것이 아니다. 바로 18세기에 신新묵정주의默靜主義 외에 앞에서 언급한 **스타르치 운동**이 생겨났다.

그러나 교회측 입장에서 페터 대제를 비판하는 사람들은, 그때나 지금이나, 이렇게 묻는다: 국가와 교회의 "교향악"이라는 러시아의 구상은 교회를 국가에 완전히 종속시켜버리지 않았는가? 반문: 그것은 이미 그전부터 그렇지 않았던가? 교회의 과도한 국가 예속성은 콘스탄티누스 대제 이래 헬레니즘 패러다임의 한 특징이었고, 또 오랜 세월 모스크바의 특징이기도 하지 않았던가? 그러므로 바야흐로 페터의 통치와 더불어 출현한 **근대적 국가 절대주의**는 이를테면 일종의 필연적인 귀결이 아닐까? 이론의 여지 없는 사실: 페터 대제가 의도했던 전제주의적 관리-경찰국가는 (오늘날의 법치-입헌국가와는 달리) "신민들"의 정치·경제·사회 생활 전체를 자신의 권력으로 규제하려 했다(행정 명령과 강압적 통제수단을 통해). 이러한 방식으로 국가 관리管理뿐 아니라 교회 관리도 합리화·중앙집권화되고 또 규율에 따라야 했다. 무엇을 위해? 교회를 계몽되고 도덕적인 일종의 교육수단으로 만들기 위해.

그리하여 **국가**는 더이상 교회의 "보호자"가 아니라, 모든 것을 관장하는 **절대권력**이 되었다. 교회와 성직자들에게도 공동선共同善(계몽주의의 핵심개념이다)의 촉진에 필수적이라고 간주되는 임무들이 부과되었다. 마찬가지 이유(공동선)를 내세워, 국가는 수도원 숫자를 줄여나갔고 수도원 운영을 국가 당국에 넘겼으며, 수도원의 사회·자선 활동(특히 참전 노병들을 위한!)을 강조했다. 수도원들은 학교와 병원을 운영해야 했다. 성숙한 어른들만 수사·수녀가 될 수 있었다. 이 모든 것이 이른바 "합리적"인 일이었다. 혹시 교회측 입장에 선 비판자들은 페터 대제가 강력히 추진했던 서방 문화 수용이, 그 양면가치성에도 불구하고, 문학·학문뿐 아니라 교회생활에서도 널리 긍정적 성과를 가져왔다는 사실을 인정하는 데 그때나 지금이나 너무 인색한 것은 아닐까? 어쨌든 외국인들의 자유로운 종교활동도 허용되었고, 교회 슬라브어 역본 성서의 개정도 지시되었다. 또한 1750년까지 26개의 신학교가 설립되었고, 사제 교육이 이른바 "라틴적" 영향 덕분에 크게 개선되었다. 교육·교양·지식·신학은 페테르부르크 시기에, 물론 매우 좁은 영역에 국한되기는 했지만, 근대화되었다.

그러나 여기서 부지중에 두 패러다임〔전통적 헬레니즘 비잔틴 패러다임(PII)과 근대 계몽주의 패러다임(P V)〕이 부분적으로 겹쳐짐으로써, **국가와 교회의 이 새 "교향악"의 숙명적 모호성**을 야기했다. 신정神政주의적 비잔틴 교회법에 근대적 자연법 및 국법(이에 따르면, 국민의 뜻은 통치자의 뜻이 된다)이 겹쳐졌다. 자연법에 근거한 독재정치에 종교적 근거를 제공하려던 것은 근본적으로 지나친 일이었다. 매우 기묘한 상황이 전개되었다: 걸핏하면 자연법을 끌어대는 근대적 정신을 지닌 독재군주가 옛 신정체제에서처럼 장엄한 예식을 통해 "하느님이 기름부으신 자"가 되었다: 최소한 그날만은, 거룩한 예복을 입고 머리에는 십자가 달린 제관帝冠을 쓴 황제는 백성들이 공경하는 하느님의 이콘이었다! 그리고 교회는 아직도 여전히 황제를 종교적 인물로 보았고, 거룩한 도유는 그의 절대권력을 억제하는 수단으로 여겼다! 그러나 이 억제는 환상이었고 "교향악"은 허구였으니, 황제 자신은 도유를 자신의 무제한적 권력에 대한 종교적 정당화로 간주했기 때문이다. 그러므로 한 세기 뒤 메테르니히 시대에, 군국주의적인 차르 니콜라이 1세가 "독재정치, 정교 신앙, 국민성과 민중신심"[273]이 내치內治의 원칙이라고 단언할 수 있었던 것은 당연했다고 하겠다: 동시에 외치에 있어서는, 러시아 밖의 모든 정교 신자들은 황제의 나라와 결속되어 있음을 확실히 표명해야 했다.

그리하여 **정교회**는 갈수록 더욱 **황제 정체**政體의 포로이자, 귀족 군대 경찰과 더불어 그 정체의 **보증인이요 버팀목**으로 비쳐질 수밖에 없었다(산발적인 개혁 시도와 태동하고 있던 평신도 신학에도 불구하고).[274] 그리고 이제 자신을 페터 대제처럼 교회의 최고 관리자요 판관으로 이해하지 않고 교회의 우두머리로 자처한 후임 황제들은, 몇 가지 개혁은 이루었지만, 갈수록 "고古러시아 당黨"(이 배후에는 고위 성직자들도 있었다)이 전면에 나서게 했고, 근대화와 자유화에의 모든 희망을 배반했다. 황제들이 "라스콜리니키들"과 각양각색의 종파들 그리고 종교의 옷을 걸친

개신교 사회운동뿐 아니라, (1861년 폴란드인들의 봉기 이후) 이상주의적 젊은이들에게
도 갈수록 큰 실망을 안겨줄수록, 국가교회 자신도 면목을 잃게 되었고, 또 그
럴수록 자유사상가들(볼테르주의자들) 그리고 나중엔 **허무**(무정부)**주의자들**이 늘어만
갔다. 모든 가치와 상황의 급진적 전복을 꾀하는 테러-혁명적 "당파"인 허무주
의자들은 1881년 차르 알렉산더 2세의 암살에 책임이 있는데, 후일 다른 사회
비판적 경향들(사회주의자들)과 손잡고 노일전쟁중인 1905년 매우 위험스런 혁명을
주도했다.

이 혁명 이후 마침내 니콜라이 2세(그는 마지막 황제가 될 터였다) 차르가 국가에게는
헌법을, 모든 인간에게는 양심의 자유를 주겠다고 약속했으나, 또다시 사람들
의 기대를 배반함으로써, 1905년 혁명의 서곡은 역사적 필연성을 지니고 1917
년의 대혁명으로 치달았거니와, 이 혁명은 오늘날까지 러시아 그리스도교에게
는 그야말로 한 재앙으로 남아 있다.

⑫ 러시아혁명 — 정교회는 어찌 되었는가?

거의 이론의 여지가 없는 것: 종교는 러시아 역사가 흐르면서 전반적으로 단순
한 민중의 아편이 되어버렸다. 이리저리 곤궁한 삶에 종종 위로를 주기도 했으
나, 헛된 위로이기 일쑤였다. 1989년 이후 사람들은 대놓고 물을 수 있었다:
만일 러시아 정교회가 19세기 러시아에서 절실히 요구되던 사회개혁의 열정적
옹호자가 되었더라면, 러시아 민중 아니 전세계가 얼마나 많은 고통과 희생을
피할 수 있었을 것인가! 그러나 사실 그 당시에 적지 않은 사회 비판과 개혁에
의 충동이, 특히 다양한 "평신도 신학자들" 가운데 꿈틀거리고 있었다 — 이것
은 러시아 정교회의 새로운 현상이었다.

혁명 전의 그리스도교 사회비판

19세기 러시아의 걸출한 사상가들 가운데 세 사람(모두 대안적 정교 신앙의 대표자들
이었다)만 언급하기로 한다. 첫째로 **레오 톨스토이**(†1910)[275]: 그리스도교 정신에

터한 러시아의 가장 유명한 사회 유토피아 사상가인 톨스토이는 서방의 영향을 크게 받은, 이웃사랑과 폭력 포기를 강조하는 모든 인간을 위한 그리스도교의 주창자였다. 그는 비판자들이 보기에 민중을 깨우치기보다는 바보로 만들고 있던 국가교회와 갈수록 첨예하게 대립하게 되었는데, 교회는 소설 「부활」에서 독성스럽게도 정교회 전례를 경멸했다는 죄목으로 톨스토이를 파문했다(1901). 다음으로 **표도르 미하일로비치 도스토옙스키**(†1881): 이미 처녀작 「가난한 사람들」(1846)에서 사회적 상황을 주제로 삼은 도스토옙스키는, 사회혁명을 꾀하는 테러리스트 동아리의 구성원이라는 죄목으로 사형선고를 받았으나, 처형 직전 시베리아 4년 유형으로 감형되었다. 그는 엄청난 장편소설 「카라마조프 가의 형제들」에서, 전대미문의 방식으로, 판관이 되어버린 교회와 되돌아온 예수를 대결시켰고, 소설 말미에서 알료사 카라마조프의 모습을 통해 인간 상호간의 사랑을 대안적 정교 신앙의 희망찬 미래상으로 제시했다.[276] 끝으로 **블라디미르 솔로비요프**(†1900): 그는 종교·사회 사상뿐 아니라, 그리스도교 사회윤리의 근거 든든하고 충실한 체계를 전개·발전시켰다. 1881년 황제 암살범의 특사特赦를 위해 애썼기 때문에 강의 금지를 당한 솔로비요프는 사회윤리적 요구들에 있어서는 매우 급진적이었지만, 그리스도교적인 면에서는 오히려 톨스토이보다 더 깊고 넓었다.[277] 사랑에 바탕을 두고 전일성全一性을 지향하는 그의 종교철학, 곧 통전적通全的 삶에 대한 의식 안에서의 종교·철학·학문의 종합은, 우리의 패러다임 분석의 테두리 안에서는, 곧장 오리게네스를 떠올리게 한다.

　정교회는, 이러한 평신도들을 통해, 이를테면 **아래로부터** 말했다고 하겠다. 사회개혁 사상은, 특히 1861년 농노제를 폐지한 차르 알렉산더 2세 이래, 정교회 **사목사제들** 사이에도 널리 퍼져나갔다. 주로 교육과 빈민구호 분야에서 신자 공동체들 그리고 특히 사목사제들이 적극적 활동을 전개했는데, 이러한 활동들은 물론 당시의 법률적 상황과 제국의 관료주의에 의해 많은 제약을 받았다.[278] 러시아 정교회의 사회윤리적·정치적 문제들에 각별히 주목해온 개신교 신학자 벤츠[279]도 사회개혁적 관념들이 성직자와 평신도들(특히 "구교우들"과 "슬라브 민족주의자들")에게 "위험"하고 전염성이 강했다는 것을 확인한다. 특히 **신학교들**(흔

히 사제 집안과 하층민들의 자질 우수한 아이들에게 교육과 신분상승의 기회를 제공했다)이 사회개혁적 ·
혁명적 이념들의 온상이었다. 신학교들은 물론 러시아 허무(무정부)주의와 공산
주의 신봉자들도 배출했다. 20세기의 가장 무서운 범죄자 가운데 하나(히틀러와
난형난제다)가 티플리스 신학교의 학생, 즉 훗날 **스탈린**이라는 이름을 갖게 된 게
오르기에르 요세프 비싸리오노비치 츄가치빌리였다는 사실을 우리가 언젠가는
잊을 수 있을까?

러시아에서는 유감스럽게도 거의 잊혀진 **그리고리 페트로프** 신부 같은 **사
회비판가들**도 신학교 출신이었다. 페트로프 역시 성직자들에게조차 널리 번져
있던 사회적 위기감을 대변했으며, 혁명 오래 전부터 「프라우다」(진리, 즉 그리스도
교적 · 사회주의적인 하느님의 진리) 지紙를 발간했는데, 정교회 신자 민중들에게는 큰 호
응을 얻었으나 마르크스주의 동아리들에게는 깊은 불신을 받았다. 일찍이 두
대공 가문의 가정교사였던 페트로프는 차르 계승자 알렉세이의 교육을 담당해
야 했다. 하지만 그는 기존 지배체제에 저항했고, 러시아 최초의 의회의 무소
속 의원이 되었다.

페트로프는 정치 · 사회 문제들을 나몰라라하는 국가교회 성직자들을 모질게
비판했다. 1908년 그는 수석대주교 안토니에게 이렇게 써보냈다: "그리스도교
적 사회질서라는 것은 존재하지 않습니다. 사회 상류층이 하층민들을 억누르
고, 하나의 작은 집단이 나머지 백성 전체 위에 군림하고 있습니다. … 그들은
하층계급을 모든 것으로부터 배제했습니다: 권력 · 학문 · 예술 그리고 심지어는
종교로부터도 제외시켰습니다. 그들은 종교를 그들의 종으로 만들어버렸습니
다. … 교회가 국가를 밝게 비추어준 것이 아니라, 오히려 국가에게서 그럴듯
한 겉빛을 얻어 가졌습니다. … 그리스도교는 국가종교가 되었으나, 그때문에
국가가 이교적이기를 그만둔 것은 아닙니다. … 그 까닭은 그리스도교가 정치
적 · 사회적 질서에 영향을 끼치고자 노력하지 않았기 때문입니다. 복음은 사회
와 국가 안에서의 하느님 나라 건설이라는 자신의 폭넓은 사명에서 벗어나 개
인의 수덕과 구원이라는 좁다란 길로 잘못 들어섰습니다." 페트로프의 결론은?
그것은 그리스도 교회를 제국 체제로부터 풀어내자는 주장에 있었다: "교회는

모든 인간을 위한 초민족적·초국가적 조직입니다. 교회가 볼 때, 현존하는 어떠한 정치체제도 완전하고 궁극적이고 불가침적이지 않습니다. 그러한 체제는 미래의 것입니다."[280]

교회 고위층의 반응은 어떠했던가? 페트로프 같은 비판자들은 선배 톨스토이처럼 파문당했다. 그리고 1905년 "피의 일요일"에 **게오르기 가폰** 신부가 주도한 이콘과 황제 초상을 앞세운 민중 행진(이것은 러시아 민중과 정교 신자인 황제의 깨어진 종교적 결속감을 되살리고자 했다)은 경호부대의 일제사격을 받아 수많은 희생자들을 남겨둔 채 뿔뿔이 흩어져버렸는데, 많은 사람들은 이 사건을 그 결속감의 결정적 파괴로 간주했다.

페트로프가 교회에서 쫓겨난 지 꼭 10년째에 혁명이 발발했다. 황제의 퇴위를 가져온 이 **1917년 2월혁명**(레닌 없이 일어났음)은 (오늘날 역사학자들의 의견이 일치하거니와) 러시아의 진정한 민주혁명이었다. 이제는 몇몇 교회 지도자들도 솔로비요프나 페트로프 등 사회비판가들의 사상을 제 것인 양 내세웠지만, 교회에는 거의 도움이 되지 못했다:

— 사실 1905년의 혁명 이후 러시아 정교회 안에는 언론의 자유가 생겼고, 개혁에 관한 열띤 **토론**도 이루어졌다.

— 케렌스키의 민주적 임시정부 시절인 1917년 8월 모스크바에서 열린 정교 **공의회**는 교회 내의 개혁을 결의했다: 페터 대제가 폐지한 총대주교좌의 부활, 신자들에 의한 주교 선출, 본당·교구·총대주교 관구 참사회에 평신도 대표의 참여 등.

— 그러나 이 공의회마저 **사회적 개혁**에 관해서는 언급하지 **않았다**. 오히려 공의회는 독일과의 전쟁 재개에 찬성했고, 브레스트-리토프스크 평화조약(유감스럽게도 1918년 3월 3일 레닌에 의해 체결됨)에는 반대했다.[281]

레닌과 스탈린의 종교 증오

1917년의 2월혁명 그리고 그것과 함께 싹이 튼 민주주의가 러시아 국가와 교회에 어떤 의미를 지닐 수 있었을까에 관해서는 애써 생각하지 않기로 한다.

"10월혁명"(사실은 임시 공화정부를 뒤집어엎은 그야말로 **반민주적 쿠데타였다**)을 통해 권력을 잡은 사람은 **레닌**이라 불리던 볼쉐비키파(극단주의자들·과격파)의 지도자 블라디미르 일리치 울리아노프였다. 4월에야 러시아로 돌아온 레닌은, 1917년 12월 8일의 선거에서 그의 볼쉐비키파가 겨우 23.5%밖에 득표하지 못했으나(사회주의자들 62%, 시민당 13%) 바로 그 시기에 이미 비밀경찰 "체카"를 창설했다. 레닌은 제헌의회가 "소비에트 정권"을 군말 없이 승인하기를 거부하자, 1918년 1월 18일 의회를 무자비하게 해산해버렸다.

레닌은 종교적인 모든 것에 대한, 어떻게 설명할 수 없는 증오에 들씌워져 있었다. 사실 그 역시 황제 치하 러시아에서 국가와 교회에 대해 나쁜 경험을 했었다. 특히 그의 동기 알렉산더가 1881년 3월 1일의 차르 알렉산더 2세 암살에 연루되어 처형당한 사건은 레닌에게 깊은 상처를 남겼다. 아니, 그의 온 생애를 끌지어놓았다고 할 수도 있다. 국제정치에 있어서는 영리하게 분수를 지키던 레닌은, 일단 권력을 틀어쥐자 종교를 배척하는 극렬한 선전사업을 대대적으로 벌이기 시작했다. 그에게 종교는 칼 마르크스에게서처럼 그저 "민중**의** 아편"(민중 스스로 자신의 고통을 완화시키기 위해 복용하는)이 아니라, "민중**에게** 아편"(국가와 교회 지배자들이 의도적으로 민중에게 복용시키는)이었다: 종교는 "자본의 노예들이 자신들의 인간으로서의 얼굴과 인간다운 삶에 대한 권리를 그 안에 타서 마시고 잊어버리는 일종의 질 낮은 정신의 독주毒酒다. 그러나 … 계급의식을 지닌 현대의 노동자들은 종교적 편견들을 자기 자신에 대한 경멸과 함께 내던져버리며, 천국은 성직자들과 경건한 체하는 부르주아들에게 기꺼이 넘겨주고, 여기 이 땅 위에서 보다 나은 삶을 쟁취한다."[282]

우리는 알고 있다(그리고 우리 가운데 많은 사람이 그 시대의 증인들이다): 말을 통한 노골적 종교 배척이 행동을 통한 대규모 종교 박해로 바뀌는 것은 잠깐이었다. 이 엄청난 박해는 레닌에 의해 이미 시작되었으나, 스탈린 치하에서 본격화되었다. 스탈린의 공포정치 기간 중 러시아 교회에게 가장 무서웠던 시기는 1927년부터 1943년, 즉 스탈린이 2차대전의 급박한 상황에서 국가적 전환을 도모할 때까지였다. 그 시기에 수천 명의 성직자들이 체포·추방되었고, 수천 개의 하느님 집이 파괴·폐쇄되었으며, 신자건 아니건 수백만 명이 "수용소 군도"(알렉산드로 솔제니친!)로 끌려갔다.

그러나 러시아 정교회는 이 시절도 살아냈다 — 한편 수많은 순교자들을 그리고 다른 한편 더욱 많은 기회주의자들(비밀경찰KGB에게 협력 등)을 만들어내면서. 수많은 민중이 끝내 신앙을 지켰다. 과연 1988~89년 이래 이 교회는 〔당시 공산당 서기장 미하일 고르바초프의 페레스트로이카(개방정책) 덕분에〕 국가의 끊임없는 보복과 차별을 당하지 않고 자신의 과업을 수행하며 다시 발전할 수 있게 되었다. 그러나 냉전과 소비에트 제국이 종말을 고한 후, 특히 러시아에서 정교회의 미래가 어떠할 것인지, 러시아 고유의 신학·영성·사회윤리가 어떤 방향으로 발전할 것인지 아직은 전혀 가늠할 수 없다. "그리스도교"에 관한 두번째 책에서 이 문제와 관련하여 좀더 분명한 관점·전망들을 전개할 수 있게 되기를 기대해본다.

정교의 강점·위험성·가능성은 무엇인가?

긴 장章을 끝맺으면서, 고대교회적·헬레니즘적·보편적인 이 둘째 패러다임에 대해 신학적 평가를 내려야겠다.[283] 여기서 원칙적으로 타당한 사실: 이 고대교회 헬레니즘 패러다임(P II)에 의해 꼴지어졌던 그리스도교계는 우리의 존경과 **찬탄**을 받아 마땅하다. 유다계 그리스도교 패러다임(P I)의 그리스도교계와 비교해볼 때, 이 그리스도교계는 굳건히 살아남았다(생존을 위협했던 갖가지 위기, 이슬람 세력에 의한 대부분의 정교 국가들의 정복, 공산주의의 압제에도 불구하고). 북아프리카 그리스도인들의 운명을 동유럽 그리스도인들은 피할 수 있었다. 그리고 라틴 그리스도교계와 비교해볼 때, 내가 거듭 새삼 강조하는 것이거니와, **정교 그리스도교계**가 많은 점에서 **그리스도교의 원천에 좀더 가까운 형태**를 지니고 있다. 언제까지나 남아 있을 정교의 공적은 다음과 같다:

— 탁월한 신학.

— 정신과 마음 모두에 깊은 감명을 주는 전례.

— 국가의 강압과 정치적 박해를 견디며 입증한, 정신적(법률적이 아니다) 우두머리 콘스탄티노플 총대주교로 대표되는 동등한 권리를 지닌 교회들의 친교(공동체).

그러나 이 둘째 패러다임의 **위험성** 또한 뚜렷이 드러났다. 무엇보다도 **전례주의**의 위험을 지적해야겠다. 전례주의가 확고히 자리잡은 곳에서는 교회생활이 사실상 전례에 국한되었고, 시대에 맞는 복음선포가 위축되었으며, 사회적·정치적 개혁은 거의 고취되지 못했다. 정교 전례 자체에 대해서는 비판하지 않는다 하더라도, 정교의 전례주의에 대해서는 비판을 해야 하지 않을까?

아주 최근에도 서방에서조차 수많은 사람들의 마음을 사로잡은 것은 바로 **정교 전례**였다.[284] 여기서 간과해선 안될 것은, 정교 전례 역시 두 가지 점에서 거대한 발전과정을 겪어왔다는 사실이다: **예수를 기념하기 위한 소박한 만찬례**가 세월이 흐르면서 **장엄한 "솔로몬 식" 성전예배**(릴리엔펠트)가 되었거니와, 여기서는 더이상 지상의 예수 또는 부활한 예수가 중심이 아니라, 비길 바 없는 모자이크들이 표현하듯이 (육화와 고양高揚을 배경으로 하여) 만유의 지배자 그리스도가 중심에 자리잡고 있다: 하느님 로고스의 전능이 뚜렷이 부각되고 있는 것이다. 그리고 오늘날에도 주교관·금을 넣어 짠 예복·십자가·이콘으로 장식한 수염기른 주교와 사제들은 서방 사람들에게 다음과 같은 강한 인상을 준다. 저들은 우리가 옛 비잔틴의 위엄과 화려함, 스타일과 취향이 어떠했는지를 헤아려 짐작해주기를 원하고 있는 것이리라 ….

또한 초기 그리스도교 공동체들의 단순한 **시편 노래와 찬가**가 예술적인 찬송가로 화했다. 비잔틴에서는 매우 예술적인, 물론 여전히 단성적單聲的인 성가(확장된 콜로라투라와 함께 하는)가 발전했는데, 악기를 사용하는 모든 ("이교적인") 음악은 교의상의 이유(생명 없는 나무나 금속이 아니라 살아 있는 인간의 목소리로 하느님을 찬양해야 한다!)로 금지되었다. 그리고 단성적인 비잔틴 교회음악이 이탈리아에 점령된 섬들에서, 혹은 폴란드·우크라이나를 거쳐, 다성적 교회음악 특히 베네치아(가브리엘리!)의 그것과 만남으로써, 마침내 러시아에서 까다로운 **대위법적 합창**이 발달했는데, 이것은 오늘날에도 동방과 서방 모두에게 깊은 감동을 주고 있으며, 예배 안에서 양측을 결합시킬 수도 있을 것이다.

매우 중요한 이러한 변화들에도 불구하고, 오늘의 서방교회 사람들도 인정해야 할 사실: **동방 전례**가 중세의 라틴 전례보다 많은 점에서 **원천과의 근친**

성을 보다 충실히 보존해왔다. 동방에서는

— 서방에서처럼 오로지 일곱 성사에만 집착하지 않으며, **세례**("도유" 또는 "견진"도 포함)**와 성체 성사에 중점**을 둔다. 덧붙여, 사목적 목적을 위해 고정되지 않은 다양한 종교적 행위들도 허용한다.

— 성체성사의 중심을, 교의적 관심에 터해, 성사 제정 말씀과 빵과 포도주라는 요소의 실체적 "변화"에 두지 않는다. 오히려 중심은 전체 의식의 처음부터 **고양되신 주님이 영적으로 현존**하심과, 만찬례 보도에 터해, 성령이 빵과 포도주라는 봉헌물 위에 내려오시도록 기도드림에 있다.

— 성체성사를 (2차 바티칸 공의회 전의) 서방에서처럼 신자 공동체의 적극적 참여 없이 사제 혼자("적막한 미사") 집전하지 않는다. 동방에서 성체성사는 언제나 **사제와 공동체가 함께하는 축제**다. 공동체는 찾아오시고 나타나시는 그리스도를 스스로 영접하며, 성체를 빵과 포도주 양형兩形으로 영領할 권리가 있다.

그런데 서방 사람들은 흔히 동방 전례는 **"경직"**되어 있다고 주장한다. 그 주장에 대한 대답: 서방 전례와 마찬가지로 동방 전례 역시 "고정된" 부분들(근본구조)과 "변할 수 있는" 부분으로 나뉘는데, 후자는 해당 축일이나 성인들에 맞추어져 있으며, 또한 여러 가지 성서봉독·기도·성가에 따라 변동의 여지가 있다. 아무튼 정교 전례는 바로 얼마 전까지도 그 아름다움으로 인해, 소비에트 일상생활의 음울한 추악함에 짓눌려 있던 많은 사람들을 행복하게 해준 대조물對照物이었다(사실 그 생활 안에는 당연히 "전혀 다른 것", 하느님께 대한 갈망이 꿈틀거리고 있었다). 정교 전례는 그 자체가 이를테면 일종의 선교적 기능을 지녔고, 지금도 그렇다. 정교회는 그런 방식으로 교회에 꽤 우호적이었던 몽골인들이나 비교적 관용적이었던 아랍인·터키인 등 외국 세력의 지배뿐 아니라, 전체주의적 볼쉐비키 폭력 정권 아래에서도 놀랍도록 훌륭히 살아남았고(많은 신자들은 종교 서적의 인쇄가 금지되었던 시대에 전례책 전체를 몽땅 외워버렸다), 또한 각양각색의 국가교회주의 체제 안에서도 그리스도교 고유의 것을 보존할 수 있었다.

그러나 이로써 문제가 완전히 제거된 것은 아니다. 사실 전례의 경직화보다 더 심각한 문제는 전례의 고립이다. 벤츠처럼 동방 정교에 깊은 호의를 갖고

있는 서방인조차도 전례의 독립화를 정교의 주요 문제점의 하나로 꼽아야 한다
고 생각하고 있다: "전례가 일종의 갑각甲殼이 되고, 교회가 마치 거북이처럼
그 속에 칩거하고는 그저 가끔씩 머리를 내놓는 그러한 **전례적 고립주의**"[285]
말이다. 그러므로 여기서 아무래도 러시아를 비롯해 정교 신앙을 지닌 나라들
의 사회적 세속화에 직면하여, 미래를 위해 중요한 물음들을 제기해야겠다.

미래를 위한 물음

참으로 그리스도교적이라고 주장하는 전례라면,

— **그리스도교 메시지 선포**에 바탕을 두고 있어야 하지 않을까? 이 선포는
복음과 시대에 맞갖아야 하는바, 전례 말미의 모모한 성인들에 대한 찬양 따
위에 의해 대체되어서는 안되며, 또한 정치 권력자들이 교회가 최대한 장엄
한 전례를 집전하는 데만 정신팔려 있는 것을 그저 기뻐하는 그런 때일수록
더욱 철저히 수행되어야 하지 않을까?

— **그리스도교 윤리의 실천**으로 귀결되어야 하지 않을까? 이 실천은 개인생
활에 국한되어서는 안되고 사회적 차원을 지녀야 하며, 특히 이 새로운 자유
의 시대의 경제·정치·문화 영역에도 삼투해야 한다. 그렇게 함으로써 미래
에는 사회정치적 충동과 추진력이 다시는 주로 교회의 적들이 아니라, 교회
자신으로부터 나와야 하지 않을까?

정교회의 또하나의 위험성은 **국가교회주의**이니, 이 체제 안에서 교회는 차르
와 공산당 서기장에게 매인, 국가와 정당의 말잘듣는 꼭두각시가 되곤 했다.
내가 지금까지 서술해온 교향악 모델의 전체 전개·발전 과정은 다음 사실을
너무나 뚜렷이 보여주었다: 오늘날에도 제거되지 않은, 그때그때의 정권에 대
한 러시아 정교회의 예속(많은 종교적 문제에서도)은 유별나게 오랜 신성(정당)화의 전
통을 지니고 있다. 이 전통은 15~16세기에 형성된 모스크바 국가교회주의에,
아니 비잔틴 전통에, 아니 더 나아가 바로 콘스탄티누스 대제에게 깊이 뿌리박
고 있다. 이 비잔틴-슬라브적 국가교회주의 전통을 염두에 두면, 왜 대부분의

정교회들이 1789년의 이념들, 곧 민주주의 · 교회와 국가의 분리 · 양심과 종교의 자유 등의 이념들을 못미더워했는지를 이해할 수 있다.

이 위험성은 현대의 **민족**(국수)**주의** 안에서 더욱 첨예하게 드러나고 있다. 물론: 수백 년 동안 터키인들의 지배 아래 있던 슬라브 민족들에게, 교회는 그들 고유의 정체성과 자주성을 잊지 않게 해준 마지막 보루였다. 그렇게 교회는 민족을 결합 · 정립 · 정당화하는 기능을 지니고 있었다. 그러나 이것에서 유래하는 민족주의 이데올로기는 그후의 정교회 역사에서 민족들의 적대감을 완화 · 억제하기는커녕 고조 · 가열시키는 도구로 너무나 자주 이용되었다. 바로 그렇게 교회가 수백 년간 민족주의를 억누르는 대신 부추겼기 때문에(가톨릭 교회는 크로아티아인들의, 정교회는 세르비아인들의 민족주의를 조장했다), 지금 옛 유고슬라비아에서 전개되고 있는 상황이 그처럼 광적인 행태를 보여주고 있다. 물론 민족주의는 폴란드나 아일랜드에도 그리고 몇몇 개신교 국가 안에도 존재한다. 아무튼 정교 세계 특유의 유혹과 위험이 있다면, 그것은 서방에서처럼 권력주의(가톨릭)나 주관주의(개신교)가 아니라 민족주의다!

국가와 종교의 지나치게 긴밀한 관계라는 위험성은 물론 정교회를 넘어 모든 그리스도 교회들에도, 아니 그리스도교를 넘어 모든 종교 특히 예언자적이고 유일신론적인 종교에도 존재한다. 여기서 세 예언자적 종교에 대해 절박한 물음들을 제기해야겠다:

유다교는 인류 역사에 엄청난 영향을 끼친 종교다. 그러나 동시에 이 종교는 하나인 민족 및 하나인 땅과 결코 떼어놓을 수 없게끔 결합되어 있다. 그러나 바로 그때문에 땅에 대한 종교적 정당화가, 다른 나라 사람들이 그 땅에서 함께 살아갈 수 있는 생존권을 거부하는 국가 이데올로기로 변질될 위험성이 존재하지 않는가? 또한 이 이데올로기가 일종의 대체종교로 둔갑할 위험성도 있지 않은가? 군대 대신 군국주의, 민족 대신 민족주의, 국가 대신 국가 우상화?

✝ 국가교회주의는 그들 나름의 입장에서 정교회를 비판하는 개신교, 영국교회(성공회) 그리고 부분적으로는 가톨릭 교회 안에도 존재한다. 그리고 동방의 교향악 모델(P II)에 대한 비판이 서방의 교황주의(P III), 개신교의 교회자치주의(P IV)와 관청교회들을 정당화하는가? 아무튼 국가교회주의는 그리스도교의 바탕인 성서에 부합하는가?

☾ 이슬람교는 모든 민족과 문화를 포괄하는 보편적 종교로 자임하고 있다. 그러나 또한 이슬람교는 종교와 사회의 분리를 한 번도 시도하지 않았다. 그때문에 이슬람교가 그때그때의 정치적 지배자들의 목적 달성을 위해 오용되었고, 전쟁을 종교적으로 정당화할 수 있는 위험성이 언제나 존재하지 않았던가? 이슬람 국가 안에서 이슬람 신앙에 터해, 지배자들과 유산계급에 맞서 종교의 예언자적 기능을 수행하는 일이 가능할까?

그리스도교의 거대한 둘째 패러다임, 즉 동방의 비잔틴과 슬라브 정교회의 역사 안에서 온갖 승리와 좌절을 맛본 헬레니즘 고대교회 패러다임을 분석해온 이 장을, 나의 다음번 책에서 이어질 현재의 도전과 미래의 가능성에 대한 성찰과 관련하여, 다음과 같은 희망을 표명하는 것으로 끝맺기로 한다:

이 패러다임의 교회들은 "공산당"이라는 우상이 무너지고 새 시대와 세계로 나아가는 이 전환기에, 현대와 현대의 참된 업적에 대한 두려움 없이, 옛 동구권에서 절실히 요구되는 것에 다음과 같은 것들을 통해 결정적으로 기여하기를!

— 온갖 인간·정당·국가숭배를 배척하는, 한 분 하느님께 대한 **갱신된 신앙**.

— 온갖 수동성·타성·냉소주의에 맞서 싸우는 **갱신된 윤리**.

— 온갖 영성 결핍과 통탄할 도덕의 타락과 맞서 싸우는 **갱신된 영성**.

— 고래의 전례 폐기가 아니라 복음의 힘에 터해 새롭게 하는 **갱신된 전례**.

— 다른 그리스도 교회들과 하나되고 다른 세계종교들과 평화를 이루며 모든 선의의 인간들과 협력하는 **갱신된 그리스도교적 인본주의**.

<더>

중세의 로마 가톨릭 패러다임

이 장에서 다룰 중·서 유럽의 "중세"medium aevum는 고대와 우리의 근·현대 사이에 자리하는 "중간 시대"다: 이 시대는 오늘의 우리에게 매우 낯설다(많은 점에서 그 전의 고대보다도 더!). 그리고 이 시대에 대한 역사학자들의 평가는 오랫동안 완전히 갈라져 있었다. 근년에 와서야 2중의 의견일치가 이루어졌는데, 그것은 다음과 같이 요약된다:

— 중세는 **그저 타락과 악화의 "암흑기"였던 것만은 아니다.**

"리나시멘토"Rinascimento(언어와 예술에서 전범적 고대의 부활)를 추구하던 인문주의자들은 이 암흑기를 몹시 경멸했다("땡중 라틴어", "고딕풍(기이한·교양 없는)").

그다음으로 종교개혁가들은 더 나아가 이 암흑기를 교황을 우두머리로 하는 성직자들이 지배한, 참된 그리스도 신앙을 배반한 시기로 단죄했다.

그래서 19~20세기 개신교 교회사가들도 이 암흑기를 교회와 신학에 아무 결실도 안겨주지 못한 (위클리프와 후스 같은 몇몇 "전前종교개혁가들"은 제외하고) 시기로 보았다.[1]

— 그러나 중세는 교회·신학·사회를 위한 규범적 힘을 지닌 **모범적 그리스도교의 이상적 시대였던 것도 아니다.** 그런 이상적 시대는, 반계몽주의적 낭만주의자들(노발리스와 가톨릭으로 개종한 여러 사람들)이 꿈속에서 꾸며낸 것이요,

그다음으로는 19세기 독일 민족주의 역사가들이, 최소한 중세의 황제직(호헨슈타우펜 왕가에서 정점에 이름)과 관련하여, 애국심에 불타올라 미화했던 것이며, 신낭만주의·신고딕·독일의 라파엘 전파前派 그리고 신그레고리우스주의와 신스콜라학이 교황지상권至上權주의의 기치 아래 부활시키고자 희망했던 것이요,

끝으로 오늘날에도 그 옛날의 "그리스도교 유럽"을 꿈꾸는, 2차 바티칸 공의회를 거스르는 로마의 반동反動이 자신의 "재再복음화 캠페인"의 본보기로 삼고 있는 것이다.[2]

1 중세 연구의 변천

중세가 얼마 동안 지속되었는지에 관해서는 오늘날도 논란이 많다. 사실 17세기에야 유럽에서 "고대·중세·근대"로 나누는 것이 통상적인 일이 되었다. 역사학자들의 중세 **시기 산정**은 서로 상당히 다른데, 여기에는 주지하다시피 국가적·종교적 그리고 때로는 개인적 관점들이 상당한 영향을 미친다.

중세 패러다임의 시기 산정

시기 산정 문제가 어찌 결판나든간에, 여기서 분석할 중세 로마 가톨릭 패러다임(P III)은 앞 장에서 다루었던 헬레니즘 고대교회 패러다임(P II)과 뚜렷이 구별되지만, 그러면서도 매우 점진적으로 형성되었다는 것에 관해서는 오늘날 이론의 여지가 없다. 모든 **패러다임 전환**은 (종교개혁 같은 비교적 급작스런 전환조차도) 사실 선행 패러다임 안에서 준비되는 것이다.

중세 패러다임의 본질적 **전제들**은 아직 고대교회 헬레니즘 패러다임에 의해 널리 꼴지어져 있던 고대 후기에 이미 모습을 드러냈다. 멀리서, 다시 말해 비잔틴과 동방의 관점에서 이미 윤곽을 드러냈던 것을, 이제는 가까이서, 즉 로마와 서방의 관점에 터해 정확히 분석해야겠다. 아무튼 아래에 열거하는 일들이 없었다면, 서방에서 새로운 중세 패러다임은 생겨나지 않았을 것이다:

— 콘스탄티누스에 의한 그리스도교 로마제국의 동·서 분할. 이 분할은 테오도시우스 대제의 사망(395) 이후 결정적인 것이 되었다.

— 서방 신학의 아버지인 아우구스티누스(†430)의 신학.

— 사도 베드로를 끌어대며 교회 그리고 마침내 국가 안에서도 갈수록 막강한 권력을 장악한 4~5세기 교황들의 정치.

새로운 중세적 패러다임의 **기원**을 추적하기 위해서는, 패러다임 전환의 **원인**遠因이 된 중요한 발전과정들을 고찰해야 한다:

— 5~6세기 게르만족의 이동: 476년 서로마제국의 멸망과 498~99년 메로빙거 왕조의 프랑크 왕 클로도비스의 가톨릭 세례.

— 예언자 무함마드의 등장(622년 이슬람력曆이 시작됨)과 아랍인들에 의한 옛 제국의 동·남 지중해 지역 국가들의 정복.

— 칼 대제(†814)에 의한 그리스도교 제국의 부활.

그러나 서방교회에서 로마 가톨릭 패러다임을 **관철**시키고, 그리하여 패러다임 전환을 **성취**한 것은 뭐니뭐니 해도 11세기의 그레고리우스 개혁이었다(물론 동방 교회가 떨어져나가는 대가를 치러야 했지만). 이 중세 패러다임은 그후 12~13세기에 정점이자 전환점에 이르렀고, 14~15세기에 총체적 위기에 봉착했으며, 16세기 초 (마르틴 루터의 종교개혁과 서방교회의 분열을 통해) 그 경직성을 세상에 드러냈다.

또한 분명히 드러난 사실: 이 패러다임은 가톨릭 교회의 반종교개혁과 반근(현)대주의에서뿐 아니라 오늘날에도, 많은 전통적인 가톨릭 신자들의 사고와 정서의 틀을 꼴지어놓고 있다(그들이 의식하건 못하건간에). 그러므로 우리도 이 패러다임을, 역사적 간격을 유지하기보다는 당시 역사의 당사자라는 입장에서, 또한 언제나 오늘날의 현안들을 염두에 두고, 좀더 정확히 분석해야 한다. 다시 한번 강조하자: 나는 여기서 로마 가톨릭 중세 **역사**를 상세히 "이야기"하려는 의도는 없다. 오히려 (물론 이야기도 하겠지만) 그리스도교의 중세적 **패러다임**을 "분석"하고자 한다. 다시 말해, **오늘날에도 널리 통용되고 있는** "신념·가치·행동양식 등의 **총체적 상황**"을 서술하고자 한다. 이것은 우선 하나의 선결문제를 다루게 되면, 곧 뚜렷이 드러날 것이다.

게르만 패러다임?

그리스도교 유럽은, 레오폴드 랑케 이래 흔히 생각해온 것처럼, "그리스도교와 게르만과 고대"의 산물인가? 앞에서 보았듯이, 비잔틴·슬라브적 요소 또한 본질적으로 유럽의 일부라는 사실은 일단 논외로 하자. 아무튼 게르만적·독일적인 것과 로마적·고대적인 것의 대립(이것은 지난 세기 민족주의적 독일 역사학이 교회사와 교회법사에서도 과장·남용했다)은, 오늘날 이미 폐기된 전선戰線 설정으로 볼 수 있다.

독일 역사학자 안게넨트는 중세 연구의 현황에 대한 비판적 개관에서, 역사학이 2차대전 이후 어떻게 "게르만주의 콤플렉스로부터 근본적으로 해방되었는지 그리고 어떻게 연구를 국제화"했는지를 밝힌다.[3] 어쨌든 오늘날에는 아무도 이른바 언제까지나 변하지 않는다는 "게르만의 본질"("게르만 독일적 인간", "독일적 정치" 그리고 "독일적 생활방식"의 역사적 바탕이라는)에 관해 말하거나, 그것을 로마적·"남유럽적"인 것과 대립시키려 하지 않는다. 왜 그러한 역사적 게르만주의는 허구이며, 또 그래서 극복되어야 했던가? 안게넨트는 두 사실에 주목한다:

첫째, 게르만성性이란 게르만 종교와 마찬가지로 통일적 실재가 아니었다. "게르만인들"이 언어적 동질성을 통해 결합되어 있긴 했지만, 중세 초기에도 이 언어적 동질성이 공동의 사회의식을 확립하지는 못했다. 그리고 "게르만적 사유교회(재산법과 교회법에 따라), 영주의 사유재산인 교회[4]"도, 또한 성실·자주·신의·순종·내성內省·겸손·공동체 의식과 같은 "게르만적 덕성들"[5]에 의해 특징지어진다는 이른바 "게르만 민족성"이나 "게르만적 종교성"도 순수 게르만적인 것은 아님이 밝혀졌다.

둘째, 중세 초기에 로마제국의 행정적·유기적 상부구조가 와해되었지만, 적어도 고대 후기의 일상적 문화는 (장소와 시기에 따라 차이가 많지만) 그후에도 오래 존속했다. 그래서 그 문화는 게르만인들을, 온갖 혼란에도 불구하고, 여러 가지로 고대세계와 연결시켰다. 그러므로 게르만적인 것과 로마적·고대후기적인 것은 깔끔하게 구별되지 않는다. 고대 후기에 형성된 그 많은 사상·관념·행동양식·제도들(예컨대 왕권신수설, 왕조 개념, 대장원大莊園 제도 등)은 굳건히 존속했다. 그러나 또 한편 그것들은 중세 초기에 흔히는 게르만인들의 아주 오래된 신앙 관념들 및 관습들과 혼합되었다: 윤리보다는 의식儀式, 로고스(이성)보다는 신화, 주술적 사고, 마술, 악마 신앙, 성유물 존중, 맹세 등. 이 모두가 게르만족 특유의 것도, 또 켈트족(서유럽 넓은 지역에 살았다) 고유의 것도 아닌 그야말로 고대적인 것으로서, 단순한 문화적 수준에 있는 모든 민족의 심성을 특징짓는 것들이다.

라틴 패러다임?

도출되는 결론: 중세적 패러다임은, 비록 게르만인들이 그것의 형성에 매우 중요한 역할을 했지만, 그럼에도 전형적으로 게르만적이라고 말할 수는 없다.

오히려 서방적 패러다임은 게르만적이라기보다는 무엇보다도 **라틴적**으로 꼴지어져 있다. 왜냐하면 **라틴어**가 서방교회와 신학, 법률과 국가의 **공식 언어**가 되었고, 또 그렇게 수백 년이 흘렀기 때문이다.

주지하다시피 처음 백 년간은 서방 그리스도교계의 언어도 코이네Koine 그리스어였다. 이 언어는 전 로마제국 도시주민들의 국제어였으니, 식자만이 아니라 상인·무역업자도 사용했으며, 따라서 자연스럽게 교회와 이교 예식에서도 사용되었다. 성서, 신경信經, 최초의 신학 저작들만 그리스어로 씌어진 것이 아니었다. 로마 시 전례조차 그리스어로 집전되었다. 상당히 오랜 과도기를 지난 후에야, 밀라노를 본받아, 360년에서 382년 사이에, **라틴어가 예배에** 전반적이고 최종적으로 도입되었다.[6] 콘스탄티누스가 제국의 새로운 수도로 콘스탄티노플을 창도한 이후, 동방은(앞에서 보았듯이 인구는 적당하고 경제·군사적으로 서방보다 강력했다) 국가와 교회에서 당연히 그리스어 사용을 고수했고, 라틴어는 갈수록 무시했다. 서방에서는 정반대였다: 여기서는 3~4세기에 라틴어 선호 때문에 그리스어가 사라졌고, 라틴어는 이제 그리스도교화와 더불어 갈수록 중시되었다.

이 그리스도교의 교회 라틴어는 북아프리카에서 생성·발전되었는데, 여기서 고유한 **라틴 신학**도 생겨났다. 라틴 신학은 그리스 신학보다 거의 백 년 늦게 테르툴리아누스(150·155~222년 이후)와 함께 태동했다. 유능한 법률가인 이 평신도 신학자는 여전히 그리스어로 저술했고, 또 소재와 문제제기 방식 때문에 종종 마지막 그리스 호교가로 불리기도 한다. 그럼에도 테르툴리아누스와 더불어 전형적 라틴 신학이 첫 발언을 하게 되었던바, 교회사가 폰 캄펜하우센이 상술한 대로다: "신학의 힘차고 진지하며 실천적인 지향으로, 오성의 현실적이고 법률적이며 심리적인 성향으로, 사회와 공동체 그리고 견실한 정치적 단체인 교회에 대한 관심으로, 또한 의지와 규범 그리고 기율의 강조로, 테르툴리아누스는 과연 최초의 라틴 교부로 등장한다."[7] 하지만 라틴 신학은 처음에는 여전히 전적으로 그리스 신학풍의 그늘 안에 머물러 있었다. 말하자면 성령께서 동쪽에서 서쪽으로 불어가셨던 것이니, 이 사실은 라틴어로 번역된 그리스어 문헌들의 숫자가 말해준다 — 라틴어 문헌의 그리스어 번역은 훨씬 적었다.

라틴 그리스도교계의 신학적 관심은 처음부터 동방 신학과는 다른 곳에 정향定向되어 있었다:

● 매우 철학적 성향을 지닌 **그리스 정신**은 무엇보다도 그리스도론과 삼위일체론의 이론적 문제들에 몰두했다. 그리스 정신의 근본 관심사는 성부·성자·성령의 관계, 하느님의 사람되심과 인간의 신화神化 가능성 같은 형이상학적·사변적 문제들이었다.

● 실천적 성향이 강한 **로마 정신**은 참회·그리스도교적 생활방식·교회질서 같은 사목적 문제에 집중했다. 로마 정신의 주요 관심사는 죄·속죄와 사죄·교회 조직·직무·성사 등 심리적·윤리적·규율적 문제들이었다

어쨌든: 서방 라틴 그리스도교계는, 카르타고의 걸출한 주교 **키프리아누스**(테르툴리아누스보다 한 세대 뒤의 사람으로서, 아프리카 교회의 위대한 정신적 지도자요 로마에 맞선 주교 자치권의 옹호자이며 인기있는 신심 고취 서적들의 저자였다) 같은 인물들이 있긴 했지만, 4세기 중반까지도 정신계를 주도하던 동로마-그리스 그리스도교계의 부록 정도로 보였다. 이것을 뚜렷이 말해주는 사실: 보편(세계) 공의회들은 하나같이 동방에서 개최되었고, 서방의 참여는 매우 미미했다(대개 로마 주교의 사절들만 참여). 4세기에야 그럴듯한 신학자들이 등장했는데, 그들은 애써 그리스 사람들의 학교를 찾아가 배웠다(예를 들어 영적 성서주석은 필로·오리게네스·니싸의 그레고리우스에게, 사변 신학은 카파도키아 교부들에게). 힐라리우스, 루피누스, 히에로니무스 그리고 누구보다도 밀라노의 주교로서 그리스적인 것과 라틴적인 것을 유기적으로 결합시킬 줄 알았던 **암브로시우스**가 그들이었다. 그러나 5세기 중엽에는 라틴 서방이 그리스 동방을 신학적으로 따라잡게 되었다. 어떻게? 그것은 곧 라틴 교회의 "그" 신학자가 될 터인 아우렐리우스 아우구스티누스의 필생의 작업 덕분이었다.

② 신학의 새로운 패러다임 창시자: 아우구스티누스

그리스도교 세계에서, 바울로 이후 루터까지, 신학과 교회에 아우구스티누스[8]보다 큰 영향을 끼친 인물은 없다. 아우구스티누스의 삶·작품·영향에 관해서

는 나의 최근 저작「그리스도교의 위대한 사상가들」에서 다룬 바 있기 때문에, 여기서는 다음 문제를 집중적으로 고찰하기로 한다: 아우구스티누스는 서방의 라틴 중세 패러다임을 신학적으로 어느 정도나 확립했던가? 무엇이 그를 신학의 새로운 패러다임 창시자로 만들었는가?

라틴 신학

두 가지 기본 명제로부터 출발하자:

— 아우구스티누스는, 어떤 신학자와도 달리, **서방 신학과 신심을 꼴지었다.** 그리하여 그는 중세적 패러다임의 신학적 아버지가 되었다.

— 아우구스티누스는, 서방 교부로는 거의 유일하게, **동방에 의해 배척**당했다.[9] 이 사실은 그리스도교 세계 안에서 고대교회 헬레니즘 패러다임으로부터 라틴 중세 패러다임으로의 전환이 사실상 아우구스티누스에 의해 시작되었음을 말해주는 또하나의 증거다.

오늘날 동시에 깊이 유념해야 할 두 가지: 아우구스티누스를 동방 신학에서처럼 무시해서는 안된다. 그러나 또한 서방의 많은 해설에서처럼 아우구스티누스를 거의 모든 비판에서 제외시켜서도 안된다. 오히려 그는 **새로운 패러다임의 창시자**로서 여러 면에서 꼼꼼히 평가되어야 한다. 패러다임 전환은 진보만을 뜻하지는 않으며, 거기에는 득과 실이 모두 있기 때문이다. 본디 매우 세속적이었던 이 남자, 참으로 천재적인 사상가요 날카로운 변증가, 천부적인 심리학자, 빼어난 문장가 그리고 어디까지나 열정적 그리스도인이었던 아우구스티누스가 자신의 극히 다양한 체험을 신학적으로 삭혀내어 우렁찬 종합을 이루어냈을 때, 사실상 신학의 새로운 패러다임이 생겨났다.

오리게네스는, 앞에서 보았듯이, **철저한 그리스인**이었다(히브리어 지식도 상당했다). 그러나 아우구스티누스는 애당초 온 몸과 마음으로 **라틴 사람**이었다:

— 아우구스티누스는 오리게네스가 죽은 지 꼭 백 년 후인 354년, 로마제국의 속주 누미디아(오늘날의 알제리)에서 로마 시민인 시청 관리의 아들로 태어났다.

— 그가 자유로이 구사한 언어는 라틴어였다. 그는 그리스어 배우기를 싫어했

다. 이름난 라틴 철학자들 가운데 사실상 그리스어를 모르는 사람은 아우구스티누스뿐이었다.

— 그는 카르타고에 연대감을 느끼지 못했고, 아테네와 비잔틴에 대해서는 더욱 그러했다. 오히려 로마와 결속되어 있다고 느꼈으니, 그에게 로마는 여전히 세계의 수도였고 이제는 또한 교회의 중심이었다.

— 그는 동방의 탁월한 교부들, 카파도키아·안티오키아·알렉산드리아 학파와 거의 교류하지 않았다. 간단히 말해서: "아우구스티누스의 교양은, 전적은 아닐지라도, 서방적인 것 안에, 라틴어 안에 바탕을 두고 있다"(마루).[10] 그는 라틴어 번역본을 구할 수 있는 경우에만, 그리스어 교회 문헌을 참조했다.[11]

또 한 가지: 오리게네스가 아직 이교적이고 적대적인 환경에서 젊을 때부터 순교까지도 각오한 확신에 찬 그리스도인으로서 자기 길을 걸어갔던 데 비해, 아우구스티누스는 이미 널리 그리스도교화된 환경에서 젊은 시절 처음에는 그리스도교를 거부했고, 많은 방황과 갈등을 겪고 나서야 세속에서 벗어나 그리스도인 실존의 길을 발견했다. 391년 사제가 되었고, 396년에는 히포 레기우스(오늘날 알제리에 있음)의 주교가 되었다. 그러나 그로써 위기의 시절이 지나간 것은 아니었으니, 교회직무를 수행하는 가운데 새 시대를 여는 대결에 휘말려 들어갔다. 이것 또한 다음 사실의 증거다: 모든 새로운 패러다임은 (새로운 라틴 패러다임 역시) 새로운 총체적 구조조정을 초래하는 다층적多層的 **위기**에서 생겨난다.

교회의 위기 I: 어느 것이 참 교회인가?

아우구스티누스는 35년 동안 주교로 재임했다. 그는 대부분 기혼인 다른 주교들과는 달리, 죽을 때까지 자신의 사제들과 부제들 그리고 다른 성직자들과 함께 엄격한 규칙을 따르는 "공동생활"을 했다. 그는 독신과 가난의 서원 그리고 검은색 의복 착용을 통해 이미 외견상 민중들과 구별되었다. 그러나 이 수도자적 이상은 그리스식으로 금욕·고행에 의해서가 아니라, 무엇보다도 일치와 사랑 안에서의 공동생활에 의해 규정되었다. 중세는 그의 본보기를 따르는 주교좌 성당 참사회들과 함께 자신의 등장을 알렸다. 아우구스티누스는 주교로서 두 가지 위기에서 주요 역할을 해야 했는데, 이 위기들은 북아프리카 교회를 뒤흔들어 놓았을 뿐 아니라, 아우구스티누스 자신에게도 새로운 변화를 강요했으며, 마침내 서방 라틴 교회 전체에 큰 영향을 끼쳤다. 여기 아프리카에서 유럽 교회의 모습이 결정되었다.

우선 **도나투스파 위기**가 발생했는데, 이것은 **아우구스티누스와 전 서방**의 매우 **제도적이고 위계적인 교회관** 형성에 큰 영향을 끼쳤다.[12] 그 배경: 가톨릭 교회는 4세기 들어 이미 상당히 세속화된 대중 교회가 되어 있었다. 그러나 바로 북아프리카에서 여러 집단이 순교와 엄격한 교회 규율의 시절을 아직도 생생히 기억하고 있었거니와, 테르툴리아누스와 키프리아누스의 매우 영적인 교회관·성사관에 따르면, 만일 세례나 서품이 자격 없는, 특히 박해중에 "걸려넘어졌던" 주교나 사제에 의해 집전된 경우에는, 성령이 임하시지 않은 가운데 베풀어진 것이며, 따라서 무효라는 것이었다. 그러므로 그 세례와 서품은 다시 받아야 했다. 이때문에, 이미 콘스탄티누스 전환 전 약 130년 동안, 대교회의 이완을 비난하던 엄격주의파가 대교회로부터 떨어져나갔다. 콘스탄티누스 전환 이후 북아프리카 주교의 과반수가 엄격주의파에 속했는데, 이제 이들은 우두머리인 도나투스 주교(†355)의 이름을 따라 **도나투스파**로 불렸다.

분열이 발생한 지 85년 후, 아우구스티누스가 히포의 가톨릭 신자들의 주교가 되었을 때에도 교회 내의 갈등은 제거되지 않았다. 그리고 **박해받던 교회**가 이제는 **박해하는 교회**로 되어야 했다. 어떻게? 가톨릭 교회가 테오도시우스 황제 때 사실상 국가종교가 되고 정통신앙이 확립된 이후, 테오도시우스의 후계자 호노리우스는 도나투스파를 강제로라도 가톨릭 교회로 복귀시키라는 명령을 내렸다. 호노리우스는 도나투스파의 예배를 금지했고, 재산 몰수와 추방으로 그들을 위협했다. 국가의 승인을 받은 가톨릭 교회만이 언제까지나 남아 있어야 했다. 제도로서의 교회, 은총의 수단들(성사들)과 구원의 기관인 교회에 대한 개인의 복속 — 이것이 라틴 그리스도교의 특징이 될 터였다!

본보기로서 어려운 시험이 곧 시작되었다. 아우구스티누스는 도나투스파가 다수인 히포에서 처음부터 **교회 일치**를 위해 진력했다. 그는 그리스도인으로

서 아프리카 교회의 일치가 깨어진 것을 가슴아파했는데, 신플라톤주의자이기
도 한 그에게는 무엇보다도 일치가 진眞과 선善의 표지였다. 아무튼 참 교회는
자폐自閉적인 특수 교회에 의해서는 표현될 수 없고, 오직 (예루살렘과 로마와 동방의 큰
교회들과의 친교 안에 있는) 보편(세계)적인 교회에 의해서만 표현될 수 있었다: 크고 갈
수록 확장되며 세상을 흡수하는, 성사들을 갖추고 정통신앙을 지닌 주교들에
의해 이끌어지는 **가톨릭 교회**Ecclesia catholica가 그것인바, 아우구스티누스는 이
교회를 신앙인들의 "어머니"라고 지칭했다. 아우구스티누스가 여기서 그렇게도
강조한 보편성이 중세 패러다임에서 매우 중요한 의미를 지니게 될 터였다.

　물론 아우구스티누스도 알고 있었다: 이 하나요 거룩하고 보편적인 교회는
이 땅 위에서는 완전하게 되지 않는다. 사실 많은 사람들이 "온 마음으로"가
아니라 그저 "육으로" 교회에 속해 있다. 현실의 교회는 **순례하는 교회**이며,
밀과 가라지를 가려내는 일은 최후의 심판관에게 맡겨두어야 한다. 그러므로
참 교회는 거룩한 자들·예정된 자들·구원된 자들의 교회요, 볼 수 있는 교회
안에 감싸여 있으나 인간들에게는 감춰져 있는 교회다. 그러므로 교회의 **성사**
와 관련해서는, 한편 유효성과 다른 한편 적법성 및 효력을 구별해야 한다. 결
정적으로 중요한 것은, (혹시 자격이 없을 수도 있는) 주교나 사제가 아니라, 하느님이
그리스도 안에서 행하시는 일이다. 성사들은, 만일 교회가 규정한 대로 집전되
기만 했으면, 수여자들의 주관적 자격과는 전혀 관계없이, 객관적으로 유효하
다(언제나 합법적이고 효력이 있는 것은 아닐지라도). 그래서 중세에 들어와 사람들은 성사의
"사효성"事效性(ex opere operato)이라는 말을 하게 될 터였다: 성사는 수여 행위 자
체에 의해 유효하다.

　이 심각한 대결은 물론 근본적인 정화로 귀결되었고, 아우구스티누스는 전체
서방 신학에 **세분화된 교회론과 성사론을 위한 범주들, 해식**解式**들 그리고
간결한 정식**들을 제시했다: 교회는 가시적 실재이면서 동시에 비가시적 실재
인데, 이 둘은 단순히 합치되지 않는다; 이것에 터해 교회의 일치·보편성·성
성聖性·사도성을 어떻게 개념해야 할 것인가; 말씀과 성사는 어떻게 결합되어
있는가: 말씀은 들을 수 있는 성사요, 성사는 볼 수 있는 말씀이다; 성사신학

에서 본本 수여자(그리스도)와 도구적 수여자(주교·사제)를 어떻게 구별할 수 있으며, 또 그것에 터해 유효성 문제를 어떻게 해결할 수 있는가 등등.

종교 문제에서의 폭력

사형까지 포함한 수많은 강제조치를 동원했음에도 대교회와 (콘스탄티누스 이래 언제나 "일치"에 관심이 많던) 국가는 새삼 다시 생겨나는 열교裂敎적·이단적 대립교회들을 근절하는 데 성공하지 못했다. 마침내 아우구스티누스는 (경찰의 난폭한 행동이 거둔 성공에 감명을 받아) 이단자와 열교자들에 대한 폭력을 신학적으로도 정당화해야 한다고 생각했다. 그래서 하필이면 큰 잔치 비유(루가 14,15-24)에 나오는 예수의 말씀(라틴어로 번역하면서 더 격해졌다)을 끌어댔다: "한길과 울타리 쪽으로 나가서 '억지로라도'('자꾸 권하여' 대신) 사람들을 들어오게 하여 내 집을 채우도록 하여라."[13]

그 결과: 하느님의 사랑과 인간의 사랑에 관해 그토록 설득력있게 말할 줄 알던 주교요 그리스도인이었던 아우구스티누스는, 도나투스파로 인한 위기의 와중에 행한 이 치명적 논증 때문에, 모든 세기에 걸쳐 주요 증인으로 내세워지는 것을 감수해야만 할 터였다. 무엇에 대한 증인? 온갖 부류의 이탈자들에 대한 **강제 개종, 종교재판 그리고 성전**聖戰**의 신학적 정당화**를 위한 증인 말이다. 과연 이러한 정당화는 중세 패러다임의 한 가지 특징이 될 터였는데, 그리스 교부들이 주장하던 것과는 너무나 달랐다.

가장 정보 많고 가장 실감나는 아우구스티누스 전기를 쓴 피터 브라운은 옳게 말했다: "아우구스티누스는 집요하게 자신을 비난하는 자들에게 응수하는 가운데, 가톨릭 신자 아닌 사람들을 억압하는 국가의 권한을 포괄적으로 정당화하는, 초기 교회 역사에서 유일한 논증을 전개했다."[14] 물론 아우구스티누스는 너무나 많았던 비가톨릭 신자들을 (훗날 종교재판소가 작은 이단종파들을 그렇게 했듯이) 뿌리뽑을 수도 없었고, 또 그렇게 하려고 하지도 않았다. 그는 다만 그들을 바로잡고 귀정歸正하게 하려 했을 따름이다. 그러므로 브라운은 다시금 옳게 말했다: "아우구스티누스를 최초의 종교재판 이론가라고 말할 수도 있을 것이다. 그러나 그는 종교재판장이 될 수 있는 입장에 있지 않았다."[15]

교회의 위기 II: 인간은 어떻게 구원되는가?

확실한 것: 지칠 줄 모르는 설교자요 성서 해석자인 아우구스티누스는, 주교로서 (그 이후의 그렇게나 많은 주교들처럼) 사람이 크게 바뀌었다. 예전보다 더 제도적 사고, 엄격함, 비관용 그리고 또한 비관주의로 기울었다. 이러한 현상은 그가 또 한번 중요한 역할을 한 두번째 심각한 위기, 즉 영국 출신의 신망 높은 평신도 수사 **펠라기우스**로 인해 야기된 **위기**에서 더욱 뚜렷이 나타났다. 이 위기는 **죄와 은총에 관한 아우구스티누스의 신학**을 **엄격하고 꽉 째이게** 만들었으나[16], 중세뿐 아니라 개신교 종교개혁과 가톨릭 얀센파 안에도 단호한 옹호자들을 보유했다.[17] 도대체 무엇이 관건이었던가?

금욕고행자요 박식한 도덕가이며 아리우스파를 철저히 반대한 **펠라기우스**는 400~411년 로마에서 주로 평신도 사이에 활동했다. 그는 마니교와 아직도 널리 퍼져 있던 부도덕한 이교에 맞서 열정적으로 싸웠는데, 부유한 로마 사회의 이름뿐인 이완된 그리스도교도 못지않게 격렬히 비난했다. 그런데 오리게네스에게서 영감을 받은 펠라기우스는, 악을 무찌르기 위해 인간의 **의지**와 **자유**에 큰 비중을 두었다. 그가 중시한 것은 인간의 자기 책임과 실천적 행위였다.

물론: 펠라기우스도 모든 인간에게 하느님의 은총이 필수불가결하다는 것을 인정했다. 그러나 그는 은총을 어떤 외적인 것으로, 아무튼 아우구스티누스처럼 인간 내면에서 작용하는 힘으로 이해하지 않고 일종의 연료 비슷하게 이해했다. 은총은 펠라기우스에게는 죄의 용서였는데, 이것은 그에게도 인간이 공로 없이 얻는 하느님의 선물이었다. 그리스도의 도덕적 훈계와 모범 또한 은총이었다. 의심의 여지 없는 것: 펠라기우스 역시 세례를 통해 인간의 의인義認이, 인간의 업적과 공로 없이 이루어진다고 믿었다. 그러나 일단 그리스도인이 되었으면, 자유의지라는 칼을 들고 자신의 행위를 통해 구원에의 길을 헤쳐나가야 한다 — 구약성서의 계명들과 그리스도의 모범을 따라. 이것이 펠라기우스의 근본 관심사였다. 그리고 이것은 그야말로 합리적인 신학이 아니었던가?

그러나 아우구스티누스는 펠라기우스의 교설이 자기 인생 체험의 아픈 상처를 건드리는 것을 느꼈다. 아니, 자기 신앙의 가슴 한복판을 찌른다고 느꼈다.

그는 회심하기 전 진저리나는 세월 동안 인간이 스스로 할 수 있는 것이 얼마나 보잘것없는지를 뼈저리게 체험하지 않았던가(「고백록」을 보라)! 인간의 의지란 얼마나 허약한가! 성욕에서 정점에 이르는 육의 욕구concupiscentia carnis가 인간이 하느님의 뜻을 행하지 못하도록 그 얼마나 방해하는가! 그래서 인간은 당초부터 하느님의 은총이 끊임없이 필요하지 않은가 — 인간의 지향志向을 차후에 떠받쳐주기 위해서가 아니라, 본디부터 악하고 그릇될 수도 있는 지향 자체를 위해! 이러한 관점을 염두에 두면, 아우구스티누스의 거친 반론이 이해가 간다.

원죄와 이중예정

이 반론은, 아우구스티누스가 이 세상의 온갖 비참함 뒤에는 모든 인간에게 작용하는 강력한 죄가 숨어 있다는 확신을 지니고 있었기에 더욱 철저했다. 이것은 물론 고대 후기 많은 이교도의 확신이기도 했으나, 아무튼 아우구스티누스는 최초의 범죄에 관한 신학을 통해 이 확신을 강화했다: 이 "원原사건"을 역사적이고 심리적으로 그리고 특히 성性적으로 이해함으로써. 아우구스티누스에 의하면, 과연 인간은 아담의 타죄墮罪에 의해 깊이 손상되었다. "**그**(아담) **안에서** 모든 사람이 죄를 지었습니다"(로마 5.12). "그 안에서"in quo: 아우구스티누스가 사용한 당시의 라틴어 역본에는 이렇게 되어 있다. 그리고 그는 "그 안에서"를 아담과 결부시켰다. 그러나 그리스어 원문에는 단순히 "모든 이가 죄를 지었기 **때문입니다**eph'ho" — 또는 달리 옮기면 "'그를 따라' 모든 이가 죄를 지었습니다" — 로 되어 있다! 그러면 아우구스티누스가 로마서의 이 구절에서 읽어낸 것은 무엇이었던가? 그는 아담의 최초의 죄만이 아니라, **원죄**를 읽어냈다! 모든 인간이 태어날 때부터 선천적으로 지니고 나온다는, 말하자면 유전으로 물려받는다는 죄 말이다. 아우구스티누스는 바로 여기에 모든 인간의, 비록 갓난아기일지라도, 육신과 영혼이 손상되어 있는 원인이 있다고 보았다. 인간은, 만일 세례를 받지 않으면, 영원한 죽음에 떨어질 것이다.

그러나 더욱 나쁜 것: 성의 막강한 힘에 대한 개인적 체험과 마니교에 심취했던 과거 경험에 터해, 아우구스티누스는 (원죄에 관해서는 한 마디도 하지 않았던 바울로와는 달리) **원죄**의 전달을 **성행위와**, 또 그것과 관련된 "육적"(이기적) 욕구와 **결부**시켰다.[18] 아우구스티누스는 성을 요컨대 인간 본성 한가운데 있는 것으로 보았다. 사실 어떤 신학자가 이런 문제에 관해 아우구스티누스보다 더 잘 이해하고, 또 인간 내면의 움직임을 그보다 잘 서술할 수 있었겠는가?[19] 고대의 어떠한 문사文士도 아우구스티누스만큼 분석적 자기성찰 능력을 지니지 못했다.

그러나 이러한 해결 시도로부터 또하나의 문제가 생겨났다: 하느님이 (손상된) 인간 안에 온갖 선한 것이 생겨나도록 하시는 분이라면, 그렇다면 **은총과 자유의 관계**는 어찌 이해해야 하는가? 만일 모든 것이 하느님의 은총에 의해 생기고 또 선한 의지조차도 하느님께 선사받아야 한다면, 그렇다면 인간의 자유는 도대체 어디에 남아 있는가? 아우구스티누스의 확신: 하느님의 은총이 인간의 자유에 의해 촉발되는 것이 아니라, 오히려 거꾸로, 인간의 의지가 하느님의 은총에 의해 비로소 자유를 향해 나아가는 것이다. 은총은 인간의 힘으로 얻어낼 수 없으며, 다만 선사된다. 오직 하느님의 선물만이 인간 안에서 모든 것을 성취하며, 인간의 구원의 유일한 바탕이다. 자유로이 베풀어지는 이 은사는 죽을 때까지 인간에게 언제나 필수불가결하며, 물론 인간의 끊임없는 협력을 요구한다.

그러나 구원받지 못하는 사람들이 그렇게도 많은 것은 무슨 까닭인가? 펠라기우스파와의 논쟁에 깊이 빠져들수록, 아우구스티누스의 입장은 점점 더 엄격해졌다. 이것은 그의 **이중예정설**(지복至福 또는 영겁의 벌로의 예정)에서 가장 뚜렷이 드러난다.[20] 이 예정설은 서방 그리스도교계에 그야말로 무서운 영향을 끼치게 될 터였다. 아우구스티누스에 의하면, 하느님은 천사들의 타죄로 인해 생겨난 균열을 다른 이성적 존재들(영지주의적·마니교적 표상!)로 다시 채우시기 위해, 처음부터 "영벌을 받을 큰 무리"와는 달리, 비교적 소수의 굳게 서 있는 사람들만 지복에로 예정하셨다. 그러나 이러한 교설이 하느님의 자비에 대한 긍정과 양립할 수 있는가? 전적으로! 왜냐하면:

— 어떠한 요구도 하지 않고(인간의 공로를 기대하기는 하지만) 영원한 **지복**을 선사하시는 하느님의 **자비**가 인간의 구원에서 뚜렷이 드러난다.

— 대다수 인간들의 영벌에서는 그러나 하느님의 **의로우심**이 드러나는데, 하느님은 악을 원하시지는 않지만 _(인간의 자유의지를 고려하여) 허용하시며, 그래서 대다수의 인간들이 영원한 **저주**에 이르는 길을 가도록 내버려두신다. 만유의 화해에 관한 오리게네스의 교설과 너무나 다른 이 교설은, 칼뱅이 끝까지 밀고나갈 터였다. 이제 절박한 반문을 제기하지 않을 수 없다.

반문: 성의 억압 — 은총의 물화?

이론의 여지 없는 것: 아우구스티누스는 행업을 통한 득의得義에 경도傾倒하던 **서방 신학에게 바울로의 의인義認론**(이것은 유다계 그리스도교의 소멸과 더불어 헬레니즘 그리스도교에서 모든 현실성을 상실했다)**과 또한 따라서 은총의 중요성을 일깨워**주는 데 큰 공헌을 했다. 동방 신학이 요한계 문헌의 영향을 매우 크게 받았고, 또 인간의 신화神化에 관한 논구 때문에 의인과 관련하여 바울로가 제기한 문제들을 거의 무시했던 반면, 아우구스티누스는 자신의 인생 체험과 바울로에 대한 깊은 연구에 터해 은총을 바로 서방 신학의 중심주제로 만들었고, 또한 이 분야에서 이해하기 쉬운 간결한 라틴어 정식定式들을 매우 많이 고안했다. 고대 라틴 교회에 널리 퍼진 도덕주의(이것은 지나치게 인간의 행업에 바탕을 두고 있었다)에 맞서, 아우구스티누스는 모든 것이 하느님의 은총에 바탕을 두고 있음을 밝혔다: "그대가 가진 것으로서, 받지 않은 것이 무엇인가?"[21] 아우구스티누스에 따르면, 그리스도교는 그러므로 행업과 율법의 종교가 아니라, 은총의 종교로 드러나야 한다.

아우구스티누스의 위대한 업적은 더 추켜세울 수 없을 정도로 극진히 그리고 자주 칭송받아 왔다. 사실 새 시대를 연 이 업적 그리고 아우구스티누스가 죄와 은총이 동시에 지배하는 이 세상 인간들의 행복에 대한 갈망에 관해 명민하고 사려깊게, 빛나고 감동적으로 서술한 그 모든 것, 시간·영원·영성·신심·하느님께의 헌신·인간의 영혼에 관한 그 모든 심원한 사상을 대충이나마 평가하는 것도 여기서는 불가능하다. 다시 한번 상기하자: 패러다임 분석이라는 우리의 현재 맥락에서 무엇보다 중요한 것은, 그리스도교에서 헬레니즘적으로 꼴지어진 정신과 라틴적으로 꼴지어진 정신 사이에서 점진적으로 형성되어,

고대교회 헬레니즘 패러다임으로부터 라틴 중세 패러다임으로의 전환을 가져온 그 차이점을 밝혀내는 일이다. 그러므로 아우구스티누스 신학의 깊고 넓은 내용을 여기서 천착할 수는 없고, 다만 이 걸출한 신학자에게서의 패러다임 전환(이것은 중세, 중세의 위기였던 종교개혁 그리고 근대에까지도 자취를 남겼다)을 중점적으로 고찰하기로 한다. 그리고 그리스적 지성의 수위성首位性에 맞서 의지, 사랑의 수위성을 그토록 감명깊게 주장한 아우구스티누스, "사랑하라, 그리고 그대 하고 싶은 대로 하라"[22]라는 대담한 말을 했고, 하느님 은총에 관해 그토록 우렁찬 글을 쓸 수 있었던 아우구스티누스, 그 똑같은 아우구스티누스가 다른 한편으로는 라틴 교회의 극히 파행적인 발전과정에 책임이 있다는 것도 이론의 여지가 없다. 특히 세 가지 결정적인 문제를 살펴보자:

(1) 서방 신학과 교회 안에서 **성의 억압**: 아우구스티누스는, 적어도 정신(합리적 지성과 관련된)의 차원에서는, 다른 라틴 신학자들(예컨대 히에로니무스)보다 더 남자와 여자의 동등성을, 둘다 하느님의 모상으로 창조되었다는 사실에 터해, 강조했다. 그러나 다른 한편 당시 통상적으로 인정되던 육체적 측면에서의 여성의 열등성(창세기 2장에 의하면 여자는 남자로부터 그리고 남자를 위해 창조되었다)을 고집했다.[23] 성과 죄에 관한 아우구스티누스의 교설은 문제가 많다.[24]

아무튼 아우구스티누스에게 분명했던 것: 이상적으로 말하면, 성교는 오직 자녀 출산을 위해서만 행해져야 한다. 순전히 그 자체를 위한 성적 쾌락은 죄스러운 것이며 따라서 억제되어야 한다. 성적 욕구가 남편과 아내의 관계를 풍요롭고 깊게 만들 수 있다는 것을 아우구스티누스는 전혀 생각하지 못했다. 성욕을 이단시한 아우구스티누스의 바로 이 유산이 중세, 종교개혁 그리고 그 후대의 남녀들에게 그 얼마나 무거운 짐이 되었던가. 우리 시대에도 어떤 교황이, 부부간에도 남편이 아내를 순전히 욕망 때문에 바라본다면, 그것은 "음란"한 일이 될 수 있다는 견해를 실로 엄숙하고 진지하게 선포하고 있다. …

(2) 서방 신학과 신심에서 **은총의 물화**物化: 동방은 라틴-서방의 은총론에 상응하는 "구현具現된 은총"gratia creata 따위의 개념을 전혀 발전시키지 않았고, 열망하던 인간의 통전적通全的 "신화"神化와 인간의 "불멸"·"불후"에 관심을 기

울이고 있었던 반면, 라틴 사람 테르툴리아누스는 은총을 성서적으로 하느님의 의향과 죄의 용서로 이해하기보다는 (스토아적 관념과 연계하여) 인간 안에서 작용하는 "힘"vis으로, 자연natura보다 강력한 일종의 에네르기로 이해했다(테르툴리아누스가 최초로 자연과 은총을 대립시켰다).

아우구스티누스에게서도 "사죄敕罪의 은총"은 "성령 감응의 은총"의 준비일 따름이었다. 이 성령 감응의 은총은 치유하고 변화시키는 역동적 은총실체로서 인간에게 부어지는("gratia infusa"), 일종의 초자연적 연료 같은 것인데, 스스로 움직일 수 없는 인간의 의지를 움직인다. 여기서 아우구스티누스가 말하는 은총은, 인간에게 자비로운 살아계신 하느님 자신이라기보다, 하느님 자신과 구별되는, 독자적이며 주로 성사聖事와 결부되는 "구현된 은총"인데, 이러한 은총에 관해 신약성서는 전혀 말이 없다. 그럼에도 중세의 라틴 신학과 교회(은총의 교회요 성사의 교회였다)는, 그리스 신학과는 전혀 달리, 이 은총에 골몰하게 될 터였다.

(3) 서방 신심에서 **예정**에 대한 두려움: 그리스 교부들은 범죄 전·후의 인간의 결단 능력을 주장했고, 구원이나 멸망에로의 절대적인 신적 예정에 관해 알지 못했으며, 오리게네스와 그의 추종자 같은 사람들은 심지어 만유의 화해를 믿었던 반면, 노년에 이른 아우구스티누스는 펠라기우스설에 과잉반응을 하는 가운데 신화적·마니교적 관념을 받아들였다. 나아가 그는 그리스도의 보편적 의의를 희석시켰고, 이스라엘과 교회에 관한 로마서의 진술[25]을, 바울로의 본뜻과는 달리, 개인주의적으로 옹색하게 만들었다. 그러나 무수한 인간들(이 중엔 세례 받지 않은 수많은 젖먹이들도 있다)을, 당신 "의로움" 때문에, 처음부터 영원한 저주(혹은 좀 덜 가혹한 어떤 것이든간에)에로 예정하셨다는 하느님은 도대체 어떤 하느님인가?

아우구스티누스의 동시대인인 비잔틴의 요한 크리소스토무스는 어린아이는 죄가 없다고 단호히 강조했는데, 그것은 그의 공동체에 어린아이들이 마법에 의해 죽임을 당하고, 그들의 영혼이 마귀들릴 수 있다고 믿는 사람들이 있기 때문이었다. 어쨌든 아우구스티누스는 서방교회의 악마 공포에도 적지 않은 영향을 끼쳤다. 그의 예정설은, 이미 르랭의 빈첸치우스가 ("어디서나, 언제나, 누구나 믿는다"는 가톨릭 원칙과 상충되는) 생경한 것으로 배척했고, 그래서 사실 중세 교회도 전

적으로 받아들이지는 않았으나, 마르틴 루터에 이르기까지 많은 사람에게 구령
救靈에 대한 양심의 불안을 안겼다. 이 예정설은 예수의 말씀과 부합되지 않으
며, 하느님의 보편구원 의지와 상충된다. 아우구스티누스를 우호적으로 해석하
는 프랑스 교부학자 앙리 마루도 확인할 수밖에 없었듯이 "아우구스티누스가
끼친 영향사는, 자주 심각한 오류가 그의 본디 사상을 왜곡했지만, 그렇더라도
많은 부분은 아우구스티누스 자신에게 책임이 있다."[26] 이단 혐의를 받던 아우
구스티누스는 늦어도 오랑쥐 시노드(529)와 시노드에 대한 교황의 인준(530) 이
후, 서방 신학의 이론의 여지 없는 아버지가 되었다.

한편 이 세상 안에서 "평신도"의 그리스도인다운 삶이나 우주적 신심을 위한
자극과 충동은 아우구스티누스에게서 거의 얻을 수 없다. 그러나 하느님에 관
한 사색을 위한 자극은 상당히 많이 얻을 수 있다. 사실상: 아우구스티누스는
성윤리나 은총신학·성사신학에서뿐 아니라, 신론에서도 전혀 새로운 점을 부
각시켰다. 특히 삼위일체에 관한 그리스도교 전통을 새로이 철저하게 반성하
여, 그때까지 그리스인들(특히 카파도키아 교부들)이 하느님 안에서의 일치와 3중성에
관해 말했던 것을 훨씬 넘어섰다.[27]

삼위일체론에서의 패러다임 전환

이미 아우구스티누스의 「고백록」과 「창세기 주해」는 테르툴리아누스로부터
히에로니무스에 이르는 대부분의 라틴 신학자들과는 달리 언제나 철학을 존중
한 그가 **신플라톤주의의 신관과 성서의 신관을 함께 사유**하고, 신앙과 이
성을 조화시키기 위해 진력했음을 보여준다. 아우구스티누스에게 하느님은, 신
플라톤주의적으로 이해하여, 지고의 선·진·미 자체였고, 동시에 성서적으로
이해하여, 말을 주고받을 수 있는 인격적인 당신이었다: "하느님은 나의 가장
깊은 곳보다 나에게 가까이 계시고, 나의 가장 높은 곳보다 더 높이 계시다."[28]

아우구스티누스는 **신비주의자**였던가? 신비주의라는 말을 신에게의 인격적
헌신, 침잠 그리고 신과의 친교를 지향·실천하는 모든 종교심이라는 뜻으로
막연하게 사용할 때에 한해서만, 아우구스티누스는 신비주의자였다. 그러나 신

비주의라는 이 말을 합일의 신비학, 특히 인도에 기원을 둔 종교들에서처럼 신과의 실제적 합일에 관한 체험과 교설이라는 엄밀한 의미로 이해한다면, 아우구스티누스는 신비주의자가 아니었다. 그는 망아忘我적 법열 속에 신적 존재 안으로 녹아들어가 하나가 되는 따위에 관해서는 한 번도 말한 적이 없다. 그러한 한에서, 아우구스티누스는 바울로나 요한과 마찬가지로 근본적으로 예언자적 종교들의 노선 위에 서 있거니와, 이 종교들은 하느님과 인간, 거룩한 존재와 죄인 사이의 질적인 차이를 엄숙히 받아들이며, 단지 하느님의 "뜻"과의 하나됨을 알고 있을 뿐이다. 아우구스티누스도 인식·지향·사랑·기도 안에서 하느님께 자신을 온전히 내주는 망아적 느낌, 찰나의 섬광과도 같은 큰 행복감을 알고 있었다. 그러나 이것이 하느님의 존재를 곧장 포착하지는 못한다. "하느님을 맛봄"은 어디까지나 영원한 또다른 삶에 유보되어 있는 것이다. 아무튼 아우구스티누스가 인간의 예정에 관해 극히 음울하게 서술했음에도, 우리는 아우구스티누스에게 **하느님 자신은 깊디깊은 사랑**이시라는 것을 진지하게 받아들일 때에만, 삼위일체에 관한 그의 견해도 이해할 수 있다. 이 점을 아우구스티누스는 종종 다른 일들 때문에 중단하기도 하면서 399년에서 414년에 걸쳐 저술한 15권으로 된 「삼위일체론」에서 독자들에게 밝혀준다.

아우구스티누스는 외부로부터의 동기유발 없이 저술한 거의 유일한 작품인 이 웅대한 사변적 저작에서 자신이 **새로운 것**을 말하고 있음을 분명히 알고 있었다. 그래서 첫 권 첫머리에서 독자들에게 이렇게 말한 것은 결코 수사학적 제스처가 아니었다: "독자는 나와 마찬가지로 확신하는 곳에서 나와 함께 더 나아갈 수 있을 것이요, 나와 마찬가지로 주저하는 곳에서 나에게 물어볼 수 있을 것이다. 자신의 오류를 인식하는 곳에서 나에게 의지할 수 있을 것이요, 나에게서 오류를 발견하는 곳에서 나에게 반문할 수 있을 것이다."[29] 그러나 그렇게 한 사람은 거의 없었으니, 사람들은 아우구스티누스가 그리스도교계에 내놓은 하느님에 관한 남달리 심원한 사유에 너무나 매혹되었다.

아우구스티누스의 새로움의 배경: 언제나 일차적으로 하느님의 **단일성**이 뚜렷이 강조되어 있는지를 보고자 했던 라틴 사람으로서[30], 아우구스티누스는 카파도키아 교부들의 그리스적 교설에 만족하지 못했다(물론 그는 오리게네스에게서 유래하는 이 교설을 피상적으로만 알고 있었다). 이 교부들은 서로 다른 세 "실체"로부터 출발했고, 신적 "위격"의 복수성을 지나치게 강조했다. 그러면 그리스-헬레니즘적 삼위일체론과 비교할 때, 아우구스티누스의 삼위일체론 고유의 새로움은 어디에 있었던가? 아우구스티누스가 성부·성자·성령의 논리학적·본체론적 동등성을 독창적인 방식으로 인간학적·심리학적으로 통찰·심화한 데 있었던가? 그렇기도 했지만, 더 근본적인 것이 있었다:

● 아우구스티누스는 그리스 신학자들처럼 "하느님 **자신**"인 **한 분 하느님 성부**〔이 성부가 신성의 일치의 유일한 "원리"이니, 성부가 성자("하느님으로부터의 하느님이요, 빛으로부터의 빛")와 성령에게 신성을 선사하신다("좇아나옴"은 성자·성령의 행위가 아니라, 선사로 이해됨)〕로부터 사유를 전개하지 않았다.

● 아우구스티누스는 단 하나인 신성(세 위격이 공유하는 하나인 신적 실체·본질·영광·권능)에서 출발했다. 그의 삼위일체론의 **출발점과 토대**는 그러므로 단 **하나인 신적 본성**이거니와, 이것이 그에게 성부·성자·성령의 일치의 원리였다.

● 단 하나인 신적 본질의 통일체 안에서 성부·성자·성령은 단지 (신내재적 생명을 창출하는) **영원한 관계들**로서 서로 구별되는데, 이것들은 하느님의 본질과 동일하며 그 자체는 대외적으로 결코 드러나지 않는다.

그러면 아우구스티누스는 하느님의 본질을 인간학적·심리학적으로는 어떻게 해석했던가? 물론 사변을 위한 사변을 전개하고자 하지는 않았다. 성서의 계시 그리고 (중요한 점이거니와) 가톨릭 신앙교리가 이 사유의 바탕이 되어야 했다. 그래서 처음 네 권에서는 성서적 근거들을 숙고하고 다음 세 권에서는 가톨릭 신앙교리를 성찰하며, 나머지 여덟 권에서는 자기 고유의 일관된 사유를 제시한다. 다시 말해서: 아우구스티누스에게 삼위일체는 교회의 교리에 터해 보건대, 이론의 여지 없이 확실한 것이었다. 그에게 중요한 것은 다만 단일성이라는 철학적·신학적 전제 아래에서 3중성이 도대체 어떻게 가능한지를 밝히는 일이었다. 그것은, 요컨대, 최근까지 서방(!) 가톨릭과 개신교 교의학이 끈질기게 해 온 작업과는 달랐다. 아우구스티누스 삼위일체론의 주요내용을 요약해 보자:

삼위일체의 심리학

　창세기에 따르면(여기서는 물론 삼위일체가 아니라 그저 하느님에 관해 말한다!), 인간은 하느님의 모습을 따라 하느님과 비슷하게 창조되었다. 그러므로 하느님(아우구스티누스에게는 전혀 비유다교적인 삼중적 하느님이다!)이 인간의 원상原像이다. 여기서 그리스도교로 개종한 철학자 마리우스 빅토리누스의 개념을 수용한 아우구스티누스는 삼중적 하느님과 삼차원적 인간 정신mens 사이에서 일종의 유비類比(물론 비유사성이 유사성보다 더 크지만)를 보았다: 기억memoria(위격의 중심)과 오성intelligentia과 의지voluntas.

　이것에 터해 아우구스티누스는 철학적 · 심리학적 범주들을 사용하여 **하느님의 자기개진**開陣**으로서의 삼중성**(삼위일체)을 구성했다:

— **성자**는 오성을 따라 (하느님의 사유 행위 안에서) 성부의 본체로부터 "낳아진다": 성자는 성부의 위격적 말씀이요 모상이다.

— **성령**은 그러나 의지를 따라 단 하나인 호흡spiratio 안에서 성부(사랑하시는 분) 그리고 성자(사랑받으시는 분)에게서 "좇아나온다" — 그러니까 벌써 여기에 그 유명한 "필리오퀘"filioque(그리고 성자에게서)가 나타난다! : 성령은 이렇게 성부와 성자 사이의 위격화된 사랑이다.

— 성부 · 성자 · 성령은 그러므로 실질적으로 서로 다른, 그러나 동시에 단 하나인 신적 본성에 터해 하나되어 존재하는 관계들relationes이다: 성부됨, 성자됨, 숨쉬어내어짐. 이러한 삼중성 안에서는 단 하나인 신적 본질의 통일체뿐 아니라, 세 위격의 상호 맞물림 또한 뚜렷이 드러난다.

— 단 하나인 신적 본성으로부터 출발하는 이 사유의 한 가지 중요한 귀결: 신성의 "대외적"인 모든 활동(창조든 구원이든)은 위격들 중 하나에서 비롯하는 게 아니라 단 하나인 신적 본성에서 비롯하며, 세 위격 모두가 그 활동에 함께한다.

　이상으로 아우구스티누스가 자신의 저작에서 웅대하게 개진한 근본사상을 빠듯하게 요약해 보았다. 오리게네스나 다른 그리스 교부들과 겉으로만 비교해보아도, 아우구스티누스가 새로운 라틴적 대★패러다임의 틀 안에서 **삼위일체론에서의 패러다임 전환**(즉, 소패러다임 또는 중패러다임의 전환)을 성취했음이 드러난다. 이러한 신학은 그리스 사람들에 의해서는 전개될 수가 없었다.

오히려 그 반대였다: 라틴 사람들이 아우구스티누스의 교설을 근거로 하여, 6~7세기 이래 점차적으로 그리고 1014년 교황 베네딕투스 8세 때에 최종적으로, 성령이 성부 "그리고 성자에게서"(filioque) 좇아나오심을 (더욱이 아우구스티누스의 의도를 거슬러) 니케아 · 콘스탄티노플 신경에 끼워넣었을 때, 그리스 사람들은 격렬히 반발했다. 아우구스티누스는 자신의 삼위일체론이, 비록 분명히 "필리오퀘"의 바탕을 제공하기는 했지만, 훗날 동 · 서방 교회 공통의 니케아 · 콘스탄티노플 신경을 망가뜨리고, 그리하여 동 · 서 교회 분열의 주요 원인이 되리라는 것은 꿈에도 생각지 못했을 것이다. 아무튼 동방은 이 슬쩍 끼워넣은 "필리오퀘"(서방에서는 나중에 교의로 승격되었다)를 오늘날에도 보편적 신경의 변조요 따라서 명백한 이단으로 여긴다. 동방 사람들은 본디 표현[성령은 성부에게서 (성자를 통해) 좇아나오신다]을 엄격히 고수했으며, 지금도 보편적 신경에서 "필리오퀘"를 삭제할 것을 요구하고 있다. 이 모든 것이 그저 말마디를 둘러싼 싸움일 따름일까?

만일 서방 사람들이 이것은 그저 용어 차이 문제, 혹은 신학 이론의 미묘한 점들에 관한 문제일 뿐이라고 생각한다면, 이것이 동방 사람들에게 지니는 중요성을 이해하지 못한 것이다. 그렇다. 이것은 바로 **신관에서의 새로운 패러다임** 문제다. 그리스 교부들에게 성부 · 성자(말씀) · 성령의 일치의 원리는 세 위격 모두가 공유하는 단 하나인 신적 본성이 아니었고, 지금도 그러하다. 일치의 원리는 한 분 하느님이신 성부인바, 성부는 "신성의 원리"tes theotetos arche요 성자와 성령의 근원이고 원천이며, 성자와 성령에게 신성을 선사하신다. 성부가 원천이니, 성부는 "성자(말씀)를 통하여 성령 안에서" 당신을 드러내신다. 신성(신적 본성)은 세 위격과 독립되어 규정되지 않고, 오직 세 위격과 함께 세 위격 안에서 규정된다.

백 년 전에 프랑스의 삼위일체 교의사가 드 레뇽은 네 권짜리 저작에서 하나의 분명한 그림을 통해 서방에서 통용되는 라틴적 삼위일체 패러다임과 그리스적 패러다임의 차이점을 일목요연하게 보여주었다[31]: 서방 패러다임의 별자리에서는 삼각형을 이루는 세 별이 동일한 차원에서 병렬하여 나란히 빛나고 있다 (비록 아우구스티누스는, 다른 이유 때문에, 마니교인들의 삼각형을 통한 삼위일체 해석에 반발했지만). 그러나 그리스적 패러다임에서는 이 세 별이 일직선상에 직렬直列해 있으며, 그래서 인간의 눈으로는 세 별을 구별할 수 없다. 첫째 별이 자신의 빛을 둘째 별에게 (니케아 신경: "빛으로부터의 빛이요, 하느님으로부터의 하느님") 그리고 마침내 셋째 별에게 부여하는데, 인간의 눈에는(다시 말해 아래에서 볼 때에는) 이 세 별이 단 하나인 별로 그리고 그 광선들은 하나인 광선으로 보인다. 그러나 성령 안에서 성자를 보는 사람은 성부 또한 보는 것이다.

핵심 교의로서의 삼위일체

　삼위일체에 대한 인간학적 · 심리학적 해석은 서방신학이 오래된 주요 관심사를 나름의 방식으로 표현한 것이라는 사실을 이제는 동방신학도 인정해야 했다. 과연 여기서는 무엇보다도 **하느님의 단일성**이, 온갖 삼신론三神論, 양 교회의 실제적 신심에서 거듭 돌출하는 갖가지 삼신 신앙을 거슬러, 단호히 옹호되었다. 우리는 둘째 패러다임과 관련하여 카파도키아 교부들이 (교의 발전과정에서 제기된) "1=3?"이라는 문제에 분명한 논리적 해답을 제시했음을 보았거니와, 이 해답은 오늘날 양식설樣式說과 삼신설, 하나와 셋, 아니 유일신론과 다신론 사이의 중용의 왕도王道로 기림받고 있다. 하지만 우리는 앞에서 묻지 않을 수 없었다: 단일성과 삼중성 사이의 모순이, 그저 개념상의 구별을 도입함으로써, 참으로 해결되었는가: "하나"는 하느님의 "본성"을 나타내고 "셋"은 "위격들"을 나타낸다? 사실 순수철학적으로는 유일신만 존재해야 하는데, 성서는 세 신적 실재에 관해 말하는 것처럼 보이기 때문에, 하느님은 셋이면서도 하나라고 그저 우악스레 주장만 하는 것은 아닐까? 순전히 개념적 · 지적 "해결책"은 그러므로, 온갖 확언에도 불구하고, 니케아 공의회 교부들의 의도를 거슬러, 사실상 유일신론을 포기하는 것이 아닐까? 그래서 이 해결책은, 우리가 거듭 새삼 강조했듯이, 유다인도 무슬림도 납득시키지 못하는 것이 아닐까?

　아우구스티누스는 성부 · 성자 · 성령을 서로 다른 세 실체가 아니라, 단 하나인 신성 안에서의 세 가지 다른 관계로 이해하고자 했던 한에서, 그리스인들과 비교할 때 아무튼 새로운 해결책을 제시했다고 하겠다. 그런데 "관계"는 사실

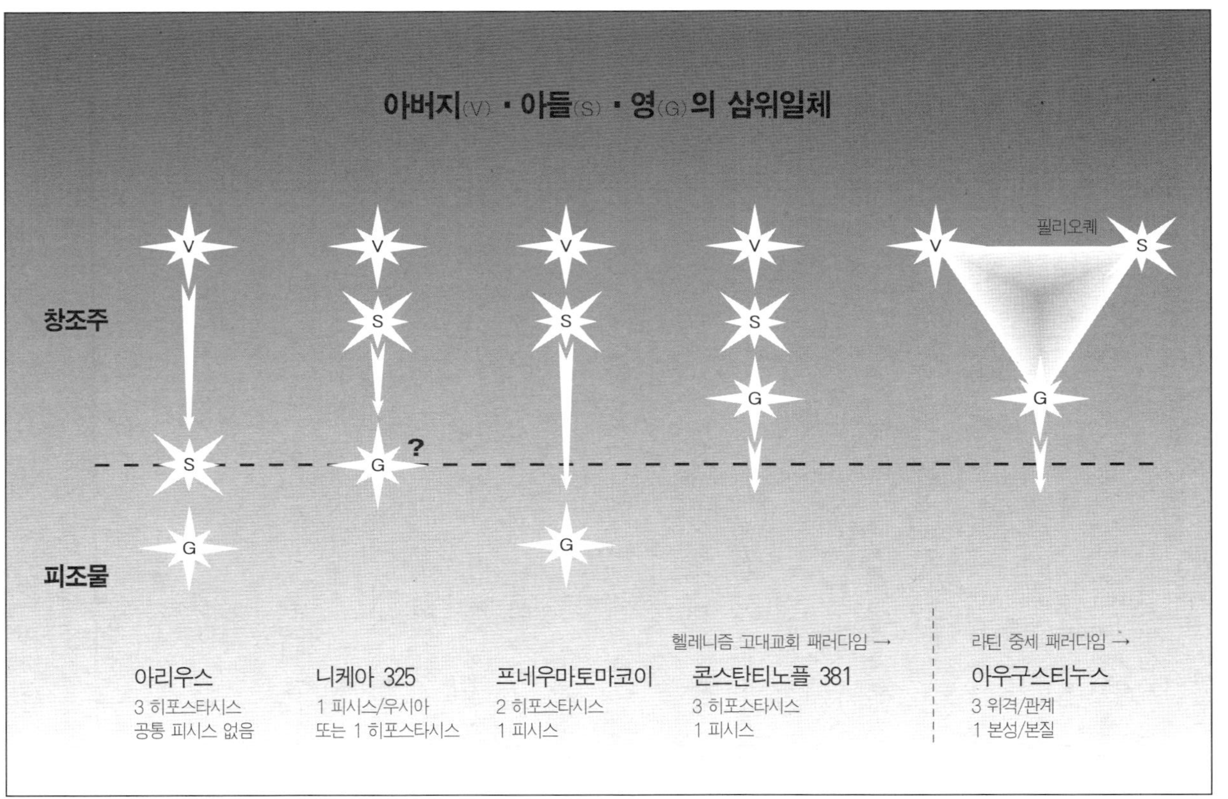

아버지(V) · 아들(S) · 영(G)의 삼위일체
창조주
피조물
필리오케
헬레니즘 고대교회 패러다임 →
라틴 중세 패러다임 →
아리우스
3 히포스타시스
공통 피시스 없음
니케아 325
1 피시스/우시아
또는 1 히포스타시스
프네우마토마코이
2 히포스타시스
1 피시스
콘스탄티노플 381
3 히포스타시스
1 피시스
아우구스티누스
3 위격/관계
1 본성/본질

아리스토텔레스의 범주들 가운데 가장 느슨한 것으로서, 그저 "-과 관련되어 있음"esse ad(예를 들어 성부는 성자와 그리고 성자는 성부와) 정도를 의미한다. 그러니까 세 가지 관계는 신적 본성에 실체적인 것은 아무것도 추가하지 않으며, 단지 하나 인 신성 안에서의 세 실재 상호간의 관계를 나타낼 따름이다. 덧붙여 이 세 실 재는, 방식은 다르지만, 단 하나인 신성을 공유한다: 하느님-성부는 낳으시고, 하느님-성자는 낳아지시며, 성령은 두 실재에게 공속共屬된 신적 사랑이다.

아우구스티누스의 교설은 그 내적 논리와 함축된 모든 내용을 숙고해볼수록 더욱 찬탄하게 되는 참으로 독창적인 교설이다. 다만: 이 교설을 신약성서가 성부·성자·성령에 관해 말하는 것과 비교해보건대, 여기서 비판적 반문을 제 기하지 않을 수 없다. 서로 맞물려 있는 세 가지 물음만 제기하기로 한다:

― 아우구스티누스에게서는 성부·성자·성령이 세 가지 관계로 증발해버리고 하나인 본성 안으로 평준화되어, 결국 여러 가지 관계 혹은 관련들, 측면 혹은 양상들을 지닌 하나인 하느님만 남지 않는가? 그에 반해 신약성서에서는 성 부·성자·성령이 매우 상이하고 실로 고유한 실재들이 아닌가?

― 아우구스티누스에게서는 이 세상 안에서 성부·성자·성령의 활동이 하나인 행위로 수렴·종합되며, 그래서 창조와 육화, 십자가상 죽음과 부활도 언제나 세 위격 모두의 공동행위가 되지 않는가? 그러나 성서는 성부(예컨대 창조)와 성자 (십자가상 죽음)와 성령(성령강림절 사건)의 각기 특별한 활동에 관해 말하지 않는가?

― 그러므로 아우구스티누스의 교설은 결국 성서에서 떨어져나가 마음대로 떠 다니는 개념구조가 아닐까? 칼 라너처럼 의식적으로 체제 안에서 신학 작업을 하는 가톨릭 교의학자마저 "하느님의 속사정이 어떤지에 관한, 거의 영지주의 를 연상시키는 사변"[32]이라고 말했다. 비록 "성부"·"성자"·"성령"이라는 명칭 들에서 일견 필연적인 논리를 통해 거창한 심리학적 추론들을 전개했으나, 이 추론들은 성서에 기록된 성부·성자·성령의 활동에 대한 다양한 체험들과 거 의 실질적 관계가 없다. 치밀한 정신을 지닌 사람들을 새삼 다시 매혹해온 극 히 치밀한 신학이 우리 앞에 있으나, 과연 이것을 실제로 설교할 수 있을까? 이러한 신학은 옛날부터 전해오는 전례와도 상충되지 않는가? 옛 전례는 그리

스에서 시작된 이래, 심지어 로마식 미사에서조차, "삼위일체 하느님"께 기도
드리지 않고, 성자를 통해 성령 안에서 성부께 기도드린다: "전능하신 천주 성
부 ⋯ 우리 주 예수 그리스도를 통하여 ⋯ 일치를 이루시는 성령 안에서 ⋯".

　　그러나 이제 그리스적 요소가 완전히 쇠퇴한 **라틴 서방에서 아우구스티누
스의 삼위일체론**은, 온갖 반대에도 불구하고, 매우 빨리 **"바로 그" 가톨릭
교의로**, 거의 그리스도교의 핵심 교의로 **간주**되었다. (5세기 후반에야 남부 갈리아 혹은
스페인에서 생겨난) "구원받고자 하는 사람은"이라는 말로 시작되는 교리문답서 서
문[33]은 아타나시우스 신경이라 불렸고 널리 보급되었다(그러나 이 서문은 아타나시우스나
다른 그리스인들 그리고 특히 신약성서와는 아무 관계도 없다). 이 책의 기원은 밝혀지지 않았으
나, 신론에서는 전적으로 아우구스티누스를 따라 하느님의 삼중성보다 신적 본
성의 단일성을 강조했다. 8세기 이래 갈리아 지역에는 (처음엔 로마가 계속 반대했으나)
라틴적인 **삼위일체 전례**도 보급되었고, 마침내 1334년 아비뇽 교황 요한 22
세는 삼위일체 축일까지 제정했으니, "구원 사건"이 아니라 교회의 한 교의에
바쳐진 최초의 축일이었다. 아우구스티누스의 신학이 개가를 올린 것이었다.

　　이리하여 아우구스티누스의 삼위일체론은 서방에서 완전하고 배타적으로 관
철되었다. 토마스 아퀴나스·신토마스주의자들·종교개혁가들·칼 바르트와
그의 제자들도 아우구스티누스의 삼위일체론을 사실상 핵심 교의로 받아들여,
아주 약간씩 다듬고 다른 말로(어떤 이들은 아리스토텔레스적 언어로, 또 어떤 이들은 좀더 새로운
언어로) 옮겼다. 그러나 세 "위격들"이나 "자존自存적 관계들"(토마스) 대신 세 "존
재양식들"(바르트)이나 "구별된 자존방식들"(라너)에 관해 말한다 해서, 무슨 큰 도
움이 될까? 서방 사람들은 자신들이 아는 그리스적 삼위일체론은 모두 낡은 것
으로 치부했고, 신약성서도 그저 교회가 이미 오래 전에 재가한 교의를 위한
채석장 정도로 이용했다.

반문: 그리스도인은 어떠한 하느님을 믿어야 하는가?

　　사실 아우구스티누스는, 피터 브라운이 상술했듯이[34], 사제와 주교로서의 중
간 시기 걸작들(「삼위일체론」도 포함)을 "빛나는 고립" 속에서, 한 "'어설픈' 세계주

의자"로서 저술했다. 그리스 신학과 헬레니즘 세계문화에 대한 그의 관계는 이를테면 "플라톤주의적" 유형의 것이었다. 그리스 책들을 구해 보고자 했던 처음의 욕구는 곧 사라졌고, 그리하여 이제 그의 저작들은 그저 북아프리카 지역 저자들 정도와 교류하는 가운데 씌어졌다. 이것은 실로 애석한 일이니, 라틴-서방의 문화와 그리스-동방의 문화를 중개·조정할 수 있는 위대한 정신의 소유자는 거의 아우구스티누스뿐이었기 때문이다. 이렇게 아우구스티누스의 문화적 지평이 제한되어 있었기 때문에, 아우구스티누스를 본받은 그 이후의 라틴 신학 역시 불행하게도 그리스 문화세계와 깊은 내적 관계를 거의 맺지 못했다.

아무튼 성부·성자·성령에 관한 신약성서 **본래의 소박한 3개조 신앙고백적 언명들**로부터 3＝1을 둘러싼 **지적으로 점점 더 난해해진 삼위일체 사변**이 만들어져 나왔다. 개념의 명징성을 확보하기 위한 온갖 노력에도 불구하고 견실한 해답을 얻지 못한 그 사변들은, 이를테면 일종의 삼위일체 고등수학 같은 것이라고 할 수 있다. 이렇게 묻는 사람들도 있을 것이다: 성서라는 고향의 대지에서 떨어져나가 까마득히 높은 곳에서 외람되이 하느님의 비밀을 엿보려 한 이 그리스적·라틴적 사변은, 필경 아무래도 아테네 공예가들의 선조 다이달로스의 아들 이카로스가 깃털과 밀랍으로 만든 날개를 달고 태양에 너무 가까이 날아간 짓과 비슷하지 않을까?

이 모든 비판적 반문 때문에 고전 라틴적 삼위일체론은 오늘날 단연 역사의 파편더미에 내던져져야 한다는 식의 인상을 받아서는 물론 안된다. 오히려:

● 하느님과 삼위일체, 그리스도와 구원, 은총과 성사에 관한 고전적 교의들을 경솔하게 폐기해서는 안된다. 그러나 또한 그것들을 생각없이 그대로 되풀이하거나, 이해하지도 못하는 사람들에게 그리스도교 신앙의 "핵심"과 "중심 교의"로 강요해서도 안된다. 예수님이나 그분의 제자들인들 그것들을 얼마나 이해했겠는가?

● 고전적 교의들을 오히려 그 패러다임적 특징과 시대제약성 안에서 평가하고 원천에 터해 비판적으로 재고해야 하며, 그저 유행하는 사회학적 인식이나 심지어 부인과 의학 지식의 도움을 빌려 현대화해서는 안된다.[35]

● 그리스도인이라면 성부·성자·성령을 믿어야 하지만, 그리스 헬레니즘적 삼위일체 사변이나 서방 라틴적 **삼위일체 사변**을 믿을 필요는 없다. 그러한 것은 **그리스도교의 본질에 속하지 않는다.** 그것은 하느님의 계시가 아니라 교회의 교의, 즉 앞에서 살펴보았듯이, 특별한 패러다임적 조건들 안에서 생겨난 인조물人造物이다.

신약성서에 터해 보건대 참으로 필요한 것은, 바로 현재를 위해 성부·성자·성령의 관계를 비판적이고 차별화하여 해석하는 일이다. 그리스도교 신앙의 "핵심"("중심 교의")은 신학적 이론이 아니라, 앞에서 보았듯이, 아버지 하느님께서 아들 예수 그리스도를 통하여 당신의 영 안에서 계시·구원·해방하시며, 우리 가운데 역사役事하신다는 것에 대한 믿음이다. 신학적 이론은 이러한 근본언명을 복잡하게 만들어서는 안되며, 오히려 이 근본언명을 그때그때 변화하는 정신적 지평 안에서 새로이 이해할 수 있게끔 해주는 도구가 되어야 한다.

한편 아우구스티누스는 오리게네스처럼 모든 것을 포괄하는 체계를 엮어내지는 않았으나, 통일적 구상은 제시했다. 그는 삼위일체에 관한 저작을 마무리하지 못했는데, 그것은 주교로서 한 사건에 직면했기 때문이었던바, 그 사건은 교회뿐 아니라 제국의 위기였고 또 그리하여 세계사적 변혁을 가져올 터였다.

제국의 위기: 역사의 의미는 무엇인가?

410년 8월 28일 "영원"하리라 자신하던 로마가 서고트 왕 알라릭의 군대에 점령되어 며칠간 약탈당했다. 북아프리카로 피난온 사람들은 무서운 만행에 관해 이야기했다: 수많은 곳이 불타고 여인들이 능욕당하고 원로원 의원들이 살해되고 부자들이 사냥당하고 온 가족이 몰살당하고 집들이 털리고 온갖 귀중품들이 야만인들의 수레에 바리바리 실려나가고 서방세계의 유구한 통치·행정 중심지가 결딴났다. … 불안감과 패배주의가 만연했다: **"영원한 로마"가 멸망**할 수 있다면, 안전한 것이 도대체 어디 있겠는가!

아우구스티누스는 마지막 저작을 통해 이 사태에 대응했다: 즉, **「신국」**神國을 통해 옛 로마의 함락이라는 재앙을 정신적으로 극복하려 노력했다.[36] 어떻게?

아직 온전한 그리스도교적-비잔틴의 새 로마를 가리킴으로써? 그런 생각은 아우구스티누스에게 떠오르지 않았다. 오히려 그는 옛 로마 함락을 계기로 삼아, 웅대한 역사해석을 제공함으로써 재앙을 극복하고자 했다. 아우구스티누스는 이 저작에서 거창한 **신정론**神正論을 전개하기 위해, 즉 이 세상 삶 안에서는 도무지 풀 수 없는 온갖 수수께끼에도 불구하고 하느님을 정당화하기 위해, 갖가지 논증을 제시한다. 간단히 말해, 모든 일은 하느님께 대한 무조건적 신뢰, 즉 믿음의 강화를 도와주기 위한 목적을 지니고 있다는 것이었다.

아우구스티누스에게 중요한 것은 인간, 아니 인류의 운명이었다. 그래서 그의 하느님 변론은 마지막 12권의 웅대한 **역사해석**으로 귀결된다. 즉, 역사는 "**이 세상 국가**" 및 그 시민들과 "**신국**" 및 그 시민들 간의 투쟁이다. 이 엄청난 대결이 동시에 구원의 역사이자 멸망의 역사인 한 **역사의** 불가사의한 **바탕이요 의미**다. 아우구스티누스는 역사의 근원과 시초, 그다음 7기期에 걸친 역사의 진전, 그리고 끝으로 역사의 대단원과 목표를 서술한다.

이 두 시민공동체의 기원은 어디에 있는가? 그 기원은 아득한 옛날 교만한 혼종混種 천사들이 떨어져나가, **신국** 이외에 또하나의 나라 곧 **악마의 나라**가 생겨난 데 있다. 그리하여 천사들의 추락으로 인해 생긴 공백을 다시 채워야 하게 되었다. 즉, 인류 가운데 예정된 사람들에 의해 하느님의 시민들의 숫자가 다시 전부 채워질 것이다. 그런데 아담의 첫 범죄에 의해 교만이라는 천사들의 죄가 되풀이되었고, 그리하여 이제 신국의 대극對極으로서 사람들 가운데 **이 세상 국가**가 세워졌다. 그 나라의 대표자들은 처음엔 의인 아벨과 도시건설자요 형제살해자인 카인이었고, 그다음에는 이스라엘과 이방민족들이었으며, 그후엔 하느님의 도시 예루살렘과 세속도시 바빌론이었다. 마지막 시대에는 모든 것이 새로운 바빌론인 로마와 가톨릭 교회 간의 투쟁 안으로 수렴된다.

그러므로 신국과 이 세상 국가는 당초부터 **근본적으로 다르다**:

— 주인과 지배자가 다르다: 한쪽엔 하느님, 다른 쪽엔 신들과 악령들.

— 시민이 다르다: 한쪽엔 선택받은 하느님 공경자들, 다른 쪽엔 저주받은 우상숭배자들과 이기적인 자들.

— 근본태도가 다르다: 겸손에 뿌리박은, 자기비허自卑虛에까지 나아가는 하느님 사랑과 교만에 뿌리박은, 하느님 경멸에까지 나아가는 자기 사랑.

아우구스티누스는 물론 현대적 의미의 역사가가 아니라 신학적 역사해석자였으며, 그의 근본 관심사는 인류의 발전과정이 아니라 하느님의 계획이었다.[37] 그러나 그에게 중요한 것은 호메로스나 베르길리우스에게서처럼 역사신화가 아니라 실제적 역사와 그 깊은 근원이었다. 아우구스티누스는 성서와 고대 역사가들의 도움을 얻어 두 가지를 성취하고자 했다: 하나는 온갖 가능한 비교·유추·우의·예형을 통해 수많은 역사적 세부사항의 제시. 또하나는 그렇게 하여 태초부터 오늘에 이르기까지 믿음과 불신, 겸손과 교만, 사랑과 권력욕, 구원과 멸망 사이의 엄청난 투쟁으로서의 **세계 역사에 대한 함축적인 종합적 조망**. 이렇게 아우구스티누스는 그리스도교 세계 최초의 기념비적 **역사신학**을 창출해냈거니와, 이 신학은 중세의 전체 서방 신학과 종교개혁 시대의 신학 그리고 근·현대 역사학의 세속화 문턱에까지 멀리 그 빛을 방사하고 있다. 아우구스티누스 이전 고대에는 역사신학도 역사철학도 존재하지 않았다. 아우구스티누스는 유다·그리스도교적 이해지평 안에서 (그러니까 순환적인 헬레니즘적·인도적 이해지평에서와는 전혀 달리) 역사는 한 목표, 즉 영원한 신국·평화의 나라·하느님 나라를 향해 하느님에 의해 관장되고 이끌어지는 운동임을 엄숙하게 성찰했다.

신국의 정치적·교권주의적 해석?

로마의 세계 지배권은 북아프리카에서도 와해되었고, 아우구스티누스의 신학은 다른 대륙 곧 유럽에서 세계 역사를 만들어갈 터였다. 웅대하고 극적劇的인 「신국」이 친근하고 시적인 「고백록」보다 중세에 훨씬 많이 읽혀진 애독서가 되었다는 것은 놀라운 일이 아니니, 이 책은 아무튼 세계 역사의 엄청나고 혼란스러운 투쟁들의 숨은 의미를 사람들에게 분명히 제시해주었다. 칼 대제는 매일 「신국」을 읽었다고 한다. 또한 훗날 여러 정치 세력과 동향들이 이 책을 자신들의 권력 증대를 위한 도구로 이용한 것도 놀라운 일이 못 된다. 예를 들어 특히 교황이 성직 임명권과 그리스도교계의 권력을 둘러싸고 황제와 사투를 벌일 때, 독일 황제와 제국을 "이 세상 국가"로 폄하하고 교황과 로마교회를 "신국"으로 찬양하는 것보다 손쉽고 적절한 수단이 어디 있었겠는가?

그러한 일에 대해 아우구스티누스에게 책임을 지워서는 물론 안될 것이다. 그가 염두에 둔 것은 제도들이 아니라 개개 인간들이었다. 아우구스티누스는 **신국을 정치적이고 교권**教權**주의적으로 해석**하지 않았다. 과연 아우구스티누스에게는 모든 주교가 원칙적으로 동등했고, 모든 성직자는 교회의 봉사자였다. 그리고 그에게는 보이는 교회조직보다는 동일한 영을 통해 생명을 얻고, 성체성사 안에서 하나가 되는 보이지 않는 그리스도의 몸으로서의 교회가 더 중요했다. 중세에 교권제도를 비판하던 사람들도 "보이지 않는 교회"와 아우구스티누스 신학의 영성주의적 요소들에 거듭 새삼 의지할 터였다. 아우구스티누스는 로마 주교들만이 그 확립을 위해 노심초사한 교황중심주의는 조장하지 않았다.

중세의 라틴적 패러다임 안에서 이제는 무엇보다도 **로마교회**가 갈수록 뚜렷이 부상했고, 그리하여 이 가톨릭적 패러다임이 완성되었을 때에는, 로마 가톨릭 패러다임으로 등장할 터였다. 그러나 아우구스티누스의 자부심 강한 동시대인이었던 다마수스 교황으로부터, 비록 개인적으로는 결국 실패했으나 독일 황제와의 생사를 건 싸움을 통해 로마의 관점을 가톨릭 교회와 독일 제국에 관철시킨 교황 그레고리우스 7세에 이르는 길은 얼마나 멀었던가. 이제 이 로마 가톨릭 패러다임의 형성·발전 과정을 살펴보아야겠다.

③ 로마 주교의 지배권 주장

이제 예루살렘 대신 로마가 그리스도교계의 중심이자 주도적 교회가 되었다: 이것은 앞에서 보았듯이[38], 유다인 그리스도교(P I)로부터 이방인 그리스도교(P II)로의 패러다임 전환의 한 뚜렷한 표지다. **로마교회**의 갈수록 적극적인 **역할**은 이미 2~3세기부터 간과할 수 없는 것이 되었고, 꾸준히 증대한 법의 중요성 또한 그러했다.[39] 아무튼 로마의 지배적 지위는 어디에 근거하는가?

성서의 베드로 언약이 로마 주교에게도 해당되는가?

제국 수도의 오래된 유력한 교회는 훌륭한 조직, 매우 합법적인 절차 그리고 광범위한 자선활동 때문에 언제나 명망이 높았다. 그리고 갖가지 박해에서 신앙에의 충실성을 입증했고, 그리하여 **정통신앙의 보루**로 간주된 것도 부당한 일이 아니었다. 또한 영지주의·마르키온파·몬타누스파와의 대결에서도 자신의 평판이 사실임을 입증하지 않았던가? 사도 전승과 계승이라는 관념은 로마교회에 이미 일찍부터 뿌리를 내렸고, 160년경 베드로와 바울로 기념물 건립을 통해 뚜렷이 표현되었다. 또한 세례식 신경과 신약성서 정경 확정과 관련해서도 로마의 영향력은 상당했다. 교리 문제에서 로마교회는 언제나 현명하게 중도적·중개적 입장을 취했다. 그리고 로마법 정신, 로마식 조직 능력 그리고 현실정치 감각 역시 특별히 효과적인 역할을 하게 되리라는 것도 마찬가지로 충분히 예상할 수 있는 일이었다. 간단히 말해서: 로마교회는 **높은 도덕적 권위**와 주도적 역할을 위한 모든 전제조건들을 갖추고 있었다.

그러나 다른 한 가지 점도 마찬가지로 확실하다: 로마교회 혹은 더 나아가 로마 주교의 **법률적 수위권**(더군다나 성서에 근거한다는 우월한 지위)**에 관해서는** 처음 몇 세기 동안에는 **아무도 말하지 않았다.** 앞에서 이른바 「클레멘스의 편지」와 관련하여 살펴보았듯이, 로마교회 초창기에는 군주제적 주교직이 존재하지 않았음이 분명하다. 처음 두 세기 동안의 로마 주교들에 관해 알려진 것은 이름 외에는 거의 없다. 역사학에서 교황사史 최초의 확실한 연도로 보는 것은 222년(우르바누스 1세의 즉위년)이다. 갖가지 제법 오랜 전승들을 이리저리 엮어 만든 최초의 「교황 전기집」*Liber Pontificalis*은 필시 5백 년 이후에 편집된 것이다.

로마가 본래는 상당히 겸손했다는 증거: 오늘날의 로마 주교들에게는 그토록 중요한, 지금 로마 베드로 바실리카 천장의 금빛 바탕에 거대한 검은색 글자로 씌어 있는, 마태오복음서에 나오는 **베드로 언약** "그대는 베드로입니다. 내가 이 바위 위에 내 교회를 세울 것입니다"(16.18)가 처음 몇 세기 동안 그리스도교 문헌 전체에 단 한 번도 자구 그대로 나타나지 않는다(테르툴리아누스의 글 한 군데. 그것도 이 구절을 로마가 아니라 베드로에게 적용하기 위해 인용한 곳을 제외하고).

3세기 중엽 처음으로, 스테파누스라는 이름의 로마 주교가 좀더 충실한 전승을 둘러싸고 다른 교회들과 다툴 때, 자기 주장의 근거로 베드로 언약을 내세웠다. 그는 아프리카의 가장 걸출한 수석대주교 키프리아누스를 사이비 사도요 사이비 그리스도인이라고 모욕하는 짓도 서슴지 않았다. 그러나 콘스탄티누스 전환 이후 시간이 상당히 지난 4세기 후반부터 비로소 마태 16,18 이하의 말씀이 (특히 로마 주교들인 다마수스와 레오에 의해) 로마의 주도권과 권력에 대한 주장을 뒷받침하기 위해 이용되었다. 그러나 동방 그리스도교계는 베드로에 관한 성서 구절의 그러한 도구화에 결코 동의하지 않았다. 과연 동방 전체의 성서주석은 8세기 이후에도 마태 16,18-19에서 **베드로의 개인적 신앙고백**만을, 18,18에서는 다른 사도들에게도 부여된 죄사함의 전권("매고 푸는 권한")을 읽어냈지, 법률적 의미에서의 베드로 개인의 권력을 읽어내지 않았다(반드시 로마에서 베드로의 후계자에 의해 행사되어야 한다는 재치裁治 수위권에 대해서는 더 말할 것도 없다). 그런데도 로마의 제도적인 지배적 지위가 베드로라는 인물에 근거를 둘 수 있는가?

사도 베드로의 이름을 내세운 로마의 권력정치

충돌은 이미 일찍부터 조짐을 드러냈다: 로마교회의 충분히 근거있는 **도덕적 권위**는, 사람들이 그것을 시간이 흐를수록 더욱더 **법률적**으로 이해하고, 또 교리·전례·교회 규율에 있어 다른 교회들의 고유성과 자주성을 무시하고 **권위주의적**으로 관철시키려 한 곳마다, 문제를 일으켰다. 콘스탄티누스 이전 시대에 아직 관철되지는 못했으나 이미 뚜렷한 윤곽을 드러낸 로마의 **권위주의**가 야기한 두 가지 심각한 충돌 사례:

— 2세기 말엽 로마 주교 **빅토리우스**는 통일(로마식!) 부활 시기 제정 문제 때문에 소아시아 전체를 파문했다. 그러나 명망 높은 리옹의 이레네우스[40]를 비롯한 동·서방 주교들이 항의했고, 빅토리우스 주교는 패배를 맛보았다.

— 3세기 중엽 로마 주교 **스테파누스**는, 이단자 세례에 대한 상이한 입장 때문에 처음으로 성서의 베드로 언약을 끌어대며 광대한 여러 교회 지역을 교회들의 친교로부터 배제시켰다. 그러나 알렉산드리아와 가이사리아의 주교들은

키프리아누스와 아프리카 교회들과 협력하여 오랜 관습을 지켜냈다.

이처럼 빅토리우스도 스테파누스도 자신들의 요구를 관철시키지 못했다. 또한 **콘스탄티누스 시대**에도 황제가 전과 다름없이 "최고 사제"Pontifex Maximus의 칭호와 권위를 지니고 교회의 일에서도 독점적 입법권을 보유하고 있었다. 로마 사람들조차 무슨 **로마의 법률적 수위권**이란 몰랐다. 그런데 콘스탄티누스가 가톨릭 교회를 국가 조직에 편입시킴으로써, 이제 로마교회도 다른 모든 그리스도 교회들과 마찬가지로 공적·법률적 단체가 되었고, 주州 수도의 주교들은 수석대주교들이 되었다. 그러나 중요한 교회정치 문제에 관해 서방 출신 코르도바의 오시우스 주교에게 조언을 받던 황제는 친히 교회의 일치를 위해 노력했다. 황제는 로마 "교황"과 상의하거나(「콘스탄티누스의 증여」는 후대의 위조문서다!) 다른 어떤 조언도 구하지 않고, 자신의 온전한 권위에 터해 최초의 보편 공의회를 니케아로 소집했다. 로마교회는 수백 명의 주교들이 참석한 공의회에 오시우스 주교와 두 명의 사제만 대표로 파견했으며, 공의회에서 이들의 역할은 미미했다. 공의회는 이미 다른 주교좌들보다 서열이 높아진 수석대주교좌들(훗날의 총대주교좌들)의 우위성을 인정했으나, (에우세비우스의 「교회사」가 확인해주듯이) 전체교회에 대한 로마의 수위권은 몰랐다. 당시에는 로마에서조차 로마교회의 어떤 특별한 지위를 성서적 근거를 내세워 입증하려는 시도는 없었다.

콘스탄티누스 이후 시대, 특히 350년이 지나서는 사정이 달라졌다. 이제는 서방 특유의 저 발전과정이 시작되었다: 즉, 로마교회와 **로마 주교가 서방의 군주적 권력지위로 부상**했는데, 이것이 라틴 중세 패러다임의 전형적 특징이 될 터였다. 서방의 이 별난 발전과정에 기여한 것들:

— 콘스탄티노플로 **제국 수도의 이전**: 황제의 특별한 선물(라테란 궁전·새 라테란 성당·베드로 성당)에 기뻐하던 로마 주교의 지위가 곧장 강화되었다.

— 교회에도 행사되던 유일한 황제의 지배권: 이것은 세월이 흐르면서 **교회의 맞대응**을 불러일으켰다.

— **교회 내부의 중앙집권화 경향**: 주교들 위에는 수석대주교들이, 수석대주교들 위엔 갈수록 중요해진 우두머리 수석대주교들(총대주교들)이 군림하게 되었

는데, 우위성을 둘러싼 총대주교좌들의 힘겨루기 끝에 로마와 콘스탄티노플만 (잠시동안은 알렉산드리아도) 남았다.

— **로마교회의 군주제적 경향**: 이 경향은 철학적·신학적 유일신론뿐 아니라, 정치적 군주 정체政體에 의해서도 조장되었다.

— **제국 조직·구조의 수용**: 효율적인 사무국과 모든 우편물 문서를 분류·정리하는 문서고의 설치.

— **로마 성직자들의 세금 면제**와 신앙 및 민법 사안에서 교회 고유의 재판권.

로마 교황 이념의 발전

4~5세기 로마 주교들은 자신들의 직권을 의식적으로 확대해 나갔다: 서방 총대주교좌 지위 확립을 위해, 또한 곧이어 전체교회에 대한 수위권 확보를 위해. 앞날에 지속적 영향을 끼친 매우 중요한 로마 수위권의 제도적 발전과정이 그때 시작되었는데, 특히 케임브리지의 역사학자 울만이 이 과정을 훌륭히 분석했다.[41] 당시에 내세워졌던, 성서적 근거가 없는 가정들이 세월이 흐르면서 교회법 안에 들어왔다. 교황의 로마 역시 하루 아침에 세워진 것은 아니다:

1단계: **율리우스**(337~52): 로마가 **항소심 법원**이 되었다. 343년 사르디카(소피아)에서 개최된 서방의 소수자 시노드의 한 법령은 해임된 주교들이 로마에 항소하는 것을 허용했다. 로마는 일찍부터 그 법령을 니케아 보편 공의회의 언제 어디서나 유효한 결의사항이라고 주장했고, 또 그것을 확대해석했다.

2단계: **다마수스**(366~84): 로마는 신약성서의 **베드로 언약**을 자신에게 적용했다. 다마수스 교황이 처음으로 마태 16,18을 로마의 지배권 주장의 근거로 이용했고, 또 곧이어 법률적으로 해석했다. 그 배경: 다마수스와 우르시누스가 경합한 격렬하고 소란스러운 선거 와중에 교회 안에서 137명이 목숨을 잃었다. 다마수스는 로마 시 장관 덕분에 교황에 즉위할 수 있었는데, 시 장관이 바뀐 후 살인교사 혐의로 고발당했으나, 부자 친구들이 황제에게 손을 써서 유죄판결을 받지 않았다. 즐겨 호사스런 향연을 베풀고 "귀부인들의 귀를 간질이는 자"라 불렸으며 권력이 무엇인지 알고 있던 이 교황은, 사실 자신의 허약한 도덕적·정치적 권위를 (베드로의 후계자로서의 자기 직무의 위엄을 새삼스레 강조함으로써) 강화할 절박한 필요성이 있었다. 다마수스 교황은 이제 고집스럽게 로마교회를 배타적 의미의 "사도좌"로 지칭했고, 동시에 로마교회는 다른 교회들보다 높은 서열(이른바 하느님이 베드로와 바울로를 통해 부여하셨다는 로마교회의 독점적 지위에 근거한)을 보유해야 한다고 주장했다. 다마수스 교황은 이제 그리스도교적 로마야말로 진정한 로마라는 것을 보여주기 위해, 베드로와 바울로 그리고 로마 주교들과 순교자들의 무덤과 성당들을 화려하게 꾸미고 그들을 기리는 아름다운 라틴어 비명碑銘을 새기게 했다. 그리고 얼마 후 학덕 높은 북이탈리아 사람 히에로니무스에게 (고라틴어 역본인 *Itala* 또는 *Vetus Latina* 대신 사용하기 위해) 알기 쉬운 신新라틴어로 성서를 번역하도록 지시한 것도 그러한 정책의 일환이었다. 이 새 번역본은 특히 구약성서의 많은 표현들을 아주 당연하다는 듯이 로마법 어휘들로 옮겼는데, 훗날 교회 신학·전례·법률 분야에서 규범적 권위를 지니는 "불가타"*Vulgata* 역본이 되었다. 이 모든 것이 4세기의 다른 모든 로마 주교들과 마찬가지로 위대했던 이교적 로마를 애타게 그리워하던 로마 상류층을 위해 애쓴 "다마수스의 업적"? 우리는 냉정하게, 헨리 채드윅과 함께, 그 업적은 "그가 옛 로마 시민과 제국의 자부심을 그리스도교와 융합"[42]시킨 데 있었다고 말해도 되리라. 로마 교황청의 정신사史를 서술하고자 하는 사람은 바로 여기서부터 시작해야 할 것이다.

3단계: **시리키우스**(384~99): 로마는 **제국의 직무수행 양식**을 넘겨받았다. 다마수스의 후임자인 시리키우스는 전임자와 똑같은 노선을 취했다. 로마교회가 서방(!)에서는 유일하게 "사도에 의해" 창설되었고 또 서방은 동방에 비해 수석대주교좌 제도가 정비되지 않았기 때문에, 그러한 노선을 고수하는 것은 어렵지 않았다. 게다가 로마교회는 처음부터 제국 내의 다른 교회들보다 조직이 잘 되어 있었다. 시리키우스 주교는 (동시대인 주교로는 밀라노의 암브로시우가 신학자·성직자·주교로서 훨씬 탁월했다) 처음 "교황"Papa으로 자칭했다. 그리스어 "파파스"에서 유래하는 이 말은 아버지를 존경과 애정을 갖고 부르는 이름인데, 동방 그리스도인들은 어디서나 자기네 주교를 그렇게 불러왔다. 그런데 5세기 말 이래 로마 주교들이 이 칭호는 자기들에게만 사용되어야 한다고 주장했다. 본디 많은 교회와 주교(사제)들이 공유하던 **칭호들**에 대한 로마의 **독점** 과정이 시작된 것이다.[43] 그러나 앞날을 위해 더 중요한 의미를 지니는 일: 시리키우스는 아예 자신의 법령을 **"사도적"** **법령**이라 부르기 시작했고, 처음으로 **황제 사무국의 직무수행 양식**을 넘겨받았다. 그리하여 이제 로마교회에 대한 여러 교회의 조언과 도움의 부탁은 마치 로마제국 지방 총독들의 문의처럼 여겨졌고, 로마 주교는 황제의 칙령을 흉내낸 "교령"이나 "회람" 등을 통해 답신을 보내야 하는 것으로들 생각했다. 이러한 일은 오늘도 계속되고 있다.

4단계: **인노켄티우스**(401~17): 로마는 **중앙집권주의**를 촉진시켰다. 이미 많은 교령을 반포한 이 주교는 모든 **중요 사안**이 시노드에서 다루어진 후, **로마 주교에게 결정을 의뢰하도록** 만들고자 했다. (당시 갈수록 늘어가던, 로마를 위해 꾸며낸 이야기 가운데 하나이거니와) 여타 서방 지역에 복음을 전해준 것은 바로 로마라면서(명백한 반증: 북아프리카·남프랑스·스페인) 서방의 모든 교회는 로마 전례를 따라야 한다고 했다(로마 아주 가까이 있는, 예컨대 밀라노 교회가 독자적 전례를 시행하고 있었는데도). 암브로시우스, 아우구스티누스 그리고 훗날의 그레고리우스 대교황도 전례 문제에서는 다른 정책을 취했다. 아무튼 전례의 통일은 언제나 로마의 한 목표였다.

5단계: **보니파키우스**(418~22): 로마교회는 로마 이외의 교회에 **항소**하는 것을 금지했다. 로마가 다른 교회들에 의해 항소심 법원으로 여겨지고, 로마 자신 항소심 법원으로 확고히 자리잡기까지는 오랜 시간이 걸렸다. 로마는 또한 "사도적 우두머리"로 자처했고, 자신의 판결과 결정들을 최종적인 구속력을 지니는 것으로 여겼다. 로마 이외·이상의 법정에의 항소는 있어서는 안되었다. 훗날 보편적으로 정식화된 "최고좌는 누구에 의해서도 재판받지 않는다"라는 원칙이 여기서 이미 윤곽을 드러냈다.

그러나: 이 모든 것은 어디까지나 **로마의 주장이요 요구일 따름**이었다. 다마수스·시리키우스·인노켄티우스·보니파키우스의 위대한 동시대인이며 진정으로 로마에 우호적이던 **아우구스티누스**조차 베드로의 재치권적 수위권에 관해서는 몰랐다. 가톨릭의 아우구스티누스 연구자 호프만의 최근 연구 성과: "베드로의 재치권적 수위권(그 근거를 제공한 것은 후대의 신학이다) 문제는 아우구스티누

스의 의식에는 떠오르지 않았다."⁴⁴ 사실상: 아우구스티누스에게 교회의 기초는 그리스도와 그분에 대한 믿음이지 베드로라는 인물이 아니었다(그의 "후계자들"은 더구나 아니었다). 이 점은 젊은 시절의 요셉 랏칭어도 아우구스티누스의 교회론을 다룬 학위논문에서 확인했다: "교회가 베드로 위에, 그러니까 그의 인격이 아니라 믿음 위에 세워진다면 … 교회의 기초는 그리스도다. 요컨대 그리스도는 베드로에게 '그대는 바위입니다'라고 말하지 않고, '그대는 베드로입니다'라고 말했다. 바위는 그리스도다. 이 구절은 믿음(베드로) 안에 받아들여진 그리스도(바위)가 교회의 참된 초석임을 가르쳐준다."⁴⁵ 전체 동방 그리스도교계와 마찬가지로 아우구스티누스에게도 교회 안의 최고 권위는 로마 주교가 아니라 보편 공의회였거니와, 그는 이 공의회에조차 무류적 권위를 인정하지 않았다.⁴⁶

로마교회의 주장들을 특히 **동방**에서는 거의 아무도 인정하지 않았다. 새로운 제2 로마에서 누가 멸망한 옛 제국 수도에 (신학적·법률적으로) 관심이 있었으랴? 황제 외의 최고 권위는 교황이 아니라 보편 공의회였거니와, 이 공의회는 황제만이 소집할 수 있었고 로마 주교는 당연히 이 공의회에 종속되어야 했다.

보편 공의회들의 항의

최초로 소집된 보편 공의회인 **325년 니케아 공의회**⁴⁷의 교령을 연구하는 사람은 (앞에서 암시했듯이) 로마가 규모 크고 오래된 다른 주교좌들, 곧 알렉산드리아·안티오키아·예루살렘 총대주교좌들과 똑같이 특권을 누리고 있었으나 전체교회에 대한 수위권은 행사하지 못했음을 발견하게 된다. 이것은 서방교회의 가장 걸출한 주교요 신학자들이었던 아우구스티누스 그리고 특히 암브로시우스에게서도 찾아볼 수 있다. 암브로시우스 역시 마태 16,18의 베드로에 관한 말씀에서 로마 주교의 특권을 이끌어내지 않았으며, 전체적으로 키프리아누스가 말한 주교단 수위설을 따랐다. 그러나 그들의 동시대인인 다마수스 교황은 뻔뻔스럽게 사실을 왜곡하여, 니케아 공의회는 오로지 자기 전임자 실베스터 교황이 그 보편 공의회의 결의사항들을 재가했기 때문에 비길 바 없는 권위를 누린다고 강변했다.

대립이 심화되어갔다: 그리스도교를 국교로 삼은 380년 테오도시우스의 칙령은 로마 주교와 알렉산드리아 주교의 신앙을 정통신앙의 (반아리우스적) 척도로 선언한 반면, **381년 콘스탄티노플**의 2차 보편 공의회 결의는 황제와 제국 정부의 주재지인 새 로마, 즉 콘스탄티노플의 주교에게 옛 로마 주교 다음의 서열을 부여했다. 동시에 공의회는 모든 주교에게 다른 교구에 간섭하는 것을 금지했다(반로마적 취지!). 그러나 그것이 382년 다마수스 교황이 소집한 로마 시노드가, 로마교회는 시노드 교령에 의해서가 아니라 베드로와 바울로에 의해 창설되었다고 선언하는 것을 저지하지는 못했다. 그 결론인즉 로마교회는 하느님의 특별한 섭리에서 비롯했으니, 수위권이 주어져야 마땅하다는 것이었다!

유사한 주장이 **431년 에페소**에서 개최된 3차 보편 공의회에서도 세 사람의 로마 대표단에 의해 내세워졌다: 베드로는 사도들의 우두머리요 현임 교황(켈레스티누스)은 베드로의 후계자라는 것이었다. 그러나 이 로마의 강변은 공의회에서 호응을 얻지 못했는데, 그리스도론에 관한 토론에서 로마의 기여가 미미했기 때문에 더욱 그러했다. 물론 로마의 이 주장 역시, 순전히 공론空論임에도, 앞날을 위해 교황청 문서고에 소중히 보관되었다. 어쨌든: 베드로에 대한 말씀에서 하느님의 뜻에 따른 전체교회에 대한 로마교회의 재치권을 이끌어내고 관철시키려 했던 4~5세기 로마 주교들의 온갖 시도는 실패했다. 그리스도교계의 "샘", "근원", "머리"인 교황직? 이것은 오랫동안 로마의 희망으로만 남아 있었다! 5세기의 가장 뛰어난 로마 주교 레오 1세조차 그 사실을 절감해야 했다.

교황과 황제의 첫 충돌: 레오 대교황

역사학자들이 **"대교황"**이라고 부르는 **레오**[48]보다 로마적 사명의식에 불타던 사람은 없었다. 이 남자의 21년 재임 기간(440~61)은 그가 건실한 신학자요(칼케돈 공의회에 보낸 서간) 뛰어난 법률가요 탁월한 사목자요 설교가였음을 입증해준다. 정치가로서의 그의 명성은 전설이 되었으니, 451년 로마 대표단(이 중엔 레오 주교도 있었다)이 만투아에서 훈족의 우두머리 아틸라와 담판하여 로마 정복을 그만두게 했다(455년엔 사정이 달랐으니, 이때는 레오도 반달족의 로마 정복과 약탈을 저지할 수 없었다).

바로 이 레오 대교황이 4세기에 준비된 여러 요소를 모아 **로마 수위권 이념의 고전적 종합**을 이루어냈다.[49] 그는 베드로의 수위권과 또한 그로 말미암은 로마 주교의 수위권을 확증하기 위해, 신학적 명확성과 법률적 엄격성을 지니고 성서적·역사적·법률적 논거들을 종합했다:

— **성서적**으로: 모든 사도 위에 있는 **베드로의 수위권**을 신약성서의 전형적인 베드로 구절들[50]을 노골적으로 법률적으로 해석하여 입증하려 했다: 이미 신약성서가 그리스도의 교회 전체를 이끌어가기 위한 **"충만한 권력"**(나중에 "재치권", "사목권"으로 지칭됨)이 베드로에게 주어졌음을 말해준다는 것이었다. 그러나: 베드로가 과연 후계자를, 그것도 로마에서 자신을 계승할 사람을 지명했던가?

— **역사적**으로: **로마 주교**가 베드로의 직무를 계승했다는 것을 클레멘스 교황이 예루살렘에 있던 주님의 아우 야고보에게 보낸 서간에 의해 입증하려 했다. 이 서간에 의하면, 베드로는 유언을 통해 "매고 푸는"(로마 법률용어인 solvere와 ligare로 번역했음) 권한을 클레멘스에게 양도했고, 그로써 그를 유일하고 적법한 후계자로 세웠다(다른 주교는 모두 배제하고). 그때부터 이 서간은 로마의 주장을 정당화하는 근거로 끈질기게 이용되었다. 그러나: 오늘날 우리는 이 서간이 2세기 말의 위조물이며, 5세기 초엽 그리스어에서 라틴어로 번역되었음을 알고 있다.

— **법률적**으로: 베드로 후계자 지위를 **로마 상속법**을 빌려 꼼꼼히 규정했다: 상속인 로마 주교가 피상속인 베드로의 지위와 직무를 대신하는바, 물론 베드로의 개인적 특성과 공적을 상속하는 것은 아니다(주관적으로, 교황은 "합당치 않은 상속인"이다). 그러나 교황은 그리스도께서 베드로에게 위탁하신 직무상의 전권과 역할을 상속한다(객관적으로, 교황은 "사도"는 아닐지라도, 아무튼 "사도적"이다). 다시 말해: 합당치 않은 베드로의 후계자(사실 이런 자들이 많을 터였다)일지라도, 인격이나 도덕적 자질과는 관계없이, 베드로의 합법적 후계자이며 그의 교령들은 유효하다. 중요한 것은 교황 선출(비록 피선자가 (종종 실제로 그러했고 또 지금도 교회법상 적법한 것으로 되어 있거니와) 평신도나 아직 서품되지 않은 사제일지라도)을 수락하는 즉시 떠맡게 되는 직책이다.

이러한 구조에 터하여, 레오는 베드로가 자신을 통해 친히 말하고 행동한다는 확신을 지니고 있었다. 그리고 이러한 정신으로 능력껏 서방교회를 주도해

나갔다. 또한 레오는 정치적 후원도 이끌어냈으니, 이리저리 눈치보던 서로마 황제 발렌티니아누스 3세가, 레오의 설득으로, 445년 칙령을 통해 로마교회의 법률적 우위를 정식으로 확인했다(그러나 이 칙령은 동방에서는 전혀 효력을 발휘하지 못했다). 그러므로 교회사에서 이 로마 주교에게, 그의 이론과 실천에 근거하여, 처음으로 **본격적 의미의 "교황"**이라는 칭호를 부여한 것은 마땅했다고 하겠다.

그럼에도: 이 모든 멋진 구상들은, 교회 전체로 보건대, 어디까지나 로마의 희망사항으로 머물렀다. 거의 동방에서만 참석한 **451년의 칼케돈** 4차 보편 공의회에서 격렬히 논쟁중이던 그리스도론 문제에 관해 레오가 제안한 해결책은 대단한 호응을 얻었지만(공의회 교부들은 베드로가 레오를 통해 말한다고들 했다),[51] 세 명의 교황사절(이들과 두 명의 아프리카 주교가 서방측 참석자 전부였다)이 요구한 공의회 사회권司會權은 황제측 공의회 운영위원회에 의해 단호히 거부되었다. 또한 레오가 단호히 금지했는데도, 그의 서간이 공의회에 의해 전통신앙의 규범들에 비추어 심사되었다. 다시 말해서: 당시 그렇지 않아도 위태위태하고 혼란스러운 로마 시와 그곳 주교에게 그 어떤 특권이나 더 나아가 전체교회 위에 군림하는 우월한 지위를 인정·부여할 생각은 칼케돈의 누구도 하지 않았으니, 그 공의회도 거기 참석한 6백 명 교부들도 자부심이 대단했던 것이다. 그리고 레오가 우두머리 주교로서 자신을 이교 대사제의 칭호였던 "최고 사제"로 지칭하고(일찍이 테르툴리아누스가 이 칭호를 경멸하는 뜻으로 로마 주교에게 적용했고, 황제도 이제는 이 칭호를 버린 터에!), 또 베드로를 끌어대며 자신에 대한 동방 교회들의 순종 그리고 심지어는 보편 공의회의 복속까지 요구한 것도 아무 소용이 없었다. 오히려 그 반대였다.

레오는 칼케돈 공의회가 주저없이 카논 17항에서, 한 도시의 서열을 그 시민들의 위상에 따라 결정하는 것을 가만히 바라볼 수밖에 없었다. 그리하여 유명한 카논 28항은, 필연적 귀결로서, **새 로마**(콘스탄티노플) 주교좌에 옛 제국 수도의 주교좌와 **동일한 수위권**을 부여했다.[52] 로마 사절단이 항의했으나 헛일이었다. 뒤이어 레오도 제2 로마의 지위 격상에 격렬히 항의했으나 들어주는 사람이 없었고, 오히려 그 격상은 황제 마르키아누스는 "새로운 콘스탄티누스", "군주요 사제"라는 시위적(로마에 대한) 환호를 동반했다. 깊은 충격을 받은 레오는 칼케돈 공의회에 대한 인정을 용서받을 수 없을 정도로 오랫동안(453년까지) 미루었다. 그로써 그는 자신의 의도와는 달리 두 본성 정식定式을 거부하던 팔레스티나와 이집트의 적수들을 도와준 꼴이 되었는데, 그곳에서는 칼케돈 공의회의 그리스도론 교의 결정에 반대하는 민중들의 분노가 극도에 달해, 알렉산드리아 총대주교 프로테리우스가 나중에 광신적 폭도들에게 찢겨 죽었다. 그러나 아무튼 레오는 (이 또한 한 표지이거니와) 로마 주교로는 최초로 베드로 성당에 안장되었다.

5세기 말 교황 **겔라시우스 1세**(492~96)[53] 때 로마의 지배권 주장은 일시적으로 정점에 도달했다. 전임자 펠릭스 3세(484년 자신의 힘을 과신한 나머지, 비잔틴 총대주교 아카키우스를 "해임" 파문할 수 있다고 생각했는데, 물론 헛일이었다)의 비서 시절부터 이미 영향력이 매우 컸던 겔라시우스는 아리우스설을 따르던 동고트 황제 테오데릭에게 고분고분했다. 그러나 그는 그렇게 함으로써 비잔틴의 세력에서 거의 벗어날 수 있었다. 겔라시우스는 교리 문제에서 황제의 황제-교황주의적 간섭을 피해 없이 거부할 수 있었을 뿐 아니라, 더 나아가 **황제의 권력에서 완전히 벗어난, 전체교회에 대한 최고 사제의 절대적 권력을 주장**할 수 있었다. 겔라시우스에 따르면, 황제와 교황은 동일한 공동체 안에서 서로 다른 기능을 지닌다. 황제는 단지 세속적인 권력만을 지니고, 교황은 사제적 "권력"만을 지닌다. 그러나 종교적 권력이 세속 권력보다 우월하다. 과연 종교적 권력은 성사를 관장하며, 또한 하느님 앞에서 세속 권력자들을 위한 책임도 지고 있는 것이다.

로마 주교의 무류성?

여기서 물어야겠다: 이 교황의 권력 싸움은 이미 교황 결정의 무류성에 관한 싸움이었던가? 대답: 아니다! 당시에는 로마에서도 그런 것은 주장하지 않았다. 물론 고대교회의 보편 공의회들은 로마 주교 없이 혹은 로마 주교를 거슬러 신앙 문제에 관한 결정을 내리려 하지 않았다. 왜? 로마 주교는 거대한 서방교회의 유일한 총대주교요 제국 교회의 첫째 총대주교였기 때문이다. 하지만, 앞에서 살펴보았듯이, 네 차례의 전범적 공의회는 고유한 전권에 터해 결정을 내렸다. 공의회가 로마 주교에 의해 소집·주재되어야 한다는 말은 누구

도 하지 않았다. 공의회 결의사항을 로마가 재가해야 한다는 말을 한 사람도 없었다. 정통신앙을 지니고 있다는 로마의 주장이 "무류성" 주장으로 이해되지 않았다는 것은, 4~5세기 교황의 권력 확장 시기 이후 6~7세기에 **교황이 오류에 빠졌던 두 가지 "고전적" 사례**가 적나라하게 보여준다. 이 사례들은 1차 바티칸 공의회에서 교황의 무류성 교의 결정을 반대하는 증거로 제시되었으나, 다른 많은 자료와 마찬가지로 다수파에 의해 무시되었다[54]:

— 유스티니아누스 황제 치세인 553년 콘스탄티노플에서 개최된 5차 보편 공의회에서 교황 **비길리우스**는 단성설單性說에 대해 입장을 자꾸 바꾸었다. 이 몰염치한 변덕 때문에 비길리우스는 모든 신용을 잃었고, 훗날 베드로 성당에 묻히지도 못했으며, 수세기 동안 서방에서도 거의 파문 상태에 있었다.

— 681년 콘스탄티노플 6차 보편 공의회에서 교황 **호노리우스 1세**가 유죄판결을 받았다: 이 판결은 692년의 트룰란 시노드와 7·8차 보편 공의회에서 반복되었고, 심지어는 후임자인 레오 2세에 의해서도 승인되었으며, 그후의 교황들 역시 그 판결을 갱신·확인했다.

명백히 이단적이었던 교황이 최소한 두 명! 무류하다고? 희망사항! 12세기에 들어올 때까지 로마 밖에서는 교리 문제에서 로마교회의 중요한 의의를 **법률적 의미의** 본격적 **교도권으로 이해하지 않았다**. 가톨릭 신학자 콩가르는 중세 전성기 교회론을 다룬 두꺼운 저작에서 연구 전체를 요약하면서 이렇게 확인한다: "사람들이 명시적으로 교황에게 인정한 교도직은 오히려 종교적 성격의 것이었으며, 그것도 로마가 베드로와 바울로가 순교했고 그들의 무덤이 있는 장소라는 사실에 기인한다. 베드로, 그는 믿음이다. 바울로, 그는 믿음의 선포자다. 사람들은 로마교회가 믿음에 있어 오류에 떨어진 적이 없음을 기꺼이 긍정했다. 로마교회는 한 본보기로 여겨졌으니, 처음으로 그리고 모범적으로 그리스도에게 신앙고백을 한 베드로의 교회였기 때문이다. … 그러나 이것은 우리가 전의적轉義的으로 교황의 무류성이라 지칭하는 것, 혹은 좀더 정확히 말해, 교황이 보편적 최고 목자로서 최종적으로 내리는 판단들의 무류성을 인정한다는 뜻은 아니다."[55] 콩가르는 여기서 랑엔의 저작에 의지하는데, 랑엔은 그 책에 적어도 7세기에서 12세기까지는 교회 안에서 교황의 결정들을 오류 없는 것으로 여기지 않았음을 입증하는 온갖 자료와 텍스트를 찾아 모아놓았다.[56] 사실이 그러했다. 1차 바티칸 공의회(1870)까지 이르는 길은 아직도 멀었다. 그 길은 포기할 줄 모르는 로마의 권력의지에 의해 닦여나갈 터였고, 그 의지는 위조 변조 문서들을 이용하는 짓조차 서슴지 않을 터였다.

교황과 관련된 위조문서들과 그 결과

오늘날 아무도 부인 못하는 사실: 바로 5세기 이래 로마와 교황의 위세를 드높이기 위한 명백한 **위조·변조 문서들**이 쌓여갔다. 주로 순교자 기록과 시노드 문서들이 위조되었는데, 특히 후자는 정치적으로 잘 써먹었다. 역사적으로 매우 중요한 것으로는, 뚜렷한 정치적 의도 아래 아주 세부적인 사항까지 극히 교묘하게 꾸며낸 **거룩한 실베스터 교황에 관한 "전설"**을 들 수 있다.[57] 480년에서 490년 사이에 어느 익명의 저자가 지어낸 이 이야기는 역사적 진실을 전혀 담고 있지 않다. 애긴즉: 광포한 그리스도인 박해자 콘스탄티누스가 나병에 걸렸는데, 실베스터 교황이 로마에서 그의 병을 낫게 해주었을 뿐 아니라 회개하고 세례를 받게 했다. 독단적으로 콘스탄티노플 천도를 계획하고 있던 콘스탄티누스가 황제 예복과 표장表章을 벗고 떼고 교황 발 아래 엎드려 참회했다. 그리고는 사죄를 받고 난 뒤, 교황의 동의를 얻어 천도를 실행했다. 이야기의 요점: 로마의 경쟁자요 황제와 공의회의 도시인 콘스탄티노플의 지위가 그렇게 급부상한 것은 오로지 로마 주교의 은덕이다! 감동적인 이야기?

천만에! 중세에 수없이 읽혀진 이 의도적 공상의 산물은 8세기에 교회사에 실로 큰 영향을 끼치게 될 또하나의 위조문서가 생겨나는 빌미가 되었으니, 곧 「**콘스탄티누스의 증여**」Donatio(혹은 Constitutum) Constantini[58] 문서가 그것이다. 애긴 즉: 콘스탄티누스는 콘스탄티노플로 옮겨가기 전에, 교황 실베스터 1세에게 황제 표장과 예복(紫袍)을 착용하고 교황청 내의 명칭과 위계를 황궁에 상응하게 만들고 집정관과 귀족을 임명할 권리를 부여했다. 그뿐 아니라 황제는 로마 시와 이탈리아의 모든 주·마을·도시 그리고 서방 지역을 교황에게 유증했고,

그리하여 이제 교황은 황제에 버금가는 지위를 보유하게 되었다. 과연 황제는 로마 교황좌에 다른 모든 교회, 특히 안티오키아·알렉산드리아·콘스탄티노플·예루살렘 교회 위에 군림하는 수위권을 부여했다 … 운운.

이 위조문서는 교황파 정치가들이 만들어냈는데, 이들은 비잔틴에 대한 로마의 자주성과 교황령 창설을 "역사적"으로 뒷받침하고자 했다. 15세기에야 르네상스 교황청의 로렌조 발라가 「콘스탄티누스의 증여」와 자칭 아테네 아레오파고 최고재판소 재판관이자 바울로의 제자였다는 **디오니시우스**의 문헌들(역시 5~6세기에 생겨났음!)이 가짜임을 밝혀냈다.[59] 디오니시우스는 "성직위계"라는 비성서적 개념을 도입했는데, 여러 등급이 있는 천상 위계질서에 관한 터무니없는 사변을 통해 그것을 정당화했으며, 주교를 신비한 능력의 소유자로 찬양했다.

또다른 사례: 6세기에 겔라시우스의 다음다음 후계자 심마쿠스 교황 주변 인물들이 매우 큰 재미를 보게 될 이른바 "심마쿠스 가假문서들"을 만들어냈다. 이들은 303년 시누에싸에서 공의회가 열렸던 것처럼 꾸미고, 그 공의회 문서들을 위조했다. 그 가운데 한 문장: **"최고좌는 누구에 의해서도 재판받지 않는다."** 뜻인즉 뻔하니, 최고 권위의 보유자인 교황은 그 어떠한 법정, 심지어는 황제에 의해서도 재판받을 수 없다는 것이었다.[60] 이 모든 위조문서들의 의도는 무엇이었던가? 한 역사학자의 대답: "당시 생겨난 위조문서들은 그 공의회(로마의 한 시노드)의 의사록을 역사적으로 정당화하고, 교황직 보유자를 세속적이거나 종교적인 모든 법정으로부터 해방시키려 했다. 이로써 상당히 오랜 기간에 걸친 발전과정이 대단원의 막을 내렸다: 물론 '최고좌는 누구에 의해서도 재판받지 않는다'라는 법률적 주장이 관철되고 전반적 인정을 얻어낼 수 있을지는 앞으로 밝혀질 터였다"(치머만)[61].

그러나 이러한 법률적 규정과 재치권적 수위권에 대한 끈질기게 늘어나는 주장에도 불구하고, 아무튼 교황사는 "아주 옛날부터 15세기에 이르기까지 일련의 **'교황 재판'**을 명기하고 있거니와, 이 재판에는 최고좌 보유자들이 피고로 불려나왔고 종종 폐위되기까지 했다".[62] 6~7세기의 교황 재판들은 "최고좌는 누구에 의해서도 재판받지 않는다"라는 법률적 명제가 (널리 알려지긴 했겠지만) 보편적으로 인정받지는 못했음을 분명히 말해준다. 그리고 6세기의 위조문서들이 이미 9세기에 교황 법령집에 수록되었고, 또 사람들이 자주 그것들을 내세우며 논증을 전개했음에도, 8세기 중엽에서 성직 임명권을 둘러싼 투쟁 때까지 교황 재판은 전적으로 유효한 소송절차였다. 또한 그때는 로마에서도 옛날 교회규범이 여전히 통용되고 있었다: 교황 선거 참여자들, 즉 로마 성직자와 시민들이 황제와 함께 (특히 이단에 떨어졌거나 교황직을 "찬탈"했을 경우) 교황의 폐위를 선고했다.

서방에서의 역사적 **결과**: 로마의 주장과 역사적 현실은 서로 거리가 멀었지만, 어쨌든 5세기 말 겔라시우스 교황에 이르러, 전임자들이 150여 년간 추진해왔던, 교회 공동체를 군주다운 우두머리 아래의 독자적 사회로 만들어가는 과정이 일단 완료되었다. 이제 **교회에 관한 새로운 패러다임, 즉 로마중심 가톨릭 교회 패러다임**(P Ⅲ)**의** 이론적 토대(아우구스티누스)뿐 아니라 **교회정치적 토대** 또한 원칙적으로 놓였다. 황제를 교회의 보호자요 입법자로 보는 동로마의 입장을 의식적으로 거슬러, 아우구스티누스의 두 나라 교설에 바탕하여, 겔라시우스가 두 권력(세속 권력과 그 위의 종교적 권력) 교설을 정식화했다. 레오-겔라시우스 교설을 중세 교황권의 마그나 카르타라 지칭한 것도 당연했다고 하겠다. 이 교설은 성직자들을 세속 규범과 재판권에서 풀어냈고(성직자의 특전으로서의 "면제"), 교황의 최고 지도권과 절대적 지배권 주장을 이론적으로 확증했다.

그러나 전체 **동방**에게 이 새 패러다임은 심히 **불쾌**한 것이었다: 오류를 범할 수 있는 한 인간이요 그저 베드로의 후임자일 뿐 그 이상은 아닌 로마 주교가, 어찌 감히 자신을 베드로와 그야말로 신비주의적으로 동일시할 수 있단 말인가? 교회 안의 일개 주교가 오직 사도 베드로 본인만의 책임과 전권을 전유專有하고자 하다니, 이 무슨 참람인가! 무엇보다 용납할 수 없는 것은, 로마에게 유리하도록 신학적인 그리고 이른바 역사적인 또한 특히 법률적인 논거들을 교묘하게 짜맞추어, 베드로의 사도적 전권으로부터 완전히 일방적으로 절대적 지배권 주장을 위한 온갖 가능한 법률적 결론들을 도출해냈다는 사실이다.

주지하다시피 오늘날까지(P Ⅱ와 관련하여 살펴보았듯이) 로마의 지배 수위권 주장은 동·서 교회 간의 해결되지 못한 문제로 남아 있다. 여기에는 이 문제를 한 번도 정식으로 다루지 않았던 동방 정교회의 책임도 있다. 로마의 수위권 이론과 실천이 동·서 교회 분열의 주범인데도, 오늘에 이르기까지 양 교회가 함께하는 보편 공의회에서 이 문제에 관한 본격적인 토론 한 번 이루어진 적이 없으니, 양측 모두에게 구속력있는 결정은 아예 바랄 수도 없다.

여기서 보다 나은 미래를 염두에 둔다면, 너무 오래 미루어온 몇 가지 **물음들**을 계속 덮어두어서는 안되겠다. 나는 이 물음들을 제기함에 있어 다음과 같은 성서의 사실내용으로부터 출발하고자 한다: 신약성서는 교회의 기능과 관련하여 "교권제도"라는 낱말뿐 아니라 "직무"를 가리키는 모든 세속 단어를 의식적으로 철저히 피하는데, 그것은 그 단어들이 지배관계를 표현하기 때문이다. 그 대신 관청·당국·지배·높은 지위·권좌 등을 연상시키지 않는 대★개념을 사용하니, 곧 "봉사"diakonia(본뜻은 식탁 시중)다. 그렇게 된 것은 예수 친히 분명하고 확고부동한 척도를 세우셨기 때문이다. **섬기다**(봉사하다)라는 낱말만큼 여러 형태(여섯!)로 전승된 예수의 말은 거의 없을 것이다[제자들의 다툼·최후의 만찬·제자들의 발을 씻어줌 등: 가장 높은 사람은 모든 이를 섬기는 사람(식탁에서 시중드는 종)이 되어야 합니다!]. 입으로는 자신을 "하느님의 종들의 종"이라 칭하면서, 이 종들을 온갖 가능한 수단과 방법을 동원하여 지배하려 드는 로마 주교는, 물론 예수님의 저 요구를 따른다고 할 수 없다. 그렇다. 예수의 저 말씀에 비추어보건대, 예수의 제자단 안에는 그저 법과 권력에 의해 이루어지는, 국가 권력자들의 직무와 유사한 그러한 직무는 있어서는 안된다: "왕들은 백성들을 강제로 지배하고, 백성들에게 권세를 부리는 자들은 은인으로 불립니다. 그러나 여러분은 그럴 수가 없습니다. 오히려 여러분 가운데서 제일 큰 사람은 제일 어린 사람처럼 되고 다스리는 사람은 섬기는 사람처럼 되어야 합니다."[63]

여기서 교회를 위해 꼭 필요한 베드로 직무에 관한 신학을 전개할 수는 없다 (나는 그것을 다른 곳에서 다룬 바 있다).[64] 그리스도의 교회에 중재하고 인도하며 영감을 고취하고 일치를 이루는 베드로 봉사직이 필요하다는 것은[65] 오늘날 많은 개신교 신학자도 인정한다. 여기서는 다만 (2차 바티칸 공의회에서도 다루어진) 교황직의 개혁과, 그것과 결부된 일치운동을 위한 상호이해를 염두에 두고, 몇 가지 근본적인 물음들만 제기하자(사실 미래를 위한 이 물음들은 3차 바티칸 공의회 혹은 2차 예루살렘 공의회 같은 데서 제기·논구되어야 제격일 터이지만).

미래를 위한 물음

교황직의 개혁(폐지가 아니다)과 관련하여 다음과 같은 물음들이 제기된다:

● 교황직은 갈수록 **지배기관**이 되어왔고 (2차 바티칸 공의회에도 불구하고) 오늘도 그러한 것으로 머물러 있다. 그러나 그러한 지배기관이 철두철미 봉사에 의해 규정되어야 할 신앙공동체 안에서 그리고 모든 제도적·자의적 권위주의를 거부하는 민주사회 안에서 아직도 존재이유를 가질 수 있을까? 교황직이 이른바 하느님의 은총에 터해 로마 황제의 본보기를 따르는 유럽 최후의 절대군주제로서 오래도록 존속할 수 있을까? 오히려 우리 세기의 요한 23세가 모범을 보였듯, 마땅히 가톨릭 교회와 전세계 그리스도교계를 섬기는 그리스도교적 기관이 되어야 하지 않을까?

● 교황직은 고도로 발달한 로마의 법학과 황제의 법운용 행태를 넘겨받아 갈수록 많은 **지배구조**들을 발전시켜왔다. 그러나 교황직이 신약성서 공동체의 전혀 다른 구조들 그리고 현대 민주사회의 구조들을 거슬러, 여전히 중앙집권적 사법·행정 기관으로 남아 있고자 한다면 그리고 교회라는 신앙공동체를 무엇보다도 법률적으로 이해하고 지배해야 할 단체로 여긴다면(5세기 이래 로마에서 흔히 하던 말: "백성은 끌고가야지, 백성에게 끌려가서는 안된다"), 과연 미래가 있을까? 요컨대 교회는 예나 지금이나 중앙집권적으로 지배해야 하는 법률 공동체인가, 아니면 봉사자들에 의해 이끌어지는 신앙공동체인가? 로마제국인가 아니면 가톨릭 "민주 연방"인가?

● 교황직은 당시 발전된 **지배수단**들을 지금까지 보존해왔다: 황제풍風의 직무 서간 양식, 관청 법률 용어인 라틴어: 로마의 온갖 월권을 위한 이데올로기의 보물창고답게 교황과 공의회의 어떠한 문서도 끄집어내 인용할 수 있게 되어 있는 교황청 문서고: 결정적 법조문들은 결국 중세 위조문서들에 소급되는 가톨릭 교회법전. 요컨대 가톨릭 교회는 앞으로도 끊임없이 로마의 교령·훈령·회람·선언·회칙의 홍수에 떠내려 가야 할까, 아니면 신약성서와 현대 민주주의 정신에 터해 일치를 중재하고 촉진시키는 중심이 되어야 할까?

한 가지는 물론 이론의 여지가 없다: 교황 지배제도의 발전과정이 로마에의 엄청난 권력 집중과 교회의 극심한 법정화法定化를 야기했지만, 교황직은 그런 방법을 통해 어쨌든 거칠고 무식한 야만인들에게 고대 법치국가 이념을 전해주었다. 아우구스티누스의 신학과 교황 지배제도에 대한 분석에 이어, 이제는 중세의 라틴-로마-가톨릭 패러다임의 셋째 요소, 즉 게르만 민족의 새로운 신심과 교회주의를 고찰해야겠다.

④ 변하지 않은 것과 변한 것 그리고 동방에서 서방으로의 전환

아우구스티누스가 신학적으로 훌륭하게 대변한 고대 후기와 중세 초기 사이의 온갖 연속성에도 불구하고, 한순간도 간과해선 안되는 사실: 아우구스티누스 사망 직전 북아프리카 히포까지 이르렀던 **게르만 민족의 이동**[66]은, 서방 그리스도교계에게는 **새 시대를 여는 확장과 변혁**을 의미했다. 게르만인들은 4세기에 점점 강력하게 로마제국 안으로 밀고들어왔고, 로마인들에 의해 강제 정주定住되거나 훌륭한 군인으로서 군대에 복무하기도 했다. 남부 러시아 초원에서 내려오던 훈족에게 밀려난 반달족 · 알란족 · 수에브족은 406년 12월 31일 얼어붙은 라인 강을 건너 큰 무리를 지어 갈리아 지방에 들어왔고, 2년 후에는 목초지와 식량을 찾아 피레네 산맥을 넘어 스페인으로 쇄도해 들어갔다.

민족 대이동과 그 결과

건국 이래 정복된 적이 없던 "영원한 로마"가, 앞에서 보았듯이, 410년 처음 서고트인들에게 함락되었다(서고트인들은 나중에 스페인에 정주했다). 거의 1백만을 헤아리던 시민이 다음 세기들에는(그러니까 카롤링거 왕조 시대) 겨우 2만으로 줄었다. 처음엔 그저 지나가는 재앙인 줄 알았던 게르만 민족(서고트인들을 비롯해 알레만인 · 부르군트인 · 프랑크인 · 반달인들)이 5세기에 로마 땅에 나라들을 세웠다. 반달족은 아우구스티누스가 살아 있을 때인 429년 스페인으로부터 북아프리카에 침입하여 439년 카르타고를 정복했으며, 로마인들이 최초로 인정한 나라를 제국 영토 안에 건설했다.

그러나 그 인정이 이 거친 전사戰士 무리가 455년 로마에 대한 또한번의 약탈을 포함한 새로운 이탈리아 전쟁을 일으키는 것을 저지하지는 못했다. 마침내 476년 아직 어린아이였던 서로마제국의 마지막 황제 로물루스 아우구스툴루스가 게르만 군대 총사령관 오도아케르에 의해 폐위되었다. 이로써 이미 오래 전부터 야만인 군대 우두머리들에게 좌지우지되던 서로마제국은 종말을 고했는데, 로마가 처음 정복될 때와는 달리, 별로 큰 소동은 일어나지 않았다.

어쨌거나 분명히 알아두어야 할 것: 로마제국에 쇄도해 들어온 게르만 종족들의 문명 수준은, 고대 문명과 견주어볼 때, 상당히 낮았다. 세계적 안목은 고사하고 유럽에의 소속감조차 없이 자기들 안에 폐쇄되어 있던 이 정신적·문화적으로 미개한 종족들은 그저 고유의 종족 생활에 몰두했다. 그 결과는 로마의 외형적인 일반·군사 행정(이것은 새로운 종족들이 그저 부분적으로만 넘겨받을 수 있었다)의 와해, 로마 국가와 법률의 전반적 해체, 아니 고대 문명의 총체적 붕괴였다(물론 지역과 생활영역에 따라 차이가 있었지만). 전체적으로 볼 때, 당연히 엄청난 **경제적·사회적·문화적 퇴보**가 닥쳐왔다! 이 퇴보를 만회하는 데는 수백 년이 걸릴 터였다. 사회사·구조사·종교사·정신사의 연구들을 통합하려 애쓰는 최근의 역사학은 민족 대이동의 영향과 결과를 인상깊게 서술하고 있다[67]:

— **생활을 보장해주던 많은 기술의 상실**: 그리하여 농업 생산이 극도로 감소했고, 의·식·주와 위생이 흔히는 비참할 정도였다.

— **사회 기간설비의 마비**: 도로·교량·수도 시설 등이 파괴되었고, 그리하여 교통·통신 상황이 갈수록 열악해졌다.

— **인구 감소**: 8세기에 들어설 때까지 약 1/4 혹은 1/3이 줄어들었다. 도시는 주민이 감소하여 큰 마을이 되었고, 규모 작은 농촌 사회가 형성·발전되었다.

— **글쓰는 능력의 퇴보**: 오도아케르, 동고트의 테오데릭 황제, 칼 대제, 오토 대제도 글을 몰랐다. 칼만 쓸 줄 아는 귀족들에게 글쓰는 것은 중세 내내 경멸받을 만한 일이었다. 그리하여 문학과 고등교육이 전반적으로 퇴보했다.

— **계급사회의 유지**: 사회 구성원을 자유인과 비자유인 그리고 노예로 구분하는 것은 카롤링거 왕조 시대에 들어올 때까지 계속되었다.

― **법률에 의한 안전보장의 약화**: 국가 조직과 공법과 사법 제도가 약화되고, 피의 복수와 자체적 재판(예를 들어 간음·살인·명예훼손의 경우)이 다시 일상사가 되었다.

― **귀족들**(교육받은 관리들 대신!)**의 주도적 역할**: 국가 재산과 돈은 왕과 귀족들 차지가 되었다. 교회 내에서도 새로운 지배자들이 고위 성직을 넘겨받았고(제물 봉헌 사제직은 예외), 종교적 신분에 따르는 권리를 행사했다. 그리하여 주교 임명과 시노드 고위직은 성직 임명권 투쟁 때까지 세속 지배자들의 몫이었다.

― **전반적 지방화**: 그리하여 라틴어(이제는 종종 완전히 잘못 철자되고 문체도 거칠어졌다)는 지역에 따라 각기 달리 발전하여 여러 **"민족어들"**(이탈리아어·스페인어·프랑스어·레토로만어)이 되었다. 이제 라틴어는 특별히 마음먹고 배워야 하는 언어였으나, 나중에는 물론 서방의 국가와 교회 어디서나 사용되는 교양언어가 되었다.

가톨릭 교회는 어찌 되었던가? 민족 대이동의 혼란·전쟁·파괴의 와중에 가톨릭 교회에게 남은 것은 처음에는 다만 **쇠퇴**뿐이었다. 게르만 종족들은 모두 여전히 이교 신앙에 머물러 있었다. 쾰른·마인츠·보름스·슈트라스부르크 등의 도시들은 프랑크화되었고, 라인 강과 도나우 강 유역 그리고 북부 갈리아와 발칸 지역의 도시들은 100년 이상 주교를 갖지 못했다. 시간이 상당히 흐른 뒤에야 그리스도교는 오늘날의 불가리아 지역의 동고트족에게서 처음으로 다시 모습을 드러냈는데, 여기서는 이미 4세기 중엽 불필라 주교의 활동(그는 고트 문어文語·문학·성서 번역을 창시했다)을 통해 그리스도교가 수용되었었다(물론 당시 비잔틴이 비호하던 아리우스파 신앙의 형태로). 이 **아리우스파 그리스도교**는 동고트족으로부터 시작하여 서고트족 그리고 그들을 거쳐 스페인과 아프리카의 반달족에 이르기까지, 대부분의 게르만 종족들에게 받아들여졌다.

서쪽 지방의 로만 민족은(그들의 라틴어는 이제 민족어로 바뀌었다) 조상 전래의 가톨릭 신앙에 머물러 있었다. 그러나 앞날을 위해 더 중요한 사실: 가장 뒤늦게 군주제적 통일을 이룩했으나 서방의 가장 중요한 국가, 곧 **프랑크 왕국**[68]을 건설하게 된 게르만 종족이 **전통적·가톨릭** 신앙을 받아들였다. 북아프리카의 반달 왕국, 스페인의 서고트 왕국, 이탈리아의 랑고바르드 왕국(이 나라들은 오래 존속하지 못했기에, 여기서는 자세히 다루지 않겠음)과는 달리, 프랑크 왕국은 로마제국을 계승할 터였다. 메로빙거 가문 출신 **프랑크 왕 클로비스가 세례**를 받은(세례 동기는 알레만족과의 전투에서 승리한 후 했던 서원을 지키고 로만족 가톨릭 주민의 환심을 얻기 위함이었다) 498~99년은 중세 그리스도교 역사의 근본 연도로 여겨진다. 당시 비잔틴 황제 아나스타시우스는 그 신흥 왕국을 승인했는데, 그 나라는, 앞에서 보았고 뒤에서 더 상세히 보겠거니와, 정확히 3백 년 뒤 비잔틴 제국과 경쟁하는 새로운 서방 제국으로 등장했으니, 그리스인들은 격분했고 교황은 적시에 동맹을 맺었다.

고대교회(그리스-라틴) 패러다임과 바야흐로 점차 뚜렷이 그 모습을 드러내고 있던 중세-라틴 패러다임의 차이점은 도대체 무엇이었던가? 우선 알아둘 것: 그것은 신앙 본질의 차이는 아니었다.

신앙의 본질은 보존되었다

게르만 민족의 그리스도교화와 그리스도교의 게르만화 중에서 어느 것이 더 옳은지는 연구자들 사이에 논란이 있다. 그러나 새 시대를 열었던 이 변혁에서 **교회가 연속성의** 한 가지, 아니 **결정적 요인**이었다는 것만은 이론의 여지가 없다. 글을 읽고 또 대개는 쓸 줄도 아는 사람들은 제후들이 아니라 성직자들이었으며, 그리하여 이들은 시간이 지나면서 다시금 새로운 기록문화를 발전시킬 수 있었다. 고대의 세속적·신학적 문헌들이 중세에 전해질 수 있었던 것도 대부분 교회, 특히 당시 서방에서 급속히 늘어나던 수도원 덕분이었다. 그리고 주교직이 행정적·정치적 기능들을 점점 더 많이 넘겨받았고, 주교좌들이 높은 지속성·안정성을 지닌 것도 연속성의 주요 요인이었다. 그러나 더욱 중요한 것: 신학이 6~7세기 그레고리우스 대교황(†604)과 세비야의 이시도르(†636) 이후 11세기 캔터베리의 안셀무스 때까지 쇠퇴·침묵했고 또한 민간 신심 안에 혐오할 만한 온갖 미개하고 이교적인 요소들이 섞여 있었으나, 어쨌든 이 시기에도 **그리스도교 신앙·전례·윤리의 근본적인 연속성**이 존재했다.

과연 새 시대를 열었던 많은 상이점에도 불구하고, 아무튼 새로운 중세적 패러다임(P III)은 유다계 그리스도교 원시교회 패러다임(P I)과 헬레니즘 고대교회 패러다임(PⅡ)에서처럼 동일한 **불변적 요소들**을 여전히 지니고 있었으며, 이것은 "엘리트 성직자들"뿐 아니라 "천한 백성들"에게서도 마찬가지였다:

● 대부분 그리스도교로 개종한 게르만 종족들이 처음에는 아리우스파에 속했다 하더라도, 어쨌든 그들은 모두 동일한 한 분 **하느님** 곧 이스라엘의 하느님과 그분의 아들 예수 그리스도 그리고 성령을 믿었다: 동일한 **복음**!

● 그리스도교로의 개종에는 흔히는 더 강력한 신을 섬기겠다는 동기가 결정적 역할을 했고, 또한 우두머리의 세례에 덩달아 집단세례가 행해지긴 했지만, 어쨌든 그것은 죄의 용서와 그리스도교 신앙공동체에의 가입을 위한 언제나 똑같은 **세례**였다: 동일한 **가입의례**!

● 신앙의 신비를 전례를 통해 경축함에 있어 비성서적 희생 관념과 성직자중심주의가 갈수록 두드러지게 나타나긴 했지만, 어쨌든 핵심에 있어서는 여전히 예수를 기념하는 고래古來의 **성체성사**가 집전되었다(주님 부활날인 일요일은 321년 콘스탄티누스에 의해 휴일로 선포되었다!): 동일한 **공동체**(친교) **전례**!

● 십자가(본디 그리스도교적 자기포기와 폭력포기의 표지)가 콘스탄티누스의 승전 이래, 갈수록 원수로부터의 방어와 전쟁에서의 승리의 표지가 되었고, 또한 "야만적 잔혹함"이 중세 초기를 특징짓는 유행어가 되기는 했지만, 그래도 어쨌든 **그리스도 추종**이라는 근본사상이 포기되었던 것은 결코 아니다. 아니, 그 사상은 그때까지는 흔치 않았던 사회사업, 광범위하게 조직된 빈민구호, 포로 석방 등을 통해 새로운 차원을 획득하게 되었다: 동일한 **윤리**!

원칙적으로: 복음·윤리·가입의례·공동체 전례의 이러한 연속성에서 관건은, 그저 몇몇 거룩한 관습·종교적 실천·단순한 신심이 아니라 **그리스도교 신앙의 본질**이었으니, 바로 이 본질은 새로운 중세 패러다임에서도 **보존**되었다. 과연 이 그리스도교 신앙의 본질은 (몇몇 "전前종교개혁가들"만이 아니라) 중세의 무수한 남녀들의 표상세계·정신적 관념·다양한 생활양식·실천행동을 근본적으로 꼴지었다. 그러므로 오늘날 개신교 신자들도, 중세에 대한 온갖 정당한 비판에도 불구하고, 다음 사실은 인정할 수 있어야 할 것이다: 그리스도교적 정체성은, 정신 심성의 그 엄청난 변혁에도 불구하고, 굳세게 보존되었다.

다른 한편 가톨릭 신자들은 다음 사실을 부인해서는 안된다: 중세에 교회내적 영역에서도(신앙의 선포에서 성사 이해를 거쳐 교황직까지) 그야말로 모든 것을 포괄하는 **근본적 변혁**이 일어났다. 우리 세기의 가장 탁월한 전례사가 요셉 안드레아스 융만의 말은 과장이 아니다: "2천 년 교회사에서, 종교적 사상에서나 그에 상응하는 제도에서나, 교부 신학의 종막과 스콜라 신학의 개시 사이의 5백 년 동안보다 더 큰 변혁이 일어났던 시기는 없다."[69]

신심·규율·조직의 변화

이미 분명해진 것: 그리스도교 내부의 이러한 변혁은, 종교개혁에서처럼 갑작스런 단절의 형식보다는, 느리지만 근본적인 변화와 재해석의 형식으로 이루어졌다. 지금까지의 패러다임 분석으로부터 **중세 라틴 패러다임**(P Ⅲ)의 **세 가지 구성요소**가 드러났다:

● 그리스 교부신학과 상이한 **아우구스티누스**의 라틴 **신학**;

● 서방교회의 중심 지배제도인 확고한 **로마 교황직**;

● **게르만 민족**의 새로운 신심과 교회관 및 실천.

마지막 요소를 좀더 설명해야겠다. 이미 콘스탄티누스 이후 시대부터 서방교회에는 중요한 새로운 특징과 형태들이 윤곽을 드러냈는데, 이것들은 중세 초기에 게르만인들을 통해 널리 뚜렷이 자리잡게 되었다:[70]

— 종족 집단세례 이후 성인세례는 교회의 의식에서 완전히 사라졌다. 수동적 비자각적 **유아세례**가 상례가 되었다.

— 이미 콘스탄티누스 이후 시대에도 **성체성사**가 점차 주일뿐 아니라 매일 집전되었지만, 모든 신자의 성체 배령은 갈수록 감소했다. 이제는 서방에서도 고대교회의 민중 전례 대신 (성가에 이르기까지) 노골적인 **성직자 전례**가 발전했는데, 거룩한 언어로 거행되는 이 거룩한 연극에서 민중들은 그저 수동적으로 구경만 할 뿐 성찬례에도 자발적으로 참여하지 않았으니, 사제가 민중을 "위해" "제물"을 바쳤기 때문이다. 그리하여 성사에 대한 마술적 견해가 조장되었다.

— 일생 단 한 번, 주교 관장하에 행해졌던 고대교회의 **공개참회**는 극히 민망

하고 위험부담이 컸기 때문에, 이미 고대 후기에는 거의 임종의 자리에서 행해졌고 점점 사라져갔다. 그런데 멀리 아일랜드(한 번도 로마제국에 귀속되지 않았던 이곳에는 5세기에야 그리스도교 신앙이 수용되었는데, 주교중심 조직보다 수도자들의 조직이 훨씬 큰 영향력을 지니고 있었다)의 유랑 선교 수도자들이 자기들 수도원에서 시행하던 새로운 유형의 **비밀참회**를 대륙에 전해주었다. 이 참회는 일상적 죄에 대해서도 행할 수 있었고 또 원할 때마다 반복할 수 있었으며, 주교 대신 사제가 관장했다. 본디 수도자들의 고해 방식이었던 이것은 이제 **모든 사람을 위한 비밀고백**(귀에 대고 하는 고백)으로 서유럽에 급속히 퍼져나갔다.

— 고대교회의 **순교자 공경**(무덤에서 행한)이 중세 초기에 조야한 **성인·성유물 공경**으로 변했다. "하느님과 인간의 **유일한** 중개자 인간 예수 그리스도"[71]가 반反아리우스 논쟁과 사실상 단성설單性說적인 신심을 통해 갈수록 하느님 쪽으로 옮겨지더니 아예 하느님과 동일시되었다〔예수 신이 보탄 신(고대 독일 신화의 최고신)에게 승리했다〕. 그리하여 신심행위에서 그리스도에게 하느님께의 중개를 간청하는 일은 거의 없었고, 인간에게 더 친근하며 하느님(그리스도) 곁에서 온갖 일을 할 수 있다고 믿어지던 다른 중재자들(특히 마리아를 비롯한 몇몇 성인)이 그리스도를 밀어냈다.

— 게르만 민족 고래의 심성은 수많은 **미신**을 그리스도교 안에 들여왔다: 미개사회에서는 어디나 그렇듯 민중신심은 정령숭배에 의해 지배되었다. 사람들은 착한 정령들 그리고 특히 악한 정령들이 어디에나(자연현상들 배후에도) 있다고 믿었고, 갖가지 처방·제물·술책을 통해 그들의 접근을 막거나 환심을 사려고 애썼다. 매우 비성서적이고 표피적이며 물화物化된 **원시적 행업신심**이 생겨났다.

— 위대한 그리스·라틴 교부 **신학자**들은 독자적 사유를 통해 그리스도교의 진리를 꿰뚫어알고자 애썼고, 그리하여 종종 민간신심을 바로잡아주었던 데 반해, 이 과도기의 신학자들의 작업은 전해받은 교리·명제의 반복·발췌·수집에 국한되었다. 교육받은 엘리트 성직자들도 거의 없었으니, 교육의 전제조건인 도시적 환경과 제대로 된 학교가 마련되어 있지 않기 때문이었다.

— 수도 성직자들뿐 아니라 재속 성직자들에게서도 **교육보다 독신**(동정) **의무**가 점점 더 중요시되었다(그러나 중세 초기에도 사제 결혼은 관례였다). 그리고 5세기까지만

해도 통례적이었던 **여성 부제직**이 **폐지**되었고, 그리하여 이제 여성에게는 아무런 제단 봉사도 허용되지 않았다. 또한 교회는 명백히 이교적인 상황, 예컨대 프랑크 왕국 내의 혼인(제후들의 첩)·법률(죄의 해명 대신 잔혹한 신명神明 재판)·노예제도(카롤링거 시대까지 존속) 등과 맞서 싸우지 못했다.

— 주교들과 그들의 교구를 중심으로 하는 교계적 구조 외에, 아일랜드 수도자 콜룸바노(†615)에 의해 갈리아 지방에서 시작된 아일랜드-프랑크 수도원 운동의 결과, 거대한 **수도원 망網**이 생겨났다(7세기 말 갈리아에만 약 550개 수도원이 있었다). 이 수도원들은 원장에 대한 순종의 표시로 대부분 콜룸바노 규칙과 베네딕도 규칙을 결합시켰고, 아일랜드식 참회체계를 널리 보급했으며, 훌륭한 라틴어 기록 문화도 크게 부흥시켰다. 동시에 수도원들은 법적 특수지위를 획득했으니, 칼케돈 공의회의 규정(수도원들은 주교에게 종속됨)과는 달리, 이제는 주교에게서 벗어났다: 수도원장 임명 및 수도원 규율 수정과 관련된 면속免屬이 그것인데, 이것은 종종 국가 간섭의 면제와 맞물려 있었다.

특히 **주교직**이 이러한 발전과정을 통해 강화·부각되었다. 국가조직이 유명무실하던 혼란기에 주교들은 사회복지·사법제도·세금 징수도 자주 관장했고, 그리하여 5~6세기에는 종종 도시에 대한 정치적 소유권까지 획득했다. 이제 주교직은 명문가의 독점물이 되었고, 극히 높은 지위로 급부상했다. 특히 왕에 의해 통제되던, 로마는 거의 신경쓰지 않던 자부심 강한 갈리아 주교단과 수석대주교는 교황의 지시에 자주 반발했다. 메로빙거 왕조의 몰락과 함께 그 수석대주교좌와 시노드 직무 또한 소멸되지 않았다면, 갈리아 주교단은 (이슬람 세력의 침략에 의해 먼저 그리스도교적 북아프리카, 다음엔 스페인이 멸망한 후) 이미 뚜렷이 모습을 드러내고 있던 로마의 중앙집권주의의 진정한 대항세력이 될 수 있었을 것이다.

그러나 **서방에서는 로마 주교에게**, 교회적으로 볼 때, **경쟁자가 없었다.** 476년 서로마제국이 멸망한 후, 물론 아직은 별 힘이 없던 레오 1세 이후의 로마 주교들(여전히 비잔틴의 최고 지배권 아래 있었다)은 그리스도교 공동체를 독자적 사회로 발전시키기 위해 노력했는데, 그 목표는 신앙에 근거한 권한에 의해 로마교회뿐 아니라 전체교회를 지배하는 것이었다. 그러나 현실은 어떠했던가?

로마 교황들의 굴욕적 예속

고도로 발전된 교황 지배 이론과 빈약한 교황 지배 권력 사이의 현저한 괴리는 아직도 오랫동안 계속되었으니, 이름뿐인 마지막 로마 황제와 그의 게르만 용병 대장 오도아케르("이탈리아의 왕")의 몰락 이후, 488년 침입해 들어온 **동고트의 테오데릭 대왕**(489/93~526)이 서방의 정치적 패권을 차지했기 때문이다. 이로써 교황들이 아리우스파 그리스도교를 신봉하던 동고트 지배자들에게 굴욕적으로 예속되는 시기가 시작되었다. 이들은 라벤나에 터잡고 앉아 화려한 건축물들을 짓고, 이탈리아의 유일한 통치자로서 말잘듣는 교황들을 아주 당연하다는 듯이 임명했다. 유다인들에게조차 관용적 종교정책을 시행했던 테오데릭은 즉석에서 교황 요한 1세를 콘스탄티노플로 보내어 아리우스파 추종자들을 위한 중재 활동을 하도록 했고, 교황이 돌아온 뒤에는 성과가 없었다 하여 감옥에 집어넣었는데, 교황은 그곳에서 테오데릭과 같은 해(526) 사망했다.

동고트 왕국 멸망 후에는, **비잔틴 황제들**에게 심히 예속되는 시기가 이어졌다. 황제들은 로마 주교를 더도덜도 아닌 옛 제국 수도의 총대주교로, 또 그로써 서방의 총대주교로만 여겼다.[72] 특히 유스티니아누스 황제는 로마제국 재통일을 염두에 두고, 교회내적으로(정치적으로는 아니었다) 옛 로마를 새 로마와 동등하게 대접하는 데 큰 관심을 보였다. 그리하여 황제는 로마교회에게 신앙과 교리 문제에서 "최고 교도권"이 있음을 기꺼이 인정했다. 그러나 이 최고 교도권은 처음에는 물론 유명무실했고, 중세 전성기에야 발전하기 시작하여, 약 1500년 뒤 1차 바티칸 공의회의 교황 무류성 교의 결정에서 절정에 이를 터였다.

그러나 교황의 재치권裁治權적 수위권에 관해서는 유스티니아누스 황제 역시, 아니 특히 유스티니아누스 황제야말로 생각해보지 않았다. 오히려 반대였다: 그는 〔앞에서 헬레니즘적 패러다임(P II)과 관련하여 자세히 살펴보았듯이〕 거의 40년(527~65)이나 계속된 국가와 교회에 대한 전제적 통치기간 동안, 모든 분야(정치·법·의례·상징학 등)에서 자신의 권력을 확장하고 종교적으로 미화했다. 자신에 버금가는 무류한 교황이란 생각조차 할 수 없는 존재였다. 통치자일 뿐 아니라 탁월한 신학자로 자처한 유스티니아누스는 하느님의 뜻과 계시를 내세우며 신앙 문제에 있어서도 고유한 입법자로 행세했다. 그는 필요하다 싶을 때마다 로마 주교들을 궁정으로 불러, 그들이 정통신앙을 지니고 있는지를 엄숙하게 심사했다.

이탈리아에서는 "로마인들"이라 자칭하던, 그리스어를 사용하는 비잔틴 출신 "탈환자들"과 그들의 총독(처음엔 로마, 나중엔 라벤나에 주재함) 그리고 거만한 관리들이 예전의 동고트인들처럼 곧 미움을 받았다. 565년 유스티니아누스가 사망한 후 이교 혹은 아리우스파 그리스도교를 믿던 **랑고바르드인들**이 568년 이탈리아에 침입하여 제국 체제를 오랫동안 철저히 유린했고, 그리하여 헬레니즘적-비잔틴적 패러다임의 틀 안에서 하나인 로마제국과 유일한 제국교회를 재건하려던 꿈은 영원히 무산되고 말았다.

그러나 교황들은 오히려 기회를 잘 이용하여, 랑고바르드 대공들 아래에서 로마 공국을 손에 넣을 수 있었다(남부 이탈리아만 명목상의 비잔틴령으로 남았다). 그리하여 이제 교황은 랑고바르드와 비잔틴 사이에서 정치적·언어적으로 중재 역할을 하면서, 사실상 정치적 자주권을 확보할 수 있었다. 동시에 교황은 로마식으로 충실히 관리·증식해온 자신의 대★장원을 기반으로 하여, 시간이 지나면서 서유럽 최대의 사유지 소유자가 되었는데, 그 수입은 교황청과 로마 시 그리고 토박이 주민들에게도 도움을 주었다. 그러나 비잔틴의 통제는 남아 있었으니, 필요하면 강제와 폭력으로라도 관철되었다. 그러한 통제의 뚜렷한 표지는 로마에 주둔한 비잔틴 수비대였다. 분명히 알아둘 것: 555년 유스티니아누스의 율령 반포 이후, 로마 주교 선출은 황제의 "허가"(나중에는 최소한 라벤나 총독의 허가)를 받아야 했다(이 조처는 8세기에 제국 정권과 단절될 때까지 유효한 법령으로 남아 있었다). 그러나 어쨌든: 서방에서는 무게중심이 천천히 로마 쪽으로 옮겨가기 시작했다.

최초의 중세적 교황: 그레고리우스 대교황

제지할 수 없는 정치적 중심이동에 결정적 역할을 한 사람은 그 시기의 걸출한 한 인물, 곧 대교황이라 불리는 **그레고리우스 1세**(590~604)[73]였다. 왜 위대한 교황인가? 그레고리우스가 공식적으로는 암브로시우스·히에로니무스·아우구스티누스에 이어 네번째 "교회 박사"로 꼽히지만, "신학의 거장들"[74] 총서에 들어 있지 않은 것은 당연하니, 그는 탁월하고 독창적인 신학자는 아니었기 때문이다. 그러나 그레고리우스가 한 개신교 교회사가가 출간한 중요한 "교회사의 인물들"[75] 총서에도 빠질 수는 없었던 것은, 단지 모든 교황을 다 수록했기 때문만은 아니다. 과연 그레고리우스는 중세의 정신사·교회사에 끼친 거대한 영향 때문에 "세계사의 위인들"[76]에도 포함되어 있다.

그레고리우스의 **신학**(대중적 신학 저작·설교·성서해설)은 일찍이 하르낙의 신랄한 비판을 받았다: 그레고리우스는 "아우구스티누스적 언어의 외피 안에서" "통속 가톨릭교의 전형을 미신적 요소들을 통해 강화하여 다시 표현했고, 종교를 하나의 법률적 제도로 간주하는 서방 고래의 관점을 뚜렷이 드러냈다."[77] 하르낙이 특히 지적한 것은, 그레고리우스의 "이탈리아 교부들의 생애와 기적에 관한 대화"(저술 얼마 전 그리스어에서 라틴어로 번역된 "교부들의 금언"을 본따 지었음)와 노골적인 기적·환시·예언·천사·악마 신앙의 선전 그리고 조야한 성인과 성유물 공경·연옥·연미사의 신학적 정당화, 제물·참회규정·죄목록·죄의 징벌에 대한 지나친 관심, 영원한 심판에 대한 두려움 그리고 그리스도와 사랑 안에 드러나는 하느님의 은총에 대한 신뢰 대신 상급賞給에 대한 기대의 강조였다.

바로 그레고리우스가 "로마 가톨릭교의 통속적 전형"[78]을 만들었는지는 아직도 논란중이다. 그러나 그가 고대 후기의 엘리트 문화와 야만적 대중문화 사이의 간격을 좁혔고, **마지막 라틴 교부**로서 동시에 **중세의 도래를 알렸다**는 것은 이론의 여지가 없다. 그의 책들은 쉽고 대중적이기 때문에 스승 아우구스티누스의 저작들보다 많이 읽혔는데, 그가 아우구스티누스의 가혹한 예정설을 완화시킨 것은 당연했다. 가톨릭 교회에 우호적인 개신교 교의사가 비커트도, 그레고리우스는 거대한 전통을 단순화된 형태로 전달했으며, 그의 정신세계는 정신적 아버지들(특히 아우구스티누스)에 비해 "더 음울하고 불투명하며 평준화"되어 있었다고 말했다. 그러나 덧붙이기를, 그레고리우스는 "여러 가지 고뇌로 인해 종말론적 정서를 지니고 있었으며, 아무튼 새로운 시대의 개척자가 되어야 할 운명이었다"[79]고 했다. 한 영국인 학자에 의하면, 그레고리우스에게 중요한 것은 "덧없이 사라지지 않는 것에 대한 지칠 줄 모르는 추구"[80]였다.

사실상: 단순하고 종종 유치하기까지 한 그레고리우스의 신학이 비판을 많이 받아온 그만큼, 그의 **교황직** 수행은 인정을 받아왔다. 하르낙조차도 그의 인품에 대해서는 지극한 호의를 나타냈다. 그레고리우스는 "현명하고 정력적인 수도자요, 노련한 정치가였으며, 친절하고 인상적인 사목자"[81]였다. 부유한 로마 원로원 귀족 집안 출신이요 이미 30대 초에 로마 시 장관을 지낸 그레고리우스는 (아우구스티누스와 흡사하게) 회심 3년 뒤 금욕적인 삶을 결심했다. 그의 가족의 대저택은 수도원이 되었고, 시칠리아의 대장원에도 6개의 수도원이 세워졌다.

수도자로서의 고요는 물론 오래가지 못했으니, 아직 베네딕도회 정식 수도자가 되지도 않은 그레고리우스를 교황이 지역 부제로 그리고 마침내는 콘스탄티노플 황궁 주재 교황 전권사절로 임명했기 때문이다(모든 총대주교가 그렇게 사절을 파견했다). 그러나 콘스탄티노플에서 옛 로마 사람 그레고리우스의 한계가 드러났다: 그는 사절로서의 중재 기회를 거의 이용하지 못했다. 보스포루스 해협의 이 장려한 도시에 6년 넘게 머물면서도 그리스어를 배우는 대신, 아랫사람들에게 물론 라틴어로 번역된 욥기를 온갖 도덕적 교훈과 함께 해설해주었다(이것이 훗날 *Moralia*라는 제목의 중세 도덕 교과서가 되었다). 그는 본디 그리스인들을 별로 신용하지 않았으니, 그리스인들은 신실하기에는 지나치게 똑똑하다는, 옛날부터 라틴 사람들이 물려받아온 생각을 지니고 있었기 때문이다.

590년 그레고리우스가 교황으로 선출되었다(늘 그랬듯이 교회 공동체, 물론 실제로는 주로 성직자들과 귀족들에 의해). 그러나 거의 50세에 이른 이 사람은, 필경 사람들이 기대했을 귀족적인 교회의 군주나 "정치적 교황"이 되지 않았다(비록 그의 묘비에는 "하느님의 집정관"이라는 칭호가 씌어 있기는 하지만). 아무튼 그레고리우스는 마음바탕에서는 **수도자요 금욕고행자**로 머물러 있었거니와, 사목과 선교에 정향된 그의 개인적 신심은 하느님께 대한 신뢰에 뿌리박고 있었으며, 그리하여 동시에 고독과 묵상에 침잠하는 깊은 내면을 지니고 있었다.

다른 한편 그레고리우스는 매우 정력적이고 **실천력을 타고난 주교**였으며, 이미 상당히 발전된 교황청의 여러 기구들을 완전히 장악했다. 또한 그는 이탈리아·시칠리아·사르디니아뿐 아니라 갈리아·달마티아·북아프리카에도 있던 교황의 대장원들(주로 이민자들이 경작)을 현실감각과 확실한 안목을 가지고 훌륭히 관리했다. 과연 그는 대장원들을 탁월하게 재편성하여, 그 수익을 주민들의 곤궁을 덜어주는 데에 사용했고, 무엇보다도 이제는 시민이 겨우 10만에 불과한 처량한 농업도시로 전락한 로마 사람들에게 꽤 넉넉한 식량을 공급할 수 있게 되었다.

그레고리우스는 로마가 또다시 정복되는 것을 막기 위해, 대부분 이교나 아리우스파 그리스도교를 믿고 있던 랑고바르드인들(그들의 왕과 왕비는 그동안 가톨릭 신앙을 받아들였다)에게 금 5백 파운드에 달하는 엄청난 속전을 지불했다. 특히 전쟁 때나 페스트가 돌 때 백성들을 위해 또 랑고바르드인들과 평화를 유지하기 위해 모든 면에서 헌신했다. 본디 황제의 총독이 관장해야 할 **행정·재정·복지에 대한 책임**이 점차 그에게 맡겨진 것은 놀랄 일이 아니다. 이탈리아의 로만족 백성들에게 최고 권력은 비잔틴 총독이 아니라 그레고리우스였다. 나아가: 그레고리우스는 자신이 보기에 묵시록적이던 당시에 탁월한 지도력으로 눈에 띄지 않게 **교황의 세속권력의 토대**를 놓았다(당대에는 이 권력이 별로 강화되지 못했다).

그러나 이 교황은 현실정치 때문에 교회 안의 **영적 발전**에 대한 배려를 잊지는 않았다. 그것은 특히 수도생활의 보호와 장려에서 드러났다. 아타나시우스가 사막교부 안토니우스의 전기를 썼듯이, 그레고리우스도 「대화」 제2권에서 어렴풋이만 알려져 있던 수비아코와 몬테카시노 수도원의 창설자요 원장이었던 **베네딕도**의 생애와 기적에 관해 서술했다. 베네딕도는 그레고리우스에 의해 비로소 그야말로 전범적인 로마 수도원장이자 수도자들의 아버지가 된 셈인데, 그는 여기서도 (그의 신앙세계의 전형적 특징이거니와) 기적과 환시에 관한 환상적이고 우스꽝스러운 이야기들을 끼워넣었다. 그러나 본디 실천적·사목적 성향을 지니고 있던 그레고리우스는 교황에 즉위하자마자 「**사목자 규정서**」를 통해 교직자들로 하여금 자신들의 잘못을 깨닫도록 했다. 황제는 수도생활-내세지향적인 이 규정서를 그리스어로 번역케 했다. 이상적 사목자에 관한 이 문헌은 중세의 재속 성직자들에게는, 누르시아의 베네딕도(480~547년경)의 규칙서가 수도회들에게 지니는 정도의 중요한 의의를 지니게 되었다.

한 가지 더: 그레고리우스는 **문화활동**에도 깊은 관심과 후원을 베풀었다: 아우구스티누스 그림이 걸린 라테란 도서관과 전례 성가 장려 등이 그것이었다. 그는 성가 발전을 위해, 훗날 성가 학교schola cantorum라 불리게 된 전문기관을 설립(혹은 재정비)했다. 그레고리우스가 성가를 장려하면서 친히 작곡을 하고 "그레고리오 성가"를 창시했다는 이야기는 물론 전설의 나라에 속한다. 그런데 이 전설은 9세기에 통일된 로마 성가 형식을 프랑크 왕국에서 관철시키는 데 교묘하게 이용되었다.[82]

이 모든 선의의 활동이 로마와 이탈리아의 **정신적·문화적 상황이 비참**했었다는 사실을 잊어버리게 할 수 없음은 물론이다. 과연 고대의 위대한 문화는 와해중이었고 갈수록 망각되었다. 철학적 지식은 보잘것없었고, 로마에서는 그리스어 문헌을 책잡히지 않고 라틴어로 번역할 수 있는 사람은 도무지 찾아볼 수가 없었다. 저술 문화 또한 쇠퇴했다. 아우구스티누스가 「그리스도교 교양」에서, 고전 교육의 때늦은 전성기에 살던 그리스도인들에게 성서 연구를 이를테면 (고전적 교양에 대한) "보정"補正으로 권유해야만 했던 시대는 지나갔던 것이다. 이제는 모든 것이 성서와 관련 보조학문 연구에 국한되었다. 과연 그저 성서에만 집중된 그리고 유일하게 읽고 쓸 줄 아는 성직자들에게 국한된 **성직자 문화**가 생겨났다. 그리고 사실 수도자 교황 그레고리우스가 특히 관심을 쏟고 마음을 사려 했던 사람들은 바로 성직자와 수도자들이었다. 그러나 어쨌든: 지금까지 말한 모든 것으로 그레고리우스의 세계사적 "위대함"이 설명되는가? 그렇지 않다. 결정적인 내용을 더 이야기해야겠다.

동방에서 서방으로의 정치적 전환

한편 유념해야 할 것: 그레고리우스는 (여전히 비잔틴 황제의 신하였거니와) 콘스탄티노플에 체재할 때부터 **동방에서는 로마의 재치권적 수위권이 관철될 수 없으며**, 황제에 대한 저항은 언제라도 반역으로 처벌될 수 있음을 분명히 알고 있었다. 그는 비잔틴의 동의가 있을 때까지 정확히 7개월 동안 주교 성성을 미루었다. 아무튼 황제뿐 아니라 모든 그리스 주교들도 로마 주교 자리는 동방 총대주교좌 가운데 하나와 같다는 생각을 아주 당연하게 여겼다. 사실 로마는 정치적·법률적으로 여전히 비잔틴 수비대가 주둔하는 비잔틴 제국의 한 도시였고, 로마교회는 유스티니아누스가 만들어놓은 제국교회의 일부였다. 고분고분하지 않은 교황들이 정치적으로 어찌되는지는 몇십 년 뒤 마르티누스 1세의 경우가 잘 보여준다. 그는 로마에서 발생한 반反비잔틴 폭동에 반대하지 않았기 때문에 체포·폐위되었고, 콘스탄티노플로 압송되어 대단한 구경거리였던 재판을 받은 후, 크리미아 반도로 추방되어 거기서 사망했다(7세기의 가장 탁월한 신학자요 교황의 친구였으며 훗날 "고백자"로 불리게 된 막시무스의 유죄판결과 참혹한 신체 절단도 유사한 경우다).

다른 한편 중요한 사실: 그레고리우스는 **게르만 민족**의 발전 가능성과 창조적 능력을 알아본 최초의 교황이었다. 이 민족은 5세기 후반기 이래 서유럽에 정착했고, 그래서 그레고리우스의 **행동반경은 특히 북쪽과 서쪽 지방으로 확대**되었다: 그레고리우스는 이미 498~99년 클로비스 때에 가톨릭으로 개종한 **프랑크 왕국** 교회의 부흥을 위해 진력했고(물론 큰 성과는 없었다), 586년 레카렛 때 아리우스파에서 가톨릭으로 귀정歸正한 스페인의 **서고트 왕국** 그리고 특히 **브리타니아**에도 각별한 관심을 쏟았다. 브리타니아는 597년 그레고리우스가 선교를 시작한 이래, 교황에게 가장 충성스러운 나라의 하나가 되었다.

영국 역사학자 기번의 말로 전해오는 바에 따르면, 황제는 브리타니아를 정복하기 위해 6개 군단을 파병했으나, 그레고리우스는 단지 40명의 수도자를 파견했다(나중에 캔터베리 대주교가 된 그의 제자 아우구스티누스가 선교사업을 총괄했다). 그리하여 로마 교황과 아무런 법적 관계 없던 상당히 오래된 두 켈트 교회, 즉 고古브리타니아 교회와 아일랜드 수도자 교회에 맞서, 7세기에 친로마적인 새로운 앵글로색슨 교회가 기반을 다질 수 있었다(수석대주교좌는 캔터베리와 요크). 그리고 앞에서 보았듯이 6세기 말부터 8세기 중엽까지 브리타니아의 아일랜드-스코틀랜드 수도자들과 앵글로색슨 수도자들이 특히 독일과 중부 유럽 선교에 착수했다.

이리하여 그레고리우스는 로마 주교의 좁은 영향권을 결정적으로 돌파했다. 그의 선교사들은 가는 곳마다 당연히 **로마적으로 꼴지어진 그리스도교 신앙**을 전해주었으니, 이 그리스도교계에서는 로마교회가 원천이요 토대였다. 그레

고리우스는 실로 "아버지답게" 서방의 "야만인" 군주들을 "아들들"이라 부르고
훈계할 수 있었는데, 그같은 일은 황제를 상대로는 감히 꿈도 못 꿀 일이었다.
아무튼: 갈리아와 스페인에서처럼 앵글로색슨 사람들에게서도 베드로-로마의
수위권은 하느님이 세우신 것으로 처음부터 인정되었다! 여기서 생겨난, 정치
적 우위를 점할 수 있는 기회들을 뒤이은 시대의 로마 교황들은 갈수록 많이
이용할 터였다.

그러므로 역사적으로 볼 때, 이론의 여지가 없는 사실: 그레고리우스 교황은
로마적으로 꼴지어진 그리스도교 신앙의 전파를 통해 "유럽"(남·서·북 유럽)의 정
신적·문화적 통일의 기초를 놓았다. 그러나 그리스와 동방 국가들은 포함되지
않았으니, 주지하다시피 여기서는 하느님이 부여하셨다는 로마의 재치권·교도
권적 수위권에 대한 전형적으로 로마적인 믿음을 단호히 배척했기 때문이다.
뒤집어 말해서: 교황은 동방에서 많은 것을 잃을수록, 서방과 북방에서는 그만
큼 많은 것을 얻었다. 이미 시작된 두 그리스도교 세계의 분열은 갈수록 심화
되어갔다.

그레고리우스는 그러면 "유럽의 아버지"인가? 아니다. 유럽은 로마가 지배하
던 서방 이상의 것이기 때문이다. 그러나 그레고리우스는 유럽의 아버지는 아니
지만, 양兩 노선 교회정치를 통해 전형적으로 로마-가톨릭적인 새로운 패러다임
의 정신적 아버지가 되었거니와, 이 패러다임은 아우구스티누스가 신학적으로
그리고 레오와 겔라시우스 교황이 교회법적·강령적으로 기초를 놓았었다. 그
레고리우스는 선교에 진력함으로써, 이 패러다임을 강령의 차원에서 서유럽 교
회의 현실 속으로 옮겨놓았다. 그리하여 이제 **헬레니즘 비잔틴 패러다임**(P Ⅱ)
에서 로마 가톨릭 패러다임(P Ⅲ)**으로의 전환은 불가피**함이 이미 뚜렷이 드
러나기 시작했다. 그러면 동·서 교회의 분열 또한 피할 수 없는 것이었던가?

교황직의 다른 모습

패러다임 전환의 **불가피성**이 이미 패러다임의 결정적 **변개**變改를 의미했던
것은 아니며, 동·서 교회의 분열도 결코 피할 수 없었던 것이 아니다. 원칙적

으로, 7세기 초에 강력히 대두하기 시작한 중세 패러다임(P Ⅲ)에서 교회가 택할 수 있는 구체적 제도는 여전히 두 가지가 있었다:

● 원시교회(P I)와 고대교회(P II)의 본보기를 따라 민주적·합의적이며, 동·서 교회를 동등하게 포용하고 로마의 봉사적 수위권을 인정하는 보편적 친교(공동체)의 제도. 아니면

● 로마 황제들과 집정관들의 본보기를 따라 권위주의적이고 군주제적이며, 로마의 지배 수위권을 인정하는 교권제도. 이것은 필연적으로 동·서 교회의 분열을 야기할 수밖에 없을 터였다.

그러므로 당시 교황직은 갈림길에 서 있었다. 아무튼 만일 교황직이 (자신의 직무를 이해함에 있어) 자신의 온갖 한계와 허약함을 감수하고, 레오 대교황보다는 그레고리우스 대교황을 따랐더라면, 역사가 어떻게 진행되었을까를 생각해보는 것은 부질없는 짓이다. 분명히 알아두자:

— 레오가 수위권 신학의 확립에 불타는 관심을 가졌던 반면, 공론가空論家가 아닌 그레고리우스는 교회의 **사목과 선교** 활동에 훨씬 큰 관심을 기울였다.

— 레오에게는 "권력의 충만"이 중심개념이었던 반면, 그레고리우스는 신약성서와 연계하여 자신을 공식적으로도 "하느님의 종들의 종"이라 불렀다. 그가 수도자와 부제였을 때부터 사용한 이 칭호는, 이제 **교황**을 교회의 **우두머리 봉사자**로 특징지었는데, 물론 보편적 권리주장의 의미로 해석될 수도 있었다.

— 레오가 의기양양하고 전제적인 수위권관을 내세우고 거듭 새삼 베드로의 우월함·영예·전권을 강조했던 반면, 그레고리우스는 참회하는 마음으로 베드로의 허물과 실패도 자주 지적하는 가운데, **겸허하고 합의적인 수위권관**을 대변했다고 하겠다. 그를 특징짓는 말: "가장 높은 지위에 있는 사람은 자기 형제들보다 자신의 악덕을 지배할 때에 잘 다스리게 됩니다."[83] 이처럼 그레고리우스는 교회 행정을 완전히 중앙집권화하려 했던 전임자들의 경향과는 거리가 멀었다. 앵글로색슨 족 선교를 위해 파견한 아우구스티누스에게 내린 훈계는 그레고리우스가 전례의 획일화도 거부했음을 말해준다. 그는 로마 지역의 전례 관습을 다른 교회들에게 강요하려 하지 않았다: "원산지 때문에 사물들(관습들)이

사랑스러운 것이 아니라, 사물들 때문에 원산지가 사랑스럽습니다."[84] 그레고리
우스는 유다인들에게 세례를 강요하려 한 남부 갈리아 주교들을 질책했다.[85] 오
히려 그는 유다인들에게 법적으로 보장되어 있던 보호의 준수를 요구했다 ….

이 모든 것은 그레고리우스가 로마의 수위권을 권위있게 옹호할 수 없었음을
의미하는 것이 아니다. 그레고리우스와 콘스탄티노플 총대주교 요한 4세의 오
랜 좋은 관계가 결국 깨진 것은 그레고리우스가 6세기 초부터 사용되어온 "온
세계의 총대주교" 칭호에 이의를 제기해야겠다고 생각했기 때문이다. 그레고리
우스는 "온 세계의"라는 수식어가 붙은 그 칭호는 보편적 권리주장을 내포하며
다른 총대주교들의 권위를 크게 손상시킨다고 생각했다. 동·서방 모두 우러르
는 베드로도 온 세계의 사도로 자칭하지 않았다는 것이었다. 사실이 그랬다.

1차 바티칸 공의회가 "**온 세계** 최고 목자"의 재치권적 수위권 교의를 결정
하면서, 하필이면 그레고리우스가 주교들에게 한 "나의 영예는 전체교회의 영
예입니다. 나의 영예는 내 형제들의 굳건한 힘입니다. 그들 가운데 누구에게도
마땅한 영예가 거부되지 않을 때, 내가 참으로 존중받는 것입니다"라는 말을
인용한 것은 역사적 사실의 간교한 왜곡이다.[86] 그레고리우스 자신은 공의회와
정반대의 의미로 그 말을 했다: 그는 공의회가 인용한, 알렉산드리아의 에울로
기우스 총대주교에게 보낸 서간에서 "전세계의 교황"이라는 호칭에 이의를 제
기했으며, 자신의 서간이 재치권적 "명령"으로 보이기를 원치 않는다고 했다.
그리고 공의회가 인용하면서 의도적으로 빼먹은 앞 문장은 이렇다: "나는 명령
하지 않았고, 유익하다고 생각한 것에 주의를 환기시키려 했습니다. … 나는
내 형제들의 영예가 훼손되는 것을 나의 영예로 생각지 않습니다." 이러한 관
점에 터해, 공의회가 인용한 "나의 영예는 전체교회의 영예입니다. …"가 뒤따
라 나왔다. 그리고 이어서 새로운 칭호와 관련된 말도 나오는데, 물론 공의회
는 또 빼먹었다: "허영심을 부풀리고 사랑을 해치는 말들을 치워버리시오."[87]

그레고리우스는 중세 내내 **전범적 교황**으로 여겨졌다. 마르틴 루터조차 잘
라 강조했다: "그레고리우스 대교황은 로마교회의 마지막 주교였다. 그 뒷사람
들은 교황들, 다시 말해 로마 교황청의 대사제들이었다."[88] 그러므로 그 이후의

교황직 발전과정이 그레고리우스의 복음적·보편적 정신에 터해 달리 전개될 수는 없었을까, 또 그렇게 많은 일들 특히 동·서 교회의 분열을 피할 수는 없었을까라고 묻는 것은 부질없는 일이다. 어찌됐든: 여기서 다음 문제를 짚고 넘어가는 것이 좋을 것 같다. 로마 주교의 수위권은 (많은 정교회·개신교·성공회 신자들은 절실히, 상당수 가톨릭 신자들도 가능하면 폐기되기를 원하거니와) 양면가치적이지만 어쨌든 매우 중요한 전통을 지니고 있으며, 그래서 그것의 우악스런 폐기도 바람직스럽지 않고 또한 역사가 흐르면서 자동적으로 소멸되리라고 기대할 수도 없다. 내가 보기에, 문제는 로마의 수위권이라는 사실 자체가 아니라 그 성격이다.

물론: 처음에는 교황의 지배 수위권 관철은 요원해 보였다. 그레고리우스의 후임자들(604년부터 751년까지 약 150년 동안 로마인 18명, 그리스인 5명, 시리아인 5명, 달마티아인 1명)은 자신들의 수위권 주장을 널리 알리거나 더 확장할 기회를 거의 얻지 못했다. 그들은 전적으로 비잔틴 제국의 통제 아래 있었다. 그때는 "**교황직의 '비잔틴 포로' 시대**"[89]였으니, 이단에 떨어진 교황(앞에서 언급한 호노리우스 1세(625~38))에 대한

재판도 다시 열렸다. … 그러나 이러한 사정이 바야흐로 게르만인들 사이에서 베드로 신심(천국 문지기 베드로는 이제는 언제나 열쇠를 지니고 있는 모습으로 묘사되었는데, 그의 유골과 대리자가 로마에 있었다)이 갈수록 널리 퍼져나가는 데 장애가 되지는 않았다. 과연 이 신심은 서방 그리스도인들에게 매우 중요한 것이 되었다. 8세기에는 제반 상황이 교황에게 유리한 쪽으로 근본적으로 변했다. 그리하여 교황은 곧 비잔틴에게 도전을 감행할 수 있게 되었다. 그러나 이것은 갑자기 세계사의 무대에 등장하여 특히 동방 그리스도교계에 정치적 파국을 안겨준 강력한 적대세력이 없었다면 불가능했을 것인바, 그것은 바로 이슬람교였다.

5 강력한 적대세력: 이슬람교

중세 가톨릭 그리스도교의 엄밀한 의미의 맞수는, 이미 7세기에 분명해졌거니와, 이교 그리고 나중엔 아리우스파 그리스도교를 믿던 게르만인들이 아니라, 엄청나게 강력해진 새로운 종교, 곧 **이슬람교**였다. 그리스도인들은 처음에는 이슬람교에 거의 관심을 두지 않거나, 아니면 아예 그리스도교의 한 이단종파로 치부했다. 그러나 그것은 그리스도인들에게 소용이 없었으니, 이슬람교는 강력무비한, 특히 군사적으로 당할 자 없는 세계종교로 발전하여, 그리스도교 세계에 공포를 가르쳐주었고 또 그리스도교 세계를 엄청난 세계사적 대결 속으로 몰아넣었다. 이슬람교에 관해서는 3부작 "우리 시대의 종교 상황" 셋째 권에서 다룰 것이기에, 여기서는 중요한 것 몇 가지만 언급하기로 한다.

이슬람교의 유례없는 개선행진

632년 예언자 무함마드가 사망했다. 그러나 그는 메카에서 메디나로 옮겨간〔"헤지라"(移住): 622년〕지 10년밖에 안되었는데도, 아랍인들을 아브라함의 한 분 하느님께 대한 신앙 안에서 하나로 결합시켰다(무함마드 자신은 하느님의 마지막이자 결정적인 예언자로 여겨졌다). 아랍인들은 자기들 좌우의 강대국 비잔틴과 페르시아의 쇠퇴에 의해 생겨난 세력의 진공상태를 잘 이용했다.

아랍인들은 먼저 북쪽으로 쳐올라갔다. 634년 네 "정통" 칼리파 지휘로 시작된 **1차 정복전쟁**은 비잔틴 제국으로부터 다마스커스와 시리아(635) 그리고 예루살렘과 팔레스티나(638)를 탈취했다. 그러고는 사산 왕조의 페르시아를 정복한 후, 이집트를 침공하여 알렉산드리아를 점령했다(642). 이때 이집트에서 억압당하던 콥트인들(단성설을 믿고 있었음)이 칼케돈 교의를 따르던 원수같은 그리스인들에 맞서 아랍인들에게 협력했다. 그 대가로 콥트인들은 유일하게 합법적 그리스도인 집단으로 인정받았으니, 이 인정이 이집트에서 그들의 존재를 오늘날까지 보장해주고 있다. 그후 아랍인들은 서쪽에서 해안을 따라 리비아까지 진출했고(647), 해로를 통해 키프로스(649)와 로도스(654) 그리고 첫 약탈 전쟁에서 시칠리아(652)까지 치고나갔다: 이제 비잔틴은 지중해 동쪽 지역 전체를 빼앗겼다. 아랍인들은 북쪽으로 아르메니아까지 쳐들어갔다(653).

우마이야드 칼리파들의 지휘 아래 수행된 **2차 정복전쟁**에서, 이슬람교와 그리스도교 간의 두번째 엄청난 대결이 서쪽 끝에서 벌어졌다: 683년 아랍군 1진陣이 북아프리카 정복전쟁 도중 대서양에 이르렀다. 711년 스페인 정복이 이어졌고, 그것은 그곳의 그리스도교를 믿던 서고트 왕국의 종말을 의미했다. 더 나아가: 동쪽에서도 같은 해에 우마이야드인들이 인더스 강 골짜기까지 치고 나갈 수 있었고, 얼마 뒤엔 이미 중앙아시아(오늘날의 우즈베키스탄인 사마르칸트와 부카라)에 있었다. 이리하여 이슬람 제국은 (예언자 사망 후 1백 년도 되지 않아) 마침내 서쪽 피레네 산맥에서 동쪽 히말라야 산맥까지, 남동쪽 로마제국을 훨씬 벗어나는 곳까지 팽창되었다. 오직 지중해 북쪽 나라들만 정복되지 않고 남아 있었다. 처음에는 비잔틴이 두 번(672~78 그리고 717~18) 포위 공격을 막아냈고, 마침내 732년 프랑크 왕국이 갈리아 지방에서도 이슬람 대군을 저지할 수 있었다.

어쨌든: 이슬람 정복전쟁은 **그리스도교 세계**에 무엇을 의미했던가? 두말할 것 없이, **세계사적 결과를 가져온 파국**이었다! 북아프리카에서 그리스도교는 (이집트의 콥트파를 제외하고) 회생 기회를 얻지 못했고, 상당히 오랜 과정을 거쳐 완전히 소멸했다. 테르툴리아누스·키프리아누스·아우구스티누스의 위대한 라틴 교회들이 절멸했다. 알렉산드리아·안티오키아·예루살렘 총대주교좌는 이름

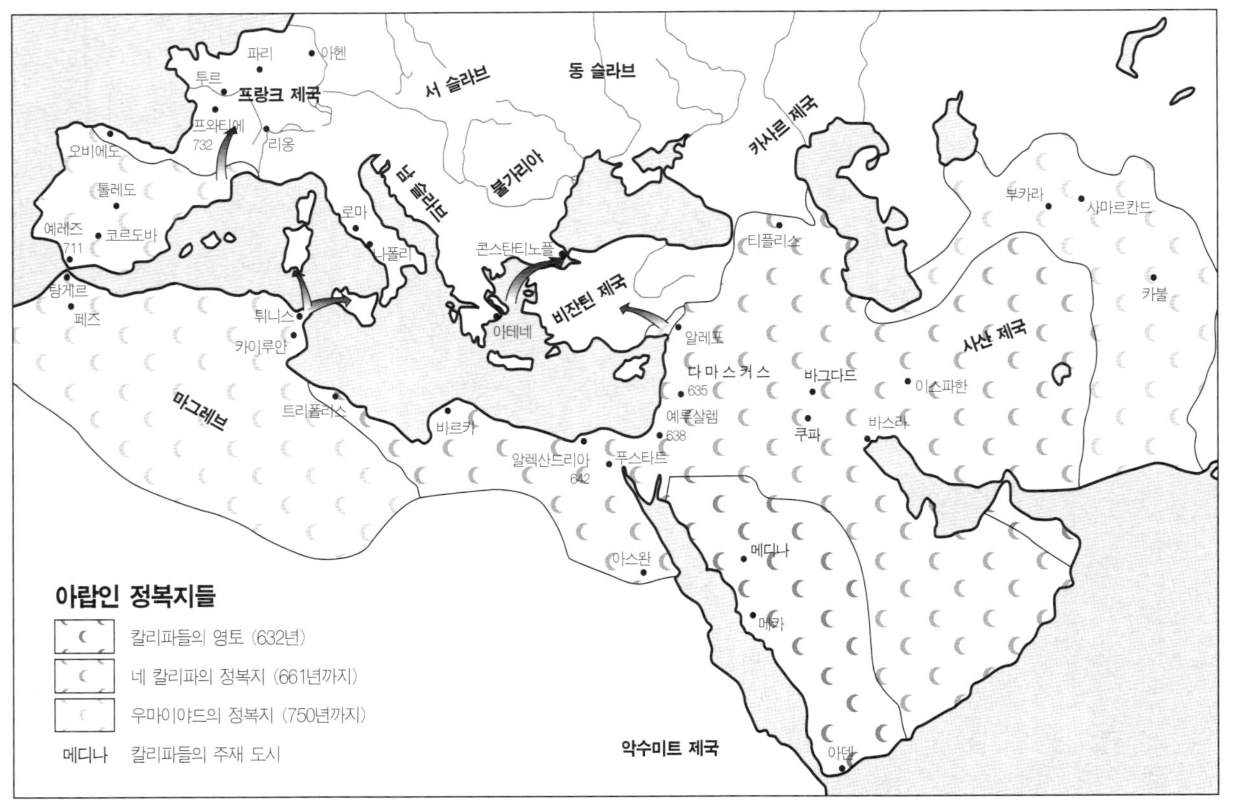

〈더〉 중세의 로마 가톨릭 패러다임　435

만 남았다. 결과: 그리스도교가 태어나 자란 지역들(팔레스티나·시리아·이집트·북아프리카)은 그후 (십자군 원정은 그저 일화로 머문다) 그리스도교에서 "없어져버렸다".

　여기서 피해갈 수 없는 물음: 왜 그리스도교는 (융해되어버린 자질구레한 집단들은 논외로 하고) 그렇게 쉽게 이슬람교에 흡수되어버렸던가?

왜 그리스도교는 저항하지 못했는가?

　훨씬 허약했던 유다교와 비교해 보아도, 그리스도교는 이슬람교에 맞서 사실상 내적 저항력을 거의 발휘하지 못했다. 여기서 당시 이슬람교의 강력한 군사적·정치적·조직적 힘과 문화적·경제적·전략 지정학적 요인들(이것들은 유다교에도 마찬가지로 작용했다)을 일단 제쳐놓는다면, 그리스도교계의 무력함의 근본원인은 바로 **그리스도 교의와 삼위일체 교의의 미흡한 확증**에 있었다고 할 수 있다. 「이슬람교의 신앙교리」[90]에서 그리스도인들과 무슬림들 간의 신학적 논쟁을 중요하게 다룬 가톨릭 신학자 헤르만 슈티글렉커는, 그리스도교가 바로 자신의 고향 땅인 근동과 북아프리카에서 몰락한 중요한 원인 가운데 하나로 이 교의들의 비확증성을 꼽았는데, 사실 옳은 지적이다. 한 분 하느님께 대한 믿음 그리고 예수 이후의 예언자 무함마드에 대한 믿음을 그대로 받아들이는 일은 사실 어려울 것도 없었다. 그런 판국에 그리스도교 세계는 한탄스럽게도 분열되어 있었고, 질풍같이 몰아쳐오는 무슬림 기마부대가 곳곳에서 공포와 충격을 불러일으키고 있었음에랴.

　그런데 이 그리스도교 세계의 **"내적 분열"** 역시 사실은 헬레니즘적 교의들과 관계가 있었다: 바로 여기에 그리스도교 세계의 내적 저항력 결핍의 두번째 신학적 원인이 있으니, 동로마와 서로마 모두 특히 근동과 북아프리카 교회들에 대한 교의상의 종주권을 장악하려는 욕심과 편협함이 지나쳤던 것이다. 주지하다시피 이슬람교는 (사실 유다교도 그렇거니와) **신앙의 이해에서도 모든 것을 되도록 정확히 "정의"하고 한계지으려는** 불행한 **열망**을 모른다. 그리고 인도와 중국에 기원을 둔 세계종교들까지 포함하여 생각해보면, 다음 사실이 더욱 분명해진다: 신앙에 있어 되도록 많은 것을 "교의화"하려는, 다시 말해 법적으로 규정하려는 병적 욕망은 "그리스도교교적"인, 아니 더 정확히 말해, 그리스-로마적인 특징이다.

철학과 미학, 세련된 언어와 학설의 조화로운 구성에 대한 감수성은 **그리스적**이다. 흔히 극단적 사변과 불모不毛의 개념신비학으로 귀결되는 신앙의 교의화·주지주의화 또한 그리스적이다. 형식, 규칙, 법과 조직, 전통과 일치, 유용하고 실제적인 것에 대한 감수성은 **로마적**이다. 종교적 사안에서까지 효율적 강권정책과 권위주의 처리방식을 사용하는 것 또한 로마적이며, 특히 교의 결정에서 거듭 새삼 돌출하는 전통주의·법정法定주의·승리주의도 로마적이다.

그러나 **이슬람교**는 신학을 꼭 필요하지는 않은 부차적 종교철학 정도로 간주한다. 이슬람교는 개념 정의와 교조화敎條化를 법의 영역에 국한시켰다. 이슬람교는 정통교리가 아니라 **정통실천**Orthopraxie에 중점을 두어왔는데, 그러는 가운데 법의 우위가 그리스도교에서의 교의의 우위만큼 문제점을 야기한 것은 물론이다. 그러나 어쨌든 이슬람교는 일치를 (그리스도교의 분열과는 다른 이유들에서 비롯된 수니 파와 시아파의 대분열에도 불구하고) 그리스도교보다 훨씬 훌륭히 보존해왔다. 그리스도교 세계에서 사람들은 그리스도 교의와 삼위일체 교의를 확정한 위대한 공의회들을 찬양하지만, 대개는 우리가 앞에서 힘주어 강조한 것을 망각하고 있다: 니케아·에페소·칼케돈이라는 이름들은 그후 계속된 갖가지 싸움뿐 아니라 중대한 교회 분열들과도 결부되어 있거니와, 이 분열들은 이집트와 근동에서 이슬람 세력의 치명적 위협에도 불구하고, 오늘날에도 그대로 이어지고 있다.

세계사의 중심이동

세계 역사에서 이슬람 정복전쟁처럼 신속하고 광범위하며 그 영향이 그토록 지속적이고 완강했던 전쟁은 아마 없을 것이다. 오늘날에도 무슬림들의 모든 자긍심("승리자의 종교")과 열패감("왜 지금은 옛날 같지 못한가?")은 이슬람교 초기의 그 역사적 체험에 뿌리박고 있다.

벨기에의 경제-사회사 학자 앙리 피렌은 1937년 유명한 저작「무함마드와 칼 대제」[91]에서 고대 지중해 세계에 대한 이슬람 침공의 의미를 처음으로 밝혔고,

그 침공으로 말미암아 그리스도교적 유럽 역사의 중심이 북쪽으로 이동했음을 강조했다. 그의 견해가 경제사적으로는 문제가 없지 않으나, 정치적·문화적·종교적으로는 전혀 그렇지 않다. 이슬람 정복전쟁의 결과들은 특히 **그리스도교계의 중세적 패러다임의 형성**과 관련하여 고찰할 필요가 있다:

● **동로마제국**은 남쪽과 남동쪽 지역을 상실함으로써, 서방에 대한 영향력이 크게 약화되었다. 통합된 로마제국의 그리스도교적 재건이라는 유스티니아누스 황제의 꿈은 그야말로 꿈으로 그치고 말았다.

● **지중해 세계의 통일**은 영구히 깨어졌다. 지중해는 오늘날에도 그리스도교의 "우리 바다"가 아니다.

● **프랑크 왕국**에게 **새로운 그리스도교 제국**을 건설할 역사적 기회가 주어졌다. 피렌을 따라 극단적으로 표현하자면, 칼 대제는 필경 무함마드가 만들었다.

● **교황직**은 프랑크 왕국의 도움을 얻어 마침내 동로마에서 결정적으로 벗어났고, **국가적 자주성**을 확보할 기회를 포착했다. 프랑크 왕국이 없었다면 교황을 종교적·세속적 우두머리로 하는 교회국가(교황령)는 존재하지 못했을 것이다. 또 교황령이 없었더라면 비잔틴에 맞선 로마의 당당한 세력시위도 없었을 것이다.

한마디로: 그리스도교 세계의 서방 중세 패러다임(P Ⅲ) 형성에는 **북쪽으로의**, 즉 북중北中 유럽으로의 정치적 **중심이동**이 근본적으로 중요한 의의를 지닌다.

종교와 전쟁

　유념해야 할 것: 이슬람교를 믿는 아랍인들이 승전을 거듭하면서, 적어도 다른 민족들과 관련하여, 우선적으로 목표로 삼은 것은 이슬람화, 즉 이슬람교의 강요가 아니라, "다만" 정복된 민족들의 정치적 복종이었다. 아랍인들은 피정복민들에게 인두세와 무조건적인 정치적 복종을 요구했으나, 대체로 개종은 강요하지 않았다. 그럼에도 이 정복전쟁에서 종교적 동기들이 근본적으로 중요한 역할을 했다는 것을 간과해서는 안된다. 그때문에 사람들은 이슬람교의 "거룩

한 전쟁"에 관해 말했고, 지금도 말하고 있다. 그러나 과연 옳은 말일까?

"거룩한 전쟁"은, 정확한 기원은 알 수 없지만, 서방에서 만들어낸 말이며, 아랍어에는 이런 표현이 없다. 이 말에 상응한다고 볼 수 있는 아랍어 낱말 "**지하드**"[92]는 "전쟁"도 "거룩함"도 의미하지 않는다. 이 낱말의 본뜻은 다름아닌 "애씀·분발·투신"이다. 물론 이 뜻은 상황에 따라 도덕적으로(ᵉ작은 투신) 뿐 아니라, 군사적으로도(ᵉ큰 투신) 이해될 수 있다. 그리고 이미 「쿠란」에서도 이 단어는 종종 군사적으로 이해되었고, 그래서 나중에는 무슬림 아닌 자들(특히 유다인들)에 대한 온갖 폭력도 변절자와 반란자에 대한 폭력과 마찬가지로 정당화되었다. 어쨌든: "지하드"의 이념이 이슬람 정복전쟁의 승승장구를 떠받쳐주었음은 이론의 여지가 없다. 그리고 이 세상을 "이슬람(평화)의 땅"과 무슬림 아닌 자들이 살고 있는 "전쟁의 땅"으로 원칙적으로 구분한 것이 다음과 같은 견해를 조장했음도 확실하다: 무슬림들은 침략자들에 대한 수동적 저항과 방어에 만족하지 말고, 이슬람 율법이 승리하도록 좋은 기회를 잡아 공격을 감행해야 한다. 말하자면 목표는 우리의 종교가 승리를 거두며 온 세상에 널리 전파되는 것이다. 과연 요즈음의 이슬람 각성운동도 이런 원칙을 선전하고 있다: "이슬람은 지배하지, 지배되지 않는다." 그렇다면 이슬람교는, 흔히들 주장하듯이, 가장 공격적인 종교, 아무튼 그리스도교보다는 공격적인 종교가 아닐까?

늦어도 여기서는 비판적·자기비판적 반성을 하고 넘어가야겠다: "개선행진"이라고? 이슬람교적이건 그리스도교적이건, 이 단어는 오늘날 불길한 느낌을 안겨준다. 오늘날의 전망과 세계평화를 위한 현대 인류의 노력을 고려할 때, 어떤 종교가 새삼 "개선행진"을 벌이기를 바라거나 묵인할 사람이 있을까? 이슬람교의 "거룩한 전쟁"이나 그리스도교의 "십자군 전쟁" 같은 것을 또다시? 도대체 종교가 전쟁을 옹호하거나 수행해야 하는가? 그래도 되는가?

이 물음은 종종 그토록 공격적이었던 세 예언자적 종교 모두에게 제기되고 있다. 물론 **유다교**에게는 이 물음이 가장 적게 해당되니, 유다교는 두번째 성전파괴(135) 때까지 그리고 최근에야 다시 종교적 동기와 충동에 터해 전쟁을 할 수 있게 되었기 때문이다. 더구나 전적으로 자기 민족과 땅에 국한된 종교[93]

인 유다교는 보편적 권리주장을 내세운 적이 전혀 없다.

이슬람교와 **그리스도교**에서는 사정이 다르다. 이슬람교만 아니라 그리스도교 역시 공격적인 보편적 권리주장을 내세웠으며, 평화보다는 전쟁의 이데올로기를 대변해왔다는 것을 그리스도인들 그리고 그리스도교의 이슬람 전문가들도 흔히 간과하고 있다.[94] 무함마드의 군대뿐 아니라 칼 대제의 군대도 여러 해에 걸쳐 극히 잔혹한 "거룩한 전쟁들"을 벌였다. 역사적으로 볼 때 이론의 여지가 없거니와, 이슬람교뿐 아니라 그리스도교에서도(특히 중세적 패러다임에서) 사람들은 근본적으로 다음과 같이 생각했다:

— 우리 종교가 인간들 사이에 가장 훌륭한 공동체, 완전한 사회를 이룬다.

— "신국"을 이 땅 위에 건설하는 것은 마땅하며, 하느님의 권위에 의해 신성화된 우리의 삶의 질서는 보편타당하니, 원칙적으로 다른 모든 인간 공동체와 국가도 그것을 따라야 한다.

— 그러므로 우리 종교의 지배 영역을 가능한 한 확장하고, 이 사명 완수를 위해 정치적 수단 그리고 필요한 경우에는 군사적 수단까지 동원하여 종교적으로 통일된, 최대한 많은 인간을 포괄하는 사회를 건설해야 한다: 온 세계에서 우리 종교가 승리를 거두는 것이 최종목표다.

그러나 고대나 중세 때와는 달리, 인류가 새로운 과학기술적 수단들을 통해 스스로를 멸망시킬 수 있는 오늘날, 모든 종교 특히 종종 매우 공격적이었던 세 예언자적 종교는 전쟁을 방지하고 평화를 증진시키는 데 새삼 온 힘을 쏟아야 하지 않을까? 여기에는 일종의 "다시 읽기", 즉 자신들의 종교전통을 꼼꼼히 반성하는 일이 필수불가결하다. 이중의 해석학적 방향전환이 요구된다:

(1) 자신의 전통에 포함되어 있는 **전쟁을 조장**하는 말씀과 사건들을 역사적으로, 즉 당시 상황에 터해 해석해야 한다:

— 잔혹한 "야훼의 전쟁"과 무자비한 보복의 시편들은 가나안 점령 그리고 그 후 강대한 적국에 대한 방어의 상황을 염두에 두고 해석해야 한다.

— 그리스도교의 선교 전쟁과 "십자군 원정"은 중세 초·중기의 이데올로기와 신학을 고려하여 고찰해야 한다.

— 「쿠란」에 나오는 전쟁에의 외침은 메카 시대 무함마드 예언자의 특정 상황과 말씀의 특성을 감안하여 해석해야 한다.

(2) 그러나 자신의 전통에 포함되어 있는 **평화를 이룩하는** 말씀과 행동들은 오늘을 위한 자극으로 소중히 받아들여야 한다. 본디 그리스도인들은 이 일을 가장 수월하게 할 수 있어야 마땅하니, 왜냐하면 그들의 원천적 기억은 전쟁 영웅이나 왕 또는 군사령관이 아니라, 폭력 포기의 설교자 그리고 폭력이 아니라 의로움·사랑·평화의 복음을 통해 로마제국 안에 널리 퍼져나갔던 원시 교회를 가리키고 있기 때문이다. 아무튼 손상되고 위협받는 세계평화를 염두에 두고, 모든 종교 특히 세 예언자적 종교에게 도전적인 물음들을 제기해야겠다.

미래를 위한 물음

✝ 그리스도교는 중세 초기의 선교, 중기의 십자군 원정, 종교개혁 시기의 종파전쟁 그리고 근대의 식민지 개척과 선교를 통해, 역사 안에 폭력·피·눈물의 거대한 자국을 남겨놓았다.

새로운 정신, 특히 평화를 이룩하는 사람들을 들어높이고 폭력과 복수를 내치는 산상설교의 가르침을 살아내려는 새로운 마음가짐이 꼭 필요하지 않을까? "복되도다, 평화를 이룩하는 사람들!"(마태 5,9). "아무에게도 악을 악으로 갚지 마시오"(로마 7,12).

☾ 이슬람교는 처음부터 전쟁과 승리의 종교로 이 세상에 등장했고, 이미 예언자와 네 "정통 칼리파들" 시대부터 잔혹한 폭력 사건을 적지 않게 저질렀다.

「쿠란」에도 들어 있는, 평화를 이룩하는 말씀들에 뿌리박은 새로운 의식이 꼭 필요하지 않을까? "그들(원수들)이 평화를 도모하고자 하거든, 너희도 평화를 도모하고 알라를 신뢰하라"(수라 8,61).

🕎 거의 2천 년간 초기와 같은 승리자의 종교가 아니라 고난당하는 자들의 종교였던 유다교가 이스라엘 국가 안에서 안식처를 이룬 것은 마땅하며, 그것은 새로운 박해와 홀로코스트에 맞서 모든 정치적·군사적 수단을 동원해서라도 지켜내야 한다. 그러나 마침내 여기서도 새로운 의식, 즉

이제 다시 그리스도교로 돌아가, 서방 그리스도교의 그후 역사와 특히 교황직의 확립 과정을 고찰하자. 교황직은 상당히 오랫동안 외부세력에 종속되었으나, 마침내 종교적·정치적으로 서방세계를 좌우할 세력으로서 확고히 자리잡는 데 성공했다. 여기에는 독자적인 교회국가(교황령)의 존재와 로마가 후원한 서방 제국이 결정적 역할을 했다. 이 서방 제국은 비잔틴에 맞서 로마 교황직을 보호해주었고, 교황의 지원을 받아 천천히 그러나 확실하게 세계 제국으로 부상할 수 있었다. 이제 중세적 로마 가톨릭 패러다임의 근본요소들이 바야흐로 구체적 형태를 취하게 된 것이었다.

6 중세 서방 패러다임의 근본요소들

8세기에 그리스도교의 초점은 결정적으로 서방으로 옮겨갔다. 게르만 민족은 엄청난 역동성을 발휘한 반면, 동방은 성화상 싸움 속에서 소진되고 자폐되면서 서방과 격리되었다. 새 시대를 여는 그리스도교의 패러다임 전환은 대개 **교회 권력중심의** 지리적 **이동**과도 밀접한 관계가 있다: 이번의 이동은 헬레니즘적 지중해 세계에서 정치·교회·문화적으로 군림하던 동방으로부터 먼저 교회적으로, 다음에 정치·문화적으로도 결합을 이룬 **서방**으로의 이동이었다.[95]

가톨릭 신앙을 받아들인 활기찬 서게르만 종족들과 옛 세계의 지쳐버린 라틴계 주민들 간에 볼 만한 융합이 이루어졌으니, 여기에서 생기있는 **로만족 국가**들이 생겨났다. 또한 특히 아일랜드-스코틀랜드 수도자들과 앵글로색슨 수도자들의 영향 아래, **라인 강 동쪽 지역의 게르만 종족들**에 대한 선교가 이루어졌다. 그리스도교는 이미 보니파티우스 이전에 독일 남부와 남서부 곳곳에 전파되었으나, 아직 교회조직은 거의 갖추고 있지 못했다. 이제는 북쪽 지방에서도 이교 신앙은 갈수록 밀려나고 있었다.

교회에 국가가 선사되다

분명히 알아둘 것: 서방에서는 고대 교양과 조직의 상속자인 **가톨릭 교회**만이 문화세력으로 남게 되었다. **교황직**의 주도 아래 그리고 **수도자들**의 도움을 얻어, 가톨릭 교회는 사실상 유일한 문화세력이었으니, 많은 면에서 원시적이었던 게르만족들과 로만족들을 오랜 기간에 걸쳐 문화적·윤리적·종교적으로 꼴지을 수 있었다. 그리하여 교회는 아주 자연스럽게 수백 년간 전체 문화생활을 지배하는 제도가 되었는데, 다른 한편 게르만 민족의 갖가지 영향을 받지 않을 수 없었음은 물론이니, 성인공경에서 드러나는 다신교적 요소, "연미사"와 "연옥"에서 엿보이는 혼백·악마 신앙 등이 그것이었다.

교회의 문화활동에서는 누르시아의 베네딕도[96]가 세운 **베네딕도 수도회**가 큰 역할을 했다. 이 수도회는 오랜 수도생활 전통들과 로마 군인정신을 수도회 규칙에 결합시켰는데, 이 규칙은 수많은 유랑고행자에게 정주생활, 수도원장에의 순종, 사유재산과 결혼의 포기, 육체노동(농사·가사·수공예. 그러나 학업과 고대 및 그리스도교 문헌의 필사도 점차 많아졌다)의 의무를 부과했다. 그리하여 거의 모든 분야가 창조적이지 못한 시대에, 그래도 최소한의 문화적 전승은 이루어질 수 있었다.

물론: 가톨릭 신자가 된 게르만인들 사이에서, 공동의 교회의식과 로마 교황에 대한 존경심이 증대되어 갔으나, 처음에는 **서방 보편교회가 형성되지 못했다.** 그 까닭은 게르만인들의 종족·지역·제후들의 "사유私有교회들"을 장악하고 있었던 것이 교황이 아니라 왕(그리고 귀족들)이었기 때문인데, 이러한 사정은 8세기에 주도세력으로 부상한 **프랑크 왕국**에서도 마찬가지였다. 프랑크 왕국은 상당히 발전된 스페인의 서고트 왕국이 아랍인들에게 정복된(711) 후, 이탈리아의 랑고바르드 왕국과 결합하여 피레네 산맥과 엘베 강 사이의 서유럽 대륙에 유일한 왕국을 형성했다. 그런데 이 프랑크 왕국 교회에서도 지배권을 행사한 것은 로마 교황이 아니라 프랑크 왕이었다.

프랑크 왕국의 부상과 유럽 대제국 형성의 바탕이 된 것은 그러므로 지중해 지역과 그 지역의 고대 후기 문화가 아니라, **북쪽 지역**, 즉 북중 유럽이었다. 아무튼 바로 이 시기에 로마 **교황**은 로마-비잔틴 제국의 법적 테두리를 이탈하여 프랑크 왕국 쪽에 붙는 **획기적 결단**을 내렸다: 비잔틴 황제와의 결별 그리고 프랑크 왕국과의 결속! 왜 그랬던가? 그 결단의 이면에는 비잔틴과 랑고바르드 왕국으로부터 벗어날 수 있으리라는 희망과, 그리하여 **독자적인 교회국가**를 세울 수도 있으리라는 투기投機적 기대가 있었다!

마침 기회는 좋았다: 비잔틴은 성화상聖畵像 싸움으로 기력이 소진해 있었다. 북이탈리아와 로마에서 비잔틴 황제의 지배권은 크게 약화되었다. 비잔틴 총독은 랑고바르드인들에 의해 라벤나에서 쫓겨났다. 황제는 성화상 투쟁 와중에 교황이 반발하자, 남부 이탈리아와 시칠리아의 비잔틴 통치 지역을 콘스탄티노플 총대주교에게 복속시켰고, 교황 소유지를 몰수했다. 그러나 교황은 이미 프랑크 왕국의 궁내성 장관 **칼 "마르텔"**(호전적 "망치", 714~41) 시절부터 프랑크 왕국과의 제휴를 열심히 모색했었다. 주지하다시피 칼은 732년 투르 전투에서 아랍인들을 결정적으로 패퇴시켰는데, 그로써 피레네 산맥 이북에서 그리스도교의 존립을 확고히하고 프랑크 왕국의 중심지역을 안전히 지켜냈다.

클로비스가 개종한 이후 프랑크 왕국을 지배하던 메로빙거 왕조 때, 극심한 윤리적 타락이 만연했다. 그러나 이미 칼 마르텔 시절에, 프리즈란트인들 가운데서는 앵글로색슨 사람 빌리브로르트가(우트레히트 교구), 라인 강 동쪽 지역 게르만인들 가운데서는 앵글로색슨 수도자 **보니파티우스**(본명은 빈프리트)가 활동을 시작했다. 로마에 의해 대주교품까지 받고 마침내 온 게르마니아에 대한 교황대리로 임명된 보니파티우스는 일련의 독일 주교좌를 창설했다. 동시에 그는 성직자들이 로마교회법 특히 독신법을 준수하도록 노력했고, 741년 칼 마르텔이 죽은 뒤에는 프랑크 왕국 교회의 시급한 개혁을 효과적으로 수행해 나갔다. 이 "독일인들의 사도"(훗날 이렇게 불림)는 프랑크 왕국 안에서의 교황의 지배권 확립을 위해 누구보다도 많은 노력을 기울였다. 744년 프랑크 왕국 시노드에서 주교들에게 로마교회에 대한 복종 서약서까지 받아낸 보니파티우스는, 754년 80세 때에 프리즈란트인들 가운데서 선교하던 중 이교도 프리즈란트인들에게 참살되었다.

칼 마르텔은 로마를 위협하던 랑고바르드인들에게 맞서 이탈리아에 개입하기를 꺼렸던 반면, 그의 아들 어린애 **피핀**(741~68)은 교황과의 친선에 매우 큰 관심을 보였다. 왜? 교황이야말로 타락한 메로빙거 왕가의 이름뿐인 왕을 폐위시킬 자신의 쿠데타와, 궁내성 장관의 왕위 등극을 거룩하게 재가해 주어야 할 사람이었기 때문이다. 과연 그 일은 751년 "사도적 권위"에 터해 실제로 이루어졌다. 유념할 것: 이로써 **서방에서 그리스도교적 제왕 사상의 토대가 놓였다.** 교황(당시엔 자카리아스)이 이를테면 킹 메이커로서의 직무를 처음으로 수행했다! 덧붙여, 교황은 왕통보다 직무에의 적합성에 우선권을 부여했다. 카롤링거 가문 출신 피핀은 결여된 "왕가 혈통"을 대체하기 위해, 프랑크 왕으로서는 최초로 (아마도 대주교 보니파티우스에게) 도유塗油를 받았다. 그리하여 이교적인 이른바 신통神統이나 혈통을 (이미 비잔틴에서 그랬듯이) 왕권신수설王權神授說이 대체하게 되었다: "하느님 은총의 왕". 사람은 하느님의 은총에 힘입어 왕이 되거니와, 로마의 관점에 의하면, 이 땅에서 하느님의 대리자는 바로 교황이었다.

피핀의 왕위 등극은 양측 모두에게 유익했다: 카롤링거 왕가로서는 자신들의 통치권을 이를테면 하느님이 인정해주는 셈이었고, 교황으로서는 그들을 축복해주지 않고는 앞으로 아무것도 도모할 수가 없었다. 그리하여 중대한 결과를 낳게 될 프랑크 왕국과 교황직의 이익동맹이 모습을 드러냈거니와, 그 본보기 사례가 곧 뒤따랐으니, 이제 교황이 동방 대신 서방으로 최초의 여행길에 올랐다: 랑고바르드인들에게 위협받고 있었으나 비잔틴에게 외면당하던 교황 스테파누스 2세는 753~54년 도움을 찾아 프랑크 왕궁으로 와서, 로마를 프랑크 국왕의 항구적인 보호에 맡겼다. 피핀은 랑고바르드인들이 정복한 지역과 라벤나 총독령 그리고 교황이 그때까지 전혀 소유한 적 없었던 다른 지역의 탈환 의무를 떠맡았다. 여기서도 유념할 것: 그것은 이탈리아 밖의 나라가 교황을 위해 처음으로 개입한 사례였다! 두 차례의 전쟁이 끝난 뒤, 756년 피핀은 정말로 그 지역들을 "거룩한 베드로"에게 선사했다: **피핀의 증여**!

그 "선물"은 물론 로마의 관점으로는 일종의 "반환"이었으니, **콘스탄티누스의 증여**에 터해 그 지역들은 본디 교황에게 속한 것이었기 때문이다. 그러나 「콘스탄티누스의 증여」는 (겨우 50년 전에 만들어진) **로마측의 위조문서**였으니, 말하자면 위조문서가 사실, 즉 피핀에 의한 실제적 증여의 토대가 된 셈이었다. 이무슨 볼만한 연극이었던가! 과연 증여문서는 베드로 성당 거룩한 베드로의 무덤에 기탁되었고, 이로써 교황은 문서로 확증된 소유권을 영구히 보유하게 되었다. 그리고 왕은 "로마 최고 귀족"이라는 칭호를 지니게 되었는데, 이것은 로마인들의 군사적 보호자가 됨을 의미했고, 그 덕에 이제 로마인들은 비잔틴의 정치적 요구들을 거부할 수 있었다. 피핀은 정복 지역을 돌려달라는 비잔틴 황제의 요청을 단호히 거절했다. 피핀의 생각으로도 아무튼 그 지역은, 「콘스탄티누스의 증여」에 따라, 황제의 소유가 아니라 사도 베드로의 소유였다.

이로써 **교회국가**(교황령)를 위한 신학적·이데올로기적 토대뿐 아니라, 이제는 경제적·정치적 토대 또한 놓여졌거니와, 이 "국가"는 1870년까지 11세기가 넘게 존립할 터였다. 교황청의 주화에는 한동안 여전히 황제의 초상이 새겨져 있었고, 교황청 문서에서는 황제 치세 연도를 사용했다. 그러나 비잔틴 최고 통치권의 이 형식적 표지들은 피핀의 아들 칼 치세에 비잔틴이 두번째 큰 타격을 입음으로써, 즉 또하나의 서방 제국이 창건됨으로써, 곧 사라져버렸다.

서방의 그리스도인 황제: 칼 대제

798년 적대적인 로마 시 귀족들을 피해 프랑크 왕국으로 간 교황 레오 3세는 멀리 떨어진 파더본, 즉 예전 이교 땅 한가운데에서 프랑크 왕국의 강력한 통치자의 지지를 얻어냈는데, 추측건대 그때 이미 황제 대관이 담합되었던 듯하다. **칼 대제**[97](768~814)는 약속에 따라 로마로 출정했으니, 6세기 디오니시우스 엑시구스 이래 통상적으로 사용하게 된 서력 기원으로 따져, 800년의 일이었다. 로마에서 칼은 완전히 비잔틴 황제가 하던 식으로 로마 시노드를 소집했는데, 로마와 프랑크 왕국의 많은 평신도들도 참여했고, 칼 자신은 의장을 맡아보며 시노드를 관장했다. 하지만 교황은 적수들이 자신에게 씌운 온갖 범죄 혐의를 부인하고 자신의 결백을 다짐하는 보증서약을 해야 했다. 그러나 교황은 미리 시노드의 허락을 받아, 그때까지 어떤 교황도 실제로 써먹지 않았던, 심마쿠스 위조문서에 나오는 명제, 즉 교황은 누구에 의해서도 재판받을 수 없다는 명제를 내세우며 선서를 했다.

칼의 태도를 이해하려면, 다음 사실을 분명히 알아야 한다: 프랑크 왕과 프랑크 교회는 자신들의 이익을 위해, 교황을 하느님이 선택하신 거룩한 베드로의 후계자요 대리인으로 간주하는 로마의 지배적 견해를 받아들였다(비잔틴 황제와 동방 교회의 견해를 정면으로 거슬러). 그러나 칼은 본디 비잔틴에 맞선 대립황제 같은 것이 되려는 생각은 전혀 없었음이 분명하다. 왜냐하면 위에서 언급한 시노드가 800년 12월 23일 칼의 황제 즉위를 결의했을 때, 그는 이것은 의당 새로운 **서방의 제위**라고 이해했기 때문이다: 서방의 왕들 위에 군림하는 왕으로서의 프랑크 왕 — 비잔틴 황제 위에 있는 것이 아니라, 동등한 지위를 지니는.

그러나 교황도 자신의 이익을 따라 행동했다: 이틀 후 성 베드로 성당에서 800년 성탄 미사가 시작되었을 때, 레오 3세는 무슨 그럴듯한 의식儀式도 없이 그저 값비싼 제관 하나만 씌워줌으로써 프랑크인 칼을 엄연히 **"로마인들의 황제"**로 대관했다: 이것은 바로 모든 로마인의 황제, 서방과 동방 모두의 황제를 의미했다. 교황으로서는 자신의 위세를 드높이고 로마 시의 지위를 확고히하며, 동시에 비잔틴 황제에게 생각도 못한 모욕을 안겨준 행동이었다. 그러나 교황의 행동은 칼의 기분도 상하게 했다. 칼은 훗날 자신의 후계자인 아들 루드비히(나중에 "경건제"로 불림)에게 아헨 궁정 경당에서 제 손으로 제관을 씌웠다(813).

그러나 어쨌든 당시 레오로서는 바로 저 콘스탄티누스의 증여에 터해, 온전히 앞뒤 맞게 행동한 셈이었다.[98] 이 증여문서에 따르면, 뭐라 해도 황제 친히 교황에게 제관을 양도했다. 그러나 교황은 지극히 겸손하여 관을 쓰려 하지 않았고, 그것의 사용을 황제에게 위임했으며, 그후 황제는 교황의 동의하에 콘스탄티노플로 옮겨갔다. … 그러므로 칼의 경우, **교황이 처음으로 황제 대관의 권한을 주장·행사**한 셈이었다: (본디 교황 소유인!) 황제의 관이 이른바 황제 궐위 시대에(마침 콘스탄티노플에서는 한 여자, 즉 이레네가 다스리고 있었다!) 듣도보도 못한 야만인 우두머리에게, 더구나 특별한 의식도 없이 주어졌는데, 사실 이 경우 비잔틴 황제 대관 의식은 어울리지 않았을 것이다. 이 의식은 곧 보충되었다. 칼 대제가 사망한 후, 816년 교황은 특별히 라임스에 가서, 여전히 자기 좋은 대로였지만 나름대로 신경을 써서 (특별한 의식에 따라, 손수 갖고 간 관으로!) 칼의 아들 루드비히를 황제로 대관했다: "교회의 각별한 아들"을 위한 기도 그리고 도유를 통해. 이리하여 (구약성서적인) 도유가 서방 황제들의 대관에서 근본요소가 되었다: 황제들이 역사적 정통성을 전혀 지니지 못했기 때문에, 교황의 도유가 매개하는 하느님의 은총이 그들에게 일종의 신학적 정통성을 부여해주었던 것이다. 루드비히의 아들 로타르는 823년 황제 대관을 위해 로마로 초청되었고, 그때부터 베드로 성당은 황제 대관(도례刀禮와 함께)의 장소가 되었는데, 그후의 프랑크 왕들은 황제 대관을 공손히 간청해야 했다.

아무튼 칼 대제 이래, 로마인이 아닌 또 한 명의 "로마인들의 황제"가 존재하게 되었다. 비잔틴(물론 무슨 "황제 궐위" 같은 것은 있은 적이 없다)으로서는 기가 찰 노릇이요, 아예 심각하게 여길 것도 없는 처사였다. 그러나 비잔틴 사람들이 생각했던 것보다 훨씬 빠르게, 서방 황제의 대관은 엄청난 작용을 했고 마침내 앞에서 서술한 교회 분열로 귀결되었거니와, 사실 정치적으로는 제국이 오래 전부터 갈라져 있던 터였다. 비록 812년에는 동로마 황제가 새로 등장한 프랑크 황제에게 "우의"를 제안했고, 이 프랑크 황제는 영리하게 단순히 "장군이요 황제"imperator et augustus라고 자칭함으로써〔비잔틴 basileus("왕")는 의식적으로 "로마인들의 황제"라고 자칭했다〕 자신의 제위에서 로마적 특성을 삼가기도 했지만, 50년 전에 시작된 옛 로마와 새 로마의 분리 과정은 이제 돌이킬 수 없는 것이 되었다.

서방에서: 그리스도교적 = 가톨릭적 = 로마적

이제 동시에 **두 사람의 그리스도인 황제**가 존재했다. 그들은 동등했던가? 그렇지 않았다. 왜냐하면 라틴적으로 꼴지어진 서방에서는 새로운 게르만인 황제가, 교황에 의해 도유된 덕분에, 갈수록 진정하고 정통적인 황제로 여겨졌던 반면, 동방의 "그리스인" 황제는 갈수록 비정통적인, 아니 결국은 이교적離敎的

인 존재로 간주되었기 때문이다. 그리하여 서방에서는 전세계 그리스도교계에 불행한 다음과 같은 동일시가 점차 관철되었다: **그리스도교적＝가톨릭적＝로마적**. 이 동일시는 우리가 **로마 가톨릭 패러다임**(P Ⅲ)이라고 부르는 것의 확립 과정에서 또하나의 결정적 진전이었다. 그리하여 8/9세기에 유럽의 통합이 아니라, **유럽 분열**의 토대가 놓였다.

칼 대제도 교황들에게 인심을 크게 썼다. 이제는 "랑고바르드인들의 왕"이기도 했던 그는 **교회국가**를 승인하고 확장시켰으며, 교황에게 그밖의 이탈리아 지역들(베네치아·이스트리아·스폴레토와 베네벤트 대공령의 일부·코르시카 섬)도 "반환" 해주었다. 칼은 그러나 그 이상의 교황의 요구들(이 요구들의 근거 문서들이 교황청 문서고에 보관되어 있다고 했다)은 들어주기를 거부했다. 그는 자신은 결코 로마의 신하가 아니며, 교황이나 마찬가지라고 생각하고 있었다. 칼은 제국의 지배자로서 정치적 사안을 가장 중요시했지만, 철저히 신정神政주의적으로 또한 **교회의 지배자**로 자처했다. 제국정치가 교회정치였고, 교회정치가 제국정치였다. 그래서 칼은 제국에 복속된 종족들(프리즈란트인·작센인·슬라브인·아바라인들)에게, 종교적·도덕적 거리낌 따위는 전혀 없이, 자기식의 그리스도교를 강요했고 비용 많이 드는 전쟁들도 서슴지 않았는데, 작센 전쟁의 경우 약 30년이나 계속되었고 수천 명이 처형·추방되었다. "제국의 통일"이 우선하는 가치였던 것이다. 또한 이 프랑크 남자는 교황을 신앙·교의·전례 문제를 관장하는 사도전승의 수호자로 존중했으나, 교황의 역할을 순전히 종교적인 것에 국한시켰다.

칼 역시, 비잔틴 황제들이 그랬듯이, 로마가 멋대로 자기 제국에 간섭하는 것은 용납하지 않았다. 오히려 그 자신이 온갖 교회 일, 심지어 신학 문제에까지 관여했으니, 예컨대 여제女帝 이레네가 소집한 성화상 공경에 우호적이었던 니케아 7차 보편 공의회(787)에 맞서, 794년 프랑크푸르트 제국 시노드를 소집했다. 또다른 시노드(아헨, 809)에서는 신경에 "필리오퀘"filioque를 집어넣으라고 교황에게 요구했다(당시 교황 레오 3세는, 서방에서 갈수록 널리 보급되어가던 프랑크식 개정문을 금지하지는 않았지만, 자신은 동·서방 교회 공통의 미개정 원문을 고집하고 있었다). 하나인 "그리스도교의 몸" 안에서, 칼은 비잔틴 황제들처럼 교회의 "왕이요 사제"·"수호자"·"인도자"로 자처했거니와, 주교와 성직자들은 오로지 제사와 기도의 의무에나 충실해야 했다. 그때문에 사람들은 칼을 "프랑크 제국의 유스티니아누스"라고 불렀다.

그러나 이 프랑크 제국의 통치자가 정태적靜態的인 사회관을 대변했던 것은 결코 아니었다. 비록 자신은 문맹文盲이었지만, 칼은 학교와 도서관을 후원했고, **교육과 문화**, 라틴어와 역사학, 건축과 서적 채식彩飾의 **부흥자**로 자임自任했다. **로마의 신화**(제국·언어·문화)에 매료된 칼은 아무튼 하나의 고유한 "르네상스"를 불러일으켰다. 유능한 학자들로 구성된 국제적 동아리의 뒷받침을 바탕으로, 비록 고전 고대의 부흥은 아니었지만, 그래도 그리스도교적 후기 고대의 부흥이 이루어졌다. 그 결과 매우 종교적으로, 또한 라틴적·로마적으로 꼴지어진 최초의 독자적인 게르만-유럽 문화가 태어났다. 아직 초보적이었던 중세의 이 첫 "르네상스" 중심지는 아헨의 황궁이었다. 반면 중세 전성기의 두번째 르네상스는 파리와 그 대학으로부터 그리고 중세 말엽의 세번째 르네상스는 메디치 가家의 피렌체로부터 그 빛을 비출 터였다.

다른 한편 이 왕이자 황제는 **교회 개혁자**로 자처했고, 그래서 보니파티우스가 시작하고 피핀이 계속한 성직자와 백성의 철저한 개혁을 완수하고자 했다:
— 앵글로색슨 수도자 알쿠인(칼의 학자 동아리에서 가장 중요한 인물)으로 하여금 라틴어 성서 번역본을 수정토록 했다.
— 주교들(더이상 백성들이 선출하지 않고, 황제가 임명했다!)에게 황궁에 머무르지 말고 설교와 시찰에 힘쓸 의무를 부과했다.
— 시골에도 본당을 세우고 주교좌 성당과 지구장 성당에 참사회를 설치했다.
— 규칙적 예배 참석, 잦은 설교, 모국어 주기도문과 사도신경의 암기, 성당 건축 등에 힘쓰도록 했다.

그런데 (이제는 대부분 귀족인) 주교와 성직자들의 생계보장을 위해 엄격히 요구된 (구약성서적) "십일조"(일년 수입의 1/10을 바침)는 곳곳에서 원성의 대상이었고, 작센 지방에서는 그리스도교를 배척하는 근본이유가 되기도 했다.

어쨌든 칼은, 갖가지 허물에도 불구하고, 이상적 군주요 로마제국의 새로운 창건자로 여겨졌다. 그의 **서방 보편제국**(슐레스비히 홀슈타인에서 로마 훨씬 뒤까지 그리고

에브로 강에서 엘베 강까지) 안에는 황제가 지배하는 프랑크 제국교회가 있었을 뿐, 로마가 주도하는 **교황의 보편교회**는 아직 **존재하지 않았다.** 교황의 재치권적 수위권도 동방은 물론 서방에서도 전혀 조짐이 보이지 않았다. 그러나 오직 한 가지 점에서는 칼 대제가, 피핀을 이어, 교황의 보편교회의 토대를 놓았으니, 제국의 통일을 위해 로마 전례를 프랑크 제국에 도입한 일이 그것이었다. 이제 교회 밖에서의 패러다임 전환으로부터 눈을 돌려 교회 안에서의 패러다임 전환을 살펴보아야겠다.

패러다임 전환은 전례에서도

앞에서 살펴본 것: 본디 매우 소박했던 그리스도교계의 성찬례는 기념과 감사의 기도(성찬례 제정 말씀과 함께), 모든 참석자들의 친교(빵 나눔) 그리고 그것과 아주 일찍부터 결합된 회당(시나고게) 양식의 말씀의 전례로 이루어져 있었다. 원시교회(P I)의 이 예배는 이미 콘스탄티누스 시대에, 새로운 양식의 화려하고 넓은 공회당 교회(바실리카는 본디 일반 사회의 공회당이었다!) 안에서 거행되는 **고대교회(P II)의 바실리카 전례**로 바뀌었다: 그러나 주교와 사제들은 여전히 "평상복"으로 제단에서 얼굴을 신자들 쪽으로 향한 채, 전래된 기념과 감사 예배를 집전했다.

그러나: 모든 것이 세월이 지나면서 점점 커지고 길어지고 **장엄**해졌다. 사람들은 예전의 단순한 감사기도 안에 살아 있는 사람, 죽은 자 그리고 갖가지 소원을 위한 **전구**傳求를 순교자들의 이름과 결부시켜 끼워넣었다. 감사기도 외에, 특히 세 군데에서 **시편 성가**를 불렀다:

— 예배 시작 시 사제들이 입장할 때: 입당 성가.

— 빵과 포도주 그리고 기타 봉헌물을 바칠 때: 봉헌 성가.

— 신자들의 영성체 때: 영성체 성가.

이미 그 시기에 로마 궁정 의식 그리고 특히 비잔틴 **궁정 의식**의 많은 요소들이 수용되었는데, 그중에는 초기 그리스도인들이 이교적이라고 배척했던 것들도 있었으니, 장궤長机·절·입맞춤·향·촛불 그리고 영대領帶와 반지 같은 특별한 표지 등이었다. 또한 특별히 훈련받은 가수들이 부르는 **예술성가도** 생겨났는데, 이것이 공동체 전체가 부르는 민중성가를 자주 밀어냈다. 앞에서 살펴보았듯이 이미 250년경부터 그리스어뿐 아니라 **라틴어**로도 예배를 드렸는데, 그것은 로마 민중이 그리스어를 사용하지 않고 다시 라틴어를 사용했기 때문이다. 그리고 6~7세기에는 이 전례 문구들을 스스로 만들어낼 수 없을 정도로 신학적 소양이 보잘것없기 때문에 확정된 텍스트가 필요했고, 그래서 이제 사람들은 전례 텍스트를 점점 많이 수집·편찬하게 되었다. 그리하여 본디 자유로웠던 전례는 결국 **책冊전례**가 되었고, 정해진 말마디와 의식을 틀리지 않고 그대로 따라하는 것이 갈수록 중요해졌다. 강론은 생략되는 경우가 자주 있었다. 성찬예배를 가리키는 명칭은 "미사"(파견, 축복의 기도, 축복)로 확정되었다.

그런데 바로 **칼 대제**에 의해, 전례에서도 패러다임 전환, 즉 고대교회 일치 전례(P Ⅱ)로부터 **중세의** 전형적인 **로마 가톨릭 전례**(P Ⅲ)로의 전환이 이루어졌다. 사실 프랑크 제국의 통합을 이루기 위해서는 통일된 전례의 시행이 매우 중요했다. 그래서 칼은 이미 피핀이 754년에 규정해놓은 것을 끝까지 관철시켰다. 무엇보다 제국의 이익을 위해 수행된 **로마 전례의 프랑크 제국에의 이식**은 종교개혁 시대까지 중세 서방 전례 전체에, 아니 2차 바티칸 공의회 직전까지도, 중대한 영향을 끼쳤다. 그 내용을 역사적 연구는 아주 세세한 것까지 밝혔는데, 그것을 융만은 다음과 같이 요약한다:[99]

— 1천년기 말 교회사상 처음으로, 게르만인들이 (슬라브인들과는 달리!) 모국어 대신 신성시된 **라틴어**로 전례를 거행했다. 히브리어, 그리스어, 라틴어만이 이른바 "세 가지 거룩한 언어"였기 때문이다. 그리고 라틴어(무엇보다도 유일한 문어文語였다)를 이해할 수 있는 사람들은 성직자뿐이었기 때문에, 전례는, 언어적 측면에서 말한다면, 성직자들의 독점물이 되었다. 독일어 전례는 존재하지 않았다.

— 프랑크 제국이 넘겨받은 것은 비교적 소박한 로마 본당 전례가 아니라 (로마-비잔틴 궁정의식의 영향을 많이 받은) 장엄한 교황청 전례였는데, 열심이 지나친 프랑크인들은 전례를 더욱 **엄숙하고 화려하게** 만들어갔다: 장궤, 성호, 분향의 반복 등.

— 게르만인들은 예배에서 사제의 기도를 통해서도 자신들의 열심한 마음을 표현하고 싶어했으나, 말을 알아듣지 못했기 때문에, 낮은 소리로 중얼거리는 기

도들이 많이 생겨났고(특히 입당, 봉헌 준비, 영성체 때), 마침내 신자들의 동참 없는 사
제만의 **"침묵의 미사"**가 생겨났거니와, 여기서는 성찬기도(동방에선 노래로 불렀다)
를 비밀스런 "주문" 외듯 했고, 성찬 제정 말씀은 공동체를 위한 선포가 아니
라 봉헌물의 "성변화聖變化 말씀"으로 이해되었다.

— 그리하여 시간이 지나면서 **제단과 신자 공동체의** 완전한 **상호소외**가 생겨
났다. 점점 높아진 제단 위의 제대는 마침내 벽감壁龕 쪽으로 밀어붙여졌고("본제
단"), 사제는 공동체를 마주보지 않고 벽 쪽을 향해, 백성과 "함께"가 아니라 백
성을 "위해", 성체성사("희생제사")를 집전했다.

— 본디 매우 소박했던 기념제·성찬례가 이제 갈수록 **거룩한 연극**("장엄미사")이
되었거니와, 이것은 말을 알아듣지 못하는 백성에게 예수 삶의 우의적 드라마
로 간주되었다. 프랑크 제국 시대에는 미사경본과 마찬가지로 거룩한 언어(히브
리어·그리스어·라틴어)로 쓰인 성서도 모국어로 번역되지 못했다. 단지 "주님의 기
도"와 신경만이 8세기에 고지高地 독일어로 번역되었다.

— 그리하여 **백성의 행위**는 전적으로 **보는 것**에 한정되었다: 로마 시대 말엽
부터 전통적으로 고수되어온 예복은 이제 교회 절기를 따라 색깔을 바꿔가며
입었다. 성체는, 사제가 뒤로 돌아서서 미사를 집전하므로 보이지 않는 까닭
에, 높이 쳐들어졌고, 신자들은 무릎을 꿇음으로써 경의를 표했다. "생명의
빵"은 예전엔 성서 말씀에 충실하게 씹어 먹었으나, 중세 전성기부터는 주로
바라보고 공경할 대상이었다(나중엔 "현시대"顯示臺까지 등장했다). 평범한 빵이 누룩 넣
지 않은, 빵 같지도 않은 새하얀 "성체"로 바뀌었는데, 사제는 그것을 "깨끗한"
손으로 "평신도들"의 (더러운) 손 대신 입 안에 넣어주었다. 그런데 신자들이 영
성체하는 것은 아주 드문 일이 되었고, 그래서 중세 전성기에 최소한 1년에 한
번 부활 시기에는 영성체를 하도록 규정해야 했다. 그리고 평신도가 성혈을 영
하는 것은 결국 전혀 관례에 어긋나는 일이 되어버렸다.

— 고대교회의 패러다임에서는 모든 사제가 주교와 함께 동일한 성찬례를 거행
했던 반면, 중세에서는 마침내 개개 사제가 자기 미사를 집전하게 되었다("미사
예물" 형식으로 보수를 받았음). 그리하여 **많은 미사** 때문에, 성당에 본제단 외에 **많은**

보조 제단들이 세워져 신자들이 청한 개인 미사(특히 연미사·봉헌 미사)들을 동시에 드릴 수 있게 했다. 말하자면 될 수 있는 대로 자주 희생제사를 드리는 것은 좋은 일이었다(산 자와 죽은 자를 위해 "은총" 베풀어주시고, 온갖 어려움에서 도와주시고, 모든 소망과 간구 이루어주시고, 마누라의 득남부터 풍년에 이르기까지 갖가지 갈망과 곤경을 들어주시고 물리쳐주십사고). 이제 중세의 신심행위는 그저 오로지 미사였으니, 돈을 낼 수만 있다면, 자신이나 다른 사람들의 현세·내세의 구원을 위해 수백 대의 미사를 "드리게" 할 수 있었는데, 자신은 그때마다 참례하지 않아도 되었다(미사야말로 어떠한 기도보다 효험 있는, 거의 틀림없는 구원의 수단이었다).

— **세례**는 이제 전적으로 **유아들**에게만 베풀어졌고, 수세자의 "나는 믿습니다"(이제는 대부모가 대신 말했다) 대신 집전 사제의 "나는 ~에게 세례를 줍니다"가 중심에 자리잡게 되었다. 그리스도인은 수동적 성사 수령자, 수많은 규제의 대상이 되어버렸다. 본디 세례 직후 베풀어졌던 도유는, 주교가 전담하게 되었기 때문에, 이 시기에 독자적인 **견진 의식**으로 분리되었고, 마침내 그 나름으로 특별한 은사를 전달해준다는 고유한 "성사"가 되었다.

그레고리오 성가 — 로마적?

로마 전례의 **중세 성가 전승** 역시 프랑크 시대에 완성되었는데, 이것이 1833년 재건된 솔렘의 베네딕도 대수도원에 의한 19세기 성가 부흥 이후, 비로소 통상적으로 "**그레고리오 성가**"로 불려지게 되었다. 그러나 이 성가는, 앞에서 살펴보았듯이, 그레고리우스 대교황과 아무 관계가 없다. 이 성가는 당시 로마적·낭만주의적 성향의 성가 부흥자들이 선전했던 것과는 달리, "옛 로마" 성가(P Ⅱ)가 아니며 따라서 모든 교회음악의 최고 전범(비오 10세, Motu proprio 1903)이라는 로마교회 "고유의" 성가도 아니다. 이 성가는 사실은 고대교회 성가의 **프랑크적·중세적 변형**이다[이것은 소小영역에서의 패러다임 전환(P Ⅲ)인바, 우리 시대 로마 "성음악"의 보수적 옹호자들은 오랫동안 그 전환을 부인하려 애써왔다].

독일과 프랑스 학자들은 이 문제를 철저히 연구했고, 그리하여 솔렘의 젊은 수도자 위글로와 카르디네에 이어 저명한 그레고리오 성가 연구자인 훅케 교수

(프랑크푸르트 대학)는 이렇게 확인한다: "로마 성가라는 개념은 로마가 아니라 프랑크 제국에서, 피핀과 칼 대제가 '제국의 통합과 사도좌와의 일치를 위해' 로마 전례를 도입하기로 결정함으로써 생겨났다. 그들이 로마로부터 넘겨받은 것은 교황 궁전의 전례였다. 이 전례의 미사 성가들의 가장 오래된 전승이 9세기 프랑크 제국의 수사본들에서 발견되지만, 음표는 없이 가사만 씌어 있다."[100]

그러면 본래 교회 안에는 처음부터 멜로디가 확정되어 있던 노래들은 전혀 없었던가? 사실 없었다. 멜로디 그리고 특히 연주방법은 입에서 입으로 전해졌다. 중세 때에도 통일된 전례 성가는 없었다! 훅케의 말을 더 들어보자: "최근까지도 그레고리오 성가는 옛날부터 기록되어 전해져온 것으로 여겨졌다. 사실 멜로디를 기록하여 전승하기 시작한 것은 10세기 초부터였다. 그러나 지금 남아 있는 9~10세기 그리고 11세기의 음표 없는 성가집들은 프랑크 제국에서의 그레고리오 성가 보급도 여전히 구전을 통해 시작되었음을 입증해준다. 11세기에야 로마 사람들이 자신들의 고유한 전승을 생소한 악보에 기록했다."[101]

서방 전례 전반에 통용되는 것이 전례 성가에도 해당된다: 즉, 프랑크 제국에서 편집된 성가들이 결국 로마에서도 받아들여졌다. 다른 말로 해서: 19세기에 순수한 "옛 로마"의 창작(혹은 영감)이라고 선전했던 것이, 실제로는 **프랑크식 재창조**였고, 이것이 결국엔 **중세 로마 전통**이 되었다. 그러므로 이런저런 작품에서 그레고리오 성가의 "원형"을 찾아보려던 근년과 최근의 온갖 시도가 성공하지 못한 것은 당연하다 하겠다. 그레고리오 성가는 "언제나 다시금 다르게 이해되어온 전승"임이 입증되었거니와, "이 전승은 사람들이 그것을 더듬어 올라가면 갈수록, 그만큼 더 다양해지고 더 포착할 수 없게 된다. 여기에는 역사적으로 정확한 연주행위란 있을 수가 없다".[102]

이러한 맥락에서 유념할 것: 전례에서의 패러다임 전환은 **그리스도론에서의** 중요한 **강조점 이동**과 관련하여 고찰해야 한다. 융만은 카롤링거 시대에 공동체가 함께하는 예배가 사제 혼자만의 예배로 바뀌었을 뿐 아니라, 그리스도론에서도 중심주제가 부활에서 성탄·육화·마리아·삼위일체로 바뀌었음을 밝혀냈다. 아리우스파와 맞서 싸우던 그리스 교부들에게서 이미 나타났던 이 강조점 이동은, 서고트 왕국의 스페인 교회를 거쳐, 이제 프랑크 제국에서도 큰 영향을 끼쳤으니, 신학이 **"우리 하느님 그리스도"**, **"하느님을 낳으신 분"**, **"지극히 거룩하신 삼위일체"**에 몰두하게 되었다. 그러므로 이제 서방에서도 "그리스도의 중보성이 후퇴하고 삼위일체가 강조되고 마리아 숭배가 부상했는데, 이러한 발전과정의 근본 요인으로 아리우스파 이단과의 투쟁을 꼽지 않을 수 없다".[103]

그리하여 카롤링거 시대에 **그리스도**는 아예 하느님 자신(ho theos)과 동일시되었고 **삼위일체 안으로 흡수**되어버렸으며, 그래서 어떤 기도문들(예컨대 "Confiteor")에서는 중보자로 언급조차 되지 않고 대신 마리아나 다른 성인들이 등장한다. 그러나 동시에 이 지상에서 살아가는 "구세주"Heliand(이 칭호는 830년경 생겨난, 게르만 옷을 입은 예수에 관한 영웅 서사시에 나옴)는 하느님의 현신現身으로 여겨졌다. 육화(강생)와 수난 축일이 중요하게 부각되었고, 사람이 되신 하느님께 대한 경건한 마음가짐, 경탄과 동정, 감사와 참회의 각오를 고취시키고자 했다. 그리고 무작스런 윤리적 범죄와 폐혜의 시대에 참회가, 특히 성윤리와 관련하여, 매우 중요시되었다.

비밀고해와 성윤리에서의 엄격주의

제한 없이 반복할 수 있는 새로운 유형의 **비밀**(개인)**고해**(비밀 엄수의 약속하에 개별 사제에게 고백했다)는, 앞에서 보았듯이, 로마에서 유래한 것이 아니라, 켈트 지방 **수도자 교회**로부터 아일랜드-스코틀랜드 선교사들을 통해 유럽 대륙에 전해진 것이었다. 그러나 이 비밀고해는 놀랄만큼 빠른 속도로 전 유럽에 보급되었고, 고대교회의 공개고해를 변두리로 밀어냈으며, **중세 로마 가톨릭 교회의 특징적 요소**의 하나가 되었다. 이것 역시 패러다임 전환(P III)의 뚜렷한 증거라고 할 수 있다. 이미 칼 대제 시대에 알쿠인은 죄의 고백을 하지 않고 성체를 영해서는 안된다고 말했다. 1215년 4차 라테란 공의회는 부활절 영성체 전 고해를 모든 신자가 지켜야 할 의무로 규정했다. 그리고 신학적으로는 토마스 아퀴나스가 고해를 모든 그리스도인이 구원을 얻는 데 사실상 필수불가결한 성사로 결정적으로 들어높였고, 아리스토텔레스의 범주들을 사용하여 7성사에 관한 교리 안에 확고히 끼워넣었다.[104]

　(본디 매우 엄했던) 보속을 결정하기 위해, 사제들은 대부분 형량을 정해놓은 **참회 규정서들**[아일랜드의 성인들(패트릭·콜롬바노)이 만들었다고 함]에 의존했다(정량定量 보속)[105]. 이 책들은 650년에서 850년 사이에 호황을 누렸고, 많은 점에서 서로 상충되기도 하고 또 공식적으로 인가받은 적도 전혀 없었지만, 곧 모든 사제와 고해 신부들의 직무수행 지침서가 되었다: 이 참회 규정서들은 널리 퍼져 있던 참회 정신의 표현이었을 뿐 아니라, "고해 제도의 극단적 법정화法定化와 외면화 그리고 고백자들에 대한 억압적 취급의 증거"였다.[106] 9세기 말부터 보속은 점차 고해 즉시 행해졌는데, 결국은 돈을 지불하는 것으로 대신할 수도 있었던바, 이것이 수많은 폐해와 불법을 야기했음은 물론이다.

　참회 규정서들은 **성性과 관련된 죄**들을 특히 꼼꼼하게 물고늘어졌는데, 사실 그 시대에는 그런 죄를 중대하게 여기지도 않았다. 예컨대 칼 대제의 성윤리는 "모범적으로 그리스도교적"이라 할 만한 것이 못 되었다. 그는 프랑크 법에 따라 여러 번 결혼했고, 교회가 인정하지 않은 내연의 관계도 매우 많았다. 그의 적출 소생의 숫자조차 정확히 알려져 있지 않으며, 서출은 필경 칼 자신도 그 숫자를 몰랐을 것이다. 황제나 왕과 마찬가지로 귀족과 백성들에게서도 교회의 윤리적 요구와 현실 상황은 거리가 멀었다. 어쨌든 간과해선 안될 한 가지: 이제 **교회의 윤리에서도 패러다임 전환**이 관철되기 시작했다.

　앞에서 확인한 것: 여전히 온건했던 그리스 교부들(P II)과는 달리, **이미 아우구스티누스**(원죄론!)에게서는 **성에 대한 부정적 평가**가 시종일관하고 있다: 부부관계로 이끄는 성욕을 통해 원죄가 유전된다는 것이었다. 참회 규정서에 나중에 덧붙여진 보속 목록표를 분석한 바 있는 가톨릭 윤리신학자 치글러의 확인을 들어보자: "아우구스티누스는 원죄와 성욕을 결부시킴으로써, 수백 년간 부부관계 그리고 결혼 자체에 대한 편견 없는 고찰을 불가능하게 만드는 무서운 결과를 낳았다. 이 아프리카 교부를 따라, 초기 스콜라 신학도 부부관계의 성욕을 통해 원죄가 전해진다는 견해를 주장했다."[107]

유념할 것: 극심한 윤리적 타락에 맞서 이미 메로빙거 왕조 그리고 특히 카롤링거 왕조 때에 **성윤리에 있어서의 엄격주의**가 크게 대두되었는데, 그러는 한편 성에 대한 두려움과 결부된 수많은 원시적인 성적 금기들이 중대한 영향을 끼쳤다.[108] 이러한 엄격주의는 중세 교회의 공식 교리보다는 비공식적 교설과 참회 관습을 크게 좌우했다:

— **성직자들**: 이들에게는 이미 보니파티우스의 교회개혁 때부터 성의 억제가 요구되었으며, 그것을 어길 경우에는 엄한 처벌을 받았다. 거룩한 것에 손을 대고자 하는 사람은 "순결"하고 "더럽혀지지 않은" 손을 지니고 있어야 했다(이제는 사제 서품 때 손에 도유했다. 성과 관련있는 사람은, 무의식적인 경우든(예컨대 몽정), 허용된 경우든(부부 생활), 거룩한 것과의 접촉에서 배제되었다).

— **평신도들**: 이들은 거룩한 것(예컨대 성체)의 준비와 접촉에서 배제되었다(그래서 손으로 성체를 영할 수 없었다). 더구나 여자들은 제단 구역에서 멀리 떨어져 있어야 했다. 남자의 정액과 월경이나 분만 시의 피는 여자를 윤리적으로 더럽히며, 그래서 그 여자는 성사 수령에서 배제되었다.

저 무수한 참회 규정서들이 흔히는 서로 어긋나는 죄와 벌의 목록들을 가지고 얼마나 엄청난 성적 억압을 (그것도 하느님과 교회의 이름으로) 야기했는지를 생각해 보아야 한다. 고대 후기에는 특정 엘리트들의 이상이었던 "금욕"이 이제는 될 수 있는 한 전체 백성이 추구해야 할 이상으로 강요되었다. 이러한 **욕망 적대적 윤리**는 무자비한 결의론에 따라 다음과 같은 것들을 요구했다:

— 여자들은 월경중엔 교회에 발을 들여놓아서도 성체를 영해서도 안되며, 출산 후에는 특별한 방사를 받아야 했다.

— 남자들은 정액의 사출, 특히 의식적 사정으로 자신을 더럽히지 않도록 조심해야 했다.

— 부부는 월경 때와 출산 전후뿐 아니라, 주일과 대축제 기간(전야와 최종 8일째 포함), 특정 평일(금요일), 대림절과 사순절에는 성행위를 해서는 안되었다. 이러한 규정의 목적은 부부 성행위의 엄격한 제한이었음은 두말할 것이 없으니, 결혼 생활에서조차 쾌락은 조심스러워야 했다. 성적 흥분은, 무의식적이거나 반사적

인 경우에도, 그 자체로 나쁜 것이었다. 그나마 여하한 쾌락의 감정도 죄스러운 것이라는 견해가 극복된 것은, 겨우 13세기에 이르러서였다. 그러나 성과 결혼에 있어서의 가혹한 비관주의는 거의 그대로 존속했다: 성적 욕망은 다른 동기(특히 무엇보다도 자녀 출산의 목적)가 있어야만 정당화되었다.[109]

그런데 여기서 (뜻밖에도) 그리스도교뿐 아니라 유다교와 이슬람교에도 해당되는 **간間종교적 문제**가 제기되는바, 그것을 간략히 고찰해야겠다. 사람들은 특히 중세 그리스도교의 성윤리와 관련하여 흔히 역사화하여, 또 흔히는 비방하며 **"유다교화된 그리스도교"**를 말해왔다. 옳은 얘기?

물론: 특히 카롤링거 시대의 그리스도교가 (황궁에서는 칼 대제를 새로운 다윗·모세·여호수아로 찬양했고, 학자들은 흔히 서로를 성서에 나오는 이름으로 불렀다) 구약성서적 특징들을 보였다는 것은 이론의 여지가 없다. 그리고 십일조·안식일(주일) 엄수·누룩 넣지 않은 빵에 관한 규정 등이 구약성서에는 나오지만, 신약성서에서는 찾아볼 수 없다는 것도 확실하다. 또한 **성적 불결과 의식상의 부정**不淨에 관한 명확한 규정들도 구약성서에서 발견된다는 것은 두말할 것이 없다.

그럼에도 여기서 **유다교화**를 말하는 것은 **옳지 않다**. 구약성서뿐 아니라 신약성서와 「쿠란」에서도 관념과 입장에 있어 이중의 노선이 발견되기 때문이다:
— 구약성서뿐 아니라 신약성서와 「쿠란」도 성과 인간적 사랑을 창조주의 선물로 긍정한다. 남편과 아내는 그들의 육체성에서도 서로를 위해 창조되었으며, "한 몸"이 되어야 한다.
— 구약성서뿐 아니라 신약성서와 「쿠란」도 성행위에 대한 일정한 제한 규정을 담고 있다. 예컨대 「쿠란」도 여성의 월경, 단식 시기의 주간晝間 그리고 메카 순례 기간중에는 성행위를 금한다. 그리고 신약성서에는 그러한 명시적 제한 규정이 나오지는 않지만(상당수는 유다교에 터해 아예 자명한 것으로 전제되어 있다), 바로 여기에야말로 구약성서나 「쿠란」과는 달리, 결코 명령된 것은 아니지만, 바울로가 찬양한 독신의 생활방식이 나온다.

현대 문화인류학은 성적 관습과 표현방식들이 문화적 현상으로 되고, 규범과 교도적 본보기를 필요로 한다는 것을 뚜렷이 밝혀주었다. 예를 들어, 정액 사출과 월경의 피 자체가 사람을 더럽힌다는 관념은, 아주 옛날부터 널리 퍼져 있던 전前윤리적 표상이고, 또 부분적으로는 고대 자연의학의 관점이기도 하며, 따라서 유다교나 그리스도교, 이슬람교 어느 하나에 특유한 것이 아니다.

오늘날 근동에 기원을 둔 **세 종교에 물음**이 제기되고 있다: 종교에서 성관이 아직도 고대적 인간관·신관의 표상들과 입장들로부터 출발해야 하는가? 또는 월경이나 출산 때의 피는 해로운 분비물이며, 임신중 성관계는 태아를 해친다는 등의 그릇된 견해를 지니고 있던 고대의 자연의학으로부터 출발해야 하는가? 오랫동안, 너무나 오랫동안 예배나 성과 관련된 정결규정들을 성직자와 평신도들에게 강조해왔다. 그리고 유다교나 이슬람교와는 달리, 그리스도교에서는 종교적 동기에서 비롯된 독신 찬양이 성과 결혼의 평가절하를 조장해왔다.

되돌아보자: **전형적인 중세적 신심**이라고 지칭할 수 있는 것은 모두 이미 카롤링거 시대에 발견된다: 마침내 인간의 삶 전체를 요람에서 무덤까지, 새벽부터 한밤중까지 지배하던, 주일뿐 아니라 자꾸 늘어난 온갖 축일에도 거듭 새삼 활성화되던 저 신심 말이다. 사람들은 카롤링거 시대를 "전례화의 시대"라고 말해왔거니와, 그것은 고대교회의 구조·형태·규칙과 아주 오래되었거나 조금은 새로운 게르만 민족의 관습·의식·윤리의 결합에 바탕을 두고 있다.

이제 다음 사실은 충분히 분명해졌다고 하겠다: 중세 초기의 이 모든 발전과정, 특히 **카롤링거 시대의 갱신과 변화들**(성직자 전례와 희생 미사, 개인 미사와 미사 예물, 주교의 권력과 사제 독신제, 비밀고해와 수도서원, 수도원 제도와 성인공경 신심, 성인들에 대한 전구와 성유물 존숭, 구마와 방사, 청원 성가와 순례 등)은 **그리스도교의 불변 요소가 아니라 그야말로 중세적 가변 요소다**. 이 모든 것이 바야흐로 경건한 행업신심의 중심에 자리잡았고, 지나치게 만연하여 점차 그리스도교 본래의 것을 질식시킬 정도가 되었다. 그러나 이것들은 그리스도교의 원천적 본질에 속하지 않으며, 어디까지나 중세 패러다임의 구성요소다. 이것들은 사목적 상황에 따라 촉진 허용 혹은 다시 폐기할 수도 있는 가변적인 것들이다. 사실 중세 초기 그리스도교 발전과정의 이 산물들은 나날이 비대해져 중세 말엽에는 갈수록 강력한 비판의 대상이 되었고, 마침내 개신교 종교개혁가들에 의해 대부분 폐기될 터였다.

7 보편성을 희생시킨 로마화

칼 대제의 대제국은 오래가지 못했다. 칼의 강력한 인물됨에 의해 정치적·군사적·문화적으로 결합되어 있던 제국은 한 세대 후에 벌써 와해되기 시작했다. 칼의 아들 "경건제" 루드비히와 그의 아들들과의 싸움으로부터 향후 서유럽에서 중요한 역할을 하게 될 국가들(프랑스·이탈리아·독일)이 생겨났다(베르덩 조약. 843). 그러나 이 나라들은 경제적·문화적 몰락과 파괴적 약탈전쟁 때문에 고통을 겪어야 했다: 서쪽에서는 노르만인들이, 동쪽에선 헝가리인들이 그리고 (시칠리아까지 정복된 후) 이슬람화된 남쪽에서는 사라센인들이 거듭 새삼 침공해 왔다.

　로마 가톨릭 패러다임을 분석하기 위해, 이 나라들의 변화무쌍한 정치적 역사를 추적하는 일이 꼭 필요하지는 않다. 왜냐하면 카롤링거 제국의 정치적·군사적 구조는 붕괴되었지만, 그 정신적·교회적 토대, **로마 가톨릭 패러다임의 틀은 그대로 보존**되었기 때문이다: 라틴 문자와 말에서부터 로마 전례·교의·윤리를 거쳐 중세적 형태의 교회제도와 교황직에 이르기까지. 교황이 제위를 수여한다는 견해가 널리 퍼져 있었다. 사실 9세기 중엽 카롤링거 왕조가 몰락하던 시기에 이미 가톨릭 교회의 총체적 로마화의 서막이 열렸다: 한편 또하나의 중대한 위조문서가 로마 교황의 교회 내 권력을 다시 한번 결정적으로 강화했고, 다른 한편 5세기 이래의 로마의 지배권 주장이 이제 한 교황에 의해 극히 대담하고 단호하게 시도되었다(비록 당시에는 큰 성과를 거두지 못했지만).

로마를 위한 엄청난 위조작업

　교회국가(교황령) 창설 후 백 년도 안되어 교황 **니콜라우스 1세**(858~67)는 카롤링거 왕조의 몰락을 틈타, 베드로 직무에 대한 사명감에 가득차서, 교의나 교황의 결정을 무시하는 행위에 대해 처음으로 과감히 파문을 선고했다. 이 교황에게 교황직은 하느님이 원하신 국가-사회 질서의 바탕이었다. 벌써부터 그는 베드로에 관한 교리를 실천에 옮기고 싶어했다. 그리하여 로마의 중앙집권적 통치를 위해, 그때까지 통례적이었던 지역교회들의 자치를 억압하려 했다.

이른바 그리스도가 부여하셨다는 절대적 전권 의식에 불타던 니콜라우스는 주교·대주교·총대주교, 심지어 왕과 황제조차 자신의 명령 수행자처럼 취급했다. 과연 그는 복잡한 결혼 문제를 일으킨 프랑크 왕을 다짜고짜 파문하겠다고 위협하고, 왕을 지지하던 강력한 쾰른과 트리어 대주교들을 해임해버렸다.

더 나아가: 니콜라우스는 (필경 독실한 믿음에 터해) 「콘스탄티누스의 증여」뿐 아니라 그보다도 더 터무니없는 **위조문서들**을 요긴하게 **이용**한 최초의 교황이었다. 물론 이 문서들은 9세기까지만 해도 교회-제국 정치에 큰 영향을 끼치지 못했으나, 11세기에는 엄청난 작용을 하게 될 터였다. 여기서는 이시도루스 메르카토르라는 사람이 편찬했다고 하는 「**가假-이시도루스 법령집**」[110]에 관해 살펴보자. 이 법령집 보급판은 촘촘한 인쇄로 7백 쪽이 넘는데, 교황의 교령·시노드 결의사항·프랑크 제국법 그리고 「콘스탄티누스 증여」를 수록하고 있으며, 로마의 클레멘스 주교가 주님의 아우 야고보에게 보냈다는, 이제는 증보된, 위조서간[111]으로 시작된다.

역사적 진실성은 어느 정도인가? 이 법령집에는 초기 로마 주교의 문서가 115개 들어 있는데, 거의 대부분이 얼마 전 프랑크 왕국에서 날조된 것들이다. 그밖에 125개의 문서는 정본을 나중에 변조하거나 위조된 내용을 끼워넣은 것들이다. 추측건대 이 뻔뻔스런 위조물은 전문적인 성직자 위조꾼 동아리에서 만들어낸 것으로 보인다(위조 장소로는 프랑크 제국 중심지역인 라임즈 교구가 지목되고 있다).

— 이 위조물의 **주요 목적**은? 그것은 강력한 대주교·지역 시노드 그리고 왕과 세속 권력자들에 맞서 **주교들**의 지위를 강화하는 것이었다. 여기서 온 중세기를 통해 중요한 역할을 한 주교단 수위설이 처음으로 모습을 드러냈다.

— **주요 논거**는? 옛 교회는 교회생활 세부까지 교황 교령에 의해 다스려졌다는 것이었다.

— **주요 수혜자**는? 주교들이 아니라, 오히려 법령집 위조 당시만 해도 허약했고 주교단 수위설의 적敵으로 겁낼 만한 존재가 아니었던 교황이었다. 왜냐하면 위조자들에게는 목적을 이루기 위한 수단이었던 것, 즉 "온 세상의 머리"로 불리던 **교황의 권한 증대**가 교황 자신에게는 목적이 되었고, 그것을 통해 온갖

수단들을 정당화했기 때문이다.

— **주요 전략**은? 그때까지 프랑크 왕들이 행사해오던 시노드 개최·재가 권한은 마땅히 교황에게만 귀속되어야 한다. 고발된 주교들은 교황에게 항소할 수 있다. 요컨대 모든 "중요사안들"은 오직 교황만이 최종결정을 내릴 수 있다. 교회법과 교황의 교령에 상충되는 국법은 효력을 상실한다.

「가이시도루스 법령집」의 간략한 편람은 곧 서유럽 전체에 널리 보급되었다. 사람들은 수백 년 동안 이 법령집을 "진짜"라고 생각했다. 그러나 이미 쿠사의 니콜라우스와 로렌조 발라는 그 진정성을 의심했고, 종교개혁 시대에는 「막데부르크 백인대百人隊들」(1559년부터 마티아스 플라치우스 등이 막데부르크에서 발행)과 개신교 신학자 다비드 블롱델(†1655)이 이 법령집이 위조되었음을 밝혀냈다. 종교개혁 측의 이 인사들이 위조꾼들과 교황의 솜씨를 가차없이 비난한 것은 당연했지만, 부분적으로는 온당치 않은 것도 있었다. 그에 반해 현대의 중세사 학자들은 무수한 위조문서들을 "그 시대에 터해" 이해하고자 적지 않게 애쓰고 있다. "독일 역사기록" 협회의 「가이시도루스 법령집」 전문가인 호르스트 푸어만[112] 교수도 그의 저작 「중세에의 초대」[113]에서 그런 노력을 기울였다. 그는 이 책에서 위조와 관련된 두 가지 근본적인 물음에 다음과 같이 요약·답변한다:

윤리적 물음: **"중세 때에는 윤리가 결여되어 있었던가?"** 이 역사학자의 대답: 그렇지 않았다. 왜냐하면 당시 어떤 법령을 유효하고 정당하게 만드는 것은 "오늘 우리에게처럼 입법이라는 외적 행위가 아니라," "오직 그 안에 담겨 있는 정의正義"였기 때문이다. 사실 위조문서들은 아무튼 위조자들이 "주관적으로 생각한"[114] 정의, 아니 구원의 질서에 봉사했다. 과연 여러 위조자들은 "참으로 하늘나라를 위해 봉사했다".[115]

그러나 반문: 중세 때에는 누구든 자신이 옳다고 생각하거나 "하늘나라"에 봉사하고자 한다면, 도덕적으로 아무 거리낌없이 위조문서들을 만들어내도 되었던가? 위조자들이 "봉사"했다는 위조의 주요 목적도 거의 대부분의 경우 "그 안에 담겨 있는 정의"가 아니라, 성직자들과 교황청의 법률적 이익이 아니었던가? 그리고 교황의 보편적·교회적 권리주장의 경우, "그 안에 담겨 있는 정

의"라는 게 그 어디에 있었던가? 그러므로 특히 교황사가史家들은 비판적 반문을 계속 제기해야 하지 않을까?

지적인 물음: **"중세에는 비판 능력이 없었던가?"** 이 역사학자의 대답: 그렇지 않았다. 중세 때 비판이 미약했던 것은 "지적인 무능, 열등한 정신적 능력" 때문이 아니었다. 위조문서들은 "외적 진정성 여부를 특별히 중요하게 여기지 않는"(우리와는) 다른 정신상태 안에 수용"[116]되는 일이 드물지 않았다.

그러나 반문: 여기 위조문서의 실질적 중요성 앞에서, "외적"이라는 말은 무엇을 뜻하는가? 교회 당국 역시, 예컨대 중세의 "이단자"들이 특히 「콘스탄티누스의 증여」나 로마의 지배권 주장과 관련하여 그 진정성을 의심하고 교회 권력구조에 이의를 제기했을 때, 그 문서들의 외적 진정성을 격렬하게 옹호하지 않았던가?

사실 어느 시대 어느 곳에서나 위조가 행해졌음은 두말할 것이 없으며, 우리는 그것을 그 시대에 터하여 이해해야 한다.[117] 그리고 「가-이시도루스 법령집」은 의도적 오도誤導라는 현대적 의미의 위조는 아니었다고 할 수도 있다. 그러나 어쨌든 이른바 매우 종교적이었다는 바로 이 중세는, 전·후의 어느 시대보다 더 (중세 옹호자들의 말을 빌리더라도) **"위조의 시대"**였다. 널리 알려진 프랑스의 "새로운 역사연구" 창간인인 마르크 블로흐는 심지어 8세기에서 12세기 사이의 "위조 전염병"에 관해 말한 바 있다. 아무튼 그러한 위조 사실을 확인하는 것이, 동시에 그것을 용납함을 뜻하는가? 위조가 엄청난 정치적 결과를 야기했는데도, (나중에라도) 그러한 습관적 행위에 대해 비판적 반문을 제기해선 안된다는 말인가? 오늘날 적어도 현실 참여적인 그리스도인이라면, **"당시의" 기물奇物에 그치지 않고 지금도 권력의 주요 구성요소**인 이 위조문서들을 가지고 예수 그리스도와 교회의 이름으로 저지른 그 온갖 일들에 무관심할 수 있을까?

위조문서들의 역사화?

오늘을 살아가는 신학자로서 나는 저 중대한 위조문서들을 "역사화"하려는 시도들을 대할 때, 특히 하필이면 탁월한 역사학자가 이른바 양해諒解의 해석학을 통해 그 문서들의 죄를 벗겨주고 무해화하려 갖은 애를 쓰는 것을 볼 때, 착잡한 마음을 금할 수 없다. 1985년 슈투트가르트에서 개최된 "제16차 세계 역사학회"에서 행한 호르스트 푸어만의 폐막강연에서 그런 일이 일어났다. 나로서는 도무지 납득할 수 없게도, 그는 근대 역사비판·계몽주의 "마법에서 깨어남"을 힘차게 공박하다가, 중세 사고방식과 후後현대postmodern "세상에 다시 마법걸기"에 대한 변호에서는 갈 데까지 갔다. 이러한 맥락에서 이 역사학자가 제시한 사실들:

— 위조는 중세 때에도 처벌받지 않는 범죄는 결코 아니었다.

— 교황 인노켄티우스 3세(그의 즉위 직후 한 위조꾼 일당의 작업장이 적발되었다)는 공문서 검사 규정들을 반포했고, 거룩한 가면을 뒤집어쓴 위조문서들이 용납되어서는 안 된다고 선언했다.

— 교황청 사무국은 전문 위조꾼·본격적인 위조 사무실·위조꾼 연합체에 맞서 자신의 이익을 위해, 위조 행위를 추적·저지하고자 노력했다.

"중세적 사고방식"의 역사적 복권은 정당하다 할지라도, 나는 현실을 모르는 체하지 않는 신학자로서, 그러한 역사적 실상에 관해 몇 가지 보충질문을 하는 것을 그 역사학자에게 양해를 구해야겠거니와, 아마 그도 이 물음들에 흥미를 느낄 수 있을 것이다.[118] 우리는 물론 현대적 합리성과 역사비판이라는 잣대만 가지고 중세를 재단해서는 안될 것이다. 그러므로 아래의 물음들은 도덕군자의 번지수 잘못 찾은 고발이 아니라, 진실을 알기 위한 **비판적 반문**이다:

— 왜 교황청 사무국은 자신의 이익에 관계될 때에만, 위조 행위를 추적·저지하려 노력했는가?

— 왜 교황청 사무국은, 사실 어느 기관보다 잘 할 수 있었는데도, 자신에게 유리한 위조문서들 특히 「콘스탄티누스의 증여」와 「가─이시도루스 법령집」 같은 세계사에 유례없는 엄청난 위조문서들을 조사·분석하려는 노력을 하지 않았는가?

— 왜 교황과 교황청은 2천년기로 넘어갈 무렵, 황제 오토 3세가 중세에서 처음으로 「콘스탄티누스의 증여」 문서는 위조라고 선언하고, 또 그것에 근거한

모든 증여는 무효라고 격식 갖춘 문서를 통해 선포하고도, 교황령을 이루고 있던 지역들을 황제 자신의 전권에 터해 교황에게 그대로 넘겨주었을 때, 늦었지만 그때라도 분명한 견해를 밝히지 않았는가?

또는 좀더 원칙적으로 묻자: 로마의 그 온갖 주장들이 참으로 "하느님이 부여하신 진리"이며, 그 진리가 "승리하도록 돕기 위해"[119]서는 문서를 위조해도 된다는 말인가? 교회가 인정하기만 하면, 허구도 그렇게 간단히 사실이 되는가? 교회의 이름으로, 혹은 교회를 위해 하는 거짓말은 진리가 되는가? "공익적이고 하느님 뜻에 맞갖은 일"[120]을 위한 모든 위조는 수단을 정당화하는 목적이라는 의미에서 윤리적으로 정당화되는가? 16세기 이후에야 유포되기 시작한 "세상은 속아넘어가고 싶어한다, 그래서 속아넘어간다"라는 냉소적 유행어를 아예 "인간 존재의 근본특징"의 표현이라고, 아니 더 나아가 "의미를 부여하는, 이성을 벗어나는 영역에 대한 동경"[121]의 표현이라고 우겨도 되는가? "신앙을 지닌 사람은 누구나 … 하나의 영역"을 마음속에 품고 있는데, "그는 거기에선 합리적 증명가능성을 중시하지 않는다"[122]라는 논거를 통해, 마침내 중세의 위조문서들까지도 (하느님 신앙과 유사하게!) 정당화해야 하는가? 그러한 변명을 통해, 역사상 가장 못된 속임수와 범죄조차도, 그것들이 단지 합리적으로 증명할 수 없는 실재의 이름으로 행해졌기에, 정당화되었던 것인가?[123]

이 위조문서들이 실질적으로 야기한 치명적 결과는 무엇인가? 그것은 이 문서들이 오늘날에도 교회의 자기이해에 깊은 영향을 끼치고 있다는 점이다. 가톨릭 교황사가 셉펠트는 1955년에 「가-이시도루스 법령집」의 영향에 대해 말했다: 실로 "몹쓸 영향"은 "교회의 법과 제도에 있어 진화적 사고의 부정否定"인바, 이것은 "훨씬 후대의 법령들을 옛날 것으로 만들고, 9세기 교회의 한 파당의 이념과 주장들을 사도 이후 시대에 끼워넣은" 데서 뚜렷이 드러난다.[124]

실제로 이 문서들은 **교회의 자기이해에 결정적 영향**을 끼쳤다: 9세기에 만들어진 이 위조문서들은

— 5세기 중엽부터 제기된 교황의 지배권 주장에 고대성古代性과 하느님의 뜻이라는 후광後光을 둘러주었다.

— 이 지배권 주장에 결여되어 있던, 3세기 이전에서 연원하는 신학적·법률적 토대를 제공했다.

— 역사적으로 형성된 아주 특별한 한 가지 교회 형태를 "영구화"했다.

— 그리하여 역사적으로 변할 수 없고 개혁될 수 없는 것이 아닌 교회의 법과 제도의 고착화에 봉사했다.

이론의 여지 없는 사실: 동방과의 교회 분열 그리고 서방에서 종교개혁가들의 저항으로 귀결된 교황의 지나친 지배권 주장은, 11~12세기에 거의 전적으로 이 위조문서들의 도움을 받아 관철되었다. 오늘에 이르기까지 가톨릭 교회 전체, 지역·광역·국가 교회들, 주교·성직자·개개 신자들, 아니 심지어 보편 공의회에 대한 로마의 지배권이 이 위조된 법령들의 도움으로 법률적으로 별 의심받지 않고 확립되어 왔다는 것을 염두에 둔다면[125], 푸어만 식의 변명은 그 역사적 무해성을 상실한다. 이 위조 법령들의 영향은 오늘날 물론 주도면밀하게 감추어져 있지만, 교황청 감독 아래 개정되어 1983년에 새로이 반포된 가톨릭 교회법전에서도 추적해볼 수 있다. 아무튼 교황중심 지배체제는 (지금까지의 고찰이 밝혀주었듯이) 뭐라 해도 신약성서와 옛 가톨릭 전통을 자신의 근거로 끌어댈 수 없다. 그 체제는 수백 년에 걸쳐 새삼 거듭되어온 권력 참월과, 그 참월을 추후에 법률적으로 정당화해준 위조문서들에 바탕을 두고 있다.

후대의 교황들은 그러한 위조문서들을 물려받아 요긴하게 이용했고, 그럼으로써 그 문서들에게 그럴듯한 적법성을 부여했다. 1차 바티칸 공의회의 무류성 교황 비오 9세도(그는 종교적 지배자 의식에 있어 중세 때의 많은 전임자들에게 전혀 뒤지지 않았으나, 그럼에도 교황령은 상실했다) 로마 교황직에 관한 한 총서를 칭찬했는데, 그것은 위조 법령들을 교황직에 대한 진짜 증거라 하여 모아놓은 책이었다. 2차 바티칸 공의회 때까지 통용되던 가톨릭 「교회법전」*Codex Iuris Canonici*은 보편 공의회를 소집하는 권한은 오직 교황에게만 유보되어 있다는, 오늘날에도 중요한 법규의 근거로 "옛날 법전들에서 끄집어낸 6개의 전거를 제시했는데, 세 개는 「가이 시도루스 법령집」에 있는 것들이고, 나머지 세 개는 그 법령집에서 파생한 것들이다".[126]

사정이 이러하니, 그러한 교회법전을 도대체 어찌해야 할까? 그것을 역사화하고, 그럼으로써 군말없이 받아들여야 하는가? 그럴 수는 없다. 그렇게 하는 것은 가톨릭 교회의 근본적 개혁을 아예 포기함을 뜻한다. 그러면 그 법전을 폐기해야 하는가? 그럴 수도 없다. 지금까지의 모든 역사적 통찰로부터, 오늘날 철저한 개혁이 아니라 총체적 전복을 위해 애써야 한다는 결론을 이끌어내서는 안된다. 그러나 어쨌든 위에서 언급한 법령들은 (내가 일찍이 논증한 바 있거니와)[127] 하느님의 법이 아니라 인간이 만든 법이며, 복음과 새 시대의 요구라는 척도에 비추어, 마땅히 그래야 할 때에는, 교회 안에서 언제라도 고칠 수 있고 또 고쳐야 한다는 것을 명심해야 한다.

「가一이시도루스 법령집」의 영향은 막강하고 지속적이었다: **교회상(像)과 교회법**이 이제 **전적으로 로마 권력을 중심으로 형성**되었다. 교황은 전체교회를 위한, 여타의 모든 "규범들을 규정하는 규범"으로 등장했다. 그러나 프랑스의 가톨릭 일치운동 신학자 콩가르가 여기에 온갖 그럴듯한 외관에도 불구하고 참된 전통이 없음을 확인한 것은 당연하다: "「가一이시도루스 법령집」은 교황의 교도권과 징계권에 전통이라는 규범에 매이지 않은 자율적 성격을 부여했다. 그 법령집은 키프리아누스의 동시대인 루키우스 교황이 '모든 그리스도 교회들의 어머니'인 로마교회는 오류에 떨어진 적이 없다는 말을 했다고 꾸몄다."[128]

중세의 위조문서들에 관해 다음과 같이 냉정하게 **총괄·요약**하지 않을 수 없다: 「심마쿠스 위(僞)문서」가 「콘스탄티누스의 증여」 문서를 준비했고, 그 둘은 가장 엄청난 세번째 위조물 「가一이시도루스 법령집」 안에 받아들여져 드디어 완성에 이르렀다. 그것들이 모두 함께 **향후 서방교회의 총체적 로마화와 동방교회에 대한 파문의 법률적 토대**를 구축했다. 그것들은 신학적이라기보다는 법률적으로, 본원적·그리스도교적이라기보다는 중세적·교황주의적으로, 가톨릭적(보편적)이라기보다는 로마적으로 꼴지어진 서방 공통의 사고구조들이 생겨나는 데 크게 기여했다.

유럽은 그때부터 **라틴 서방과 동일시**되었다. 역사학자 발터 울만은 옳게 말했다: "유럽이라는 이념과 개념은 유럽 대륙 가운데서 로마의 규범적 전제들과 라틴 문화라는 심토心土에 뿌리를 두고 있는 지역에만 해당된다. 유럽은 일종의 정신적 실재가 되었으며, 한낱 지리적 개념이 아니었다. 유럽을 하나로 묶어준 것은 그리스도교 신앙이었고, 그리스도교 신앙은 교황이 규정했다. 동로마제국은 우두머리 사도의 후계자들이 선포한 이 신앙을 받아들이지 않았기에 유럽의 한 부분이 아니었고, 또한 그때문에 이단적이었다."[129] 실제로: 교황 니콜라우스 1세는 방자하게 콘스탄티노플 총대주교 포티우스를 파문함으로써 (비잔틴은 곧장 니콜라우스의 폐위로 응수했다), "포티우스"("니콜라우스") 이교離敎를 야기했다(이것이 2백 년 후 결정적 이교의 서막이었다).

니콜라우스의 후계자들도 그의 지나친 권리주장을 고수했지만, 여전히 허약했고 흔히는 도덕적으로 매우 타락했었는데, 카롤링거 왕조의 마지막 황제들이 허약 타락했던 것에 버금갔다. 서방세계는 붕괴 과정에 있었다. 그러나 카롤링거 시대의 주도이념들(하나인 보편제국, 하나인 제국교회, 통일된 라틴적·교회적 문화)은 강력히 존속했고, 거기에서 새로운 것이 출현할 터였다.

타락에서 개혁으로

그리스도교의 둘째 천년기는 그야말로 경악스러운 교회의 혼란으로 시작되었다. 로마의 추기경이자 역사학자 체사레 바로니우스(†1607)조차 교회사에서 악명 높은 (11세기까지 그 영향이 이어진) 10세기를 "암흑의 세기"라고 지칭했거니와, 그 시기에 관한 나의 생각을 여기서 길게 이야기할 필요는 없겠다. 제대로 된 교황사 책이라면 어느 것에서든, 당시 로마 시 귀족들의 파당·교황·대립교황들이 얽혀들어갔던 그 온갖 음모·싸움·폭행·살인에 관해 족히 수십 쪽 분량을 찾아 읽을 수 있다. 10세기로 넘어가기 직전, 끔찍스럽게도 교황 포르모수스의 무덤이 후임자에 의해 파헤쳐진 사건이, 이를테면 10세기 전체를 상징적으로 예시했다고 하겠다.[130] 그러나 이 세기가 새로운 패러다임 형성에는 거의 영향을 끼치지 않았다. 다만 그 온갖 범죄·비행·폐해가 로마 교황의 권위를 근본적으로 뒤흔들어놓지는 않았다는 것은 생각해볼 필요가 있다. 왜? 아우구스티누스 시대 이래 직무와 직무 담당자, 개인적 품위와 직무상 전권, 인격과 제도를 구별하는 데 익숙해져 있었기 때문이다. 황제와 영주, 주교와 성직자, 언제나 수많았던 로마 순례자들이 중시한 것은 "주관적"이 아니라 "객관적"인 것이었다. 타락도 제도로서의 교황직을 뒤흔들어놓지는 못했다. 그리고 게르만 황제의 감명깊은 대관식은 교황직 없이는 (서방·라틴) 황제직도 존재할 수 없다는 것을 온 세상에 실로 뚜렷이 보여주지 않았겠는가?

이 시대만 해도 교황이 황제라는 보호자 없이는 지위를 유지하기가 여전히 어려웠다. 10세기 중엽 칼 대제 계승자들의 세 왕국 가운데 첫째로 동프랑크 왕국이 작센 왕 하인리히 1세 때 몰락에서 벗어나 하인리히의 아들 **오토 대제**(936~73) 치세에 유럽의 주도세력으로 부상했을 때, 비로소 교황직 역시 적어도 일시적으로는 궁지에서 벗어날 수 있었다. 오토는 자기 제국 안에서 반항적인 토박이 대공들 대신 교회에 의지했고, 주교와 대수도원장들을 (그들은 독신이라 왕조 창건 따위엔 관심이 없기 때문에!) 제국의 영주로 만들었다. 모두 황제에 의해 임명된 그들은 충성서약을 통해, 황제에게 군사적·경제적·정치적 반대급부를 제공할 의무를 지게 되었다. 이리하여 중세 독일은 성직자 영주들의 땅이 되었거니와, 이 영주령領들은 1803년 나폴레옹에 의해 국유화될 때까지 존속할 터였다!

칼 대제라는 본보기 인물에 매료되어 있던 오토는 **황제직의 부흥**에도 관심이 많았는데, 그로써 자신이 독일 왕권에 무거운 짐을 지우게 되리라는 것은 내다보지 못했다. 오토(이제는 유럽의 가장 막강한 권력자였다)가 교황 요한 12세로부터 "이탈리아의 왕"이라 자칭하던 베렝가리우스와 남부 이탈리아에서 진군해오던 비잔틴 군대를 물리쳐달라는 부탁을 받았을 때, 그의 시대가 열렸다. 그때부터 오백 년에 걸친 독일 왕들의 이탈리아 원정이 시작되었다. 오토는 요한 12세의 도덕적 됨됨이 따위는 개의치 않았으니, 이 막강한 작센 왕의 주요 관심사는 황제 대관이었고, 그것을 위해 교황이 필요했다. 실제로 오토는 962년 황제로 대관되었다. 그러나 요한 12세는(방탕아였던 16세에 교황에 선출된 그는 즉위 때 이름(옥타비아누스)을 바꾼 최초의 교황이다) 후안무치한 권력을 휘둘렀고, 라테란 성당을 부도덕의 온상으로 만들어버렸다. 그리고 바로 그러한 교황이었기에 대관식이 끝난 후, 뻔뻔하게도 황제에게 「콘스탄티누스의 증여」 문서의 화려한 증정본을 내밀었다.

물론 황제 대관 때 교황과 로마 백성의 충성서약을 받았던 오토는 피핀과 칼 대제의 증여를 재가했다. 그런데 황제가 떠난 후 곧 요한 12세가 충성서약을 깨뜨리자, 오토는 로마로 되돌아와 베드로 성당에서 시노드를 개최하여, 달아난 교황(사람들은 한 문서에서 그가 근친상간까지 포함한 온갖 패륜·악덕을 저질렀다고 비난했다)을 간단히 폐위하고 레오 8세를 후임자로 선출케 했는데, 평신도였던 그는 하루 동안에 모든 서품을 다 받았다. 앞에서 보았듯이, 이후에도 **교황의 폐위**는 빈번했거니와, 그 최초의 사례가 방금 말한 독일 왕에 의한 폐위였다! 이러한 사실은 「심마쿠스 위문서」에 나오는 "최고좌는 누구에 의해서도 재판받지 않는다"라는 법률적 명제가 로마에서조차 전반적으로 인정받지 못했음을 말해준다.[131] 오히려 그 반대였다: 황제가 자주 로마를 비울 때마다, 교황이 폐위·임명되고 교황과 대립교황이 싸우고, 교황들이 살해하고 살해되는 일이 드물지 않았다 ….

교황직의 새로운 꼴갖춤〔이것은 로마 가톨릭 패러다임(P III)의 최종 완성의 전제였다〕은 세 가지 역사적 계기에, 세 개의 서로 다른 측면(프랑스 수도회, 독일 왕권 그리고 로마 교황직 자체)에서 이루어졌다. 그것들을 좀더 상세히 살펴보자.

새로운 세계질서를 향하여

1단계: 교회와 교황직의 새로운 꼴갖춤은 **수도회에 의해 개시**되었다. 10세기에 고대교회의 금욕적 이상들이 되살아났는데, 특히 프랑스(클뤼니)·로트링겐(고르체·브로그뉴)·이탈리아(가말돌리·발롬브로사)에서 그러했다. 특히 부르군트의 **클뤼니 수도회**[132](910년 창설)는 본래의 이상들〔베네딕도 규칙 엄수. 수도원 경제 개혁. 게르만적 사유교회 제도에 맞서 주교의 감독으로부터의 해방과 교황("베드로") 보호에의 직속〕을 따르는 로마 지향적(또한 고르체에서와는 달리 엄격히 중앙집권적) **수도회 개혁**의 요람이 되었다. 교황은 이미 오래 전부터 니케아 공의회의 교령을 개의치 않고, 수도회들에게 주교 재치권으로부터의 "면속"을 교황 "특전"으로 부여했다. 이제 11세기 전반기에는 서유럽과 이탈리아의 많은 수도회가 클뤼니 개혁 연합에 가입하여 모두 면속 특전을 얻었는데, 물론 그 대가로 로마에 일종의 "세금"을 바쳐야 했다. 로마로서는 수입 좋은 사업이었으니, 그러한 교황 특전들에 대해 새삼 다시 대가를 지불해야 했기 때문이다. 그리하여 교황은 시간이 흐르면서 대부분 부유한 지지거점들의 촘촘한 그물망을 확보·통제했는데, 이것이 나중에는 독일 땅에도, 아니 전 유럽에 퍼졌다. 수도회들과 교황직은 상부상조했으며, 사실 교황직이 중앙집권주의를 관철하기 오래 전에 이미 수도회들에 의해 그것이 실현되었다고 할 수 있다: 교황의 중앙집권적 통제 아래 수도회들의 철저한 복속 그리고 동시에 속권俗權에 대한 성권聖權의 우위 확립.[133] 당시 사람들은 기도자의 대군이 영적 전쟁터에서 싸우고 있다고 생각했거니와, 싸움터는 로마만이 아니었다!

11세기에 개혁사상이 성직자들 사이에 퍼져나갈수록, 수도회 개혁 운동은 **교회 개혁** 운동이 되었는데, 이것은 특히 두 가지에 중점을 두었다:

— **성직자들의 엄격한 기율**: 여전히 만연해 있던 관습적 사제 결혼과 내연관계("니콜라우스주의")[134]와의 투쟁.

— **교회법에 어긋나는 평신도들의 간섭으로부터의 교회의 해방**: 성직 매매("시몬주의")[135]와의 투쟁. 그러나 교황직 자체는 여전히 가련한 처지에 있었다.

2단계: 교황직의 개혁이 **독일 왕권에 의해 강력히 추진**되었다. 클뤼니의 영향을 받은 매우 종교적인 왕 하인리히 2세가 개혁에 진력했다. 그는 대립하던 두 교황 중에서 베네딕투스 8세를 지지했고, 교황은 하인리히를 황제로 대관했다. 황제는 교황과 함께 1022년 파비아에서 성직자와 백성의 쇄신을 위한 대규모 개혁 공의회를 개최했다. 그러나 누구보다도 중요한 역할을 한 사람은 11세기 중엽의 **하인리히 3세**(1039~56)였다. 그는 한꺼번에 세 교황이 난립하자, 1046년 수트리와 로마의 시노드로 하여금 세 명 모두 폐위케 함으로써, 교황직의 개혁을 결정적으로 추진했다.[136] 밤베르크의 주교 수이트거가, 왕에게 지명된 후, 로마의 성직자와 백성들에 의해 교황으로 선출되었다(클레멘스 2세). 그 이후의 교황 세 명도(모두 독일인이고 탁월한 남자들이었다) 황제에 의해 지명되었으며, 그리하여 로마 시 귀족 출신 교황들의 시대에 이어 이제 황제의 교황들 시대가 뒤따르게 되었다. 하인리히 3세보다 서방교회에 더 큰 영향력을 행사한 독일 왕은 없다. 그러나 하인리히 3세는 교황직 개혁 운동에 진력함으로써, 뜻하지 않게도, 제권帝權에 대한 가장 강력한 적수를 만든 셈이 되었다.

3단계: 교황직의 개혁이 **교황직 자체에 의해 완수**되었으니, 하인리히의 친척인 교황 **레오 9세**(로트링겐 지방 투르의 주교였음. 1049~54) 때에 개혁 운동의 주도권이 교황에게 넘어왔다. 이로써 교황직과 서방교회의 유례없는 비약의 토대가 마련되었다. 타락한 교황들의 시대에도 갖가지 직책과 부서를 거느린 교황청 행정기구는 움직였고, 한결같이 고상한 라틴어로 씌어진 수많은 교령과 회람 등이 유럽 전역에 반포되었다. 그리고 새로운 선교 지역들(앞에서 보았듯이, 뵈멘과 모라비아뿐 아니라 아이슬란드 그린란드까지 포함한 스칸디나비아)도 로마의 동의 없이는 서방교회 체제에 편입될 수 없었다. 그러나 이는 새삼스러울 것도 없는 일들이었다.

마침내 로트링겐 출신 레오 9세가 극히 분주한 5년의 짧은 재위 기간에 로마 시 성직자단을 쇄신했을 뿐 아니라, 정규 시노드 설치를 통해 개혁에 결정적인 박차를 가했다. 더 나아가: 레오는 이탈리아뿐 아니라 프랑스와 독일을 방문하여, 살아 있는 베드로의 후계자로서 성직자단 회합과 시노드에서 영향력을 행사했다. 그는 어디서든 성직 매매와 사제 결혼에 맞서 싸웠다. 추기경cardinal (cardo = 문의 경첩·지렛목에서 파생)들(본디 로마 시 교회들의 가장 유력한 대표자들)로 일종의 교황청 원로원을 만들고, 이 위원회에 알프스 건너편 지역 개혁의 걸출한 주창자들도 임명하여, 교황의 중앙집권적 지배를 바짝 강화했다: 그들 가운데는 교황 중심 교회개혁의 박식하고 노회한 이론가인 로트링겐 출신 훔베르트(그때는 실바 칸디다의 추기경 주교였다), 로마교회 사무처 장관인 로트링겐의 프리드리히, 가말돌리 수도회 수도자 페트루스 다미아니가 포함되어 있었고, 힐데브란트도 처음에는 하위직으로 참여했다. 이러한 방식을 통해 비로소 교황직은 유럽을 대표하는 제도의 하나가 될 수 있었고, 유럽 어디서든 까다로운 사건이 발생할 경우에는 즉시 "사절들"(교황의 개인적 대리인들)을 통해 직접 개입했다.

매우 총명하고 적극적이었던 로마의 이 새로운 남자들에게 무엇보다 중요한 것은 바로 **새로운 세계질서**였다. 그리고 이 질서는 일종의 위로부터의 혁명(이들은 이것을 옛 교회 질서의 복원으로 이해했다)을 통해 이룩되어야 했다. 이들의 바위 같은 확신에 따르면 교황의 수위권에 대한 확고하고 끈질기고 시종일관한 강조를 통해서만 성직자들과 교회 아니 세상 전체가 쇄신되고 하느님이 원하시는 세계질서가 창출될 수 있기 때문이었다. 이것을 위해서는 모든 수단과 방법이 동원되어야 했다: 「가-이시도루스 법령집」이라는 무진장한 자원, 확장 완비된 로마의 지배 행정 기구(이때부터 본격적 교황청에 관해 말할 수 있다), 추기경단, 새로운 유형의 사절 제도, 간단히 말해 바야흐로 확립되어가던 로마 체제 말이다.

이러한 맥락에서 새 유형의 다방면에 걸친 논쟁적 여론조성 작업이 중요했는데, 우리에게 이미 콘스탄티노플의 성질 급한 교황사절로 잘 알려진 **실바 칸디다의 훔베르트**(1006~61)[137]가 그 분야에 탁월했다. 교황이 가장 신뢰하는 측근인 그는 신랄하게 비꼬기 잘하는 노련한 문장가이자 법률가요 신학자였는데, 「거룩한 로마교회에 관하여」라는 미완성 논문과 성직매매를 격렬히 논박하는 세 저서를 통해 사실상 교회정치적 구상 전체를 제시했다. 훔베르트는 로마의 실질적 2인자였고, 수많은 교황 서간과 회칙의 초안자였으며, 교황 정치의 선도적 이론가였다. 교황 자신이 그의 충실한 제자였다. 과연 훔베르트야말로 미구에 완성될 로마 체제의 토대인 **로마적 원칙**의 명민하고 상상력 풍부한 이론가였다:

— 최고좌요 사도좌인 교황직은 교회의 모든 법규의 원천이자 규범이며, 모두를 심판하지만 자신은 누구에 의해서도 심판받지 않는 최고 법정이다.

— 교황과 교회의 관계는 경첩과 문, 기초와 집, 수원水源과 강, 어머니와 가족의 관계와 같다.

— 교회와 국가의 관계는 해와 달, 영혼과 육신, 머리와 지체의 관계와 같다.

영리하고 동시에 냉혹한, 새로운 세계질서의 이 주창자는 베드로의 권위를 내세우며 **교회의 자유**를 요구했다. 그가 그로써 의도한 것은 무엇이었던가? 그것은 자유로운 주교 선출 그리고 게르만적 사유교회 제도뿐 아니라 성직 매매와 사제 결혼의 폐기였는데, 그는 그것을 위해 매우 효과적인 언어전략을 구사하면서, 불길하게도, 성직 매매와 사제 독신 개념들을 확대 적용했다:

— 대가를 받았든 아니든, **평신도**에 의한 모든 성직 임명을 "**성직 매매**"Simonie(본뜻: 금전이나 물질적 이득의 대가로 교회의 직책을 수여함)로 간주했는데, 이로써 "성직 임명권 투쟁"의 신호가 올랐다.

— 모든 **사제 결혼**을 "내연의 관계"로 간주했다: 그리하여 사제의 아내는 내연의 처가 되었고, 아이들은 사실상 법적 권리가 없는 사생아들이 되었는데, 이러한 조처는 특히 독일에서 성직자들의 단호한 저항에 부닥쳤다.

교황의 충직한 모사謀士요 로마 원칙의 거리낌없는 전도사인 훔베르트는 1054년 콘스탄티노플과의 결별을 야기했고, 1059년 투르의 베렝가리우스에 맞서 우악스런 실재적 성체(성사)관을 강요했다. 이 타고난 투사는 1061년 사망한 뒤, 영예롭게도 라테란 성당에 안장되었다. 한편 이미 훔베르트 옆에는 언제나 더 젊은 행정가이자 전문 재정가이며 대담하게 목표를 쟁취하는 정치가가 있었는데, 그 역시 교황은 바로 현존하는 베드로라는 이념에 사무쳐 있었다. 교황 사절과 부주교를 거쳐 마침내 교황이 되어, 12년 전 훔베르트가 제시한 구상을 엄청난 정력과 대담한 돌파력으로 실천에 옮긴 힐데브란트가 그 사람이었다.

로마 체제의 확립

레오 1세로부터 레오 9세까지의 길은, 그 사이 교황들의 온갖 극적 사건들을 떠올릴 때, 그 얼마나 멀었던가? 그러나 똑같은 길이, 교황직과 로마교회를 위한 구상에 주목한다면, 그 얼마나 가까웠던가? 마침내 온갖 좌절과 퇴행을 겪은 후, 바야흐로 교황직은 이미 5세기 중엽에 형성·제시되었던 계획과 구상을 실천에 옮기고, 이른바 사도 베드로에게 소급된다는 교황의 지배권을 교회 안에서 확립할 수 있게 되었다. 이제 수많은 문서와 법령으로 무장한 사람들은, 역사적·교의적으로 기초가 다져지고 법률적으로 정비되었으며 구조적으로 확립된 교황의 지배수위권(재치권적 수위권)을 성공적으로 관철시켜나갔다 — 대주교와 주교, 국가교회와 교구 그리고 개개 그리스도인들(왕이나 황제도 마찬가지로 가장 낮은 신도다)에 대해서. 이제 비로소 (6백 년이 지나) **법률적·정치적 체제**(제도들과 인간들의 예속에 의해 특징지어지는 교회 조직의 형태)**로서의 로마 구상**이 그리스도교계 안에서 강력히 추진·실현되었다. 이제 11세기에야 비로소, 아우구스티누스와 5세기의 로마 주교들이 기초를 놓았던 라틴-가톨릭 패러다임이 엄밀한 의미의 **로마 가톨릭 패러다임으로 완성**되어 나타났다.

물론 이 체제의 중대한 한계를 간과해서는 안된다: 이 로마 체제는 전세계 그리스도교와 전체교회가 아니라 **서방교회 안에서만** 관철되었다. 서방교회는 이제 교황직이라는 형태를 통해 갈수록 큰 자부심과 권력의식을 드러냈다. 그러나 동방 그리스도교계는 교황의 교령과 회람을 한 번도 요청한 적이 없었고, 동방 수도회들은 주교로부터의 면속이라는 교황 특전을 얻고자 하지 않았다. 동방은 오랫동안 타락했던 로마를 (교황 니콜라우스 1세와 포티우스 총대주교가 충돌했던 때 등을 제외하곤) 거의 신경쓰지 않았고, 물려받은 고대교회의 패러다임 안에서 별일 없이 살아갔다. 그러나 양 교회 사이의 거리는 자꾸 멀어져 갔다.

헬레니즘 고대교회 패러다임(P Ⅱ)과 관련하여 이미 살펴본 것: 일 꾸미기를 좋아하던 교황 레오 9세와 그의 사절인 성질 급하고 사나운 실바 칸디다의 훔베르트 때문에, 동방 그리스도교계가 역사적·교의적으로뿐 아니라 법률적·정치적으로도 완전한 꼴을 갖춘 로마의 지배수위권과 아주 직접적으로 맞닥뜨렸을 때(콘스탄티노플에서의 훔베르트를 상기할 것!), 물론 동방 그리스도교계는 그런 수위권을 인정하지 않았다. 그후 1054년 훔베르트가 교황의 이름으로 총대주교 케룰라리우스와 그 수하들에게 오래 전부터 벼르던 파문을 선고했을 때, 비잔틴 측은 즉각 역파문으로 응수했고, 동방의 다른 제후국들(불가리아·세르비아·러시아)도 그것에 동조했다. 이로써 이제 공공연해진, 그후 결코 진정으로 치유되지 못한 동·서방 교회의 분열은, 사실 매우 복잡한 상호소외 과정 속에서 이미 오래 전부터 쌓여온 것이 뚜렷이 드러난 것에 불과했다: 즉, **새로운 로마 가톨릭 패러다임(P Ⅲ)은 헬레니즘 고대교회 패러다임(P Ⅱ)과 조화될 수 없음**이 명백히 드러났다! 로마 수위권의 부상은 고대교회의 **주교중심 시노드 구조들**의 희생을 대가로 했으니, 과연 이 구조들은 서방에서 거의 다 **파괴**되었다.

도대체: 옛 로마에서는 이미 오래 전에 선포되었지만 새 로마에서는 전혀 심각하게 여기지 않던 로마 교황의 지배수위권, 이제 11세기에 교황 자신과 그의 사절들에 의해 서방 그리스도교계의 중심지들 어디서나 노골적으로 선전되고 있던 그 수위권을, 자신의 천 년 전통에 굳건히 뿌리박고 있던 동방 그리스도교계가 어떻게 받아들일 수 있었겠는가? 예컨대 동·서방 이교離敎 5년 전(1049)

교황 레오 9세가 몸소 주재한 라임스 공의회가 내세운, 오직 교황만이 전세계의 사도적인 수석대주교라는 주장을 동방 그리스도교계가 어찌 용납할 수 있었겠는가? 사실 레오가 자신의 수위권 주장을 남부 이탈리아에서도 관철시키기 위해, 1016년부터 그곳에 터잡고 있던 노르만인들을 대적하여 친히 선봉에 서서 전투를 벌였으나 크게 패한 것이, 그에게는 따끔한 경고가 되었어야 했다. 그러나 노르만인들과 독일인들에 관해 말한다면, "동맹의 역전逆轉"은 당시 세상이 예상했던 것보다 훨씬 손쉬웠다. 왜냐하면 바야흐로 "(교황중심 제도로서의) **교회의 자유**"("그리스도인의 자유"나 "교회 안에서의 자유"와 혼동하지 말 것!)라는 표어 아래, 계획적으로 추진되던 교회의 지배권 확립이 급속히 진전되었기 때문이다. 독일 왕권의 영향력으로부터의 교황직의 해방과(사실 교황직은 독일 왕권에 의해 보호·부각되어 왔다) **유럽의 중심적 지배제도로서의 교황직의 부상**은 놀라운 속도로 이루어졌다. 그 극적인 시기의 주요 연보를 간단히 살펴보자:

1054년 레오 9세가 죽고, 후임자로 빅토리우스 2세가 즉위했다. 그는 독일 황제가 지명한 마지막 교황이었다.

1056년 황제 하인리히 3세가 겨우 여섯 살짜리 아들 하인리히 4세와 권력의 공백을 남겨두고 갑자기 죽었다.

1057년 스테파누스 9세(훔베르트를 동반하여 콘스탄티노플로 갔던, 독일에 우호적이지 않은 로마 사무처 장관 로트링겐의 프리드리히)가 훔베르트의 제안으로 빅토리우스가 죽은 지 나흘 만에 독일 왕의 모든 역사적 권리를 무시하고 교황으로 선출되었다. 교황사절 힐데브란트는 기정사실이 된 스테파누스의 교황 선출을 나중에 독일 왕궁에 알렸다.

1058년 스테파누스의 후임으로 역시 로트링겐 출신의 니콜라우스 2세가 선출되었다. 그는 왕이나 황제들처럼 대관식(바야흐로 전제군주화된 교황의 위세를 온 세상에 뚜렷이 드러내는 상징이었다)을 거행한 최초의 교황이었다.

1059년 니콜라우스 2세와 훔베르트의 주도 아래 라테란 시노드는 다음 사항들을 결의했다:

— **추기경단**은 로마 귀족들과 독일 왕의 간섭을 받지 않는 **교황 선출**의 독점적 기구이며(로마의 성직자들과 백성은 사후 동의권만 지닌다), 교황의 자문기구의 역할을 수

행하고, 교황청 행정의 가장 중요한 직위들에 취임한다.

— 평신도들은 **결혼한 사제**들이 집전하는 예배에 참석해서는 안되며, 아내와 헤어지지 않는 사제들은 파문한다.

— 사제가, 대가를 지불하건 아니건, **평신도로부터 교회직무**를 수여받는 것을 금지한다.

이미 이 시기의 모든 일의 배후에서 핵심적 역할을 하던 그리고 곧 그의 시대가 도래할 터였던 사람이 있었으니, 바로 부주교 힐데브란트였다. 1073년 그는 전임자의 장례 의식 도중에 교황 선출 법규가 완전히 무시된 혼란과 소동 속에서 교황으로 선출되었고, 자신을 (중세의 전범적 교황 그레고리우스 1세의 이름을 따서) 그레고리우스 7세로 명명했다. 오랜 기간에 걸쳐 천천히 내연內燃되어온 왕권과 교황권 간의 구조적 갈등이 마침내 발화점을 향해 치닫기 시작했다.

이 세상 모든 것 위에 있는 교황: 그레고리우스 7세

당시 50세쯤이던 **힐데브란트**[138]의 출생 연도와 장소와 가계는 확실하지 않다. 확실한 것은 그가 로마교회 영역에서 성장했다는 것뿐이다. 아마 어려서 로마 아벤틴 수도원에 맡겨졌고, 거기서 수도서원을 했던 것 같다. 아무튼 힐데브란트가 폐위된 교황 그레고리우스 6세를 동반하여 쾰른으로 갔고, 필경 클뤼니 수도원에서도 얼마간 살았으며, 1049년 새 교황 레오 9세와 함께 로마로 돌아온 것은 분명하다. 로마에서 힐데브란트는 갈수록 중요한 인물이 되었으니, 교황사절로서 유럽의 중심지들에 정통했고, 1059년부터는 영향력있는 부주교요 로마교회 (그리고 자기 자신의!) 재산의 유능한 관리자로서 교회의 속사정을 꿰뚫고 있었다. 니콜라우스 2세 때인 1059년 라테란 시노드에서 힐데브란트가 핵심 역할을 수행했기 때문에, 이미 당시에 힐데브란트가 "라테란에서 그의 니콜라우스에게 마치 마굿간 나귀에게처럼"[139] 먹이를 준다는 말이 떠돌아다녔다. 그는 바야흐로 시작된 국제정치에 있어서의 결정적 노선변경의 배후인물이기도 했다: 같은 해 교황청은 노르만인들과 평화협정을 체결했는데, (전례없는 일이었거니와) 그들에게 그때까지 황제에게 속했던 남부 이탈리아와 시칠리아를 교황의 "봉토"封土로 하사했으니, 독일 왕들의 지배권을 밀어내버리기 위한 방책이었다.

왜소하고 좀 추하기까지 했던, 그러나 강렬한 신앙의 확신과 금강석 같은 단호함을 지닌 그레고리우스 7세는 오늘날도 평가가 엇갈리는 인물이다. 혹시 그레고리우스는 제도 안에서 사고했다기보다는, 근년의 역사학자들(A. 니췌케, C. 슈나이더)이 추측하듯, 인간들을 하느님께 속한 사람과 악마에게 속한 사람으로 구분했던 게 아닐까? 보기 드물게 솔직 · 대담 · 성급 · 과격했던 그는 친지들에게도 종종 사나웠으니, 적수들에게는 그야말로 무자비했다. 좀더 온건할 것도 없었던 동료 추기경 페트루스 다미아니(그는 결국 자신의 오스티아 주교좌를 힐데브란트에게 내놓았다)는 그를 "거룩한 사탄"이라고 지칭할 정도였으나, 개신교 교황사가들조차 토마스 칼라일을 따라 그를 "사제 영웅"의 범주에 넣고는 경탄해 마지않는다. 어쨌든: 그레고리우스 7세는 세기의 인물이었다. "그레고리우스 개혁"(실제로는 그의 교황 즉위 이전에 이미 시작되었다)뿐 아니라 "성직 임명권 투쟁"(주지하다시피 여기에는 평신도에 의한 성직 임명 수여보다 훨씬 중대한 문제가 걸려 있었다) 역시 그의 이름과 결부되어 있다.

우리의 패러다임 분석에서 그레고리우스 7세는 **중세의 로마 가톨릭 패러다임을 되돌이킬 수 없이 철저히 정치적으로 실현**한 교황으로 평가되어야 한다. 프랑스 신학자 콩가르의 다음과 같은 확인에는 역사학자들도 대체로 동의할 수 있을 것이다: "11세기 개혁가들, 그레고리우스 7세 그리고 1080년경 이후 교회법 학자들의 교회관은 '속속들이 로마적'이라는 한마디로 요약될 수 있다." 이어지는 콩가르의 말: "그 교회관은 로마가 레오 1세 시대부터 지녀온 입장을 다시 취했다는 의미만이 아니라, 베드로좌 로마교회의 수위권을 교회론 전체의 축으로 삼았다는 의미에서도 속속들이 로마적이다: 모옌무티에르의 훔베르트가 애용한 '머리요 경첩'이라는 말이 그 교회관을 잘 요약한다."[140]

사실상: 아우구스티누스와 5세기 로마 주교들에게서 조짐을 드러냈던 **패러다임 전환이 이제 결정적으로 성취**되었으니, 여기서는 **로마적 요소**가 실로 뚜렷하다. 그때까지는 주로 로마에서나 주창하던 이론적 · 추상적 구상이었던 것이, 이제는 서방교회 어디서나 실제적 · 구체적 현실이 되었다. 그레고리우스 7세에 이르기까지의 발전과정 전체를 제도사적으로 누구보다도 예리하게 분석

한 발터 울만은 이렇게 확인한다: "그때까지는 단지 계획과 구상이었던 것이 이제는 시간과 공간 안에 확고한 형태를 취했다. 그레고리우스 7세의 대담한 주도 아래, 교황직은 자기 고유의 힘과 전략을 통해 온 유럽에 걸친 제도가 되었다. 교황직이 힐데브란트를 만들었는데, 이제는 거꾸로 힐데브란트가 교황직을 유럽 제도들의 중심으로 만들었다. 로마교회는 모든 교회의 어머니라는 5세기에 생겨난 견해가 현실화되기 시작했거니와, 이 어머니는 때로는 무정한 어머니이고자 했고, 교황은 전제군주로서 엄한 아버지가 되고자 했다."[141]

그레고리우스 7세와 그레고리우스 파는 유럽 전역에 걸쳐 일종의 단호한 "**순종의 신비주의**"를 확립코자 했다. 이 신비주의는 매우 영성적이면서 동시에 극히 제도적·교회법적인 특징들을 지니고 있었는데, 그것의 핵심을 콩가르는 적확하게 요약했다: "하느님께 순종하는 것은 교회에 순종하는 것이고, 교회에 순종하는 것은 교황에게 순종하는 것이며, 거꾸로도 마찬가지다."[142] 과연 늦어도 이 시기부터 모든 그리스도인의 순종이 로마의 중심가치였고, 명령을 내리고 순종을 (수단 방법 가리지 않고) 강요하는 것이 로마의 전형적 스타일이 되었다. 그리고 "**하느님 순종 = 교회 순종 = 교황 순종**"이라는 등식이 신학적·교의적으로 그리고 특히 법률적·규율적으로 의미하는 바를, 그레고리우스 7세 자신이 겨우 재위 2년째에 분명히 밝혔으니, 1075년에 「교황 지령」*Dictatus Papae*[143], 즉 **교황의 지배수위권에 관한 명료하면서도 함축적인 27개 주요 명제**를 저술했다. 그런데 이 문서의 본디 목적이 무엇이었는지는 학자들 사이에서 논란 중에 있으며, 처음엔 문서의 존재 자체도 교황청 밖에서는 거의 모르고 있었다. 오늘날의 연구에 의하면, "지령들"은 아마 입안[144] 혹은 분실된[145] 어떤 법집록이나 특전집록 장章들의 제목들이었던 것 같다: 아무튼 이 문서는 그것에 따라 모든 것이 수행되어야 할 가장 중요한 전략적 초안이었다!

「교황 지령」은 당시의 어떤 문서와도 달리 그레고리우스의 지나친 사명의식뿐 아니라 바야흐로 가능해진 **고대교회 조직체계**(P II)**의 폐기**도 증언한다. 그레고리우스가 내세운 주요 근거는 무엇이던가? 우리로선 익히 아는, 다음과 같은 것들이다: 아우구스티누스 「신국」의 몇 가지 견해, 그레고리우스 1세의 교

두 조직체계
고대교회 일치 패러다임
(P II)
패러다임 전환
중세 로마 가톨릭 패러다임
(P III)
하느님
하느님
그리스도
그리스도
사도들
베드로 사도
주교들
교황
교황청
교회법
주교들
수도회들
교회
교회
키프리아누스 (250년경)
레오 대교황 (450년경)
사도들/주교들이 교회의 기초
주교마다 사도들(사도 베드로도)의 후계자
모든 주교가 원칙적으로 동등:
로마 주교: "동등한 가운데 수위"
베드로/교황이 교회의 기초
로마 주교만이 사도 베드로(와 바울로)의 후계자
로마 주교는 온 교회 위에 수위:
"권력의 충만"
케룰라리우스
(11세기)
분열
훔베르트 +
그레고리우스 7세 (11세기)

황직 이해와 실천, 또 무엇보다도 「가-이시도루스 법령집」 그리고 니콜라우스
1세의 직무관觀. 또한 훔베르트도, 힐데브란트의 부추김으로, 거의 6분의 5가
「가-이시도루스 법령집」에서 유래하는 교회법 편람을 펴냈는데, 여기서 처음으
로 교황의 권한을 맨 앞에 놓았고, 교회의 법률적 제반상황을 (공의회들은 거의 무시
하고) 거의 전적으로 로마 주교들의 법령에 근거지었다. 그레고리우스의 「교황
지령」은 전통적 명제들을 강화·왜곡하고 또 전혀 새로운 명제들을 만들어내면
서, 앞에서 언급한 근거들을 새삼 극단화한다.[146] 이로써 세속 권력과의 충돌은
피할 수 없게 된 셈이었다. 그렇지 않아도 아우구스티누스의 사상이 머릿속에
박혀 있던 그레고리우스는 세속 권력을 본디 악마적인 것으로 여겼다.

　「교황 지령」에서는 세 가지 근본 이념이 드러나는데, 모두 교황은 베드로의
후계자로서 하느님이 부여하신 "권력의 충만"(레오 1세: 모든 법률적 특권은 논리적으로 이것
으로부터 비롯한다)을 보유하고 있다는 것에 바탕을 두고 있다: 교황은

— **교회의 절대적 지배자**다: 모든 신자·성직자·주교뿐 아니라, 모든 지
역·광역·국가 교회 위에 있다. 또한 모든 공의회 위에 있다.

— **세상의 최고 지배자**다: 모든 제후뿐 아니라 황제도 ("죄스러운 인간"으로서) 교황
아래 있다.

— 직무 계승을 통해 (베드로의 공로로 인해) 의심할 여지 없이 **거룩하게 된다**: 오로
지 하느님께서 세우신 로마교회는 결코 오류에 떨어진 적이 없었고, 또한 앞으
로도 결코 오류에 떨어지지 않을 것이다.[147]

　「교황 지령」은 1차 바티칸 공의회(1870)의 수위권 교의 결정 전까지 교황의 지
배수위권에 관한 가장 명확한 법률적 규정이며 (그레고리우스의 십자군 원정 계획과 동·서
방 연합 구상과 관련하여, 특히 비잔틴을 염두에 두고) **교황의 절대적 서품·입법·행정·재
판권**을 주장한다. 그러나 「교황 지령」은 매고 푸는 권한을 세속 권력자들에게
까지 적용했고(이것은 로마에서 19세기에 들어올 때까지 고수되었다) 또한 그 노골적 지배권 주
장이 오늘날의 교황주의자들조차 여러모로 골치아프게 만들기 때문에, 덴칭어
Denzinger(임의로 채택한 교황 서간들을 포함한, 교황에 초점을 맞춘 교회의 교리결정 집록)에는 초판부터
최근판까지 전혀 언급되지 않는다.[148] 그러므로 여기 그 전문을 옮겨싣자.[149]

<h1 style="text-align:center">교황 지령</h1>

1. 로마교회는 오로지 하느님에 의해 창설되었다.

2. 오직 로마 교황만이 전세계의 주교로 불리어 마땅하다.

3. 오직 로마 교황만이 주교들을 해임하거나 복직시킬 수 있다.

4. 교황의 사절은, 비록 위계가 낮더라도, 공의회에서 모든 주교들에 앞서 의장이 되며, 주교들에게 해임 판결을 내릴 수 있다.

5. 교황은 부재중인 주교도 해임할 수 있다.

6. 특히 교황이 파문한 자들과는 결코 같은 집에 머물러서는 안된다.

7. 오직 교황만이 시대가 요구하는 경우, 새로운 법률을 반포하고 새로운 주교좌를 창설하며, 주교좌 성당 참사회를 수도원으로 만들거나 그 반대로 하고, 부유한 교구를 분할하며 가난한 교구들을 통합할 수 있다.

8. 오직 교황만이 황제의 표장들을 사용할 수 있다.

9. 오직 교황의 발에만 모든 제후들은 입을 맞추어야 한다.

10. 교황의 이름만이 교회들 안에서 격식 갖추어 불리어질 수 있다.

11. 이 이름은 세상에서 유일무이하다.

12. 교황에게는 황제를 폐위하는 것이 허용되어 있다.

13. 교황에게는, 필요한 경우, 주교들을 다른 자리로 전보하는 것이 허용되어 있다.

14. 교황은 어떤 교회의 성직자도 임의로 서품할 수 있다.

15. 교황에게 서품된 사람은 다른 교회를 책임질 수 있으나, 열등한 직무를 수행할 수는 없다. 그는 다른 주교로부터 더 높은 품계를 수여받아서는 안된다.

16. 교황의 지시 없이 개최된 어떠한 시노드도 보편 시노드로 지칭되어서는 안된다.

17. 교황의 인가를 받지 못한 어떠한 법규나 서적도 교회법에 맞갖은 것으로 간주되어서는 안된다.

18. 교황의 결정은 누구에 의해서도 다시 심리될 수 없으나, 교황 자신은 유일하게 다른 모든 사람들의 결정들을 재심에 부칠 수 있다.

19. 교황 자신은 누구에 의해서도 재판받을 수 없다.

20. 사도좌에 항소한 사람에게는 누구도 감히 유죄판결을 내릴 수 없다.

21. 모든 교회의 중대 사안들은 사도좌 앞에 가져와야 한다.

22. 로마교회는 한 번도 오류에 떨어진 적이 없었고, 또한 성서의 증언대로 앞으로도 결코 오류에 떨어지지 않을 것이다.

23. 로마 주교는, 교회법에 따라 성성되었다면, 거룩한 베드로의 공로로 말미암아, 의심할 여지 없이 거룩하게 된다 …

24. 교황의 지시와 허락이 있으면, 그의 아랫사람이 고소를 제기할 수 있다.
25. 시노드의 합의 없이도, 교황은 주교들을 해임하고 복직시킬 수 있다.
26. 로마교회와 일치하지 않는 자는 가톨릭 신자로 간주될 수 없다.
27. 교황은 아랫사람들을 악인들에 대한 충성서약에서 풀어내줄 수 있다.

그레고리우스는 일생 동안 자진해서 철저히 그리스도인다운 삶을 살았다. 그러한 삶은 하느님의 권능·사랑·자비에 전적으로 의존하는 자신의 하찮음에 대한 절실한 체험에 터해 지탱되었다.[150] 그러나 바로 그런 사람으로서, 그레고리우스는 자기 계획의 실천을 하루도 주저하지 않는, 교회를 위한 노회한 정치가일 수 있었다. 선거법(이것에 따르면 평신도일지라도 선출 결과를 수락하는 즉시 교황이 된다)에 의해 주어진 권한에 터해, 그레고리우스는 교황으로 선출된 날부터 흡사 되살아난 성 베드로처럼, 아니 아무튼 신비주의적으로 자신을 베드로와 동일시하면서, 교회를 지배했다. 온 세상은 하늘에서와 같이 이 땅에서도 "베드로"에게 순종할 의무가 있다는 확신에 가득차서, 새로운 베드로로서 정치 세력들에 대해서나("국제정치적으로나") 교회 안에서나("교회정치적으로나") 공격적 자세를 견지했다.

"국제정치적으로": 그레고리우스는 처음부터, 온갖 방법으로 이리저리 끼워 맞춘 역사를 근거로 내세우며, 노르만인들에 이어 다른 나라들도 자신의 최고 지배권에 복속된 봉국封國으로 만들려고 했다. 봉국이 되면 물론 매년 로마에게 봉토세를 바쳐야 했으니, 교황의 최고 지배권 인정, 봉신들의 충성 서약, 봉토 수여 그리고 봉토세 지불이 모두 함께 하나의 전체를 이루었기 때문이다. 교황의 정책은 사르디니아·코르시카·스페인에서는 성공을 거두었으나, 프랑스·영국 그리고 다른 나라들에서는 그렇지 못했다. 아무튼 이전의 어떤 교황과도 달리, 그레고리우스 7세는 **"세계정치"**를 펼쳤다.

"교회정치적으로": 그레고리우스 7세는 이미 1074년 자신의 첫 단식 시노드 때부터 **사제 결혼과의 투쟁**에 전념했다. 그는 일찍이 부과되었던 사제 결혼 금령(이것은 특히 독일에서 거의 준수되지 않았다)을 가혹한 수단들을 동원하여 강요하려 했다. 고대교회의 모든 법규를 거슬러, 기혼 사제들의 직무 수행은 무효라고 선언하고, 평신도들을 부추겨 기혼 사제들에게 저항하도록 했다. 그는 교황이 되기 전에도 교황청의 목적 달성을 위해 필요한 경우에는 하층 또는 최하층 사람들, 특히 북부 이탈리아 도시들의 사회혁명적 대중운동과도 손을 잡았는데, 밀라노 주교 선출 때는 "파타리아"(고물 장사들, 무뢰배들)의 힘을 빌려 자신이 지지하던 후보를 독일 왕이 지명한 후보를 제치고 주교로 만들려 했다.

타고난 투사인 그레고리우스가 자신의 계획대로 로마의 교회정치와 국제정치 사이의 경계선을 옮기려 하자 세계사적 힘겨루기가 시작되었다. 이른바 **"성직 임명권 투쟁"**[151]에서 관건은 바로 종교적 권력과 세속적 권력, 성직자와 평신도의 새로운 관계규정이었기 때문이다. 다시 말해, 성직자들에 대한 지배권이 누구에게 귀속되어야 마땅한가라는 문제가 관건이었다. 평신도 세계의 대표자는 독일 왕이자 (적어도 앞날의) 황제였다. 그런데 이 교황은 왕과 황제에게도 순종을 요구했다. 당시 독일 왕은 **하인리히 4세**(1056~1106)였다. 하인리히는 그레고리우스가 교황에 즉위할 때 겨우 스물세 살밖에 되지 않았지만, 미숙·경솔·태평함에도 불구하고, 왕의 위엄에 대한 뚜렷한 의식을 지닌 군주였다. 그리고 반란을 일으켰던 작센인들을 진압한 뒤에는 싸움이라면 나름대로 자신이 있었다: "독일 왕권은 교황의 명령에 복종해야 했다. 그러나 그것은 하인리히도 … 결코 자발적으로는 따를 수 없는 그런 문제에 관한 것이었다. 왕과 교황의 싸움은 피할 수 없는 것이었고, 또한 당초부터 생사를 건 싸움이었다"(J. 할러)[152].

그레고리우스 7세는 1075년 단식 시노드에서 **평신도가 성직자를 교회 직책에 임명하지 못하게 한 금령**(이것은 왕에 대한 분명한 경고라고 할 수 있었다)을 다시 강화함으로써 대결을 개시했다. 그리고 하인리히 4세가 교황령과 인접한 이탈리아 왕국의 주교들(밀라노·스폴레토·페르모)을 임명하자, 그레고리우스는 1075년 12월 왕에게 최후통첩을 보냈다: 만일 주교 임명을 강행하면, 파문을 당하고 사울의 운명을 면치 못하리라고. 그러나 하인리히는 1076년 보름스에서 개최된 제국 의회이자 제국 시노드에서, 그릇된 조언을 따라, **교황 폐위**로 응수했다: 왕은 교황을 "힐데브란트"라 부르고, 그는 "교황이 아니고 돌중"이라 했다! 개인의 명예훼손까지 포함한 이 지나친 반응은 치명적 역효과를 냈다. 멀리 있는 교황을 폐위시키고자 한 것은 실수였다. 더구나 공격자인 교황을 온 세상이 보는 앞에 희생자로, 한 방자한 독일인에게 수난받는 자로 만들어준 것도 큰 실수였다. 사실, 앞에서 보았듯이, 하인리히의 아버지 하인리히 3세도 일련의 교황들을 줄줄이 폐위·임명했었다. 그러나 하인리히 4세는 그동안 제반상황이 새로이 꼴갖춘 교황직에 유리하게 변했다는 것을 간과하고 있었다. 이제 교황직은 자기주장을 위한 이데올로기적이고 특히 교회법적인 수단들을 확보하고 있었으며, 무엇보다도 여론 업기 싸움(고대가 붕괴한 후에는 존재하지 않았다)에서 이길 수 있는 효과적 여론 형성 전략을 구사할 줄 알았다.

몇 주 뒤인 1076년 단식 시노드에서 그레고리우스 7세도 그야말로 대반전大反轉으로 응수했다: **왕의 파문과 폐위**, 왕의 결정에 동참했던 모든 주교들의 직무 정지(스스로 자신들의 입장을 철회하지 않을 경우) 그리고 **신민들의 왕에 대한 충성서약의 해제!** 이것은 당시 세상에서는 전대미문의 엄청난 사건이었거니와, 오랫동안 오락가락하던 주교와 제후들은 자신들의 권력 증대를 꾀하여, 곤경에 처한 자기네 왕을 모르는 체했고, 10월에는 만일 왕이 1년 내에 파문에서 풀리지 못하면 폐위하기로 결의했다. 이제 하인리히에게는 복종 외에 다른 방도가 없었다.

아욱스부르크에서 제국의회와 재판이 열리기 전에, 하인리히 4세는 젊은 아내와 두 살배기 아들 그리고 수행원들과 함께 알프스 산맥을 넘었다(라인 강마저 얼어붙은 백 년만의 가장 고약한 한겨울에). 제후들의 제의에 따라 자신이 의장이 되기로 한 아욱스부르크 의회에 참석하기 위해 길을 떠난 그레고리우스 7세는 하인리히 측의 기습이 두려워 가까운 **카노사** 성(투스카나의 마틸다 공작부인이 있던, 아펜니노 산기슭의 난공불락하던 성)으로 은신했다. 1077년 1월 25일 맨발에 전통적 참회 복장을 한 가련한 모습의 왕이 성문 앞에 나타나 용서를 간청했다. 전대미문의 3일간의 참회 후에야 〔그리고 성의 여주인 마틸다와 하인리히의 세례 대부인 클뤼니의 후고 대수도원장(이들은 하인리히에게 문서상의 약속을 요구했다)의 권고를 받아들여〕 교황은 십자가 형태로 땅바닥에 엎드린 하인리히를 자비로이 일으켜세웠다. 파문이 풀렸다. 이로써 하인리히의 왕위는 회복되었으나, 그 종교적 성격은 박탈되었고, 이데올로기적 토대는 크

게 허물어졌다: 카노사는 전환점이었다! "카노사 길"이라는 말이, 독일 땅 밖에서도 단호한 성직자 정치인의 오만함과 교황을 최고재판관으로 인정해야만 했던 독일 군주의 비참한 굴욕을 가리키는 속담 비슷하게 된 것은 놀랄 일이 아니다(비스마르크는 1872년 문화투쟁 시기에 "우리는 카노사로 가지 않는다!"라고 말했다).

그러나 카노사는 그레고리우스의 교황직에도 분기점을 의미했다. 절제 모르는 정치가 그레고리우스는 확실히 도를 지나쳐 권력을 추구했고, 활동적이고 성공적인 첫 시기에 곧이어 반동적이고 **성과 없는** 둘째 **시기**가 뒤따랐다. 1078년의 단식 시노드는 평신도에 의한 성직 임명의 전면적 금지령을 새로이 반포하고, 그것을 왕에게도 적용했다. 그런데 독일은 하인리히의 파문 때문에 내전에 휩쓸려들어가 있었다. 독일 역사상 처음으로 대립왕이 등장했으니, 바로 그레고리우스가 지지하던 슈바벤의 루돌프였다. 그러나 그레고리우스는 그에게 거의 도움이 되지 못했다. 하인리히에 대한 그레고리우스의 두번째 파문과 폐위 선언(1080)은 효과가 없었고, 베드로가 감옥에서 풀려난 축일까지 하인리히가 멸망하리라는 그레고리우스의 모험적 예언은 이루어지지 않았다. 오히려 대립왕 루돌프가 전투에서 "저주받은"(거짓 맹세한) 손이 잘린 뒤 사망했다. 하인리히는 라벤나 대주교를 교황(클레멘스 3세)으로 선출케 했고, 1081년 군대를 이끌고 로마에 이르렀다. 그레고리우스의 통치 행위는 마비되었고, 돈이 전혀 유통되지 않았으며, 마침내 로마 시민들은 하인리히 편에 섰다. 그러나 시의 성문들이 열린 것은 1084년이 되어서였다: 클레멘스 3세의 교황 착좌식과 하인리히 4세의 황제 대관식이 베드로 성당에서 성대하게 거행되었다. 이미 난공불락인 천사의 성으로 피신했던 그레고리우스 7세는 절박한 상황에서 도움을 청한 자신의 봉신 노르만인들에게 겨우 구조되었다. 황제가 독일로 떠난 후, 노르만인들(그리고 시칠리아의 사라센인들)은 3일 동안 극심한 패악과 약탈을 자행했고, 그레고리우스는 격분한 로마 시민들을 피해 노르만인들과 함께 남부 이탈리아로 물러가지 않을 수 없었는데, 살레르모가 거주지로 주어졌다. 다음해 그곳에서 그레고리우스는 거의 온 세상으로부터 버림받은 채, 몇 마디 말을 남기고 죽었다: "나는 정의를 사랑하고 불의를 미워했으며, 그때문에 추방된 몸으로 죽는다."

그러나 이러한 패배에도 불구하고, 이 사랑받지 못한 교황 그레고리우스 7세 (중세 때에는 그럴듯한 전기 한 권 없었고, 제단의 공경도 받지 못했다)는 새 시대를 여는 역할을 했다. 과연 그는 11세기에 교회를 끌지은 사람들의 이상들을 체현했고, 따라서 사람들이 "그레고리우스의 개혁"에 관해 말하는 것은 당연하거니와, 사실 그 개혁은 힐데브란트가 교황이 되기 전부터 추진했다. 그에 대한 공경은 1606년 에야 비로소 살레르모 지방에 국한해 허용되었고, 1728년에는 온 교회로 확대 되었으나, 여러 나라에서 여전히 금지되었다. 아무튼 오늘날도 그레고리우스 개혁은 "두번째 그리스도교화"라고까지 말할 "충분한 근거"가 있다고 생각하는 역사학자들이 있는데, 그 까닭은 그레고리우스 개혁으로 말미암아 "그때까지 소홀히 취급되던 교회의 규정들이 진지하게 받아들여지기 시작"했기 때문이라 는 것이다.[153] 그러나 그러한 원칙적 평가는 역사적·신학적 반성을 요구한다.

그리스도교화가 아니라 로마화

"그리스도교 중세"라고?! 나는 중세 패러다임에 관한 고찰 앞머리에서 이미, 중세를 "암흑기"로 간주하고 그 시대의 그리스도교성을 원칙적으로 부정하는 것에 대해 이의를 제기했다. 그리고 고대 후기에서 중세 초기로의 획기적 변혁 에서도, 그리스도교의 본질은 상당히 철저히 보존되었다는 사실을 상세히 밝혔 다. 그때 중세 초기에 관해 말했던 것을 여기서 고高중세를 위해 반복할 필요는 없을 것이다. 사람들이 그레고리우스 개혁과 관련하여 "새로운 그리스도교화" 라는 개념을 들먹이는 것은 요상스럽다고 하지 않을 수 없다. 역사학자들은 손 쉽게 기술하기를, 그레고리우스 시대에 그때까지 소홀히 취급되던 교회의 규정 들이 비로소 진지하게 받아들여지기 시작했다고 한다. 하지만 신학자라면, 그 때까지 소홀히 다루어지고 있던 **교회의 규정들**이 과연 참으로 **그리스도교적 인 규정들**이었는가라는 비판적 반문을 제기해야 한다. 사실 그리스도교적인 것을 판단하는 좀더 확실한 기준들을 갖고 있지 못한 역사학자라 하더라도, 교 회의 규정들은 참으로 그리스도교적인 규정들이라고 처음부터 전제하고 들어가 서는 안될 것이다.

　물론 **그레고리우스 7세**라면, 자신이 그토록 사납게 강요한 교회의 명령들은 하느님의 법이요 교황들과 시노드들이 정식화한 그리스도교 전래傳來의 교령·법규·견해라고 주장할 것이다. 또 바로 그랬기 때문에 자신의 요구·주장들을 그토록 대담하고 완강하게 밀고나갔을 것이다. 그에게 무엇보다 중요한 것은 동시대인들의 삶을 그리스도교 정신에 터해 새로이 꼴짓는 것, 즉 그리스도교화하는 것이었다: 옛것에로 돌아감으로써 그리스도교적인 새로운 세계질서를! 그리스도께서는 (자주 인용되는 테르툴리아누스의 말이거니와) 당신은 관습이라고 말씀하시지 않고, 진리라고 말씀하셨다. 그레고리우스는 교황으로서 특히 성직자들을 관습과 전통들(전혀 비로마적인, 다시 말해 전적으로 게르만적인 사회질서를 교회에 강요하고 있는)로부터 해방하기 위해, 즉 "교회를 위한 자유"를 쟁취하기 위해 온갖 수단과 방법을 동원해야만 했을 것이다. 만일 사람들이 그레고리우스 7세의 근본 관심사는 교회 그리고 그리스도교계의 철저한 **로마화**라고 말했다면, 그는 분명히 시인했을 것이다. 과연 그레고리우스는 그리스도교적인 것과 로마적인 것을 하나로 융합시켰고, 그 둘을 동일시했으니, 로마교회는 신앙에 있어 결코 오류에 떨어질 수 없다는 확신을 지녔을 정도였다 ….

　오늘날 역사학은 교황 그레고리우스 7세와 왕 하인리히 4세의 세계사적 대결은 **두 개의 전혀 상이한 법률관의 충돌**이었음을 밝혔다:

— **하인리히 4세는 충성과 복종에 바탕한 게르만 관습법**의 대변자였거니와, 이 법은 게르만인들이 그리스도교로 개종한 뒤 게르만적 **사유교회 제도**(게르만 체제의 구성요소들 가운데 그레고리우스가 가장 못마땅하게 여긴 것이었다)로 표현되었고, 서유럽 곳곳에서 여전히 큰 영향을 끼치고 있었다. 만일 왕이나 다른 평신도 제후가 봉록 수령자를 세속 직책뿐 아니라 교회 직책에도 임명하지 않는다면, 어떻게 통치가 제대로 이루어질 수 있겠는가? 이러한 성직 임명권이 없다면, 성직자 신하들의 순종이나 충성의 맹세도 없을 것이고, 대주교·주교·수도원장들은 왕에게 매이지 않은, 왕과 왕국을 위해 매우 중요한 경제적·군사적·정치적 반대급부를 제공하지 않는 영주들이 될 것이다. 왕에 의한 성직 임명의 폐기라는 로마의 요구에 굴복하는 것은, 기존사회의 근간이 파괴됨을 의미했다.

— 반면 **그레고리우스 7세**는 교회를 **하느님이 세우신 군주제적 교권제도**로 이해하는 로마·라틴 특유의 관점의 대변자였거니와, 이 관점은 5세기 이래 로마 주교들이 토대를 놓았고, 그레고리우스 7세가 「교황 지령」에서 다시 한 번 총괄·요약했다: 로마적으로 꼴지어진, 정의 안의 새로운 세계질서! 이것에 반대되는 게르만적 관습과 전통들은 마땅히 폐기되어야 했다. 그레고리우스가 교회 및 사회와 관련하여 로마적 원칙과 이미 오래 전부터 무르익어온 로마적 이념들을 급진적이고 철저하게 실현하려는 시도를 과감하고 단호하게 밀고나간 한에서, **그 자신이 로마 체제의 철저한 화신**이었으나, 그 체제는 특정한 역사적 발전과정(P Ⅲ의 맥락 안에서)의 산물일 뿐, 가톨릭 교회 혹은 그리스도교의 본질과 결코 동일시될 수 없다.

  아무튼 신학적 관점에 터해, 역사학자들에게도 다음과 같은 물음이 제기된다: 이 로마 체제가 교회와 사회에 대한 자신의 지배권 주장의 근거로서 끊임없이 사도 베드로와 고대교회, 아니 예수 그리스도 자신을 끌어대는 것이 과연 정당한가? 혹시 로마의 권력 행사 행태는 예수 그리스도의 복음보다는 흔히는 로마와 비잔틴 황제들 그리고 프랑크 왕국의 문서 위조꾼들에게 영감을 받지 않았던가? 이 문제는 오늘날에도 변함없는 로마 체제의 몇 가지 특징과 관련하여 명백히 검증되어야 한다.

8 로마 체제의 특징들

로마 체제의 역사적 결과를 바로 평가하기 위해서는, 교회사에서 그레고리우스 7세 이후의 시기를 그 정점인 12~13세기 전환기까지, 즉 **인노켄티우스 3세**(1198~1216) 때까지를 한 단락으로 고찰하는 것이 바람직하다. 가톨릭 교황사가 셉펠트의 말처럼, "길고 변화무쌍한 교황사에서 아마도 가장 빛나는 교황직"[154]은 그레고리우스 7세가 아니라 인노켄티우스 3세의 교황직이었기 때문이다. 인노켄티우스 때에 이르러 **교황직의 요구와 현실이 온전히 부합**했다. 아우구스티누스가 토대를 놓았으나 의도하지는 않았음이 확실한 것 그리고 레오 1세

로마 체제의 발전

5세기
아우구스티누스의 신학:
"신국"
P III
로마 주교들:
레오1세: "권력의 충만"

6/7세기
비잔틴에의 종속

8세기
게르만 권력:
카롤링거 왕조

9세기
교회국가 (교황령)
가-이시도루스 법령집

10세기
암흑기

11세기
비잔틴
과의 단절 ↔
P II
그레고리우스 개혁
레오 9세 - 훔베르트
- 그레고리우스 7세

12세기
교회법
「그라티아누스 법령집」1140

13세기
교황의 세계 지배
인노켄티우스 3세 - 탁발수도회들
- 토마스 아퀴나스
↔
중세 종파들

14세기
아비뇽 - 세 교황
↔
개혁 공의회들
전 종교개혁가들

15세기
르네상스 교황들

16세기
종교개혁
↔
개신교
P IV

반종교개혁
트렌토

17/18세기
계몽주의 - 혁명
↔
근대
P V

19세기
복고
1차 바티칸 - 반근대주의
- 비오 교황들

20세기
2차 바티칸
요한 23세

P VI ?

가 감히 꿈꾸지 못했던 것이 성취되어 나타났으니, 한편 신국神國과 교회의 동일시 그리고 다른 한편 교회와 교황의 동일시라는 이중의 동일시가 그것이었다. 92세 켈레스티누스 3세의 후임 교황이 된 세그니의 로타르는 겨우 37세였으나, 명민한 법률가요 유능한 행정가이며 세련된 외교관이었다. 랑고바르드 귀족 아버지와 로마 명문 어머니 사이에서 태어났고, 신학 저술가·노련한 연설가·타고난 지배자였던 인노켄티우스 3세가 중세 교황의 정점이자 또한 전환점이라는 것에는 이론의 여지가 없다. 아무튼 고대교회 패러다임(P II)과 비교해 볼 때, 여기서 어떠한 발전과정들을 확인할 수 있는지를 물어야겠다. 나는 바야흐로 무르익은 셋째 패러다임에서 중대한 결과를 낳은 다섯 가지 과정을 지적하고자 하거니와, 이것들은 로마 체제의 항구적 특징으로 고착될 터였다.[155]

중앙집권화: 어머니로서의 전제군주제적 교황교회

로마화는 중앙집권화를 의미했다. 여기서는 **그레고리우스 7세**가 핵심 역할을 했다. 과연 그는 훔베르트와 함께 오래된 주장과 요구들을 구체화·철저화함으로써, 이 로마적 중앙집권화를 처음부터 그야말로 광신적으로 촉진·강요·쟁취했다. 목표는 가톨릭 교회 전체, 아니 유럽 그리스도교계를 베드로의 후계자요 종교적 절대군주인 로마 교황을 중심으로 하여 총체적으로, 즉 신앙·법률·전례·규율 조직적으로 완벽하게 꼴짓는 것이었다. 이제야 비로소 (카롤링거 왕조나 오토 집안 시대에는 아직 그렇지 못했다) 서방에서 **교황의 보편교회**에 관해 말할 수 있게 된 것이다. 곳곳에서 금새 터져나온 주교들의 불평처럼, 그레고리우스 7세는 교황으로서 그들이 마치 자기 재산 관리인인 양 명령을 내렸고, 저항하는 주교들은 로마로 소환·해임했다. 주교들의 동료성 대신 교황의 권력이, 가톨릭적 다양성 대신 로마적 획일성이 강조되었다.

그레고리우스 7세는 사도 **베드로**(교황)를 모든 교회의 **아버지**로 그리고 **로마 교회**를 **어머니요 스승**으로 보았다. 로마의 교황사가 마카로네는 1084년 살레르모에서의 경고에 나오는 이 표현을 그레고리우스 7세의 "심장"이자, 로마 수위권에 관한 그의 견해의 핵심으로 지적했다: "사도들의 으뜸이신 복되신 베드로께서는 모든 그리스도인들의 아버지요 그리스도 다음가는 목자이며, 거룩한 로마교회는 모든 교회들의 어머니요 스승이다".[156] 앞으로 좀더 상세히 다루려니와, 수도생활 정신을 간직하고 있던 교회가 독신제로 인해 갈수록 권위주의적이고 엄격하게 자신을 외부세계와 격리시킬수록, "교회"에 대한 미화와 영적 투사도 그만큼 더 심화되었다. 권위주의적인 교황중심주의와 교회의 이상화는 이미 일찍부터 손을 맞잡고 나아갔다.

교황들이 자신들의 사명을 얼마나 숭고한 것으로 의식했는지는 누구보다도 **인노켄티우스 3세**[157]가 뚜렷이 보여준다. 인노켄티우스 3세는 "베드로의 대리자"라는 칭호보다 12세기에 들어설 때까지는 모든 주교와 사제들에게 사용되었던 **"그리스도의 대리자"**라는 칭호를 더 좋아했는데, 그 까닭은 "그 칭호가 그것에 터해 더 철저하고 확장된 권위를 확립할 수 있게 해주었기 때문이다". 그의 후임자 인노켄티우스 4세는 자신을 심지어 **"하느님의 대리자"**라고 지칭했는데, "그 칭호는 그의 권위를 신앙인들 무리를 멀리 넘어서까지 확대할 수 있게 해주었다".[158] 교황 이데올로기의 대가였던 인노켄티우스 3세는 과연 엄청난 종교적·지배자적 자의식을 지녔으니, 자신의 서품 축일에는 아예 자기 자신에 관해 설교했고, "그리스도의 대리자"로서 "하느님과 인간 사이에, 하느님 아래이나 인간 위에 있는, 하느님보다 작으나 인간보다 큰, 모든 인간의 심판자이나 누구에(주님은 제외하고) 의해서도 심판받지 않는 자"[159]로 자처했다! 교회 위에 그리고 교회 밖에 자리하는 이러한 교황상像은, 2차 바티칸 공의회가 주교들의 동료성을 천명함으로써 비로소 배척하게 되었다.[160]

극히 가부장주의적 사고방식을 지니고 있던 인노켄티우스가, 그레고리우스 이래 로마에서 애호되고 있던 **"어머니"**라는 교회 칭호를 애용한 것은 놀랄 일이 못 된다. 그러나 인노켄티우스는 이 상징적 표현을 다시 한번 비틀어 적용했다. 빤히 속 들여다보이는 동기에 터해, "어머니" 칭호를 보편교회보다는 유독 **로마교회**에 적용했다. 왜? "로마교회의 수위권적 지위를 표현"[161]하기 위해. 어머니 칭호는 두루뭉술하게 "'로마교회'뿐 아니라 '사도좌'에도 적용"될 수 있는 장점이 있었다: "인노켄티우스는 로마교회의 모성을 두 가지로 구별한 것

으로 보인다: 한편 로마교회는 다른 모든 교회의 어머니이며, 그 교회들의 우두머리다. 그러나 다른 한편 로마교회는 '그리스도를 믿는 모든 사람의 어머니'로서 개개 신앙인과 직접적 관계를 맺고 있으며, 궁극적으로는 '보편교회'와 동일시된다."[162]

인노켄티우스는 확실히 참된 경건성과 윤리적 진지함을 지닌 인간이었으나, 또한 이전의 어떤 교황과도 달리, 로마의 충만한 권력을 과시할 수 있는 인간이기도 했다. **4차 라테란 보편 공의회**(1215)[163]에서 기회가 주어졌다. 그 공의회는 교황의 절대적 권력과 교회 지배권 그리고 주교단의 실질적 무의미성을 뚜렷이 보여준 사실상 교황 공의회였다. 교황이 소집·주재한 공의회에 모인 약 2천 명의 주교·수도원장·세속 군주들의 대리인들은 정확히 교황의 뜻대로 결의를 했다(70개의 교령이 교회의 법정화 정도를 증언해준다). 그러나 주로 교회의 개혁을 위한 것이었던 그 결의사항들은 (전체 성직자에 대한 교황의 통제 그리고 모든 신자가 부활 시기에 고해성사와 영성체를 해야 하는 의무에 관한 것들 외에는) 거의 그저 종이조각으로 남았다.

물론 **유다인 배척** 결의사항들은 휴지조각이 되지 않았다. 교황이 유다인들의 예배는 보장했지만, 이 결의사항들은 많은 점에서 훗날 반反유다주의 조처들의 본보기가 되었으니, 유별난 복장 강요, 공직 취임 금지, 성 금요일 외출 금지, 지역의 그리스도교 성직자들에게의 강제 납세 따위였다[164](이에 관해서는 「유다교」에서 상론했다)[165]. 유다인을 공직에서 배제하는 첫 교령들을 반포했던 그레고리우스 7세와 마찬가지로, 인노켄티우스 3세에게서도 권위주의적 교황주의와 반유다주의는 손을 맞잡고 나아갔다. 게다가 (통탄할 일이거니와) 당시 인가된 탁발수도회들(특히 도미니코 수도회)도 얼마 지나지 않아 로마의 새로운 반유다주의 정책의 집행자로서 명성을 날렸다. 그 정책은 유다인들의 처지를 법률적·신학적으로 (유다인들은 불신자들 = "죄의 노예들" = 이제는 그리스도인 군주들의 노예들) 완전히 바꾸어 놓았다.

아무튼 4차 라테란 공의회는 고대교회적·비잔틴적 패러다임의 틀 안에서는 생각도 못할, 완전히 교황에 의해 좌지우지된 공의회였다! 중앙집권화와 관련하여, 고대교회 비잔틴 패러다임(P II)과 중세 로마 가톨릭 패러다임(P III) 사이에는 사실 본질적인 차이가 있다:

- 고대교회 비잔틴 패러다임에서 교회는 오늘날에도, 모든 교회들에 대한 하나의 중앙집권화된 권력 없이, 교회들의 "친교"(공동체)를 이루고 있다.
- 서방 가톨릭 교회는 중세 이래 신앙·법률·규율·조직적으로 온전히 교황을 중심으로 꼴지어진 교회다: 교회의 중앙집권화와 한 사람의 절대군주에의 집중. 이 군주 홀로 교회 안의 통치대권을 보유하는데, 물론 이러한 권력은 우리가 익히 아는 바와 같이, 신약성서적 원천들에 부합하지 않는다.

법정화: 법치교회와 그 교회법학

로마화는 **법정화**를 의미했다. 그레고리우스 개혁에서 예전 교황들의 법률적 명령들과 「가-이시도루스 법령집」의 날조 법령들이 마침내 교회의 현실 안으로 옮겨져 들어왔다. 훔베르트의 교황주의적 교회법 편람을 널리 보급시켰던 **그레고리우스 7세**는, 이전의 어느 교황과도 달리, 입법권을 자신의 당연한 권리로 요구했다. 그레고리우스 7세의 교령과 서간들이 이상하게도 가톨릭 교회법전(그리고 *Denzinger*)에서는 거의 인용되지 않고 있지만, 그의 많은 결정들은 사실상 법적 효력을 지니고 있었다. 아무튼 그레고리우스 개혁 시기에 특히 로마에서 로마적 정신에 입각한 (전과는 달리 포괄적이고 매우 전문적인) **법집록들**이 생겨났는데, 그것은 이 새로운 교황 입법의 시대에는 필수불가결한 일이었다. 12세기의 교황들은, 사람들의 추산에 따르면, 전체교회와 관련하여 그 이전의 모든 전임자들이 반포한 것들을 전부 합친 것보다 많은 법령들을 공포했다.

각양각색의 제법 오래된 법집록들이 매우 많았고, 그것들을 간추려 개관하거나 온전히 신뢰하기도 어려웠던 차에, 중세 법학 연구의 아성 볼로냐 대학의 교수인 박식한 가말돌리 수도회 수도자 그라티아누스가 1140년경 교과서(*Concordantia discordantium canonum*: 오늘날까지도 「**그라티아누스 법령집**」[166]이라고 잘못 불리고 있다)를 펴내자 사람들은 크게 환영했다. 과연 이 책은 당시 통용되던 교회법의 탁월한 총괄 요약으로서, 변증법적 방법론을 사용하여 수많은 모순들을 제거했는데, 즉시 가장 유명한 두 법학 학파(볼로냐와 파리)에서 강의 교재로 사용되었다! 그 이후 모든 시대에 전범이 되었던 이 「그라티아누스 법령집」의 1/5이 위조라는 사실은 물론 간과되었고, 이 점은 오늘날에도 교회법학에 무거운 짐을 지우고 있다. 4세기까지의 교황들과 관련된 324개의 절節은 「가-이시도루스 법령집」에서 따온 것인데, 그중 313개는 위조로 판명되었다.

전문 법률 교육을 받지 못한 평신도들 그리고 주교들까지 포함한 많은 성직자들도 이미 오래 전부터 교회의 법률을 제대로 다룰 능력이 없었다. 그래서 국가가 주로 로마법, 황제법을 고수하는 전문적인 "법률가들"이 필요했던 것처럼, 교회 영역에서도 11세기부터 전문적인 **교회법 학자들**이 필요했는데, 전적으로 교황의 법령들에 바탕을 두고 있었던 이들은 이제 로마에서뿐 아니라 수많은 관청과 법정에서도 로마 체제의 극히 중요한 이데올로기적 지주가 되었다.[167] 그라티아누스 자신은 볼로냐에서 강의를 통해 교회법 학자들의 학파를 창시했는데, 이들이 교회법에 주해를 달았다: 대부분 황제중심적이었던 로마법 학파와 나란히, 사실상 "교황법 학자들"인 "교회법 학자들"이 존재하게 된 것이었다. **교회법학**은 스콜라학 내부의 고유한 분과로 생겨났다.[168]

사실 주해를 달아야 할 것은 매우 많았다. 교회법 선생들은 교황들의 많은 개별적 결정들을 모두 「그라티아누스 법령집」의 보완 혹은 수정으로 여겼다. 그리하여 세월이 흐르면서 세 공식 (그리고 한 비공식) 법령집이 생겨났는데, 이것들이 「그라티아누스 법령집」과 합쳐져 **옛 가톨릭 교회법전**(Corpus Iuris Canonici)을 이루었다. 이것에 바탕을 두고 있는 **오늘날의 가톨릭 교회법전**(Codex Iuris Canonici)은 교황청의 감독 아래 완성되어 1917~18년에 간행되었으며, 2차 바티칸 공의회 후 약간 손질되어 1983년 새로이 간행되었다. 12세기 이래 대부분의 교황들(그리고 교황청 내에서 출세하려는 사람들)에게 신학 지식보다는 법률 지식이 직책 담당의 주요 자격조건이었거니와, 이러한 사정은 교황들이 동시대의 세속 지배자들에 비해 매우 귀중한 장점을 지니게 해주었다. 해박한 법률 지식을 동원하여 비로소 교황 군주정체는 법률적 기구와 인원들을 충분히 활용하며, 로마의 권리주장들을 현실화해나갔다. 그리고 세상 곳곳으로부터 사소한 소송 문제까지도 결정을 내려달라는 청원이 로마로 밀려들었는데, 이러한 현상을 클레르보의 베르나르는 자신의 제자였던 교황 에우게니우스 3세에게 보낸 유명한 경고

서간(*De consideratione*(1150년경))에서 다른 문제들과 함께 심히 질책했다: "그러다간 그대는 베드로의 후계자가 아니라, 콘스탄티누스의 후계자요."[169] 그런데 다른 한편으로 바로 그 베르나르가 같은 서간에서 하느님이 교회에 두 칼을 주셨다는 불길한 교설을 처음으로 주장했다: 영적인 칼은 교황 자신이 사용하고, 세속의 칼은 황제가 교황의 뜻을 따라 사용해야 한다고.[170]

파리에서 신학, 볼로냐에서 법학을 공부한, 교황법의 대가요 교황청 기구의 개혁자인 **인노켄티우스 3세**와 더불어, 그레고리우스 7세가 「교황 지령」에서 그저 요구만 할 수 있었던 것이 과연 실제로 성취되었다: 이제 교황은 사실상 교회의 절대적인 지배자였다. 교회내 문제에 대한 세속 권력의 어떠한 간섭도 배격되었다. 로마 사람들은 권력 분할이라는 것은 전혀 알지 못했으니, 근대 국가제도 아래에서 그것이 현실화되었을 때에도 반대했다. 교황은 교회의 **최고 지배자, 절대적 입법자, 최고 재판관**이었고 또 언제까지나 그렇게 머물렀다. 그리고 특히 인노켄티우스 3세는 세속적인 사안에 있어서까지 가능한 한 로마가 최고 항소심으로 간여할 수 있도록 하기 위해 온갖 노력을 다했다. 또한 그는 교회법을 공식적으로 편찬 출간케 한 최초의 교황이었다. 그러나: 로마에의 항소는 이미 이 시기에 심각한 폐해의 원인이 되었다. 그리하여 벌써 당시에 오늘날 로마에서 흔히 볼 수 있는 법률적 특권 장사·독단·불공평 등의 특징이 드러났거니와, 모든 전제주의적 정체政體 고유의 이 특징은 지금도 바티칸의 행태에서 확인할 수 있다.[171]

비잔틴에서도, 앞에서 살펴보았듯이, 현저한 법정화가 이루어졌는데, 특히 황제들(유스티니아누스!) 주도하에 추진되었다. 그러나 교회의 법정화와 관련하여, 고대교회 비잔틴 패러다임(P Ⅱ)과 중세 로마 가톨릭 패러다임(P Ⅲ) 사이에는 또 하나의 중요한 차이점이 있다:

- 고대교회 비잔틴 패러다임의 교회는 법률적으로 처음부터 국가의 황제법 안에 편입되었고, 또 그렇게 머물렀다.
- 그러나 서방 가톨릭 교회는 중세 이래 독자적인 **교회법**(고유한 교회법학과 함께)을 발전시켜나갔는데, 이것은 복잡성과 세분·전문성에 있어 국법에 버금갔으

며, 또한 전적으로 그리스도교계의 절대적 지배자·입법자·재판관인 교황을 토대와 정점으로 삼았으니, 여기서는 황제 또한 교황에게 복속되었다.

정치화: 권력교회와 그 세계지배

로마화는 **정치화**를 의미했다. 이것과 관련하여, 유럽의 가장 유력한 군주인 독일 왕이자 황제와 맞대놓고 권력투쟁을 벌인 사람 또한 **그레고리우스 7세**였다. 이 수도자 출신 교황은 갈수록 깊이 다음과 같은 생각에 빠져들어갔다: 베드로의 후계자가 과연 천상적이고 종교적인 것을 해결하고 재단할 수 있다면, 지상적이고 세속적인 것은 더 말할 것이 있으랴. 베드로는 세상을 지배할 권한을 보유하고 있다! 이 교황은 애매모호한 "법률 명의名義들"을 내세우며, 온 세상으로 하여금, 예컨대 영국의 정복자 윌리엄에게도, 봉토를 받고 조세와 충성을 바치게 하려 했다. 그러나 윌리엄은 (생판 듣도 보도 못한 일이었기에) 차갑게 거부했다. 교황의 견해에 따르면, 황제와 왕들 역시 "죄스러운 인간들"로서 교황 아래에 있었다. 후대의 교황들도 "죄＝도덕의 관점에 입각하여" 세속적인 사안에 직접적이든 간접적이든 개입할 터였다. 그런데 이 권력투쟁은 결판이 나지 않았기 때문에, 그레고리우스가 사망한 후 그리스도교계 내에서는 격렬한 정치적·공법公法학적 투쟁이 성패를 거듭하여 수십 년간 계속되었다.

1122년에 이르러서야 성직 임명권 문제는 타협점을 찾았다(보름스 협약): 왕은 주교 반지와 지팡이를 수여하는 성직 임명은 양보하고, 왕홀王笏을 양도하는 성직 임명만 하게 되었다. 그후 **주교 선출**은 교구 성직자와 귀족들이 했고, 13세기부터는 **주교좌 성당 참사회**가 관장했는데, 물론 로마의 마음에 들지 않을 성싶은 사람은 거의 한 사람도 주교로 선출되지 못했다. 아무튼 보름스 협약 후 몇십 년간 교황의 막강한 지위는 논란의 대상이 되지 않았다. 게다가 독일 교회의 우위도 프랑스 교회로 넘어간 터였다. 12세기 전반기에 정신적으로 가장 강력한 인물은 이제 **클레르보의 베르나르**(1090~1153)였다. 교황과 제후들의 조언자요 훈계자로서 유럽의 숨은 황제로 불린 그는 아가雅歌를 깊이 있게 주석한 걸출한 신비주의자였는데, 다른 한편 애석하게도 자칭 정통신앙의 파수

꾼으로서, 다른 신학자들(특히 천재적인 초기 스콜라 신학자 아벨라르)을 배척하는 몹쓸 선동가요 "거룩한 전쟁"의 광신적 설교자로 활동했다.[172] 독일에서는 12세기 후반기에 자부심 강한 호헨슈타우펜 가문 출신의 황제 **프리드리히 1세 바르바로싸**(1152~90)의 거의 40년간의 혁혁한 통치가 정점에 이르렀다.[173]

그러나 바르바로싸의 아들 하인리히 6세가 겨우 세 살짜리 상속자 프리드리히(2세)를 남기고 32세에 갑자기 죽자, 독일에서는 호헨슈타우펜 집안과 벨프 집안 사이에 왕위를 둘러싼 엄청난 싸움이 벌어졌고, 그때문에 권력의 공백이 생겼다. 그것은 **인노켄티우스 3세**에게는 최고의 지위를 획득할 수 있는 국제 정치상의 절호의 기회였다. 인노켄티우스 3세는 우리 세기에 들어설 때까지 대부분의 교황들에게 비길 데 없는 전범이었으니, 그를 본보기삼았던 레오 13세는 라테란 성당 인노켄티우스의 무덤 맞은편에 묻히고 싶어했다. 그레고리우스 7세와는 달리, 인노켄티우스 3세는 대담함과 단호함을 냉철한 사고, 정치가의 교활함, 전략적 유연성과 결합시켰다. 그는 "다시 손에 넣기"라는 교묘한 반反독일 정책을 통해 (이제 거의 두 배로 확장된) **교황령의 두번째 창설자**가 되었다.

인노켄티우스 시대에 로마는 유럽 정치를 좌지우지한 가장 바쁜 중심지였다. 과연 인노켄티우스는, 절대적 지배권의 의미가 아니라 최고 중재권과 봉건군주권의 의미로 이해한다면, 실제로 **세계 지배권**을 보유했다. "그는 자신이 민족들과 국가들 위에 군림해야 한다는 주장을 서간과 연설에서 자주 내세웠다"(F. 켐프)[174]. 물론 교황과 황제, 교회와 국가의 "이원론"은 여전히 존재했지만, 이제는 전적으로 "교황의 성직자 정치" 아래 종속되어버렸다: "교황직과 교회법은 국가에 대한 교회의 우위 안에서, 교황 교회의 성직자 정치 속으로 세속 권력의 편입 안에서 하나가 되었다 …"(파이네)[175].

그러나 온갖 성공에도 불구하고, 인노켄티우스 3세의 의기양양한 교황직은 정점일 뿐 아니라 **전환점**이기도 했다. 인노켄티우스는 스스로 예상한 것 이상으로 (종교적 강제수단·파문·금령 그리고 책략·기만·협박을 일삼는 권력정치를 통해) 성 베드로좌에 대한 민족들의 사랑을 영구히 회복될 수 없을 만큼 근본적으로 파괴했다. 정연한 입법과 법률적으로 중요한 교령들의 수집·편찬을 중시한 인노켄티우스는, 영국 귀족과 성직자들이 왕과 싸워 얻어낸 획기적인 "자유의 대헌장"을 파문을 통해 분쇄하려 했다(그러나 물론 헛일이었다). 또한 로마 교황령을 그야말로 경영경제학적 원리들에 따라 재조직한 인노켄티우스의 업무와 수수료에 관한 규정은, 로마는 "마르코에 의한 복음"보다 "마르트(은화)에 의한 복음"을 더 중요시한다는 인상을 심화시켰다. 4차 라테란 공의회 폐막식에서조차 참석했던 모든 고위 성직자들은 끊임없이 새로운 자금을 긁어모으던 교황에게 거액의 "선물"을 바쳐야 했다! 사실상 인노켄티우스 시대에 저 경악스런 **붕괴 징후**들이 나타났거니와, 그것들은 훗날 쇄신운동가들과 종교개혁가들의 주된 비난 대상이 되었으며, 상당 부분은 우리 시대에도 교황청 체제의 특징으로 남아 있다:

— 교황과 추기경들의 친척이나 관리들에 대한 특혜와 비호.

— 탐욕, 부패, 범죄의 변명과 은폐.

— 온갖 교묘한 수단을 동원한 조세와 수수료 제도를 통한 교회들과 국가들에 대한 재정적 착취.[176]

교회의 정치화와 관련해서도, 고대교회 비잔틴 패러다임(P II)과 중세 로마 가톨릭 패러다임(P III) 사이에는 중요한 차이점이 드러난다:

● 고대교회 비잔틴 패러다임에서 교회의 권력은 조화와 통합의 체제 안에 편입되어 있었는데, 거기선 사실상 세속 권력이 종교적 권력을 지배했다.

● 그러나 서방교회는 중세 이래 교황권을 통해 최고 지위의 독자적 지배제도로 등장했으며, 때로는 세속 권력을 거의 완전히 지배하는 데도 성공했다.

군사화: 호전적 교회와 그 "거룩한 전쟁들"

로마화는 **군사화**를 의미했다. 이 점에서도 1차 십자군 원정 20년 전에 (비잔틴의 순종을 강요하고 예루살렘을 정복하기 위해) 최초로 동방으로의 대규모 출정 계획을 강도 높게 추진한 사람은 물론 **그레고리우스 7세**였다! 교황이자 총사령관인 자신의 지휘 아래, 로마의 수위권이 비잔틴에서도 관철되고 분열은 종식되어야 한다는 것이었다. 과연 그레고리우스는 "거룩한 전쟁"의 주창자였으니, 자신이 후원하던 전쟁 찬성파에게 "베드로의 깃발"(베드로의 축복)을 하사하여 전쟁을 축복했을 뿐 아니라, 참전자들(예컨대 스페인 탈환에 나선)에게 아주 당연한 듯이 베드로의 "전권"에 터해 죄벌의 "면제"를 부여한 최초의 교황이기도 했다. 그러므로 사람들이 그레고리우스 7세를 일찍이 베드로좌에 앉았던 교황들 가운데 가장 호전적인 교황이라 부른 것은 마땅했다. 그는 끊임없이 군인들을 모집했고 군사 계획을 추진했으며 몸소 번쩍거리는 무장을 하고 전쟁터에서 말을 달리기도 했다. 교회는 어떠한 피도 흘리지 않는다는 예전의 원칙을 그레고리우스는 잊어버린 것 같았다. 그는 예레미야서의 말씀을 즐겨 인용했다: "칼을 뽑아 모압의 피를 흘리지 않다가는 천벌을 받으리라!"[177]

그레고리우스가 사망한 지 겨우 십 년 만에 1차 **십자군 원정**[178]이 시작된 것은 우연이 아니었다 — "거룩한 땅"을 되찾기 위해! 성지들을 "이교도들"에게서 해방하기 위해! 주지하다시피 십자군 원정은 순례나 모험 여행 또는 이주와는 근본적으로 달랐다(비록 순례라는 동기가 중요한 역할을 했고, 모험심(동방에 관한 공상적 표상들)과 현실도피(죄나 빚 그리고 고향 땅에서의 이런저런 불운한 사정들)도 적지 않은 작용을 했지만). 십자군 원정은 본질적으로 (콘스탄티누스를 기억하라) 승리의 십자가 표지를 앞세워 치른 **거룩한 전쟁**이었다! 클레르보의 베르나르는 거룩한 전쟁에 관한 그리스도교 최초의 이론가로서, 이교도 살해를 신학적으로 정당화했다.[179] 그러나 종군자들에 대한 갖가지 특전들(대사·조세와 관세의 면제·개인 부채의 보상 연기 등)을 통해 원정을 후원한 교황의 주도와 축복이 없었다면, 그 전쟁은 일어날 수 없었을 것이다. 십자군 원정은, 나중에는 구체적 전개과정이 종종 교황의 통제를 벗어나긴 했으나, 처음부터 어디까지나 교황의 기획사업이었다.

그러므로 십자군 전쟁은 역사의 돌발사고나 교회사의 우연한 부산물이 아니었다. 그것은 **로마 가톨릭 패러다임의 전형적 현상** 가운데 하나였다.[180] 아무튼 서방 사람들은 일반적으로 십자군 원정은 전적으로 그리스도교적인 과업이라고 확신했다:

— 십자군 원정은, 비록 1차 때는 프랑스, 2차는 프랑스와 독일, 3차는 독일의 주도 아래 수행되었지만, **전체**(서방) **그리스도교계**의 사안으로 여겨졌다.

— 십자군 원정은 그리스도의 대변자인 교황 자신이 소집했기 때문에, **그리스**

도 친히 **승인**하신 것으로 여겨졌다. 교황직 자체는 이 원정을 통해 그 중요성을 강화할 수 있었으니, 어쨌든 이 전쟁들은 서방 세계의 우두머리인 교황의 수위권을 강조했다.[181] 그리스도교 세계 외부의 적이 강력하면 강력할수록, 그리스도인들의 결속은 한 사람의 최고 목자 아래에서 그만큼 더 강고해졌다.

— 별다른 보급기지 없이 대개 적국을 가로질러 형언할 수 없는 고생을 겪으며 수천 마일을 행군한 십자군 원정은 참된 **종교적 열정**, 감격, 또 흔히는 집단 이상심리 없이는 불가능했을 것이다. 종군자들에게 십자군 원정은 일종의 순례로 제시되었는데, 상당수는 자신들이 명시적으로 행한 순례 서원 때문에 원정에 참여했다. 그리고 그리스도교 역사가 시작되었고 또 끝날 성도 "예루살렘"이라는 이름은 바로 이 시기에 거의 마술적인 울림을 띠고 있었다. 말할 수 없는 고통·불안·실패를 무릅쓰고 거둔, 특히 1차 원정의 놀라운 성공은 종군자들에게 이렇게 확증해주는 것 같았다: "하느님이 그것을 원하신다!"[182]

몇몇 이단 집단들을 통합시키려 애쓸 줄 알던 **인노켄티우스 3세**가 바로 십자군 원정 정치에서는 매우 이해하기 힘든 일을 저질렀으니, **동료 그리스도인들도 박해하는 십자군 전쟁의 교황**이 되었던 것이다. 그는 "로마교회와 일치하지 않는 자는 가톨릭 신자로 간주되어서는 안된다"는 그레고리우스 7세의 주장, 즉 그런 자는 법률의 보호 밖에 있다는 주장을 곧이곧대로 받아들였다. 십자군 원정을 "구원의 수단"으로 치하 선전한 인노켄티우스는 (앞에서 보았듯이) 4차 원정(1202~4)을 주도했는데, 이 원정은 불행하게도 콘스탄티노플의 정복과 3일간의 약탈, 라틴 제국과 교회조직의 창설 그리고 비잔틴 교회의 예속이라는 결과로 끝났다. 물론 그러한 결과는 인노켄티우스의 본디 의도는 아니었으나, 나중에 그는 그 전개과정을 하느님 섭리에 따른 일이었다고 치하했다. 즉, 5세기 이래 교황들이 애써 추구하던 목표(콘스탄티노플에서도 교황 수위권의 확립)가 성취된 것으로 여겼다. 하지만 현실은 정반대였으니, 그로써 동·서방 교회의 분열은 사실상 돌이킬 수 없는 일이 되었다.

바로 그 교황이 겨우 10년 뒤인 1215년 4차 라테란 공의회에서 팔레스티나로의 또한번의 십자군 원정을 위한 교령을 반포했는데, 바로 다음해에 죽음이 먼저 그를 찾아오지 않았던들(1216), 원정을 몸소 지휘했을 것이다. 그러나 그곳에서 교황사절이 살해되자, 다른 그리스도인들, 즉 이번에는 서방 그리스도인들도 박해하는 최초의 대규모 십자군 원정이 시작되었으니, 곧 남부 프랑스의 알비파("신마니교적" 카타리파) 그리스도인들에 대한 공격이 그것이었다. 양측 모두 짐승 같은 잔혹성을 발휘했던 20년에 걸친 알비파와의 전쟁은 전체 주민을 거의 절멸시키는 결과를 초래했던바, 그야말로 십자가에 대한 모독이자 그리스도교적인 것의 도착倒錯에 다름아니었다. 그런데도 그러한 십자군 전쟁은 거듭 새삼 되풀이되었다.[183] 이미 인노켄티우스 시대에 복음 정신에 터한 저항 집단들에게는 교황은 반反그리스도라는 생각이 굳어졌음은 놀라운 일이 아니다 ….

물론 우리는 십자군 원정 역시 "그 시대에 터하여", 그러나 변명 따위는 늘 어놓지 않고, 이해해야 한다. 십자군 원정의 배후에는, 마땅한 이유가 있을 때는 정당한 공권력이 합법적 폭력을 사용할 수 있다는 아우구스티누스의 신학이 있었다. "그리스도의 일"은 방어 또는 관철되어야 했거니와, 사람들은 이 그리스도를, 이제 매우 인간적인 면모를 부여하긴 했으되, "정치적 그리스도"로 이해했다. 당시 사람들은 종군자들의 죄가 원정 실패의 원인이라는 식으로 기껏해야 십자군 종군자들이나 비난했지, 십자군 원정 자체는 거의 비판하지 않았으며, 원정의 성공을 믿고 있던 한에는 더욱 그러했다.[184] 물론 십자군 원정은 간접적으로는 서방 세계의 정신적 지평 확장, 지중해 무역과 이탈리아 도시들의 경제적 부흥, 공동 이상을 기반으로 한 귀족(기사) 계급의 형성, 도시 생활수준의 상승(시민계급)에 기여했다. 그러나 동시에 깊이 유념해야 할 것: 당시 그리스도교 메시지에 대한 그 명백히 정치적·군사적인 재해석 앞에서, 비록 십자군 원정의 유익성에 대한 의심, 원정으로 말미암은 높은 세금에 대한 불만, 그리스도교적 교설의 독선에 대한 회의가 점차 깊어가긴 했지만, 그러나 거의 아무도 근본적으로 다음과 같은 **비판적 물음들**을 공공연히 제기하지 않았다:
— 산상설교의 예수, 폭력 포기와 원수 사랑의 그 선포자라면 과연 이러한 전쟁 계획을 승인했을까?
— 나자렛 사람의 십자가가 그리스도인들로 하여금 나날의 진실된 십자가를 지

도록 고무하는 대신, 십자가를 옷에 새긴 종군 기사들의 피비린내나는 전쟁을 정당화한다면, 그 의미가 완전히 왜곡·전도되는 것이 아닌가?

— 교황이 이러한 전쟁을 그리스도교적 "사랑"과 "참회"의 행위요 "공로 쌓는 행업"〔바로 평신도들 특히 기사들을 위한(수도자와 사제들에겐 피흘림이 허락되어 있지 않기에)〕으로 선전한다면, 그가 과연 참으로 그리스도의 대변자일까?

— 이미 1차 원정 종군자들이 저지른 프랑스·라인란트·바이어른·보헤미아의 유다인 공동체들에 대한 잔혹한 박해는, 십자군 원정에서 많은 사람들을 움직인 것은 참회와 사랑보다는 증오·분풀이·탐욕이었음을 경고하는 표지가 되었어야 하지 않았을까?

— 중요한 정복 장소들에서 (서방 이주자들의 기대에 부응하여) 비그리스도인들을 학살·추방한 전략과 예루살렘 입성 이후 유다인과 무슬림들에 대한 몸서리치는 집단 살육은, 새끼나귀 타고 바늘 하나 들지 않고 예루살렘으로 들어갔던 저 예수의 행동과 극단적으로 상충되지 않는가?

— 새로이 창건된 종군자 국가들과 군무를 수행한 기사 수도회들(요한 수도회, 성전 기사 수도회)은 온유한 사람들만이 "땅"을 차지할 것이라고 가르쳤던 저 나자렛 출신 설교자에게 애당초 인정받을 가망이 없지 않은가?

— 그러므로, 오랜 전통을 거슬러, 과연 전사자들을 곧장 낙원에 들어가는 순교자들로 보아도 되는가?

교회의 군대화와 관련해서도, 원시 그리스도교의 메시지(P I)는 십자군 원정 당시를 지배하던 패러다임(P III)에 의해 완전히 왜곡·전도되었다. 그러나 고대교회 비잔틴 패러다임(P II)과 비교해보아도 차이점이 뚜렷이 드러난다:

● 동방 정교회들 역시 세속 권력의 온갖 정치적·군사적 투쟁 속에 휩쓸려들어갔고, 흔히는 전쟁을 신학적으로 정당화하고 나아가 고취하기까지 했다.

● 그러나 종교적 목적 달성을 위한 합법적 폭력 사용에 관한 저 (아우구스티누스의) 교설(이것은 마침내 그리스도교 전파를 위해서도 폭력 사용을 허용했다)은 서방 그리스도교에서만 발견된다: 그리하여 고대교회의 모든 전통을 거스르는 개종 전쟁·이교도 말살 전쟁·이교도 박해 전쟁, 아니 동료 그리스도인들을 공격하는 십자

군 원정까지 생겨났으니, 이것은 십자가의 의미를 완전히 왜곡·전도시킨
것이라고 하지 않을 수 없다.

성직자중심화: 독신 남자들의 교회와 결혼금지령

로마화는 **성직자중심화**를 의미했다: 수도자 출신인 훔베르트와 힐데브란트
의 영향으로, 로마는 일종의 "범汎수도자주의"를 통해 전체 성직자에게 무조건
순종, 결혼 거부 그리고 공동생활을 요구했다. **사제 결혼을 금지**한 1059년
라테란 시노드의 결의사항들은 이탈리아에서보다는 수도회 개혁의 요람인 프랑
스에서 더 잘 준수되었다. 아무튼 롬바르디아 주교들은 사제 결혼 금지령을 선
포하지 않았다(자기 사제들에게 거의 죽을 만큼 맞은 브레스키아 주교만 제외하고). 그러나 성직자
들이 합법적 사제 결혼을 고수하자, 교황의 부추김을 받은 "파타리아"(무뢰한들)
가 성직자들에 맞서 폭동을 일으켰다. 성직자들의 집에서는 그들의 아내들에
대한 끔찍한 사냥이 벌어졌다.

결혼 금지에 대한 분노는 이탈리아보다 독일에서 더 격심했던바, 여기서는
단 세 명의 주교(잘츠부르크·뷔르츠부르크·파싸우)만이 용기를 내어 로마의 교령을 선
포했는데, 파싸우 주교는 성탄절에 성직자들에게 몰매를 맞을 뻔하다가 쫓겨났
다. 특히 하위직 성직자들은 매우 당혹하여, 수천 명씩 모여(콘스탄츠 교구에서만
3,600명의 성직자가 시노드에 참석했다), 새로운 법과 자기들의 종교 지도자들을 배척하도
록 교회 백성을 선동하는 고위 성직자들의 짓거리에 항거했다. 독일 성직자들
은 한 문서에서 이렇게 분노를 표현했다:

1. 교황께서는 "알아들을 수 있는 사람은 알아들으시오"(마태 19.12)라는 주님의
   말씀을 알아듣지 못하시는가?
2. 교황께서는 사람들에게 천사처럼 살라고 강요하고 있으며, 자연의 길을 금
   지시키려 한다. 그것은 간음을 조장할 따름이다.
3. 결혼생활과 사제직 가운데 하나를 포기해야 하는 선택 앞에서, 우리는 결혼
   생활을 결단하겠으니, 교황께서는 교회직무 수행을 위해 천사들을 데려오
   실 일이다.[185]

이 문제에서도 최종 결정을 내린 사람은 또다시 **그레고리우스 7세**였으니,
1074년 자신의 첫번째 단식 시노드에서 무뢰한들의 계획을 치하하고 1059년의
결의사항들을 재가했다. 그는 결혼한 사제들("축첩자들"로 매도되었다)을 모조리 정직
停職시키고, 또한 평신도들을 부추겨 그들의 사제 직무 수행을 인정하지 않도록
했다. 그것은 실로 금시초문의 일이었다: 교황 자신이 획책한, 평신도들의 **성
직자 보이코트!** 물론 교회법적으로는 1139년 2차 라테란 공의회에서 최종 결
말이 났는데, 공의회는 높은 품계의 서품(차부제품부터)은 혼인장애라고 선언했다.
다시 말해서: 그때까지 금지되긴 했으나 법적으로 유효했던 사제 결혼이 이제
부터는 아예 처음부터 무효였다. 모든 사제 아내들은 첩으로 간주되었고, 자식
들은 노예로서 교회 재산에 귀속되었다. 이리하여 그때부터 **보편적 의무로서
의 독신법**이 존재하게 되었다. 그러나 이 법은 현실적으로는 종교개혁 시대까
지 로마에서조차도 제한적으로만 준수되었다.

오늘날 다시금 격렬한 논쟁의 대상이 되어 있는 이 중세의 전형적으로 로마
가톨릭적인 독신법은, 다른 그 무엇보다도 크게, "성직자들"·"교권제도"·"사
제계급"이 "평신도들"인 "백성"과 분리되어 완전히 그들 위에 군림하는 데 기
여했다. 아무튼 이제는 독신 상태가 결혼 상태보다 이론의 여지 없이 도덕적으
로 "더 완전"한 것으로 간주되었다. **성직자중심화**는 이제 "교회"와 "성직자들"
을 아예 동일시하는 데까지 나아갔다(이것은 부분적으로는 오늘날의 언어관습에서도 찾아볼 수
있다). 이것이 권력관계에 의미했던 것:
— 평신도는 그때까지 성직자와 평신도가 함께 속해 있던 교회로부터 밀려났다.
— 성직자들만이 은총수단들의 관장자로서 "교회"를 형성했다.
— 성직자 교회는 교황을 정점으로 하여 교권제도적·군주제적으로 조직되었
고, 그리하여 가톨릭 교회는 로마교회와 동의어가 되었다.
— 성직자("교회")와 평신도("백성")가 "그리스도교 세계"를 형성하지만, 로마의 견
해에 따르면, 그 세계에서는 교황과 성직자들이 절대적으로 군림해야 했다.

이제 중세 전성기에 성직자들은 과거 그 어느 때보다 뚜렷이 막강한 두 집단
으로 구성되었으니, 재속 성직자들과 수도회 성직자들이 그것이었다. 수도회

성직자들의 중요성이 결정적으로 증대된 것은 바로 **인노켄티우스 3세** 때였다. 이제 서방에서는 수도자들 중에서 "사제들"이 갈수록 많아졌고, "평수사들"은 하급 직책을 담당했다. 청빈운동을 교회에 이롭도록 교묘히 순치하고, 특별히 가난한 예수 추종을 중심이념으로 삼고 있던 새로운 종류의 수도회들, 즉 프란치스코와 도미니코 **탁발 수도회들**을 인가한 사람도 인노켄티우스였다. 이 수도회들에 관해서는 나중에 좀더 자세히 다루기로 한다.

성직자중심화에 있어서도, 고대교회 비잔틴 패러다임(P II)과 중세 로마 가톨릭 패러다임(P III) 사이에는 뚜렷한 차이점이 드러난다:

● 동방 교회들에서는 주교들을 제외한 성직자들은 계속 결혼을 했고, 백성들과 상당히 친밀했으며 사회조직에 잘 적응한 것으로 보인다.

● 그러나 서방의 독신 성직자들은 무엇보다 결혼을 하지 않았기 때문에, 그리스도인 백성들로부터 완전히 분리된 것으로 보인다. 그들은 하나의 고유한 사회 지배계급이 되었으며, 원칙적으로 평신도 계급 위에 군림하고 전적으로 로마 교황에게 복속되었다. 또한 이제 처음으로 교황은 중앙집권적으로 조직되었으며 충직하고 활동적인 독신 남자들로 이루어진 어디에나 편재하는 지원군, 곧 탁발 수도회들의 뒷받침을 받게 되었다.

얻은 것과 잃은 것

교황직의 호전성은 그후에도 거듭 새삼 드러날 터였으니, 호헨슈타우펜 가문 출신 황제들과의 죽기살기 싸움의 마지막 단계에서부터 이탈리아 르네상스와 반反종교개혁을 거쳐 교회국가(교황령) 및 그 꼭대기의 "교황＝왕"의 몰락에 이르기까지 언제나 그러했다. 과연 2차 바티칸 공의회 때까지 로마 사람들은 즐겨 교회를 지칭하기를, 온갖 실제적 혹은 상상 속의 적수들과 맞서 싸우는, 물론 모든 것이 무조건 순종을 요구하는 교황의 최고 사령부 명령을 따르는 "질서정연한 전열戰列"이라고 했다.

총결산을 하기 위해 중세 전성기의 전개과정을 개관하다 보면, 이렇게 묻지 않을 수 없게 된다: 법률·정치·군대를 통해 모든 면에서 안전장치를 갖춘 이

성직자중심의 중앙집권적 체제를 심각하게 위협할 수 있는 것이 있을까? 그러나 좀더 자세히 들여다보면, 그 전체 전개과정은 얻은 것뿐 아니라 잃은 것도 많았음을 알 수 있다. 일종의 역사변증법이, 특히 교황중심주의 체제에서, 뚜렷이 드러난다. 아무튼 교황들〔마지막으로 그레고리우스 9세(인노켄티우스 3세의 조카)와 인노켄티우스 4세〕과 재능이 뛰어난 호헨슈타우펜 가문 출신의 황제 프리드리히 2세의 군사적·정치선동적 대결이 교황직에 어떠한 **긍정적 결과**를 가져다주었던가?

— **교황들은 호헨슈타우펜 가문 출신 황제들에게** 확실한 **승리**를 거두었다: 프리드리히 2세의 손자요 마지막 호헨슈타우펜 가문 사람인 겨우 16세짜리 콘라딘은 교황의 동맹자 앙주의 샤를르(프랑스 왕 루이 9세의 형제로서 교황에게 나폴리와 시칠리아를 봉토로 받았음)에게 패했고, 교황의 중재를 간청했지만 수하들과 함께 나폴리에서 반역자로 참수되었다. 이로써 평신도에 의한 성직 임명은 결정적으로 폐기되었고, 교황직과 그 법률체제는 유럽의 중심제도가 되었다.

— **역사를 좌우하는 권력이었던 독일 황제직은 끝장**이 났다: 이탈리아와 독일에 걸친 제국은 사실상 수많은 독립 지역들로 해체되었다.

— 라틴 교회 안에서 **교황직**은 중앙집권적 지배체제를 거느린 **절대적 통치제도**(입법권·행정권·사법권을 모두 보유)로서, 주교단과 고대교회적인 협의적 구조들을 완전히 무시하고, 확고히 자리잡았다.

— 로마 가톨릭 패러다임의 틀 안에서는 **국가에 대한 교회의 자주성**과 삶의 다른 영역들에 대한 종교적 영역의 자율성 확보가 가능해졌는데, 이러한 것은 비잔틴에서 모스크바에 이르는 동로마적·정교회적 조화·통합 패러다임에서는 전혀 생각하지 못하던 것이었다. 그런데 한편으로 이것은 훗날의 정치·법·경제·문화의 세속화 과정의 전제조건이었으니, 이 과정이 북서 유럽에서 시작된 것은 까닭없는 일이 아니다.

이러한 얻은 것들에 맞서, **잃은 것들**(안팎으로의 우환)도 상당하다:

— **십자군 원정**은 시간이 흐를수록 **실패**임이 뚜렷이 드러났다: 프랑스 왕 루이 9세는 6차 원정 때 이집트에서 참패당한 뒤 포로가 되었고, 1270년 마지막 7차 원정에서 다른 군대의 많은 사람들과 함께 튀니스 앞에서 전염병에 걸려

사망했다. **이슬람교**는 여전히 그리스도교의 막강한 적대세력으로 남았다.

— 법률적 · 독재적 · 전제군주적으로 처신하던 교황들은 성사적 · 합의제적 · 공의회수위설적으로 조직된 **동방 교회들**을, 콘스탄티노플 총대주교에 대한 파문과 4차 십자군 원정 그리고 라틴 제국 창설 때문에 **영구히 잃게** 되었다.

— 독일의 보편적 제권을 무너뜨림으로써, 교황직은 로마의 보편적 교황직이라는 자신의 위치도 심각한 위험에 빠뜨렸으니, 보편적 제권의 붕괴가 **근대 민족국가들의 형성**을 촉진시켰기 때문이다. 교황들은 전적으로 독일에 관심을 쏟았기 때문에, 영국과 프랑스의 왕권이 힘을 키워가는 것을 거의 간섭하지 않았다. 그러다보니 이제는 갈수록 교황직이 **프랑스**에 터놓고 의존하게 되었다. 신정神政 국가를 지향하는 "가장 그리스도교적인 왕들"(클로비스 왕이 하늘에서 내려온 성유로 축성되었다는, 널리 선전 이용된 전설 때문에 이런 생각이 퍼져나갔다)의 나라인 프랑스는, 이제 교황들이 정치적 곤경에 처할 때 자주 도움을 구하는 나라였는데, 바로 그 프랑스가 교황직을 위협하게 될 줄은 처음엔 아무도 몰랐다.

그러나 교황직에 대한 새로운 민족국가들의 외적 위협에 못지않은 위협이 내부에서 자라났다: 교회 내부의 조직화된 반대파. 이러한 반대파는 게르만 민족의 아리우스파 신앙이 극복된 이후 5백 년간 서방에서 나타나지 않았었다.

반대파와 종교재판

예전에는 기껏해야 대부분 신속히 처벌 · 격리된 몇몇 이탈자들(예컨대 9세기 오르바이스의 가난한 수도자 고트샬크는 아우구스티누스의 예정설을 내세웠기 때문에 유죄판결을 받고 죽을 때까지 감옥에 갇혀 있었다)이 있었을 뿐이다. 그러나 1170~80년대 이래 로마 체제를 위협하는, **정통신앙을 따르지 않는** 두 가지 대규모 **참회 · 청빈 운동**이 생성 · 발전했다.[186] 교회법으로 인해 경직된 그리스도교, 부유한 수도원들, 설교 의무를 소홀히하며 사치스런 생활을 하는 고위 성직자들에 맞서, 이 운동들은 "유랑 설교와 사도적 가난"을 자기들 과업의 표어로 내세웠다.

먼저 카타리파[그리스어로 katharoi("청정한 자들"), 이탈리아어로 gazzari인데, 여기서 독일어 Ketzer(이단자들)가 파생되었다]: 이들은 12세기 중엽 사도들을 모방한 유랑 설교와 엄격한 금욕생활을 통해 발칸 지방에서부터 널리 퍼져나갔다. 육식·결혼·병역·맹세·제단·성인·성화상·성유물을 배척하면서 이들은 특히 남부 프랑스와 북부 이탈리아에서 귀족·성직자·수도자들 중에서도 많은 동조자를 얻었다. 1167년 뚤루즈의 성^聖 펠릭스 드 카라만 성당에서 개최된 카타리파 공의회에서 동방 출신의 지도자 파파 니퀸타(니케타스)가 새로운 주교들을 서품한 이후, 이들의 교설과 조직을 둘러싼 의문이 전면에 부각되었다. 한 중심지인 남부 프랑스의 도시 알비의 이름을 따 알비파로도 불렸던 카타리파는 점점 더 마니교와 유사한 교설을 내세웠다: 선한 원리와 악한 원리에 관한 교설이 그것인데, 하느님은 보이지 않는 선한 세상의 창조자이고, 사탄은 눈에 보이는 악한 세상의 창조자라는 것이었다. 또한 그들은 구성원들을 두 계급으로 엄격히 구분했다: "믿는 자들"과 "완전한 자들"이 그것인데, 전자에겐 금욕고행의 요구가 그렇게 엄격하지 않았고, 주님의 기도는 후자만이 바칠 수 있었다. 시간이 흐르면서 이들에게서 고유한 교계제도와 교의를 갖춘 본격적인 대립교회가 생겨났고, 특히 발전된 도시 밀집 지역에서 모든 계층의 많은 추종자를 얻었다.

다음으로 **왈도파**: 서방에서 생겨난 이 파는 리옹의 부자 상인 왈도를 중심으로 한 금욕적 평신도 단체에서 유래했다. 왈도는 프로방스어로 번역된 성서에서 산상설교를 읽고 회심한 후, 자기 재산을 가난한 사람들에게 나누어주었다. 초기 왈도파는 카타리파를 반대하고 정통신앙을 강조하는 설교와 저술 활동을 했다. 그러나 평신도 설교 문제를 둘러싸고 교권제도와 충돌이 일어났다. 주교와 교황의 금지령에도 불구하고 왈도파 사람들은 (종종 여자들도!) 사도들을 모방하여 온 나라를 떠돌아다니며 설교했다. 그들은 모국어로 "그리스도의 법" 곧 성서를 선포했는데, 성서의 상당 부분을 달달 외우고 있었다. 남부 프랑스의 많은 귀족들이 복음 정신에 터한 이 운동을 후원했다. 그러나 교회로부터 파문되자 많은 이들이 급진적으로 나아갔다: 이들의 한 분파는 인노켄티우스 3세 시절에 교회에 다시 편입되었는데, "가톨릭의 빈자들"이라 자칭했다. 그러나 다른 한 분파는 창시자 사망 후 급진적인 길을 걸어, 카타리파와 유사해졌다. 즉, 교유한 예배와 성사, 평신도 집전의 성체성사와 설교(여자들도 할 수 있었다)를

갖춘 본격적 평신도 교회를 이루었고, 카타리파처럼 맹세 병역을 거부했을 뿐 아니라, 제단·교회 건물·십자가 공경·연옥·사형을 배척했다.

공식 교회(처음엔 주교들, 다음엔 교황. 이들은 이 운동과 관련된 문제에서 황제의 전폭적 지지를 받았다)**의 대응**은 무엇이었던가? 일반적으로 공식 교회는 **평신도 설교 금지령**과 나아가 **"이단자들" 단죄**로 대응했다. 그러나 파문과 이단자 박해를 위한 입법은 이 종교적 운동들을 지하로 숨어들게 만들었고, 또 한편 더욱 널리 알리는 결과를 초래했다. 이 운동들은 보헤미아까지 퍼져나갔는데, 거기서 후스파·타보리파·보헤미아 형제회 등 전前종교개혁적 운동들에 영향을 끼쳤다. 이단을 근절하기 위한 최초의 일반법(1184년 베로나 시노드에서 교황과 황제에 의해 선포됨)은 교황의 교령들을 따르지 않는 것을 이단의 표지로 규정했다. 동시에 그 법은 세속 권력에게 교회의 지시에 따라 이단을 강제로라도 박멸할 의무를 지웠다.

다른 말로 해서: 인노켄티우스 같은 사람은 몇몇 "이단적" 집단들을 세밀히 구별하려 노력했지만 — 이미 단죄되었던 "억겸파"抑謙派와 왈도파 일부는 다시 교회에 통합되었다[187], 전체적으로 볼 때 교황과 주교들은 교회 내부의 저항에 무자비한 박해로 대응했다. 점점 더 폭력이, 양검론兩劍論의 뒷받침을 받아, 교회 안에서 군림하게 되었다. 그 교설에 따르면, "세속의 팔(권력)"은 자신의 칼을 이단 및 분열과 대적하는 종교적 권력에게 빌려주어야 했다. 주교·교황·왕·황제는 **종교재판**[188]이라는 소름끼치는 제목 아래 교회사 책의 가장 어두운 쪽들을 가득 채우게 될 일들의 준비를 끝내놓고 있었다: 교회의 종교재판소를 통한 조직적이고 합법적인 이단자 박해는 세속 권력뿐 아니라, 흔히 이단자 처형을 극히 탐욕스레 즐기던 민중 계층의 광범한 지지를 얻었다.

원칙적으로 말하자: 종교재판 역시, **바로 중세 로마 가톨릭 패러다임의 특징**이 되었다. 고대교회(P Ⅱ)에서는 특수 사례였던 것이, 중세 전성기 교회(P Ⅲ)에서는 정식 상설제도가 되었다: 전반적이고 더 효율적인 교황청 주도 종교재판이 (이미 중세 초기부터 시행되던) 주교 주관 종교재판을 대체·보완·강화했다. 4세기 교회에서는 가증스러워했던 것이, 12~13세기 교회에서는 명령이 되었다. 아무튼 교황청 종교재판소는 어떻게 생겨났던가?

권력 교회가 발전함에 따라 저항 운동들도 "아래로부터" 자라난 것은 당연했는데, 교회와 국가는 오로지 보복조치들을 통해 그것들로부터 자신을 지킬 수 있다고 믿었다. 끔찍한 사례: 인노켄티우스가 소집한 카타리파의 분파인 알비파에 대한 십자군 원정은 20년(1209~29)이나 계속된 박해전쟁으로 귀결되었다. 그 결과 대규모 집단들이 절멸했고 남부 프랑스 굴지의 가문들이 몰락했으며, 다른 한편으로는 그 지역에 대한 파리 중앙 권력의 통제가 강화되었다. 전쟁이 한창이던 1215년 11월 (앞에서 보았듯이) 4차 라테란 공의회는 유다인뿐 아니라 이단자 박해에 관한 가혹한 일반규정들을 공포했는데, 이단자 판정 잣대로 공의회 헌장 첫머리에 꼼꼼한 신앙고백문을 게재하고, 이단자에 관한 긴 장에서 자격 없는 자의 설교도 이단 행위로 금지했다.[189]

그후 중세 종교재판소가 생겨나는 데 결정적 역할을 한 사람은 바로 프리드리히 2세였다. 그는 자신의 즉위 칙령(1220)에서, 이단자에 대한 형벌을 **장작더미 위의 화형**으로 확정했다. 그러나 교황 그레고리우스 9세도 못지않았으니, 헌장 "파문"(1231)을 통해 그때까지 대개 지역 주교들이 조직·수행하던 이단자 박해를 자기 소관으로 만들고, 이단자 색출을 위해 주로 활동적인 탁발 수도회 수도자들을 **교황청 종교재판관**으로 임명했다. 교회가 이단자로 판정한 자는 세속 법정에 넘겨져야 했다〔화형 혹은 최소한 혀(舌) 절단형께을 받도록〕. 평신도들은 사사롭게든 공공연하게든 신앙에 관해 토론해선 안되었고, 오히려 이단(전염병처럼 여겨졌다!) 혐의가 있는 사람은 누구나 밀고해야 했다. 신앙 문제에 관한 결정은 오직 교회 당국의 권한이었는데, 교회는 사상과 언론의 자유를 전혀 허용하지 않았다. 그후 또 한 걸음 더 내디딘 사람은 하필이면 고명한 법률가 교황 인노켄티우스 4세였다. 그는 자백을 받아내기 위해서는 세속 당국을 통해 고문을 할 수 있는 권한을 종교재판소에 부여했다. 이 조치가 희생자들에게 안겨준 무서운 고통은 필설로 표현할 수가 없다 ….

모든 것이 "지나간 일"이라고? 혹자는 말할 것이다: 오늘날에는 로마 가톨릭 패러다임 안에 고문이나 화형 따위는 결코 없다고. 종교개혁과 계몽주의 이후 그러한 야만적 짓거리들은 아무튼 근절되었다고. 그러나: 중세에 만들어진 로

마 종교재판소는 여러 번 이름을 바꿔가며 아직도 남아 있으며(검사檢邪성성. 오늘날
에는 신앙교리성), 근본적으로 여전히 저 중세적 원칙들을 따라 작동하고 있거니와,
그것들은 보편적으로 인정받는(그리고 당시 교황들도 대외적으로 옹호·주장했던) 법규들 및
정의의 가장 원초적 요구들과는 거의 관계가 없다:[190]

— 이단 혐의자나 피고발인에 대한 처리는 비밀리에 행해진다.

— 누가 밀고자인지 아무도 모른다.

— 증인이나 전문가에 대한 반대신문은 행해지지 않는다.

— 기록 열람이 허용되지 않아서 앞선 심리에 관한 정보 취득이 불가능하다.

— 고발인과 재판관이 동일인이다.

— 다른 독립 법정에의 항소는 불가능하거나 헛일이다.

— 재판의 목적은 밝혀져야 할 진실을 찾아내는 것이 아니라, 그 진실을 언제
나 진리와 동일시되는 로마의 교리("교회"에 대한 "순종")에 굴복시키는 것이다.

반문: 재판에 얽혀들어간 사람들에게 끔찍한 정신적 고통과 영혼의 화상火傷
을 안겨준 그러한 종교재판이 도대체 나자렛 예수의 말씀 및 행동과 무슨 관계
가 있는가? 대답: 전혀 없다. 그러한 종교재판은 복음뿐 아니라, 오늘날의 보
편적 법감정(예컨대 인권선언문에 표현된)도 조롱·모독하고 있다.[191] 그러나 종교재판(내
가 말하는 것은 중세의 종교재판이다!) 역시 그 시대에 입각해서 이해해야 하지 않느냐고?
당시에는 어떠한 이단이든 중세 사회의 공동 신앙 터전에 대한 위협이요, 교황
의 "전권"에 저항하는 대역죄였지 않냐고? 신앙 조목을 한 가지라도 의심하는
자는 모든 권리를 박탈당하고, 필요한 경우에는 공동체 전체의 안녕(이것을 위해 인
간은 존재한다)을 위해 희생될 수밖에 없지 않았겠냐고?

그러나 당시에도 예수 그리스도 자신에 비추어 종교재판은 극히 비그리스도
교적 짓임을 꿰뚫어볼 수 있어야 했다. 과연 중세에도 사람들은 전혀 달리 행
동할 수 있었다. 우리는 매우 중요한 한 가지 일에 대해 인노켄티우스 3세에게
감사해야 한다. 좀더 자세히: 이른바 탁발 수도회들의 복음적·사도적 청빈운
동이 이단으로 내쳐지지 않고 교회 안으로 통합될 수 있었던 것은 인노켄티우
스의 이단자 정책의 전환 덕분이었다. 그는 카타리파 같은 고집세고 도무지 알

아둗지 못하는 이단자들은 불과 칼로써 근절시켰지만, (일찍이 왈도파와 억겸파에게 그랬
듯) 도미니코[192]와 아씨시의 프란체스코의 새로운 운동에는, 4차 라테란 공의회
가 새로운 수도회 형태를 금지했음에도, 교회 안에 살아남을 기회를 제공했다.

대안? 아씨시의 프란체스코

크게 놀랄 일: 저 지체높고 막강한 인노켄티우스가 아씨시의 프란체스코 같
은 보잘것없는 남자와 얼굴 맞대는 것을 허락했으니, 1209년 참으로 **역사적인
만남**이 이루어졌다: "작은 빈자 프란체스코와 세계의 지배자 인노켄티우스가
마주보고 섰다! 그때, 일찍이 아씨시의 부유한 포목상의 삶을 향락하는 속물
아들이었던 조반니 디 베르나르도네라는 인물 안에서, 로마 체제의 위대한 대
안이 모습을 드러냈던 것은 아닐까?

그러나 사실은 인노켄티우스의 허락이 그리 놀랄 일은 아니었던 듯하다. "세
상", 즉 가족·재산·출세를 포기하고 자기 옷마저 아비에게 돌려주었던 프란
체스코는 맨몸으로 교회의 품으로 피해 들어왔기 때문이다. 이 점에서 그룬트
만의 통찰은 옳다: 프란체스코는 언제나 "교회와 교회의 성사들에 대한 경건한
믿음"과 "자신은 평신도로서 결코 애써 얻고자 하지 않았던 사제직에 대한 확
고한 존경심"[193]을 지니고 있었다. 게다가: 인노켄티우스 3세 또한 교회의 개혁
이 화급하고 꼭 필요하다는 것을 알고 있었으며, 그것을 위해 4차 라테란 공의
회를 소집할 터였다. 그는 교회가 겉으로는 강력하나 속으로는 허약하고, 교회
안에 "이단적" 경향들이 급격히 증대하고 있으며, 그것들을 그저 폭력으로 억
누를 수만은 없다는 것을 잘 알고 있었다. 어쩌면 그러한 경향들을 교회에 붙
들어매고, 가난 안에서의 사도적 설교라는 그들의 열망을 받아들여주는 것이
낫지 않을까 …. 요컨대 프란체스코는 교황에게 처음부터 달갑지 않은 존재가
아니었고, 교황도 프란체스코에게 애당초 환영받지 못할 존재는 아니었다.

아무튼 그 **"작은 빈자"의 근본 관심사**는 정확히 무엇이었던가? 스물네 살
먹은 그 젊은이가 1206년 십자가에 달리신 분을 환시하는 가운데 자신의 소명
으로 깨달은 "썩어 무너진 교회의 재건"은 무엇을 의미했던가? 정식定式적으로

표현하건대: 그것은 자기만족적인 소시민적 실존의 마감과 가난 및 복음적 유랑설교를 통한 참된 그리스도 추종의 시작이었다. 그리하여 그리스도의 삶과 고통을 고스란히 다시 살고, 그리스도와 일체가 되는 것이었다.

그 젊은 아웃사이더의 공식 교회와 거의 궁합이 맞지 않고 갈등의 소지를 배태한 성향이 프란치스코 수도회 출신 학자들(힐라린 펠더,[194] 카예탄 에서[195] 등)에 의해서는 언제나 필수적인 엄격한 자기비판과 함께 제시·부각되지는 못했으니, 그들은 프란체스코와 교황청 사이에 근본적인 충돌은 없었으며 또 프란체스코로부터 프란치스코 수도회가 생겨난 것은 일종의 "유기적 발전"일 뿐 자가당착은 아니라는 식으로 말한다. 그에 반해 튀빙언의 신학사가史家 헬무트 펠트[196]는, 슈트라스부르크의 역사학자 폴 사바티에[197]와 마르부르크의 종교학자 에른스트 벤츠[198]의 연구와 연계하여 그리고 원전에 대한 비판적 재독에 터해, **프란체스코의 이상의 이론의 여지 없는 세 가지 핵심**을 제시·강조하고, 훗날의 발전과정도 비판적으로 고찰했다:[199]

— **가난**: 아씨시의 프란체스코가 지향한 것은 철저한 가난 속의 삶이었다. 이러한 지향을 지니도록 자극을 준 것은 1208년 예배중에 들었던 예수의 말씀이었다: "거저 받았으니 거저 주시오. 전대에 금화도 은화도 동전도 지니지 마시오. 길을 떠날 때 자루도 속옷 두 벌도 신발도 지팡이도 지니지 마시오. 일꾼은 양식을 얻을 자격이 있습니다."[200] 이것의 귀결(프란체스코의 유언에서도 읽어볼 수 있다): 형제회 개개 구성원의 철저한 무소유(옛 수도회들에서도 그랬다)뿐 아니라, 공동체 전체의 무소유; 금전 소지 금지, 대규모 교회와 건물 건축 금지, 로마 교황청에 특전 간청 금지. 그러나 형제회 구성원들은 아주 힘들여 들일을 해야 했다: 그러므로 탁발 수도회가 아니었다(비상시에만 탁발을 했음!).

— **겸비**謙卑: 프란체스코가 지향했던 것은 자기부정과 자기억제라는 극단적 형태에 이르기까지 권력과 명성을 포기하는 삶이었다. 그는 무조건적인 인내의 덕과 모욕·비방·구타조차도 참아낼 수 있는 기쁨의 마음가짐을 설교했다. 프란체스코에게는 예수의 고통과 가난이 본보기였으니, 과연 그는 자신을 고통당하는 예수와 동일시했다.[201]

— **단순**: 프란체스코가 지향했던 것은 모든 일에서 터무니없는 단순함으로 그리스도를 추종하는 것이었다. 그는 지식과 학문은 오히려 장애물로 여겼다. 그 대신 그에게는, 많은 기록 · 전설 특히 "태양에의 송가"에 잘 드러나듯이, 삼라만상과의 새로운 관계가 매우 중요했다: 동물, 식물, 생명 없는 자연현상들, 심지어는 "우리 자매, 사랑스런 죽음"[202]과의 새로운 관계 말이다. 프란체스코는 삼라만상을 형제자매라 불렀으니, 그것들 안에서, 인간들에게서처럼, 하느님의 생명으로 가득찬 생생한 존재들을 알아보았기 때문이다.[203]

"거룩한 복음의 형식에 따른"[204] 자신의 생활방식을 일종의 하느님 계시로 여기고 단순한 몇 가지 회칙을 오로지 성서 말씀을 따서 만든 프란체스코는, 인노켄티우스 3세로부터 생생한 가난과 평신도 설교에 대한 **교회의 인가**를 얻기 위해, 1209년 11명의 "작은 형제들"과 함께 로마로 갔다. 프란체스코와 그의 동료들은 자신들의 목적을, 예수와 일치하여 그러나 교권제도와 대결하지 않으면서, 이단으로 떨어져나가지 않고 교황과 교황청에 순종하면서, 실현하고자 했으며 또한 예수의 제자들처럼 복음적 삶이라는 이상을 유랑설교를 통해 어디서나 선포했다. 겉보기에는 "이단자들"과 거의 다를 바 없었으나, 그들은 가난이라는 자신들의 이상을 정통교리와 충돌하면서 살아내려 하지는 않았다. 또한 물론 세상과 동떨어진 수도원 안에서가 아니라, (십자군 전쟁이 한창이던 당시 갈수록 크게 번영하던) 이탈리아 도시들 한가운데서 복음을 선포함으로써 살아내고자 했다.

교권제도의 반응은 어떠했던가? 로마에서 프란체스코를 위해 매우 중요한 역할을 한 사람은 아씨시 주교와 잘 아는 사이였던 베네딕도회 수도자 추기경 성 바울로의 요한이었다. 교회 개혁이 필요하다고 확신한 그는 그 형제들을 자기 집에 맞아들이고 프란체스코와 오랜 대화를 나누었다. 요한 역시 수도자나 은수자의 생활방식을 따르도록 프란체스코를 설득할 수는 없었으나, 아무튼 교황이 긍정적 인상을 갖게 애를 써주었다: 하느님께서는 복음에 터해 활동하는 이 남자를 통해 온 세상에서 교회의 신앙을 쇄신하실 수 있으리라고. 그리하여 프란체스코와 인노켄티우스 3세의 만남이 이루어졌다. 교황은 긴 훈계 끝에 프란체스코에게 참회 설교를 해도 좋다고 허락한 듯하다. 다만 교황은 형제회 회칙이 요구하는 절대적 가난 속의 삶이라는 이상의 실현 가능성에 대해서는 우려를 나타내고, 프란체스코가 그 문제에 관해 기도 안에서 하느님의 뜻을 찾아야 하리라고 말했다. 교황은 꿈에 본 광경 때문에(전해오는 바에 따르면, 인노켄티우스는 꿈에 작고 초라한 한 수도자가 교황의 라테란 바실리카를 붕괴되지 않도록 떠받치고 있는 것을 보았다고 한다. 환시는 프란체스코와 인노켄티우스 모두에게 중요한 역할을 했다) 마침내 프란체스코의 회칙을 인가하고, 추기경 회의에서 공포했다. 그러나 문서상 확정된 것은 아무것도 없었다.

이 모두가 의미하는 것: 프란체스코는 위험한 존재로 비쳐졌었지만 이제 완전히 교회에 매였다. 그는 교황에게 순종과 공경을 약속했고, 형제들도 같은 약속을 하도록 했다. 요한 추기경의 요청에 따라, 프란체스코와 11명의 동료는 머리 중앙부 삭발Tonsur을 함으로써 성직자 신분으로 들어높여졌는데, 이것은 설교활동을 좀더 용이하게 했으나 한편 어린 공동체의 성직자중심화를 촉진시켰다. 이제 사제들도 공동체에 입회했다. 프란체스코 운동의 "교회화" 과정이 시작되었고, 가난으로 모든 것에서 벗어나려 했던 프란체스코는 이제 갈수록 "거룩한 어머니 교회"에 매이게 되었다. 또한 다음과 같은 기이한 모순도 그는 질색이었다: 프란체스코가 자신을 낮출수록, 민중은 그를 더욱 받들었다.

늦어도 여기서, 아씨시의 프란체스코의 등장과 더불어 제기되었던 절박한 물음을 다시 한번 물어야겠다: 프란체스코는 **로마 체제의 대안**이었던가? 만일 인노켄티우스 3세가 복음을 새로이 진지하게 받아들였다면, 프란체스코의 근본 관심사를 제 것으로 삼았다면, 어떤 일이 일어났을까? 만일 4차 라테란 공의회(1215)가 그러한 바탕 위에서 교회 개혁을 추진했다면, 어떻게 되었을까?

느긋하게 생각할 수도 있을 것이다: 예수가 제자파견 때 하신 말씀은 유랑설교자들을 위한 것이며, 그것을 억지로 일반화할 수는 없다고. 그리고 우리는 원시교회를 고찰할 때, 걸릴 것 없는 떠돌이 생활을 하던 예수와 함께 다니고자 했던 사람들은 어쩔 수 없이 모든 것을 버려야 했음을 보았다. 확실한 사실: 예수는 (사해 부근 쿰란의 에세네파 수도원에서처럼) 재산을 공동체에 넘기라고 요구하지 않았다. 그는 자캐오가 자기 재산의 반만 사람들에게 나누어준 것을 칭찬했다. 예수는 어떠한 법규나 정관도 만들지 않았다. 추종자 가운데 베드로를 비롯한 여러 사람이 자기 집을 갖고 있었다. 그러나: 예수는 모든 사람에게 넉넉한 과욕寡慾, 신뢰 속의 태평스러움, 소유로부터의 내적 자유를 요구했다. 후대 사람들이 상황을 많이 미화하긴 했지만, 아무튼 원시교회 안에서는, 이상적 유토피아 사회는 아니지만 일종의 "사회적 연대책임 공동체"가 실현되었었다.

그러므로 다시 한번 묻자: 만일 당시 사람들이 예수의 말씀을 (그리스도 모방이 아니라, 그리스도와의 상호관계 안에서) 다시금 새로이 진지하게 받아들였다면, 무슨 일이 일어났을까? 대답은 다음과 같을 수밖에 없다: 아씨시의 프란체스코의 복음적 요구들은, 글자 그대로가 아니라 속뜻에 터해 이해한다면, 중앙집권화·법정화·정치화·군대화·성직자중심화된, 그리스도의 일을 멋대로 제 것으로 횡령한 **로마 체제에 대한** 강력한 **의문제기**요 위협을 의미했고 지금도 그러하다. 그리고 그러한 요구들은 뒤이은 시대에 갈수록 커지고 공공연해질 터였다. 아씨시의 프란체스코는 그리스도의 일이 본디 의미했던 것에 대한 일종의 재의식화였고, 이러한 의식화·자각·상기는 로마 체제가 그리스도교의 원천적 소식을 멀리할수록, 그만큼 더 급진적이 될 수밖에 없었다.

물론: **프란체스코의 운동**은, 20년도 안되어 이탈리아 전역으로 세차게 퍼져나갔으나, **거의 완전히 교회 안으로 순치**되었고, 그리하여 곧 일반 수도회로서 교황의 정치에 봉사하게 되었다. 그것은 전적으로 인노켄티우스 3세의 조카인 오스티아의 후골리노[205] 추기경의 업적이었는데, 그는 프란체스코 생존시에 가장 가까운 친구요 비호자가 되었고, 그가 사망한 지 1년 뒤에는 교황좌에 올랐다(그레고리우스 9세). 후골리노는 어떤 방법으로 프란체스코 운동을 길들였던가? 그는 이미 오랫동안 "아래로부터" 성인으로 추앙받던 프란체스코를 1228년 재빨리 성인 명부에 올렸고, 그로써 그를 "위로부터의" 시성자로 만들었다. 그리고 그레고리우스 9세는 프란체스코가 자신의 대리자로 임명한 코르토나의 엘리아스[206] 수사로 하여금, 프란체스코의 무덤 위에 어마어마한 기초를 놓고 지상·지하 성당을 갖춘 화려한 바실리카를 건축케 했고, 아씨시 성벽 앞에도 수도회 건물을 짓게 했다(이 모든 것은 규모 큰 성당과 건물을 세우지 말라는 성인의 단호한 금지령을 정면으로 거스르는 일이었다). 또한 그레고리우스 9세는 1230년에 반포한 교서에서, 이

미 수도회 꼴을 갖추고 점차 한자리에 붙박게 된 프란치스코회의 청원에 따라 회칙을 "해석"해주었다: 수사들이 재산을 제 것으로 "소유"할 수는 없지만, "사용"하는 것은 허용된다고. 그것은 허구적인 구별이었으니, 프란체스코 자신이라면 그따위 수작은, 당시 역시 허용되던 수표 등을 통한 간접적인 금전거래와 마찬가지로, 틀림없이 단호히 배척했을 것이다.

프란치스코 수도회에서는 (여기서 수도회 역사는 다루지 않기로 한다) 가난에 대한 이해를 둘러싸고 엄격파와 온건파 사이에 논쟁이 백 년 이상 계속되었다(가난 논쟁). 또한 갈수록 많은 사제·지식인·대학생들이 입회함에 따라, "작은 형제들"도 점점 더 학문에 관심을 쏟게 되었고, 그리하여 이미 프란체스코 자신이 유언장에서 신학자들을 존중하라고 분부했다. 볼로냐에서는 포르투갈 사람 파두아의 안토니우스가, 파리에서는 영국인 할레스의 알렉산더 같은 저명한 교수와 스승에 버금가는 제자였던 이탈리아 사람 보나벤투라(훗날 총장과 추기경이 됨)가 속속 프란치스코 수도회에 입회했다.

아마도 인노켄티우스 3세는, 비범한 재능을 바탕으로, 교회로 하여금 전혀 다른 길을 가도록 할 수 있었을 유일한 교황이었다. 만일 그랬다면 교황직은 분열과 망명을, 교회는 개신교 종교개혁을 모면할 수 있었을 것이다. 만일 그렇게 했다면, 때늦게 16세기가 아니라 이미 13세기에 가톨릭 교회는 또 한번의 패러다임 전환을 이루었을 것이고, 그것은 교회를 분열시키지 않고 오히려 참으로 쇄신시키고, 또한 동·서방 교회를 화해시킬 수 있었으리라. 아무튼 아씨시의 프란체스코의 원시 그리스도교적인 세 가지 근본 관심사(가난·겸비·단순)는, 우리가 편파성과 약점을 지니고 있는 그의 인품을 미화하지 않더라도, 아직도 여전히 교회의 미래를 위한 물음으로 남아 있다.

미래를 위한 물음

교회는 어떠한 모습을 지녀야 하는가? 미래의 교회는 인노켄시티우스 3세의 정신을 따르는 교회여야 하는가, 아니면 아씨시의 프란체스코의 정신으로 살아가는 교회여야 하는가? 교회가 광신적 이상주의에 빠져 극히 복잡한 경제 · 행정 · 법률 문제를 무시해서는 물론 안되지만, 또 그래서 교회 안에서도 그것들의 정당한 형태들을 인정해야 하지만, 그러나 어쨌든 교회의 토대인 복음으로부터 비롯하는 이 근본 물음은 언제까지나 힘차게 살아 있다: 교회는 과연 어떠한 모습을 지녀야 하는가?

● 부 · 오만 · 사치 · 탐욕 · 금융 추문의 교회? 아니면 복음적 삶과 사도적 자유를 억압하지 않고 촉진하는, 투명한 금융정책과 만족할 줄 아는 과욕의 교회, 소유로부터의 내적 자유와 그리스도교적 넉넉함의 본보기인 교회?

● 권력 · 지배 · 관료주의 · 차별 · 억압 · 종교재판의 교회? 아니면 박애 · 대화 · 타그리스도인들에 대한 형제애와 환대 · 지도자들의 겸손한 봉사 · 사회적 연대의 교회, 새로운 종교적 에네르기와 이념들을 내치지 않고 오히려 그것들이 풍성한 결실을 거두도록 해주는 교회?

● 경직된 교의 · 윤리도덕적 검열 · 법률적 안전장치 · 모든 것을 규정하는 교회법 · 모르는 게 없는 스콜라 신학 · 두려움과 불안의 교회? 아니면 기쁜 소식과 기꺼움의 교회, 위에서 아래로 세뇌시키는 대신 인간들의 말에 귀기울이는 단순한 복음에 터한 신학의 교회, 그저 가르치기만 하는 게 아니라 언제나 다시금 새로이 배우는 교회?

아씨시의 프란체스코는 자신의 이상을 배반하지 않은 채, 그러나 또한 지나친 금욕고행 때문에 허약해진 육신을 다시 추스르지 못한 채, 1226년 10월 3일 살아 있을 때처럼 가난한 모습으로 사망했다. 겨우 44세였다. 그보다 10년 전, 어떤 전임자보다 교황좌의 권력과 부를 증대시킬 수 있었던 인노켄티우스 3세가 의기양양했던 라테란 공의회 폐막 7개월 뒤 56세로 갑자기 사망했는데, 그 역시 인간의 가난과 비참함을 벗어나지는 못했으니, 1216년 6월 16일 밤 모든 사람에게 버림받고 자신의 종자들에게 약탈당해 완전히 벌거벗은 채 죽어 있는 것이 페루지아 대성당에서 발견되었다: 유성流星 같은 출세가도의 시초에 젊은 신학자로서 「이 세상에 대한 경멸과 인간 존재의 비참함에 관하여」라는 책을 저술했고, 그후엔 막강한 권력을 휘두르던 사람의 벌거벗은 시체!

인노켄티우스 3세는 신학자로서는 평범했다. 그의 저작들은 아모스타(피에몽) 태생 베네딕도 수도원장이요 부르군트와 노르망디를 거쳐 영국 최초의 대주교좌에 오른 **캔터베리의 안셀무스**(1033~1109)[207]가 백 년 전에 정립한 명제 "이해하기 위해 믿는다"에 거의 기여하지 못했다. 안셀무스는 철저히 아우구스티누스 전통에 입각하여, 그리스도교 신앙을 성서와 다른 전거들의 도움을 빌지 않고 이해할 수 있는 것으로 제시하고자 했다(이러한 요청은 그 시대의 전형적 특징이었다). **이해를 추구하는 신앙**: 이것이 그의 프로그램 표어였다. 안셀무스는 이 프로그램에서 하느님의 명예회복으로서의 인간 구원에 관한 문제 많은 법리法理적 교설과 함께 신존재 증명을 전개했으니, 유명한 "존재론적" 논증이 그것이다: "하느님"은 그보다 큰 존재란 사유될 수 없는 존재이다. 그러한 하느님은 사유 안에만 존재할 수는 없고, 현실 안에도 존재해야 한다. 그렇지 않다면 실제로 존재하는 것이 그보다 큰 것은 사유될 수 없는 존재보다 큰 것이 된다. 이 논증은, 처음부터 그 증명력에 관해 논란이 없지 않았으나, 20세기에 들어설 때까지 신학자들을 매료시켰다.[208] 안셀무스는 이 프로그램 덕분에 스콜라 신학의 아버지로 불린다. 그러나 물론 "스콜라 신학의 왕자"는 안셀무스가 사망한 지 약 백 년 뒤에 태어난 다른 사람이 되었다: 그 위대한 그리스도교 사상가는 하느님 개념으로부터 하느님의 존재를 이끌어내는 것을 배척했고 우악스런 명예회복(보상) 이론 체계를 비판했는데, 토마스 아퀴나스가 바로 그 사람이다.

9 신학적 대종합: 토마스 아퀴나스

토마스 아퀴나스(1225~74)는 황제와 교황 이외의 저 **제3세력**의 대표자였다: 즉, 13세기에 교육중심지인 수도원들을 대체한 **대학들**과 그것들이 연구와 교수를 통해 봉사한 학문 말이다. 이 대학과 학문을 중심으로 하여, 황제나 교황도 멋대로 좌우할 수 없는, 그리스도교의 참으로 새로운 패러다임이 출현할 터였다. 혹시 아퀴나스 출신의 이 천재적인 남자가 이미 이 새로운 패러다임을 적어도 신학 분야에서는 학문적으로 정립했던 것은 아닐까? 여기서는 이 문제를 집중적으로 고찰하기로 한다. 전기傳記적 정보에 관해서는 나의 「위대한 그리스도교 사상가들」을 참고하기 바란다.[209]

토마스 아퀴나스 — 그는 그리스도교계의 "보편적 스승"이다. 적어도 가톨릭 교회에서는 오늘날에도 그렇게 불리고 있다. 그러나 처음부터 그랬던 것은 아니다. 토마스가 그런 논란의 여지 없는 지위를 차지하게 된 것은, 1차 바티칸 공의회 이후 20세기에 들어설 무렵부터다. 당시 교황들은 자신들이 마음대로 사용할 수 있는 온갖 권력수단들을 동원하여, 토마스보다는 신토마스주의를 장려했다: 토마스에 관한 회칙, 토마스를 교회의 진정한 스승이요 모든 가톨릭 학교의 수호성인으로 명명, 토마스 저작의 새로운 비판본 간행, 가톨릭 신학으로 하여금 규범적인 24가지 철학적 근본명제들을 의무적으로 다루게 함. 1917~18년에 공포된 교회법전조차 가톨릭 교육기관에서 철학과 신학을 "천사 같은 스승(토마스 아퀴나스)의 방법론·교설·원리에 따라" 연구하는 것을 일종의 법적 의무로 간주했다.[210] 아무튼 그리하여 1924년까지 「신학 대전」 1부에 대한 주해서가 218종, 전체에 대한 주해서는 90종이 출간되었다. 그러나 토마스 아퀴나스는 그리스도교계의 현대화와 새로이 나타난 문제들 그리고 희망이 주요 관심사였던 2차 바티칸 공의회에서는 사실상 아무 역할도 하지 못했다. 그 이후 토마스 교설을 맹종하는 학교는 존재하지 않는다. 그러나 1983년의 새 교회법전은 토마스를 새삼 "특별히" 권장했으며[211], 1993년에 출간된 로마의 전통주의적 「가톨릭 교회 교리서」는 마침내 다시금 토마스를 — 아우구스티누스(88번)와 요한 바오로 2세(137번!)와 더불어 — 다른 모든 교회 저술가보다 훨씬 많이 (63번) 인용한다.[212]

그러나 로마가 현대 정신으로부터 자신을 방어하기 위해, 우악스레 전체 가톨릭 신학을 여전히 현실적 의의를 지닌 것으로 여겨진 토마스 아퀴나스 신학에 그처럼 고정시킨(중세 전성기 이래 늘상 그래왔던, 노선 이탈자에 대한 잔혹한 제재도 이것과 결부되어 있다) 것은, 두 가지 사실을 뚜렷이 말해준다:

— 신학의 중세 패러다임(P III)은 종교개혁(P IV)과 계몽주의(P V)에도 불구하고, 가톨릭 교회 안에서 2차 바티칸 공의회(1962~65) 때까지 버텨올 수 있었으나, 이제는 확실히 수세적 입장에 처해 있다.

— 단죄된 이단자들도 교회의 권위있는 스승이 될 수 있다. "스승 성 토마스"

에 대한 신스콜라주의의 온갖 절대화에도 불구하고, 다음 사실은 잊혀질 수 없다: 토마스 아퀴나스 신학 본래의 역사적 맥락과 근본 성향도 정통과는 거리가 멀었다. 왜? 그것은 토마스가 당시 위험한 것으로 여겨지던 "이교적" 철학을 받아들인 것과 관계가 있기 때문이다. 아리스토텔레스의 철학 말이다.

새로운 도전: 아리스토텔레스

스무 살에 자기 소속 수도회의 학문중심지인 파리로 보내졌을 때, 토마스는 거기서 약 25년 연상의 극히 출중한 학덕을 지닌 스승을 만나게 되는 매우 귀중한 행운을 얻었으니, "전과全科 박사"라는 칭호가 전혀 손색이 없던 슈바벤 사람 대大알베르투스(1200~80)가 바로 그 사람이다. 생존 시에는 토마스보다 훨씬 유명했던 알베르투스는 두 가지 점에서 선구적이었다: 자연과학자이기도 한 그는 자연과학적·자연철학적 저술을 통해 특히 생물학·식물·생리학·분류학에서 새로운 결실을 거두었다. 그는 화학(그리고 연금술) 실험 때문에 마술을 행한다는 혐의를 받기도 했다. 또한 알베르투스는 철학자로서 20년에 걸친 작업으로 완성한 아리스토텔레스 사상에 관한 백과사전을 통해, 또한 12세기 이래 새로이 연구되던 아리스토텔레스와 아랍과 유다교의 문헌들에 대한 과감한 평가와 전파를 통해 선구적 역할을 수행했다. 그 문헌들은 당시에 부분적으로는 여전히 금지되어 있었는데, 그는 그것들에 대한 연구를 크게 진척시키지는 못했지만, 석의釋義는 시도했다. 신학에서는 아우구스티누스, 천문학에선 프톨레마이오스, 의학에선 갈레누스 그리고 자연철학에서는 아리스토텔레스가 권위자라는 생각을 지니고 있었던 알베르투스는, 아리스토텔레스와 그리스도교 신앙을 결합시키는 과업을 철학적으로 자신보다 훨씬 재능있는 제자 토마스에게 넘겨주었다.

오늘날에는 자명한 것이, 당시에는 전혀 그렇지 않았다. 많은 사람들이 **아리스토텔레스** 같은 이교 철학자는 매우 **위험**하고 분란을 일으킨다고 생각하고 있었다. 그럴 만도 했다: 아리스토텔레스는 창조 및 그것과 결부된 세계의 시간성 대신 세계의 영원성을 주장하지 않는가? 하느님의 섭리 대신 역사의 맹목적 필연성? 영혼의 불멸성 대신 육신에 얽매인 영혼의 사멸성? 요컨대: 이 철학자는, 전체적으로 볼 때, 저 세상이나 하느님과 그분의 계시 따위는 하찮게 여겨질 정도로, 경험적 현실세계에의 집중의 화신이 아닌가? 그 자체가 목적인 학문? 1263년 교황 우르바누스 4세는 아리스토텔레스 저작들의 번역과 연구를 다시금 금지했다(물론 헛일이었다). 이미 1255년 파리 대학 학예과는 아리스토텔레스의 저작 전부를 교재로 택한다고 선언했다. 이것은 그저 신학의 현관으로 머무르지 않고 독자적인 분야가 되고자 한 철학부 탄생의 순간이요, 또한 학자·교수·지성인들의 탄생 순간이었다.[213]

아리스토텔레스는 "순수하게" 전해진 것이 아니라, 특히 스페인 지역의 훨씬 발전된 아랍-유다교 철학에 의해 여러모로 중개·해석·보완되어 전해졌기 때문에, 문제는 더 복잡하고 심각했다. 여기서 핵심 역할을 한 사람은 코르도바 출신의 이슬람 철학자·신학자·법학자·의사인 이븐 루쉬드였는데, 서방에선 **아베로에스**(1126~98)라 불리었다. 아리스토텔레스의 "바로 그 주석자"인 그는 종교에 맞선 이성과 철학의 자주성을 가장 강력히 옹호한 사람 중의 하나였다. 이 아베로에스는 훗날 파리 대학 학예과에서 사려깊은 동지 한 사람을 얻었으니, 바로 브라반트의 시거인데, 그는 아베로에스처럼 동일한 오성이 모든 인간 안에 존재한다고 상정했고, 신학에 맞선 철학의 독자성을 강조했다.

사정이 그러했으니, 아리스토텔레스와 아랍인의 학문이 **젊은 토마스에게** 엄청난 **지적 도전**이었음은 길게 설명할 필요가 없을 것이다. 게다가, 토마스 자신은 분명히 말하지 않았으나, 그때까지 모든 것을 규정했던 전통적인 **아우구스티누스적 교설**이 **위기**에 처해 있었다. 사람들은 그 새로운 시대에 신앙 문제에서 더이상 고래古來의 권위들, 곧 성서·교부·공의회·교황(이것들은 종종 서로 상충되기도 했다)에게만 의지할 수 없었다. 명징성을 얻기 위해, 전보다 훨씬 깊고 넓게 이성과 개념적 분석을 사용해야 했다. 아무튼 토마스는 그러한 작업을, 물론 종종 무비판적일 때도 있었고 대가들의 진술을 비역사적으로 재해석하기도 했으나, 객관성과 논리적 엄정성을 충실히 견지하면서, 단호하고 과감하게 수행해나갔다(당시에 흔히 행해지던, 경의를 표하는 "공손한 해석" 안에서).

합리적 대학신학

분명히 알아둘 것: 토마스의 신학은 (교부들의 보다 관조적·수도자적 신학이나 아우구스티누스의 신학과는 달리) 근본적으로 **합리적 대학신학**이다. "학교" 안에서 교수들에 의해 저술되는 이러한 신학은 일반 민중이나 사목자들을 위한 것이 아니라, 일차적으로 대학생과 신학 동료들을 위한 것이다. 토마스 아퀴나스의 모든 저작은 (대전大全들이건, 변론집이건, 아리스토텔레스·가假-디오니시우스·페트루스 롬바르두스·보에티우스에 관한 주해서든, 신·구약 성서 주석서든, 혹은 잡다한 소품들이든) 모조리 전적으로 "스콜라적" 교수 행위에 의해 각인되어 있다. 그리고 그 모두가 오로지 간결·명료·탱탱한 **라틴어**로 저술되었다(토마스는 쾰른에서도 독일어를 배우지 않았고, 파리에서도 프랑스어를 배우지 않았다!). 그 대가는? 토마스의 저작들은 무수한 구분과 세분, 엄격한 개념규정과 형식적 구별, 반증과 답변, 문법·변증법 논쟁의 온갖 방법을 사용하며 끊임없이 냉정하게 분석적으로 작업하기 때문에, 개성이 없으며 아우구스티누스에 비해 매우 단조롭고 삭막하다.

토마스가 스콜라학의 고도로 발전된, 때로는 지나치게 발전된 기법을 매우 많이 사용했는데도, 자신의 위대한 필생의 과업을 잊지 않았음은 의심의 여지가 없다. 그는 그 과업을 「호교 대전」*Summa contra gentiles* 첫머리에서 이렇게 표현했다: "나는 하느님께서 나의 모든 언설과 의식 안에서 말씀하시도록 해드리는 것을, 하느님께 은혜 입은 내 삶의 최우선적 과업으로 깨닫고 있다."[214]

그러니까 "신학"Theo-Logie (하느님-말씀)은 대학교수인 토마스에게나 주교였던 아우구스티누스에게나 다를 것이 없었으니, 바로 하느님께 대한 책임있는 언설이었다. 플랑드르 출신의 도미니코회 수도자 스힐레벡스[215]가 적확히 표현한 것처럼, 토마스는 "**신학적 인생설계**"를 지니고 있었다: 토마스의 삶 전체는 "반성과 심사숙고를 거친, 시대에 걸맞고 책임있는 형식의 **말씀에 대한 사제적 봉사**"로 이해할 수 있다. 하느님의 말씀은 축소·공동화空洞化·훼손되어서는 안되며, 인간 자신의 이해력의 크기에 맞춰 적당히 꾸며서도 안된다. 하느님 말씀을 이러저러한 인간적·시대제약적 표현이나 창안과 혼동·대체해서는 안되니, 그러한 것들은 "신앙의 항목들"을 "불신자들의 조롱"에 내어주게 된다. 토마스

가 무엇보다 중시한 것은 진리에의 봉사였거니와, 이것은 "언제나 **동시에 두
개의 전선**에서 싸운다": 즉, "잡다한 유형의 보수적 통합주의"_{(대표자로는 아우구스}
_{티누스적 전통주의자 보나벤투라)} 그리고 "잡다한 형태의 과장된 진보성"_{(대표자로는 아리스토}
_{텔레스-아베로에스적 진보주의자 시거)} 둘다와 동시에 맞서 싸운다.

이성의 힘과 신학의 전환

아리스토텔레스의 영향은 무엇보다도 토마스가 **인간의 이성**을 통한 인식에
전통 신학에서와는 **전혀 다른 가치**를 부여했고, 또 부여할 수밖에 없었다는
사실에서 뚜렷이 드러난다. 이성이 신앙에 맞서 자주성과 고유한 권리·영역을
갖고 있다는 것은 토마스에게는 너무나 자명했다. 인식과 학문에 대한 새로운
욕구는 진지하게 받아들여져야 했다. 예전 신학자들은 이 점에서 상당히 태평
스러웠다. 그들은 이를테면 이성의 정당성을 신앙에 터해 논증했다. 그러나 토
마스는, 두 가지 대전大全 머리말에서 명시했듯이, 신앙의 정당성을 이성에 터
해 논증해야 한다고 생각했다_("이성적 신앙"). 이것은 신앙과 이성의 관계에 대해
근본적으로 새로운 성찰을 요구하는 참신한 도전이었다.

토마스의 출발점: 철학은 고유한 정당성을 교회의 허락이 아니라 창조질서의
본성으로부터 얻는다. 인간에게 오성과 이성을 갖춰 주신 분은 창조주 하느님
자신이다. 학문은 "하느님의 딸"이니, 하느님이 "학문의 주인"이시다. 이 점을
진지하게 받아들인다면, **신학 전체의** 해방적 **전환**을 가져올 수 있다:

— 실질적이고 경험적인 것에로의 전환.

— 합리적 분석에로의 전환.

— 학문적 탐구로의 전환.

그러므로 우리는 토마스의 해석학 방법론적 근본결단을 이해해야만, 그를 이
해할 수 있다. 토마스의 동년배로서 파리 대학의 저명한 동료요 꽤 오래된 프
란치스코 수도회 학교 창립자인 보나벤투라는 모든 학문을 종국적으로 신학에
소급시켰던[216] 반면, 토마스는 원칙적으로 인식방법들과 인식영역들의 구별, 또
한 그로써 학문들의 **구별**을 주장했다:

— 인간에게는 서로 다른 두 가지 **인식방법**(방향)이 있다: 자연적 이성이 할 수 있는 것과 은총에 터한 신앙이 할 수 있는 것을 엄밀히 분석해야 한다.

— 인간에게는 서로 다른 두 가지 **인식영역**(관점)이 있다: 인간이 이를테면 "아래로부터" 자신의 경험지평의 경계 안에서 인식하는 것과, "위로부터" 하느님 자신의 관점에 터해 영감받은 성서를 통해 인식하는 것을 엄밀히 구별해야 한다. 다시 말해 낮은 차원의 자연적 진리에 속하는 것과, 높은 차원의 초자연적 계시진리에 속하는 것을 구별해야 한다.

— 그러므로 서로 구별되는 **두 가지 학문**이 존재한다: 원칙적으로 철학이 인식할 수 있는 것과, 신학이 인식할 수 있는 것을 엄밀히 구별해야 한다. "바로 그 철학자" 아리스토텔레스에게서 배워야 할 것은 무엇이며(그래서 아리스토텔레스 주해서가 있다), 성서에서 배워야 할 것은 무엇인가(그래서 성서 주석서가 있다)?

그러므로 토마스에 따르면, 인간 **이성**에게는 이성이 그 안에서 자기 자신에 터해 인식 행위를 할 수 있는 광대한 영역이 주어져 있다. 하느님의 존재와 속성, 하느님의 창조와 섭리조차도 그리고 불멸하는 영혼의 존재와 많은 윤리적 통찰 역시, 인간이 계시의 도움 없이 오직 이성에 터해 인식할 수 있는, 아니 "밝혀 보일" 수 있는 자연적 진리들이다. 그러면 **신앙**은? 신앙은, 엄밀한 의미에서, 보다 고차적인 특정한 계시진리들을 수긍하기 위해 필요하다. 삼위일체, 나자렛 예수 안에서의 하느님의 사람되심, 또한 태초와 종말, 인간과 세상의 타락과 구원의 신비가 그런 진리에 속한다. 이러한 진리들은 인간 이성의 인식 능력을 멀리 벗어난다. 합리적으로 증명할 수 없는 이러한 초이성적 진리들을 이성적으로 반증反證할 수 있는 비이성적 "진리들"과 혼동해서는 안된다.

두 대전 — 한 구성원리

하느님을 인식할 수 있는 이러한 이중 가능성 그리고 하느님에 관한 진리의 두 가지 인식방법 때문에, **철학**(철학적 신론 포함)과 **신학**은, 동일한 하느님에 관해 말하기에 완전히 분리될 수는 없지만, 하느님에 관해 아주 달리 말하기에 아무튼 구별되어야 한다. 철학은 이성에 터해 "아래로부터", 삼라만상과 인간으로부터 출발하고, 신학은 신앙에 터해 "위로부터", 하느님으로부터 출발한다. 그럼에도 이성과 신앙, 철학과 신학은 서로를 떠받쳐줄 수 있고 또 그래야 한다. 이 신학에서는 아우구스티누스적인 명제 "이해하기 위해 믿는다"에 맞서 "믿기 위해 이해한다"를 내세운다.

이미 「신학 대전」 1부(한 분 하느님[217]에 관한 12개의 긴 장에 이어 삼위일체 하느님[218]에 관한 16개의 장이 뒤따른다!)가 뚜렷이 강조하는 것: 신학은 명확히 구별되지만 우악스레 갈라놓을 수 없는 두 영역, 두 인식차원, 비유적으로 말한다면 **두 층**에서 출발해야 한다: 더 고차적인 확실성을 지닌 한 층이 기초적·합리적인 다른 층보다 분명히 위에 있지만, 궁극적으로 이 둘은 서로 상충되지 않고 오히려 근본적으로 일치한다. 6백 년 뒤 1차 바티칸 공의회(1870)도 신앙과 이성의 관계를 신스콜라학적 신토마스주의적으로 똑 그렇게 규정했다.

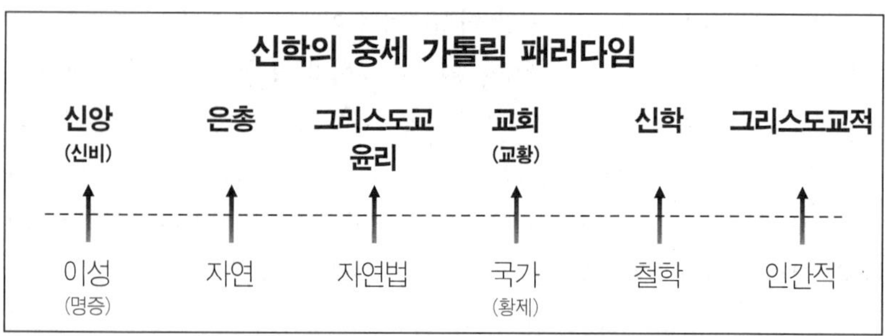

이로써 토마스 아퀴나스는 과연 **신학에 있어 중세 로마 가톨릭 패러다임의 무르익은 고전적 완성태를 창출**했다. 전체 신학에 대한 토마스의 새로운 구조조정은 일련의 **재평가**를 내포하고 있다:

● 신앙에 마주하여gegenüber 이성의 재평가.

● 성서의 우의적·영적 의미에 마주하여 자구적 의미의 재평가.

● 은총에 마주하여 자연의 재평가.

● 그리스도교 특유의 윤리에 마주하여 자연법의 재평가.

● 신학에 마주하여 철학의 재평가, 요컨대:

● 그리스도교적인 것에 마주하여 인간적인 것의 재평가.

그러므로 토마스가 두 가지 서로 다른 목적을 위해 **두 대전**大全, 즉 신학에 관한 두 총론을 저술한 것은 실로 당연한 귀결인바, 목적은 달랐지만 두 책 모두에서 신플라톤주의에 뿌리를 둔, **무엇보다도 공간적으로 이해된 동일한 순환적 구성원리**를 적용하는 것은 문제가 없었다. 왜냐하면 토마스의 두 가지 총체적 구상은 첫째 "절반"에서 하느님(원천으로서의 하느님)으로부터의 모든 사상事象의 "**발생**"을 다루고, 둘째 절반에서는 모든 사상의 하느님(목표로서의 하느님)께로의 "**귀환**"을 다루고 있기 때문이다(물론 이것은 신플라톤주의자들의 우주적 결정론과는 관계가 없다). 모든 사상은 자신들의 지고至高의 존재근거요 궁극적 목표인 하느님에 터해 이해되어야 한다: 바로 이것이야말로 토마스에게 참된 "지혜"였다(그리고 이 점에서 토마스는 아리스토텔레스와 아우구스티누스를 넘어선다). 그러므로 동일한 근본틀에도 불구하고 왜 두 대전인가라는 물음에는 이렇게 대답해야겠다: 두 총론은 상이한 목적에 봉사하고, 또 상이한 영역 차원을 다룰 수 있기 때문이다:

(1) 「**호교 대전**」: 이 책은 이슬람교 그러나 또한 유다교와 그리스도교적 이단 적수들(스페인·시칠리아·북아프리카의 무슬림, 그리스도교 유럽의 유다인과 이단자)과 대결하고 있던 그리스도인들을 위해 저술되었다. 사실 13세기에 문화적으로 앞선 이슬람교는 정치적·군사적 위협일 뿐 아니라, 지적·정신적 도전이기도 했다. 그래서 그 그리스-아랍 세계관에 맞서 대항적 설계를 창출하지 않으면 안되었다. 그것에 기여하고자 한 것이 「호교 대전」인바, 이 저작은 호교론적·선교적·학문적 목적을 지닌, 그리스도교의 신념들에 대한 총체적 조망이다. 그러나 바로 비그리스도인들을 설복시키는 것이 주요 목적이었기 때문에, 주로(호교론적인 4부[219] 제외) **자연적 이성**의 차원에 터해 논증을 전개한다. 성서 말씀은 기껏해야 확증을 위해 드문드문 이용되었다. 토마스는 머리말에서 말하기를, 그리스도인은 성서를 바탕으로 하지 않고도 무슬림이나 이교도들과 하느님·창조계·윤리생활(첫 3부의 세 가지 주제다)에 관해 토론할 수 있다고 했다: "그러므로 모든 인간이 동의할 수밖에 없는 자연적 이성에 의지하는 것이 필수불가결하다."[220]

(2) 「**신학 대전**」: 이 저작은 신학자들, 아니 신학의 "초심자들"을 위해 저술되었다(학생의 능력에 대한 교수의 전형적 과대평가). 이 신학적 총론은 "거룩한 가르침" 전

체에 관한 체계적 조망을 제공하려는, 교회내적·교육적·학문적 목적을 지닌 안내서이다. 그것을 위해 온갖 이성적 논증을 전개하지만, 원칙적으로 성서 메시지와 **그리스도교 신앙**이 언제나 전제되어 있다. 그런데 토마스가 말을 건네시고 또 인간이 말을 건넬 수 있는 아버지 하느님께 관한 성서적·그리스도교적 어법을, 그리스 철학의 개념들을 사용하여 시대에 맞게 해석하는 데 성공한 것은 실로 주목할 만하다: 예컨대 "최고 존재"·"존재 자체"·"최대 진리"·"최고선"으로서의 하느님. 토마스가, 사람들이 종종 주장하는 것과는 달리, 두 대전에서 비역사적으로 사유하지 않았음은 확실하다. 그러나 그를, 이번에는 거꾸로 과장하여, 역사신학자로 치켜세워서도 물론 안된다.

역사신학?

역사신학자는, 앞에서 살펴보았듯이, 아우구스티누스였다. 토마스 전前세기에도 역사신학자가 있었으니, 근대의 정치적 메시아주의의 선구자가 된 수도원장이요 수도회 창설자인 **요아힘 폰 피오레**(1202)[221]가 그 사람이다. 예언적·묵시록적·삼위일체적 형식의 요아힘의 역사신학은 세계 역사 안에서 진척되는 하느님의 계시에 관한 웅대한 비전을 전개·발전시킨다: 성부의 시대(옛 법: 이스라엘)에 이어 성자의 시대(새 법: 베드로의 교회)가 뒤따르고, 성자의 시대는 곧 닥쳐올 셋째 시대, 즉 성령의 시대("제3제국")에 의해 대체된다는 것이었다. 일종의 수도자 교회인 요한의 교회가 등장할 것인바(예고에 의하면 1260년), 거기서는 교황직이 소멸하고 복음이 참으로 사라질 것이다! 1215년 4차 라테란 공의회가 교권제도를 위협하는 이 예언을 당연히 단죄했음에도 프란체스코 운동이 이 예언을 자신과 관련시킨 것은 놀랄 일이 못 된다.

정신 말짱한 토마스는(그는 극적 전환이 예고된 1260년 파리를 떠나 로마 교황청으로 갔다), 그리스도는 시간의 충만이심을 환기시키면서, 그러한 견해를 평소와 달리 매우 신랄하게 "터무니없는 것"이요 "헛된 희망"이라고 비난했다: "이 새로운 법의 단계에 뒤이어 오는 (성령의) 다른 단계란 없다."[222] 사실 토마스의 계통체계는 역사적 시기들이 아니라 철학적 존재 및 원인들의 단계에 터해 있었다.

이처럼 토마스는 구세사의 여러 요소에서 한 역사적 종합을 꾸려내는 것은 애당초 단념했다.[223] 이 점이 토마스가 성서를 소홀히했음을 뜻하지는 않는다는 것은 그의 많은 성서 주석서가 분명히 말해준다. 사실 「신학 대전」도 엿새 동안의 창조[224]·옛날 법[225]·예수 삶의 신비[226]에 긴 단락을 할애하거니와, 이 주제들을 신토마스주의자들은 그들의 교과서에서 흔히는 거의 완전히 무시한다. 진복선언·성령의 열매·십계명·성령의 은사에 관한, 철학적이기보다는 신학적인 단락도 마땅히 주목해야 한다.

이론의 여지 없는 것: 토마스 아퀴나스는 두 대전을 통해 신학을 위한 귀중한 잣대를 제공했다. 토마스가 자신의 시대를 위해 새롭고 웅대한 신학적 종합을 이루었다는 것은 그의 적수들도 부인하지 못한다. 과연 그것은 종합이었다 — 그러면 새로운 패러다임이기도 했던가? 대답: 아니었다. 왜?

주도적 아우구스티누스 신학에 얽매임

왜 토마스는 (아우구스티누스와 비교하건대) 신학과 교회에 관한 참으로 새로운 패러다임을 창출해내지 못했던가? 왜 신학과 교회의 진정 새로운 총체적 구조조정을 가능케 하지 못했던가? 왜 그는, 새로운 환경(대학)·학식·명철한 정신·용기 그 어느 것도 부족하지 않았는데도, (훗날의 루터처럼) 패러다임 전환(P IV)의 선도자가 되지 못했던가? 대답: 토마스 아퀴나스는 철학적·신학적 체계를 통해 **아우구스티누스의** 라틴 **패러다임**(P III)을 크게 **변경하기는 했으나, 폐기하지는 않았기** 때문이다.[227] 또한 다음 사실도 유념해야 한다: 토마스의 신학은 그 백과사전적인 (그러나 결국은 단편적인) 위대함에도 불구하고, **한계**와 **결함**을 지니고 있다. 이것들은 무엇보다도 당시 통상적이던 그리스적-고대적 세계관에의 예속 그리고 특히 아우구스티누스에의 문제 많은 의존과 결부되어 있다.

토마스는 세부적인 면에서 아우구스티누스를 매우 많이 수정·변경하고 때로는 아예 무시하기도 했지만, 신앙진리의 영역에서는 근본적으로 당시 지배적이던 아우구스티누스 신학에 매여 있었다. 물론 토마스는 보나벤투라 같은 신아우구스티누스주의자(그리고 신플라톤주의자)가 아니었다. 토마스는 인간 지성이 어떻게 해서든지 하느님의 영원한 진리들을 접하게 된다는 것을 받아들일 수 없었다. 토마스에게 있어서 인식은 (충실히 아리스토텔레스적으로) 감각적·구체적인 것으로부터 출발한다. 인식론과 형이상학에 있어서 토마스는, 신플라톤주의의 특정 관념들을 고수하기는 했지만, 뭐라 해도 옹골찬 아리스토텔레스주의자였다. 그래서 보나벤투라 식으로 신비적인 "하느님께로의 정신의 상승"[228] 따위에 관해 쓰지 않았고, 또 (보나벤투라처럼) 추기경으로 출세하지도 못했다. 교회적 명예를 늘 싫어했던 토마스는 대학의 사람으로 머물렀다. 몬테카시노 수도원 원장이나 나폴리 대주교가 될 수도 있었으나, 두 자리 모두 사양했다. 그는 (거의) 마지막 숨을 거둘 때까지 한 사람의 학자, 탐구자로 머물렀다.

그럼에도: 토마스는 철학자로서는 아우구스티누스주의자가 아니었으나, 신학자로서는 아우구스티누스주의자였다(자신의 체계의 구별에 충실하게). 토마스는 둘째 "층", 신학적 상부구조, "초자연적인 것들"과 "구원신비들"의 영역을 거의 신플라톤주의적·아우구스티누스적 전통을 그대로 따라 다루었다. 그는 아우구스티누스와 교부들의 신학이 플라톤 개념을 사용했음을 거듭 새삼 지적했지만, 삼위일체론·그리스도론·구원론·교회론·성사론 그 어디서도 교부들의 견해의 배후를 근본적으로 파고들지는 않았다. 토마스가 교부들의 견해를 자신의 아리스토텔레스적 개념성을 통해 반성하여, 그것들을 현실화·정제·확증한 것은 확실하다. 그러나, 예컨대 예정론[229]에서처럼, 그 견해들을 근본적으로 수정한 경우는 매우 드물며, 그럴 경우에도 은근슬쩍 그렇게 했다.

토마스 아퀴나스의 저작에 관한 훌륭한 안내서를 저술한 프랑스 도미니코회 수도자 슈뉘는 옳게 말했다: "토마스는 '아우구스티누스는 플라톤주의자들의 견해를 따르고 있다'고 말할 수밖에 없었던 곳에서조차도, 아우구스티누스의 텍스트들을 배척하기를 꺼렸다. 오히려 그것들에 경의를 표하는 **공손한 해석**' 방법을 적용했다. … 토마스는 중세 르네상스 안에서야 아우구스티누스의 몇몇 신플라톤주의적 문헌들을 배척하는 결단을 내릴 수 있었다 — 토마스는 신학적 진술과 영성적 존재방식에 있어 아우구스티누스의 충실한 제자였다."[230] 과연 슈뉘는 토마스 저작의 많은 세부적인 면에서 일종의 "아우구스티누스적

지층地層"을 확인할 수 있었는데, "이것을 도외시하고는 토마스를 이해할 수 없거니와, 사실 이것은 13세기의 모든 대가들이 공유하던 논란의 여지 없이 확실한 자산으로서, 중세 스콜라학 전체의 언제나 한결같던 세계였다."[231]

그러나 슈뉘〔이 걸출한 (그러나 비오 12세가 부당하게 단죄한) 토마스주의자는 프랑스 신학과 교회의 쇄신에 지대한 공헌을 했다〕[232]는 그러한 실상에 대해 서둘러 비판적 평가를 내리지는 않았다. 오히려 반대였다: 그에게 아우구스티누스는 "극히 고귀하고 순수한 그리스도교적 존재방식의 체현이자 동시에 단어의 본원적 의미에서 가장 종교적인 정신"이었다.[233] 슈뉘를 전적으로 반박할 수는 없으니, 앞에서 살펴본 것처럼, 사실 아우구스티누스는 라틴적 로마 가톨릭 패러다임의 창시자이자 서방 신학의 아버지이기 때문이다.

하지만 슈뉘는 아우구스티누스에 대한 그러한 "카논화" 때문에 토마스 신학의 약점들을 알아차리지 못하지는 않았는데, 이 **약점들**을 토마스는 자신도 모르는 중에 아우구스티누스와 공유하고 있었다:

— 토마스는, 바로 당시에 라틴어로 번역된 그리스 신학자들의 상당수 작품을 읽어보았음에도 불구하고, 아우구스티누스의 "심리학적" **삼위일체론**(동일한 신적 본성으로부터 출발)[234]의 일방성과 결함도, 캔터베리의 안셀무스의 법률적 보상설[235]의 우악스러움도 그리고 **구원론**에 있어서의 편협함도 꿰뚫어보지 못했다.

— 토마스는 아담 이래 성교를 통해 모든 인간에게 전해진다는 아우구스티누스의 **원죄** 표상을 전혀 비판하지 않았고, 마찬가지로 아우구스티누스가 라틴 신학을 위해 전개·발전시킨 **연옥**에 관한 교설을 그리스인들에 맞서 옹호했다.

— 토마스는, 은총론[236]의 테두리 안에서 기뻐할 만하게도 "죄인들의 의화"에 관한 독창적인 논증을 전개했음에도, 이미 아우구스티누스에게서 엿보이는 **은총의 물화**物化("구현 은총"에 집중)를 현저히 심화시켰다.[237] 하느님의 의향·호의·자비로서의 은총을 간과했다[238](스승 대알베르투스와 마찬가지로). 그 대신 토마스는 아리스토텔레스 생리학과 심리학의 도움을 얻어, (신약성서에서는 전혀 찾아볼 수 없는) "구현 은총" 또는 "은사"(일종의 "초자연적 유동체 혹은 연료" 같은 것으로 이해됨)의 갖가지 종류와 이 은총이 인식과 행위 이전·동안·이후에 영혼·지성·의지에 작용하는 여러

방식을 분석했다: 어떤 일을 일으키는 은총, 협력하는 은총, 앞서는 은총, 뒤따르는 은총, 지속적 은총, 목하 활동중인 은총 등등. 지나치게 복잡하고 추상적인 이 모든 구별은 이미 루터 시대에 아무 쓸모없는 것이 될 터였다.[239]

이성과 신앙의 문제 많은 분리

또하나의 반문은 토마스가 정립한 **이성과 신앙, 철학과 신학의 복선성**複線性에 대한 것이며, 토마스의 **영향사**를 겨냥한다. 이미 당시에도 연구와 신심·내면성과 외면성·영성과 육신성·영혼구원과 세상구원의 정당한 구별뿐 아니라, 근본적 분리의 위험성도 존재했었다. 이러한 위험성은 근·현대에 이르러 다음과 같은 결과를 낳게 될 터였다: 세상 모르는 하느님 신앙과 신앙 모르는 세상, 비현실적인 하느님과 하느님 없는 현실. 물론 이것은 토마스 자신이 의도한 것은 아니었다. 그러나 그의 이성과 신앙, 자연과 은총, 철학과 신학, 세속 권력과 종교적 권력의 웅대하고 멋진 종합은 이러한 분열의 위험으로부터 충분히 지켜졌던가? 좀더 자세히:[240]

— "자연적" 이성진리들(삶의 의미, 최우선적 존재원리들, 하느님의 존재, 자연법 윤리 등)의 낮은 차원은, 토마스 아퀴나스가 생각한 것처럼, 참으로 논란의 여지 없는 "자명한 이치"에 의해 특징지어지는가?

— "초자연적 진리들"(삼위일체·육화 등)의 높은 차원은, 토마스가 그랬던 것처럼, 참으로 어떤 점에서는 이성의 반문에 맞서, 혹은 신약성서에 터해, "신비들"로서 분리·옹호되어야 하는가? 그리고 토마스가 그토록 열심히 주석했던 성서는 일견一見 초시간적인 교의들의 엄격한 체계 속으로 너무 지나치게 통합되고, 그리하여 순치되어버리지 않았는가?

확실한 것: 토마스 아퀴나스는, 세계관뿐 아니라 신앙에 터해 볼 때도, 어디까지나 중세적 인간이었으니, 이성은 신앙보다, 자연은 은총보다, 철학은 신학보다, 국가는 교회보다 하위에 있다는 것은 그에게는 자명한 사실이었다. 철학이나 다른 학문 같은 낮은 차원의 그 어떤 것도 높은 차원의 진리와 상충되어서는 안되거나 혹은 상충될 수 없었다. 토마스는 신학에 완전히 종속된 철학이

나 윤리학을 원하지는 않았다. 그러나 토마스가 끼친 영향의 역사를 조망하건대, 간과해서는 안되는 것: 토마스가 제시한 그리스도교 중세적 종합은 극히 아슬아슬한 긴장·갈등을 내포한 것이었으며, 역사적 발전의 역학 안에서 자기 파괴적인 결과를 초래할 터였다: 그때까지 전혀 존재하지 않았던, 모든 것을 포괄하는 **세속화와 해방의 운동**이 "낮은 차원에서" 생겨날 터였다. 이것에 관해서는 나중에(P V) 다루기로 한다.

결국은 일종의 어용신학: 교황중심주의의 안전장치

토마스의 신학에는 또다른 약점이 있는데, 우선적으로 (마땅히) 그의 신학의 개혁적 힘을 강조하고, 나아가 토마스와 교도권의 갈등의 역사에 주목하다보면, 그 약점을 못 보고 지나치기 쉽다. 그러나 토마스 숭배자들에겐 껄끄럽겠지만, 이 결점을 덮어둘 수는 없다. 교회관과 교황관에 있어서, 토마스는 끝까지 교권 제도에 비판적인 신학자로 머물렀던 오리게네스나, 주교이면서도 결코 교황에게 목매지 않고 오히려 키프리아누스처럼 주교단 수위설 옹호자였던 아우구스티누스와 매우 다르다. 아무튼 토마스는 결국엔 (분명하고 단호하게 말해야 하거니와) 그레고리우스 7세와 인노켄티우스 3세의 정신을 따르는 **중앙집권적 교황직의** 강력한 **옹호자**가 되었고, 오늘날에도 큰 영향을 끼치고 있다: 그의 신학은, 권력자에 대한 비굴한 찬양·미화라는 의미에서가 아니라, 로마 지배체제를 매우 효과적으로 도와준 신학적 학문이라는 의미에서, 하나의 어용신학이다.

아퀴나스 출신의 이 남자는 신학자들을 위해 **스승으로서의** 교도권을 당연한 권리로 강력히 요구했던바, 이것은 주교들의 **사목적** 교도권과는 달리 독단적이 아니라 논증적으로 행사되며, 스승의 학문적 능력에 의거한다. 그러나 동시에 토마스는 13세기 후반기 전제군주적 교황중심주의의 새로운 정치적·법률적 발전과정을 신학의 교의체계와 접합시킬 줄 알았다. 어느 정도까지? 아우구스티누스와 비교해 볼 일이다:

— 아우구스티누스는 베드로의 재치권적 수위권을 생각도 못했던 반면, 토마스에겐 그 수위권이 교회관의 중심에 자리잡고 있다.

— 아우구스티누스에게는 그리스도 자신과 그분에 대한 신앙이 교회의 토대인 반면, 토마스에겐 베드로의 인격과 직무가 교회의 토대이다.

— 아우구스티누스에게는 보편 공의회가 최고 권위인 반면, 토마스에겐 그런 공의회를 소집할 수 있는 유일한 사람인 교황이 최고 권위다.

— 요컨대: 토마스의 교회관은, 고대교회 패러다임(PⅡ) 그리고 아우구스티누스와는 전혀 달리, 그레고리우스적으로 **철저히 교황직으로부터 비롯하는 교회관**이다.

증거? 증거는 특히 토마스가 1263년 교황 우르바누스 4세의 지시로, 교황과 황제 미카엘 8세 팔레오로구스의 연합회담을 위해 저술한 소품 「**오류에 떨어진 그리스인들에 대한 논박**」에서 찾아볼 수 있다. 여기서 토마스[거의 그리스어를 몰랐으나, 새로이 번역된(특히 폰 뫼르베케에 의해) 그리스 교부들의 저작을 상당히 꼼꼼히 연구했다]는 당시 정치적으로 허약했던 그리스인들에게, "필리오퀘"와 교황의 **재치권적 수위권** 문제에서의 그들의 오류를 지적했다. 그 책 끝부분에서 토마스는 「가假-이시도루스 법령집」과 다른 위조문서들에서 따온 인용문들로 가득찬 여러 장에 걸쳐 우악스런 논리를 전개하며, "로마 교황은 모든 주교들 중 첫째요 가장 중요한 주교"이고, "바로 그 교황이 그리스도의 교회 전체의 우두머리"이며, "교회 안에서 충만한 권력을 보유하고", "그리스도께서 베드로에게 부여하신 바로 그 권력 안에서 로마 교황은 베드로의 후계자"임을 "뚜렷이 보여주었다".[241]

교황의 "**교도적 전권**"과 관련해서도, 토마스는 "신앙이 무엇인지 규정하는 것은 교황의 일"임을 논증했다. 그 책의 모든 논증은 분명히 토마스가 최초로 교의적으로 정식화했고, 훗날 보니파키우스 8세가 칙서(*Unam sanctam*)에 수용한, "로마 교황에게 복속되는 것은 구원에 필수불가결하다"라는 치명적 명제에서 정점에 이른다.[242] 토마스가 1265년부터 저술하기 시작한 「**신학 대전**」에서도 그대로 내세운 이 명제들은, 그 대작을 통해 그야말로 교회사를 만들어나갈 터였다.[243] 이러한 토마스가 그리스인들에게는 고대교회 전통의 충실한 대표자나 교회의 스승이 될 수 없으며, 또 오늘날의 신학적 상황에서도 제한적으로만 한 모델이라는 것은 충분히 이해할 수 있다.

그럼에도, 토마스 아퀴나스만큼 교황직의 약화·동요에 (물론 의도하지는 않았지만, 자신의 정치철학[244]을 통해) 크게 기여한 신학자도 드물다는 것은 역사의 아이러니다. 무슨 말인고 하니: 아리스토텔레스의 「정치학」의 주해자이기도 한 토마스는 신앙에 맞선 이성의, 은총에 맞선 자연의, 그리스도교 윤리에 맞선 자연적 윤리의, 신학에 맞선 정치철학의 중요성과 자주성을 재평가했을 뿐 아니라, 사실상 **교회에 맞선 국가의 중요성과 자주성을 재평가**했거니와, 이것은 당시에 토대가 놓인 저 세속화와 해방의 운동을 위한 특히 중요한 요소였다! 비록 토마스가 「권력론」에서 최상의 정치형태로 간주한 것은 민주주의가 아니라 (귀족정치적 요소와 민주적 요소에 의해 완화된) 군주정치였지만, 그러나 그는 신권神權정치("하느님-그리스도-교황-황제")는 옹호하지 않았다. "인간의 법"[245], 인간의 자연적 본질, 인간 본성에 관해서도 별도로 다룬다. 아무튼 토마스는, 적어도 간접적으로, 인간 각자에게 천부의 능력·권리·의무들을 인정·부여함으로써 일종의 인문주의의 토대를 놓았거니와, 그것은 그후 계속 발전해나갈 터였다.

인간 개인은 그저 공권력(국가 혹은 교회)에 예속된 존재가 아니며, 교회 안에서 권리를 궁극적으로 교황에게 얻어가지고 순종만 하는 신민도 아니다. 오히려 자연적 권리와 의무들을 지닌 자유로운 시민이다. 특히 도시들과 지위 향상에 애쓰던 여러 시민계층 안에서 다음과 같은 견해가 세차게 퍼져나가고 있었다: 도시 또는 국가도 자주적 시민의 자연적 사회로 이해되어야 하며, 이 도시나 국가는 초자연적 교회와 나란히 고유한 인간적 법률을 만들어낼 수 있다. 이러한 국가관과 사회관 그리고 그것과 결부된 민족의식의 발전이 장기간에 걸쳐 중세 교황권의 몰락에 중요한 역할을 했음은 두말할 것이 없거니와, 여기에는 당시 널리 사용되기 시작한 (그러나 토마스는 라틴어 사랑 때문에 철저히 무시한) 자국어(민요·민중문학 또한 마침내 성가들도 포함하여)와 방금 싹을 틔운 자연과학도 한몫을 했다.

한편 토마스 아퀴나스가 적지 않은 용기와 넓은 도량으로 비그리스도인 사상가들, 특히 아리스토텔레스 같은 고대 철학자들의 도전을 진지하게 받아들였음은 아무도 부인하지 못할 것이다. 그러나 토마스와 당시의 이슬람교나 유다교 철학자들, 예컨대 아베로에스나 모세스 마이모니데스와의 관계는 어땠던가?

유다교 및 이슬람교와의 대화?

토마스 아퀴나스는 **유다교와 이슬람교의 도전에도 힘차게 맞섰다**. 그러나 중세 초기에 관행적이었던 이슬람교와 「쿠란」에 대한 무시나 추하고 우악스런 논박에 만족하지 않았다.[246] 바로 그의 「호교 대전」은, 당시 많은 그리스도교 지성인들을 짓누르던 저 중압감을 모르고는 이해할 수가 없다: 이슬람교가 정신적·문화적으로 그리스도교보다 훨씬 앞서 있는 것은 아닐까? 이슬람교가 더 훌륭한 철학을 갖고 있는 것은 아닐까? 이슬람교나 유다교에 맞서 그리스도교를 선택하는 것을 어떻게 정당화해야 하는가?

"토마스는 모로코나 몽골인들의 땅으로 여행을 해보지 않았고, 십자군 원정에 관해 한 마디도 하지 않았다." 슈뉘의 말이다. 계속 들어보자: "그러나 그는 이슬람교의 걸출한 철학자들의 저작을 항상 자기 책상 위에 놓아두었으며, 또한 그때까지 로마제국의 지리적·문화적 경계선 안에 감싸여 있던, 그러나 이제 자신이 그저 인류의 한 부분만을 끌어안고 있음을 갑자기 깨닫게 된 그리고 세계의 엄청난 세속적 영역을 발견한 그리스도교계를 확인했다."[247] 슈뉘의 이 적확한 표현은, 그러나 우리가 여기서 다시금 토마스의 한계에 주목할 때에만, 정당성을 획득하게 될 것이다.

그 한계의 본질은 토마스가 모로코나 몽골 땅으로 여행해본 적이 없다는 사실에 있지 않다(스페인이나 시칠리아에 가는 것으로도 충분했다!). 한계의 본질은 토마스가 개인적으로 잘 알고 지내던 무슬림(이슬람교 신자)이 한 사람도 없었으며, 따라서 무슬림과 인격적 대화를 나눠보지 못했다는 사실에 있다. 더 한탄스러운 것: 토마스는, 도미니코회 수도자들이 팔레스티나에서 활동하고 있었고, 또 십자군 원정이 기대했던 영향을 무슬림들에게 끼치지 못했음이 분명히 드러났음에도 불구하고, 십자군 원정에 관해 한 줄의 글도 남기지 않았다. 가장 한탄스러운 것: 토마스는, 클뤼니 수도원 최후의 탁월한 원장인 가경자可敬者 페트루스(1156)의 주도 아래 (이미 하나 이상의) 「쿠란」 라틴어 번역본이 출간되어 있었는데도, 이슬람교를 「쿠란」 자체를 통해서가 아니라, 근본적으로 이슬람교 신자들이라기보다는 철학자들이라고 해야 마땅한, 저명한 이슬람교 철학자들의 저작을 통해 알고 있었다. 토마스는 애석하게도 **이슬람교에 관해** 그저 **단편적 지식만** 얻을 수 있었고, 「쿠란」을 하느님의 결정적 계시로 믿는 무슬림들의 자기이해는 전혀 접해보지 못했다. 그리스도교 선교사들도 토마스의 주요 정보원源이었던 듯한데, 사실 그들은 이슬람교와의 논쟁에서 곤경에 처해 있었다. 프란치스코회 선교사들은 그저 소박한 설교와 실천적 모범을 통해 무슬림들에게 영향을 끼치려 했던 반면, 도미니코회 선교사들은 일찍부터 이슬람교와의 지적 토론에도 열심이었다.

사정이 그러했으니, 안티오키아 출신의 어떤 배우가 하느님의 단일성과 유일무이성에 관한 이슬람 교리, 예수의 신자성神子性과 십자가상 죽음에 대한 이슬람교의 배척 그리고 행위의 자유 문제에 관해 토마스에게 문의한 것도 이해할 만하다. 이 문의에 대해 토마스는 「호교 대전」 집필을 끝낸 지 얼마 안되어 소품 **「신앙의 근거들에 관하여」**에서, 평소대로 엄정·간결·명확하게 대답했다. 그러나 그는 논증을 전개하면서, 주목할 일이거니와, 성서 자체에 의존하지 않았다. 오히려 토마스는 헬레니즘 패러다임(P Ⅱ) 안에서 정식화된 그리고 아우구스티누스적으로 이해된(P Ⅲ) 삼위일체와 육화 교의들을 하느님 친히 계시하신 것으로 전제했다. 그리고 나서는 그 교의들이 합리적인 것임을 적극적으로 입증하려 들지는 않았으나, 이슬람교의 갖가지 반증에 맞서 비판적·소극적으로 아무튼 그 교의들을 옹호하려 시도했다: 그리스도교 신앙은 비합리적(반이성적)이지는 않지만, 합리적(증명 가능)이지도 않으며, 그러나 어쨌든 조리가 닿기는 한다(이성에 부합) 운운 … 하는 식으로.

아무튼 지금까지 말한 것에 비추어볼 때, 「호교 대전」과 마찬가지로 이 소품도 (비록 토마스가 대화 상대방의 이해지평에 자신을 맞추려 노력하고는 있지만) 오늘날 이슬람교에 맞선 그리스도교 호교론의 본보기로 삼을 수는 없다. 토마스는 예전 라틴-비잔틴 세계 출신의 대부분의 호교론자들과는 달리, 기특하게도 감정적 공박 따위는 삼가고 엄정한 논증을 전개했다. 그러나 그 모든 것은 "밖을 향한 변호"가 아니라, "안을 향한 변호", 그러니까 이미 그리스도교로 개종한 사람들을 위한 논증이었다.[248] 사실 당시에는 종교간의 진지하고 본격적인 대화에 관해서는 그저 개개인이 어쩌다 한 번씩 생각해보는 정도였다.[249] 게다가 12세기에만 해도 파리에서 자주 이루어지던 유다인들과의 대화가 십자군 원정·유다인 추방과 학살 그리고 온갖 소름끼치는 일들이 일어나면서 단절되었다.[250]

그러므로 유다인·그리스도인·무슬림의 대화를 염두에 둘 때, 오늘날의 종교 상황에 대한 우리의 분석에 터해, 원칙적 물음들을 제기하지 않을 수 없다:

미래를 위한 물음

✝ 「쿠란」과 신·구약 성서로부터 출발하는 대신, 토마스 아퀴나스가 하던 식으로 그저 삼위일체나 육화 교의(P II)의 비모순성만 적당히 논증하는 것으로 충분할까? 바로 이 교의들이야말로 유다인·그리스도인·무슬림이 공유하고 있는, 철저한 유일신 신앙을 고백하는 셈족적 맥락(P I)에 터해 이해되어야 하지 않을까? 성서와 「쿠란」 사이의 많은 공통점과 인연을 고려할 때, (교의적·교도권적 어법語法들을 아예 복음으로부터의 이반으로 폄하하지는 않으면서) 교회의 교의적 자기집착을 원천에 터해 재독·재해석해야 하지 않을까?

☪ 이슬람교 신학이 순전히 교조적으로 「쿠란」의 절대적 권위(계시서의 비피조성·완전성·불변성)에서 출발하고, 신·구약 성서를 원전의 변조요 훼손으로 비난하는 것이 설득력이 있을까? 이스라엘 역사 및 예수의 인격과 일에 관해서는, 성서가 「쿠란」보다 역사적으로 더 원천적이고 확실한 내용을 전한다는 것은 비교를 통해 손쉽게 확인할 수 있지 않은가? 그러므로 「쿠란」의 진술들도 성서에 비추어 비판적으로 재독·재해석되어야(이러한 재해석이 유일하신 한 분 하느님께 관한 「쿠란」의 근본 메시지와 상충되지는 않는다) 하지 않을까?

끝으로, 엄청나게 무서운 결과를 초래한 여성의 지위 문제를 고찰해야겠다.

성에 대한 그릇된 평가

사람들은 토마스 아퀴나스가 포괄적 지식을 지니고 있었지만, 세 가지, 즉 예술·아이들·여성에 관해서는 아무것도 이해하지 못했다고 변호해왔다. 여기서 최소한 셋째 경우, 즉 여성에 관해 아무것도 몰랐다는 것은, 그의 독신 수도자 생활환경을 감안하면 이해할 만도 하다. 그러나 토마스는 여성과 여성의 본질에 관해 매우 원칙적인 그리고 역사적으로 많은 영향을 끼친 진술을 하지 않았던가? 토마스를 옹호하는 사람들은 토마스가 여성에 관해 저작 여기저기서 그저 단편적으로, 다시 말해 틈틈이 부수적으로만 다루었음을 강조한다. 그러나 어쨌든 「신학 대전」의 두 군데 매우 중요한 곳에서 여성에 관한 매우 근본적 언명들을 찾아볼 수 있다: 창조론 테두리 안에서 "(아담으로부터의) 여성의 창조"에 관한 네 개의 항목[251]과, 은총론 테두리 안에서 교회 내의 여성의 발언권에 관한 중요한 항목 하나.[252]

물론 여기서 곧장 말해두어야 할 것이 있으니, 토마스는 다음 사실을 전혀 의심하지 않았다는 것이다:

— **여성**은 남성과 마찬가지로 **하느님의 모상으로 창조**되었다.

— 여성은 그러므로 원칙적으로 남성과 같은 존엄성과 영원한 목표를 지닌다.

— 여성은 생식을 위해서만이 아니라, 공동생활을 위해 하느님께 창조되었다.

그러므로 토마스 아퀴나스를 중세스럽게 음침한 여성의 적으로 간단히 몰아 붙여서는 안된다. 그러나 위에서 언급한 것이 토마스의 여타 진술들을 무해화無害化하는 근거가 될 수 있을까? 토마스는 「여성에 관한 신학」에서 **아우구스티누스의** 많은 **진술들을 더욱 강화**하고 정제했으며, 그로써 여성에 대한 경멸을 완화하기는커녕 오히려 심화시키지 않았던가? 성서의 창조기사를 근거로 내세우며, 남성이 "여성의 원리요 목적"이며, 여성은 **"어딘가 모자라고 잘못 만들어진 존재"**[253]라고 주장하지 않았던가? 여자 — 뜻밖의 사고로 결함을 지닌, "잘못 만들어진 남자"![254] 토마스의 이 말은 수없이 인용되었다.

창조론의 이러한 실상을 감안한다면, 왜 중세 **여성들**이 **교회 안에서** 그야말로 아무 말도 하지 못했는지를 구태여 설명할 필요는 없을 것이다. 여성들에게 예언의 은사가 주어지는 것(이미 구약성서에서도!)은 원칙적으로 부인되지 않았다. 그러나 여성의 **사제서품**은? 이 문제에 관해 「신학 대전」에서는 집필을 중단했기에 자세히 다루지 않았으나, 이미 젊은 시절의 토마스는 금언 해설에서 부정적인 견해를 피력했다![255] 그는 여성 사제서품은 허용될 수 없을 뿐 아니라, 효력이 없다고까지 주장했는데, 이 주장은 토마스 사망 후에 출간된 「신학 대전」(부록)에 그의 정당한 입장으로서 지체없이 수록되었다.[256] 여성의 설교에 관해서도 사정은 비슷하다.[257]

하지만 이 모든 부정적 언명들에 터해 곧장 토마스에게 결정적·부정적 판결을 선고하고 싶어하는 사람들은, 다음 세 가지 점을 염두에 둘 일이다: ① 토마스는 여러 면에서 그저 당시 사람(남자)들이 일반적으로 생각하고 있던 것을 말했을 뿐이다. ② 토마스는 여러 진술에서 단순히 구약성서(예: 남자 후손이 없을 때에만 여자가 상속인이 될 수 있음)나 신약성서(예: 여자는 남자를 위해 창조되었음, 여자는 교회 안에서 침묵해야 함)를 따랐을 뿐이다. ③ 토마스는 "진보적 신학자"로서 여성에 대한 지식에 있어 당시 자연과학과 철학의 최고 권위자 **아리스토텔레스**에게 의지했는데, 사실 그 외에는 다른 대안이 없었다. 그런데 아리스토텔레스는 논문 「생명체의 생식에 관하여」를 통해 저 치명적인 "성의 형이상학"과 "성의 신학"을 위한 생물학적 토대를 제공했다.

아리스토텔레스에 따르더라도, 여자는 "잘못 만들어진 남자"다. 왜? 아리스토텔레스는 행위·형상과 전상展相·질료에 관한 이론을 생리학에 적용하면서 다음과 같이 강조했기 때문이다: 새 인간의 생식에 있어서 **남자**는 정액("능동적 힘(남성다움)")에 의거하여 **홀로 능동적인, "낳는" 부분**이다. 그에 반해 **여자**는 전적으로 **받아들이는, 수동적인 부분**, 수용하는 "질료"인바, 단지 새 인간을 위한 배자胚子("수동적 힘")만을 보유·제공한다. 토마스도 똑같이 주장했는데, 왜 남자에 의해 어떤 때는 사내아이가 또 어떤 때는 계집아이가 만들어지느냐는 곤란한 질문에도 아리스토텔레스와 한 입으로 이렇게 대답했다: 그것은 남자의 생식력이나 여자 배자의 결함 혹은 외부적 영향[예컨대 북풍 불면 사내아이, 구질구질한(!) 남풍이 불면 계집아이가 만들어짐]에 기인할 수 있으며, 그래서 어떤 때는 완전한 남자가, 또 어떤 때는 "잘못 만들어진 남자"가 태어난다. 이러한 견해가 수백 년간 얼마나 파괴적인 영향을 끼쳤는지는 쉽게 짐작할 수 있을 것이다. 사실 1827년에야 여성 난세포의 존재가 알려졌고, 그러고나서도 한참 후에야 생식에 있어 난세포와 정자의 공동작업이 좀더 자세히 확인되었다. 이 모든 것이 아무것도 변명해주지는 못하지만(이미 고대 로마의 가장 저명한 의사 갈레누스는 여성이 태아의 생성에서 생물학적으로 능동적 역할을 한다고 생각했다), 그래도 당시 상황을 꽤 이해하게는 해준다.

그럼에도, 역사적 공정성을 견지하기 위해 덧붙여 말해야겠다: 토마스 아퀴나스는 당시 지배적이던 아우구스티누스적 교설에 맞서 그 누구보다 크게 **물질적 창조계에 대한** 총체적인 **철학적·신학적 재평가**에 기여했고, 또한 스승 아우구스티누스보다는 성에 대해 긍정적 입장을 취했다. 그러나 물론 그러한 사실이 토마스의 인간론을 근본적으로 변화시킨 것은 아무것도 없다. 노르웨이의 여성 가톨릭 신학사가 카리 뵈레센은 아우구스티누스와 토마스의 인간학을 다양하고 철저하게 분석했는데[258], 결론은 이렇다: 아우구스티누스와 토마스는 아무런 의심·주저 없이 **남성중심적 인간론**을 옹호·주장했다. 두 사람 모두 남성과 여성의 관계를 교호성交互性의 시각에 터해 고찰하지 않고, 오로지 남성의 시각으로 고찰했다. 남자는 모범적 성으로 간주되었고, 남자로부터 여자의 존재와 역할이 이해되었다. 교호적 상보성相補性 대신 위계적 지배와 예속! 물론 토마스는 아우구스티누스를 여기저기 바로잡았으나, 드러내놓고 반대입장을 취하지는 않았다.[259]

토마스 신학 전체 특히 교회론과 인간론을 돌이켜보건대, 다음과 같이 확인하지 않을 수 없다: 토마스 아퀴나스의 체계는, 철학적 하부구조를 제외하면, 그저 제한적으로만 새로운 신학이다. 이 체계는 아리스토텔레스의 범주들과 논증들을 빌려 멋지게 정립한 조직적·사변적 구성물이지만, 애석하게도 일찍이 아우구스티누스와 레오에 의해 창시된 **로마 가톨릭 패러다임**(P Ⅲ)**의 고착화·강화·완성**이기도 했다.

물론 토마스는 자기 신학의 "카논화" 혹은 나아가 "절대화"를 바랐을 사람은 아니다. 그는 일정한 한계를 지닌 신앙명제들의 맥락성과 상대성을 깊이 의식하고 있었다.[260] 아무튼 우선 체계적·사변적 스콜라학의 위기가 닥쳐왔고, 중세 말엽 유명론唯名論(오컴의 교설) 안에서 스콜라학은 갈수록 성서로부터 멀어지고 세상과 동떨어져갔으며, 순전히 이성적인 추론에 몰두하여 신앙의 근본진리들과 그것들의 실존적 특성들을 홀대했다 — 그리하여 새로운 패러다임으로의 전환, 즉 종교개혁(P Ⅳ)에로의 패러다임 전환을 위한 상황이 마련될 터였다.

방금 토마스와 관련하여 비판적으로 언급·고발한 여성의 지위 문제는 매우 중요하기 때문에, 흔히 "그리스도교적"이라고 일컬어지는 중세 전반에 있어서의 여성의 역할에 관해 앞으로 좀더 상세히 고찰하기로 한다.

⑩ 그리스도교적 중세?

교황과 황제, 권력투쟁과 이단자 박해, 십자군 원정과 탁발 수도회, 파문과 종교재판, 대학과 신학: 이것들이 그리스도교 중세의 전부인가? 물론 아니다. 그러면 무엇을 더 말해야 할까? 바로 그 고高중세에, 즉 기사도·연가戀歌·민족 서사시의 전성기였던 호헨슈타우펜 왕조 때, 보름스·마인츠·슈페이어에 로마네스크 양식의 극치를 보여주는 대성당들이 건축된 것, 또 파리의 노트르담·샤르트르·라온·캔터베리·마르부르크 대성당들과 더불어 고딕 양식으로의 전환이 이루어진 것을 말하기로 할까? 사람들은 이 대성당들을 "돌의 스콜라학"이라고 지칭했으니[261], 이것들은 이성과 신앙의 비범한 결합·정제된 첨두홍예 기술·빛의 신비술·극히 다양한 조각술과 유리 채색술 그리고 하늘을 향해 치솟는 건축술의 엄격한 통일성을 보여준다. … 그러나 또한 중세는 그저 대성당·대학·성城들의 밝은 시대였던 것만은 결코 아니었으니, 무서운 굶주림·전염병, 가난한 자들과 의지할 데 없는 병자들 무리의 어두운 시대이기도 했다. 그리고 무엇보다도: 중세는 남자들의 시대였을 뿐 아니라, 여자들·귀부인들·수녀들 그리고 성모 마리아의 시대이기도 했다.

그리스도교적 일상

중세의 그리스도교적 삶? 중세는 그리스도교와 한가지? 러시아 신학자 구례비치가 뚜렷이 밝혀주었듯이[262], 중세가 통일적 그리스도교 세계관에 의해 꼴지어져 있었음은 이론의 여지가 없다. 하지만 중세는 균질均質의 한 덩어리는 아니었으니, 싸잡아 "암흑기"라고 검정칠을 하거나 "그리스도교적"이라고 금칠을 해서는 안된다. 중세는 **다양하고 다채롭게 살았던 삶**이었다. 이 말은 **개인들의 삶**의 역사 · 주요 경향 · 구조 · 환경들에 해당되거니와, 조르주 뒤비와 그의 동아리는 봉건시대부터 르네상스 때까지(11~15세기) 귀족 · 농민 · 시민들의 삶을 연대기적이 아니라, 각양각색의 친족관계 · 생활습관 · 주거형태 · 신심의식 · 친교체험으로 나누어 유형학적으로 분석하고 그림들을 곁들여 실감나게 설명해주었다.[263] 또한 이 말은 수도자와 기사로부터 농민과 시민을 거쳐 예술가와 국외자에 이르기까지 **중세인의 여러 유형들**에도 해당되는데, 이것들은 쟈크 르고프 주도하에 우리 시대의 10명의 출중한 중세학자들이 뚜렷이 밝혀주었다.[264] 그리고 이 말은 프랑스의 영향을 받아 생겨난 독일 **귀족문화**에도 통용되는데, 이것은 쾰른의 중세학자 요아킴 붐케가 문헌들에 터해 식사 습관으로부터 궁정풍의 사랑 혹은 "연애"에 이르기까지 분석해주었다.[265] 끝으로 이 말은 **지식인들**에게도 해당되는데, 이들은 루에디 임바흐[266]와 알랑 드 리베라[267]가 강조했듯이, 대학과 관계없는 사상가들과 사조들도 진지하게 받아들였다. 그렇다. 이 중세라는 것이 얼마나 복합적이고(그리스도교적인 단일문화만 있었던 것이 아니다!) 호기심 많고(아랍 · 유다교 · 그리스 사상의 보화!) 혁신적이었던가(토마스 말고도 룰루스 · 단테 · 에크하르트의 실로 새롭고 대담한 구상들!). 물론 중세는 신앙의 시대였다. 그러나 중세 독일의 가장 유명한 시가인 에셴바흐의 볼프람의 파르치발 서사시 첫머리에서 알 수 있듯이, 중세는 회의의 시대이기도 했으니, 이 점은 회의하고 캐묻는 "예와 아니오"의 저자요, 파리 주교좌 성당 참사회원의 조카딸인 제자 엘로이즈에 대한 사랑 때문에 강제 거세당해야 했던 걸출한 아벨라르가 뚜렷이 밝혔다.

　"야만인 · 이단자 · 곡예사들", "중세 세계들"에 관해서는 예컨대 카타리파[268]와 중세 생활양식 전문가인 중세학자 아르노 보르스트가 자신의 책[269]에서 매우 상세하고 다채롭게 설명했는데, 언어 · 권력 · 역사에 관한 중세인들의 해석과 종교적 · 사회적 · 정신적 운동들뿐 아니라, 예술 · 학문 · 놀이 · 자연 그리고 끝으로 죽음에 대한 중세인들의 체험도 다루었다. … 이 모든 것이 오늘날 우리가 "그리스도교적 중세"라고 부르는 것에 속한다. 우리는 원칙적이고 자기비판적으로 말해야 한다: 우리가 지금까지 중세적 패러다임을 분석하면서 관심을 집중했던 것은, 중세의 일상적인 삶의 중심에 자리잡고 있던 것이 아니었다. 거의 읽고 쓸 줄 모르고 확실한 정보도 얻을 수 없었던 당시의 평범한 그리스도인들이 황제와 교황의 엄청난 싸움, 온갖 교령과 논쟁서들에 관해 도대체 무엇을 이해했을까? 그리고 황제와 교황 어느 쪽이 세상을 집어먹든, 그것이 그들의 일상생활과 무슨 대단한 관계가 있었을까? 그들에게는 코앞의 자기 지역 주교의 권력 혹은 너무나 막강한 권력이 훨씬 가까이 있었고, 그래서 특히 중세 도시의 의식화된 시민들은 종종 주교를 거슬러 반란을 일으키기도 했다.

그리스도교적 일상생활의 모든 것은 교회에 의해 완전히 실제적이고 구체적으로 지배되었다! 교회는 이미 청각적으로 현존했으니, 종소리들은 끊이지 않고 시간과 주요 사건들을 알려주었다. 시각적으로도 못지않았다: 교회와 그 첨탑들은(온통 이것들로 가득했던 파리나 쾰른 같은 도시들은 장관이었다) 당시 아직 소박했던 가정집과 시청 위로 우뚝 솟아 있었다. 그때는 오락과 놀이를 위한 건물들도 없었다. 또한 교회는 자신의 학교들과 실로 출중한 문화적 업적들을 통해 정신적으로도 오랫동안 중세의 삶을 지배했다. 화려하게 꾸며진 교회 정문·유리창·프레스코 벽화들은 "가난한 사람들의 성서"로서, 이스라엘과 예수 그리스도 역사의 중요한 구원사건들을 언제나 생생히 보여주었다(특히 예수 수태 예고·탄생·기적·수난 그리고 부활). 또한 당시까지만 해도 경쟁상대가 없던 예배는 그 화려함·황금 집기·더할 수 없는 장엄함·행렬·성가·오르간 연주를 통해 늙은이나 젊은이, 부자나 가난뱅이 모두의 정신과 마음을 사로잡은 참된 축제였다.

특히 교회력의 큰 축제들이 중세 도시 대중의 사회적·경제적 비참함을 때맞추어 덜어주는 일종의 공동체 체험이었음은 이론의 여지가 없다. 또한 정규적인 주일과 축일 예배는 모든 사람을 당시 제한된 유동성 때문에 거의 거기서 벗어날 수 없던 공동체에 순응하게끔 은근히 길들이는 사회적 통제수단이었다는 것도 논란의 여지가 없다. 사회와 교회는 서로 깊이 얽혀 있었으니, 사회생활이 교회생활이었고 교회생활이 사회생활이었다. 사실 근대에야 비로소 종교와 사회의 결속의 해체 그리고 교회도 결국 그중의 하나가 될 사회적 영역들의 분리가 나타날 터였다. 그러나 중세 때에는 사회와 교회가 아직 분리되어 있지 않았다(오늘날 이슬람 세계 곳곳에서 볼 수 있는 것과 마찬가지로).

  사실 대중들은 교회로부터 벗어나려는 욕구 따위는 지니고 있지도 않았다. 왜? **집단적 기쁨**뿐 아니라 **집단적 공포**도 사람들을 결합시켰기 때문이다. 빈곤·불결·위생과 의료시설의 결핍·침략·전쟁·기아·전염병의 시대, 요컨대 누구나 때이르게 죽어갈 수 있는 시대에, 사람들이 자신의 곤경·죄·불안을 제거할 수 있는 수단이면 무엇이든 환영했다는 것은 충분히 이해할 수 있다. 우리는 앞에서 부분적으로는 고대 게르만 민족에게서 유래하는 온갖 경건한 미신과 희생제사로서의 미사·성인과 성유물 공경·구마·비밀고해·강복·기원 행렬 등에 관해 살펴보았다. 당시에는 특히 천국, 지옥 그리고 **연옥**에 관한 (흔히는 매우 어지러운) 표상들이 발전했다. 르고프는 내세에 대한 옛날의 표상들을 배경으로 하여, "연옥의 탄생"에 관해 매우 상세히 설명하고 있다. 그것에 따르면 봉건주의의 전성기요 새로운 중간계층이 등장하던 12세기에 천국과 지옥의 중간으로 "정화"淨化(purgatorium)라는 단어가 사람들 머리에 떠올랐는데, 이 말의 본뜻인 시련을 견뎌야 하는 중간상태가 뚜렷이 장소(연옥)화되어버렸다〔본디 아우구스티누스적인 이 교설을 교회는 그리스 신학을 거슬러 리옹(1274)과 피렌체(1439) 공의회에서 교의로 확정했고, 단테(†1321)는 「신곡」 연옥편에서 더없이 충격적으로 묘사했다〕.[270]

  또한 중세의 **"죽음의 기술과 문화"**에 대해서도 (긍정적·적극적으로) 언급해야겠다. 이러한 죽음의 기술은 인간으로 하여금 홀로 죽어가게 하지 않고 공동체 안에서, 친지들의 동반 속에, 기도와 교회의 임종의식으로 힘을 얻고 죽을 수 있게 했다.[271] 죽음은 중세인들 가까이 있었고 친근했으며 언제나 따라다니는 동반자였으니, 특히 12세기에 개인적·개체적 죽음이 새삼 체험되었고 14~15세기에는 페스트의 창궐로 인해 죽음이 전에 없던 집단현상이 되었기 때문에 더욱 그러했다. 당시 사람들은 삶의 의미를 알고 있었다. 죽음의 의미를 익히 알고 있었기 때문이다. 바로 여기에 중세 때에는 무신론뿐 아니라 자살도 극히 드물었던 까닭이 있지 않을까? 중세적 신심이 거의 철저히 내세에 정향定向되어 있었음은 물론이다. 그러나 언제나 현존하는 지평인 내세 때문에, 사람들이 온갖 고통을 안고 있는 현세를 망각한 것은 아니었다.

그리스도교적 자선과 하느님의 평화

때로는 기운차고 또 때로는 억눌린 중세의 행업신심을 앞에 두고 이렇게 물을 수도 있을 것이다: 여기서 참으로 그리스도교적인 것은 무엇이고, 그렇지 않은 것은 무엇인가? 어떤 것이 단순한 관습이고 어떤 것이 내면의 확신이며, 어떤 것이 순전한 전통이고 어떤 것이 그리스도교 신앙인가? 시류를 따른 것들은 무엇이며, 그리스도교의 본질을 보존한 것들은 무엇인가? 고대 말엽에서 게르만적 중세로의 근본적 전환에 관해 고찰하면서 확인할 수 있었던 것[272]: 카롤링거 왕조 시대에 새로이 나타난 중세의 전형적 신심형식들은 **가변적인 것들**이니, 결코 절대화되거나 영구화될 수 없다. 그러나 다음 사실 또한 이론의 여지가 없다: **그리스도교의 본체**, 곧 동일한 복음·동일한 가입의례(세례)·동일한 친교 의식(성체성사)·동일한 윤리(그리스도 추종)는 (온갖 덧칠·전위轉位·훼손에도 불구하고) 보존되었다. 이것을 부정하는 것은, 로마 가톨릭 패러다임은 고스란히 그리스도교적인 것의 배반이라고 비난하는 것이나 마찬가지다.

똑같은 윤리, 똑같은 그리스도 추종? 무엇보다도 이 점을 의심하고 수사·수녀들을 반증反證으로 내세우며 동의하지 않을 사람은 개신교 신자들만이 아닐 것이다. 과연 부인할 수 없는 사실: 중세 때에도, 아니 특히 중세 때에야말로, 잘못 알아들은 그리스도 추종이 행해졌다. 십자가 추종은 흔히 십자가상像 공경·예수 수난의 개인적이고 내면적인 추체험 안으로의 신비적 침잠·십자가의 길 흉내(제 몸에 채찍질하기 운동) 등과 혼동되었다. 그러나 일상생활에서 유난떨지 않고 **참된 예수 추종**을 살아내고자 했던 중세인들도 수없이 많았다: 그리스도 흉내가 아니라, 그리스도와의 교호관계·일치 안에서. 사실 그리스도는 고난을 애써 찾지 않았고, 그저 참아 견디기만 한 것도 아니었으며, 오히려 적극적으로 이 세상 고난과 맞서 싸웠다: 힘없는 자들과 변두리로 밀려난 자들(우리의 역사학은 이들에 관해 힘있는 자들에 관해서보다 아는 게 언제나 훨씬 적다)에게의 헌신을 통해. 예수는 전혀 온전치 못한 이 세상 안에 엄존하는 악, 질병 그리고 죽음의 세력을 거슬러 세차게 싸웠다. 그리고 그의 기쁜 소식은? 그 소식은 강도 만난 사람을 돌봐주는 예화(루가 10) 안에 영원토록 각인된 이웃사랑의 계명에서 정점에 이르지 않았던가? 또 최후의 심판 이야기(마태 25)도 있지 않은가? 거기서 다시 오실 그리스도는 굶주린 자·목마른 자·헐벗은 자·나그네 된 자·병든 자·옥에 갇힌 자들에 대한 헌신에 터해 사람들을 심판하지 않던가? 수많은 중세인들이 이러한 형태의 그리스도교성性을 아주 자명하게 살아냈거니와, 이 모든 것이 교회사보다 훨씬 큰 그리스도교사를 이루고 있다! 진실로 말하건대, **그리스도교적 실존을 참되게 살아낸 역사**와 제도로서의 교회가 정치권력 놀음에서 자신을 관철한 역사는 별개다!

　바로 이 중세 그리스도교계가 적극적 **자선 활동**, 고통받는 사람들과 가난한 사람들에 대한 보살핌을 자신의 특별한 사명으로 인식했음은 이론의 여지가 없다.[273] 예수를 본받아 병자들을 조직적으로 보살펴주는 일은, 그리스도교를 다른 종교들과 구별해주는 그리스도교 특유의 활동이라고 할 수도 있다. 과연 일찍부터 주교와 부제들은 교회 공동체의 **병자구호**를 조직적으로 추진했고, 이미 4세기에 병원들이 생겨났다. 특히 클뤼니 개혁 이래 수도원들이 병자구호 활동을 곳곳에서 대대적으로 벌였으며, 기사들과 시민들이 주축이 된 의료 수도회들도 그 일에 헌신했다. 오늘날 가톨릭 및 개신교의 수도회와 신심단체들의 병자구호는 여기서 발전되어 나왔다. 그리고 그리스도교계의 병자구호에는 여성들이 처음부터 지금까지 특별한 열정을 쏟아왔음은 두말할 것이 없다.[274]

　평화 모르던 시대에 **평화**를 위해 노력한 것 또한 잊어서는 안되겠다: 중세 초기에 널리 퍼져 있던, 피의 복수나 (흔히 몇 년씩 계속되는) 결투 같은 아랍 관습들과 게르만 민족의 갖가지 정당방위권들은 고高중세 때 그리스도교적 평화운동에 의해 먼저 남부 프랑스에서 퇴치되었고, 마침내 유럽 전역에서 주교들에 의해 강력히 저지되었다. 주교들은 "**하느님의 평화**"를 선포했다: 모든 "거룩한 기간", 즉 대림·성탄·사순·부활 시기와, 평시엔 매주 금요일부터 일요일까지 전쟁이나 싸움 금지. 주교들이 선포한 "하느님의 평화"는 그후 왕들에 의해 "**나라의 평화**"가 되었다. 잔인한 짓거리들이 사라졌고 풍속은 순화되었으며, 예전의 강도強盜 기사들 상당수가 1100년에서 1300년 사이에 연가를 부르고 무술시합을 벌이는 신사 기사들이 되었다. 세상을 경멸하는 태도는 이제 점차 사라져갔고, 예술은 사실주의로의 전환을 이루었다.

이 모든 것을 우리의 무미건조한 패러다임 분석의 테두리 안에서 계속하여 상세히 다룰 수는 없다. 우리는 (거듭 말하거니와) 무엇보다도(문화 전반이 아니라) 그리스도교에 관심을 집중해야 하며, 또 그리스도교 내에서도 (개인들이 참되게 살아낸 그리스도교적 실존이 매우 중요하지만) 각양각색의 다채로운 삶 전체를 기술할 수는 없다. 우리 작업의 목표는 오늘날에도 엄존하는 지배적·패러다임적 근본구조들을 밝혀내는 것이다. 그리스도교적 일상에 관한 고찰은, 그 안에서 패러다임 전환이 구체적으로 드러나는 몇 가지 원칙적 사례만 살펴보는 것으로 만족해야겠다. 그런데 이 전환은 한 가지 결정적인 문제(이것은 우리가 앞에서 P I 및 P II와 관련하여 깊이있게 다루었고 또 P III과 관련해서도 패러다임 전환의 검증사례가 된다) 안에서 특히 뚜렷이 드러나는바, 곧 중세 때에 첨예화된 여성 문제가 그것이다. 그러므로 묻건대: 바로 중세 때에 (신학과 관계없이) 여성들은 노골적으로 경멸받지 않았던가?

중세의 여성

어느 시대보다 중세의 여성에 관한 연구가 많이 행해지고 있는데, 여기에는 여성해방을 주창하는 여성학자들의 공이 크다. 그녀들의 확신에 따르면 오늘날에도, 특히 교회 안에서, 여성들의 자기이해와 행동양식은 여전히 중세의 영향 아래 있거니와, 중세 때에는 여성을 칭송할 때조차도 남성중심의 잣대로("보드라운 성"!) 재곤 했다. 여성 연구에서 중세의 이론·담론·모델들을 재구성하는 것이, 여성들의 구체적 삶의 현실을 재발견하는 것보다 손쉬운 것은 물론이다.[275]

고대와 초창기 그리스도교에서 싹수가 많이 보였던 여성의 참다운 동등권 실현이 왜 이미 초기 교회에서 저지되었는지 그 이유들을 이제 우리는 알고 있다:[276] 우선 교권 구조들의 확립과 특히 성사聖事 영역에서 남성 지배권의 관철; 다음으로는 수도원뿐 아니라 교회와 사회의, 그 시대 특유의 성에 대한 적대감; 끝으로 교육 경시(특히 여성 교육은 흔히 경멸되었다). 또한 우리는 그후 카롤링거 왕조 시대에 매우 엄격한 성윤리(성직자 결혼 금지. 평신도 성물 접촉 금지. 여자의 제단 주변 접근 엄금)가 대대적으로 관철된 것도 살펴보았다.[277] 아일랜드-스코틀랜드와 앵글로색슨 수도자들이 대륙에 널리 보급한, 성행위를 억제시키려는 참회·보속 규정서들의 파괴적 영향도 잊어서는 안된다. "중세적 세계?" 그 세계는 (교회의 이상적 표상에 따르면) **사제·수사·수녀와 그들의 금욕적 이상에 의해 규정되는 세계**를 뜻했다. 그들은 읽고 쓰는 교육의 유일한 담당자일 뿐 아니라, 그리스도교 신분 서열에서도 가장 높은 자리를 차지했으니, 결혼을 하지 않고 (사유)재산을 갖지 않음으로써 이미 이 땅에서 하늘나라를 체현하고 있었기 때문이다.

그러나 이것이 **결혼한 사람들**에게 의미했던 것: 이제 육신은 거룩한 성전으로 간주되었고, 바로 그때문에 오로지 자녀출산의 목적을 위해서만 다른 성의 육신과 결합할 수 있었다. 피임은 낙태나 기아棄兒와 마찬가지로 여겨졌다. 그러므로 르고프가 중세에서 육체성과 관련하여 일종의 거대한 "문화혁명"(나라면 패러다임 전환이라고 말하겠다)을 확인한 것은 이해할 만하다: 고대 그리고 육체를 긍정·존중했던 고대의 극장·공중 목욕탕·경기장·투기장이 사라진 후, 이제 중세는 육신을 (원죄로 인한 "육욕의 전염"과 성행위의 장소이기 때문에) 영혼의 감옥으로 경멸했다. 여기서는 "육신에 관한 교리의 탈선"[278]이 뚜렷이 드러나니, 한마디로 육신 배척이 그것이다. 사탄의 유혹에 유달리 잘 넘어간다고 간주된 여성의 육신은 거의 사갈시되었다. 마녀사냥이 다가오고 있었다.

적어도 상류층 여성들은 여러 가지 자기계발의 가능성을 갖고 있던 고대 말기만 해도, 로마의 법률과 문화는 여성들에게 상당한 자유를 허용했다. 그리고 게르만 민족의 자유민 여성들도 본시 자결自決·성적 자유·경제적 자립·결혼에의 동의 등에 있어서, 사람들이 오랫동안 생각해온 것보다 많은 권한을 지니고 있었던 것 같기도 한데, 이 문제에 관해서는 오늘날의 **중세 초기** 여성 연구에서 토론이 계속되고 있다. 여성들의 실제 생활환경을 생생히 재구성하려 노력하는 이 연구는 매우 중요하다.[279]

아무튼 오늘날 여성 연구에 종사하는 사람들은, 중세 때에 **권력을 행사했던 여성들**[아델하이드·테오파누·아그네스·콘스탄체, 수녀원장들(예컨대 오토 2세의 누이였던 크베들린부르크의 마틸다) 그리고 메로빙거·카롤링거·오토 왕가 등 명문거족의 여성들]은 중요한 역할을 수행할 수 있었다는, 익히 알려진 사실의 확인에 더이상 만족하지 않는다. 그런데 이러한 사실은 특히 제국의 "퍼스트 레이디들"에게 해당되니, 그녀들의 지위는, 대관식으로부터 사실상의 공동통치(자손이 없을 경우엔 단독통치)에 이르기까지, 실로 대단한 것이었다. 중세 초기의 조상彫像들은 왕과 왕비를 나란히 동등하게 묘사하고 있다. 평신도 귀족사회의 여인들은 대체로 남편들보다 교양이 있었으니, 남자들은 12세기 후반기에도 대부분 읽고 쓸 줄 몰랐다(프리드리히 바르바로싸 황제조차 그러했다). 명문 귀족 여인들은 프랑스와 이탈리아에서도 언제나 상당한 정치적 영향력을 행사했다. 특히 **과부 신분**일 때는 더욱 그러했다. 변경 방백의 미망인이었던 카노사 성의 여주인 마틸다는 교황 그레고리우스 7세의 세계사적 힘겨루기에서 없어서는 안될 동지였다. 미망인 신분은 왕의 특별한 보호 아래 있었고, 다른 사람의 후견을 받지 않았다. 과부들은 결혼 지참금과 남편의 유산을 마음대로 처분할 수 있었고, 재혼도 자유로이 할 수 있었다.

그러나 이 모든 것이 당시 여성 대중의 사회적 지위와 자기이해에 관해 말해주는 바가 있는가? 거의 없다. 귀족 여인들이 특정한 경우에 남자들에 버금가는 역할을 담당할 수 있었던 것은 그야말로 예외로서, 상례를 새삼 확인해줄 따름이다. 아무튼 **고중세** 때 역시 **사회구조**가 철저히 **가부장주의적**으로 꼴지어져 있었음은 이론의 여지가 없다. 물론: 카롤링거 시대 이래 최소한 노예 신분이 폐지되고 "농노 신분"으로 변한 것은 긍정적 결과를 가져왔다. 그러나 그리스도교를 믿던 지중해권 특히 제노바 같은 항구도시에는 여전히 수많은 노예들(특히 이슬람 지역 출신들)이 존재했다. 아무튼 그래서 중세 여성들이 노예나 농노가 아니라 대부분 자유민이긴 했지만, 거의 모두가 영지를 받을 자격도 없었고 법정에서 선서를 하지도 못했으며, 물론 병역 의무도 없었다.

가정에서는 가장의 뜻이 관철되었다. 물론 도시에선 여성도 시민의 자유(면제) 특권을 누렸다. 그러나 이것은 현대적 의미의 개인 자유권이 아니라, 시민계급·시자치체·조합 등의 집단적 자유였다. 또한 크게 발전된 도시들은 여성들에게 수공업과 소매업 그리고 때로는 도매업에서도 전보다 많은 직업상 자기계발 기회를 제공했다. 그러나 유념할 것: 그 도시들은 여성에게 남성과 동등한 권리와 임금을 제공하지는 않았고, 또한 (극소수의 섭정이나 귀족 여인들 외에는) **참정권**

도 부여하지 않았다. 세느 강과 라인 강 사이 지역(중세 도시 발전에서 북이탈리아 도시들 다음가는 둘째 중심지) 여성에 관한 본의 여성 중세학자 에디트 에넨의 연구에 따르면, "12~13세기에 도시들의 비약적 발전에서 여자는 남자의 보조자로서 수동적 역할만 수행했다".[280] 좀더 구체적으로: "여자는 프랑스 북부 지역 도시에서 배심원에 들지 못했고, 13세기에 독일 도시에서 시정市政 기구로 조직된 시참사회에도 끼지 못했다. 여자는 도시로 이주해 들어와 땅 팔아 마련한 돈이나 오로지 노동력으로 새로운 생활을 시작한 영세민과 비자유민들의 모험에 동참했다. 그녀들은 남편의 사회적 지위 상승에 함께했으니, 도시 상인은 장사해서 번 돈으로 아내로 하여금 비싼 옷을 입고 하녀를 거느리고 멋지게 꾸민 큰 집에서 큰소리치며 살 수 있게 했다. 여성은 도시 상공업에서 직업적으로도 한몫을 했다. 그러나 우리는 1250년 이전에 관해 아는 것이 거의 없다."[281]

실제 사정은 물론 때와 장소에 따라 매우 달랐다. 어느 한 면만 보고 판단을 내리지 않는 사람은 필경 인정할 것이다: **성별에 따른 분업**(여성에게 불리한 성별 역할의 고정화로 귀결될 터였다)에는 여러 가지 원인이 있었다:

— 7세기 이래의 그리고 아마도 10세기에서 12세기 사이에 기후 온난화로 인해 촉진된 **인구증가**(여자가 남자보다 훨씬 많았는지에 관해서는 논란이 계속되고 있다).

— **새로운 기술**의 발달(깊이 파들어가는 무거운 쟁기, 편자와 마구 갖춘 말의 투입 등).

— 서방에서 5~6세기 이래 축소된 로마 **도시들**의 재정비와 대규모 이농.

— 법률적(사회적이 아님) 평등을 얻고, 시 지배자(대개 주교)의 후견을 벗어난 **시민계급**의 생성.

— 도시 상공인들이 주도하는 **시장경제**의 발달. 이것은 그때까지 사람들의 생존을 보장해주던 농업의 가치를 크게 저하시켰다. 일반적으로 수공업과 상업은 남자의 일로, 가사는 여자의 일로 여겨졌다.

— **대학들** 그리고 그것과 결부된 학문적 직업들은 수백 년간 여성들의 접근을 허용하지 않았다. 대학 교육을 받은 남자 지식인들이 도시와 시골의 주요 공직을 대거 차지했고, 의사·공증인·(소송) 대리인 등 꼭 필요한 사람들도 그들이었던 반면, 여자들은 대학 교육을 받지 못했기 때문에 그저 보조하는 직책으로

밀려났다. 예를 들어 여자는 전문적인 의사는 될 수 없었고, 조수·간병인·산파로 일했다.

여성 역사학자 안네테 쿤에 따르면, 중세 여성에 관한 많은 연구들은 "여성이 자본주의 경제발전에서 배제된 이유와 조건이라는 핵심 문제"[282]를 중심으로 수행되고 있다. 미국의 여성 역사학자 마타 하월[283]을 따라, 쿤은 여성 노동 안에서 서로 교차하는, 연관되지만 상이한 두 가지 체계를 구별하고 있다: 첫째 체계는 "여성이 어머니 성의 상대역·신앙인·시민의 자격으로 생계(식량·의복 등)와 시장을 위해 노동하는 영역"을 이룬다. 그러나 이것은 둘째 체계와 교차된다: "자본주의 시장에서 비롯되는 경제적 운동이라는 의미에서의 경제는, 무엇보다도 노동의 위계화와 노동에 대한 동등하지 않은 평가(예컨대 수익성이 높은 노동과 낮은 노동)로 귀결된다."[284] 여성의 삶에 있어서의 특정한 모순들은 전통적 가정 경제와 새로운 상업 자본주의라는 이 이중성에 터해 설명될 수 있다. 지금까지 경제에 관해 너무 많이 이야기한 것 같다. 그러면 교회는 어떠했던가?

교회 안에서의 여성 배척

교회 역시 이율배반적인 모습을 보여주었다. 교회가 **결혼**에 관한 신학과 실천을 통해 사회 안에서 여성의 가치 **재평가**에 공헌했다는 것은 분명히 인정해야 한다. 교회는 12세기에 결혼에는 본질적으로 쌍방의 의사표시, 즉 당사자들의 **동의**가 요구된다는 점을 관철시켰는데, 그것은 배우자들의 근본적 동등성을 전제로 한 것이었다.[285] 또한 교회는 오랫동안 존속해오던 비밀결혼의 폐해에 맞서, 결혼이 정식으로 공공연히 이루어지게끔 하는 데에도 공헌했다. 과연 교회는 특히 페트루스 롬바르두스와 토마스 아퀴나스가 일곱 성사에 관한 교리를 발전시키던 당시에, 결혼에 성사의 지위를 부여하고 결혼의 불가해소성을 확증했으며, 여성의 자의식을 계발·강화시켰다.

그러나 다른 한편 바로 그 교회가 〔교황은 그리스도교계의 "아버지"로, "교회"(교권제도)는 "어머니"로 등장하고, 독신제가 재속 성직자들에게 강요되고, 교회법 편찬이 크게 증가하면서〕 **권력구조와 규범들의 가부장주의화**를 촉진·심화시켰다. 바야흐로 (부분적으로는 법률적으로도)

여성 배척이 시작되었거니와, 이것은 오늘날도 로마 가톨릭 패러다임의 특징
으로 남아 있다. 당시 이 사실의 징후: **군주의 아내**는 궁녀들의 배종陪從하에
남편 뒤로 마땅한 거리를 두고 자리잡아야 했다. 영적 권위도 지녔던 **수녀원
장**들은 재치권적 권한만 보유하게 되었다. **상속권**은 구약성서의 전거에 터해,
남자(부계) 후손에게만 귀속되었다(남자 후손 없는 경우는 예외). 더욱 중요한 것들:

● 교회법은 (이미 「그라티아누스 법령집」에서부터) 자연법에 근거하여, 남편에 대한 아내
  의 복종을 확증했다.

● 여성 실존의 **교회적 이상**은 바로 세속의 속박에서 벗어나 하느님 뜻에 맞
  는 금욕적 삶을 영위하는 **수녀**였다. 그러나 12세기에 생겨난 평신도 문화와
  궁정문학은 이미 세속 여성의 새로운 이상을 보여주었는데, 이 이상은 궁정
  가인歌人들(흔히 간과되지만, 이들 중엔 여자들도 있었다)이 즐겨 묘사했고, 또 이탈리아
  르네상스 안에서 계속 발전할 터였다.

● 여자는 **교회**의 모든 **직무**에서 배제되었으며, 여성우호적이던 카타리파와
  왈도파가 민중에게 호응을 얻었기 때문에, 여성 설교도 다시 금지되었다.

수도회라고 (애석한 일이거니와) 사정이 낫지는 않았다. 여러 남자 수도회는 자기네
자매 수녀회의 창설조차도 가로막았다. 도미니코와 프란체스코의 정신에 터해
새로 생겨났던 종교적 **여성 공동체**들은 (때로는 여성들 자신의 소망에 따라 그리고 대개는 교
황청의 전횡에 떠밀려) 결국 지향·이념이 비슷한 남자 수도회 아래로 들어갔고, 그
리하여 교회법에 의해 확정된 수도회 생활양식들 안으로 통합되었다. 그밖에
세속 안에서 살아가는 중·하층 출신의 "하느님께 봉헌된 동정녀들과 과부들"
의 공동체들(제일 먼저 네덜란드에서 종교적·경제적 동기로 결성되었고, 공예와 자선 활동을 통해 생계를
꾸려나갔다)은 심지어 이단으로 몰리기도 했다. 그들의 이름 **"베긴회"**Beginen는 알
비파Albigensis의 단축형으로 들릴 수도 있었으니, 이단자 취급받기 십상이었다
(1311년 빈 공의회에 의해 활동 금지됨). 여기서도 교회에 의한 박해의 역사가 이루어졌거
니와, 이것은 베긴회의 형제 공동체 곧 남자 베긴회에도 해당된다.[286]

물론 여기서도 간과해서는 안되는 것: 당시 교회 테두리 안에 있던 여성들은
사회가 제공해주지 않는 **자유로운 영역들과 활동 기회들**을 얻을 수 있었다.

특히 독신녀들과 과부들은 교회와 종교적 질서에의 순종·결속 안에서, 풍부한 교육과 활동 기회를 제공하는 안전하고 충실한 삶을 발견했고, 여성으로서의 새로운 자의식을 강화해나갔다. 여기서도 에디트 에넨은 옳게 말했다: "전환기였던 12~13세기에 많은 여성들이 오로지 예수 추종을 위해, 자유로운 결단에 터해, 수녀원으로 몰려들었다."[287] 이 사실과 관련하여, 귀족들이 수녀원을 종종 딸이나 미망인들의 보호시설로 이용한 사실은, 도시에서 유복한 부모를 둔 여성들은 수도원 밖에서도 읽기·쓰기·신앙교리 등의 기초교육을 받을 수 있었으나 전문적인 교육을 받는 것은 아주 드물었다는 사실보다 덜 중요하다.

그러한 **수도원에로의 쇄도**를 여성을 위한 정치적 자유운동과 혼동해선 안 된다. 그 쇄도는 갈수록 저변층도 사로잡던 저 신심운동에 상응하는 것이었던 바, 그 운동은 중세의 베네딕도회·시토회·프레몽트레회 그리고 마침내 프란치스코회와 도미니코회 수사들의 남성세계로부터 여성세계로 퍼져나갔다. 그러나 유념할 것: 중세 초기 수녀원들은 거의 전부가 명문 귀족 출신 여성들을 위한 것이었다. 그러한 계급의식이 얼마나 뿌리깊었는지는, 바로 당시의 가장 걸출한 수도회 여성 **빙엔의 힐데가르드**(1098~1179)[288]가 뚜렷이 보여준다. 그녀는 클뤼니회·히르사우회 또 그후의 시토회 같은 주도적 남자수도회들이 출생에 터한 특권을 벌써 오래 전에 포기했음에도, 12세기에도 귀족의 특권을 고집하려 했다. 물론 신분에 터한 그러한 분리는 오래 유지되지 못했다. 아무튼 이제 갈수록 많은 도시 명문 귀족 여성들, 하급 귀족과 시민들의 딸과 아내들이 수녀원으로 몰려들었다(온전히 복음을 따르기 위해, 그러나 또한 결혼생활을 하지 않고 경제적·사회적 안전과 독립을 얻기 위해). 하지만 중·하층 출신 여성들은 (지참금이 없거나 수녀원이 만원이기 때문에) 수녀원에 한 자리 얻기가 종종 매우 어려웠다.

수녀들이 교회정치에 적극 관여하는 경우는 아주 드물었다. 빙엔의 힐데가르드, 스웨덴의 비르기타, 시에나의 카타리나 그리고 훗날 아빌라의 테레사 등은 그야말로 예외적인 경우로서, 새삼 상례를 확인해줄 따름이다. 그러나 중세 중기와 말기에 여성들이 〔문학(간델스하임의 흐로스비트)과 공예·직조·자수는 논외로 하고〕 남성들에 버금갔거나 종종 남성들보다 풍부한 상상력과 독창성을 발휘했던 하나의 분야가 있었으니, 바로 신비주의였다. 과연 빙엔의 힐데가르드는 다재다능한 문필가요 깊은 꿈을 꾸는 신비가였다. 그녀는 어두운 예언과 시적인 찬미가들을 담은 세계의 속뜻을 풀이하는 신비주의적 작품들(저 유명한 「길들을 알아보라」를 상기하라)뿐 아니라, 박물학과 의학 문헌들도 저술했는데, 이것들은 오늘날 중세 초기 중부 유럽의 박물학 지식에 관한 가장 중요한 저작들이다. 70편의 영적 시가를 남긴 그녀는 세 차례의 엄청난 설교여행을 했다. 빙엔의 힐데가르드는 영성과 경험적 감수성 그리고 폭넓은 실천적 관심을 심원한 신비주의와 결합시킨 비범한 여성이었다. 이제 신비주의를 좀더 상세히 고찰해야겠다.

의혹받은 신비주의

여성들이 독일 신비주의에서 아주 특별한 역할을 했다는 것은 이론의 여지가 없다.[289] 그러나 흔히는 그 의의가 마이스터 에크하르트, 요한 타울러, 하인리히 소이세, 얀 반 로이스브뢰크 같은 걸출한 남자들에게 가려 빛을 발하지 못했다. 12세기에 수녀원장 힐데가르드가 지도하던 라인 강 부근 베긴의 베네딕도 수녀원이 신비주의 중심지의 하나였고, 13세기에는 "독일 수녀원의 영관榮冠"으로 간주되던 헬프타(훗날 루터의 출생과 사망 장소인 아이스레벤 부근)의 시토 수녀원이 그러했다. 헬프타 수녀원에서는 하케보른의 게르트루트가 활동했는데, 그녀는 겨우 19세에 원장으로 선출되어 41년간 수도원을 이끌었다. 또한 마찬가지로 신비주의적 천분을 타고난 그녀의 동생 메히틸트, 그 뒤엔 역시 아주 어려서 수녀원에 들어온 헬프타의 게르트루트(나중에 "대大 게르트루트"로 불림)도 여기서 살았다. 끝으로 막데부르크의 메히틸트도 이곳에서 활동했는데, 그녀는 일찍이 "하느님으로부터 흘러나오는 빛"에 관해 여섯 권의 책을 저술하여, 벌써부터 신비가로 이름이 났었다. 베긴회 회원으로서 도미니코의 규칙을 따라 살던 메히틸트는, 자신의 신비체험을 (독일어로는 최초로!) 사람들에게 전했고 또 수도회와 재속 성직자들을 비판했기 때문에, 바로 도미니코 수도회 안에 많은 적수를 만들었다. 사실 그녀는 불의와 비방을 쓰라리게 탄식하고, 결국 헬프타 수녀원에 들어올 충분한 이유가 있었다.

신비주의는 **교회 안에서** 어떤 형편에 있었던가? 신비주의는 여러모로 보건 대 중세 말엽에 심화된 교회의 속화, 신학의 지나친 학문화 그리고 신심의 표 피화에 대한 반작용이라는 것은 이론의 여지가 없다. 그러나 바로 이 중세 말 엽에 풍요롭게 발전한 신비주의가, 단순한 반작용을 넘어, 혹시 신학과 교회의 새로운 패러다임을 제공해주었던 것은 아닐까? 도대체 신비주의의 매력은 무엇 이었던가? 많은 사람들이 신비주의의 다음과 같은 면에 매혹되었다:

— 내성內省·영성화·본질화에의 경향.

— 제도·신심행업·교의의 억압에 맞선 내적 자유.

— 이원론·형식주의·권위주의의 극복.

"신비적"이라는 말이 오늘날의 통속어에서처럼 "불가사의한·기이한·비밀스 런" 혹은 아예 "종교적"이라는 말의 동의어일 수 없음은 이미 분명해졌다고 하 겠다. 또한 신비주의에서 진짜 중요한 것은 공중부양浮揚·환시·망아·성흔聖痕 따위가 아니다. 이런 현상들은 19세기 후반 이래 파리의 정신과 의사 샤르코로 부터 제임스를 거쳐 프로이트까지 의사·심리학자·신경과 전문의·철학자들 의 호기심을 자극했고, 그리하여 매우 흥미있는 비정상인으로 간주된 신비가들 이 정신과 의사의 임상실험 대상이 되기도 했는데, 그런 짓에 맞서 베르그송 같은 탁월한 철학자와 마레샬 등의 신학자는 신비가들을 충실히 비호했다.

최소한 다음 사실에 관해서는 전문학자들 사이에 의견이 일치한다: "신비주 의"Mystik라는 말은 그리스어(myein)에서 유래하는데, 그 뜻은 "입을 다물다"이 다. 그러므로 "신비"는 (본디 말뜻에 터해 이해하자면) 비전秘傳을 전수받지 못한 경우에 는 가능한 한 그것에 관해 입을 다물어야 하는 "비밀"·"비교"秘敎·"비의"秘儀 다. 그러므로 영성의 모든 형태가 전부 "신비주의적"인 것은 아니며, 숨겨져 있는 비밀들에 관해 속된 귀 앞에서는 입다물고, **자신의 내면 안에서 구원**을 찾는 그러한 종교성만이 엄밀한 의미에서 신비주의적이다. 이러한 종교성은 세 속 포기에의 기꺼운 각오를 전제하는데, 이것이 의미하는 것은 세상으로부터의 무조건 도피가 아니라, 영 안에서의 내적 자유와 해방이다. 내성 그리고 마침 내 망아의 순간 비등沸騰하는 의식 속에서 완전하고 절대적인 존재와의 비할 바

없는 합일 ― 이것이 신비주의의 표지다. 그리고 이 모든 것은 제어할 수 없이 제멋대로 일어나지 않고, 질서있는 방법론적인 단계를 거친다:

― 먼저 흔히는 매우 긴장된, 다양한 육체적·정신적 수단을 통한 의식적 **집중**.

― 다음으로 한껏 풀어진, 수동적으로 사로잡힌, 자기를 잊은 **관상**觀想.

― 마침내 환희에 찬 혹은 깊이 가라앉은 **무아경**. 여기서 인간은 절대적 존재의 측량할 수 없는 충만함 안에서 자아를 잃어버린다.

그러므로 신비체험은, 아주 일반적으로 정의하면, (비정상적·가식적·투영적·병리적 현상들이나 절대존재를 어떤 대용물로 대체해버리는 온갖 형태의 사이비 신비주의에서는 찾아볼 수 없는) **직접적·직각**直覺**적 합일체험**이라고 할 수 있다: 주체와 객체의 분열을 지양止揚하는, 삼라만상 또는 절대적 존재근거와의 지극한 합일의 직각. 그러나 중세의 모든 신비가들이 지향했던 것은 그저 낭만적 자연신비주의, 자연·우주·"생명"과의 합일, 범신론적인 정체성 체험이 아니었다. 그들의 참된 지향은 내재체험이 아니라 초월체험이었거니와, 이 체험은 큰 기쁨을 주지만 일시적이고 불완전한 것이다. 무아경의 순간 통사람(全人)과 실재의 원근거, 모든 것을 포괄하고 감싸안고 규정하는 처음이자 마지막인 저 실재와의 합일이 이루어지거니와, 그 앞에서 우리의 말은 더듬기 시작하고 우리의 개념들은 도무지 쓸모없으며, 우리의 표상들은 멀리 사라져버린다. 다만 "비밀", 실재의 "신비", 하느님으로부터 흘러나오는 "빛" 따위의 말밖에는 할 수가 없는 것이다.

그리스도교 신비가들은 자연의 사상事象들을 신으로 만들고자(삼라만상의 신화) 하지 않았고, 하느님을 필연적으로 "안으로부터"(하느님의 삼위일체적 "출현들") 인식하려 하지도 않았다. 그러나 종종 성서의 사건들에 대한 성찰을 멀리 뛰어넘어 혹은 삼라만상을 꿰뚫어, 절대적 존재를 곧장 체험했던바, 그것은 자연발생적인 어떤 것이 아니라 "허락되고" "선사된" 것으로 이해되었다: 즉, 압도적인 은총과 사랑이신 **하느님의 현존, 하느님과의 친교, 하느님과의 합일**.

이미 토마스 아퀴나스에게 있어서도 절대적 존재, 존재 자체는 낱낱의 모래알과 모든 꽃 하나하나 안에 현존했으나, 그는 세계와 하느님, 영혼과 하느님이 상대방 속으로 흘러들도록 하지는 않았다. 그러한 것은 토마스 시대 이후,

그리스도교화된 신플라톤주의의 영향으로 비로소 생겨났다: 프라이베르크의 디트리히와 걸출한 제자 **마이스터 에크하르트** 그리고 그의 학파의 여성 신비주의와 나란히. 에크하르트의 출발점이 디트리히나 대×알베르투스 혹은 토마스였는지에 관해서는, 저 종교재판에 대한 평가와 마찬가지로 지금도 논란이 계속되고 있다. 그 재판은 이 공로 많은 설교자, 파리 대학 교수, 수도회 관구장이자 총장 대리로 하여금 67세 때 아비뇽으로 먼길을 가지 않을 수 없게 했는데, 거기서 심문을 받은 에크하르트는 유죄판결이 내려지기 전에 사망했다.[290]

그러나 "독일 신비주의"〔라틴어 저작들(혹은 번역서들)을 통해 국제적으로 영향을 끼쳤다〕는 결코 특수한 현상이 아니었다. 중세 때에는 〔좀 이른 12세기에 플랑드르(혹은 작센) 출신의 교장 위고와 제자인 스코틀랜드 사람 리처드가 이끌던 파리 부근 생 빅토르 수도원 학교의 보다 지적인 아레오파기테적 신비주의는 논외로 하고〕 유럽 전역에 수많은 **신비주의 조류**들이 있었는데, 이것들은 사려깊은 신비주의 전문가 오토 카러[291]가 확인했듯이, 주목할 만한 시간 간격을 두고 연이어 생겨났다:

— 13세기의 **이탈리아** 신비주의(프란체스코 · 클라라 · 폴리뇨의 안젤라 · 코르토나의 마르게리타).

— 13~14세기 **독일** 신비주의(세 거두: 마이스터 에크하르트, 타울러, 소이세)**와 얀 반 로이스브뢰크** 및 그의 제자 그로테(켐피의 토마스와 함께 매우 많이 읽힌 「준주성범」을 저술했음)의 **플랑드르-네덜란드** 신비주의.

— 14~15세기의 **영국** 신비주의(리처드 롤, 「무지의 먹구름」의 익명 저자, 노리치의 율리아나).

— 16세기 **스페인** 신비주의(이냐티우스 로욜라, 프란치스코 사비에르, 아빌라의 테레사, 십자가의 요한, 루이스 데 레온).

— 17세기 **프랑스** 신비주의(오라토리오회 수도자 베륄과 콩드렝 외에도 가르멜회와 이냐티우스와 도미니코회의 영향을 크게 받은 남녀들).

유념할 사실: 신비주의는 **그리스도교 특유의 현상**이 **아니다.** 그리스도교보다 오래되었을 뿐 아니라 먼 곳에서 유래한다. 신비주의 종교는 먼 옛날(후기 베다 시대)에 **인도**에서 생겨났다. 우파니샤드는 "합일 교설"을 정식화하여 표현하고, 지극한 합일체험의 실천방법들을 전한다. 그 방법들은 인간들에게 깨달음을 통한 무지로부터의 해방을 약속한다: 인간 개체의 존재핵核인 아트만에 대한

인식 그리고 모든 것에 삼투하는 삼라만상의 원리 브라만과 아트만의 일치를 통한. 아마(추측만 할 뿐이다) 소아시아-그리스-헬레니즘 신비주의의 폭넓은 강江도 인도에 수원水源을 두고 있으리라: 소크라테스 이전 이오니아 학파의 형이상학자들과 오르페우스교教 그리고 피타고라스 학파에서, 플라톤과 헬레니즘 말기의 비교秘教들을 거쳐, 여타 신플라톤주의자들까지 흐른 이 강이 마침내 그리스도교 안으로 흘러들어왔다. 앞에서 언급한, 5~6세기에 자칭 바울로의 제자 **디오니시우스 아레오파기테**의 이름으로 「신비신학」*Mystike theologia*(이 책이름에서 "신비주의"Mystik라는 명칭이 유래한다)을 저술한 비밀스런 철학자도, 바울로와 요한보다는 플로티노스와 프로클로스에게 더 많은 가르침을 얻었다. 이 책은 스코투스 에리우게나(9세기)에 의해 라틴어로 번역되어, 오랫동안 서방 그리스도교계의 신비주의적 신심에 큰 영향을 끼쳤다. 디오니시우스는 19세기 초까지 바울로의 진짜 제자로 여겨졌고, 그의 저작들은 1세기의 원原그리스도교의 저술로 여겨졌다. 아무튼 우리의 패러다임 분석에 결정적으로 중요한 물음은 바로 이것이다:

신비주의는 원그리스도교적인가?

예수와 사도들 그리고 제자들은 신비가들이었던가? 확실한 것: 초창기 그리스도교에도, 바울로와 요한에게서 볼 수 있듯이, 신비주의 요소들이 존재했으니, 예컨대 영의 소유를 주제로 이야기가 전개된다. 그리고 플로티노스와 동시대의 알렉산드리아 사람들인 클레멘스와 오리게네스, 또한 그후 북아프리카인 아우구스티누스 역시 본디 성서적 예언자 종교를 헬레니즘 신비주의 요소 및 경향들과 결합시켰음을 앞에서 살펴보았다. 그러나: 여기서는 아직 엄밀한 의미의 신비주의에 관해 말할 수 없다. **합일 신비주의라는 엄밀한 의미에서의 신비주의**는 하느님과 인간 영혼의 합일 체험을 얻고자 애쓰는 그런 곳에만 존재한다. 이런 합일은 **바울로**에게서도 **요한**에게서도 **찾아볼 수 없다**는 사실은 누구라도 알 수 있을 것이다. 그들에게 결정적으로 중요했던 것은, 하느님을 신뢰하는 신앙과 실천적인 이웃사랑이었지 신비적 직관이나 하느님 소유가 아니었으며, 미래로 정향된 희망이었지 지금 여기서 맛보는 법열이 아니었다. 아우구스티누스 역시 나중에는, 신비주의 사상의 보화들을 이용했음에도, 신플라톤주의적·범신론적인 영혼과 하느님의 합류合流를 단호히 배척했다. 사실 아우구스티누스야말로 하느님 안에서 쉬기까지 언제나 불안에 떠는 인간 마음의 갈망을 익히 알고 있었다. 그러나 그 갈망은 하느님에의 동화同化가 아니라, 자유로움·관상·찬미 그리고 끝없는 사랑을 통해 하느님 안에서 쉬는 것이었다.

가장 중요한 점: **예수** 자신이 **신비가는 아니었다.** 예수가 환시·환청을 체험한 이야기는 고작 두 군데만(이것도 역사적으로 확실치 않다) 전해져 오는바, 앞의 확언을 뒤엎지 못한다: 예수에게 이 세상은 관계를 끊고 물러나야 할, 침잠 속에서 그 덧없음을 꿰뚫어보아야 할 아무것도 아닌 것이 아니다. 또한 이 세상은 절대적 존재와 곧바로 일치될 수 있는 것은 더욱 아니다. 오히려 이 세상은, 인간에 의해 언제나 다시금 손상될지언정, 하느님의 좋은 창조물이다. 예수가 사람들에게 요구한 것은 무엇이었던가? 진기한 망아 체험, 하느님 본질을 꼬치꼬치 파헤치는 사변, 심리학적 자아분석, 몰역사적 침잠의 기술? 아니었다. 그것은 하느님 사랑과 이웃 사랑이었다. 예수는 인도 신비가들이 아니라 어디까지나 구약성서 예언자들의 노선 위에 있거니와[292], 거듭 새삼 인용되는 "나와 아버지는 하나입니다"라는 말씀은 예수 자신이 아니라 넷째 복음사가에게서 유래하며, 그것도 하느님과 그분의 그리스도와의 어떤 신비적 합일을 말하는 것이 아니라, 인간 예수와 하느님, 아들과 아버지의 의지와 행동 그리고 계시의 일치를 언명하고 있다: "나를 본 사람은 이미 아버지를 보았습니다."[293]

예수를 **예언자 정신으로 충만한**, 열정에 사로잡힌 **사자요 인도자로**, 하느님이 기름부어 세우신 자(메시아·그리스도)로 파악할 때에만, 그를 올바로 이해하는 것이 된다. 예수는 죄와 온갖 악으로부터의 구원을 위해 사람들에게 무슨 영혼의 기술 따위를 가르치지 않고, 회개하라고 외쳤다. 예수는 의지의 포기를 촉구하는 대신 바로 인간의 의지에 호소했으니, 인간은 그것을 온전히 인간의 포괄적 행복 곧 구원을 겨냥하는 하느님의 뜻에 따라 곧추세워야 한다. 이렇게 예수는 인격적으로 동참하는 사랑, 모든 고통받는 자·억눌린 자·병자·죄인 그리고 적과 원수까지도 포용하는 보편적 **사랑**과 적극적 **자비행**을 선포했다.

바로 여기에 신비주의가 그리스도교에서, 인도에서와는 달리, 패러다임이 되지 못한 가장 깊은 신학적 이유가 있다고 하겠다. 사실 **신비주의가 인도**에서 확고한 지위를, 그것도 많은 위대한 고전적 전통의 중심을 차지하고 있음은 참으로 주목할 만하다. 과연 그곳에서 신비주의는, 그리스도교에서처럼 기껏해야 종교를 좀더 풍요롭게 하는 것으로 여겨지지 않고, 종교의 가장 깊은 본질을 형성하고 있다. 여기서 신비주의적 신심생활의 정점을 이루는 것은 정상적 의식意識을 넘어서는 비상한 체험들이다: 지각·인식의 새로운 차원들, 법열, 몰아적 환시와 환청이 그것들인데, 여기서는 의식의 고양高揚과 순전히 영적인 체험이 결합된다. 힌두교에서 이러한 신비적 체험은 단순하지 않으며, 대체로 깊은 성찰과 결부되어 있는데, 이것은 우파니샤드에서처럼 철학적·사변적 사유 행위이건 아니면 요가에서처럼 면밀한 심리학적 자아분석이건 마찬가지다.

예언자적 종교성(이것은 예수의 특징이기도 하다)의 근본체험은 (프리드리히 하일러[294]의 이념형理念型적 개관에 따르면) 위에서 언급한 체험과 전혀 다르다. 우리는 예언자적 종교성(신심)을 성서 어디서나 볼 수 있다. 그것은 생명에 대한 강렬한 의지로 특징지어진다: 자기 주장에의 강한 열망, 귀중한 가치와 사명에 사로잡힘, 확고한 이상과 목표의 실현을 위한 열정적 노력. 그러므로 예언자적 신심은 근본적으로 밖으로 정향되어 있고, 세상과 대결하며, 세상 안에서 자신을 관철하고자 한다. 따라서 예언자적 마음가짐을 지닌 사람은 투쟁하는 자이거니와, 신앙에 대한 회의로부터 확신에로, 불안으로부터 신뢰로, 죄의식으로부터 은총의 구원을 얻음에로 싸우며 나아간다. 하느님을 친근하게 묘사하는 시편들조차 망아적 합일은 모르며, 은총과 자비의 하느님 안에서 얻는 든든한 안전을 알 뿐이다.

그러므로 그리스도교에서 신비주의가 그저 풍요화의 요소에 그치지 않고, 중심적 위치를 차지할 조짐이 보였던 곳에서는 어디서나 저지에 봉착했다는 것이 어디 놀랄 일이랴? 말씀과 성사를 중개하는 자신의 독점권을 상실할까 두려워하던 **로마 가톨릭 관청교회와의 충돌**은 마치 그림자처럼 신비주의의 대두를 따라다녔다. 그런데 왜 여기(P Ⅲ)서는, 동방(P Ⅱ)에서와는 달리, 언제나 파문·탄압·종교재판뿐이었던가? 디오니시우스의 가명 저작들의 번역자 요하네스 스코투스 에리우게나는, 예정론에 관한 그의 견해 때문에 855년 발렌스 공의회에 의해 단죄되었다. 신비가들의 저술은 거듭 새삼 의심을 받았으니, 과연 마이스터 에크하르트, 아빌라의 테레사, 십자가의 요한, 마담 귀용(그리고 그녀의 비호자 페늘롱) 같은 많은 위대한 신비가가 종교재판에 넘겨졌다. 베긴회원이요 1300년경 「순박한 영혼들의 거울」을 저술한 여성 신비가 마르게리테 포레테는 1306년 캄브라이의 주교에 의해 이단자로 단죄되었다. 그러나 유죄판결 후 네 가지 언어와 여섯 종류의 판본으로 번역·출간된 그녀의 저작은 익명으로 계속 살아남았고, 짐작건대 에크하르트에게 중요한 영향을 끼친 것으로 보인다.[295] 1308년 또다시 기소된 그녀는 파리로 이송되어 종교재판을 받았고(재판에서 그녀는 자신의 교설에 대한 입장표명을 거부했다), 1310년 마침내 장작더미 위에서 화형당했다.[296]

신비주의가 〔타울러와 *Theologia Teutsch*(1400년경 프랑크푸르트의 어떤 재속사제의 저작)가 마르틴 루터에게 많은 영향을 끼쳤음에도〕 종교개혁(P IV)의 패러다임 전환에서도 중요 역할을 수행하지 못했고, 그후에도 거의 모든 **개신교 신비가들**은 (강제로 내몰렸건 그들 자신이 원했기 때문이건) **기성**旣成 **개신교 체제 밖에** 자리했다는 사실 또한 놀랄 일이 못 된다. 아무튼 오늘날에도 신비주의는 개신교 테두리 안에서 불신 내지 배척을 받고 있다. 20세기 초엽 칼 바르트·에밀 브루너·프리드리히 고가르텐의 초기 "변증법적 신학"은 신비주의를 철저히 배격했다. 그때에도 이유는 다음과 같았다: 하느님과의 혼종混種적 일치("자기신화神化", "범신론", "행업을 통한 의義"), 비교회적 내향성("주관주의"), 창조계 경시("마니교", "정관파靜觀派").

이러한 비난들은 종종 실질적 근거가 없지만, 어쨌든 신비주의가 오늘까지 신학과 교회 영역에서 변두리 실존을 근근히 이어갈 수밖에 없는 까닭을 설명해준다. 신비주의는 신학과 교회를 위한 패러다임, 총체적 구조조정을 단 한 번도 이루어내지 못했다. 의심받고 이단으로 몰리고 때로는 아예 금지되기도 했던 신비주의는 수도원이나 "비의秘義를 전수받은 자들"의 작은 동아리들 안에서 겨우 존속했으니, 교회생활을 근본적으로 쇄신하는 것은 꿈도 꾸지 못했다. 아무튼 중세 때에 이미 고착화된 **로마 가톨릭 패러다임은 신비주의 때문에 불안을 느끼는 게 고작이었지, 결코 충격과 손상을 입지는 않았다.**

중세 말엽과 종교개혁 시기에도 그리스도교 영성에서 결정적으로 중요했던 것은 신비적 침잠이 아니라, 언제나 그랬듯이 **기도**(하느님께 대한 신앙 안에서의 신뢰의 표현)였다. 성서에서 기도는 놀랄만큼 자명하고 단순하게 행해진다(삶의 한가운데에서 그리고 삶을 뛰어넘어): 흔히 기도는 단순함과 낙담하지 않는 현실주의에 터한, 꾸밈 없는 "마음속 털어놓음"이다. 모든 것은 전적으로 하느님께 정향되어 있다: 청허聽許·도움·자비·은총·자신과 타인 그리고 백성의 구원에 대한 간청. 자유로이 개진되는, 흥분하여 대들고 항의하기도 하는, 그러나 무엇보다도 감사와 찬미·찬양 안에서 행해지는 청원들.

그러나 역사가 진행되면서 성서적 기도 또한 일정한 형식들 안에 고정되었고, 전례에 맞게 세련되게 다듬어졌으며, 나아가 종종 금욕 행업들과 결합되기도 했다: 본디 성서는, 주목할 일이거니와, 다음과 같은 것들을 알지 못한다:

― 기도의 방법, 체계, 정신적 기법.

― 마땅히 거쳐야 하는 기도의 단계들, 종교적 체험의 획일화.

― 기도에 관한 심리학적 성찰(기도와 희생제사에 대한 예언자들의 비판에도 불구하고), 영혼의 특정 상태들에 도달하기 위한 자아분석과 금욕적 노력들.

그 대신 성서가 아는 것은, 복잡한 성찰을 거치지 않은 꾸밈없는 "하느님과의 대화"다: 믿음, 희망, 사랑, 감사, 찬미, 청원의 표출(각자의 각양각색 상황 안에서).

이 모든 것이 말해주는 바: 신비주의적 기도가 그리스도인들에게 중요한 의미를 지닐 수 있으나, 마치 신비적 침잠이 최고의 기도이기나 한 듯이, **규범성을 요구·주장할 수는 없다!** 그러므로 예를 들어 종교사의 가장 출중한 신비가의 한 사람인 천재 여성 **아빌라의 테레사**에게 아무리 경탄을 금치 못한다 할지라도, 다음 사실을 명심해야 한다: 신·구약 성서에는 무슨 내면의 기도 혹은 마음의 기도라는 이상理想은 없으며, 신비적 체험과 상태를 관찰·묘사·분석하라는 권고도 찾아볼 수 없고, 망아경에까지 이르는 기도의 단계들도 나오지 않으며, 특별한 종교적 천분을 전제하는 기도에 대한 강조도 발견되지 않는다. 신비적 기도는 은사다. 그러나 다른 여러 은사 가운데 하나일 뿐, 최고의 은사가 아니다. 신비적 기도는 사랑에서 정점에 이르는 예수 추종에 봉사할 수 있다. 그러나 또한 (그것 자체가 목적이 된다면) 예수 추종에서 떨어져나갈 수도 있다.

종교철학자들과 종교심리학자들이 거듭 새삼 시도하듯이, 모든 대종교들을 "참된" 종교, 종교의 "본질"이라는 신비주의로 환원시켜서는 안된다. 종교들간의 작위적 조화는 독단적 배타성과 마찬가지로 도움이 되지 못한다. 우리 시대에는 **종교의 이 두 가지 근본 유형**(신비주의적 종교와 예언자적 종교)**의 상호삼투**(그것도 중심에서)가 가능하고 바람직하며 사실 필요하다. 보기: 토마스 아퀴나스의 신관은 그의 수도회 형제인 그리스도교 신비가 **마이스터 에크하르트**의 신관에 의해 보완될 필요가 있다. 에크하르트의 지적 통찰에 따르면, 하느님은 세상과 인간을 당신 자신 안에 창조했고, 하느님의 고유한 존재는 사상事象들 안에서 확장되거니와, 그러므로 "영혼의 바탕" 안에서 존재하는 모든 것과 하느님의 깊은 합일을 체험할 수 있다: 본체론적 합일이 아니라, 일종의 에네르기론적 합일. 또한 **쿠사의 니콜라우스**에 따르면, 하느님의 충만함은 모든 대립을 자신 안에 내포한다. 따라서 하느님은 가장 큰 존재인 동시에 가장 작은 존재이며, 중심이자 변두리이며, 과거이자 미래이고, 빛이요 어둠이며, 과연 존재이자 비존재이기조차 하다. 하느님 안에서 하나인 대립들은 그러나 세상 안에서는 서로 분리된다: 그 자신 다수성多數性 없는 많은 것이요, 동일성 안의 대립이신 "하느님의 자기개진"으로 이해되어야 하는 이 세상 안에서.[297]

우리가 살펴본 것: 중세의 신심은 신비주의, 특히 여성 신비주의를 빼놓고는 생각할 수가 없다. 비록 이 신비주의가 신학과 교회를 위한 새로운 패러다임을 전혀 이끌어내지는 못했지만 말이다. 그러나 중세의 신심은 또한 마리아 신심의 융성을 빼놓고도 생각할 수가 없는데, 여기서는 (상당히 좁은 영역에서) 패러다임 전환이 다시 한번 뚜렷이 드러난다.

마리아 공경의 융성

처음부터 분명히 알아두자: 마리아 공경이 라틴적인 고중세 때 교회의 관습·축제·의식儀式에서뿐 아니라 문학과 예술에서도 크게 융성했지만, 그럼에도 유념해야 할 것은, **마리아 공경은 헬레니즘 비잔틴 패러다임**(P II) **안에서**

처음으로 생성·발전되었다는 사실이다.[298]

　동방에는 근동의 어머니 신들을 숭배하던 오랜 전통이 있었는데, 이것이 마리아 공경에 풍성하게 이용될 수 있었다: "영원한 동정녀", "하느님의 어머니", "하늘의 여왕" 숭배의 형태로. 동방에서 처음으로 기도중에 마리아에게 간청했고("당신의 보호 아래". 3~4세기), 마리아 기념 의식을 전례에 도입했다. 처음으로 마리아 전설이 이야기되고 마리아 송가가 불려지고 성당들이 마리아 이름을 따 명명되고 마리아 축일들이 도입되고 마리아 그림들이 그려진 곳도 동방이다.

　이 사실을 배경으로 해서만, 마리아 문제에 관한 교회의 교의 결정도 설명될 수 있다. 사실 동방의 한 공의회만이 **"하느님을 낳으신 분"**으로서의 마리아에 대한 신앙을 마땅한 의무로 교회에 부과하려는 생각을 할 수 있었으니, 곧 431년의 **에페소 공의회**다. 중대한 결과를 초래한 이 그리스도론적 언명은, 특별히 한 남자의 정치적 이익에 상응하는 것이었음을 오늘날 우리는 알고 있다. 그 남자, 곧 알렉산드리아의 키릴루스는 치밀한 책략으로 공의회를 조종할 수 있었다: 그는 마리아를 **"그리스도를 낳으신 분"**christotokos이라 부르던 안티오키아의 반대파가 도착하기도 전에, 자신의 정의, 즉 "하느님을 낳으신 분"theo-tokos을 관철시키는 데 성공했다.[299] 이것은 성서와 거리가 먼 새로운 존칭이었으니, "하느님의 어머니" 등 더욱 오해받기 쉬운 표현들을 생겨나게 할 터였다.

　아무튼 오직 동방, 곧 에페소에서만 그러한 마리아론을 관철시킬 수 있었는데, 그렇지 않아도 "위대한 어머니"(본디 처녀신 아르테미스＝다이아나)를 숭배하던 그 도시의 주민들은 대체代替 "여신" 마리아를 열광적으로 받아들였다. 그 대가로 치러야 했던 신학적 희생은 그러한 열광에 휩쓸려 거의 간과되었다: 그러나 마리아의 신모성神母性에 관한 정식적 표현은 (훗날 칼케돈 공의회가 바로잡은) 단성설의 기미를 띠고 있었으며, 예수의 신자성과 육화에 대한 이해의 물화物化를 야기했다. 하느님의 "아들"로서 믿는 이들을 위한 하느님의 계시인 인간이 태어나는 것이 아니라, 마치 "하느님"이 태어날 수 있기라도 한 것처럼 말이다. "하느님의 어머니"라는 이 말은 유다인들이 예나 지금이나 그리스도교를 불신·반대하고, 많은 무슬림들이 오늘날에도 그리스도교의 삼위일체를 하느님(아버지)·마리아(어머니)·예수(자식) 3체로 오해하고 있는 것에 상당한 책임이 있다.

　그에 반해 **서방**에서 마리아에 관한 동방의 신심 형태들이 관철되는 데는 저항이 따랐다. 라틴 중세 패러다임(P III)의 신학적 아버지 아우구스티누스에게서는 마리아에 대한 찬가도 기도도 발견되지 않는다. 마리아 축일들에 관해서도 언급이 없다. 이것은 주목해 마땅하다. 5세기에 들어서야 비로소 마리아를 찬미하는 최초의 라틴어 인사말("복되시도다, 거룩하신 어머니여")이 나타났는데, 여기서 6세기 말엽 점차 풍성해진 라틴어(그리고 후엔 독일어도) 마리아 시가들이 발전해나왔다.[300] 이제는 로마도 뒤따르기 시작했다: 6세기에 마리아의 이름(그리고 "하느님의 어머니" 칭호)이 미사경본에 들어왔다. 7세기에는 동방의 마리아 축일들(수태고지·고향 방문·탄생·정화)이 도입되었다. 10세기 말엽에는 마리아에게 바치는 기도의 기적적 효력에 관한 전설들이 생겨났다 ….

　중세 마리아 숭배의 절정기는 두말할 것 없이 11~12세기였는데, 그것은 시토회 수도자 **클레르보의 베르나르**의 영향을 빼놓고는 생각할 수 없다. 그동안 신학적 강조점들은 갈수록 크게 바뀌었다. 신약성서에 묘사된 예수의 지상 어머니 마리아의 구체적 활동은 전면에 부각되지 않았다. 이제 결정적으로 중요한 것은 평생 동정이신 하느님의 어머니요 하늘의 여왕 **마리아의 우주적 역할**이었다. 마리아에 대한 이상화와 찬미의 과정이 그것과 결부되었다. 옛 교부들은 거리낌없이 마리아의 도덕적 과실에 관해 말했으나, 이제는 갈수록 마리아의 전적인 무죄성, 아니 그녀의 출생 전부터의 성성聖性이 주장되었다.

　그러므로 12세기 이래 심지어 **마리아는 원죄**(아우구스티누스 이후 이를테면 가톨릭 교회의 근본교의 같은 것이었다)**에 물들지 않았다**고 공공연히 주장하는 개인적인 목소리들이 있었다는 것도 사실 필연적이었다고 하겠다. 인류 전체의 운명으로부터의 그러한 예외는 처음에는 신학자들, 특히 토마스 아퀴나스의 반대 때문에 배격되었다. 그러나 그러한 반대가 훗날 저명한 프란치스코 수도회 신학자 둔스 스코투스(1308)가 일종의 "사변적 해결책"을 찾아내 제시하는 것을 저지하지는 못했다: 어떻게 원죄의 보편성에 관한 교의를 고수하면서 동시에 마리아에게 예외를 인정할 수 있을까? 스코투스는 이 물음에 답하기 위해 마리아의 "선취先取

구원"이라는 개념을 만들어냈다(그것은 순전히 신학적인 조립물이었다). 아무튼 마리아 찬미와 공경의 과정은 저지할 수 없게 되었다. 사람들은 일반적인 성인 공경doulia과 마리아에 대한 보다 강화된 공경hyper-doulia 그리고 하느님께 대한 흠숭latria의 구별을 여전히 형식적으로는 고수하고, 그 셋을 분리했다. 하지만 실제적으로 마리아의 피조성과 인간성은 흔히는 거의 아무런 역할도 하지 못했다.

그러나 신앙교리상의 마리아와 신심상의 마리아는 서로 별개 존재였다. 예수 자신처럼 마리아 역시 (특히 다시금 베르나르 그리고 각별히 아씨시의 프란체스코의 영향 아래) **민중신심** 안에서 풍부한 인간적 특징들을 지니고 있었다. 마리아는 많은 기도·찬가·노래·그림·조각에서, 하늘로 옮겨간 숭고한 신적 그리스도보다 인간들의 근심걱정을 더 잘 아는 자비의 화신, 당신의 천상 아들 곁에 있는 무소불위의 중재자, 사랑과 호의에 가득찬 인물로 나타났다. 고딕 양식은 이 신심을 위해 감명깊은 "마돈나의 외투"를 창조해냈다. 그것은 수백만의 사람들이 마리아에게서 분명히 느끼는 것을 비할 바 없는 방식으로 표현했다: 그녀는 특히 보잘것없는 사람들·억눌린 자들·불안에 떠는 자들·변두리로 밀려난 사람들의 원조자였다. 여기서 "아래로부터의" 마리아론의 일단一端이 드러나거니와, 이것은 신학자와 수도자 그리고 교권제도가 만들어낸 마리아에 관한 교의적 초超이론들과 뚜렷한 대조를 이룬다. 이러한 사정에 비추어볼 때, 12세기 이래 성서의 **"성모송"**이 민중에게 널리 사랑받은 것 또한 당연했다고 하겠다. 성모송은 주님의 기도와 더불어 가장 널리 보급된 기도가 되었는데, 죽음의 순간에 도와달라는 청원이 첨가된 오늘날의 형태로 바쳐지게 된 것은 물론 1500년 이후의 일이다. 또한 13세기 이래 매일 세 번씩 울리는 "삼종"三鐘과 13~15세기 이래 장려된 묵주기도 역시 민중들에게 큰 사랑을 받았다.

일치운동적 마리아상?

중세 사람들은 한 가지 일만은 삼갔으니, 새로운 **마리아 교의들**의 선포가 그것이었다. 그 일은 19~20세기의 교황들을 위해 남겨져 있었다: 비오 9세와 비오 12세. 특히 비오 9세는 자신의 정치 때문에 두 교의로 교회에 무거운 짐을 지웠다. 일찍이 계몽주의·과학·민주주의·종교자유를 반대하는 반反혁명적 보수주의에 터해 아무런 성서적 근거 없이 마리아의 무염시태(원죄에 물들지 않고 잉태됨)를 정식 교의로 들어높였던(1854) 비오 9세는, 16년 후에는 1차 바티칸 공의회(1870)의 도움을 빌려 교황의 수위권과 무류성도 받아들일 것을 온 교회에 강요했다. 2차대전이 끝난 후, 비오 12세가 이 노선을 계승했다. 그는 (로마적 승리주의에 터해, 개신교와 정교회 그리고 가톨릭 내부의 우려를 아랑곳하지 않고) 마리아가 육신 그대로 천상 영광 안에 받아들여졌음(몽소승천)을 아주 씩씩하게 교의로 선포했으니, 당시 자신이 선언한 "마리아의 시대"의 절정인 1950년의 일이었다.[301] 이러한 "마리아 공경 분위기"에는 마리아의 수많은 발현도 한몫했는데, 그것들은 우연치 않게도 19세기와 20세기 초에 "출두"했다: 루르드(1858)와 파티마(1917).

그러니까 중세 때에는 그렇게 분명치 않던 것이, 비오라는 이름의 교황들에 의해 뚜렷이 표명되었던 것이다: 바로 여기서 (로마 가톨릭 패러다임의 전형적 특징이거니와) **교황중심주의와 마리아 공경**은 손잡고 나아갔다. 그리고 그 배후를 형성하고 있던 것은 두말할 것 없이 **독신제**(앞에서 살펴보았듯이, 이미 중세 세계 속에 깊이 뿌리박고 있었다)였다. 이러한 전개과정에 직면하여, 유럽 최초의 가톨릭 여성신학 교수인 네덜란드의 카타리나 할케스는 이렇게 반문하고 있다: "마리아는 여성 적대적으로 남용된, 남성들에게 비판적이지 않은, 그리고 교회가 (여성의) 성과 거룩한 것의 중개 사이에 방치해둔 균열을 정당화해주는 그럴듯한 본보기가 아닐까?"[302] 이론의 여지가 없는 것: 중세의 그리고 20세기에 들어서도 중세적으로 머물러 있는 로마 가톨릭 교권제도(자신의 문장紋章에서 M자 때문에 십자가를 한가운데 자리에서 옆으로 옮겨버린 요한 바오로 2세 같은 교황을 정점으로 한), 사목자 없는 수천 개 본당을 눈앞에 보면서도 성직자 독신제를 선전하고, 결혼생활에서 성적 욕구를 자녀 출산에만 얽어매려고 하는 로마 가톨릭 교권제도는 마리아라는 존재를 통해 독신 성직자들을 위한 대상代償 인물을 만들어냈으니, 사람들은 이 인물에게서 "영적인 방법으로" 친밀함·호의·여성다움 그리고 모성을 경험할 수 있다. 이러한 정책이 얼마나 무서운 정신적 결과를 초래할 수 있고 또 사실 초래했는지는 오이겐 드레버만이 많은 사례를 통해 기술·분석한 바 있다.[303]

이 로마 가톨릭 교회의 마리아 공경이 그리스도교 **일치운동**에 끼친 영향도 유념해야 한다. 개신교 신학자 위르겐 몰트만의 확인은 정당하다: "마리아론은 (솔직하고 냉정하게 확인해야 마땅하거니와) 지금까지 일치운동에 도움이 되기보다는 방해가 되어왔다. 갈수록 발전해온 마리아론은 그리스도인들을 유다인들로부터, 교회를 신약성서로부터, 개신교 그리스도인들을 가톨릭 그리스도인들로부터 그리고 그리스도인 전체를 현대인들로부터 멀리 떼어놓았다. 교회 마리아론의 성모님은 예수의 유다인 어머니 미리암과 같은 분인가? 우리는 미리암을 성모님 안에서 다시 발견할 수 있는가? 우리는 교회들이 성모님의 이름으로 야기한 분리와 균열에 입각하여 서로에게 물음을 제기해서는 안되며, 오히려 유다인 어머니 미리암 자신에 관해 되물어야 하지 않을까?"[304]

교회의 미래를 염두에 두건대, 중세 패러다임 테두리 안에서의 이러한 전개 과정에 직면하여, 일종의 재의식화가 필요하다. 마리아상像은 특정한 이상과 표상들에서 해방되어야 한다(독신 사제들의 남성중심 교권제도 이상뿐 아니라, 여성들의 대상代償적 정체성 추구 이상에서도). 그러나 그것이 신학·교회·신심사史에 있어서의 마리아의 의의를 횡령, 나아가 폐기하는 것이어선 안된다. 여기서 참으로 중요한 것은 오히려, 우리 시대를 위해 마리아상을 원천에 터해 해석하고, 또 그리하여 여성 적대적이고 왜곡된 상투적 관념·표상들에서 해방시키는 일이다. 우리의 목표는 모든 그리스도 교회 안에서 루가 복음서의 저 말씀이 다시금 통용될 수 있도록, 참으로 **일치운동적인 마리아상**으로 나아가는 길을 열어가는 것이어야 한다: "보라, 이제 만세가 나를 복되다 하리라."[305] 마리아가 여권운동가들에게 정체성 확립을 위한 힘과 영감을 고취하는 인물이 될 수 있는가라는 문제는 그들 사이에서 아직 논란중에 있다. 아무튼 일치운동적 마리아상을 확립하기 위해서는, 반드시 다음과 같은 준선準線들을 따라가는 것이 중요하리라 생각한다:

● 신약성서에 따르면, 마리아는 한 **인간**이지 천상존재가 아니다. 신약성서의 마리아상은 극히 사실적이며 부분적으로는 모순되기도 한다. 가장 일찍 씌어진 복음서는 모자간의 갈등에 관해서만 전해주고 있다. 예수의 다른 가족들과 마찬가지로, 그의 어머니 역시 예수가 미쳤다고 생각했다.[306] 첫 복음서

는 그밖에 전설적인 탄생 이야기, 동정녀로부터의 출생, 십자가 아래나 발현 시의 현장 임석에 관해서는 전혀 모르고 있다. 그리스도교 예술사를 통해 그리스도교계에 그토록 깊이 각인된 그 모든 이야기들은 뒤늦은 복음서들이 비로소 전해주는데, 이 책들은 마리아를 신심깊고 순종하는 여인으로 묘사하고 있다.[307] 그러므로 이미 신약성서 안에서부터 역사적 인간 마리아와 상징적 인물 마리아(동정녀·어머니·신부·여왕·전구자)[308]를 구별해야 한다.[309]

● 마리아는, 신약성서의 증언에 따르면, 우선 무엇보다도 **예수의 어머니**다. 인간이요 어머니로서의 그녀는 예수가 참으로 인간임을 말해주는 증인이다. 그리고 예수의 인간 존재에 대한 이 증언은, 역시 신약성서가 내세우는 신앙, 즉 예수라는 존재는 궁극적으로 오직 하느님으로부터만 설명될 수 있고, 그의 깊디깊은 근원은 하느님 안에 있으며, 그는 믿는 이들에게는 하느님이 파견하신 선택된 아들이라는 신앙과 전혀 상충되지 않는다.[310]

● 마리아는 **그리스도 신앙의** 본보기요 **전범**이다. 과연 루가에 따르면 영혼을 꿰뚫는 칼·갈등·반대를 피할 수 없는 그리고 십자가 앞에서 가장 가혹한 시련을 겪어야 하는 그녀의 신앙은 사실 그리스도 신앙의 극명한 본보기이다.[311] 마리아는 무슨 유별난 믿음이나 하느님 비밀에 대한 특별한 통찰을 보여주지 않는다. 오히려 그녀의 믿음 역시 하나의 역사를 겪어나가며, 그리하여 요컨대 그리스도 신앙의 길을 가리켜준다.

● 마리아는 당신 아들 **나자렛 예수의 일**을 지시해준다. 마리아의 일은 바로 예수의 일, 곧 하느님의 일이다. 이 점 또한 루가는 올바로 강조했다. 마리아의 핵심적인 말 "그대로 제게 이루어지소서"와 "마니피캇"(마리아의 노래)은 오늘날에도 중요한 의미를 지닌다. 마리아는 "권세부리는 자들을 권좌에서 내치시고, 비천한 자들을 들어높이시는"[312] 하느님을 찬미한다. 마리아의 아들 예수는 그리하여 "전형적으로 남성중심적"이거나 "가부장주의적"인 면모를 전혀 지니고 있지 않다. 마리아의 아들은 오히려 여인들의 친구였으니, 그들을 제자와 협력자로 불러 자신을 따르게 했으며, 그들 가운데 막달라 마리아는 초대 공동체에서 예수의 참된 친구로 공경받았다.[313]

그러므로 중세 이래 계속되어온 교회 안에서의 여성차별을 옹호하는 자들은, 자기들 소행을 정당화하기 위해 미리암·마리아와 그녀의 아들을 끌어대서는 안된다. 마리아와 예수는 여자들은 입다물고 순종해야 한다는 계명을 말한 적이 결코 없다. 두 사람 모두 여성에게 이 세상 모든 악의 책임을 들씌우는 "하와 신화"를 전혀 알지 못했다. 그리고 두 사람 모두 성을 악마적 세력으로 간주하지 않았고, 여성을 육욕의 대상으로 폄하하거나 우주적 유혹자로 비방하지도 않았다. 또한 그들은, 비록 예수는 진기하게도 결혼을 하지 않았지만, 독신법도 몰랐고, 그렇다고 결혼생활을 요구하지도 않았다. 그런만큼, 사도 바울로가 고양되신 주님 그리스도에 관해 "그리스도께서는 자유를 위하여 우리를 해방하셨습니다"[314] 그리고 "주님의 영이 계신 곳에는 자유가 있습니다"[315]라고 썼을 때, 그는 마리아와 예수의 일을 그들과 한마음으로 이해했다. 이 자유의 영역 안에는 성차별, 여성 경멸, 성·감성·여성 육신의 금기시, 남성중심 교권제도에 의한 여성 억압 따위가 들어설 자리가 전혀 없다. 그리스도께서 체현하신 이 자유의 영역에서는 다음의 말씀이 통용된다: "이제는 … 남자도 여자도 없습니다. 여러분은 모두가 그리스도 예수 안에 '하나'이기 때문입니다."[316]

어쨌든 교황중심주의, 마리아 공경 그리고 독신제도의 위기는 — 이 위기는 오늘날 전통적 가톨릭 신자들에게도 공공연한 사실이거니와 — 이미 중세 말엽에 모습을 드러내기 시작했다. 이 문제를 상세히 고찰하기로 하자.

11 로마 가톨릭 패러다임의 위기

교황이 세계의 지배자에서 무력한 인간으로 추락하는 과정이 그토록 급격히 진행되리라고 차마 누가 예상할 수 있었으랴! 13세기가 시작될 무렵만 해도 인노켄티우스 3세는 위풍당당하게 군림했었는데, 벌써 13세기 말엽에 **보니파키우스 8세**는 가엾게도 감옥에 들어앉아 있었다! 왕관이나 3중보관三重寶冠(Tiara)으로 한껏 화려하게 꾸미고 세계 지배자의 모습으로 나타나길 즐겨하던 이 교황은, 교황직이 자기 스스로 속을 파내버린 권리들을 주장하고 이미 무녀질 대로 무며진 칼로 싸우고 있음을 전혀 알아채지 못했다. 보니파키우스 8세의 첫 주요 교서의 제목「성직자들에 대한 평신도들의 위협」은 불길한 예언임이 밝혀질 터였다: "평신도들이 성직자들에게 적대감을 품는 것은 이미 고대 세계가 이 도시에 전해준 것이다."[317] 그러나 여기서 누구에게 책임이 있었던가?

세계 지배자에서 무력한 존재로 전락한 교황

이 과정을 한 가지 원인만으로 설명할 수는 없다. 거기에는 많은 요인이 복잡하게 얽혀 있었다. **성직자 정치를 고수하던 교황직**은, 발터 울만이 설득력 있게 밝혀주었듯이[318], "**쇠락해가는 체제**"로 여겨졌다. 그러나 곧 **민족국가들**이 된 독립적이고 자주적인 나라들은 **흥륭하는 체제**로 등장했다. 구체적으로:

— 교황직은 독일 황제와 그의 보편적 권리주장에 맞서 사생결단의 싸움을 했고, 그리하여 유럽의 보편적 제도로 간주되던 중세 제국은 종말을 향해 나아갔다. 교황직이 오래 전부터 총애하던 프랑스 왕국은 프랑스인들의 새로운 민족의식에 힘입어 프랑스 민족국가로 발전했으며, 또한 유럽의 지배적 세력으로 성장했다. 이제는 프랑스 왕국 쪽에서 유럽의 보편적 지배제도로서의 교황직을 근본적으로 문제삼았다. 보편적 제국이라는 이념의 공동화空洞化는 보편적 교황직 이념의 공동화를 가져왔다.

— 교황직은 고래古來의 신학적·법률적 논증들을 동원하여 자신의 최고지배권을 옹호하려 시도했으나, 교황직을 편드는 독창적인 지식인들은 갈수록 줄어들었다. 그에 반해 프랑스(그리고 영국) 왕들은 유능한 조언자·대학교수·공법公法학자들의 도움으로 국교회법의 기준·논거들을 발전·보급시켰는데, 여기에서 훗날 갈리아주의(프랑스 가톨릭 교회주의)와 영국교회주의가 생겨났다.

— 교황직은 서방의 보편교회를 일종의 신정神政적 보편국가로 변형시키려 시도했다. 그러나 교황직의 도덕적 신뢰성은 평신도 세계에서도 크게 손상되었고, 결국 민중들의 종교적 확신 안에서 누리던 신망도 많이 상실했다.

— 교황직은 보편적 수위권(재치·교도 수위권)을 외교·파문·금령·종교재판·성전聖戰을 통해 고수하려 했다. 그러나 비판적 정신을 지닌 사람들은 갈수록 교

황교회를 멀리했다. 13세기에 학문세계를 지배한 성직자들은 기사계급에 의해 주도적 지위에서 밀려나 라틴어 영역으로 철수했다. 세속 평신도 문화와 갈수록 강력하게 성직자들과 교황청에 저항하는 반대세력이 형성되기 시작했다.

— 고중세 때 으뜸가는 신학 문제는 신앙과 이성의 화해였다. 그러나 중세 말엽에는 이미 토마스 아퀴나스가 선도한 자연적 존재로서의 인간·자연법·시민들의 자연적 단체로서의 국가에 관한 새로운 고찰, 또한 자연과학·자연어語·민요(라틴어 노래 대신)의 발달 그리고 마침내 "개인"이라는 이념의 생성·발전이 갈수록 신학의 우선 문제가 되었다. 이러한 신학적 논구는 교회에 의해 항구적으로 확정된 객관적 질서에 맞서 새로운 주관주의로 귀결될 수밖에 없었다.

이러한 상황에서 교황직은 어떻게 대응·발전했던가? 많은 사건들이 극적으로 전개되었다. 연이어 일어난 그 사건들을 따라가보자:

1294: 교황위가 2년 이상 비었다가 이 해 7월 경건하고 선의를 지닌, 그러나 세상과 동떨어져 살던 80세의 압루첸 출신 베네딕도회 수도자가 교황으로 선출되었으니, 곧 **첼레스티누스 5세**다. 많은 사람들에게 "천사 교황"으로서 거의 메시아처럼 환영받았던 그는, 그러나 완전히 속화된 교회를 배겨내지 못하고 스스로 사임한(겨우 즉위 다섯 달 만에) 유일한 교황이 되었다!

1294: 12월에 베네데토 가에타니 추기경이 후임 교황으로 선출되었으니, 곧 **보니파키우스 8세**이다. 명민한 법률가요 가차없이 권력을 추구하는 인간이었던 그는 전임자의 사임에 깊이 개입했던 것으로 보인다. 보니파키우스는 교황으로 선출된 뒤에도 안심이 되지 않아, 첼레스티누스를 푸모네 성채에 유폐시켜 몇 미터밖에 안되는 작은 삼각형 벽 속에서 죽게 만들었다. 역사가들은 그를 거만한 모리배, 노회했으나 운 없는 정치가 그리고 실로 병적일 정도로 파렴치하게 자기 가족의 재산을 늘려나간 인간으로 묘사한다.[319]

1296: 보니파키우스는 앞에서 언급한 **교서「성직자들에 대한 평신도들의 위협」**에서 성직자들에 대한 과세는 교황의 독점적 권한임을 선언하고, 성직자들에 대한 왕들의 재판권에 항의하여 파문과 금령으로 위협했다. 그러나 프랑스도 영국도 이러한 위협에 움츠러들지 않았다.

1300: 보니파키우스는 최초의 **"성년"**聖年과 대사大赦를 장려하게 선포했다(무수한 순례자들 덕분에 교황청 재정 수입이 크게 늘어났다!). 이후 성년은 100년마다, 그 뒤엔 50년마다 그리고 마침내 25년마다 경축되었다.

1301: "성년"으로 자부심이 강화된 보니파키우스는 프랑스 필립 4세 미왕美王(역시 주저라곤 모르는 권력형 인간이나 훌륭한 조언을 받고 있었다)과의 충돌을 감행했다. 교황은 왕을 겨냥하여 교서 "친애하는 아들이여, 그대 아버지의 명령을 들을지어다"를 반포하고, 자문을 위해 프랑스 고위 성직자와 학자들을 로마로 소환했다.

1302: 필립은 공법(국제법)을 동원하여 공세를 취했다. 이 "한낱" 왕(그레고리우스 7세: "소왕"少王)에게는 교황-황제 이데올로기(해-달 비유)에서 이끌어낸 논증들도 전혀 먹혀들지 않았다. 이 프랑스의 "가장 그리스도인다운 왕"은 직접 하늘에서 내려온 성유("클로비스의 성유")로 하느님이 직접 도유하신 왕이라고 자임하고 있었다. 보니파키우스는 **회칙**(*Unam sanctam*)으로 이에 대응했다. 이 회칙은 종교적 권력의 우위성에 관한 로마의 교설만을 온갖 신학적 근거들을 끌어대면서 극히 우악스레 반복했고, 특히 토마스 아퀴나스를 인용하여, 교황에게의 순종은 "어떠한 인간에게도 실로 구원에 필수불가결"[320]하다고 선언했다. 그러자 필립은 교묘한 선전책략으로서 프랑스 의회 의원·귀족·성직자 그리고 "제3 계급"(도시민 출신) 대표자들을 불러 호소했는데, 이들은 공법학자들의 훌륭한 도움을 받아가며 거국적으로 일치하여 왕의 편에 섰다. 이제 교황직은 처음으로 일개 왕이 아니라, 하나의 국민 전체와 대적하는 자신을 발견하게 되었다. 필립은 보편 공의회에 항소했다.

1303: 보니파키우스는 9월 8일을 기해 왕에 대한 파문과 신민들의 왕에 대한 충성서약 해제를 선언하려 준비하고 있었다. 그러나 그 전날 밤 전대미문의 일이 벌어졌으니, 교황(세계의 지배자)이 지역 사정에 밝은 스키아라 콜로나 휘하의 무장 군인들에 의해 아나니에 있는 자신의 성에서 체포되었다: **아나니의 암살 기도**. 퇴위를 강요받은 보니파키우스는 그 대신 자기 목숨을 내놓았다. 비록 아나니 민중들에 의해 풀려나긴 했으나, 그 굴욕 이후 거의 폐인이 된 보니파키우스는 겨우 한 달 후인 10월 12일 로마에서 사망했다.

1309: 보니파키우스의 차차기 후임자인 전前 보르도 대주교 클레멘스 5세는 리옹에서 교황에 즉위했는데, 주로 건강 때문에 프랑스에 머물며 오랜 주저 끝에 **아비뇽**을 주재지로 정했다. "중세의 가을"(호이징가)[321]이 시작되고, 교황 세계 지배의 종말이 오고 있었다. 그러나 교황의 권리주장은 그렇지 않았다 ….

교황의 유폐 — 교황비판적 국제법

로마 사람들이 말하는 **아비뇽에서 교황들의 "바빌론 유폐"**는 약 70년간 지속되었다.[322] 어쨌든 분명한 사실: 이제 교황들은 하나같이 프랑스인들이었고 정치적으로 프랑스 왕에게 크게 의존하게 되었다. 그러나 그것이 교황청 주요 행정의 원활한 기능을 저해하지는 않았다. 오히려 그 반대였다: 교황청 관료기구·재무행정·의식儀式이 크게 확장·강화되었다(족벌주의 역시). 그리고 아비뇽 교황들 역시, 프랑스에의 정치적 의존에도 불구하고, 고래의 로마의 권리주장을 고수했다. 과연 아비뇽에서 (교황령의 위축, 새로운 교황 궁전과 궁전 예배를 위한 "경당"의 건축 그리고 끝으로 아비뇽 백작령領의 취득과 병행하여) 교황권의 중앙집권화와 법제화가 오늘날에는 상상하기도 어려운, 한계를 모르는 교황청의 국고國庫화 정책 안에서 절정에 이르렀다: **전체교회에 대한** 유례없는 **착취** 그리고 그로 인한 **교황직과 많은 국가 간의** 위태로운 **상호소외**. 로마 교황직은 (그때까지는 종교와 도덕의 주도세력이었거니와) **유럽 최초의 거대한 금융세력**이 되었던바, 종교적 근거를 내세운 자신의 세속적 요구·주장들을 교황청 집달리·파문·금령 등 온갖 수단을 동원하여 무자비하게 달성했다.

그러나: 14세기 교황들은 많은 (이제는 새로 창립되기도 한) 대학·교수단·학교 그리고 한창 번성하던 독일과 이탈리아 도시들의 시민들 안에, 또한 이탈리아의 기벨린당(황제파)과 큰 영향력을 지닌 **교황비판적 국제법학자들** 안에 기반을 둔 **반대파**의 저항을 갈수록 더욱 각오해야 했다:[323]

— 「신곡」神曲에서 교황 보니파키우스 8세를 지옥에 떨어뜨린 **단테**[324]는, 자신의 정치적 고백인 「군주정체론」[325](1310년경 저술)에서 교황직이라는 제도로부터 모든 세속적 권력을 박탈해야 한다고 주장했다. 군주는 교황이 아니라 오직 하느님

께만 책임을 진다는 것이었는데, 그때문에 이탈리아 국어 창시자의 이 책은 1908년까지 교황청 금서 목록에 올라 있었다.

— 특히 국법학자와 교회법학자들에게 더욱 중요했던 것은, 명망있는 파리 대학의 박사요 전직 총장이었던 **파두아의 마르실리우스**[326]가 저술한 논쟁서 「평화의 수호자」(1324)였다. 이 책이 철학적·성서적·교부신학적 논증들을 통해 최초로 제시한 비교권주의적 국가 이론은 세속법과 신법, 법률과 양심을 분리함으로써 근대 국가 이론들의 등장을 예비했다: 주권재민, 교회 권력으로부터 국가 권력의 독립, 교황으로부터 주교들의 독립 그리고 교권제도로부터 신앙인 공동체의 독립. 예리한 논증을 전개하는 이 「평화의 수호자」는 정치세계의 불화와 소요의 근본 원인은 아무런 성서적·신학적 근거도 없는 교황의 "절대권"("권력의 충만")에 있다고 보았다. 그리고 논란 많은 문제들은 세속 군주가 소집하는 일반 공의회에서 다루어져야 한다는 것이었다.

— 독일이 거의 20년간 금령에 묶여 있었고 유럽의 종교와 도덕이 크게 훼손되던 그 시대에, "새로운 길"(유명론)의 우두머리인 영국의 철학자요 신학자 **윌리엄 오컴**이 교황권에 대항하는 황제권의 가장 강력한 옹호자로서 마르실리우스에게 동조했다. 이성에 의한 신앙의 확증을 인정하지 않았고 또 가브리엘 빌을 통해 루터에게도 깊은 영향을 끼치게 될 터였던 오컴은, 당시 교황들의 사람됨을 모질게 비난하고 세속적 사안들에 대한 교황의 "절대권"을 비판했다.[327]

오컴은 1328년 교황의 지시로 프란치스코 수도회 총장, 마르실리우스 그리고 다른 사람들과 함께 바이어른 공㉔ 루드비히의 궁전에 감금되었다가 피사로 달아났고 1347년 뮌헨에서 사망했다. 그런데 바로 이 오컴이, 실로 기이하게도, 교황 무류성의 옹호자 가운데 한 사람으로 꼽힌다. 묻자: 1200년간 그 어디서도 가르치지 않았던 이 교설이 어떻게 바로 그 시대에 생겨나게 되었던가?

교황의 무류성 — 본디 한 이단

상황은 이러했다: 그레고리우스 7세(그는 교황들의 오류 가능성을 결코 배제하지 않았다)조차 다만 **로마교회 자체**는 신앙에 있어 결코 오류에 떨어질 수 없다고 주장했

을 따름이다. 그리고 관료적인 교회법학자들도 「그라티아누스 법령집」에 수록된, **교황도 신앙 문제에서 오류에 떨어질 수 있다**는 가톨릭의 전통적 교설을 엄격히 고수했다. 토마스 아퀴나스 역시 다른 걸출한 스콜라 신학자들과 마찬가지로, 교황의 무류성을 명시적으로 주장한 적이 없다. 그런데 이제 새삼스레 그러한 교설이 생겨난 것이었다. 어디에서? 그 기원은 어디인가?

이 수수께끼를 우리 시대의 미국 역사학자 브라이언 티어니[328]가 풀어주었다. 그는 **교황 무류성**의 기원과 관련하여 두 가지를 확인해준다:

— 이 교설의 **기원**은 사실 **정통신앙이 아니다**: 12~13세기 교회법 학자들과 교회법 학자 출신 교황들은(흔히 극단적 교황주의자들이었다), 우리가 지금까지 추측해왔던 것과는 달리, 이러한 교설의 토대를 제공하지 않았으며, 오히려 엄격한 법률적 논리에 따라 이 교설을 배격해야만 했다. 왜? 바로 오류 없고 따라서 뜯어고칠 수 없는 (전임 교황들의) 교령들 때문에 (그때그때의 현임) 교황의 절대적 권력이나 주권이 제한될 것이기 때문이었다![329] 그러므로 무엇이 자신에게 이익이 되는지를 잘 아는 교황들이 그러한 무류성 주장에 마음 쏠릴 까닭이 없었다.

— 이 교설의 **기원**은 나아가 **이단적**이다: 이단 혐의로 고발된 페트루스 올리비(1298)라는 이름의 괴팍한 프란치스코회 수사가 1280년경 피오레의 요아힘의 묵시록에 근거하여 교황의 무류성을 떠들고 다녔다. 왜? 후세의 모든 교황을 1279년에 반포된, 프란치스코 수도회에 유리한 니콜라우스 3세의 한 교령에 결정적으로 얽어매어 놓으려고 그렇게 했다. 모든 가톨릭 신자는 신앙 및 윤리에 관계되는 모든 사안에서 교황에게 ("오류가 있을 수 없는 규범"을 대하듯) 순종해야 한다는 것이었다. 그러면 그러한 규범을 거스르는 교황은? 그런 교황은, 올리비와 다른 여러 사람에 따르면, 묵시록에 예언된 시대들에 나타나게 되어 있는 거짓 교황이다.

그러나 교황 결정의 무류성과 수정 불가능성(이 둘은 처음부터 짝을 이루었다)에 관한 이 초기 교설을 교회는 별로 진지하게 취급하지 않았고, 바로 교황들도 그러했다. 사실 약 40년 뒤, 프란치스코회 수도자들이 다른 교황에게 맞서 이 교설을 내세웠을 때, 응징 조처가 뒤따랐다: 아비뇽 교황 요한 22세는 1324년 칙서

(*Quia quorundam*)에서 교황 무류성 교설은 필경 "모든 거짓말의 아비"인 악마의 소행이라고 단죄했다.[330]

이 사실이 말해주는 것은 무엇인가? 바로 이것이다: 교황의 무류성에 관한 교설은 점진적으로 생성·발전된 것이 아니라, 13세기 말 갑작스레 (그러나 정치적으로는 설명 가능하다) 만들어진 것이다 — 이단 혐의로 고발된 한 프란치스코회 수사에 의해. 그리고 그후에도 오직 프란치스코회의 별종들만이, 요한 22세가 이단자였음을 입증하기 위해, 그 교설을 옹호했다. 아무튼 그후 둘 혹은 세 명의 교황이 병립하던 교황직 분열 시기 그리고 종교개혁 시대에는 더구나 그러한 교설이 교회 안에서 관철될 가능성이 거의 없었다. 반反종교개혁적인 트렌토 공의회조차도, 공의회의 개혁 요구들에 대한 두려움 때문에, 이 주제를 감히 다시 끄집어내지 못했다. 본디 이단적인 이 교설에 가톨릭의 수퍼 정통 교의라는 후광을 둘러주는 일은, 앞에서 보았듯이, 19세기 후반의 복고주의적 교황직에게 유보되어 있었다. 이것에 관해서는 다시 다루게 될 것이다 ….

이제는 우선 보니파키우스 8세의 사망 이후 교황들의 주재지가 된 아비뇽으로 다시 돌아가야겠다. 그동안 그곳에서 무슨 일이 일어났던가? 교황직 자체의 분열이 닥쳐왔다!

한꺼번에 두세 교황

이탈리아의 상황은 갈수록 심각했다. 그동안 로마에서는 고대 로마의 유토피아를 꿈꾸던 선동적인 호민관 콜라 디 리엔조가 군림했다. 그리고 로마뿐 아니라 이탈리아 곳곳에서 격심한 당파싸움이 벌어졌고, 교황령의 존립마저 위태로울 지경이었다. 1367년 우르바누스 5세가 3년 기한으로 로마로 돌아왔으나, 그 뒤엔 다시 아비뇽에 주재했다. 1377년에 비로소 그레고리우스 11세가 (시에나의 카타리나와 스웨덴의 비르기타의 재촉에 못이겨, 그러나 무엇보다도 정치적 심사숙고에 터해) 교황좌를 다시 로마로 옮겼다. 그러나: 그레고리우스 11세는 바로 다음해에 사망했다.

적법하게 선출된 그레고리우스 11세의 후임자 우르바누스 6세는 얼마 지나지 않아 극심한 무능함과 과대망상, 아니 정신장애[331] 증세를 드러내게 되었는데, 그것은 교회법의 전통적 견해에 따르더라도 자동적 직무 상실[332]의 이유가 될 수 있었다. 아무튼 여러 추기경들로서는 같은 해인 1378년 또 한 사람의 교황(제네바 출신 클레멘스 7세)을 선출할 이유가 충분하다고 생각했고, 클레멘스 7세는 자기 군대가 로마 시 앞에서 패퇴한 뒤 다시 아비뇽을 자신의 주재지로 정했다. 이로써 동시에 두 명의 교황이 있게 되었으니, 우르바누스 6세는 자기 직책을 포기할 뜻이 없었기 때문이다. 그런데 더욱 고약한 사실: 두 교황은 서로를 파문했다.

서방의 대분열 — 이것은 이제 움직일 수 없는 사실이 되었다. 동방과의 결별 이후 그리스도교 세계의 이 두번째 분열은 1415년까지 거의 40년간 지속될 터였다. 구체적으로 말하면, 그것은 서방교회의 분열이었다: **아비뇽 지지세력**에는 프랑스 외에도 아라곤 · 사르디니아 · 시칠리아 · 나폴리 · 스코틀랜드 그리고 서 · 남 독일의 일부 지역이 속했다. 독일 제국, 중북부 이탈리아, 플랑드르, 영국, 동쪽과 북쪽 나라들은 **로마 지지세력**에 속했다. 이러한 상황이 개개 그리스도인들에게 얼마나 깊은 양심의 갈등을 안겨주었는지는 상상할 수 없을 정도였다. "성인들"조차 입장이 서로 달랐다: 예를 들어 시에나의 카타리나는 우르바누스 6세를 지지했고, 유명한 편타鞭打 고행자들의 지도자요 수시로 법열에 들던 금욕 고행자 빈첸시우스 페러는 클레멘스 7세 편이었다. 게다가 두 개의 추기경단 · 교황청 · 재정 체계는 교황청 재정의 혼란을 가중시켰다.

온 세상이 "**머리로부터 지체들에 이르기까지의 교회개혁**"을 외친 것은 전혀 놀랄 일이 아니다. 중세 때에 교회 내에서 이를테면 참된 감시 직무를 수행한 것은 파리 대학이었는데, 여기서 개혁의 출중한 주창자들이 배출되었다: 예컨대 파리 대학 사무국장 피에르 다이이와 쟝 제르송 교수들. "공의회의 길"이 마침내 관철되었다. 오직 **보편 공의회**만이 문제 해결에 도움이 될 수 있었다 ─ (인노켄티우스 3세 "아래에 있던" 4차 라테란 공의회처럼) 교황의 "충만한 권력"의 배수구가 아닌, **그리스도교계 전체의 대표기구**로 인정받는 공의회!

근대에 사람들은 좁은 교의적 관점에 터해, 공의회중심주의적인 모든 이념과 바야흐로 서방의 대분열 와중에서 전개 · 발전된 공의회중심주의적인 이론을 싸잡아 이단적 "공의회 수위설"이라는 딱지를 붙였다. 그러나 블리멧츠리더[333]·하욱[334]·사이들마이어[335]의 준비작업에 뒤이어 티어니는, 공의회 수위설적 이론이 마르실리우스나 오컴 같은 별종 자유사상가들에게서 처음으로 나타났다는 주장은 사실이 아님을 밝혔다. 그 이론이 전통과 단절되어 있다고 말할 수 없다는 것이었다. 오히려 공의회 수위설적 이념들은 이미 12~13세기의 온전히 전통적인 공식 교회법학 안에 토대를 두고 있다.[336] 나 자신 2차 바티칸 공의회 직전에, 이미 옛날 교부신학의 전승 안에서는 보편 공의회가 교회의 진정한 대표기구였음을 지적한 바 있다. 그리스도교 문헌 가운데 공의회에 관한 최초의 보고도 이러한 공의회관觀에 대해 놀랄만큼 분명하게 증언하고 있다. 테르툴리아누스의 보고: "… 그리스어를 사용하는 나라들의 특정 장소들에서는 모든 교회가 참석하는 공의회들이 개최되는데, 그 공의회들에 의해 중요한 사안들이 공동으로 다루어지며, 또한 **전체 그리스도교계의 대표성**이 경외심을 불러일으키는 방식으로 표현된다."[337]

병립 교황 중 누구도 사임을 고려하지 않았다. 그러자 양측 추기경들은 1409년 **피사**에서 일반 공의회를 개최하여 그때까지의 두 교황을 폐위하고 새로운 교황(알렉산더 5세)을 선출함으로써, 교회는 하루 아침에 **세 교황**을 갖게 되었다. "가증스러운 교황 2위位"가 졸지에 "지긋지긋한 교황 3위"가 되었던바, 피사파派에서 알렉산델 5세의 후임으로 요한 23세[338]가 즉위했기에 더욱 그러했다. 이제 문제는 더욱 극적인 절박성을 띠게 되었다: 어떻게 하면 이 3위 교황 지배를 종식시키고 교회의 일치를 회복할 수 있을까? 이 물음에 응답한 것이 바로 **콘스탄츠 공의회**[339]였거니와, 이 공의회는 그때까지 독일에서 개최된 유일한 보편 공의회요, 아마도 중세 공의회들 가운데 가장 인상깊은 공의회다.

우리 인간들은 백 년쯤이나 지나서야, 참으로 소중한 역사적 기회를 놓쳐버렸고 엄청난 자금을 낭비했으며 실로 위험한 방향으로 잘못 달려왔음을 깨닫게 되는 일이 종종 있다. 나는 지금 2차 바티칸 공의회 후의 시기, 즉 로마 사람들이 개혁을 위한 공의회 결정들을 희석시키고, 그 일치운동적 개방을 방해하고, 그 새로운 신앙선포를 전통주의적 「가톨릭 교회 교리서」로 다시 뒤엎어버리려 시도하는 오늘날에 관해 말한 것이 아니다. 내가 ("역사가 가르친다"라는 의미에서) 말한 것은 1414년부터 1418년까지 (2차 바티칸 공의회처럼 약 4년 동안) 콘스탄츠에서 개최된 저 위대한 **보편적 개혁공의회** 이후 시기에 관해서였다. 과연 그 공의회는 다음 세 가지를 자신의 사명으로 여겼다:

● 교회의 일치.

● 머리로부터 지체들에 이르기까지의 교회개혁.

● 교회의 복음선포와 성사집행.

공의회 없이는 개혁 없다! 이것은 로마 밖에서는 누구나 지니고 있던 확신이었다. 또한: 교회 안에서 원칙적으로 최고의 기구는 교황이 아니라 공의회다! 이것은 고대교회의 전통이었다. 그리고 사실상: 콘스탄츠 공의회는 〔간과할 수 없는 타협과 훗날 루터의 비난을 받은 역사적으로 불행하고 잘못된 결정들(평신도의 성혈 배령 금지, 부끄럽게도 치외 법권적 보호 약속을 뒤엎고 보헤미아의 애국자요 개혁자인 얀 후스를 화형시킴)에도 불구하고〕 전체적으로 볼 때, **성공**을 거두었다. 과연 공의회는 5차 회기(1415.4.6)에 작성된 유명한 교령(*Haec sancta*)에서 장엄하게 선언했다: **공의회는 교황 위에 있다**고. 이 교회 회의는 스스로를 성령 안에서 적법하게 모인, 전체교회를 대표하는 보편 공의회로 이해했다. 또 선언하기를: 이 공의회의 권한은 직접 그리스도로부터 주어졌으며, 그것에는 모든 사람이(비록 교황일지라도) 복종해야 한다: 특히 신앙과 분열의 종식 그리고 교회개혁 문제에서. 이 공의회와 모든 적법한 보편 공의회가 그런 문제들에 관해 내린 결정과 명령들에 복종하기를 고집세게 거부하는 자는 누구나(비록 교황일지라도) 마땅한 처벌을 받을 것이다.

그것은 서방 가톨릭 교회를 나락의 가장자리로 몰고가던 로마 교황청 체제의 명백한 패배였다. 교회 안에서 권력이 자리하는 곳은 어떤 한 독재군주가 아니라 교회 자체인바, 교황은 그 교회를 섬기는 자이지 교회의 주인이 아니다. 이 보편 공의회의 근본적이고 경사스러운 (그러나 로마 교황청에게는 찜찜한) 결의 내용은 덴칭어Denzinger의 반관적半官的 원전 자료집*Enchiridion* 최신판에도 수록되어 있지 않다.[340] 그러므로 결정적으로 중요한 구절들을 여기에 똑똑히 박아넣어 두어야 겠다.[341]

공의회가 교황 위에 있다

"이 거룩한 콘스탄츠 시노드는 하나의 보편 공의회를 이루고 있거니와, 현재의 분열의 근절 그리고 하느님 교회의 일치와 머리로부터 지체들에 이르기까지의 개혁을 위해, 전능하신 하느님을 찬양하며 성령 안에서 적법하게 소집되었다: 하느님 교회의 일치와 개혁을 더 용이하고 확실하고 충실하고 자유롭게 성취하기 위해, 본 공의회는 다음과 같이 지시·정의·확정·결의·선언하는 바이다:

본 공의회는 첫째로 선언하는 바이다: 성령 안에서 적법하게 소집된 이 시노드는 일반 공의회이며 고투하고 있는 가톨릭 교회를 대표하는바, 자신의 전권을 직접 그리스도께로부터 받았다. 누구나, 어떠한 신분이나 지위를 지녔든, 또 비록 교황이라 할지라도, 신앙과 앞에서 말한 분열의 근절 그리고 이 하느님 교회의 머리에서 지체들까지의 전반적 개혁에 관계되는 사안에서 이 공의회에 복종할 의무가 있다.

본 공의회는 또한 선언하는 바이다: 이 거룩한 시노드와 적법하게 소집된 다른 일반 공의회가 위에서 말한 것 그리고 그것과 관련하여 발생했고 또 발생해야 할 모든 것과 관련하여 내린 명령·결정·지시 또는 규정들에 순종하기를 고집세게 거부하고 뉘우치지 않는 사람은 누구나, 어떠한 조건·신분·지위에 있든, 또 비록 교황이라 할지라도, 그에 상응하는 처벌과 마땅한 징계를 받을 것이며, 필요한 경우에는 다른 법적 조처들도 사용될 것이다."

콘스탄츠 보편 공의회의 교령 Haec sancta (1415.4.6)

이렇게 준비를 끝낸 공의회는 과거 청산(세 교황의 폐위 혹은 사임)을 강력히 추진했고, 동시에 개혁 과정을 영구히 제도화하기 위해 미래로 눈을 돌렸다. 그것은 1417년 10월 9일자 교령(*Frequens*)에 의해 이루어졌다. 이 교령은 "보편(일반) 공의회들의 빈번한 개최"가 교회 개혁을 위한 최상의 방법임을 강조했다. 그리하여 다음 공의회는 콘스탄츠 공의회가 끝난 후 겨우 5년 후에, 다음다음 공의회는 7년 후, 그후의 공의회들은 10년 간격으로 개최하도록 규정되었다.[342] 한 가지 덧붙여 말하면, 공의회에서 사람들은 (여러 대학에서처럼) 국적에 따라 표결했으니, 이제 국가교회 사상이 대두할 날이 멀지 않았음은 의심할 여지가 없었다.
아무튼 마침내 마르티누스 5세가 (이 교령을 토대로) 새 교황으로 선출되었다.

콘스탄츠 공의회: 오늘날도 규범적

콘스탄츠 공의회는 말로 다 못할 노고 끝에 심각한 **교회 분열을 마침내 종식**시키는 데 성공한, 공의회 역사상 유일한 보편 공의회다. 또한 유념할 것: 마르티누스 5세 그리고 그후 지금까지 모든 교황들의 정통성은 콘스탄츠 공의회와 교황 문제에 관한 그 공의회의 조처의 정당성에 좌우된다. 그럼에도 매우 기이한 사실: 이 공의회는, 옥스퍼드의 학자 존 위클리프와 프라하의 교수 얀 후스에 대한 단죄를 제외하면, 로마 교과서 신학의 교의학 저작에서 별 인기를 누리지 못하고 있다. 그 까닭은 물론 콘스탄츠 공의회 자체보다는 근·현대 로마교회론의 편파적 성향에 있다. 이 교회론은 콘스탄츠 공의회 교령들을 부정적으로 다룰 줄 알며, 흔히는 그것들을 그저 교회론의 특정 명제들에 어긋나는 "골칫거리들"로서만 인용한다. 로마 체제를 속속들이 꿰뚫고 있는 사람들은 알고 있다: **콘스탄츠 공의회는 교황–로마중심주의적 신학에게는** 오늘에 이르기까지 **언제나 찜찜한 존재**였다.

그러므로 교황청 교회론의 대표자들이 (흔히 그야말로 기묘한, 겉으로는 사실史實에 근거한 것처럼 보이는 논증을 통해) 콘스탄츠 공의회 교령들은 구속력을 지니지 못한다고 씩씩하게 주장하는 것은 놀랄 일도 아니다. 콘스탄츠 공의회는 교황의 "승인"을 받지 않았고, 따라서 그 교령들은 엄밀히 말해 전혀 효력이 없다는 따위의 논증이 얼마나 속 들여다보이는 짓인지를 나는 (1962년 2차 바티칸 공의회 직전에)「교회의 구조들」에서 밝힌 바 있다. 과연 초세기들의 참으로 보편적인 공의회들의 경우, 공의회에 대한 교황의 정식 승인 문제는 아예 제기되지도 않았다. 당시에는 황제의 승인이 결정적으로 중요했고, 사람들은 서방 총대주교인 로마 주교의 포괄적 양해로 만족했다. 전적으로 교황이 좌지우지하던 중세의 일반 공의회들에 와서야 비로소 교황의 정식 승인 문제가 대두되었다. 그러나 자신을 다시금 전체교회의 대표기구로 이해했던 콘스탄츠 공의회에서는 교황의 명시적 승인은 더이상 필수적인 것으로 간주되지 않았다. 바로 이 공의회는 자기 권한의 근거를 직접 그리스도에게서 찾았기 때문에, 또 그래서 교황(사실은 세 교황) 위에 있었기 때문에, **교황의 승인은 당초부터 아예 문제거리가 되지 않았다**: "1418년 4월 22일 마르티누스 5세는 공의회를 종결했다. 교황의 별도 재가 문제는 제기되지 않았으니, 역사적으로 볼 때, 그 새로운 교황이 주재한 마지막 회합들만 보편교회적으로 여기는 것은 있을 수 없는 일이다"(핑크).[343]

새 교황 자신은 공의회에 대해 어떤 입장을 취했던가? 만일 **마르티누스 5세**가 적어도 어느 정도 공의회 수위설 이론의 옹호자가 아니었다면, 당시 상황에서 콘스탄츠 공의회에 의해 결코 교황으로 선출되지 못했을 것이다. 과연 그역시 "공의회주의자", **공의회 수위성의 옹호자**였다. 그러나 그는 전문적인 신학자나 저술가가 아니라 교황청 추기경이었으며, 어느 쪽인가 하면 보수파에속했다. 보수파도 공의회의 "수위성"을 긍정하긴 했지만, 그것을 제한적으로 해석했다. 공의회 수위설적 이념의 **급진적** 대표자들은 통상적인 교회 지배권을 근본적으로 공의회에 귀속시키고자 했던 반면, **중도적** 대표자들은 지배권을 다시금 교황과 추기경들에게 넘겨주려 했다. 중도파의 견해에 따르면, 공의회는 오직 위급한 경우에만 개입해야 한다. 중도파 역시 교황 권력의 제한과 통제에는 찬성했지만, 그러한 권한은 우선적으로 주교들이 아니라, 마땅히 추기경들에게 귀속되어야 한다고 생각했다.

"공의회 수위설"(사람들이 온전히 정통신앙에 입각한 공의회중심주의적 이론을 폄하하기 위해 자주 사용해온 이 말을 구태여 계속 쓰고자 한다면, 소원대로 그냥 써보자)과 급진적 공의회 수위설 간의 대립이 세 병립교황의 폐위 이후 더욱 첨예화되었음은 물론이다. 급진파는 우선 공의회의 포괄적 교회지배를 추진하고, 교황 선출 전에 먼저 교회를 개혁하고자 했다. 중도파에게는 교황의 권위와 정통성을 보전하는 일이 무엇보다 중요했다. 그리하여 1417년 **타협**이 이루어졌다. 급진파는 **개혁 교령들**(*Frequens* 포함)의 공포를 관철시켰고, 중도파는 전체교회를 위한 **새 교황의 선출**을 관철시켰는데, 그들은 새 교황이 급진적 공의회 수위설에 하수下水 장치를 해주기를 기대했다. 그들의 기대는 어긋나지 않았으니, 매우 노회한 새 교황이 자신의 지위를 다시 강화하고 급진적 공의회 수위설을 밀어내기 위해, 즉시 온갖 수단을 다 동원했기 때문이다.

　사실 **공의회가 끝난 후** 얼마 되지 않아 **교황의 전제군주적 지배의 회복**이 놀랄만큼 급속히 이루어졌다. 그리고 실로 시급하던 교회 체제의 개혁은 좌절되었다! 파비아와 시에나에서 개최된 그후의 공의회들에서는 콘스탄츠 공의회 교령들의 구속력을 문제삼지 않았다. 바젤 보편 공의회도 1431년 개회 즉시 콘스탄츠 공의회 4 · 5차 회기에 작성된 일반교령들을 갱신했다. 마르티누스 5세에게 바젤 공의회 사회를 위임받았던 추기경 율리안 체사리니도 새로 선출된 교황 에우게니우스 4세에게 보낸 서간(1432.6.5)에서, 콘스탄츠 공의회 교령들의 유효 · 적법성 여부에 마르티누스 5세와 이후 모든 교황들의 정통성이 좌우됨을 분명히 설명했다. 그러나 교황청은 정규 관청이요 상설 권력기관인 자신이 임시 · 특별 기구인 공의회보다 힘이 세다는 것을 보여주었다. 사람들은 격언에 따라 행동했다: 공의회들은 오고 간다, 그러나 로마 교황청은 남는다!

　로마는 교회 체제에 관한 중세의 이론과 실천을 놀랄만큼 신속 · 견고하게 재정립할 수 있었다. 교황의 전제군주적 지배권의 재강화는 단순히 로마 정치의 결과만은 아니었다. 다른 **많은 요인들이 로마 권력 중심부에 유리**하게 작용했다(2차 바티칸 공의회 이후의 전개과정을 다시 한번 상기하라!):

— 공의회 이념의 가장 충실하고 목소리 큰 주창자들 가운데 기회주의적인 여러 사람(훗날 비오 2세가 된 에네아 실비오 피콜로미니 등)이 교황 쪽으로 넘어갔다.

— 특히 (교황이 임명하는) **추기경들**(교황은 이들을 주교들에게처럼 "형제들"이라 부르지 않고 "아들들"이라 불렀다)이 번번이 공의회보다는 교황청 편을 들었다.

— 공의회에서 "교회"("신앙인들의 공동체")를 대표한다고 자임했던 주교와 수도원장들도, 그후 "하급 성직자들"과 평신도들(특히 지식인들)을 교회의 의사결정 과정에 참여시키려는 생각은 하지 않았다.

— 마침내 신권국가를 지향하던 여러 군주와 그 조언자 및 국제법학자들 또한 공의회 수위설적("민주적") 이념들과 거기서 기인하는 "아래로부터의" 운동은, "위에 있는" 모든 사람에게 위협적이며 소요를 야기할 수 있음을 깨달았다. 전

제군주들 역시 기존체제의 유지를 중요하게 여겼고, 교황직의 개혁에는 제한적인 관심만 보였다(사실 교황은 군주들에게 상당한 양보를 했다). "교황과 세속 군주들은 공동의 적, 즉 점차 부상하던 개명한 시민계급과 맞서 있었다. 그러므로 교황직과 군주들이 정교政教협정을 체결할 준비는 다 되어 있었던 셈이다."[344]

교황청의 세력이 다시금 강화되면서, **교황들은 예전의 권리주장을** 단호히 **되풀이**했다. 공의회 수위설 이념의 확고부동한 옹호자였던 피콜로미니는 교황(비오 2세)이 된 후 칙서(*Execrabilis*, 1460)에서, 공의회 수위설을 궁지에 몰아넣기 위해, **교황을 거슬러 공의회에 항소하는 것을 공식적으로 금지**하고, 어길 경우 파문을 당하리라고 위협했다. 이 조처는 성공했던가? 아니었다. 교황의 금령들은 교회 안에서 **관철되지 못했다.**[345] 사람들은 금령들을 교황청의 협박 제스처(사실이 그러했다)로 여겼고, 계속하여 더욱 콘스탄츠 공의회 교령들에 의지했다. 이 교령들은 로마 밖에서는 강력히 옹호되었다: 온 유럽의 주교와 신학자들에 의해. 그리하여 15세기 그리고 16세기에도, 비록 공의회 수위설 운동이 15세기 중엽 이래 힘을 상실했음에도 불구하고, 로마 밖의 교회는 전반적으로 여전히 공의회 수위설 이념들에 의해 지배되었다.

그럼에도 **콘스탄츠 공의회 교령들에 대한 무시와 배척**은 계속되었다: 교황직은, 비록 결정적으로 약화되었고 이제 정치적으로는 그저 여러 세력들 가운데 하나일 따름이었지만, 자신의 오랜 전제군주제적 권리주장들을 지치지도 않고 내세웠다. 레오 10세는 종교개혁 직전인 1516년 5차 라테란 공의회에서 노골적으로 선언했다: "오늘날 존재하는 로마 교황은 모든 공의회 위에 있는 권력을 보유하고 있는바 …."[346] 그러나 이미 당시에도 이 교황 공의회의 보편교회성에 이의가 제기되었으니, 참석자 거의 전부가 이탈리아인들과 교황청 관료들이었고, 또 중세의 일반 시노드들처럼 전적으로 교황이 좌지우지했으며, 그리하여 교회개혁의 성과를 거두지 못했기 때문이다.[347]

후대에도 사람들은 거듭 새삼 콘스탄츠 공의회에 싸움을 걸었다. 17세기 로마의 어용신학자들, 특히 예수회원 벨라르미노 추기경은 이 공의회의 보편교회성을 부정하기 위해 온갖 수단을 동원했다.[348] 콘스탄츠 공의회가 로마 교황청에게 찜찜한 개혁교령들, 특히 교황 위에 있는 공의회의 최고 지배권에 관한 교설 그리고 공의회의 주기적 개최를 떠안긴 것은 화가 치미는 일이었다. 마침내 1870년의 1차 바티칸 공의회는 콘스탄츠 공의회를 무시, 아니 반대하는 정치의 절정이었다. 과연 이 공의회는, 콘스탄츠 공의회와는 정반대로, 공의회 위에 있는 교황의 최고지배권을 영구히 교의화하고자 했다. 그러나 2차 바티칸 공의회(1962~65)는 공의회 수위설 이념을 다시금 적극적으로 재평가하고, 교회에 관한 헌장에서 교도권적 권위에 터해 주교들과 교황의 동료성을 단호히 확언했다. 아무튼 오늘날에도 **콘스탄츠 공의회 교령들의** 원칙적 **구속력**은 교묘히 희석·횡령·외면되어서는 안된다. 사실 일찍이 그 어떤 교황도 감히 그 교령(*Haec sancta*)을 폐기하거나 보편적 구속력이 없는 것으로 선언하지 못했다.

우리가 콘스탄츠 공의회의 결정적 성과를 우리 시대에도 중요한 것으로 여긴다면, 그밖에 또 고집할 것이 무엇이 있겠는가? 아무튼 번번이 자신의 교황들에게서 쓰디쓴 경험을 해온 교회를 위해 미래를 염두에 둔 물음이 제기되는바, 이 물음은 교황청의 권력주의와 급진적 공의회 수위설 둘 다를 겨냥한다.

미래를 위한 물음

● 콘스탄츠 공의회에서 **공의회의 수위성**이 (적어도 중도적인) 공의회 수위설 이론에 따라 명백히 **확정되었다**: 그렇다면 보편 공의회는 당시의 위급 상황을 뛰어넘어, 미래에도 교황에 대한 일종의 "통제기구"의 기능을 지녀야 하지 않을까?

● (급진적 의미의) **공의회 수위설적 의회주의는 확정되지 않았다**: 통상적·정규적 교회 통치권이 간단히 교황에서 공의회로 넘어가고, 교황은 의회 비슷한 공의회에 종속된 집행기관으로 격하되는 것이 정작 가톨릭 교회에 유익할까?

어쨌든 콘스탄츠 공의회 이후 한 가지 통찰은 더이상 억눌러 없애버릴 수 없게 되었으니, **중세적 교회지배 형태는 유일한 것도**, 유일하게 정당한 것도 **아니라**는 통찰이 그것이다. 그때부터 "모든 사람에게 관계되는 일은, 모든 사람의 승인을 받아야 한다"는 오래된 명제가 다시금 현실성을 지니게 되었다. 만일 사람들이 콘스탄츠 공의회의 근본입장(교황의 수위권 **그리고** 어느 정도 "공의회에 의한 통제"!)을 고수했더라면, 교회 안에서 발생한 많은 불행을 피할 수 있었을 것이다. 그러나 마르티누스 5세와 그의 후임자들은 그 어떤 통제도 받지 않는 최고 지배권을 다시 확립하기 위해 진력했고, 반대쪽에서는 극단적 공의회 수위설 옹호자들이 바젤에서(1431~37) 공의회에 의한 통상적 교회지배를 관철하기 위해 교황의 수위권을 사실상 유명무실화하는 데 매진했다. 그러나 진정한 수위권에 의한 교회지배가 결여된 극단적 공의회 수위설은 (다른 많은 요인이 함께 작용하여) 바젤 공의회에서의 분열로 귀결되었고, 공의회에 의한 통제를 거부하는 극단적 교황중심주의는 (다른 많은 요인이 함께 작용하여) 르네상스 시대 교황직의 직권남용과 (간접적으로) 루터의 종교개혁을 초래했다. 그 역사적 진행과정은 시사하는 바가 많다.

르네상스 — 새로운 패러다임?

르네상스Rinascimento, Renaissance(재생·부흥): 이제 **이탈리아**가 유럽 예술과 문화의 주도권을 넘겨받았다. 피렌체를 중심으로 한 이탈리아의 초기 르네상스Quattrocento(1420~1500년경: 브루넬레스키의 대성당, 도나텔로의 다윗상像, 프라 안젤리코의 프레스코 벽화, 보티첼리의 그림을 떠올려보라)에 찬탄하지 않을 사람이 누가 있으랴! 그리고 로마를 중심으로 한 이탈리아 르네상스의 전성기Cinquecento(1500년부터 1527년 Sacco di Roma까지: 브라만테·라파엘로·미켈란젤로·레오나르도 다 빈치를 비롯한 조형예술가들과 자연과학자들 그리고 시인들의 이름과 작품들이 곧장 떠오르지 않는가?)를 인류 문화의 희귀한 절정기 가운데 하나로 인정하지 않을 사람이 누가 있으랴! 또한 르네상스라는 이름으로부터 조형예술의 비약적 발전에 선행했던 라틴어·그리스어 연구의 부흥, 고대 로마·그리스 문헌에 대한 역사비판적 연구와 보호(1439년 피렌체에서 개최된 그리스인들과의 연합 공의회에 의해 촉진됨), 콘스탄티노플 함락(1453) 후 그리스 학자들의 피난 그리고 플라톤 아카데미(1459)를 떠올리지 않을 사람은 또 어디에 있으랴! 그러면 르네상스는 그리스-로마의 교양·예술 전통들 및 그것들의 관념·표현 양식들과의 접합이자, 중세 스콜라학과 고딕 양식으로부터의 이반離反이었던가? 예술 및 철학의 인문주의와의 전적으로 새로운 결합이었던가?

이탈리아 **예술사**에서 죳토와 함께 시작하여 미켈란젤로와 함께 끝나는 르네상스가 하나의 신기원을 의미한다는 것, 역사적으로 여전히 비잔틴의 강한 영향 아래 있던 중세 회화로부터 새로운 양식으로의 패러다임 전환이었다는 것은 이론의 여지가 없다. 이 새로운 양식은 마침내 독일 · 네덜란드 · 프랑스 · 영국에도 전해졌으나, 그곳에서는 대체로 새로운 형식요소들을 통해 그저 후기 고딕 양식의 삼투 · 정화 · 완숙을 가져왔을 따름이었다. 이탈리아 예술사가 바사리(1574)가 자신의 예술가들 전기에서, 고대에 정향되어 있고 자연스러운 형상표현을 중시하는 이탈리아의 새로운 예술을 야만적 · "고딕적" · 중세적 예술과 구별하기 위해 처음으로 "재생"rinascità이라는 개념을 사용한 것 또한 이해할 만하다. 끝으로 훗날 계몽주의가 르네상스라는 예술사적 개념을 15~16세기를 위한 역사적 개념으로 아예 일반화하고, 또한 르네상스를 자신의 "근대적" 시대의 서막으로 간주한 것 역시 납득할 만하다: 그때 인간 개인은 고대라는 거울에 비추어, 현세적 · 역사적 인격으로서의 자신의 고유한 가치를 인식했다. 그때 자유롭고 스스로를 책임지며 진보하는 인류 · 인간성이 등장했다. 그때 자연 그대로의 인간과 자유로운 시민에 대한 발견이 이루어졌다. 르네상스와 **인문주의**Humanismus는 이제 오랜 세월 병행할 상응개념이 되었다.

지금까지 말한 것이 역사적 모습이거니와, 이것은 19세기에 줄 미슐레의 일곱 권짜리 「프랑스 역사」(1837)[349] 그리고 무엇보다도 야콥 부륵하르트의 「이탈리아의 르네상스 문화」(1860)[350]에 의해 심화 · 구체화되었다. "르네상스"는 이제 단순히 예술사적 양식개념으로만 이해되지 않고, **문화사적 시대개념**으로 이해되었다. 이것의 특징은 인간 · 자연 · 세상으로의 새로운 방향전환이었다. 르네상스 — 이것은 한쪽으로는 "암흑의" 중세(중간-시대) 및 그것의 협소한 신앙세계 그리고 다른 한쪽으로는 "계몽된" 근대 및 그것의 새로운 인간관 · 세계관, 그 둘 사이에 자리잡은 새로운 시대였다. 그러므로 이탈리아뿐 아니라 유럽의 예술과 문화를 위해 그리고 또한 그리스도교에 관한 우리의 서술을 위해, 하나의 새로운 시대, 신념 · 가치 · 행동양식의 새로운 총체적 구조, 요컨대 하나의 새로운 패러다임을 상정하는 것은 실로 타당하게 보인다 — 바로 유럽 르네상스라는 패러다임 말이다.

　그러나: "일별"할 때는 아주 단순명료한 것이, 꼼꼼히 들여다보면 사실은 매우 복잡하다. 과연 바로 이 르네상스라는 개념은 역사과학에서 가장 **많이 논란**되고 있는 개념들 가운데 하나다. 왜?

— 근본적인 **개념규정**이 일치를 보지 못하고 있다: 르네상스는 어떤 사람들에게는 그 시대 삶의 모든 영역에 적용될 수 있는, 세계사의 한 시기를 가리키는 개념이다. 그러나 또 어떤 사람들에게는 무엇보다도 문학과 예술 분야의 한 가지 운동의 이름일 따름이다("카롤링거 시대" 르네상스, "오토 시대" 르네상스처럼). 여기선 "이탈리아" 르네상스.

— 르네상스의 지역적 **범위**가 명확하지 않다: 르네상스(특히 초기 르네상스)는 어떤 사람들에게는 이탈리아 특유의 현상이니, 그것이 다른 문화권들을 풍요롭게는 했으나, 그곳에서 진정한 르네상스 양식을 이루어내지는 못했다. 그러나 또 어떤 사람들에게는 르네상스가 온 유럽적 현상이니, 그들은 르네상스라는 현상에는 14세기 플랑드르의 위대한 화가(반 아이크 형제), 고古 쾰른 화파(로흐너)도 포함되어야 하며, 르네상스 전성기의 걸출한 이탈리아 화가들과 나란히 (사실은 그들과 매우 다른) 뒤러와 그뤼네발트 같은 독일의 대가들도 포함되어야 한다고 생각한다.

— 시간적 **경계**가 확실치 않다: 어떤 사람들은 르네상스는 치마부에와 특히 죳토와 함께 시작된다. 그러나 다른 사람들에게는 이미 피오레의 요아힘의 "제3시대", 아씨시의 프란체스코 및 그의 자연신심, 고대에 대한 단테의 깊은 관심, 혹은 13세기 궁정문화에서 벌써 모습을 드러낸 수도자적·금욕적 현세부정으로부터의 이반 및 개인적 신심에로의 전환과 함께 시작된다. 만일 르네상스를 손쉽게 "근대의 요람"으로 부르고자 한다면, 그것은 체사레 보르지아 찬미자 니체가 이미 확인(그리고 한탄)한 바를 간과하는 짓이다: 르네상스는 종교개혁과 반反종교개혁에 의해 너무나 때이르게 저지되었다고, 아니 꺾여버렸다고. 르네상스를 온 유럽적 공시성共時性 안에 끼워넣는 것은 적절치 않아 보인다.

　르네상스에 관한 토론으로부터 우리의 패러다임 분석에 중요한 세 가지 통찰을 얻을 수 있다:

(1) 르네상스는 중세적 맥락으로부터 떨어져나올 수 없다: 중세와 르네상스 사이에는 **중세와 종교개혁 사이와 마찬가지로 중간 휴지**(休止)**가 없다.** 온갖 불연속성에도 불구하고, 중세의 사상적 재보와의 연속성이 상당히 크다. 그러므로 우리는 르네상스를 아직 불확실한 시대로 넘어가는, 일련의 심미적·사회적·경제적·정치적 변화를 내포한 과도기요 변혁기라고 말할 수 있다.

(2) 르네상스에서는 **고대**로의, 즉 그리스-로마의 문학과 철학(플라톤!), 예술과 학문에로의 열광적 전환이, 배타적이지는 아니었을지라도, 아무튼 결정적 역할을 했다. 이제 고대문화는 연구되었을 뿐 아니라 모방되었고, 마침내 결정적으로 계속 발전해나갔다. 고전적 교양은 이탈리아 엘리트들의 공유재산이 되었고, 중세 스콜라학을 밀어냈다. 물론 고대는 목적이라기보다는 수단이었다. 무엇보다도: 고대는 일정한 **척도**를 제공했다. 아무튼 사람들은 중세의 많은 생활 규범들로부터 풀려났거니와, 그 해방은 특히 예술가들 그리고 경건한 개인들(신비가들!)로 하여금 새로운 자의식을 획득하게 했다.

(3) 르네상스 시대에 널리 유포되었던 교회에 대한 무관심과 근본적인 상호 소외에도 불구하고, 르네상스를, 예외적인 경우를 제외하면, 간단히 "신종 이교"로 보고 그리스도교와 대립시켜서는 안된다. 교회에 대한 노골적 반대는 드물었다. 여러 교황이 후원했고 많은 성직자들(예컨대 르네상스의 전범적 시인 프란체스코 페트라르카)과 교황청 관료들(예컨대 로렌조 발라)이 동참한 르네상스는, 자연에 대한 예술과 자연과학의 새로운 체험이 내면적으로 중세 교권제도적 그리스도교 사상의 속박으로부터의 탈피를 초래했음에도, 외면적으로는 **그리스도교의 사회적 테두리** 안에서 생성·발전했다. 민중에게 엄청난 호응을 얻었던 위대한 참회 설교자 베르나르디노(시에나)와 사보나롤라(피렌체)뿐 아니라, 쿠사의 니콜라우스부터 마르실리오 피치노와 피렌체에 있던 그의 플라톤 아카데미를 거쳐 로테르담의 에라스무스와 런던의 정치가 토머스 모어까지 걸출한 인문주의자들도, 개혁적 인문주의와 성서의 정신에 터해, **"그리스도교의 쇄신"**과 평신도 신심 고취를 위해 진력했다. 성서(14세기 이래 점점 더 자국어로 읽혔다)는 많은 사람들에게 영감의 참된 원천이 되었다(이 문제에 관해서는 종교개혁의 맥락 안에서 다시 고찰할 것이다).

〈더〉 중세의 로마 가톨릭 패러다임　593

그러면 르네상스를 그리스도교에 대한 우리의 패러다임적 고찰 안에 어떻게 분류·편입시켜야 할까? 삶의 모든 영역을 포괄하는, 앞뒤로 경계설정을 할 수 있는 하나의 시대로서보다는, **말기 중세 내부의** 한 **중요한 정신적·문화적 경향**으로서 분류·편입시키는 것이 더 적절할 듯싶다. 르네상스의 대두는 중세가 무엇인가 새로운 것을 향해 몸부림치는 심각한 위기에 처해 있었음을 뚜렷이 말해준다. 그런만큼 우리는 쟈크 르고프의 변론「기나긴 중세를 위하여」에 동의할 수 있다: "나는 사람들이 이 중요한 사건을 올바른 균형을 견지하며 환원시킬 것을 제안한다. 현란하지만 피상적인 현상으로 말이다. … 중세의 종말을 봉인하는 일과는 아무 관계 없이, 르네상스는(르네상스들은) 기나긴 중세적 시기의, 언제나 과거 안에서 권위를 찾던 중세의, 퇴행적인 황금시대의 특징적 현상이다. 이 '위대한' 르네상스는 비교적 정확한 연대기적 기원을 알 수 없을 뿐 아니라(그 기원은 유럽에서 3~4백 년 차이를 두고 오락가락한다), 수많은 중요한 역사적 현상들로 뒤덮여 있다."[351]

르네상스 시대의 교황직과 교회개혁의 좌절

르네상스는 교회와 그리스도교에는 (예술을 제외하면) 새 시대를 여는 포괄적 영향을 끼치지 못했다. 만일 우리가 점차 심화된 **교황과 교황청의 이탈리아화**를 그런 영향으로 간주하고자 하지 않는다면 말이다. 니콜라우스 5세(그의 치세인 1452년 교황에 의한 황제 대관 의식이 마지막으로 거행되었고, 그후 마지막 대립교황의 폐위와 끔찍스러운 콘스탄티노플 멸망(1453)이 뒤따랐다)로부터 레오 10세(그의 치세에 개혁의 성과는 아무것도 거두지 못한 5차 라테란 공의회가 개최되었고, 곧이어 종교개혁이 발발했다)에 이르는 이탈리아인 교황들이야말로 르네상스 정신의 열렬한 장려자들이었다: 브라만테와 미켈란젤로의 베드로 성당, 라파엘로의 바티칸 궁전의 방(房)들 그리고 미켈란젤로의 바티칸 시스틴 경당만 예로 들어도 충분하리라!

물론: 예전 교황들의 세계지배 야심은 이제 그저 다시금 완전히 이탈리아화된 정부가 다스리는 보통 크기의 이탈리아 지역국가로 초라한 명맥을 이어갔다. 1454년 로디 평화조약 이후 교회국가(교황령)는 이탈리아의 다섯 개 큰 세력

(교황령·밀라노 공국·피렌체 공화국·베네치아 공화국·나폴리 왕국) 가운데 하나일 뿐이었다. 이러한 처지에서 교황들은 **엄청난 건축사업과 예술장려**를 통해, 그리스도교계의 수도가 적어도 예술과 문화에서는 중심지임을 보여주고자 했다.

그런데 이 모든 것은 **교회개혁 거부**를 대가로 얻은 것이었으니, 개혁은 교황들과 교황청 관료들 마음가짐의 근본적 변화가 전제되어야 가능했기 때문이다. 그러나 교황들 역시 (마키아벨리는 당시 상황을 생생히 보여주는 자료들을 많이도 제시하거니와) **평범한 이탈리아 르네상스 군주들**이었을 따름인 그런 시대에, 변화와 개혁을 생각하는 사람은 아무도 없었다. 교황들은 사리私利 정치를 거리낌없이 밀고나갔고, 어떠한 음모와 비열함 앞에서도 머뭇거리지 않았으며, 교황령을 자기들 소유의 이탈리아 영주령처럼 통치했다. 그들의 친척이나 적출嫡出로 만든 자식들(사생아들)은 특권을 누렸다. 교황 가문인 리아리오, 델라 로베레, 보르지아 집안들을 위한 세습 소小영주국 형태의 왕조를 세우려는 시도가 이루어졌다.

물론 보르지아 가문 내에서도 개혁 프로그램의 필요성을 절감하고 있던 사람들이 있었다. 그러나 이 "르네상스 교황들"(흔히 이렇게 집합적 명칭으로 불린다)은 시간이 지날수록 더욱 뻔뻔하게 엄청난 사치와 거리낌없는 향락 그리고 파렴치한 방탕의 생활을 영위했다. 이 교황들(물론 이들은 "자신들의" 교회를 위해, 여전히 사제 독신법을 완강히 고수했다)의 자식 숫자를 역사학자들은 결코 밝혀내지 못할 것이다. 아무튼 한 가지 확실한 사실: 부패한 식스투스 4세(프란치스코회 수도자요 마리아 "무염시태" 교설의 조장자)는 아주 많은 "조카들"과 총아들 생활비를 교회 돈으로 댔고, 친척 여섯(그중에는 사촌 피에트로 리아리오도 있었는데, 로마 교황청의 가장 파렴치한 방탕아의 하나였던 그는 겨우 28세에 자신의 악덕 때문에 죽었다)을 추기경에 임명했다.

그 모두를 여기서 계속 이야기할 수는 없다. 인노켄티우스 8세의 파렴치에 관해서도 마찬가지다. 그는 교서(*Summis desiderantes affectibus*, 1474)를 통해 마녀 망상을 크게 조장하고 마녀 재판을 시행토록 했는데, 다른 한편으로는 부끄러운 줄도 모르고 자기 사생아들을 공공연히 자식으로 인정하고, 그들의 결혼식을 바티칸 궁전에서 호화롭게 거행하도록 했다. 닳고 닳은 알렉산더 6세 보르지아(1492~1503)의 정치에 관해서도 여기서 상설할 수는 없다. 그는 자기 직위를 엄청난 규모의 성직매매를 통해 손에 넣었고, 정부에게서 네 명의 (그리고 추기경 시절 다른 여인들에게서 또다른) 자식들을 얻었는데, 그리고도 두려운 줄 모르고 끝내 위대한 참회설교가 사보나롤라를 파문했고 또 그의 화형에도 개입했다. 우리가 그 모든 것에 관해 간략하나마 언급하는 것은, 오늘날에도 바로 그 비열하고 부도덕하고 범죄적인 현상들을 극히 피상적이고 정치적인 기준들에 터해 무해한 것으로 "역사화"하려는, 아니 "복권"시키려는 시도가 있기 때문이다.[352]

알렉산더 6세 재위 기간에는 (당시 로마인들 사이에 회자되던 말을 빌리자면) 여신 비너스가 다스렸다. 끊임없이 전쟁을 벌이던 후임자 율리우스 2세 델라 로베레 때는 군신軍神 마르스가 다스렸다. 레오 10세 메디치 때는? 미네르바 여신! 위풍당당 공公 로렌초의 전혀 성직자답지 않은 이 아들은 1513년 교황좌에 올랐다. 겨우 13세 때 (메디치 가문의 다른 네 명의 조카와 함께) 방탕한 아저씨 인노켄티우스 8세에 의해 추기경이 되었던 레오 10세는 무엇보다도 예술을 애호하고 삶을 즐겼으며, 정치적으로는 조카 로렌초를 위해 스폴레토 공작령을 손에 넣는 데 전념했다. 그래서 그는 1517년 **마르틴 루터**라는 거의 알려지지 않은 수도자와 결부된, 새 시대를 여는 한 사건이 발생한 것도 까맣게 몰랐다: 바야흐로 **참된 의미의 패러다임 전환**이 시작되었으니, 이 전환은 동방에서는 당초부터 전혀 인정받지 못했던 교황의 보편적 권리주장을 서방에서도 끝장낼 준비를 하고 있었다! 그러면 로마는 어떻게 대응했던가? 로마는 루터의 종교개혁에 스스로의 개혁으로 대응하지 않고, 반反종교개혁Gegen-Reformation으로 맞섰다. 한 마디 덧붙이면, 오늘날 가톨릭 역사학자들은 반종교개혁이라는 개념을, 그것과 결부된 종교적 사안에서의 폭력 사용이라는 표상 때문에, 제한적으로만 받아들이고 있다.

12 반종교개혁? 중세 패러다임으로의 복귀

종교개혁 개신교 패러다임(P IV)은 별도의 긴 장(Ⅳ)에서 상세히 다룰 것이다. 우리의 패러다임 분석 테두리 안에서는 (그리고 국제적 역사학 논구의 입장을 따르건대) 사실한 패러다임의 생성 및 전개가 그 나중 단계들이나 종종 발생하는 경직화보다 더 중요하다. 머리말에서 말했듯이, 온갖 것을 똑같이 꼼꼼히 다루다가는 이 책이 폭발해버릴 것이다. 그러므로 로마 가톨릭 패러다임(P Ⅲ)이라는 현재의 맥락에서는, 로마가 루터의 공격에 그리고 교회와 신학뿐 아니라 사회생활 전체와 정치적 권력구조 또한 바꾸어놓은 16세기 초엽의 종교적·교회적 변화에 어찌 대응했던가라는 문제에 집중해야겠다. 그런데 랑케 이래 통상적으로 그래왔듯, "반종교개혁"이라는 말을 계속 사용해야 하는가? 네 권짜리 「트렌토 공의회사」로 이 시대에 관한 가톨릭 측의 해석을 새로운 학문적 수준으로 끌어올린 후베르트 예딘은, 1946년 이 시대의 특징을 에누리 없이 표현하기 위해 "가톨릭 개혁과 반종교개혁"이라는 중복개념을 사용하자고 제안한 바 있다.[353] 이 구별은, 종교개혁 이후 가톨릭 측의 모든 개혁이 사실상 반종교개혁적인 특성도 많이 지니고 있었다는 사실을 간과하지만 않는다면, 상당히 유용하다.

개혁 대신 종교개혁

로마는 오랫동안 참된 개혁을 저지한 대가로 이제 종교개혁을 맞았다. 서방세계에 교황교회와 나란히 갑자기 새로운 그리스도 **교회들**이 존재하게 되었던바, 이 교회들은 처음부터 **엄청난 종교적·정치적·사회적 활력**을 발휘했다. 그것은 로마에게는 재앙이었다. 과연 개신교 종교개혁은 로마 가톨릭 교회에게서 로마제국의 북반부[개신교 중심지 취리히·베른·바젤·제네바로부터 독일의 광범위한 지역을 거쳐 네덜란드·영국·스코틀랜드·스칸디나비아까지(나중에 북아메리카도 첨가됨)]를 앗아갔다. 종교개혁 시대가 끝날 무렵, 이 종교개혁 패러다임 내부에서 개신교의 매우 상이한 네 가지 주요 유형이 형성되었으니, 루터 교회·영국교회(성공회)·개혁교회·자유교회가 그것이다. 이것들에 관해서는 나중에 별도로 다루기로 한다.

물론: 그리스도교는 이 시대에도 여전히 유럽을 종교적·문화적·정치적·사회적으로 틀짓는 결정적 요소였다. 그러나 교황직은 세계사적으로 볼 때 **수세적** 입장에 내몰렸고, **반동**의 저주를 받았다. 초기엔 매우 혁신적이었던 로마 가톨릭 패러다임이 중세라는 코르셋 속에서 경직되어버렸다. 처음에는 개신교 종교개혁의, 그다음엔 계몽된 근대의 강력한 세력에 맞서 이 패러다임을 "순수

히 보존"하고자 했던 움직임에 관해서, 여기서는 그저 그 중요한 특징들만 언급하기로 한다. 나중에는 교회 내의 개혁이 수행되기도 했지만, 아무튼 교회와 신학 그리고 사회의 참으로 획기적이고 패러다임적 쇄신과 "근대화 효과"는 거의 모두 로마(P III)의 지배영역이 아니라, 종교개혁(P IV)의 지배영역 그리고 다음엔 근대적 패러다임(P V)의 지배영역에서 발견된다. 이 문제에 관해서는 각기 해당 장·절에서 다룰 것이다.

물론: 중세 로마 가톨릭 패러다임이 루터와 그의 동지들이 처음 생각했던 것보다 강한 내구성과 저항력을 지니고 있다는 것을, 1530년대 이후에는 개신교 신자들도 갈수록 분명히 알게 되었다. 비록 서방 유일의 가톨릭 교회라는 것은 더이상 존재하지 않았지만, 종교개혁가들이 묵시록적 종말 정서 안에서 **고대하던 로마 체제의 붕괴는 일어나지 않았다.** 오히려 시간이 흐르면서, 북·서 유럽(나중에는 북아메리카) 개신 그리스도교에 대항하여, **이탈리아와 스페인을 중심으로 꼴지어진 지중해 가톨릭 그리스도교**가 형성되었다. 이 지중해 가톨릭교는 일찍부터 독일 가톨릭 지역에 영향을 끼쳤을 뿐 아니라, 라틴아메리카에도 전해졌다(그 결과는 마땅히 별도로 고찰해야 할 만큼 중요하다). 처음에는 활력이 넘쳤으나 이제는 여러모로 생기를 잃은 종교개혁 운동에 맞서, 비록 반쪽이 되었으나 다시금 새로이 강력한 역사적 세력이 된 로마 체제와 지배제도가 팽팽히 대치했다! 과연 갈수록 다원화되어가던 개신교와는 달리, 로마 체제는 이제 더욱 엄격히 조직된 교권제도에 의해 절대군주 정체政體의 틀 안에 결속되어 있었으며, 앞으로 살펴보려니와, 신앙과 윤리 문제에서 여전히 독단적 직권·검열·종교재판 등으로 무장하고 있었다.

그러나 로마 가톨릭 교회 안에서 어떻게 중세 말엽 르네상스로부터 "가톨릭 개혁과 반종교개혁"[354]으로의 전환이 일어나게 되었던가? 종교개혁과 마찬가지로 반종교개혁도 그 나름의 정치적 차원을 지니고 있지만, 그것을 가장 중요한 것으로 간주하는 것은 옳지 않다. 왜냐하면 종교개혁뿐 아니라 **반종교개혁의 동기 역시** 일차적으로는 **종교적**인 것이었기 때문이다: 즉, 가톨릭 교회 고유의 본질에 터한 가톨릭 교회의 쇄신 말이다.

가톨릭 개혁은 어떻게 일어났는가?

맨 먼저 가톨릭 교회에 영향을 끼친 것은 종교개혁이 아니라 **종교개혁 이전의 개혁 열망**이었는데, 이것은 대체로 "인문주의자들의 왕자"였던 로테르담의 에라스무스와 "원천(성서와 교부들)으로 돌아감"이라는 그의 프로그램의 중도적·인문주의적 노선을 취하고 있었다. 일종의 "복음주의"라고 할 수 있는 이것은 종교개혁 밖에서, 즉 스페인과 이탈리아에서 우선적으로 찾아볼 수 있다.[355]

가톨릭 개혁의 발원지는 로마가 아니라 **스페인**이었다! 이사벨라 1세와 페르디난트 2세의 결혼에 의해 통일된 스페인은 1492년 이슬람 지역 그라나다를 점령함으로써 그리스도교의 재정복Reconquista(탈환)을 완료했다. 그와 함께 스페인은 그리스도교로 개종하지 않는 무슬림과 유다인들을 무자비하게 추방했고, 같은 해 아메리카 대륙을 발견하여(1521년에는 멕시코도 점령) 귀금속이 풍부한 식민지 제국을 세웠다. 이 스페인이 이제 이탈리아 그리고 더 나아가 독일의 제위를 놓고 대륙의 주도세력 프랑스와 경쟁을 벌였다. 결국 독일 제위는 루터의 종교개혁이 발발한 직후, 페르디난트와 이사벨라의 손자인 젊은 스페인 왕 카를로스 1세(세상에서는 **황제 칼 5세로 불림**)가 차지했다. 합스부르크 가문 출신인 그는 가톨릭 신앙에 대한 확신과 유럽에 대한 사명의식을 지니고 있었는데, 발칸 반도로부터 빈을 거쳐 마드리드·멕시코·페루에까지 이르는 그의 제국에서는 말 그대로 해가 지지 않았다. 1519년에서 1556년 사이의 이 결정적인 시기에 칼은 온갖 종교적·민족적 분권주의에 맞서 중세적 세계왕정을 다시 확립하려 노력했고, 역시 유럽의 패권을 노리던 프랑스와 끊임없이 충돌했다.

스페인과 개혁이라고? 그리스도교의 재정복에 의해 꼴지어진 엄격한 스페인 가톨릭 교회로부터는, 약 9천 건의 "신앙의 행위"(대부분 화형을 통한 판결의 집행)를 진두지휘한 종교재판관 토마스 데 토르케마다에 의해 새삼 강화된 저 무서운 **종교재판**을 즉시 떠올리게 되지 않는가? 특히 (흔히 겉으로만) 그리스도교로 개종한 유다인들과 이슬람교를 믿는 무어인들을 미친 듯이 박해했고, 나중에는 에라스무스의 노선을 따르는 인문주의자들도 핍박했던 저 비밀 국가경찰과 사법 당국을 떠올릴 수밖에 없지 않은가? 사실 그렇기도 하다.

　　그러나 우리는 교회의 **개혁** 또한 잊어서는 안된다. 바로 에라스무스에게서 강력한 자극을 받은 이 개혁은, 인문주의자 프란치스코 히메네즈 데 치스네로스(이사벨라에 의해 톨레도 대주교 겸 스페인의 수석대주교가 된 금욕적인 프란치스코회 수도자)의 주도 아래, 세속 권력의 뒷받침을 받아, 수도원과 성직자들의 쇄신·알칼라 등에 대학 설립·실로 찬탄할 만한 수개 국어 대역 성서 간행 등의 결실을 거두었다. 16세기는 요컨대 스페인의 자랑스러운 "황금 세기"가 될 터였다! 로마와의 정교협약 덕분에 로마로부터 상당히 독립적이었던 스페인은, 16세기 후반기 칼의 아들 필립 2세(1555~98) 때에 (비록 제위는 칼의 형제 페르디난트와 독일의 합스부르크 가문에 있었지만) 유럽의 가장 중요한 세력이 되었다.

　　이탈리아에서도, 주로 에라스무스 그리고 부분적으로는 스페인의 영향을 받아, 르네상스 교황들 시대에 가톨릭 개혁의 토대가 놓였다: 그 개혁은 처음엔 복음 정신에 터한 작고 초라한 동아리들 안에서 시작되었는데, 여기서는 인문주의적이고 복음적인 깊은 신심이 장려되었다. 이들로부터 (성직자 개혁을 위한) 티에네의 가에타노의 테아티노 수도참사회와 훗날 "개혁교황"이 된 나폴리 귀족 지안 피에트로 카라파가 배출되었다. 베네치아에는 가스파로 콘타리니를 중심으로 한 개혁 동아리가 있었다. 베네치아의 사절로서 1521년 보름스에서 루터의 행동을 목격한 그는, 카라파와는 달리 초대교회의 이상에 깊이 매료되었다.

　　그러나 봉급을 받지 못한 황제 군대가 여러 날에 걸쳐 **로마를 약탈한 재앙**(Sacco di Roma, 1527)도 로마의 르네상스 문화는 끝장을 냈지만, 로마교회의 개혁을 촉발시키지는 못했다. 칼 5세는, 형제인 페르디난트도 간곡히 권고했음에도, 개혁 공의회를 소집하기 위해 교황 클레멘스 7세의 구금 상황을 이용할 수 있는 다시 없는 기회를 놓쳐버렸다. 교황직은 여전히 개혁되지 않은 채 남아 있었다. 클레멘스의 후임자인 과도기 교황 **바오로 3세** 파르네제(1534~49)[356] 때에 와서야, 마침내 개혁이 교황에게도 중요한 사안이 되었다. 이제 비로소 부분적 개혁들이 전체교회의 개혁 노력으로 발전해나갔다. 바오로 3세는 (네 명의 자식 그리고 추기경인 14~16세의 세 손자들과 함께 아직도 철두철미 르네상스 인간이었으나) 세 가지 조처를 통해 로마에 개혁을 이끌어들였다:

— 바오로 3세는 개혁파의 지도자들, 매우 유능하고 신심깊은 일련의 남자들을 **추기경단**에 불러들였다(평신도인 콘타리니, 그리고 폴레, 로체스터의 피셔, 모로네, 카라파). 이들은 교황을 위해 유명한 개혁 의견서 「교회의 개혁」(1537)을 작성·제출했다.[357] 이리하여 윤리적·종교적 진지함이 다시 로마와 바티칸에 점차 스며들었다.

— 1540년 바오로 3세는 전쟁에서 부상당한 후 깊은 각성의 체험을 한 바스크족 기사요 장교였던 이냐티우스 로욜라가 창설한, 교황에게의 각별한 순종 의무를 준수하는 **"예수회"**[358]를 인가했다. 이냐티우스의 "영성수련"을 통해 종교적으로 강력히 고무된, 까다롭게 선발되어 철저한 학문 교육을 받고 한 사람의 총장 아래 엄격히 조직된 예수회는 반종교개혁에서 결정적으로 중요한 정예 수도회가 되었는데, 그 구성원들은 개신교 목사들처럼 대부분 도시적 환경의 중상층 출신이었다. 수도회 고유 복장도, 정주지도, 합창기도도 없는 그들은 수도회의 엄격한 규율과 하느님·교황·장상에 대한 무조건 순종 안에서, 이단자와 이교도들의 개종 그리고 가톨릭 교회의 지배권 확립에 진력해야 했다(사목·고등학교와 대학교에서의 교육 활동·영주들 궁정의 고해소·선교사업을 통해서). 민중들에 대한 설교와 사목은 갈수록 **카푸친회**와 **오라토리오회** 수도자들의 주임무가 되었는데, 이 수도회들은 새로 창설된 다른 수도회들과 함께 오래된 교회 안에 새로운 정신이 존재하고 있음을 증언했다.

— 마침내 이 교황은 1545년(종교개혁이 발발한 지 거의 30년 후이자 루터가 사망하기 2년 전) **트렌토 공의회**를 개최했다. 그러나 이것이 전적으로 교회의 자발적 조처는 아니었으니, 유럽 강국들의 정치적 계산이 큰 몫을 했다. 어쨌든: 이제 개혁은 어떤 방향으로 나아갈 터였던가?

쇄신이냐 복고냐?

아직은 가톨릭 신자들도 거의 모르고 있었다: 바오로 3세의 가톨릭 개혁이 시작되었을 때, 참된 쇄신으로 나아갈 것인가 아니면 그저 복고로 나아갈 것인가라는 문제는 아직 전혀 미해결 상태에 있었다. 사실 교회 최고 지도층 안에도 적극적 쇄신을 지지하는 강력한 동향이 있었다. 이 동향은 개신교 종교개혁의 많은 주요 관심사를 적극적으로 검토했고, 대화에 개방적이었으며, 그리하여 궁극적으로는 개신교와의 일종의 타협으로 나아가려는 추세에 있었다.

갓 시작된 **가톨릭 내부의 개혁운동**이 개신교와의 대결에서 결정적 영향을 받았음은 두말할 것이 없다. 그러나 근본적으로 볼 때, 이 운동은 (특히 이탈리아에서) 자신의 이념들을 성서(특히 바울로 서간)와의 씨름에서 얻었다. 복음이 중심에 자리잡고 있었다. 그리고 본디 에라스무스가 루터보다 중요했고 세력이 있었다. 이 운동은 종교개혁과 마찬가지로 의인義認, 십자가 신학, 눈에 보이지 않는 교회 등의 문제를 깊이 파고들었다. 그러나 이 가톨릭 내부의 개혁운동은 성사적이고 교권제도적인 교회의 고수를 강조했다. 여기에 속하는 사람·집단으로는 비테르보(그리고 미켈란젤로와 비토리아 콜로나)의 동아리, 가말돌리회 수도자 퀴리니와 주스티아니(레오 10세에게 제출한 대담한 개혁 의견서!), 지베르티(베로나)와 리포마노(베르가모) 같은 주교들, 또한 누구보다도 콘타리니·사돌레토·체르비니·폴레·모로네 추기경들 그리고 아우구스티누스 수도회 총장 세리판도를 꼽을 수 있는데, 이들은 에라스무스를 위시한 알프스 이북의 인문주의자들과 독일 가톨릭 신학자들(피기우스·그룹퍼·플룩) 그리고 정치가들(특히 황제 주위의)과 나름대로 관계를 맺고 있었다. 바로 이 집단으로부터 저 개혁 의견서 「교회의 개혁」*De emendanda Ecclesia*이 유래했다. 이들의 지도자는 콘타리니 추기경이었는데, 그는 1541년 레겐스부르크 종교토론회에서 교황사절로서 "이중의화"二重義化 교설을 가지고 멜란히톤과 (물론 양측 모두에게 문제 많은) 합의를 이끌어냈다.

그러나 상황은 불행하게 전개되었고, 개혁파는 목적을 달성하지 못했다. 1536년 에라스무스가 죽었다. 흔히 제대로 평가받지 못했던 그의 개혁적 잠재력은 종교개혁 패러다임(P IV)의 테두리 안에서 좀더 상세히 다룰 것이다. 1542년은 가톨릭 개혁에 불행한 해가 되었으니, (짐작건대 이냐티우스 로욜라의 부추김으로) 종교재판이 재조직되고, 로마에는 바오로 3세에 의해 모든 국가를 관장하는 종교재판 중심기관인 악명높은 검사성성檢邪聖省(Sacrum Officium Sanctissimae Inquisitionis)[359] 이 설치되었다. 이제는 이단 혐의를 받고 있던 콘타리니가 죽었다. 이 무서운 장난의 핵심인물은 보수적 광신자 지안 피에트로 카라파 추기경이었는데, 당시 스페인 세력 아래 있던 나폴리 출신인 그는 최초의 「금서 목록」을 간행했다. 같은 해 카푸친회 총장 대리인 유명한 설교가 베르나르디노 옥키노는 자포자기 하여 칼뱅에게로 피해갔다. 또한 가톨릭 개혁의 열렬한 주창자 가운데 상당수 가 떨어져나갔고, 일부는 급진적 이단(반反삼위일체설 등)에 빠졌다. 다른 사람들은 위협을 느껴 침묵했다. 1555년 카라파가 교황(바오로 4세)으로 선출되어 보니파키 우스 8세 풍의 중세적 신정국가를 재건하려 함으로써[360], 구체제의 복원은 결정 적으로 관철되었다. 당시 상황을 극명하게 보여주는 사례: 카라파-교황은 심지 어 폴레 추기경도 종교재판에 걸었고, 역시 이단 혐의를 받던 모로네 추기경은 1559년 교황이 사망할 때까지 거의 2년간 천사의 성城에 감금되어 있었다.

　　트렌토 공의회(폴레 추기경도 처음에는 교황사절로서, 세 명의 의장 중 한 사람으로 참석했다) 역시 그럭저럭 완전히 보수 노선으로 선회했다. 이제 교회와 신학의 패러다임을 둘 러싼 치열한 논쟁을 염두에 두고, 이 공의회의 역할을 상세히 고찰해야겠다. 그것은 가톨릭 개혁 공의회였던가, 아니면 반종교개혁 공의회였던가?

트렌토 공의회의 양면성

　　북부 이탈리아의 황제 도시 트렌토에서 개최된 공의회는, 1545년 개막된 이 후 중단과 연기를 거듭하며 3회기에 걸쳐 1563년까지 계속되었다.[361] 그리스도 교계가 그토록 고대해왔고, 황제가 거듭 새삼 요구하던 공의회를 교황청은 개 혁과 정치적 혼란에 대한 두려움 때문에 계속 미뤄왔었다. 마침내 공의회는 열 렸으나, 한탄스럽게도 이탈리아의 개혁파는 처음부터 거의 아무것도 말할 수 없었으니, 예전의 개혁 공의회들과는 달리, 수도원장과 신학자 그리고 영주를 포함한 모든 평신도가 아예 배제되었다. 독점적 발의권을 가지고 있던 교황사 절들은 로마의 마음에 들지 않는 결정들은 아예 처음부터 저지할 수 있었다. 이 공의회는 가톨릭 교회에서 19차 보편 공의회로 꼽히지만, 고대의 보편 공의 회들이나 콘스탄츠 공의회의 전범을 따르는 보편 공의회가 아니었다. 오히려 중세 로마의 일반 시노드들의 선례를 따르는 **교황 공의회**였고, 무엇보다도 참 석자 거의 대부분이 이탈리아와 스페인의 고위 성직자들이었는데, 개신교 신자들은 이 공의회를 처음부터 아예 인정하지 않았다.

논의의 핵심은 무엇이었던가? 그것은 (로마가 요구한) 참된 교리의 확정과 — 병행하여 — (황제가 요구한) 실제적 개혁이었다. **교리 관련 교령들**("de fide")은 신앙의 원천·원죄·의화義化·성사·미사·연옥·대사 등을 다루었고, **교회규율에 관한 교령들**("de reformatione")은 성직자의 결혼과 교육, 주교 관장하의 신학교 설립, 주교들의 주재·시찰 의무, 여러 교구·성직록·영지의 합병 금지, 주교와 추기경들의 임명과 직무, 교구 시노드(매년)와 지역 시노드(3년마다)의 개최, 주교좌 성당 참사회와 수도회의 개혁, 해외 선교사업 등을 다루었다.[362] 그러면 교황직의 개혁에 관해선? 한 마디도 없었다!

공의회의 이 좁은 의미의 **개혁 노력들**이 단순히 반反종교개혁의 표출이 아니라 가톨릭 개혁의 표출이었음은 확실하다. 그것은 사제 교육·수도회 생활·설교의 새로운 형태의 창출 그리고 사목·선교·교리교수·병자와 빈자 구호의 조직화, 또 더 나아가 종교적 관습과 교회의 문화·예술·신비주의의 쇄신을 떠올려보면 충분할 것이다. 그러나 이 모든 것은 이를테면 트렌토 개혁의 안쪽 면일 따름이다. 이 적극적인 내적 쇄신의 외적 테두리와 근본적 경계선을 형성하고 있던 것은 개신교와의 구획정리, 아니 개신교와의 투쟁이었기 때문이다. 요컨대 종교개혁에 떠밀려 마침내 가톨릭 개혁이 발발했던 것이다. 그러나 종교개혁은, 많은 가톨릭 역사학자들이 생각하는 것처럼 트렌토 공의회가 열린 원인에 불과했던 것이 아니라 공의회의 도전자·촉진자요 항구적 적수였다. 다른 말로 해서: 반종교개혁은, 가톨릭의 공의회사가史家 예딘의 논증과는 달리, **트렌토 공의회 후에** 〔그레고리우스 15세의 재위 기간(1621~23)까지 포함시키면, 공의회가 소집된 지 75년 이상이 지나)[363] 비로소 시작된 것이 아니라, 공의회와 **함께** 시작되었다! 그렇지 않다면 트렌토 공의회의 모든 교리적 언명들에 종교개혁가들에 대한 저주가 담긴 것을 어떻게 이해할 수 있겠는가? 종교개혁가들이 이의를 제기하지 않은 문제들(예컨대 삼위일체론, 그리스도론)은 공의회에서 아예 다루어지지도 않았다.

이 모든 것이 말해주는 바: 트렌토 공의회는 오랫동안 고대하던 전체 그리스도교계의 보편적인 **연합 공의회가 아니었다.** 수십 번에 걸친 파문 협박에 비추어보건대, 평화로운 가톨릭 개혁 공의회도 아니었다. **오히려**, 전체적으로 볼 때, **반종교개혁을 위한 특정 종파 공의회**였다. 이 공의회는 (꿈에도 잊지 않았던) 유럽의 재再가톨릭화에 봉사했다 — 이미 시작된, "가톨릭" 또는 "개신교" 지역을 둘러싼 엄청난 대결의 전선에서.

그러므로 예딘의 중복개념은 자칫하면 두 얼굴을 지닌 호교적 책략이 될 수 있다. 먼저 가톨릭의 자체 개혁이 있었고 그런 다음에 전투적인 반종교개혁이 있었던 것이 아니다. 이 두 가지는 이미 트렌토에서 처음부터 끝까지 손잡고 함께 나아갔으니, 동전의 양면 같은 것이다! 여러모로 만족스럽지 못한 그 중복개념[364] 대신, 요즈음에는 그 시대를 위한 대★개념으로 "가톨릭교의 종파화"(슈미트)[365]가 제안되고 있다.

내가 보기에 사실 이론의 여지가 없는 것: 거의 불가피했던 정치적·군사적 대결(엄밀히 말하면 "종파 전쟁"이었다)을 야기한 것도, 하나의 종파 교회가 공의회에서 토대를 놓고 규정지은 이 반종교개혁이었다. 반종교개혁을 봉건제도와 시민계급의 반동 혹은 반혁명으로 간주하는 마르크스주의의 해석은 물론 지나친 단견이다. 그러나 어쨌든 가톨릭 개혁은, 교회내적 영역에서의 새로운 유형의 온갖 과장된 승리주의에도 불구하고, **복고**라는 딱지를 붙이고 있었다는 사실을 간과해서는 안된다. 반종교개혁이라는 옷을 입은 중세 정신! "큰 머리", 즉 교황과 교황청의 개혁은 (모든 가톨릭 개혁가들의 염원이었거니와) 이 공의회에서 아예 다루어지지도 않았다. 가톨릭의 가장 탁월한 교황사가들인 루드비히 폰 파스토르와 요세프 슈미들린은 "가톨릭의 복고"라는 표현을 선호하는데, 옳다고 생각한다. 사실 예딘 역시 트렌토 개혁과 중세 교황교회와의 연속성(그리고 종교개혁과의 거리)을 강조하고 있다. 그러므로 예딘은 필경 다음과 같은 평가에도 근본적으로 동의하리라 생각한다: 트렌토 공의회와 반종교개혁 전체는 **중세 로마 가톨릭 패러다임**(P III)**의 테두리 안에 머물러 있다!**

이론의 여지 없는 것: 황제와 많은 독일인들이 여전히 개신교 신자들과의 타협을 원했고, 또 유화적인 "가운데 길"을 아직 포기하지 않았던 반면, 트렌토 공의회는 로마 교황청과 마찬가지로 개신교를 철저히 반대했고, 종교개혁가들의 긍정적 자극들은 아주 드물게만 받아들였다. 물론: 사람들은 마침내 전혀 개혁 능력 없는 교회가 처해 있는 위험을 인식했다. 사람들은 교회 스스로 개혁되어야만, 다시 말해 극히 고약한 폐해들이 제거되어야만, 개신교와 맞설 수 있음을 깨달았다. 그러나 개신교 신자들과의 타협·합의는 이제 전혀 고려되지 않았다. 오히려 온갖 수단을 동원하여 개신교의 더이상의 확산을 저지하고 "잃어버린" 지역을 탈환하고, 더 나아가 새로 발견된 대륙들의 선교 지역들도 손에 넣고자 했다! 간단히 말해, 개혁과 저지라는 **이중 전략**을 통해 개신교 세력을 억제하고자 노력했다. 바로 이러한 이유 때문에, 트렌토 공의회는 반종교개혁의 공의회였다: 여기서 **가톨릭 내부의 개혁**은 **화해와 재결합의 수단이 아니라, 반종교개혁의 전투 프로그램**이었다.

그러므로 우리는 왜 당시의 가톨릭 교회가 (부분적인 영역들에서의 온갖 자기정화에도 불구하고) 우선적으로 기존하는 것의 유지와 지나간 것의 복구에 몰두했고, 그리하여 그 옛날 존재했던 참으로 가톨릭적인 폭넓음과 풍요로움을 왜소화 혹은 경직화하는 위험을 초래했는지를 이해할 수 있다. 실례? **성체성사** 하나만 생각해보아도 충분할 것이다. 성체성사는 종교개혁가들의 갈망에 대한 깊은 이해에 터해 창조적으로 새로이 꼴지어지지 않고, 그야말로 "순수하게 원상복구"되었다. 그런데 그 원상복구를 위한 일차적인 본보기는, 예컨대 성서에 묘사되어 있고 사도들의 교회에서 거행하던 성찬례가 아니라, 중세 때의 전례였다.

그러나 이런 따위의 연속성은 루터의 (성서와 고대 전통에 터해 볼 때, 지극히 정당한) 민중의 언어와 전례(평신도에게도 성혈을!)에 대한 요구에 비추어보건대, 그야말로 불행한 것이었다. 어쨌든 그리하여 **중세 라틴 미사**는 트렌토 공의회의 결정에 입각하여 1570년 로마 미사경본Missale을 통해 완전히 **복구**되었고, 2차 바티칸 공의회 때까지 가톨릭 전례의 근본형식으로 존속할 터였다. 트렌토 공의회는 특히 중세 말엽 미사에 이래저래 끼어들어온 엄청난 군더더기들을 잘라내기는 했다. 그러나 다른 한편 바로 그 공의회는 미사 진행과정을 아주 작은 것에 이르기까지 확정했는데, 전에는 그런 경우가 전혀 없었다. 이제 사람들은 이 미사를 "빨간 글 미사"라고 불렀으니, 미사 경본의 본문 사이에 작고 빨간 글자의 수많은 지시사항이 빼곡히 씌어 있었기 때문이다. 모든 것이, 극히 사소한 것까지(사제의 마지막 말과 손가락 움직임까지) 공식적으로 규정되었다. 자발성·감수성·창의성이라곤 전혀 남아 있지 않았고, 민중들이 능동적으로 참여하는 미사는 꿈도 꿀 수 없었다. 민중들은 이제 갈수록 음악적으로도 바로크적 화려함으로 꾸며진 성직자중심의 거룩한 놀이를 놀라서 멍하니 쳐다보는 게 고작이었다: 갈수록 **규정에 따라 획일화된, 잔치와는 거리가 먼 성직자중심의 전례.**

풍부한 감성과 생명력을 지닌 개인적·인격적 신심은 마침내 온갖 성인들과 사상事象들에 대한 각양각색의 **기도와 예배 의식**에 갈수록 깊이 빠져들었다. 그리하여 미사는 흔히 그저 그러한 의식들 가운데 하나(그나마 아직은 가장 중요한)로 간주되었다. 그런 의식에선 미사 때보다 더 많은 촛불을 밝혔다. 마침내 어느 사이엔지 유럽에서는 사람들이 엑소더스라고 부르는 것, 즉 주일 미사가 끝나자마자 줄줄이 급히 떠나버리는 일이 생겨났다. 유럽의 많은 나라에서 가톨릭 교회 당국은 지겨운 주일 미사에 꼬박꼬박 참례하는 신자는 소수인 반면, 미사와는 전혀 달리 감정에 호소하는 작은 교회와 종파들의 의식들은 갈수록 많은 사람들을 끌어들이는 것을 충격 속에 확인하게 되었다. 아무튼 성체성사뿐 아니라 성사 전반(트렌토 공의회의 교리 관련 교령들은 큰 부분을 이것에 할애했다)과 관련하여, 훨씬 원칙적인 물음들을 제기해야겠다.

일곱 성사 체계 — 비판적 반문

트렌토 공의회는, 따르지 않으면 파문하겠다고 으르대면서, 성사聖事는 모두 일곱이라고 못박았다. 이 문제는 오늘날 많은 사람들에게 하찮게 보일 수도 있을 것이다. 그러나 이 문제는, 로마교회**법** 전체가 성사를 근간으로 하며 그래서 근본적으로 **성사법**이기 때문에, 로마 가톨릭 체제에게는 핵심적 중요성을 지니고 있다. 과연 가톨릭 신자는 세례를 받음으로써 이미 그리스도인의 자유를 포기하는 가운데, 교회의 모든 계명(성서에 들어 있지 않은 것도)을 준수할 명시적 의무를 지게 된다.[366] 교리적으로 볼 때, 트렌토 공의회의 명확한 목표는, 가톨릭 교리와 종교개혁가들의 교설 사이에 뚜렷한 경계를 설정하고 종교개혁가들

을 배척하는 것이었다. 그러나 우리는 교리 분야에서도, 온갖 반개신교적(특히 반
루터적) 성향에도 불구하고, 가톨릭 자체의 개혁이라는 긍정적 측면이 있었음을
간과해서는 안된다. 공의회의 근본적으로 중요한 교의적 규정들은 1차 회기
(1545~47)에 이루어졌다. 우리는 그 규정들이 난해한 스콜라 신학적 논증을 포기
하고 가톨릭 교리를 스콜라 신학의 언어보다는 성서의 언어로 표현하려는 전혀
성과 없지 않은 노력에 의해 결정적으로 끝지어졌다는 사실을 인정해야 한다.
개신교 교의사가들(예컨대 하르낙)도 공의회의 영예로운 업적으로 보는 의화義化에
관한 교령은 종교개혁의 주요 관심사를 놀랄만큼 많이 수용하고 있다.[367]

그에 반해 일곱 성사에 관한 교령에는 노력을 훨씬 덜 쏟았는데, 그것은 공의
회 기록이 증언해준다. 공의회는 성사 교령에 앞선 **성서와 성전**聖傳에 관한 교
령에서, 교회의 전통을 규범은 규범이지만 성서(norma normans)에 의해 규정된 규
범(norma normata)으로 명백히 제시·강조할 기회를 놓쳐버리고, 그 대신 성서와
전통을 동등한 지위에 놓았 ― 그 둘은 "똑같은 외경심과 경건함을 지니고"
대해야 한다[368]. 그리하여 공의회는 깊이 따져보지도 않고 그저 전통에 따라, 이
른바 그리스도 친히 제정하셨다는 성사는 **일곱 개**라고 그야말로 우악스럽게 성
사 교령의 카논 1항에서 주장하고, 이것을 부인하는 사람은 파문을 당할 것이라
고 위협했다.[369] 당시 공의회는 좀더 신중히 작업할 수 있었고 또 그랬어야 하지
않았을까? 이미 루터가 그 문제를 제기했었기 때문이다: 성사의 숫자가 일곱이
라는 것은 예수 그리스도 자신에게서 비롯하는 것이 아니라, **역사의 산물**이라
고. 성사가 일곱 개라는 것은 처음 천 년 동안은 전혀 알려져 있지 않았는데,
12세기에야 처음으로, 그것도 절대적 확실성 없이 주장된 후 그대로 관철되었
고, 종교개혁 발발 약 3백 년 전에 비로소 한 교회문서 안에 받아들여졌으며,
그후엔 물론 공의회들(특히 피렌체 연합 공의회)에서도 중요한 신앙문제로 다루어졌다.
그러므로 성사라는 개념은 유비적 개념일 뿐 아니라, 여러 시대에 여러 가지로
규정된 매우 가변적인 개념이라는 것도 드러났다고 하겠다.

또하나 성서적·신학적으로 이론의 여지가 없는 것: 전통적인 일곱 성사는
모두 동등한 지위에 있지 않다. **동일한 품위**를 지니고 있는 것이 **아니다**. 세

례와 성체 성사는 신약성서에서 일반적으로 직접 예수 그리스도에게 소급되며, 모든 신앙인 공동체에서 처음부터 중요한 기능을 수행했다. **신품성사**는 전혀 다르다는 것을 우리는 앞에서 살펴보았다.[370] 신품성사에 관해 특히 바울로 친서들은 아무 말도 하지 않는데, 이 서간들이야말로 초창기 교회제도에 관한 가장 중요한 증언이다. 바울로 친서들보다 30여 년 뒤늦은 사도행전과 50여 년 뒤의 사목서간들만이 공동체 지도자들의 서품에 관해 언급하고 있다. 그러나 서품이 세례 및 성찬례와 함께 성사에 포함되기까지는 수백 년이 지나야 했다. 물론 트렌토 공의회 역시(카논 1항은 자칫하면 그릇된 인상을 주기 쉽다) 모든 성사를 동등한 지위에 놓지는 않았다. 오히려 그 반대였다: 성체성사 교령은 다른 모든 성사에 앞서는 **성체성사**의 우위를 강조하고 있다. 또한 의화 교령은 의화에 있어서 신앙의 성사인 **세례성사**의 근본적으로 중요한 의의를 강조한다. 그러므로 기본 성사들과 부차적 성사들의 구별은 전통적인 것이었다고 말할 수 있다.

성사의 숫자는 사실 무엇이 성사로 특징지어지느냐는 개념규정에 달렸다[371]:

— (트렌토 공의회처럼) 그리스도에 의한 제정을 성사의 본질적 요소로 본다면, 예를 들어 생 빅토르의 위고가 꼽았던 30개 성사 가운데 거의 대부분은 즉시 떨어져나가야 한다. 그러한 것들은 성사가 아니라, 성사적인 것이라고 지칭해야 한다. 이 경우 잘해야 일곱 성사가 남는다.

— (루터를 비롯한 종교개혁가들처럼) 예수에 의한 제정을 엄밀한 역사적 의미로(즉, 신약성서에 명확히 증언되어 있는 것으로) 해석한다면, 중세 전성기의 일곱 성사 중에서도 여럿은 떨어져나가야 한다. 그것들은 성사가 아니라, 교회의 관습 등으로 불려야 한다. 이 경우 세례와 성체 성사만 남는다(어쩌면 고해성사도).

그러나 **트렌토** 공의회는 종교개혁가들이 제기한 새로운 문제들에 대해 도무지 관심과 이해가 없었다. 공의회는 제대로 따져보지도 않고 중세의 개념규정을 넘겨받았고, 따라서 **중세 때의 셈법**도 그대로 물려받았다. 거룩한 숫자 7은 규범적이었다. 그러나 공의회는 견진·병자·혼인 성사 그리고 신품성사마저도, 엄밀한 역사적 의미에서 그리스도가 제정했다는 것을 입증할 수가 없었다. 그러나 공의회는 아랑곳하지 않고 밀고나가, 몇 가지 구별과 의심스러운 성서주석의 도움을 빌려, 그 성사들을 그리스도가 제정했다고 강변하고, 거기에 터해 중대한 요구들을 내세웠다. 그러나 이것은 오늘날 더이상 무비판적으로 받아들일 수 없거니와, 이러한 사정은 당시에는 여러모로 지당했던 **종교개혁가들의 해결책**의 경우에도 마찬가지다. 왜냐하면 그동안 바로 개신교의 **역사비판적 성서주석**이, 세례와 성찬례가 그리스도인들의 삶에 근본적으로 중요한 의미를 지니고 있었음을 명백히 제시·강조했지만, 그러나 예수가 그것들을 성사로서 정식 "제정"했다는 것은 극히 불확실하다는 것을 밝혀주었기 때문이다. 신약성서는 그런 식의 제도적 규정 범주들 안에서 사고하지 않는다. 세례와 성체 성사의 신약성서적 근거는 그저 예수의 말씀과 행동을 통한 전반적·암묵적 "전권위임"이라는 식으로 말할 수는 있겠다.

이 모든 것이 의미하는 바: 예수에 의한 "제정"의 문제 그리고 그것과 결부된 성사의 개념 문제, 그리하여 결국 성사의 숫자 문제 또한 오늘날 새로이 제기되고 새로이 대답되어야 한다(새로운 성서주석과 교의사의 모든 연구성과를 참작하여). 몇몇 가톨릭 신학자들(이들은 전혀 근거 없이 성사의 숫자를 일곱으로 확정해 놓았다)이 시도하듯이, 복잡한 사변을 통해 일곱 성사 모두를 "원原성사"인 교회에 환원·소급시키는 것은 문제를 얼버무릴 수는 있겠지만 해결하지는 못한다. 성서주석을 통해 밝히 드러난 그리스도교 메시지 자체에 터한, 교의적 결정들에 대한 조직적 비판(여기서는 정확한 개념성보다는 본질·사실이 더 중요하다)만이 이 문제 해결에 도움이 된다. 그러나 이것은 우리 고찰의 테두리를 벗어나는 일이다.[372] 그러므로 여기서는 트렌토 공의회에 관해 몇 가지 원칙적이고 **비판적인 반문**만 제기하기로 한다:

되돌아보건대, **첫째**로 물어야 할 것: 사실상 아주 미미한 대표성만 지녔던(극소수의 신학자를 제외하고 참석자 거의 전부가 이탈리아와 스페인의 고위 성직자였다) 트렌토 공의회가, 자신의 교령들이 모든 교회와 국가 그리고 신학적 경향들을 온전히 대표하는 공의회들이나 주장할 수 있는 것과 똑같은 신학적 질質과 권위(여기서 말하는 것은 로마교회법적 의미에서의 법률적 "유효성"이 아니다)를 지닌다고 주장할 수 있는가? 가령 2차 바티칸 공의회와 비교해볼 일이다. 트렌토 공의회에서는 마땅히 해당 국가들 특히 독일의 신학 그리고 더 나아가 종교개혁적 신학과의 토론과 대결이 있어야 했으나, 전혀 그렇지 못했다. 사실 로마의 입장에서 처음부터 무엇보다 중요했던 것은, 통합이 아니라 종교개혁의 새로운 성향들에 대한 단죄였다.

그러므로 제기되는 **둘째** 물음: 트렌토 공의회는 자신이 단죄한 **종교개혁가들**을 과연 **제대로 이해**하기는 했던가? 종교개혁가들의 말을 인용하는 데 그치지 않고, 그들의 비판의 근본성향과 긍정적인 근본취지를 제대로 파악이나 했던가? 공의회 성사 교령들이 사용한, 대개 소극적으로 경계를 설정하는 방어적·인신공격적 방법(파문 등)과 공의회의 전체 토론 과정 및 그 결과에 비추어보건대, 전혀 그렇지 못했다. 트렌토 공의회는 새로운 종교개혁적 패러다임 그 자체를 놓고 검증·분석·연구하지 않았다. 사실 그것은 그 공의회의 구성을 감안하면, 지나친 요구라고 하겠다.

셋째로 물어야 할 것: 트렌토 공의회는 루터를 비롯한 종교개혁가들이 그토록 강조한, *교회론과 성사론은 역사적으로 발전되어 왔다는 사실을 알았던가? 공의회는 과연 성서에 되물어 보았던가? 의화에 관한 교령에서는 그러한 노력을 상당히 기울였다. 그러나 성사〔루터의 논쟁서 「교회의 바빌론 유폐에 관하여」(1520)의 중심주제〕에 관한 교령에서 공의회는, 성서와 역사에 대한 자기비판적 되물음 없이, 일곱 성사 모두를 그리스도 친히 제정하셨다고 확언했다. 그러나 그러한 확언은 (견진·고해·혼인·신품 성사는 차치하고) 세례와 성체 성사에 대해서조차 매우 세분화된 논증을 거쳐서야 할 수 있다. 논증과 반증을 주고받는 진지한 토론은 전혀 없었으니, 일곱이라는 숫자는 백 년 전 피렌체 공의회의 아르메니아 사람들(!)을 위한 교령(!)에 의해 (물론 이때도 하등의 역사적 반성 없이) 확정되었기 때문이다.[373] 이리하여 트렌토 공의회는 성서와 위대한 가톨릭 전통에 비추어볼 때 극히 문제 많은, 수십 번에 걸친 반대자들에 대한 단죄를 통해, 성사 하나하나를 종교개혁가들의 공격으로부터 방어했고, 이러한 경계설정과 배척을 통해 교회법의 신학적 근간인, 그러나 위협받고 있던 성사 체계를 자기 지지자들을 위해 다시금 공고히 다졌다. 사정이 이러하기에, 트렌토 공의회의 역사적·신학적 가치와 관련하여, 원칙적인 물음이 제기된다: 트렌토 공의회는 새로운 패러다임의 촉매였던가?

로마 가톨릭 교회의 보루

물론 다음 사실은 수많은 세부사항을 통해 입증되었다: 트렌토 공의회는, 개신교의 공격에 떠밀려, 터무니없는 많은 악습(예컨대 대사 설교자 직분·교황청의 구전 폐기)과 무수한 미신 행위(예컨대 병든 가축을 위한 서원미사)를 제거했다. 그러나 그로써 공의회가 새로운 복음적·종교개혁적 패러다임에 대한 진지한 접근·수용을 가져왔던가? 아니다. 이렇게 판단하는 것은 개신교 신학만이 아니다. 그럼 무엇을 했던가? 트렌토 공의회는, 전체적으로 볼 때, **중세적 구체제의 복구**를 가져왔다! 종교개혁의 주요관심사들 가운데 몇 가지[예컨대 의인(화)관("오직 신앙을 통해", "거저 의인된다")]가 중세적 패러다임 안에 편입되었지만, 그것으로부터 개인의 양심, 그리스도인의 자유, 교회관, 신앙인들의 보편적 사제직, 교회직무와 권력 등과 결부된 필연적인 실천적 결과는 전혀 이끌어내지 못했다. 루터의 저항의 원인이 되었던 중세적 **대사**大赦 **제도**는, 그것과 결부된 파문과 함께, 그 유효성이 엄숙하게 확증되었다.[374] 순전히 교회 규율에 관계되는, 그러나 황제를 비롯한 수많은 가톨릭 신자들이 실로 절박하게 내세웠던 세 가지 요구 — **전례에서의 모국어 사용·사제 결혼·평신도의 성혈 배령** — 에 대해서도 공의회는 전혀 관심과 배려가 없었으니, 보다 근본적인 신학적 관심사들에 대해서는 더 말할 것이 없었다. 공의회는 중세적 패러다임의 고유한 특성들을 무조건 고수, 아니 더욱 강화하고자 했다: **결혼**은 법률적으로 오직 교회만이 관장했는데, 이제 결혼이 유효하려면, 사제 앞에서 둘 혹은 세 명의 증인 입회하에 거행되어야 했다. 그러므로 트렌토 공의회는 신학적·사목적으로도 반종교개혁의 하나의, 아니 바로 그 공의회였음이 뚜렷이 확인된다.

트렌토 공의회가 **하지 않았던** 단 한 가지: 공의회에 의한 **교황 수위권의 인정**! 많은 가톨릭 신자들도, 늘 그래왔듯이, 교황의 수위권을 그저 "인간적인(신적이 아닌) 권한"으로 여겼다. 트렌토 공의회는 교황의 **무류성**을 인정할 생각도 없었다. 사람들은 세 교황 지배 시대와 교황 위에 있는 공의회의 최고 지배권에 관한 콘스탄츠 공의회 교령을 아직 생생히 기억하고 있었다. 이 반종교개혁적 공의회에도 교황청에 반대하고 "공의회 수위설"에 상당히 기울어진 주교와 신학자들이 많고 많았는데, 교황청을 중심으로 한 당파와 대립했던 것으로 보인다. 실제로: 1551년 공의회가 재개되자 독일의 주도적 주교들과 개신교 지역 사절들이 출석하여, 한목소리로 교황 위에 있는 공의회의 최고 지배권에 관한 콘스탄츠 공의회 결정의 갱신과 공의회 참석 주교들의 교황에게의 충성서약 해제를 요구했다(물론 헛일이었지만). 교황은 자기 사절들을 통해 공의회를 좌지우지하고 있었고, 교황청은 교황직에 관한 문제가 아예 토론의 대상이 되지 않도록 교묘하게 조종할 수 있었다. 사실 교황직에 관한 토론은 까딱하면 더 많은 개혁 요구로 귀결될 터였다. 그러나 교황청은 이미 종교개혁 직전 5차 라테란 공의회에서 그랬던 것처럼 그리고 훗날 1·2차 바티칸 공의회에서 또다시 그랬던 것처럼, 방해하는 데는 선수였다. 그리하여 기껏 공의회가 내놓은 것은 "교회의 적들"을 배척하는 교리 교령들이었다. 그리고 로마의 최후의 승리: 공의회는 폐막에 즈음하여 교황에게 공의회 결의사항들의 재가를 청원했다.

트렌토 작은 교회회의의 **영향**은 어마어마하게 컸다(비록 그 결의사항들이 여러 가톨릭 국가에서는 상당히 세월이 흐르면서 비로소 받아들여졌지만). 도무지 전례 없는 일이었거니와, 바야흐로 신앙과 신학, 전례와 교회법이 하나가 되었다: 그것은 어느 모로 보나 일종의 **종파화 과정**이었다! 이 공의회를 근거로 내세워 명령된 것들은 무엇이었던가? 어떤 것들이 로마 교황청에 의해 교회〔이제는 그야말로 **로마 가톨릭 종파교회**(이 교회의 온갖 이론적 주장과는 달리, 어디까지나 다른 종파들과 병존하는 일개 종파의 교회다), 혹은 **로마식 가톨릭 교회**로서 자기선언을 한〕 안에서 지체없이 관철되었던가?

— 트렌토 **신앙고백**Professio fidei Tridentinae[375], 교황에 대한 순종서약, **로마 교리문답서**Catechismus Romanus(사목자들을 위한 지침서).

— 정통신앙을 고수하는 독신 사제계급 양성 **신학교들**과 개혁된 옛 수도회들 및 신설 **수도회들**(카푸친회·예수회); 해외 사제와 미래 주교들을 교육하기 위해 (Collegium Germanicum의 본보기를 따라) 로마에 조직적으로 설립된 고등교육 기관들.

— 확정된 **라틴어 미사경본**Missale Romanum, 모든 재속 성직자들이 규정대로 정확히 바쳐야 하는 **성무일도서**Breviarium Romanum, "순정"純正하다고 간주된(그러나 실패한) 개정판 공식 **라틴어 번역성서**(Vulgata).

— **고해** · 고해 신부 · 고해 예절에 대한 재평가: 이제 갈수록 두꺼워지던 윤리
신학 책은 고해성사를 집중적으로 다루었다.

— 새로운 성인들과 기적들, 또 역시 새로운 미신들과 결부된 새로운 **민중신심**.

그러나 트렌토 개혁이 실현되기까지는, 특히 독일에서, (많은 주교들의 저항 때문에)
거의 백 년이 걸렸다: "전체적으로 볼 때, 가톨릭의 종파화(이 개념으로 가톨릭 개혁과
반종교개혁을 총괄한다면)는 16세기 말엽에 비로소 뚜렷이 드러나기 시작하여 17세기
에야 성과를 거두었다고 말할 수 있다."[376] 덧붙여, 영주가 속인이건 성직자건
영주령들에서 개혁을 추진한 것은 대개 국가였다. 바로 여기서 예딘이 주장한
단계들의 전도顧倒를 확인할 수 있다: 반종교개혁 없이는 개혁도 없었다. 독일
도시와 지방에 대한 최근 연구에 따르면, "가톨릭의 반격은 다음과 같은 단계로
이루어졌다: ① 관료 집단, 시 참사회 그리고 개신교 신자 단체의 정화. ② 트
렌토 공의회 결정들에 대한 공무원 · 교사 · 대학 졸업생들의 준수 서약. ③ 개신
교 성직자와 교사들의 추방. ④ '심사를 거친' 가톨릭 사제들에게만 교회직무
부여. ⑤ 개신교 서적 압수와 제 고장 아닌 곳의 개신교 예배 참석 금지. ⑥ 주
민의 재가톨릭화를 위한 시찰. ⑦ 저명한 개신교 신자들 추방".[377]

여기서 주목해야 할 것: 트렌토적 복고는 로만계 민족의 국가들에서 다른 곳
보다 신속히 관철될 수 있었다. 물론 이 문제에 관해 확실한 말을 하기는 어려
우니, 성직자의 품행과 직무 수행 · 설교와 교리교수 · 사제 독신제와 민중신심
에 대한 역사적 · 사회학적 연구가 아직 미미하기 때문이다. 그러나 이것은 확
실하다: 그 나라들의 주교들은 트렌토 공의회에도 참석했고, 그래서 상당한 개
혁의지를 지니고 있었다. 게다가 16~17세기 이탈리아, 스페인 그리고 프랑스
에서의 종교적 쇄신(개혁된 신 · 구 수도회들이 여기에 한몫을 했다)은 중요한 인물들을 특히
많이 배출했다. 개혁에 빛나는 업적을 남긴 걸출한 인물 가운데 세 명만 언급
하자. **로욜라의 이냐티우스**: 그는 "영성수련"과 세상을 향해 나아가는 능동적
영성을 통해 예수회 울타리를 멀리 뛰어넘어 강력한 영향을 끼쳤고 지금도 그
러하다. 다음으로 **아빌라의 테레사**: 가르멜 여자 수도회의 이 개혁가는 이냐
티우스처럼 신비주의와 조직능력을 결합시킬 줄 알았다. 끝으로 **필립보 네리**:

그는 오라토리오 수도회 창설자이자 새로운 사목방식들의 창시자였다. 덧붙여 말하면, 종교재판소는 이 세 사람 모두에게 줄기차게 "광신자"라는 혐의를 씌웠다. 그런데 사실 이들의 선포와 사목 그리고 교육의 내용은 새로울 것이 거의 없었다(신학적으로 토마스에 붙박여 있었고 또 온전히 실천지향적이었던 이냐티우스는 루터의 글을 거의 읽어보지 않았다). 새로운 것은 이들의 활동양식과 방법론들이었다.[378]

물론 트렌토 공의회의 결정들 가운데 교황청 마음에 들지 않는 것들은 그 시행이 드물게 이루어졌다. 그래서 지역 시노드에 관한 공의회의 결정은 아예 실현되지 못했다. 그 대신 사람들은 온갖 수단을 동원하여 로마 중앙권력을 강화했다: 이미 트렌토 공의회 전에 바오로 3세가 로마에 설치한 **중앙 종교재판청**은 처음에는 꽤 신중하게 움직였으나, 바오로 4세 카라파 때에는 심지어 추기경들과 필립보 네리까지 못살게 굴었다. 1564년 모든 가톨릭 신자는 읽어서는 안되는 「**금서 목록**」이 간행되었고, 1571년에는 나아가 금서 목록의 작성·간행만 전담하는 금서성성聖省이 설치되었다. 1600년 종교재판소는 지오르다노 브루노를 로마의 캄포 데 피오리에서 화형에 처했고, 1633년에는 갈릴레이를 굴복시켰으며, 데카르트를 협박하여 얼마 동안은 감히 책을 출판할 생각도 못하게 했다. 이로써 자연과학에 대한 가톨릭 교회의 불행한 배척의 토대가 놓였거니와, 코페르니쿠스와 갈릴레이의 저작들은 1835년까지 금서 목록에 올라 있었다. 그러나 당시 이러한 일들은 주로 마드리드와 로마 그리고 쾰른, 뮌헨, 빈에서도 날카롭게 칼을 벼린 가톨릭의 재정복 계획에 비하면 하찮게 여겨졌다.

종교전쟁과 바로크 문화

교황청은 15개 성省으로 구석구석 팽팽하게 조직되었고, 그리하여 강력했던 추기경 회의는 크게 약화되었다. 교회 안의 합의제적 구조들은 부분적으로는 트렌토 공의회의 결정들을 거슬러 계속 와해되어갔고, **중세적 중앙집권화**가 새로운 수단들을 통해 유례없이 강력히 **촉진**되었다: 가능한 곳이면 어디에나 (해당 국가에 대한 영향력 행사와 교회·주교·신학자들 감시를 위해) 상설 **교황청 대사관**이 설치되었다(그밖에 예컨대 예수회의 경우, 1556년 이냐티우스 사망 당시 모든 중요한 가톨릭 중심지에 약 100개 지부에 거의 1천 회원이 있었다). 트렌토 공의회에서 고려되지 않았던 사항들로서, 교황이 파견하는 "사도좌 **시찰관**", 주교들의 정기적 **로마 방문**ad limina apostolorum 의무(!) 그리고 교황청 성성들에의 부단한 **문의·조회** 의무가 생겨났다(이 모두 오늘날도 시행되고 있다). 선교사업을 위해서는 그레고리우스 15세가 1622년 포교성성을 설치했는데, 개신교로 넘어간 지역들도 모두 이 성성의 관할 아래 들어갔다.

가톨릭 내부의 복고는 가능한 곳이면 어디서나 정치적으로 관철되었고, 필요하면 군사적 조처도 동원되었다. 외교적 압력과 군사적 개입: 가톨릭의 이러한 종파적 전략은 16세기 후반기 유럽에서 갖가지 결과를 낳은 무수한 폭력행위, "신앙의 전투", **"종교전쟁"**("종교"라는 말이 어찌 이리 잘못 쓰일쏘냐!)을 야기했다.[379]

— **이탈리아**와 **스페인**: 소규모 개신교 집단들이 종교재판을 통해 비교적 신속히 제거되었다(피에몬트의 왈도파는 예외).

— **프랑스**: 여덟 차례의 내전, 3천 명의 개신교 신자들이 학살된 파리의 "바르톨로메오 축일 밤"(뒤이어 여러 지역에서 약 1만 명이 희생됨). 수정·개선된 "그레고리우스 력曆"을 만든 교황 그레고리우스 13세는 「사은찬미가」Te Deum와 기념 메달을 통해 이 밤을 기념·경축토록 했다(이것은 대혁명의 무서운 서막이었다).

— **네덜란드**: 알바 공작 치세에 스페인의 공포정치에 맞서 자유를 쟁취하고자 했던 칼뱅파 네덜란드인들의 투쟁(약 1만 8천 명이 처형됨)과 1648년 베스트팔렌 평화조약으로 겨우 종결되기까지 80년 넘게 계속된 스페인-네덜란드 전쟁.

— **독일**: 특히 예수회의 지원으로 감행된 넓은 개신교 지역의 재가톨릭화(엘리트 사제 양성을 위해 로마에 Collegium Germanicum 설립, 독일 교육제도의 토대 확립, 예수회의 정신적 지도자 페트루스 카니시우스와 널리 보급된 그의 교리서; 반쯤 개신교로 넘어갔던 오스트리아도 다시 완전히 가톨릭화).

— **폴란드**: 반종교개혁이 마침내 크게 성공했으나, 이웃 스웨덴에서는 실패.

— **스코틀랜드**와 **영국**: 스코틀랜드의 가톨릭 여왕 매리 스튜어트가 친척인 영국의 엘리자벳 여왕의 사주로 참수斬首되자, 가톨릭 세계의 지도자 필립 2세는 네덜란드의 반도叛徒들을 후원하는 영국을 치기 위해 대규모 병력을 출동시켰으나, 1588년 그의 "무적함대"는 영·불 해협에서 영원히 가라앉았다.

이 모든 것에 관해 여기서 계속 이야기할 수는 없다. 또 그럴 필요도 없다.

그러나 이러한 정치적·종교적 적개심이 보헤미아인들의 봉기와 더불어 마침내 저 무서운 **30년전쟁**(1618~48)으로 귀결되었다는 사실만은 알아두자. 이 전쟁은 독일을 가톨릭 신자와 개신교 신자들뿐 아니라, 덴마크인·스웨덴인·프랑스인들의 살육과 폐허의 장으로 만들어버렸다. 그 결과는 극심한 빈곤, 걱정스러울 정도의 인구 감소, 귀중한 문화재의 파괴, 풍속의 타락, 미신과 마녀 망상의 증대였다. 마침내 1648년에 체결된 **베스트팔렌 평화조약**은 독일의 상황을 양 종파의 동등권 원칙에 따라 정리·조정했고(교황 인노켄티우스 10세와 교황대사는 여기에 반대했으나 소용없었다). 또한 개혁파 신자들도 공식적으로 인정했다(루터파가 항의했으나 헛일이었다). 스위스와 네덜란드는 제국에 편입되지 않은 독립국으로 인정되었다. 바야흐로 독일에서 종파들의 점유 지역 경계가 확정되었고, 그런 상태가 20세기에 들어올 때까지 국법으로 규정되어 있었다 ― 그리하여 오늘날의 경직된 종파주의적 국가교회 체제로 귀결되었다!

반종교개혁에 봉사한 것은 정치만이 아니었다. **예술**도 그러했다. 예술 분야의 반종교개혁이 (가장 자유로웠기에) 가장 독창적이고 본원적이었다는 것은 이론의 여지가 없다. 이탈리아 **바로크**[380]의 의기양양한 건축·조각·회화(베르니니·보로미니·피에트로 다 코로토나!)는 (이것들은 바로크 전례라는 "무대 의식"의 거대한 틀이었거니와) 그 장려함과 풍부한 운동성 그리고 충일함을 통해 전사요 승리자인 교회의 되찾은 자부심과 지배권 주장을 뚜렷이 반영했다. 우르바누스 8세 바르베리니(바르베리니의 "옥좌", "고백", 베드로 성당의 광장을 상기하라) 같은 교황들과 루이 14세(베르사유 궁전과 성)를 비롯한 왕들은 자신들의 절대적 지배권을 한껏 과시하기 위해 요란한 의식들을 거행하여 국가재정을 고갈시켰으며, 많은 영주·주교·수도원장들도 그랬다.

그러나 1600년에서 1770년 사이에 널리 퍼진 이 "바로크"barroco(본디 비정상적인 타원형 진주를 가리키는 포르투갈어 barucca에서 유래함) **예술양식**은 그리스도교의 한 새롭고 고유한 패러다임이 되기에는, 이탈리아 르네상스와 거기서 유래하는 기교주의(매너리즘)보다도 부족했다. "바로크"가 본디 진기하고 이상한 것을 지칭하는 말이었지만, 아무튼 이 예술양식을 (일찍이 고전주의의 주창자들이 혐오했듯이) 그저 르네상스의 쇠퇴나 취향의 도착倒錯쯤으로 보아서는(야콥 부르크하르트도 처음에는 그랬다) 안된다.

바로크 양식은 르네상스의 창조적 계승이자 예술사의 위대한 자기표명들 가운데 하나로 평가되어야 하는바, 이 점을 부룩하르트도 나중에는 인식했고, 또 결정적으로는 그의 걸출한 제자 하인리히 뵐플린이 「르네상스와 바로크」(1888)[381]에서 명백히 강조했다. 그리하여 19세기 후반기부터 비로소 "바로크"가 양식개념 혹은 시대개념으로 발전하게 되었다.

그런데 반종교개혁에서 유래하는 이 예술 경향(1584년 봉헌된 로마의 예수회 본부 성당 Il Gesù를 상기하라)은 주지하다시피 가톨릭 신앙을 준봉하던 이탈리아, 스페인, 포르투갈 그리고 남미 식민지에만 국한되어 있지 않았다. 바로크 양식은 남부 독일·오스트리아·네덜란드 그리고 더 나아가 프랑스와 영국으로도 퍼져나갔는데, 오히려 그곳에서 고전주의적 양식요소들과 더 긴밀히 결합했고, 가톨릭 지역에서나 개신교 지역에서나 호사스럽고 품위있는 절대군주제의 예술이 되었으며, 동·북 유럽에까지 전파되었다. 그러므로 로마적(가톨릭적) 형식문화와 독일적(개신교적) 기록문화를 구별하는 것은 제한적으로만 가능하다.

간과해선 안되는 것: (문학과 음악을 포함하여) 바로크 양식은, 여러 다른 지역에서도 잘 적응했지만, 어디까지나 아직 궁정과 교회에 의해 지배되던 **옛 유럽 최후의 통일적·총괄적 양식**이었던바, 1720년 무렵 극히 세련되고 우아하고 비대칭적인 로코코 양식으로 건너갔으며, 몇십 년 뒤에는 고전주의 안으로 사라졌다. 그러한 한에서 우리는 "바로크 시대" 혹은 "바로크 문화"에 관해 말할 수 있다. 그러나 바로크는 르네상스와 유사하게 양식요소들의 시기적 중첩과 지리적인 큰 차이 때문에 규정하기가 어려운 개념이며, 따라서 이 양식의 특징을 꼬집어 말하는 것도 예나 지금이나 어려운 일이다. 프랑스 예술사에서는 개개 군주들의 치세별로 나누어(루이 14·15·16세) 다루는 것을 선호하고 있다.

그러나 최소한 말할 수 있는 것: 바로크에서는 르네상스의 연장선 상에서, 그리스도교와 고대가 결합되었고 현실세계가 이상화되고 심미적으로 고양되었으며, 신앙과 이성의 화해, 성스러운 세계와 속된 세계의 공존, 그리스도교 전설과 이교 신화의 병존 속에서, 신적 세계질서의 조화가 예술적으로 표현되었다. 그것은 여러모로 일종의 **예술적 환상의 종합**이었다: 갈릴레이가 유죄판결을 받은 지 50년이 지나서도(로마 성 이냐티우스 성당에 그려져 있는 안드레아 포조의 거대한 프레스코 벽화를 상기하라), 아니 그후 또 백 년이 지나서도, 사람들에게는 여전히 성부·성자·성령 그리고 성모·천사·성인들이 계신 천국 사정에 관한 바로크적 환상이 제시되었다. 마치 코페르니쿠스의 전환이 일어나지 않았다는 듯이, 망원경이 발명되지 않았다는 듯이, 천문학·물리학·철학이 이미 극히 성과 많은 획기적인 또하나의 패러다임으로의 전환을 촉발하지 않았다는 듯이 말이다.[382] 이 전환(P Ⅴ)에 관해서는 별도로 다루게 될 것이다.

이 유럽 최후의 총괄적 양식이 여러 종파와 국가로 분열된 유럽을 정치적·종교적으로 결합시키지 못했고, 또 이미 시작된 근대의 자극을 수용할 능력도 없었다는 것은 전혀 놀라운 일이 아니다. 로마 가톨릭 교회에게도 바로크는 여전히 철두철미 중세적으로 꼴지어져 있던 종교적 본질의 쇄신을 의미하기보다는, 많은 환상적 요소들을 빌려 종교의 겉모습과 의식儀式적 자기표현을 화려하게 개장改裝함을 의미했다. 어디서나 지나친 기교·찬양·숭배·자기과시·환상을 통해 강화된 열정을 찾아볼 수 있었다. 그러나 (스페인 사람 무릴료, 이탈리아인 귀도 레니 그리고 네덜란드 사람 페터 파울 루벤스 같은 탁월한 화가들에게서조차) 참된 종교적 내면화는 상대적으로 매우 미미했다. "바로크"는 (르네상스와 유사하게) 건축·조각·회화 그리고 문학과 음악에서도 하나의 새로운 예술양식이었으며, 더 나아가 건축·조각·회화적 요소들의 분리·용해되지 않는 병존·혼존을 통한 새로운 종교적 내지 세속적인 "총괄적 예술장치"였다. 그러면 바로크는 **신학, 교회 그리고 종교의 한 포괄적인 새로운 패러다임**이었던가? **아니었다.** 바로크는 그리스도교의 새로운 패러다임을 제공해주지는 못했다.

호교, 학파간 싸움, 민중 가톨릭 신앙

반종교개혁 시대에 예술은 화려하게 발전했지만, 오늘날 가톨릭 교회와 신학에서도 최소한 다음 사실을 간과해선 안된다: 그리스도교의 "새로운" 반종교개혁적 패러다임은 실제로는 여전히 "낡은" 패러다임이었다! 반종교개혁 패러다임은 여러 가지 새로운 요소에 의해 풍성해진 그리고 여기저기 멋지게 **복구된**

중세 로마 가톨릭 패러다임(P III)이었거니와, 그것은 이제 (북쪽 지역이 크게 떨어져 나갔기 때문에) 전보다 훨씬 더 로마적 색채를 띠게 되었다. 분열되기 전의 중세 가톨릭 교회는 반종교개혁적 가톨릭 교회처럼 그렇게 독단적·획일적·승리주의적이었던 적이 결코 없었다. 개신교(P IV)와 비교할 때, 이 로마식 가톨릭교는

● 보수적 종파였고

● 국제적이지 못하고, 오히려 크게 로마화되었으며

● 갈수록 교황에 대한 순종을 강요했는데, 그에 비하면 성서와 전통, 교부들과 보편 공의회들은 뒤로 밀려났으며, 그저 위협받는 교회체제를 방어하는 데나 이용되었다.

반종교개혁이 예술 분야에서 (가장 자유로웠기에) 가장 창의적이었다면, (가장 얽매는 것이 많아) 가장 비창의적이었던 분야는 **신학**이었다: 신학의 근본 관심사는 **"스콜라 신학의 부흥"**이었다(H. 예딘)[383]: 살라만카에서는 도미니코회 수도자 프란치스코 데 비토리아(†1546: 그는 페트루스 롬바르두스의 근본명제들 대신 토마스의 「신학 대전」을 교과서로 채택했다)가, 다음으로는 로마에 있는 예수회 학교〔Collegium Romanum(교황청립 그레고리오 대학교의 전신)〕에서는 수아레스·말도나도·바스케스가 그 일에 진력했다(로마가 처음으로 신학의 중심지가 되었고, 엘리트 성직자 대부분이 로마에서 교육을 받았다). 끝으로 독일(인골슈타트·딜링겐)에서도 스콜라 신학의 부흥이 대대적으로 추진되었다. 예수회원이었던 추기경 로베르트 벨라르미노(세속 일에 대해 교황은 단지 "간접적 권한"만을 보유한다는 그의 국가이론은 교황에 의해 단죄되었다!)는 트렌토 공의회에 입각한 여러 권짜리 「그리스도 신앙의 논점들을 둘러싼 논쟁」에서 **"논쟁신학"**이라는 새로운 신학 장르를 고전적 형식으로 제시했다. 그러나 이 저작은 일방적 논증법과 거의 무비판적인 자기긍정을 통해 종파간의 전선戰線을 고착화하는 데 크게 기여했다.

　논쟁신학은 조금 뒤에 시작된 **"실증적 신학의 비약적 발전"**(H. 예딘)[384]의 배후이기도 한데, 이 신학은 물론 제 분수를 지켰다(다시 말해, 트렌토 정통교리의 좁은 경계선 안에 얌전히 머물러 있었다). 이제는 가톨릭 측에서도 역사적 지식 획득에 엄청난 비용과 노력을 쏟아부었다. 그러나 자세히 들여다보면, 이 모든 학문적 노력은 성서주석학이나 역사학에서 훨씬 앞서 있던 개신교의 탐구·반문에 맞서, 현재

군림하고 있는 교회체제를 방어하는 데 봉사하기 위한 것이었다. 그리하여 이 모든 것은 결국 **역사학적 호교**護教로 귀결되었다:

— 공의회와 교부 문헌들의 새 판版에서도,

— (가톨릭 진영에서는 원천적 문헌들에 기초한 최초의 교회사로 기리는) 오라토리오회 수도자 카에사르 바로니우스(†1607)의 12권짜리 「교회사」*Annales ecclesiastici*에서도(이 저작은 개신교의 교회사 *Magdeburg Centurien*과 정면대치하고 있다),

— 예수회원 피에트로 팔라비치노 스포르차(†1667)의 트렌토 공의회사에서도(이 저작은 배후관계를 까발린 베네치아 사람 파올로 사르피[385]의 공의회사에 대항하기 위한 것이었다),

— 프랑스 예수회원 디오니시우스 페타비우스(†1652)의 교부학 연구서에서도(이 저작은 개신교 신자들의 신학적 입장과 정면대치하고 있다). 아무튼 17세기 중엽 예수회원들과 베네딕도 회원들은 비판작업을 거친 최초의 원전집록을 편집·출판하기 위해, 성인들의 전설에 대한 비판적 재고로부터 시작하여, 처음으로 보조학문적 도구와 방법론들을 발전시켰다.

토마스 아퀴나스의 교설은 매우 오랫동안 별로 존중받지 못했으나, 이냐티우스에 의해 예수회원들에게 규범적인 것이 되었고, 그 시대의 광범위한 전선에서 확고한 지위를 차지했다. 비오 5세는 1567년 토마스를 교회의 스승으로 선포했다. 이제 가톨릭 진영을 주도하게 된 스페인의 바로크 교의신학자들은 엄청난 양의 책을 썼으나, 오늘날에는 전통을 중시하는 가톨릭 신학자들조차 거의 찾아보지 않는다. 그 가운데 가장 뛰어났던 사람은 명민한 예수회원 **프란치스코 수아레스**(†1617)였다. 로마·알칼라·코임브라의 교수였던 그는 아우구스티누스-스코투스적 요소들도 받아들였다(그의 전집 마지막 판은 28권의 대질이다)[386]. 비토리아와 수아레스는 식민윤리, **국가철학과 국제법**에 매우 중요한 영향을 끼쳤다: 비토리아는 최초로 국제법을 그저 "민족들의 법"이 아니라, "민족들 간의 법"으로 정의했고, 그렇게 국제법의 창시자가 되었다. 비토리아와 수아레스는, 토마스를 따라, 민족들의 자결권을 긍정했다(이 문제는 라틴아메리카와 관련하여 다시 다룰 것이다). 수아레스는 **자연법**과 주권재민(부당한 통치자에 대한 저항 포함)에 관한 교설을 통해, 유럽의 법관념과 나아가 개신교 정통주의에도 지속적인 영향을 끼쳤다.

스페인의 **신비주의**는 어떠했던가? 신비주의에 대한 온갖 경탄에도 불구하고 여기서 알아두어야 할 사실: 위대한 수도회 개혁가인 아빌라의 테레사(†1582)와 (종교재판소에 의해 감옥에 갇힌) 십자가의 요한(†1591)의 신비주의는 예리한 심리학적 성찰과 일곱 단계의 신비적 도정에 관한 놀라운 묘사에도 불구하고, 교회와 신학의 변두리에 머물러 있었다.

한편 **자유의지와 은총**을 둘러싸고 두 신학파가 수십 년에 걸쳐 살벌한 **싸움**을 계속했다. **예수회원들**은 ("근대적"으로, 또 적수들에 대해서는 펠라기우스적으로) 인간 의지의 자유를 더 강조했고, **도미니코회원들**은 전통적으로 아우구스티누스를 따라 은총의 작용을 더 강조했다. 그러나 싸움은 무승부로 끝났다: 교황은 두 수도회와 그들의 신학 가운데 어느 쪽 편도 들지 않았고, 끝내는 양측에게 더 이상의 논쟁을 금지했다(1611).

얀센파(이들은 급진적인 아우구스티누스적 은총론 때문에 자신들의 우악스런 적수 예수회원들에게 흔히 칼뱅파 아류쯤으로 취급·비난받았다)의 엄격한 종교적·윤리적 개혁운동만은 관용을 얻어 누리지 못했다(수학자·자연과학자·철학자였던 비범한 인물 블레즈 파스칼에 대해서는 근대와 관련하여 다룰 것이다). 오랜 논쟁과 여러 차례에 걸친 교황의 단죄 후에, 마침내 루이 14세의 경기병들이 얀센파의 중심지 포르 르와얄을 쑥밭으로 만들었다(1705). 그러나 이 모든 논쟁은 (2차 바티칸 공의회 직전까지도 신학 강의에서 꼼꼼히 되짚어졌거니와) 중세 스콜라 신학의 테두리 안에 머물러 있었다. 로마 신학을 공부하는 학생들 가운데, 엄격한 방식을 통해 제공된 중세적·반종교개혁적 명제들과 그것에 부속된 결의론決疑論적인 고해석告解席 윤리신학 외에, 자신의 신학을 위해 그것들과 다른 토대를 감히 모색하는 사람은 누구나 화를 입었다(내 학생시절에도 그랬다).

물론: 당시 메마른 신학과 싱싱한 **민중신심**은 서로 별개의 것이었다. 오늘날의 관점에서 반종교개혁 시대의 복고적 가톨릭 교회를 기술·평가한다고 해서, 당시에 가톨릭 신자들은 "개혁되지 않은" 교회 안에서 전혀 편안하지 못했다고 주장하는 것은 물론 아니다. 오히려 그 반대였다: 사실 평범한 가톨릭 신자들은 신학 논쟁을 거의 이해하지 못했고, 또 관심도 없었다. 그러나 많은 지역에서는 여전히 중세적인 다채로움, 활발함 그리고 감성이 널리 지배하고 있

었다. 개신교 예배에서처럼 그저 기도·설교·성가(잘해야 교회음악)만이 있었던 것이 아니다. 주교가 집전하는 으리으리한 미사, 장려하고 거창한 행렬, 갖가지 체험을 안겨주는 순례, 예수회원과 카푸친회원들의 떠들썩한 선교·논쟁·설교, 그리고 운 좋으면 얻어걸리는 예수회원들의 바로크풍 연극도 있었다. 이 모든 것이 가톨릭 신앙고백의 성격을 지녔고, 매우 반개신교적으로 꼴지어져 있었다. 한 해를 통틀어 성체 축일 축제보다 더 호화·장려한 축제는 없었는데, 이때는 교회와 국가가 하나되어 그들의 가톨릭 신앙을 온 세상을 향해 고백하기 위해, 자신들이 제공할 수 있는 모든 것을 보여주었다.

그러나 차분한 신심 실천의 기회들도 매우 많았다. 성직자와 민중을 갈라놓는 성당 안의 칸막이가 마침내 (스페인은 제외하고) 다시 철거되었다. 평범한 가톨릭 신자들은 **미사 전례**에 능동적으로 참여하지 못했다. 보통신자들은 (1215년 교황 인노켄티우스 3세와 4차 라테란 공의회가 명한 것을 충실히 따라) 1년에 단 한 번 부활 시기에 "영성체"Communio를 했다. 영성체 전에는 (개신교에서 경멸하던) 고해성사를 통해 스스로를 깨끗이했다. 전에는 한곳에 고정되지 않고 또 트여 있던 고해소가 이제는 성당 안의 아름답게 꾸며진 고정 장소가 되었다. 또한 가톨릭 신자들은 날마다 (역시 개신교에서 경멸하던) 성체를 특별히 공경할 수 있었으니, 측면에 설치된 작은 성체 현시대 대신, 이제는 제단 중심부 위로, 대개 거대한 바로크풍의 그림 아래 감실이 자리잡게 되었다. 감실 앞에는 "지극히 거룩한 것"에 대한 고요한 경배를 재촉하는 "영원한 빛"이 언제나, 심지어 미사중에도, 엄숙하게 "보초"를 섰다. 이 지성소 앞에서의 "40시간 기도"도 널리 행해졌다.

그밖에 **마리아 공경**도 강화되었는데, 특히 예수회의 마리아 신심회와 로레토(여기서부터 로레토 연도가 보급되었다) 같은 순례지들을 통해 촉진되었다. 묵주기도가 묵주기도 형제회에 의해 크게 장려되었고, 터키와의 레판토 해전에서 대승한 뒤 묵주기도 축일이 새로 제정되었다. 또한 주로 로마와 밀접한 관계가 있는 새로운 성인들(예컨대 예수회원들인 이냐티우스·프란치스코 사비에르, 프란치스코회 수도자 파두아의 안토니우스)도 넉넉히 있었다. 신심을 북돋우는 작은 그림들·기도서·가정용 설교집 등이 어디에나 차고넘쳤다. 사실 가톨릭 신자들은 자신들의 교회가 신심과 일상의 삶을 위해 그 모든 것을 제공하는 것을 자랑스러워할 수 있었다. 중세가 바로크적 전성기에 이르렀다! 이 교회는, 갖가지 인간적 무능과 실패에도 불구하고, 정신의 고향, 삶의 확고한 지향, 안전감을 제공하지 않았던가? 과연 아직도 여전히 교회와 문화, 종교와 사회의 일치가 널리 지배하고 있었다.

그 대가는? 사람들은 트렌토 공의회 때부터 교의 · 윤리 · 전례 · 교회법에 있어 개신교 신자들과 결정적으로 갈라섰다. 비록 공의회 결의사항들이 여러 나라에서는 부분적으로만 시행되었지만 말이다. 또한 사람들은 공의회 이후 정신적으로 갈수록 로마 가톨릭의 "보루"Il baluardo(2차 바티칸 공의회 기간중 로마 종교재판장이던 알프레도 오타비아니 추기경의 책 제목) 안에 안주했고, 그리로부터 때때로 온갖 방향으로 좌충우돌하며 〔물론 이제는 날이 무뎌진 **전가의 보도**(유죄판결 · 금서목록 · 파문 · 직무정지 등)를 휘두르며〕 돌진해오는 모든 "교회의 적들"에 맞서 로마 가톨릭 패러다임을 방어했거니와, 그 적들은 시간이 흐를수록 더욱 많아졌다.

그런데 이 전가의 보도는 갈수록 쓸모없이 되었다. 예를 들어 교황 바오로 5세 보르게제(이 이름은 그의 치세에 완성된 베드로 대성당의 호화로운 새 정면을 우쭐대며 장식한다)가 베네치아 공화국과의 싸움 와중에, 총독과 당국자들을 파문하고 온 도시에 성무집행정지를 명했으나, 베네치아 사람들은 성사 집전 · 배령을 계속했다. 그후 어떠한 교황도 감히 온 나라를 대상으로 성무집행정지를 명령하지 못했다. **교황직**은 〔비오 5세(1566~72)부터 그레고리우스 13세(1572~85)를 거쳐 30년전쟁 때의 우르바누스 8세(1623~44)까지 가톨릭 복고의 몇몇 중요한 교황들 이후〕 이제 점차 **역사의 그림자 속에** 자리하게 되었다. 그리고 16세기 종교개혁의 돌격은, 17세기 중엽에 시작되어 18세기의 계몽주의와 대혁명 그리고 19세기의 근대적 성과들과 더불어 정점에 이르게 된 근대와 비교해볼 때, 곧 별로 해악이 없었던 것으로 여겨졌다.

⑬ 반개신교에서 반근대로

신앙전쟁, 종파전쟁, 혹은 종교전쟁 시대 이후, 종교개혁과 반종교개혁에서 한껏 사용되었던 종교적인 힘들은 이제 크게 소진되었다. 아무튼 이제는 르네상스에 의해 윤곽을 드러낸 길들을 따라 새로운 현세적 문화가 발전해나갔다. 이 문화는 교회의 후견으로부터 벗어날 수 있었으며, 더 나아가 자기 쪽에서도 교회의 삶과 가르침에 여러모로 영향을 끼쳤다. 어떻게 17세기 중엽 이래 특히 프랑스·네덜란드·영국에서 새롭고 획기적인 패러다임 전환, 즉 종교개혁 패러다임(P IV)과 반종교개혁 패러다임(P III)으로부터 **근대 계몽주의 패러다임**(P V)으로의 전환이 이루어졌는지를 나중에 분석할 것이다. 그 전환은 철학·자연과학·역사과학·미술·문학 그리고 문화 전체뿐 아니라, 정치와 국가이론도 근본적으로 변화시켰다(종교와 도덕, 교회와 신학에 엄청난 영향을 끼치면서). 이제 거의 지중해를 중심으로 틀지어진 중세 반종교개혁 패러다임(P III)에 대한 분석의 테두리 안에서 무엇보다도 우리의 관심을 끄는 문제는 이것이다: **공식 가톨릭 교회**, 특히 로마는 오늘날 우리가 **근대**(P V)라고 부르는 것에 **어떻게 대응**했던가?

로마의 반동

중세 패러다임은 전에는 〔고대교회 비잔틴 패러다임(P II)과 비교할 때〕 많은 점에서 진보적이었다: 새로운 세계사적 "도전"에 대한 새로운 "응전"이었다. 그러나 인노켄티우스 3세 때의 정점은 또한 전환점이었다. 이 로마 가톨릭 패러다임은 중세 말엽부터 그리고 종교개혁 시대에 결정적으로, 시대를 따라가지 못했다. 유럽 근대에 이 패러다임은 갈수록 "암흑의" 중세의 유물로 여겨졌다.

중세의 쇄신 정신이 이제는 호교와 반동의 정신으로 변해버렸다[387]:

— 콘스탄츠 공의회 노선을 따라 교황 위에 있는 공의회의 최고권을 주장하는 **공의회 수위설**에 대한 반동. 오히려 공의회와 주교단 위의 교황 수위권 강조.

— 무자비한 권력행사에 저항하여 교회의 불가시성不可視性을 강조했던 영국의 위클리프파와 보헤미아의 후스파의 **영성주의**에 대한 반동. 오히려 그리스도교 공동체의 외적·가시적 교회 특성 강조.

— 무엇보다도 **종교개혁가들**과 그들의 성공적인 패러다임에 대한 언제나 다시금 되풀이되는 반동. 오히려 성사의 객관적 의미. 교권제도의 권력·사제직·라틴어·독신제·주교직의 중요성 강조.

— **갈리아주의**에 대한 반동. 갈리아주의는 루이 14세 때 보쉬에 주교(아우구스티누스적 역사신학의 마지막 대표자)를 통해 프랑스 교회의 전통적 자주성을 다시금 강조했고, 공의회의 최고 대권을 주장했으며, (교회에 의해 시인·확언된 바 없는) 교황의 무류성에 이의를 제기했다. 이에 맞서 중세적 패러다임의 신학은 교권제도 특히 교황의 권력을 옹호했고, 교회를 로마에 의해 로마를 중심으로 조직·지배되는, 국가와 병존하는 (윤리적인 사안에서는 심지어 국가 위에 있는) 제국으로 제시·강조했다.

— 갈리아주의와 손잡은 **얀센파**와 아우구스티누스의 은총론에 대한 이 파의 엄격한 해석에 대한 반동. 오히려 교황의 "교도권"을 각별히 강조.

— 끝으로, 처음엔 간접적으로 그리고는 아주 직접적으로 세속화를 촉진시킨 18세기의 **국가 절대주의**와 19세기의 **"세속주의"**에 대한 반동. 오히려 교회를 온갖 권한과 수단을 보유한 "완전한 사회"로 선전.

물론 계몽주의[나중에(P V) 상세히 다룰 것이다]도 그토록 잘 보존·감시되어온 가톨릭 교회의 문 앞에 얌전히 멈추어 서 있지 않았다. 독일에서는 계몽주의가 (뚜렷한 상황변화 때문에) 자유로운 개신교 지역들에 비하면 훨씬 미미한 성과를 거두었다. 그러나 어쨌든 주로 성직자·수도자·공무원·학자들에게 영향을 끼쳤고, (미신과 예수회의 단골 주제들 외에도) 특히 사목, 전례 그리고 주교들과 로마의 관계 문제를 파고들었다. 전통적인 반종교개혁적 로마 가톨릭 패러다임 또한 (이제는 밖으로부터 신랄한 비난을 받았을 뿐 아니라, 안으로도 골병이 들었거니와) 현저한 갈등과 균열을 드러내고 있었다. 그리하여 몹시 미움받던 근대적 "시대 정신"이 지체없이 틈입해 들어왔다. 조금만 자세히 들여다보면 뚜렷이 드러나는 사실: 로마 가톨릭 패러다임은 17~18세기에 극히 심각한 **위기**에 처해 있었다.

로마 가톨릭 패러다임의 동요

동요에 한몫한 것들:

— 계몽주의·절대군주 시대에 **교황들**은 정치적으로 하찮은 존재로 전락했다. 그러나 칭송할 만한 예외: 인간과 사회에 깊은 관심을 보인 학덕있고 계몽된 베네딕투스 14세 람베르티니(1740~58)는 고고학·역사학·전례학뿐 아니라 화

학·물리학·해부학의 실제 후원자였고, 개신교도들에게도 매우 존경받았다.

— 개신교 제후들의 가톨릭으로의 **개종**(예컨대 폴란드 왕위를 탐낸 작센의 강자强者 아우구스트)은 여전히 매우 드물었고, 또 해당 지역에 거의 영향을 미치지 못했다.

— **개신교 신자 박해**(프랑스·팔츠·잘츠부르크·헝가리·폴란드에서)는 흔히 해당 국가에 큰 피해를 안겨주었다: 가톨릭 신자 아닌 사람은 관직 등용에서 배제했던 폴란드는, 나중에 오랜 세월 동안 동쪽 멀리까지 확장된 지역이 정교회 러시아와 개신교 프러시아에 의해 분할·통치되었다.

— **종교재판**, 특히 예수회가 "개신교적" 얀센파 및 신비주의와 벌인 싸움은 프랑스 교회뿐 아니라 다른 나라들의 교회도 크게 약화시켰다.

상황을 더욱 어렵게 만든 것은, 반종교개혁적 체제의 이데올로기적 지주들도 계몽주의의 압력을 못이기고 흔들렸다는 사실이다:

— 로마 교황청의 **교황중심주의**는 가톨릭 독일에서도, 되살아난 **주교단중심주의**〔고대교회 패러다임(P II)의 정신에 입각해 있었다. 주요 대표자: 페브로니우스〕에 의해 격렬한 비판을 받았다. 주교단중심주의의 요구들: 공의회가, 고래古來의 전통에 따라, 다시금 교황 위에 자리해야 한다. 교회 내의 수위권이 반드시 로마 주교좌와 결부되어야 할 까닭이 없으며, 교황청의 전횡은 일치운동의 심각한 장애물이다(독일 대주교들은 뮌헨 주재 교황청 대사의 간섭에 저항했다).

— 창립자의 이상에서 벗어나 세속 정치와 상거래에 연루된 **예수회**는, 이제 중세적·반종교개혁적 패러다임의 이데올로기적 선봉으로서 계몽주의의 압박을 고스란히 받게 되었다. 로만계 민족들의 나라에서 그야말로 교황의 대리자요 반근대의 대표자로서 몹시 미움받던 예수회는, 포르투갈(예수회원들이 파라과이의 찬탄할 만한 원주민 보호·거류지로부터 추방됨)·프랑스·스페인·나폴리 등 (당연히 제 이익을 추구하던) 절대군주제 국가들에 의해 그리고 마침내 교황 클레멘스 14세에 의해 "영구히" 해체되었다(프로이센의 프리드리히 2세와 러시아의 카타리나 2세만이 피난처를 제공했다).

— 독일 신학자들의 더 "합리적인" 교의 해석, 역사적 비판에 대한 개방, 종파적 대립 무시, 독일어 성서 보급을 통해 암암리에 **스콜라 신학**이 해체되었다.

— 중세적·반종교개혁적으로 틀지어진 **교회법** 또한 비난에 봉착했는데, 특히

독신 의무·수도원 제도 그리고 교회법 전반의 편협성이 그러했다. 특히 오스트리아에서는 계몽된 (그리고 프로이센 왕 프리드리히 2세에게 뒤지지 않으려 애쓰던) 황제 요세프 2세가, 절대군주제적 국가 지상주의 정신에 터해, 우악스럽게 교회 일에 간섭했다("요세프주의"): 유다인들을 위한 칙령, 개신교회와 정교회에 대한 관용, 수많은 수도원의 폐쇄, 사제 교육의 개혁, 종교의식의 정화 등 로마에 예속되지 않은 국가교회를 지향하는 조처들이 시행되었다.

가톨릭 제후들은 (기존 정치·종교 체제의 유지에 극히 관심많은 자들이었거니와) 때때로 교황직의 거의 유일한 버팀목이었으나, 바로 그랬기에 교황 선거에서의 제척권除斥權을 관철시켰다(그래서 스페인·독일 제국·오스트리아·프랑스 사람은 1904년까지 교황 후보에서 배제되었다). 이들은 로마의 기존 지배체제를 가톨릭 교회 내부의 저항(예컨대 얀센파와 포르르와얄)의 폭력진압, 개신교 신자들의 추방과 박해(라인팔츠·잘츠부르크 대주교 관구·합스부르크 왕가의 헝가리와 슐레지엔·폴란드·프랑스)를 통해 매번 지원했다. 바로 이런 상황이 종파·종교들에 대한 관용을 옹호하던 재기넘치는 독설가 볼테르로 하여금 유례없는 혁명의 폭풍을 예고하게 했다.

그러면 **로마**는 어떠했던가? 네덜란드의 가톨릭 교회사가 로기에르의 견해에 필경 오늘날의 가톨릭 교회사가들도 대부분 동조할 것이다: "전반적으로 세상사에 대한 로마의 실제적 영향력은 극미했다. 사상의 발전에 대한 로마의 관계 역시 성과 없는 틀에 박힌 항의 속에서 완전히 메말라버렸다. 18세기 문화사를 개관하다보면, 당시의 화급한 문제들을 둘러싼 토론에 교회와 교회의 최고 지도층이 참여하지 않은 사실을 거듭 새삼 한탄하게 된다. 어쩌다 로마가 관여했을 경우엔, 철저히 부정적인 입장을 취했다: 경고·파문·침묵의무의 부과. 슬프게도 로마는 시대 조류에 깊이 휩쓸려들어간 세대와 대화하지 않았다. 아니, 계획적으로 회피했다. '양심의 공황' 시기의 한가운데에서, 또는 그후 18세기 중엽에는 공의회를 개최해야 하지 않았을까?"[388]

계몽주의, 프랑스혁명, 교황 비오 6세의 체포·감금, 나폴레옹과 비오 7세의 실각이 그리스도교에 의미했던 것이 무엇인지에 관해서는 근대 패러다임(P V)을 분석하면서 밝힐 것이다. 아무튼 상황은 어찌 전개되어 나갔던가?

혁명 후 새삼 복고

　19세기 가톨릭 교회의 성직자·평신도·수도회·선교활동·자선사업·교육·민중신심 안에도 종교적 역량의 각성·부활이 있었음은 물론이다. 그러나 지금 중세 반종교개혁 패러다임(P Ⅲ)에 대한 분석의 테두리 안에서는, 무엇보다도 가톨릭 영역에서 여전히 군림하고 있던 교황직의 입장에 관심을 집중해야 하겠다. 반종교개혁적 로마는 근대 철학·자연과학·국가이론을 처음부터 배척했고, "자유·평등·형제애"라는 표어도 물론 거부했다. 루뱅의 역사학자 로제 오베르가 대혁명 시기의 교황 비오 6세를 두고 한 말은 복고 시대 교황들에게도 그대로 적용된다: "사실 프랑스에 갑자기 벼락이 떨어진(이 벼락은 계속 퍼져나가 가톨릭 유럽의 대부분 지역에 고통을 안겨줄 터였다) 바로 그 순간, 교회 꼭대기에는 비범한 역량을 지닌 천재적 인물이 절실히 필요했다. 그러나 그 순간 베드로좌에 앉아 있던 교황은, 확실히 양심적이긴 했으나, 그렇게 어려운 상황에 반드시 필요한 자질과 능력을 지니고 있지 못했다."[389]

　로마와 **교회국가**(교황령)는 (19세기 유럽에서 정치·사회적으로 가장 반동적인 나라였거니와) 근본적으로 근대의 모든 전개·발전 과정에 반대했다. 로마는

● 주권재민 사상과 입헌 민주주의에 반대했고

● 관용, 인권, 종교·양심·집회·출판의 자유에 반대했으며

● 새로운 과학, 역사적 비판 그리고 나중엔 생물학적 진화론도 반대했고

● 심지어는 막 생겨난 철도·가스 조명·현수교懸垂橋도 반대했다. …

　이 고위 성직자들 나라의 사람들은 역사로부터 오직 한 가지만 배웠다: 자신의 〔부분적으로는 극히 의심스러운 정황에서(예컨대 「콘스탄티누스의 증여」, 「가이시도루스 법령집」) 획득했거나, 아니면 아예 제 것으로 횡령한〕 법적·권력적 지위를 권모술수를 통해 그리고 가능하다면 (세속적인 그리고 특히 종교적인) 폭력을 동원해서라도 지켜내야 한다는 것이었다. 로마 가톨릭교는, 프랑스혁명 때문에 특히 많은 피해를 입었으나, 다시금 강고해졌다. 부분적으로 파괴되었던 교권제도 구조들도 복원되었다. 마우로 카펠라리는 교황 그레고리우스 16세로 선출되기 30년도 더 이전인 1799년 "성좌聖座의 승리"를 선포했다. 이제 현저히 정치적 의미를 지니게 된 **복고**는, 혁

명으로 인한 엄청난 변혁 이후 유럽의 거창한 구호가 되었고, 나폴레옹을 물리친 국가들의 "신성神聖동맹"에 의해 떠받쳐졌다. 혁명 전의 권위주의적 상황으로의 복귀에 교황직보다 더 절실한 관심을 보였던 제도는 없었으니, 과연 교황직은 파리 노트르담 성당에서의 하느님 폐위와 로마 공화국에 의한 교황령의 대체代替까지 감수해야 했던 것이다.

그러나 혁명적 변혁에 대해 처음부터 순전히 복고적 대응을 하는 대신, 자기비판적이고 건설적으로 대응할 수는 없었을까? 여기서 19세기 전반기의 중요한 세 연도를 떠올려볼 일이다: 1806년, 1830년 그리고 1848년.[390]

1806년 (3년 전 독일에서 교구·수도원·종교시설의 국유화에 의해 성직자 영주령들이 사라진 뒤) "독일 민족의 신성 로마제국"은 종막을 고했다. 칼 대제 이래 중세 로마 가톨릭 패러다임의 정치적 기층基層을 이루고 있던 이 제국의 마지막 대표자는 합스부르크 왕가의 프란츠 2세였는데, 그는 독일 황제위에서 물러나 이제 자신을 그저 "오스트리아 황제"라 칭했다.

그러면 로마는 어떠했던가? 빈 회의에서 교황청 국무성 장관 에르콜레 콘살비 추기경은 옛 신성 로마제국과 독일 가톨릭 교회의 상황을 1806년 이전으로 원상복구시키기 위해 온갖 시도를 다했으나, 헛일이었다. 그가 성공을 거둔 것이 한 가지는 있었으니, 교황령의 옛 국경선 회복이 그것이었다. 그러나 그것이 참된 성공이었던가? 교황과 교황청의 악명높은 반동적 노회함과 맹목성이 다시 한번 온 세상에 뚜렷이 드러났다: 근대적인 나폴레옹 법전이 즉각 폐기되었고, 예전의 교황 입법이 다시 효력을 발생했다. 7백 건의 "이단" 사례가 종교재판소에 의해 조사되었고, 모든 주요 관직이 교회 남자들의 손에 넘어갔다. **고위 성직자들의 재정**財政 **농단**이 **부활**했다(이것이 19세기 말까지 교황이 사회문제에 관해 입장표명을 할 수 없었던 주요 원인들 가운데 하나다). 사실 교황은 다른 누구보다 스스로를 비판하고 경계했어야만 했다. 아무튼 오스트리아의 재상 메테르니히 시대에 유럽에서는 자유를 위한 운동들은 철저히 억압되었다. 또한 중세지향적인 낭만주의, 다시 고양된 전통적 신심 그리고 재건된 예수회는 계몽주의와 민주주의적 이념들을 영구히 끝장낼 것처럼 보였다. 그러나:

1830년 파리 7월혁명은 나폴레옹 실각 이후 권력에 복귀했던 반동적 부르봉 왕가에 대한 자유주의적 시민계급의 승리를 가져왔다. 이 혁명의 여파는 벨기에·이탈리아로부터 러시아·폴란드에 이르기까지 번져나갔다.

그러면 로마는? 로마교회(그레고리우스 16세)는 정치적 자유주의 정신에 터해 이루어진 모든 변화를 고집세게 거부했고, 그리하여 자유주의는 철저히 반교회적·반성직자적 성격을 띠게 되었다. 아무튼 로마의 반근대적 조처들이 계속 이어졌다: 금서성성禁書聖省의 부활, 모든(가톨릭 포함) 성서협회에 대한 단죄, 종파 간의 차이점 강조, 성직자 교육을 계몽주의에 물든 대학교로부터 트렌토 공의회 노선에 입각한 신학교로 옮기기 … 계몽주의가 애써 시도한 가톨릭과 개신교 신자들의 신앙의 일치 대신, 특히 로만계 민족들의 나라에서 **성직자중심주의자들과 그 반대자들**(보수 자유/급진파 가릴 것 없이) 간의 비극적 **분열**이 일어난 것은 놀랄 일이 못 되거니와, 이 분열은 새 세계 라틴아메리카에도 옮아갔고, 부분적으로는 오늘날까지(그때그때 파당의 이름표를 바꿔 붙이며) 존속해왔다. 그러나:

1848년 파리 2월혁명에서 타오른 혁명의 불길이 교회국가(교황령)에도 덮쳐들었다. 2년 전 교황에 선출된 비오 9세는 처음엔 자유주의적 개혁 노선으로 선회하여, 민중들에게 대단한 칭송을 받았다. 그러나 나중에는 급진적 개혁이 두려워 뒤로 물러섰기 때문에, 가예타로 도망을 가야 했다.

그러면 로마는? 프랑스와 오스트리아 군대의 도움으로 이탈리아 혁명이 진압된 후 로마로 돌아온 비오 9세는, 이제 모든 자유로운("자유주의적") 정치·정신·신학적 경향들의 도무지 말이 통하지 않는 적수가 되었다. 그의 치세에 북·서 유럽에서 처음으로 **"교황 지상주의"**Ultramontanismus가 널리 퍼져나갔다. "(알프스) 산 너머의" 교황에 대한 감상적·열광적 공경을 의미하는 이것은 중세 때에도 종교개혁 시기에도 존재하지 않았으나, 19세기 초 갈리아주의 및 요세프주의와 결부된 계몽주의적 이념들에 대한 반동으로 등장했다. "로마에 충성하는" 남녀들의 새로운 신심회·가톨릭 단체("비오 협회" 등)·온갖 종류의 조직들이 셀 수 없을 정도였던바, 이것들은 19세기 후반기에 갈수록 로마식 복고와 교황에 대한 무조건 복종 정신에 터해 활동했는데, 그러다보니 사회의 정치적 양극화를 극복하기는커녕 첨예화하여 일종의 "문화투쟁"까지 야기했다.

로마의 근시안적 전략: 안으로는 똘똘 뭉치고, 밖과는 담쌓기! 비오 9세(지적·정신적 회의에 시달려본 적 없는 이 남자는, 그러나/그래서 정신병 징후들을 드러냈다)의 감상적 고취 아래, 중세적·반종교개혁적인 가톨릭교 요새는 이제 있는 힘을 다해 **반근대적으로 확장·증축**되었다. 어떻게? 점증하는 종교적 무관심·교회에 대한 반감·불신앙에 맞서, 서로를 떠받쳐주고 촉진하는 교황 지상주의·교조주의·마리아 숭배를 재삼 강화함으로써. 요새 안에서는 온갖 종류의 민중신심(순례, 신심 고취용 갖가지 성물, 5월 성모 기념축제 등)을 통해 정서적 안전감을 얻을 수 있었다.

이 시기의 **가톨릭교**Katholizismus는 **하나의 특수한 사회형태**가 되었거니와, 이것에 관해서는 지난 20년 동안 가톨릭 사회학자들 특히 프란츠 자베르 카우프만[391]과 칼 가브리엘[392]이 철저히 분석했다. 가브리엘은 최근 저작에서 이 사회형태에 관해 다음과 같이 요약한다(세 가지 특징이 뚜렷이 드러난다):

"① 고유한 '세계관', 고유한 제도들 그리고 독특하게 의식화儀式化된 일상생활을 지닌 폐쇄된 종파적 집단환경 안으로 각양각색 가톨릭적 사회환경들의 포섭.

② 교회 직무구조들의 중앙집권화와 관료주의화, 새로워진 조직형태들의 신성화, '세상'으로부터 분리된 성직자들의 훈련.

③ 근대 세계와의 거리뿐 아니라, 궁극적으로 타당한 세계해석의 독점권 주장도 정당화해주는 세계관적으로 폐쇄된 체제의 창출".[393] 이 모든 것은 근대 민주주의 사회 속의 가톨릭 신자들을 게토로 행진케 함을 의미했다.[394]

이렇게 세계관적으로 폐쇄된 체제에게는 고래의 교의뿐 아니라 새로운 교의도 각별한 중요성을 지녔다. 당시의 엄청난 사건: 1854년, 놀라운 산업혁명이 한창일 때, 로마는 교도권의 "창의적" 이해력을 새삼 보였으니, 교황이 **"마리아의 무염시태"**(마리아는 원죄에 물들지 않고 잉태되었다)를 장엄하고 경사스럽게 교의로 확정·선포했다(훗날 존 헨리 뉴먼 추기경은 비꼬아 논평하기를, "분에 넘치는 교의"라고 했다). 유념할 것: 한 교의가 갈등과 충돌의 상황에서 이단을 방지하기 위해 공의회에서 결정되지 않은 것은 그때가 실로 처음이었다. 이 교의는 교황 단독으로, 자신의 절대적 권력에 터해, 전통 신심을 고취하고 로마 체제를 떠받치기 위해, 장엄하게 격식차려 선포했다. 누구를, 무엇을 위해? 폐쇄된 로마 가톨릭 집단환경 속에서는 바깥세상에선 이미 오래 전에 내다버린 교의들도 설득력을 지니고 있었으니, 그곳에서는 그것들이 실로 자명하고 비할 데 없이 타당한 것으로 끊임없이 반복·주입되었기 때문이다. 그러면 가톨릭 신학은 어떠했던가?

근대적 가톨릭 신학에 대한 탄압

1860~70년 무렵부터 상황은 가톨릭 신학에게 갈수록 나빠져갔다. 19세기 초 적어도 독일 가톨릭 신학과 성직자들은 전반적으로 계몽주의의 영향을 받아, 근대와의 토론·대결에 비교적 개방적이었다. 남부 독일에서는 독신제 폐지를 위한 성직자 단체들이 결성되었다. 나폴레옹 전쟁이 끝난 뒤 창설된 **튀빙언 대학교**의 가톨릭 신학부(같은 대학교에 개신교 신학부와 나란히 있는 최초의 가톨릭 신학부)[395] 는 큰 희망을 불러일으켰다. 여기서는 요한 세바스티안 폰 드라이와 요한 밥티스트 히르셔의 주도 아래, 관념 철학이나 계몽주의의 실천적 개혁 열망과 강도 높고 조직적·건설적인 토론을 벌였다. 여기서 요구한 것은 무엇보다도 (이미 마르틴 루터의 요구였거니와) 성직의 개혁(독신 의무 폐기)과 전례 개혁(모국어 사용)이었다. 또한 성서주석과 교의사에서 역사적 방법론을 사용하기 시작했다.

그러나 다른 한편에서는 (처음엔 이탈리아, 다음엔 독일에서도) 신스콜라 신학의 반동이 시작되었던바, 이것은 근대에 맞서 다시 한번 철학과 신학에서 중세적·반종교개혁적 패러다임을 부흥시키려 시도했다. 건축에서의 **신낭만주의** 및 **신고딕** 그리고 교회 음악에서의 **신그레고리오 성가**와 나란히 **신스콜라 신학**이 대두했으니, 이것은 (역사적 연구방법을 제외하곤) 스페인의 바로크 스콜라 신학보다도 천박하고 피상적이었다. 그러나 로마 교황청은 얼마간 주저하다가 자신의 기회가 왔음을 깨닫고는 신스콜라 신학의 발전을 강력히 후원했다. 교황청 중앙집권주의의 새로운 성공의 하나: 신토마스 학설은 마침내 모든 가톨릭 학교에서 가르치도록 법적으로 규정된, 로마 가톨릭 **표준신학**이 되었다. 한 학설에 대한 그러한 고착은 중세에조차 없었던 일이다. 이 조처의 주요 주창자는 로마의 예수회 신학자 지오반니 페로네였는데, 그는 1854년 비오 9세의 "마리아 무염시태"

교의 결정의 신학적 준비작업을 했다. 이러한 로마 가톨릭 신학은 일반인의 관심과 문제들의 지평에서 멀리 떨어져나왔고, 학문적으로도 급속히 뒤처졌다.

1830년 7월혁명 이후 로마는 신학의 쇄신운동들(특히 독일의)을 갈수록 단호하고 조직적으로 탄압했으나, 프랑스의 보수적 "신앙주의"에 대해서는 억압이 덜했다. 간과해선 안될 것: 가톨릭 신학과 교회에 패러다임 전환이 닥쳐오고 있었으나, 사람들은 결연히 **억압의 상황**을 연출할 준비를 하고 있었다. 이 숙청에 걸려드는 자들이여, 화를 입을지어다 …:

— 창설된 지 얼마 안된 **마르부르크** 대학교 가톨릭 신학부가 직접 교회에 의해 폐쇄되었고, 좀 뒤엔 **기쎈** 가톨릭 신학부도 그렇게 되었다.

— **튀빙언** 가톨릭 신학부는, 바람의 방향이 바뀌자(최근에도 비슷한 사건들이 있었다), **요한 아담 묄러**와 "묄러 학파"의 불행한 영향 아래, 로마의 노선으로 노골적으로 선회했는데(1832년 묄러의 종파주의적 "신경"이 이미 그랬다), 이 일은 신학부의 분열 그리고 끝내는 깊은 체념을 야기했다.[396]

— 1830년대에는 로마의 파문이 **본** 가톨릭 신학부에도 떨어졌으니, 여기서는 참으로 가톨릭적인 **게오르그 헤르메스** 교수와 그의 제자들이 칸트를 비롯한 철학자들과 건설적 토론을 벌였던 것이다. 헤르메스의 저작들은 금서 목록에 올랐고, 본 신학부의 "헤르메스 학파"는 신임 쾰른 대주교(그는 프로이센 정부와의 쾰른 혼종혼混宗婚 논쟁에도 근본적 책임이 있다)에 의해 무자비한 탄압을 받았다. 6명의 교수가 교직에서 쫓겨났다.[397]

— 1830~40년대에 "헤르메스 학파"가 당했던 것과 비슷한 일을 1850년대 **빈**의 "귄터 학파"도 겪어야 했다. 진정 가톨릭적이었던 빈의 재속 성직자 **안톤 귄터**와 그의 제자들은 강압에 못이겨 결국 굴복했다.

— 일찍부터 로마의 탄압에 저항하던 독일의 출중한 교회사가 **이그나츠 폰 될링어**는, 교황의 무류성 교의 결정 때문에 곤경을 치르기 오래 전부터, 의심과 중상 그리고 이제는 일상사가 된 밀고를 수없이 당했다.

독일 가톨릭 신학은 이제 완전히 방어적 노선을 취했다. 1863년 **뮌헨**에서 당시 가장 걸출한 신학자로 여겨지던 될링어의 주도 아래 **가톨릭 학자 회의가**

개최되었는데, 이 회의는 신스콜라적 표준신학과 전혀 다른 성향을 보여주었다. 그러나 회의는 그때 단 한 번으로 그만이었고, 다시는 열리지 못했다. 왜?

근대에 대한 총체적 단죄

1864년 비오 9세는 「**근대 오류집**」(총 숫자는 80개)을 간행했다.[398] 이 목록은 중세적·반종교개혁적 교리 권력구조의 타협없는 무조건 방어를 의미했으며, 나아가 세계 곳곳에서 **근대 패러다임**(P V)**에 대한 총체적 선전포고**로 여겨졌다. 오늘날 가톨릭 호교론자들은 당시에 교황의 무류성을 실제로 과시하다보니 온갖 것을 단죄하게 되었다고 호도糊塗하려 들지만, 진실은 스스로 분명하다. 자유주의적 성직자 단체, 성서 협회 그리고 비밀결사들(예컨대 프리메이슨. 당시에 Opus Dei는 아직 없었다)만 단죄된 것이 아니었다. 전반적인 인권 자체, 즉 양심·종교·출판의 자유와, 교회 아닌 일반사회에서 거행된 결혼까지도 단죄되었다. 또한 (언제나처럼 신중한 분석·구별 없이 두루뭉술하게 딱지가 붙여진) 범신론, 자연주의와 합리주의, 무관심주의와 자유방임주의, 사회주의와 공산주의도 단죄되었다. 그 오류(교황령을 포기해야 한다는 견해도 오류에 포함되었다) 목록은, 로마 교황직은 "진보, 자유주의 그리고 새로운 문명과 화해·결합"[399]할 수 있고 또 그래야 한다는 주장에 대한 단죄에서 절정에 이르렀다!

독일 가톨릭 진영은 대체로 이 총체적 청산淸算에 만족했으나, 프랑스 가톨릭 교회의 상당 부분은 그 반대였다. 종교개혁가와 근대 자연과학자와 철학자들이 가톨릭 교회를 떠나버린 이제 **지식인들의** 대대적 **이탈**은 거의 막을 수 없는 일이 되어버렸다. 그런데도 로마는 이데올로기·정치·종교재판 등 온갖 수단을 동원하여 근대에 대항했다(끝내 헛일이었지만). 근대인들에게 근본적으로 중요한 학문과 교육 분야에서, 이 가톨릭주의는 아무것도 제공하지 못했다. 그 비극적 전개과정의 중요한 징후 하나: 이제 근대 유럽을 대표하는 정신들 대부분이 **가톨릭 신자가 읽어서는 안되는 금서 목록에 올랐다**: 수많은 신학자, 교회 비판가 그리고 근대 자연과학의 창시자들인 코페르니쿠스·갈릴레이 말고도, 근대 철학의 아버지들인 데카르트·파스칼·베일·말브랑슈·스피노자, 영국의 경험철학자들인 홉스·로크·흄, 또한 칸트의 「순수이성 비판」, 루소와 볼테르, 좀 뒤엔 쿠생·존 스튜어트 밀·콩트 그리고 걸출한 역사학자들인 기번·콩도르세·랑케·텐·그레고로비우스, 또한 백과사전을 펴낸 디드로와 달랑베르, 라루스의 사전들, 국법·국제법 학자들인 그로티우스·폰 푸펜도르프와 몽테스키외, 끝으로 근대 문학의 거장들인 하이네·레나우·위고·라마르틴·뒤마 부자父子·발자크·플로베르·졸라·레오파르디·다눈치오 ─ 그리고 우리 시대의 사르트르와 시몬느 드 보봐르, 말라파르트, 지드, 카잔차키스 ….

이 모든 것은 로마가 중세 로마 가톨릭 패러다임과 더불어 철저히 **방어적 노선**을 취했음을 극명하게 입증한다. 어쨌든: **근대 세계**는 전반적으로 **로마와 관계없이, 아니 로마에 반대**하여 생겨났고, 몽매에도 중세를 그리워하는 교회국가 관료들의 종교개혁 아니 모든 개혁 자체에 적대적인 반동 유토피아에 거의 영향받지 않고 자신의 길을 계속 걸었다. 로마는 포이어바흐·쇼펜하우어·마르크스·니체 같은 인물들과 함께 정점으로 치닫던 근대 무신론과 비판적·건설적 대결을 하지 않았다. 반동으로 나아가던 교회와 신학은 로마 게토에 들어앉아, 자기 주변세계가 얼마나 많이 변했는지를 도무지 깨닫지 못했다. 이것은 "정신"의 영역만이 아니라, 자연과학·기술·산업, 요컨대 사회의 모든 영역에도 해당된다. 치열하게 따져 묻는 지식인들에게, 1848년 이후 흥분하여 들고일어난 무산계급이 동조했다. 그리고 19세기 말엽 마침내 목사의 아들 프리드리히 니체가 "하느님의 죽음"을 선포했고, 일원론적 자연과학자 에른스트 헥켈은 "세계 수수께끼"의 유물론적 해결을 선언했던바, 이것은 인간의 자유·자율·이성·진보를 절대화하기 시작했던 근대의 필연적 정점이었다.

그러나 속수무책의 로마는 시대의 표징을 알아보기는커녕, 오히려 스스로를 폐쇄했다. 이제 일치단결·질서·겸손 그리고 갈수록 편협·방자해져가는 교권제도에 대한 복종이 가톨릭의 주요 덕목으로 여겨졌다. 가톨릭 신자 아닌 사람들은 "철통같은 전열戰列"로서의 교회를 찬탄하기도 했으나, 그 교회에 끼어들 생각은 물론 꿈에도 하지 않았다. 정신적으로 꼼짝없이 사면초가에 빠진 로마의 "교도권"이 자연과학·성서주석·민주주의·사회윤리 문제에서 그릇된 판단을 할수록 저항도 그만큼 증대되었고, 또 그럴수록 로마는 스스로를 위안하기 위해 무류성에 더욱 목매달았다. 이 문제를 나는 이미 다른 책에서 다룬 바 있거니와[400], 여기서도 몇 가지 중요한 점을 다시 한번 되짚어보아야겠다.

반계몽주의적 공의회

비오 9세는 근대의 온갖 "오류들" 그리고 "교회의 적들"의 갖가지 공격으로 인한 불안 때문에, 트렌토 공의회가 끝난 지 3백 년 뒤에 새로운 "보편 공의회"를 소집하고자 하는 욕망을 이겨낼 수 없었거니와, 이 공의회는 물론 트렌토 공의회보다 훨씬 로마적이 될 터였다. 트렌토 공의회는 반종교개혁이라는 딱지를 붙이고 있었던 반면, 이 공의회는 교황의 뜻에 따라 철저한 **반계몽주의**의 기치를 내걸었다. 1869년의 일이었다. 이 공의회는 다시 강화된 로마 중앙집권주의를 위해서는 상징적인 것 이상이었으니, 개최 장소가 그저 로마가 아니라 로마 안의 바티칸이었던 것이다. 과연 이 공의회가 이를테면 교황의 "텃밭"에서 자유로울 수 있었을까? 그런 의심은 공의회 전·중·후에도 제기되었는데, 사실 까닭없는 것이 아니었다.[401]

트렌토 공의회도, 4백 년 후 2차 바티칸 공의회도 **교황의 무류성을 교의로 확정**하려는 생각은 않았을 것이다. 그럴수록 어떻게 백 년 전 1차 바티칸 공의회는 그러한 교의 결정을 할 수 있었을까라는 의문이 우리의 궁금증을 더욱 부채질한다. 역사적 연구조사[402]에 따르면, 몇 가지 요인이 중요한 역할을 했다:

요인 1: 공의회 교부들 대다수는 **정치적 복고**와 반계몽주의적·반합리주의적 낭만주의 시대인 **19세기 전반기**에 성장했다. 이것이 의미하는 바: 프랑스혁명과 나폴레옹 시대의 혼란과 방종 이후, 많은 유럽인들은 평온과 질서, 좋았던 옛날 아니 "그리스도교적 중세"에 대한 억누를 수 없는 동경을 품게 되었다. 그런데 정치적·종교적 기존체제의 보전 내지 구체제의 복원을 위한 종교적 토대를 교황보다 확실히 제공·보증해줄 수 있는 사람이 누가 있었으랴? 여러 나라의 가톨릭 고위 성직자 대다수가 정치적·사회적 반동의 믿음직한 버팀목으로 간주되었는데, 그들 가운데 많은 사람들이 당시 유행 철학사조인 "전통주의"(그때는 영예로운 명칭이었다)를 따랐다.

요인 2: **19세기 후반기**에 이 복고의 과업이 엄청난 산업화와 더불어 급속히 세력을 넓혀가던 자유주의와, 또 많은 점에서 **자유주의**와 유사하고 마찬가지로 근대적인 자유주의의 적수 **사회주의**에 의해 다시금 근본적으로 위협을 받았다. 그것들은 이성에 대한 믿음과 경제·정치·과학·문화의 발전에 대한 신뢰를 내세우며, 모든 종교적 권위와 전통을 폐기할 것처럼 보였다. 성직자중심주의와 반성직자중심주의가 서로 치열하게 싸웠다. 계몽주의적 합리주의는 반관념주의적·반낭만주의적 실증주의와 자연 및 역사에 관한 기세등등한 경험과학의 모습으로 다시 돌아왔다. 교회 당국이 기존 정치체제뿐 아니라 고래古來의 "성서적" 세계상을 고수한 것은, 여러모로 정치가와 과학자들을 모든 종교적인 것에 대한 맹렬한 공격으로 내몰았다.

요인 3: **1860년대** 로마에서는 모두가 "**로마 문제**"에 눈과 귀를 모으고 있었으니, 그것은 1849년 원상회복되었으나 1860년 피에몬트 정부의 간섭으로 이미 로마와 그 인근지역으로 쪼그라든 **교회국가**(교황령)마저 포기해야 할 것인가라는 문제였다. 오직 프랑스의 지원만 받고 있던 교황령이 이탈리아 통일운동에 맞서 오랫동안 존속할 수 있을까? 끝내 통일국가를 이룩한 이탈리아가 수도로 로마를 필요로 하지 않겠는가? 바티칸 사람들은 극도의 불안 속에서 추이를 지켜보고 있었다. 그러면서 요모조모 머리 굴려 계산해낸 것: 만일 보편 공의회가 교황의 보편적 수위권과 무류성 교의를 장엄하고 결정적으로 온 세상에 선포한다면, 누가 감히 그 교황으로부터 교황령을 빼앗으려 들쏘냐! 이것이 근대의 정점에서 (마태 16,18을 내세우며) 중세적 교회국가의 존속을 위해 싸우던 그 모든 사람들의 거의 유일한 희망이었다.

요인 4: 교황 **비오 9세**는 갈수록 노골적으로 교황의 무류성 교의 결정을 자신의 **가장 중대한 소명**으로서 추진해나갔다. 1846년 교황으로 선출되었을 때에는 자유주의자요 개혁가로 환영받던 비오 9세는, 정치적 실패와 1848년의 추방 이후, 정치적·신학적인 반동주의자로 전향했거니와, 이제는 이탈리아 국가 통일운동도 막무가내로 반대했다: 로마는 영원히 교황의 도시로 머물러야 한다는 것이었다. 한편 교황청 사람들은 교황 지상주의를 지지하는 신문들과 (특히 프랑스의) 수많은 주교·신자들을 부추겨, 이탈리아를 반대하고 자신의 교회국가 안에서 위협받고 있는 교황을 편드는 극렬한 선전활동을 벌이게 했다.

그 결과: 비오 9세가 이탈리아 가톨릭 신자들에게 국가와 교회 어느 쪽에 충성할 것인가라는 쓸데없이 심각한 갈등을 안겨주긴 했으나, 아무튼 그는 "비그리스도교적 권력들에 의해 핍박받는 자"의 역할을 멋지게 해냈고, 그로써 의도했던 대로 자신의 인품과 직책에 대한 갈채를 얻어냈다. 그렇지 않아도 이미 존재하던, 교황에 대한 가톨릭 신자들의 교의적 속박과 의무가 이제는 감상적으로 강화되었다. 그리하여 전혀 새로운 현상, 즉 감정에 호소하는 **"교황 공경"**이 생겨났는데, 이것은 바야흐로 널리 행해지던 교황 알현과 로마로의 대대적인 순례에 의해 크게 촉진되었다. 비오 9세 자신은 교회국가를 둘러싸고 벌어진 싸움을 하느님과 사탄 사이의 세계사적 전투의 또하나의 막幕으로 보았거니와, 그는 하느님 섭리의 승리에 대한 도무지 비합리적인 믿음에 터해, 그 전투에서 이기리라 기대했다. 아무튼 친절하고 매우 말 잘하던 이 남자는 그러나 아슬아슬한 감성을 지녔고, 피상적인 신학교육을 받았으며, 근대의 학문적 방법들과 친숙하지 못했고, 소견 좁은 조언자들에게 둘러싸여 있었다 ….

이러한 당시 상황에 비추어보아야만, 자기 자신의 수위권과 무류성을 교의로 확정하려던 교황의 강박감과 열망을 이해할 수 있다. 또한 비오 9세가 부추긴 교황 공경에 터해서야, 왜 **교황의 무류성 교의 결정**이 가톨릭 성직자와 평신도의 광범한 층으로부터 배척이 아니라 **호응**을 얻었는지를 납득할 수 있다. 사람들은 19세기 중엽 이후 신속하고 조직적으로 추진되던, 교황 지상주의에 관한 세뇌교육과 교회 행정의 중앙집권화 과정을 거의 저항없이 받아들였다. 사람들은 오류 총목록이 나돌아다니는 것에도, 독일 신학자들이 단죄되고 갈리아주의와 페브로니우스주의적 성향의 모든 문헌이 검색당하는 것에도 저항하지 않았다. 주교 선출에 있어 로마 영향력의 점진적 증대, 교구 내부 사안에 대한 교황대사의 끊임없는 간섭, 로마와의 관계를 돈독히하라는 주교들에 대한 요구, 종종 자기 주교를 거슬러 로마의 이념들을 선전하는 사제들에 대한 의도적 후원, 교회의 머릿돌인 교황의 수위권 교설에 관한 끊임없이 반복되는 신자교육도 저항없이 관철되었다. 이리하여 모든 것이 흡족하게 준비되었고, 1차 바티칸 공의회가 개최될 수 있었다.

교황을 위한 두 교의

비오 9세가 소집한 공의회는 무엇보다도 그토록 오랫동안 그리고 그토록 많은 희생을 치르며 지켜온, 교회와 신학의 반개신교적·반근대적 패러다임을 이제는 더 나아가 교도권을 통해 보완하는 데 주저함이 없었다. 이러한 맥락에서 합리주의와 신앙주의Fideismus를 공박하는 「가톨릭 신앙에 관한 교의헌장」이 생겨났거니와, 이 헌장은 전적으로 토마스 학설을 따라 규정된 신앙(계시)과 이성의 관계를 집중적으로 다루고 있다.[403] 여기까지는 거의 논란이 없었다. 그러나 공의회가 비오 9세의 재촉으로 **교황의 특권들에 관한 교의**를 결정·공포해야 했을 때, 몇 주에 걸쳐 격렬한 논쟁이 벌어졌다. 왜냐하면 그것이 무엇을 의미하는지를 많은 공의회 교부들은 알고 있었기 때문이다: (고대 교회, 콘스탄츠 공의회 그리고 공의회 수위설의 전통에서처럼) 보편 공의회가 아니라, 이제 (중세 때처럼) 로마 주교에게 교회 안에서 최고의, 아니 심지어 **무류적인 권위**가 있다고 결정해야 할 판이었다. 그리하여 반대파의 걸출한 대표자들이 최종 표결 전에 바티칸을 떠나버렸다: 밀라노와 세인트루이스(미주리)의 대주교들과 프랑스·독일·오스트리아·헝가리의 주요 수석대주교좌의 대표자들이 그들이었는데, 그 후임자들이 백 년 후 2차 바티칸 공의회에서 진보적 다수의 중추를 이루게 될 터였다.

비오 9세는 그러한 저항에 끄떡도 하지 않았다. 온갖 반대를 무릅쓰고 1870년 7월 18일 (이탈리아와 스페인을 중심으로 한) 압도적 다수의 찬성으로 **두 가지 교황 교의**가 정식으로 공포되었는바, 이것들은 오늘에 이르기까지 교회들간에 그리고 가톨릭 교회 내부에서도 논란의 대상이 되어 있다:

● 교황은 모든 개개 국가교회와 모든 개개 그리스도인들에 대해 법적 구속력 있는 재치권적 **수위권**을 보유한다.

● 교황은 고유한 정식 교도권적 결정에 있어 **무류성**의 은사를 보유한다. 이

정식("ex cathedra") 결정은 성령의 특별한 그느르심을 받기 때문에 그르칠 수 없으며("infallibilis"), 교회의 동의 덕분이 아니라 그 자체로 변경될 수 없다.

이렇게 교황교의들을 공포하는 데는 성공했으나, 치러야 할 희생은 컸다. 한편 다른 한 가지 문제, 즉 **교회국가**를 보전하는 일은 비오 9세의 희망대로 되지 않았다: 공의회 폐막 꼭 두 달 뒤인 1870년 9월 20일 이탈리아 군대가 로마로 진군해 들어옴으로써, 교회국가는 **붕괴**되었다. 교황은 어찌되었던가? 그는 세속 권력을 잃었다. 로마 시민들의 투표는 압도적인 표차로 교황을 반대했고, 그는 공의회를 "무기한" 연기했다. 이로써 교황이 마지막까지 필사적으로 지켜왔던, 중세 로마 가톨릭 패러다임의 중요한 요소 하나가 상실되었다.

이로써 교황의 정치적 권력은 약 1천 명의 주민과 모나코 공국의 겨우 1/4밖에 안되는 면적을 지닌 난쟁이 나라에 대한 지배권으로 축소되었다. 그러나 비오 9세는 새로운 상황을 받아들이는 대신, 새로운 역할, 즉 심히 동정할 만한 "바티칸의 수인囚人" 역할을 골라잡았다. 그리하여 이미 널리 퍼져 있던 감상적 교황공경과 순례(이제 1500년 동안 그랬던 것과는 달리, 사도들의 무덤이 아니라 무엇보다도 "거룩한 아버지"를 보러 왔다)가 다시 한번 엄청나게 강화·증대될 수 있었다. 바야흐로 로마에서는 대규모 일반 알현이 처음으로 시행되었다. "우리는 할 수 없다"Non possumus가 당시 새로운 이탈리아 국가에 맞서, 교황의 수위권과 무류성 교의를 등에 엎고 바티칸 담 안에 숨어 고집스레 외치던 구호였다. 교황들은 국가와 교회 간의 새로운 상황을 받아들이기를 수십 년 동안이나 거부했다.

이 독단적인 "우리는 할 수 없다"는 언제까지나 어떤 타협도 불가능하게 만들었던가? 그렇지 않았다. 바티칸은 하필이면 파시스트 우두머리 무솔리니가 권력을 잡은 후, "우리는 할 수 있다"로 단호히 돌아섰다. 사실 그전에 이미 비오 9세보다 현명하고 진보적이었던 후임자 **레오 13세**는 우선 독일 제국 수상 비스마르크가 획책한 저 "문화투쟁"을 조정·수습했던바, 오히려 그 투쟁은 독일에서 정치적 가톨릭주의가 세력을 얻도록 도와주었다. 또한 레오 13세는 (교황교의들과 교황령의 필요불가결성을 고집하면서도) 근대에 대한 로마의 부정적 태도를 상당히 많이 수정했다: 민주주의, 진보적 자유권, 나아가 부분적으로는 근대의 성

교황의 권력

로마교회는 주님의 명령에 따라 다른 모든 교회에 대해 정식적 전권의 우위를 보유하며, 로마 주교의 이 **재치권적 전권**은 참으로 주교의 전권이요 직접적 전권임을 우리는 가르치고 선언한다: 이 전권에 대해 어떠한 의식儀式과 지위의 목자와 신자들이건 (개인으로서든 전체로서든) 신앙과 윤리뿐 아니라 전세계 교회의 규율과 지배에 관계되는 사안에서, 교권제도상의 종속과 참된 순종의 의무를 다해야 한다. 이렇게 신앙공동체와 그 공동체의 신앙고백이 로마 주교와의 일치를 보전함으로써, 그리스도의 교회는 한 최고 목자 아래 한 무리가 될 수 있다(요한 10. 16 참조). 이것이 가톨릭 진리의 가르침이니, 여기서 떨어져나가는 자는 누구나 신앙과 구원에 있어 화를 입을 것이다. …

　　로마 주교가 "교도권에 터하여 정식으로"(ex cathedra) 선언할 때, 다시 말해 모든 그리스도인의 목자요 교사로서의 자기 직무를 수행하면서 최고의 사도적 권위에 터하여, 신앙이나 윤리에 관한 어떤 교의를 전체교회가 준수해야 한다고 결정할 때, 그는 지극히 복되신 베드로 안에서 그에게 약속된 하느님의 도우심에 의해 **무류성**을 보유하는바, 하느님이신 구세주께서는 당신 교회가 신앙과 윤리에 관한 교의를 결정함에 있어 이 무류성을 갖추고 있음을 보기 원하셨던 것이다. 그러므로 로마 주교의 그러한 교의 결정은 그 자체로서, 교회의 동의에 터해서가 아니라, 변경될 수 없다.

　　이 결정에 — 하느님, 지켜주소서 — 반대하는 자는 교회에서 배제될 것이다.

1차 바티칸 공의회, 교회에 관한 헌장 「영원한 목자」(1870. 7. 18)

서주석과 교회사 그리고 무엇보다도 사회문제에 대한 입장을 변화시켰다. 오랫동안 미루어져온 교회의 사회회칙(「새로운 사태」 1891) 반포가 교황령의 상실로 인해 마침내 가능해졌다. 가톨릭 교회의 많은 사람들은 이제 근본적 변화가 이루어질 수 있으리라는 희망을 품게 되었는데, 그들은 "개혁 가톨릭 신자들"이라 불리었다. 그러나 그러한 변혁은 아직도 오래 기다려야 할 터였다.

　　2차 바티칸 공의회가 종교개혁과 근대의 근본적인 열망과 관심사들을 받아들이기 전에, 사람들은 로마가 20세기 초와 중엽 두 차례에 걸쳐 수행한 가톨릭 성직자 사회의 **반근대적 정화작업**을 목격해야 했다:

— 20세기 초 **비오 10세**는 교황청이 비방하기 위해 지어낸 **"근대주의"**[404]라는 딱지를 붙여, 프랑스·독일·영국·북아메리카·이탈리아의 모든 개혁 신학자들(특히 교회사가와 성서주석학자)을 단죄했다. 이 신학자들은 여러 유형의 제재와 징계(금서목록에 올림·파문·해직 등)를 당했다. 새로운 오류 목록Syllabus, 반근대 회칙(1907) 그리고 모든 성직자에게 강요된 "반근대주의자 선서"(1910)는 가톨릭 교회에서 "근대주의자들"을 결정적으로 뿌리뽑아버릴 기세였다.

— 일찍이 홀로코스트(유다인 대학살)에 관해 입다물었던[405] **비오 12세**는 2차대전이 끝난 뒤, 이제는 **"신新신학"**이라는 딱지를 붙여 특히 프랑스의 개혁 신학자들(예수회원 P. 테야르 드 샤르댕, H. 들뤼박, H. 부야르: 도미니코회원 M.-D. 슈뉘, Y. 콩가르, H. 페레)을 해직하고 더러는 추방했다. 다른 사람들, 예컨대 독일의 칼 라너는 특별 검열을 받았다. 회칙 「인간의 기원」(1950)은 "시대의 오류들"을 모조리 단죄했다. 이러한 정책이 절정에 이른 것은 새삼스런, 그야말로 "오류 없는" 마리아 교의(마리아가 육신 그대로 천상으로 받아들여졌다는 마리아 몽소승천. 1950)의 선포였다. 이 교의는 이 교황의 도무지 예측 불가능한 진로를 온 세상에 뚜렷이 보여주었거니와, 그는 2차 바티칸 공의회 이전의 중세적·반종교개혁적·반근대적 패러다임의 이론의 여지 없는 마지막 대표자로서, 교회 안의 모든 반대 목소리, 아니 대안을 제시하는 목소리조차도 탄압했다 — 프랑스 노동사제들이 첫째로 걸려들었다.

약 10년 후 **요한 23세**(1958~63) 및 **2차 바티칸 공의회**(1962~65)와 더불어 마침내 새 시대를 여는 변혁이 시작되었다. 패러다임 이론에 터해 볼 때 이 공의회가 의미하는 바는, 우리가 앞으로 두 번의 패러다임 전환, 즉 종교개혁과 근대에 의한 전환을 분석하고 나야 비로소 뚜렷이 드러날 것이다: 과연 이 공의회는 가톨릭 교회의 역사가 다시 한번 전혀 다른 빛 안에 드러나게 한다. 2차 바티칸 공의회와 더불어 가톨릭 교회는 (온갖 어려움과 로마 체제 측의 갖가지 방해에도 불구하고) 두 번의 패러다임 전환을 체험·수용하려 노력했으며, 또한 종교개혁 패러다임(P IV)과 계몽주의 근대 패러다임(P V)의 근본 특징들을 자신 안에 통합했다. 그러므로 앞으로 이 두 패러다임을 분석·고찰하면서 가톨릭 교회에 관해서도 간접적으로 언급할 것이다. 아무튼 우선 간략한 중간결산부터 하자.

로마 가톨릭 교회의 강점과 위험성

셋째인 이 로마 가톨릭 패러다임에 대한 신학적 평가는 쉽지 않으니, 세월이 흐르면서 로마 체제가 가톨릭 교회의 라틴적 패러다임에 갈수록 덧씌워지고 그것을 포섭하여, 결국 로마적 요소가 가톨릭적 요소를 압도했기 때문이다. 하지만 온갖 뒤얽힘에도 불구하고, 다음 두 가지는 근본적으로 구별해야 한다:

- **가톨릭 교회**: 아우구스티누스와 레오 1세 이래 그리스도교의 본질을 중세 반종교개혁 반근대 패러다임 안에서 보존해왔고, 2차 바티칸 공의회와 더불어 다시금 모습을 더 뚜렷이 드러냈다.

- **로마 체제**: 11세기에 돌출하여 교황과 교황청에 전제군주제적 교회 통치권을 부여했으나(그 통치권은 동방 정교회들과 개신교회들에게 단호히 거부되었고, 가톨릭 내부 개혁파들에게도 수백 년 비판받아 왔다), 교황령을 상실함으로써 약화되었고, 2차 바티칸 공의회에 의해 결정적으로 와해되었다.

아무튼 이론의 여지 없는 것: 이 패러다임의 본질적 구성요소인 **교황직**은 특히 고대 후기와 중세 초기 그리고 중세 전성기에 서방교회의 **일치와 자유를 확보하는 데 막대한 공헌**을 했다. 민족 대이동 · 국가 질서의 전반적 와해 · 옛 제국 수도의 함락 시기에 로마교회는 팔팔한 게르만 민족들로 하여금 실로 귀중한 고대 유산을 보존케 함으로써 문화적 공헌을 했을 뿐 아니라, 또한 게르만 교회들을 창설 · 후원함으로써 참된 사목적 공헌을 했다. 그리고 근(현)대에 이르기까지 가톨릭 교회가 비잔틴 황제들, 게르만 제후들의 사유교회 제도뿐 아니라, 근대 민족국가들의 전제군주제적 야심에 맞서, 쉽사리 국가에 예속되지 않고 자신의 자유를 지켜올 수 있었던 것은 교황직에 힘입은 바가 매우 크다. 로마는 실제적 삶의 문제 · 법률 · 질서에 대해 본디부터 풍부한 감수성을 지니고 있던 로마적 전통에 터해, 전세계적 차원에서 참된 사목적 권위를 거듭 새삼 효과적으로 행사해왔다. 또한 교황의 사목적 복음선포 직무가 주교들의 그것과 함께 교회 안에서 자주 매우 중요한 기능을 수행해왔다(그 직무가 복음의 규범에 따라 그리고 학술적 신학과 학문 전반에 대한 자신의 기능적 한계를 유념하면서 수행된 곳에서는 어디서나)는 것도 이론의 여지가 있을 수 없다.

냉정한 사람일지라도, 가톨릭 신자 아닌 많은 사람들이 보여주는 가톨릭 교회에 대한 찬탄을 어느 정도는 제 것으로 체험할 수 있어야 할 것이다: 매우 풍부한 역사적 연속성, 초국가적 편재, 신앙에 터한 자기 정체성에 대한 찬탄; 효율적 기구, 잘 조직된 직무구조, 풍부한 전통의 예배, 이것이 없다면 유럽이 불쌍해질 오랜 세월에 걸친 문화적 업적에 대한 찬탄; 특히 무엇보다도 세상 어디서나 이 교회 안에서 (그리고 때로는 이 교회에도 불구하고) 자신의 그리스도인 실존을 생생하고 적극적으로 살아냈고 살아내는 그 무수한 사람들(가난한 자들·변두리로 밀려난 자들·차별받는 자들을 위해 헌신하는 사제들과 남녀 평신도들, 이 교회 안에서 그 온갖 것에도 불구하고 성사·기도생활·이웃사랑을 통해 하느님과 그리스도를 만나는 그 셀 수 없이 많은 사람들)에 대한 찬탄.

그러나 다른 한편 바로 **로마 체제**의 생성·발전 과정은 그리스도교의 이 셋째 패러다임 안에 얼마나 많은 **위험성**이 존재하고 있는지를 뚜렷이 보여준다: 참된 그리스도교적 권위 대신 너무나 자주 **교회중심의 권위주의**가 발견되거니와, 이것은 (앞에서 살펴보았듯이) 일종의 교의주의로 귀결된다. 다른 종파와 종교에도 이런 문제가 존재하는가? 성서 지상주의적 근본주의에 관해서는 종교개혁 패러다임(P IV)과 관련하여 다루게 될 것이다. 아무튼 나머지 두 예언자적 종교에는 그러한 교의주의 문제가 존재하지 않는다. 교의는 유다교에서도 이슬람교에서도 중심적 역할을 하지 않기 때문이다. 두 종교는 가톨릭교 안에서 1차 바티칸 공의회와 더불어 정점에 이른 고도로 발달한 교의학 같은 것은 전혀 갖고 있지 않다. 유다인들은 소박한 신앙고백 「쉐마 이스라엘」로 만족할 줄 아느니, 이것은 유다인들이 아침·저녁으로, 또 임종의 자리에서도 바치는 기도이다: "들어라(쉐마) 이스라엘아, 우리의 하느님은 야훼이시다, 야훼 한 분뿐이시다."[406] 무슬림들의 소박한 신앙고백("샤하다")도 이슬람교를 넘어 널리 알려져 있다: "**이 하느님 외에 다른 신은 없고, 무함마드는 그분의 예언자다.**" 이 간결하고 힘찬 신앙고백들을 트렌토 공의회의 신앙고백(그리고 1차 바티칸 공의회가 그것을 보충한 것)과 비교해볼 일이다〔*Denzinger*(4,858항)와 「가톨릭 교회 교리서」(2,865항)는 아예 차치하고〕.

그러면 다른 종교에는 권위주의가 전혀 존재하지 않는가? 슬프게도 유다교와 이슬람교에서도 권위주의의 한 가지 형태가 생성·발전했으니, 곧 **율법주의가**

그것이다. 사실 이론의 여지 없는 것: 세 예언자적인 유일신 종교는 모두 하느님과 인간의 관계맺음을 갈수록 법과 규정에 터해 실현코자 했고, 그럼으로써 신자들을 유사한 곤경에 몰아넣었다. 가톨릭 교회에 "교회법"이 있듯이, 유다교("할라카")와 이슬람교("샤리아")에도 더욱 엄격한 종교법 체계가 있다. 그리하여 이 세 종교에서 하느님의 진리와 지침은 결국 법률적으로 안전장치가 된 형태로 환골탈태되었다 — 하느님 계시의 기형화로서의 율법화. 그러므로 이 세 종교 모두에게 다음과 같은 절박한 물음들이 제기된다:

율법화와 종교의 관계에 대한 물음

신실한 유다인이라면 하느님의 명령인 토라의 의의를 원칙적으로 문제삼지 않을 것이다. 하느님 모상대로 창조된, 하느님의 비길 바 없는 계약 상대자인 인간에게 무질서한 자율이나 개인주의적 방종은 허용되지 않기 때문이다: 하느님의 윤리적 계명들은 오늘도 인간에게 의무를 지우고 있다. 그러나: 하느님의 계약 상대자인 인간에게, 특히 오늘날, 경건한 노예 근성과 율법에의 맹목적 복종을 강요해도 되는가? 하느님의 윤리적 계명들을, 오랜 역사를 지나며 형성되었고 많은 점에서 낡아버린 할라카 체계와 우악스레 동일시해도 되는가? 유다교에서도 이렇게 말해야 하지 않을까: 근본정신(Ethos)과 법은 좋다, 그러나 율법주의와 법제화法制化는 싫다!

신실한 그리스도인이라면 신약성서가 확증하는 유다교의 윤리적 계명들("십계명")과 예수의 말씀에서 비롯하는 지침들을 문제삼지 않을 것이다: 그리스도를 따르는 그리스도인은 어떠한 근본정신(윤리)에 터해 행동해야 하는지를 알고 있다. 그러나: 바로 가톨릭교 안에서 성서와 전통을 멀리 벗어나, 교회의 권위를 우상화하고, 권위에 대한 모든 비판을 이른바 누구나 받아들여야 하는 가톨릭 정통신앙을 위한다는 명분 아래, 비가톨릭적인 것으로 배척·탄압하지 않았던가? 바로 이 가톨릭교에서 구체적으로 교황과 주교들을 말하지 않고 추상적이고 익명적으로 "교도권"을 말하고 있는데, 성서에도 고대 전통에도 그 근거가 없고 "가르치는 교회"와 "가르침 받는 교회" 간의 비성서적 구별을 전제하는 이 용어는, 1차 바티칸 공의회의 교황 무류성 교의와 결부되어 지난 세기에 새삼 도입된 것이 아닌가? 또한 하느님의 윤리적 계명들이 교회법 체계와 동일시될 수 있는가? 그리스도인들도 이렇게 말해야 하지 않을까: 근본정신과 법은 좋다, 그러나 율법주의는 싫다!

신실한 무슬림이라면 「쿠란」에 담긴, 유다교 및 그리스도교 전통과 상응·일치하는 예언자의 윤리적 근본지침을 원칙적으로 문제삼지 않을 것이다. 하느님의 뜻은 「쿠란」에도 계명과 금령들 안에 구체화되어 있다. 그러나: 「쿠란」의 윤리적·예언자적 메시지가 이슬람교 역사가 흐르면서 흔히는 억압적 종교법 체계, 인간을 해방하기는커녕 오히려 일상의 삶에서 인간을 재갈물리는 율법적 권위주의가 되지 않았던가? 샤리아는 예언자의 원천적 지침들을 뒷전으로 내치지 않았던가? 그러므로 무슬림들 역시 이렇게 말해야 하지 않을까: 근본정신과 법은 좋다, 그러나 율법주의는 싫다!

로마 수위권의 앞날

사실 로마 체제는 종종 위대한 가톨릭 전통을 충분히 흡수했다. 중세적 패러다임은 초기 단계에서는 진보적이었고 다양성을 지니고 있었으나, 시간이 흐르면서 반동적으로 변했다. 그리하여 로마 체제는 서방의 중세적 패러다임을 율법화·중앙집권화·정치화·군사화·성직자중심화함으로써 더욱 획일적이고 빈곤하게 만들었으며, 그리스도교계가 동·서와 남·북으로 분열하게 된 책임을 져야 한다. 사정이 이러하니, 여기서 유명한 물음이 제기된다: "앞으로 얼마나 더?" 이 체제가 얼마나 오래 계속될 것인가? 영영세세? 아무튼 모르는 체할 수 없는 사실: **전제군주제적 교황직**은 세월이 흐르면서 **일치운동을 저해하는 가장 심각한 문제**가 되었다. 이 사실은 일치운동에 개방적인 최초의 교황 바오로 6세 자신도 시인한 바 있다: 교황직은 일치의 반석이 아니라, 일치운동을 위한 상호이해로 나아가는 길을 가로막고 있는 바위덩어리라고.

로마 가톨릭 교회의 이러한 상황에 직면하여, 누구보다도 가톨릭 신학자들은 공개적이고 당당하게 **교회를 비판**할 권리와 의무를 지니고 있는 것이 아닐까? 뿌리를 흔들어대고 있는 역사의 전개과정에 직면하여, 공식적 복음선포·전례·규율·사목이 의식적이든 무의식적이든 성서적 요점을 흐리고, 원천적 균형을 왜곡하여 부차적인 것을 근본적인 것으로, 중요한 것을 하찮은 것으로 만들어버리는 곳에서는 어디서나 우려와 숙고를 표명·제시할 의무가 있지 않을까? 또한 가톨릭 신학자들은 교회의 권위 스스로가 그리스도교의 진리를 은폐 또는 망각하고, 자신의 오류와 사이비 진리는 간과·부인하거나 혹은 심지어 널리 퍼뜨리는 것에 대해서도 저항해야 하지 않을까? 가톨릭 신학자들이야말로 실로 철저하게 핵심, "성서라는 중심", "진리들의 위계", **"그리스도교의 본질"**에 사람들의 주의를 거듭 새삼 환기시켜야 한다. 이것이 그들의 사명이다. 이러한 방법을 통해, 교회의 권위는 손상되는 게 아니라, 오히려 온갖 권위주의를 거슬러, 신뢰할 수 있는 것으로서 새로이 생성·관철된다. 이 말은 바로 로마 수위권의 미래에 관한 물음에도 그대로 적용된다. 여기서 신학적으로 책임있게 말할 수 있는 것은 무엇일까?

우리의 패러다임 분석에 터해, 유념해야 할 것: 베드로의 **재치권적 수위권**의 존재, 더 나아가 그 수위권의 **계승**, 아니 심지어 **로마 주교**에 의한 계승에 관한 모든 긍정적 논증은, 오늘날 가톨릭 성서주석학과 역사학의 관점에서 볼 때에도 거의 극복할 수 없는 **난점들**에 봉착해 있다. 지금까지 내가 진술해온 바에 따르면, 로마 주교들이 베드로의 수위권을 직접적이고 **역사적으로** 계승해왔음을 설득력있게 입증할 수 있는 가능성은 극히 희박해 보인다.

그러나 그러한 계승을 성서주석학적·역사학적으로 입증하기가 거의 불가능하다고 해서, 다음 사실 또한 부인되는 것은 아니다: **전체교회 안에서 한 개인의 수위권**은, 정교와 개신교의 많은 신학자들의 견해에 따르더라도, 성서와 상충되지 않을 뿐 아니라 오히려 성서에 상응하며, **의미심장한** 것일 수 있다. 그 수위권의 계승이 (원칙적으로 은사를 통해서만 가능한) **성령 안에서의 계승**, 베드로의 사명과 과업, 베드로의 증언과 정신의 계승, 요컨대 **교회의 일치와 건설**을 참으로 실천하는 **봉사의 수위권**의 계승인 한에서 그러하다. 미국의 교황사가 브라이언 티어니는, 이탈리아 교회사가 쥬셉페 알베리고의 주도하에 "20세기 말의 교회 쇄신과 베드로 직무"에 관한 조직적 논구를 전개한 국제 신학잡지 (*Concilium*) 특별호에서, "근대의 교황직은 베드로의 권위의 여러 가능한 모델 가

운데 하나일 뿐이다. 다른 모델도 많이 존재한다"라고 확인한다.[407]

그리고 가톨릭 교의학자이자 현재 로텐부르크-슈투트가르트 주교인 발터 카스퍼도 이렇게 쓰고 있다: "교회의 교리를 아무리 신중하게 해석해도, 성서적 원천과 역사적 전개·발전 사이의 차이는 언제나 뚜렷이 남는다. 우리는 이 발전과정을 신약성서적 소인素因의 연역적 혹은 진화적인 **단순한** 자기전개로 이해할 수는 결코 없다. 우리는 새 시대를 열었던 단절과 변혁을 간과해선 안된다. 전개·발전만 있었던 게 아니라 협소화도 있었고, 이단논쟁과 과소평가만 있었던 게 아니라 마찬가지로 유해한, 그야말로 신성모독적인 형태의 교황숭배에 이르기까지의 과장도 있었다."[408]

그러나 일치에 헌신하는 그러한 봉사적 수위권은 그저 명예 수위권에 그치는 것이 아닐까? 그렇지 않다. 그것은 복음 정신에 터한 사목적 수위권인바(전형적 베드로 관련 구절인 마태 16,18; 루가 22,23; 요한 21,15-17의 의미에서), 레오 1세·그레고리우스 7세·인노켄티우스 3세·비오 교황들·요한 바오로 2세의 본보기를 따르지 않고, 그레고리우스 대교황과 요한 23세의 본보기를 따르는 수위권이다.[409] 그러한 베드로 직무는 우선적으로 개별 교회들의 일치를 위해 진력하고, 동시에 로마 가톨릭 교회의 대표자로서뿐 아니라, 오늘날 하나뿐인 세상의 전체 그리스도교계를 대표하는 목소리로서 봉사해야 한다. 그러한 사목적 봉사 수위권에 대해서는 정교와 개신교의 많은 신학자들도 전혀 이의를 제기하지 않을 것이다.[410] 전세계 그리스도교를 진지하게 염려하는 사람들, 참된 가톨릭성을 실로 소중히 여기는 사람들은 로마 체제의 교의적·율법주의적 자기속박을 복음에 비추어 비판적이고 동시에 책임성있게 재고하게 될 것이다. 가톨릭 교회 그리고, 내 생각으로는, 전세계 그리스도교 역시 베드로 직무를 필요로 한다. 그러나 로마 체제는 언젠가 생겨났듯이, 또 언젠가는 (교황령처럼) 사라질 것이다. 사실 그것은 그리스도교, 아니 가톨릭 교회의 본질에 속하지 않는다.

그러므로 여기서 온갖 역사적·비판적 반문들을 되풀이하는 것은 부질없는 일이니, 나는 1970년 교황교의 선포 1백주년에 즈음하여 「오류 없음? 하나의 물음」에서 그런 반문들을 매우 근본적으로 제기한 바 있다. 또한 나는 다른 신학자들과 함께 종파들간의 국제적이고 폭넓은 토론의 결실을 1973년 「오류 있음? 하나의 결산」에 종합·정리했다. 로마 사람들은 자기들에게 제기된 근본적인 물음들에 대답할 필요가 없으며, 되려 다시 한번 (신학적으로 근거 없고 법률적으로 논란의 여지 많은) 강압적 조처들을 통해 물음 자체를 억눌러버릴 수 있으리라 믿었으나[411], 오히려 역효과를 초래했음이 뚜렷이 밝혀졌다.[412] 왜냐하면 그러한 조처의 결실이라고는, 교황의 무류성을 오늘날 적어도 발전된 산업국가에서는 개신교·정교 신자들과 비그리스도인들뿐 아니라, 대부분의 가톨릭 신자들도 배척한다는 사실뿐이기 때문이다.[413]

그러므로 여기서는 (내 나름대로 제반 문제 상황을 역사적·체계적으로 설명한 것에 터해) 다만 "미래를 위한 물음"의 형식으로, 내가 1979년에 지금까지 이야기한 내용을 종합·요약한 글 「교회 — 진리 안에 서 있는가?」 말미에서 지극히 공손하게 했던 간청(이 간청에 대해, 같은 해 로마는 꼼꼼한 논증이 아니라 방자한 권위로 응답해주었다)을 되풀이하는 것으로 그치겠다. 셀 수 없이 많은 가톨릭 신자들(평신도·사목자·신학자·주교)은 전세계 그리스도교를 위해 극히 중요한 이 문제가 건설적으로 해결될 수 있고, 또 그래야 한다고 확신하고 있다.

미래를 위한 물음

● 새로운 교황(직) 아래에서, 객관적 사실성·학문적 성실성·공정성 정의에 터해, **무류성 문제가 새로이 논구될 수 있고, 또 그래야 하지 않을까?**

● 이 문제 해결을 위해, 여러 분야(성서주석학·교의사·조직신학·실천신학 그리고 신학 이외의 관련 학문들)의 국제적으로 인정받는 전문가들로 이루어진 **범교회(파) 위원회**를 설치할 수는 없을까?

● 논구에 있어, 지금까지 그랬듯이 부정적·비판적인 면에 중점을 두기보다는 긍정적·건설적인 면을 강조해야 하며, 또한 **교회는 온갖 오류에도 불구하고 진리 안에 머문다**는 것은 그리스도교의 원천적 소식과 위대한 가톨릭 전통에 튼실한 근거를 두고 있지 않은가. 따라서 오늘날에도 교회 안에서 훌륭히 살아갈 수 있지 않은가라고 물어야 한다.

이 물음들은 나의 소망과 결부되어 있다: 나는 가톨릭 교회가 로마 가톨릭 패러다임 안에서, 다시금 보다 참된 **복음적 가톨릭성**[414]을 뚜렷이 드러낼 수 있기를 소망한다:

— **시간** 안에서의 가톨릭성(보편성): 가톨릭 교회는 온갖 파괴적 근본주의를 거슬러, 그 모든 단절을 무릅쓰고 끝까지 관철되어온 신앙과 신앙공동체의 **연속성**이 복음에 터해 새로이 빛나도록 해야 한다. 진리는 훼손·왜곡·분쇄되지 않는다는 신념에 터한 보다 참된 복음적 철저성.

— **공간** 안에서의 가톨릭성: 가톨릭 교회는 온갖 해체적 개별주의를 거슬러, 모든 국가·종교·인종·계급을 아우르는 신앙과 신앙공동체의 **보편성**(세계성)을 참된 중심, 곧 복음에 터해 실현해야 한다. 정당한 다양성·동료성·다원성·형제자매애.

이 물음들의 절박성은 누구나 알고 있다. 그러나 이제 우리가 중세적 반종교개혁 반근대 패러다임(P III)에 대한 분석을 끝내고 종교개혁 패러다임(P IV)을 분석하게 되면, 그 절박성은 더욱 뚜렷이 드러날 것이다.

<분>

종교개혁의 개신교 복음 패러다임

11세기 그레고리우스 개혁과 로마 가톨릭 패러다임의 대두 이후, 루터의 종교 개혁만큼 서방 그리스도교계에 엄청난 결과를 가져온 중대사건은 없었다. **마르틴 루터**는 16세기에 새 시대의 개막을 선포했다: 교회와 신학, 아니 그리스도교 전체의 또하나의 패러다임 전환, 중세 로마 가톨릭 패러다임(P Ⅲ)을 버리고 종교개혁의 복음 패러다임(P Ⅳ)으로의 전환 말이다. 이 문제에 관한 역사적 연구는 하도 많으므로, 이 장도 몇 가지 역사해석학적 고찰로 시작하기로 한다.

1 루터상의 변천

인물이 역사를 만드는가 아니면 그 반대인가라는 물음을 둘러싸고, 오늘날의 역사과학에서는 논란이 한창이다. 어느 쪽이 옳은가?

구조와 인간의 변증법

요즈음 오래 무시되어왔던 **사회사**社會史가 각광을 받고 있는데, 이것은 구조적 조건들과 역사적 변화에 관심을 집중하며, 그토록 오랫동안 역사학의 중심에 자리잡고 있던 "세계사적 개인들"(헤겔)을 이제는 오히려 역사의 그늘 속으로 몰아내고 있다. 사실상: 사회사를 아우르지 못하는 교회사·신학사에는 교회의 기저基底, 평범한 신앙인들의 역사에 대한 통찰이 결여되어 있다. 바로 몇몇 도시와 지역에 관한 근년의 사회사적 연구들(교회규율·시찰 보고서·풍속재판 기록·하급 학제學制에 대한 연구)은 "종교개혁"이 매우 복합적 사회현상이었으며, 그것이 관철되는 데에는 사람들이 오랫동안 생각해왔던 것보다 훨씬 긴 시간이 걸렸음을 뚜렷이 밝혔다.[1]

그러나 사회사의 테두리 안에서도, "농축된 그리스도교"의 시대라고 지칭되는 그러한 시기에는 어디까지나 **종교**에 핵심적 의의를 부여해야 마땅하다: 그러한 시기에 종교는 훗날 근대에서처럼 다른 여러 분야(학문·경제·정치·문화 등)와 병존하는 그저 하나의 "부분"이 아니라, 사회생활의 모든 것에 삼투하는 "차원"이었거니와, 사회사적 서술도 이 차원을 부당하게 간과해서는 안된다. 아무튼 종교개혁적 패러다임이라는 테두리 안에서는, 종교가 인간과 사회를 극히 활성화하고 동기를 부여하고 영감을 고취하는 (긍정적 혹은 부정적 결과를 낳는) 강력한 동인動因이 될 수 있음이 분명히 드러난다.

오랜 기간 기능해온 사회적 동력들을 기술하는 것은 근본적인 의의를 지닌다. 그러나 그러한 사회사적 기술이 그 테두리 안에서 활동하는 구체적 인간들을 등한시해서는 안된다고 나는 생각한다. 바로 마르틴 루터의 활동은 우연적인 개개 사건들과 행동하는 인간들의 **사건사**가 결코 사회사의 역사적 과정의 한낱 표면이 아니라 중심에 자리잡고 있음을 실로 인상깊게 보여준다. 물론 **루터** 자신이 곧바로 종교개혁은 아니니, 그는 많은 종교개혁가들(에라스무스·칼슈타트·멜란히톤·츠빙글리·부커 등)과 함께 고찰되어야 한다. 그러나 어쨌든 루터는 그 누구와도 비길 수 없이 처음부터 **종교개혁 프로그램을 체현**한 인물이며, 또 지금도 그렇게 남아 있다. 그는 역사 곳곳에서 작용하는 구조와 인간의 변증법의 대표적 본보기다(나는 「유다교」에서 이러한 사례로 다윗 왕을 꼽았다)[2].

레오폴트 랑케의 「종교개혁 시대의 독일 역사」(1839~47)[3] 이래, 비로소 **종교개혁**이라는 개념이(이 개념은 18세기에 들어설 때까지만 해도, 교회 영역의 사건이나 더 나아가 루터의 운동을 국한하여 지칭하는 용어가 아니었다) 루터의 이름과 결부된 명백한 시대개념이 되었다. 여기서 자기비판적으로 유념해야 할 사실: 역사에 엄청난 영향을 끼친 인물들의 **상**像은 역사의 흐름과 더불어 변화하고, 또 흔히는 시류에 영합하게 되는데, 바로 이 비텐베르크 출신 남자의 경우 그러한 점이 매우 두드러지게 나타난다. 역사적 사실과 역사서술, 역사적 인물과 그의 상은 동일하지 않다. 인물들의 상은 변할 수 있다. 과연 개신교와 가톨릭의 루터상은 지난 5백 년 동안 매우 크게 변해왔다[4].

개신교의 루터상

개신교의 루터상은 (어찌 그렇지 않을 수 있으랴) 시대의 이상에 따라 변해왔다. 루터, 하느님이 파견하신 원천적 복음의 예언자: 루터의 동시대 복음주의자들은 그를 온전히 실존적으로 그리고 이상화하여 그렇게 간주했다. 루터, "순수한 교리"의 복원자: 루터교 정통파들은 그를 보다 주지주의적으로 그렇게 이해했다. 루터, 경직된 정통교리의 논박자, 기도의 인간이요 믿음의 영웅, 회심을 촉구하는 경건한 신심의 본보기요 하느님 자비에 대한 신뢰의 귀감: 경건파들에게 루터는 그런 모습으로 소중했다.

계몽주의에서는 전혀 달랐다: 여기서 루터는 양심의 억압으로부터의 해방자, 이성의 선봉전사, 미신의 적대자였다. 질풍노도 운동에서는 또 달랐다: 거기서 루터는 어학의 천재였다. 독일 고전주의·관념주의·낭만주의에서는 다시금 달랐다: 그곳에서 루터는 새 시대의 개척자였으나, 훗날 복고로 급선회한 보수주의자였다. … 특히 19세기에는 보수적·루터교적 해석과 진보적·신개신교적 해석의 온갖 이형변체가 존재했다. 또한 루터는 갈수록 독일인들에게 문화적 자극과 충동을 불러일으키는 위인으로 등장했고, 그리하여 민족주의와 국가사회주의(나치) 시대에는 "영원한 독일인"으로 찬미될 수 있었다.

우리 세기 초에 칼 홀과 특히 칼 바르트의 도전은 진보·보수적 루터상의 대립을 뛰어넘고 민족·국가적 신화에서 풀려난 루터상을 창출해냈다. 그때부터 루터는 더 신학적으로, 하느님의 사람으로 이해되었다: 하느님의 말씀·은총·자유의 증거자, "십자가 신학"의 주창자, 아니 신학적인 "말(言)의 사건"(에벨링)으로. 또한 개신교 신학으로 하여금 루터상을 이상화하는 대신, 엄정한 원전 연구 위에 바로 세울 수 있게 한 것은 20세기의 역사적 연구였다. 여기서 방대한 자료〔루터의 완숙기(강의·설교 노트), 특히 젊은 시절의 것들(초기의 강의 원고)〕가 수집·해석되고 세상의 빛을 보았다. 이리하여 **이 종교개혁가의 복합적 성격과 신학의 발전과정**을 여러 단계와 대극성對極性 안에서 **세분하여 판단**할 수 있게 되었다. 그리고 역사적 연구는 이제 일치운동을 위한 교차점을 제공하고 있으니, 바로 여기서 오늘날 개신교와 가톨릭의 루터상은 점점 가까워지고 있다.

가톨릭 교회의 루터상

가톨릭 교회의 루터상은 오랜 세월 미움에 의해 꼴지어져 있었다. 사람들은 — 마치 루터에게 가장 큰 책임이 있다는 듯이 — 루터가 교회를 분열시킨 것을 오랫동안 용서하지 않았다. 사람들은 루터를 지독히도 배척한 신학자 요한네스 코흘레우스의 서술을 오랜 기간 곧이곧대로 받아들였다. 20세기에 들어올 때까지 루터에 대한 가톨릭의 모든 기술은 직·간접적으로 코흘레우스의 서술에 의존해왔다. 다행히 이제 그런 시대는 지나갔다. 그러나 16세기의 코흘레우스·에크·벨라르미노로부터 19세기의 묄러·될링어·얀센·데니플레·그리사르를 거쳐 20세기의 메르클레와 키플 그리고 마침내 헤르테·예딘·로르츠·이설로에게까지 이르는 길은 참으로 멀고도 멀었다.

이것이 구체적으로 의미하는 바: 코흘레우스와 그를 따르던 무수한 사람들에게 루터는 4백 년 동안 어디까지나 타락한 수도자·선동적 자유사상가·혁명가·이단의 괴수·교회와 제국의 분열자였거니와, 될링어에게조차도 그는 범죄적 인간이었으며, 20세기의 데니플레에게는 거룩한 면이라곤 도무지 찾아볼 수 없는 인간이었고, 그리사르에게는 정신병자였다. 그러나 마침내 가톨릭의 새로운 루터상 창시자 로르츠에게는 루터가 천재적이고 비장하며, 거의 해결할 수 없는 어려운 내·외적 문제들에 얽혀들어간 종교적 인간, 깊은 신앙에 터해 살고 기도했던, 개인적으로는 진짜배기 그리스도인이요 개혁가이다.

얀센이 (랑케에게 보낸 답변에서) 종교개혁을 교회·문화·자유에 파괴적 결과를 초래한, 모든 삶의 영역의 붕괴라는 테두리 안에서의 정치적·종교적 혁명으로 기술하려 시도한 반면, 로르츠는 중세 말엽 교회의 폐해들을 무자비하게 까발림으로써, 루터가 뒤집어쓰고 있던 교회분열 책임의 큰 부분은 루터 몫이 아님을 밝혀주었다. 이로써 로르츠는 **그 종교개혁가를 종교적 인물로** 그리고 종교개혁을 종교적 사건으로 **긍정적으로 이해**하는 길의 선봉에 나섰다. 아니, 더 나아가: 이미 요한네스 헷센은 루터를 그저 한 사람의 종교적 인간으로 묘사하는 것을 넘어, 교회 안의 주지주의·도덕주의·제도주의·성사주의에 맞서 마땅한 투쟁을 벌인, 언제나 다시금 꼭 필요한 "예언자적 인물"의 대표자로 묘사했다. 그러므로 루터는 일치를 파괴한 주관주의자였다거나 신학적으로 편협했다고 경솔하게 비난(로르츠조차도 종종 이렇게 하고 있다)하지 않는 것이, 가톨릭의 새로운 루터상을 정립하는 데 매우 중요하다.

"청년 루터"의 신학적 발전과정을 심층심리학적으로 아버지 콤플렉스로부터 연역해내려는 미국의 정신분석학자 에릭 에릭슨의 흥미있는 시도 역시, 지식의 증대는 가져다줄지언정 결정적으로 중요한 점에서는 한 걸음도 더 나아가지 못한다. 왜냐하면 루터 삶의 극적 전환에는 유년기나 청년 시절보다 뭐라 해도 신학 연구와 수도원 생활이 더 중요했기 때문이다. 그리고 그에게는 아버지 문제보다 묵시록적 지평에서의 하느님께 대한 물음이 훨씬 중요했는데, 이러한 사실은 네덜란드의 종교개혁 전문 역사학자 헤이코 오베르만이 루터에 관한 그의 저서에서 잘 밝혀주었다. 다시 말해서: 루터는 그저 전기(傳記)적·심리학적으로 해석되어서는 안되며, 그의 활동과 저작의 중심에 입각해서, 역사적·신학적으로 이해되어야 한다. 그러면 이 중심은 무엇이었던가? 루터 신학의 중심은 (널리 의견이 일치하거니와) 죄인의 의인義認이었다.

물론 루터의 활동과 저작의 이 중심은, 종교개혁의 전반적 원인들을 충분히 알아야 올바로 이해할 수 있다. 그 원인들은 우리가 중세 말엽 로마 가톨릭 패러다임(P Ⅲ)의 위기를 다루면서 이미 살펴보았으므로, 여기서는 그저 짧게 요약하기로 한다(전기적 세부사항에 관해서는 나의 책 「위대한 그리스도교 사상가들」을 참조하기 바란다).

② 근본 물음: 하느님 앞에서 어떻게 의인되는가?

오래 전부터 너무나 많은 일들이 기존하는 총체적 구조를 철저한 변혁에로 몰아대고 있었다. 그러므로 루터가 열망하던 개혁의 내용들 가운데 전적으로 새로운 것은 거의 하나도 없었다. 그러나 시간이 아직 무르익지 않았다. 마침내 이제 때가 도래했고, 그 열망들을 함께 아우르고 말을 통해 전달하고 제 몸으로 체현할 종교적 천재가 필요할 따름이었다. 루터는 그런 시대에 그런 사람이었다[5].

루터의 종교개혁은 왜 일어났는가?

종교개혁에 앞서 새로운 **세계사적 패러다임 전환을 준비**한 것은 무엇이었던가? 무엇이 구조적 조건들을 무르익게 하여, 새 시대를 여는 변혁이 일어날 수 있도록 했던가? 그것은 위기로 치닫는 현상들의 총체적 증후군이었다[6]:

— 교황의 세계 지배권의 와해, 서방교회의 분열과 2~3명의 병립교황, 민족국가들(프랑스 · 영국 · 스페인)의 부상.

— "교회의 머리와 지체들의 개혁"을 위한 개혁 공의회들(콘스탄츠 · 바젤 · 페라라-피렌체 · 라테란)의 실패.

— 화폐경제에 의한 현물경제의 대체, 인쇄술의 발명과 교육 및 성서 지식에 대한 광범위한 갈망.

— 교황청의 전제군주제적 중앙집권주의, 방만한 재정정책, 개혁에 대한 고집스런 거부, 르네상스식 화려 · 위세 이데올로기, 부도덕성, 이탈리아 상업 · 무역에의 연루, 특히 베드로 대성당 신축을 위한 대사大赦 장사(독일에서는 이것을 교황청 착취의 극치로 보았다).

알프스 이북 지역에서도 물론 폐해가 하늘까지 닿았다:

— 귀족들에 의한 고위 성직 독점, 하급 성직자들의 위태로운 소외감, 부유한 영주 주교들과 수도원들의 속화.

— 독신법이 야기한 머리카락 곤두서는 악습들, 너무나 많은 교육받지 못하고 가난한 성직자 프롤레타리아.

— 교회조직의 반동성: 교회에 대한 이자 금지와 세금 면제, 재판권 보유, 성직자들에 의한 교육 독점, 동냥(탁발) 폐습 조장, 너무나 많은 교회 축일.

— 엄청나게 복잡해진 교회법에 의한 교회 · 신학 · 사회의 질식화.

— 급진적 교회 비판자들(위클리프 · 후스 · 마르실리우스 · 오컴 · 인문주의자들) 그리고 신학의 불확실성과 방향상실.

— 끝으로 민중들의 경악스러운 미신과 성유물 존숭, 흔히 광신적 · 묵시록적 형태를 띤 종교적 신경과민, 허식화된 전례와 법정화法定化된 민중신심, 노동을 기피하는 수도자 · 성직자들에 대한 증오, 독일의 도시 식자층과 억압 · 착취당

하던 농민들 속의 불온한 기운 ··· 이러한 극히 복합적인 증후들은 실로 심각한 **사회의 총체적 위기**를 뚜렷이 드러냈으며, 동시에 그 위기를 극복해낼 수 없는 전통적 신학·교회·사회의 무능력 또한 분명히 드러냈다.

이렇게 패러다임 전환을 위한 모든 준비는 끝나 있었고, 새로운 패러다임을 믿을 만하게 제시할 사람이 필요했다. 역사는 그 한 사람을 위해 무르익었고, 그는 또한 역사를 만들어나갈 터였으니, **마르틴 루터**(1483~1546)가 바로 그 사람이었다. 그는 평범한 수도자였으나, 새 시대를 여는 예언자적 인물이 되었다. 이 젊은 신학박사가 처음에는 자신을 예언자가 아니라 그저 교회의 선생으로 여겼음이 확실하다. 그러나 아무튼 루터는 중세 말엽의 엄청난 종교적 열망들, 신비주의와 인문주의 그리고 유명론과 민중신심 안의 강력하고 긍정적인 에네르기들, 좌절된 온갖 개혁운동들을, 직관과 영감에 터해 자신의 천재적이고 신심깊은 성격 안으로 포섭·정화하고 목표에 맞추어 농축·정제精製할 줄 알았으며, 또한 동시에 전대미문의 힘찬 말로 표현해냈다. 루터는, 아놀드 토인비의 용어를 빌린다면, 역사의 엄청난 "도전"에, 또한 역사적으로 마땅한 "응전"을 했던 것이다. 루터가 없었다면 종교개혁도 없었다![7]

아무튼 이것부터 묻자: 의인義認에 대한 루터의 이해부터가 이미 비가톨릭적인가? 결코 그렇지 않다! 우리는 루터 이전 신학과 루터의 연속성 및 비연속성을 제대로 가려 보아야 한다[8].

가톨릭 신자 루터

단절되지 않은 전통연계성이 루터의 의인관을 이전 시대의 교회 및 신학과 이어준다. 루터의 의인관에 있어 중요한, 부분적으로는 서로 얽혀 있는 네 가지 역사적 연속성에 관해 간략히 언급해야겠다: 루터가 수도원에서 마주친 가톨릭 신심, 그것과 결부된 중세 신비주의 그리고 아우구스티누스의 신학, 끝으로 오컴의 교설의 형태 안의 중세 말엽의 유명론唯名論.

가톨릭 신심? 인정해야 할 것: 전통적인 가톨릭 신심은 수도원에서 살던 루터를 위기로 몰아넣었다. 요컨대 루터는 완덕을 추구하는 수도자의 길을 평생토록 율법적 행업을 완수하고 하느님 앞에서 대단한 존재가 되기 위해 노력하는 것으로 인식했거니와, 그것은 그에게 양심의 평화와 내적 확신을 가져다주기는커녕 불안과 회의를 안겨주었다. 그럼에도: 루터는 자신의 위기를 겪어내며 가톨릭 신심의 정수를 구해냈다. 루터 수도원의 개혁지향적 장상 요한네스 폰 슈타우피츠가 루터에게 자신의 구원이 예정되어 있는지를 놓고 피 말리며 골똘히 생각하지 말고, 성서와 하느님의 구원의지 그리고 (그 앞에서는 자신의 선택 여부에 대한 불안이 사라지거니와) 십자가에 달리신 분의 모습을 보라고 충고한 것은, 그의 의인론에 특별히 중요한 의미를 지닌다.

중세 신비주의? 신비주의의 범신론적 특성 및 신적인 것과 인간적인 것의 경계 말소 경향은 물론 루터와는 아주 거리가 멀다. 이 신약성서 주석학 교수는 신비주의자가 아니었다. 그럼에도: 루터는 신비주의 사상의 재보로써 자신의 신학을 풍요롭게 만들었다. 루터가 아레오파기테와 클레르보의 베르나르의 신비주의를 잘 알고 있었을 뿐 아니라, 신비주의 저작 「독일 신학」을 발굴하고는 매우 기뻐하며 깊이 연구한 후 1515~16년(완전히는 1518년) 출판했으며, 또한 신비주의자 타울러를 가장 위대한 신학자의 한 사람으로 칭송·추천한 것은 널리 알려진 사실이다. 홀로 영광받아 마땅하신 하느님 앞에서 자신은 아무것도 아닌 가련한 존재라는 루터의 겸비謙卑, 나아가 행업신심은 허영과 자만, 그리고 하느님 이반으로 귀결된다는 루터의 통찰, 끝으로 루터가 특히 예배용으로 편집된 시편 말씀에서 깨달은 고통받는 그리스도에 대한 믿음 — 그의 의인론에 결정적으로 중요한 이 모든 것은, 중세 신비주의의 전통적 재보였다.

아우구스티누스의 신학? 루터의 위기에 특히 중요한 계기가 된 것은, 아우구스티누스가 펠라기우스를 반대하여 전개·발전시킨 예정론과 하느님의 완전한 사랑에 대한 이해였다. 루터는 일생동안 은총을, 아우구스티누스와는 달리, 보다 인격적으로 이해했다. 그럼에도: 루터의 의인관에서는 인간의 아집과 자기왜곡인 죄의 끝없는 파괴성 그리고 하느님 은총의 전능성에 대한 통찰이 결정적으로 중요한데, 루터는 이 통찰을 누구보다도 아우구스티누스로부터 배웠다. 따라서 루터는 중세 신학의 근본 구성요소의 하나인 아우구스티누스의 신학과 결속되어 있었거니와, 그는 매우 일찍부터 아우구스티누스의 「고백록」과 삼위일체·신국에 관한 방대한 저작들을 열심히 공부했다. 아우구스티누스는 아리스토텔레스를 수용하기 전의 초기 스콜라 신학과 중기 스콜라 신학의 할레스의 알렉산더와 보나벤투라에게 결정적 영향을 주었을 뿐 아니라, 토마스 아퀴나스와 그의 학파에게, 그리고 (비록 크게 밀려나긴 했으나) 중세 말엽에도, 소홀한 대접을 받지는 않았다. 그러므로 연속성은 삼위일체론과 그리스도론뿐 아니라 은총론에서도, 루터 자신이 의식했던 것보다 훨씬 강하게 보존되어 있었다. 이 점은 루터를 종교개혁으로 내몬 결정적 계기가 된 로마서 1장 17절이, 그 앞에서는 어떠한 죄인도 빠져나갈 수 없는 가차없이 심판하시는 하느님의 의義에 관해 말하는 것이 아니라, 하느님이 거저 선사하시는 의에 관해 말하고 있다는 사실에 의해서도 분명히 입증된다. 그런데 이러한 입장은 루터가 생각했듯이 아우구스티누스만이 주장한 것이 아니라, 가톨릭 학자들이 뚜렷이 밝혀준 바와 같이[9], 중세 신학 거의 대부분이 그러한 입장을 취하고 있었다.

오컴의 교설? 널리 알려진 사실: 루터는 의인론에서 후기 프란치스코 -오컴학파의 펠라기우스주의를 극렬히 배척했는데, 그것은 오컴 자신뿐 아니라 튀빙언의 영향력 많던 제자 가브리엘 빌과 빌의 제자요 루터의 스승이었던 우싱엔의 바르톨로메우스 아르놀디에게서도 발견된다. 그럼에도: 오컴 및 빌과 루터의 의인론 사이에도 연결로가 놓여져 있다. 그러므로 특히 토마스 학파가 중세 후기 신학 전반 그리고 특별히는 오컴의 교설(유명론)을 중세신학의 분해라고 비난하는 것은 전혀 온당치 못하며, 또한 다른 한편으로 개신교의 종교개혁 연구자들이 중세 후기 신학을 그저 루터의 의인론이 유독 밝게 빛날 수 있도록 해주는 어두운 배경 정도로 취급하는 것 역시 옳지 못하다. 따라서 루터를, 개신교 신학계에서 흔히 그렇게 하듯, 그저 바울로와 아우구스티누스에의 의존성 안에서만 고찰해서는 안되며, 오컴 및 빌과의 적극적 관련성 안에서도 고찰해야 한다: 예를 들어 루터의 하느님 개념의 특정 관점들(하느님의 절대주권 등), 하느님 호의로서의 은총 이해, 죄관觀, 의인에 대한 법률적 관점, 인간의 소망·자격·행업과는 무관한 하느님의 자유로운 인간 선택과 긍정과 관련하여.

이렇게 루터는 가톨릭 전통 안에 뿌리박고 있거니와, 가톨릭 신자들이 여전히 **루터를 통째**로 단죄할 수 있는가? 결코 **그럴 수 없다!** 과연 중세 가톨릭의 의화義化관과 루터의 새로운 의인관은 공통점을 너무 많이 가지고 있다. 이러한 통찰이 양측에게 주의를 환기시키는 것: 중세의 의화관은 아예 비복음적인 것이 아니며, 또한 거꾸로, 루터의 의인관은 아예 비가톨릭적인 것이 아니다! 다른 말로 해서: 양측 모두 마땅히 세분화·차별화하여, 음영농담陰影濃淡 가려가며 판단·평가해야 한다. 그러나 이러한 평가도 그 둘을 조화·일치시킬 수 없음은 물론이다. 오히려 그러한 평가는 온갖 연속성 속에서도, 동시에 비연속성을 직시하게 될 것이다: 루터의 결정적인 새로운 강조점 말이다.

종교개혁가 루터

교회사가들이 아니라 조직신학자들이 루터와 벌여야 하는 결정적이고 신학적인 대결이야말로, 그저 "가톨릭 신자" 루터를 (마치 그가 여전히 가톨릭 신자이거나 가톨릭 교회 안에 머물러 있기라도 한 듯) 상대로 해서는 안된다. 그 대결은, 이 점에 관해서는 가톨릭의 토마스·루터 전문가 오토 헤르만 페쉬가 주의를 환기시켰거니와,[10] 어디까지나 바울로 및 아우구스티누스와 함께 스콜라 신학 전체 그리고 특히 아리스토텔레스 교설과 맞서 싸우는 **종교개혁가 루터**를 상대로 하여 신학적으로 전개해야 한다. 특히 루터의 참으로 종교개혁적인 교설은 그저 그것의 교회사적·신학사적 그리고 개인적 전제조건들에 터해 심리적·역사적으로 설명해서는 안되며, 어디까지나 신학적으로 진지하게 고찰해야 마땅하다.

결정적 물음은 이것이다: 어떠한 **척도**로 루터를 평가할 것인가? 슬프게도 가톨릭 교회사가들조차 루터의 신학에 대해 사실상 역사적이라기보다는 교의적인 판단을 내리면서도, 이 자기비판적 물음을 거의 제기하지 않았다. 사람들은 흔히 트렌토 공의회를 판단의 척도로 삼았는데, 예딘에 따르면, 그 공의회 신학의 근본적 빈약성을 간과했다. 그러면 전성기 스콜라 신학(클레르보의 베르나르, 토마스 아퀴나스)을 척도로 삼으면 어떨까? 그러나 로르츠에 의하면, 그 신학의 가톨릭성(보편성)을 비판적으로 따져 묻지 않았다. 아니면 그리스·라틴 교부들의 신학을 척도로 삼을 수는 없을까? 하지만 프랑스 신학자들에 따르면, 그 신학과 성서의 상이점을 꿰뚫어보지 못했다. 그렇다면 마지막으로, 특히 대부분의 역사학자들이 학창시절부터 거의 무비판적으로 끌려갔던 교과서 신학은 어떨까? 그러나 그 신학은 내용적으로 볼 때, 신스콜라 신학·트렌토 공의회·전성기 스콜라 신학·교부신학의 요소들을 뭉뚱그려놓고, 그저 몇 군데에서만 새로운 신학과 성서주석학의 성과들을 받아들여 광을 낸 것에 불과하다.

그러므로 물어야겠다: 교회사가들이 **신학적** 판단을 단념하지 않겠다면(전문분야마다 그 한계가 있어 그런 열망은 존중해야겠지만), 루터의 신학 특히 그의 의인론과의 본격적이고 **성서주석학적인** 대결을 회피해선 안되지 않겠는가? 루터의 의인론과 성사론 아니 그의 신학 전체와 그 세계사적 폭발력은, 바로 교회와 교회의 신학을 성서에 원천적으로 증언된 예수 그리스도의 복음에로 돌아가게 하고자 한데에서 비롯하지 않았던가? 바로 이 전장戰場을 (성서 지식이 빈약해서건 찜찜해서건 아예 무능해서건) 멀리하면서, 도대체 어떻게 루터와 진검眞劍 승부를 할 수 있단 말인가? 다름아닌 여기, 이 전장에서 교회의 분열과 일치가 궁극적으로 판가름난다!

2차 바티칸 이후 가톨릭 신학도 **근본적이고 항구한 구속력을 지니는** 이 **최고의 척도, 곧 성서**·복음·그리스도교의 원천적 소식에 비하면 신스콜라적 교과서 신학·트렌토 공의회·전성기 스콜라 신학·교부신학은 부차적 기준들임을 인정하게 되었다. 하기야 그리스·라틴 교부들, 중세 신학자들, 트렌토의 교부들도 그리고 신스콜라적 교과서 신학자들 역시 성서를 근거로 끌어댔다. 물론 루터 자신도 성서 앞에서 책임을 져야 한다. 결정적으로 중요한 것은, 루터의 이러저러한 언명들이 토마스, 클레르보의 베르나르, 아우구스티누스 혹은 어떤 교황 교령의 저러이러한 진술들에서 발견되느냐 여부가 아니라, 그리스도교의 원천적 소식인 복음에 터해 있느냐 그렇지 않느냐이다.

루터가 옳았던 점

루터는 근본입장에 있어 신약성서에 바탕을 두고 있는가? 여기서 이 물음에 포괄적으로 대답할 수는 물론 없다. 그러나 의인론 부분에 관한 나의 지금까지의 연구[11]에 터해 암시적으로 대답할 수는 있겠다. 아무튼 내가 보기에 이론의 여지가 없는 것: 의인 사건에 관한 **루터**의 근본언명들, 즉 "오직 은총으로만", "오직 신앙으로만" 그리고 "의인이자 동시에 죄인" 등의 언명은 **신약성서에**, 특히 의인론에 결정적으로 중요한 바울로 서간에 **바탕을 두고 있다.** 이것들에 관해 핵심만 간단히 언급하기로 한다:

- "**의인**"이란 무엇인가? 신약성서에 의하면, 의인은 심리적으로 이해된, 인간의 주관 안에서 이루어지는, 그러나 초자연적인 것에 기인하는 과정을 의미하는 것이 아니다. 오히려 의인은 하느님의 자비로운 판결을 의미하는바, 이 판결 안에서 하느님은 죄스러운 인간의 죄를 헤아리지 않으시고 그리스도를 보아 그 인간을 의롭다고 선언하신다. 인간은 하느님께 의롭다고 인정받으며, 그리하여 실제로 의롭게 된다.

- "**은총**"이란 무엇인가? 신약성서에 따르면, 은총은 초자연적 힘의 공급, 영혼의 어떤 특질이나 성향이 아니며, 영혼의 본체와 기능들 속에 순차적으로 부어넣어지는 거의 물질적인 여러 가지 초자연적 실체들의 행렬도 아니다. 하느님의 은총은 활동적 호의와 애정이요 하느님의 인격적 행동이며, 바로 그렇기에 인간을 강력히 사로잡고 변화시키는 행동이니, 이러한 은총은 예수 그리스도 안에서 뚜렷이 드러났다.

- "**신앙**"이란 무엇인가? 신약성서에 의하면, 신앙은 지성적으로 진리들을 참되다고 인정함을 의미하지 않는다. 신앙은 통사람(丕人)이 하느님을 신뢰하면서 자신을 온통 내맡기는 것이니, 하느님은 인간을 신심행업이나 윤리적 업적이 아니라 오직 신앙 안에서의 신뢰에 터해 당신 은총으로 의롭다고 인정하시며, 또한 그리하여 인간은 이 신앙의 진실성을 사랑의 행동 안에서 입증할 수 있게 된다. 의롭다고 인정받은, 그러나 동시에simul 새삼 다시 죄인으로 확인되는 인간은 완성을 향한 길에서 거듭 새삼 용서가 필요하다.

오늘날 가톨릭 신학은 몇십 년 전에 비해 편견 없이 **성서의 실상을 제대로 보게** 되었고, 그리하여 또한 루터의 교설도 올바로 이해하게 되었다. 왜 그렇게 되었나? ① 가톨릭 성서주석학이 괄목할 만한 발전을 했고, 종교개혁 시대에 심히 논란되던 로마서나 갈라디아서 등의 구절들 해석에서도 종파적 견해차이를 거의 보이지 않는다. ② 트렌토 공의회와 그 공의회의 정식적 표현들의 시대예속성이 2차 바티칸 공의회에 의해 명백히 드러났다. ③ 로마의 교과서 신학은 (가톨릭 영역에서 이 신학의 거의 독점적 지배는 두 바티칸 공의회 중간 시기에 일치운동을 위한 상호 이해를 거의 불가능하게 만들었다) 오늘날의 새로운 문제들을 해결할 능력이 없음을 드러냈거니와, 지금 세계 곳곳에서 비난받고 있는 「가톨릭 교회 교리서」(1993)를 통해 또한번 드러내고 있다. ④ 2차 바티칸 이래 변화된 분위기는, 공의회 전엔 거의 기대하지 못했던 일치운동을 위한 상호이해의 무한한 가능성을 활짝 열어주었다. ⑤ 공의회 이래 의인(의화)을 둘러싼 토론은, 비록 해석에서 큰 차이가 있기는 하지만, 개신교와 가톨릭 의인론 간에 결코 극복할 수 없는, **교회를 분열시키는** 상이점은 발견하지 못했다. **의인론이 오늘날 더이상 교회를 갈라놓지 않는다**는 것은, 양측의 많은 공식 합의문서들이 확인해주고 있다.[12]

루터의 의인론과 관련하여 마지막으로 언명해둘 것이 한 가지 더 있는데, 이것에 관해 가톨릭 공식 당국은 지금까지 거의 한 마디도 언급하지 않았다: 루터는 1500년 동안 누구도, 심지어 아우구스티누스조차 못했던 일, 즉 사도 바울로의 의인론을 본디 뜻에 맞갖게 이해하고, 또 그것을 직접적이고 실존적으로 받아들이는 일을 해냈다. 이렇게 1,500년간의 왜곡·생매장·얼버무림·덧칠을 꿰뚫고 **바울로의 원천적 의인 메시지를 다시 찾아낸** 것은 찬탄해야 마땅한 엄청난 신학적 업적이다. 그렇기에 사실 **루터**의 정식 **복권**復權과 로마에 의한 파문 철회의 목소리가 드높다. 그러나 그의 업적은 중세 신심에 의해 촉발된 근본적인 영적 체험이 없었다면 불가능했을 것인바, 루터는 그 체험을 자신의 천부적 자질 덕으로 돌리지 않고, 온갖 회의와 절망을 거슬러 자비로이 선사된 확신의 덕으로 돌렸다. 왜 그러한 체험과 확신이 다른 누구도 아니라 하필 루터에게 선사되었을까? 그것에 관해 머리 싸매고 온갖 생각을 할 필요는 없다(혹시 정통성을 과신한 신학을 겸손하게 만들기 위해 그런 일이 일어난 것은 아닐까?).

그러나 이 모두가 바울로와 루터의 의인론 간에 상이한 출발점에 기인하는 차이점이 있음을 부인하는 것은 아니다: 개신교 학자들도 그동안 그러한 차이점, 특히 루터의 의인론의 지나치게 개인주의적인 특성을 확인했다. 또한 루터가 많은 저작에서 **일방성과 과장**을 종종 보여주고 있음을 부인하는 것도 아니다: "오직"solus이라는 낱말을 사용하는 여러 정식적 표현들, "창녀 이성"과 철학에 관한 여러 언명들 그리고 「선업善業에 관하여」 같은 저작들은 여전히 오해받기 쉬우며, 보완과 수정이 필요하다. 그러나 근본 지향은 그릇되지 않았다! 그 지향은 옳았고 (많은 결함과 일방성에도 불구하고) 그 지향의 관철도 정당했다. 이 이상의 결론을 이끌어내는 데는 (해결할 수 없는) 난제가 많다(특히 교회관·직무관·성사관 문제). 아무튼 이제 더 상세히 고찰하기로 하자: 복음으로 돌아감은 무엇을 뜻하는가? 루터가 1520년에 쓴 중요한 강령적 저작들에 터해, 이 물음에 답해보자.

③ 복음으로 돌아감

1520년은 마르틴 루터에게는 신학적 돌파의 해였으니, 그의 종교개혁의 강령적 주저主著들이 이 해에 저술되었다. 루터는 면밀한 계획 아래 신학 체계를 구축한 사람이 아니라, 신학 작업을 상황과 목표에 맞추어 선택적으로, 강력한 돌격처럼 수행한, 응집되고 시종일관한 프로그램의 인간이었다.

종교개혁의 프로그램

이 해의 **첫 저작**은 신앙인 공동체들을 상대로 독일어로 저술한, 강령적이라기보다는 교화敎化적인 방대한 규모의 설교집 「선업에 관하여」[13](1520년 집필 시작)다. 이 설교집은 근본적으로 중요하니, 그리스도인 실존의 근본물음, 즉 **신앙과 행업의 관계**, 신앙의 가장 그윽한 동기, 거기에서 이끌어져나오는 실천적 결론들을 집중적으로 다루고 있기 때문이다. 십계명을 따르건대, 오직 하느님께만 영광을 바치는 신뢰하는 **신앙**이 그리스도인 실존의 토대임은 두말할 것이 없다. 오직 신앙으로부터 선업도 생겨날 수 있고, 또 생겨나야 한다.

둘째 저작은 황제·영주·여타 귀족들을 대상으로 역시 독일어로 저술한, 이미 그토록 빈번히 표출된 독일 국민의 "고통"을 중심소재로 삼아 **교회 개혁**

을 강력히 촉구하는 「그리스도교 상황의 개선에 관해 독일 국가의 그리스도인 귀족들에게」[14](1520년 6월)이다. 이 저작은 세 가지 참람한 주장("로마중심주의자들의 장벽": ① 종교적 권력이 세속 권력보다 우위에 있다. ② 오직 교황만이 성서의 참된 해석자이다. ③ 오직 교황만이 공의회를 소집할 수 있다)으로 교회 개혁을 저지해온 로마 체제에 대한 그때까지의 가장 모진 공격이었다. 동시에 이 저작은 28개 항목의 포괄적이면서도 세부적인 개혁 프로그램을 제시하고 있다. 처음 12항목의 요구는 교황직의 개혁에 관한 것이다: 세속적·종교적 지배권 주장의 포기, 황제와 독일 교회의 자주성, 교황청의 온갖 착취 철폐. 그다음으로는 종교생활과 현세생활 전반에 걸친 개혁을 촉구한다: 수도원 생활, 사제 독신제, 대사, 연미사, 성인 축일, 탁발 수도회, 대학, 학교, 빈민 구호, 사치 근절. 이미 여기에 모든 신자들의 사제직에 관한 언명과, 신자들이 공유하는 사제적 전권을 공식적으로 행사하라는 위임에 터해 수행되는 교회직무에 관한 언명이 나타난다.

셋째 저작은 1520년 늦여름에 식자층과 신학자들을 상대로 라틴어를 사용하여 학술적 형식으로 저술한 「교회의 바빌론 유폐에 관하여」[15]이다. 이것은 성서주석학자 루터의 거의 유일한 본격적인 조직신학적 저작인데 (로마 교회법의 토대를 집중적으로 논박하기 때문에) **성사**에 새로운 근거를 제공하는 데 진력하고 있다. 루터에 의하면, 성사는 예수 그리스도 자신의 약속과 표지에 의해 성립된다. 그러므로 "예수 그리스도 자신에 의한 제정"을 성사의 척도로 삼는다면, 단지 둘(세례·성체 성사), 혹은 잘해야 셋(고해성사까지)만이 엄밀한 의미의 성사로 남는다. 나머지 넷(견진·신품·혼인·병자)은 교회의 경건한 관습일 뿐, 그리스도께서 제정하신 성사는 되지 못한다. 이 저작 역시 개혁을 위한 많은 실천적 제안을 내놓고 있다 — 평신도의 성혈 배령으로부터 무죄한 이혼자들의 재혼에 이르기까지.

가을에 출판된 **넷째 저작** 「그리스도인의 자유에 관하여」[16]는 첫 저작의 사상을 더욱 발전시키는데, 루터의 **의인관**을 고린토 전서 9장 19절과 관련된 두 가지 역설적 문장으로 요약한다: "그리스도인은 (신앙 안에서, 내적 인간을 따라) 모든 것의 자유로운 주인이며 누구에게도 예속되어 있지 않다." 또하나: "그리스도인은 (행업 안에서, 외적 인간을 따라) 모든 것을 섬기는 종이며 누구에게나 예속되어 있다."[17] 이 역설의 해결책은 신앙 안에 있으니, 신앙은 인간을 자유로운 사람으로 만들어, 자신의 행업을 통해 동료인간들에게 봉사할 수 있게 해준다.

이 네 저작에 종교개혁의 원생암석原生岩石이 들어 있다. 이제 루터의 궁극 관심사는 무엇이었던가, 그의 모든 저술에서 그를 몰아댄 것은 무엇이었던가, 저항·신학·정치의 깊은 동인은 무엇이었던가라는 물음에도 대답할 수 있겠다.

종교개혁의 근본동인

루터는, 그의 엄청난 정치적 폭발력에도 불구하고, 인간의 죄 예속성에 대한 실존적 고뇌 때문에 하느님의 은총을 붙들고 필사적으로 씨름한 믿음의 인간이요 신학자로 남아 있다. 루터의 근본 관심사는 단지 교회의 이루 말할 수 없는 폐해 특히 대사 장사에 맞선 투쟁 그리고 이러한 맥락에서 교황권으로부터의 해방이었다고 생각한다면, 그것은 너무나 피상적인 이해다. 루터 자신의 종교개혁적 열정과 엄청난 역사적 폭발력은 어디까지나 **교회를 예수 그리스도의 복음에로 돌아가게** 하고자 한 데에서 비롯했거니와, 그는 그 당위성을 **성서** 특히 **바울로 서간**에서 생생히 깨달았다. 이것이 구체적으로 의미했던 바[이미 여기서 중세 패러다임(P III)과 새로운 패러다임(P IV)의 결정적 상이점들이 뚜렷이 드러난다]:

- 수백 년 쌓이고 쌓인 온갖 전통·법률·권위들을 거슬러, 루터는 **성서의 수위권**을 천명했다: "오직 성서!"
- 하느님과 인간 사이의 수많은 성인들과 하고많은 공식적 중개자들을 거슬러, 루터는 **그리스도의 수위권**을 천명했다: "오직 그리스도!" 예수 그리스도는 성서의 중심이요, 따라서 모든 성서 해석의 척도다.
- 영혼의 구원을 얻기 위한, 교회가 규정한 온갖 경건한 종교적 보험 행위와 인간적 노력("행업")을 거슬러, 루터는 **은총과 신앙의 수위권**을 천명했다: 예수 그리스도의 십자가와 부활을 통해 당신을 드러내신 하느님께 대한 인간의 무조건적 신뢰와 "신앙으로만" 인간은 구원될 수 있다.

스콜라 신학이 "다층多層 사고"를 전개하는 데 반해, 루터의 신학에서는 **첨예한 대결對決 사고**가 두드러지는데, 여기서는 강조점이 뚜렷이 부각된다:

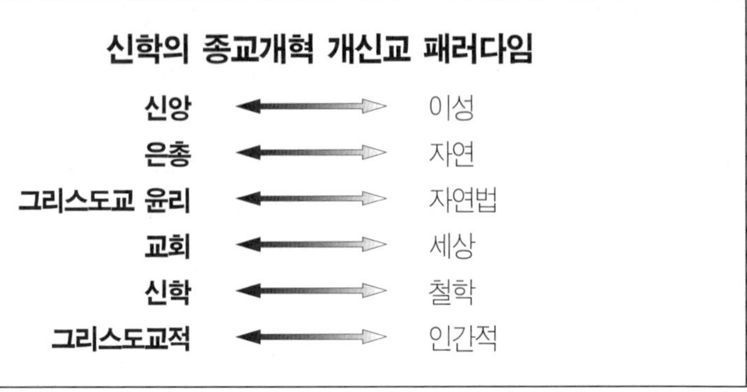

루터가 본디 번민하는 수도자로서 개인적인 양심의 고뇌를 익히 알고 있었지만, 그의 의인론은 개인적인 영혼의 평화 이상의 것을 겨냥하고 있다. 의인에 관한 루터의 신학은 복음 정신에 터한 **교회의 개혁에 대한 공적인 촉구**의 토대였거니와, 이 개혁은 이러저러한 교리의 새로운 정식화 따위가 아니라, 모든 분야에서의 교회생활 쇄신을 목표로 하고 있었다. 이러한 상황에서 **교황직에 대한 근본적 비판**은 피해갈 수 없는 것이었다. 그러나 그 비판이 겨냥했던 것은 개인으로서의 교황이 아니라, 로마가 강요하고 조장하던, 복음과 명백히 상충되는 제도적 관행과 구조들이었다.

모든 것은 결국 로마가 철저한 개혁 요구에 어떻게 대응하느냐에 달려 있었다. 그러나 로마는 방향전환의 어떠한 조짐도 보여주지 않았다. 오히려 그 반대였다: 레오 10세의 교황청은 저 먼 북쪽 지역의 그 이단적인 젊은 수도자로 하여금 즉시 자기 주장을 철회케 하거나, 아니면 (후스, 사보나롤라 그리고 수백 명의 "이단자들"과 "마녀들"의 경우처럼) 국가의 힘을 빌려 그를 화형 장작더미 위에 세울 수 있으리라 생각했다. 그러므로 (역사적으로 고찰하건대) 다음 사실은 이론의 여지가 있을 수 없다: 올바른 구원의 길과 복음에 대한 실천적 성찰을 둘러싼 논쟁이, 교회 안의 권위와 교황 및 공의회의 무류성을 둘러싼 본격적인 싸움으로 급선회하게 된 **주된 책임**은 루터가 아니라 **로마에게** 있다. 어쨌든 1521년 보름스 제국의회에 소환되어 성서와 이성 그리고 양심에 의지하여, 끝끝내 자신의 신앙을 견지하는 용기를 보여주었던 마르틴 루터는, 어디까지나 한 사람의 그리스도인으로 우리 앞에 서 있다.[18] 그는 국가(황제!)와 교회(교황!)의 온갖 탄압에 저항했다. 루터에게는 아무튼 분명했던 것: 그러한 교황은 신약성서가 예고한 반그리스도 Antichrist임에 틀림없다. 이러한 인식은 단순히 교황에 대한 루터의 공격이나 증오의 산물이 아니었다. 교황의 교설과 행동이 복음에 상충되었기 때문에, 사실 루터는 그러한 생각을 떨쳐버릴 수 없기도 했을 것이다.[19]

왜 루터는 주장을 철회하지 않았던가?

나는 성서의 증거 또는 명백한 이성적 근거에 의해 설복되지 않는 한 — 자주 오류를 범하고 자기모순에 빠진 교황도 공의회도 믿지 않으므로 — 내가 내세운 성서 말씀들에 끝끝내 충실할 것입니다. 그리고 나의 양심이 하느님 말씀에 사로잡혀 있는 한, 나의 주장을 철회할 수 없고 철회하지도 않을 것인즉, 양심을 거슬러 행동하는 것은 확실하지도 진실하지도 않기 때문입니다. 하느님, 도우소서. 아멘.

루터가 1521년 4월 18일 보름스에서 황제와 제국의회 앞에서 행한 연설 끝부분

종교개혁의 패러다임

루터는 보름스 제국의회에서 유죄판결을 받은 뒤 바르트부르크에 은거, 10개월에 걸쳐 다른 일과 병행하여 (에라스무스의 그리스어-라틴어 대역 성서를 토대로) **신약성서 번역**을 완성했는데, 이것은 표준 독일어의 권위있는 걸작이다. 사실 성서는 복음적 신심과 새로운 신앙공동체 생활의 바탕이 되어야 했다. 그리고 전적으로 성서를 토대로 하여 구축된 루터의 종교개혁적 패러다임은 이제 근본적인 비판에 봉착해 있던 중세 로마 가톨릭 패러다임의 진정하고 위대한 대안이 될 터였다. 개혁의 동인으로서의 복음!

인습적인 교회와 신학의 파행적 발전과 그릇된 행태에 대한 저항으로 표출된 복음에로의 복귀가 사실상 **교회와 신학의** 새로운 **종교개혁** 패러다임, 즉 **개신교 복음 패러다임**의 출발점이었다. 루터의 새로운 복음 이해와 의인론의 전혀 새로운 의의는 과연 신학 전체를 새로운 방향으로 나아가게 했고, 교회를

새로이 틀지었다: 그것은 슈테판 퓌르트너가 루터를 토마스 아퀴나스와 비교하며 지적한 대로, 참된 의미의 **패러다임 전환**이었다.[20] 신학과 교회에 있어서도 때때로 개별적 문제와 논문 등에 국한된 미소한 중간 영역에서뿐 아니라, 광범위한 영역에서도 **패러다임 전환 과정들**이 전개된다: 중세 신학으로부터 종교개혁 신학으로의 전환은, 비유하자면, 지구중심적 관점에서 태양중심적 관점으로의 전환의 경우와 흡사하다고 할 수 있다:

— 확실하고 친숙하던 개념들의 의미가 바뀌었다: 의인·은총·신앙·율법·복음; 혹은 그러한 개념들이 쓸모없는 것으로 폐기되었다: 실체·우유偶有·질료·형상 같은 아리스토텔레스의 개념들.

— 특정 문제와 해답들의 타당성을 결정하던 규범과 기준들이 전위轉位되었다: 성서·공의회·교황 교령·이성·양심.

— 물질적 성사론 등의 이론 전체와 사변적·연역적인 스콜라 신학의 방법론 자체가 크게 와해되었다.

루터와 토마스에게 각별히 정통한 게르하르트 에벨링이 루터에 관한 책[21]에서 (비록 너무 일방적으로 옛 패러다임을 희생시키지만) 인상깊게 밝혀준 것: 루터의 신학에서는 신학의 근본개념들이, 새로이 깨달은 복음에 터해 근본적으로 변했다. 그리스 전통 안에 있던 중세 신학은 물리학적·생리학적 범주들을 사용했다: 행위와 전상展相, 형상과 질료, 실체와 우유; 작용인因·자료인·형식인·목적인; 실현, 성장 … 등. 루터는 **인격적 범주들**을 사용했다: 자비로우신 하느님, 죄스러운 인간, 의롭다 선언하심, 신뢰, 확신. 저기서는 정태적 질서를, 여기서는 역사적 역동성을 중요시한다. 저기서는 아리스토텔레스의 논리학과 반대원칙을 선호하는 데 반해("전에는 죄인이었으나, 지금은 의인"), 여기서는 변증법적 사고방식과 역설적 표현을 선호한다("죄인이자 동시에 의인"). 여기서 근본적으로 중요한 것은, 루터가 (오리게네스나 아우구스티누스와 마찬가지로 지칠 줄 모르고, 독창적 언어를 구사하며, 또 언제나 현실과 결부하여 성서를 주석했지만) 오리게네스와 아우구스티누스의 우의寓意적 성서해석을 토마스보다 훨씬 단호하게 배척했다는 사실이다. 루터는 (바로 이것이 그의 패러다임 전환에 있어 결정적인 점이거니와) 엄격한 **문맥적·문법적 성서해석**의 토대를 놓았다.[22]

성직자와 평신도에게 큰 호응을 얻은 것은 특히 새로운 패러다임의 신학적·심미적·언어적 매력이었다. 많은 사람들이 루터의 해결책들의 내적 **응집성**, 근본적 **투명성**, 사목적 **효율성** 그리고 루터 신학의 진기한 단순성과 독창적 언어의 힘에 처음부터 매료되었다. 게다가 인쇄술, 설교집과 소책자의 홍수 그리고 독일 성가도 이 대안적 패러다임의 급속한 전파의 주요인이었다.

이리하여 그때까지 신학과 교회에 의해 인정받아온 갖가지 개념·방법론·문제 영역·해결책들의 거대한 복합체를 거느린 해석 모델이 변화하기 시작했다. 천문학자들이 코페르니쿠스·갈릴레이·케플러 이후 그랬듯이, 신학자들은 루터 이후 이를테면 **어떤 다른 것을 보는** 일에 익숙해졌다: 그때까지와는 다른 거대 모델의 맥락 안에서 보기. 다시 말해서: 사람들이 예전에는 보지 못했던 여러 가지가 이제는 인지되었고, 또한 거꾸로 사람들이 예전에 중요시했던 여러 가지가 간과·경시되었음도 물론이다. 간단히 말해서: 말씀과 신앙, 하느님의 의와 인간의 의인, 예수 그리스도의 중보직과 모든 신앙인의 보편사제직에 대한 마르틴 루터의 새로운 이해는, 신학 전체의 근저를 뒤집어엎는 **성서·그리스도중심주의적인 새로운 설계**로 귀결되었다. 바울로의 의인 메시지를 새로이 깨달음으로써 루터가 얻은 것:

- **하느님**에 대한 새로운 이해: 그분의 내적 본질에 관해 사변을 전개해야 하는 추상적인 하느님 "자신"이 아니라, 그분의 은총에 인간이 의지할 수 있는, 아주 구체적으로 "우리를 위해 계시는" 하느님.
- **인간**에 대한 새로운 이해: 자연-은총 도식 안에 있는 인간이 아니라, 율법과 복음·문자와 영·행업과 믿음·예속과 자유의 대결 안에 있는 인간.
- **교회**에 대한 새로운 이해: 관료주의적 권력·금융 기관이 아니라, 다시금 새로이 신앙인들의 공동체요 보편사제직으로서의 교회.
- **성사**에 대한 새로운 이해: 흡사 기계적으로 "은총"을 부여하는 의식이 아니라, 그리스도의 약속과 자비로운 하느님께 대한 신뢰의 표지로서의 성사.

이러한 새로운 신학적 성향에 비추어 보건대, **중세적 형태의 그리스도교에 대한** 총체적·근본적 **비판**은 사실 피할 수 없는 것이 아니었을까? 교리와 실

천에서 복음으로부터 이탈한, 속화되고 법제화된 교회에 대한 비판 말이다. 루
터는 마음 바탕이 보수적이었고, 비텐베르크 부재중에 벌어진 종교개혁 운동의
무도한 행태에 경악했으며, 자신의 개혁안들을 실천에 옮길 때에도 처음에는
매우 신중했다. 그럼에도 그의 비판은 곧장 혁명적 결과를 가져왔다:

— 라틴적인 **희생제사로서의 미사와 개인미사**에 대한 비판: 이제 예배의 중
심은 설교와 희생 사고에서 벗어난, 평신도도 성혈을 배령하는, 모국어로 집전
되는 공동 성찬례(평범한 빵 사용)였다. 곳곳에서 매일 미사 대신 설교가 행해졌다.

— 오직 한 분뿐인 주님이요 중보자이신 예수를 사실상 뒷전으로 밀어낸 교회
직무에 대한 비판: 사제 개념, 하느님이 제정하셨다는 교권제도, 교회법의 언
필칭 신적인 요소들의 폐기. 그 대신 공동체 의식과 교회직무의 봉사적 성격의
강화(사목자는 성찬례 집전 때 검은 색 예복을 입고, 신자들과 얼굴을 마주보고 섰다).

— **수도원 제도**와 종교적으로 허용된 구걸(탁발)에 대한 비판: 현세 직업을 하
느님의 소명으로, 천한 노동도 가치있는 것으로, 아니 일종의 예배로서 강조.

— 성서에 의해 정당화되지 못하는 교회 **전통**과 가톨릭 신자들 일상의 경건행
업들에 대한 비판: 그러므로 성인 공경 · 단식 규정 · 순례 · 축제 행렬 · 연미
사 · 성유물 존숭 · 성수 · 부적의 배척: 많은 축일(무엇보다도 성체 축일)의 폐기.

— 끝으로 성 · 여성 · 결혼 · 가정의 가치를 무시하고 그리스도인의 자유를 모독
하는 비복음적 **독신법**에 대한 비판: 사제 결혼에 대한 원칙적 찬성과 결혼 자
체의 가치 재평가(성사는 아닌, 그러나 "세속적이면서 거룩한 일"로서 교회 안에서 경사스럽게 거행).[23]

이론의 여지 없는 것: 종교개혁은 인습적인 로마 가톨릭 신자들에게는 그리
스도교의 참된 형태로부터의 이반을 의미했다. 그러나 복음 정신을 지닌 사람
들에게는 그리스도교 본디 형태의 복원을 뜻했다. 그들은 그리스도교 중세 패
러다임(P Ⅲ)을 기꺼이 포기했다. 로마는 종교개혁가 루터를 파문할 수 있었지
만, 급속히 퍼져나가며 온 유럽을 들끓게 하는 종교개혁 운동이 교회의 삶을
복음에 터해 근본적이고 새롭게 틀지어나가는 것을 더이상 저지할 수 없었다.
신학과 교회의 새로운 종교개혁 패러다임(P Ⅳ)은 얼마 되지 않아 튼튼히 자
리잡았다. 1525년부터 독일의 수많은 지역에서 종교개혁이 관철되었고, 1530

년 아욱스부르크 제국의회(「아욱스부르크 신앙고백」)에서의 조정이 실패한 뒤, 독일 개신교 영주들의 슈말칼덴 동맹이 결성되었는데, 이것이 루터의 종교개혁과 정치세력 간의 결속을 완전하게 만들었다.

그러나: 옛날 동방과 서방 간의 엄청난 교회 분열에, 이제 서방에서 덜 엄청나지 않은 남쪽과 북쪽 간의 교회 분열이 더해졌다. 이것은 국가·사회·경제·학문·예술에도 어마어마한 영향을 끼친 극히 중대한 세계사적 사건이었거니와〔여기서 그 영향을 (그 양면성을 포함하여) 약술한다는 것은 불가능하다〕, 그 신학적 물음은 오늘날도 여전히 절박하다: 루터의 종교개혁은 단지 또하나의 새로운 패러다임을 겨냥했던가, 아니면 혹시 또하나의 새로운 신앙을 겨냥했던가?

다른 신앙?

역사의 급격한 전개과정 추적을 잠시 멈추고, 마르틴 루터라는 인물 안에 체현된 이 패러다임 전환의 전형적 본보기를 곰곰이 되짚어보아야겠다. 그것은 이를테면 **신학에 있어서의 코페르니쿠스적 전환**이었다: 권력교회의 너무나 인간적인 교회중심주의를 버리고 복음의 그리스도중심주의로 나아감. 그 모든 것은 그리스도인 자유의 표지였으나, 그 자유는 물론 개신교 영역에서도 제한적으로만 실현되었다. 아무튼 루터의 경우엔 저 역사의 법칙성이 신학과 교회에 있어서도 오리게네스·아우구스티누스·토마스의 경우보다 훨씬 뚜렷이 확인된다〔왜냐하면 (이전 시대의 사회·교회·신학 안에서 모든 준비가 되어 있었음에도) 훨씬 신속·철저·혁명적이었기 때문에〕. 토마스 쿤[24]은 그 법칙성을 당시에 마찬가지로 준비되고 있던 자연과학 역사(코페르니쿠스·뉴턴·라봐지에·다윈·아인슈타인)에 있어서의 "과학혁명"으로부터 읽어낸 바 있는데, 나도 신학에 적용하기 위해 그 법칙성을 다섯 가지 경험명제로 정식화했다.[25] 루터의 경우에도 이 다섯 가지가 발견된다:

— **새로운 것에 대한 표준학문의 배척**: 모든 "개혁자들"처럼 루터도 (교회·국가·제도적으로 안전장치를 갖춘) 신학적 **표준학문**의 권위와 힘에 저항했다. 표준학문의 권위자·교과서들은 새것을 좋아하지 않았다. 그들은 자신들이 진리를 알고 있다고 믿었다.

— **전환의 출발점으로서의 위기**: 신학에서 관건이 되는 것은 자연과학에서처럼 그저 부단한 "유기적 발전"이 아니다. 사회에서처럼 교회와 신학에서도 언제나 다시금 관건이 되는 것은 **근본적 위기들**인바, 이것이 새로운 패러다임 창출의 출발점이 된다. 루터의 신학은, 무엇보다도 우선 위기의 신학이다.

— **새로운 패러다임 후보 없이는 패러다임 전환도 없다**: 대체되어야 할 패러다임은 그 전에 믿을만한 후임 모델을 필요로 한다: 새로운 "패러다임 후보"(쿤)[26], **특유한**, 새 시대를 여는 새로운 유형의 … 복음에 대한 믿음의 새로운 언어·이해 형식"(페쉬)[27], "**그리스도교에 대한 새로운 총체적 이해**"(차른트)[28] 말이다. 과연 여기서 관건이 되는 것은 그저 사소한 방향 수정이 아니라, 완전한 방향 전환이다. 이것은 "과학혁명" 이상의 것, "새 시대를 여는 전환"을 의미한다. 신학의 개념·방법론·기준·언어·문제지평들, 아니 보는 방법 전체의 변혁을 뜻한다.

— **전향에 있어서의 학문 외적 요인들**: 자연과학에서처럼 신학에 있어서도 새로운 패러다임의 수용 혹은 배척에는 **학문적 요인들** 외에 학문 외적 요인들도 작용한다. 이렇게 합리적으로 강요될 수 없는 새로운 모델로의 이행은 이를테면 일종의 전향(회심)으로 표현되어야 한다. 여기에는 합리적인 요인과 비합리적인 요인, "객관적" 요인과 "주관적" 요인, 사회적 요인과 개인적 요인이 함께 얽혀 작용한다. 만일 루터가 작센 사람·독일인·수도자·아우구스티누스 수도회원이 아니었다면 그리고 (또 한 명의 사보나롤라, 추기경들의 결탁에 대한 두려움을 지니고 있던) 교황이 이탈리아인·속된 인간·메디치 가문 사람이 아니었다면, 종교개혁의 역사도 달리 진행되지 않았을까?

— **패러다임 싸움 결말의 세 가지 가능성**: 자연과학에서와 유사하게, 신학에서도 격렬한 싸움이 한창일 때는, 새 패러다임이 옛 패러다임을 대체할지, 옛것 안에 흡수될지, 혹은 상당히 긴 기간 유보될지 예측하기 어렵다.

그러나 이것은 확실하다: 새로운 패러다임이 **수용**되면, 개혁은 시간이 흐르면서 전통으로 고착화된다. 이것은 루터의 경우에도 마찬가지였다. 또한 루터교에서만이 아니라, 개신교 영역 전체에서 그런 일이 일어났다. 그리하여 얼마

지나지 않아 개신교의 "정통", 새로운 개신교 표준신학이 생겨났거니와, 이것은 성서와 루터 저작의 자구字句를 맹신했고, 로마 체제가 그랬듯이 흔히는 이탈자와 이단자들을 도무지 관용할 줄 몰랐다.

개신교 영역 밖(특히 남부 유럽 국가들)에서는, 그러나 새로운 패러다임이 **배척**당했다. 교회의 새로운 분열〔이것이 오늘날 세계교회 그리고 독일과 유럽(또한 마침내 북남미 "신세계"도)을 종횡으로 찢어놓고 있다〕은 종교개혁의 피할 수 없는 결과였다. 마찬가지로 피할 수 없는 물음: 오늘날의 관점에서 이 패러다임 전환을 어찌 평가할 것인가?

④ 온갖 비연속성에도 불구하고 연속성 있다

장기적으로 볼 때 루터의 패러다임 전환은 교회와 사회에 엄청난 정치적 결과를 가져온 "학문적 변혁"이었다. 그러나 일부 마르크스주의적 역사서술에서 강변하는 것과는 달리, 루터는 **정치적 혁명가가 아니며**, 종교개혁 또한 초기 시민혁명이 아니다. 루터를 스파르타쿠스로부터 영국 청교도와 프랑스의 자코뱅 당원을 거쳐 마르크스·레닌·마오쩌둥에까지 이르는 세계사의 대혁명가들과 견주어서는 안되니, 그들은 당초부터 사회의 질서·가치·대표자들의 폭력적·정치적 전복을 목표로 했기 때문이다. 주지하다시피 루터는 농민혁명과 그들의 지도자 토마스 뮌처를 격렬히 반대했다. 과연 루터는 어디까지나 그리스도교의 원천적 "형태"Form를 "다시" 찾고자 한 **"종교개혁가"**Re-formator였다. 그러나 그로써 루터는 사실상의 "혁명"을 촉발시켰으니, 당시의 "그리스도교적" 사회가 복음으로부터 너무나 멀리 벗어나 있었기 때문이다. 그리하여 루터는, 본의 아니게, 하느님 말씀에 대한 양심의 순종에 터해, 로마 체제와 그 체제에 안전장치를 갖춰주던 법을 거슬러 들고일어난 정치적 반역자가 되었다.

신앙 본질 연속성의 바탕인 복음

이 소제목은 결정적인 점을 지적한다: 유례없이 급격했던 종교개혁 첫 단계의 이 패러다임 전환에서조차 관건이 되었던 것은 **깊은 연속성**을 전제하는 비연속성이었다. 자연과학의 "학문적 혁명들"에서처럼, 여기서도 중요했던 것은 결코 총체적 단절이 아니라, 온갖 비연속성을 무릅쓰는 근본적 연속성이었다.[29] 그리고 특히 루터의 경우, 신학에 있어서 연속성 문제가 전혀 다른 심도를 지니고 나타난다는 것이 뚜렷이 드러난다. 왜냐하면 루터 신학에서 관건이 되는 것은, "입증"에 관해 말하기 좋아하는 과학사가들이 대체로 회피하는 문제, 즉 "진리" 문제이기 때문이다[30]: "삶의 진리" 혹은 (빗겐슈타인의 말을 빌린다면) "삶의 문제들",[31] 세상과 인간의 기원과 목표를 묻는 삶의 물음들, 다시 말해 의미·척도·가치·규범, 요컨대 처음이자 마지막 실재에 관한 삶의 물음들 말이다. 이 것은 사실 자연과학의 물음이 아니라 종교의 물음, (물론 비합리적이지 않은, 어디까지나 이성적인) 신앙 안에서의 신뢰의 혹은 신뢰하는 신앙의 물음이다.[32] 과연 학문으로서의 **신학**이야말로 이 물음에 대답해야 할 책임이 있다: 하느님에 관해 사유하는 담론 또는 답변으로서의 신학. 또한 신학은 그에 상응하여 자기 고유의 방법론과 전제들에 대해서도 물론 책임을 져야 한다.

"전제 없는" 학문은 존재하지 않는다. 그리고 그리스도교 신학이 다른 학문들보다 더 전제 없이 존립할 수 없다는 것은 의문의 여지가 없다. 신학의 **전제와 대상**은 신·구약 성서에 원천적으로 증언되어 있고 오랜 세월 전승되어 왔으며 교회 안에서 선포되고 있는 **그리스도교 메시지다.** 바로 여기에 **그리스도교** 신학의 **연속성**의 토대가 뿌리박고 있는 것이다. 그러므로 그리스도교 신학은, 그 학문성에도 불구하고, 본질적으로 역사예속성·역사성에 의해서뿐 아니라, 원천예속성·원천성에 의해서도 규정되어 있다. 과연 그리스도교 신학에서 관건이 되는 것은 **비역사적·신화적** 진리나 초역사적·철학적 진리가 아니라, 극히 **역사적**이고 **원천적**인 그리스도교 진리다.

연속성: 위에서 한 말은 **마르틴 루터**의 신학에도 그대로 통용되는가? 루터의 신학은 바울로·오리게네스·아우구스티누스·토마스의 신학 못지않게, 참으로 **그리스도교** 신앙의 진리에 관해 사유하는 답변이고자 했다: 이 세상 안에서의 하느님 일이요 동시에 인간을 위한 일인 예수의 일에 관해 사유하는 답변. 1,500년간의 극히 분열적인 교회와 신학의 역사가 지난 뒤, 루터에게 무엇

보다 중요했던 것은 물론 이것이었다: 이 예수 그리스도에 관한 신앙의 원천적 증언, 곧 **복음**이 다시금 새로이 그리고 뚜렷하게 **그리스도교 신학과 교회의 바탕과 규범이 되어야** 한다: 모든 규범들의 규범, 온갖 권위들의 권위!

다시 한번 되돌아보며 묻자: 루터의 적수들도, 교황 사절 카예타누스 추기경도, 논적 요한네스 에크와 로마의 고위 성직자들도 복음이 신학과 교회의 바탕이자 규범이라는 것에 관해서는 원칙적으로 동의할 수 있지 않았을까? 원칙적으로는 물론 그랬다. 그러나 그들은 충돌이 일어날 때마다 (앞에서 보았듯이 이것은 로마·가톨릭 패러다임 안에서 점진적으로 형성되어온 특징이거니와) 실제적으로는 하나같이 교황의 말과 이익을 다른 모든 사람들의 성서이해보다 우선시했다. 교리와 개인들 및 교회의 삶을 위해 성서가 어떻게 이해되어야 하는지는 로마 교황과 그의 위임을 받아 군림하는 교도권만이 독단적으로 결정했다. 그로써 이 교도권은 사실상 성서를 멋대로 다루었다. 바로 이러한 **로마의 권위주의**는, 앞에서 살펴보았듯이, 이미 오래 전에 동방 교회들에 의해 배척당했다. 그리고 이제는 서방 그리스도교계 안에서도 바로 이것을 둘러싸고 격렬한 싸움이 벌어진 것이었다.

특히 루터의 경우 다음 사실이 뚜렷이 드러난다: 그리스도교 신학은

— (자연과학처럼) **현재와 결부**되어 있을 뿐 아니라

— 또한 (역사과학처럼) **전통과 결부**되어 있을 뿐 아니라

— 나아가 (이것이 신학의 특징이거니와) **원천과 결부**되어 있다. 이스라엘과 예수 그리스도의 역사 안에서 일어난 **원천적 사건들**과 그것에 관한 원천적 증언, 곧 성서라는 원천적 기록은 루터에게 다른 누구에게보다도 더 그리스도교 신앙의 임의적인 역사적 출발점으로서뿐 아니라 그 신앙의 항구한 **규범적 준거점**으로서 남아 있었다.

이 모든 것이 말해주는 것은, 종교개혁 역시 근본적인 단절 속에서도 **그리스도교 신앙의 본질을 보존**하고 있었다는 사실이다. 온갖 급진적 변혁들에도 불구하고 신앙, 의식儀式 그리고 기본정신(Ethos)의 근본적 연속성! 유다계 원그리스도교 패러다임(P I), 헬레니즘 고대교회 패러다임(P II), 로마 가톨릭 패러다임(P III)에서와 마찬가지로, 개신교 종교개혁 패러다임(P IV)에서도 관건이 되었

던 것은, 참으로 획기적인 그 모든 차이점들에도 불구하고, 다음과 같은 그리스도교의 **동일하고 변치 않는 상수常數들**이었다:

● 예수 그리스도와 그분의 아버지 하느님 그리고 성령에 관한 동일한 복음.
● 동일한 가입의례인 세례.
● 동일한 친교의례인 성찬례.
● 동일한 근본정신인 예수 추종.

그러나 첨예한 물음: 어쨌든 루터의 종교개혁은 한 혁명이 아니었던가?

패러다임 비연속성의 바탕인 복음

그리스도인은 언제나 성서의 원천적 증언에 의지할 수 있으며 또 그래야 한다. 루터 이전의 신학자들도 (성서에 대한 중개된 직접성 안에서) 사실상 거듭 새삼 그렇게 해왔기 때문에, 패러다임화化한 거대한 학파들과 나란히 **독창적인 개인들과 집단들**도 언제나 존재하게 마련인데, 성서해석과 신학에서 자기들 나름의 길을 걸어간 그들에게서 신학자 칭호를 박탈할 수는 결코 없다. 그들은 신학의 거대한 본류에서 떨어져나와, 성서의 원증언에 터해 자신들의 고유한 신학을 전개·발전시켜나갔다[루터에게는 독일 신비주의, 즉 요한네스 타울러와 (루터가 대사 논쟁 직전에 출간한) 프랑크푸르트 출신의 이름이 알려지지 않은 "완전한 삶을 살고 있던 하느님의 친구"의 소책자 "독일 신학"이 중요했다]. **하나의 패러다임 안에는 여러 가지 신학**이 포함될 수 있으며, 그것들도 (주도적·지배적 신학과 나란히) 언제나 영향을 끼쳐왔다.

다른 말로 해서: 그리스도교의 원증언은 (그리스도교 신학에 의해 완전히 따라잡히지 않거니와) 신학을 불안케 하고 놀라게 하며 영감을 고취하는 힘을 거듭 새삼 발휘해왔다. 개혁의 동인으로서의 복음! 이 점은 오리게네스·아우구스티누스·토마스보다 루터의 경우에 더 그러했으니, 루터에게 그리스도교 원증언은 (교회와 신학의 유례없는 경직화와 "화석화"에 맞서) 그야말로 혁명적 폭발력으로서 작용했던 것이다. 그러한 상황에서는 잊혀진 옛 패러다임들도 영감을 고취하는 작용을 할 수 있으며, 과거에 대한 회고가 새로운 전망을 제공해주기도 한다. 아우구스티누스가 각별히 바울로의 로마서에 의지했듯이, 루터도 다시금 아우구스티누스와 바

울로에게 의지했다: 그리고 훗날 칼 바르트 역시 자신의 "위기의 신학"의 바탕을 바울로와 아우구스티누스 그리고 종교개혁가들에게서 발견하게 될 터였다.

이렇게 **복음** 자체가 (물론 언제나 거대한 시대사적 · 역사적 발전과정의 맥락 안에서) 신학의 위기를 직접 불러일으킬 수 있다: 새로운 패러다임으로 나아가도록 충동하는, 신학의 비연속성의 바탕으로서의 복음. 그러나 이 그리스도교의 원증언은 또한 항구적인 **바탕** 증언이기 때문에, 이 원증언은 신학적 혁명이 새로운 패러다임 창출로 나아가더라도, 옛 패러다임의 **총체적 해체**나 변개를 초래하지는 **않는** 이유가 된다. 루터의 신학은 이 점에 있어서도 좋은 증거가 된다. 요컨대 옛 패러다임의 구성요소들은, 원 · 바탕 증언과 상충되지 않는 한, 원칙적으로 새로운 패러다임 안에 수용될 수 있다. 그러므로 오리게네스와 아우구스티누스의 경우와 마찬가지로, 루터에게 있어서도 혁명이 총체적 단절로 귀결되지 않고, 오히려 신학의 선배들과의 상당한 공통성을 보존하게끔 처음부터 배려되어 있었다고 할 수 있다. 우리는 (근년에 다시 더욱 주목하게 되었거니와) "오직 신앙으로 말미암은 의인"에 대한 긍정을 루터의 로마서 주석에서뿐 아니라, 과연 토마스와 아우구스티누스와 오리게네스의 로마서 주석에서도 찾아볼 수 있다.

이것이 오늘도 의미하는 바: 신학의 혁명은 (그리스도교적인 것으로 남고자 한다면) 언제나 오직 복음에 **터하여** 그리고 궁극적으로 복음 **때문에** 일어날 수 있는 것이지, 복음을 **거슬러** 혹은 복음을 **도외시**하고 일어날 수는 결코 없다! 복음 (텍스트는 물론 역사비판적으로 해석되어야 한다)의 진리는 신학자들이 멋대로 처분할 수 있는 것이 아니다(헌법학자들이 헌법을 멋대로 다룰 수 없는 것보다 더하다!). 이렇게 **복음** 자체는 신학에서 개연적 비연속성뿐 아니라 **필연적 연속성의 바탕**으로도 나타난다. 그러므로 패러다임 전환에 의한 신학적 혁명은 어디까지나 그리스도교 메시지의 항구불변성에 터하고 있다! 루터의 종교개혁이 바로 그러하지 않았던가?

패러다임 전환은 신앙의 변화가 아니다

물론: 새로운 패러다임에 대한 찬반 여부가 루터의 적수들에 의해 (그리고 루터 자신의 역습에 의해 더욱더) 엄격한 종교적 의미에서 신앙에 대한 찬반 여부로 확대되

었다: 대사에 대한 찬부 = 교황에 대한 찬부 = 교회에 대한 찬부 = 그리스도에 대한 찬부 = 하느님께 대한 찬부! 사실 당시 사람들은 (우리 세기에 분명히 밝혀졌거니와) 오직 신앙으로 말미암은 의인에 관해서는 서로 전적으로 양해할 수도 있었다. 그러나 사람들은 거기서 관건이 되었던 것은 일차적으로 (오늘날의 학술용어로 표현하자면) 신학과 교회의 **패러다임 전환**(물론 사회 전체에 엄청난 실천적 결과를 초래하는)이지, **신앙의 변화가 아니라**는 것을 인식하지 못했다!

아무튼: 그 종교개혁가는 "예수 그리스도의 복음에로의 복귀"를 로마에 요구했다. 로마는 그에게 "교회의 가르침에로의 복귀"를 요구했는데, 이것은 당초부터(언제나 다시금 새로운 로마의 전략이거니와) 항복의 요구였다: 그리하여 그 **신학적 반대자**는 어쩔 수 없이 **그릇된 신앙을 지닌 자** 혹은 아예 불신자가 되었다. 다시 말해서: 그때부터 루터는 로마에게 어디까지나 이단자, 아니 수백 년 지속된 전체 개신교를 염두에 둔다면, 그야말로 "이단자의 괴수"였다. 이번에는 거꾸로: 루터에게 로마는 그저 "창녀 바빌론"이요, 교황은 거룩한 곳에서 그리스도의 자리를 차고앉은 "반反그리스도"였다. 양측의 이 상호 이단시의 불행한 결과를 우리는 익히 알고 있다:

— 로마는 종교개혁의 교회들을 참된 "가톨릭 신앙"을 배반하고 교회를 분열시켰으며 이단적이라고 간주했다. 2차 바티칸 공의회 전에는 아예 "교회"라는 이름도 붙이지 않았다.

— 루터와 종교개혁을 받아들인 그리스도교계에게 가톨릭 신앙의 교회는 개혁되지 않은 로마 "교황주의자들의 교회"였다. 이 교회는 명백히 복음으로부터 떨어져나갔고 이단적이며 심지어 반그리스도교적이라고 간주되었다.

바로 루터와 로마 가톨릭 신학의 대결에서도, 패러다임 전환의 세 가지 가능한 결말이 첨예하게 드러난다:

● 하나의 특정 패러다임이 신학과 교회에서 **배척**되면, 배척은 흔히 **단죄**로, 논쟁은 **파문**으로 발전한다. 로마 가톨릭 교회 안에서 그런 일이 벌어졌다: 사람들은 그릇되게도 자기들 신학을 복음과, 교회 체제를 그리스도교의 본질과, 신앙의 형태를 신앙의 내용과 동일시했다.

● 하나의 패러다임이 **수용**되고 개혁이 전통이 되면, 하나의 신학적 해석이 다시금 흔히는 **신앙의 진리**가 된다: 신학적 담론이 **교의**가 되고, 전통이 **전통주의**가 된다. 루터교에서 그런 일이 벌어졌다: 일종의 전통주의가 발전했는데, 그것은 이제 헬레니즘 비잔틴의 옷이나 로마 중세의 옷이 아니라, 바로 개신교 성서주의라는 옷을 입고 나타났다.

● 대결이 결판이 나지 않으면, 새로운 패러다임은 한동안 "문서고에 치워버리게" 된다. 그러한 **유보·묵살**은 자연과학에서는 대개 하나의 학문적 과정인바, 여기서는 문제들이 미해결인 채로 남아 있다. 그와는 달리, 가톨릭 영역에서는 수백 년간 종교개혁의 열망과 주요 관심사를 받아들이는 모든 개혁 신학자들을 탄압했다: 여기서는 문서고 처리가 흔히 **강제**로 이루어졌으며, 곧 **금기시**로 발전했다. 그리고 이러한 금기시는 그것을 어기는 사람들에 대한 종교재판과 박해, 정신적(옛날에는 육체적) 화형, 양심과 교수의 자유 억압, 아니 모든 논의의 금지에 의해 지탱되었다.

지금까지 말한 것은 혹시 악의적 과장? 우리는 앞(P III)에서, 가톨릭 신학과 교회에서 수백 년간 특정한 교설(예컨대 평신도 사제직, 그리스도인의 자유, 언제나 개혁되는 교회)과 개혁 요구들(전례에서 모국어 사용, 평신도의 성혈 배령, 사제 결혼)은 입에 올릴 수 없었음을 살펴보았다. 그 모두가 루터파적인 것으로 치부되었다! 그런데도 그런 것들을 입에 올리는 사람들은 징벌과 굴욕을 당했다. 사람들이 교회와 신학의 **상이한 패러다임들**(P IV와 P III) **안에서 동일한 그리스도교 메시지**와 동일한 그리스도 교회를 인식할 수 있게 되기까지는 수백 년이 흘러야 했다. 오늘날에야 비로소 사람들은 종교개혁의 역사를 공정하게 평가하기 시작했다: 종교개혁은

— (개신교의 비관적 역사관에서 생각하는 것과는 달리) 요컨대 (바울로 이후 거의 그리고 아우구스티누스 이후엔 완전히 잃어버렸던) 복음 자체의 재발견도 아니고,

— (가톨릭의 유기적·낙관적 역사관에서 생각하는 것과는 달리) 원칙상 유기적으로 발전해가는 가톨릭 교회와 그 교회의 가르침으로부터의 엄청난 이단적 이탈도 아니며,

— (이 책의 분석이 밝히듯) 새 시대를 여는 패러다임 전환이었던바, 신학·교회·사회의 총체적 구조를 변경시켰으나 그리스도 신앙의 본질은 오롯이 보존했다.

지금까지 우리는 종교개혁 패러다임 전환의 겨우 첫 단계만 고찰했다. 사실 오늘날의 종파들이 형성되기까지는 50년 아니 100년이 더 지나야 했다. 여러 나라와 지역에서 오랫동안 여러 선택 가능성이 남아 있었다. 오늘날 우리가 반문하는 것을 당시 사람들도 물었다: 제3의 가능성은 없을까? 첫째 세력(로마)과 둘째 세력(비텐베르크) 외에 "셋째 세력"은 없는 것일까? 예컨대 특히 로테르담의 에라스무스의 이름과 결부된 가톨릭 인문주의와 "복음주의" 같은 것 말이다. 우리는 이 "가톨릭 개혁"에 관해 앞 장(P Ⅲ)에서 약술했다. 이제 여기서 〔종교개혁 (P Ⅳ)에 대해 더 정확한 평가를 내리기 위해〕 그것을 좀더 상세히 고찰해야겠다.

⑤ 루터 종교개혁의 회의적 결과

로마와 루터 외의 대안은 없었을까? 역사적으로 고찰해야 할 이 물음은 오늘도 신학적으로 중요한 의미가 있다. 혹시 **로테르담의 에라스무스**의 인문주의적 개혁 프로그램이 교황과 주교들에 의해 적시에 받아들여졌다면, 교회분열은 피할 수 있지 않았을까? 두 종파의 교회사가들은 필경 그렇게 생각하지 않을 것이다. 그러나 드물지 않게 터져나오는 종파적 증오심을 눈앞에 보면서도, 자신들의 역사적 타당성을 언제나 그렇게 전적으로 신뢰할 수 있을까?[33] 그러므로 고집스레 다시 한번 묻자: 로테르담의 에라스무스의 개혁 프로그램이 때맞추어 수용되었다면, 교회분열을 막을 수 있지 않았을까? "어떻게 양심에 충실한 문화적 인간이면서 동시에 그리스도인일 수 있을까?"[34] 이것이 에라스무스가 아주 일찍부터 제기했던 그의 중심주제 아니었던가? 에라스무스가 진정 중시한 것은 (교양과 신심, 문화와 종교, 고대와 그리스도교의 결합 안에서) 그리스도인 실존을 통한 참된 인간 실존 그리고 인간 실존을 통한 참된 그리스도인 실존이 아니었던가?

개혁가 에라스무스와 종교개혁가 루터의 공통점

이 인문주의자가 영국인 친구들(특히 토마스 모어)의 영향을 받아 성서적 신심으로 전환했음을 보여주는 유명한 **「그리스도 병사의 소책자」**(1503)[35]는, 미국의 에라스무스 전기 작가 롤런드 베인턴에 따르면, 그를 자유주의적 가톨릭 개혁운동의 대변자, 교황의 조언자요 유럽의 스승으로 만드는 데 크게 기여했다.[36]

사실상: 에라스무스는 시대의 대결 속에서 "그리스도께서 가져다주시고 바리사이들에게서 지키셨으며, 바울로가 1세기 교회를 다시금 유다교로 되돌리려 했던 유다주의자들에 맞서 지켜낸 참된 자유의 옹호자"[37]로 자임했다. 물론 여기서 "유다교"는 (위험하지 않지 않은) 민족이나 종교 공동체를 의미하는 것이 아니라, 외면화·율법화된 종교적 심성과 태도를 의미한다. 에라스무스는 자신이 성서 메시지의 핵심을 포착했으며, 또한 자기 사상의 매우 많은 부분은 고대 작가들에게서도 발견된다고 깊이 확신하고 있었다. 그의 활동의 **목표**는, 시간이 흐를수록 더욱더, 성서에 터한 **교회·신학·민중신심의 쇄신**이었다.

이러한 프로그램을 가진 에라스무스는 가톨릭 그리스도인으로 머물고자 했고, 가톨릭 교회를 안에서 개혁하려 했다: 이렇게 종교개혁 전에도 개혁 프로그램이 존재했거니와, 에라스무스는 당시 누구나처럼 거의 예상치 못한 엄청난 위기가 돌발한 후에도 회심을 촉구했다. 많은 "문학 장르"에 통달해 있던 에라스무스는 「소책자」와 「어리석음의 찬미」(1511)[38]에서 비판적 풍자 속에 효과적으로 구체화한 것을, 탁월한 주석을 붙인 매우 인기있던 고전적 격언집 「아다지아」 *Adagia*(1515)[39] 신판新版에서 보다 뚜렷이 제시·강조했는데, 군주들의 폭정과 전쟁의 해악을 극히 신랄하게 비난하고 교회와 사회의 변화를 주장했다. 얼마 후엔 감동적인 전쟁 반대 저작 「모든 나라에서 박해받는 평화의 탄식」[40]에서 (결국 헛수고로 끝났지만) 독일제국·스페인·프랑스·영국 간의 유럽 평화조약을 제안했고, 또 일종의 반反마키아벨리주의적 **군주 교육서** 「그리스도 병사의 지침」(1516)[41]을 저술했는데, 이 책은 나중에 황제 칼 5세에게 헌정되었다. 같은 해인 1516년 에라스무스는 「신약성서 원전」을 출간했는데, 이 대담한 저작은 (교황 레오 10세에게 헌정한 것은 까닭없는 일이 아니었거니와) **에라스무스 자신의 라틴어 번역을 함께 수록한 최초의 그리스어 신약성서 인쇄본이다**(개론 포함). 이 저작은 (교회의 무류성을 주장하던 전통주의자들의 반대 속에) 수백 년 동안 사용되어온 라틴어 역 불가타 성서를 수정했고, 5년 뒤 루터의 독일어 성서 번역의 대본으로 사용되었다.

이 탁월한 업적들이 조촐하고 겉보기엔 유약하며 항상 건강과 위생에 마음쓰던 신경 예민한 이 바젤의 학인을, 종교개혁 십 년 전에 가장 칭송받는 학자("세상의 빛")요 온 유럽에 퍼져 있던 그리스도교 인문주의자들 그물의 중심인물("인문주의자들의 군주")로 만든 것은 당연했다고 하겠다. 에라스무스가 **교회의 개혁**을 위해 제안한 내용을 (약간 체계화하여) 다섯 가지로 정리하자:

루터처럼 에라스무스도 중시한 첫째는 그때까지와 **다른 성서학**이었다. 그는 신약성서에 대한 우의적·영적 해석이 자의恣意와 난삽으로 변질(특히 당시 설교자들에게서!)되지 않는 한 반대하지 않았다! 그러나 이 새로운 시대에 중세의 해석을 하염없이 되풀이하고, 불가타 역본을 신주 모시듯 한다? 그래서는 안된다. 성서는 하나의 문학 작품이며, 그것을 해석하는 바탕은 언어학이어야 하거니와, **성서의** 심오하고 은유적인 영적 의미를 찾아내려 애쓸 것이 아니라, 우선 무엇보다도 말 뜻대로 취한 **문자적 의미**를 밝히려 노력해야 한다. 에라스무스는 성서를 먼저 라틴어로 그리고는 또한 모국어로 한층 정확히 번역했다: "농부가 쟁기 끌며 성서 몇 구절 홍얼거리고, 베 짜는 사람 북을 움직이며 몇 말씀 중얼거리고, 나그네들 성서 이야기로 길 먼지 모르시길!"[42]

루터처럼 에라스무스도 중시한 둘째는 그때까지와 **다른 조직신학**이었다. 뭘 좀 안다는 신학자들, 자만심 강하고 화 잘 내는 이 종자들은 하느님의 불가해한 비밀들을 간파할 수 있다고 생각했으며, 그러다보니 말도 안되는 물음들(예컨대 하느님은 여자, 악마, 당나귀 혹은 호박의 모습으로도 나타나실 수 있지 않았을까?)을 가지고 머리를 쥐어짜기도 했다. 그것들은 교회의 사도적 원천과는 아무 관계 없는 헛된 사변들이었다. 사도들은 또한 성체성사에서의 실체변화, 마리아의 무염시태 따위의 "논쟁 문제들"에 관해서도 전혀 아는 게 없었다. **원천에로 돌아가라!** 이것이 이 시대의 표어가 되어야 한다. 그리스도교와 고대 문화는 서로를 배척하지 않는다! 이 새로운 시대는 성서를 유일한 규범으로 인식하고, 성서 이해에 있어 스콜라 신학 대신 교부들을 따르며, 그리하여 그리스도교의 원천적 소식을 오늘날의 사람들이 알아들을 수 있게끔 새겨주는 그러한 신학을 필요로 한다. 그러한 신학에서는 **성서주석학이 바탕 학문**이 된다: 성서 본문에 터해 교회의 교의·법·관행이 비판되어야 하며, 모든 신학 작업은 형이상학적 사변이 아니라, 그리스도의 구원 업적 그리고 인간 구원의 길에 집중해야 한다.

루터처럼 에라스무스도 중시한 셋째는 그때까지와 **다른 민중신심**이었다. 고정된 기도문의 하염없는 되풀이, 14명 구난성인救難聖人에게의 탄원(치통에는 아폴로니아, 물건 잃어버렸을 땐 안토니우스 등), 자꾸 늘어나는 미사와 순례, 돈벌이 되는 기적 이야기, 고해성사의 남용, 돈 많이 드는 대사 …: 미신과 폐해가, 특히 많은 성직자·수도자들이 그것들에 대한 비판을 불온하고 악질적인 것으로 여긴다고 해서, 풍자와 조롱 그리고 성서에 입각한 비판에서 면제되어야 하는가? 민중들의 신심 역시 다시금 적극적으로 성서 메시지에, 보다 정확히 말하면 복음서들이 전하는 예수에 정향되어야 하지 않겠는가? 예수는 표리부동한 율법학자들과 위선적인 사제들을 거슬러, 당신의 길을 (우리의 본보기로서) 걸어가지 않았던가? 신약성서 저작들의 평이한 "석의"釋義를 통해, 특히 **평신도 식자층에게 참된 예수를 이해**하는 길을 제시해주어야 한다.[43] 루터가 누구보다도 바울로로부터 출발한다면, 에라스무스는 복음서의 예수로부터 출발한다. 그래서 이 개혁 운동은 특히 이탈리아와 스페인에서 "복음주의"라고 불리었다.

루터처럼 에라스무스도 중시한 넷째는 그때까지와 **다른 성직자들**이었다. "마치 성직자들의 수단(矣) 밖에는 그리스도교가 존재하지도 않는다는 듯이 …!" 「소책자」의 끝 부분이다. 사실 에라스무스가 (여기엔 그 자신의 삶의 체험도 거듭 새삼 배어 있거니와) 수도원 제도만큼 가차없이 비판한 것도 없다. 어리석고 뻔뻔스런 수도자들(설교 때 무식과 미신과 우스꽝스런 열정으로 이들을 능가하는 사람은 없다!)에게는 배(腹)·돈·체면이 예수 추종보다 중요하고, 수도회 규칙이 복음보다 의미심장하며, 수도회 이름이 세례보다 막중하고, 수도회 복장이 다른 모든 것보다 소중하다. 에라스무스의 이러한 비판은 **그때까지의 이상적 신심에 대한 근본적 의문시**로 귀결되었다. 과연: 하나요 동일한 세례를 받았기에 성직자와 평신도의 근본적 구별은 폐기되었고, 모든 인습적 형식과 생기없는 의식은 상대화되었으며, 그 대신 시대에 걸맞고 모든 이에게 타당하며 그리스도교적·예수적인 것에 집중된 정신 말짱한 일상적 신심이 옹호·장려되었다. 그러면 사제 독신제는? 사제 독신제가 전적으로 배척되지는 않았으나, 당시 현실 상황에서는 바람직하지 못한 것으로 간주되었으니, 에라스무스는 1518년 출간한 「결혼 예찬」에서 (루뱅의 교수신부들과 많은 설교자들이 격앙하게끔) 결혼을 매우 칭송했다.

루터처럼 에라스무스도 중시한 다섯째는 그때까지와 **다른 교계제도**였다. "사도들의 후계자"라는 드높은 자부심과 전혀 사도들의 삶을 닮지 않은 현실 사이의 괴리는 누구의 눈에도 똑똑히 보였다. 교계제도 안에서는 모든 것이 오로지 명예·권력·영화·교회법·교회의 위세와 호사를 중심으로 돌아가고 있지 않은가? 셀 수 없이 많은 담당자를 거느린 어마어마한 관료제도! 친교 대신 배척, 복음 선포 대신 파문과 금령의 선포, 누구나(고위 성직자도 하급 성직자도) 돈에 눈이 벌겠고, 수입과 지출에 신경을 곤두세웠다. "만일 그리스도의 대리자인 교황들이 그리스도를 따라 살려고 한다면, 다시 말해 그분의 가난·노동·가르침·십자가·죽음에의 각오를 본받고자 시도한다면 … 그들보다 더 가슴쓰려 할 사람들이 있을까?"[44] 출판되자마자 에라스무스가 저자로 지목되었던 익명 인사의 대화집 「율리우스 천국에서 쫓겨나다」[하느님을 잊어버린 씩씩한 교황 율리우스 2세가 다른 열쇠(자기 보물 창고 열쇠)를 가져갔고, 그래서 천국 문 앞에서 초대 교황 베드로에게 쫓겨났다는 내용]를 온 유럽의 식자들은, 교황의 생활과 복음의 극명한 대조 때문에, 그저 하나의 시대 풍자가 아니라 신랄한 신학적 비판으로 받아들였다.

16세기 처음 20년간 그 결정적 시기에, 에라스무스에게는 "사도들의 후계자들"과 사도들 자신 간의 괴리, 당시의 기고만장한 교회와 그 옛날 소박한 교회 사이의 균열, 요컨대 당시의 그리스도교와 그 옛날 예수 그리스도 간의 엄청난 괴리가 갈수록 똑똑히 보였다. 교회와 교황은 하느님께 나아가는 데 도움을 주기는커녕 방해가 되었다! 그리고 그 새로운 시대에 참된 그리스도교는 어떠해야 하는지도 에라스무스에게는 갈수록 분명해졌다: 교회법·교의·교회 체제가 아니라, 성서와 살아계신 그리스도에게 헌신함. 극히 사변적인 고상한 그리스도론(거룩한 교계제도와 그것의 드높은 권리주장은 흔히 여기에 근거하고 있다)에 목매다는 대신, 복음서가 전하는 인간적이고 굴욕당하는 예수를 다시 찾아 만남. 과연 이 예수는 겸손과 온유함으로 천하고 경멸받는 사람들과 친교를 나누었고, 이 세상을 삼단논법(논리적 추리)이나 돈과 전쟁을 통해서가 아니라, 당신의 "섬김의 마음"과 사랑으로써 이겨냈다. 겸손·온유·관용·평화 애호·사랑을 행하는 이 실천적 그리스도교가 바로 에라스무스가 (플루타르코스나 키케로[45]보다 그리스 교부들[46]과 연계하여) "그리스도 철학" 혹은 "그리스도교 철학"이라 지칭했던 것이다.

종교개혁가 루터에 대한 개혁가 에라스무스의 유보

에라스무스의 개혁 프로그램을(이 책에서는 에라스무스 자신의 표현을 좀더 체계화하여 제시했다) 교회와 국가의 정치적 결정권자들은 적시에 받아들이지 않았다. 게다가 돌발사건이 발생했다: 인문주의 학자들의 대화와 신학자들의 (성과는 없는) 토론이, 하룻밤 사이에 **루터**로 인한 **심각한 사태**로 말미암아 쓸모없이 되어버렸으니, 그 사태는 누구에게나, 원하든 원치 않든, 워낙 중차대했기에, 사람들은 에라스무스의 인내하라는 충고와 교황이나 군주들을 자극하지 말라는 경고를 수용할 수 없었고, 어느 쪽을 편들든 아무튼 **결단**을 내리지 않을 수 없었다.

그러나 **에라스무스** 자신은 **결코 결단**을 내리려 하지 **않았다.** 걱정 많고 지나치게 신중하며 충돌을 싫어하고 조화를 추구하던 에라스무스로서는, 자신의 좌우명 "나는 누구에게도 굴복하지 않는다"를 그 급박한 상황에서 "나는 누구 편도 들지 않는다!"로 새겨 읽었을 법도 하다. 그렇다. 에라스무스가 아무 편도 들지 않은 것은, 사람들이 당시에 그리고 그 뒤에도 흔히 생각했던 것처럼 우유부단하거나 심지어 비겁했기 때문이 아니라, 어디까지나 자신의 신념과 정신의 자유를 지키려는 의지에서 비롯된 일이었다. 그 자유는 그의 실존의 바탕이었다. 에라스무스가 일생동안 많은 고통을 겪고, 부단히 저술하고 싸운 것은 그 자유 때문이 아니었던가? 과연 그 자유를 (학문을 위해, 결국 또한 교회를 위해) 지켜내는 것은 마땅한 일이 아니었을까? 세상 사람들은 교회 비판자요 성서 신학자인 에라스무스를 루터의 정신적 동지, 아니 정신적 양아버지로 간주하지 않았던가? 그는 알을 낳았고, 루터는 그것을 부화시켰다고 ….

에라스무스는 (오늘도 많은 사람들이 그렇거니와) 당파를 벗어나 있고자 했다. 이 자유로운 정신의 인간은, 투쟁 안에서도 자유롭고자 했다. 모든 극단을 혐오하는 중용의 인간인 에라스무스는 양측 주장을 귀기울여 듣고 중재하고자 했다. 그는 "이것뿐 아니라 저것도"를 원했다. 에라스무스는 루터를 단죄하지도 않았고, 루터와 하나되지도 않았다. 이 딜레마를 좀더 상세히 설명하자:

한편으로: 깊은 연구 없이 **루터를 단죄해서는 안된다**. 이 로테르담 사람은 핵심 사항에 있어서는 저 비텐베르크 사람에게 대부분 동의할 수 있었다. 에라스무스는 사람들이 루터의 교설 전체를 탄압하려 든다면, 그것은 필경 복음의 큰 부분을 탄압하는 짓이 된다고 생각했다! 과연 에라스무스는 루터에게 이단자 딱지를 붙이려는 마음이 전혀 없었으며, 루터를 반대하는 글을 쓰라는 로마를 비롯한 교회 당국의 거듭된 요구를 끝끝내 거부했다. 또한 로마로 와서 직책을 맡아달라는 온갖 초빙도 — 초빙자 중에는 교황 하드리아누스 6세도 있었다. 황제 칼 5세의 스승이었던 이 최초의 네덜란드인 교황(요한 바오로 2세 전 마지막 비이탈리아인 교황)은 물론 처음부터 루터의 저작을 극히 위험한 것으로 여겼다 — 고집스레 묵살했다. 위대한 자유인 에라스무스는 자신이 교황청 어용신학자나 추기경이 될 팔자는 아니라는 것을 잘 알고 있었다.

그러나 다른 한편으로: 에라스무스는 **루터에게 동조하지 않았다**. 그는 루터에게서 신학과 교회 안에서 독일 용병처럼 닥치는 대로 쳐부수는 뚱뚱한 정력가를 발견했다. 과연 루터는 그대로 놔두어도 좋을 것들을 너무나 많이 파뒤집어 놓았다. 이 독일적 방식의 결과는 끔찍했다! 에라스무스가 처음에 루터의 비판에 동의했다고 해서, 루터가 계속하여 저술한 모든 것에도 마찬가지로 동의해야 하는 것은 결코 아니다. 예를 들어 에라스무스가 죄스러운 인간의 자유롭지 못한 의지와 선업善業의 불가능성에 관한 루터의 전혀 세련되지 못한 진술들을 제 것으로 삼아야 했단 말인가? 그럴 수는 없었다. 에라스무스는 갈수록 그 과격한 광신자에게 찬성할 수 없었고, 또 그럴려고 하지도 않았다. 더군다나 학덕 높고 삼가며 섬세한 이 남자는 싸움을 혐오하는 샌님 체질을 너무나 많이 지니고 있었다. 루터가 옳은 점에는 에라스무스도 동의했다. 그러나 루터가 옳지 못한 경우에는, 그에게서 동의를 기대할 수 없었다. 그런 경우에 에라스무스는 차라리 교황과 황제 편에 섰다.

에라스무스는 자신의 극히 상충되는 방침과 외교적 수완으로 인해, **양 전선 사이에** 자리하게 되었다. 그리하여 많은 사람들은 곧 이 개혁운동의 선구자를 그 운동의 추진자 루터 뒤로 완전히 밀려난 존재로 간주했다. 종교개혁가가 개혁가를 몰아낸 셈이었다. 바람을 일으켰던 사람은 폭풍우를 보고 불안을 느꼈다. 그때부터 에라스무스가 두 마음 두 입 가진 기회주의자라는 세평을 들었던 것은 놀랄 일이 아니다. 처음에는 모두에게 큰 호응과 찬탄을 얻었고, 그후엔 설득과 회유를 당했던 에라스무스는, 끝내는 양 진영으로부터 의혹과 비방과 모욕을 받았다.

그럼에도 에라스무스는 1520년부터 갈수록 갈라져 적개심에 불타던 그리스도교 양 진영의 **화합**과 **일치**를 위해 지치지도 않고 노력했다. 1533년 평화를 위한 그의 마지막 저작이 「회복되어야 할 교회의 일치에 관하여」라는 제목으로 출간되었다. 이제 바젤에 살고 있던, 곧 70을 바라보던 그에게는 더 살 날이 1년 정도밖에 남지 않은 터였다. 그는 (본디 그런 사람이었거니와) 자신을 성찰하며 거듭 새삼 스스로에게 물었다: 나는 옳은 길을 걸어왔던가? 나의 저작 가운데 쓰지 않았어야 했거나, 달리 써야 했던 것이 많지는 않은가? 그러나: 뭐라 해도 그는 자신이 할 수 있는 것을 다 했다 — 매일같이 참을성있게, 너무 참을성있게, 상호이해를 통해 대립을 완화·제거하고, 위태로운 지경에 이른 관계를 서신교환을 통해 바로세우며, 사방팔방으로 갖가지 문제와 상황에 대해 사려깊은 (때로는 모순되게 보이는) 해결책들을 써보내고, 성서와 이성에 터해 조정할 수 없는 일들을 극복하고 화해할 수 없는 사람들을 설득하기 위해!

에라스무스는 1536년 7월 11일에서 12일 사이 밤에 바젤에서 온전한 의식을 지니고 시편 말씀을 외운 후, 마지막으로 유년시절의 말인 네덜란드어로 "사랑하는 하느님"이라 말하고 사망했다. 마지막까지 가톨릭 신학자였던 그는 개신교인 시장과 시의원들, 바젤 뮌스터 개신교 대학 교수와 학생들이 참석한 가운데, 바젤 시의 개신교 목사에 의해 엄숙히 안장되었다. 천성적으로 온유하고 섬세한 에라스무스는 그 시대의 온유하지 못한 영웅들(루터, 츠빙글리, 좀 뒤엔 칼뱅, 이냐티우스 로욜라) 가운데 필경 유일하게 자유로운 일치운동가가 아니었을까?

제3 세력의 몰락

오늘날의 관점에서 다음 물음은 정당하다: 신중한 학자 에라스무스가 (어떠한 내면의 과시도 그에게는 혐오스러운 것이었거니와) 어떠한 경우에도 끊임없이 객관성·최대한의 관용·필요할 때는 일치 안의 차이점 인정·상호이해·평화를 옹호하고, 감정적 대응·증오·광신·혼란을 반대한 것은 옳지 않았던가? 너무나 자주 논증을 격정과 분노로 대신하던 도무지 예측할 수 없는 행동가 루터가 자기 교회에 부당하게 요구한 것들을 상기해볼 때, 아무래도 에라스무스가 옳지 않았던가? 종교개혁이 국가와 사회에 안겨준 엄청난 희생을 떠올려보건대, 에라스무스의 표어가 옳지 않았던가?: **개혁은 좋다, 그러나 루터식의 종교개혁은 싫다!**

그러므로 이렇게 묻는 것 또한 쓸데없는 일이 아니다: 만일 사람들이 루터보다 에라스무스의 말을 더 귀기울여 들었다면, 만일 에라스무스가 체현했던 **제3의 세력** 곧 개혁·상호이해·관용의 세력이 먼저 로마에서 그리고 마침내 에라스무스가 그렇게도 많은 친구를 갖고 있던 종교개혁 진영에서도 힘을 발휘했더라면, 그 많은 나쁜 일들을 피할 수 있지 않았을까? 그러나 역사는 루터와 로마(그리고 마키아벨리)를 따라, 패배자 에라스무스를 짓밟고 휘몰아쳐 나갔다.

"제3의 세력"을 치밀하고 엄정한 자기 책의 주제로 다루었던 오스트리아의 역사학자 프리드리히 헤르[47]의 음울한 결산표는 정당하다. 제3 세력의 몰락은 유럽 국가들에게 참담한 결과를 가져다주었다. 헤르의 말을 그대로 따라가보자: "**제3 세력의 몰락**이 의미했던 것: 독일에게는 30년전쟁에서 절정에 이른 100년간의 내전; 프랑스에게는 귀족·시민·지식인 계급 번영의 괴멸 내지 구축으로 귀결된 '가톨릭-왕당파'와 '위그노파' 사이의 격렬했다 식었다 했던 150년간의 내전; 스페인에게는 에라스무스를 따르던 인문주의자들과 유다인·무어인·개신교인들의 전멸 내지 추방으로 말미암은 유럽과의 정신적 분리; 이탈리아에게는 종교적 일탈자들의 추방, 그리고 17세기부터 19세기까지 국가경찰과 종교재판소가 사람들의 내면적 삶을 질식시키거나 심히 억압했던 게토 국가들 안으로의 자기폐쇄; 영국에게는 하나의 '다른 대륙'으로서 유럽과의 결정적 소원疎遠. 유럽 전체에게는: 20세기에 들어올 때까지 동방·러시아·동방교회와 극명하게 대립되는 '서방'·서유럽으로서의 결정적 고착화, 그리고 자신의 대중·소수 민족·개인 내면에 대한 탄압."[48]

이러한 기괴한 과오의 역사를 돌이켜볼 때, 로테르담의 데시데리우스 에라스무스는 역사 앞에서 정당성을 인정받아야 하지 않을까? 하지만 제기되는 반문: 에라스무스는 로마에 대해 (공격과 중립의 양자택일에 직면하여) 적극적이고 **공공연한 반대와 저항**을 선택·감행했어야 하지 않았을까? 그러나 그것은 에라스무스와 많은 에라스무스 추종자들의 일이 아니었다.

에라스무스가 사망한 1536년, 우리가 잘 알고 있는 에라스무스 추종자요 헨리 8세의 사촌인 **레기날트 폴레**가 역시 잘 알려진 음울한 광신자요 테아티누스 수도참사회 창설자 **기안 피에트로 카라파**와 함께 추기경에 임명되었다. 두 사람 모두 저 유명한 9인 위원회 구성원이었는데, 이 위원회는 반종교개혁(P Ⅲ)과 관련하여 살펴보았듯이 과감한 "교회 개혁에 대한 의견서"를 작성·제출했던바, 이것은 일반적으로 바티칸이 교회 쇄신으로 나아가게 된 전환점으로 간주된다. 그러나 몇 년 후 바로 이 에라스무스 추종자 폴레는 **교황 선거**와 관련하여, 개혁가들에겐 다시 없을 역사적 기회를 그냥 날려버렸다!

무슨 일이 일어났던가? 1549년 12월의 교황 선거에서 **폴레** 추기경은 21표를 얻었고, 다음날엔 24표를 얻었다. 그러나 프랑스에 우호적인 추기경들의 반대로 인해 교황 선출에 필요한 28표 이상을 얻기가 불가능했기 때문에, 황제파인 그의 동료들은 다음날 밤 "충성 서약" 방식을 통해 폴레를 교황으로 선출하기로 만반의 준비를 했는데, 그 방법은 반대자들로 하여금 정식 찬성표를 던지지 않고도 폴레의 교황 선출에 동의할 수 있게 해줄 터였다. 그런데 참으로 어이없는 일이 벌어졌다: (한밤중에 "충성 서약" 방식을 통해) 교황으로 선출된 것을 수락하겠느냐는 질문을 받은 폴레는, 아무 말도 하지 않고 "마치 벙어리 황소처럼"(훗날 폴레 자신이 한 말이다) 자기 방으로 가버렸다. 그리고 다음날 선거 결과, 폴레에게는 28표에서 단 한 표가 모자랐다. 그러니까 폴레는 결정적 순간에 단호하지 못한 "우물쭈물이"였고, 행동할 기회를 놓쳐버렸다는 점에서, 어쩔 수 없는 에라스무스 추종자였다고 말해야 할까? 필경! 적어도 폴레가 교황 선출을 수락하고 스스로 개혁을 떠맡아 추진하는 대신, 콘클라베 기간이 두 달이 차 가는 동안 자기 독방에 박혀 책 한 권을 쓰고 있었다는 점에서, 과연 에라스무스 추종자였다고 말할 수 있다. 그런데 도대체 무엇에 관한 책이었던가? 다름아닌 교황의 권력과 사명에 관한 책이었다!

일의 경과를 더 따라가보자: 폴레가 콘클라베 71일째에도 처음과 같은 다수표를 얻었으나, 흘러간 기회는 다시 오지 않았다. 폴레의 교황 선출을 가장 열심히 방해하고, 겨우 49세의 외국인 폴레를 특히 의화義化 문제와 관련하여 이단적이라고 공공연히 비난한 사람은 그 자신도 교황 후보자인 **카라파**였다(프랑스 추기경들이 지지했다). 보수·복고파의 우두머리요 로마 중앙 종교재판소("검사성성", 1542) 창설자인 카라파는, 기어코 6년 뒤 80세의 나이로 교황에 선출되었으니, 바오로 4세다: 앞에서 보았듯이, 동료 추기경 폴레와 모로네조차 종교재판으로 박해한 첫 대종교재판관이 교황좌에 오른 것이다. 제3 세력은 끝장이 났다.

종교개혁의 양면

마침내 1545년 12월 저 변변찮은 소규모 교회회의가 열렸다. 독일 "프로테스탄트들"(1529년 슈페이어 제국의회에서의 항의**Protestation** 이후 이렇게 불림)이 배척한 이 회의는, 우리가 로마 가톨릭 패러다임(P Ⅲ)과 관련하여 살펴보았듯이, 향후 역사에 큰 영향을 끼치게 될 반종교개혁적인 트렌토 공의회였다.

그동안 루터의 종교개혁 운동은 특히 독일 북·동·남부 지역에서 크게 퍼져나갈 수 있었고, 리플란트·스웨덴·핀란드·덴마크·노르웨이까지 번져나갔다. 독일에서의 전개과정과 나란히, 15세기 중엽 이래 제국으로부터 떨어져나가기 시작했던 스위스에서도 훌드리히 츠빙글리가 주도한 독자적이고 더욱 급진적인 형태의 종교개혁이 뿌리를 내렸다(이에 관해서는 별도로 고찰할 것이다). 마르틴 루터는 1520년대에 **종교개혁 운동을 내부적으로 공고히**하는 데 성공했다:
— 독일어 「세례 소책자」, 「독일어 미사」, 「결혼 소책자」를 통한 예배의 확정.
— 목회자들을 위한 「대교리서」와 요약본인 가정용 「소교리서」에 의한 종교교육의 강화.

— 제후들에 의해 공포된 새로운 교회규율에 의한 교회제도의 정비. 나중에 루터는 목사들의 임직식을 위한 예식 규정을 작성했고, 직접 목사들에게 안수례를 베풀었으며, 주교도 두 사람 서품했다. 루터파의 영향권 아래 있던 지역에서는 이제 갖가지 개인미사·수많은 미사 집전 사제·온갖 성인 축일·비밀 고해·수도원·재속 성직자들의 독신 의무가 대대적으로 폐기되었다. 루터 자신도 수녀였던 카타리나 폰 보라와 결혼하여, 6명의 자녀를 낳았다.

어찌됐든: 독일은 **두 종파의 지역들**로 분열되었다. 1526년 모하크스에서 헝가리를 격파하고 1529년에는 빈 코앞까지 진격해온 터키인들에 의해 제국이 위험에 처한 것을 눈앞에 보고도, 루터는 교황과 터키 세력 중(둘다 그에게는 행업과 율법의 종교였다) 어느 쪽이 그리스도교계에 더 위험한지를 스스로에게 물어보았다. 말년의 루터에겐 종교개혁 교회들의 미래도 위대한 출발 때처럼 그렇게 낙관적으로 보이지 않았다. 또한 그에게는 묵시록적인 종말에 대한 두려움과 함께, 불안, 조울증 그리고 영적 시련이 갈수록 심해졌다. 해마다 깊어가던 그의 비관주의에는 심리적 원인들뿐 아니라, 실제적 원인들도 있었다.[49] 과연 심각한 질병들 외에, 깊은 환멸이 루터를 짓누르고 있었다:

(1) **종교개혁의 원천적 열정과 감격은 사그라졌다**: 신앙공동체 생활은, 특히 목회자 부족 때문에, 여러모로 위축되어 있었다. 1530년대에는 복음 운동의 열기가 민중들 가운데에서 크게 시들해졌다. "그리스도인의 자유"를 감당해낼 만큼 성숙하지 못한 많은 사람들은, 로마 체제의 붕괴와 더불어 모든 교회적·윤리적 지주支柱도 잃어버렸다. 독일인들은 감사할 줄 모른다고 탄식하던 루터는, 종교개혁을 통해 사람들이 참으로 훨씬 경건해지고 윤리적으로 향상되었는지 종종 자문했다. 예술(음악은 예외)에 있어서의 경악할 만한 빈곤화 또한 그냥 넘어갈 수 없는 것이었다.

또한 변했어야 할 매우 많은 것이 여전히 변하지 않았다.[50] 많은 중세적 폐습들이 끈질긴 생명력을 이어가고 있었다.[51] 성서와 교리서를 읽을 줄 아는 경건한 그리스도인을 길러내기 위한 학교들이 곳곳에 세워졌으나, 시찰 보고서들에 따르면, 무지·미신·마술·저주·맹세 그리고 기이한 의식과 관습들이 흔히 가톨릭-개신교 혼합종교의 형태로 아직도 널리 퍼져 있었다.[52] 사제 결혼 허용이 확실히 많은 폐해를 제거했지만, 성과 관련된 온갖 비행을 근절하지 못했음은 물론이다. 또한 루터파 목사들이 전에 반성직자주의의 빌미가 되었던 많은 법적·경제적 특권을 잃었고, 목사 가정은 신앙공동체의 사회적·문화적 중심이 되었으나, 모든 신자의 "보편 사제직"은 실현되지 않았고, 성직자와 평신도 사이의 괴리도 곳곳에 그대로 남아 있었다. 곧 전반적으로 요구된 목사들의 대학 교육 (그리고 목사 자녀들의 결혼) 때문에, 얼마 지나지 않아 다시 (관료 계급의 본보기를 따라) 물론 전보다는 지적인 새로운 성직자 계급이 형성되었거니와, 이들은 민중문화와 뚜렷이 구별되는 일종의 주지주의적 종교의 선봉이 되었다.[53]

(2) 종교개혁은 갈수록 **거세지는 정치적 저항**에 봉착했다: 1530년 성과 없이 끝난 아욱스부르크 제국의회(황제는 멜란히톤이 주도하여 만든 유화적인 「아욱스부르크 신앙고백」을 배척했다) 이후, 종교개혁은 30년대에 우선 그때까지의 자기 지역들을 공고히 다졌을 뿐 아니라, 뷔르템베르크에서 브란덴부르크까지 뻗어나갈 수 있었다. 그러나 40년대에는 그때까지 거듭 새삼 중재를 위해 노력하던 황제 칼 5세가 터키 및 프랑스와의 극히 소모적인 전쟁을 끝낼 수 있었다. 그는 자신이 다시 독일 문제에 개입할 수 있을 만큼 충분히 강력해졌다고 믿었다. 그래서 루터파가 어렵사리 소집된 트렌토 공의회 참석을 (교황이 좌우한다는 이유로) 거부하자〔루터의 우악스러운 글 「악마가 세운 로마 교황직을 거슬러」(1545)[54]를 읽어보라〕 황제는 그 일을 빌미로 삼아, 이제는 막강해진 프로테스탄트(개신교) 제후들의 슈말칼덴 동맹을 군사적으로 굴복시켜 나갔다. 그리하여 개신교 세력들은 1546~47년 최초의 종파전쟁("슈말칼덴 전쟁")에서 패배했고, 개신교 지역에서 로마 가톨릭적 상황이 복구되는(그래도 사제 결혼과 평신도 성혈 배령은 용인되었다) 것을 아무도 막을 수 없었다 ….

노회한 작센의 모리츠의 편바꾸기가 없었다면, 개신교는 군사적으로 완전히 괴멸되었을 것이다. 그러나 비밀리에 프랑스와 동맹을 맺은 모리츠가 1552년 인스부르크에서 황제를 기습 공격하여 패주시켰고, 트렌토 공의회도 그때문에 중단되었다. 3년 뒤인 1555년 독일에서 옛 신앙을 따르는 지역과 「아욱스부르크 신앙고백」을 따르는 지역간의 종파 분열이 결정적으로 고착화되었다("아욱스부르크 종교화의"). 그때까지 제후들의 궁정이나 기층사회에서 나름대로 중요한 역할을 수행해왔던 제3 세력("가운데 길")은 이제 독일 땅에서 종막을 고했다. 이제 중요한 것은 종교의 자유가 아니라, 다음과 같은 원칙이었다: "제후의 종교는, 그 신민의 종교." 두 "종교"에 속하지 않은 사람들은 편히 살지 못했는데, 그런 사람들이 많았다.

(3) 개신교 진영은 **일치를 보존하지 못했다.** 종교개혁 초창기부터 파벌·공동체·집단·운동들 그리고 말과 글 잘하는 독불장군들이 수도 없이 많았는데, 이들은 종교개혁의 실현에 있어 각양각색의 목표와 전략을 따르고 있었다. 서로 적대하던 수많은 진영들 가운데 큰 것만 추리자: 우선 독일 개신교가 "좌파" 종교개혁 진영과 "우파" 종교개혁 진영으로 분열되었고, 그다음으로는 독일의 루터파·스위스의 츠빙글리파·칼뱅파가 서로 갈라졌으며, 마지막으로 루터파와 칼뱅파 자체 안에서도 분열이 일어났다 ─ 이 모든 과정은 매우 중대한 결과를 가져올 터였다.

"좌파" 종교개혁: 급진적 일탈자들

루터는 사람들을 불러 모았으나, 그중 상당수는 강제로 다시 떼어내야 했으니, 곧 **비순응주의**("열광주의") 정신을 지닌 사람들이었다. 중세에 뿌리를 두고 있던 이들은 루터의 등장으로 크게 고무되었다. "종교개혁 좌파"(베인턴)라고 지칭할 수 있는 이 급진적인 종교·사회적 운동들은 중세나 계몽주의적 근대에 터해서는 제대로 설명되지 않으며, 종교개혁 패러다임(P IV)의 테두리 안에서 발생한 독자적 운동으로 이해되어야 한다. 이 운동들[55]은 "아래로부터" 시작된 반성직자주의적 성향의 평신도 운동이었고, 박해를 받는 경우에는 국가 권력과도 맞서 싸웠다. 그런데 이 운동들은 당시 사회의 주도적 인물·집단·운동들과 너무나 큰 차이를 보여주기 때문에, 유형화하기가 거의 불가능하다.

수많은 개별적 이해관계와 반란들이 루터의 이름을 내세워 도모되기 시작했고, 그리하여 머지않아 이 종교개혁가는 자신이 사실상 또하나의 전선, 즉 "좌파" 전선과 대치하고 있음을 발견했다. 과연 루터에게 이 급진적 집단들은

(1522년 칼슈타트[56]의 선동으로 루터의 아성 비텐베르크에서 미사·성화상·사제·수도자를 반대·파괴·박해하는 폭동을 일으켰다) 그의 개혁 과업 수행에 로마를 편드는 전통주의자들만큼이나 위험한 존재로 비쳐졌다. "교황주의자들"이 로마 체제에 의지하고 있다면, 이 "광신자들"(이 악의적 명칭은, 역사학 연구가 그릇된 사실들을 많이 바로잡았음에도 불구하고, 오늘날까지 이들에게 붙어다닌다)은 광신적인 종교적 주관주의와 열광주의를 추구하는 것으로 루터는 보았다. 이들은 개인적으로 깨달은 직접적 계시와 영적 체험("내면의 소리", "내면의 빛")에 의지했고, 또 그것을 묵시록적·사회혁명적 이념들과 결합시켰다. 이들의 구호는 종교개혁을 지금 여기서 철저히 완수하자는 것이었고, 필요한 경우에는 현행법을 무시하고 폭력을 사용했다. 이 땅 위에 그리스도 천년왕국의 건설! — 루터의 급진적 경쟁자인 선동적 혁명가는 이렇게 외쳤으니, 중세 신비주의와 묵시록에 뿌리를 둔 목사 토마스 뮌처가 그 사람이다.

주지하다시피 제국 기사騎士 반란이 있은 지 2년밖에 안된 1523년 **농민전쟁**이 발발했는데, 뮌처는 거기서 하느님을 버린 자들에게 닥쳐오는 심판과 새로운 질서의 여명을 보고자 했다: 그 전쟁은 농민들의 극히 열악한 경제적 처지를 감안할 때, 이해하고도 남을 정치적 혁명의 들불이었다. 그 전쟁이 일종의 "초기 시민혁명"이었다는 마르크스주의 역사학의 오랜 주장은 옳지 않으니, 당시 거의 대부분의 시민들이 그 "농민전쟁"에서 봉건 세력 편에 섰기 때문이다. 그러나 농민들이 자신들의 정치·경제·사회적 요구와 종교·교회적 요구(예컨대 자유로운 목사 선거)의 정당성을 주장하기 위해 새삼 "복음"을 근거로 내세웠다는 점에서, 농민전쟁과 종교개혁의 직접적 관련성은 이론의 여지가 없다.[57]

그러나 **루터**는 권력자들이 자신의 종교개혁을 그러한 혁명과 연루되어 있다고 생각할까봐 두려워했다. 처음에는 평화협정도 중재하고 경고도 했지만,[58] 갈수록 농민들의 끔찍한 비행 소식에 경악했다. 루터는 자신의 저작 가운데 가장 극렬하고 공격적인 글로 대응했다: "강도와 살인자 같은 농민 폭도들을 거슬러."[59] 그는 **권력 당국**에게 이 사악한 폭동에 **단호히 개입**("칼")하여 가차없이 베고 찌르라고 요구했다. 이 일로 말미암아 루터는 처음에 누렸던 대중적 인기를 크게 상실했다.

1848년의 혁명 이후 프리드리히 엥겔스가 농민전쟁에 관한 최초의 역사서[60]를 저술하고, 1차대전 후 에른스트 블로흐[61]가 토마스 뮌처[62]를 독일 혁명 전통의 창시자로 높이 평가하기까지, 루터교에서는 그 비극적 사건을 오랫동안 모르는 체해왔다. 그러나 그러한 묵살이 루터 자신과 관계가 있음은 의심의 여지가 없다. 사실 여러 면에서 정치적으로나 신학적으로 "높은 분들"과 긴밀히 연계되어 있던 이 종교개혁가는, 그리스도인의 자유에 대한 자신의 급진적 요구로부터 **같은 정도로 급진적인 정치적·사회적 결론을 끌어낼 각오가 전혀 되어 있지 않았다.** 그는 제후와 귀족들에 맞서 싸우던 농민들의 정당한 요구들을 명시적으로 지지하려 하지 않았다. 자주성을 위협당하고 갈수록 심하게 착취당하던 농민들이 비난받아 마땅한 비행을 저지른 것은 사실이지만, 그들의 요구 중엔 극히 합리적이고 정당한 것들이 많았다. 루터도 농민들의 경제적·법률적 곤경을 부인하지는 못했다. 당시 농민들의 개혁 구상은 애당초 허무맹랑한 것이었던가? 그렇지는 않다. 왜냐하면 남부 독일 농민들이 지니고 있던 새로운 사회제도의 이상인 스위스 연방식의 협동조합적 사회제도는 충분히 실현 가능한 모델이었기 때문이다. 그러나 그것은 튀링언 귀족들의 관점에 매여 있던 루터에게는 낯선 것이었다. 그리고 합스부르크 가문도 행여나 협동조합적인 정치적 조직원리가 남부 독일에서 득세할까 항상 두려워하고 있었다.[63]

아무튼 프랑켄하우젠 지방의 **농민들**은 결국 참혹한 군사적 **패배**를 당했을 뿐 아니라 무서운 재판을 받았고, 토마스 뮌처는 고문을 당한 후 목이 잘려 죽었다. 제국 최대의 사회집단이었던 농민들은 이제 제국 정치의 초지역적 구성요소로서의 세력을 상실했다. 승리자는 다시금 제후들이었거니와, 이제는 루터가 꼼짝없이 매이게 된 그들은 독일에서 루터의 동의하에 "비상시 주교들"로 행세했고, 얼마 지나지 않아 교회의 주인이 되었다.

종교개혁의 급진적 경향들은 근절되지 않았다. 오히려 반대였다: 농민전쟁의 전선 건너편 츠빙글리의 취리히에서는 1525년 1월 21일 평신도 콘라드 그레벨이 한 가정집에서 도망다니던 수도자 게오르그 블라우록에게 다른 특별한 예식 없이 한 국자의 물을 부음으로써 최초의 **성인세례**를 베풀었다.[64] 그것은 그후 다양한 형태를 띠게 될 "(재)세례파" 운동의 "선동적" 신호였던바, 이 운동에서는 평신도가 설교하고 성찬례를 집전하며 (여성도) 세례를 베풀기 시작했다. 그들은 강제적 규범·제도를 갖추고 튼튼히 자리잡은 종교개혁 교회들을 신랄히 비판했다: 아무것도 모르는 젖먹이들까지 구성원으로 끼워넣는다고. 세례파 사람들은 성서에 입각하여 개개인의 의식적인 신앙의 결단을 요구했고, 따라서 성인세례를 강력히 주장했다. 그들은 성인세례만을 참된 그리스도교 세례로 인정·시행했기 때문에, 적수들에게 "재세례파"라고 비난·고발당했다.

이 세례파는 본디 온건성과 호전성 사이에서 오락가락했었는데, 츠빙글리의 종교개혁을 반대하고 세례를 통해 얻어지는 교회·정치·법률적 공동체에의 통합을 거부했기 때문에 박해를 받았으나, 유랑 설교자들이 선포하는 그들의 메시지는 동쪽으로는 모라비아와 북쪽으로는 프리즈란트까지 독일 전역에 놀랄만큼 빨리 퍼져나갔다. 자신들만이 진정으로 다시 태어난 자·의인된 자·성화된 자라 자임했던 그들은 물론 성서에도 의지했으나, 자신들에게 선사된 "내면의 빛"을 더욱 신뢰했다. 또한 그들은 법적으로 확정된, 산상설교 정신에 터한 윤리를 매우 중시했다. 흔히 묵시록적·원시공산주의적으로 정향된 이 동아리들은 국가와 국가교회를 불신했거니와, 개신교나 가톨릭의 정치적 공권력의 온갖 폭력과 박해도 순교자처럼 영웅적으로 기꺼이 감내할 각오가 되어 있었다.

세례파에 대한 연구는 최근 놀랄만큼 많이 이루어졌다.[65] 이 연구가 밝혔듯이

— (루터교 역사학자들이 흔히 그렇게 하듯) 루터의 가르침이 도무지 먹혀들지 않은 광신적이고 빗나간 제자들로 이단시하거나,

— (자유교회 전통에 기인하는 미국의 연구가 흔히 그렇게 하듯) 초창기 교회를 재건하려 했던 통일되고 응집력있는 운동으로 이상화하거나,

— (특히 예전 동독의 마르크스주의적 종교개혁 역사서술이 흔히 그렇게 하듯) 종교적 바탕을 무시하고 순전히 하나의 사회적 운동으로 축소·환원시킨다면,

그것은 세례파에 대한 올바로 평가가 아니다.

세례파 운동은 비록 유럽 종교개혁의 스펙트럼 변두리에 자리잡고 있었지만, 극히 이질적인 요소들이 혼합된 독자적인 종교개혁의 한 형태로 이해되어야 한

다. 이 운동의 "삶의 자리"는 평신도들의 공공연하고 철저한 반(反)성직자주의였거니와, 삶의 향상을 열망했던 그들은 신앙을 윤리적으로 강화하고 경건한 신앙인들의 개인적 믿음을 중시했다.[66]

잔혹한 박해와 사형도 세례파를 뿌리뽑지 못했다. 1531년 비텐베르크 교수단의 보고서에 의하면, 멜란히톤도 세례파 동조자들의 처형에 찬성했고, 루터도 찬동했다(루터는 세례파를 "음흉한 자들이요 무면허 설교자들"[67]이라고 비난했다). 그들은 공식 초빙·임명도 받지 않고 신자·시민 공동체에 기어들어와 설교하고 사람들을 빼내간다는 것이었다. 루터는 거기서 "반란"을 보았다. 사실 당시 사람들은 비텐베르크에서도 현대적 의미의 종교자유와는 너무나 거리가 멀었고, 바로 그 개신교의 중심지에서조차 **세례파가** (폭도가 아니라 신앙 면에서 헤매는 사람들일 뿐인데도) **처형**될 수 있었다. 물론: 몇몇 경우에는 광신자들이 광신과 테러의 정권을 세우기도 했는데(예컨대 네덜란드 그리고 1535년 뮌스터에서 얀 베우켈센과 베른트 크니퍼돌링이 폭력을 통해 "그리스도의 나라"를 실현하고자 했다), 그런 정권에서는 묵시록과 글자 그대로 알아들은 구약성서를 내세워 재세례를 법으로 명하고 반대자들을 잔인하게 탄압했을 뿐 아니라, 재화공산주의와 일부다처제까지 도입했다.

그러나 전반적으로 세례파는 〔예컨대 전직 가톨릭 사제였던 멘노 시몬스(†1561)에 의해 신속히 여러 공동체로 분지分枝된 온건한 **멘노파**처럼〕 조용하고 평화적이며 기꺼이 고난을 감수하는 사람들이었다. 하지만 바로 뮌스터에서 혁명을 일으켰기 때문에 "폭도들"로 간주되어 수백·수천 명이 순교를 해야 했다. 세월이 상당히 지난 뒤에야 세례파는 네덜란드와 스위스 그리고 북독일의 몇몇 도시와 모라비아 지방에서 용인되었다. 다른 비순응주의자들과 마찬가지로 세례파도 제대로 발전할 수 있게 된 것은 물론 옛 유럽에서 멀리 떨어진 새로운 고향에서였다. 종교개혁이 관철된 지역에서도 지배적 구조와 제도들에 저항하는 인물들과 경향들이 언제나 존재했으며, 그들은 신·구 성직자 계급에 대항하는 가운데 점차 급진화되었다는 사실은 새삼 강조할 필요가 없을 것이다: 예를 들어 모든 외면적인 것을 무시하는 슈벵크펠트의 카스파르나 세바스티안 프랑크의 영성주의, 전통적 삼위일체 교의 배척에 진력했던 반삼위일체파 등. 아무튼 세례파와 멘노파 공동체들로부터 최초의 **자유교회들**이 생겨났거니와, 이 교회들은 자발적인 구성원들로 이루어졌고 고유한 교회 규율을 지니고 있었는데, 세속 권력당국의 어떠한 간섭도 거부했다. 그런데 간섭 정도로 끝나지 않는 문제(이것은 우파 종교개혁의 한 특징이다)를 고찰하기 위해 다시금 루터에게로 돌아가야겠다.

"우파" 종교개혁: 교황 교회 대신 공권력 교회

루터가 강령적 저작들을 통해 동시대인들을 열광케 한 **자유로운 그리스도 교회라는 이상**은 루터교 영역 안에서는 **실현되지 못했다**. 과연 루터 덕분에 수많은 교회들이 속화되고 개혁 적대적인 주교들 그리고 무엇보다 로마 교황청의 "포로살이"에서 해방되긴 했다. 그러나 그 결과는 무엇이었던가?

루터는 근본적으로 국가와 교회를 "두 나라"로 보는 교설을 주장했다. 그러나 동시에, 로마와 "광신자들"과 "폭도들"이 야기하는 온갖 어려운 문제에 직면하자, 교회를 수호하고 교회질서를 유지하는 의무를 제후들(슬프게도 이들 모두가 "현자" 프리드리히는 아니었다!)에게 귀속시켰다. 정치적으로 보수적인 루터교의 특성은 바로 여기에 기인한다. 루터교 세력권에서 가톨릭 주교들과 그들의 재치권이 사라지자, **"비상시 주교"**인 제후들이 곧바로 **"최고 사목자"**가 되어, 마치 주교들처럼 교회의 입법·사법·감독권을 완전히 손에 넣었고, 귀속된 교회 재산 특히 폐쇄된 수도원들을 (교회와 학교로 사용하기 위해서만이 아니라) 마음대로 처분했으며, 그러한 일을 통해 자신들의 정치권력을 엄청나게 강화했다.

간단히 말해서: 민중들의 종교개혁이 이제는 **제후들과 공권력의 종교개혁**이 되어버렸다. 그 결과: "바빌론 포로살이"에서 해방된 루터파 교회들은 자주적 교회제도를 발전시킬 수 없었고, 제후 혹은 도시의 "교회 지배"를 받아들여야 했다. 이 교회들은 매우 빨리 자기 제후들과 그들의 법률가들 그리고 교회 관장 기구들(종교국 등)에 거의 완전히 예속되었으니, 흔히는 사정이 옛날보다 나을 게 전혀 없었다. 제국 직속 도시들의 경우: 여기서는 대부분 시민들의 저항이 복음의 설교와 복음주의 교회의 제도화를 관철해내긴 했지만, 교회 안에서 권력을 행사한 것은 결국 시의회와 시청이었다(신자 공동체의 참여는 아주 미미했다).[68]

사실상: 종교개혁 이전부터 농민들과 시민들에 맞서, 흔히는 뒤죽박죽 갈라져 있던 자신들 영지의 내부적 통일과 신민들의 견고한 결합체를 이루고자 노력해왔던 제후들은, 교회가 종교 영역으로 철수하게 되자, 엄청나게 강력해졌다. 마침내 **제후들은 자신의 영토에서는** 흡사 **교황과** 같은 존재가 되었다! 그런데 제후들이 종교적으로 되기보다는 종교가 정치적으로 길들여졌으니, 처음에는 심지어 교회들이 국유화되기도 했다. 이제 양심과 예배의 자유는 좌절되었고, 공권력이 온갖 것을 좌지우지했다. 신앙공동체 안에서 재가톨릭화나 칼뱅파에 대한 저항은 있었으나, 루터교는 제후들에 대한 저항권에 관한 교설은 발전시키지 못했고, 기껏해야 목사나 감독의 항의권만 약간 언급했을 뿐이다. 오늘날 많은 개신교 학자들도 인정하는 사실: 종교개혁은 독일에서 (개신교 교회사가 흔히 주장하는 것처럼) 근대와 종교자유와 프랑스혁명에로 나아가는 길을 준비했던 것이 아니라(이것을 위해서는 또한번의 획기적인 패러다임 전환이 필요할 터였다), 무엇보다도 권력 국가와 제후들의 독재정치를 야기했고, 그리하여 다가올 근대화의 전제조건 가운데 하나를 조성했다.

그러므로 전체적으로 볼 때, 독일 루터교에서는 자유로운 그리스도 교회가 실현되지 못했고, 오히려 흔히는 거의 그리스도교적이지 않은 **공권력과 제후들에 의한 교회 지배**가 이루어졌던바, 이것은 1차대전 이후의 혁명과 더불어 비로소 (마땅한) 종말에 이를 터였다. 아무튼 나치 시대에조차 히틀러의 공포정치에 대한 루터교 교회들의 저항은, 수백 년간 고수되어온 두 나라 교설(루터에게서 비롯한, 국가 권력에 대한 교회의 통상적 복종과 세상 일에 있어 시민들의 순종에 대한 강조) 때문에 결정적으로 약화되었다. 또 한 가지 문제는, 이미 유다교에 관한 다른 책[69]에서 상세히 다루었기 때문에, 여기서는 한 마디만 하기로 한다: 마르틴 루터는 처음엔 유다인들에게 우호적이었으나, 죽기 얼마 전에는 유다인들에 대해 그리스도인답지 않게 증오에 가득찬 언사를 내뱉었던바, 덕분에 나치는 자신의 반유다주의를 정당화하기 위해 루터를 막강한 증인으로 끌어댈 수 있었다.

1546년 2월 18일, 에라스무스가 세상 떠난 지 10년 후에, 루터도 ("공무 여행" 중 자신이 태어난 아이스레벤에서 설교를 하다가) 신체의 이완이 몇 시간 계속된 뒤, 함께 여행하던 사람들이 중세 때의 「죽음의 기술」을 읊는 가운데 사망했다. 루터의 "일", 곧 종교개혁이라는 "일"은 계속 진행되었다. 그러나 루터 사후에도 루터 교는 결국 독일과 스칸디나비아 국가들에서만 오랜 기간에 걸쳐 확고한 기반을 다질 수 있었다. 하지만 개신교는 세계적 세력이 되었다. 그것은 비텐베르크가 아니라, 취리히에서 준비되어 제네바에서 만개한 또하나의 종교개혁의 공헌이 었다. 이제 종교개혁적 패러다임의 또하나의 모습을 고찰해야겠다.

6 철저히 종교개혁적인 "개혁" 개신교

루터를 비판하던 여러 사람들은 "광신자들"과 대결하면서부터, 루터는 너무 철 저하지 못하다고 생각했고, 자신들은 로마·가톨릭 패러다임을 아예 뿌리뽑고, 루터의 "어정쩡함"과는 달리 종교개혁의 길을 시종일관 끝까지 걸어가리라 다 짐했다: 십자가·성화상·전례복의 폐기로부터 미사의 철폐에 이르기까지. 교 회 안에서는 성서에 의해 정당화될 수 있는 것들만 고수되어야 한다는 것이었 다. 이러한 운동의 토대를 놓은 사람은 루터의 자부심 강한 동시대인이자 경쟁 자이며 논적이었던 훌트리히 츠빙글리였다. 우리는 앞에서 초기 세례파를 배척 한 그의 입장을 잠깐 언급한 바 있는데, 이제 그의 특유한 성향에 관해 좀더 상세히 서술해야겠다. 왜냐하면 츠빙글리는 나중에 칼뱅에게서 참으로 **개혁된 그리스도교**가 될 터인 종교개혁의 저 철저한 유형을 대표하고 있기 때문이다: 웬만큼 철저한 쇄신 정도가 아니라, 조직적으로 강력히 추진되는 교회의 새로 운 건설, 교리만이 아니라 삶 전체의 개혁.

스위스의 종교개혁: 훌트리히 츠빙글리

독일계 스위스인 종교개혁가 **훌트리히 츠빙글리**(1484~1531)[70]는 마르틴 루터 와는 전혀 달리 금욕적 수도자가 아니라 스콜라 신학 교육을 받은 매우 낙천적 인 사목자였는데, 처음에는 성모 순례지 아인지델른에서 그리고 1519년 1월 1 일부터는 취리히 주교좌 대성당에서 "교구 소속 신부"로 일했다. 또한 그는 종군 신부로서 1513년 스위스 군대의 노바라 승전과 밀라노 정복뿐 아니라, 1515년 마리그나노에서의 참패 때에도 참전했었다. 이 참패는 롬바르디아와 부르군트 방향으로 진출하던 스위스인들(이들은 부르군트 대공 용자勇者 칼의 군대에게 승리를 거둔 이래, 유럽 최고의 군인들이라는 명성을 누렸다)의 팽창주의적 강대국화 정책에 종지부를 찍었다.

츠빙글리는 루터에 맞서 자신의 독자성을 뚜렷이 드러내기 위해, 매우 일찍 그러니까 1516년에서 1519년 사이에, 자기 나름의 **종교개혁적 전환**을 시도했다. 최초의 츠빙글리 전기작가들(미코니우스, 불링어, 케슬러)과 파너 등 근년의 몇몇 작가들은 그때 일부터 기술을 시작한다. 그러나 최근 노이저[71]와 로허[72]의 역사적 연구는 츠빙글리가 처음에는 상당히 중도적인 인물이었고, **에라스무스**의 정신에 터한 그리스도교 인문주의와 가톨릭 내부의 온건한 교회개혁의 주창자였음을 뚜렷이 밝혀주고 있다. 츠빙글리는 1515년 바젤에서 에라스무스를 처음 만나고는, 신학을 야만(고대에 대한 경멸)과 궤변(스콜라 신학)에서 해방시킨 사람이라고 칭송했다. 아무튼 츠빙글리는 그 뒤부터 교황권·대사·연옥·기적·서원·지옥벌에 관해 설교하지 않고, 그 대신 "그리스도 철학", 즉 매우 윤리적으로 이해한 그리스도의 복음을 설파했다. 그는 1518년까지만 해도 교황의 존칭을 중요시할 만큼 가톨릭 신앙 안에 머물러 있었다.

그러나 츠빙글리는, 에라스무스와 달리, 결단내리기 좋아하는 사목자요 정치가였다. 그는 라이프치히 논쟁에서의 루터의 용감한 태도와 그의 강령적 저작들에 깊은 감명을 받았다. 제일 먼저 츠빙글리는 (이 일엔 끔찍한 참전 체험이 큰 영향을 끼쳤다) 스위스 농부와 시민들이 외국 용병으로 복무하는 이른바 "유람 떠나기"의 폐습을 반대하고 나섰고, 나아가 다른 나라들이 스위스 용병 모집을 위해 스위스 귀족들에게 매년 일정액의 "연금"을 갖다바치는 것을 비난했다. 아무튼 츠빙글리의 급진적 신학의 원천을 이룬 것은, 바울로 서간·요한 복음서·아우구스티누스의 저작들 그리고 무엇보다도 루터의 「교회의 바빌론 유폐에 관하여」(1520)였다. 츠빙글리가 **인문주의 정신을 지닌 개혁가에서 철저한 복음주의 종교개혁가**로 본격적으로 전환한 것은 1521~22년이었던 것 같다.[73]

어쨌든 이제 츠빙글리는 (루터에 대한 로마의 파문 협박 칙서 때문에 꽤 망설인 후에) 용기를 내어 **로마 체제에 대한 조직적 공격**을 감행키로 했다. 그리하여 1522~23년 취리히에서 종교개혁이 발발했다:

― 취리히 시의회에 의한 **"유람 떠나기"의** 금지.

― **단식 계명의** 공공연한 **위반**(츠빙글리의 첫 종교개혁적 저술 「음식의 선택과 자유에 관하여」[74]는 콘스탄츠 주교와의 논쟁을 야기했다).

― 복음의 **자유로운 설교와 사제 결혼** 허용(그의 "청원"과 변호서 *Archeteles*).

― 츠빙글리의 67개 발문跋文(그의 가장 중요한 종교개혁적 저작)[75]에 관한 첫 **취리히 논쟁**.

― 모든 설교자는 **복음을 설교해야** 한다는 시의회의 명령.

― **성화상 파괴**(츠빙글리의 뜻을 거슬러)와 두번째 취리히 논쟁(미사와 성화상에 관해).

―사목자들과 시의원들로 이루어진 위원회에 의한 **급진적 개혁**의 체계적 **시행**: 미사·오르간 음악·성가·제대·축제행렬·성유물·견진성사·병자성사의 폐기; 성찬례는 1년에 네 주일로 제한(공동체 전체 참여).

― 끝으로 **시의회의 교회 지배**. 이제 시의회가 결혼·풍기·빈민구호·새로운 학제를 관장했다. 물론 취리히에서도 관건이 되었던 문제들은 순전히 신학적·교회적 문제들이 아니라, 동시에 정치적·사회적 문제들이기도 했다: 교회 일까지 좌지우지하려던 시(의회)와 공동체의 자발적 개혁을 열망하던 지방 공동체들 간의 갈등이 심각했다. 이 공동체들은 또한 혐오하던 십일조와 지방에 대한 취리히 시의 지배권을 철폐하고자 했다. 앞에서 언급한 훗날의 세례파 콘라드 그레벨과 그의 동료들은 지방 공동체들을 지지한 반면, 츠빙글리는 시의회 편에 섰다. 시의회는 세례파가 취리히 종교개혁과 결별하는 계기가 된 최초의 성인세례와 또한번의 논쟁 이후, 마침내 1526년 "재세례"를 사형에 처해야 할 반란행위로 규정했고, 그리하여 바로 다음해 림마트 강에서 한 세례파 사람의 익사형이 집행되었다. 이런 일에서 츠빙글리는 루터와 한가지였다.

그러나 뭐라 해도 이 스위스 사람은 신학적으로나 정치적으로나 루터보다 철저했다. 명료한 합리성과 효율적 실천력 그리고 겁모르는 대담성을 지니고 있던 이 남자는 과연 교회 개혁을 추진하면서 그저 (루터처럼) 명백히 비그리스도교적인 요소들만 제거한 것이 아니라, 성서적 근거가 없는 것은 모조리 철폐했다. 그것은 사실상 **전혀 새로운 교회제도**를 지향했거니와, 그리하여 루터교에서처럼 공권력에 의해 지배되는 주州교회가 아니라, 도시들이 자치하는 협의제 교회가 생겨났다. 이러한 바탕 위에서 훗날 칼뱅이 출발할 터였다.

취리히 밖에도 많은 신학적 동지가 있고 갈수록 정치가가 되어가던 츠빙글리의 이 종교개혁은 바젤에서도 신속하게 뿌리를 내렸고(주도 인물: 요한네스 외콜람파드), 베른·상트 갈렌 등 스위스의 다른 도시들에서도 관철되었다. 남부 독일에도 큰 영향을 끼쳤으나, 정치·사회 영역의 적극적인 협동작업은 이루어지지 않았다. 원原스위스 시골 지역(우리·슈비츠·운터발덴)과 루체른·추크·프리부르크 같은 도시들의 전통적 가톨릭 주민만 종교개혁의 관철을 거부·저지했다. 그 결과: 스위스에서도 이제 지역과 백성을 이리저리 갈라놓는 **분열**이 시작되었는데, 이 것은 독일에서처럼 정치적·군사적 동맹 그리고 끝내는 내전으로 귀결되었다.

츠빙글리는 이제 다시 종군 설교자가 되어 전쟁터로 나갈 수밖에 없었다. 종파전쟁인 1차 카펠 전투가 발발했고, 겨우 2차 전투에서 츠빙글리가 전사했으니, 1531년의 일이다. 그의 시신은 가톨릭 신자들에 의해 네 조각이 나 불태워졌다. 그러나: 츠빙글리가 해온 일은 남았다. 그후 십 년밖에 안되어 프랑스인 칼뱅은 개혁 도시 베른의 보호 아래 제네바에 교회를 세울 수 있었다. 칼뱅은 츠빙글리의 후계자 하인리히 불링어와 함께 1549년 티구리누스 합의를 통해, 유럽의 모든 개혁파 교회 연합의 토대를 놓았다. 개혁파의 스위스는 (츠빙글리파와 칼뱅파가 1566년 「스위스 신앙고백」을 통해 교회적·신학적 통합을 이룬 이후) 전세계 칼뱅파와 개신교의 지주支柱가 될 터였다. 그러면 이 칼뱅은 누구였던가?

종교개혁 패러다임 전환의 완결: 쟝 칼뱅

독일에서 대사 논쟁이 발발했을 때, 그는 겨우 여덟 살이었다. 루터 및 츠빙글리와 **칼뱅**(1509~64: 본디 이름은 Cauvin, 라틴어로는 Calvinus)[76]은 벌써 한 세대 차이가 난다. 그러나 종교개혁의 근본 지향은 동일했다: 칼뱅에게도 복음에로 돌아감, 하느님 말씀에 대한 절대 복종이 무엇보다 중요했다. 칼뱅 역시 그리스도를 위해 교황 교회에 등을 돌렸으니, 그것은 그에게 더이상 그리스도의 교회가 아니었다: "우리는 그들에게서 얼굴을 돌려야 한다. 그리스도를 향하기 위해."[77]

루터와 츠빙글리처럼 칼뱅도 깊은 신심의 인간이었거니와, 그 신심은 오직 하느님 은총에 의한 의인義認에 대한 굳은 믿음에 뿌리박고 있었다. 그러나 칼뱅은 루터 같은 수도자도, 츠빙글리 같은 사목자도 아니었고, 주교를 위해 일하는 법률가의 아들이요 그 자신도 법률가였다. 본디 사제가 되기로 정해져 있었던 칼뱅은 14세 때 북서 프랑스의 피카르디에를 떠나 **파리** 몽테귀 대학으로 왔는데, 훗날 예수회를 창설한 스페인 사람 이냐티우스 로욜라도 거기서 거의 같은 시기에 공부했다. 그곳에서 칼뱅은 철학과 학술논쟁 교육을 받았다. 모친을 일찍 여의고 한 귀족 집안에서 양육된 칼뱅은 아버지(주교좌 성당 참사회와의 갈등으로 파문 상태에 있었다)의 희망에 따라 우선 민법과 교회법 공부를 마쳤는데, 당시 그 공부는 적지 않은 신학 지식도 함께 얻게 마련이었다. 또한 칼뱅은 상당수의 사람들이 이단의 언어로 간주하던 그리스어도 일찍부터 배웠다. 그는 **오를레앙** 대학에서 법학 학사 학위를 취득하고, 시간 강사가 되었다.

칼뱅은 루터처럼 영혼의 시련은 겪지 않았던가? 진지하고 자신감 있으며 귀족적 생활태도를 지니고 있던 이 남자는 그러한 위기는 전혀 겪지 않았던 것으로 보인다. 아무튼 칼뱅은 루터와는 달리, 자신에 관해 자세한 이야기는 하지 않았다. 그러므로 칼뱅이 점차적으로 로마교회를 저버리게 되었는가, 아니면 어떤 "회심 체험"을 했는가라는 물음에는 대답을 보류해두어야겠다(1557년 시편 주해서 서문에서 처음으로 "갑작스런 회심"에 관해 말하기는 했다). 그에 반해 확실한 사실: 칼뱅은 츠빙글리처럼 에라스무스(그리고 프랑스에서는 파베르 스타풀렌시스)의 정신을 따르는 인문주의적 개혁 가톨릭주의를 넘어, 그리스어·성서·교부들 특히 아우구스티누스를 깊이 연구했다(세네카의 「온유함」에 관한 책이 칼뱅의 첫 저작으로 여겨진다). 오를레앙에서 **파리** 대학으로 옮겨온 칼뱅은, 거기서 복음주의 정신을 지닌 사람들을 사귀었고, 아주 자연스레 마르틴 루터에 관한 토론에 끼어들게 되었다. 사실 루터는 파리에서도 오래 전부터 사람들의 견해를 양 극단으로 갈라놓는 인물이었다. 소르본느의 신학자들 중에는 루터를 광적으로 적대하는 사람들이 있었으나, 이미 나름대로 은총과 신앙에 의한 의인에 관해 말하던 파리 인문주의자들 가운데는 루터에게 공감하는 사람들이 아주 많았다.

1533년 11월 10일 파리 대학 총장으로 선출된 친구 인문주의자 의학박사 니콜라스 코프(바젤 출신)의 취임연설이 칼뱅 인생의 전환에 결정적 계기가 되었다. (아마 칼뱅이 함께 작성한) 취임연설에서 코프는 산상설교 중 진복선언을 해설했는데, 대담하게도 (스콜라 신학을 논박하며) 에라스무스와 심지어 루터까지 인용했다. 그것은 씩씩하나 분별없는 짓이었으니, 신학부의 부추김으로 경찰이 개입하여 코프와 동조자들을 체포했는데, 칼뱅도 끼어 있었다. 요행히 파리를 탈출한 칼뱅은 (가명을 사용하고 거처를 자주 옮기면서) 수배를 피해다녔다. 이때부터 칼뱅은, "루터파"는 아니었으나, 성서와 교부들 외에 루터도 본격적으로 연구하기 시작했다.

탄압은 계속되었다. "플래카드 사건"(미사를 배척하는 추악한 플래카드가 내걸렸었다) 때문에 개신교에 우호적인 사람 20명이 "루터파"로 화형당했는데, 그 중에는 칼뱅의 동창생 친구도 한 사람 있었다. 칼뱅은 천성적으로 그리고 전공을 따라 질서와 공권력을 존중하는 사람이었지만, 이제야말로 종교개혁의 길을 걸어나갈 수밖에 없음을 절감했다. 1534년 1월 초 **바젤**로 옮겨온 이 신학 독학자는, 얼마 되지 않아 벌써 자신의 주저主著 초판(물론 아직 완성되지는 않았다)을 세상에 내놓을 수 있었다. 칼뱅은 이 책을 프랑스 왕 프랑솨 1세에게 헌정했다(개신교 신자들에게 관용을 베풀어 달라는 청원과 함께). 「**그리스도교 강해**」라는 제목의 이 저작은 개신교 교리의 총괄요약이며, 철저히 성서를 따르고 있다. 이 책은 1536년 라틴어로 출판되었는데, 그해에 에라스무스는 세상을 떠났고 폴레와 카라파는 추기경으로 임명되었다. 칼뱅이 찬탄하고 친근한 편지를 주고받던 루터는 이제 살 날이 10년밖에 남지 않았다. 츠빙글리는 이미 5년 전에 사망했다. 이제 곧 칼뱅이 종교개혁의 지도자로 나서, 아직 막강한 영향력을 행사하던 비텐베르크의 멜란히톤과 슈트라스부르크의 부커를 능가할 터였다.

역사의 섭리? 같은 해 1536년(이 해 겨울 이냐티우스 로욜라는 최초의 동지들과 함께 파리를 떠나 로마로 진출했다) 칼뱅은 여행중 **제네바**에 이르러 베른 시市가 비호하는 종교개혁가 빌헬름 파렐을 만났는데, 그는 1년 전 개신교 운동이 가톨릭 지역 사부아 사람들 및 그들을 후원한 제네바 주교와의 싸움에서 승리하도록 도왔었다. 파렐은 칼뱅에게 제네바에 머물도록 권유했고, 스물여덟 살 난 이 남자는 처음엔 신약성서 "공公강사"가 되었고, 얼마 후엔 정식 서임도 없이 설교자가 되었다. 전기작가들은 칼뱅이, 물론 출중한 조직신학자였지만, 나중에는 교의학을 전혀 가르치지 않았고, 언제나 다시금 새로이 성서를 해설했다는 사실을 흔히 간과하고 있다. 칼뱅은 성서를 한 구절 한 구절 히브리어와 그리스어로부터 라틴어로 번역한 후, 본문을 문법적으로 분석하고, 역사적·신학적 해석을 언어학적·철학적 감별과 함께 시도했다.

그러나 첫번째 제네바 체류는 약 2년밖에 되지 않았다. 그 기간에 칼뱅은 모든 주민이 의무적으로 읽어야 하는 교리서를 저술했고, 주민들에게 신앙고백문을 받아들이겠다는 선서를 시켰는데, 시의회가 결의한 교회규율을 내세워 너무 엄격한 도덕교육을 시행했기 때문에, 파렐 그리고 결국엔 칼뱅도 새로 구성된 시의회의 다수결 투표에 의해 추방되었던 것이다. 1538년의 일이었다. 칼뱅은 다시 바젤로 갔다가 얼마 뒤엔 **슈트라스부르크**로 옮겼는데, 그곳의 종교개혁가 마르틴 부커가 프랑스인 망명자 공동체를 담당해줄 것을 부탁했기 때문이었다. 그곳에서 칼뱅은 바야흐로 귀중한 사목적·전례적 체험을 쌓을 수 있었다. 그는 독일 종교개혁가들 특히 자신이 존경하던 멜란히톤과 교유했고, 하게나우·보름스·레겐스부르크에서 열린 개신교와 가톨릭의 종교대화에도 참석했는데, 물론 거기서 배운 것은, 중세 신학과 교회체제를 절대시하는 가톨릭 교회와의 신학적 절충안은 거의 의미가 없다는 것이었다. 칼뱅은 슈트라스부르크에서 결혼하여 아들 하나를 얻었으나, 출생 후 곧 사망했다. 결혼생활도 오래 지속될 수 없었으니, 9년 만에 질병이 아내를 앗아갔기 때문이다 ….

제네바에서는 그동안 치열한 파벌싸움이 벌어졌다. 그리하여 3년 뒤인 1541년 사람들은 칼뱅을 다시 초빙했는데, 그는 확실한 보장을 받은 후에야 거기에 응했다. 칼뱅의 또다른 특성을 잘 보여주는 일: 칼뱅은 제네바에서 적수들에게 앙갚음을 하지 않았다. "그 종교개혁가는 몇 년 전 해설을 그만두어야 했던 성서 구절을 펼쳤다. 그러고는 지체없이 그 구절의 해설을 계속해나갔다. 그것은 극히 그다운 일이었다."[78] 그러나 칼뱅은 제네바에서 어떻게 해서든지 종교개혁을 완수하고자 했다: 그 도시의 공·사 생활 전체, 학교·경제·정치·학문의 일상이 모조리 "예배"가 되어야 했다. 사회 전체의 철저한 그리스도교화! 대예배당 설교자, 성서 주석가, 신학 선생, 저술가로서 지칠 줄 모르고 활동하던 칼뱅은 실제로 제네바에 엄격한 교회규율(가정 감독·풍기 재판·춤과 카드놀이 금지 등)을 도입·관철하고, 자신의 「강해」에 담겨 있는 종교개혁 프로그램을 지독한 열성과 불굴의 철저함으로 실현할 수 있었다(친구들에게조차 엄혹했다).

칼뱅은 언제나 세속 공권력에 순종했고 법률에 의지했다. 한편 칼뱅은 시의회의 극렬한 반대집단(신앙 때문에 프랑스·이탈리아·네덜란드에서 도망온 사람들을 배척하던, 외국인에게 적대적인 "애국자들")도 점차 잘 다룰 수 있게 되었다. 이 반대자들은 풍기교육을 칼뱅의 종교국局 대신 시의회가 시행하는 것을 지지했기 때문에, "방탕자들"이라 불리었다. 칼뱅은 몇 년 동안 마치 일상사인 듯 그들과 싸웠다. 냉정하고 가까이하기 어렵고 유머 모르는 이 사람은(이 모든 점에서 루터와 아주 달랐다) 적수들에게 자신의 단호함과 예민함과 총명함을 자주 느끼게 했다. 칼뱅이 돌아온 지 14년이 지난 1555년에 적수들은 투표에서 결정적으로 패배했고, (프랑스 반대?) 시위를 벌이다 진압된 뒤 추방되었는데, 일부는 무자비하게 처형되었다.

"우리의 이야기는 갈등과 충돌의 세상 안에 태어난, 질서와 평화의 한 남자 이야기다"라고 영국 역사학자 파커는 쓴 바 있는데, 그는 자신의 칼뱅 전기에서 칼 바르트와 2차 바티칸 공의회의 관점에 터해, 완전히 새롭게 칼뱅의 지칠 줄 모르는 설교 활동과 성서주석 작업을 결부시켰다: "천성으로 보나 교육으로 보나 신념으로 보나 보수주의자였던 그 사람의 이념들이 유럽에서 가장 혁명적인 이념들이 되었다. 그가 찬양했고 그것을 확립하기 위해 삶을 바친 (귀족정치적 성향의) 질서는, 그후 수백 년의 민주주의를 위한 플랫폼의 하나가 되었다. 그의 신학은 근본적으로 너무나 구식이어서, 오히려 새로운 것처럼 보였다."[79] 이론의 여지가 없는 것: 칼뱅은 (인간과 교회정치가로서 매우 어두운 면들을 지니고 있었지만) 루터가 독일을 위해 시작한 종교개혁을, 유럽이 그것을 받아들이고자 하는 한, 유럽을 위해 완성시켰다.

개혁 신앙의 전범적 종합

「그리스도교 강해」는 칼뱅 필생의 종교적 결단에 대한 개인적이면서도 극히 객관적인 변호서로서, 1525년의 「참된 종교와 거짓 종교에 관하여」나 1535년에 출간된 멜란히톤의 「신학 강요」 2판과 동급의 체계적 저작이다. 나아가: 이 책은 **종교개혁적 그리스도교에 대한 기본 입문서**이거니와, 누구보다도 논리정연하게 그리스도교 신앙을 (중세 로마 체제의 온갖 틀에 박힌 논증에서 벗어나) 성서와 교부들 위에 확립시킬 수 있었던 칼뱅을 머지않아 종교개혁의 가장 출중한 교의학자로 만들어줄 터였다.[80] 이 저작의 중심주제: "하느님과 우리 자신에 대한 인식"[81]! 초판의 여섯 장章은 교리서의 도식을 따라 다음 내용을 다룬다:

— 율법(십계명)

— 신앙(사도신경)

— 기도(주님의 기도)

— 성사(세례와 성찬례)

— 나머지 다섯 성사(참된 성사는 아님)

— 그리스도인의 자유, 교회의 권력 그리고 정치 행정.

그런데 목차에 왜 "죄인의 의인"에 관한 것은 전혀 없을까? 그것은 우연이 아니다. 이미 「강해」 초판의 구성에서 드러나듯이, 칼뱅은 루터처럼 죄스러운 인간이 "자비로우신 하느님" 그리고 개인적인 **구원에 대한 확신**을 얻기 위한 철저히 개인적인 고투로부터 출발하지 않기 때문이다. 칼뱅은 보다 나은 **구원의 질서**를 필요로 하는, 타락한 그리스도교계의 죄스러움으로부터 출발한다. 또한 칼뱅의 종교개혁적 노력은 실천, 좀더 낫게 말해서, 그리스도인의 삶의 질서를 겨냥하고 있다. 그러므로 아래의 사실들은 놀랄 일이 못 된다:

— 루터에게는 모든 것의 바탕이 되는 의인론이 칼뱅의 책에서는 **율법**에 관한 장에서 십계명 해설 다음에야 결론적 고찰로서 나온다.[82]

— 칼뱅은 십계명에 요약된 구약성서의 율법(물론 하느님의 은총에 힘입어서만 준수할 수 있다)은 **좋은 것**이라고 단언하는데, 그 까닭은 율법은 과연 무엇보다도 마음 깊은 곳으로부터의 순종을 요구하고, 통사람(全人)으로 하여금 하느님의 다스림을

따르게 하며, 또한 어디까지나 하느님 사랑과 인간 사랑을 겨냥하기 때문이다.

— 그러므로 율법은 죄와 은총에 관해 증언하고 징벌을 환기시켜줄 뿐 아니라, **진보**를 위한 자극이기도 하다.

— 그러므로 세상의 일상에서 신앙에 터해 행하는 **선업**은 전적으로 치하·장려해야 한다.

— 그러므로 오직 신앙에 의한 의인과 함께, 행업을 통한 **성화**聖化 또한 그리스도인의 삶을 위해 강조해야 한다.

루터는 자신의 근본지향들을 통해 종교개혁의 길을 가리켜주었다. 칼뱅이 이미 슈트라스부르크에서(1539) 완전히 수정·증보한 그 종교개혁의 강령적 저작을 거의 20년 전(1520) 루터의 강령적 저작들과 비교해보면, 필경 그 독일 신학자의 저작에서처럼 종교개혁적 열정의 뜨거운 숨결과 종교적·실존적 깊이를 느낄 수 없음을 아쉬워하게 된다. 그러나 칼뱅의 책은 종교개혁이 낳은 가장 빈틈없고 체계적인 작품으로서(한 줄 한 줄마다 법률가의 체취를 느낄 수 있을 것이다), 나름대로 우리를 매혹한다: 명료한 라틴어 표현, 논증에 있어 엄정한 논리전개, 성서에 의해 고쳐된 신심을 통해. 칼뱅은 이 비길 데 없는 종합으로써 무수한 사람들에게 개혁 신앙을 확신시킬 수 있었으며, 그리하여 이 「강해」는 일찍부터 유럽의 모든 문화언어로 번역되었고, 16세기에 가장 많이 읽힌 책 중의 하나가 되었다. 1541년 출간된 프랑스어 번역판을 통해 칼뱅은 프랑스어의 거장으로 들어높여졌다. 언제나 다시금 새로이 발생하는 이론적·실천적 문제들에 대해 가능한 한 성실한 대답을 제시해야 할 필요성에 부응하다보니, 이 저작은 수십 년에 걸쳐 꾸준히 증보될 수밖에 없었다. 초판은 겨우 6장으로 이루어져 있었는데, 1539년에 나온 2판은 벌써 17장, 1559년의 최종판은 무려 80장으로 구성되었다(그리고 초판의 개혁 사항 내용은 248 칸인데, 최종판에선 1,118 칸으로 늘어났다). 칼뱅은 지치지도 않고 자기 책을 보완·수정했고, 그리하여 50세 때인 1559년 중병에 시달리면서도 죽기 전에 완성하고자 했던 최종판이 출간될 수 있었다.

칼뱅의 반대자들조차도 다음 사실은 필경 인정할 것이다:「그리스도교 강해」 최종판은 신앙과 삶의 모든 문제에 실로 설득력있고 명쾌한 답변을 제공하는,

토마스 아퀴나스와 슐라이어마허 중간 시기의 가장 중요한 그리스도교 교의학 저작이다. 흔히 하는 말마따나, 이 책은 신학의 "기도실"로 시작되었다가 신학의 대성당으로 마무리되었거니와, 항상 전판보다 훨씬 많이 성서와 교부들에게서 전거와 논거를 구했고, 또한 그 사이에 행해진 신학 논쟁 결과에 입각하여 어려운 문제들에 대해서도 안전장치를 마련했다. 이 책에서도 언제나 모든 것이 두 가지 근본문제, 즉 하느님 인식과 인간의 자기인식을 축으로 돌고 있다. 칼뱅은 자신의 대작을 마지막으로 한 번 더 새로이, 이번에는 사도신경을 따라 재구성했다: 먼저 창조주 하느님에 관해 논하고, 그다음으로 그리스도 안에 계시는 구세주 하느님, 그러고는 성령을 통해 얻는 은총, 끝으로 교회와 성사 그리고 시민 정권에 관해 다루었다. 이 4부작 각 권은 일목요연하게 여러 장으로 분류되어 있고, 각 장은 번호를 붙인 단락들로 세분되어 있다.[83]

아무튼 이 저작은 오늘날에도 철저히 종교개혁적인, 다시 말해 바로 "개혁신앙적"인 교리의 전범적 종합으로 남아 있다. 사실 이렇게 말해도 되리라: 이 책은 루터가 창도한 종교개혁 패러다임(P IV)의 신학적 완성이라고. 비유컨대 아우구스티누스 이후 토마스가 있었듯이, 루터 이후 칼뱅이 있었다고 하겠다. 그러나: 칼뱅을 모든 점에서 그대로 따르기를 주저하는 것은 루터교 신자들만이 아니다. 사실 우리는 칼뱅의 신학적 업적을 전적으로 인정하면서도, 비판적 물음들을 제기하지 않을 수 없다. 예를 들어: 칼뱅 특유의 2중 예정에 관한 유명한(악명높은) 교리는 어찌된 것인가?

모든 인간이 예정되어 있다

모든 종교개혁가가 하느님의 절대주권, 하느님과 인간 사이의 중보자 그리스도의 유일성, 다른 모든 규범을 규정하는 규범norma normans인 하느님 말씀을 강조한다. 그런데 칼뱅은 1539년 슈트라스부르크에서 완전히 수정·보완된 「강해」 2판을 출간하면서부터, 한 가지 결정적 문제에서 다른 종교개혁가들과 뚜렷이 구별되는데, 바로 **모든 인간이** 영원으로부터 **구원 혹은 파멸에로 예정**되어 있다는 것이었다.[84] 루터가 (초기 아우구스티누스에게서 유래하는) 극히 위협적인 예정 문제를 믿음직한 의인 신앙 안에 흡수하여 뇌관을 제거했고, 그의 출중한 제자 멜란히톤은 예정 문제를 루터파 신앙의 바탕이 되는 「아욱스부르크 신앙 고백」(1530)에 의도적으로 포함시키지 않았던 반면, 칼뱅에게서는 예정 문제가, 적수들과의 논쟁으로 말미암아, 오히려 극히 첨예하게 부각·강조되었다.

과연 예정론은 칼뱅의 다른 모든 교설들에 삼투하는 통일적·실질적 원리, 요컨대 칼뱅의 "핵심 교설"인가? 그렇게 말하는 것은 옳지 않다. 예정론은 **칼뱅 특유의 교설**이라고 말해야 옳다. 예정론은 이미 칼뱅 생전에 "하느님의 영원한 예정에 관한 제네바 합의서"[85]에서 (비판을 아랑곳하지 않고) 교의로 정식 선포되었다. 비판자들의 대표였던 의사 히에로니무스 볼섹은 시 당국에 의해 단죄·화형되었다.[86] 훗날 도르트레히트와 웨스트민스터에서 개최된 칼뱅파 교회회의도 예정론을 구속력을 지니는 교의로 엄숙하게 선언했다. 그러면 이 교의가 말하는 것은 도대체 무엇인가?

칼뱅 자신이 절실히 체험한 사실: 인류는 믿는 자들과 믿지 않는 자들로 갈라져 있음이 확실하다. 어떤 사람들은 믿고, 어떤 사람들은 믿지 않는다. 왜 그럴까? 칼뱅은 답을 성서에서 찾았다(그밖의 어디서 찾으랴?). 예컨대 에페소서: "창세 전에 그리스도 안에서 우리(믿는 자들)를 뽑으셨다"(1.4). 믿는 자들을 선택하셨다. 다른 사람들은 선택하지 않으셨다! 그러므로 인류가 역사를 통해 신앙인과 비신앙인으로 갈라진 것은 영원하신 하느님 자신의 결정에서 비롯된 일이다(창조 이전부터, 처음의 처음부터). 하느님은 절대적으로 자유로우시니, 영원으로부터 비밀스러운 (우리 인간으로서는 도무지 꿰뚫어볼 수 없는) "판결집"에 어떤 사람들은 영원한 생명에로, 어떤 사람들은 영원한 파멸로 예정해놓으셨다! 혹시 칼뱅은 감춰져 있는 세계의 근원 그리고 그것과 창조물의 관계에 대해 영지주의와 흡사한 사변을 전개했던 것일까? 아니다. 그것은 칼뱅에게 있어 세상에 대한 하느님의 지배와 주권에 관한, 충실한 성서적 근거가 있고 따라서 결코 포기할 수 없는 관점이었다. 아무튼 칼뱅은 **인간의 2중 예정**을 인정해야만 한다고 생각했다: "왜냐하면 인간은 모두가 똑같은 운명을 지니게끔 창조된 것이 아니라, 어떤 사람은 영원한 생명에로, 또 어떤 사람은 영원한 저주로 예정되어 있기 때문이다. 개개인이 이런 혹은 저런 목적을 위해 창조된 것처럼, (분명히 말하거니와) 그는 생명 혹은 죽음에로 예정되어 있다.”[87]

철저한 하느님중심주의가 칼뱅의 신학을 완전히 움켜쥐고 있다. 모든 것은 하느님의 영광을 위해 창조되었다. 모든 창조물, 인간, 사탄조차도 하느님 손 안의 도구요, 하느님의 영광, 하느님의 자기찬양을 위해 존재한다.[88] 그리고 이 것은 칼뱅에게 아주 실천적인 것을 의미했다: 요컨대 신앙공동체의 각 구성원 은 이 세상을 “하느님 영광에 관한 연극”으로 만드는 데 협력해야 한다. 이것 은 묘하게도 **이냐티우스 료욜라**의 원칙 “하느님의 더 큰 영광을 위해”와 **매 우 유사**하다. 그러나 이 예수회 창립자에게서는 인간이 처음부터 제도교회와 그 교회가 제공하는 구원의 수단 곧 성사들에 늘 온전히 매여 있는 반면, 칼뱅 에게서 인간은 헤아려 알 수 없는 영원한 결정 아래 있는 자신을 발견한다. 이 개인은 하느님께 경외심과 맹목적 신뢰를 바쳐드려야 한다. 인간이 만들어낸 은총의 수단들은 아무 쓸모가 없다. 그것들은 칼뱅이 보다 철저화한 제1 계명 을 희석시킨다. 그러므로 사제직과 비밀고해 또한 폐기되어야 한다. 칼뱅의 표 어 “하느님 홀로 영광을!”은 왜 칼뱅이 신심과 문화에서 모든 감각적·감정적 요소들을 배제했는지를(공동체 찬송가는 예외) 이해할 수 있게 해준다.

그 대신 칼뱅에게서는 능동적·실천적 측면이 부각·강조된다. 칼뱅 자신은 하루 한 끼밖에 먹지 않았으나, 현세생활의 즐거움을 결코 배척하지 않았고, 다만 세속 재물의 노예가 되는 것은 경계했다. **이 세상 안으로의** 적극적이고 **실천적인 투신**, 그러나 반드시 내면적·비판적 거리를 둘 것 — 여기서도 칼 뱅과 이냐티우스는 유사하다. 그러나 주목할 것: 칼뱅의 “하느님 홀로 영광 을!”은 언제라도 왕과 제후들에게 맞설 수 있었으나, 이냐티우스의 “하느님의 보다 큰 영광을 위해!”는 기이하게도 교황과 주교들을 결코 비판하지 않았던 바, 오히려 그의 저작 「영성수련」은 “교회 안에서 느끼기”, 모든 일에서 “우리 의 거룩한 어머니인 교권제도적 교회”와 함께 느낄 것을 요구하고 있다.[89]

그러므로 우리는 왜 칼뱅이 (여기서는 루터를 따르거니와) 하느님의 보다 큰 영광을 위한 인간의 **일상적 일**, 특히 직업의 성실한 수행에 전적으로 새로운 가치를 부여했는지를 이해할 수 있다 — 직업은 하느님의 소명이다!. 과연 인간은 자신의 직업을 성실히 수행하는 가운데 자신이 선택되었음을 확신할 수 있다. 아무튼 **선업**善業은, 구원의 근거는 아닐지라도, (칼뱅은 루터와 달리 이 점을 강조하거니와) **선택의 명백한 외적 표지**다. 신앙인의 양심은 "행업이 요컨대 하느님께서 우리 안에 계시고 다스리신다는 사실의 증거인 한, 그것을 통해서도 강화된다".[90]

모든 사람(예컨대 가톨릭 교회에서처럼 주로 수도자 엘리트만이 아니라)의 삶의 방식을 질서짓기 위해서는 무엇보다도 합리적인 자기통제가 꼭 필요하거니와, 자기통제는 **세상 안에서의 금욕**과 성실한 현세적 직업·경제 생활을 통해 신앙과 개인적 소명의 입증을 지향한다. 새로운 종교개혁적 패러다임이 여기서처럼 뚜렷한 사회적 형태를 취하는 경우도 아주 드물다: 고대 혹은 중세 때 세상 **옆에** 있는 수도자들의 정신적 귀족정치 대신, 이제는 세상 **안에** 있는 선택된 자들의 정신적 귀족정치. 선택된 자들은 삶과 직업의 모든 면에서 하느님의 영광을 위한 전투에 실로 적극적으로, 때로는 영웅적으로 투신해야 한다(슬프게도 화해·타협 따위와는 담 쌓은 적도 많았다). 명상과 기도는 세상과 동떨어진 수도원 안에서가 아니라, 세상의 일상 한가운데서 이루어져야 한다.

칼뱅의 윤리와 자본주의

종교사회학자 막스 베버[91]처럼 사려깊은 사람이 이 **칼뱅의 윤리** 안에서 전형적으로 근대적인 **"자본주의 정신"**의 가장 중요한 심리적 전제조건들 가운데 하나를 발견한 것이 놀랄만한 일일까? 베버는, 칼 마르크스에 대한 역습으로, 경제적 상황이 종교적 관점을 규정하기도 하지만, 거꾸로 종교적 관점이 경제 발전을 규정하기도 한다는 것을 뚜렷이 밝혀주었다. 물론 베버도 종교개혁이 일어나기 오래 전부터, 이탈리아와 제네바에 초기 자본주의 형태들이 존재하고 있었음을 부인하지 않았다. 그리고 취리히의 역사학자 베르기어[92]는, 제네바 경제의 비약적 발전은 이 도시국가가 1535년의 혁명을 통해 쟁취한 사부아로부터의 독립 그리고 개혁 신앙을 받아들인 스위스 도시들의 지원과도 관련이 있었음을 밝혀주었다. 제네바의 발전은 그밖에도 프랑스와 이탈리아에서 신앙 때문에 도망쳐온 사람들의 왕성한 경제활동과도 관계가 있었다: "제네바의 행운은 그 도시가 세 가지 요인, 즉 자본·우수한 노동력·판로를 외부에서 끌어온 데 있었다. 그리고 이 모든 것은 (제네바가) 개신교 신자들의 피난처였다는 사실 (다시 말해 본디 경제와는 아무 관계 없는 상황) 덕분이었다."[93]

그러므로 베버의 명제는 확실히 여러모로 세분화·수정·보완되어야 한다.[94] 종교적 요소들과 비종교적 요소들이 서로 맞물려 영향을 주고받았던 것이다. 그러나 아무튼 베버는 이미 존재하던 자본주의의 가능성들보다는, 이 자본주의적 경제 형태를 이용하는 새로운 "정신"·태도·생활방식에 관심을 집중했다. 그런데 그러한 것들을 위해 꼭 필요한 새로운 의식과 공동 심성, 규범성을 함양함에 있어서는, 과연 윤리적·경제적 행동주의 성향을 지닌 칼뱅파 신앙이 중요한 역할을 했다.

이 종교개혁의 교리는 물론 달리 해석될 수도 있었고, 또 트렌토-가톨릭 영역에서도 사실 유사한 발전과정이 몇 번 있었다. 그러나 전체적으로 볼 때, 제네바와 가톨릭 국가들의 상이성은 부인할 수가 없다: 가톨릭 윤리가 (중세식으로) 개개의 행위 그리고 (죄스러운 행위였을 경우엔) 고해성사 등을 통한 (죄·양심의 가책의) 경감·면제에 집중했던 반면, 칼뱅의 예정·선택설은 선택된 사람들에게 그들의 삶 전체의 질서있고 윤리적인 "성화"를 요구했다. 또한 루터의 경제적 관점이 독일 농촌의 낙후된 환경 그리고 농민과 귀족들의 투쟁에 큰 영향을 받은 반면, 칼뱅의 경제적 관점은 발전하는 도시 사회·경제에 의해 큰 영향을 받았다. 중세 때에는 부유한 상인들이 양심의 가책을 무릅쓰고 긁어모은 재물을, 결국엔 자선사업에 사용하라고 교회에 기부하는 경우가 상당히 많았다. 그러나 칼뱅파 상인들은 자신이 선택되었음을 확신하면서 수익 좋은 사업을 양심의 거리낌 없이 할 수 있었고, "청교도적"인 규율이 몸에 배어 물론 낭비도 하지 않았다. 이런 점으로 보건대, 칼뱅은 철저히 실제적인 사람이었다. 특히 그의 설교집에서 우리는 단호히 세상을 긍정하는 현실적이고 실천적인 인간을 만나게 된다. 칼뱅은 사유재산, 자본과 인간 노동력의 수익성을 긍정했고, 따라서 이 자율의 변동도, 루터처럼 (중세식으로) 고리대금이라 비난하지 않고, 긍정했다.

다른 한편으로 칼뱅은 (그는 본디 봉건주의와 성직자 지배를 반대했다) 당시 고위 성직자들의 호사와 일하려 하지 않는 귀족계급의 "죽은 자본"을 모질게 비난했다. 칼뱅은 의식적으로 **노동의 가치를** 종교적으로 새로이 **재평가**했다: 육체노동이 찬양되었다. 그것은 인간의 품위를 떨어뜨리지 않고, 오히려 인간을 영예롭게 한다(바로 하느님의 더 큰 영광을 위한 것이다!). 칼뱅이 특히 수공업자와 상인들(이들이 근대 자본주의의 원동력이 될 터였다)에게서 많은 추종자를 얻었다는 것은 전혀 놀랄 일이 아니다. 가톨릭 교권제도가 거의 언제나 귀족계급과 기존질서를 지지했던 반면, 칼뱅파 개신교는 경제·정치·과학의 일꾼들을 편들었는데, 미래는 이들의 것이 될 터였다. 루터도 별수 없이 코페르니쿠스의 새로운 세계상을 성서와 상충된다 하여 배척했던 반면, 칼뱅은 성서를 글자 그대로 믿는 태도에서 벗어나 있었다: 성서의 참된 주제는 구원이지 세계질서가 아니며, 또한 성서 메시지는 어디까지나 그때그때 사람들에게 적합한 언어로 선포된다는 것이었다.

칼뱅과 그를 뒤따르는 청교도·경건주의·감리교가 주창한 것은 여러 면에서 거의 근대적이라고 할 수 있는 윤리다. 그러나 이 윤리는 **두 가지 위험**을 내포하고 있다: 하나는 직업과 사회 생활에서 별로 성공하지 못한 사람들을 모두 "선택받지 못한 자들"로 낙인찍고, 자신은 **간선자 계급**에 속한다는 자부심을 갖는 것이요, 또하나는 (17세기에 흔히 그랬듯) 순전히 현세적 활동에 몰두하여 그것의 종교적 의미를 망각·포기하고 완전히 속화되는 것이다. 이렇게 되면 개신교 신앙, 간선자 의식 그리고 직업에 관한 사상도 전혀 비신학적으로 **순전히 세속적인 이윤 사상**으로 둔갑하게 된다. 그래서 자주 발생했던 일: 칼뱅의 엄격한 2중 예정론은 훗날 많은 칼뱅파 신자들에게서조차(예컨대 네덜란드의 야콥 아르미니우스와 그의 수많은 추종자들) 포기되었다.

그러나 아무튼 17세기에 크게 발전한 문명국들이 된 것은, 바로 네덜란드·영국·프랑스 같은 칼뱅의 영향을 받은 나라들이었다(루터의 나라는 발전하지 못했으니, 여기선 칼뱅파가 팔츠와 니델하인에만 뿌리를 내릴 수 있었다). 부와 번영은 훗날 북아메리카에서도 곧장 하느님 선택의 표지로 간주될 정도였다. 남-북 유럽, 남-북 아일랜드, 남-북 아메리카의 경제적·사회적 차이는 확실히 종교적 차이와도 관련이 있다. 여기서 칼뱅의 교설이 일종의 특수한 경제윤리였다고 말하려는 것은 물론 아니지만, 어쨌든 그것은 신학에 근거한 윤리적 근본관점이었음은 분명하며, 경제적 생활방식에도 지속적으로 큰 영향을 끼칠 수 있었고, 16세기부터 18세기까지 "금욕적 개신교" 안에서 널리 퍼져나갔다. 이 모든 것은 신학의 역사뿐 아니라 정신사에서도 매우 중요하다.

장로제적 · 협의제적 교회제도와 민주주의

이미 막스 베버 전에 하이델베르크의 법학자 게오르그 옐리넥은 마찬가지로 선구적인 한 논문에서, 시민권과 인권을 종교적 근원에서 이끌어내고 또 미국의 「권리장전」에 소급시켰는데, 그 역시 이렇게 하면서 칼뱅의 교리에 특별한 의의를 돌리고 있다.[95] 그러나 교회내적 동인 및 조건들과 교회 외적인 그것들을 구별해내는 일은 쉽지가 않다. 아무튼 칼뱅이 처음부터 매우 자주적인 공동체 질서에 깊은 관심을 기울였던 것은 확실하다. 루터가 공동체의 조직을 거의 제후들에게 맡겼던 반면, 칼뱅(어느 결에 비루터파 개신교회들의 지도자가 되어 있었다)은 성서의 공동체 질서를 본받고자 무척 노력했다.[96] 그는 주변 마을들을 포함한 도시 공동체(칼뱅에게는 이것이 "볼 수 있는 교회"였다)를 위해 슈트라스부르크의 종교개혁가 마르틴 부커에게서 장로제 형태의 **네 가지 직무 구조**를 넘겨받았다:

— 목사(설교와 성사 집행)

— 교(박)사(청소년 지도와 신학 교육)

— 장로(공동체 감독)

— 집사(빈민 구호)

목사(설교자)와 교사(선생)는 "가경인회"可敬人會를 구성했다. 목사들과 장로들(평신도들)로 이루어진 "종교국"의 감독 아래 엄격한 교회 규율이 준수되었다. 장로들은 시민들의 윤리생활과 설교자들의 가르침을 감독했고, 모든 시민의 집을 자유로이 방문했으며, 시의회의 힘을 빌려 (예컨대 이혼 · 매춘 · 저주 · 모욕 등의 경우) 엄한 벌을 내릴 수 있었다: 죄인에 대한 훈계 · 성찬례에서 배제 · 필요한 경우엔 세속 법정에 인도(구금 · 추방 · 처형). 칼뱅은 성직자와 평신도, "교역자"와 "백성"의 구별을 고수했다. 장로들이 목사들과 함께 공동체를 감독하고 또 그들과 함께 종교국을 구성했다는 사실은, 공동체의 **평신도들**에게 전혀 새로운 의의를 부여했다. 초대교회(사도행전!)에 근거한 이러한 구조는 전적으로 새로운 교회 조직, 즉 **"장로제"**의 출발점이었다. 이 제도는 지역 차원의 협의제적 위원회의 정점에 한 명의 의장·총회장·감독을 두었는데, 그는 "수위권"이나 "지배권"을 요구하지 않고 다른 이들과 동료로서 결속되어 있어야 했다.[97]

수천 명의 난민들(특히 개신교 신자들을 박해하던 프랑스와 영국 출신)이 제네바로 몰려들었다. 그러나 제네바에서도 **종교자유는 입에 올릴 것이 못 되었다.** 종교자유는 칼뱅이 어떻게 해서든지 저지하고자 했던 바로 그것, 즉 국가·사회·종교의 분리를 요구하는 것으로 비쳐지기 십상이었다. 그 칼뱅의 도시에서는 오히려 엄격한 교리의 강요와 그로 인한 양심의 억압이 군림하고 있었다! 1553년 제네바에 반삼위일체론자 **미하엘 세르베투스**(그는 자신의 저작에서 삼위일체를 머리 셋 달린 괴물이라 칭하고 하느님의 단일성을 강조했다)가 **나타났는데**, 곳곳에서 논란을 불러일으켰던 인물이었다. 이 의사 겸 신학자는 가톨릭 도시 비네에서 화형을 선고받았었는데(칼뱅 측으로부터 입수한 불리한 자료 때문에 종교재판에 회부되었다!), 마지막 순간 간신히 개신교 도시 제네바로 도망칠 수 있었다. 그러나 그것도 전혀 이로울 게 없었으니, 제네바에서도 재판에 넘겨졌던 것이다: 세르베투스는 "하느님을 모독한 자"로서 화형 장작더미 위에서 죽었다. 칼뱅은 뭘 했던가? 그는 "그저" 참수만 하자고 제안했다. 스위스 개혁교회들의 다른 종교개혁가들 그리고 비텐베르크의 멜란히톤조차도 사형 판결에 동의했다. 복음을 그 무엇보다 중시하는 종교개혁가들 — 이단자 화형에 동의?

당시 참된 종교를 수호·확립하는 것이 국가의 임무로 간주되긴 했지만, 아무튼 다음과 같이 확인하지 않을 수 없다: **개혁 신앙의 도시 제네바에서도,** 예전 로마 교황청의 지배를 받을 때와 마찬가지로, **종교재판·고문·화형**이 자행되었고, 이른바 마녀들을 참혹하게 불태워 죽였다(이단자 살해를 반대하던 많은 동시대인들의 혐오감을 아랑곳하지 않고). 이 모든 일은 (로마·가톨릭의 종교재판과 마찬가지로, "그 시대에 터해" 용서해서는 안된다!) 그 제네바의 종교개혁가(물론 그는 법률보다는 실제 생활에 더 큰 영향을

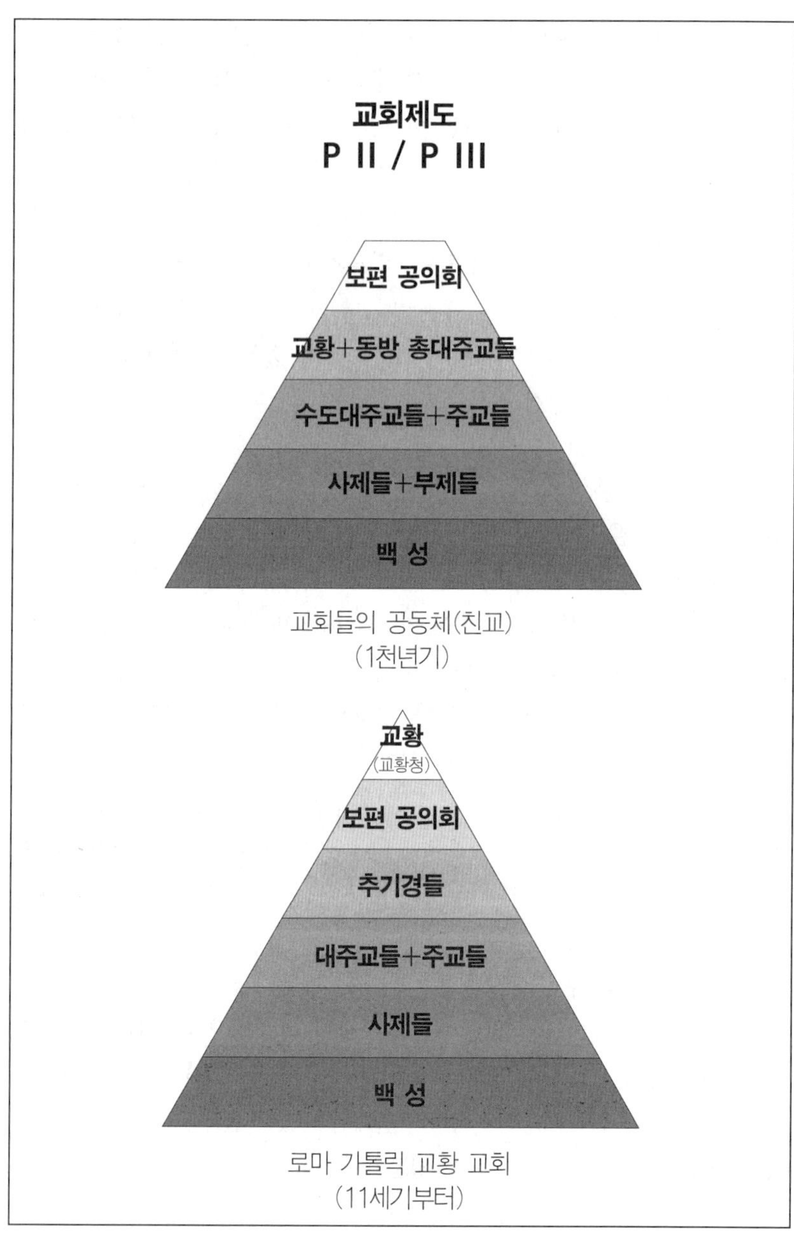

교회제도
P II / P III

보편 공의회
교황+동방 총대주교들
수도대주교들+주교들
사제들+부제들
백 성
교회들의 공동체(친교)
(1천년기)

교황
(교황청)
보편 공의회
추기경들
대주교들+주교들
사제들
백 성
로마 가톨릭 교황 교회
(11세기부터)

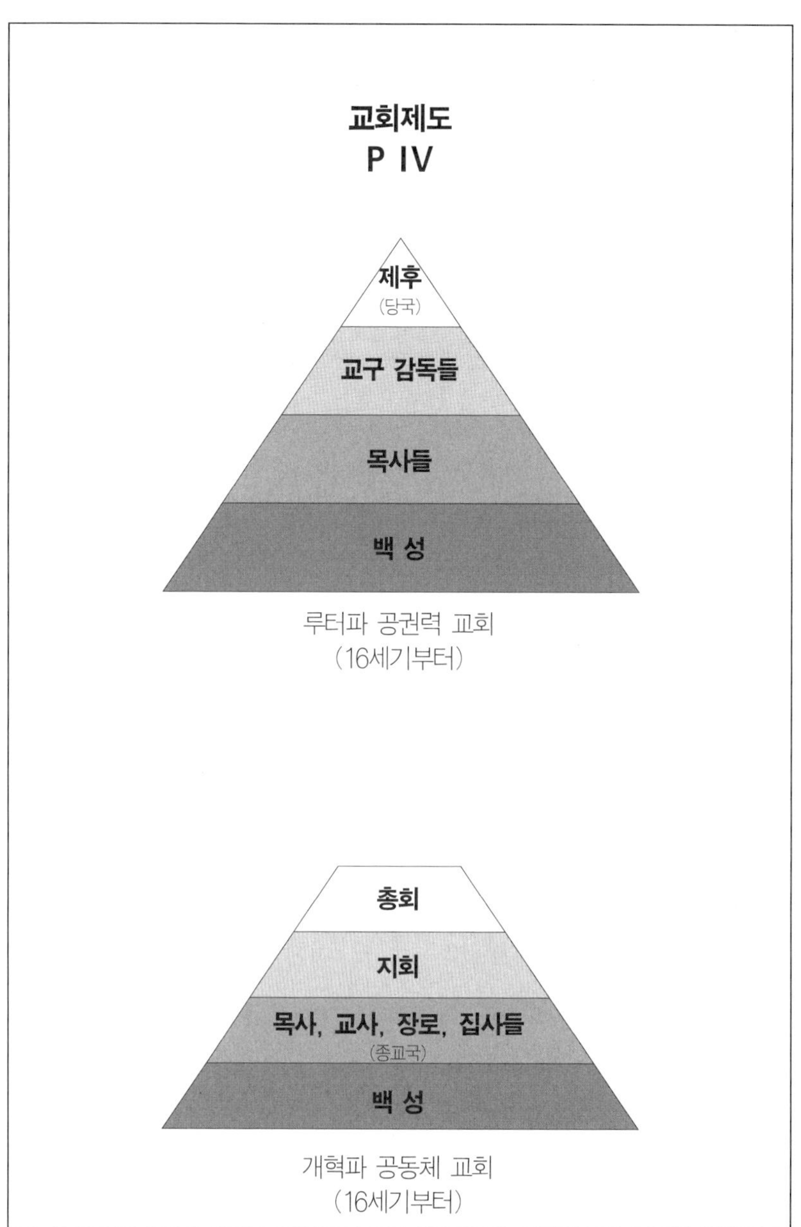

루터파 공권력 교회
(16세기부터)

개혁파 공동체 교회
(16세기부터)

끼쳤지만)에 대한 인상을 매우 어둡게 만들었다. 아무튼 교회 규범과 교회법에 각별한 관심을 지니고 있던 법률가 칼뱅은, 자기 신앙공동체의 규범과 하느님 자신의 규범을 동일시하는 위험에 깊이 빠져들어갔다. 관용? 개신교 신자들은 교황에게 끝까지 맞서 얻어낸 것을, 자신들의 "저항자들(프로테스탄트들)" · 자유사상가들 · 노선 이탈자들에게는 허용하지 않았다. 언제나 관용의 시대가 올 것인가? 제네바 종교개혁(P Ⅳ)이 지난 후에야, 비로소 참된 의미의 근대(P Ⅴ)가 도래할 터였다 …. 그럼에도 간과해선 안되는 것: 칼뱅의 예정론이 근대 자본주의의 발전에 간접적으로 큰 영향을 끼쳤듯이, 칼뱅의 **교회제도**(이미 장로제적 공동체 구조와 협의제적 교회 구조가 결합되었다) 역시 **간접적으로** 근대 **민주주의** 발전(특히 훗날 북아메리카에서)에 상당한 기여를 했다. 칼뱅 자신이 천성적으로 민주주의자였다거나 민주주의 발전을 원했다고 생각한다면 크게 빗나간다. 오히려 칼뱅은 하느님의 권위있는 사자使者로 자임했고, 사실 도덕과 지식 분야에서 모든 동시대인을 능가하는 권위자였다. 그는 "천민의 지배"를 단호히 배척했고, 자격있는 민중들만 제한적으로 참여하는 혼합된(귀족정치적, 경우에 따라서는 군주제적) 제도를 선호했다.

루터교가 본의 아니게 초기 국가 절대주의를 조장했던 반면, 칼뱅이 창시한 장로제적 · 협의제적 교회제도는 **절대 군주와 국가를 거부하는** 자주적 · 자치적 **공동체와 사회**의 형성을 촉진시켰다. 그리고 이것은 미래를 배태胚胎하고 있는 일이었음이 입증될 터였다. 이 점은 칼뱅파가 소수집단이었으나 탄압에도 불구하고 놀라운 힘으로 살아남은 곳에 특히 해당된다. 과연 칼뱅파는 (이미 중세 때에도 존재했던) **저항권**을 힘차게 다시 살려냈고, 상황에 따라서는 폭력혁명의 권리도 주장했다: 프랑스 · 네덜란드 · 영국 · 스코틀랜드에서.

개개의 경우를 모두 따져본다는 것은 언제나 어려운 일이다. 그러나 전체적으로 보건대, 교권제도적 · 중앙집권적 가톨릭 교회는(또한 루터교의 제후 교회들도) 위계적 · 가부장적 특성을 지닌 정치 · 사회 체제에 강한 친화력을 드러냈던 반면, 칼뱅파의 장로제적 · 협의제적 교회제도는 연대적 · 연방적 체제와 친근했다. 그 제도는 (훗날 영국교회를 거부한 북아메리카에서도) 하느님이 요구하신 제도로서 제시될 수 있었고, 이 나라들 안에서 오랜 기간에 걸쳐 하나의 정치질서를 형성했는데,

이것은 국가들의 세속화 과정도 견뎌내고 대의민주주의 형태 안에서 계속 발전해나갈 수 있었다. 덧붙여 말하면, 초기에 미국으로 이주한 칼뱅파 신자들은 (훗날 남아프리카에서 칼뱅파 보아인들이 그랬듯이) 자신들의 역사를 옛 이스라엘 백성의 역사에 견주어 이해했다: 미국은 약속의 땅이요 미국인들은 하느님이 새로 간선하신 계약의 백성이니, 그 사실을 성공과 승리가 입증한다는 것이었다. 미국 국가는 "하느님 자신의 나라"인 미국, "미국, 아름다운 너"를 찬양하고 있다.

세계적 세력으로서의 개신교

쟝 칼뱅은 1564년 5월 27일 (설교자·교수·저술가 그리고 정치가로서 엄청난 노고를 쏟은 후, 중병으로 육신이 소진된 채) 제네바에서 사망했다. 수많은 사람들이 관에 안치된 시신에 마지막 경의를 표했으나, 바로 다음날인 일요일, 새로운 성인공경을 방지하기 위해, 묘석도 없이 공동묘지에 묻혔다(칼뱅 자신이 원했던 그대로). 그런 공경 따위는 필요가 없었으니, 그는 일생의 업적을 통해 제네바뿐 아니라 전체 그리스도 교계의 기억 속에 자신을 각인시켜 놓았던 것이다.

종교개혁(요컨대 그 근본동인·프로그램·패러다임)에 있어서 루터의 결정적 의의는 조금도 훼손되어서는 안된다. 그러나 깊은 신심·엄정한 논리·강철 같은 의지·꿰뚫듯 명료하고 포괄적인 신학적 종합·교회를 질서짓고 조직하는 재능·국제적 차원의 교회 확장을 통해 **개신교를 세계적 세력으로** 만든 사람은 두말할 것 없이 칼뱅, 바야흐로 온 유럽에 널리 이름이 알려진 그 프랑스 태생의 스위스 종교개혁가였다(국지적·독일적으로 머무르고 만 저 비텐베르크의 종교개혁가의 경우와는 전혀 달랐다). 개신교가 독일과 스칸디나비아 너머에서 자신을 보존하고 확장할 수 있었던 것은, 칼뱅에게 힘입은 바가 매우 크다. 그러나 이러한 사실이, 우리 세기에 제네바에서 종교개혁가들의 거대한 기념물을 건립하면서, 칼뱅의 동상은 한가운데 세우고, 루터(새 시대를 연 그의 역사적 업적을 바로 칼뱅 자신이 크게 칭송했거니와)의 것은 아예 빼버린 제네바의 속좁음을 변명해줄 수 있을까? 루터 없인 칼뱅 없다!

어찌됐건 (이것은 패러다임 전환 완료의 외적 표지이거니와) 옛날에는 **로마 가톨릭 일색이던**(P III) **유럽 지도가 루터와 칼뱅에 의해 얼마나 크게 변했는가**(P IV)!

영국의 섬들로부터 지벤뷔르겐에 이르기까지, 스위스에서 스칸디나비아까지의 광대한 지역에서 이제 교황은 전혀 대수로운 존재가 아니었다. 종교개혁가들 중에서 결코 국가적으로 생각하지 않고 **유럽적으로**(그러면서 약간은 "교황식으로") **사고**한 사람이 있다면, 그는 바로 칼뱅이다. 스위스·프랑스·사부아 사이 지정학상 유리한 곳에 위치했고, 또한 경제능력 있던 위그노파와 영국인 망명자들 덕에 당시 이미 국제적 성향을 지니고 있던 제네바 시는 칼뱅에게 유럽의 내밀한 수도였다. 여기에 앉아 칼뱅은 조언자·신학자·교회 지도자로서 프랑스로부터 폴란드와 헝가리에까지 영향력을 행사할 수 있었다. 과연 칼뱅은 **국제적인 교회 네트워크**를 창출해낼 수 있었다. 어떻게?

— 많은 나라, 특히 프랑스의 헌신적 **동지와 제자들**을 통해〔프랑스에서는 이제 "루터파"라는 이름은 "위그노파"(추측건대 "Iguenots" = "맹세로 맺은 동지들"의 변형태인 듯하다)에 의해 밀려났고, 개신교 공동체들이 제네바를 본보기로 조직되었다. 영국(크랜머 대주교, 서머셋 공작, 에드워드 6세 왕)과 스코틀랜드(존 녹스)도 마찬가지였다〕.

— 온 유럽의 신학자·교회·온갖 당국·신자 개인들과의 놀랄만큼 폭넓은 국제적 서신 교환을 통해(종교개혁가 연합회에는 11개 단체가 속해 있었다).

— 동·서 유럽에서 활동할 교역자 양성을 위해 1559년 창설한 신학 **아카데미**(칼뱅 외에 그의 후계자 테오도르 베자도 여기서 가르쳤다)를 통해(이것이 훗날 제네바 대학교가 되었다).

— **서적 발송**(제네바에 출판사들이 설립되었다)과 **목사들** 주선(특히 가장 사랑하던 프랑스에)을 통해.

— 끊임없는 **학문 활동**(신약성서의 거의 모든 책에 대한 주석·신학 논문·논쟁서 등)을 통해.

— 제네바 교회 「교리문답」(1542)과 **「그리스도교 신앙고백」**(1559) 그리고 1559년 개최된 프랑스 칼뱅파 공동체들의 1차 프랑스 전국 시노드를 위한 「**교회 규율**」 같은 바탕 문서들의 저술을 통해.[98]

그러나 칼뱅파는 독일 루터파와는 화합을 이루지 못했고, 오히려 **성찬례를 둘러싸고** 새삼스레 큰 **논쟁**이 벌어졌다.[99] 이 공동체(친교) 식사에 관한 견해의 차이는, 실로 슬픈 일이거니와, 이미 루터와 츠빙글리를 갈라놓았다〔1929년에 개최된 이 마르부르크 종교토론(1529) 4백주년 기념제에서조차 루터교 신자들은 공동 성찬례를 거부했다〕. 이 새

로운 논쟁은 취리히와 제네바를 결합시켰으나, 제네바와 비텐베르크는 분열시
켰다. 루터는 요컨대 성찬례에서의 그리스도 현존을 "실제적으로"(육신적으로도 현
존) 해석한 데 반해, 츠빙글리는 "상징적으로"(영적으로만 현존) 해석했는데, 칼뱅은
양측의 요점을 진지하게 받아들인 후, 그 현존을 "영적"인 것으로(성령을 통한 현존)
이해하고자 했다: 다시 말해 "실제로 현존"하지만, 믿는 자들에게만, 먹고 마
시는 동안, 현존한다"manducatio spiritualis"! 이러한 관점은 스위스 개혁 교회들과
칼뱅 추종자들 간의 일치(*Confessio Helvetica posterior*, 1566)[100]를 가능케 했으나, 칼뱅
파 교회들과 루터파 교회들 간의 결정적 분리를 가져왔다. 칼뱅은 츠빙글리와
마찬가지로 성찬 예배(역시 일 년에 네 번만)와 설교 예배를 떼어놓았고, 또 설교 외
에는 기도와 시편 성가만 허용했다. 오르간·제대·촛대·십자가·성화상의 폐
기: 루터파 신자들은 이것을 음울한 율법주의의 우악스런 귀결로 간주했다.

그러나 루터파도 이의를 제기할 수 없는 사실: 루터파가 한계에 봉착한 바로
그때, 칼뱅파는 종교개혁 운동의 거대한 추진력임을 입증했고, 또한 이 시기의
극심한 두 차례의 정치적 충돌에서도 매우 중요한 **촉매** 역할을 수행했다: 그
하나는 프랑스의 **종교전쟁**이었는데, 이때 왕실의 정책은 "파리의 피의 결혼
식"("바르톨로메우스 축일 밤") 이후에도 위그노파에 대한 관용과 근절 사이를 오락가
락하고 있었다(1598년 마침내 위그노파를 관용하는 낭트 칙령이 반포되었다: 120만 명의 위그노파 사람들
은 150개 도시에서는 안전을 보장받았다). 다른 하나는 **스페인에 대한 네덜란드인들의
반란**으로 시작된 수십 년에 걸친 네덜란드-스페인 전쟁(1648년 베스트팔렌 평화조약 때
까지)이었다. 칼뱅파는 곳곳에서 자신이 루터파보다 왕성한 활력을 지닌 개혁 그
리스도교일 뿐 아니라, 혁명적 운동이요 개혁적 정치이념을 지닌 정치세력임을
입증했다.[101] 칼뱅파 신앙 안에서는 종교적 세계정복의 열정과 주저없는 정치적
투신이 용이하게 결합되었다.

그러므로 그 이후 시대에 이 세상 그리스도교의 모습에 새로운 면모를 부여
한 경향들이, 특히 칼뱅파 신앙의 영향을 받은 지역(유럽뿐 아니라)에서 생성·발전
했다는 사실 또한 전혀 우연이 아니다. 바로 갖가지 **금욕적 개신교**(막스 베버)
운동들이 그것이거니와, 이 운동들은 교리상의 차이점이(예정론에 있어서도) 상당하

지만, 모두 엄격한 윤리적 생활방식에 의해 특징지어진다. 여기에 속하는 것들로는 칼뱅파의 여러 "개혁된" "장로제" 교회들 외에, 다음과 같은 것들이 있다:

— **감리교**: 18세기 중엽 영국교회가 지배하던 상황에서 생겨났고, 주로 북아메리카에서 널리 퍼져나갔다.

— **경건파**: 영국 그리고 특히 네덜란드 칼뱅파 안에서 생겨났다(물론 루터파 안에도 뿌리를 두고 있다).

— **침례교**: 본디 칼뱅에 의해 배척되었으나, 17세기 말엽 이래 영국과 프랑스 그리고 훗날 미국에서 칼뱅파와 긴밀히 연계되었다.

— **청교**: 이것은 17세기 이래 네덜란드와 영국 그리고 그 뒤 미국에서 일어난, 각양각색 "깨끗한 자들"의 금욕적 성향 운동의 총칭이다(조합교회·멘노파·퀘이커 등).

잃어버린 일치 되찾기

칼뱅은 (오늘날 이 점을 전보다 강조하고 있거니와) 최소한 개신교에 한해 말한다면, **일치운동 정신**[102]을 지닌 그리스도교계의 스승이었다. 터무니없이 엄격하긴 했지만 일치운동을 위해 열성을 다했던 그는, 바로 저 성찬례로 인한 분쟁에서 개혁 교회들의 일치를 굳건히 일구어냈다. 포기할 수 없는 몇 가지 바탕교리에서는 신앙의 일치를, 그러나 부차적 문제들에 있어서는 다양성을! — 이것이 칼뱅의 근본 원칙이었다. 그는 성찬례 문제에서 상호이해를 위해 지치지도 않고 애썼으며, 사실 루터파의 「아욱스부르크 신앙고백」(1530)에도 기꺼이 동의했으니, 그 안에 그리스도교 신앙의 본질적 내용이 보존되어 있음을 확인했기에, 몇 가지 스콜라 신학적 요소들을 관용할 수 있었던 것이다. 그리하여 제네바는 이미 칼뱅 생전에 일치운동의 중심지 비슷한 곳이 되었다.

물론 칼뱅 자신도 개신교 전체의 일치를 보존하지는 못했다. 개신교는 **갈수록** 가지각색의 경향·교회·공동체들로 **갈라졌다**. 각양각색 인물·지역교회·인종 집단간의 다툼뿐 아니라, 신학적·교회적 편가르기에도 그 원인이 있는 이 분열에 직면하여, 이제 (일치를 위한 칼뱅의 노고를 기억하며) 다음과 같은 절박한 물음을 제기해야겠다.

미래를 위한 물음

● 로마가톨릭 패러다임(PIII)에 대한 분석은, 로마의 중앙집권주의와 절대주의가 원천(P I)과 고대교회의 다양성 안의 일치(P II)로부터 너무나 멀리 떨어져나갔고, 바로 그랬기에 그리스도교계의 분열(동방과 서방의 분열뿐 아니라, 이제는 남쪽과 북쪽의 분열)을 초래했다는 것을 뚜렷이 보여주었다. 그러나 제기되는 반문: 하지만 신자 개인과 그의 양심에 대한 지나친 강조 그리고 곧 나타난 교회와의 결속감과 초지역적 권위의 결여는, 개신교계의 끊임없는 **파편화** 그리고 마침내는 **원자화**로 귀결되었으며, 그리하여 많은 사람들이 종교개혁적 패러다임(P IV) 또한 믿지 못할 것으로 여기게 되지 않았는가?

● 유별나게 수많은 폐해와 결부되었던 **미사**에 대한 종교개혁의 비판은 정당했다. 그러나 이제 바로 그 성찬례(종교개혁가들이 성서에 터해 이것을 쇄신하기 위해 애썼던 기념과 약속의 성사이거니와)가 결국 해결되지 못한 개신교회들간의 분쟁의 근본원인이 되지 않았던가? 그리하여 분열된 개신교회들이 로마 좋으라고 서로 파문하지 않았던가? 그리고 너무 드물게 거행되는 성찬례(앞에서 보았듯이, 그리스도교의 상수常數의 하나이다)는 종교개혁의 교회들에서는 최근에 이르기까지 여러모로 하나의 주변현상, 말씀의 예배의 첨가물로 전락했고, 유심론적 동아리들 안에서는 아예 폐기되지 않았는가? 그러므로 일치운동 노력은 바로 성찬례에 관한 견해차이의 극복과 그것의 쇄신에 중점을 두어야 하지 않을까? 그 온갖 파문 대신, 교회들간의 생생한 친교는 어떨까?

여기서 미리 (종교개혁의 또하나의 근본유형을 고찰하기 전에) 지적해두어야겠다: 우리 세기 초 일치운동에서 세계적으로 사고하던 적극적 주도인물들 또한 주로 칼뱅의 정신을 따르는 교회들 출신이었다는 것은 주목할 만하다. 세계교회협의회 본부가 로마도 비텐베르크도 캔터베리도 아닌 제네바에 있다는 사실 또한 우연이 아니다. 그리고 오랫동안 협의회의 사무총장·명예의장이었고 훗날 제네바 명예시민이 된 네덜란드 출신 빌렘 비세르토프트 박사는 20세기 교회사에서 새 시대를 연 몇 안되는 인물들 중의 한 사람이다. 그는 일치운동을 위해 애쓰는 동안 특히 캔터베리 교회의 뒷받침을 크게 받았는데, 이 교회 공동체는 종교개혁 시대에도 로마 가톨릭 교회와 루터·칼뱅의 종교개혁 사이에서 자기 고유의 길을 걸어갔으니, 곧 영국교회 공동체다.

⑦ 제3의 길: 양 극단 사이의 영국교회

조지 대왕 이래 영국교회(중세 때 영국 가톨릭 교회의 지리적 명칭)는 캔터베리와 요크 두 대주교좌와 함께 로마와의 결속감을 지니고 있었다. 영국교회는 자신의 수도원 문화와 학문을 통해, 중세 초 유럽 대륙 게르만 민족들 가운데에서 매우 중요한 선교를 수행했다. 그리고 영국의 성직 임명권 투쟁 때에는 캔터베리의 안셀무스를 통해 교회의 자유를 지켜냈고, 또한 스콜라 신학을 선도했다! 그러나 바로 이 교회 안에서 로마 체제에 대한 공공연한 저항이 유럽 대륙〔보헤미아(후스)와 독일(마르틴 루터)〕에서보다 일찍 그리고 더 옹골차게 일어나지 않았던가?

가톨릭 신앙과의 단절이 아니라, 로마와의 단절

이미 14세기에 **존 위클리프**(1328~84)라는 이름의 옥스퍼드 교수·성서 번역가·유랑 설교자가 감연히 일어나, 우선적으로는 애국적 동기에서, 그러나 또한 종교적으로 성서에 터해, 저항의 목소리를 드높였다: 반그리스도Antichrist의 제도인 교황직, 성서와 상충되는 교권제도, 교황청의 특전을 누리는 탁발 수도회들 그리고 성인·성화상 공경으로부터 비밀고해·대사에 이르기까지 온갖 비성서적 관습들을 거슬러. 교회를 "예정된 자들의 공동체"로 이해했던 위클리프는 "전前종교개혁가"였으며, 여러모로 칼뱅 이전의 칼뱅주의자였다! 이러한 과거가 있는 나라에서 헨리 8세가 1532~34년에 관철시킨 교회 관련 입법은, 중세 말기의 국가교회 지향을 공공연히 천명했으며, 그로써 당연히 **영국과 로마의 단절**을 야기했다.[103]

이 단절은 피할 수 있지 않았을까? 만일 교황 클레멘스 7세가 (교회법에는 어긋나지만 교황의 특면特免을 받아 이루어진, 그러나 왕 본인은 지긋지긋해하던) **헨리 8세**(1509~47)와 스페인 여성 아라곤의 카타리나의 **결혼**을 무효선언하고, 왕과 궁녀 앤 볼레인의 결혼에 동의했다면 어떻게 되었을까 따위의 생각으로 머리를 쥐어짜는 것은 쓸데 없는 짓이다. 어찌됐든: 헨리 8세는, 한때는 성직자가 되도록 예정되어 있기도 했거니와, 그때까지는 반로마적 성향을 나타내지 않았다. 오히려 그 반대였다: 평신도 신학자이기도 한 그는 루터의 「교회의 바빌론 유폐에 관하여」에 맞서, 7성사에 관해 저술함으로써 가톨릭 교회의 변호자로서 명성을 얻었다. 그 공로 에 대해 교황 레오 10세는 "신앙의 수호자"라는 칭호로써 보답했다.

아무튼 헨리 8세의 무리한 요구가 널리 소문나자, 교황 클레멘스 7세는 난처 한 입장에 처했다. 그는 영국 왕과도, 카타리나의 조카인 막강한 가톨릭 황제 와도 관계가 나빠지는 것을 원치 않았다. 그래서 교황은 오랫동안 뭉그적거렸 고, 사실상 절대권력을 휘두르던 철저히 "르네상스 인간"이었던 왕은 인내심을 잃고, 강압적으로 영국 교계로 하여금 자신을 **영국교회의 수장**"으로 인정하 게끔 만들었다. 1531년의 일이었다. 2년 후 헨리는 자신의 결혼을 무효화하고 앤 볼레인과 결혼했으며, 1534년 마침내 "영국교회의 현세 수장"이라는 공식 인정을 받아냈다.

헨리 8세가 자신에게 엘리자벳 공주를 낳아준 그 두번째 아내를 겨우 3년 뒤 대역죄를 범했다 하여 처형시키고, 네 번의 결혼을 더 했으며, 모든 수도원을 폐쇄하고 수도원 재산을 왕실 소유로 만든 일은, 그것이 다음 사실을 보여준다 는 점에서만 중요하다: 헨리 8세의 근본 관심사는 교회의 개혁이 아니라, 어디 까지나 자기 권력의 확장이었다. 이론의 여지가 없는 것: 그의 "종교개혁"은 가톨릭 측에서 흔히 주장하는 것과는 달리, 그저 이혼 사건에 불과한 것이 아 니었다. 그러나 또 한편 독일의 종교개혁처럼 민중운동도 아니었고, 어디까지 나 왕 자신이 관철시킨 의회의 결정이었다. 영국 백성들의 개혁 욕구는 대륙에 서보다 훨씬 미미했다: "(영국에서) 중세 말기의 교회는, 그 폐해가 급진적 개혁 을 요구할 정도로 부패하고 억압적인 제도가 아니었다."[104]

아무튼 헨리 8세의 **영국교회**(성공회)는 교리와 체제에서 독일의 본보기를 따라 개신교식으로 바뀌지 않았고, 거의 가톨릭 그대로 머물렀다. 헨리는 몇 가지 경우에 개신교를 따르는 변덕을 부리긴 했지만, 종교개혁을 촉진시키려는 생각은 하지 않았다. 오히려 그 반대였다: 헨리 8세는 1539년「피의 법규」를 통해, 정결서원의 유효성·개인 미사·성체성사에서의 실체변화·비밀고해를 반대하고, 사제 결혼과 평신도 성혈 배령을 찬성하는 사람은 누구나 무서운 처벌을 받게 되리라고 협박했다. 요컨대 헨리에게는 로마와의 결별은 좋지만, 로마 가톨릭 신앙과의 단절은 용납될 수 없었다! 그의 교회와 교황 교회의 가장 큰 차이점은, 예전 로마의 재치권과 전권이 이제는 완전히 영국 왕 내지 캔터베리 대주교에게 있다는 것이었다.[105]

개혁된 가톨릭 교회

그러한 상황은 병약한 소년인 헨리의 후계자 에드워드 6세(1547~53) 때에 변화되었다. 왜냐하면 헨리가 임명했던 캔터베리 대주교 **토마스 크랜머**[106](앞에서 보았듯이, 칼뱅과 서신 교환을 했다)가 독일의 어떤 주교도 하지 못했던 일을 관철시킬 수 있었기 때문이니, 곧 **주교중심 교회제도를 유지하는 종교개혁**이 그것이었다: 교리·전례·규율의 개혁 — 그러나 전통적 직무구조의 포기 없이.

그 개혁에서 신학적으로 핵심 역할을 한 사람은 물론 크랜머(1489~1556)였다. 그는 일찍부터 교황의 수위권은 성서와 상충된다고 확신했고, 로마서 13장을 근거로 내세워 그것을 왕의 수위권으로 대체코자 했다. 그러나 주교요 온후·진중·출중한 학자였던 이 영국 종교개혁의 정신적 건축가는 급진적인 칼뱅과는 달랐다. 크랜머는 케임브리지 대학에서 받은 철저한 신학 교육을 바탕으로 고래古來의 다양한 전례들을 영어로 집전하는 단순·소박한 예배로 재구성했고, 그리하여 평신도들은 수백 년 만에 처음으로 전례에 능동적으로 참여할 수 있었다. 이 일은 헨리 8세가 사망한 지 2년밖에 안되어 **「공동 기도서」**(1549)를 공식 전례서로 도입함으로써 이루어졌다. 예배를 크게 단순화하고, 신자들이 예배에 집중할 수 있게 해준 이 책은, 영국교회에서 1920년대까지 그대로 사용되었다. 또한 크랜머는 개신교의 의인론과 칼뱅의 성찬례론을 수용한 신앙고백문인 **「42개 신조」**(1552) 주요 저자였다. 이 두 가지는, 거의 손질되지 않은 채, 오늘날까지 영국교회 신앙의 바탕으로 남아 있다.

그러나 이러한 교회내적 종교개혁에 곧이어 (물론 왕실의 재정 난맥에 동반하여) **가톨릭 측의 반격**이 뒤따랐다. 그 주도자는 헨리 8세와 카타리나 사이에서 태어난, "가톨릭 계집" 또는 "피에 굶주린 계집"이라 불리던 매리 튜더(1553~58)였다. 스페인의 필립 2세와 결혼함으로써 영국에서 교황의 재치권을 원상회복시키고 가차없는 재가톨릭화 정책을 밀고나갈 수 있는 든든한 정치적 원군을 얻은 매리는 반대자들을 모조리 박해했는데, 그중 고집을 꺾지 않는 약 3백 명의 개신교 신자들은 처형시켜버렸다. 크랜머 대주교도 화형 장작더미 위에서 생을 마쳤고, 그래서 오늘날에도 영국교회의 성인으로 공경받고 있다. 한 가지 덧붙인다면, 매리의 조언자였던 저명한 도미니코회 신학자 바르톨로메 드 카란사가 영국에서 돌아와 스페인 톨레도 대주교 재직시, 평신도들의 성서 독회와 모국어 신학 저술을 옹호했기 때문에, 루터파라는 혐의로 종교재판을 받았다[결국 이 남자는 (죽기 직전까지) 꼬박 17년을 감옥에서 보내야 했다]는 사실을 우리가 안다 한들, 위로가 될 것은 없겠다.[107]

종교개혁으로 말미암아 영국은 사실상 분열되었다. 수많은 개신교인들이 네덜란드와 제네바로 피신해야 했다. 곧 스코틀랜드의 종교개혁가가 될 **존 녹스**도 제네바에서 「추악한 여자들의 통치에 맞선 첫 나팔소리」라는 극렬한 비방문서를 출간했는데, 거기서 그는 당시 세 여왕(영국·스코틀랜드·프랑스)이 세상을 주름잡는 것을 못견뎌, 여성의 통치는 전적으로 성서와 상충되며 자연법에도 어긋남을 "입증"했다. 가톨릭 미사에 참례하는 것은 독약 마시는 것보다 해롭다고 여기던 녹스는, 자신의 글이 출판됨과 때를 같이하여 영국에서 왕위와 종파의 교체가 일어날 줄은 예상하지 못했다. 그런데 정국의 키를 다시 한번 (종교개혁을 위해) 급선회시킬 사람이 하필이면 또다시 여자일 줄이야.

아무튼 1558년 엘리자벳 1세가 왕위에 올랐는데(1603년까지 재위), 헨리 8세와 앤 볼레인의 딸이었고, 매리와는 이복자매였다. 1년 뒤 그녀는 훗날 「엘리자벳의 결정」이라 불리게 된 두 가지 의회 통과 법령을 통해 로마로부터 영국교회의 독립을 회복시켰다. 스코틀랜드가 녹스의 귀향(1560) 이후 급속히 칼뱅파로 기울어 장로제적 교회제도를 도입한 반면, 영국에서 엘리자벳은 **개혁된 가톨**

릭 교회를 원하는 사람을 모두 자기 편으로 끌어들이는 데 성공했다. 구체적으로 말해서: 전례와 관습은 개혁된, 그러나 교리와 실천에서는 가톨릭으로 머무르는 교회. 그 두 가지 법령은 다음과 같다:

— 「수장령」: 왕(또는 여왕)이 "교회의 머리"는 아니지만, "교회와 정치 문제에서 국가의 최고 통치자"다. 국왕을 영국교회의 최고 통치자로 인정하는 선서가 요구되었다. 주교단 거의 대부분의 저항은, 정부에 충성스러운 새 주교들이 임명됨으로써, 실패했다.

— 「통일령」: 에드워드 6세 때 개혁된 전례가 다시 시행되었고, 기도서도 다시 사용되었다. 성화상·십자가·사제복·교회음악도 그대로 보존되었다.

42개 신조도 그후 수정되었는데, 특히 칼뱅의 성찬례론이 보다 완화되었다. 마침내 **39개 신조**가 영국교회의 신앙고백문으로 의회의 승인을 받아, 오늘날까지 교리의 바탕이 되어 있다. 이렇게 엘리자벳은 교회에 대해 영리하고 신중한 정책을 시행했고, 로마를 멀리했으며, 루터파와 칼뱅파에 대해서도 거리를 두었다 — 그러나 나중에는 억압받던 가톨릭 신자들과 몰래 되돌아온 사제들을 모질게 박해했다. 치세 44년 동안 처형된 사람은 "단지" 2백 명이었다. 1570년 비오 5세가 영국에서 반란이 성공했다는 잘못된 정보를 듣고는 끝내 엘리자벳 여왕을 파문하고 그녀의 왕권 상실을 선언했는데, 이것은 정치적으로나 교회적으로 큰 실수였으니, 영국 가톨릭 신자들은 왕에 대한 충성 여부로 심각한 갈등을 겪었고, 그들의 처지가 크게 악화되었던 것이다. 덧붙여 말하면, 엘리자벳 여왕의 시대는 문학·연극·음악·조형예술의 전성기로 사람들의 기억 속에 남아 있다.

이렇게 영국교회(성공회)는 처음부터 자신을 가톨릭적이지만 개혁된 공동체로, **양 극단 사이의 제3의 길**로 이해했다. 이 점을 뚜렷이 밝혀보여준 두 명의 탁월한 영국 신학자: **존 주얼** 주교는 로마교회를 반대하는 영국교회의 입장에 최초로 방법론적 토대를 제공했다.[108] **리처드 후커**는, 크랜머의 노선을 따라, 편협한 칼뱅파적·성서주의적 청교주의를 배척하고, 최초로 영국교회의 가운데 길을 체계적으로 논증했다.[109] 그러나 영국교회 안에는 아직 "엘리자벳의 결정"

과 도무지 화해하지 못한 집단이 둘 있었다: 하나는 로마 체제로 복귀하고자 했고, 다른 하나는 제네바의 본보기를 따라 더욱 급진적인 개혁을 요구했다. 영국 땅에서 아직은 주사위가 던져지지 않았던 것이다 ….

영국의 세 가지 선택가능성: 로마 – 제네바 – 캔터베리

그 두 반대집단은 역사적 기회를 얻었고, 또 그것을 나름대로 이용했다. 그들은 자신을 관철할 수 있었던가? 여기서 영국 역사의 굽이굽이 좁은 길을 따라갈 수는 없다. 지금 관건은 영국교회가 우리의 패러다임 분석의 테두리 안 어느 곳에 자리하는지를 뚜렷이 밝히는 일이다. 따라서 더 조직적인 접근이 요구된다. 그러므로 처음에는 전혀 결정되어 있지 않았던 세 가지 선택가능성을 간략히 분석하기로 하자.

선택가능성 1, 로마 체제로의 복귀: 절대군주제를 지향하던, 매리 스튜어트의 아들 제임스 1세〔1603~25: 그의 치세에 윌리엄 셰익스피어의 (종교개혁의 이상과는 관계없는) 모든 희곡이 씌었다〕는 영국과 스코틀랜드를 군합국君合國(한 군주가 둘 이상의 독립국을 다스림) 형태로 통치했고, 장로제적으로 조직된 스코틀랜드 교회에 주교 제도를 재도입하려 시도했다. 그래서 가톨릭 신자들은 자신들 처지의 호전을 기대했으나, 곧 실망하게 되었다. 그러한 실망과 분노는 1605년 이른바 **폭약 음모사건**을 야기했으니, 가톨릭 급진파가 왕과 함께 의회를 폭파하려 했으나, 계획이 수포로 돌아갔다. 이로써 가톨릭 신자들은 자신들의 역사적 기회를 놓쳐버렸다. 그러나 청교도들은 영국이 결국엔 다시 가톨릭화되지 않을까 하는 의구심을 버리지 않았다. 그리고 사실 재가톨릭화가 다시 한번(그러나 이제 우리가 살펴볼 장로교적 청교도 혁명이 끝난 이후에) 시도될 터였다.

선택가능성 2, 제네바를 본뜬 장로제적 · 공화제적 통치: 스튜어트 왕조의 절대군주제와 영국교회에 맞선 혁명을 통해, 영국교회의 급진적 종교개혁이 스코틀랜드 장로교회의 본보기(존 녹스)[110]를 따라 이루어졌다. 주도세력은 대부분 칼뱅적 장로교 신학을 따르고 스스로를 **청교도 · 독립교회파 · 조합교회파**라고 부르던 급진주의자들이었다.[111] 이들은 어떠한 국가교회 제도도 거부하고,

종교의 자유를 주창했다. 이들의 지상목표는 자주적인(국가에 예속되지 않은) 공동체("조합")들의 건설이었다. 이 공동체들은 근본적으로 동등했다. 공동체 안에서는 성직자와 평신도의 구별이 없었고, 공동체 지도는 공동체가 선출한 원로(장로)들과 목회자들이 담당했다. 모든 그리스도인이 신약성서에 따라 "성도들"이었고, 공동체 회합에서는 성령께서 불어넣어주시는 대로 누구나 발언할 수 있었으며, 확정된 기도문도 신앙고백문도 없었다.

이러한 "조합교회파"는(사실 영국에서 이 파는 열광적 청교도적 영성을 중시·장려하던 동아리들 안에 오래 전부터 존재해왔다) 물론 내전 당시 사령관 **올리버 크롬웰**(1599~1658)[112]이 국가와 국가교회를 거슬러 혁명을 일으켰을 때, 마침내 결정적인 정치세력이 되었다. 1642년 크롬웰은 독립교회파 사람들을 모아서 열광적 신심으로 충만하면서도 청교도적으로 훈련된 군대를 조직할 수 있었다. 군사적 성공은 하느님이 자신을 선택하셨다는 그의 칼뱅파적 신앙이 옳다는 것을 확인·보증해주었으니, 의회의 군대가 크롬웰 편에 섰던 것이다. 더 나아가 그는 런던을 점령하여 국왕을 체포하고, 의회를 왕에게 충성하는 의원들로부터 "정화"할 수 있었다: 1648년의 일이었으니, 대륙에서는 베스트팔렌 평화조약이 체결된 해였다! 1년 뒤 제임스 1세의 아들인 국왕 찰스 1세는 사형장에 섰고(프랑스혁명 150년 전에!), 곧이어 군주제와 상원이 폐지·해산되었다. 영국은 공화국이 되었다!

1653년 크롬웰이 소집한, 독립교회 공동체들이 지명한 **"성도들의 의회"**는 언행이 광신적인 독립교회파 사람들로만 구성되었다. 그런데 이 의회는 전혀 비효율적이었기 때문에, 결국엔 크롬웰 자신이 해산해버렸다. 이 혁명은 유럽 역사에서 사회체제 전체를 순전히 종교적인 터전 위에 재건하고, 원을 사각형으로 만들고자 한 마지막 시도였다: 의회제도라는 바탕 위의 일종의 신정정치, 교회국가(교황령)의 의회제도적 짝꿍! 그러나 그것은 오래 작동할 수가 없었으니, 개신교 공화국의 종말은 곧 닥쳐왔다.

크롬웰은 왕위를 끝내 거절했다. 그러나 죽을 때까지 영국과 스코틀랜드 그리고 아일랜드(무서운 학살을 통해 정복했거니와, 이곳에서는 그 일을 지금도 잊지 못한다)의 "호국경"護國卿으로서, 독재군주 그리고 끝내는 폭군처럼 (언제나 "하느님의 뜻"을 내세우며) 아무 거리낌 없이 통치했다. 크롬웰은 의식적으로 개신교 편향적인 대외정책을 시행했고, 억압받던 개신교 소수집단들(예컨대 사부아의 발두스파)을 후원했으며, 모든 개신교 세력의 연합을 위해 독일·네덜란드·스위스에 영향력을 행사했다. 그러나 결국 그는 공모자들에게 둘러싸인 고독하고 음울한 독재자로 생을 마감했는데, 그의 아들은 아비의 유산도 지키지 못했다. 크롬웰의 죽음에 뒤이은 혼란은 1660년 스튜어트 왕가의 부활로 귀결되었는데, 이들은 1662년 영국교회에 옛 지위를 회복시켜주었다. 그 이후 영국에서는 혁명에 대한 두려움과 정치적 유토피아에 대한 혐오가 널리 퍼져나갔다.

종교개혁의 열광주의적·신비주의적 지류支流들에게도 크롬웰 치세의 체험은 하나의 전환점이 되었다: 전투적 아니 군국주의적 투신으로부터 자기 자신에로의 귀환, 내면화와 폭력포기로의 전환. 이러한 전환의 인상적 사례로는, 조지 폭스(1624~80)라는 이름의 구두장이에 의해 태동한, 비꼬는 자들이 "퀘이커"Quaker("열광적으로" 몸을 떠는 자들)라 부른 "친구들의 동아리"를 들 수 있다. 이들은 열광주의적이고 때로는 폭력도 행사하던 단계를 잠시 거친 후, 이제는 자신들이 박해를 당하면서도 "내면의 빛"("그리스도께서 우리 안에 계시다")의 인도를 받는 사람들로서, 박애주의적인 실천적 그리스도교 건설에 온전히 몰두했다. 이들은 성사·전례·신앙고백문에 무관심했고, 직업적 목회자도 두지 않았으며, 맹세와 병역 그리고 심지어는 웃는 것까지도 거부했다. 절대적 건실성과 의복·생활방식의 단순성을 강조한 이들은, 훗날 미국에서 최초로 노예제도 철폐를 주장했다.

청교도들은 특히 **미국의 영국 식민지**에서 큰 성공을 거두었다. 이미 1620년 "메이 플라워"호를 타고 떠난 억압받던 영국 청교도들이 케이프 코드(매사추세츠) 만灣에 간선자들의 공동체를 건설했으며, 버지니아·코네티컷·펜실베이니아 등에도 여러 거룩한 "국가들"이 세워졌다. 영국의 본디 13개 식민지에서 마침내 청교도가 주민의 약 85%에 이르렀다는 사실은 놀랄 일이 아니다.

선택가능성 3, 주교제도의 국가교회: 1660년 다시 권력을 잡은 스튜어트 왕가(찰스 2세 ~ 제임스 2세)는 영국교회를 다시 일으켜세웠을 뿐 아니라, 개신교 일탈자들을 무자비하게 박해하여 수천 명을 감옥에 집어넣었다. 그에 반해 가톨릭 신자들은 은근한 그리고 좀 지나선 공공연한 호의를 가지고 대했다. 그러나 재가톨릭화의 조짐이 보이자, 그것에 맞서 1688년 "명예혁명"이 일어났다. 이제 제임스의 네덜란드-개신교인 사위가 왕위에 올랐으니, 곧 오렌지의 **윌리엄 3세**다. 이제야말로 종교개혁이 영국에서 결정적으로 자리를 잡았다.

윌리엄은 그 다음해 의회와 합의하여 **관용 법령**(1689)을 반포했는데, 여기서 유럽 역사 최초로 **양심의 자유**가 법으로 규정되었다. 이것은 물론 가톨릭 신자와 반삼위일체론자들에게는 해당되지 않았으나, 영국교회를 거부하는 모든 개신교 신자에게 적용되었다. 그들은 비록 전과 다름없이 의회 의원, 국가나 지역 공동체의 관리가 될 수 없었고, 대학이나 학교를 소유할 수도 없었지만, 이제는 최소한 공개적으로 예배를 드릴 권리는 갖게 되었다. 그리하여 영국 국가교회 안에서 억압받던 반대파들로부터 점차 **독자적인 종파들**이 생겨났다: **자유교회들**이 그것인데, 이들은 어떠한 국가교회주의도 배척했고, 종교의 자유와 함께 "조합" 혹은 개별 공동체의 자율권을 요구했다. 이 "조합교회파"는 (세례파 그리고 나중에 특히 감리교파와 함께) 미국에서 눈부신 미래를 맞이할 터였다.

어떻게 영국교회가 두 패러다임을 연결시키는가

헨리 8세 후 150년이 지나 **영국교회**는 완전히 자리를 잡고 **근본구조를 확립**했는데, 이것은 추후 수백 년간 영국뿐 아니라 미국 성공회(1789년 이래 독립된 조직!) 그리고 19세기 영국인들의 새로 획득한 식민지로의 이주와 영국교회 선교 사업이 (대규모 선교단체들의 도움으로) 비그리스도교 세계에서 거둔 성공을 통해 형성된 전세계 "영국교회 공동체"Anglican Commuion 안에서도 그대로 존속되었다.

영국교회는 처음부터 독창적 방식으로 **중세 가톨릭 패러다임**(P III)**의 요소들과 종교개혁 개신교 패러다임**(P IV)**의 요소들을 통합**했는데, 이 점이 영국교회가 로마 가톨릭 교회와 개신교회 사이의 "제3의 길"임을 결정적으로 입증한다. 로마가 당초 루터의 열망들을 외면하지 않았더라면, 전체 가톨릭 교회가 그러한 제3의 길로 나아갔을 수도 있었을 것이다. 아무튼 영국교회는 (과연 영국식답게) 극단을 혐오하는 중용적 교회 모델이다. 이 모델의 특징적 구조들:[113]

─ **성서 그리고 동시에 전통**: 영국교회 신자들은 성서가 구원을 얻는 데 필수적인 것은 모두 담고 있다고 믿는다.[114] 그러나 동시에 그들은 교회사의 온갖 단절과 부침에도 불구하고 분열되기 이전 고대 교부들의 교회, 아니 신약성서의 교회에까지 소급되는 면면한 전통의 중요성도 확신하고 있다. 일찍이 리처드 후커는 영국교회 고유의 해석학의 든든한 토대를 놓았다: 성서의 진리는 그 의미가 모호하지 않고 명백할 때에는 언제 어디서나 타당하다. 그러나 그렇지 못할 경우, 그 진리는 교회 전통에 터해 해석되어야 하며 또한 의미의 명료화를 위해서는 제3의 요소, 곧 이성을 동원해야 한다. 중대한 논쟁점이었던 의인론의 경우, 39개 신조는 오직 신앙에 의한 의인을 천명했지만, 동시에 행업의 중요한 의의도 강조했다.

─ **전통적 전례 규범 그리고 동시에 융통성있는 개혁**: 성서와 고대교회의 정신에 터한 집중화와 단순화가 공동 기도서의 근본노선인데, 이 기도서의 수정·개작도 허용되어 있다. 성서를 충실히 따라 세례·성찬례 그리고 기도가 강조되며, 성서적 전거가 없는 "성사들"은 폐기되거나 잘해야 교회의 관습으로 존속되었다. 영국교회처럼 공·사적 성서 독해를 중요시하고, 그러면서도 동시에 전례에 있어 잔치스러움·기쁨·음악성을 장려하는 교회도 별로 없을 것이다. 복음 정신에 터해 쇄신된 예배가 아침과 낮 그리고, 각별히 사랑받거니와, 저녁에("Evensong") 거행된다 ─ 지나친 전례적 획일성 없이.

─ **주교중심 직무구조 그리고 동시에 폭넓은 관용**: 사제 서품과 주교의 사도계승은 고수되고 있다. 전세계 영국교회 신자들의 결속감 유지에 중요한 것이 캔터베리 대주교에 대한 공경과 친애인데, 그는 자기 교구 외부에 대해서는 입법·행정 권한을 지니고 있지 않지만, 시·공간 안에서 전체교회의 일치를 가시적으로 표상하며, 오늘에 이르기까지 동등한 동료들 가운데 수장으로서 국교회의 모든 주교들과 함께 공동체(친교)를 이루며, 또한 그리하여 신앙공동체들 상호간의 친교를 보존·촉진하고 있다.

그러나 동시에 교의와 교리의 경계선이 멀고 허술하다: 39개 신조에 동의(그것도 일반적 의미로)해야 하는 의무는 성직자에게만 부과되어 있다. 이러한 근본태도는 당연히 비국교도에게도 종교자유를 허용했으며, 영국교회 내부에도 다양한 경향들[고高교회파(가톨릭적), 저교회파(개신교적·성서주의적), 광廣교회파(계몽주의적·진보주의적) 등]이 존재할 수 있게 했다. 오늘날도 존속하는 이러한 경향들: 영국교회 가톨릭파(중세·고대 교회들과의 연속성과 예배 및 교리에 있어 그 교회들과의 일치 강조); 복음주의파(끊임없는 쇄신의 필요성 강조. 오늘날은 "감리교적"-개인주의적인, 그리스도와 성령 안에서의 하느님 은총 체험을 통한 쇄신을 가장 중시함); 자유주의파(모든 속박과 교의의 경직화를 거부하고 현대의 요구·성서비평·사회사업에 대한 개방성 주창). 오늘날까지 영국교회는 견실한 신학(특히 성서주석학·교부학·교회사·교의학·윤리학 분야에 뛰어난 학자들이 많다), 많은 평신도들이 능동적으로 참여하는 훌륭한 조직 그리고 광범위한 교육·사회 사업에 의해 특징지어져 왔다.

대영제국과 함께 영국교회도 북미·오스트레일리아·뉴질랜드·남아프리카 등 세계 곳곳으로 퍼져나갔다. 그러는 가운데 유럽 대륙의 교회들과는 달리, 대체로 각양각색 교회 공동체들과 집단들에게 폭넓은 관용을 베풀었다. 물론 영국교회에는 모든 주요 사안을 결정하는, 군말이 있을 수 없는 중앙기구가 없기 때문에, 국교회의 복합적 구조 안에도 긴장과 갈등이 존재한다(특히 일치를 강조하는 세력과 지방분권적 세력 사이에). 요컨대 영국교회 모델 역시 고유의 내재적 문제들이 있는데, 이 문제들은 일치운동적 개방성에 터해 접근·해결해야 한다.

영국교회에 대한 반문: 국가교회-주교교회?

가톨릭과 개신교 사이의 중간 입장에는 그 나름의 문제들이 있으며, 그것들이 지금까지도 해결되지 않았다는 것은 영국교회의 역사 자체가 뚜렷이 보여준다. 이것은 특히 국가교회와 주교교회라는 두 가지 문제와 결부되어 있다.

(1) 언제까지나 국가교회? 국가교회법적 관점들

국가교회("국법에 의해 성립되는 교회")의 문제점은 이미 영국 종교개혁의 걸출한 건축가였던 **토마스 크랜머** 대주교에게서 뚜렷이 드러난다: 크랜머가 종교개혁에서 중용을 취한 것을 누구나 칭송하는데, 마땅한 일이다. 그러나 뭐라 해도 그는 국왕의 말잘듣는 도구로 처신하지 않았던가? 크랜머는 대주교가 되자마자 헨리 8세의 첫 결혼을 해소하고 그의 두번째 아내에게 왕비의 관을 씌웠다 — 3년 뒤에는 헨리의 두번째 결혼을, 또 4년 뒤엔 세번째 결혼을 해소해주었다.

그렇게 그는 자기 왕의 개인사史에 깊이 연루되어 있었기에, 사람들은 갈수록 자제력을 잃어가던 왕에게 스무 살짜리 만사 편한 다섯번째 아내의 간통 사실을 알려줄 사람은 크랜머밖에 없다고 생각할 정도였다(그녀 역시 그 일 때문에 처형되었다). 크랜머는 자신의 군주를 죽을 때까지 충직하게 따랐다. 그는 자신의 정치적 온순함을 종교적 근거[하느님이 세우신 공권력에 대한 복종(로마 13)]를 내세워 정당화했다: 그러나 그의 이러한 현실 순응은, 바울로 그리고 전체 신약성서 신학으로부터는 결코 그러한 결론이 도출될 수 없기에, 더욱 딱하고 비극적이다.

여기서 아무래도 크랜머의 대극對極으로 한 남자를 떠올리지 않을 수 없거니와, 영국교회와 문학이 너무나 모르는 체하고 무시해온 그 사람은 오늘날 가장 위대한 영국인의 한 사람으로 세계인의 존경을 받고 있다: 헨리 8세 때 하원의장과 곧이어 대법관을 역임했던 **토마스 모어**(모루스)[115] 경이 바로 그 사람이다. 토마스 모어 역시 처음엔 국왕의 친구였다. 그는 또한 학덕 높은 인문주의자로서 로테르담의 에라스무스의 벗이었다. 그는 모어 경을 "모든 시간의 사람"(1960년 로버트 볼트 감독의 영화 「사계절의 사나이」를 상기하라)이라 지칭했는데, 이를테면 잘나가는 시절에만이 아니라 어렵고 암담한 시기에도 신념을 지켜내는 인간이라는 뜻이겠다. 이 토마스 모어는 크랜머처럼 현실과 타협하지 않았고, 끝내 자신의 신념 때문에 헨리 8세에 의해 처형되었다. 토마스 모어 사건이 영국교회에게는 괴로운 짐이었고, 지금도 그렇다는 것은 쉽게 짐작할 수 있다.

물론 꼼꼼히 따져볼 필요는 있다. 인정해야 할 것: 우리는 토마스 모어가 교황의 수위권(크랜머는 그 문제성을 일찍이 꿰뚫어보고 있었다) 주장을 너무 무비판적으로 받아들인 것을 책망할 수 있다. 또한 국왕에 대한 그의 (극히 신중하고 소극적이며 도발적이 아닌!) 저항을, 신학자 크랜머가 종교개혁의 성서 지상주의 정신에 터해 (물론 자기 자신을 위해) 만들어낸 소극적 비판 신학에 소급시킬 수도 있을 것이다. 그럼에도: 토마스 모어가 크랜머와 달랐던, 다음과 같은 사실들은 부인하지 못한다:

— 최고 정치권력에 맞서 **양심의 자유**를 천명했으니, 이에 필적할 만한 것은 양심의 자유를 위해 황제와 교황을 거슬러 싸운 루터 정도가 있을 뿐이다.

— **교회의 일치**를 위해 진력했으니, 이 일은 그를 1532년 5월 16일 대법관직에서 물러나게 만들었는데, 바로 그날 캔터베리 대교구 회의에 모인 자들은 한 문서를 통해, 앞으로 국왕의 동의 없이는 결코 법안을 가결하지 않을 것이며, 아예 회합조차도 갖지 않을 것을 왕에게 다짐했다.

— 폭정을 일삼는 국가 우두머리에게 **저항하는 힘**을 깊은 신앙에서 길어냈으니, 이 힘은 그로 하여금 처형장에서도 유머를 잃지 않는 태연함을 지닐 수 있게 해주었다.

이 모든 것은, 로마가 주장하는 국가-교회 관계와는 다른 형태의 관계를 신학적으로 훌륭히 논증해낼 수는 있었지만, 자신들의 (많은 사람들이 갈수록 멍청이나 괴물 혹은 그 둘다로 여기던) 최고 정치 지도자가 몇 명의 아내와 오랜 친구들뿐 아니라 50명의 "반역자들" 그리고 폴레 가문(레기날드 폴레 추기경으로부터 유래함)과 커트니 가문 사람들까지 (그들의 왕실 혈통이 허약해진 튜더 왕조에 위협이 될 수 있기에) 처형하는 것을 항의한 마디 못하고 보고만 있던 저 교회 남자들의 처신과 극명한 대조를 이룬다. 과연 토마스 모어 경은 법정(재판관 중에는 앤 볼레인의 아비·오라비·아재비도 있었다!) 최후 변론에서, 교회의 일치가 ("양심의 부담을 덜기 위한") 자기 저항의 주요동기라고 진술했다. 토마스 모어는 (처형장에서도 유머를 구사하며 자기 상황의 주인으로 행동하여 구경하던 사람들에게 깊은 인상을 새겨주었거니와) "가톨릭 교회의 믿음 안에서, 그 믿음을 위해, 국왕의 충성스러운 신하로서, 그러나 그 무엇보다 하느님의 종으로서" 생을 마감했다. 그의 죽음은 온 유럽에 큰 충격을 안겨주었다. 근년에 영국 국민들이 영국 의회와 런던탑에 기념비를 세워 토마스 모어 경에 대한 존경심을 드러내보인 것은 치하할 일이다.

영국교회가 진정한 제3의 길이 되고자 한다면, **통치자와 국가의 전횡에 맞선** 토마스의 **저항**을, 국교회 제도의 틀 안에 구조적 요소로서는 아니더라도 최소한 자기 교정적 요소로서 진지하게 받아들여야 하지 않을까? 교황이 복음과 인권의 주요 사안을 무시할 때는, 물론 언제나 교황에게 저항해야 한다. 그러나 국가가 양심의 자유를 무시하고 인권을 짓밟을 때에도 마찬가지로 국가에 저항해야 한다.

영국교회의 탁월한 조직신학자 리처드 후커는 교회와 국가의 일치를 중시했다. 그리고 교회는 영국민의 생활과 긴밀히 관련되어 있다. 오늘날도 왕(여왕)이 모든 주교와 수도원장을 임명하고, 의회와 국왕의 동의 없이는 교회법이나 전례를 고치지 못하며, 몇 사람의 주교가 상원에 자리를 차지하고 있다. 그러나 다른 한편, 요컨대 교회가 자신의 예언자적 사명을 충실히 수행하고자 한다면, 교회와 국가 사이에 좀더 충분한 거리가 있어야 하지 않을까? 하기야 영국 정부는 교회 재정에 한 푼도 보조하지 않는다. 그렇게 하지 않아도 이 교회는 중세 이래 막대한 기부 재산과 성직록을 잘 굴리고 있으니 말이다. 영국교회는, 어떤 사람들은 그렇게 느끼지 못할지라도, 아직도 여전히 영국 국민의 교회다. 영국 국민 대다수는 교회와 국가의 완전한 분리는 원하지 않으며, 사실 그러한 분리는 국가교회·국가·사회에 심각한 결과를 야기하게 될 것이다(예컨대 대관식 같은 국가적 의식, 교회와 국가 간의 재산 문제에). 그럼에도 많은 국교회 신자들조차, 국가와 국가교회의 지금과 같은 일치 대신 보다 충분한(그러나 적대적이지 않은) 거리 유지와 연루관계 해소가 장기적으로 볼 때 더 유익하리라 생각하고 있다.

(2) **오로지 주교교회?** 일치운동적 관점들

신앙의 규범인 **신·구약 성서**, 니케아 신경과 사도**신경**, 세례와 성체 **성사**, 역사적 **주교직**의 인정·수용: 이 네 가지는 영국교회 생활의 필수불가결한 요소들이며, 또한 영국교회와 다른 교회들의 모든 일치 노력의 바탕이 되어야 한다. 그리하여 이 네 가지는 온전히 영국교회 전통에 따라 1886년 최초로 시카고에서 채택되었고, 1888년에는 약간 손질되어 세계 영국교회 램베스 총회에서 이른바 "램베스 4변형"으로 채택되었다. 그런데 처음 세 가지는 어디서나 널리 받아들여지지만, 주교직이 교회제도의 토대가 되어야 한다는 요구는, 주교직이 없는 개신교회들과의 화해에 주된 장애물이 되어 있다. 당연한 일?

"주교경卿"들이 상원의 자리를 차지하고 최고 계급에 속하는 것이 영국교회 체제로서는 당연하다 하겠으나, 18세기 영국의 가장 중요한 저항운동, 즉 **감리교**Methodism[116](이 또한 본디 그들의 매우 규칙바르고 조직적인methodical 생활과 교리 때문에 붙여진 비꼬는 이름이었다)가 생겨나는 사회적 배경이 되었다. 영국교회 성직자 **존 웨슬리**[117]는 루터의 로마서 주석 서문 연구가 계기가 된 회심체험에 터해, 처음엔 교회 안에서 그리고 나중엔 노천에서, 내쳐지고 멸시당하는 "버림받은 자들"에게 복음을 설교했다. 웨슬리는 처음에는 조지 화이트필드, 나중엔 주로 찬송가 작곡가인 그의 형제 찰스와 함께, 주교중심 국가교회 테두리 안에서 하나의 "사회"를 건설했다. 이 공동체는 소수의 사제와 많은 평신도와 평신도 설교자로 이루어졌는데, 이들은 경제 불황기에 믿음을 굳건히 해주고 확신을 선사하시는 성령에 관한 설교와, 믿음에 터해 변화된 규칙바르고 조직적인 생활을 통해, 가난한 민중들이 정신적·사회적으로 살아남을 수 있도록 도왔다.

웨슬리는 자신의 운동을 영국교회 주교들 아래에 있는 국교회 내부의 운동으로 이해했으며, 오직 미국에서만 주교가 부족했기에 비상조치로서, 초기 그리스도교의 관례를 근거로 내세워, 두 사람의 주교(감독)를 서품했다. 웨슬리가 사망한 뒤, 영국에서는 주교중심 교회와 갈등이 매우 깊어져 결국 **분열**이 일어났다. 팔자 좋은 주교들은, 옛날 독일에서 루터의 종교개혁 운동에 대해 그랬던 것처럼, 영국에서도 새로운 종교개혁 운동에 거의 동조하지 않았다. 감리교파의 각성운동은 효율적 지역조직을 거느린 하나의 권위있는 중앙기구에 의해 엄격히 조직되긴 했지만, 영국에서는 미국에서와는 달리 주교(감독)중심 제도를 택하지 않았다. 감독이 임명될 경우에도, "사도계승"과는 관계가 없었음은 물론이다.[118] 그럼에도 감리교는 특히 북미에서 급속히 퍼져나갔는데, 여기서 감리교인들은 "새로운 변경"New Frontier, "서부 황야"의 탁 트인 하늘 아래에서 설교를 했다. 고상한 국교회 사제나 주교들 머리에는 도무지 떠오르지 않는 것이, 바야흐로 감리교회의 "상표"가 되었다. 그들이 그처럼 민중들에게 가까이 다가간 것은 또한 미래를 위한 훌륭한 투자이기도 했으니, 이미 19세기 중엽 감리교파는 미국의 모든 그리스도 교회들 가운데 가장 큰 교회가 되었다.

영국교회와 함께 감리교회는 오늘날도 성서뿐 아니라 그리스도교 전통도 중시하지만, 교리적 획일성은 강조하지 않으며 신학적 사변에도 관심을 기울이지 않는다. 그렇다면 오늘날 영국교회와 감리교회 양측이 **열망하는 재결합**을 가로막는 것은 무엇인가? 주교직이나 사도계승 따위가 없다는 것은, 양 교회의 자기이해에 상응하여 신약성서의 교회구조를 척도로 삼는다면, 재결합의 장애물이 되지 못한다. 과연 신약성서는, 앞에서 살펴보았듯이, 직무 보유자의 안수에 의한 서품 외에, 공동체 혹은 성령의 자유로운 은사에 의한 서품도 알고 있다. 우리가 이 두 가지 기본 방식을 인정한다 해서, 가령 영국교회에게 자진해서 주교직과 사도계승을 포기하라고 부당하게 요구하는 것은 아니다. 사실 그것들은 시간을 관통하는 교회의 연속성의 중요한 신학적 표지이며, 더구나 그것들을 보존해야 할 실제적인 이유들도 많다. 영국교회에 요구하는 것은 다만 (성서에 맞갖게) 교회내 임직任職의 다른 방식들도 신학적으로 정당하고 교회법적으로 유효한 것으로 인정해달라는 것뿐이다. 그렇게 한다면 영국교회는 세계교회협의회 안에서, 지금도 매우 중요한 자신의 중재적 위치와 일치를 촉진하는 기능을 더욱 강화할 수 있을 것이다. 그러나 이것은 문제의 한 면일 뿐이다.

영국교회의 기회: 가톨릭 신자들에 대한 반문

간과해서는 안되는 것: 영국교회와 그 교리 및 실천은 이미 오래 전부터, 중세적 패러다임을 고집하고 종교개혁의 정당한 열망들을 묵살하려 애쓰는 **가톨릭 교회에 대한 도전**이었다. 이 문제 또한 일치운동적 개방성에 터해 접근해야 한다. 아무튼 오늘날에도 로마 체제는 이것과 관련된 문제들의 해결을 가로막고 있으며, 그리하여 갈수록 첨예한 갈등과 분노, 아니 "높은 교회"(로마)와 "낮은 교회"(기층) 사이의 은폐된 교회분열의 빌미를 제공하고 있다. 영국교회 전통으로부터 다음과 같은 물음이 로마 체제에 제기된다:

— 왜 로마 가톨릭 교회의 교구들은 (특히 미국 성공회에서처럼) 성직자와 평신도들로 구성된 대표기구를 통해 자신들의 **주교를 자주적으로 선출**하지 못하는가?

— 왜 해당 국가 주교회의가 주교 선출을 **승인**하는 것으로 충분치 않은가?

— 왜 국가 또는 지역 교회가 시대에 맞는 **교리**와 종교 **교육**에 관계된 문제들을 관장·결정하지 못하는가?

— 왜 명백한 필요성에 상응하는 **전례**의 발전과 변경을 각국 교회가 관장하지 못하는가?

— 왜 각국 교회가 지역적 · 사회적 상황에 걸맞은 고유한 **규율**을 제정하고, 그리하여 (세계적 차원의 의견일치가 당분간은 이루어질 수 없는 경우) 예를 들어 "여성 문제"(특히 여성 사제 서품)가 (물론 철저한 신학적 명료화 작업과 충분한 심의를 거친 후, 정연한 결정과정을 통해) 한 나라에서 다른 곳보다 빨리 해결되어서는 안되는가?

— 왜 어떤 교회가, 스스로 견해차이는 해소되었다고 생각하면서도, 자기 나라에서 다른 교회들과 **함께 성찬례**를 거행하지 못하는가?

이 모든 문제에서 영국교회는 로마 가톨릭 교회의 본보기가 될 수 있을 것이다. 물론 지나친 자유는 일치를 위협할 수 있으므로, (이것 또한 영국교회의 전통이거니와) 급속한 사회적 변화의 시대에 귀중한 전통 요소들을 분별없이 폐기하지 않도록 주의해야 한다. 이 점에 있어서는 영국교회가 **개인주의적인 개신교에게 경고**가 되거니와, 사실 개신교는 그리스도교의 다른 전통들보다 크게 열광(광신)주의의 위험에 노출되어 있으니, 실제로 혼란 아니 "청교도적" 집단들의 경건한 테러를 경험하기도 했다(크롬웰과 그의 소행을 상기하라). **가톨릭 신자들이 영국교회 역사에서 보고 배울 것들:**

— "세계 영국교회파"는 느슨한 구조를 갖고 있음에도 불구하고, 근년에 들어서야 종파별 "세계 연맹"(루터 교회 · 개혁 교회 등)을 결성한 다른 개신교 종파들보다 훨씬 강한 결속력을 보여주고 있다.

— 유연한 구조들과 보다 합의적인 기구들이 교황청의 중앙집권적인 체제에 비해 많은 장점을 가지고 있다.

— (39개 신조를 뛰어넘거나 대신하는) 새로운 신앙고백문들도 교회 공동체를 분열시킬 까닭이 없으니, 오히려 그것들은 성서적으로 정당한 살아 있는 신앙의 다양성의 표현이다.

— 전례의 개정은 전례 양식의 다양화를 가져오지만, 그때문에 공동예배와 교회 공동체의 다른 구성원들과의 결속감이 위협받지는 않는다.

— 여성 사제 서품과 같이 크게 논란되고 있는 문제들에 있어서는, 한 지역 혹은 국가 교회가 주도권을 쥐고 나서는 것이, 문제를 공론화하고 해결책을 모색하며 시간의 흐름과 더불어 새로운 합의에 이르는 유일한 방법인 경우가 많다.

— 어떤 나라에서 다른 교회들과 친교 관계를 수립하는 일이, 다른 나라에 있는 자기 교회와의 관계를 손상·파괴하지는 않는다.[119]

물론 세부적인 면에서는 영국교회의 이상理想에서 벗어나는 많은 사례들을 확인할 수 있다. 그러나 복합적이면서도 상당히 균형잡힌 이 교회구조의 장점들이 수백 년에 걸쳐 입증되어왔음을 간과해서는 안된다. 가장 논란이 심한 사안의 하나인 여성 사제 서품 문제에 있어서도 그러하다: 영국교회는 많은 난관을 무릅쓰고 1994년 마침내 서품을 찬성하는 최종 결단을 내렸다. 그때문에 극소수의 보수파 성직자들이 로마 가톨릭 교회로 떠나가버리기도 했는데, 그 중에는 런던 주교였던 그레엄 레너드 박사도 끼어 있었다. 이 사람이 1994년 4월 23일 "예전에 유효하게 서품되지 않았다는 조건하에" 가톨릭 사제로 서품될 수 있었다는 사실은, 로마의 관점에 따르더라도, 오랫동안 주장해온 영국교회 서품의 무효성을 더이상은 당연한 것으로 간주할 수 없음을 뚜렷이 보여준다. 오히려 영국교회의 용기있는 결단 때문에 나오게 된 요한 바오로 2세의 사도적 서간(1994.5.22) 「사제 서품」(은근히 교황의 무류성을 내비치며, 여성을 사제 서품에서 영구히 "결정적으로" 배제하고자 한다)은, 가톨릭 내부에서 새삼스레 엄청난 항의와 논쟁을 불러일으켰다. 아무튼 그로 말미암아 새삼 논란되고 있는 근본적인 문제들을 이제 보다 상세히 고찰해야만 하겠다. 우리의 패러다임 분석의 테두리 안에서 우선 이렇게 물어야겠다: 종교개혁적 패러다임으로의 전환은 교회와 사회 안의 여성들에게 어떠한 결과를 가져다주었던가? 앵글로색슨 지역에서도 여성 문제의 건설적 해결책을 찾기 위해 얼마나 먼 길을 걸어가야 했던가?

⑧ 종교개혁에서 여성의 어중간한 지위

1555년 가톨릭과 루터파 제후들이 아욱스부르크 종교화의를 체결함으로써(트렌토 공의회도 1563년 폐막되었다), 엄밀한 의미의 종교개혁 시대는 끝나고 개신교에는 정통의 시대가 시작되었다. 종교개혁(P IV)의 강력한 추진과 가톨릭 교회(P III)의 반격은 시들해지기 시작했고, 그것은 양측의 내적 안정을 가져왔다. 이제는 제후들이 자기 신민의 종교를 결정할 수 있었다. 새 시대를 여는 패러다임 전환은 아직 이루어지지 않았고, 그저 물려받은 패러다임만 계속 발전해나갔다: 정통 개신교 패러다임(기원이 루터파이건 칼뱅-개혁파이건간에)과 종교개혁 패러다임의 관계는 반종교개혁적 로마 가톨릭 패러다임과 중세 패러다임의 관계와 유사했다: 전체적으로 볼 때, **보존의 패러다임**만 남아 있었다. 이러한 사실은 교회와 사회 안에서의 여성 지위 문제에서 전형적으로 드러났다.

여성의 변화된 상황

마르틴 루터는 복음으로 돌아가고자 했다. 그것이 교회와 사회 안의 여성의 지위와 역할에도 그에 상응하는 결과를 가져왔던가? 사도 바울로가 갈라디아서 3장 28절에서 확언한, 하느님 앞에서 남자와 여자의 동등성이 과연 교회적·사회적으로도 존재했던가? 다시 말해서: 신약성서 정신에 터한 여성과 남성의 참으로 동등한 지위〔앞에서 보았듯이, 초기 교회(P II)에서는 저지되었다〕가 적어도 종교개혁 시대에는 확립되었던가? 여성들의 지역·신분·교육수준·신앙 성향·개인적 환경 등이 각기 매우 달랐기 때문에, 이 물음에 대해 우리의 패러다임 분석의 테두리 안에서는 극히 원칙적인 대답만 할 수 있다.

우선 종교개혁으로 시작된 패러다임 전환으로 말미암아, 여성의 지위가 교회뿐 아니라 사회에서도 변했다는 사실은 인정해야 한다. 종교개혁이 관철된 지역의 여성들이 그 안에서 살아야 했던 **새로운 총체적 구조**(P IV)의 특징은 무엇인가? 로마 가톨릭 패러다임(P III) 안의 중세 여성을 염두에 둔다면, 종교개혁으로 말미암은 변화가 얼마나 획기적이었는지 쉽게 이해할 수 있을 것이다:

● 중세 때의 독신의 우월성이 이제 **결혼의 가치의 재평가**에 의해 밀려났고, 사제 서품의 우위는 일상적 가정생활의 우위에 의해, 수녀의 이상은 아내와 어머니의 이상에 의해, 성의 악마화는 (결혼생활을 통해 충족될 수 있는) 인간의 자연적 본능(자녀 출산에 기여하지 않더라도)에 대한 긍정에 의해 대체되었다.

● 수도원과 사제 독신법이 폐기되고, 대신 **목사와의 결혼**이 여성에게 구체적 신앙공동체 안에서 새로운 활동영역을 제공했다(본보기: 루터의 아내 카타리나).

● 여성의 다른 차원들을 희생시키며 동정녀 어머니 마리아를 이상화하던 마리아 공경은 밀려나고, 이미 12세기의 평신도 문화(연가戀歌)와 르네상스 이래 나타났던 **현세적인 여성의 이상들**이 강조되었다.

다른 말로 해서: 종교개혁이 관철된 지역에서 **사제·수녀 그리고 그들의 금욕적 이상에 의해 규정되어 있던 세상은 붕괴**했다 — 그것도 결정적으로. 예외는 법칙을 새삼 확인해줄 따름이다. 이것은 역사는 불변하며 모든 것은 다시 돌아오고 모든 발전은 결국 다시 역전된다는 어리석은 견해를 뒤집어엎은 한 가지 사례일 뿐이다. 신앙공동체 구조의 사회심리학적 변화도 간과해선 안된다: 이제 목사들이 결혼하게 됨으로써, 로마 가톨릭 공동체에서 흔히 나타났던, 여자들이 의식·무의식적으로 결혼하지 않은 한 사람의 "성직자"(사제·수도자)에게 집착하는 경향과, 그에 상응하는 남자들의 미혼 성직자에 대한 의식·무의식적인 거리두기 따위가 없어졌다.

마르틴 루터의 수많은 공헌 가운데 하나는, 그가 자신의 신학에서 예전 그 누구보다 **인간 실존을 육체성과 성에 터해** 보았다는 점이다: 루터에게는 남편과 아내의 공동체(친교) 그리고 남편과 자녀에 대한 아내의 관계가 인간 실존의 근본 사실의 하나였다. 개신교 여성 신학자 게르타 샤르펜노르트는 루터의 입장을 다음과 같이 둘러 말하고 있다:

— "하느님의 조물인 남자와 여자는 함께 하느님의 모상으로 창조되었다. 육체성과 성은 그들 마음대로 처리할 수 있는 것이 아니다. 그것들은 하느님의 선물이니, 그 자체로 존중되어야 한다."[120]

— 하느님이 인간에게 창조계를 맡기심으로써, 남자와 여자의 "공동책임"이 생겨났다: "창조, 모든 생명계의 보전 그리고 다음 세대의 인간다운 생활조건들에 대한 책임."[121] 이러한 책임을 남자와 여자는 무엇보다도 아버지와 어머니의 지위 안에서 인식·감당하거니와, 그 지위는 다른 모든 종교적·세속적 지위들보다 우선하며 또한 우월하다.

— 남자와 여자는 세례를 통해 "그리스도 안에서 벗이 되도록"[122] 부름받았다. 루터의 말: "세례받은 모든 여성은 세례받은 모든 남성의, 동일한 성사·성

령·신앙·영적 선물과 보화를 지닌 영적 자매들이며, 그런 까닭에 그들은 피상적인 대부·대모 관계보다 훨씬 가까운, 성령 안에서의 벗이 된다.”[123]

마르틴 루터가, 특히 (토마스 모어와 에라스무스에게서는 더 뚜렷이 나타나는) 소녀들의 훈육과 학교교육에 대한 옹호(1524년의 학교에 관해 메모)[124]를 통해, 실제적으로도 **여성 가치의 존중**에 기여했음은 이론의 여지가 없다. 또한 여성들〔마가레테 블라우러(공동체 건설), 그룬바흐의 아르굴라(출판), 엘리자벳 크로이치거(찬송가 작곡) 등〕역시 개신교 교리의 발전·전파·옹호와 신앙공동체 건설에 자주적으로 참여한 사실도 입증되었다.[125] 물론 산발적으로는 여성들도, 앞에서 살펴보았듯이, 이미 중세 중·말엽에, 특히 통치자의 아내(주로 과부)나 수녀원장으로서 주도적 역할을 했었다. 영국의 엘리자벳 1세와 몇몇 다른 여성 통치자나 귀족들의 사례가 새삼스러울 것은 없다. 하지만 슬프게도 이 모든 것은 그저 반쪽 진실에 지나지 않는다.[126]

사회구조 — 변함없이 가부장주의적

이론의 여지 없는 진보에 혹해서, 종교개혁의 패러다임에서도 **사회구조는 철두철미 가부장주의적**으로 머물렀다는 사실을 망각해서는 안된다.[127] 남자와 여자는 그리스도 안에서 형제자매요 벗이라는 루터의 중요한 사상 중에서 실제로 남은 것은 결혼의 의무뿐이었다. 여성의 새로운 활동 기회들이 상당히 많이 생겼음에도 불구하고, 남성에 대한 여성의 종속적 역할은 근본적으로 전혀 변하지 않았다. 위계적 복종 구조(남편-아내, 부모-자식, 주인-하인)는 그대로 유지되었다. 결혼도 전과 마찬가지로 부모가 알아서 정했다. 아내는 경제·법률·정치적으로 여전히 남편에게 매여 있었으며, 남편을 고르는 것도 대개 실제적 관점에서 이루어졌는데, 여자 숫자가 계속 남아돌자 그것도 쉬운 일이 아니었다. 여성들이 중세 말엽부터 도시 시민들의 특전의 한몫을 누렸고, 수공업·장사·상업에서(그리고 부인과 의사로서도) 더 많은 직업적 자기계발 기회를 가질 수 있었지만, 그런 것들은 동등한 권리나 보수와는 아무 관계가 없었다.

이렇게 사회적 영역에서는 여전히 성별에 따른 직업과 역할의 구별이 여성에게 불리하게 고착화되어 있었다. 그뿐 아니라 종교개혁 교회들 안에서도(경건파의

위대한 예외: 친첸도르프) 여성들은 "성사, 영적 은사와 재보"에 있어 동등한 몫을 결코 누리지 못했다. 과연 여성들은 예전과 다름없이, 국가·교육제도·교회 안에서 공동결정권을 전혀 갖고 있지 못했다. 오히려: 17세기에 개신교 정통주의가 군림할 때, 전쟁·경제 불황·일자리 전쟁 때문에, 여성들은 다시금 답답한 집안 일에 갇히게 되었다:

— 여성들은 교회의 모든 주요 직무에서 계속 배제되었다. 그저 교리교사와 교회 고용인 일 등만 할 수 있었다.

— 여성의 성사 집행은 물론, 중세 때 이단적 분파에서 시행되었고 많은 인문주의 학자들이 요구했던 여성 설교도 금지되었다.

— 예전에는 수도원 안에서 안전하고 의미있는 실존을 영위할 수 있었던 여성들의 교육·활동 기회와 자유로운 공간이 이제는 사라져버렸고, 그로써 미혼 여성들의 자주적 삶의 토대도 빼앗겼다.

— 그러나 다른 한편, 자신의 가치에 대한 여성들의 의식은, 종교교육과 이제는 자유로워진 성서 독해·연구를 통해 당연히 강화되었다.

이 모든 것은 미국의 여성 역사학자 제인 뎀프시 더글라스(프린스턴)가 시사하는 바 많은 연구에서 강조했듯이, **칼뱅파** 지역에도 원칙적으로 해당된다.[128] 칼뱅 역시 가부장주의적·중세적 전통을 계승해나갔다. 그에게도 남성과 여성의 (동일한 영혼, 현세생활에서의 동일한 은총 그리고 부활을 통한 동일한 완성에 근거한) 영적 동등성과 사회적 불평등 그리고 남성에 대한 여성의 종속이 병존하고 있었다. 그러한 한에서, 그리스도교는 칼뱅에게서도 현대적 의미의 해방 작용을 하지 못했다.

그럼에도 유념할 것: 칼뱅은, 아우구스티누스나 토마스와는 달리, **여성**은 태아의 생성에 **생물학적으로 능동적 역할**을 하지 못한다는 (고대의 명의 갈레누스를 따르는) 아리스토텔레스의 견해를 배척했다. 16세기에도 여전히 여성의 육체적 강인함과 지적 능력을 의심하는 의사들이 상당히 많았지만, 점차 아리스토텔레스를 반대하여 여자는 "잘못 만들어진 남자" 이상의 존재라는 데 의견의 일치가 이루어지기 시작했다. 칼뱅은 여성의 임직任職을 반대할 때에도 육체적 성질에 터해 논증하지 않았다. 여성은 사제직 수행에 필요한 능력을 타고나지 못했다

고 주장하고, 여성이 교회에서 공적 직무를 맡는 것을 생물학과 하느님의 법에 근거해 반대 논증했던 토마스 아퀴나스와는 달리, 칼뱅은 "단지" 인간과 교회 또는 국가의 법질서를 반대의 근거로 내세웠다. 이것은 여성을 위한 실질적 결과에 있어서는 토마스의 주장과 다를 바 없었지만(칼뱅은 여성 서품의 선구자가 아니다), 어쨌든 결정적 장점을 지니고 있었으니, 이 남성중심적인 규범의 변화 가능성을, 적어도 원칙적으로는, 더이상 생물학적 논거를 내세워 거부할 수는 없게 되었다는 것이다. 과연 그 가능성은 훗날 변화된 시대에 현실이 되었다 ….

"군소 종파들"에서의 여성해방?

좀더 상세히 고찰하면, 국가·종파·역사적 상황에 따라 여성의 역할이 매우 달랐다는 것을 곧 알게 된다. 이러한 사실은 "개신교 역사에 있어서의 여성들"(세례파·퀘이커·감리교!)에 관한 연구를 통해 입증된 바 있다.[129] 오스트레일리아의 여성 역사학자 파트리치아 크로포드도 1500년에서 1720년 사이의 **영국** 여성들과 종교에 관한 연구에서 이 사실을 지적해주고 있다.[130] 그녀의 연구는 시사해주는 바가 많은데, 무엇보다도 예전의 연구에서 이미 다루었던 여성들, 즉 영국의 종교개혁과 관련하여 중요한 역할을 했던 여성들을 서로 연계시켜 고찰하고 있기 때문이다: 헨리 8세의 두번째 아내 **앤 볼레인**은 개신교 성향 주교들, 개혁 지향적 성직자들 그리고 개신교 저술가들의 보호자였고, 다른 귀부인들과 함께 국왕 주변 개혁가들 가운데서 핵심적 역할을 했으며, 아마도 왕으로 하여금 수도원들을 폐쇄하도록 부추겼던 듯하다. 다른 쪽에는 토마스 모어의 출가한 딸 **마거릿 로퍼**가 있는데, 많은 교육을 받은 그녀는 그리스어와 라틴어 종교서적들을 영어로 번역했고,[131] 에라스무스의 라틴어 주 기도문 주석서도 번역·출간했다. 끝으로 많이 논란되고 있는 젊은 **엘리자벳 바턴**은 예언의 은사를 받은 숙녀였던바, 환상을 잘 보는 여성들의 오랜 전통에 터해 고찰되어야 한다.[132] 그녀는 헨리 8세의 두번째 결혼을 반대하는 사람들의 선두에 섰다가 1534년 재판도 없이 처형되었으며, 그래서 옛날부터 전해 내려온 신앙을 위한 최초의 여성 순교자가 되었다. 대체로 수녀들은 수도원이 폐쇄된 뒤, 사정이 수사들보다 훨씬 나빴으니, 수사들은 (많은 이들이 사제 서품을 받았기 때문에) 교구 소속 성직자로 일할 수 있었기 때문이다. 에드워드 6세 때에도 개신교인이었던 서포크 공작부인과 리치먼드 공작부인 같은 여인들은 작지 않은 역할을 수행했다(훗날의 두 여왕, 즉 모든 주교와 사제의 아내들의 퇴거를 강요했던 **가톨릭의 매리**와, 영국교회의 로마로부터의 독립을 회복시켰던 **엘리자벳 1세**는 논외로 하고).

그러나 여기서 동전의 **반대쪽** 이야기를 해야겠다. 영국교회 신학의 전범적 대표자 리처드 후커는, 당시 통념에 따라, 여성들의 결단력이 박약한 것은 여자의 성性에 기인한다고 생각했다. 더 나아가 특히 여성들이 이단에 잘 빠져든다는 고래의 통념도, 영국교회 안에 그후로도 오랫동안 굳건히 존속했다. 남자들의 능력에 도전하려 시도하는 여자들은, 언제든지 하느님이 세우신 질서를 교란하고 관습을 해친다는 죄목으로 고발될 수 있었다. 물론: 1640년부터 1660년까지 장로제적 공화정 시절의 **종교적 급진주의** 안에서는 여성들이 특별한 역할을 수행했는데, 그것은 그들의 결단력이 약했기 때문은 물론 아니었고, 오히려 단호한 결단으로 교회의 개혁을 열망했고 또 교회의 통제가 붕괴된 뒤 보다 많은 활동 기회가 주어졌기 때문이었다. 유럽 대륙에서도 백 년 전 농민전쟁과 세례파 운동에서 유사한 과정이 전개되었다.[133] 그때 사람들은 여자들이 가르치고 설교하고 전례를 거행하고 선교활동 하는 것을 보고 들을 수 있었다. 많은 여성들이 새로운 신앙공동체(예컨대 퀘이커)에 가입했다(대표적 인물: "퀘이커 교도들의 어머니" 마거릿 펠)[134]. 그리고 그녀들의 역할은 16세기 가톨릭과 개신교의 여성 순교자들의 역할과는 다른 것이었다: "17세기 여성들의 투쟁은 지역 당국, 목회자, 치안관, 재판관들과의 투쟁이었다. 그녀들은 공적 역할을 수행했고, 또한 그들 중 많은 이가 자신의 신앙 때문에 구금·육체적 처벌·폭행을 기꺼이 견뎌냈지만, 순교자들은 아니었다"(크로포드).[135]

그러나 위에서 말한 것이, 급진적 개신교파 안에서의 여성들 역할에 대한 과장으로 귀결되어서는 안된다: "여성들이 군소 종파들sects 안에서 '해방'을 발견한 것처럼 말하는 것은 시대착오적이다. 1640~50년대 혁명적 시기에 여성의 본성과 이 세상 안에서의 지위에 관한 통념은 예전과 마찬가지였다는 사실에 놀라서는 안된다."[136] 여성의 경제적 발전 기회가 여전히 제한되어 있었을 뿐 아니라, 여성의 역할·성·출산에 관한 견해 역시 전혀 변하지 않았다. "요컨대 군소 종파들도 여성에 대해 영국교회나 사회의 통념과 근본적으로 다른 관점을 제시하지는 못했다."[137] "교회가 여성을 남성의 동등한 동료로 인정"하고, "여성들이 교회에서 발언하는 것을 허용(이것은 마침내 지난 수십 년간 여성 임직의 점진적 수용으로 귀결되었다)할 준비"[138]가 갖춰지게 된 것은 더디고 오랜 과정을 거친 후였다.

물론 영국은 한 가지 면에서는 대륙보다 사정이 나았다: 영국에서도 17세기 말까지 마녀 신앙이 존재했으나, 유럽 대륙(그리고 스코틀랜드)과 비교할 때, 여기서는 박해받은 사람이 훨씬 적었다. 이 문제는 우리의 패러다임 분석에 적지 않은 중요성을 지니고 있다: 이 무서운 마녀 망상을 어찌 이해해야 하는가?

누가 마녀 망상에 책임이 있는가?

이 마녀 망상은 오늘날에도 충분히 이해·설명되지 못하고 있다. 마녀 망상은 시·공간적으로 집중적으로 나타났는데, 흥미롭게도 남부 이탈리아와 스페인에서는 아주 드물었고, 영국·아일랜드·스칸디나비아·북독일 저지底地·바이에른·동유럽에 약간 있었으나, 프랑스·북부 이탈리아·알프스 지역·독일의 나머지 지역·벨기에·네덜란드·룩셈부르크·스코틀랜드에는 매우 널리 퍼져 있었다.[139] 여성의 80~90%가 관련되었던 이 집단현상을 과연 어찌 설명해야 할 것인가? 물론 그리스도교계에는 마술을 행하는 여자들에 대한 적의 따위가 언제나 존재해왔다. 그리고 "요술쟁이 여인은 살려 두지 못한다"(탈출 22.18)라는 구약성서 구절은 많은 마녀들을 죽음으로 몰고갔다. 그러나 "마녀"Hexe[고대 고지 독일어 "hagazuzza" = "울타리에(와) 올라탄(성교하는) 여자"에서 유래]는 분명 요술쟁이 이상의 존재였고, 마녀 재판은 남에게 해를 끼치는 주술 때문에 받는 재판과는 격이 달랐다. 한편 고중세 때 꽤 퍼져 있던, 밤에 하늘을 날아다니는 사람들이 있다는 믿음은 이교적 망상으로 단죄·배척되었다.

본격적으로 묻자: 15세기 이래, 특히 종교개혁과 반종교개혁 시기에, 그저 주술을 행하는 여자들이 있다고 믿는 정도가 아니라 (갖가지 동기들이 결합되어) 마녀

들, 곧 독하고 충동적이고 자연의 힘을 마음대로 이용하는 간악한 여자들이 악마와 결탁하여 극히 위험한 이단 활동을 한다고 믿었다는 사실을 도대체 어찌 이해·설명해야 할까? 마녀의 존재를 믿던 사람들이 마녀를 가려내던 잘 알려진 지침에 따르면, 매우 많은 여자들에게서 다음 사실들이 확인되었다고 한다:

— **악마와의 계약**: 하느님을 저버리고 악마와 일종의 결혼 계약을 맺음.

— **악마와의 동침**: (대개 여러 번에 걸친) 동침을 통해 악마가 계약을 봉인함.

— **악마의 힘을 빌린 마법**: 흉작, 짐승 혹은 사람의 돌연사 등을 일으킴.

— **악마와의 군무**群舞: 다른 마녀들과 한밤에 질탕한 잔치(마녀들의 안식일)를 벌임.

오늘날에도 상당히 널리 퍼져 있는 악마신앙을 배격하는 데 공헌이 큰 튀빙언의 주석학자 헤르베르트 하크는, "교회는 자신의 악마론을 통해" 마녀라고 추정된 여자들을 없애기 위한 "신학적 논거"를 제공했음을 확인해주고 있다: "만일 악마가 그렇게 무시무시한 존재로 형용되지 않았다면, 그러한 종류의 (마녀) 절멸장치는 작동되지 않았을 것이고, 극렬한 추방 운동도 악마에 대한 두려움에 사로잡혀 있던 민중들에게서 그렇게 큰 호응을 얻지 못했을 것이다. 어쨌든 그리하여 화형 장작더미가 위기 극복의 가장 간단하고도 가장 효과적인 수단이 되었다."[140]

교회사는(교의학에 관해서는 말하지 않기로 한다) 마녀 망상을, 아예 묵살하지는 않는다 하더라도, 대체로 눈에 잘 안 띄는 구석에서 좁은 안목으로 다루고 있다. 1970년대 여성운동이 마녀 망상을 연구의 중심주제로 삼은 것은 당연했으니, 마녀 사냥은 여성들에게 극히 전반적으로 치명적 결과를 초래했기 때문이다: 여성들의 자연스러운 문화와 연대·친교의 파괴, 자신들의 육체에 관한 여성 특유의 지식 전수의 단절, 가부장주의적 지배질서에의 전적인 예속. 그러므로 다시 한번 묻자: 이 모든 것에 대한 설득력있는 설명이 있기는 있는가?

마녀 망상의 원인을 **설명**하기 위해, 마약 사용(무아경)을 지적하는 것은 충분치 못하다. 더구나 마약의 대량소비도 입증되지 않았다. 정신병을 원인으로 꼽는 것도 그 집단현상을 설명해주지 못한다. 다이아나 여신 숭배(다산 숭배)도 원인은 아니니, 이것은 기껏해야 특정 지역에서만 나타났다. 그러나 다른 한편,

만일 통속적·이교적 미신, 여성에 대한 적의, 종교재판과 고문이 없었더라면, 마녀 재판도 없었으리라는 것은 이론의 여지가 없다. 물론 미신, 여성에 대한 적의, 종교재판, 고문은 마녀 재판 이전에도 존재했었다. 그러나 이렇게 물어야겠다: 무엇이 더 보태어졌던가? 누가 이 전개과정의 책임을 져야 하는가? 마녀 연구에 대한 개관은, 그 많은 마녀 재판을 한 가지 원인으로 설명하는 것은 불가능하며, 그 전개과정에 대한 책임은 (아직도 흔히 간과하거니와) 신학자·탁발 수도회·교황과 교황청·황제와 국가 권력 그리고 결국 교회 백성에게도 있음을 뚜렷이 보여주고 있다. 하나씩 간력히 살펴보기로 하자:

(1) **스콜라 신학자들**: 특히 토마스 아퀴나스는 13세기에 대규모 이단운동들에 직면하여 상세한 악마론을 개진했는데, 미신에 관한 이론의 바탕으로서, 아우구스티누스를 따라, 악마와의 계약 교설을 이용했다.[141] 예전에는 이교적 **미신**으로 배척되던 것이, 이제 **신학적 체계 안에 편입·통합**되었던 것이다. 남독일과 라인란데의 종교재판관이었던 두 명의 도미니코회 신학자 곧 하인리히 인스티토리스와 (최소한 자기 이름을 종교재판에 빌려준) 야콥 슈프렝어는 무엇보다도 민중과 성직자들 사이에 널리 퍼져 있던, 마녀 신앙과 마녀 재판에 대한 주저감을 타파하는 데 진력했다. 그들은 마녀론에 관한 불길한 책을 통해 그 일을 했는데, 퀼른 대학 신학부의 인가를 받은 것처럼 꾸민 「**마녀 망치**」[142]라는 제목의 그 책은, 1487년에서 1669년까지 무려 약 30판을 거듭하며 엄청나게 많이 보급되었고, 신학자·법률가·의사·종교재판관·일반 법관들의 필독서가 되었다. 그 책은 1부에서 여성에 관한 성서와 저명 저자들 인용구절들(일부는 꾸며냄)을 통해 마녀 개념을 정립하고, 2부에서는 마녀들의 온갖 비행을 낱낱이 설명하고, 3부에서는 마녀들을 기소·처벌하기 위한 지침들을 제공하고 있다.

(2) **교황과 교황청**: 앞에서 살펴보았듯이, 13세기 이래 이단자 박해를 제도화·강화하고, 둘다 악마의 소행인 이단과 주술이 밀접한 관계가 있다고 믿었던 것은 바로 교황들이었다. 그후 르네상스 교황 인노켄티우스 3세는 1484년 위에서 언급한 도미니코 회원들의 청원을 받아들여 악명높은 **마녀 교서**(*Summis desiderantes*: 기묘하게도 *Denzinger*는 이에 관해 입다물고 있다!)[143]를 반포했으니, 그로써 신종

마녀론에 교황 강복을 내린 셈이었다. 그 교서는 파문으로 협박하면서, 이 "사랑하는 아들들"의 종교재판을 방해하지 말라고 명령했다. 그 치명적인 교서는 1487년에 출간된 「마녀 망치」 앞쪽에 곧장 수록되었다. 이렇게 교황과 교황청은 유럽에서 엄청난 마녀 재판을 야기·정당화·촉진하는 데 결정적으로 관여했다. 이제 이단자 박해에는 일손이 남던 **교황청 종교재판소**는 여자들에게 사용할 **고문 기구들**을 생산·조달하느라 바빴다: 밀고를 접수하면, 어떤 사람을 시켜 공식적으로 고발하는 대신 당국이 은밀하게 심리했고, 마침내 자백을 받아내기 위해 고문이 뒤따랐으며, 결국엔 화형이었다.

(3) **황제와 세속 당국**: 1532년 황제 칼 5세가 새로운 (로마식) 「소송법」*Carolina*을 반포함으로써, 수많은 마녀 재판 시행을 위한 법적 조건이 갖추어졌다. **종교재판의 소송절차**는 이제 전적으로 **국가가 관장**했다. 그런데 재판에 유용한 증거들이 너무나 많고 막연했기 때문에, 사실상 거의 빠져나갈 수 없는 종교재판이라는 맷돌 장치에 누구라도 갈려버릴 수 있었다. 소문 한번 잘못 나면 끝장인 경우도 많았다. 그리고 마녀들은 "예외적 범죄자"들이었기 때문에, 고문(다른 경우엔 법률가들이 규정해놓은, 넘어서는 안될 한계가 있었으나, 여기서는 예외였다)도 허용되었다. 그 결과: 차마 말로 표현할 수 없는 고통 속에서 이른바 공범자들("마녀들의 춤"에서 알게 된 자 등) 이름이 튀어나왔고, 그리하여 또 새로운 재판이 줄지어 시작되었다. 마녀를 가려내는 검사(물이나 바늘 등으로 행함)도 끔찍하기 짝이 없었다. 충분한 자백은 대개 사형판결로 이어졌고, 자백의 번복은 새로운(흔히 몇 배로 지독한) 고문으로 이어졌다. 형언할 수 없는 인간 학대가 끝도 없이 연출되었다. 사형판결은 오랫동안 거의 **화형**으로 집행되었고, 1600년 이후엔 대개 **참수**로 행해졌다. 이 무서운 일은 언제 끝날지 기약이 없었으니, 1560년에서 1630년 사이의 첫 종교전쟁들 이후에도 기승을 부릴 터였다.

(4) **교회 백성 자신**: 희생자 대부분이 시골 하층민 여성(귀족은 매우 드물었다)이었기 때문에, 많은 **밀고**가 바로 공동체 자체에서 비롯되었으리라 추정된다. 마을의 별것 아닌 소문, 이상한 외모나 행동거지, 미움, 질투, 불화, 돈 욕심 따위가 당국에 마녀로부터 자신을 지켜달라는 "탄원서"를 쓰게 했고, 그리고 나

면 전체 기계장치가 정해진 대로 작동을 시작했다. 이 모든 것의 밑바탕에는 물론 백성들 사이에 매우 널리 퍼져 있던 마술적 지식과 행위에 대한 **오래고 오랜 두려움**이 자리잡고 있었다. 그러므로 물어야겠다:

왜 마녀 망상이 생겨났는가?

마녀 박해의 궁극적인 **심리적 · 정치적 동기**들에 관해서는 오늘날에도 정확히 말할 수 있는 것이 거의 없으나, 아무튼 이 문제에 관한 연구에서 언급되는 동기들을 열거해보자:

— 시골 하층민 여성 개인들의 불쾌한 언행이나 저주 · 악담에 대한 반동.

— 혼자 사는 여인들과 그녀들의 종종 매우 실제적인 의료 · 예방 지식에 대한 가부장적 사회의 두려움.

— (대학 설립과 더불어 생겨난) 전문교육을 받은 의사들의 전문교육 받지 않은 산파 및 여성 치료사들과 민간요법에 대한 적대감. 민중들은 수백 년 동안 이 여인들의 여러모로 효험이 입증된 전통적 "비술"(특히 조산助産 · 산아조절을 위시한 온갖 치료술)의 도움을 받아왔다.

— 남자의 성불능 · 불임 · 흉작 · 가축 전염병 · 자연재해 · 질병 · 사망과 결부된 희생양 사고방식.

— (대대적 추방 이후 대상을 잃어버린) 유다인에 대한 적개심 대신 등장한 여성에 대한 전반적 적의.

— 교회의 독신 종교재판관들의 성적으로 고착된 망상. 그들은 이른바 성적으로 만족할 줄 모르는 호색적인 여자들의 성적 도착과 음행 그리고 (심지어 악마와 함께한다는) 질탕한 잔치에 지대한 관심을 보였고, 사탄의 종자從者들인 마녀들을 여성의 어두운 본성의 체현자들로 "악마화"했다(그 대신 관능적 요소가 배제된, 원죄에 물들지 않고 잉태된 순결무구한 마리아를 여성의 이상으로 내세웠다).

— 뚜렷이 드러나지 않고 통제하기 어려운 민중문화에 대한 교권제도와 전제주의적 공권력의 반동.

— 백성들의 생각과 행동을 전반적으로 엄격히 틀지으려 했던 종파화 과정.

마녀 재판은 오랫동안 그리스도교 종파들의 변명과 공격의 대상이었다. 어떤 종파든 다른 종파들보다 마녀 사냥을 덜했다고 변명하느라 바빴는데, **가톨릭 교회와 개신교회 모두 악마·마녀 신앙으로 극성**을 떨었다는 엄연한 사실 앞에서, 그것은 부질없는 짓이었다. 「마녀 망치」가 거듭 새삼 비난받기는 했지만, 아무튼 다음과 같은 슬픈 사실을 확인하지 않을 수 없다: 중세 패러다임 (P Ⅲ)에서뿐 아니라 종교개혁 패러다임(P Ⅳ)에서도, 사람들은 (다시금 복음으로 돌아간 새로운 신앙에 터해 당연히 그렇게 했을 법한데도) 이 악마·마녀 신앙을 비판적으로 검증하려는 생각을 하지 못했다. 가톨릭 측이 이단자와 마녀들을 박해해온 오랜 전통의 괴로운 업보에 짓눌려 있다면, 개신교 측도 이 비인간적이고 비그리스도교적인 광기에 맞서 싸우지 못했던 사실을 무거운 짐으로 지고 있다.

오늘날의 연구에 의하면, (추방·사회적 매장 등의 처벌은 논외로 하고) 죽임을 당한 여성만 최소한 10만 명 이상이거니와, "이 마녀 재판은 유다인 박해를 제외하면 **유럽에서 전쟁에 기인하지 않은 가장 엄청난 인간에 의한 인간의 집단학살**을 야기했다"(게르하르트 쇼르만).[144] 또한 마녀 재판은 많은 경우 여성이 여성을 밀고했지만, (밀고가 접수된 후엔 남자들이 전문가·신학자·법률가·재판관·사형 집행인으로서 눈부신 활약을 했기에) 뭐라 해도 "**남성에 의한** 여성의 집단학살이었다"(클라우디아 호네거).[145] 왜 적어도 개신교 측에서라도 마녀 망상·재판·화형에 (그리스도인의 자유와 양심의 소리의 이름으로) 강력히 저항하지 않았는지 안타까울 따름이다.

여기서 누구보다도 마녀들의 고해신부였던 저 용기있는 예수회원 **프리드리히 폰 슈페**를 기려야 하리니, 그는 1631년 익명으로 출판한 마녀 재판 반대 저작[146]에서 온갖 더러운 짓거리들을 공박했으나, 물론 거의 성과가 없었다. 그를 뒤이어 17세기 초 계몽주의가 싹트던 시기에 개신교 법학자 **크리스티안 토마시우스**는 악마와의 계약 관념과 마녀 재판 과정을 강력히 논박했는데, 이때에는 많은 사람들의 호응을 얻었다. 마녀 재판은 네덜란드에서는 이미 1600년경부터 그리고 프랑스에선 1650년 이전에 폐지되었던 반면, 독일 제국에서는 1680년경에야 없어졌다. 일반적으로 1775년 가톨릭 지역 켐프텐에서 안나 슈베겔린이 화형된 것이 마지막 마녀 화형으로 간주되어 왔으나, 1786년에도 브란덴부르크에서 집단 화형이 있었다. 이 모든 것이 분명히 말해주는 사실: 마녀 망상·재판·화형을 근절시킨 것은 종교개혁이 아니라, 계몽주의였다.

9 종교개혁은 계속되었다

마르틴 루터가 사망한 뒤, 루터파 안에서 그 누구도 루터의 위치를 차지하지 못했다. 루터에 버금가는 권위있는 후계자는 등장하지 않았다. 이제 누가 또는 무엇이 갈등과 분쟁을 조정하고 결단을 내릴 것인가? 종교개혁 시초부터 개신교를 위협하던 유전악惡, 즉 갈수록 확산되는 분열을 방지하기 위한 권위있는 기구가 절실히 요구되었다.

개신교 정통성을 둘러싼 싸움

루터 사후 수십 년간 루터파가 괴롭게 골몰하게 된 논쟁들은, 부분적으로는 루터가 사망하기 전에 이미 시작되었다. 가장 심각했던 것은 **"필립파"와 "순수 루터파" 사이의 싸움**이었다: 필립 멜란히톤의 추종자들은 하느님의 은총에 대한 인간의 협력(공로설), 선업善業의 필요성 그리고 성찬례의 영적 특성과 관련하여, 루터의 교설에서 벗어나 칼뱅의 교설과 유사한 견해를 주장했던 반면, 순수 루터파는 마티아스 플라치우스("일리리쿠스")의 주도 아래 이른바 "원시 루터적" 입장을 열광적으로 고수했다.

그러나 우리의 패러다임 분석의 테두리 안에서는, 은총과 자유의지 문제를 둘러싼 **반종교개혁 신학(P Ⅲ)의 학술적 논쟁들**을 상세히 고찰하는 것이 거의 의미가 없듯이, **종교개혁 신학(P Ⅳ)의 온갖 논쟁들**(반反유명론·양비론·오시안드루스·다수주의·공로설 논쟁 등)도 상세히 다루는 것이 별 의미가 없다. 원죄와 의지의 자유, 의인義認과 선업, 율법과 복음, 성찬례와 그리스도의 위격, 섭리와 영원으로부터의 예정 등을 주제로 수많은 논쟁서와 의견서가 쏟아져나왔는데, 여기서는 신학·교리 문제가 교회생활 문제로 비약하기 일쑤였다.[147] 또한 개신교에서도 국가 권력이 논쟁에 개입했다(징계·해직·감금 등). 그리스도인의 자유?

이러한 상황에서는 "**신앙고백**(문)"에 터해, 논란되고 있는 문제들에 관해 권위있는 결정을 내릴 수밖에 없었다: 그리스도교계의 각양각색의 진영들이(트렌토 공의회 이후에는 가톨릭 진영도) 각기 신앙고백의 표지 아래 결집했고, 국가 권력은 그 과정을 후원했다. 바야흐로 **종파화 과정**이 시작된 것이었다. 종파 형성 과정을 남들보다 먼저 그리고 철저히 분석·연구한 튀빙언의 역사학자 에른스트 체덴에 따르면, 이 과정은 종교개혁과 반종교개혁 안에서 속도의 차이는 있지만 대체로 **유사하게** 진행되었다(P III에 관해 말한 바를 입증해준다): 이 종파화 과정은 "신앙 분열 이후 따로따로 애쓰던 그리스도교계의 여러 신앙고백 진영들이 교의, 교회제도, 종교적·윤리적 생활방식(의 통일)에 입각하여, 상당히 안정된 교회로서 정신적·제도적으로 고착화되어가던 과정으로 이해되어야 한다".[148] 고착화?! 여기서 신앙고백(문)의 기능은 무엇이었던가? 두 가지였다: 신앙고백은 **내부적**으로는 "**일치**의 표지였으니, 의식儀式·제도·규율에까지 자신의 낙인을 찍어주었다". **외부적**으로는 "다른 진영들과의 **구별**의 표지였으니, 그것들에 맞서 튼튼한 보루를 쌓아 자신을 지켰다".[149] 그 결과: "종파화 과정을 통해 서방 그리스도교의 균열은 심화·고착화되었다. 17세기 중엽까지 큰 종파들은 안정을 확립하는 데 성공했는데, 그 결과 예전과 같은 교회의 일치로 돌아가는 것은 전혀 불가능하게 보였다."[150]

이 새로운 "교회(주의)들" 안에서는 국가·교회·백성이 서로 긴밀히 결합되었다. 물론 신앙고백을 통해 백성을 꼴짓는 일은 처음에는 모든 종파에서 흔히는 매우 피상적이었고, 시골 성직자들의 신학교육도 보잘것없었다. 어쨌든 가톨릭 지역(P III)뿐 아니라 개신교 지역(P IV)에서도, **국가 권력**은 대개 종파화 과정을 강력히 뒷받침했다.[151] 종파화는 (가톨릭 진영에서건 개신교 진영에서건) 초기 절대군주제 안에서 시골 마을에서도, 또 그때까지는 온전히 개인적이었던 영역들에서도, 통일된 "그리스도교적" 태도와 행동을 취하게끔 교회와 국가가 함께 추진한 **사회적 훈련**이었는데, 이러한 것은 중세 그리스도교계에서도 없었던 일이다[152]: 백성들에 대한 엄격한 교육과 훈련; "서 있는 군대"뿐 아니라 "앉아 있는 군대" (관리들) 그리고 학교·교회·국가에 대한 감독, 전체 백성의 통제 — 이것은 사실상 근대적·합목적적 합리성Zweckrationalität의 준비였다! 그런데 개신교에서 추진한 사회적 훈련은 가톨릭의 그것보다 많은 점에서(예컨대 춤·노름·음주·대목장·사육제와 관련하여) 훨씬 엄격했다. 가톨릭 측의 반종교개혁이 전략적으로 민중신심에 상당히 순응했던 반면, 일종의 국가 공무원이기도 했던 지식인 목사들이 주도한 개신교 측의 종파화는 민중문화와 거리 둘 것을 강조했고, 그리하여 개신교는 갈수록 가톨릭보다 합리적인, 그러나 또한 가톨릭보다 더 국가에 의해 좌우되는 종교로 나타났다. 아무튼 그렇게 종파들의 상이한 조직적 "제도화"가 이루어졌을 뿐 아니라, 사람들의 일상생활 전체를 꼴짓는 상이한 "생활방식들"이 생겨났다.

그와 동시에 개신교 쪽에서는 **논쟁신학**이 종파들간의 상이점들을 첨예하게 부각·강조하는 데 진력했고, **논쟁설교**가 이것을 뒷받침했는데, 이 설교는 상대편 견해를 희화화戲畵化했고, 심지어 거짓말과 날조도 서슴지 않았다. 결국 갖가지 종파들은 머지않아 타종파에 대해 틀에 박힌 편견들을 갖게 되었다. 다시 말해서: 가톨릭과 개신교 진영 모두 관용과 양심의 자유는 흔적을 찾아볼 수 없게 되었고, 오히려 교회와 국가 권력이 협력하여 자기 종파의 믿음을 관철시키고 소수집단들을 철저히 억압했다.

그리하여 이제 개신교 사람들도 더이상 편견 없이 살아 있는 성서 메시지를 찾고자 하지 않았다. 오히려, 가톨릭 측이나 마찬가지로, 자기 종파의 "순수한 교리"의 근거가 될 만한 성서 구절들을 찾아내느라 바빴다 — 다른 종파들(개신교파들 포함)의 교리를 배척하기 위해! 사람들은 그런 짓을 교의학과 논증법이라 지칭했다. 얼마 지나지 않아 루터파에서 **"신앙고백 문헌들"**이 한 권의 두꺼운 책으로 묶여져 나왔다(19세기에야 출간된 로마 가톨릭의 *Denzinger*에 버금갔다). 이 「일치서」 *Konkordienbuch*는 고대교회의 신경 셋, 「아욱스부르크 신앙고백」과 멜란히톤의 변호서, 슈말칼덴 신조, 권력과 교황 수위권에 관한 멜란히톤의 논설, 루터의 대·소 교리서 그리고 끝으로 1577년의 개신교 일치신조*Formula concordiae*를 수록하고 있는데, 공들여 만들어진 이 일치신조는 앞에서 언급한 모든 논쟁 주제들을 수십 쪽에 걸쳐 꼼꼼히 다룸으로써, 루터파 내부의 교리논쟁을 종결시키고자 했다.[153] 그리하여 극단적인 필립파와 근본주의적인 순수 루터파 사이에 중도 노선에 터한 교리적 합의가 이루어졌는데, 이것은 루터파 안에서 "**교리교회로의 발전**을 지속적으로 촉진"[154]했고, 가톨릭 및 칼뱅파와의 결정적 단절을 가져왔으며, 또한 루터파 종교개혁의 신앙고백을 완료했다.

이 일치서 전체는 1580년(「아욱스부르크 신앙고백」 후 50년) 86명의 독일 제국의회 의원과 약 8천 명의 신학자가 서명함으로써 공식 인정을 받았다. 그러나 모든 의회 의원과 신학자들이 서명한 것은 아니었다. **종교개혁의 핵심 국가**조차도, 온갖 노력에도 불구하고, 결국 여러 종파로 **분열**되었다: 일치신조를 받아들인 지역, 일치신조를 받아들이지 않은 루터파 지역, 루터의 교설을 고수하지만 (칼뱅의 철저한 종교개혁을 따른다는 의미에서) "개혁파"라 자칭한 칼뱅파 지역으로.

어찌됐든: 유럽 대륙 개신교 지역에서는 루터 사후 약 백 년 동안 **개신교 정통주의**가 군림했다. "올바른 믿음"을 강조하는 이 개신교 신학은 곧 두꺼운 교의학 교과서에서 신앙의 "주제들"loci을 다루었는데, 그러면서 베르나르, 타울러, 몇 사람의 스콜라 신학자 그리고 특히 아우구스티누스에게도 의지했고, 루터의 급직적 교설들을 멜란히톤의 중재적 교설들과 결합시켰다. 루터파 정통주의의 전범적 저작은 **요한 게르하르트**(1582~1637)의 「신학의 주제들」(1610~22년 출간)인데, 9권으로 된 이 작품은 온갖 그럴싸한 성서주석학적 근거 제시와 역사적·철학적 논증을 통해, 가톨릭 교회 및 칼뱅파와의 경계설정을 완료했다.[155] 그리하여 이제 루터파의 신앙 역시 매우 복잡·난해해졌다 ….

물론 우리 시대에도, 칼 바르트가 기념비적인 저작 「교회 교의학」에서 거듭 새삼 시도했듯이, 고래古來의 교의학 주제들을 다루면서 루터파나 칼뱅파의 많은 정통주의 신학자들과 비판적·건설적 대결을 벌일 수 있다.[156] 그러나 그리스도교의 원천적 소식을 새로운 패러다임 안으로 번역해들여오는 일에 있어, 이 모든 정통주의 교의학자들은 전체적으로 볼 때 기껏해야 방향설정과 차별화에서 보조적 역할을 수행했으며, 동시대 개신교 신학에서도 대개는 그저 의붓어머니 대접을 받았다. 아무튼 당시 (특히 네덜란드에서 오랫동안 군림하던) 매우 스콜라신학(공리공론)적이던 칼뱅파 정통주의는 엄격한 생활("정확")을 중시했고, 그리하여 그때 돌출한 "경건주의적" 신심과의 대립을 피했다. 반면 소심하고 잔걱정 많던 루터파 정통주의는 "경건한 생활"보다는 **성서에 글자 그대로 담겨 있는 "순수 교리"** 수호에 진력하여, **축자적**逐字的 **영감**이라는 개념에까지 나아갔다 (예컨대 다비드 홀라츠). 이러한 정통주의의 수호자와 해석자로 부름받은 사람들은 설교자와 신학자였던바, 그리하여 개신교회는 갈수록 **목사들과 교수들의 교회**로 그리고 지역 공동체 교회는 (공권력에 의해 지배되는) **주**州**교회**로 등장했다.

그러므로 루터파나 개혁파 정통주의의 신학적 바탕이, 전체적으로 보건대, 성서 메시지, 복음 그리고 예수 그리스도 자신(루터에 따르면, 그리스도는 성서 안의 모든 것의 척도다)이었다고 하기는 어렵다. 그 바탕은 오히려 축자적으로 받아들인 성서 구절들이었으니, 그것들은 아주 특정한 교리 문제와 결부되었고 (부분적으로는 심지어 새삼 아리스토텔레스의 도움을 빌고 스콜라 신학을 수없이 차용하는) 폐쇄된 철학적·신학적 체계 안에 끼워넣어졌다. 일종의 **성서주의**라 지칭해야 할 이것은, 로마가 강변하는 살아 있는 로마 교황의 무류성을 독일 땅에서 "종이로 된 교황"의 실제적 무류성으로 대체했으니, 성령의 그느르심에 따라 씌어진 성서의 무류성을 맹신盲信했다. 이 성서주의는 현대에 들어와 발전한 역사적 성서 비평을 반反그리스도들의 소행으로 간주하게 될 터였다.

종파주의와 정통주의

앞선 패러다임들에서와 마찬가지로 종교개혁 패러다임(P IV)에서도, 지면 관계상 그리고 내용적으로 보아도, 후기 단계들을 토대가 놓이고 틀이 갖춰지던 초기 단계들만큼 상세히 다룰 수는 없다. 어쨌든 오늘날의 연구는 루터파 정통주의 테두리 안에도 개혁에의 각오와 이념들, 요컨대 일종의 "개혁적 정통주의"가 존재했으나, 여타 정통주의들과 다른 점이 거의 없었음을 뚜렷이 밝혀주었다. 아무튼 개신교 신자들도 그 많은 교리 문헌들을 앞에 두고, 이렇게 묻고 있다: 종교개혁의 강령적 표어 "오직 성서"는 도대체 어디로 가버렸는가? 과연 개신교가 "오직 성서"의 원칙을 아직도 가장 중시하는가? 성서 외에도, 아직 그리 오래되지도 않은 고유한 **개신교 전통**에 집착하고 있지 않은가?

사실상: 루터와 칼뱅의 저작들은 일찍부터 성서 정경에 버금가는 지위를 확보했고, 대학의 신학 강의에서 극히 꼼꼼히 해석되었다. 루터파가 자신들의 신앙고백 문헌들을 갖고 있었듯이(그리고 가톨릭 신자들이 트렌토 공의회의 교리서와 교령들을 갖고 있었듯이)[157], 개혁파는 제네바 및 하이델베르크 교리서와 여러 가지 신앙고백 문서들(갈리아·스코틀랜드·벨기에·스위스·웨스트민스터 신앙고백)을 금과옥조로 떠받들었다.[158]

이 모든 것이 의미하는 바: 본디 전통에 매우 적대적이었던 개신교도, 행정·교회법·신앙고백문·전례가 완비된 뒤에는, 고유한 전통에의 집착에서 벗어나지 못했다. 앞에서 자세히 분석한 흥기興起·개혁·주창主唱의 단계에 이어, 이제 간략히 기술할 **조직과 관철과 공고화의 단계**가 뒤따랐던바, 이것은 **안정과 보전과 고착화를 지향**했다.[159] 종교개혁가들의 비순응주의를 뒤따른 것은 계승자들의 순응주의였다. 개신교 안에도 (교회법적·행정적 그리고 무엇보다도 신학적인) "보루들"이 튼튼히 쌓여졌다. 신학자들의 논쟁이 끝도 없이 이어졌는데, 말꼬리 붙잡고 늘어지기 일쑤였다: 가톨릭 신자와 개신교 신자 사이에선 본디 그렇다 치고, 이제는 루터파와 개혁파, 루터파와 루터파, 개혁파와 개혁파 사이의 논쟁이 더 극렬한 경우도 많았다.

사람들은 당시를 **종파주의** 시대(30년(1618~48)간의 종파전쟁 혹은 "종교전쟁"으로 귀결되었다)라고 지칭했는데, 또한 **경직된 종파 패러다임들의 시대**이기도 했다! 16세기 전반기에는 경계가 뚜렷하지 않던 개혁운동들이 완고한 개혁 진영들로 고착화되었던바, 각 진영들은 다른 종파와의 결혼이나 학생 교환도 꺼렸다(그러나 완전히 금지할 수는 없었다). "새로운 유형의 교회정치적이고 종교사회학적인 생활방식"이 생겨난 것이었다: "교리·전례·조직에 따라 서로 뚜렷이 경계가 그어진, 자기만이 그리스도교 진리를 대변한다고 주장하는 부분교회들이 등장했다."[160] 그러나 새로운 시대를 위한 신학적·교회적으로 새로운 것은 거의 창출되지 못했고, 그저 옛것이 손질되는 정도였다. 아무튼 1648년 베스트팔렌 평화조약에서 (아욱스부르크 종교화의 약 1백 년 뒤) 종파 분열 상황이, 1624년의 상황을 기준으로 하여, 정치적으로 최종 확정되었다. 종파와 국가의 결속은, 적어도 루터파에서는, 종파의 국가에의 예속으로 귀결되었다.

이러한 전개과정을 살펴보건대, 패러다임 전환의 역사적 법칙성에 대한 한 가지 중요한 통찰을 얻게 된다: 수학이나 실험의 도움을 빌려 결국 낡은 패러다임을 새것으로 대체·소멸시키는 자연과학 영역에서는 있을 수 없는 일이, 정신과학·문화·예술·철학 그리고 특히 신학과 교회 영역에서는 분명히 가능하다: 이미 오래 전에 **낡아버린 패러다임이 보존**된다 — 물론 생동력과 현실성을 희생시키면서!

이렇게 종교개혁의 교회들 안에서도 전에는 생동하던 **전통이 전통주의로 굳어**지고, 본디 생동적이던 패러다임이 화석화되었다: 패러다임 II 안에 동방정교회 전통주의(참된 정교 전통과 구별해야 한다)가, 패러다임 III 안에 로마 가톨릭 전통주의(참된 가톨릭 전통과 구별해야 한다)가 존재했던 것처럼, 이제 패러다임 IV 안에서도 (훌륭한 복음주의 개신교 전통과 새삼 구별해야 하거니와) 개신교 전통주의가 생겨났다.

그러나 여기서 유념해야 할 한 가지: 역사의 진행이 신학과 교회의 한 패러다임의 결정적 소멸을 강요할 수 없음은 분명하다. 그러나 거꾸로, 그러한 패러다임 안에 경직화된 교회와 신학도 **전진하는 시대를 붙잡아 둘 수 없다**. 그리하여 교회·신학·종교 그리고 사회, 그 둘 사이에 상호소외가 발생하게 된다(그 틈바구니에 끼어 있는 사람들은 종종 정신분열증을 앓기도 한다). 종교개혁과 반종교개혁 시대에도 그러했다: 또하나의 새로운 패러다임 전환은 이미 17세기에 개신교 정통주의의 위기를 겪으며 그 조짐을 드러냈다. 과연 패러다임 전환의 경험규칙에 상응하게도, 개신교 정통주의 자체가 갈수록 소심·꼼꼼·정확히 온갖 것을 분별하고 또 그것들을 억지로 종합하다보니, 종교개혁 패러다임의 뿌리를 뒤흔들었고, 순식간에 위기에 빠져들었다.

새 시대를 위한 준비?

이 준비는 관용으로 이름났던 나라, 데카르트와 스피노자뿐 아니라 칼뱅파 국가교회와 나란히 많은 비순응주의자들과 "이단 분파들"에게도 안식처를 제공해주었던 **네덜란드**에서 일찍부터 나타났다. 네덜란드에서는 15년간(1604~19) 계속된 종교적·정치적 대결에서 다시 한번 정통주의적인 민중 칼뱅파가 엄격한 설교자들의 가혹한 예정론을 내세워, 적수인 라이덴의 교수 야콥 아르미니우스와 그의 추종자들에게 승리를 거두었다. 네덜란드 태수인 오렌지의 모리츠가 정치적 기회주의에 터해 정통 칼뱅파 편을 든 뒤, 1618~19년 도르드레히트 시노드에서 모든 반대파(이들은 주로 인문주의적 교양을 지닌 관용적인 시민계급 안에 뿌리를 두고 있었다)가 단죄되었다. 그 결과: 로테르담의 에라스무스의 정신을 따르는 인문주의적 신학의 많은 주창자들은 우선 네덜란드에서 탈출해야 했다. 그들의 지도자였던 72세의 명망가 올덴바르네벨트는 처형당했다.

그들 중 가장 뛰어난 학자는 천재적인 정치가요 법철학자이며 사학자인 **후고 그로티우스**(1583~1645)였다. 그는 종신형을 선고받았으나, 3년 뒤 아내의 도움으로 탈출하여 파리로 갔고, 거기서 잠시 스웨덴의 사절로 일했다. 자연법 신봉자였던 그로티우스는 교회의 독자적 권력 소유를 반대했다. 그는 교회는 국가 통치권에 복종해야 한다고 생각했고, 그래서 "영토설"의 기초를 놓았는데, 이것에 따르면 제후는 자신의 종파가 무엇이건, 통치 영역 안의 모든 종파들에 대한 최고 권력을 보유한다. 그로티우스는 죽을 때까지 칼뱅파의 극렬한 공격을 받았다. 그러나: 미래가 약속된 것은 칼뱅파 정통주의자들의 신학이 아니라, 그로티우스의 신학이었다. 그는:

— 교의의 강요를 거부하고 타인의 신념들에 대한 관용을 옹호했으며

— 비독단적, 문법적·역사적 성서주석의 토대를 다졌고

— 정통 교의학, 특히 삼위일체론과 그리스도론을 이성적으로 해석하려 했으며

— 의지의 자유를 강조하면서, 교리에 얽매이지 않은 실천적 신심을 옹호했고

— 또한 그리스도 교회들의 재결합을 위해 적극적으로 헌신했다.

이렇게 정통주의가 군림하던 시대에도, 이 위대한 유럽인에게서 이미 신학의 근대적 패러다임의 윤곽이 뚜렷이 드러났다.

물론 여기서 인정해야 할 것: **개신교**(P Ⅳ)는, 전통주의의 기승에도 불구하고, 승리주의적·바로크적 가톨릭 교회(P Ⅲ: 17세기 중엽부터 20세기 중엽까지 대개는 그때그때의 정신적 운동들(낭만주의 같은 몇 가지 경향은 예외)을 절뚝거리며 뒤쫓아갔다)보다는 **새로운 미래를 위한 준비를 충실히** 했다. 어째서?

- 반종교개혁적 가톨릭교가 바로크적 영광을 구가했음에도 불구하고 명백히 보수적·복고적 종교였던 데 반해, 개신교 안에는 어쨌든 처음부터 진보적 **개혁 성향**이 내재해 있었다.
- 가톨릭교는 전체적으로 볼 때 경제·정치·문화적으로 이제 여러모로 낙후된 로만계 민족들(프랑스는 예외)의 종교로 머물러 있었던 반면, 개신교는 바야흐로 **강력히 부상하던 게르만과 앵글로색슨 민족들의 종교**였다.
- 가톨릭교에서는 교황이 성서 해석을 관장하고 그의 견해와 다른 것을 용납하지 않았던 반면, 개신교 신자들은 종교개혁 시초부터 언제나 자주적 성서 독해(반드시 루터파나 칼뱅파 식으로 해석할 의무는 없다) 그리고 교리에 대한 **양심의 결단**에 의지했고, 또 그리하여 **책임있는 윤리학**을 발전시킬 수 있었다.

이 모든 것은, 이제 우리가 정통주의 테두리를 벗어나 당시의 종교적·신학적 입장들의 폭넓은 스펙트럼을 간략히 살펴보게 되면, 더욱 뚜렷이 드러날 것이다. 사실 종파주의와 정통주의 시대는 그 두 가지로만 약분·환산되지 않는다. 그리고 개인의 신앙심을 옹호·주장함으로써 근대의 관용에 종교적 동기를 부여한 것은, 역설적이게도, 특히 경건주의파였다.

내면화된 신심 — 개신교 교회음악

놀라운 사실: 이 종파주의 시대에 외부에 대한 교조주의적 비관용과 그리스도교 신앙의 **풍요한 내면성**이 결합되었다. 이 내면성은 무엇보다도 당시의 수많은 **찬송가**를 통해 표현되었는데, 그것들은 오늘날에도 개신교 찬송가집의 주요부분을 이루고 있다. 일례로 파울 게르하르트(1606~76)의 영적인 작품들을 떠올려보라. 이 루터파 신자는, 가톨릭과 칼뱅파 신자들은 영원한 구원에서 배제된다고 믿긴 했지만, 자신의 노래들을 통해 그리스도교 신앙의 중심내용들을 동시대인들을 위해 감동적으로 표현할 수 있었고, 그리하여 그의 노래들은 마침내 그가 단죄한 종파들 안에서도 불려지고 있다.

사실 루터파는 가톨릭의 포괄적인 바로크 문화에 견줄 만한 것을 창출해 내지 못했다. 그러나 루터파는(칼뱅파는 아니다!) 적어도 음악에 있어서는 매우 뛰어난 작품들을 만들어냈다. 주지하다시피 결정적인 음악적 자극들과 미래를 배태한 음악 장르들은 모두 가톨릭 이탈리아로부터 유래했다: 가브리엘리·프레스코발디·카리시미·몬테베르디가 없었다면, 협주곡·건반음악·오라토리오·오페라가 어찌 가능했으랴? 그러나 (튀빙언의 음악학자 아르놀드 파일[161]의 믿을만한 설명을 따르건대) 기악器樂의 **언어화**(성악을 기악으로 모방하는 것과 성악에 기악 테크닉을 적용하는 것 둘 다)는, 독일에서 특히 그레고리오 성가를 자국어 찬송가로 대체함으로써 절정에 이르렀다. 그러므로 **독일 개신교 교회음악**(종교개혁 패러다임의 음악적 표현)**의 시대**에 관해 당연히 말할 수 있다: "이 시기는 하인리히 쉿츠와 함께 시작하여 요한 세바스티안 바흐와 더불어 끝났거니와, 그들 외에도 많은 출중한 대가들이 그들과 함께 그리고 그들의 중간 시기에, 성악적이거나 기악적이기만 한 것이 아닌, 종교적이거나 세속적이기만 한 것이 아닌 새로운 음악을 창조해냈고, 새로운 음악관을 창출했던바, 이것은 온 유럽으로 퍼져나갔고 곳곳에서 풍성한(장소에 따라 각양각색의) 결실을 거두었다. 이 새로운 음악이 노래될 때에는 동시에 기악처럼 들렸고, 기악으로 연주될 때에는 낭송하는 것처럼 들렸다."[162] **요한 세바스티안 바흐**는, **게오르그 프리드리히 헨델**과 함께, 역사적으로 원시 루터파 정통주의·경건주의와 계몽주의 여명기 사이의 새로운 교회사적 전환기에 자리하고 있었지만, 자신의 음악 장르들을 최고 수준으로 끌어올렸고, 그러는 가운데 그리스도교 신앙을 그 이전 누구도 지니지 못했던 엄청난 음악적 역량·세련됨·생동력을 통해 표현했다.

지금까지의 나의 서술이 독자들에게 종교개혁에서 계몽주의로 넘어가는 시대에는 편벽한 정통주의자들(신학과 신심 간의 갈등에 누구보다도 큰 책임이 있다)만 존재했다는 인상을 주지 않았기를 바란다. 오히려 개신교 교회사가 하르트무트 레만이 정확하게 지적했듯이, 이 "절대군주제 시대"에는 다음과 같은 다양한 종교적·신학적 입장들이 존재했다:

— **묵시록적 열광주의자들**: 이들은 끊임없는 전쟁에 대한 공포의 엄청난 압박감을 곧 닥쳐올 세상 종말에 대한 열렬한 대망待望으로 상쇄했는데, 종말을 알려주는 "시대의 조짐"을 어디서나 알아볼 수 있다고 했다: 반그리스도인 교

황의 재부상再浮上, 반종교개혁의 성공, 터키인들의 돌진, 폭동, 전염병, 자연재해 그리고 특히 "재앙을 가져오는" 혜성들의 출현(1664~65년에 대부분 과학적 인식과는 거리가 먼 혜성에 관한 소책자가 130종이나 나돌아다녔다).

— **공격적 광신자들**: 이들은 (흔히 마찬가지로 묵시록적 지평에 터해) 자신들의 공포를 "속죄양들"에게 투사投射하고 그들을 박해함으로써 극복하고자 했다. 대내외적으로 흉흉하던 이 17세기에, 마녀와 유다인 박해가 끔찍스런 정점에 이르렀다. 프랑스·보름스·빈에서의 학살에 이어 세기 중엽 폴란드에서 25만 명 이상의 유다인이, 그들의 폴란드인 제후들에게 버림받은 채, 반란을 일으킨 카자흐인들에게 학살되었다.

— **각양각색의 신비주의자들**: 이들은 본디부터 존재하는 인간과 궁극근원과의 합일, "영혼의 작은 섬광"과 하느님의 "유동流動하는 빛"과의 합일을 깨닫고자 노력했다. 특기할 만한 것으로는, 야콥 뵈메 식의 신지학神智學적 사유단계, 요한 발레틴 안드레에 식의 범지학汎智學적 황금 십자가 환상들, 지오르다노 브루노 식의 우주적 관상 등이 있다.

그러나 이 모든 것들은 주류를 형성하지 못했다. 당시에는 새로운 유형의 종교적 **신심고취 문학**이 훨씬 중요했다. 이것은 특정한 "개혁 정통주의" 성향을 지니고 있었지만, 신학 지식 습득이나 교리적 진술의 객관적 정확성보다 **침잠과 내면화 그리고 실천**을 중시했다. 가톨릭(P Ⅲ) 측에도 이에 상응하는 인물들로서 프란치스코 살레지오, 베륄 추기경, 스페인 사람 미겔 데 몰리노스(마담 귀용과 마찬가지로 "정관파靜觀派 신비주의" 때문에 종신 수도원 감금형을 선고받았다.[163] 페늘롱 대주교의 변호도 헛일이었으니, 대주교 자신도 끝내는 유죄판결을 받았다!) 등이 있었다. 흔히 신비주의 성향을 지녔던 이 신심고취 문학은 물론 개신교(P Ⅳ) 영역에서 한껏 꽃피었는데, 엄청난 찬송가·위로 책자·장례 설교·조시弔詩·기도집의 홍수를 이루었다. 사실 수많은 그리스도인들에게는 암담한 곤경과 위기의 시대가 계속되었기에, 위안과 신심고취를 위한 문학은 각별한 기능을 수행했다.

필립 니콜라이와 그의 「영원한 생명의 기쁨을 위한 비결」(1599)[164] 이후, 여기서는 누구보다도 **요한 아른트**와 여섯 권(처음엔 네 권)으로 된 「참된 그리스도교에 관하여」(1606~10)[165]에 대해 언급해야 하겠다. 아른트는 교의에 어긋나지 않았음에도 불구하고, 처음엔 엄격한 정통주의자들에 의해 추방되었고, 나중에는 수십 년간 극렬한 공격을 받았다. 그러나 그의 사상은 관철되었고, 아른트는 마침내 복음주의 교회의 뤼네부르크 관구 총감독(주교)이 되었다. 아른트와 같은 생각을 지녔던 많은 사람들은 내면적 형태의 신심을 추구했다. 이것은 새 시대를 여는 패러다임 전환이었던가? 아마도 아니었다. 그러나:

새로운 종교개혁: 경건주의

개신교 교회들과 신학들 안에서의 교회적 상황의 경직화와 갈수록 노골화되던 국가교회주의에 맞서, 종교개혁 패러다임의 이러한 교조적·제도적 경직화에 맞서, 16세기에서 17세기로 넘어가던 시기부터 새로운 신심운동들이 유럽 여러 나라에서 동시에 모습을 드러냈다. 그 운동들은 신앙과 신앙공동체 대한 생생한 체험, 삶의 규율과 내면화 그리고 뜻을 같이하는 경건한 사람들의 자주적 공동체 형성을 매우 중시했다: 그것은 **경건주의라는 개념이 생기기 전의 경건주의였다!**[166]

여기서 우선 **영국**의 청교파와 많은 신심고취 저작들을 언급해야겠다.[167] 리처드 백스터, 존 버년의 책들은 일찍부터 번역되어 유럽 대륙에서 읽혔다. 추정에 의하면, 최소한 1,661개 이상의 영어 문헌이 독일어로 번역되었다.[168] **네덜란드**도 상당히 중요한 역할을 했는데, 윌리엄 에임스 같은 종교적 망명자들이 그곳에서 해방을 성취해가던 시민계급에 대한 반동으로 특정한 유형의 네덜란드 "경건주의"를 창시했다. 네덜란드 "엄격주의" 창시자인 우트레히트의 교수 기스베르트 보에티우스가 권위있는 지도자였다.

이 모든 것은 곧 **독일**에서도 개혁운동을 불러일으켰는데, 특히 경직된 종파주의를 반대한 이 운동은 독일의 "개혁 루터파" 동아리들로 모습을 드러냈다. 이 운동은 요한 아른트의 저작들을 통해 가장 뚜렷이 표현되었고, 그래서 오늘날 여러 역사학자들은 경건주의가 이미 아른트와 더불어 시작되었다고 본다: 넓은 의미의 경건주의(J. 발만), 또는 독일 경건주의의 첫 단계(브레히트). 그러나 경건주의라는 이름이 명시적으로 사용되고 고유한 운동으로 꼴을 갖춘 것은 아른 트 사망(1621) 약 50년 뒤의 일이다. 그 과정은 어떠했던가?

1675년 엘자스에서 이주해온 프랑크푸르트의 한 원로 목사가 아른트의 「설교집」 새 판에 「경건한 갈망」이라는 꽤 긴 서문을 붙였는데, 이 서문이 얼마 후 따로 출판되어 독일 개신교 역사를 만들어나갔다. 여기엔 영국 청교파, 프랑스와 이탈리아의 얀센파 그리고 스페인·네덜란드의 신비주의 안에 생생히 살아 있던 쇄신운동의 다양한 자극들이 결정結晶되어 있다.[169] 사실 곳곳에서 사람들은 공공연히 혹은 은밀하게 (계몽된 시민계급이 생기기 훨씬 전에!) 윤리적 동기에 터해, 바로크적 절대군주제의 궁정문화와 그 엄청난 낭비와 방종 그리고 사회적 폐해에 저항하고 있었다. "이 세상"(통속문학·연극·춤·카드놀이 등 포함)을 멀리한다고 공언했고, "참된 개신교회들의 하느님 뜻에 맞갖은 개심에 대한 충심의 갈망"(「경건한 갈망」의 독일어판 제목)을 널리 강조했다. 이 모든 것을 조용하고 겸손한 한 남자 곧 **필립 야콥 슈페너**(1635~1705)[170]가 명료하게 종합·표현해냈는데, 그로써 그는 (처음에는 비꼬는 이름이었던) **경건주의**의 강령적 저작을 세상에 내놓은 셈이었다.

아른트·영국 청교파·제네바와 네덜란드의 개혁파로부터 자극과 영감을 받은 슈페너는 개인적이고 생동적이며 내면화된 신심을 지향했는데, 그 축점軸点은 중생重生(다시 태어남) 체험이었다. 그의 근본 관심사는 (루터파 정통주의자들은 몹시 분노했거니와) 의인義認도, 말씀과 성사도 아니고, 바로 인간의 변화였다: 하느님의 뜻에 따라, 성령의 비추심에 의해 이루어지는 **"새로운 인간"으로의 중생**. 슈페너는 그리스도인 실존은 의롭다는 법률적 판결을 통해서는 성취될 수 없고, 영적으로 체험하는 새 생명으로의 중생과 행동으로 실현되는 성화聖化를 통해 성취된다고 믿었다. 그러므로 교회는 구원의 기관이 아니라, 다시 태어난 형제자매들의 공동체로 이해되어야 했다. 그때부터 지금까지 "다시 태어남"은 유럽과 미국의 많은 그리스도인들에게 그리스도교의 핵심 낱말이 되어 있다. 슈페너는 무슨 새로운 교설을 선전하려 하지 않았고(그에 대한 정통주의 교의학자들의 끊임없는 공격은 대부분 겨냥 자체가 잘못되어 있다), 새로운 삶·철저한 실존적 전환·실천적으로 살아내는 "충심의 신심" 그리고 사회적 영역에의 투신을 널리 선포하고자 했다.

경건주의는 개인주의 영성이라고 비판하는 사람은 상투적 과오를 범한다: 슈페너는 경건한 개인들을 위한 지침들만이 아니라, 자신의 개신교회를 위한 매우 탁월한 **포괄적 개혁 프로그램**도 제시했다. 원그리스도교와 초기 루터에 입각한 이 프로그램은, 고착화된 국가 그리스도교(Caesaropapie)를 거부하고, 루터 종교개혁의 완성과 능가를 겨냥하고 있다. 슈페너의 이 책은 1부에서 전혀 바람직스럽지 못한 개신교회의 상황을 현실적으로 분석하고, 2부에서는 교회를 위해 "보다 나은 시대에 대한 희망"(교회 비판적인 분리주의 집단들은 이미 오래 전에 포기해버린)의 토대를 놓고, 3부에서는 더 나아가 교회와 신자 개인들에게 분명하고 구체적인 6가지 개혁안을 제시하고 "희망하는 교회"의 모습을 그려보여준다:

① **성서 연구**의 강화와 "경건자 협회"의 설립: 성서 말씀에 관해 형제들을 상담하기 위한 회합.

② 제도주의에 병든 관청-공권력 교회에 맞서, **모든 신자 사제직**의 회복.

③ "실천적 신심"의 강조: 순정純正한 교리 대신, **그리스도교적 삶**과 실천을 통한 신앙의 입증.

④ 형제를 사랑하는 **일치운동 정신**에 터해 파괴적인 종교적 다툼의 극복.

⑤ 설교와 목회의 요구에 부응하는 **신학 연구**의 개혁.

⑥ 미사여구 늘어놓거나 현학적이지 않은, 참으로 교화적인 **설교**로의 개혁(본보기: 아른트, 타울러, 독일 신학, 켐피스의 토마스).

드레스덴의 궁정 설교가로 격리되어 있던 슈페너는 1691년 베를린 감독 교구장으로 초빙되어온 뒤, 널리 보급된 자신의 신학적·교화적 저작들과 설교, 청소년·사회·선교 사업의 촉진 그리고 또한 정치적 입장 표명을 통해 대단한 영향력을 행사했다. 세력 확장을 도모하고 있었기 때문에 여러 종파에 관용적이었던 초기 호헨졸레른 가문 출신 통치자들은 일찍이 반反삼위일체론자들과 유다인 그리고 특히 여러모로 능력있는 위그노파(1685년 낭트 칙령 이후 2만 명)에게 브라덴부르크-프로이센에 안식처를 제공했었다. 그들은 이제 제국 안에서 박해받던 경건주의자들을 자신들의 동맹자로 만들어, 정통 루터파 및 그들과 동맹한 의회 의원들에게 대항케 하고자 했다. 이제 슈페너는, 바로 베를린 궁정의 국가교회주의적 기도가 노골적으로 드러났음에도 불구하고, 더이상 "국가교회주의"에 관해 말하지 않았다.[171] 개인들의 변화를 통한 사회의 변화 — 사실 이것이 슈페너의 궁극 관심사였다.

같은 시기 할레에서는 슈페너의 제자 **아우구스트 헤르만 프란케**(1663~1727)[172]가 활동했는데, 정력적인 조직가였던 그는 몸소 막대한 기부를 하여 경건주의파의 대규모 사업들의 토대를 놓았다. 고아원, 빈민·시민 학교(특히 소녀 교육 장려!), 1694년 창립된 할레 대학의 경건주의 성향의 신학부, 자체 인쇄소를 갖춘 성서협회, 이 모든 것이 프란케에게서 비롯되었다. 또한 프란케는 베를린 궁정의 강력한 후원을 받았고, 그런 까닭에 제후중심 "영토론"의 대변자가 되었다. 그 결과: 프란케가 주도하던 경건주의는 이제 더이상 방어적 위치에 머물지 않고, 공격적 자세를 취했다. 주목할 만한 변화: 수많은 경건주의자들이 교회와 국가의 고위직에 진출했고, 종군 설교자가 된 사람도 많았다. 할레의 영향으로 곧 북독일 개신교 신학자 사회도 대거 경건주의 경향으로 나아갔다. 북미 루터파의 조직가 하인리히 멜키오르 뮐렌베르크도 할레 출신이다.

물론 프란케가 이끌던 신학부는 할레의 성직자들뿐 아니라 후원자였던 법률가요 마녀 재판 반대자인 크리스티안 토마시우스와도 논쟁을 벌이게 되었고, 마침내는 저명한 철학자 크리스티안 볼프와도 갈등을 빚었는데, 그는 경건주의자들의 사주로 인해 할레에서 추방되었다. 경건주의는 프로이센과의 동맹으로 말미암아, 윤리적 힘과 도덕적 신뢰를 적지 않게 상실했다. 그리고 곧이어 프리드리히 2세와 계몽주의 시대에는 강력한 정치적 지위도 잃게 될 터였다.

그동안 경건주의 운동은 북서·남부 독일로 신속히 퍼져나갔고, 더 나아가 스위스·스칸디나비아·동유럽 그리고 마침내 북미에까지 전파되었다.[173] 동부 독일에서 경건주의는 역시 할레 출신인 감성 풍부하고 믿음 강한 **친첸도르프의 니콜라우스 루드비히 백작**(1700~60)의 주도 아래 각별히 발전했다. 그는 보헤미아-모라비아에서 피신해온 형제들을 오버라우시츠에 있는 자신의 영지에 받아들였고, 그들은 그곳에 "주님의 보호"라는 이름의 집단부락을 건설했다. 친첸도르프는 여기서 슈페너의 이상("교회 안의 작은 교회")를 실현하기 위해, 1727년 고유한 제도와 예배를 갖추고 평신도들이 매사에 능동적으로 관여하는, 종파를 초월한 공동체 "갱신된 형제회"를 창설했다. 이 공동체로부터, 초기 루터 신학에 매여 있던 친첸도르프의 의도를 거슬러, 마침내 독자적인 자유교회가 생성·발전했다. 할레와는 달리 매우 감성적인 신심을 중시하던 이곳에서는, 참회와 속죄보다는 (몇 가지 유별난 점은 있지만 아무튼 철저히 그리스도중심주의적인 신학에 터해) 그리스도께서 베푸시는 화해, 새로운 생명에 대한 기쁨 그리고 형제들의 친교를 강화하는 새로운 형식의 예배를 강조했다.

친첸도르프가 인간 육체에 대한 온갖 경멸과 배척을 반대하고,[174] 참된 개신교적 결혼관과 신앙공동체 안에서 동등한 구성원인 **여성**의 완전한 발언권을 옹호한[175] 것은, 개신교에서 그야말로 유례가 없는 일이었다. 여기에는 물론 로이쓰 백작의 딸로 태어났고, 남편과 뜻을 함께하는 동지요 협력자였던 그의 아내 에르드무스 도로테아가 결정적 역할을 했다.

다른 어떤 경건주의 집단도 친첸도르프 공동체처럼 독일을 훨씬 벗어나 스칸디나비아·그린란드·미국에까지 영향을 끼치지 못했다. 친첸도르프 자신도, 얼마동안 추방되기도 했거니와, 영국·서인도 제도·북미에서 지칠 줄 모르고 활동했다. 감리교 창립자인 영국교회의 젊은 성직자 존 웨슬리와 찰스 웨슬리 형제는 북미 조지아에서 형제회를 처음 알게 되었는데, 그후 존은 1738년 5월 24일 런던 형제회의 저녁 집회에서 루터의 로마서 서문 해설에 관한 설교를 듣던 중 회심 체험을 했으니, 인연이 보통은 아니라 하겠다. 그러나 감리교파의 영국교회로부터의 분리는 1795년에 일어난 데 반해, 형제회와는 이미 1741년부터 서로 거리가 멀어졌다.

"내면의 빛"에서 "이성의 빛"으로

이렇게 경건주의는 1690년에서 1730년 사이에 독일 개신교에서 모든 사회계층을 포섭하는 결정적 세력으로 성장했다. 이론의 여지 없는 것: 경건주의는 인간들의 정치·사회 생활에도 깊은 영향을 끼치는, 그리스도교적 삶의 강렬화를 가져왔다. 생동하는 내면화된 신심, 갱신된 그리스도교적 삶의 실천 그리고 교육·자선 사업에의 열정적 헌신을 통해, 경건주의는 **이미 경직되어버린 종교개혁 패러다임**의 참된 **쇄신**을 성취했다.

이 시기 독일 개신교의 교회내적·신학적 발전, 성서학, 교회관, 목회뿐 아니라, 정신사·정치·교육·사회 발전 전체도 경건주의를 빼고는 생각할 수 없다. 경건주의는 여러모로 종파주의의 한계를 극복했고, 일치운동 정신에 터해, 여러 종파가 공유하는 그리스도교의 본질을 강조했다. 경건주의는 설교·찬송가·기도·영성에 귀중한 자극을 제공했고, 봉사와 선교에서도 기성교회들보다 훨씬 적극적이었다. 경건주의에서 흔히 행해지던 진지한 자기성찰과 금욕적 자기통제는 새로운 전기·자서전·소설의 묘사방법에까지 영향을 끼쳤다.

한편 슈페너 자신은 자기의 경건주의 동아리들을 기성 대교회로부터 분리시키려는 생각은 전혀 하지 않았다. 그러나 분리는 결국 피할 수 없는 일이었다. 사실 경건주의 동아리들의 은밀한 집회는 기성 민중-국가 교회의 근간을 위태롭게 했다. 그리고 경건주의로서는 뭐라 해도 신심깊은 동아리와 개인들이 교회라는 제도보다 중요했다. 그리하여 급진적 경건주의자들이 기성교회로부터 떨어져나가, 분리주의파 공동체나 영감 공동체를 새로이 결성했다. 그러나 그 과정은 흔히는 상당히 유동적이었다.

당시 저명했던 인물로 교회사가 **고트프리트 아르놀드**를 언급해야겠다. 그는 4권짜리 학구적 저작 「편견 없는 교회사와 이단사, 신약성서 시대부터 그리스도의 해 1688년까지」(1699~1700년 출간)[176]에서, 역사를 떠받치고 이끌어온 것은 교회의 교리나 제도가 아니라 구체적 인물들이었음을 뚜렷이 제시하고, 그들의 종교적 진실성과 도덕적 성실성을 꼼꼼히 검증함으로써 정통주의자들의 비위를 뒤집어놓았다. 아르놀드는 편견 없이, 다시 말해 종파를 초월하여, 독선적이고 권력에 걸신들린 정통주의를 모질게 비판하고, 교회사에서 너무 악의적으로 다루어졌고 흔히는 삶에서도 실패했던 이단자들을 변호했으며, 또한 너무나 자주 차별받아온 여성들과 그들의 가르치는 권리(사적 또는 필요한 경우에는 공적)를 옹호했다. 그리하여 이 급진적인 경건주의자는(나중에는 목사가 되었다) "편견 없는" 교회사 서술의 한 선구자가 되었다.

아무튼 경건주의 종교의 주관적·개인적 측면과 그리스도교의 실천적·도덕적 지향에 대한 강조 그리고 반종파주의적 근본입장은 교회적·신학적 체제의 붕괴에 기여했다. 과연 경건주의는 미래를 담지할 저 운동, 즉 **계몽주의**의 대두에 기여했다. 양자간의 관련성을 얼핏 인식하지 못하는 사람은, 다음 사실을 유념할 일이다: 당시 많은 사람들에게 있어, 경건주의의 계발적 신심으로부터 영국 자연신학(물리신학)의 빛나는 초월체험을 거쳐 이성의 빛에 관한 계몽주의의 교설에 이르는 길은 멀지 않았다 ….

그러나 경건주의는 이 새로운 상황에 직면하여 어찌할 바를 모르는 것처럼 보였다. 경건주의는, 정신적 준비가 되어 있지 않았기에, 근대의 (데카르트와 갈릴레이의 이름에 연결된) **자연과학적·철학적 세계상** 및 근대적 패러다임(P V)과의 자기비판적 대결을 일체 거부했다! 전통적인 성서적 표상들과 그리스도교적 내용을 생생히 보존하고자 했던 경건주의자들은, 모든 새로운 근대적 해석을 거부했다. 그 새로운 시대에 그들은 물려받은 유산을, 새로운 정신에 터해 다시금 획득하려 하지 않고, 그저 그대로 지키려고만 했다.

그러나: 유럽 그리스도교계에 대한 참으로 숙명적인 도전이었던 새로운 세계해석과의 대결은 곧 피할 수 없는 것이 되었다. 레싱·칸트·쉴러 그리고 어느 정도는 괴테·피히테·횔덜린도, 또한 (향후 그리스도교 신학에 특히 중요한) 슐라이어마허, 이들은 모두 경건주의적 교육으로부터 긍정적인 영향과 부정적인 영향을 같이 받았다. 그러나 동시에 그들은 이미 근대로의 전환을 완료한 세대에 속했다. 그래서 (물론 네덜란드와 라인 강 하류 지역의 보다 내구耐久적인 경건주의와는 달리) 할레의 경건주의 역시 다음다음 세대에 계몽주의 안으로 대거 동화·소멸된 것은 놀라운 일이 아니다. 신비주의의 "내면의 빛"이 여기서 이제 완전히 "이성의 빛"이 된 것이었다 ….

각성운동 — 미국의 특징

근대적·계몽주의적 패러다임(P V)에 관해서는 별도의 큰 장(《도》)에서 다루게 될 것이다. 지금 종교개혁 패러다임(P IV)의 테두리 안에서는 무엇보다 이렇게

물어야겠다: 경건주의는 계몽주의에 의해 소멸되었는가? 대답: 아니다. 사실 경건주의는 이제 더이상 루터파의 독일에서 문화적 삶을 지배하지 못했으니, 거기서는 갈수록 경건주의 정신 대신 이성주의 정신이 군림하게 되었다. 하지만 경건주의는 계몽주의 시대에도 일종의 경건한 하위문화의 형태로 월동越冬을 했던바, 이 문화는 많은 경건한 개신교인들에게는 신학자와 목사들조차 더이상 성서를 하느님의 계시로서 단호히 고수하지 않는 것처럼 보이던 계몽된 교회들보다 훨씬 푸근한 고향이었다. 그리고 얼마 후 이 경건주의적 기층으로부터, 이완과 쇠약의 단계를 지나, 다시금 그야말로 봄꽃 같은 부활이 일어났으니, **각성운동들**이 그것이었다.[177] 이 운동들은 종교개혁 패러다임에 새 생명을 가득 채우고, 경건주의에 시대에 걸맞은 삶의 표현을 제공하고자 시도했다.

물론: 우리는 19세기 독일의 각성운동이 경건주의의 새로운 단계였는지, 아니면 독자적 운동이었는지에 관해 토론을 할 수 있다 — 바로 독일 역사 연구에서 그렇게 했다. 그러나 이미 18세기 초에 시작된 영국과 북미의 각성운동들에 관해서는 적어도 다음 사실은 거의 확실히 말할 수 있다[178]: 각성운동은, 고유한 특징들을 많이 지니고 있었지만, 예전의 경건주의와 여러모로 깊이 관련되어 있었다. 이러한 사정은 유럽, 특히 독일의 각성운동에서도 거의 마찬가지였던 것 같다. 그러면 **미국**에서는 어떠했던가?

영국의 13개 식민지역(1776년 "연방"Union으로 결합되어, "미합중국"의 핵심이 될 터였다)의 그리스도교계에 관해서는 17세기 이후에야 말할 수 있다. 이 책에서는 상세히 다룰 수 없으나, 아무튼 북미 그리스도교에 관해서는 별도로 연구·분석해야 한다.[179] 어쨌든 종교개혁 패러다임의 분석이라는 지금 우리의 맥락에서 유념해야 할 중요한 사실: **개신교**는 신대륙 발견 이래 계속되어온 **"신세계"에서의 세력 결핍**을 바로 북미에서 **만회**했다. 그런데 이것은 단순한 세력 만회 이상의 의미가 있었다. 과연 영국의 이 농업 식민지들은 유럽의 다른 모든 식민지들보다 훨씬 귀중하다는 것이 입증될 터였다. 바로 이 식민지들에서는 〔가톨릭 신자인 볼티모어 경의 식민지 "매릴랜드"(주민들이 완전한 종교자유를 누린 최초의 사회였다!)를 제외하고〕 개신교가 군림했다.

북미의 개신교는 대단했다. 북미에서 개신교는 더이상 다채로울 수가 없었으니, 유럽의 온갖 경향과 동아리들의 반사경反射鏡이었다 ─ 그리고 그 이상이었다! 1607년 동부 해안의 첫 영국 식민지인 버지니아의 창설 이래, 이민자들은 주로 비국교도非國敎徒들이었다: 억압받던 종교적 소수집단의 구성원들, 특히 영국 청교도들(앞에서 언급한 "순례자 선조들"은 1620년 매사추세츠에 처음 자리잡았다)은 (로드아일랜드에서는 다행히 예외였지만) 극히 비관용적이었고, 훗날 관용적인 매릴랜드에서 가톨릭 신자들을 가혹하게 탄압했다. 관용의 빛나는 본보기가 된 것은 결국 매사추세츠가 아니라, 학덕 높고 부유한 천재적 퀘이커 교도 윌리엄 펜의 "펜실베이니아"였는데, 그는 1682년 "필라델피아"("형제 사랑"의 도시)를 창설함으로써, 완전한 관용에 입각한 참으로 민주적인 국가제도의 기초를 놓았다.

이로써 이미 분명해진 것: 17세기 북미 "교회들"에 관해서는 매우 제한적으로만 말할 수 있으나, 비교회성·비그리스도교성·부도덕성에 관해서는 말할 수 있는 것이 많다. 17세기 처음 몇십 년간의 종교적 열광 이후, 많은 식민자들에게 종교적 이완 현상이 나타났다. 아무튼 18세기 초까지 교회 내의 상황은 매우 혼란스러웠다: 목회자가 너무 부족했을 뿐 아니라, 많은 성직자들의 교육 수준은 보잘것없었고, 제대로 된 임직任職 규정도 없었다. 사실상 견실한 교회 조직이나 규모 큰 교회 연합체는 거의 존재하지 않았다.

그러한 상황에서 북미 그리스도교에 혼동될 수 없는 고유한 특징을 부여한 것이 바로 **각성운동들**이었다. 모든 각성운동의 근원을 가능한 한 경건주의에 소급시키려 드는 유럽의 경건주의 연구자들조차도, 각성운동과 **유럽 경건주의와의** 다음과 같은 중요한 **상이점들**은 부인하지 못한다:

─ 경건주의는 거대한 교회조직을 전제할 수 있었다. 그러나 각성운동은 그러한 조직을 위한 전제조건들을 먼저 창출해내야 했다.

─ 경건주의는 비록 경직되긴 했으나 아무튼 여전히 계시신앙에 터해 있던 정통주의에 반기를 들었다. 그러나 각성운동은 영국·스코틀랜드·미국에서 강력히 대두하던 근대정신, 계몽주의의 자기확신적 합리성 그리고 산업화로 인한 새로운 사회적 곤경들과 시간이 흐를수록 더욱 치열하게 대결해야 했다.

— 경건주의는 대체로 자신의 국가교회나 주州교회의 경계 안에서 활동했다. 그러나 각성운동은, 흔히 평신도 설교자들의 주도 아래, 지역·종파·교파의 경계를 넘어 퍼져나갔다.

"대각성": 전형적으로 개신교적

"세계가 나의 교구다"라고 존 웨슬리는 말할 수 있었으니, 그는 (앞에서 살펴보았듯이) 영국에서 최초의 대규모 각성운동 곧 **감리교**를 창시했는데, 그것은 나중에 미국에서도 힘차게 퍼져나갔다. 개신교 신자들에게 양심의 자유를 부여한 1689년의 관용법령으로부터 모든 사람에게 양심의 자유를 보장해준 1789년의 프랑스혁명까지 100년 사이에, 처음 50년 동안 영국에서 종교와 윤리의 쇠퇴는 간과할 수 없을 정도였는데, 영국교회와 그것을 떠받치고 있던 계층들(귀족·시민)에서만이 아니라, 비국교도들에게서도 그런 현상이 나타났다. 하지만: 독재정권의 가톨릭 프랑스와는 달리, 영국에서는 국교회를 비판하는 종교운동이 자유로이 생성·발전할 수 있었다.

같은 시기에 미국에서도 최초의 **"대각성"** 운동(1734~44)이 일어났다. 이 운동은 학덕 높은 청교도요 대단한 설교가였던 **조나단 에드워즈**에 의해 매사추세츠에서 시작되었는데 특히 갖가지 종파의 시골 주민들에게서 큰 호응을 얻었다. 1738년 웨슬리 형제를 따라 미국으로 왔던 감리교인 **조지 화이트필드**가 시간이 흐르면서 가장 이름난 설교자가 되었다. 몇 년 지나지 않아 이 "부흥"은 모든 식민지에 퍼져나갔고, 새로운 미국 땅에서 서로 괴리되어 있던 민중들의 공속감 증대에 적지 않게 기여했다. 신앙공동체와 분파들(특히 세례파)이 발생·성장했고, 대규모 연합체로 조직되었다. 앞에서 본 대로 프랑케 재단에 의해 파송되어 루터파를 조직한 하인리히 멜키오르 뮐렌베르크는 1748년 펜실베이니아 시노드를 창설했다(미하엘 슐라터도 독일 개혁파를 위해 유사한 일을 했다).

50년 뒤 상황은 다시 한번 달라졌다. 어떻게? 1797년에서 1805년 사이에 **미국의 두번째 대각성운동**이 온 나라를 휩쓸었는데, 이때에는 예일 대학의 **티모시 드와이트**와 **찰스 피니**의 주도 아래, 갈수록 강력히 부상하던 합리주의와 자유주의가 야기한 결과들을 배척하는 데 목표를 두었다. 그리하여 이번에는 특히 대도시 주민들과 나날이 서부 깊숙이 전진하던 "변경"(프론티어)의 많은 사람들의 마음을 얻으려 애쓰는 운동이 일어났다. 야외에서 흔히 며칠씩 계속되는 대규모 "야영 집회"에서 수천 명이 설교·기도·찬송을 통해 하나가 되었고 또 회심 체험을 했다. 피니는 집회 뒤에도 자원봉사자들의 도움을 얻어 "새로 태어난 사람들"에 대한 사목적 배려에 진력했고, 그리하여 훗날 오벌린 대학(오하이오) 교수로서 주목할 만한 복음화 이론에 관한 책을 저술했다.[180]

이 각성운동들을 개관해보면 몇 가지 **특징**을 식별할 수 있는데, 이것들은 부분적으로는 미국 그리스도교 전체의 특징이 되었다:

— 신실치 못하고 냉담한 그리스도인들의 (흔히는 집단적인) **갑작스러운 회심**이 종종 매우 소란한 가운데(울음·전율·기쁨·망아) 아주 많이 일어났다.

— 회심 이후, 신앙에 터해 많은 일에 자발적·주도적으로 참여하는 **치열한 삶**(예컨대, 노예매매·술·자본주의에 맞선 싸움에서 국가에 압력 행사).

— 유럽에서 건너온 공동체들보다 훨씬 강한 결속력과 감화력을 지닌 **새로운 신앙공동체들**의 생성: 훗날 종교 다원주의로 귀결된 **분**(종)**파 다원주의.**

— 크게 단순해진 설교와, 참석자가 아주 많은 **감성을 강조하는 자발적인** (의례적이 아닌) **예배.**

— **그리스도교가 민중 속에 깊이 뿌리내림.** 민중들은 교회와 국가의 분리(근대 패러다임과 관련하여 다루게 될 것이다)에 직면하여, 자신들의 교회와 목회자들을 재정적으로 책임졌다(교회세稅는 아님).

— 법률적·재정적·문화정치적 상황으로 말미암아 **평신도들의 영향력**이 증대되었고, 목회자들은 신앙공동체의 고용인으로서 여러모로 평신도들에게 의존하게 되었다.

— 무수한 분(종)파들로의 극심한 **분열.** 흔히 계속 분열되거나 다시 합쳐지기도 했던 분파들은, 동시에 서로를 존중하면서 평화적이지만 치열하게 **경쟁**했다. 그래서 유럽의 종파들과는 전혀 달리, 다른 개신교 분파 신자들에게 자기들의 예배 그리고 성찬례에도 참여를 허용했다. 공동 성찬례를 꺼려하던 사람들은,

가톨릭 신자들을 제외하고, 성공회(영국교회)와 엄격한 루터교 신자들뿐이었다.

　이러한 각성운동 자체는 그리스도교의 모든 패러다임들의 테두리 안에서 발생할 수 있다. 사실 오랜 교회사에서 각양각색의 쇄신운동이 언제나 다시금 새로이 일어났었다. 그러나 **"각성"**? 각성은, 엄밀히 말해, 성서의 낱말이 아니며, 종교개혁 혹은 정통 개신교의 언어도 아니다. 이 낱말은 위에서 언급한 운동들의 테두리 안에서 비로소 자신의 특별한 의미를 획득한다. 그러므로 이 특수한 각성운동들이 사실상 **종교개혁적 · 개신교적 패러다임**(P IV)**을 특징짓는다**는 것은 우연이 아니다. 이 운동들은 아무튼 중세의 수도원 개혁운동이나 십자군운동과 전혀 관계가 없고, 또 16세기 예수회나 19세기에 생겨난 대규모 교황 알현이라는 인간숭배와도 아무 관계가 없다.

　또한 간과해서는 안되는 것: 개신교의 이 각성운동들(2차 바티칸 이후 가톨릭에서도 성령운동에서 유사한 현상들이 나타났다)의 근본 관심사는, 종교개혁적 패러다임 자체에서와 마찬가지로, **복음 정신을 되찾는** 것이었다. 그리고 여기에는 사실상 종교개혁의 전형적 열망이 중심에 자리잡고 있었다: 신앙으로 말미암은 의인義認과 그리스도의 영 안에서 새로운 인간으로 다시 태어남(重生). 여기서는 한편으로는 하느님 은총에 사로잡힘 그리고 다른 한편으로는 죄스러운 인간의 믿음 안에서의 신뢰가 결정적으로 중요한 역할을 했다. "각성"은 삶 전체를 규정지어야 마땅한 신앙의 근본체험으로 이해되어야 한다! 물론 그 뒷면도 유념해야 한다: 각성운동에서는 설교가 흔히 "공포와 전율"을 불러일으키는 주제들을 극히 의식적으로 그리고 종종 일방적으로 부각 · 강조했다: 영혼 구원에 대한 묵시록적 불안과, 그로 말미암은 곧 오실 세계 심판자 앞에서의 극적인 죄의 고백. 그러나 어쨌든: 각성운동이 복음의 빛에 비추어 영적 쇄신을 위해 참으로 진지하게 노력했음은 이론의 여지가 있을 수 없다.

"각성"에서 일치운동으로?

　그러한 각성운동은 그후 북미 외에 스코틀랜드와 영국(옥스퍼드 운동에서부터 구세군에 이르기까지)[181] 그리고 프랑스계 스위스 · 프랑스 · 네덜란드 · 독일 · 스칸디나비아에서도 일어났다. 여기서 그 모든 이름·활동·발생과정을 기술하는 것은 별 의미가 없다.[182] 아무튼 그 모든 나라에 곧 쇄신운동 본부들이 생겨났고(런던·바 젤·제네바·부페르탈), 성서협회·선교단체·봉사기관·병원 등이 설립되었다 ─ 많 은 경우 이성과 자유주의라는 시대정신에 대항하여, 또 많은 경우에는 공격적 선교수단으로.

19세기 말엽 미국에서 또 한번 **"새로운 부흥"** 운동이 일어났다. 이 운동의 가장 성공적인 설교자는 상인 **드와이트 무디**였는데, YMCA(1844년 영국 런던에서 창설) 시카고 지부장이자 "시카고 성서 연구소" 설립자였다. 그런데 부흥운동이 교회 신자 숫자는 크게 늘렸지만, 그러한 형식의 선교와 그 모든 부수현상은 점차 의혹을 받게 되었다. 많은 사람들이 이 운동에서 종종 나타나는 망아忘我 적 현상, 개인적 체험에 대한 과대평가 그리고 감정적 자기구원의 위험성을 비 판했다. 교회·설교·성사를 너무 소홀히한다는 것이었다. 신학에 대한 적대감 도 생겨났는데, 그것은 결국 사상에 대한 적의와 사유에 대한 나태로 귀결될 터였다 ….

아무튼 오스트레일리아와 뉴질랜드에까지 큰 영향을 끼쳤던 이 부흥운동들은 이미 20세기 초에 앵글로색슨계 개신교에서 자신의 모든 중요한 의의를 상실했 다. 그리고 우리 세기에, 예컨대 빌리 그레엄처럼, 새로운 과학기술 수단들을 사용하는 선교활동 역시, 엄청난 대중의 관심을 끌 수는 있지만, 더이상 참된 의미의 민중운동은 불러일으키지 못하고 있다. 근년의 사례(예컨대 1970년대의 각성 해프닝·음악·의식)에 관해서는 뒤에서 언급하게 될 것이다.

그러나 어쨌든 **존 모트**라는 감리교 평신도가 각성운동에 투신한 것이, 20세 기 초엽에 생성·발전하게 된 **일치운동**에 실로 복된 결과를 가져왔다는 사실 은, "각성"이라는 그리스도교적 정신의 특징을 또 한번 보여준 사례다. 모트는 무디를 만난 뒤 YMCA와 대학생들 가운데서 지칠 줄 모르고 활동했고, 1895 년 세계 그리스도인 대학생 연맹을 창설했다. 1915~28년 YMCA 사무총장으 로 일했고 1921년 국제 선교협의회 의장이 된 모트는, 이미 1900년 「현대의 세계선교」라는 유명한 강령적 저작을 저술·출판했다. 노벨 평화상 수상자이기도 한 이 존 모트가 네덜란드 사람 빌렘 비세르토프트와 함께 일치운동의 핵심 추진 인물이 되었던바, 이 운동은 1948년 제네바에서 세계교회협의회WCC를 결성함으로써 본궤도에 올랐다(명예의장: 존 모트).

일치운동에 관해서는 현대 혹은 후현대 패러다임을 다루면서 언급하게 될 것이다. 아무튼 우리가 지금까지 살펴본 이 경건주의적 개신교의 대부분은 20세기 들어, 슬프게도, 교회들을 결합시키는 일치운동으로 나아가지 않고, 오히려 배타적인 근본주의로 나아갔다. 이로써 우리는 이 패러다임(P IV) 안에서도 먼 길을 돌아 현대에 이르렀다. 그리고 이 현대는 "근본주의"라는 표어 아래 자리 잡고 있다. 이 근본주의는 마땅히 그 모든 차원을 상세히 분석해야 한다.

⑩ 근본주의의 두 얼굴

20세기 말인 지금, "근본주의"Fundamentalismus[183]만큼 널리 사용되고, 또 그때문에 매우 모호한 개념도 거의 없다. 이 낱말은 그리스도교(개신교)뿐 아니라 이슬람교와 유다교에서도, 아니 모든 종교에서 특정한 보수적 경향들을 지칭하기 위해 사용되고 있으며, 더 나아가 그럭저럭하는 사이에 정치와 사회 영역에서도 특정 조류들을 가리키기 위해 사용되고 있다: "현실"realos을 거부하는 "바탕"fundis 고수, 이것은 보수적인 당파만이 아니라, 진보적인 "적색" 혹은 "녹색" 당파에도 있는 현상이다. 아무튼 이 개념을 적절히 사용·확대하고자 한다면, 먼저 그 의미를 명확히해야만 한다.

왜 근본주의자가 되는가?

먼저 확인할 수밖에 없는 사실: **근본주의** 역시, 그 개념과 운동의 역사의 기원을 따져보건대, 어디까지나 **종교개혁적·개신교적 패러다임**(P IV)**의 테두리 안에** 존재하는 현상이다. 1910년에서 1915년 사이에 미국 프린스턴의 개신교 운동 지도자들과 보수적 신학자들이 "근본"The Fundamentals(물론 참된 그리스도교 신앙의 바탕들을 의미했다)이라는 총서(12권)를 간행했다. 그후 사람들은, 물론 그 이

전부터 존재해온 그러한 경향의 옹호자들을 "근본주의자들"이라 불렀다(1920년 침례교 신자 로가 이 개념을 만들어냈다).

그러나 즉시 덧붙여야 하는 **둘째** 사실: 보수적인 개신교 신자 모두가 근본주의자는 아니다. 또한 모든 경건주의자나 영국교회 신자가 근본주의자여야 할 까닭도 없다. 많은 보수적 개신교인들, 경건주의자들, 영국 국교도들이 자신들의 보수적인 종교적 근본입장과 현대의 사회·정신·종교적 관심사에의 개방성을 온전히 결합시키려 노력하고 있다. 이들은 현대주의자(모더니스트)들은 아니지만, 어쨌든 현대적 개신교인들이다. 그러면 누가 근본주의자인가? 대답: 근본주의자는 (루터파·칼뱅파·경건주의·자유주의 전통 그 어디에 속하든) **성서의 축자영감과 그것에 터한 절대적 무류성을 고백**하는 사람이다.

나는 "고백"이라는 말을 사용했다: 성서와 근본주의의 관계에서 관건이 되는 것은, 어떤 학문적 이론이 아니라, 본격적 의미의 **신앙고백**이라는 사실을 유념해야 한다. 과연 1878년 나이아가라 성서협회의 이른바 "나이아가라 신조" 제1조는 이미 근본주의 운동 전체의 특징을 뚜렷이 드러내주었다: "우리는 '성서 전체가 하느님의 영감에 의해 씌어졌다'는 것을 믿으며, 성서라 불리는 책 전체를 그 영감을 통해 이해한다. 우리는 이 말을, 종종 어리석게도 이 작품이 인간 정신의 영감의 소산이라고 말하는 사람들과는 달리, 성령께서 성서 낱말 하나하나를 그 옛날의 거룩한 남자들에게 불어넣어주셨다는 의미로 이해한다. 또한 성서의 성령 감응은 차등이 없으며, 이 책의 역사·시·교훈·예언의 모든 부분에, 가장 작은 낱말 혹은 어휘변화에 이르기까지, 동등하고 완전하게 이루어졌다는 의미로 이해한다."[184]

그러나 따져보아야 할 **셋째** 문제: 그것이 참으로 새로운 신앙고백이었던가? 근본주의자들은 그 모든 것은 새로운 것이 아님을 지적하는데, 사실 옳은 말이다. 이미 고대교회에서도 성서의 축자영감과 절대적 무류성을 믿었다. 그리고 사실상: 헬레니즘의 관점 그리고 훗날 그리스도교의 관점에 따르더라도, 하느님의 영은 인간을 망아경 속에서 사로잡을 수 있지 않았던가? 그래서 이미 여러 **교부들**이 성서 저자들을 (물론 그들 자신의 생각과는 전혀 달리) 아예 하느님이 "불어

넣어주시는” 것, 아니 “불러주시는” 것을 받아쓴 하느님의 도구로 간주하지 않았던가? 성서 저자들을 공기의 떨림에 의해 비로소 소리를 내는 피리나 하프에 비교하지 않았던가? 하느님 친히 당신의 영을 통해 성서의 가락을 연주하시고 내용과 형태를 결정하셨으며, 그래서 성서 전체는 하느님 뜻에 의해 모순·결함·오류에서 벗어나 있으며, 또한 해석자에게 매여 있지 않다. 요컨대 모든 것이, 마지막 낱말, 동사 하나하나에 이르기까지 성령의 그느르심에 의해 씌었다는 것이다(“축자영감설”). 그러므로 낱말 하나하나를 무조건 믿어야 한다!

고대와 중세 사람들은 아주 자명하고 순진하게, 말하자면 아무 잘못 없이, 그렇게 생각했다. 당시 사람들은 전능하신 하느님께서 엿새 동안 온 세상을 창조하시고 인간을 진흙으로 빚어 만드셨으며, 뜻대로 자연적 기적을 행하실 수 있으셨다고, 적어도 옛날에는 그렇게 하셨다는 것을 자명한 사실로 믿었다. 그러나 이러한 역사적 회고는, 오늘날의 근본주의에 대한 규정과 관련된 셋째 통찰과 직결된다: **전前비판적 시대**에 성서를 무비판적이고 순진하게 글자 그대로 받아들인 것은, 아직 **근본주의가 아니다**. 현대의 근본주의자들은 고대 교부들을 자신들의 정당성의 근거로 끌어댈 수 없다. 혹시 마르틴 루터라면?

마르틴 루터 — 근본주의자?

루터의 해석학은 종교개혁의 패러다임 전환이 획기적인 교회사적 의의를 지니는 근본적 변혁임을 새삼 뚜렷이 보여준다. 과연 **마르틴 루터**는,

— 교회 전통, 스콜라 신학 그리고 신학 언어의 지나친 철학화를 거슬러, 혁명적인 성서 원칙(“오직 성서”)을 내세웠고,

— 성서는 스스로를 해석하며, 성서의 의미는 결정적인 곳에서(성서의 “일”res에서) 스스로 온전히 분명하고 확실하다고 단호히 주장했으며,

— 성서의 우의적allegorisch 해석을 배척하고, 성서의 어의語義를 진지하게 받아들일 것을 강력히 주창했다:

바로 이 루터는 성서의 개개 진술을 성서 전체의 목표(“scopus”), 즉 성서의 수리점數理點으로 간주되어야 할 그리스도에 터해 이해하고자 했다.[185]

다시 말해서: 루터에 의하면, 고립된 개개 성서 구절은 하느님의 말씀이 아니다. 오직 율법과 복음의 구별 안에서만, 오직 예수 그리스도 자신("그리스도를 몰아대는 것")에 터해서만, 신약성서 그리고 특히 구약성서가 정당하게 하느님의 말씀으로 이해될 수 있다. 경우에 따라서는 심지어 그리스도를 (축자적으로 이해된) 성서와 대결시켜야 한다. 다시 말해서: **루터**에 따르면, **개개의 성서 구절들**은 그 자체가 하느님의 말씀은 아니며, 그것들이 **살(肉)이 되신 하느님 말씀 곧 예수 그리스도를 증언**하고, 또 그렇게 신앙 안에 받아들여지는 **한에서만, 하느님의 말씀**이다. 그러므로 오늘날의 근본주의자들은 루터 역시 자신들의 정당성의 근거로 끌어댈 수 없다.

그러나 루터파와 칼뱅파 정통주의는 자기들 교회의 아버지의 이 해방적 자극들을 받아들이지 않았다. 개신교 정통주의는 처음에 중세 신학에 대해 매우 공격적인 입장을 취했으나, 나중에 트렌토 공의회 신학에 대해서는 방어적 자세를 취했다. 반종교개혁적 신학은 이미 분열된 종교개혁 신학에 맞서, 교리의 혼란을 방지하기 위해 모든 성서 해석을 관장하는 기관인 교회(공의회·교황)의 필요성을 강조했다. 그때문에 개신교 정통주의 신학이 자신을 변호하기 위해, 성서의 축자영감에 관한 상세한 이론을 통해 성서의 명료성과 자증성自證性을 애써 강조해야만 했던 것은 아닐까? 그러나 이것은, 오늘날의 관점에서 보건대, 신빙성이 없다.

아무튼 이제 본연의 종교개혁과는 거리가 먼, 성서의 축자영감과 그것에 터한 성서의 "무류성" 혹은 "확실성"에 관한 엄격히 체계화된 교리가 생겨났다. 그리고 그렇게 만들어낸 성서 무류성 교리가 사실상 신학과 교회의 토대가 되었거니와, 이것은 중대한 결과를 가져올 근본바탕의 교체를 의미했다. 이제 더이상 예수 그리스도 자신이 "이미 (영원히) 놓여 있는 기초"(1고린 3,11)가 아니라, 성서의 무류성에 관한 (정통주의적) 교리가 기초였으니, **개신교 정통주의**는 신학적 공격과 방어의 불가피성 때문에 뜻하지 않게 **근본주의의 토대**를 놓은 셈이었다. 본격적인 근본주의자들은 어느 때나 정통주의자들을 자기들 정당성의 근거로 끌어댈 수 있었고, 지금도 그렇게 하고 있다.

현대로부터의 위협

이 본격적 의미의 근본주의자들(이들은 종교개혁 시대의 인간들이 아니라, 어디까지나 현대의 인간들이다)에게 이제 교회사적으로 정말 중대한 사건은, 더이상 루터의 사건이 아니라, 갈릴레이 사건(천문학과 철학에 있어서의 코페르니쿠스적 전환) 그리고 특히 (천문학과 물리학 대신 생물학이 전면에 나서게 됨으로써) 다윈 사건이었다. 대대로 물려받은 "조상들의 신앙"을 고수하고자 했던 사람들은 누구나 새로운 위협을 더이상 모르는 체 할 수 없었다: **근·현대 자연과학과 철학의 세계상이** 여러 모로 **성서의 세계상과 대립**하고 있었다.

성서에 대한 믿음의 심각한 동요는 특히 "단순한 신앙인들"을 위협했다. 한 번 생각해 보라: 이 세상이 엿새(어쩌면 6백만 일) 동안 창조된 것이 아니라고? 아니다, 성서가 하느님의 영감에 힘입어 씌어졌고 그래서 오류가 없음을 믿는다면, 그렇게 생각할 수도 없고 그래서도 안된다. 인간은 하느님의 모상대로 창조된(그후엔 범죄하여 원죄에 매이게 된) 존재가 아니라, 참된 하느님을 전혀 알지도 못하고 첫죄건 원죄건 아예 죄를 지을 수도 없는, 이른바 원숭이로부터 유래하는 미개한 존재일 뿐이라고? 아니다, 성서적 계시신앙 자체를 의심하지 않는다면, 경건한 신앙인으로서 그것은 도저히 인정할 수 없다. 그러한 짓은 "배교"가 될 것이다. 여기서는 교리라는 건물 전체가 무너진 것이 아니라, 돌 한 개가 뽑혀 나간 것이니 동요하지 말라고? 아니다, 진보낙관주의에 눈먼 이 시대에 무엇보다 중요한 것은, 닥쳐올 최후심판에서, 아주 적은 숫자일망정, "영혼들을 구원"하는 일이다 ….

그러나 근본주의자들에게 고약한 사실: 성서의 세계상을 공박하는 것은 자연과학과 철학만이 아니다. 계몽주의 이래 **역사비판적 방법론을 사용하는** "믿지 않는" **성서학**이 생겨났거니와, 이것은 엄청난 연구 성과에 터해, 예컨대 창세기와 모세 오경 전체의 형성사, 이사야서와 다니엘서의 역사, 나아가 공관복음서 그리고 (역사적 인물 사도 요한에게서 유래한 것이 아니라는) 요한복음서의 형성사도 뚜렷이 밝혀낼 수 있다고 주장한다. 역사비판적 방법론이 불러일으킨 충격은 미국에서 훨씬 컸으니, 유럽은 그런대로 준비가 되어 있었던 것이다: 그러나 어

쨌든 이런 식으로 하다보면, 그리스도교의 근본바탕이 바로 "그리스도교" 성서
주석에 의해 파괴되는 것은 아닐까?

이러한 위협에 직면하여, 근본주의적 그리스도인들은 분명한 입장을 확립하
고, 남들과의 경계를 뚜렷이 설정할 수밖에 없었다. 명확한 사실: 엄밀한 의미
의 **근본주의는 현대 자연과학과 철학 그리고 성서주석학에 대한 방어와
공격의 산물**로서, 현대로부터의 위협에 맞서 성서의 축자영감과 무류성을 지
켜내고자 한다. 근본주의에 관한 지금까지의 가장 철저한 연구 프로젝트의 편
집자였던 시카고 대학 교수인 루터교 신자 마르티의 말을 들어보자: "현대의
종교적 근본주의들의 신학적 근본특징은 그것들의 저항적 성격에 있다."[186]

이렇게 수세에 몰리자, 근본주의자들은 개신교 신자들(본뜻: 저항자들)보다 더 저
항적임을 드러냈다: 근본주의는 로마와 교황 지상주의에 대해서뿐 아니라, 현
대의 바빌론과 진화론·자유주의·세속주의에 대해서도 저항했다. 특히 미국에
서 상황이 매우 심각해졌다. 1920년대에 근본주의자들(예컨대 빌리 선데이)은 자유
주의자들을 이단자라 비난했고, 자유주의자들(예컨대 H.E. 포스딕)은 근본주의자들
이 그리스도교를 변조한다고 비난했다. 아무튼 그러는 가운데 매우 기이한 "동
맹의 역전逆轉"이 일어났으니, 그것은 "극단끼리는 서로 통한다"는 사실을 다시
한번 입증해주었다.

근본주의자들과 교황청의 동맹

개신교(P IV)뿐 아니라 **로마 가톨릭교**(P III)도 근대(P V)와 사이가 매우 나빴는
데, 이 가톨릭교는 일찍이 종교개혁을 배척했고 그래서 이미 한 번의 패러다임
전환만큼 뒤처져 (중세에) 머물러 있었기 때문에, 나쁜 관계는 더욱 심화되었다.

그러므로 로마 신학이 19세기의 상황변화와 함께, 개신교 정통주의가 이미
체계화해놓은 **성서의 축자영감과 무류성에 관한 교리를 대거 차용**한 것은
놀랄 일이 아니다.[187] 그리고 로마가 오랫동안 전통적인 라틴어 성서 번역본 불
가타의 유일한 순정성純正性을 고집하고["요한의 추가구"(요한 5.7)까지도][188] 새로운 라틴
어 번역을 금지했듯이, 미국의 근본주의자들은 전통적인 「제임스 왕 번역본」

(1611)을 고집했고, 모든 새로운 성서 번역(예컨대 1901년의 「미국 표준 번역본」과 1946~52년의 「개정 표준 번역본」)을 배척했다. 또한 미국 근본주의자들과 마찬가지로, 로마 신학자들도 성서의 창조 기사(엿새 동안의 창조·인류의 기원·원죄), 모세 오경의 출전, 생물학적으로 이해해야 할 동정녀로부터의 탄생, 예수의 참된 신성과 그의 피를 통한 화해, 육신의 부활, 축자적으로 받아들여야 할 세상 종말과 그리스도 재림에 관한 예언에 목을 매달았다.

　물론: 근본주의자들과 교황청도 현대의 교통·통신·의료·통화通貨 수단들을 이용하고, 더 나아가 종종 첨단 조직 기술들(바티칸 라디오 방송·"전자電子 교회")도 유익하게 이용한다. 여느 때에는 합리주의·진보주의·다원주의·물질주의·세속주의와 동일시되는 "현대"가, 그런 경우에는 근본주의자들과 교황청에게 크게 환영받는다. 그런데도 근본주의자들과 교황청은 반대자들을 "현대주의자"라고 비난한다. 왜? 반대자들이 역사적 연구에 터해 성서의 권위를 상대화하고, 하느님에 의한 인간 창조를 문제삼으며, 예수 그리스도의 위격을 순전히 인간적 차원으로 축소·환원시킨다는 것이다 …. 로마가 국가의 법률을 통해 자신의 입장들을 관철시키고자 시도했던 것처럼, 근본주의자들도 (진화론에 맞서) 그러한 일을 미국 남부 몇몇 주에서 관철시키는 데 성공했다. 로마 교황청이 역사를 통해 거듭 새삼 이단자 재판을 벌였듯이, 이제 미국 근본주의자들도 그런 우악스러운 일을 벌였으니, 1925년 데이턴(테네시)에서 열렸던 진화론을 둘러싼 저 유명한 "원숭이 재판"에서, 생물 교사 J.T. 스콥스가 충실하게 다윈을 따라 인간은 동물세계에서 유래한다고 주장했기 때문에 유죄판결을 받았다.

　그러나 로마 종교재판소가 갈릴레이 등에 대한 재판으로 망신을 자초했듯이, 미국 근본주의도 자신의 "창조론"(직접 하느님에 의한 인간 창조)을 한때 공립학교들에서 의무적으로 가르치게 할 수 있었던 모든 지역에서도 결국은 몰락했다. 이렇게 개신교 "근본주의"는 가톨릭의 "교조주의" 혹은 "통합주의"와 유사하게 쓴맛을 보았던바, 그것은 당연한 일이었다. 아무튼: 언제나 **자신을 진리와 동일시하고 그래서 진리 "전체"에 대해 방자하고 배타적인 권리주장을** 내세우는 사람, 그리하여 다른 사람들의 진리에 전혀 마음을 열지 못하는 사람은, 그로써 (비록 성서를 거슬러, 즐겨 "거룩한 아버지"라 자칭하더라도) 자신이 근본주의자임을 드러내는 것이다.[189]

근본주의 ─ 전세계적 문제

굴지의 유다인 학자 야콥 노이스너가 "분리주의적" 유다교 공동체들에 관해한 말은, 근본주의적 그리스도인들뿐 아니라 이슬람 지상주의적 무슬림들에게도 유비적으로 해당된다: "모든 사람이 진리에 관해 배타적인 생각을 갖고 있는데, 그 까닭은 유다교(그리스도교·이슬람교)를〔그리고 여러 유다교들(그리스도교들·이슬람교들) 가운데서는 물론 자기네 유다교만을〕인간을 위한 하느님의 유일하게 타당한 자기증언으로 간주하기 때문이다."[190]

바로 이것이 최근 근본주의가 **다른 종교들** 특히 이슬람교와 유다교**에서도 퍼져나가고** 있는 이유이다. 배타주의적·축자신앙적 이슬람교는 오늘날 무슬림들에게조차 "이슬람 지상주의"라 불리며, 배타주의적·축자신앙적 유다교는 유다인들에게조차 "극단적 정통주의"라 지칭되고 있다. 오늘날 완고한 축자신앙과 법정法定주의적 율법준수(흔히 정치적 공격성과 결부됨)를 부정적으로 평가하는 사람은, 그리스도교의 근본주의에 관해 말하는 것과 유사하게 **이슬람교와 유다교의 근본주의**에 관해 말하고 있다. 물론 신정神政주의적 전략들은 그리스도교("그리스도를 위한 십자군 원정", "유럽의 재복음화")와 이슬람교("아랍 세계의 재이슬람화")에서만 발전되어왔지만 말이다.

그러나 인도와 중국에 기원을 둔 종교들도 잊어서는 안된다: 힌두교(무슬림이나 시크교도 배척)와 유교(한족漢族 아닌 중국인들 배척)도 배타적·독단적·탄압적인, 아니 바로 근본주의적인 태도를 취할 수 있다. 다른 말로 해서: 근본주의는 보편적인 문제, 전세계의 골칫거리다![191]

사람들은 종종 갖가지 근본주의의 엄청난 영향력과 추진력이 어디에서 비롯되는지 궁금해한다. 이것은 일종의 사회심리학적 물음인바, 종교적 정신병 전문가인 정신과 의사 귄터 홀레에 의하면, 거기에는 세 가지 요인이 함께 작용하고 있다[192]:

— **일관성**: 한 가지 종교적 근본 가치나 이념이 시종일관하게 구축構築되며, 이완된 타협·절충에 대한 불안 때문에 철저히 감시된다.

— **단순성**: 사고방식·목표·조직이 단순하고 투명하다. 차별화된 관점들은 대부분 배제된다.

— **명료성**: 해석과 교리체계가 명확히 고정되어 있다. 여러 가지 뉘앙스가 있는 해석은 순수 교리로부터의 이탈, 아니 오류로 배척된다.

근본주의가 모든 종교에 존재할 수 있다면, 덜 여문 그리스도교 저자들도 종종 주장하는 것과는 달리, **유일신론**이 근본주의에 책임이 있는 것은 **아니다**: 그들에 의하면, 유일하신 하느님께 대한 전통적 신앙은 다원주의적 세계관과는 전혀 양립할 수 없는 의식구조의 표현이다. 그들의 주장대로라면, 여타 종교들은 여러 신들의 이름을 내세워 다른 종교나 민족들을 탄압하고 증오를 확산시키고 전쟁을 부추기지 않았어야 했다!(무신론적 유사종교는 아예 논외로 하고). 오히려 모든 것을 포용하고 주재하시는 유일한 하느님께 대한 신앙이야말로, 자신의 유일성을 포기하지 않으면서도 종교들의 다원성을 진지하게 받아들이는 보편주의의 바탕이 될 수 있다는 것을 그들은 간과하고 있다. 그리고 근동 셈족에 기원을 둔 세 종교를 서로 갈라놓은 것은, 정확히 말하자면, 유일신 신앙이 아니라, 하느님의 백성과 땅에 대한 신앙(유다교)과 하느님의 아들이자 메시아에 대한 신앙(그리스도교) 그리고 하느님의 계시인 경전에 대한 신앙(이슬람교)이다.

위에서 몇 가지 점을 분명히했지만, 아무튼 다음 사실은 물론 인정해야 한다: **예언자적·유일신 종교들은** 다른 종교들에 비해 **근본주의에 빠지기 쉽다.**[193] 전일성全一性을 추구하는 인도의 신비주의적 종교들은 어느 쪽인가 하면 다른 종교들을 흡수하고, 전前단계의 것으로서 상대화하고, 유일무이한 진리의 여러 측면으로서 포괄하려 시도한다(포괄주의). 그에 반해 예언자적 종교들인 유다교·그리스도교·이슬람교는, 거의 본능적으로, 다른 종교들은 처음부터 배척하고 개종시키고, 경우에 따라서는 분쇄하려는 경향이 있다(배타주의): 상호이해와 친교 대신 분리와 정복. 유일신에의 각별한 전념은, 흔히 다른 종교들과의 대결뿐 아니라 자기 내부의 이단자 배척, 더 나아가 끝내는 ("거룩한 전쟁"을 통

^{한)} 믿음 다른 자들의 박멸로 귀결된다. 유일신교는, 특히 세계 멸망의 환상들과 결합할 때, **광신주의가** 된다.[194]

이러한 치명적 연관성은 **위대한 계시문헌들**(구약성서 · 신약성서 · 「쿠란」)의 **보편적 지평**을 부각 · 강조할 때에만, 타파할 수 있다. 과연 이 문헌들은 언제나 모든 민족, 전체로서의 인류의 역사를 겨냥하고 있다. 우리가 이 위대한 신앙의 기록들을 우악스레 축자적으로 이해하지 않고, 그 영적 핵심에 터해 영적으로 이해한다면, 다른 종교들에 대해 새로운 근본자세를 지니게 될 것이다.[195]

율법 전체(모세 오경, 그밖의 성서 문헌들 그리고 랍비 현자들의 구전 율법)를 글자 하나하나 하느님의 영원히 보편타당한(그래서 글자 그대로 준수해야 하는) 계시로 간주하는 극단적 정통주의의 정태적 계시관을 거슬러, 근년의 모든 성서 연구의 결실에 입각하여 (여러 유다교 학자들도 동의하거니와) 인정해야 할 것: 하느님의 계시는 역사적 사건이며, 따라서 중요한 계명과 오늘날에는 무의미한, 아니 해롭기조차 한 계명들을 구별해야 한다.[196] 그리스도교와 이슬람교에 대해서도 비슷한 말을 할 수 있다: **성서**[구약성서(할라카)든 「쿠란」이든 신약성서든]**의 축자적 무류성**(혹은 특정 조건하에서는 심지어 교황 · 종교개혁가 · 공의회의 무류성) 교의를 교의 중의 교의, 그것에 그밖의 모든 신앙진리가 목매달고 있는 **중심교의**로 내세워서는 **안된다.**

이러한 확인에 터해, 모든 종교와 종파들을 위해[197], 그리스도교뿐 아니라 유다교[198]와 이슬람교[199]에도 미래를 위한 물음들을 제기해야겠다. 사실 유다교와 그리스도교 그리고 이슬람교는 모두 방향을 상실한 이 시대의 인간들에게 삶의 **근본방향**을 제공하고자 한다. 그러나 어떻게?

미래를 위한 물음

유다교는 오늘의 인간들에게 자신의 모든 기념제 · 의식_{儀式} · 계명들을 통해 의미있고 실천적인 지향_{志向} 틀을 제공하고자 한다. 그러나 하느님이 계시하신 서전 · 구전 율법(구약성서와 탈무드)를 근거로 내세워, 자기만의 삶의 영역 밖의 세계와의 어떠한 관계도, 공익을 위한 공동과업에의 참여도 거부하고, 더 나아가 (보수적이든 개혁적이든) 더 자유로운 형태의 유다교는 모두 배격하는 **근본주의적** 유다교는 어찌된 것인가? 그러한 유다교가 어떻게 현대 민주주의 사회(예컨대 미국이나 이스라엘)에 사는 인간들에게, 앞에서 말한 지향 틀을 제공해줄 수 있겠는가? 민주주의는 무엇보다도 모든 국민의 공동 관심사와 공동선에 대한 그들의 의무를 전제한다.

✝ 그리스도교는 오늘의 인간들에게 자신의 모든 교리와 교의들 그리고 실생활을 위한 지침들을 통해, 인간 실존과 세상에 대한 포괄적 해석을 제공하고자 한다. 그러나 현대적 학문·과학기술·문화에 의해 철저히 끌지어져 있는 이 시대에, 창조와 최후심판, 원죄와 구원에 대한 축자적 이해에 얽매여 있는 **근본주의적** 그리스도교가 어떻게 그러한 해석을 제공할 수 있겠는가? 여기서는 해석학의 모든 규칙들을 무시한 채, 오직 한 가지 해석만을 허용하고 그것의 절대성을 강변하고 있다.

☾ 이슬람교는 오늘의 인간들에게 신앙과 행위가 긴밀히 결합된 포괄적 인생관을 제공하고자 한다. 그러나 「쿠란」을 시대의 도전에 대응하여 새로이 해석할 수 없다면, 「쿠란」 개개 구절의 동기·시점·상황을 분석 연구하여 그 타당성의 범위와 기간을 밝혀낼 수 없다면, 그러한 **근본주의적** 이슬람교가 어떻게 현대에 의미를 제공할 수 있겠는가? 「쿠란」에 대한 중세 때의 전범적 해석도 있으니, 여기서는 「쿠란」 구절들을 그것들이 계시된 시대에만 타당한 것들과 어느 시대에나 보편타당한 것들로 구별하고 있다.

개신교 신학자 위르겐 몰트만은 옳게 말했다: "오늘날 '근본주의'라고 지칭되는 것은, 부차적 문제이다: 가장 중대한 종교적·간(間)종교적·비종교적 도전은 근본주의가 아니라 '현대세계'이다."[200] 배타주의적 유다교와 이슬람 지상주의적 이슬람교 그리고 근본주의적 그리스도교의 목표는 결국 전통신앙을 위협하는 현대에 대한 반란인바, 이것들은 예전의 종교·정치·경제적 상황을 복원하기 위해, 기꺼이 현대를 정지시키고자 한다. 아니 존재하지 않았던 것으로 만들고 싶어한다.

그러나 어떤 종교가 (그리고 따라서 개개 신앙인이) 자기 성서의 낱말과 문장 하나하나를 축자적으로 신봉하는 것이, 이른바 근본·정체성·진리에의 확실성을 보존하는 길일까? 근본주의자들의 열망은 정당하다. 그러나 그들의 방법은 치명적이다. 이러한 사실은 이제 우리로 하여금, 이 종교개혁적 패러다임 안에서도, 일치운동과 관련하여 간략한 중간결산을 하게끔 만든다.

개신교회들의 강점과 위험성

두말할 나위 없는 것: 종교개혁 패러다임은 중세 전통의 온갖 잡동사니에 둘러싸였던 16세기 인간들을 새로이 그리스도교의 생생한 원천으로 돌아가게 했다. 마르틴 루터의 종교개혁 프로그램은 중세 말기의 온갖 모순과 암울함을 거슬러 새로운 정체성을 찾게 했고, 구원에 대한 불안을 새로운 신앙의 확신 안에서 극복할 수 있게 했다. 믿음의 인간 루터는, 예수 자신이나 사도 바울로처럼, 결코 근본주의자가 아니었다. 개신교의 위대한 **힘**의 본질은, 그리스도교의 원천적 소식인 **복음**과의 언제나 다시금 새로운 대결 안에 있다. 그리스도교적인 것이 은폐·희석·왜곡, 아니 심지어 폐기되는 곳은 어디든, **저항**이 자리해야 할 장소다: 그저 악습과 폐해에 **대한** 저항이 아니라, 복음·예수 그리스도·그리스도교의 "본질"을 **위한**, 목표 뚜렷한 저항 말이다. **복음에의 집중**, 이것이 "개신교"Protestantismus(저항주의)의 진정한 핵심이다. 그리고 이것은 그리스도교계 전체를 위해서도 결코 포기할 수 없는 것이다.

물론 바로 우리 시대 사람들은 실로 놀라운 체험을 했으니, 종교개혁과 반근대주의 안에서 완전히 경직되어버린 것처럼 보이던 **가톨릭 교회**(P Ⅲ)가 2차 바티칸 공의회로 말미암아 다른 그리스도 교회들을 향해 다가가는 전환을 성취했던 것이다. 그 전환은, 여러 가지 한계와 타협에도 불구하고, 트렌토 공의회의 전환보다 훨씬 획기적이라고 말해야 마땅하다. 그 공의회에서 도대체 무슨 일이 있었던가? 개신교에 우호적이고 종종 박해받던 신학자들의 준비작업을 거쳐, 마침내 2차 바티칸 공의회는 중세로부터 종교개혁으로 나아간 개신 그리스도교계의 패러다임 전환의 근본적 차원들을 제 것으로 만들었으며, 자신의 가톨릭성을 포기하지 않으면서 복음에 집중하고 또한 **종교개혁 개신교 패러다임**(P Ⅳ)**을 자신 안에 통합**시키려 노력했다.

가톨릭 교회가 로마 체제 때문에, 2차 바티칸 공의회 전·중·후(前·中·後)에, 교회의 쇄신과 관련하여 엄청난 어려움을 겪었고 지금도 그렇다는 것은 아무도 부인할 수 없을 것이다. 아무튼 아직 해결되지 않은 문제들(산아조절·이혼·교회직무·혼종혼·사제독신제, 교황 수위권과 무류성)이 많긴 하지만, 공의회로 말미암은 개혁의 구체적·긍정적 성과들을 과소평가해선 안되니, 사실 그것들은 가톨릭 교회를 근본적으로 바꾸어놓았다. 동시에 이 개혁은 (여기서 최소한 운은 떼야 하겠거니와) 종교개혁 교회들로 하여금 자기반성을 하게끔 만들고 있다. 아무튼 종교개혁적·개신교적 패러다임의 통합이 가톨릭 교회 안에서 어느 정도나 이루어졌는가?

무엇보다도 **종교개혁에 대한 근본적으로 새로운 태도**를 언급해야겠으니, 이것은 공의회 교령들 안에 강령적으로 표현되어 있다. 동시에 여기서 내가 오랜 기간 일치운동을 하면서 그 중요성을 확신하게 되었고, 이미 전에도 표명한 바 있는 가톨릭 측의 반문들도 아주 간략히 제기해야겠다:

— 교회 분열에서의 가톨릭 측의 **공동책임**을 이제 인정하고 있다. 동시에 끊임없는 **개혁**의 필요성도 명시적으로 긍정하고 있다: 언제나 개혁되는 교회(교회의 생활과 교리에 있어 복음에 터한 끊임없는 쇄신)는 이제 가톨릭 교회의 방침이기도 하다.

여기서 반문: 그러면 다른 교회들이 자신을 개혁될 수 없는 교회(정교회. PII), 또는 이미 결정적으로 개혁된 교회(루터파 교회·칼뱅파 개혁교회·자유교회)로 이해해도 되는가? 그 교회들도 모두 앞으로 끊임없이 개혁되어야 할 교회들이 아닌가?

— 다른 그리스도교 공동체들을 이제 **교회로 인정**하고 있다: 모든 교회 안에 공통된 그리스도교적 바탕이 존재하거니와, 그것은 예수 그리스도에 대한 신앙 및 세례와 함께 주어져 있으며, 교회들을 갈라놓는 모든 요소들보다 중요하다.

여기서도 반문: 다른 교회들에서도 공통된 그리스도교적 바탕과 "본질"을 부각·강조하려는 노력이 더 강화되어야 하지 않을까?

— 가톨릭 교회 전체가 **일치운동적 자세**를 요구받고 있다. 구체적으로: 가톨릭 신자들 자신의 내적 전환(회심!), 교회들의 상호이해와 서로를 배우려는 대화, 다른 그리스도인들의 믿음·세례·가치관들에 대한 인정, 그리고 끝으로 일치운동 정신에 터해 수행되는 신학과 교회사 연구.

여기서 반문: 다른 교회들도 가톨릭 교회의 수많은 정당한 관심사들을 인정하고 받아들여, 자신들의 신학·전례·교회구조를 풍요롭게 할 것인가?

주목할 것: 종교개혁에 대한 이러한 근본적 관점 변화에서 더 나아가, 2차 바티칸 공의회 교령들은 **개신교의 일련의 핵심 요청들**을 적어도 원칙적으로, 그러나 또한 여러모로 아주 실천적으로 수용했다:

① **성서에 대한 새로운 존중**: 전례(몇년 주기의 보다 포괄적인 성서봉독), 신학(성서 연구가 신학의 "영혼"이 되어야 함) 그리고 교회생활 전반에서: 예전의 평신도 성서독해 금지 대신 이제는 잦은 성서독해의 권장.

② **더 참된 하느님 백성의 전례**: 예전의 성직자중심 전례 대신 공동체 전체가 함께 기도·노래하고 성찬을 나누는 전례. 예전의 알아듣지 못하는 라틴어 복음선포 대신 모국어로 선포되는 하느님 말씀의 경청.

예전의 군살·덧칠·산만함·가리기 대신 성찬례의 본질에의 집중과 단순화. 획일화된 로마 표준 전례 대신 각 나라 상황에의 보다 적극적 적응. 예전의 평신도 성혈 배령 금지 대신 이제 적어도 원칙적인 허용.

③ **평신도에 대한 재평가**: 성서뿐 아니라 신학에 대한 평신도들의 직접적 접근. 하느님 백성의 전례 거행에서 평신도들의 다양하고 능동적인 역할. 본당과 교구 협의회를 통한 평신도 영향력의 증대.

④ **각 나라 상황에 대한 교회의 적응**: 중앙집권적 체제 대신 지역교회와 광역교회(교구·관구·국가)의 중요성이 거듭 새삼 강조됨. 각 나라와 대륙의 주교회의들은 실제적인 탈중앙집권화에 노력해야 함.

⑤ **민중신심의 개혁**: 종교개혁 시대와 바로크 시대의 특이한 신심 형태들 가운데 많은 것(연도 등)이 사라졌고 갖가지 단식 규정도 폐기되었으며, 마리아 공경도 크게 쇠퇴함.

끝으로 루터의 가장 핵심적 요청 곧 오직 신앙으로 말미암은 죄인의 **의인**義認은, 앞에서 살펴보았듯이, 오늘날 가톨릭 신학자들에게 긍정적으로 수용되고 있으며, 또한 거꾸로, 개신교 신학은 사랑에서 비롯하는 행업의 필요성을 시인하고 있다. 하지만 종교개혁의 근본 요청들에 대한 가톨릭 측의 이러한 수용은 바람직한 성과와는 아직 거리가 멀다(누가 이것을 모르라)! 이 문제에 있어 가톨릭 교회는 영국 성공회로부터 많은 것을 배울 수 있을 것이다. 그러나 반종교개혁적 트렌토 공의회 시초의 보잘것없는 성과와 비교할 때, 2차 바티칸 공의회의 성과는 그야말로 센세이셔널하다고 말해야 마땅하다! 그 어떤 교회가 가톨릭 교회처럼 그렇게 짧은 시간에 전세계에 걸쳐 그렇게 근본적으로 변화될 수 있었던가? 많은 결함·비일관성·타협에도 불구하고, 지금까지 가톨릭 교회의 종교개혁적 요청들의 수용·실천은, 종교개혁으로 생겨난 교회들에게 새삼 자기반성을 촉구한다: 이제 보다 자기비판적 이해에 터해, 가톨릭 신자들의 정당한 요청을 수용하는 것이 개신교회들의 중요한 책무가 아닐까?

미래를 위한 물음

● 가톨릭 교회는 확실히 성서를 예전보다 훨씬 존중한다. 그러면 반문: 개신교회에서 양 교회가 공유하고 있는 고대와 중세 교회 **전통**을 흔히 무시하는 것은 어찌할 것인가?

● 가톨릭 교회의 말씀의 전례와 하느님 백성의 전례는 확실히 보다 생동적으로 되었다. 그러면 반문: 많은 개신교회에서 **성찬례가** 여전히 뒷전으로 밀려나거나 무시되는 것은 어찌할 것인가?

● 가톨릭 교회에서 평신도, 특히 여성들에 대해 보다 긍정적으로 재평가하고 있는 것도 의심의 여지가 없다. 그러면 반문: 개신교회들은 서품 그리고 지역·광역·세계 차원에서의 **교회직무의** 의미를 참으로 진지하게 인식하고 있는가?

● 여러 나라에서 탈중앙집권화와 문화접합이 강력하고 시급하게 요구되고 있다. 그러면 반문: 개신교의 지역주의 혹은 국가주의가 흔히 교회의 세계성과 **보편성을** 문제삼는 것은 어찌할 것인가?

● 민중신심의 더욱 철저한 개혁은 몇몇 나라에서 특히 뚜렷이 나타나고 있다. 그러면 반문: 개신교의 주지주의가 교회 및 전례의 **민중과의 친밀성을** 손상시키고 있는 것은 어찌할 것인가?

복음에 의해 새로이 틀지어진 그리스도교의 총체적 구조 — 바로 종교개혁가들의 패러다임! 그러나 이 패러다임 역시 고유한 **위험요소들**을 지니고 있다. 누진적 **분리주의**(더 작은 "분파"·동아리·세포로의 끊임없는 분열)는 처음부터 개신교의 근본 위험요소였거니와, 사실 이것은 로마 가톨릭 교회의 저 중앙집권주의의 위험에 상당한다. 그리고 개신교의 본줄기에 관해 말한다면, 시간이 흐르면서 **이 패러다임 역시**, 중세 로마 가톨릭 패러다임과 방식은 달랐지만, 아무튼 **고착화·화석화**되었음을 확인하지 않을 수 없다. 그리하여 완고한 정통주의가 생겨났거니와, 경건주의도 이것에 그저 제한적·부분적으로밖에는 생기를 불어넣어줄 수가 없었으니, 그것은 경건주의도 정통주의와 마찬가지로 새로이 대두한 근대적 상황을 근본적으로 거부했기 때문이었다. 사람들은 그저 성서를 글자 그대로 믿고 자기 자신과 자신의 이성을 포기하기만 하면, 온갖 회의와 의심에서 벗어날 수 있었다. "그냥 믿기만 하면 돼" — 사람들은 이렇게들 말했다.

그리하여 근·현대의 학문·사회·성서주석·신학에 대한 단호한 배척으로부터 저 개신교 **근본주의**가 생겨났던바, 이것은 **위대한 종교개혁 패러다임**(P IV)**의** 유령 같은 **그림자**일 따름이다. 개신교 근본주의는 고대교회 헬레니즘 패러다임(P II)의 희미한 복사물에 불과한 정교 정통주의 그리고 위대한 중세 패러다임(P III)의 기이한 왜곡인 로마의 독단주의 및 무류주의와 어깨를 나란히한다. 근본주의는 **그릇된 저항** 안에서 경직되어버린 개신교의 위험성을 뚜렷이 보여주었다. 아무튼 좀더 상세히 살펴보기로 하자:

① 방향감각을 상실한 시대에 사람들이 어떤 **근본바탕**을 애써 찾는 것은 실로 당연한 일이다. 너무나 많은 사람들이 자신의 삶과 종교에서 참으로 중요한 것이 무엇인지를 전혀 모르고 있다. 그리고 뚜렷한 바탕 없는 종교는 시대정신에 함몰되고, 자신의 존재 가치를 상실한다.

그러나 또한 이론의 여지 없는 것: 근본바탕을 고수하는 것이 곧장 근본주의와 동일시되는 것은 아니다. 온갖 종교의 무수한 사람들이, 자신들 성서를 축자적으로 믿지 않으면서도, 자신들의 바탕을 온전히 보전하거나 다시 찾아 얻었다. 결론: **근본주의 없이도**, 근본바탕을 지켜낼 수 있다.

② 위협받고 있는 종교적 정체성을 고수하거나 상실한 **정체성**을 되찾으려는 것은 실로 정당한 열망이다. 너무나 많은 인간들이 소외와 혼란에 직면하여 불안을 느끼며, 그래서 척도와 지주支柱를 갈망하고 있다. 그리고 정체성을 매개하지 못하고 인간 정신을 분열시키며 그를 모순과 당착 속에 홀로 버려두는 종교는, 인간을 절대적 존재와 결합시키기는커녕 멀리 떼어놓는다.

그러나 또한 이론의 여지 없는 것: 종교적 정체성의 고수가 곧장 근본주의와 동일시되는 것은 아니니, 근본주의는 "위협받고 겁먹고 동요된, 그래서 공격적으로 반응하는 정체성"을 체현하기 때문이다.[201] 정체성은, 오늘날 많은 유다인·그리스도인·무슬림들이 입증해주고 있듯이, 다른 종교들을 인정하는 가운데서도 살아낼 수 있다. 결론: **배타주의** 없이도, 하느님께 나아가는 다른 길들을 인정하면서도, 정체성을 지켜낼 수 있다.

③ **종교적 진리의 확실성에 대한 열망**은 정당하다. 너무나 많은 사람들이 궁극적 기원과 종말, 자신들 삶의 총체적 맥락 그리고 장기적 전망과 관련하여 깊은 불안을 느끼고 있다. 그리고 자신의 해석·상징·척도들을 통해 사람들에게 확신을 제공하지 못하고, 오히려 종종 불확실성을 증대시키는 종교는 진리에 봉사하는 것이 아니다.

그러나 또한 이론의 여지 없는 것: 종교적 진리의 확실성의 고수가 곧장 근본주의와 동일시되는 것은 아니다. 종교적 확신은 모험과 회의를 기피하는 보험保險 사고방식이나 보루堡壘 심성, 요새要塞 전략 따위를 의미하는 것이 아니라, 크나큰 태연함에 터한 삶을 뜻한다 — 하느님의 진리는, 인간의 우악스런 도움 없이도, 스스로를 관철하리라는 것을 굳게 신뢰하는 가운데. 결론: **광신주의** 없이도 종교적 확신을 지켜낼 수 있다. 의심과 모험 또한 신앙의 일부분이며, 자신의 한계에 대한 통찰과 불가피한 관용 또한 신앙의 한 부분이다.

일치운동은 순전한 개혁 행동주의 이상의 것이다. 일치운동은 모든 교회가 단 하나인 그리스도교 전통, 즉 예수 그리스도의 복음 자체에 다시금 새로이 집중할 때 생성·실현될 수 있다! 오직 그러한 통찰에 터해서만, 온갖 종파주의적 불안과 불확실성을 이겨내고, 이데올로기적 광신과 증오를 내포한 편협함을 극복할 수 있으며, 신학적 상이점들 뒤에 감춰져 있는 특정 사회·계급·인종·문명·국가와의 경제·정치·문화적 연루성을 꿰뚫어보고, 싱싱한 자유로 나아갈 수 있다. 그러나 물론: 교회들의 쇄신 없이는 일치운동적 상호이해도 없다. 그러나 또한 일치운동적 상호이해 없이는 교회들의 쇄신도 없다!

이러한 일치운동적 근본태도에 터해서야, 종교개혁과 반종교개혁 이후에 비로소 대두한, 근대가 가톨릭 교회·개신교회·정교회에 똑같이 제기했던 새로운 문제들을 제대로 다룰 수 있다. 우리는 이제 이미 앞선 패러다임들을 분석할 때 거듭 새삼 지평선 위로 모습을 드러냈던 계몽주의 근대 패러다임(P V)을 보다 상세히 분석·고찰할 준비를 충실히 갖추었다.

<도>

이성과 진보에 정향된 근대 패러다임

종교개혁과 반종교개혁 이후, 종파주의 시기 참혹한 종파전쟁들의 형언할 수 없는 폐해 이후, 유럽 대륙의 30년전쟁(1618~48)〔나중에 영국에서 "명예 혁명"과 윌리엄 3세의 관용 법령(1688)으로 귀결될 터였다〕 이후, **17세기 중엽 새 역사의** 또하나 중요한 **분수령**을 확인할 수 있는바, 이에 관해서는 일반 역사학자들과 교회사가들의 의견이 일치하고 있다. 이것이 우리의 패러다임 분석에 의미하는 것: 앞에서 기술한 종교개혁 패러다임(P IV)뿐 아니라 반종교개혁 패러다임(P III)의 저 위기(두 패러다임 모두 근본적으로 새로운 자극을 소화해낼 능력이 없음을 드러냈다)가, **근대라는 새로운 패러다임**에로의 전환의 전제조건을 이룬다. 여기서 이 패러다임의 역사를 상술할 수는 없고, 그 근본 특징들과 그리스도교·교회·신학에 끼친 혁명적 영향만을 밝히기로 한다.[1] 그러나 그 전에 이 새로운 패러다임(P V)과 관련하여 몇 가지 역사해석학적 고찰과 차별화가 선행되어야 하는바, 이 작업은 우리가 근대적 패러다임을 순전히 역사학적으로만 분석하지 않고, 오늘날의 역사적·철학적 문제의식에 입각하여 분석하도록 도와줄 것이다.

1 근대의 시작

역사학의 **시대구분은 우리 자신의 결정사항**이며 따라서 상대적이다. 시대 구분은 어떤 초시대적 관점에 터해 이루어지는 것이 아니라, 오직 시대 내재적 관점에 터해 이루어진다.[2] 역사학은 역사에 관한 우리의 **앎**에 대한 학문이다: 그러므로 역사학은 어디까지나 특정 관점과 전망에 입각한 그리고 관찰자 자신의 관심사에 매여 있는 학문인바, 랑케가 말했던 것처럼 "본래 있었던 그대로" 서술하는 것에 그치는 것이 아니라, 동시에 이미 언제나 해석도 한다. 그러므로 해석 없는 서술이란 없으며, 따라서 결단 없는 시대구분도 없다. 물론 결단과 확정은, 만일 그것이 사실 자체에 위배되지 않으려면, 자의적으로 내려져서는 안된다! 다른 말로 해서: 시대구분 역시 자의적이어선 안된다. 시대구분은 최대한 "사실들"에 상응해야 하며, 현실에 대한 관점을 왜곡시켜서는 안된다.

대발견의 시대 — 근대의 시작?

각자의 관점·기준·관심사에 따라 **근대**의 시작을 달리 잡을 수 있다. 어떤 학자들은 근대가 이미 **고중세** 혹은 **중세 후기**에 시작되었다고 보며, 그래서 그들에겐 중세라는 것이 별로 남아 있지 않다. 그러나 새로운 시대의 온갖 그럴듯한 전前형태·조짐·선구자들이 나타났다고 해서, 그것이 곧장 패러다임 전환을 뜻하는 것은 아니다.[3] 패러다임 전환에서 결정적으로 중요한 것은, 이러저러한 첫 증거들이 아니라, 새로운 것이 규범이 된다는 점이다. 다시 말해서:

— 변혁의 예감이 사사로운 영역뿐 아니라 사회적 영역에도 팽배해지고,

— 기존의 것에 대당적對當的인 것들이 뚜렷이 모습을 드러내고,

— 별난 착상과 선례들이 표준과 규범이 되고, 새로운 것이 대두할 뿐 아니라 관철될 때,

그때에야 비로소 세계적·시대적 전환, 새 시대를 여는 대大패러다임의 전환에 관해 말할 수 있다.

또 어떤 역사학자들은 근대가 **르네상스**와 함께 시작되었다고 본다. 그러나 르네상스는, 앞에서 살펴보았듯이[4], 그 온갖 전진적 충동에도 불구하고, 자주적 이성이나 진보에 정향定向되어 있지 않고, 그 이상인 고대에 정향되어 있었다. 또다른 역사학자들은 **종교개혁**을 근대의 시작으로 본다. 그러나 대체로 반反코페르니쿠스적이고 비민주적이었던 종교개혁가들은 아직 여러모로 중세적 관념과 행동방식에 매여 있었다. 사실 루터·멜란히톤·칼뱅·녹스·크랜머 그리고 에라스무스·반종교개혁 시대 교황들·바로크 예술가들은 근대적 인물들이 아니었고, 데카르트와 라이프니츠, 갈릴레이와 뉴턴, 홉스·루소·칸트가, 각자 자기 나름의 방식으로, 비로소 전형적으로 "근대적"인 인간들이었다.

그러나 1492년이라는 역사적 연도는 어찌할 것인가? 과연 **아메리카의 발견**과 함께 (넓은 의미의) 근대가 시작되었다고 생각할 수 있을 것이다. 그러나: 당시 그리스도교계에서 그것은 아직 패러다임 전환을 의미하지 않았다. 어째서?

신대륙 발견 시기를 근대의 시작으로 보는 사람들은 스페인과 포르투갈 역사학자들만이 아니라는 것은 당연하다고 하겠다. 사실 15~16세기 유럽인들의 대양大洋 진출과 그것과 결부된 대발견 및 정복은 유례없이 대담하고 모험적인 사건이었다. 그러나 유럽인에 의해 지구의 다른 부분들이 "발견"되었고, 그 반대가 아니었던 것은, 말하자면 일종의 우연이 아닐까? 일찍이 유럽에 널리 퍼져 있던, 지구의 다른 부분들은 유럽인들에 의한 "발견" 이전엔 존재하지도 않았던 것처럼 여기거나, 애당초 문화적으로 열등했다고 여기는 오만하고 무지한 사고방식은, 물론 오늘날의 우리와는 거리가 멀다. 뭘 좀 아는 사람이라면, 페르시아나 바그다드의 이슬람 문화 혹은 중국의 송·청 왕조에 대해 그따위로 주장하지 못할 것이다. 그러나 16세기의 중국, 인도 또는 이슬람 문화권은, 유럽과 비교할 때, 어느 쪽인가 하면 자신들 내부로 향했고 또 보다 정태적이었던 것은 확실하다고 하겠다. 어떻게 평가하든간에, 유럽의 경쟁자가 될 수도 있었을 문화권들은 해외 식민지 제국 건설에 필수적인 추진력을 충분히 갖추지 못했다. 이론의 여지 없는 사실들:

— **중국 제국**은 (한국·일본·베트남·중앙아시아로의 진출 그리고 인도에까지 이르는 간헐적 해외 원정도 있긴 했지만) 고유한 중화주의 세계관·국가관 때문에, 해외 무역과 식민지 개척에 지속적 관심을 보이지 않았다. 중국은 동남아시아 군도群島를 한 번도 자기 세력 안에 잡아두지 않았으며, 중국인들에게 태평양의 의미는 유럽인들에게 대서양이 의미했던 것과 전혀 달랐다. 그리고 중국과 일본은 유럽의 팽창정책에 직면하여, 쇄국鎖國으로 대응했다.

— **이슬람 제국**은 15세기까지는 유럽 대륙에서 (터키인들에 의해) 강력한 입지를 확보하고 있었고, 나아가 지중해와 인도양 그리고 자바에 이르기까지 해외무역을 지배했다. 그러나 16세기에 이슬람 제국은 훨씬 발달한 항해기술(연안뿐 아니라 대양에서도)을 가진 포르투갈과 스페인에게 추월당했다. 이슬람 제국(터키인들과 페르시

아의 사파위드인들)은, 발칸 반도에서는 아직 군사적 팽창이 진행되고 있었지만, 정체와 이완의 조짐을 드러내기 시작했다. 인도의 무갈 제국은 힌두교를 믿는 마라타인들과의 전쟁으로 말미암아 붕괴했다.

물론 고대와 중세에도 대륙간의 교류는 있었다: 육로를 통한 무역·정복 전쟁·여행 그리고 지중해권과 태평양─폴리네시아에서의 제법 규모 큰 민족집단들의 이동. 그러나 16세기에 유럽과 다른 대륙들과의 교류는 (어느 때보다 빈번·긴밀해졌거니와) 이제 고대로부터 잘 알고 있던 아시아와 아프리카에 국한되지 않고, 그때까지 알려지지 않았던 대양과 대륙에로의 길을 개척했던바, 대양들은 이제 더이상 분리의 요인이 아니라 오히려 결합의 요인이 되었다. 지정학적으로는 이때 이미 새로운 시대가 시작되었음은 두말할 것이 없다. 그러나 그것이 그리스도교에게 과연 패러다임 전환을 의미했던가? 이것은 전혀 다른 문제다.

그리스도교의 패러다임 전환은 아직 아니었다

유럽인들의 대양 진출은 전세계에 엄청난 영향을 끼쳤다: 새 시대가 진행되면서 (서로 손잡고 행해지던 정복·무역·선교에 의해) 점진적인 그러나 물론 균일하지 않은 유럽화를 통해, 여러 대륙이 하나인 세계로 결합되었다: 유럽을 중심으로 한 하나인 세계! 그래서 훗날 근대적 패러다임은 철저히 **유럽중심적 패러다임**으로 나타날 터였다! 이러한 유럽화 과정이 극단적 양면성을 지녔고, 의식적이든 무의식적이든 엄청난 희생을 야기했으며, 전쟁과 전염병에 의해 종족이나 민족 전체를 추방·절멸시켰고, 고래古來의 문화와 사회를 파괴했다는 것을, 유럽인들 자신조차도 근대와 유럽의 식민주의 및 제국주의가 종막을 고한 뒤에야, 2차대전이 끝난 뒤에야 전반적으로 깨닫게 되었다. 그러므로 식민지 개척 과정과 유럽 이외 대륙들의 탈식민지 과정은 별도로 분석·연구되어야 한다.[5]

우리는 여기서 다음 사실에 집중하자: 새 대륙들의 발견이 **그리스도교에게는** 새 시대를 여는 **패러다임 전환**을 의미하는 것이 **아니었다.** 왜냐하면 당시 정치적 상황의 중심에 있던 것은 종교개혁이었고, 이것이 자신의 세력들과 반대세력들을 통해 중세에서 근대로 넘어가던 그 전환기를 지배했기 때문이다!

그런 까닭에 신대륙 발견은 대부분의 유럽인들에게 오랫동안 주변적 사건으로 머물러 있었다. 해외 식민지들이 깊은 관심의 대상이었던 까닭은 무엇보다도, 로마 가톨릭 세계의 주도세력으로 부상하던 스페인에게 (개신교와 맞서 싸우는) 전쟁을 위해 엄청난 금과 은을 〔금 보유량의 증가와 물가상승 그리고 신기한 기호품과 식료품들(커피·카카오·차·담배·사탕수수 설탕·감자·온갖 향신료)은 논외로 하자〕 풍족히 제공했기 때문이었다. 그러나 당시 평범한 유럽인들에게는, 머나먼 곳에 있는 새 땅의 발견과 대개는 사볼 엄두도 못 낼 비싼 물건들의 수입보다는, 코앞의 현실이 훨씬 중요했다.

아무튼 그리스도교계의 중세적 신앙과 종교개혁적 신앙이, 저 머나먼 대륙 전체의 사람들은 신앙이 없거나 다른 신앙을 갖고 있다는 것을 알고 충격을 받게 된 것은 나중의 일이었다. 특히 스페인은, 앞에서 살펴보았듯이, 몇 가지 개혁은 수행했지만, 종교적으로 중세적 패러다임에 얽매여 있었고, 바로 1492년에도 극히 잔혹하게 유다인들을 박해했다. 또한 1550년의 격렬한 논쟁에서도 후안 기네스 드 세풀베다는, 바르톨로메 드 라스카사스(먼 훗날에야 관철된, 모든 인간의 법률적 동등권을 위해 투쟁했다)의 자연법적 논증에 맞서, 인종들의 차등성을 강력히 주장하여 사람들의 호응을 얻었다.

그러나 씩씩한 탐험가 크리스토퍼 콜럼버스는 철저히 근대적인 인간이 아니었던가? 그의 "세계관"에 비추어보면, 전혀 그렇지 않다. 항해와 작도법作圖法의 출중하고 결단력있는 대가였던 이 제노바 출신의 크리스토발 콜론Cristóbal Cólon이 몇 년간 꼼꼼히 계획하고 합리적으로 조직한 그 대서양 횡단 항해는, 사실은 부분적으로는 완전히 공상적인 중세적 관념과 황당무계한 기대로부터 비롯된 것이었다. 실제로 인도까지의 서쪽 항로는 콜럼버스가 프톨레마이오스의 그릇된 보고에 근거해 예상했던 것보다 거의 두 배나 멀었고(11,000km가 아니라 21,000km), 또 새로 발견한 해안도 주지하다시피 "인디아"(중국과 일본)의 동쪽 돌출부(콜럼버스는 죽을 때까지 이곳이라고 굳게 믿었다)가 아니라, 그때까지 전혀 알려지지 않았던 대륙 곧 아메리카의 한 귀퉁이었다.

더구나 콜럼버스는 신심과 품성에서도 철두철미 중세의 인간이었으니, 자신의 탐험 항해(무엇보다도 금을 비롯한 귀중품을 얻기 위한)를 동시에 선교 항해(전통적인 가톨릭 신앙을 전파하기 위한)로 선전했고, 자신의 모험에 끌어다붙이기 위해 성서에서 온갖 그럴듯한 "예언들"을 찾아 모았다. 가톨릭 교회 밖에는 구원이 없다는 것이 그에게는 자명했다. 콜럼버스는 그 옛날 십자군 원정의 정신에 입각하여, 믿지 않는 자들과의 전쟁을 처음부터 "의로운 전쟁"으로 여겼고, 식민지 정복과 그리스도교화를 아우구스티누스식의 "사람들을 억지로라도 들어오게 하라"(루가 14,23 참조) 정신에 터해 밀어붙일 수 있었다. 그는 신대륙에서 얻은 금의 일부로 팔레스티나로의 새로운 십자군 원정의 자금을 대고, 또 몸소 군대를 지휘하려고 마음먹었다.

간단히 말해서: 신대륙 정복자들 가운데 그 누구도, 엄밀한 의미에서, 근대적 인간이 아니었다. 그들은 신대륙의 인간들에게 이 또한 전혀 "근대적"이지 않은, 철두철미 전통적인 중세 로마 가톨릭 패러다임(P III)을 넘겨주었다. 그래서 (예컨대 고대교회의 선교에서와는 달리) 스페인과 포르투갈이 지배하던 지역에서는 (그 옛날 헬레니즘 패러다임 같은) 그리스도교의 토착 **인디언 패러다임**이 생성될 수 없었다. 선교는 식민지 건설의 한 부분이었는데, 적어도 표면적으로는 원주민들의 이른바 미개한 종교들을 절멸해 버렸고, 그들의 삶을 지배하던 정신을 뿌리뽑았다.

유럽의 정치적·지성적 엘리트들조차 유럽의 세력 팽창의 엄청난 결과와 그것이 야기한 전세계에 걸친 지리적·교통기술적·경제적·정치적 과제들을 어느 정도라도 파악·감당할 수 있기까지는 시간이 필요했다. 17세기에야 비로소, 사람들이 곳곳에 터잡고 살고 있는 거대한 신대륙들의 발견이, 이제는 거꾸로 유럽 그리스도교계의 세계상과 신앙에 내면적인 영향을 끼치고, 그것들을 불확실하게 만들고 변화시켰으니, **세계**(사람 사는 땅 전체)**와 그리스도교 세계가 동일하지 않다**는 것이 분명해졌던 것이다! 그러나 그때는 이미 계몽주의 시대, 본격적 의미의 근대, 요컨대 종파들간의 온갖 논쟁과 전쟁이 끝나고 갖가지 종파들뿐 아니라 여러 종교들에 대한 관용이 널리 선전되는 시대였다.

다시 말해서: 그리스도교의 새로운, 본격적 의미의 근대적 패러다임(P V)을 특징짓게 될 것은, 신대륙 발견 자체가 아니라, 새로운 철학과 경험적 자연과

학, 참신한 자연법과 세속화된 새로운 정치관·국가관이었다. 이에 관해 아래에서 상세히 고찰하기로 한다. 근대 패러다임 분석의 길은 멀지 않을 것이다. 그 대신 그 길에는 수많은 샛길이 있어, 한눈에 조망하기가 매우 어려울 것이다.[6] 우리는 **여러 번의 중대한 근대화의 단락**들을 확인하게 될 것이다.

② 유럽의 새로운 정치상황

널리 알려진, 그러나 근본적으로 다른 두 개의 멋진 기념 건축물이 새 시대를 연 전환을 생생히 보여주는 상징이 될 수 있다:

― 하나는 스페인 카스티야 산악지대에 있는 적요하고 서늘한 잿빛의 **에스코리알** 수도원 궁전: 16세기 후반기에 가장 권세있던 인간이요 철두철미 보수 정통 가톨릭 신자인 합스부르크 가문 스페인 왕 필립 2세가 관저 겸 수도원 형태의 기도와 학문 센터로(성당이 중앙에 위치), 또한 왕실·기념묘지로 건축했다: 성 라우렌티우스 축일에 프랑스에게 거둔 승리를 기념하기 위해, 쇠살판(3세기에 라우렌티우스에게 사용되었던 고문 형구)의 스케치에 따라: 반종교개혁 전투와 승리의 기념물.

― 다른 하나는 소택지에 지어졌던, 그러나 지금은 거대한 인공 정원으로 둘러싸인 호화로운 **베르사유** 궁전. 이것은 17세기 후반기에 가장 권세있던 인간이요 철두철미 세속적인 "가톨릭" 절대군주였던 프랑스 왕 루이 14세(1661년 즉위)가 한때는 3만 명의 일꾼들을 부려가며 건축했다: 프랑스혁명 때까지 왕들의 관저였던 매우 훌륭한 고전주의 양식의 이 국가적 건축물은("루이의 방"이 중앙에 있고, 성당은 측면에 있다) 온 유럽의 중심부가 되었다. 대문 위에는 태양왕의 영광이 황금색 글자로 선포되고 있다. 절대 왕권과 그것의 기이한 의식儀式을 위한 예배장소 같은 궁성.

17세기 ― 전환점

17세기 초에도 가톨릭 **스페인**(필립 2세는 1598년 71세를 일기로 자신의 에스코리알 궁전에서 사망했다)은 여전히 유럽에서 가장 크고 부유하고 강력한, 또 가장 경원시되는 나라였다〔1588년 거대한 침략 선단("무적함대")이 영국 해군과의 전투에서 참패하고 3번(1557·1575·1596년)의 국가 재정 파탄을 겪었음에도〕. 신대륙 어디서나 스페인 군인·식민자·선박들을 볼 수 있었다. 스페인의 "황금시대"는, 특히 문화 부분에서(로페 드 베가·세르반테스·칼데론·벨라스케스·주르바란·무릴료 등을 상기하라), 17세기 중엽까지 계속되었다. 유럽인들은 여전히 스페인 문학작품을 열심히 읽었고, 스페인의 부와 문화에 경탄했으며, 스페인 궁정 의상을 모방했다. **17세기 중엽**에 비로소 프랑스에 의한 스페인의 패배(1643), 피레네 평화조약(1659), 네덜란드(1648)와 포르투갈(1668)의 상실과 더불어 **스페인의 패권의 붕괴**가 명백해졌던바, 세기말에는 유럽 열강들의 협상에서 배제되었다. 그러면 스페인의 자리를 차지한 것은 어느 나라였던가?

독일과 이탈리아는 논외였으니, 이 나라들은 17세기 초 국제정치 무대에서 별볼일없는, 존재들이었다. **독일**은 명목상으로는 황제가 다스렸으나, 실제로는 수백 개의 선選제후국·제후국·공국·도시들로 분할된 제국이었고, 더구나 1555년 아욱스부르크 종교화의 이후 가톨릭과 개신교 두 종파로 분열된 채, 종교개혁이 계속 추진되고 있었다. 독일 제국? 그것은 외국 세력들의 작전지역이었으며, 이슬람의 새로운 공격의 위협에 직면해 있었다. 공격을 개시한 사람은 술탄 메흐메트 3세였는데, 그는 자신을 해 뜨는 곳에서 해 지는 곳까지 온 세계의 지배자로 선언했다. 그러면 **이탈리아**는? 서로 적대하는 도시국가들(교황령·밀라노·피렌체·나폴리·베네치아·제노바)의 싸움 때문에 열강들의 각축장이 되어버린 이탈리아는, 당시 아주 많은 지역이 스페인의 점령하에 있었다. 그리고 교황 클레멘스 8세(1592~1605 재위)는 터키인들(향후 두 번에 걸쳐 빈까지 진격하게 됨)에 대한 방어나 그리스도교계의 문제보다는 교황령 보존 문제에 골몰하고 있었다.

30년전쟁(1618~48)은 독일을 전쟁과 폐허의 땅으로 만들어버렸으니, 인구가 시골에서는 50%, 도시지역에선 30%나 줄어들었다. 처음엔 내전이자 종교전쟁이었으나, 나중에는 특히 구스탑 아돌프의 스웨덴과 리슐리외의 프랑스가 끼어들면서, 순전히 유럽의 패권을 다투는 국제전이 되어버렸다. 결국 독일은 완전히 피폐·무력해졌고, 그후 수십 년이 지나도록 무서운 전쟁의 참화에서 회복되지 못했다. 이제 네덜란드와 스위스는 제국 연맹에서 떨어져나갔다.

여기서 새로운 총체적 상황에로의 패러다임 전환이 이미 뚜렷이 드러난다:

● 30년전쟁은 17세기의 엄청난 위기를 야기했는데, 이 종파전쟁은 종파주의의 어리석음을 뚜렷이 보여주었다.

● 이 시대에 종지부를 찍은 베스트팔렌 조약(1648)은 독일 제국 내의 종파 분열 상황을 고착화하고, 종파들을 공권력에 길들여 종파들간의 평화의 토대를 놓았다.

● 개신교(P IV)의 공세는 꺾인 듯이 보였고, 개신교 종파는 국가에 종속되었다. 황제파 가톨릭(P III) 세력의 보편군주제 재건 시도는 결정적으로 좌절되었다. 베스트팔렌 조약의 교회 관련 규정들에 헛되이 저항했던 교황직은, 국제법적 조정자로서의 권위와 권한을 상실했으나, 새로운 초국가적 기구에 의해 대체되지는 않았다.

● 종파들의 질서 원칙은 무력해졌고, 국가들간에 공백 영역을 남겨놓았다. 종파들의 시대가 절대군주제 시대(1648~1789)에 의해 교체되었다.[7]

이러한 시대적 대변혁에 비하면, 독일뿐 아니라 거의 온 유럽이 17세기 중엽 이후 사회와 문화 영역에서 심각하고 지속적인 **구조적 위기**에 처해 있었는지 여부는 부차적 문제로 보이기도 한다. 영어권(E.J. 홉스봄, T.K. 랩, H.R. 트레버-로퍼)을 필두로 하여, 프랑스어권(R. 무스니에)과 독일어권(H. 레만[8])에서도 역사학자들의 다방면에 걸친 연구·분석은 당시의 심각한 전개상황을 밝혀낼 수 있었다: 인구 정체, 농업·상업·공업의 경기 쇠퇴, 물가 상승, 문맹의 증가 그리고 이것들과 결부된 도덕적 가치와 규범들의 심각한 혼란; 확신과 희망 대신 불안과 두려움이 지배하고 있었다. 물론 당시의 갖가지 경제적·정치적 위기 현상들이 여러 가지가 서로 얽혀 있는 "총체적" 위기였는지에 관해서는 학자들 사이에 논란이 계속되고 있다.[9]

어쨌든 분명한 사실: 수많은 내전과 폭동이 그 시대를 뒤집어놓았는데, 특히 카탈로니아·포르투갈·나폴리 왕국뿐 아니라, 영국과 프랑스 그리고 다른 지역에서도 그러했다. 사실 당시 유럽 국가들은 대부분 경찰력·상비군·관료제도·대중매체를 갖고 있지 못했고, 국민감정이라는 것도 존재하지 않았다. 그

래서 합리적으로 논증을 전개하던 많은 정치사상가들(예컨대 스피노자·홉스) 역시, **절대군주제**를 혼란을 방지하고 국내 평화를 보장하는 유일한 방법으로 여겼다. 요컨대 법과 질서를 유지하기 위해서는 강력한 중앙정부가 필요했다. 온갖 정치적 분쟁 외에, 교회들 자신도 해소하지 못한 종교개혁의 후유증이 여전히 남아 있었는데, 특히 하느님의 예정을 주장하는 자들과 인간의 자유의지를 옹호하는 자들 간의 싸움이 치열했다: 네덜란드에서는 "충고자들"과 그들의 반대자들이, 영국에서는 청교도들과 아르미니우스파가, 프랑스·네덜란드·스페인령 네덜란드에서는 얀센파와 예수회가 서로 싸웠다. 어쨌든 다시 한번 묻자: 어떤 나라가 스페인 대신 유럽의 패권을 차지했던가?

대서양으로의 권력중심 이동

　근본적 패러다임 전환의 또하나 중요한 표지: 17세기 중엽 유럽 **역사 무게중심의 새로운 이동**이 일어났다. 그것은 종교개혁과 반종교개혁 시대처럼 지중해권(P Ⅲ)에서 유럽 중앙부(P Ⅳ)로의 이동이 아니라, 중부 유럽에서 서쪽 경계의 **대서양 국가들**(P Ⅴ)로의 이동이었다. 이제 네덜란드·프랑스·영국 국민들은 자기네 함대를 위해 스페인과 포르투갈 사람들로부터 "바다를 해방"시켰고, 수많은 탐험·정복 항해를 통해 조직적으로 새 대륙들로 진출했으며, 그 대륙들을 "발견"하는 데 그치지 않고 확실히 점령하고 사람들을 이주시켜, 자기들 시장을 위해 착실히 이용했다(식민주의). 바다에 접한 변두리 지역이라는 불리함이 이제는 새삼 유리한 조건이 되었다. 식민지 건설에 있어 5개국 지배구도가 형성되었고(포르투갈과 스페인 외에 바야흐로 프랑스·영국·네덜란드가 갈수록 강력히 부상했다), 이 나라들이 근대의 정치·법률·경제적 세계질서를 오랫동안 좌우할 터였다.

　그것은 인류 역사에서 하나의 새로운 현상이었다: 전세계에 걸친 유럽의 식민지 건설이 초래한 결과는 극단적인 양면성을 지니고 있었다. 예전 패러다임들에서는 지중해가 국가들의 지리적 중심이었으나, 17세기에는 대서양이 중심이 되었고, 대서양의 유럽 해안 지역에는 새로운 대도시들이 발달했다(우선 세비야와 리스본 그리고 안트워프·암스테르담·런던). 이제는 해외 무역이 지중해 무역을 능가했고, 유럽 국제법이 다른 대륙들에서도 통용되었다. 근대의 유럽중심적 패러다임은 (그리스도교에도 중대한 결과를 초래했거니와) **식민주의 패러다임**이었다!

새로운 시대는 **개신교 해양국가**들의 것이었다. 북쪽 지역의 스웨덴과 덴마크는 논외로 하고, 바야흐로 **네덜란드 연방**이 첫째가는 해양·식민 세력으로 부상했다. 80년(1567~1648)간의 해방투쟁 끝에 베스트팔렌 평화조약(1648)에서 스페인으로부터 독립한 네덜란드는, 특히 12년간의 휴전(1609년 조인) 동안 국가의 중추인 부유한 시민계급과 네덜란드 동인도 회사를 통해 당시 세계에서 가장 규모 큰 무역 선단(船團)을 조직하고 동아시아 식민지 제국을 건설했으며, 암스테르담을 세계 무역의 중심지이자 가장 큰 항구로 발전시켰다. 암스테르담은 또한 완전히 "근대적"인 할인은행을 설립(1609)함으로써, 유럽 금융의 중심지가 되었다. 한편 매우 많은 유다인이 이베리아 반도에서 피해온 것도 네덜란드에게 큰 이익이 되었는데, 유다인들은 이 자유로운 땅에서 큰 성공을 거두었다.[10] **영국**은 당시 스튜어트 왕조(1603~89)의 지배 아래에서 자국의 문제들에 골몰했었는데, 여전히 대체로 독자적인 길을 걸었다.

유럽에서 스페인과 포르투갈 몰락의 가장 큰 수혜자는 **프랑스**였다. 프랑스는 17세기 초까지 여덟 차례 종교전쟁(1562~98) 때문에 온 나라가 갈가리 찢어졌고, 기아·페스트·이민으로 말미암아 몹시 피폐했는데, 시간이 지나면서 힘차게 회복하여 당시로선 **유럽에서 가장 근대적인 국가**가 되었다. 프랑스가 이렇게 놀라운 변모를 할 수 있었던 것은 걸출한 세 권력정치가(앙리 4세·리슐리외·마자랭)의 탁월한 능력 덕분이었던바, 이들은 프랑스를 향후 거의 온 유럽의 본보기가 된 중앙집권적 **절대군주제**와 유럽의 **패권**에의 길로 이끌고 나갔다:

— **앙리 4세**(1594~1610): 부르봉 왕가 출신으로서 처음에는 개혁신앙의 "위그노파" 지도자였는데, 1593년 프랑스 왕위를 얻게 되었을 때 가톨릭으로 돌아섰다 ("파리는 미사 한 대의 가치가 있다"). 앙리는 또한 재건정책을 추진하면서 국가 권력의 새로운 확립과 국가 재정 정상화를 통해 위그노 전쟁으로 인한 참담한 재앙을 극복하고, 국내외적 평화를 확보하려 노력했다. 프랑스는 가톨릭 전제군주국으로 남았으나, 반종교개혁적 열정 따위는 갖고 있지 않았다: 120만 명의 개신교

개혁파 신자들은 낭트 칙령(1598)에 의해 양심의 자유, 제한된 예배의 자유, 시민으로서의 동등한 지위를 보장받았으며, 위그노파가 주민의 절반이 넘는 2백 개 도시에서는 정치적·군사적 권력도 확보할 수 있었다. 이로써 이제 개신교 신자들은 사실상 국가 안의 국가를 건설한 셈이었다.

— **리슐리외 추기경**: 앙리의 아들인 루이 13세 때 전권을 지닌 "수상"(1624~42)으로서 내정·외교·국방 정책과 자신이 설립한 첩보기관도 관장했던 리슐리외는 프랑스의 자기주장 정책을 밀고나갔는데, 경제 침체에도 불구하고 모든 정책을 다음 두 가지 목표에 귀속시켰다. 내정의 목표: 무정부주의·봉건 제후들의 자치권·의회·백성들(특히 농민)의 폭동에 맞서, 국왕의 절대권력의 관철. 외교의 목표: 스페인 군대·영국 함대·독일 용병부대에 맞서, 유럽에서 프랑스의 우위 확립. 리슐리외는 위그노파의 정치적·군사적 특권들을 단호히 박탈하고 (종교적 특권은 손대지 않음), 몸소 지휘한 서·남 지역 전투를 통해 위그노파의 정치조직을 궤멸함으로써 "국가 안의 국가" 상태를 종식시켰다. 그는 거룩한 로마교회의 추기경이었지만, 프랑스를 (가톨릭!) 합스부르크 왕가(스페인·독일 제국·이탈리아에서 군림하고 있었다)의 온갖 간섭에서 해방시키기 위해, 냉정한 계산에 터해 개신교 세력들과도 동맹을 맺었다. 리슐리외는 그야말로 근대적으로, 모든 교회적·종파적 이해관계를 "국시"國是(1628~29)에 종속시켰다. 또한 그는 체계적 문화정책의 틀 안에서, 프랑스어의 보호·장려를 위해 아카데미 프랑세즈를 창설했다.

— **마자랭 추기경**: 본디 교황의 대리인이었으나 리슐리외의 찬미자요 협력자가 되었다가 마침내 그의 후임으로 수상(1643~61)에 오른 마자랭은, 리슐리외의 절대군주제적 중앙집권화 정책을 완전히 마무리했다: 신분 대표 의회의 정치적 권한 폐기, 귀족들의 프롱드 당黨 타도, 육군과 해군 강화, 크롬웰의 영국과의 동맹 그리고 베스트팔렌 평화조약에서는 오스트리아에, 피레네 평화조약(1659)에서는 스페인에 맞서 프랑스의 패권 관철을 통해.

이리하여 "스페인의 시대"가 **프랑스의 시대**에 의해 결정적으로 교체될 바탕이 마련되었거니와, 앙리 4세의 손자요 마자랭이 교육에 절대적 영향력을 행사한 루이 14세가 프랑스의 시대를 더할 나위 없이 찬란하게 꽃피울 터였다. 그러나 우리는 무엇보다도 유럽의 이 새로운 세력 판도가, 우리의 패러다임 분석의 맥락 안에서 어떠한 의미를 지니는지를 고찰해야겠다. 어디서나 중앙집권화·사회적 훈련·군국화의 성향을 드러냈던 유럽 열강들의 정치는 많은 근본적인 문제들을 야기했는데, 그 문제들은 근대에는 부분적으로만 해결되었다. 그것들에 관해 간략히 언급하자.

근대 유럽 정치의 원칙들

정치적으로 볼 때, 당시 대두하던 근대는 중세적 패러다임 및 종교개혁적 패러다임과 구별되는 다음과 같은 특징들을 지니고 있었다:

로마제국의 뒤를 잇는 단 하나인 보편제국은, 칼 5세와 필립 2세의 패권 도모가 실패한 뒤, **동등한 권리를 지닌 근대적 지역국가들**의 공존에 의해 대체되었는데, 사실 이 나라들은 이미 13~14세기에 중세의 두 가지 최고 권력, 즉 제권帝權과 성권聖權이 쇠퇴했을 때, 이미 생성되었다. 그러나 이 전개과정은 이론적이고 실천적인 물음을 제기했다: 국가 그리고 국가의 대표성이 어떻게 정당화되어야 하는가? 또하나: 이제는 황제도 교황도 특별한 역할을 할 수 없는 유럽에서, 누구에게 **최고 지배권**이 귀속되어야 하는가?

대답: 황제와 교황 대신, 이제는 개개 국왕이 최고 권력, 어디에도 매이지 않은 "**주권**"을 보유한다고 주장했다. 그 이론적 근거는 **쟝 보댕**이 위그노 전쟁으로 인한 무정부 상태를 극복하기 위해 전개한 새로운 국가론(*Les six livres de la République*, 1576)[11]에서 처음으로 제공했다. 여기서는 군주를 국가 주권의 화신化身으로 제시한다[프랑스 신분 대표 의회의 권력 요구를 저지하고(국법상의 주권), 교황과 황제의 만일의 요구를 방지하기 위해(국제법상의 주권)]. 이리하여 국가 통치자에게 (물론 하느님의 법과 자연의 법에 매여 있는) 참된 최고 권력(전쟁이나 평화의 결단, 절대적 입법권 등)이 귀속되었는데, 이 권력은 이 세상의 다른 어떤 권력에 의해서도 대체될 수 없으며, 따라서 그야말로 독립적이다.

다음 세기에 다방면에 정통한 학자요 절대군주제 국가 이론가인 영국의 **토마스 홉스**(데카르트와 갈릴레이의 동시대인으로서, 서로 알고 지냈다)가 보댕과 같은 입장을 주장했다. 홉스 역시 영국의 혼란스러운 상황에 직면하여, 이승의 신神 "리바이어던"Leviathan(1651)이라 이름붙인 강력한 국가를 옹호했다.[12] 이것은 근대의 중앙집권적 국가라는 거대한 괴물에 대한 최초의 비전이었다: 상위의 법이념에 의해 모든 제약으로부터 해방된 그리고 동시에 국민과 군주 사이의 온전히 "자연적"인 사회계약(복종계약)에 근거한 권력. 홉스에 의하면, 전적으로 자기보존 욕구에 따라 움직이는 천부적으로 동등한 인간들은, 만인의 만인에 대한 투쟁을 방지하기 위해서는, 자신들의 자연적 권리를 포기하고 그것을 한 사람의 군주에게 양도해야 한다. 홉스가 절대군주제의 근원을 "하느님의 은총"이 아니라 자연적 원리에 소급시키고 강력히 탈신화화脫神話化하기는 했지만, 군주에게 양도된 권력은 예전과 마찬가지로 양여할 수도 나눌 수도 없는 것이었다. 이 권력에 대한 저항은 용납되지 않는다. 홉스(성서에서 논거를 끌어냈다!)에게서 종교와 교회는 어디까지나 통치 안정이라는 목적에 귀속되어 있는 것으로 나타난다. 정치가 (갈라져 싸우는!) 종교 위에 있어야 한다. 사회생활의 탈신학화와 탈종파화는 필수적으로 여겨졌고, 그 결과는 더욱 강화된 정치화와 관료화였다.

도미니코 회원 비토리아와 예수회원 수아레스 그리고 16세기 스페인 자연법학자들에 의해 준비되었고, 자연법을 "환속"시킨 그로티우스와 홉스·로크·푸펜도르프에 의해 확고한 토대가 놓인 이 세속화된 자연법적 국가론은, 국가를 (원칙적으로 왕권신수설이나 초자연적 목표 따위와는 전혀 관계 없는) 국민과 정부의 계약의 자연적 산물로 여겼다. 계약 이론에 입각한 이 국가론은, 처음엔 군주 혹은 국가에게 귀속되었던 주권을, 100년 뒤 대혁명 전야에 루소가 국민 자신에게 귀속시키는 (주권재민) 것을 가능하게 해줄 터였다. 그러나 제기되는 **물음**: 자연법에 근거한 주권은 사실상 대내적으로는 **절대군주의 국가 권력 독점**을, 대외적으로는 다른 국가들과 단절된 위험스런 **국가의 자기폐쇄**를 의미하지는 않았던가?

사실상: 정치적 가치 서열에서 이제는 갈수록 종교 대신 **국가가 첫자리**를 차지하게 되었다. 국가는 (하느님과 나란히) 국왕에게조차 최고가치가 되었고, 먼 훗날에는 심지어 하느님과 국왕을 대체할 터였다. 근대 유럽은 **국가들의 유럽**이었다! 혈통 언어 역사 종교 "사명"에 근거한, 타 국가(국민)들과 다르고 특별

하다는 의식은 물론 걸핏하면 다른 국가들에 대한 경멸과 적의로 귀결되었다. 그래서 제기되는 **물음**: 이로써 모든 수단을 성화하는, 종래에는 대개 종교와 결부되었던 열광(광신)이 국가로 옮겨갔고, 이 국가는 근대의 **국수주의**에서 모든 수단을 정당화하고, 그때까지는 허용되지 않던 것을 감행하지 않았던가?

대답: 종파적 관심사와 윤리적 성찰의 자리에, 이제는 사실상 이성, 더 정확히 말해 "**국시**"raison d'état와, 이미 피렌체 출신의 르네상스 사상가 **니콜로 마키아벨리**(1469~1527)[13]가 (자신은 어떠한 권력정치의 변호자도 되고자 하지 않았지만) 토대를 놓은 정치의 자율성에 대한 강조가 들어섰다. 국시가 의미하는 것: 국가의 번영, 더 정확히 말해 국가 권력의 보존과 확장이 국가적 행위의 척도와 원칙이 되어야 한다. 때문에, 필요한 경우에는, 현재 널리 통용되고 있는 법과 도덕을 무시하는 국가적·정치적 행동방식이 허용된다. 그러한 "국가이성"은 개개인의 이성과 양심이 준수해야 하는 윤리적 규범들을 벗어날 수 있다. 현명하게 모든 일에서 관대함·자비·인정을 지닌 것처럼 행동하는 군주는, 자신의 통치권을 위해서라면, 신의와 정직, 자비와 인정에 저촉되는 일도 할 수 있고 또 해야만 한다.

리슐리외는(물론 그 역시 국내외 정치의 일정한 제약 아래 활동했다) 국시를 프랑스 대외정치의 원칙으로 들어높였고, 스스로 주장하기로는 이성의 명령을 따르는, 그러나 실제로는 순전히 권력의 관점에 입각하여 프랑스의 이익을 거리낌없이 도모하는 정책을 추진했다. 그러는 가운데 술책 음모 살해, 소수집단에 대한 탄압 그리고 "이데올로기적 적수들"(개신교 세력들 그리고 심지어 이슬람 터키도)과의 동맹도 거침없이 행해졌다. 그러나 제기되는 **물음**: 자율적 "국시"를 척도로 삼는 그러한 "현실정치"에서는, 당초부터 **전쟁**이 **예정**되어 있지 않은가?

근대의 중요한 특징의 하나: 근대에서 관건이 된 전쟁은 중세적 패러다임에서처럼 교황과 황제의 투쟁이나, 종교개혁적 패러다임에서처럼 가톨릭과 개신교의 싸움이 아니라, 유럽의 **패권을 차지하기 위한 국가들간의 전쟁**이었다. 국가들은 우월한 지위를 확보하기 위해, 없는 구실도 만들어 거듭 새삼 군사적 충돌을 일으켰고, 다른 나라의 주권을 거침없이 침해했다. 근대의 전쟁은 물론 **철저히 세속적 전쟁**이었으니, 적국의 종교(파)적 입장은 전혀 고려의 대상이 아니었다. 이제 완전히 "세속화"된 전쟁은 과거 그 어느 때보다도 원칙적으로 불가피하고 현실적으로 근절될 수 없는 것으로 여겨졌고, 갈수록 엄청난 비용과 발전된 수단들을 사용하여 수행되었다. 그러나 제기되는 물음: 그러한 독립된 주권 국가들의 유럽에서 모든 나라의 모든 나라에 대한 절멸 전쟁을 어떻게 방지해야 했던가? 30년전쟁 — 이것은 필경 대규모 유럽 전쟁, 아니 더 나아가 "세계대전"의 서막이 아니었던가?

이미 15~16세기에 이 또한 이탈리아에서 **유럽 열강들의** 실질적이고 항구적인 **세력 균형**이라는 이념이 대두했다(17세기부터는 강력히 부상하던 해양 식민 세력 영국이 특히 역성을 들게 됨). 이 이념은 근대 국가체제의 지배적인 원리가 되었고, 또 그리하여 국가 주권의 실제적 한계를 설정해주었다. 과연 유럽의 세력 균형이라는 이 이념은 개별적인 분쟁의 뇌관을 제거하고, 몇몇 개인〔스페인의 필립 2세, 프랑스의 루이 14세와 나폴레옹 1세 또는 독일의 빌헬름 2세(히틀러에 관해서는 말하지 않기로 한다)〕의 패권 쟁취 시도를, 나머지 열강들의 동맹과 "동맹의 역전"을 통해 좌절시킬 수 있었다. 그러나 제기되는 **물음**: "유럽 열강들의 협정"이라는 이 이념이 국가들 사이의 군비 경쟁과 끊임없는 전쟁도 저지할 수 있었던가? 경제·군사·정치적 세력권의 경계 설정에 관한 수많은 회의와 협정에도 불구하고, 유럽의 **평화**는 실질적으로 **보장되지 못했다.** 사실 1648년의 베스트팔렌 평화조약도, 벌써 17세기 후반기에 많은 전쟁이 발발함으로써, 거대한 환멸로 끝나 버리지 않았던가? 베스트팔렌 조약 — 그후의 마찬가지로 믿지 못할 평화조약들("베르사유 조약"도)의 본보기.

많은 사람들은 **새 국제법**에 희망을 걸었다. 중세나 종교개혁 시대처럼 교회법·로마법·게르만법이 아니라, 비토리아와 수아레스 같은 법학자들이 토대를 놓고 보댕·주크·그로티우스·푸펜도르프가 자연법에 입각해 발전시킨 국제법에 희망을 두었다. 이제는 스페인 사람들의 "신적 입법자" 따위는 더이상 필요하지 않았다. 바야흐로 국제법은 윤리적·종교적 논거들과는 관계없이, 합리적인 방식으로 국가들간의 관계를 규정하고, 특히 육지와 바다에서의 전쟁을 그런대로 견딜 만하고 보다 인도적인 것으로 만들어야 했다. 푸펜도르프의 현실주의적 구상에 따라, 국제법은 일부는 이성의 명령을 따르는 자연법, 또 일부는 문명화된 국민들 사이에 널리 행해지는 관습들로 구성되었다.

그러나 독립된 주권을 가진 민족국가, 국시 그리고 패권 쟁취라는 근대 정치의 이 원칙들이 많은 문제를 내포하고 있다는 것은, 그것들이 극단적으로 추구되었던 곳에서 뚜렷이 드러났다. 그러한 일은 〔그 원칙들이 나폴레옹에 의해 그리고 (비교할 수 없을 만큼 추악하게) 나치와 스탈린주의에 의해 결정적으로 신용을 잃기 훨씬 전에〕 루이 14세의 절대군주제적 통치 아래에서 처음으로 일어났다.

근대적 권력국가: 루이 14세

"짐은 곧 국가다"라는 유명한 말을 루이 14세[14]가 실제로 했던 것 같지는 않지만, 아무튼 그는 〔근년의 역사 연구가 밝혀준 바에 따르면, 그의 권력 역시 실질적 한계를 지니고 있었고, 국왕이 오래된 "계급들"과 관습법(사유재산!)을 언제나 고려해야 했음에도〕 그러한 원칙에 따라 행동했다. 루이는 자신의 독재정치를 종교적으로 근거짓고 장식하면서, 앞뒤 가리지 않는 외교정책을 통해 유럽 열강들의 세력균형을 크게 손상시켰다. 아무도 그를 저지하지 못했으니, 사실 이 군주의 권리주장은 거의 초인간적인 지경에까지 극단화되었다. 그레고리우스 개혁 이후 오직 절대군주적 중세 교황들에게만 귀속되었던 것을, 이제 교황들이 정치적으로 더이상 큰 힘이 없는 시대에, 근대적 절대군주제 국가 지배자들이 자신들에게 귀속시키고자 했다: "인간들에게 왕들을 세워주신 하느님은 사람들이 이 왕들을 당신의 지상 대리자로 공경하기를 바라신다. 왕들을 심판할 권한은 오직 하느님께만 있다"라고 루이 14세는 말했는데, 이로써 그는 "최고좌座는 누구에게도 재판받지 않는다"[15]라는 로마의 격언을 자신에게 적용한 셈이었다. "한 분 하느님 – 한 분 그리스도 – 하나인 신앙 – 한 사람인 교황"이 이제 "한 분 하느님 – 한 분 그리스도 – 하나인 법 – 한 사람인 국왕"으로 바뀌었다. 국가, 하느님이 세우신 왕조의 소유인 왕권 그리고 국가적 일치가 신앙의 일치에 의해 제고提高되었다!

1661년 마자랭이 사망한 후, 23세의 루이는 (어릴 때부터 프롱드 당과 파리 하층민들의 반란을 두려워했거니와) 스스로 수상 노릇을 했다. 권력을 잃은 귀족들은 보수 좋은 궁정 관직의 빈틈없는 체제에 편입됨으로써 정치적 무력감을 달랬고, 의회는 완전히 힘을 상실했다. 진짜 권력은 4천 명이나 되는 조신朝臣들이 아니라, 국왕과 모두 평민 출신인 극소수의 능력 출중한 주무 장관들로 구성된 "내각"(본뜻: "작은 방")에 있었다. 루이의 **중앙집권적 권력국가**는 체계적으로 정비되어갔다. 상비군의 군비가 확장되고, 재무장관 콜베르의 주도 아래 조세행정 기구가 근대화되었다. 콜베르는 "중상重商주의"적 통상정책(국가 관장하의 대규모 공장제 수공업의 발전과 보호관세에 의한 수출의 장려와 완제품 수입의 제한)을 통해, 국왕에게 갈수록 넉넉한 재정을 확보해줄 수 있었다. 그러나 많은 면에서 허약하고 일관성 없고 위기에 자주 빠졌던 그리고 그저 국가 최상층에서만 효율적으로 작동하던 이 체제는, 그래도 어쨌든 군국주의·관료주의·중상주의를 통해 강력한 **사회적 훈련**이라는 결과를 가져왔다.[16]

루이는 곳곳에서(해외에서도) 더 많은 지역과 영향력을 확보하기 위한 **정복전쟁**들을 냉혹하게 계획·수행했는데, 처음에는 성공을 거두었다. 그와 동시에 프랑스 궁정 문화와 예술에는 새로운 "위대한 시대"가 열렸던바, 시간이 흐르면서 프랑스는 유럽의 **선도적 문화국가**로 부상했다. 프랑스 고전주의는, 기하학이 상징적으로 보여주었듯, 화려한 바로크 양식을 대체했고, 심미적 취향도 프랑스적인 것을 벗어나 매우 다채로워졌다. 이제 세계 문화의 중심지는 더이상 로마나 마드리드가 아니라 파리와 베르사유 궁성(1661년 착공. 1682년 완공)이었고, 세계어는 더이상 라틴어가 아니라 프랑스어였다(국제조약에서도). 문학에서는 코르네유·라신·몰리에르, 회화에서는 푸생·르브룅·망사르, 음악에서는 륄리·라모·쿠프랭이 주도적 역할을 했다.

당시에는 모든 것이 (적어도 겉으로는) 극히 정연하고 균형있게, 아니 그야말로 기하학적으로 진행되었다. 역사적 연구에 의하면, 바로 **기하학**이 **그 시기의 지배적 특징**이었다.[17] 사람들은 기하학적 규범들을 따라 사고하고 행동했다(합리적으로 빈틈없이 구성된 기관인 국가로부터 시작하여, 도시계획·요새건축과 정원 꾸미기를 거쳐 교련·펜싱·음악과 무용에 이르기까지). 심지어 예술의 수학화 그리고 생활 전반의 과학화가 열심히 추구되었다.

곳곳에 태양 문장紋章 붙여놓길 좋아한 이 "태양왕"은 정치적으로는 막강하고 책임감이 있었지만, 정신적으로는 상당히 천박한 지배자였다. 그는 참으로 종교적인 인간은 전혀 아니었으나, 자신의 독재정치를 **정당화하는 데 종교를** 멋지게 **이용**할 줄 알았다. 루이에게는 근대화 · 중앙집권화 · 관료주의화 못지않게, 군주 역할의 세련화 · 신성화 · 카리스마화도 중요했다. 빈틈없이 짜인 일과표(엄숙한 기상으로부터 격식 차린 취침에 이르기까지 모든 것이 야단스럽게 의식화儀式化되었다)에 따라, 오전엔 추밀원 회의가 열렸고 오후에는 미사도 있었는데, 루이는 미사가 끝나자마자 (만찬 후에도 그렇듯이) 거리낌없이 정부들 가운데 한 명에게로 가곤 했다.[18]

교회정치적으로 루이 14세는 잘 길들여진 국가교회 체제 확립을 목표로 삼았고, 로마와의 충돌쯤은 두려워하지 않았다. 당시 주도적 가톨릭 신학자요 설교가였던 궁정 주교 보쉬에는, 토마스 홉스와는 전혀 달리, 하느님이 직접 세우시고 하느님께만 책임을 지며 신민들에게 절대적으로 군림하는 군주의 권한을 신학적으로 능란하게 옹호했다. 보쉬에는 네 편의 논문으로 이루어진 「갈리아 교회의 자유」에서 절대군주제 국가의 교회정치적 자기이해를 뚜렷이 밝혔으나 (1690년 교황 알렉산더 8세에 의해 단죄됨)[19], 물론 큰 성과를 거두지는 못했다. 루이 14세는 역시 종교적 동기가 아니라 정치적 동기에서 종파화 정책을 추진했으니, 이미 1685년 낭트 칙령을 폐기하고, 자신의 용기병龍騎兵들을 동원하여 개혁파 신자들을 강제로 개종시켰는데, 교육수준이 상당히 높고 경제력 있는 25만 명 이상의 위그노파 사람들이 자신들의 노하우를 가지고 네덜란드, 브란덴부르크-프로이센, 영국 그리고 심지어 남아프리카로까지 이주했다 ― 이것은 프랑스와 유럽에서의 프랑스의 위상에 큰 손상을 가져왔다.

자신의 "영광"과 프랑스의 "위대함"에 대한 욕망에 사로잡혀 있던 이 태양왕은 유럽에서 가장 인구 많고 통일적이며 잘 조직된 나라를 다스렸으나, 그의 낭비벽과 군비확장은 끝내 국가를 파산으로 몰아갔고, 쓸데없는 분쟁과 정복전쟁들은 다른 모든 유럽 국가들이 프랑스를 대적하게 만들었다. 아무튼 유럽의 세력균형은 극도로 위협받고 있었다. 루이의 **몰락**은 이미 1680년대에 시작되었고, 그의 치세 마지막 시기(1701~13)에 일어난 스페인 왕위 계승을 둘러싼 30

년전쟁에서 결정적인 것이 되었다. 만족할 줄 모르는 권력욕을 지니고 있던 루이는 (손자를 위해) 스페인 왕위에 대한 권리를 주장했고, 그리하여 합스부르크 왕가와 새삼 치열한 각축을 벌이게 되었다. 점차 국민들은 루이의 절대통치에 넌더리를 내기 시작했고, 그의 정부에 대한 비판의 소리가 갈수록 커져갔다. 프랑스는 유럽 세력균형 체제에의 재편입을 강요받게 되었다.

18세기로의 전환기에 프랑스의 가장 위협적인 적수로 등장한 것은 가톨릭 합스부르크 왕가가 아니라 재정과 함대가 막강한 개신교 **해양국가들**, 우선 네덜란드와 영국이었다. 이 두 나라에서는 의회가 이제는 스웨덴·폴란드·러시아에서도 군림하던 절대군주제의 강력한 대두를 저지하고 있었다. 네덜란드와 영국은 항해와 무역, 복지와 풍부한 국가재정(1694년 영국 은행도 창설됨)을 통해, 자신들의 세계사적 역할과 "황금시대"의 전제조건을 완비했다. 영국은 "명예혁명" (피를 흘리지 않았기에) 이후 입헌군주제의 길로 나감으로써, 대륙의 절대군주제의 실질적인 정치적 대안을 제시했고, 곧 유럽 계몽주의자들의 본보기가 되었다. 마침내 영국은 해외에서는 선도적 세력이, 유럽에서는 중재 재판관이 되었다.

루이 14세는 임종의 자리에서 아들에게 경고하기를, 자기처럼 전쟁을 너무 좋아하거나 낭비의 노예가 되지 말라고 했다. 아무튼 프랑스는 인구가 2천1백만 명(1700년)에서 1천8백만 명(1715년)으로 감소했고, 1년 예산의 18배나 되는 빚을 져 파탄에 이른 국가재정은 사설 금융업자들의 손에 들어갔다. 이것이 루이의 정치가 남겨놓은 비참한 결과였으니, 국민들은 루이의 사망을 해방으로 받아들였고, 그의 관에 돌을 던졌다. 그러나: 그의 아들 루이 15세 그리고 손자 루이 16세(80년 뒤 단두대에 서게 될 터였다)는 더욱이나, 이미 루이 14세 때 지탱이 어려워진 사회구조들을 변화시킬 능력을 지니고 있지 못했으니, 이것이 대혁명 발발의 주요 원인이었다! 루이 14세의 전기를 쓴 프랑스 사람 구베르는 옳게 말했다: 루이는 "이미 일찍부터 자신의 교만과 간사한 한 여인, 몇몇 사제와 조신朝臣들에 의해 베르사유 궁전 속에 고립"되어 있었고, "자신의 시대가 이성과 과학 그리고 자유의 시대라는 것을 무시했고 또 무시하고 싶어했다".[20] 이성과 과학 그리고 자유의 시대 — 이것은 어디에서 그 모습을 드러냈던가?

〈도〉 이성과 진보에 정향된 근대 패러다임 819

③ 과학과 철학의 혁명

근대의 혁명은 우선 무엇보다도 **정신의 혁명**이었다! 영국의 정치가요 철학자이며 걸출한 선각자였던 **프랜시스 베이컨**(†1626)은, 데카르트와 갈릴레이보다 한 세대 전에, 학문과 윤리 그리고 사회개혁을 종합하는 가운데, "새로운 아틀란티스"라는 유토피아적 사회 모델을 전개·발전시켰다[21]: 아는 것은 힘이니, 근대 학문은 인류가 필요로 하는 모든 것을 서로 충돌 없이 충족시킬 수 있도록 해주어야 한다: 학문적·기술적 전문가들의 도움을 받는 건설적인 정치와 세계평화의 확립. 사실 **당시 대두하던 근대의 첫째 위대한 힘은 학문**이었다.

베이컨이 선언했으나 경험적·실험적으로 확립하지는 못했던 것을, 갈릴레이·데카르트·파스칼이 그 방법론을 창시했고, 스피노자·라이프니츠·로크·뉴턴·호이겐스·보일이 뒤를 이었다. 이 천재들(라이프니츠 말고는 종교개혁의 본바닥 출신은 없다!)의 이름이, 그저 역사학자들이나 기억하는 루이 14세를 비롯한 온갖 절대군주들의 이름보다 더 뚜렷이 근대를 대표하고 증언하며 오늘날까지 우리의 찬탄을 불러일으키고 있다. 이들은 세계적인 의의를 획득했으며, 거의 기하학적인 확실성을 약속하는 **이성에 대한 새로운 자부심**의 토대를 다졌다. 근대의 근본특징이 된 이 자부심이 17세기 자연과학과 철학 혁명의 근저에 자리잡고 있었다. 그러므로 미국의 경제이론가 스티븐 툴민이 합리적으로 정향된 17세기의 "반反르네상스"와, 당시 대두하던 "코스모폴리스", 즉 뉴턴의 새로운 자연관에 상응하는 합리적 질서를 지닌 사회에 대한 비전을 말한 것은 당연했다.[22]

자연과학의 혁명: 갈릴레이 — 뉴턴

사모스의 아리스타르코스의 착상을 수용하여, 또한 자기 고유의 관찰과 계산 그리고 기하학적·동역학動力學적 고찰에 터해, 참으로 혁명적인 새로운 우주체계의 토대를 놓은 사람은, 세속의 자연과학자가 아니라 폴란드-프로이센의 가톨릭 주교좌 성당 참사회원 **니콜라우스 코페르니쿠스**(1473~1543)였다. 주로 이탈리아에서 연구했던 코페르니쿠스는 주지하다시피 「천체 순환에 관한 여섯

책」[23]에서, 전통적인 프톨레마이오스의 지구중심적 우주체계(이것은 혹성들의 위치에 관한 장기 예측에 갈수록 부적절함이 드러났다) 대신, 태양중심적 우주체계를 제시했다. 그것은 우선적으로 물리학에 있어 참된 의미의 패러다임 전환이었으나, 인간들의 전체적인 우주관과 "형이상학"Meta-Physik에도 엄청난 영향을 끼쳤다. 그리하여 "코페르니쿠스 전환"은 근대를 형성한 여러 가지 근본적 "변혁들"을 지칭하는 표어가 되었고, 또한 "패러다임 전환"의 전형적 본보기를 뜻하는 말이 되었다.

그러나 코페르니쿠스가 한 가설로서 순이론적으로 제시했고 그후 요한네스 케플러가 확인·수정한 새로운 우주 모델은 이탈리아 수학자요 물리학자이며 철학자인 **갈릴레오 갈릴레이**(1564~1642)[24]가 네덜란드제製를 더욱 발전시킨 망원경으로 금성의 변화, 목성의 네 위성과 토성의 환대環帶를 발견하고 또 성운星雲과 은하수가 수많은 별들로 이루어져 있음을 밝혀냈을 때, 마침내 전통적인 성서적 우주상을 위태롭게 하는 것으로 등장했다. 지구가 태양 주위를 돈다는 코페르니쿠스의 우주 모델을 반박의 여지 없이 확증한 그 천재 탐구자는 질량 실험을 도입함으로써(진자 법칙과 낙하 법칙), **근대 자연과학의 창시자**가 되었다. 바야흐로 자연법칙을 밝혀내고 언제나 새로운 영역을 넓혀나갈 자연에 대한 한계없는 연구의 토대가 확립되었다. 물론 갈릴레이도 자신의 연구가 성서적 세계상을 위태롭게 한다는 것을 알고 있었다. 그는 1613년 베네딕도 회원 카스텔리에게 써보낸 편지[25]에서, 자연에 관한 인식과 성서의 관계에 대한 자신의 견해를 밝혔다: 자연과학의 통찰이 확실한 이상, 성서를 새롭게 해석할 때가 되었다!

갈릴레이의 입장은 약 두 세대 뒤에 마찬가지로 천재적인 영국의 수학자·물리학자·천문학자인 케임브리지 대학 교수 **아이작 뉴턴** 경에 의해 멋지게 입증되었다. 뉴턴은 1687년 출간한 주저主著「자연철학의 수학적 원리」[26]에서, 수학의 세 가지 공리와 자신이 이미 20년 전에 발견한 중력의 법칙을 결합시켜 공식화했다[이 모든 것은 천체들의 운동에도 적용되었다(천체역학)]. 또한 뉴턴은 빛과 전기의 성질도 밝혀냈고, 라이프니츠와 같은 시기에 미적분의 기초를 확립했다. 데카르트와 갈릴레이가 단편적 원리들을 제공해주었던 반면, 뉴턴은 그 원리들과 다른 발견들에 터해 **부정할 수 없는 새로운 우주체계**를 조리있게 제시했다.

이로써 뉴턴은 갈릴레이를 뒤이어 정밀 자연과학의 두번째 창시자이자 고전적 이론 물리학의 창시자가 되었거니와, 이 이론 물리학은 20세기 초에 와서야 아인슈타인의 상대성 이론에 의해 수정될 터였다.

교회의 대응: 종교재판

이 새로운 우주상에 교회는 어찌 대응했던가? 이 코페르니쿠스적인 "총체적 구조의 전환"에 어떠한 태도를 취했던가? 널리 알려져 있는 주목할 만한 사실: 주교좌 성당 참사회원 코페르니쿠스는 스스로 필생의 역작의 출판을 (화형에 대한 두려움 때문에!) 죽기 직전까지 미루었다. 새로운 것, 특히 새로운 자연철학과 자연과학에 대한 두려움은 혹시 로마 가톨릭 교회의 전형적 특징이었던가? 그렇지 않다. 종교개혁가 루터와 멜란히톤 역시 코페르니쿠스의 저작을 배척했다. 그러나 그들은 그 책의 주장이 그저 이론적으로만 그리고 하나의 가설로서 제시되었기 때문에, 무시할 수 있다고 생각했다. 아무튼 코페르니쿠스의 저작은 1616년에야(갈릴레이 사건이 첨예화되었을 때) 비로소 금서 목록에 올랐다. 바야흐로 **종교**는 극히 **완고한 세력**이 되었고, 가톨릭 교회는 지성적 상호이해 · 분발 · 소화에 힘쓰는 대신, 검열 · 금서 목록 · 종교재판에 의존하는 제도가 되어버렸다.

같은 해인 1616년(카스텔리에게 편지를 써보낸 지 3년 뒤) 갈릴레이와 로마의 첫 충돌이 일어났다. 르네상스 교황들이 신대륙 발견이나 자연과학 분야의 새로운 발견에 곧장 심각한 불안을 느끼지 않았던 반면, 반종교개혁 교황들 아래의 로마교회의 태도는 그 점에서 한층 완고했다:

— 1600년 코페르니쿠스의 우주 모델을 범신론적인 신플라톤주의적 · 신비주의적 르네상스 신심과 결합시켰던 전前도미니코 회원 **지오르다노 브루노**(1579년 엄격한 개신교 신앙을 따르던 튀빙언 대학 평의원회에 의해 "교수권"이 박탈된 뒤, 대학에서 쫓겨났다)[27]가 로마의 캄포 데 피오리에서 화형을 당했다.

— 1599년 반反아리스토텔레스주의 철학자 **토마소 캄파넬라**가 종교재판에서 유죄판결을 받았다. 감옥에서 「태양의 나라」(1602)[28]라는 유토피아에 관한 책을 저술한 그는, 1634년에야 프랑스로 도피할 수 있었다. 사유재산을 배척하고 최

고 현인·사제들이 다스리는 포괄적 조직을 갖춘 그의 이상국가를, 예수회원들이 파라과이 원주민 보호거류지에서 현실에 옮기려 시도하기도 했다.

— 1619년 이탈리아의 자연철학자 **루칠리오 바니니**는 이른바 하느님과 자연의 동일성을 가르쳤다 하여, 툴루즈에서 화형 장작더미 위에 섰다. 당시 종교재판관 손에 넘어간다는 것은 실로 목숨 위태로운 일이었다.

1632년 마침내 **갈릴레이도 종교재판**에 불려나왔고, 1616년에 내려졌던 금지령을 위반했다는 죄목으로 유죄판결을 받았다. "그래도 지구는 돈다"라는 거의 전설이 된 말을 갈릴레이가 했던 것 같지는 않고, 또한 흔히 주장하는 것과는 달리, 고문을 당하지도 않았다. 그러나 어쨌든 이런저런 탄압은 대단했으니, 결국 이 학자는 1633년 6월 22일 충성스런 가톨릭 신자로서 자신의 "오류"를 끊어버리겠다고 맹세해야 했다. 그렇게 했음에도 불구하고 아르체트리의 자기 집에 무기한 연금되는 판결을 받은 갈릴레이는, 거기서 8년 동안(처음 4년간은 눈이 보이지 않았다) 제자들과 함께 지내며 향후 물리학 발전에 매우 중요한 기여를 하게 될 역학과 낙하 법칙에 관한 저작을 마무리했다.

갈릴레이와 교회의 충돌은 그저 불운한 우발적 사건이었던가? 아니었다. 그것은 **뚜렷한 징후를 드러낸 선례**였던바, 한창 꽃피기 시작한 자연과학과 교회 및 종교의 관계를 근본적으로 파괴했고, 그리하여 로마의 태도는 그후에도 변하기는커녕, 자연과학(특히 훗날 찰스 다윈의 생물학적 연구)이 발전해감에 따라 더욱 완고해졌다. 갈릴레이 사건이 자주 문학의 소재가 된(마르크스주의자 베르트 브레히트, 유다인 막스 브로드, 가톨릭 여성 게르투르드 폰 르 포르 등) 이후, 우리 시대의 한 교황이, 전임자들이 천문학과 태양중심 우주 모델 문제에서 그랬듯이, 생물학과 피임약 문제에서 무류성에 터해 그릇된 결정을 내린 교황이, 갈릴레이가 사망한 지 350년 뒤에 그를 새삼스레 "명예회복"시킬 수 있다고 — 갈릴레이는 이미 뉴턴과 자연과학의 역사를 통해 오래 전에 명예회복되었음을 모르기라도 하는 것처럼 — 생각함으로써 오히려 자신을 웃음거리로 만들어버렸다.[29]

이 모든 전개과정은 가톨릭의 공식적 교회정치가, 온갖 (당시에는 물론 예상하지 못한) 손실을 아랑곳하지 않고, 중세 반종교개혁 패러다임(P III)의 복원에 집착하고 있었음을 확인해준다. 개신교 신자들에 대한 파문에 뒤이어, 이제는 **자연과학 자들**이 소리없이 **교회를 떠나**갔고, 자연과학과 지배적인 표준신학 간의 끊임 없는 충돌이 시작되었다. 종교재판의 채찍 아래 있던 이탈리아와 스페인에서는 그 뒤로 자연과학이 발전하지 못했다. 그러나 어쨌든 로마로서도 위로는 천국, 아래로는 지옥 사이에 지구라는 원반이 끼여 있다고 생각하는 중세적 세계상의 붕괴를 저지할 수 없었고, 자연의 탈신령화와 중세적 악마·마녀·주술 신앙의 소멸을 막을 수 없었다. 바야흐로 자연과학적 연구뿐 아니라, 철학적 사유와 정치 권력 또한 자기들 고유의 길을 걸어가게 된 것을 놀랍다고 할 것인가?

철학의 혁명: 데카르트

　1633년 갈릴레이 유죄판결은, 교황대사·밀고자·종교재판관들이 온갖 수단을 동원하여 가톨릭 국가와 대학들에서도 관철시켰거니와, 공포 분위기를 만연시켰고, 냉철한 수학자·자연과학자·철학자 **르네 데카르트**(1596~1650)는 「세상에 관하여, 혹은 빛에 관한 논문」[30]의 출판을 무기한 연기했다. 실제로 이 논문은 데카르트가 사망한 지 40년 뒤에야 출판되었다. 본래 데카르트는 더이상 아무 책도 간행하지 않으려 했으나, 결국 「방법론 서설」[31]은 세상에 내놓았는데, 칼뱅의 「그리스도교 강해」에 뒤이어 프랑스어 산문의 두번째 기념비적 작품이 된 이 저작은, 학자들의 언어인 라틴어의 쇠퇴에 적지 않게 기여했다.

　우리 시대의 가장 저명한 수학자요 철학자의 한 사람인 영국의 버틀랜드 러셀이, 17세기까지의 철학에는 중요한 것이 전혀 없다고 말한 것은 확실히 그의 과장이다. 그러나 사람들이 **근대 철학**은 프랑스인 데카르트와 함께 **시작**되었다고 말하는 것은 전혀 과장이 아니다. 이 사람은 물론 1620년 리슐리외의 파리를 피해 보다 자유로운 "이단적"인 네덜란드로 옮겨가 여생의 대부분을 그곳에서 지냈고, 54세에 폐렴으로 삶을 마감한 곳은 개신교 국가 스웨덴이었다(스웨덴 여왕 크리스티나가 데카르트를 초빙했는데, 그녀는 새벽 5시에 철학을 논하기 위해 그를 부르곤 했다).

　데카르트의 철학은 과연 새로운 방법론의 철학이었다. 의심스러운 것은 모두 배제하는 **수학의 확실성**이 계산·실험·자연과학의 새로운 시대의 새로운 **인**

식의 이상理想이 되어야 했다. 절대적인 수학적·철학적 확실성이라는 이 이상을 분석 기하학과 근대 철학의 창시자 데카르트보다 빛나게 체현한 사람은 아무도 없거니와(그의 라틴어 이름 Cartesius는 "clarté", 즉 사유의 기하학적 명징성과 동의어가 되었다), 과연 데카르트의 철학적 근본태도에서 진정한 근대가 그 모습을 드러냈다: 이 철학자는, 르네상스에서와는 전혀 달리, 과거의 사유, 철학적·신학적 전통과 학파들, 국가적·교회적 권위들을 전혀 고려하지 않고, 무엇을 인간이 참으로 알 수 있는지 또 어느 정도까지 확실한 근거있는 판단에 도달할 수 있는지를 철저히 자유롭게 밝혀내고자 했다. 요컨대 데카르트라는 이름은 **개개인에 의한 철학과 인간의 앎의 근본적이고 새로운 토대 확립**을 표상한다! 인간 개인은 최대한 확실하고 이성적인 자기책임에 터해, 자기 삶의 주인이 되어야 한다. 이것은 철두철미 근대적인 사고방식이었다. 그리고 여기서 학문적 이론은, 아리스토텔레스나 토마스에게서와는 달리, 지고한 인생목표가 아니라 — 극히 근대적이고 기능적이거니와 — (합리적인) 실천을 위한 도구이다.

어떻게 인간은 확실성에 도달할 수 있는가? 데카르트에 의하면, 용감한 "백지白紙 상태"("table rase")의 길, 방법론적으로 철저하고 총체적인 의심의 길을 걸어감으로써 도달할 수 있다. 인간은 바로 온갖 의심을 헤쳐나감으로써, 근본적인 통찰을 얻을 수 있기 때문이다: 내가 의심하는 한, 나는 생각하며, 내가 생각하는 한, 나는 존재한다: "나는 생각한다, 그러므로 존재한다"! 요컨대 **자신이 존재한다는 사실이 모든 확실성의 토대**이다. 이 아르키메데스의 점點에 입각하여, 데카르트는 철학의 모든 근본물음들을 제기한다: 자기 자신, 하느님 (신 존재 증명) 그리고 물질적인 것들에 대한 세 가지 큰 물음. 여기서 데카르트는 "외적인 것"(넓이·물체·질료·외계)과 "정신적인 것"(사유·정신·자아·정신계)을 첨예하게 구별함으로써, 근대(관념론)의 주관과 객관의 대립, 인간과 (역학적으로 이해된) 자연의 대립의 토대를 놓았다(이 이원론은 뉴턴의 역학적 우주 모델의 전제가 되었다).

데카르트와 더불어 서구의 의식은 비판적 발전과정 안에서 **새 시대를 여는 전환점**에 도달했다: **본원적 확실성의 장소가 하느님으로부터 인간에게로 옮겨왔다.** 다시 말해서: 중세나 종교개혁 시대에는 하느님의 확실성으로부터 자아의 확실성에로 나아갔으나, 근대에는 자아의 확실성으로부터 하느님의 확실성에로 나아갔다! "여기서 우리는 비로소 집에 있다고 말할 수 있으며, 또한 거칠고 사나운 바다를 오래 헤맨 뱃사람처럼 '육지'를 발견했다고 외칠 수 있다. 카르테시우스는 모든 것을 처음부터 다시 시작한 사람들 가운데 한 명이다. 그와 함께 근대의 교육과 사상이 시작되었다"[32]라고 거의 2백 년 뒤, 헤겔은 철학사 강의에서 데카르트에 관해 선언하게 될 터였다. 과연 데카르트의 주장은, 온갖 저항에도 불구하고, 하나의 학설 훨씬 이상의 것이 되었다. 그의 학설은 하나의 사유방식·사유자세, 요컨대 교육의 요체가 되었다. 그것의 역사는 철학사 곳곳에서 계속되고 있다. 오른쪽의 합리주의와 심리주의 그리고 특히 관념론뿐 아니라, (데카르트가 육신과 영혼을 두 개의 실체로 엄격히 구분한 것을 상기하면 이해할 만하거니와) 왼쪽의 경험론과 기계론 아니 유물론까지도 데카르트를 근거로 내세우고 있다.[33] 아무튼 "근대(정신)"는 확실성, 감정을 배제한 엄격한 합리성, 철학·자연과학·사회과학의 거대한 체계의 추구와 같은 뜻이 되었다.[34]

하느님 존재 증명과 반증, 둘다 불가능: 칸트

대륙의 이성론(스피노자·베일·라이프니츠)과 영국의 경험론(홉스·로크·흄)이 천착해온 것들이 **임마누엘 칸트**에게서 처음으로 위대한 경험적·이성적 종합에 이르렀다: "칸트는 근대 세계를 하나의 사상체계를 통해 표현했다"(하버마스)[35]. 그러므로 칸트가 철학에 있어서의 "코페르니쿠스적 전환"에 관해 말한 것도 까닭없는 일이 아니었다.[36] 과연: 칸트에게 있어 인식의 출발점은 더이상 이미 주어져 있는 대상, 인간의 오성Verstand에 반영되고 오성이 다소간에 수동적으로 받아들이는 대상이 아니다. 인식의 출발점은 인간의 오성이니, 오성은 (감성과 함께) 능동적으로 자신의 순수한 형상(범주)들을 감각적으로 주어져 있는 것에 부과하며, 그럼으로써 비로소 인식의 대상을 정립한다. 요컨대 인간 이성Vernunft의 자기인식, 자신의 모든 차원에서의 인간 인식 능력의 자기인식! 좀더 상세히: 순수한 오성과 이성이 자신들의 "순수한" 개념과 이념들을 통해, 자신들에 터해 (선험적으로) 우리의 체험들과 그 대상들을 정립하고 규정하는 한, 그것은 순수한 오성과 이성의 자기인식이다. 이것이 대상(객체)들에 대한 인식방법에 관한, 요컨대 인간 인식 자체의 가능성의 조건들에 관한 칸트의 우선적인 "선험적" 물음이다. 실재 전체는 이러한 방식으로 인간 주체로부터 정립된다. 그래서 칸트는 하느님을 부정했던가?

사람들은 자연과학 저작뿐 아니라 중요한 정치학·역사철학 작품들도 저술했던 이 쾨니히스베르크의 철학자의 **비판철학**(1781년 「순수이성 비판」, 1788년 「실천이성 비판」, 1790년 「판단력 비판」)[37]을 거듭 새삼 비난했고, 불가지론不可知論과 위장된 무신론이라는 혐의를 뒤집어씌웠다. 그러나 이것은 옳은 일이 아니었다. 왜냐하면 칸트야말로 〔정통주의와 자유사상 사이에, 프랑스·독일의 이성론과 영국의 경험론 및 회의론(흄) 사이에 자리잡고〕 무신론이 강력히 대두하던 시대에 "짖어대는 이성"에 맞서 하느님에 대한 신앙을 옹호했고, 나아가 이성을 그 자신의 사슬에 묶어놓고자 했기 때문이다.

칸트의 비판의 근저에는, 흔히 추측하는 것처럼, 이성의 사안들에 대한 체념이 깔려 있었던 것이 아니라, 오히려 이성에는 반드시 한계가 설정되어야 하며 이성의 한계는 실재의 한계와 동일하지 않다는 확신, 궁극적으로는 윤리적·종교적 신념에 입각한 확신이 자리잡고 있었다. 이성이 인식하지 못하는 것도 물론 존재할 수 있다. 칸트 자신 「순수이성 비판」 2판 서문에서 "나는 **신앙**에 자리를 마련해주기 위해, **앎**을 포기해야만 했다"[38]라고 썼다. 과연 신앙은 "비판적"인 칸트에게도 〔그가 매우 높이 평가한 프랑스 문화철학자 장 자크 루소(칸트의 서재에는 달랑 루소 그림 한 장만 걸려 있었다!)에게처럼〕 마음의 진리, 좀더 낮게 표현하여, 온갖 철학적 성찰과 증명 이전의 또 그 너머의, 양심의 진리였다: "하느님 그리고 다른 세계에 대한 믿음은 나의 도덕적 신념과 너무나 긴밀히 얽혀 있는바, 내가 전자를 상실할 위험을 무릅쓰지 않는 것처럼, 내가 언젠가 후자를 빼앗길지도 모른다는 걱정도 하지 않는다."[39] 칸트 자신이 「순수이성 비판」 말미에서 한 말이다.

그러므로 계몽주의자 칸트가 자신의 세 가지 비판을 통해, 계몽주의 또한 극복했다는 것은 놀랄 일이 아니다. 과연 칸트는 특히 전혀 다른 존재인 **하느님**에 대한 인식과 관련하여, **이성**의 우악스런 전능에 엄격한 **한계**를 설정했고, 또 우악스런 신앙에 대해서도 그렇게 했다. 분명한 것: 과학적인 **하느님 존재**

증명은 **가능하지 않다.** 시간과 공간에 매여 있지 않은, 따라서 성찰의 대상이 되지 않는 하느님의 존재에 관해서는 과학적 인식을 얻을 수 없으며, 어디까지나 성찰에 의존하는 판단도 내릴 수 없다. 칸트에 의하면, 하느님 존재 증명은 실제로 실패할 뿐 아니라, 이론적으로 아예 불가능하다. "우리를 체험 가능한 영역 너머로 데려가고자 하는 우리의 모든 추론들"은 "기만적이고 근거가 없다".[40] 이성은 현상계에 대한 사유의 힘을 통해 "물物 자체"(논리상 필연적인, 그러나 꿰뚫어볼 수 없는!)에 도달하거나, 더 나아가 참된 하느님에게 돌진하기 위해 자신의 날개들을 한껏 늘여 펴지만, 헛짓이다. 인간은 하늘에 닿는 탑들을 세울 수는 없고 그저 주택들만 지을 수 있으니, 그것들은 체험의 영역에서의 우리 일들을 위해서는 충분히 넓고 높다! 이로써 그 역逆도 분명해진다: 하느님의 존재에 대한 모든 반증反證 또한 실패한다! 그러면 어찌해야 하는가?

때문에 칸트는 하느님 인식에 관한 문제에서, "이론적" 이성이 아니라, 인간의 행동으로 표현되는 **"실천적" 이성**에 호소한다: 관건이 되는 것은 순수한 과학적 인식과 비판적 숙고가 아니라, 인간의 도덕적 행위와 그것을 가능케 하는 조건이다. 칸트는 도덕적이고 책임지는 존재인 인간의 자기이해로부터 논증을 시작한다. 관건이 되는 것은 그저 존재가 아니라 당위當爲이며, 과학이 아니라 도덕이다. 특히 "실천이성 비판"에서 칸트는 저 너머의 것("초월적인 것")에 눈을 주지 않고, 자기 자신 뒤로 아니 안으로 눈을 돌려, 이미 주어져 있는 가능성의 조건("선험적인 것")에 주목한다: 요컨대 하느님은 도덕과 행복의 가능성의 조건이다! 데카르트가 하느님을 무엇보다도 완전한 존재요 무한한 실재로 이해했고, 스피노자는 유일무이한 실재 혹은 하느님-자연으로, 라이프니츠는 무한한 단자單子(Monade)로 이해했던 반면, 칸트는 출발점이 자연적 사상事象이 아니라 도덕적 존재인 인간이기 때문에 (이론적 필연성이 아니라 실천적 필연성에 터해) 하느님을 최고의 도덕적 존재요 세계의 창시자로 상정했다.[41]

자연과학의 혁명(갈릴레이-뉴턴)과 철학의 혁명(데카르트-칸트)은 너무나 오랫동안 교회의 권위가 지배하던 유럽 사회에 당연히 엄청난 영향을 끼쳤다. 이 혁명들은 일종의 문화혁명으로 귀결되었고, 또 마침내 정치적 혁명을 불러일으켰다.

④ 문화와 신학의 혁명

"클레오파트라의 코가 조금만 낮았더라도 이 세상은 달라졌을 것이다."[42]: 위대한 선각자요 새 시대의 경고자이기도 했던 블레즈 파스칼의 이 말은 옳다. 세계사의 진행은 종종 하찮은 일로 좌우된다. 그러나 또한 세계사는 단 한 번의 "인류의 항성시恒星時들"(슈테판 츠바이크)뿐 아니라, 거대한 "총체적 상황"의 전환과 우연하지 않은 "세계를 뒤흔드는 변혁"(괴테)에 의해서도 방향이 결정된다.

"근대적"이라는 말의 유행

17~18세기에도 관건은 새로운 총체적 구조, 곧 근대 패러다임으로의 전환이었다. **"근대적"이라는 낱말** 자체는 오래된 것이었다. 그것은 고대 말엽에 생겨난 말이다.[43] 17세기 프랑스의 초기 계몽주의에서 비로소 이 낱말이 새로운 시대의식을 긍정적으로 지칭하는 데 사용되었다. 바야흐로 "근대적"이라는 말이, 고대와 결부된 르네상스의 순환적 역사관에 대한 저항의 표현으로 대두한 것이었다. 사실 르네상스는 (암흑의 "중간 시대"인 그리스도교적 전대前代와의 결별에서 비롯되었음에도) "근대적"이라는 말을 시대개념으로 사용하지 않았다. 덧붙여 말하면, 르네상스(P III 참조)는 지나치게 "퇴행적"으로 고대에 정향되어 있었다. 이제 17세기에 비로소 자주적 이성에 대한 신뢰를 통해 새로운 우월감이 생겨났거니와, 그것은 리슐리외가 창설한 아카데미 프랑세즈의 훗날 유명해진 한 회합(1687)에서 시작되어 약 20년간 계속된 논쟁 "고대와 근대의 싸움"에 잘 드러나 있다.

유념할 것: 그리스도교 역사상 처음으로, 17세기에 세계·사회·교회·신학의 새로운 근본 모델, 곧 새로운 패러다임에의 **자극**이 일차적으로 **신학과 교회 내부로부터가 아니라 외부로부터** 주어졌다: 급속히 "세속화"되어가던, 그래서 교회와 신학의 후견에서 스스로를 "해방"시켜가던 저 사회로부터. 중세 때의 사상의 일치는 이제 결정적으로 깨어졌다: 개인으로서의 인간이 중심위치를 차지했고, 그와 동시에 인간의 지평은 거의 무한대로 확장·세분화되었다: 지리적으로는 신대륙의 발견을 통해, 물리적으로는 망원경과 현미경을 통해.

그리고 갓 시작된 근대에게 수학·자연과학·새로운 철학의 대두가 갖는 의미는 르네상스에 있어서 고전 연구의 의의에 견줄 만한 것이었다.

그것은 **새 시대를 여는 강력한 돌파**였고, 종교개혁 못지않은 단절이었다. 17세기에 이르기까지 서구 문화는, 가톨릭적이든 개신교적이든, 본질적으로 그리스도교에 의해 규정·삼투되어 있었다. 그러나 이제는 교회에 매이지 않은 정신생활이 발전했고, 또한 (특히 가톨릭 교회가 자신 안에 폐쇄되어 있었기 때문에) 갈수록 교회와 대립했다. 당시의 표어는 코페르니쿠스의 전환이었다: 그것은 과학의 혁명이자 동시에 철학의 혁명이었으며, 기술의 혁명 그리고 좀 뒤엔 정치적 혁명 그리고 끝내는 산업혁명으로 귀결될 터였다.

루터와 종교개혁의 경우와 유사하게, 근대 초기의 이 패러다임 전환에서도 일정한 법칙성이 드러난다. 토마스 쿤은 코페르니쿠스 전환을 패러다임 전환에 대한 자신의 모든 고찰의 출발점으로 삼았다. 그리고 나 자신도 (근대 초기를 특징짓는) 프랑스의 수학자·자연과학자·발명가·철학자 데카르트 및 파스칼과 연계하여, 당시 철학과 신학, 교회에 종교와 관련지어 세 가지를 지적했다:[44]

— 17세기에 고래古來의 로마 가톨릭 패러다임과 그것을 떠받치던 사회의 심각한 **위기**가 뚜렷이 드러났다. 교과서 신학도, 아우구스티누스적·종교개혁적·얀센파적 신심에의 의지도 그 위기를 이겨낼 수 없었다.

— 신학과 교회가 근본적으로 수용할 수도 있었을 **새로운 패러다임**이 이미 준비되어 모습을 드러냈는데, 이 패러다임 전환에서도 합리적 요인과 비합리적 요인, 개인적 요인과 사회적 요인들이 함께 작용했다.

— 낡은 것과 새로운 것의 대결의 **결말**은 (특히 가톨릭 교회와 프랑스 왕권의 저항 때문에) 전혀 **불투명**했으니, 뚜렷한 윤곽이 드러나기까지는 수십 년이 더 지나야 했다. 그러나 새로운 시대의 징후들은 이미 일찍부터 나타났다.

종교 배척

우선 전반적인 문화적 분위기의 급변과 현저한 종교적 냉담을 지적해야겠다. 확인할 수 있는 것: 새로운 패러다임은 **17세기에 모습을 드러냈고, 18세기**

에 관철되었다. 혁명적 변화가 다가오는 것을 알아채지 못한 사람들이 많았으니, 사회의 겉모습만 보고는 알 수가 없었기 때문이다:

— 17세기에도 질서, 권위와 규율, 교회, 교권제도와 교의는 여전히 매우 존중되었다. 그러나 이것들은 국가교회의 으리으리한 겉모습 뒤에서, 절대군주들과 그들에게 충직한 고위 성직자들에 의해, 그들의 권력과 위세를 강화하는 데 서슴없이 남용·악용되었다.

— 그러나 18세기에, 특히 가톨릭 프랑스에서, 이러한 전통적 가치와 제도들은 정신적 엘리트 층에 의해 도처에서 배척받고 웃음거리가 되었다.

— 17세기에 많은 학자들은 대단한 설교가요 궁정 주교이며, 아우구스티누스 역사신학의 마지막 걸출한 주창자였던 보쉬에처럼 생각하고 있었다.

— 그러나 18세기에 그들은 점차 재기 넘치는 회의적 논쟁가요 평론가인 볼테르처럼 생각했는데, 볼테르는 문학·철학·역사적 저작들을 통해 모든 기성종교를 배척하고 교회를 증오했으며, 개신교 신자들(위그노파)에 대한 관용을 강력히 주장하여 성과를 거두었다.

— 17세기에 시민계급(상인·자본가·제조업자·학자·자유직업인)의 강력한 부상이 시작되었는데, 이들은 급속히 비대해지던 관료 집단을 넘어 장관직에까지 진출했다(반면 무거운 세금으로 착취당하던 농민들의 봉기는 큰 성과를 거두지 못했다).

— 18세기에 독일인들은 여전히 그저 계몽된 절대군주제 정신을 지닌, 자신의 가부장적 책임과 합리적 통찰에 터해 국가와 국민의 번영을 가져올 수 있는 "좋은 군주"를 원했다. 그러나 프랑스인들은 이미 헌법과 입헌군주제 그리고 영국의 본보기를 따라, 정치적 자유의 전제조건으로서 권력의 분산을 요구했다(예컨대 몽테스키외,[45] †1755). 시민계급은 왕실의 낭비와 사치에 갈수록 강력히 저항했고, 경직화된 중상주의적 경제체제 그리고 능력이 아니라 오직 출생에 근거한 귀족들의 군림과 그들과 손잡은 고위 성직자들에 대해서도 거세게 저항했다.

관용적인 개신교 국가들과는 달리, 프랑스에서는 반종교개혁적·반동적 패러다임이 검열·경찰·군대의 힘을 빌려, 개신교인들뿐 아니라 가톨릭의 보다 급진적 경향들(예컨대 파스칼, 아우구스티누스적·금욕적 얀센파, 신비주의적 조류들)을 거슬러, 타협의 여지 없이 강압적으로 수호되었다. 이제 프랑스 가톨릭 신자들은 현실적으로 공식적인 반(反)얀센파적·예수회적 가톨릭 신앙과 볼테르적 자유사상 둘 중에서 하나를 골라잡을 수밖에 없었다. 말도 안되는 이 양자택일은 치명적 결과를 초래할 터였다.

그런데 종교의 사정이 처음부터 그렇게 고약했던 것은 전혀 아니었다. 사실 17세기에 철학과 자연과학을 선도한 인물들은 프랑스에서도 아직은 교회의 교리와의 화합에 진지한 관심을 갖고 있었다. 데카르트와 파스칼뿐 아니라, 새로운 수학적·기계론적 자연과학의 주창자들인 코페르니쿠스·케플러·갈릴레이·뉴턴도 하느님을 믿었을 뿐 아니라, 신앙을 공언한 그리스도인들이었다. 그리고 뉴턴의 세계상과 달랑베르와 디드로의 35권짜리 「백과사전」[46](프랑스 계몽주의의 이 기념비적 업적은 근대적 지식의 집대성으로서, 국가와 교회에 대한 계몽주의의 비판을 종합하고, 인간과 자연 그리고 사회를 합리적으로 파악하고자 했다)을 유럽 대륙에 널리 알렸던 볼테르조차도, 무신론자가 아니라 이신론자(理神論者)로서 새로운 기계론적 세계관을 설파했다. 그들은 기계적 세계의 (물론 매우 멀리 있는) 창조자와 주재자를 믿었다. 만일 교회 측에서 새로운 자연과학의 연구 결과를 참작하여 성서를 비판적으로 해석하고 또 구체제에 대해 좀더 비판적 태도를 취했다면, 상호이해와 합의가 이루어졌을지도 모른다. 그러나 적어도 로마에서는 아무도 그런 생각을 하지 않았다.

이성과 진보에 대한 새로운 신앙

이 정신사·사회사적 운동에 그렇게 엄청난 추진력을 제공한 동인은 무엇이었던가? 그것은 무엇보다도, 이미 분명해졌거니와, 자주적 이성의 힘이었다:

● 중세 로마 가톨릭 패러다임에서는 최고 권위가 "교회 내지 교황"(교회=교황)이었고, 종교개혁적 패러다임에서는 "하느님의 말씀"이었다. 그러나 근대적 패러다임에서는 인간의 **"이성"**이 최고 권위였다: 근대의 주도가치 I.

인간은 무엇인가? 인간은 자연적이고 천부적인 이성을 지닌 존재로 보아야 하는바, 그는 자신의 이성을 통한 원칙적 인식 가능성과 자기 상황의 발전 가능성을 신뢰할 수 있다. 근대의 유례없는 역동성은 인간 이성에 대한 이 엄청난 신뢰에 바탕을 두고 있다: 갈릴레이 사건이 (루터 사건과는 전혀 달리) 보여주었듯이, 교회의 이성 그리고 교황의 "이성"과는 더더욱 아무 관계 없는 이성 말이다. (실제적 목적을 지닌) "이성적 숙고" 이것이 인간의 가장 고귀한 행위다. (인간 자신, 사회 그리고 역사에 관해) "이성적으로 숙고하다"räsonieren("궤변을 늘어놓다"의 뜻도 있음) ── 당시 이것은 비방하는 말이 아니었다. "이성" 그리고 절도·균형·조화: 이것들은 인간다운 "행위"와 "삶"을 가능케 해주어야 하며, 또 해줄 것이다. 이것이 실질적으로 의미하는 것: **진리에 관한 모든 문제의 심판관**이 된 인간 이성에 대한 이 새로운 신앙과 더불어 엄밀한 의미의 근대가 시작되었다: 모든 전통적 권위들은 (아리스토텔레스든 스콜라 신학이든 교황이든 성서든) 위기, 자신들의 정당성의 위기에 봉착했다. 무엇이 이성적이고, 무엇이 유익한가? 그때부터는 이성적인 것만이 참되고 유익하고 구속력있는 것으로 여겨졌다 ….

그런데 이성적인 것은 (특히 영국 철학자들이 분명히 인식했거니와) 자연적인 것, 인간의 본성 외에 다른 것이 아니다. 법률과 제도, 경제와 문화 그리고 도덕과 종교도 역사적으로 이루어진 것·전통적인 것·우연한 것들 위에 구축構築되어서는 안 되고, **모두가 공유하는 인간 본성**에 바탕을 두어야 하는바, 이것은 물론 경우에 따라 상황의 개혁을 허용한다. 입으로 전해져온 것·특수한 것·국지적인 것·시대 예속적인 것 대신 글로 씌어진 것·보편적인 것·세계적인 것·시대를 초월한 것이 거듭 새삼 강조되었다.[47] 하느님의 법과 계명 대신 자율적 자연법에 관심이 집중되었다. 이제 사람들은 역사적 계시와 교의학 대신 본디부터 존재하는 자연적 종교를 강조했고, 확실한 역사적 근거 없이, 그것이 이성종교와 동일하다고 가정했다. 다시 말해서:

● 엄밀한 의미의 "근대적"인 총체적 구조는, 종교개혁이나 반종교개혁과는 반대로, 신앙에 대한 이성의 우위, 신학에 대한 철학(그리고 인간에게로의 철학의 방향전환)의 우위, 은총보다 자연(자연과학·자연철학·자연종교·자연법)의 우선성, 교회보다 바야흐로 갈수록 세속화되어가는 세상의 주도권에 정향되어 있었다. 한마디로, 이제 그리스도교 고유의 것 대신, 모든 인간에게 보편적인 것이 크게 강조되었다. 그리고 사회의 모범은 더이상 성직자가 아니라 철학자였다.

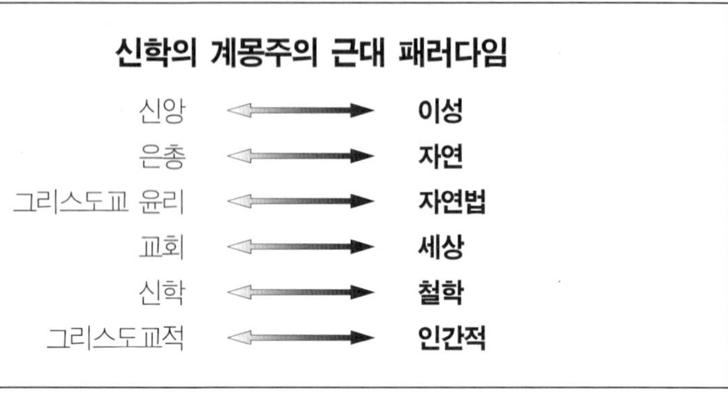

물론: 이미 이탈리아 르네상스와 인문주의 안에, 인생과 세상에 대한 새로운 태도와 인간 존엄성에 대한 의식이 뚜렷이 나타났었고, 그것은 인간을 중세의 규범과 체제로부터 풀어내주었다. 특히 당시의 예술은 철두철미 초월적인 것에 정향된 중세의 질서 구조에 더이상 얽매이지 않고, 그 자체가 목적이 되었다: 심미적인 것이 하나의 고유한 가치가 되었던바, 그것은 세속적 예술 이론·예술사·예술품 수집에 뚜렷이 반영되었다. 그러나 그러한 일은, 앞에서 강조했듯이, 고대에 대한 퇴행적 의식화 안에서 이루어졌다: 르네상스Ri-nascimento는 재생再生의 주문呪文이었다.

그러나 이제 17세기에 자의식을 지닌 정신적 엘리트들은 권위에 예속되지 않고 개방적이고 전진적으로 사유하기 시작했다: 르네상스를 거슬러, 근대의 특징인 **진보성** 안에서. 이 진보성이 바탕을 두고 있던 곳은 고대(르네상스: 재-생) 또는 성서(종교개혁: 재-형성)가 아니라, 인간의 자주적 이성이었다. 이성의 전능성과 자연 지배 가능성에 대한 신앙, 바로 이것이 근대 진보사상의 토대였다! 자기 자신과 현상現狀에 대한 그러한 의식에 터해, 인간들은 자신의 진보와 총체적 진보를 신뢰할 수 있었다. 볼테르에 따르면, 이성의 원칙은 인간 의식의 절대적 척도일 뿐 아니라, 인간 진보의 원동력이기도 하다. 이 원칙은 루이 14세의 시대를 유럽 역사의 다른 세 위대한 문화시대(페리클레스의 아테네 시대, 아우구스투스의 로마 시대, 메디치 가문의 피렌체 시대)와 뚜렷이 구별해준다. 과연 이성의 원칙은 루이 14세의 시대가 앞선 세 시대를 능가하게 만들었으며, 이 시대 또한 끊임없는 진보에 의해 다시 능가될 수 있다(볼테르도 물론 혁명은 생각지 못했다). 사실상: 바야흐로 인간들은 자주적 이성에 전적으로 의지했고, 이성의 힘을 빌려 갈수록 자연을 지배하고, 나아가 상실했던 우주의 중심으로서의 지위를 되찾을 수 있었다. 파스칼에 의하면, 이 상실과 획득의 체험 속에 인간의 약함과 강함이 동시에 자리잡고 있다: "인간은 한낱 갈대다. 그러나 생각하는 갈대다."[48]

근대의 또하나의 근본 특징인 세속적 진보 이념[49]도 (역시 르네상스를 거슬러) 마찬가지로 17세기에 비로소 뚜렷한 모습을 드러냈고, 18세기에는 삶의 영역 전체에 삼투했다는 사실은 매우 상징적이다(그리고 새삼 우리의 시대구분의 정당성을 간접적으로 뒷받침해준다). 진보 이념은 바야흐로 역사 전체의 시간적 해석규범이 되었다. 전체 **역사과정**은 **이성적으로 진보하고, 진보함으로써 이성적**인 것으로 여겨졌다. 이제 "진보"라는 신조어가 생겨났는데, "역사"라는 말을 사용할 때는 이 낱말이 동시에 떠오르게끔 되었다. 이러한 자동적 진보 신앙은 진화론적으로 그리고 나중에는 혁명적으로 이해될 수 있었다. 훗날 과학·기술·산업·정치·사회적 발전의 절정기인 19세기에, 끊임없는 진보에 대한 신앙은 아예 근대적·세속적 **대체종교**(자유주의자에게도 사회주의자에게도), 정치적 운동의 척도와 동인이 되었다. 영원·전지·전능·전선 같은 하느님께만 적용되는 수식어들을 부여받은 진보에 대한 엄청난 낙관주의적 신앙이, 근대가 발전해갈수록 한 분 하느님께 대한 신앙을 대체했다는 사실을 간과해서는 안된다. 이미 이 세상 안에서 "행복"의 선취先取 — 이것이 목표였다. 그리하여:

● 불변적·정태적·위계적으로 틀지어진 **영원한 세계질서**(플라톤·아우구스티누스·토마스적 의미에서의 ordo) 대신, 하느님 나라와 이 세상 나라에 관한 종교개혁가들의 두 왕국 교설 대신, 이제 끊임없는 **진보** 의식에 입각한 새로운 통일적 세계관·역사관이 득세하게 되었다: 근대의 주도가치 II.

이 진보는 이미 인류의 현세생활 안에서 그들 상황의 개선, 자연의 지배 그리고 복지와 행복을 가져다줄 터였다. 근대의 역사철학자들(헤겔·마르크스·콩트)은 진보라는 주도이념에 터해, 포괄적인 세속적 세계관과 역사관 그리고 역사이론을 만들어냈다. 이성과 진보에 대한 신앙, 이 새로운 조건 아래, 그리스도교의 처지는 어떠했던가?

종교들에 대한 관용 — 그리스도교의 상대화

종교개혁과 반종교개혁 이후, 종파주의 시대의 종교와 종파를 둘러싼 끝없는 싸움과 이루 말할 수 없는 참화 그리고 30년전쟁을 겪고 난 후, 17세기 중엽 **종교**는 완전히 **피폐**했으나, 한편으로는 (특히 개신교 국가들에서) **종교적 관용**이 증대하기 시작했다. 종교개혁가들 역시 전혀 고려하지 않았던 관용이 이제 그야말로 근대의 핵심 낱말이 되었다. 트렌토 공의회의 노선을 따르던 편협한 가톨릭 교회도, 여러 면에서 더 관용적일 것도 없던 정통 개신교도, 사상의 자유가 철학과 자연과학뿐 아니라 정치와 종교에서도 관철되어가는 것을 결국은 저지할 수 없었다. 정신적 편협의 대가는 매우 쓰라렸다. 스페인에서 추방된 유다인과 무어인들은 다른 도시들(암스테르담에서 이스탄불까지)에서 상업의 주도권과 번영을 증대시켜갔다. 루이 14세가 어리석게도 탄압했던 위그노파 사람들은 프로이센 그리고 네덜란드와 영국에서도 큰 성공을 거두었다. 남쪽의 가톨릭 국가들은 학문적으로 그리고 따라서 기술적·경제적으로도 점점 뒤처지게 되었다.

종교전쟁은 이제 갈수록 마녀 화형 같은 비인간적이고 비그리스도교적인 짓으로 여겨졌다. 중세와 종교개혁 시대의 악마·주술 신앙과 마녀 재판·화형은 새로운 이성의 시대에 전혀 어울리지 않았다. 그런 짓들은, 앞에서 살펴보았듯이[50], 예수회원 폰 슈페가 처음으로 그리고 다음으로는 개신교 법학 교수 토마시우스가 신랄하게 비난했다. 한편 토마시우스는 (이 또한 시대의 표지였거니와) 최초로 강의를 독일어로 하여 대단한 호응을 얻었다.

간과해선 안될 또하나의 전개과정: 망원경이 천문학자들에게 우리 지구가 우주의 특별히 귀중한 천체가 아님을 가르쳐주었듯이, 탐험가·선교사·상인들의 갈수록 정확·상세한 보고와 정보들은, 그리스도교가 그때까지 사람들이 믿어온 것처럼 그렇게 비길 바 없는 종교현상은 아니라는 통찰이 자라나게 해주었다. 과연 새로운 나라·문화·종교들의 발견으로 국제적인 교류가 증대함에 따라, **유럽적으로 꼴지어진 그리스도교의 상대성**이 그만큼 뚜렷이 드러나게 되었다. 아시아에서의 그리스도교 선교는, 이제 거꾸로, 고유한 변증법에 따라, 유럽 그리스도교에 중대한 영향을 끼쳤다.

16세기 말엽 가톨릭 교회의 **중국 선교**의 토대를 놓은 사람은 이탈리아의 출중한 예수회원 **마테오 리치**(1583년 중국으로 가서 1601년부터 북경에 머무름)인데, 그는 의복·언어·행동거지에서 중국식 생활방식에 철저히 적응했다: 유학인儒學人의 풍모를 지닌 그리스도인!⁵¹ 첫 예수회원들은 4천 년에 걸친 중국의 비할 바 없이 수준 높은 문화를 전해주었고, 유럽은 그저 경탄했다. 그러나 예수회원들이 큰 용기를 가지고 추진했던 그리스도교의 교육적·외교적 적응은, 로마와 다른 수도회들의 강력한 반대(흔히는 속들여다보이는 식민·교회·수도회 정책적 동기에서 비롯된)를 불러일으켰다. 예수회원들은 그리스도교를 떨이로 팔아넘겼다는 비난을 받았다. 마침내 큰 싸움이 벌어졌고, 그것은 1634년 스페인 도미니코회와 프란치스코회가 중국 선교를 시작했을 때, 본격적 **의례儀體 논쟁**에서 첨예화되었다.⁵² 그리하여 로마 종교재판소에서는 끝없는 심리가 벌어졌고, 온 유럽에서 격렬한 논쟁이 꼬리를 물었다.

아무튼 중국 선교는 그동안 적지 않은 성과를 거두었다: 1670년 — 그러니까 마테오 리치가 선교를 시작한 지 거의 백 년 후 — 가톨릭 신자는 273,780명이었고 앞날의 전망도 좋아보였다. 새로운 만주(淸) 왕조의 가장 출중한 황제인 **강희제**는 1692년 갱신된 **관용 칙서**를 통해, 중국 전역에서의 복음 선교를 허용했다. 황제 궁정의 여러 예수회원들은 이 황제(수학자·철학자·외교관이었던 라이프니츠 그리고 그를 따라 많은 유럽인들은 그를 세계에서 가장 위대한 군주로 여겼다)의 개종까지도 기대했는데, 사실 그럴만한 근거가 없지 않았다. 중국의 의례 및 명칭 때문에 예수회원들이 로마에서 갈수록 심한 곤경을 겪을 때, 강희제는 중국의 의례 법정에 작성토록 지시한 공식 답변을 로마 교황에게 보냈고, 1701년 그것이 로마에 당도했다. 그 답변이 밝혀준 내용들: 중국에서 공자는 신이 아니라 스승으로 공경된다. 조상 공경은 신에 대한 예배가 아니라 하나의 기념의례다. 신명神名 "천"

과 "상제"는 물리적 하늘을 뜻하는 것이 아니라, 하늘과 땅 그리고 만물의 주재자를 의미한다 ···.

그러나 이 모든 것도 거의 소용이 없었다. 1704년 교황 클레멘스 11세는, 어길 경우 파문하겠다고 협박하면서, 중국 그리스도인들에게 그들의 의례 관습·조상 공경·공자 숭배 그리고 두 가지 전통적 신명 "상제"와 "천"의 사용을 금지했다. 그리스도교적인 새로운 신명 "천주"의 사용만이 허용되었다. 그러나 조상 공경은 그야말로 중국 사회구조의 근간이었고, 유교 정신은 모든 가치에 삼투해 있었기 때문에, 교황의 결정이 현실적으로 의미하는 것은 바로 이것이었다: 중국에서 그리스도인으로 남아 있거나 그리스도인이 되고자 하는 사람은, 중국인이기를 포기해야 했다. **교황의 실로 역사적인 오판**이 야기한 이 치명적 양자택일은, 과연 중국 그리스도교에 엄청난 재앙을 안겨줄 터였다.[53]

로마의 이 도발에 대한 **중국의 대응**은 강희제 때에 점진적으로 시작되었다. 1717년 중국의 9개 최고법정은 새로운 판결을 내렸다: 선교사 추방, 그리스도교 금지, 교회 파괴, 강제적인 배교 서약. 가톨릭 신자 숫자는 급격히 감소했고, 남은 사람도 (벽촌에서 멸시받으며 사는) 농어민이 대부분이었다. 중국 유교에서도 반대 경향들과 그리스도교로부터 자신을 지키기 위해, 로마를 본받아, 유학의 교조화가 추진되었다(이것 또한 앞으로 불행한 결과를 가져올 터였다).

의례 논쟁은 보편적 정신을 지녔던 저 인물, 곧 위대한 세계인 **고트프리드 빌헬름 라이프니츠**[54]의 신세가 고달파지는 데에도 적지 않게 기여했다. 라이프니츠는 유럽인으로서는 최초로, 동등한 가치를 지닌 인종들과 문화들을 포괄하는 인류의 다원적 구조를 철학적으로 진지하게 받아들였고, 또한 그리스도 교회들간의 화해(보쉬에와의 대화)뿐 아니라, 서양 문화와 동양 문화의 화해를 위해서도 진력했다. 라이프니츠에 의하면, 그리스도교 선교사들이 중국인들에게 복음과 새로운 학문들을 가르쳐준 것처럼, 중국 선교사들도 유럽에서 자연종교, 윤리학 그리고 국가질서를 가르쳐야 한다. 라이프니츠는 세상 떠나기 몇 달 전 출간한, 프랑스어로 저술한 「중국인들의 자연신학에 관한 논문」(1716)에서, 놀랄 만한 감정이입 능력을 발휘하여 "상제"와 "천" 같은 고래古來의 개념들뿐 아니라, 보다 철학적인 "태극" 개념도 유럽의 철학적 신관과 조화시키고자 시도했다. 그에 의하면, 하느님은 당신 창조계의 가능성을 극㝵한 체계, 궁극적으로는 어쨌든 내적 모순이 없는 체계, 일종의 "예정 조화"의 체계 안 어디에나 현존하신다.

라이프니츠의 제자이자 벗이며 독일에서 가장 인기있던 계몽주의 철학자 **크리스티안 볼프** 역시 중국 철학에 관심이 깊었다. 그런데 라이프니츠가 사망(1721)한 지 몇 년 뒤에, 볼프는 사형당하지 않으려면 48시간 내에 할레 대학과 프로이센 영토를 벗어나야 했으니, 중국인들의 실천적 철학에 관한 그의 너무 긍정적인 강의[55]가 로마 종교재판소뿐 아니라 개신교 경건주의자들의 분노를 불러일으켰기 때문이었다. 그리스도교는 이슬람교와의 군사적 대결이 유럽에 유리하게 종결된 뒤(1683년 빈 코앞에서 터키 군대가 결정적으로 패배함), 유럽의 지성적 엘리트들 사이에서 그 보편적 지위를 현저히 상실하기 시작했다. 독일에서 당시의 문제점들을 누구보다도 예리하게 간파한 사람은 **고트홀드 에프라임 레싱**(1729~81)이었다. 그는 중요한 계몽주의 희곡 「현자 나탄」(1779)[56]에서, 기지와 조리를 두루 갖춘 생생한 인물들을 등장시켜, 셈족에 기원을 두고 예언자적 특성을 지닌 세 가지 세계종교간의 극적인 대화를 전개시켰다: 계몽된 유다인(나탄. 독일 희곡 최초의 고상한 유다인), 계몽된 무슬림(저명한 술탄 살라딘) 그리고 아직 덜 여물었으나 마침내 역시 계몽되는 그리스도인 ― 이 젊은 십자군 기사는 (단순한 수도자와 함께) 파렴치하고 성직자 티가 밴 "높으신 어른들"이 대표하는, 자신의 절대성 주장의 안정장치로 그저 화형 장작더미나 쌓아올리고 사람들을 의식없는 복종 상태에 붙잡아두는 저 방자한 교회의 대립인물이다.

레싱의 작품은 종교에 무관심하기에 관용적인 희곡 이상의 것이다. 일종의 유토피아적 화해 드라마다. 여기서 겨냥하는 것은 인류의 보다 나은 미래라는 정치적·종교적 유토피아인데, 이것은 작품 마지막에 갖가지 신앙을 지닌 사람들이 서로 얼싸안음을 통해 상징적으로 표현된다: 레싱의 미래지향적인 역사적 성찰로부터, **인류 평화의 전제조건으로서의 종교들 간의 평화에 대한 비전**이, 오늘날에도 여전히 그리고 오늘날 다시금 새로이 영감을 얻고 있다!

적어도 유럽 계몽주의에서는 관용 정신이 종파주의를 거슬러 관철되었다:

● 중세 패러다임이나 두 종파 지배("제후의 종파가 신민들의 종파") 시대에서처럼, 한 종교(파)의 독점적 지위("교회 밖에는 구원 없다!") 대신, 이제 그리스도교의 갖가지 종파뿐 아니라 온갖 종교에 대해서도 관용! 양심의 자유, 신앙의 고백과 실천의 자유는, 갈수록 다양하고 철저히 요구되던 인권 목록의 맨 앞부분에 자리잡게 되었다.

문화혁명으로서의 계몽주의

종교개혁에의 외침 대신, 이젠 어디서나 **계몽**에의 외침이 들려왔다. "계몽주의"[57]는 (독일에서는, 앞에서 살펴보았듯이, 정통 개신교 패러다임의 테두리 안에서 개인주의적이고 영성주의적인, 그러나 교의적으로는 엄격하지 않은 경건주의에 의해 널리 전파되었거니와) 칸트의 유명한 정의에 따르면, **"인간의 자업자득의 미성숙으로부터의 탈출"**이다: "미성숙은 다른 사람의 이끎 없이는 자신의 오성을 사용하지 못하는 무능력이다 …. **네 자신**의 오성을 주재하려는 용기를 가져라! 이것이 계몽주의의 표어다."[58]

계몽주의의 이 표어가 **반대의 표적**으로 겨냥한 것은 무엇이었던가? 그것은 인간들의 **모든 생각을 지배하던 온갖 종파의 교회적 권위들**이었던바, 그것들은 (신앙 논쟁과 전쟁으로 말미암아 신뢰성을 크게 상실했음에도) 인간들을 여전히 부끄러운 예속 상태에 붙잡아두고자 애쓰고 있었다. 계몽주의Enlightenment는 교회에 대한 미신과 교회의 편견들로 인해 어두워진 이 세상에, 이성의 빛을 널리 비추고자 했다: "광명의 시대"siècle les lumières! 유럽 중세와 종교개혁 시대의 특징이었던 종교·교회·신학의 막강한 영향력이, 이성의 시대에는 참을 수 없는 것이 되어버렸다(수도원·축제 행렬·순례·대사大赦 등은 아예 논외로 하고). 온갖 낡아빠진 신앙고백과 교의들, 국가 정치 사안들에 대한 교회의 끊임없는 간섭, 대학에서 다른 학문들에 대한 신학의 군림, 이 모든 것은 아직도 무얼 어쩌자는 것인가? 제 발로 서게 된 이성은, 교회와 신학에 얽매이지 않고 또 아득한 저 세상 대신 지배해야 할 이 세상에 전념하면, 많은 것을 이룩할 수 있음을 날마다 더욱 뚜렷이 입증하고 있지 않은가?

계몽주의는 그때까지 외부의 권위들에 예속되어 있던 인간의 모든 사유를 풀어냈고, 자신의 바탕을 이성에 내재하는 고유한 원칙들에 두고자 했기에, 일종의 **문화혁명**이라고 할 수 있다. 과연 계몽주의는 교회적 권위들을 단호히 배척했고, 나아가 원칙적으로 모든 권위를(이성의 권위는 제외하고) 의문에 붙였다. 계몽주의의 두 가지 전제(물론 상당수 사람들은 회의를 품고 있었지만): 첫째, 인간은 누구나 천부적 이성을 지니고 있으며, 또한 그렇기 때문에 이성을 자주적으로 사용할 수 있는 능력도 지니고 있다. 둘째, 이성은 최고의 권위로서 객관적이고 불변적으로 항존한다. 이러한 문화혁명이 그리스도교에 초래한 결과는 근본 바탕을 위태롭게 할 만한 것이었다: 루터와 칼뱅 그리고 트렌토 공의회 시대와는 달리, 이제는 종교·신학·교의적 요구들이 정치·경제·사회·문화적 과정들을 규정하는 것이 아니라, 오히려 거꾸로였다: 교회 조직과 신심 운동과 신학이 갈수록 정치·경제·사회·문화적 요인들에 의해 규정되었다.

그리하여 근대의 또하나 중요한 특징, 곧 **종교와 문화의 상호소원**疎遠이 심화되었다. 갈수록 모든 것을 규정하며 그리스도교를 위태롭게 할 "세속화" 과정의 시작인 이 상호소원은 점진적인 탈교회 아니 탈그리스도교임이 드러날 터였다. 개신교 신학자요 사회윤리학자인 에른스트 트뢸치가 "언제 어디서나 통용되는 인식수단들을 사용하여 세상을 세상 안으로부터 설명하고, 삶을 보편타당한 실천적 목표 달성에 봉사하도록 합리적으로 질서짓는" 경향과 더불어, "삶의 모든 영역에서 문화의 총체적 변혁"이 일어났다고 말한 것은 옳다.[59]

이 **세속화와 해방의 과정**은, 앞에서 살펴보았듯이[60], 이미 중세 전성기에 토대가 놓였다. 토마스 아퀴나스는 아리스토텔레스의 도움을 빌려, 신앙에 대한 이성의, 은총에 대한 자연의, 신학에 대한 철학의, 교회에 대한 국가의 (물론 제한된, 그러나 실질적인) 자주성을 인정했다. 그러나 이 극히 불안정한 자연-초자연 이층 체계는 비금욕주의적인 인문주의와 현세를 즐기는 르네상스에 의해 크게 동요되었다: 요컨대 고대를 근거로 내세움으로써, 인간적인 것과 문화(미술·문학)의 자주성이 새롭게 강조되었다. 그러나 이 발전과정은 (훗날 프리드리히 니체 같은 현세적 정신의 소유자들이 분노하게끔) 루터의 종교개혁(그리고 반종교개혁)에 의해 가로막혔다가, 17세기에 다시금 뚜렷이 나타났다: 물론 이제는 더이상 고대에 대한 신앙이 아니라, 바로 (전형적으로 근대적이거니와) 이성에 대한 신앙으로서. 근대의 합리화 과정은, 본질적으로, 동시에 세속화 과정이기도 하다.

본디 **세속화**Säkularisierung[61]라는 말은 단순히 (법률적·정치적으로) 교회 재산을 사람들이나 국가의 세속적 용도에 넘기는 것을 의미했다. 아무튼 이제 갈수록 분명해진 것: 이런저런 교회 재산만이 아니라, 인간 삶의 주요 영역 거의 모두(학문·경제·정치·법률·국가·문화·교육·의료·사회복지)가 교회·신학·종교의 영향력에서 벗어나, 이성적·"세속적"·현세적으로 되고 성숙해진 인간 자신의 책임과 관장에 맡겨져야 했다. 인간의 세상 자체가 "세속적"·비종교적 세상이 되었다.

"해방"Emanzipation 역시 본래는, 순전히 법률적으로, 자식이나 노예를 아비나 주인의 부권·소유권으로부터 풀어내주는 것을 의미했으나, 나중에 정치적 의미로 전의되어, 타인에게 예속된 모든 사람에게 시민으로서의 동등성을 부여함을 뜻하게 되었다: 유다인, 농민, 노동자, 여성, 민족적·종파적·문화적 소수 집단의 운명을 남들이 규정하는 대신 스스로 규정하기. 그러다가 마침내 "해방"이라는 말은 맹목적 복종을 요구하는 권위와 정당하지 못한 지배에 맞선 인간의 자결自決을 의미하게 되었다: 자연적·사회적 억압으로부터의 자유, 아직 자기 정체성을 확립하지 못한 인간의 자기억압으로부터의 자유.[62]

갈수록 뚜렷해진 것: 인간은 인간이 되고자 했다. 초인도 인간 이하도 아닌, 바로 인간이고자 했다. 지구가 우주의 중심이기를 포기한 것과 거의 같은 시기에, 인간은 자신을 자신이 건설한 인간 세상의 중심으로 인식하게 되었다. 탁월한 종교사회학자 막스 베버[63]가 선구적으로 분석한 바 있는, 수백 년에 걸친 복합적인 **"마법에서 풀려남"의 과정**을 거쳐, 인간은 자신의 주인이 되었다: 본디 그리스도교 신앙에 터해 얻었고 또 그 신앙에 매여 있던 경험·인식·이념들이, 인간 이성의 관장 아래 들어왔다. 삶의 다양한 영역들이 저 세상에 터해 인식·규정되는 일이 갈수록 줄어들었다. 삶의 영역들은 그것들 자신에 터해 이해되었고, 고유의 내재적 법칙들을 통해 설명되었다. 인간의 결정과 행위들은 갈수록 피안의 요청들이 아니라, 그러한 법칙들을 척도로 삼게 되었다.

현세에의 천착이 급속히 진행될 수 있었다는 것은 사실 놀랄 만하다. 예전에는 하느님이나 인간과 세상을 초월하는 힘들에 의해 지배되던 많은 것들, 아니거의 모든 것이, 이제는 줄지어 인간과 그것들 자신의 내재적 법칙성의 지배 아래 들어왔다. 합리성, 자유, 성숙이 당시의 표어였다. 인간은 자기 자신과 자연의 주인이 되었다 — 이러한 인간의 자기규정은 (그때는 예상하지 못한 온갖 긍정적·부정적 결과들을 초래할) **세계지배**로 귀결될 터였다.

그것은 이론의 여지 없는 일종의 문화혁명이었거니와, 공식적 가톨릭 교회의 상당 부분은 오늘날에도 그것에 관해 부정적인 견해를 갖고 있다. 세속적 세계 자체에 터해 보건대, 그 혁명은 비할 바 없는 진보를 의미했다:

— **학문의** 획기적 **발전**: 철학과 자연과학에 변혁이 일어났다. 이 학문들은 더 이상 교조적으로 가정된 것들을 다루지 않고, 체험된 사실들을 다루었다. 역사학도 수사학이나 윤리학의 하부과목이기를 그치고, 독자적 학과가 되었다.

— **새로운 사회질서**: 종교적 관용과 신앙의 자유가 자연법 안에 튼실한 토대를 마련했다. 법치국가, 성직자·귀족의 특권 폐지 등의 이념들이 생겨났다. 학문과 예술, 공업과 상업이 공적으로 장려되고, 교육제도가 개혁되었다.

— **개인의 재평가**: 개인의 천부적 인권은 성문화되고 국가의 보호를 받아야 했다: 생존·자유·사유재산 권리, 동시에 시민들의 사회적·정치적 해방.

신학 — 계몽주의와의 화해

그리스도교 신학도 물론 이 문화혁명의 영향을 받지 않을 수 없었다. 과연 계몽주의 정신은 신학에도 위기를 초래했으니, 당연한 것으로 여겨지던 전통 신학의 구조들이 바야흐로 붕괴되기 시작했다. 여기서 결정적 역할을 한 것은 성서학이었다. 성서학은 종교개혁가들도 지켰던 금기를 깨뜨렸으니, 계몽주의의 비판적 역사 편찬의 노선에 입각하여, **성서마저도 역사적·비판적으로 분석하기 시작**했다. 다음과 같은 물음이 갑자기 전염성을 띠게 되었다: 성서는 과연 역사적 진실을 어느 정도나 포함하고 있는가? 이 급진적인 물음은 종교개혁의 추진력이 되었던 저 물음, 즉 성서는 교회의 전통에 맞서 어떠한 종교적 진리를 포함하고 있는가라는 물음과도 근본적으로 구별된다. 하느님 말씀의 진리성 주장 자체가 돌연 검토의 대상이 되었다.

근대 자연과학이나 철학과 마찬가지로, 근대 성서학도 이미 17세기에 시작되었는데, **리햐르트 시몬**이라는 이름과 결부되어 있다. 데카르트 및 갈릴레이와 동시대인이었고 당시엔 거의 무명의 오라토리오회 수도자였던 시몬은, 유다인 철학자요 성서 비평가인 바루흐 드 스피노자와 파리의 한 랍비에게 배웠는데, 그리스도교 저술가로서는 최초로 "모세의 다섯 책"(모세 오경)은 한 사람의 저자에게서 유래하는 것이 아니라, 여러 출전이 편집된 것임을 밝혀냈다. 시몬이 그렇게 한 까닭은, 창세기의 창조 기사가 새로운 천문학과 물리학의 수용에 주된 장애물이었기 때문이다. 성서 본문의 역사비판적 연구와 성격규정(성서는 물리학·우주학·생물학을 위해 계시된 교과서가 아니다!)이 신앙과 자연과학의 그릇된 대립을 방지하는 데 기여해야 할 터였다. 시몬은 건설적 해결책을 모색했을 따름이며, 자신의 비판적 연구 결과를 교회의 교의와 대립시키려는 의도는 전혀 없었다.

그러나 시몬의 「구약성서에 대한 역사적 비판」(1678)은, 출판되자마자 파리 궁정 주교 보쉬에의 사주를 받은 당국에 의해 압수되었다. 시몬은 오라토리오회에서 쫓겨났으나 사망할 때까지 지칠 줄 모르고 연구를 계속했으며, 관용적인 암스테르담에서 저작들을 간행했다. 그러나 **가톨릭 교회** 안에서는 비판적 성서연구 정신이 제대로 꽃피기도 전에 꺼져버렸다. 시몬은 후계자를 두지 못했고, 비판적 성서학을 처음부터 극히 미심쩍어하던 로마 가톨릭 패러다임 고수자들은, 그 "전복적" 내용을 빌미로 삼아, 비판적 성서학을 (늘 그렇듯 처음에는 성공을 거두거니와) 뿌리뽑을 수 있었다. 그 결과 **비판적 성서주석학은 로마교회에서 사라졌고**, 그와 더불어 신학의 지적 전위前衛들도 로마교회를 떠나버렸다.

개신교에서는 사정이 달랐다. 여기서는 종교개혁의 원칙이 여전히 유효했고, 그래서 새로운 비판적 연구 경향이 마침내 수용되어 계속 발전할 수 있었다. 종파들이 뒤섞여 있었고 종파전쟁 때문에 오랫동안 모든 면에서 피폐해진 독일에서는, 계몽주의가 가톨릭 프랑스에서보다 훨씬 늦게 시작되었고, 또 훨씬 온건한 형태를 취했다. 앞에서 살펴본 것처럼[64], 종교개혁 패러다임(P IV)은 그간 매우 경직화되었다. 그러나 정통주의자들과 경건주의자들이 계속 전통적 패러다임을 고수했던 반면, 많은 신학자와 교회 사람들은 (대다수의 개신교인 제후들과 함께) 새로운 계몽주의적 패러다임(P V)으로 돌아섰다.

물론: 독일의 교회 백성 대부분은 여전히 전통적인 교회들과 그 교리에 충실히 머물러 있었다. 그러나 식자들 사이에서는 낡은 패러다임으로부터의 이반 현상이 뚜렷해졌는데, 이 이반은 상이한 역사적 상황 때문에, 프랑스에서처럼 이신론理神論·무신론·유물론으로 나아가지 않고, 계몽된 그리스도교적 종교성 그리고 마침내 관념론으로 귀결되었다. 여기서 대부 노릇을 한 사람은 볼테르 같은 종교 조롱자가 아니라, **고트프리드 빌헬름 라이프니츠**였다. 라이프니츠 는, 앞에서 살펴보았듯이, 자연과학과 철학, 철학과 신학의 계몽된 화해와, 개 신교와 가톨릭 사이의 일치운동적 중재 그리고 더 나아가 서구 사상과 중국 사 상 사이의 중재를 위해 진력했다. 라이프니츠가 주창한 것은 종교를 배척하는 계몽주의가 아니라, 종교 안에 있는 그리고 종교와 함께하는 계몽주의였다.

이 새로운 운동, 루터의 종교개혁 이후 역사에 가장 강력한 영향을 끼친 이 운동을 그 무엇도 저지할 수 없었다는 것은, 공자를 예찬했기 때문에 추방되었 던 계몽주의 철학자 **크리스티안 볼프**가 약 20년 뒤 새로운 군주 곧 프리드리 히 대왕 때 할레 대학으로 돌아올 수 있었다는 사실에서, 그리고 프리드리히 자신이 계몽주의의 결연한 옹호자로 나서 볼테르를 비롯한 저명한 프랑스인들 과 긴밀히 교류했다는 사실에서 이미 분명히 드러났다. 프리드리히 대왕은 프 랑스의 위그노파뿐 아니라, 이념적으로 자신과 완전히 상충되는 예수회원들에 게도(예수회는 계몽된 유럽 정부들의 압력 때문에, 교황에 의해 해체되었다) 관용을 베풀었다.

물론: 독일 개신교 신학에서 계몽주의는 매우 더디게 관철되었다: 17세기의 후기 정통주의로부터 계몽된 새 시대로 넘어가던 시기의 "과도기 신학자들"[65]은 무엇보다도 "합리적"인 정통주의자가 되고자 했고, 이성과 계시를 동등하게 보 고자 했는데, 실제로는 이성을 계시 위에 놓았다. 그런데 사실 그것은 볼프를 따르던 신학자들[66]도 아주 공공연히 그리고 조직적으로 행하던 일이었다. 그러 나 물론 교의에 대한 공격은 아직 감행되지 않았다.

교의에 대한 공격은 "신기파"新奇派라는 이단적 이름으로 불리는 신학자들에 의해 시작되었다.[67] 이들은 계시 자체는 부인하지 않았으나, 어떤 교의들은 묵살하고 어떤 교의들은 공격했으며 또 어떤 교의들은 재해석했다. 한마디로, 이들은 교의들을 이리저리 삭제·축소하여 계시의 핵심을 찾아내고자 했다: 하느님, 자유(도덕), 불멸성의 토대 위에 이성종교를 세우고자 했다. 그러다보니 이미 그렇게 중요하지 않게 된 많은 것들이, 이제는 아예 하찮고 불필요한 것이 되어버렸으니, 그리스도의 신성·동정녀로부터의 탄생·대속代贖으로서의 죽음·부활·승천·재림 따위가 그런 것들이었다. 그런데 신기파가 이러한 교의들을 폐기한 것은, 버젓한 이론들에 입각해서 한 것이 아니라, 볼프의 노선을 철저히 따르다보니 필연적으로 그렇게 된 것이라고 할 수 있다. 이 모든 교의들은 근대적·실천적 신심과 보다 나은 삶을 위한 도덕적 노력에 더이상 아무 의미가 없다는 것이었다. 계몽된 인간은 이런 교의들에 대해 영혼의 "욕구"를 느끼지 못하며, 오히려 그 가운데 여럿은(예컨대 원죄) 도덕을 강조하는 데 부담과 방해가 된다는 것이었다.[68]

이렇게 **계몽주의 신학**은 독일 개신교 안에서 확고한 기반을 다졌는데, 교의 그리고 무엇보다도 교도권에 매여 있던 가톨릭 신학자들로서는 생각도 할 수 없는 것이었다. 계몽주의 신학이 신학·신심·교회 관습 안의 온갖 반계몽적 요소들과 맞서 싸운 것은 두말할 것이 없다. 계몽주의가 없었더라면, 여전히 이단자들과 마녀들이 불타 죽고 사람들이 고문당했으리라! 그러므로 계몽주의 신학의 뜨거운 열망을 과소평가해서는 안된다. 그러나 애석하게도 계몽주의 신학은 여러모로 한낱 자연적이고 낙관적·행복주의적인 "누구나의 종교"로 단순화·변질되었다. 이 개인종교는 인간이면 누구나 타고난다는 신神의식과 선천적 도덕률을 자명한 전제로 삼았고, 의지의 자유와 영혼의 불멸성을 강조했다. 그리고 이 모든 것은 훌륭한 도덕, 다시 말해 고귀한 인간성의 도야라는 목표를 겨냥하고 있었다.

과연 전형적으로 **근대적인 종교**는 그래야만 하는가? 인간은 본바탕이 선하며, 윤리적 덕성이 개인 행복의 전제조건인가? 루터파의 죄의식에 반대하여,

이제 이 위대한 세기에는 낙관주의? 계시는 이성의 보완물이며, 그리스도교는 종교들 가운데 가장 유익한 종교? 그리스도, 아니 더 정확히 말해 예수는 인류가 이미 언제나 의식하고 있던 것, 즉 이성에 맞갖은 자연스럽고 인간다운 삶을 새삼 분명히 깨닫게 해준 지혜로운 도덕 스승? 사실 당시에 많은 사람들이 이런 식으로 생각했다: 이론 대신 실천! 교리 대신 삶! 교의 대신 도덕! 참된 그리스도교 신앙은 행동이며, 인간의 도덕적 유익과 행복에 기여해야 한다!

원천에로 돌아가라는 외침이, 종교개혁의 신앙고백적 저작들(이것들은 계몽·실용주의적 역사관과 원그리스도교라는 이상적 본보기에 의해 마법에서 풀려났다)뿐 아니라, 성서 자체를 거슬러 새로이, 처음에는 조용히 그리고는 곧 크게 울려퍼졌다. 바로 이 분야에서 근대 신학을 위한 고유한 결단이 내려질 터였다.

역사비판 성서학의 대두

계몽주의 성서주석은 무엇보다도 성서 본문을 교의와 관계없이, 온전히 그 자체로부터 이해하고자 시도했는데, 실제로는 대체로 데카르트의 합리성에 터해 이해했다. 이 합리적 성서비판은 (에라스무스·그로티우스·홉스가 준비하고, 스피노자가 자연과학적·수학적 인식을 본받아 기초를 놓았으며, 베일과 흄이 확고한 틀을 다졌거니와) 이제 개신교 신학을 종횡으로 가로질러 개선 행진을 시작할 터였다.

이 근대적 성서주석은 새로 창시된 그리스어·셈어·언어학, 고사본·본문전승·유다교 회당 문헌 연구, 점차 관철되어가던 역사적 사유 그리고 비신화적 합리성에 견고한 출발기지를 두고 있었다. 그에 반해, 비역사적·반동적인 개신교 성서주의는 축자영감설을 고집했고, 가톨릭 성서주석은 구태의연하게 타종파의 견해를 공박하거나 교부들을 인용·모방하는 게 고작이었다. 그럼에도 저지할 수 없게 된 것: **예수의 역사** 또한, 온갖 교의주의를 거슬러, 이성에 터해 설명되어야 했다. 논쟁의 초점은 16~17세기처럼 더이상 교회가 아니었다. 이 종교적 무관심의 세기에, 논쟁의 초점은 바로 예수 그리스도 자신이었다. 역사의 예수를 그리스도 가현설假現說(Doketismus)로 해체·증발시켜 버리던 고대와 중세 교회의 경향이 돌변했다: "예수 생애에 대한 역사적 연구는 순전히 역사적 관심에서 시작된 것만은 아니었다. 그 연구는 교의로부터의 해방 투쟁의 협력자인 예수를 찾고자 했다. 그후, 연구가 격정에서 벗어났을 때는, 당시 사람들이 이해할 수 있는 역사적 예수를 찾았다"(알베르트 슈바이처).[69]

아무튼 신학의 계몽주의적 패러다임의 생성·발전에 주된 역할을 했고, 또 그 패러다임을 19세기와 20세기 초에 세계적으로 관철시킨 것은, 바로 독일의 **역사적 성서학**이었다. 이 역사적 성서학 발전의 결정적 전제는, 헬레니즘적 관념들의 영향을 크게 받은 그리고 종교개혁가들과 루터파 및 칼뱅파 정통주의 또한 고수해온, 거의 기계적·마술적인 **성서의 축자영감**이라는 전통적 관점의 **폐기**였다 — 비종교적 문헌뿐 아니라 종교적 문헌에도 적용되는, 전혀 새로운 보편적 해석학을 위해.

이 전형적으로 근대적인 해석학은 "신기파"의 가장 탁월한 인물이었던 **요한 살로모 세믈러**가 토대를 놓았다. 그는 학술적 신학을 위해(종교 전반을 위해서가 아님) 온전한 자유를 요구했고, 「카논에 관한 자유로운 연구」(1771~75)라는 중요한 저술로써 **역사적·비판적 신학**의 기초를 놓았다. 근대의 비교조적 교회사와 교의사의 창시자이기도 한 세믈러는, 성서 또한 교의와 관계 없이 이해하고자 했다. 그래서 그는 온갖 영감이라는 것을 아예 무시하고, 매우 다양하고 가치가 서로 다른 성서 문헌들의 형성과정을 냉정하게 역사적으로 밝혀냈다. 그리하여 성서는 비종교적 문헌들과 마찬가지로 어디까지나 역사적으로 고찰해야만 올바로 이해할 수 있는, 역사적 원전 집록이 되었다. 철학적·신학적 해석학은 바야흐로 발전하고 있던 보편적이고 역사적인 해석학 안에 포섭되었다. 역사적으로 조건지어진 성서의 내용 가운데, 인간의 도덕적 향상에 도움이 되는 것들만이 하느님의 말씀으로 여겨졌다.

세믈러는 여기서 다음 시대를 위해 매우 중요한 "자연적"(이성적) 종교와 "절대적"(초자연적) 종교의 구별을 도입했다. 이것은 개신교 정통주의에서 주장하는, 처음에는 완전했던 그리스도교라든지 성서의 통일적 교리체계 따위와는 아무 관계가 없었다. 물론 이것이 모든 개인적·사적 교설이 사회의 동의 없이 공식적 종교가 될 수 있음을 의미하는 것은 아니었다. 세믈러는 마르틴 루터 이후 독일 개신교에서 벌어진 가장 대규모 논쟁에서, 마침내 그 논쟁을 야기한 사람을 반대하게 되었다.

리햐르트 시몬이 사망한 지 반년 후, 명민한 개신교 "평신도 신학자"요 독일 고전주의 문학의 말발 센 논쟁자인 볼펜뷔텔 궁정 도서관 사서 **고트홀드 에프라임 레싱**이, 영국 이신론자들의 영향을 받아 저술된 「예수와 그의 제자들의 목적」이라는 "어느 무명인사의 미완성 원고"를 출판했다. 이 단편은 함부르크 대학 동양어과 교수 **헤르만 사무엘 라이마루스**가 저술한 것인데, 그는 신약성서 문헌에서 예수 제자들과 예수 자신에게서 많은 모순점과 인간적인, 너무나 인간적인 면들을 찾아냈다. 라이마루스에게 예수의 복음 전체는 "회개하라, 하느님 나라가 다가왔기 때문이다"라는 메시지로 환원되는데[70], 사실 그는 예수 메시지의 핵심을 제대로 포착한 셈이었다. 라이마루스는 당시 교리서의 내용을 복음서들로부터 읽어내려는 것에 대해 거듭 새삼 경고했다. 성서 메시지는 그 본원적 단순성에 입각하여 이해해야 한다. "회개하라!": 예수는 바리사이들을 거슬러 참된 도덕을 가르쳤고, 사실 그 일밖에 하지 않았다.[71] 라이마루스는 그 도덕을 매우 찬양했다. 이성을 초월하는 진기한 신비들(엄밀한 의미의 신자성神子性·성령·삼위일체 등)의 계시에 관해서는, 예수 자신에게서 흔적도 찾아볼 수 없다.[72] 또한 모세의 의식儀式 율법의 폐기의 흔적도 찾아볼 수 없다.

예수는 누구였던가? 라이마루스에 의하면, 예수는 다름아닌 이스라엘의 정치적 해방자요 이 세상에 세워질 하늘나라의 메시아였으나, 명백한 실패, 곧 십자가상에서의 죽음으로 끝장이 났다.[73] 제자들은 거기에 어찌 대응했던가? 그들은 인생의 엄청난 절망 속에서 역시 엄청난 사기극을 꾸몄으니, 곧 예수의 부활이 그것이었다. 곤경에 처해 있던 제자들은 당시 묵시문학적 집단들이 품고 있던 유다교 메시아 대망의 둘째 형태에 의존했으니, 그것에 따르면 메시아는 두 번 출현하는바, 처음에는 비천하게(예수의 죽음을 인간들을 죄에서 구원하는 영적 구원자의 대속죄 죽음으로 해석), 다음에는 영광스럽게(하늘에서 구름을 타고) 나타난다. 원그리스도교는 다름아닌 깨어진 묵시문학적 종말 임박 기대의 종교이며, 모든 복음서들은 이 임박 기대에 입각해 (회고적으로) 씌었다.[74]

　교회의 복음선포 이후 거의 1700년이 지난 그때, 원그리스도교에 관한 이러한 역사적·비판적 재구성이 얼마나 엄청난 충격을 불러일으켰을지는 오늘날에도 충분히 짐작할 수 있다. 아무튼 이제 독일에서도 〔프랑스에서는 그보다 몇 년 전, 루소가 (자신의 소설 「에밀」[75]에서) 사부아의 부목사에게 써보낸 신앙고백문이 비슷한 충격을 야기했다〕 신학자와 식자들은 당혹스러운 가운데서도 눈이 열리게 되었다. 이제 그리스도교의 메시지는 어찌되었던가? 어떤 사람들은 새로운 주장을 반기고 그리스도교를 조롱했다. 또 어떤 사람들은 그러한 주장을 배척하고 검열과 징계를 촉구했다. 설교자들은 어쩔 줄 몰라했고, 많은 신학도들이 학업을 포기했다. 레싱 자신은 제한적으로만 라이마루스의 견해에 동조했고, 세믈러는 방대한 저서를 통해 이미 세상 떠난 사람의 글을 조목조목 논박했다.

　사실 그것은 **신학에 있어서** 실질적인 **혁명**이었다. 그러나 바로 그 혁명을 통해 독일에서는 이제 바야흐로 성서 특히 예수의 생애에 관한 진정한 역사비판적 연구가 시작되었거니와, 이 연구는 시간이 흐르면서 역사적으로 확실하고 상세한 예수상을 제공해줄 터였다. 근대적 패러다임의 테두리 안에서의 **예수 생애 연구**의 드라마틱한 역사(알베르트 슈바이쳐는 "라이마루스로부터 브레데까지"의 역사를 탁월하게 서술했다)를 여기서 상세하게 다룰 수는 없고, 그 역사에서 매우 중대한 공헌을 한 튀빙언의 씩씩한 두 학자 **다비드 프리드리히 슈트라우스와 페르디난트 크리스티안 바우어**에 관해 간략히 언급하기로 한다.

　젊은 신학 선생 슈트라우스는 1835년 「예수의 생애」[76]라는 매우 비판적인 저서를 출판했는데, 그로 인해 곧바로 교회 직책에서 해임되었고, 평생 민간학자로 지내야 하는 판결을 받았다. 그러나 역사의 예수 연구는 한 세기가 매달릴 과제였으니, 그 마지막에 가서는 상충되는 것처럼 보이는 처음 세 복음서("공관" 복음서)의 관계와 그것들의 선포 이야기로서의 특성이 뚜렷이 밝혀질 터였다.[77]

　같은 시기에 튀빙언의 천재적인 개신교 역사학자 바우어는, 헤겔의 보편적이고 변증법적인 역사관에서 영감을 받아, 원그리스도교 교회사·교의사에 관한, 더이상 교의적으로 규정되고 초자연적으로 덧칠이 되지 않은, 순전히 학술적이고 역사적인 연구의 토대를 놓았다.[78] 여전히 지나치게 헤겔 식의 선험적인 3박자 도식을 따르던 바우어의 "초기 튀빙언 학파"와의 논쟁을 통해, 원그리스도교의 역사뿐 아니라 교의사와 교회사 전반에 대해서도 포괄적인 역사적 설명이 이루어졌는데, 그러한 작업의 전범적 저작으로 19세기 말 **아돌프 폰 하르낙**의 세 권짜리 교의사를 꼽을 수 있다.[79]

구약성서와 신약성서 연구에서처럼 **종교개혁적 패러다임으로부터 근대적 패러다임으로의 전환**이 뚜렷이 드러난 곳은 없다. 성서가 세계 문학 서적 가운데 가장 철저히(한 구절 한 구절, 낱말 하나하나까지) 분석·연구된 책이 된 것은, 누구보다도 개신교 성서주석학자들의 여러 세대에 걸친 엄청난 작업 덕분이거니와, 이러한 사실은 오늘날 다른 세계종교들과의 대화에 있어서도 매우 중요한 가치를 지닌다. 여러 세대의 수많은 학자들이 개념·동기·전승의 역사에 대한 연구와 아울러, 본문·문헌·양식·장르 비평을 통해 포괄적이면서도 면밀한 작업을 하면서, 성서의 하나하나의 문헌 구절·낱말을 붙들고 씨름을 했다.[80]

그러는 가운데 "영감"이라고 지칭할 수 있는 것의 (헬레니즘적으로 이해되지 않고, 본디 의미대로 이해된) 새로운 의미도 분명해졌다: 예수 그리스도의 복음은 기쁜 소식이니, 그저 책 속에 갇혀 있어선 안되고 어느 시대에나 다시금 새로이 생생하게 선포되어야 한다는 것이었다: **그르칠 수 있는 인간의 온갖 말 속에 담겨 있는 동일한 하느님의 말씀.** 복음은 글자 하나하나 영감받아 씌어진 오류 없는 문장들이 아니라, 하느님과 예수 그리스도의 영에 의해 고취된, 또 그렇게 사람들에게 영감을 고취하는 메시지인바, 믿지 않는 사람들에게는 어디까지나 미심쩍은 인간의 말에 지나지 않지만, 믿는 사람들에게는 도움을 주고 해방하고 구원하는 하느님 말씀이 된다. 바로 여기서 신학의 근대적 패러다임과 원천적 그리스도교와의 가장 강력한 연속성이 뚜렷이 드러난다.

그러나 역사비판적 성서주석은 신학이 근대에도 필요한 것을 제공해주지는 못했으니, 총체적 비전의 제시와 이제 역사적으로 밝혀낸 메시지를 새로운 시대 안으로 번역해 들여오는 일이 그것이었다. 누가 근대의 오리게네스, 토마스 아퀴나스, 루터가 될 것인가? 이제 우리는 근대 패러다임 신학자가 된 사람을, 앞선 패러다임들의 대표적 신학자들처럼, 다음 장에서 상세히 고찰해야겠다.

⑤ 근대정신에 터한 신학: 프리드리히 슐라이어마허

프리드리히 다니엘 에른스트 슐라이어마허(1768~1834: 전기적 정보에 관해서는 나의 「위대한 그리스도교 사상가들」 참조)로 말미암아 교회사의 새로운 시대가 시작된 것은 아니지만, 신학적으로는 슐라이어마허 안에서 새로운 시기가 무르익었다고 할 수 있다. 종교개혁으로부터 **근대**로의 신학적 패러다임 전환은 슐라이어마허에게서 그야말로 구체적인 모습을 취했다: 슐라이어마허는 더이상 마르틴 루터처럼 천사와 악마, 악령과 마녀들의 전前코페르니쿠스적인 중세 세계, 염세적이고 묵시록적인 근본관점에 의해 떠받쳐지고 타 종파와 종교에 대해 비관용적인 세계 안에서 살지 않았다. 그리고 슐라이어마허는, 칼뱅 역시 반삼위일체론자 세르베투스에게 그랬던 것처럼, 교회의 오래된 교의와 관련된 문제들 때문에 사람을 화형시키는 짓은 꿈에도 생각하지 못했을 것이다. 또한 슐라이어마허는 중세적 패러다임에 얽매여 있던 로마 교황들과는 달리, 근대 자연과학, 코페르니쿠스, 갈릴레이와도 전혀 문제가 없었다. 19세기에도 종교개혁가들과 근대 철학자들(데카르트부터 칸트까지)뿐 아니라, 근대 자연과학의 저작들도 가톨릭 신자들이 읽어서는 안되는 금서 목록에 여전히 올라 있었다. 교수였으면서도 자연과학 강의를 청강했던 슐라이어마허는 칸트의 영향을 받아, 자연 안에는 "초자연적" 예외를 용납하지 않는 일관된 법칙성이 존재한다는 확신을 평생 지니고 있었다. 신학에 있어서 일종의 초자연주의? 그것은 슐라이어마허의 일이 아니었다.

패러다임 전환의 체현

아무튼 우리는 슐라이어마허에게서 철두철미 **근대적인 인간**을 만난다:

— 슐라이어마허는 자신이 그 안에서 성장한, 칸트·피히테·헤겔과 더불어 도전적 정점에 이른 근대 **철학**을 긍정했고 또 잘 알고 있었다. 또한 그는 고전어 학자로서 탁월한 플라톤 번역을 통해 고전어 학자들에게서도 신망을 누렸다.

— 슐라이어마허는 역사적 **비판**을 긍정했고, 스스로도 그것을 성서 계시문헌들에 적용했다. 그가 라이마루스의 단편을 둘러싼 저 격렬한 논쟁에 참여했더라

면, 틀림없이 함부르크의 우두머리 목사 괴체를 거슬러 레싱 편에 섰을 것이다. 아무튼 슐라이어마허는 훗날 사도 바울로의 친서가 아닌 디모테오 전서에 관한 비판적 연구를 통해, 사목서간들에 대한 역사적 비판을 선도했다. 또한 루가의 저작들의 기원을 원그리스도교의 공동체 생활과 구전 전승에 소급시켰다. 마태오복음서에서는 단절어 집록을 확인했다. 신약성서 문헌들도 일반 문헌들과 똑같이 다루어야 한다. 그의 **해석학**(본문 이해를 위한 안내)은 신학적·철학적·문학적 해석을 위한 근본적으로 중요한 업적이 되었다.

— 슐라이어마허는 특히 **근대 문학과 예술 그리고 사교**(그에게는 일종의 예술이었다)를 긍정하고 사랑했으며, 사실 계몽주의를 극복하려 애쓰던 베를린의 낭만주의자 동아리들과의 친밀한 관계를 통해 이들 분야에서 적극적 역할을 담당했다. 문사·시인·철학자·미술가, 온갖 유형의 정치적 열광자들과 매우 가깝게 교류하던 신학자! 과연 그의 사유와 저술은 여기서 폭넓은 지평을 획득했고, 그리하여 마침내 낭만주의의 감정의 종교를 과학적 문화와 결합시킬 수 있었다.

나아가: 슐라이어마허는 미래지향적인 「신학 연구 소고」[81]를 통해, **근대 대학 안에 신학의** 고유한 **자리**를 마련한 첫 사람이었다. 그는 근대 들어 세분화된 신학의 여러 개별 분야들을, 근대의 학문이론적(신앙적이 아님) 바탕에 입각해서, 하나의 유기적 통합체로 만들었고 또한 신학을 다른 학문들과 방법론적·주제적으로 연결시켰다: 철학적 신학(호교론과 논증법)은 뿌리요, 역사적 신학(성서주석·교회사·교의사)은 줄기이며, 실천적 신학(슐라이어마허가 이 신학의 창시자로 여겨진다)은 꽃부리였다. 예전에는 모든 것 위에 군림하던 교의학이, 여기서는 기능적으로 잘 조직된 동등한 분과들의 체계 안에 포섭되어 있는 것으로 나타난다. 이렇게 신학은 그 누구보다도 슐라이어마허를 통해 근대적·학문적 성격을 획득하게 되었다. 또한 슐라이어마허는 (새로운 교육학의 한 선구자이기도 하거니와) 계획적이고 조직적인 활동을 통해 프로이센의 **학제**(學制)를 결정적으로 틀지었을 뿐 아니라, 베를린 **대학교**와 베를린 **학술 아카데미** 창설에도 핵심적 역할을 했다. 슐라이어마허는 (실로 놀라운 일이거니와) 아주 자명한 듯이, 근대의 삶 한가운데 서 있었고, 또 그 삶을 꼴짓는 데 적극적으로 동참한 신학자였다!

종교에 신물난 시대에 종교를 위해

슐라이어마허는 당시 종교의 모습이, 특히 자신이 의무감을 느끼던 식자층에게, 매우 이율배반적으로 비치고 있음을 잘 알았다. 종교의 모습은 긍정과 배척, 찬성과 조롱, 경탄과 경멸 사이에서 오락가락하고 있었다. 29세 생일에 그는 다음해 생일까지 (오늘날 종교에 관해 어떻게 새로이 말해야 하는가라는 주제로) 책을 쓰라는 하객들의 권고를 받아들였다. 그는 식자층을 주요 대상으로 정했고(그러나 교육받지 못한 사람들도 설교를 자주 들어야 한다고 말했다), 특히 **종교를 경멸하는 사람들**을 겨냥했으니, 최소한 그들은 선입견으로 인한 오해를 깨달아야 했기 때문이다.

그리하여 슐라이어마허가 31세 때인 1799년, 유명한 **처녀작**「종교에 관하여. 종교를 경멸하는 식자들을 위한 강의」[82]가 세상에 나왔다.「강의」: 이 낱말은 슐라이어마허가 선택한 문학적 형식을 나타낼 따름이다. 문장이 매우 열정적이고 활기차지만 종종 이해하기 힘든 이 책의 내용은(특히 피히테에게 많이 의존하고 있지만, 아무도 근거로 내세우지는 않는다)[83] 실제로는 "강의"되지 않았다. 이 저작은 극히 계획적으로 주도면밀하게 구성되고 탁월한 수사학을 구사하는, 그 안의 거의 모든 것이 논쟁 전략적으로 훌륭하게 짜여진 논문으로 기초·작성되었다.

아무튼 이 책이 뚜렷이 보여주는 것: 프리드리히 슐라이어마허는 철두철미 근대적 인간이며, 그러면서도 놀라운 방식으로 여전히 종교적 인간으로 남아 있다. 근대 문화와 종교적 확신, 이것들이 반드시 상충되는 것은 아님을 슐라이어마허는 도전적 방식으로 분명히 보여주었다. 그는 자신이 힘들여 확신에 이른 것을 증언하고자 했다: 오늘날에도 인간은 근대적이면서 **또한** 종교적일 수 있으며, 비판적이면서 **또한** 경건할 수 있다. 바로 이 점에서 슐라이어마허는 19세기 신학의 큰 스승, 근대 정신과 영성의 인간이 되었다.

사실 당시에 종교와 신학은 상황이 좋지 않았다. 슐라이어마허의 매우 저명한 동시대인들 가운데 상당수(피히테·셸링·헤겔·횔덜린 등)가 그즈음 신학으로부터 철학(혹은 문학)으로 넘어갔다. 그들은 "종교"를 아주 내버리지는 않았으나, 자신들의 사변적·형이상학적 체계 속에 편입시켜버렸다. 철학적 사유자들인 그들은, 물론 종교적인 면(특히 헤겔이 주장한 "사상가의 신심")이 전혀 없었다고는 할 수 없지만, 뭐라 해도 철학적 바탕에 입각해 살고 생각했다. 슐라이어마허의 많은 새 친구들은 종교에 대해 그저 몰이해만 보여주었다.

그러한 상황에서 진지하게 겨루어야 할 반대입장을 제시하려면, 사실 슐라이어마허 정도의 걸출한 인물이 되어야 했다. 혁명과 복고, 계몽주의와 낭만주의 사이의 그 사납고 어지러운 시대에 "종교는 당신에게 무엇인가?"라는 **곤란한 물음**을, 슐라이어마허처럼 인상적이고 진지하고 공공연하고 효과적으로 제기할 수 있는 사람은 교회와 신학 현장 어디에도 없었다: 슐라이어마허는 처음엔 익명으로 출간한 「강의」를 "어떤 사람이 하필이면 통속적인 것을 경멸하고 시대의 지혜로 가득차 있는 사람들에게, 그들이 완전히 무시하는 대상에 관심을 기울이라고 요구할 수 있다는 것은, 사실 뜻밖의 일일 수도 있고, 필경 당신들은 그것을 기이하게 여길 것이다"라는 도전적인 말로 시작한다. 그러고는 곧이어, 자신 역시 시대의 지혜를 확신하고 있으며, 결코 전근대적·반동적 진영으로 되돌아가지 않았다고 덧붙여 말한다: "나는 종교를 몰락에서 구해내야 한다는 대부분의 사람들의 외침에 동의하지 않는다. 왜냐하면 나는 종교를 오늘날보다 더 잘 받아들일 만한 시대를 알지 못하기 때문이다. 또한 나는 낡은 신앙의 야만적인 비탄, 사람들이 자신들의 탐욕스런 예루살렘 성의 벽과 고딕식 기둥들이 무너진 것을 다시금 소리 높여 통곡하는 일과 아무 관계가 없다."[84]

이로써 분명해졌다: 슐라이어마허는 종교가 새로운 의미를 지니고 관철되도록 만드는 것을, 하느님께서 부여하신 자신의 예언자적 사명으로 인식했다. 과연 종교는 비판적 사상가인 그에게 (특정 교리들에 대한 개인적인 배척에도 불구하고) "무시된 대상"이 아니었다. 종교는 그야말로 그의 삶의 속알이요 그것을 인도하는 별이었다. 바로 이것에 관해 슐라이어마허는 세속적·감각적인 것에 완전히 빠져 있거나, 공허한 이상들에 대해 사변을 전개하고 도덕군자연하는 동시대인들에게 선포하고자 했다. 종교라는 주제는 현실적이니, 그것은 인간의 총체적 성향으로부터 이미 주어져 있는, 따라서 거부할 수 없는 것이기 때문이다.

물론 모든 것은 "종교"라는 것을 어떻게 이해하느냐에 달려 있다. 슐라이어마허는 **종교**를 무엇이라고 생각했던가? 형이상학과 도덕의 전당물典當物들로 합성된 저 "이성적 그리스도교"? 아니다. 왜냐하면 철학적 인간과는 달리, 종교적 인간에게 "종교"는 체계화·이론화하는 일이 아니기 때문이다. 그러나 또한 정통주의 교의학자들("자구字句 신학자들")에게처럼 신앙정식과 논증의 일도 아니다. "종교"의 영역 안에서 우선권을 지니는 것은 교리가 아니라 삶이기 때문이다. 요컨대 종교에 있어 관건은 칸트의 정신을 따라 "도덕적"으로 존재하거나, 쉴러·괴테·헤르더가 말한 의미에서 "심미적"으로 존재하는 것이 아니다. 그저 도덕적이거나 심미적이기만 한 사람은, 사실 아직은 "경건"하거나 "종교적"인 것이 아니다. 그러면 누가 "종교적"인 사람인가?

대답(둘째 강의의 중심사상): 종교 고유의 특징은 신비스런 **체험, 영원의 세계에 감동됨**이다. 종교에서 관건이 되는 것은 그러니까 천상적 섬광인바, 이것은 경건한 영혼이 영원하고 무한한 존재에 감동될 때 발생하는데, "종교의 거장들"은 이러한 종교적 체험을 언어 등을 통해 직접 표현하며, 평범한 사람들에게도 전해준다. 좀더 정확히 말해서: 종교는 삼라만상, 존재하는 것과 발생하는 것의 총체를 **직접적 관조와 감정**(이 범주들은 피히테에게서 유래한다) 안에서 경건하게 체험하고자 한다: "종교의 본질은 사유도 행위도 아니고, 직관과 느낌이다. 종교는 삼라만상을 직관하고자 하고, 삼라만상 자신의 표현과 행위 안에서 삼라만상을 경건하게 귀기울여 듣고자 하며, 어린아이다운 수동성 안에서 삼라만상의 직접적인 감응력들에 사로잡히고 또 그것들로 가득 채워지고자 한다."[85]

이렇게 말할 수도 있다: 종교는 **마음의 종교**라고. 인간이 자신의 가장 그윽한 곳에서 그리고 통전성通全性 안에서, 사로잡히고 감동되고 가득 채워지고 움직여짐이다(모든 유한한 존재들 안에 작용하는 무한한 존재에 의해). 그렇다. 종교는 실천도 사변도 아니고, 예술도 학문도 아니며, **"무한한 존재에 대한 감수성과 취향"**[86]이다. 영원하고 무한한 존재와의 이러한 생생한 관계는 모든 개인 자아의 본원적 성향인바, 물론 이 성향은 깨워 일으켜져야 한다. 종교적 체험들은 무수히 많으며, 참을성이 필요하다. 종교적 의식 안에서는 이렇게 개체성과 삼라만상이라는 두 가지 극한점이 맞닿아 있다. 역사적으로 고찰할 때, 이것이 의미하는 것은 다음과 같다: 종교는

— 중세나 종교개혁 시대에서처럼 세상과 자연을 초월한 존재 안으로의 이탈이나 건너감이 아니다.

— 또한 이신론理神論이나 계몽주의에서처럼 세상 배후의 존재나 형이상학적인 존재 안으로 들어감도 아니다.

— 오히려, 근대적으로 이해하건대, **유한한 존재 안에서 무한한 존재**를 예감하고 직관하고 느끼고 **깨닫는 것**이다. 유한한 존재 안의 무한한 존재 또는 모든 것을 규정하는 영원하고 절대적인 존재로서의 하느님, 이것이 근대적 신관이라고 말할 수 있거니와, 이러한 하느님은 (슐라이어마허가 이 책 2판에서 하느님 관념에 대한 부설附說 말미에 덧붙였듯이) "흔히들 생각하는, 세상 밖의 그리고 세상 배후의 고립된 존재로서의 하느님"[87]이 아니다. 피히테·셸링·헤겔과 마찬가지로 슐라이어마허도, 철학적 엄정성에 터해, 하느님을 인간화하는 것은 철저히 배척한다. 하느님은, 근대적으로 이해하건대, 모든 존재·인식·의지의 내재적·초월적 궁극 근원이다.

유념할 것: 슐라이어마허는 대담한 시도를 하면서, 이러저러한 거룩한 문헌들(그의 견해에 따르면 종교의 참된 **본질**은 이것들의 너울 뒤에 감춰져 있다)로부터 출발하지 않았다. 그는 "한 번 문제를 다른 극極에서부터 접근하고, 종교와 도덕 및 형이상학의 극명한 대비로부터 출발"[88]하고자 했다. 한쪽에는 종교 그리고 다른 한쪽에는 도덕과 형이상학, 이 둘의 대립? 이것은 시대사적 배경에 입각해서만 이해할 수 있다: 슐라이어마허는 이웃한 혁명의 나라 프랑스의 "계몽된" 이신론이나 유물론 등에는 별 관심이 없었고, 계몽주의가 독일에서 창출한 극단적 관념론, 관념론적 형이상학 및 도덕을 겨냥하고 있었다. 슐라이어마허에게는 (종교의 본질이 그 어디엔가 순수하고 추상적으로 존재하는 것은 아니지만) **종교의 독자성**이 중요할 수밖에 없었다: **한편으로는 형이상학**, 즉 철학적 사변**에 대한, 다른 한편으로는 도덕**, 즉 윤리적 노력**에 대한**. 사실 종종 종교가 편협하고 악의적이고 박해에 걸신들린 것처럼 비쳐지게 만든 것은, 도덕 그리고 특히 형이상학을 둘러싼 논쟁이 아니었던가? 명제·교의·개념들은 뭐라 해도 종교가 아니라, 종교에 관한 반성일 따름이다.

그렇다면: 이러한 패러다임 전환으로 말미암아 개신교 신학과 종교개혁의 연속성이 파괴된 것은 아닌가? 꼭 그런 것은 아니다.[89] 이미 **루터**도 형이상학과 도덕에 의한 **신학**의 이중적 정체상실을 거슬러 싸웠다: 아리스토텔레스 철학에 의한 신학의 형이상학화(하느님께로의 사변적 비약)와 행업 신심에 의한 그리스도교의 도덕화(자기 행업에의 투기投機)를 거슬러. **슐라이어마허**의 경우도 이와 유사하다. 그 역시 사변적 사유와 도덕화된 실천으로 말미암은 **종교**의 정체상실에 저항했다. 그에게 종교 또는 (슐라이어마허가 훗날 말한) 신심은 어디까지나 실존의 문제요, 모든 사유와 행위에 우선하고 그것들의 바탕에 깔려 있는 **감정**의 문제다.

이 감정은 심리학적인 좁은 의미에서 낭만주의적인 열광적 감격으로 이해해서는 안되고, 실존적 · 통전적인 의미에서 인격의 중심에서의 사로잡힘과 감동으로, 직접적 · 종교적 자의식으로 이해해야 한다(에벨링은 이 자의식의 기능을 루터의 양심의 기능에 견주었다). 슐라이어마허는 이 사상을 나중에 보다 정확히 표현했고, 오해받기 쉬운 삼라만상에 대한 "직관"Anschauung(감각적 혹은 정신적?)이라는 개념을 철회하고(사실 인간은 삼라만상 전체를 "직관"할 수는 없다) 대신 직관과 인식을 아우르는 "느낌"Gefühl이라는 개념을 사용했으며, 「신앙론」에서는 보다 상세히, 종교를 **인간의 절대적 의존의 감정**이라고 말했다.

반문 1: 신학이냐 철학이냐?

그러나 종교가 그처럼 인간의 절대적 "의존"의 감정이라면, 그렇다면 개(犬)가 가장 훌륭한 그리스도인일 것이다[90] 이것은 슐라이어마허의 사상에 대한 가장 심술궂은 재담의 하나로서, 헤겔이 한 말인데, 그는 슐라이어마허의 동료였고 1818년부터 베를린 대학에서 피히테의 후임으로 철학을 가르쳤다. 이 재담은 매우 신랄하고 재치가 있으나(슐라이어마허는 헤겔의 공격을 무시했다) 요점을 놓치고 있으니, "감정"의 정신적 · 통전적 본질을 간과하고 있을 뿐 아니라, 무엇보다도 슐라이어마허의 신관과 그가 온갖 종교적 예속에 맞서 그리스도인의 자유를 강조한 사실을 간과하고 있기 때문이다. 그리스도인이 "감정" 안에서 자신의 하느님께 의존하는 것과, 개가 자기 주인에게 "의존"하는 것은 전혀 다르다.

과연 슐라이어마허는 도덕적 인간의 내면적 **자유**(영원한 젊음과 기쁨의 원천)를 특히 중요하게 생각했다. 이 자유는 이미 「강의」 이후의 두번째 주요 저작인 「**독백**」(1800년 "새해 선물"로 출간됨)에서부터 핵심 낱말의 하나로 등장하는데, 그는 이 책에서 자신의 종교적 인생관과 세계관을 "영원의 일기日記의 서정적 초록抄錄" 형식으로 표명하고자 시도했다.[91] 그리고 슐라이어마허는, 헤겔과는 전혀 달리, 이미 「강의」에서부터 **국가교회 제도**(개혁교회 신자였던 그에게는 이것이 모든 폐해의 근원이었다)에 단호히 **반대**하고, 프랑스의 본보기를 따라 교회와 국가의 분리를 강력히 요구했으며, 넷째 강의에서는 교구 공동체들을 사람중심 공동체들(훗날 그 자신이 하나 창설했다)로 대체하는 급진적 교회개혁 프로그램을 내놓았다.

그러나 어쨌든: 슐라이어마허 신학의 모호성을 지적하고, 슐라이어마허는 신학을 통째로 근대정신에 내주었다고 비판하는 사람들이 옳은 것은 아닐까? 그들이 (젊은 시절의 칼 바르트가 그랬듯이) 슐라이어마허(그는 신학뿐 아니라 철학도 온갖 분야에 걸쳐 강의했다)는 근본적으로 신학이 아니라 철학 작업을 했다고 의심하는 것은 옳지 않을까? **칼 바르트**는 1968년(「로마서 연구」 출판 50주년이자 사망 연도)에 슐라이어마허 저작 선집에 부친 탁월한 발문에서 이 물음을 다시 한번 제기했으나, 주목할 일이거니와, 자신의 대답은 보류해두었다:

— 슐라이어마허의 시도의 목적은 "근본적으로 예배·설교·교육·목회에 정향된 그리스도교 **신학**"인데, 그것이 "편의상 당시 인간들에게 친숙한 철학의 옷"을 걸쳤을 따름인가?

— 아니면 목적은 "그리스도교에 별 관심 없는 **철학**"인데, 그것이 "어쩌다보니 일종의 그리스도교 신학의 너울"을 뒤집어썼을 따름인가?[92]

바르트의 초기 노선을 따라, "변증법적 신학"의 많은 주창자들이 슐라이어마허는 신학을 철학(동일철학·플라톤주의·영지주의 범신론 혹은 스피노자주의) 안으로 해체해버렸다고 비난했다. 그러나 근년에는 「강의」의 저자 슐라이어마허가 신학자로 옹호되었으니, 그는 "철학적 수단을 사용하여 그리스도교 호교론"을 전개했고[93], 그의 종교 이론은 근본적으로 "신학적 성향"에 힘입고 있다는 것이다.[94] 한편 사람들은 슐라이어마허를 해석할 때, "철학과 신학의 대립 관념이나 양자택일

관념"을 가지고 접근해선 안된다고 주장하기도 한다. 실제로: 슐라이어마허의 양자택일은 철학이냐 신학이냐가 아니라, 철학이냐 교의학이냐였다.[95]

이 모든 것을 염두에 두고, 바르트의 물음에 나의 대답을 제시하기로 한다: 슐라이어마허의 「강의」의 목적은 그리스도교에 별 관심 없는 철학이 결코 아니다. 이 강의들은 겉으로는 뚜렷이 드러나지 않지만, 당초부터 단호히 그리스도교를 겨냥하고 있다. 물론 이 강의들의 목적은 바르트 식의 신학은 아니었고, 또 (삼위일체에서 시작하는) 교의적 신학이나 (교회의 교의에 얽매인) 교회적 신학도 아니었다. 바르트의 "교회 교의학"만이 그리스도교 신학인가? 바르트 자신도 1946년 슐라이어마허에 관한 글에서, 인간중심적 "고찰방식의 전도順倒"가 반드시 "비신학 혹은 아예 반신학"을 의미하는 것은 아님을 인정했다: "그런 전도로부터도 참되고 정당한 신학이 수립될 수 **있었다.**"[96] 그렇다. 유일하게 구원을 가져다주는 신학 방법론 따위는 존재하지 않는다. 시험보기 위해 전통적 교의학을 공부해야 했으나, 그것을 혐오한 슐라이어마허는 의식적으로 다른 출발점을 선택했거니와, 그것을 통해 종교를 경멸하던 식자층에게 다가갈 수 있으리라 기대했다: 사람들은 그것을 보편적인 주요 관점들과 개념들을 사용하여 작업하는 **기초신학적** 방법론이라고 사리에 맞게 지칭하게 되었다. 그후 "기초신학"은 "교의학 서론"에 만족하는 개신교 신학에서보다 가톨릭 신학에서 더 발전했다.

이제 우리는, 종교적 감정의 독자성을 인정함에도 불구하고, 종교가 사유와 행위 · 이론과 실천 · 형이상학과 도덕 · 진리 및 윤리 의식과 그렇게 무 자르듯 갈라질 수 있는지 슐라이어마허에게 따져 물어야겠다: 진리나 양심의 충동과 관계없는 참된 종교적 감동이 과연 존재할 수 있는가? 그러나 우리는 즉시 덧붙여 말해야 한다: 슐라이어마허도 그러한 입장에 계속 머물러 있지는 않았다고. 그리고 인간 측의 전적인 의존 감정은 하느님 측의 전적인 원인성을 전제하며, 따라서 슐라이어마허가 그리스도교 신학을 세속 철학에 몽땅 내주었다는 말은 할 수 없다는 것도 보다 뚜렷이 밝혀졌다.

방법론적으로 무엇보다 중요한 점: 슐라이어마허는 독자들을 그들이 발디디고 있는 세상 안으로 마중나가서, 그들의 오해에 맞서 종교에 대한 참된 이해를 널리 부각·강조하고자 노력했다. 그렇게 함에 있어 될 수 있는 대로 신학 특유의 개념 사용을 삼갔고, 불가피한 경우에는 그것들을 재해석했다. 그래서 슐라이어마허는 동시대 식자층이 신인동형적神人同形的·전근대적으로 알아듣던 "하느님"이라는 말 대신, "삼라만상"·"무한한 존재"·"거룩한 존재" 같은 낱말을 즐겨 사용했는데, 그는 이 개념들이 동시대인들에게 덜 부담스럽기 때문에 더 설득력이 있으리라 기대했다. 그러나 그로써 슐라이어마허는 아무래도 계시와 무관한, 일종의 독자적 "자연종교"의 주창자로 나타나지 않는가?

종교에서 "실증적"의 의미

슐라이어마허가 「강의」에서 내놓고 "자연신학"(칼 바르트 이래 많은 신학자들이 비난한 주제다)을 전개했다고 생각하는 사람들은 다음 사실을 유념해야 한다: 슐라이어마허는 전체 계몽주의 신학에 맞서, **"자연종교"란 존재하지 않는다**는 것을 매우 강조했다. 사실 자연종교라는 것은 이성의 도덕적 정향定向의 소산이며, 여기서는 그러한 이성종교를 벗어나는 것은 모두 "미신"으로 배척된다. 그러나 슐라이어마허가 볼 때, 그러한 자연-이성 종교는 철학적 반성이 인위적으로 만들어낸 것에 불과하며, 참된 종교의 특징인 생동력과 직접성이 결여되어 있다. 슐라이어마허가 처음부터 지니고 있던 확신: 종교는 그저 "일반적으로" 고찰하지 않고, 개별적이고 생동적이고 구체적인, 다시 말해 "실증적인"positiv 종교들 안에서 고찰할 때에만, 올바로 이해할 수 있다. 슐라이어마허는 이 개별적이고 구체적인 종교들(유다교·그리스도교·이슬람교 등)을 "실증적 종교들"이라 지칭했다.

그리하여 「강의」는 종교들 안의 "실증적인 것"에 관한 반성으로 귀결된다. 여기서의 중심사상: "무한한 것"은 "그 자체"로 존재하지 않으며, 순전히 추상적으로 존재하지 않는다. 무한한 존재는 언제나 유한한 존재 안에서만 포착될 수 있다. 그것은 무수히 많은 각양각색의 형태들 안에서 자신을 드러낸다. 삼라만상에 대한 직관은 언제나 개별적 직관이며, 이 무수한 직관들 가운데 어떤 것도 원칙적으로 배제될 수 없다. 그러므로 "종교"는 각양각색의 종교들 안에서 개별화될 수밖에 없다. 따라서 "종교"를 이해하고자 하는 사람은 각양각색의 종교들을 이해해야 한다. 개개 종교들은 자신의 원천적 생명력을 상실하고 특정한 형식·획일적 태도·독선적 신념들과 동일시될 수도 있고, 오랜 역사가 경과하면서 왜곡·기형화될 수도 있다: 그럼에도 그 종교들이 인간 주체 안에서 무한한 존재의 체험을 가능하게 해주는 한, 무한한 존재에 대한 특정한 직관을 자신의 중심점, 자신의 모든 것이 그것에 귀착되는 중심관점으로 삼고 있는 한, 그것들은 뭐라 해도 "종교"가 참되고 순전하게 개별화된 형태들이다.

이렇게 슐라이어마허는 「강의」에서 종교 전반에 관한 근대적 동시대인들의 온갖 편견을 타파하기 위해 진력했을 뿐 아니라, 더 나아가 그들이 **종교들 안의 "실증적인 것"**, 즉 모든 종교 안에 실제로 "주어져 있는 것"das Gegebene에 마음을 열도록 진력했다. 그러나 주목할 점: 슐라이어마허에게 개개 종교들은 결코 동등한 위치에 있지 않았다. 슐라이어마허에게는 거의 자명했던 출발점: "종교"는 그리스도교 안에서 가장 순전純全하게 개별화되었다. 따라서 그리스도교는 인류 역사의 모든 종교들 중에서 상대적으로 가장 훌륭한 종교다. 그러므로 그리스도교야말로 다른 종교들과의 비교를 두려워할 필요가 없다.

슐라이어마허가 그리스도교 이외의 종교들(그리스 종교들은 예외)에 관해 좀더 풍부하고 정확한 지식을 갖고 있지 못했던 것은 애석한 일이라고 하겠다. 슐라이어마허는 종교적 체험을 강조함으로써 "종교"의 한 가지 중요한 측면을 뚜렷이 부각시켰지만, 말년에 이를 때까지도 예컨대 베를린 대학의 동료요 적수였던 헤겔만큼 폭넓은 종교사 지식을 습득하지는 못했다. 과연 헤겔은 종교철학 강의에서 인류의 갖가지 종교를 다루었다: 인간 정신 안에서 자신을 드러내는 절대정신의 위대한 역사적 형태들로서 — 아프리카·중국·인도·페르시아·이집트의 자연종교들(자연력과 물체적 존재로서의 신성)에서 시작하여, 영적 개성이 뚜렷한 종교들인 유다교와 그리스 및 로마 종교들을 거쳐, 모든 이전 형태들을 자신 안에 받아들인 고등한 형태의 종교인 그리스도교에 이르기까지.

아무튼 이론의 여지 없는 것: 19세기에 비약적 발전을 하게 된 종교사·종교현상학·종교심리학에, 슐라이어마허만큼 사상적으로 튼실한 기초를 놓아준 신학자는 없다. 오늘날 종교학과 신학에서 **체험**을 그렇게 자주 언급하는 것은,

근본적으로 슐라이어마허 덕분이다. 그리고 종교가 그저 순전히 개인적인 종교가 아니라 **공동체**의 사안으로 여겨지는 것도, 슐라이어마허의 공헌이다. 또한 그리스도교가 종교의 최고·최상의 개별화로 이해되고, 그래서 종교들 간의 비교의 일종의 척도가 될 수 있다면, 이것은 최소한 그 원칙적 정당성을 슐라이어마허에게서 발견한다. 그러나 어쨌든 여기서도 반문에 귀를 기울여야 한다:

반문 2: 인간학으로의 해체?

에밀 브루너(슐라이어마허를 신비주의로 환원시키고자 했다)[97]를 따라, 슐라이어마허는 인간 밖에서 다가오는 성서 말씀 대신 감정이라는 말없는 내면성으로부터 출발한다고 **비판**하는 사람들, 아니 젊은 시절의 바르트가 지적했듯이, 슐라이어마허는 **신학의 인간학화와 주관주의화**를 꾀했고, 그리하여 포이어바흐가 신학을 인간학 안으로 "지양"止揚하고 해체하는 길을 열어주었다고 비판하는 사람들이 옳은 것은 아닐까?

노년의 **칼 바르트**는 이 (둘째) 물음에서도 더 신중해졌다:

— 슐라이어마허에게 있어, 인간은 "포착·지양할 수 없는 타자와의 관계 안에서", "자신의 존재·감정·인식·의지·행위를 벗어나 있는" 그리고 "그것에 대해 숭배·감사·참회·청원이 구체적으로 가능한, 아니 요구되는" 그러한 **"대상"**과의 대응관계 안에서 느끼고 생각하고 말하는가?

— 아니면 슐라이어마허에게 있어, 인간은 "대상으로서, 인간 자신과 구별되는 다른 존재로서, 혹은 아예 타자로서 인식·논의될 수 있는 모든 것과 자신의 동시존재성, 아니 **동일성**에 관한 자주적 의식 안에서 그리고 그것에 터해 느끼고 생각하고 말하는가?"[98]

나의 대답: 슐라이어마허의 신학적 반성은 (데카르트로부터 칸트에 이르는 노선에 충실하게) **인간의 주체**(주관)와 자기체험을 **출발점**으로 삼는다. 그러나 그것이 신학의 **주관주의화와 인간학화로 귀결되지는 않았다.** 슐라이어마허는 이미 초기 저작에서, 감정을 본질로 하는 이러한 "종교" 없이는, 사유나 행위는 인간을 모든 것의 중심으로 만들고자 하는 치명적인 병적 욕망에 사로잡힐 것이라고 명

백히 경고했다: "삼라만상 안에서 오직 인간을 모든 관계들의 중심점으로, 모든 존재들의 조건으로 그리고 모든 생성의 원인"[99]으로 보려는 욕망 말이다. 슐라이어마허에 의하면, 종교에서는 사정이 정반대이다. 종교는 "다른 모든 개체들과 유한한 것들 안에서와 마찬가지로, 인간 안에서 무한한 존재를, 그것의 각인·표현을 보고자"[100] 한다. 그러므로 슐라이어마허에게 인간중심주의나, 신학의 인간학 안으로의 해체 따위의 혐의를 씌워서는 안된다.

그러므로 거듭 새삼 제기되는 범신론 혐의 또한 온당치 않다. 물론: 슐라이어마허는 유한한 것을 무한한 것 안에서 그리고 무한한 것을 유한한 것 안에서 인식하고자 했다. 그러나 그로써 유한한 것과 무한한 것의 "일치"(한 존재), 하느님과 세상의 동일성을 주장한 것은 결코 아니다. 그는 자신이 범신론자라는 당시의 지적을 강력히 부정했다. 슐라이어마허는 스피노자에 대한 깊은 공감과 연구에도 불구하고, 평생 스피노자와는 근본적으로 다른 길을 걸었으며, 노년에 믿을만하게 단언하기를, 자신은 한순간도 스피노자 추종자였던 적이 없었다고 했다. 하느님은 모든 것 안에, 우리 안에 계시다. 하느님과 세상은 서로 관련되어 있으나, 본질적으로 다르다. 물론: 슐라이어마허는 자기들 특유의 의식意識을 무한한 존재에 힘입고 있는 인격주의적 종교들뿐 아니라, 그렇지 않은 범신론적 종교들도 종교로서 인정하고자 했다. 그러나 어떠한 경우에도 그는 "그저 인간의 수호신에 불과한" 하느님은 단호히 배격했다. 그러한 하느님 관념은 "인간과 전혀 다른 개체"[101]로서의 하느님 관념과 마찬가지로 슐라이어마허에게는 기이한 것이었다. 그는 인격적 하느님보다는 살아계신 하느님에 관해 말하기를 좋아했다.

슐라이어마허에게 근본적으로 중요했던 것: 종교의 고유하고 참된 "대상"은 유한한 존재 안에 드러나는 무한한 존재, 신적 생명과 행위다. 이것이 인격적으로 표상되건 아니건, 종교적 의식은 압도적이고 지고하고 궁극적인 어떤 힘을 감지하거니와, 종교적 영감이 풍부한 사람들은 특정한 순간들에 그 힘과 하나됨을 느낄 수 있지만, 실체적으로 하나가 되는 것은 아니다. 이렇게 범신론자가 아니듯이 합일 신비주의자도 아니었던 슐라이어마허는, 「독백」에서 (특히 피히테의 도움을 빌려) 스피노자 식의 일원론과 결정론을 단호히 배척했다. 그러므로 슐라이어마허의 입장을 구태여 하나의 딱지를 붙여 이해하고자 한다면, 범신론이 아니라 "만유재신론"萬有在神論(Pan-en-theismus)이라는 딱지를 붙여야 할 것이다. 그리고 이것에 터해, 신학의 근본 개념들〔예컨대 기적(자연법칙의 파괴 없는), 계시(인간의 체험 안의), 예언, 은총의 작용〕에 대한 그의 새로운 해석도 이해해야 할 것이다.

신학의 근본개념들에 대한 슐라이어마허의 새로운 해석이 만족할 만한 것인지 아닌지는 물론 또다른 문제다. 그리고 슐라이어마허가 종교의 인간학화와 주관주의화를 꾀했다고 비난해선 안되지만, 그래도 그의 신학의 그리스도교성에 관한 물음은 제기된다: 슐라이어마허는 참으로 그리스도교 신학자였던가, 그는 그리스도교 신학을 전개했던가?

그리스도교의 비길 바 없음

종교들의 정신을 이해·포착하는 가장 용이한 길은, 슐라이어마허에 따르면, 스스로 종교를 가지는 것이다. 이 점은 "그곳에서 삼라만상이 최고의 통일성 안에서 직관되는 가장 거룩한 종교"[102] 곧 그리스도교에 접근하는 사람들에게 특히 중요하다. 다음 사실 또한, 많은 비판에도 불구하고, 이론의 여지가 없다: 슐라이어마허는 계몽주의가 제기한 **그리스도교의 본질**에 대한 물음에 조직적으로 대답하는 데 결정적으로 기여했다. 그는 개개 종교의 본질은 하나의 "근본 직관"에 터해, 그 종교가 그때그때 지니고 있는 "무한한 존재에 대한 직관"에 터해 인식해야 한다는 견해를 갖고 있었다.[103] 이것은 유다교와 그리스도교에는 특히 더 해당된다.

먼저 간략히 고찰해야 할 물음: **유다교**의 본질, 근본 직관, 정신은 무엇인가? 헤겔을 비롯한 독일 관념론자들과 마찬가지로, 슐라이어마허도 유다교에 대해 우호적인 생각을 갖고 있지 않았다. 유다교는 뭐라 해도 그리스도교에의 열쇠를 제공해주지 않는다는 것이었다. 물론: 유다교는, 슐라이어마허에 의하면, 많은 것을 가르쳤고, 또한 (유다교 고유의 종교적 요소가 정치적·윤리적·의식儀式적 요소 속에 차폐·상실된 것을 도외시한다면) "그토록 아름답고 천진난만한 특성" 안에서 그야말로 매혹적이었다.[104] 그러나 곳곳에서 드러나는 유다교의 근본 직관, 무한한 존재와의 관계는? 그것은 "전반적이고 직접적인 **인과응보**"[105] 이념에 지배되고 있다: 보상과 징벌!

슐라이어마허는 유다 민족의 역사 전체를 하느님과 인간의 생동하는 대화, 말씀과 행위 안에서의 대화로 파악했는데, 여기서 예언과 메시아 신앙에 특별한 의의를 부여했다. 그러나 이 생동하는 역사는, 성서가 다 씌어짐과 더불어 유다교 안에서 하느님과 그분 백성의 대화도 끝이 난 시점에서, 이미 종막을 고했다. 슐라이어마허에게 의문의 여지가 없었던 것: 오늘날 유다교는 죽은 종교이며, 우리들은 그 사실을 인정·감수해야 한다. 그러나 20세기 말의 우리는 유다교에 대한 슐라이어마허의 비틀린 관점에 결코 동조할 수가 없다. 그의 관점은 유다 민족의 존속뿐 아니라 유다교〔물론 중세·랍비·시나고게 패러다임 안의 유다교. 이 패러다임은 슐라이어마허 시대인 18세기 말에, 근대의 영향으로(멘델스존) 비로소 개방성을 지니게 되었다〕[106] 의 존속도 고려에 넣지 않았다. 슐라이어마허를 변호해주는 유일한 사실: 당시 베를린의 근대적이고 세상에 다분히 동화된 유다인들 역시, 자기들 종교의 과거에 대해 다른 사람들보다 긍정적으로 생각하지 않았다! 한편 슐라이어마허는 이미 1799년 유다인들은, 여러 계몽주의자들이 요구한 것처럼, 자연적 이성종교의 근본진리들을 수용하는 조건 아래 개신교회에 받아들여져서는 안되며, 그리스도교 신앙고백 여부와 관계없이, 유다인으로서 시민의 권리들을 부여받아야 한다고 요구했다.

슐라이어마허에게서 (적어도 원칙적 형태의) 그리스도교는 유다교의 부정적 모습과 대조되어 더욱 밝게 나타난다: "그리스도교의 원천적 직관은 더 훌륭하고 숭고하며, 성숙한 인류에게 더 잘 어울리고 체계적인 종교의 정신 속에 더 깊이 삼투하며, 온 세상에 계속 널리 퍼져나간다."[107] 슐라이어마허는 오직 그리스도교 안에서 종교의 본질이 순수하고 뚜렷이 드러난다는 확신을 지니고 있었다.

그러면 (온갖 역사적 왜곡, 논쟁, 피비린내 나는 거룩한 전쟁에도 불구하고) **그리스도교**의 핵심적 직관, 원천적 본질, 정신으로 규정할 수 있는 것은 무엇인가? 슐라이어마허는 그리스도교 안의 유한한 것과 무한한 것의 관계를, 단호히 **멸망과 구원,**

적대와 중재의 관계로 인식한다. 그리스도교는 멸망의 보편성을 인식하고 자신 안팎의 그릇된 종교와 맞서 싸우기 때문에, 철두철미 논쟁적이다. 그리스도교의 목표는 물론 보다 깊은 성성聖性, 순전성 그리고 하느님께의 귀속이다: 유한한 모든 것은 언제 어디서나 무한한 존재에 포섭되어야 한다.

이렇게 그리스도교는 풍부한 잠재력을 지닌 종교지만, 그렇다고 해서 그리스도교가 예컨대 하나의 보편종교로서 다른 모든 종교와 새로운 종교들을 배척해야 한다는 것은 아니다. 그리스도교는 자신의 근원을 유다교가 아니라, 불가연역적이고 불가해한 방식으로 한 사람의 **사자**使者에게 두고 있거니와, 멸망과 구원의 보편성에 관한 근본 직관이 고차적 중재를 통해 그 사자에게서 처음으로 나타났다. 슐라이어마허가 예수 그리스도에게 경탄한 것은 무엇이었던가? 그것은 단순히 예수의 윤리적 가르침의 순정성純正性이나, 강력한 힘과 온화함을 겸비한 그의 인품의 진기함 따위가 아니었다(당시 계몽주의자들은 예수의 인간적 면모를 부각·강조했다). 그리스도에게서 드러나는 "참으로 신적인 것"(바로 이것이 슐라이어마허가 경탄했던 것이다)은 "거룩한 명징성인바, 예수 그리스도가 뚜렷이 제시하고자 이 세상에 온 위대한 이념, 즉 모든 유한한 존재는 신성과 결합되기 위해 보다 고차적인 중재를 필요로 한다는 이념이, 그의 영혼 안에서 그러한 명징성에 도달했다".[108] 그러면 이 "보다 고차적인 중재"는 무엇을 뜻하는가?

모든 유한한 존재는 구원되기 위해 보다 차원 높은 존재의 중재를 필요로 하는데, 이 존재는 "순전히 유한하기만 해서는 안된다. 이 존재는 양쪽 모두에 속해야만 하니, 유한한 본질에 참여하는 것과 마찬가지로, 같은 의미에서, 신적 본성에 참여해야만 한다".[109] 그러므로 그는 유일한 중재자는 아니지만, 비할 바 없는 중재자이니, 그에 관해서는 이렇게 말하는 것이 마땅하다: "아들과 아들이 계시해주고자 하는 사람들 외에는, 아무도 아버지를 알지 못한다": "자신의 신심의 유일무이성, 자신의 통찰의 본원성 그리고 자신을 전달하고 종교를 자극하는 힘에 대한 이러한 의식은, 동시에 자신의 중보직과 신성에 대한 의식이었다."[110] 이미 당시에 예수 그리스도의 의의에 관한 이러한 표현에 눈살을 찌푸린 사람들은 정통파 신자들만이 아니었음은 두말할 것이 없다.

반문 3: 심리학으로의 해체?

슐라이어마허의 **의식 그리스도론**Bewußtseinschristologie은 처음부터 신랄한 공격을 받았다: 여기서는 하느님의 계시가 인간의 인식과 감정의 한 양식樣式이 되어버리지 않는가? 그리스도 신앙이 명백하고 보편적인 인간적 가능성이 되어버리지 않는가? 여기서 여전히 예수 그리스도가, 경건한 감정과 별개의, 객관적·역사적 존재로 남아 있는가? 혹시 그리스도론이 심리학 안으로 해체되어버리지 않는가? 구체적·역사적 그리스도론 대신 일종의 보편적인 그리스도론적 심리학? 그리고 무엇보다도 그리스도의 신성이 결국은 무시되고 있지 않은가?

슐라이어마허의 그리스도론에 대해서도 노년의 **칼 바르트**는 비판적 물음(셋째 물음)을 다시 제기했다(그러나 이번에도 자신의 대답은 제시하지 않았다):

— 인간은 "일차적으로 **특수**하고 구체적 실재, 즉 규정될 수 있는 특정한 실재와의 관계 안에서, 또 그것에 터해 이차적으로, 일반화·추상화하면서, 자신이 관계하는 실재의 본질과 의미를 염두에 두면서" 느끼고 생각하고 말하는가?

— 아니면 "일차적으로 실재의 선험적으로 탐구·확인된 **보편**적 본질 및 의미와의 관계 안에서, 또 그것에 터해 단지 이차적으로, 그 실재의 특수하고 규정될 수 있는 특정한 형태를 염두에 두면서"[111] 느끼고 생각하고 말하는가?

슐라이어마허는 「강의」와 「독백」 이후 1805년 "대화"로 꾸며진 운문적·신학적 저작 「**성탄 축제**」[112]에서 자신의 그리스도론 입장을 분명히 밝혔다(그보다 1년 전 그는 할레 대학교의 개혁신학 조교수와 교목으로 초빙됨으로써, 작은 지방 도시 스톨프에서의 "유배"에서 풀려났다). 구체적으로 묘사된, 음악·노래·음식을 함께 나누는 화목한 성탄 축제를 무대로 한 그의 「대화」(플라톤의 「대화」를 모방했다)에서는, 다양한 사람들(슐라이어마허는 그들 모두에게 깊은 이해와 공감을 나타내고 있다)이 등장하여, 성탄 축제와 그리스도의 인격을 각양각색으로 체험·이해하고 있음을 보여준다.

우선 사려깊은 불신자 **레온하르트**는, 철저한 역사적 비판을 전개하며 성탄 이야기를 상징적으로 이해한다. 셸링 식의 사변을 전개하는 역사신학자 **에두아르트**도 등장하는데, 그는 성탄 이야기를 살(肉)이 되신 말씀에 관한 요한복음서 서시序詩에 터해 이상화하고, 그리스도를 역사의 중심이 되는 종種인간Gattungsmensch으로 이해한다. 끝으로, 슐라이어마허를 가장 많이 닮은 체험 신학자 **에른스트**(슐라이어마허의 셋째 이름이기도 하다)는, 성탄 이야기의 역사성을 옹호하지는 않지만, 구원자의 출현이라는 그 이야기의 깊은 의미는 옹호하는데, 이것은 거기서 능가될 수 없는 사건으로서 그리고 구속력 있는 종교적 현실로서 제시되고 있다: "구원자의 이야기는 유일하고 보편적인 기쁨의 축제로 언제까지나 남아 있다. 왜냐하면 우리에게는 구원 외에는 기쁨의 다른 원리가 존재하지 않고, 이 구원의 전개과정에서 신적인 아기의 탄생은 언제나 다시금 최초의 빛나는 순간이기 때문이니, 그때 이후로 우리는 다른 어떤 것도 기대할 수 없고 우리의 기쁨을 더이상 미룰 까닭도 없다."[113]

그러나 축제가 끝날 무렵 **요세프**라는 손님이 뒤늦게 도착하는데, 그는 자기 나름의 해석을 사양하고, "무언無言의 기쁨"[114]을 누리자면서, 선물 교환과 즐겁고 경건한 노래 부르기를 권유한다. 혹시 헤른후트파(친첸도르프가 창설한 경건주의자 단체)의 유력한 신자? 어찌됐든 이야기는 결국 마무리가 되지 않고 끝난다. 슐라이어마허가 그들 중 누구와 자신을 동일시했는지, 아니 그럴 생각이 있기나 했는지에 관해서는 오늘날에도 논란이 계속되고 있다. 슐라이어마허 자신의 대답은 그의 「신앙론」에서 찾아볼 수 있다.

「신앙론」: 전통과 근대의 종합

슐라이어마허는 할레와 베를린 대학에서의 강의를 통해 이제 신학적 대작을 저술할 충분한 준비를 갖추었고, 그 책은 **근대의 가장 중요한 교의학 저서**가 될 터였다. 그러나 그는 의도적으로 "교의학"이라는 단어를 피하고, 그 대신 「그리스도교 신앙」을 제목으로 택했다(그러나 "개신교회의 교의들에 따라 종합적으로 서술한"이라는 함축적인 부연과 함께).[115] 「강의」와 비교해보면, 이 새 작품(역시 슐라이어마허의 대학 강의에서 무르익었고, 또 강의에 사용되었다)의 체계적 구성에 곧장 주목하게 된다. 이 저작은 여러 항목으로 나누어져 있고, 각 항목은 (언제나 쉽게 이해되지는 않는) 중심명제에 의해 선도된 후, 길고 세분화된 설명이 뒤따른다. 아무튼 이러한 체계성은 효과가 없지 않다. 과연 정교하게 구성된 조직신학이 우리 앞에 놓여 있으니, 이것은 진기한 독창성과 출중함으로 말미암아, 토마스 아퀴나스의 「신학 대전」과 칼뱅의 「그리스도교 강해」에 버금간다고 할 수 있다. 이 대작들은 모두 (각기 나름의 방식으로) 믿음깊고 경건하며 동시에 비판적·합리적이고자 했다!

벌써 말부터가 이해하기 쉽지 않은 이 저작을 참을성있게 읽어가는 사람은, 읽어갈수록 탁월한 내적 구성에 찬탄을 금치 못하게 된다. **구원**(죄-은총: 계몽주의에서는 완전히 변두리로 밀려나 있었다)이라는 **주도이념** 아래, **두 가지 삼중 도식**이 소재들의 분류와 구성에 적용되고 있다. 세 가지 주요 부분은 ① 그리스도교에 대한 의식(죄와 은총은 제외) ② 죄에 대한 의식 ③ 은총에 대한 의식이다. 그리고 각각의 주요 부분은 다시 한번 세 가지 형식의 교의적 명제들을 포함하고 있다: 먼저 인간의 상황에 대한 서술, 다음으로는 하느님의 속성에 관한 개념들, 끝으로 이 세상의 특성에 대한 진술.

큰 윤곽 그리기와 정밀 세공의 대가인 슐라이어마허는, 이 아홉으로 나누어진 얼개 속에 통례적 교의학의 모든 주제들을 분류·배열함으로써 작품을 마무리했는데, 또 한편으로는 전통적인 주제 분류방식도 상당히 존중했다: **근대적이면서 동시에 전통적!** 슐라이어마허는 개개의 교의학 주제를 다룸에 있어 문제의 요점을 설명하기 위해, 루터파와 개혁파의 신앙고백 문헌들, 고금의 교의학, 교부학과 스콜라 신학의 진술들을 인용할 뿐 아니라, 계몽주의의 비판도 참작하고 있다. 지적으로 극히 성실·정직하고 탁월한 체계화 능력을 지니고 있던 슐라이어마허는, 본디 그렇듯이, 대담하게 그때까지의 신학에 대한 비판적이고 건설적인 정사精査·결산·계승·발전을 시도했다. "삼위일체 하느님" 교의가 통례적으로 신론 처음에 나오는 것과는 반대로, 맨 끝에 "결론"으로 제시되어 있는 것이 특히 눈에 띄는데, 그러나 슐라이어마허가 이것을 자신의 체계화 작업의 작별인사나 절정으로서 의도했던 것은 아니다.

슐라이어마허의 근대적 신앙론은 중세의 대전大全들뿐 아니라 종교개혁 이후의 정통 교의학과도 다르다. 그것들에 있어서 신앙은 우선적으로 특정한 객관적 계시사건들 혹은 신앙진리들을 진리로 인정하는 것을 의미했다. 그에 반해 슐라이어마허의 근대적 저작은:

— **엄격히 역사적으로 정향**되어 있다: 그에게 교의신학은, 성서주의와 이성주의를 반대하여 말하건대, (이른바) 시간을 초월하고 불변하는 그리스도교 교의에 관한 학문이 아니라, "어떤 그리스도 교회 공동체 안에서 특정 시기에 통용되고 있는 교의의 맥락에 관한 학문"(§1)이다.

— **일치운동적으로 꼴지어져** 있다: "교회 공동체"에 대한 언급은 물론 교도권의 권위를 내세우려는 것이 아니라, 교회들의 신앙고백 문헌들과 그들의 원천적 문헌인 성서를 강조하고자 함이며, 여기서 루터파와 개혁파 교리들 사이의 논쟁은 (개신교회와 가톨릭 교회의 대립과는 달리) 교회를 분열시킬 만큼 심각한 것으로 인정되지 않는다. 1817년 프로이센에서 열린 종교개혁 기념제에 즈음하여 공동 성찬례를 통해 시작된 루터파와 개혁파의 연합 운동을 슐라이어마허는 그 누구보다 강력히 지지했다. 그는 자신의 신앙론을 연합 교의학으로 이해했다.

— **체험과 결부**되어 있다: 언제나 그렇듯이 슐라이어마허는 종교적 체험, 그리스도인들의 정서와 의식 상태, 교회 공동체의 신심으로부터, 간단히 말해서 (물론 집단적 공동체적인) 인간의 경건한 의식으로부터 출발한다. 교의적 명제들을 성서와 전통에 터해 입증하려고 해서는 안된다. 그러나 아무튼 슐라이어마허는 자신은 그리스도교 전통 안에 서 있다고 당당히 주장할 수 있었으니, 과연 그는 명시적으로 신앙공동체에 터해, 교회 밖을 향해 신학 작업을 했기 때문이다. 슐라이어마허의 목적은 교회공동체의 신앙을 증명하는 것이 아니라, 그 신앙을 내적 본질에 터해 비판적·조직적 방식으로 이해할 수 있게 만드는 것이었다. 그의 「신앙론」 겉표지에 씌어 있는 안셀무스의 말 두 가지는, 그러므로 전통적인 장식에 불과한 것이 아니라, 전통에 대한 의식의 표현이다: "나는 요컨대 믿기 위해 알려고 하지 않고, 알기 위해 믿는다 — 믿지 않는 자는 체험하지 못할 것이며, 체험하지 못하는 자는 알지 못할 것이기 때문이다."[116]

슐라이어마허는 의미심장한 강령적 **서문**(본문과 마찬가지로 많은 주석이 붙어 있다)에서, 자신의 기초신학적 주요 진술들을 새삼 되풀이한다. 이 진술들은 슐라이어마허가 여전히 정통주의뿐 아니라 신심과 이성-진리를 동일시하는 계몽주의도 반대하고 있음을 보여준다. 서문은 우선 종교와 종교적 공동체에 관한 이론의 근본 특징들(2판에서는 "윤리학의 보조명제들"이라 지칭되었다)을 서술하고, 다음으로는 역사적 종교들의 차이점들("종교철학의 보조명제들")을 지적한 후, 끝으로 그리스도교와 개신교 신앙의 본질 규정("호교론의 보조명제들")을 시도한다. 「강의」의 많은 내용이 여기서는 더 상술되어 있다. 종교 또는 (이제 이 낱말이 선호되거니와) **"경건심"**Frömmigkeit에 관해 읽어보아야 할 말: "경건심은 본질적으로 앎도 행위도 아니고, 감정의 이끌림과 단호함이다"(§8). 그러므로 종교 또는 경건심의 본질은 보다 상세히 이렇게 규정할 수 있다: "모든 경건한 충동에 공통된 것, 즉 경건심의 본질은, 바로 우리 자신이 절대적으로 의존하고 있음을 의식하는 것이다. 다시 말해 우리가 하느님께 의존하고 있음을 느끼는 것이다"(§9). 이렇게 **절대적 의존 감정**이라는 개념은 종교에 관한 슐라이어마허의 보편적 이론의 중심개념인데, 헤겔의 비판이 암시하듯이 "그리스도인"의 본성을 표현하는 말은 아니다.

그리스도 예수의 핵심적 의의

그러면 슐라이어마허의 「신앙론」에 따르건대, **그리스도교의 본질**은 무엇인가? 유명한 본질 규정: "그리스도교는 목적론적으로 정향된 경건심의 특유한 형태인바, 이 형태는 그 안의 모든 개별적인 것이 나자렛 예수의 인격을 통한 구원 의식意識과 결부되어 있다는 사실에 의해 다른 모든 형태와 구별된다"(§18).

이 단순한, 그러나 그렇게 단순히 이해되지는 않는 본질 규정을 올바로 이해하려면, 다음 네 가지를 염두에 두어야 한다:

— 슐라이어마허가 전제한(계몽주의의 일반적 주장이기도 하다) 종교의 세 가지 발전단계(주물呪物숭배 - 다신교 - **일신교**)의 관점에서 볼 때, 그리스도교는 가장 높은 단계에 위치하며, 더욱이 그저 "심미적" 종교(자연종교 혹은 숙명종교)가 아니라, 인간 본성에 맞갖고 "목적론적"이며(즉, 확고한 목표가 정해져 있으며), 윤리적이고 능동적인 종교다.

— 그리스도교를 다른 모든 종교들과 구별해주는 "고유의 특징"은 그것의 자연적인 합리적 성격에 있지 않고, **구원적 성격**에 있다. 과연 여기서는 모든 것이 죄와 은총의 근본적 대립에 의해 규정되어 있고, 또한 바로 그때문에 나자렛 예수라는 "중보자"와 결부되어 있다.

— **그리스도중심성**은 이미 "서문"에서 그리스도의 두드러진 위치에 의해 강조되고 있다: 슐라이어마허의 책에서 그리스도론적 언명들은 정통 교의학에서 성서가 다루어지는 그런 곳에 자리잡고 있다. 그리스도교에서 그리스도의 인격의 핵심적 위치는 슐라이어마허로서는 결코 양보할 수 없는 것이다!

— 신앙 의식意識에 있어서 원칙적이고 방법론적인 출발점이 확정·견지되고 있다: 슐라이어마허는 나자렛 예수의 객관적 역사로부터 출발하지 않고, 예수 그리스도의 인격을 통한 구원에 대한 우리(교회공동체와 더불어)의 경건한 그리스도교적 "**의식**"으로부터 출발한다.

여기서 "성탄 축제"를 이야기할 때 대답을 보류해야 했던 칼 바르트의 물음이 다시 제기된다: 예수 그리스도의 인격에 대한 경건한 의식이 **특수**하고 구체적인, 따라서 규정할 수 있는 특정한 실재와 관련되어 있는가? 혹시 이 특정한 인물이 실재의 **보편**적 본질과 의미 안으로 편입·평준화되어버리지는 않는가?

슐라이어마허의 의식 그리스도론에 끊임없이 제기되는 의혹 한 가지는, 경건한 의식이라는 것이 그저 자기 자신만 에고돌며, 엄밀한 의미의 대상은 없지 않으냐는 것이다. 내 생각으로는 그의 「신앙론」을 통해 이 의혹을 해소할 수 있을 것 같다: 슐라이어마허의 그리스도론은 경건한 의식의 요청적 가정Postulat에 불과한 것이 아니며, 또한 주관적 신앙의 복합적 상상도 아님이 확실하다. 과연 다음 사실들을 간과해서는 안된다:

— 그리스도교적 의식, 아니 그리스도교 자체는 자신의 **역사적 근원**인 나자렛 예수라는 역사적 인물 없이는 아예 생각도 할 수 없다.

— 그러므로 **그리스도교의 중심**에 자리잡고 있는 것은 어떤 보편적 사상이나 도덕적 교설이 아니라, 한 사람의 **역사적 인물**과 인간들에 대한 그의 구원의 작용 그리고 그의 역사歷史이다. 슐라이어마허 「신앙론」의 그리스도중심성(그리고 그의 설교의 그리스도상)은, 그러므로 그의 사변의 소산이 아니라, 예수 그리스도 자신의 그때와 그후의 역사의 결과다.

— 이 역사적 인물은 슐라이어마허에게 일종의 추상적 "구원사건"으로 머물러 있는 것이 아니다. 오히려 그의 **역사**가 거듭 새삼 **이야기**된다. 슐라이어마허

가 「예수의 생애」를 저술한 것도 우연이 아니다. 이 책에서 나자렛 예수는 확고한 하느님 의식을 지니고 있으며, 고통받는 인간들에게 헌신하는 인물로 묘사되고 있다. 물론 이것은 요한복음서와 "고매한 단순성과 태연한 위대성"이라는 그리스적 이상에 과도한 영향을 받은 이상주의적 묘사이긴 하지만, 어쨌든 슐라이어마허 시대 시민사회의 이상들과 결코 쉽사리 타협하지 않았다.[117]

그와 동시에 슐라이어마허는 계몽주의의 비판을 수용하면서도, 순전히 이성적 척도들이 아니라 종교적 척도들에 따라, 「신앙론」에서 대대적인 **탈신화화** 작업을 전개했다: 태초 낙원에서 첫 인간 부부의 상태·타락과 원죄·천사와 악마·기적과 예언에 관한 구약성서의 이야기들뿐 아니라, 예수의 동정녀로부터의 탄생·자연기적·부활·승천·재림에 관한 신약성서의 이야기들도 탈신화화했다.

이러한 탈신화화에도 불구하고, 슐라이어마허의 그리스도론과 계몽주의적 합리주의자들의 예수론의 차이점은 매우 뚜렷하다. 슐라이어마허에 따르건대, 경건한 그리스도교적 자의식을 분석해보면, 다음 사실들이 드러난다:

— 그리스도는 역사자役事者요, 인간은 수용자다: 그리스도는 당신 은총을 통해 죄의 권세를 정복하는 분이다.

— 그리스도는 인간과의 생명공동체 그리고 인류 안에 보다 차원 높은 삶을 가능하게 해준다.

— 그것을 위해 결정적으로 중요한 것은, 여러모로 불확실한 그리스도의 개별적 특징들이 아니라, 계속 작용하는 그의 인격에 대한 총체적 인상이다.

— 이 역사적 인격은 전범적 완전성을 자신 안에 지니고 있으며, 그래서 그는 인간이 본받으려 노력해야 하는 본보기에 불과한 존재가 아니라, 인간을 사로잡고 꼴짓는 **하느님 의식의 원상**原象이다.

요컨대 구원자의 역사적 인격이 구원의 궁극 근원이다. 그러나 구원이 인간 안에서 **어떻게** 이루어지는가? 슐라이어마허가 「신앙론」에서 개진한 내용을 간략히 요약하기로 하자: 구원은 그리스도와의 생명공동체 안에 받아들여짐을 의미한다. 이 새로운 생명의 시작은 **다시 태어남**(重生)에 바탕을 두고 있는데, 이것은 다음 두 가지 요소로 이루어진다: "의인"(신앙과 죄의 용서에 근거한, 하느님께 대한 인간의 변화된 관계)과 "회개"(참회와 신앙을 통해 — 물론 경건주의파의 참회 투쟁 없이 — 죄악의 공동체로부터 은총의 공동체로 건너감에 의해 변화된 생활방식). 중생의 삶은 그러나 **성화**聖化를 통해 견실해지고 발전한다: 다시 태어난 사람의 선업은 (여전히 온갖 죄가 남아 있음에도) 신앙의 당연하고 자연스러운 결과다.

다시 태어난 모든 사람은 신앙공동체 곧 그리스도 **교회** 안으로 모인다. 교회는 하느님의 선택에 바탕을 두고 있으며 자신의 모든 구성원들 안에서 저 **공동의 영**에 의해 하나되어 생활하는바, 그 영은 다름아닌 그리스도로부터 나오고 신앙인들 안에서 역사하는 **성령**이다. 성령의 내재 없이는 그리스도와의 생명공동체도 없으며, 거꾸로도 마찬가지다!

반문 4: 그리스도론적 교의들은?

성령의 내재와 관련하여 노년의 **칼 바르트**가 제기한 넷째 비판적 물음(이번에도 의도적으로 자신의 대답은 보류했다)을 들어보기로 하자:

— 느끼고 말하고 생각하는 인간의 마음을 움직이는 영은 "어디까지나 개별적이고 **특수한**, 다른 모든 영들과 언제나 다시금 구별되는, 참으로 '거룩하다'고 지칭되어야 하는 영인가?"

— 아니면 이 영은 "비록 개별적으로 분화되어 있기는 하지만, 어쨌든 **보편적**으로 작용하는, 개개 인간들 안으로 분산된 영적 활력인가?"[118]

슐라이어마허는 1830년 「신앙론」 2판에서, 이 문제에 관한 자신의 견해를 상당히 수정하여 더 상세히 밝혔다. 그러므로 대답은 무엇보다도 슐라이어마허가 그 책의 **삼위일체론**에 관한 발문跋文에서 했던 말에 터해 제시해야겠다[119]: "그리스도 안에 내재했던 것 그리고 그리스도의 교회 안에 공동의 영으로 내재하고 있는 것은, 신적 본질보다 열등한 것이 아니다." 슐라이어마허가 이 말을 한 것은 "제한되고 전혀 비본래적인 의미로" 마치 "그리스도와 성령 안에는 하급의 신성"이 있을 뿐이라고 생각하는 것을 경계하기 위함이었다. 그에게는 그리스도와 성령 안에 있는 "이 신성의 동등성" 그리고 "그 둘(그리스도와 성령)과 신적 본질 자체의 동등성"이야말로 "삼위일체론의 핵심"[120]이었다. 물론 슐라이어마허는 후대 교회의 삼위일체 교의 정식定式들은 멀리했으며, 이 교의가 "그것의 기원으로 돌아가는 변용變容이 일어나기를" 희망했다.[121]

지금까지 말한 내용이 좁은 의미의 그리스도론적 물음, 즉 그리스도의 기능("일")만이 아니라 그리스도의 **인격**에 관한 물음에 의미하는 것은 무엇인가? 이 예수 그리스도는 깊은 본질에 있어 누구였던가? 오랜 헤른후트파 신자였던 슐라이어마허는 이 물음에 대답하기 위해 진력했다. 이 오래된 물음에 극히 종교적이면서도 동시에 명료하고 단순한 새로운 대답을 제시하기 위해 오랫동안 많은 애를 썼던 그는, 이제 「신앙론」에서 대답할 수 있었다: 그리스도는 모든 인간과 **동일하다!** 어떻게, 어느 정도로? "인간적 본성의 동일성 때문에". 그리스도는 모든 인간과 **다르다!** 어떻게, 어느 정도로? "그의 하느님 의식의 항구적 강고强固함 때문에. 그것은 그리스도 안에 있던 하느님의 참된 실존이었다."[122]

그리스도 안에 있던 **"하느님의 참된 실존"**? 슐라이어마허가 확신하고 있었던 것: 여타 인간들은 그저 일반적인 종교적 성향과 "모호하고 미약한" 하느님 의식을 지니고 있는 반면, 예수는 "실로 명료하고 매순간을 전적으로 규정하는"[123] 하느님 의식을 지니고 있었다. 그 의식은 "예수 안에 있던 하느님의 항구적이고 생생한 현존으로, 요컨대 하느님의 참된 실존으로" 여겨질 수 있거니와, 그로 말미암아 예수의 "전적인 무죄성" 또한〔그리고 (그 전제인) 그의 당초부터의 순전성純全性도〕 주어져 있었다.[124] 다시 말해서: "하느님 실존"은 그리스도 안에 손상되지 않은 채 "그의 내밀한 원기元氣로 자리잡고 있었던바, 그 힘으로부터 모든 행위가 비롯되었고, 그 힘이 모든 요소들을 결합·지탱시켰다"[125]〔비유한다면, 인간 안에서 지능이 근원적 힘으로서 다른 모든 힘들을 질서짓고 결합시키는 것과 유사하다〕. 영원하고 무한하신 분이 당신의 절대적 권능과 함께 예수의 자의식 안에, 그것을 파괴하지 않으면서 현존하셨다. 오히려 그분은 예수의 자의식을 다스리고 예수의 삶 전체를 일종의 도구·전범·원상으로 꼴지으셨다. 결정적으로 중요한 것: 구원자에게 신적 품성·지위가 없다면 구원도 없으며, 거꾸로도 마찬가지다. 이렇게 그리스도와의 새로운 생명공동체와, 새로운 삶의 시작 및 거듭 새삼 요구되는 마음의 쇄신이 가능하게 되는 것은, 전적으로 은총의 사건이다. 신학자요 또 어디까지나 성직자였던 슐라이어마허는 이 점을 특히 중요하게 여겼다.

이상으로 슐라이어마허의 그리스도론의 의문점들에 대한 대답을 제시했다. 참으로 하느님이? 그렇다. 누구와도 달리 예수는 신적인 궁극 근원에 의해 꼴 지어져 있었다. 물론 하느님은 모든 유한한 존재 안에 절대적 행위자로 현존하 시지만, 그리스도 안에서 하느님 의식은 그야말로 그의 인격을 꼴짓는 원리였 다. 예수의 하느님 의식은 (일종의) 순전純全하고 참된 계시로, 아니 유한한 존재 안의 하느님 존재의 실제적 내재로 이해되어야 한다. 이것은 무슨 초자연적인 기적이 아니다. 그러나 죄에 의해 지배되는 이 세상 안에서 발생한, 그야말로 유일무이하고 놀라운 일이다. 신앙인은 여기서 하느님의 존재를 요청적으로 가 정하지는 않지만, 아무튼 그리스도와 함께 역사 안에 생생히 작용하는 신적인 것을 인식한다 — 이것이 「강의」 이래 슐라이어마허의 지대한 관심사였다.

슐라이어마허는 솔직히 언명하기를, 자신은 그리스도의 신성에 관한 이 해석 으로써 "지금까지의 교과서 (신학) 언어"[126](특히 두 본성 교설)와 작별했다고 했다. 신 약성서의 거의 모든 문헌에 관해 강의했던 슐라이어마허는 자신의 견해가 성서 에 바탕을 두고 있다고 믿었기에, 확실한 자신감을 지니고 그러한 선언을 했 다: 그것은 "하느님이 그리스도 안에 계시다고 말하는 바울로의 문헌 그리고 말씀이 살(肉)이 되셨다고 말하는 요한의 문헌"[127]에 바탕을 두고 있다! "슐라이 어마허는 그리스도교를, 당시 계몽주의 신학에서 흔히 그랬듯이, 어떤 윤리적 이상의 모방으로 이해하거나, 알아들을 수 없는 교의적 명제들의 군말 없는 수 용으로 이해하지 않고, 역사의 예수와 그 안에 현존하시는 하느님에 의해 속속 들이 규정된 실존으로 이해했다"(랑에).[128]

그러면 혹시 슐라이어마허는 순진한 "다원주의자"였던가? 아니었다. 슐라이 어마허는 이 세상의 여러 "구원자들"을 손쉽게 확인하고, 그로써 종교들의 진 리주장 문제는 해결되었다고 보는 그 어떠한 다원주의적 종교신학도 배척할 것 이다. 그는 "하느님의 존재"는 그리스도에게 "배타적으로" 귀속되며, 따라서 오직 그리스도와 관련해서만 "하느님이 사람이 되셨다"라는 말을 할 수 있다는 확신을 지니고 있었다.[129] "말씀이 살이 되셨다"는 말은 슐라이어마허에게는 그야말로 "교의학 전체의 근본 텍스트"였다.[130]

한 가지만은 삼가야 하니, 철두철미 근대적인 신학자인 슐라이어마허와 그를 따르는 많은 사람들이 그리스도교의 "실체"를 헐값에 팔아치우고 속화俗化해버렸다는 비난이 바로 그것이다. 그들은 **그리스도교의 실체·본질**을 어떻게 해서든지 보전하고자 했고, 그 본질을 새로운 시대에 종교를 경멸하던 식자층에게 참신하고 믿을만하게 표현·제시하기 위해 크나큰 노력을 했다. 많은 종파와 종교가 병존하던 세상에서도, 그들은 (상당히 다르게 표현하기는 했지만) 다음과 같은 고래古來의 유산을 여전히 매우 중시했다:

● **한 분 하느님께 대한 믿음**: 유한한 것 안에 계시는 무한하신 분, 모든 존재·인식·의지의 내재적·초월적 궁극 근원이신 분에 대한 믿음.

● **예수 그리스도 추종**: 하느님의 말씀, 유일무이한 모상이자 원상, 전범, 사자, 중보자 그리고 구원자이신 인간 예수 추종.

● **성령의 역사役事**: 그리스도로부터 비롯되고, 신앙인들과 공동체 안에서 강력히 활동하시는 하느님의 영의 역사.

근대 시대정신에의 영합?

물론 교의학자들은 오늘날의 관점에 터해, 슐라이어마허의 그리스도론적 진술들이 4~5세기 **그리스도론 공의회들의 "높이"**에 도달했는지를 따져 물을 수 있을 것이다. 그러나 슐라이어마허는 이 물음에 대해, 자신은 그 공의회들의 그리스도론적 진술들을 (신약성서와 오늘날의 관점에 터해 보건대) **"너무 높이 올라간"**, 그래서 "떨어져나간" 것으로 본다고 대답할 것이다. 나자렛 예수는 참된 인간적 인격Person이 아니다? 그 대신 인간적 실존 안에 들어온 영원으로부터의 하느님의 제2위Person? 하나의 인간적 의지를 지닌 참으로 인간적인 인격 대신, 그러니까 두 개의 본성과 두 개의 의지? 그리고 그리스도 안에 있는 신적인 것과 인간적인 것에 관한 상충되는 이론들? 게다가 단 하나인 신적 본성 안에 세 위격? 이 온갖 것이 성서적이고 원천적이며 이해할 수 있고, 근대인들에게 수용을 요구할 만한 것인가? 슐라이어마허가 「신앙론」에서 다음과 같은 강령적 주장을 한 것은 까닭없는 일이 아니었다: "그리스도의 위격에 관한 교회의 정식들은 끊임없는 비판적 성찰을 필요로 한다."[131] 그래서 슐라이어마허는 유례없는 신학적 사유작업을 통해, 명백히 시대제약적인 고대교회의 두 본성 교의뿐 아니라, 계몽주의의 초라한 예수론도 넘어서는 근대적 그리스도론을 전개했다.

물론 슐라이어마허의 교설 역시 (그 자신도 틀림없이 동의할 것이거니와) "끊임없는 비판적 성찰"을 필요로 한다. 사실 그동안(슐라이어마허의 획기적 업적 이후 2백 년이 다 되어간다) 많은 비판이 가해졌고, 특히 요즈음엔 슐라이어마허의 매우 근대적인 그리스도론이 오늘을 위한 그리스도론이 될 수 있는가라는 물음이 제기되고 있다. 여기서는 아래의 고찰들을 유념해야 한다:

첫째: 슐라이어마허의 의식 그리스도론에는 **예수의 역사**를 이야기할 수 있는 충분한 자리가 있고, 사실 그 자신도 예수의 생애에 관해 강의를 했다. 그만큼 그는 (오늘날 애석하게도 그저 필요성만 강조할 뿐, 실천은 미미한) "이야기 신학"[132]에 개방적이다. 그럼에도 슐라이어마허의 성향과 「신앙론」에서 성서의 종속적 역할에는 다음과 같은 위험성이 존재한다: 구원에 관한 우리의 체험이 예수의 이야기에 의해 언제나 다시금 새로이 영감을 얻을 뿐 아니라 근본적으로 비판·수정되는 대신, 오히려 우리의 체험이 예수의 이야기를 지나치게 자의적으로 해석·처리해 버릴 수 있는 위험성 말이다. 그리스도야말로 그리스도인들의 항구적 척도요 그리스도교의 끊임없는 교정인矯正因이다.

둘째: 인간 주체(주관), **신앙공동체 의식**이라는 근대적 출발점은 〔종교에 대한 슐라이어마허의 규정("절대적 의존 감정")은, 자의식에 대한 그의 분석 결과의 지나친 확대적용이라고 비난받기도 하지만〕 원칙적으로 긍정할 수 있다. 그러나 종교에 대한 슐라이어마허의 전반적으로 철학적·신학적인 상론과, "서문"의 그리스도교의 본질 규정이 "그리스도론이 인간학과 구별되기 위해서는 그리스도론에 어떠한 내용이 들어 있어야 하는지"(융커)[133]를 미리 결정해버릴 수 있다는 위험성을 보다 진지하게 인식해야 한다.

셋째: 슐라이어마허의 이상주의적 현실 해석과 조화로운 근본 정조(情調)는 **부정적인 것에 대한 실증적 체험**을 거의 절실하게 받아들이지 못한다: 인간의 소외와 자기분열, 고통, 죄책, 좌절 그리고 역사의 모순과 재앙 — 이 모든 것이 슐라이어마허에게서는 하느님의 구원 결의 안으로 통합·지양(止揚)되어버리는 것처럼 보인다. 예수의 확고한 하느님 의식 역시 슐라이어마허는 요한복음서에 터해 이상주의적으로 해석하며, 그리하여 하느님의 비밀과 예수의 (하느님 안에서의) 유혹도 매우 에둘러 혹은 두루뭉술 뜻없이 해석한다.

넷째: 슐라이어마허는 거창한 체계화 작업에서 예수의 예언직·대사제직·왕직에 관해 서술했으나, 그렇게 함에 있어 신약성서 문헌들의 근본바탕인 **십자가의 걸림돌**과 **부활의 희망**에 가운데 자리를 내주지 않았다. 그리하여 그는 예수가 인간들과 하느님께 버림받은 사실을 참으로 절실하게 인식하지 못했다(예수 가사(假死) 가설에 솔깃했던 것은 아예 논외로 하자). 그는 예수의 죽음과 부활을 (공관복음서와는 달리) 청명함과 순전한 사랑을 지닌 이상적 인물이 육신적 현존으로부터 영적 현존(이것이 모든 후대인들과 영적 예수의 직접적 관계 맺음을 가능하게 해준다)으로 단절 없이 옮겨감으로 이해했다.[134]

이 모든 것이 이 근대적 신학을 끝내 모호하게 만드는 문제점들이다: 아무래도 여러 가지 면에서 지나치게 근대의 시대정신에 영합한 근대의 신학?!

6 국가와 사회의 혁명들

지금까지 대강 살펴본 과학과 철학, 문화와 신학에서의 혁명적 운동들은 물론 정치·국가·사회 영역의 혁명들과 함께 고찰되어야 한다. 사실 혁명은 이 영역들 안에서 미증유의 정점에 이르렀다: 근대의 정치적 돌파.

처음에(교회의 속박으로부터의 해방이 최우선의 관심사였을 때) 절대군주들은 계몽주의의 요구들을 기꺼이 제 것으로 삼았다. 과연 계몽주의와 절대군주제는 오랫동안 손을 맞잡고 나아갔고 서로를 떠받쳐주었으나, 그것은 근본적으로 "잘못된 결혼"이었다. 프로이센의 프리드리히 2세(혹은 오스트리아의 요제프 2세) 같은 계몽주의 군주들은 그야말로 귀감으로 여겨졌는데, 그러나 바로 그렇게 "자기모순의 왕권"[135]을 체현하고 있었다. 과연 계몽주의의 요구들은, 특히 프랑스에서, 사회적·정치적으로 갈수록 철저하고 구체적으로 되어가면서, **절대군주제도** 점차 강력히 **배척**하게 되었던바, 사실 절대군주제는 귀족들을 정치적으로 무력화하고 교회를 속화했으며 지식인들을 길들여왔었다. 이제 계몽주의의 문화혁명으로부터 정치적 혁명이 생겨났다. 그리고 프랑스혁명이야말로 진짜 대혁명이었다. 여기서 그 혁명의 응집성 없고 명료하지 못한 역사를 상술할 수는 없고, 다만 그리스도교에 대한 프랑스혁명의 신기원적 의의만 분석하기로 한다.

대혁명: 주권자인 국민

프랑스혁명의 원인들에 관해서는 1989년 혁명 2백주년 기념제에서도 많은 논란이 있었다.[136] 그러나 앞에서 루이 14세와 구체제를 더욱 악화시킨 그의 후계자들과 관련하여 살펴본 것 그리고 계몽주의의 요구들과 관련하여 고찰한 것만으로도 혁명의 근본적 전제조건들을 파악하는 데 넉넉하거니와, 그 혁명은 괴테처럼 혁명을 반대하던 사람에게도 "크나큰 불가피성의 결과"로 비쳐졌다. 독일의 종교개혁에서 **교회의 위기**(대사논쟁이 촉매였다!)와 개혁정책의 실패가 전제조건이었듯이, 프랑스혁명에서는 1770년대 **경제적·사회적 위기**(물가 등귀, 기근으로 인한 폭동, 대량 실업과 가난)가 전제조건이었다. 촉매 역할을 한 것은 명백히 드러난 국가 재정 파탄이었던바, 이 사태는 (1615년 이후 한 번도 열리지 않았던) 삼부회의가 1789년 5월 1일 베르사유 궁에서 개최되도록 만들었다. 그리고 여기서 그 누구도 예상하지 못했던 (볼테르와 루소 같은 선각자들이나 백과전서파 사람들도 대체로 영국의 본보기를 따르는, 군주와 양원兩院으로 이루어진 의회를 생각하고 있었다) 급진적·민주적 형태로의 정치적 패러다임 전환이 극히 짧은 시간 안에 이루어졌다. 이제 프랑스혁명에서 결정적으로 중요한 것들을 아주 거칠게나마 현재화하여, 거기에서 그리스도교를 위해 필수적인 결론들을 이끌어내기로 하자.

구체제Ancien Régime 아래에서 교회와 성직자들에 대해서도 증오와 적대감이 증대되긴 했지만, 혁명이 우선적으로 교회를 겨냥했던 것은 아니었다. 왜? 13

만 명의 성직자들 가운데 특권을 향유하고 지키려 애쓰던 사람들은, 당시 흔히 입에 오르내리던 "장상급 1만 명"뿐이었기 때문이다. 이미 종교개혁 시대에 독일 주교단이 거의 예외없이 기존 권력을 편들었듯이, 이제 프랑스 주교단도 유사하게 처신했다. 주교단은 둘째 계급, 즉 귀족들과 손을 잡았던 반면, 혈통과 사회적 곤경 때문에 하층민에 속했던 **하급 성직자들**은 **셋째 계급**, 즉 인구의 98%에 달하는 특권 없는 사람들**과 연대**했다. 가장 중요한 개혁문서 「제3계급은 누구인가?」(대학생 소요의 해인 1968년 독일어로 새로 출간됨)는, 하필이면 사제 엠마누엘 요셉 시에예스[137]가 저술한 것이었다. 그로 인해 시에예스는 제3계급의 선도적 이론가가 되었고, 나중에 제헌 국민의회에서 미라보 백작과 함께 핵심 역할을 했으며, 나폴레옹의 쿠데타에서도 중요한 몫을 담당했다.

이 사제의 사례는 다른 많은 사람들에게도 해당된다: 대다수의 하급 성직자들이 종교적·사회적 동기에서 처음부터 혁명의 결정적 돌출에 참여했다. 사람들은 구체제의 족쇄로부터의 이 해방이 경제적 향상을 가져오고, 동시에 교회가 프랑스 민중 안에 보다 깊이 뿌리내릴 수 있게 하리라고 기대했다. 삼부회의가 개막된 후, 제3계급은 다른 두 계급이 개혁을 내켜하지 않자 (역사적 헌법을 거슬러) **국민의회**를 구성했다. 국민의회는 대담하게 자신을 **국민의 뜻의 유일한 대표기구**이며 국왕의 상대지라고 선언했다. 이것은 혁명에서 근본적으로 중요한 사건이었다. 국민의회는 자신의 요구를 강조하기 위해, 전면적인 납세 거부 운동을 벌이기로 결의했다(1789년 6월 17일).

혁명은 이제 폭발적인 힘을 지니고 전개되었다: 왕실이 권력을 과시하며 맞서자, 국민의회는 베르사유 궁의 무도장에서 선서식을 거행하고(6월 20일) 국가권력에 저항했으며(6월 23일) 마침내 **국민주권의 즉각적 실현**을 천명했는데(7월 6~9일), 사실 이것은 이론적으로는 이미 오래 전에 철학자들(특히 루소)에 의해 토대가 놓여 있었다. 국민의회는 새 헌법을 제정하기 위한 국민 입법의회로 개편되었는데, 군주의 지배권의 정당성에 이의를 제기했다. 신뢰할 것은 계몽된 군주가 아니라, 바로 "국민"이다. 절대적 권력이 귀속되어야 할 곳은 군주가 아니라, 국민을 체현하고 있는 국민의회(대표자들)이다:

● 교황 안에 체현된 중세의 신권정치(P Ⅲ) 대신,

　개신교 지역의 권력 당국, 제후 또는 시의회(P Ⅳ) 대신,

　근대 초기의 계몽주의적 절대군주제 대신,

　이제 **민주주의**(P Ⅴ): 국민의회가 체현하는 국민이 주권자다. "**국민**"은 근대
　의 주도가치다.

혁명은 "자유"(정치적)·"평등"(사회적)·"형제애"(정신적)라는 강령적 이데올로기에 의해 **조종된 대중의 폭력적 행동**(이때부터 근·현대 혁명의 전형적 모습이 되었다)을 통해 비로소 완성되었다. 7월 14일 민중 봉기와 바스티유로의 돌진은, 루이 16세로 하여금 혁명을 받아들이고 국민의회를 프랑스 최고 권력기구로 인정하지 않을 수 없게 만들었다. 절대왕정 압제의 상징은 함락되었고, 7월 14일은 훗날 프랑스 국경일이 되었다. 그후 대중들(시골에서도)이 집단적 공황 속에서 일으킨 무장봉기는 장원 영주들의 궁성에로의 돌격과 문서고 및 조세 목록의 파기 등으로 이어졌다. 국민의회는 탈레랑 주교(훗날 집정내각, 나폴레옹 정권, 복구된 구체제에서 모두 외무 장관을 지냈다!)의 제안으로, 8월 4~5일의 밤에 모든 봉건법과 신분·도시·지방의 특권 폐기를 결의했다. 귀족과 성직자들은 특권을 "자발적"으로 포기했다: 마침내 **구체제의 붕괴**가 봉인되었다! 말하자면 사건사史가 구조사를 낳았다.

인권 — 근대 민주주의 헌장

　바야흐로 새 사회질서의 길이 활짝 열렸다. 그 길은 (미국의 투사 라파예트 장군이 마련한 본보기를 따라, 미국의 사절 토마스 제퍼슨의 협력 아래 작성된) 1789년 8월 26일의 **인권과 시민권 선언**에 의해 다져졌다. 이 선언은 혁명의 핵심적 업적인바, 프랑스가 오늘날도 그것을 자랑스러워하는 것은 당연하다. 독일의 역사의식에서 종교개혁이 차지하는 자리가 프랑스의 역사의식에서는 대혁명에 귀속된다. 이 선언은, 혁명 연구에서 새로운 방향정위를 강력히 주장한 프랑솨 퓌레가 강조했듯이,[138] 한 계급의 이해관계와 전략을 멀리 뛰어넘는다. 그리고 바로 이 인권선언문이야말로 소유 이기주의를 위장하고 있는 "부르주아" 선언문 따위와는 전혀 다른, 요컨대 근대 전체의 위대한 문서다: **근대 민주주의 대헌장**.

〈도〉 이성과 진보에 정향된 근대 패러다임　883

근대 민주주의 헌장

국민의회는 지극히 높으신 존재의 현존 안에서, 그분의 가호 아래, 다음과 같은 인간과 시민의 권리를 승인하고 선언한다:

1. 인간들은 자유로이 동등한 권리를 지니고 태어나며, 언제까지나 그렇게 살아간다. 사회적 차이들은 오직 공동이익에 근거해서만 허용된다.

2. 모든 정치적 결사結社의 궁극목적은 침해할 수 없는 천부적 인권을 보전하는 것이다. 이 권리는 자유, 사유재산, 안녕, 억압에 대한 저항이다.

3. 모든 주권의 원천은, 그 본질에 따라, 국민에게 있다. 어떠한 단체나 개인도 명시적으로 국민에게서 비롯하지 않은 권력을 행사할 수 없다.

4. 자유의 본질은 타자에게 해를 끼치지 않는 것은 모두 할 수 있다는 데 있다. 그러므로 개개 인간의 천부적 권리들의 행사는, 사회의 여타 구성원들에게 이 동일한 권리들의 향유를 보장하는 한, 제한받지 않는다. 이 제한은 오직 법률에 의해서만 규정될 수 있다.

5. 법률은 사회에 해를 끼치는 행위들만 금지할 수 있는 권한을 지닌다. 법률에 의해 금지되지 않은 모든 것은 방해받아서는 안되며, 또한 누구도 법률에 규정되지 않은 것을 행하라고 강요받아서는 안된다. …

10. 누구도 그 표현이 법률에 의해 세워진 공공질서를 교란하지 않는 한, 자신의 의견이나 종교 때문에 괴롭힘을 당해서는 안된다.

11. 사상과 의견의 자유로운 결단은 인간의 귀중한 권리들 가운데 하나다. 그러므로 누구나, 법률이 규정한 경우에는 이 자유의 남용에 대해 책임을 진다는 조건 아래, 자유로이 말하고 저술하고 인쇄할 수 있다. …

17. 사유재산은 침해할 수 없는 신성한 권리이므로, 누구도 그것을 강탈해서는 안된다. …

인간과 시민의 권리 선언(1789년)

이 선언은 시민들의 계급적 이해관계를 멀리 뛰어넘어, 인류의 보편적 권리를 주장하고 있다. 과연 여기에는 프랑스 국민의 국가 창건을 멀리 뛰어넘어, **인류의 사명 프로그램**이 뚜렷이 표현되어 있다. 이 선언은 온 유럽에서 유례없는 반향을 불러일으켰고, 이미 강력히 전개되었던 북미의 자유운동과 함께 세계사의 전환점을 이루었다: **근대 계몽주의 패러다임**(P V)이 바야흐로 **정치에서도** 확실히 **관철**되었다!

물론 프랑스혁명 이전에도 이미 민주적 국가로의 발전 과정과 세속화 및 탈그리스도교화 과정이 존재했었다. 그러나 그 모든 것이 이제 정치적이고 사회적이며 정신적인 이 유례없는 혁명을 통해 실로 강력히 촉진되었다. 또한 유념해야 할 것: 가톨릭 성직자들은 인권과 시민권 선언에도 결정적으로 관여했다. 사실 국민 입법의회 안에는 유럽 땅 최초의 이 인권선언을 "하느님의 이름으로" 가결하고, 또 인간의 의무들도 명기할 것을 요구하는 목소리가 상당히 컸었다. 그러나 많은 사람들에게 "온 우주의 최고 입법자" 운운하는 것은 너무 지나치게 여겨졌고, 반면 그저 "(인간의) 본성"만 언급하는 것은 너무 부족하게 여겨졌다. 그래서 사람들은 다음과 같은 표현에 합의했다: "지극히 높으신 존재의 현존 안에서, 그분의 가호 아래."

종교를 탄압한 혁명

종교의 위치는 프랑스와 북아메리카에서 크게 **달랐다**:

— **북아메리카**에서 종교는 하나의 주정부나 특정 교회와 동일시되지 않았다. 오히려 모든 종교 공동체들 그리고 신진 정치 지도층도 국수적인 국가교회는 처음부터 거부했다. 그것은 일종의 이성종교를 주장하던 제퍼슨·프랭클린·매디슨 같은 합리주의자들이나, 존 웨슬리의 전통에 서 있던, 교의상의 차이를 별로 중시하지 않던 "경건주의자들"이나 마찬가지였다. 그들은 모두 국가교회 옹호자들에 맞서, 다음과 같은 신념을 공유하고 있었다: **신앙공동체들의 평화로운 공동생활**은 **상호간의 관용** 안에서 보장될 수 있다. 정부는 종교를 호의적으로 대해야 하며, 자유로운 종교활동을 방해해선 안된다.

— **프랑스**에서는 사정이 전혀 달랐다: 여기서는 종교가 교회와 동일시되었는데, 가톨릭 교회는 **국가종교**였으며, 구체제의 가장 충실한 버팀목인 동시에 가장 큰 수혜자였다. 따라서 구체제를 배척하는 사람은, 가톨릭 교회에 대해서도 비판적 태도를 취할 수밖에 없었다. 그러므로 중요한 사실: 사회적 대중혁명으로서 **세계사의 전환점**이 된 것은 미국의 혁명(물론 북아메리카 대륙의 정치적 독립에 결정적 공헌을 했다)이 아니라, 바로 **프랑스혁명**이었다(라틴아메리카, 터키 그리고 인도에 큰 영향을 끼치게 됨). 그러므로 그리스도교에 관한 우리의 패러다임 분석의 맥락에서는, 이 혁명에 특히 주목해야 한다.

1789년 10월 5~6일 국왕이 베르사유에서 파리로 강제 이주된 후, 왕과 함께 옮겨온 국민의회는 이제 구체제의 가장 거대하고 부유한 조직인 **교회를 탄압하는** 파천황의 **조처들**을 결의했다(무엇보다도 국가재정의 개선을 위해). 그러나 그 조처들은 반反혁명 운동들을 야기했고, 또 그것들은 교회와 종교에 대한 혁명가들의 적대감을 더욱 불질렀다:

— **교회재산**은 국가 소유로 포고된 뒤, 경매되거나 분할·매각되었다. **성직자들의 봉급**은 삭감되고 국고에 환수되었다(1789년 11월 2일).

— 모든 **수도원**과 수도단체들이 폐쇄·해산되었고, 수도서원은 무효화·금지되었다(1790년 2월 13일).

— **"성직자 공민헌장"**(1790년 7월 12일)에 의해 프랑스 교회의 전체적 구조가 폐기되었고, 교구들은 (아주 합리적으로 비슷한 넓이에 따라 결정된) 지방 경계선에 상응하여 새로이 구획·설정되었다(130개가 83개로 줄어듦): 지역의 모든 주민(종교 불문)에 의한 사목자 선출; 지방 행정 당국에 의한 주교 선출; 사제들과 평신도들로 이루어진 주교 자문위원회 설치. 전체적으로 볼 때, 고래의 갈리아주의의 자유정신에 터한, 로마에 예속되지 않은 국민교회!

이 극단적 조처들에 맞서 성직자들 가운데서 (흔히는 지방 주민들의 지지 아래) 강력한 저항이 일어났으나[139], 그 결과는 더욱 극단적인 탄압이었다. 국민의회의 결의에 따라, 이제 모든 성직자들이 공민헌장 준수를 서약해야 했다(1790년 11월 27일). 그러나 공민헌장이 교황과 주교들의 권위를 무시했기 때문에, 대부분의 (귀족 출신) 주교들과 하급 성직자들의 절반 가량이 서약을 거부했는데, 그들은 직책을 박탈당하고 반혁명분자라는 혐의를 받았다. 9월 대학살의 희생자 1,100~1,400명 가운데 약 3백 명이 사제였다.

교황 **비오 6세**는, 그 자신 귀족정치주의자였거니와, 1791년 3월 10일자 소교서(*Quod aliquantum*)에서 공민헌장은 무효라고 선언하고, 하느님의 계시를 내세우며 **"가증스러운 인권의 철학"**(종교·양심·출판의 자유와 모든 인간의 평등)을 **비난**했다(물론 무엇보다도 "교회와 사도좌의 권리들을 온갖 공격으로부터 수호"하기 위해).[140] 그다음 해에만 서약을 거부한 4만 명의 사제가 프랑스에서 추방되었고(이들은 외국에서 망명한 귀족들과 함께 혁명의 강력한 반대세력으로 활동했다) 수많은 사제와 신자들이 처형되었으며, 교회재산이 국유화되고 심지어 주일까지 폐지된 후, 마침내 1793년 교황은 한 담화에서 혁명의 원리들에 대한 단호한 반대입장을 천명했다. 그때부터 로마교회는 혁명적 개혁의 중대한 적으로 여겨졌다. 특히 프랑스가 이웃 나라들과 전쟁을 벌이면서부터, 사제와 수도자들에 대한 더욱 혹독한 박해가 시작되었다.

과거와의 총체적 단절

프랑스혁명 이후의 소용돌이치는 자기모순적 전개과정, 극단화, 망명의 물결, 분열, 음모, 재판, 처형, 권력이동〔이것들은 도시 빈민대중 그리고 소시민·하층시민 출신의 과격 공화당원들(장인·소매상인·노동자)과 손잡은 급진적인 자코뱅 당원들(변호사·기자·상인)에게 언제나 유리하게 전개되었다〕을 여기서 자세히 살펴볼 필요는 없겠다. 중요한 것은 그 사건들에 관해, 그리스도교와 관련하여, 원칙적인 판단을 내리는 일이다.

사실 혁명에 대한 **평가**는 관찰자의 정치적·사회적·세계관적 입장에 따라 처음부터 극히 다양했다. 낙관적 혁명가 **앙통 드 콩도르세**(1794년 파리에서 「인간 정신의 진보에 관한 역사적 서술 초안」[141]을 저술했고, 같은 해 혁명 감옥에서 사망)에게 혁명은 바로 진보의 정점이었다. 그러나 우리가 이미 잘 알고 있는 전통주의자요 교황주의자인 **요셉 드 메스트르**(그의 「프랑스에 대한 고찰」[142]이 1797년 런던에서 출판되었다)에게 혁명은 하느님을 멀리한 프랑스인들에 대한 하느님의 징벌로 비쳐졌다. 해마다 프랑스혁명에 관한 수많은 책들이 출판되었는데(탁월한 저자들: 아돌프 티에르, 줄 미슐레, 알렉시 드

토크빌, 이폴리트 텐, 알베르 마티에) 혁명사 편찬의 역사에 관한 저작 한 가지만 해도 비전문가로서는 일별하기도 어렵다.[143]

프랑스혁명은 반동적인 가톨릭 사회사학자 피에르 쇼뉘가 말한 것처럼 프랑스 역사의 체르노빌도 아니고, 조레스 같은 사회주의자들로부터 소불 같은 공산주의자들까지 주장하듯이 부르주아 계급의 부상과 승리에 불과한 것도 아니다. 프랑스혁명을 부르주아의 철저하고 일관된 계급투쟁으로서 "한 묶음으로 해석"하는 시대는 결정적으로 지나간 것으로 보인다. 그리고 과격파 공화당원들의 극단적 폭력정치와 개혁요구들을 지적하면서 혁명을 단죄하거나, 엄청난 희생을 간과하고, 계몽주의의 이상들과 민주주의의 철저한 실현으로서 쉽사리 찬미해서도 안된다. 물론: 단두대(**길로틴**: 모든 사람에게 평등하고 기술적으로 완벽한, 요컨대 철두철미 **근대적인 사형**의 진수)는 로베스피에르의 폭력통치 아래에서 10개월간 약 16,000명의 생명을 앗아갔다.[144] 혁명의 이 잔혹한 업보(물론 후대의 혁명들과 반동혁명들에 의해 능가된다)를, 일찍이 마르크스주의 역사학자들이 (물론 레닌과 러시아 10월혁명을 염두에 두고) 그랬듯이, "불가피한" 것으로 정당화해서는 안된다. 그러나 또한 이 혁명을, 이데올로기에 기인한 민족학살 운운하는 혁명의 우파 적수들이 그랬듯이, 홀로코스트, 즉 하나의 민족(여자와 어린이 포함) 수백만 명에 대한 총체적으로 계획되고 공업화된 학살과 같은 것으로 취급해서도 안된다. 단두대와 죽음의 수용소 및 가스실 사이에는, 온갖 유사점에도 불구하고, 많은 거리가 있다.

전형적으로 **근대적인** 전쟁(요컨대 온 국민이 참여하는 애국적 전쟁)의 요체로 여겨지는 **총력전**에 대해서도 비슷한 말을 할 수 있다. 이 전쟁에서 자코뱅 정권은 새로운 방식의 총력동원을 통해 승리를 거두었다: 보편적 병역의무, 군인과 시민의 구별 폐지, 식량 배급, 국가에 의한 경제 통제. 그러나 간과해서는 안될 점: 그로 인해 군대가 사회에서 갈수록 중요해졌다. 자코뱅 정권이 이데올로기에 터해 혁명적 해방전쟁으로 평가절상시킨 혁명전쟁은 곧 합병전쟁이 되었고, 이것은 다시 혁명의 적들의 해방전쟁을 불러일으켰다. 20세기의 두 차례 세계대전은, 근대로의 패러다임 전환이 전쟁 수행(민족전쟁·총력전)에 얼마나 무서운 결과을 초래했는지를 비로소 극명하게 보여줄 터였다.

그러나 혁명의 급진화는 부분적으로만 혁명의 결과다. 프랑소아 퓌레가 강조한 것을 유념해야 한다: 혁명의 배우들 자신마저 열광 속에 휩쓸려들게 하고, 헌법을 정지시키고, 혁명을 제어 불가능한 역학관계에 내줘버린 **혁명의 "탈선"** 은 결코 순전히 우연의 소산은 아니었다. 공화주의자들의 이성 숭배와 공포정치는 미덕(로베스피에르)? 이러한 전개과정은 외적 요인들(전쟁·반혁명·서부와 남동부 지역의 내전)에만 기인한 것이 아니라, **혁명 이데올로기와 정신** 안에 이미 소지가 **내포**되어 있었다. 급진파들은, 역사상 전례 없이, 총체적인 새로운 시작을 목표로 하고 있었다: **사회질서와 사회의 모든 제도를 오로지 이성에 입각하여 완전히 새로 건설**하겠다는 유토피아! 국가의 합리화(모든 전통·구조·제도를 개의치 않는)! 복잡하게 얽히고설킨 전통적 규정과 관습들은 이성과 자연법에서 비롯하는 간단명료한 법률에 의해 대체되어야 했다. 과거 군림하던 제도들(절대군주제와 귀족정치와 교회)은 일소되었고, 국왕의 권력보다 훨씬 "절대적"인 권력이 세워졌다: 그 누구와도 공유할 수 없는 국민(더 정확히 말하면 국민 대표자들의 의회)의 이 절대주권은 하느님의 통제를 받지 않는다. 마침내 민주주의는 고유한 예배와 신앙의 형식을 갖춘 일종의 새로운 "교회"로 들어높여졌다: 하느님 대신 이성의 여신!

사실상: 단절은 그 이상 철저할 수 없었거니와, 오늘날까지도 (퓌레를 따르건대) 어떻게 또 왜 그처럼 **과거와의 총체적 단절**이 발생할 수 있었는지가 명확히 설명되지 못하고 있다. 혹시 무엇보다도 **프랑스가 개신교 종교개혁**(P IV)을 **겪지 않았다**는 사실과 관련이 있는 것은 아닐까? 사실 (구세계에서나 신세계에서나) 종교개혁을 겪은 나라들에서는 하느님 신앙과 종교가, 종교와 교회에 대한 온갖 비판에도 불구하고, 여전히 믿을만한 것으로 남아 있었다. 하지만 프랑스의 가톨릭적 구체제는 그 전통·제도·관습들과 함께 종교적으로 여전히 **중세적 토대들**(P III)에 의존하고 있었는데, 이것들이 늦어도 18세기에는 전혀 믿을만하지 못하게 되어버렸다. 그러나 이 썩어 문드러진 중세적·봉건적·성직자중심주의적 토대들을 무너뜨린 것은, 데카르트로부터 볼테르에게까지 이르는 철학적 합리주의가 아니라, 바로 물리적 폭력을 동반한 정치적 혁명이었다. 좀더 정확히 말해서: 철학적 통찰, 과학적 발견 그리고 기술적 발명들은 정치적 세

력으로 부상하고자 애쓰던 시민계급에게 필수적인 근대적 자의식을 제공했으나, 프랑스 사회를 위해 중세를 근본적으로 종식시킨 것은 어디까지나 혁명이었다. 그런데 그 중세는 2차 바티칸 공의회가 전통적인 프랑스 교회 안에도 새로운 변화를 불러일으킬 때까지, 그 교회 안에 보존되어 있을 터였다 ….

1795년 5월 자코뱅 당원들의 집회소가 사전에 폐쇄된 뒤, 자유주의적 시민계급이 파리의 평등주의적 하층계급에게 승리를 거두었고, 과격파 공화당원들의 무장해제가 이루어졌다[9월(프랑스혁명력으로) 봉기]. 곧이어 반포된 집정내각 헌법은 극단적 사회·정치적 조처들의 철회와 사유재산의 절대적 보장을 선언했다. 그러나 집정내각의 통치도 새로운 침략, 내부의 반대 그리고 국가 재정파탄 때문에 위기에 봉착했다: 이것이 이집트에서는 패배했으나 이탈리아에서는 큰 승리를 거둔 나폴레옹 보나파르트 장군이 집정내각 구성원 시에예스, 경찰청장 푸셰 그리고 외무장관 탈레랑(모두가 전직 성직자였다!)과 함께 도모한 쿠데타(1799.11.9)의 전제조건이었다. 명민한 지력, 강철 같은 의지, 지칠 줄 모르는 활동력 그리고 끝없는 공명심을 지니고 있던 이 군사적 천재는 (이제 제1집정이었거니와) 혁명은 자신의 원칙들로 되돌아갔다고, 또한 그로써 "완결"되었다고 선언했다.

개인적으로 종교를 믿지 않았으나 로마교회의 조직을 찬탄하던 나폴레옹은 교황과 정교조약을 체결했고(1801) 그로써 입헌민주적 교회를 건설하려던 실험을 종결시켰다. 그리고 혁명력을 폐지하고, 노트르담 성당에서는 프랑스인들의 세습 황제로(1804), 밀라노에서는 이탈리아의 왕으로(1805) 스스로를 대관했으며, 스페인에서 독일을 거쳐 러시아까지 이르는 위성국가들을 거느린 독재적·절대 군주제적 군사통치를 확립해나가고자 했다. 나폴레옹은 여전히 자유·평등·형제애의 이상들을 선전했지만, 실제로는 짓밟고 있었다. 그리고 로마와도 새로운 갈등이 발생했는데, 이것은 교황의 체포와 퐁텐블로 추방으로 귀결되었다(1812). 그러나 모든 진영으로부터 압박을 받게 된 나폴레옹은 결국 교황령을 다시 원상회복시켰다. 그리고 두 달 뒤엔 퇴위해야 했다(1814.4.11).

로베스피에르는 피의 통치 때문에 프랑스에서도 배척받았으며, 그래서 아라스 출신의 이 변호사의 이름을 따라 명명된 광장이나 거리는 하나도 없다. 그와는 달리, 근대적 인간성은 나폴레옹과 더불어 자신의 최초의 세속적 신화를 갖게 된 것으로 보였다. 그리하여 프랑스 역사학 역시 나폴레옹에 대한 찬탄과 증오 사이에서 오락가락하고 있다. 나폴레옹이 부분적으로는 오늘날까지 남아 있는 프랑스의 법률·행정·재정·학문적 제도 확립에 있어서 그리고 유럽 다른 지역의 구체제 타파(1803년 "제국 대표자 회의 주요결의"와 신성로마제국의 해체)에 있어서 많은 공적을 남겼음은 이론의 여지가 없지만, 그에게는 국가의 팽창이 인간성의 명령보다 분명히 더 중요했다! 다시 말해서: **국가적 원리가 인간성의 원리를 질식**시켰다. 이것은 나폴레옹이 1815년 "워털루" 참패를 당할 때까지, 그 온갖 원정과 전투에서 수십만 명의 목숨을 요구했다.

그후 이탈리아(1861)와 독일(1871)도 민족국가로서의 통일을 회복하고자 한 것은 국가적 원리의 필연적 귀결이며, 발칸 지역의 새로운 슬라브 민족국가들의 독립(1878~82 세르비아, 1878~81 루마니아, 1878~1908 불가리아 — 이제는 교회적으로 콘스탄티노플 총대주교에게 예속되어 있지 않았다)도 마찬가지였다. 그러나 간과해서는 안될 것: 이미 아주 오래 전에 형성된 국가적 원리는 근대 유럽에 불행한 이데올로기를 선사했으니, 곧 **국수주의 이데올로기**가 그것이다. 국수주의는 국가를 최고가치로 선언했고, 끊임없이 국가들 사이의 새로운 유혈 충돌을 불러일으켰던바, 이것은 결국 프랑스의 부담으로 돌아왔으니, 프랑스는 자유·평등·형제애라는 혁명의 가치들의 선포자와 담지자로서의 신뢰성을 이미 오래 전에 상실했기 때문이다. 국수주의는 19세기의 마지막 10년 동안 **제국주의** 안에서 절정에 이르렀고, 유럽적 국가 체제로부터 세계적 국가 체제가 생겨나게끔 만들었다: 미국은 리우그란데와 태평양, 아니 하와이와 필리핀에 이르기까지 팽창했고, 러시아는 중앙아시아와 동아시아까지 확장되었다. 프랑스, 독일 그리고 특히 영국(그렇지 않아도 전세계에 존재하고 있었다)은 자기들끼리 아프리카를 나눠가졌다. 중국과 일본은 유럽 열강들에게 문호를 개방해야 했고, 일본은 동아시아에서 패권을 확보했다. 이러한 국수주의적·제국주의적 국가체제가 1차대전 직전의 강한 폭발성을 내포한 세계정세였다. 그러나 지금 우리에게 특별히 중요한 물음: 근대적 패러다임의 이러한 정치적 관철이 그리스도교에게는 어떠한 결과를 가져왔던가?

그러면 그리스도교는?

프랑스혁명의 "손익계산"에 관해서는 오늘날에도 논란이 계속되고 있다. 그러나 최소한 이것만은 확실하다: 프랑스혁명이 산업화 이전의 경제·사회 구조에 야기한 변화는, 자코뱅 당파의 자의식에 영향받은 전통적·공화주의적 프랑스 역사학(줄 미슐레로부터 알베르 소불에 이르는)에서 상정하는 것보다는 미미했다. 산업혁명은, 앞으로 다루겠거니와, 프랑스에서는 19세기에야 일어났다. 프랑스 학계의 근년의 전문적 연구가 밝혀냈듯이, 프랑스혁명은 경제적·사회적 변혁이라기보다는, 앞에서 간략히 살펴본 것처럼, **정치문화적·사회문화적 변혁**이었으며, 특히 심각한 타격을 입은 것은 물론 **종교와 교회**였다.

프랑스 교회는 (그리고 얼마 지나지 않아 다른 "가톨릭" 국가들의 교회 역시) 수백 년간 계속되어온 "중세적"인 개혁 기피와 무능의 값을 비싸게 치러야 했다. **교회**가 (나중에 이런저런 재산을 되살 수 있었던 귀족계급보다 더한) **혁명의 최대 희생자**였음은 두말할 필요가 없다: 국가 안의 국가를 이루고 있던 교회는 교육·병원·빈민구호에까지 미치던 자신의 **세속 권력**을 상실했을 뿐 아니라, 엄청난 **부동산** 그리고 무엇보다도 **성직자**의 상당 부분(망명 약 4만, 처형과 추방 2-5천, 해직 수천 명)을 잃었다. 정치 문제에 적극 참여하는 진보적이고 계몽된 성직자가 19세기에는 드물었다는 것은 전혀 놀라운 일이 아니다. 상당히 자주적인 프랑스 교회의 위대한 갈리아주의 전통이 파괴되었다. 그 전통은 시간이 흐를수록 극히 반혁명적이고 로마교황중심주의적인 노선으로 대체되었고, 주교와 사제들은 "(알프스) 산맥 너머의"(Ultra-Montanismus: 교황 지상주의) 로마에서 유일한 의지처를 찾았다.

어쨌든 이 교회는 이제 더이상 1789년 이전처럼 살아갈 수 없었다. 자신을 둘러싸고 있던 **사회적 환경의 획기적 패러다임 전환**은 교회 자체에게도, 원하든 원치 않든, 실로 깊은 영향을 끼쳤거니와, 이러한 사정은 자코뱅 당의 공포정치가 종식된 후, 종교 문제에서 국가의 중립이 정식으로 선포되고 새로운 질서의 테두리 안에서 자유로운 종교활동이 허용된 뒤에도 마찬가지였다. 아래에 열거하는 근본적인 변화들(이것들은 프랑스혁명 정신이 (흔히는 프랑스 군대에 의해) 전파된 모든 나라에도 직·간접의 영향을 끼쳤다)을 유념하자:

(1) 온갖 축제·의식·신조·규제·행동양식들을 갖춘, **교회와 성직자 중심으로 꼴지어진** 봉건사회와 하급 성직자들의 **문화** 대신, 이제는 **세속화된 민주적 문화**가 형성되었다. 이 문화는 자신의 정당성과 토대를 주권재민 원칙과 인권에서 찾았던바, 그 강력한 구현자는 의회·언론·정치 클럽 그리고 때로는 대중의 직접적 행동이었다. 혁명과 집정내각 그리고 그후의 제국의 최대 수혜자는 시민계급이었는데, 혈통이 아니라 재산과 교육에 기반을 둔 이들은 수백 년 동안 교회(모든 높은 자리는 귀족들이 차지했다) 안에서도 권력과는 거리가 멀었다. 그러나 이제는 재산가와 지식인들로 이루어진 저명인사 사회가 형성되었다.

(2) 신앙고백문·성사·법질서·관습을 골고루 갖춘 **그리스도교 종파들** 대신, 이제 부분적으로는 철저히 계획된 대항전략에 의해 일종의 **국가적 시민종교**가 생겨났다.[145] 새로운 달력(1차년도가 공화국 창건일인 1792년 9월 22일에 시작됨)은 몇 년밖에 사용되지 않았고, "데카디"Dékadi(휴일인 열째 날)가 다시 일요일로 대체되었으며, 고대 로마풍으로 꾸며진, 처음엔 "이성"(여신)에 대한, 나중에는 "최고 존재"에 대한 반╲그리스도교적인 숭배 예식[146]은 혁명력 2차년도 11월(Thermidor) 10일(1794년 7월 27일) 로베스피에르가 단두대에서 처형된 후 몇 년밖에 더 거행되지 않았고, 또 집정내각이 장려하던 "경신박애" 예식도 마찬가지였다. 그러나 다른 여러 변화들은 오랫동안 존속했으며, 사람들의 심성에 깊은 영향을 끼쳤다:

— 사도신경 대신 인권 목록.

— 교회법 대신 헌법.

— 사제가 집전하고 명부에 기록하는 세례·혼례·장례 대신, 일반 관청이 관장하는 시민 호적대장(이혼도 허용됨).

— 사제 대신 교사.

— 교회의 제단과 미사 대신, 애국자가 목숨을 바쳐야 할 조국의 제단.

— 장소·도시·거리의 종교적 대신 애국적 명칭(자유·일치·헌법·국가·볼테르·루소 등).

— 성인 공경 대신 혁명의 영웅적 순교자 공경(마라!).

—「테 데움」을 부르는 그리스도교의 교회·성인 축제일들 대신, 「라 마르세예즈」(프랑스 국가)를 부르는 공식적·애국적 축제일들.

— 그리스도교 윤리 대신, 시민의 덕성과 사회적 조화를 증진시키는 계몽주의 윤리 ….

(3) **가톨릭 민중신심**은 크게 쇠퇴하고, 대신 현저한 **"탈그리스도교"**(이 개념은 이미 19세기 초에 등장한다) 현상이 나타났다. 물론 이 현상은 절대군주제 시대에도 상당히 널리 퍼져 있었으나, 이제는 한편으로는 철저히 계획된 정부의 조처들에 의해, 다른 한편으로는 과격파 공화당원들의 영향을 받아 자연발생적으로 관철되었다. 물론 혁명 전에도 교회 상황에 대한 비판은 존재했었고, 또한 민중신심이 법령 같은 것에 의해 하루 아침에 "처치"되거나 구축驅逐된 것은 아니었다. 하지만 오랜 세월에 걸친 교회 및 민중신심의 엄청난 영향으로부터의 뚜렷한 단절을 간과해서는 안된다. 교회·정문 현관 장식·성화상·성유물·고해소에 대한 무수한 "파괴"vandalisme(이 낱말 역시 하나의 표어가 되었다) 행위는 별로 큰 문제로 보이지 않았고, 종鐘이나 값비싼 교회 기물의 징발 그리고 성직자에 대한 폭행도 그러했다. 보다 결정적인 것은 **전체 정치 상황의 변화**였다: 예전의 패러다임 전환들에서는 언제나 다시금 가능했던 것, 즉 그리스도교와 새로운 문화의 상호침투를, 이 공화주의적인 새로운 문화의 경우에는 반동적인 교권제도 특히 로마가 전혀 원하지 않았고, 또 혁명가들 측에서도 공화주의적인 대항문화를 통해 상호침투를 조직적으로 저지했다. 이탈리아의 교회사가 다니엘레 메노치의 결산에 의하면, 로마는 혁명을 "루터가 인간 개인을 로마의 힘의 영향권으로부터 빼앗아감과 함께 시작된 오류의 긴 사슬의 마지막 결과"로 여겼고(그리고 이 혁명은 근대의 오류들 안에서 공산주의에 이르기까지 계속될 터였다), 그 치료법은 "다른 어디도 아닌 바로 그리스도교적 문명에로의 복귀, 다시 말해서 근본적인 성직자 정치 질서로의 복귀 안에 있다"고 생각했다.[147] 그것은 오늘날 "재복음화"라고 불리지만, 실제로는 "재가톨릭화"·"재로마화"였다.

그러면 (우리의 패러다임 분석의 테두리 안에서 긴 안목으로 볼 때) 프랑스혁명의 결과는 무엇이었던가? 정신적·종교적으로 중세 패러다임(P III)을 고수하고, 종교개혁(P IV)과 근대(P V)의 패러다임 전환을 배척했던 프랑스와 여타 "가톨릭 국가들" 안에서 (흔히는 국가와 교회의 분리와 함께) 서로 철저히 적대하는 **두 문화가 형성**되었다:

— 득세하던 **자유주의적 시민계급**의 새롭고 투쟁적인 **공화주의적·세속적 문화**: 계몽과 진보의 무신론적·활동적·진보적 추종자들(P V).

— **교회**(그리고 혁명으로 말미암아 재산·지위를 빼앗긴 자들과 혁명에 환멸을 느끼던 자들)의 뿌리깊은 **가톨릭적·보수적**·성직자중심주의적·왕권주의적(나중엔 교황 지상주의적) **대항문화 혹은 하위문화**: 계몽과 진보의 전통주의적·방어적·퇴행적·반동적 적수들(P III).

공식 가톨릭 **교회**는 (퇴행적 "우파" 가톨릭 신앙 외에, 교회 내의 온갖 억압에 의해서도 제거되지 않은 단호히 근대적인 "좌파" 가톨릭 신앙도 여전히 존재하고 있긴 했지만) **문화적 게토 안으로** 행진하기 시작했다. 혁명 이후 사람들은 거대한 교회적 게토 안에서 어쨌든 애써 다시금 설교하고 가르치고 축제를 거행했다. 이제 자신이 사회의 소수집단임을 절감하면서도, 마치 아무 일도 일어나지 않았다는 듯이 말이다. 공포정치가 끝난 후, 교회는 새로운 보수적 자의식을 다시 찾았고, 온갖 혁명 반대자들에게 호응을 얻었으며, 신앙공동체들의 기부금으로 그럭저럭 생활해나갔고, 더욱이 이런저런 세속적 저당권으로부터 해방되었다. 교회의 권위와 구조가 다시금 강

근대 민주주의 (P V)	로마 체제 (P III)
절대군주제의 종식	절대군주제의 보존
신분 계급의 철폐	성직자 계급의 수호
시민권과 인권	인권에 대한 단죄
주권재민(대의 민주주의)	주교·교황 선거에서 백성과 성직자 배제
권력분할: 입법·행정·사법	모든 권력은 주교들과 특히 교황(수위권과 무류성)에게
법 앞의 평등	성직자와 평신도 두 계급 체제(최고좌는 누구에게도 재판받지 않는다)
모든 영역에서 책임자의 자유선거	상급기관(주교들·교황)에 의한 임명
유다인 및 신앙이 다른 자들의 동등성	국가종교로서의 가톨릭교(관철될 수 있는 곳에서)

〈도〉 이성과 진보에 정향된 근대 패러다임　895

화·고착화되어갔다. 그러나 교회의 세속적 권력은 여전히 제한되어 있었고, 사회 전체에 대한 영향력도 한정되어 있었다: 두 문화의 분열은 학교·병원·빈민구호에 이르기까지 어디에나 깊은 영향을 미쳤다. 이러한 전개과정은 프랑스에서 1905년 (프랑스 교권제도가 로마의 강요 때문에 자신에게 그런대로 유익했을 타협을 거부한 뒤) 국가와 교회가 완전히 분리됨으로써 결정적인 것이 되었다. (혁명의 온갖 일탈과 방종에도 불구하고 확고한 기반을 다진) 근대 민주주의 패러다임과, 중세적 패러다임을 고집하던 반민주주의적 로마 체제 사이의 대립은, 19세기와 20세기를 관통하며 2차 바티칸 공의회에 이를 때까지 끊임없이 계속되었다.

자유·평등·형제애: 비그리스도교적?

당시 가톨릭 교회에 **민주적 대안**이 있었던가? 민주적 성향의 많은 성직자들에게는 과연 있었다. 원그리스도교의 이상들로부터 영감과 힘을 얻어 활동했고, 나중에 국민 입법의회 의장이 되었으며 입헌적 교회의 정신적 지도자들의 주교 역할을 했던, 오늘날까지 교회 내의 평가가 엇갈리는 사제 **앙리 밥티스트 그레과르** 한 사람만 떠올려보자. 그는 인권, 공화주의적 그리스도교계, 하층계급의 동등권, 유다인과 흑인(아이티의)의 자유, 예배에서의 모국어 사용을 위해 싸운 위대한 투사였다. 당시 성직자 공민헌장을 찬성한 그레과르의 연설은, 주교 7명을 포함한 성직자 대표 62명으로 하여금 헌장 준수 서약을 하게 만들었다. 최근의 추산에 의하면, 처음(물론 1791년 3~4월 교황의 단죄가 있기 전)에는 지역에 따라 차이가 많지만, 어쨌든 프랑스 성직자의 52~55%가 공민헌장에 찬성했다. "요컨대 종교와 혁명을 화해시킬 수 있는 프랑스 교회를 조직할 절호의 기회가 있었던 것이다"라고 프랑스의 정치학자요 신학자인 플롱제롱은 결론짓고 있는데, 그는 탁월한 사목자 그레과르에게 "이러한 국가적 쇄신을 위한 … 혼을 불어넣어준 진정한 힘"이라는 뚜렷한 초상화를 헌정했다.[148]

그러나 한편으로는 로마와 주교단 및 보수파 성직자들의 반동, 그리고 다른 한편으로는 혁명의 반교회적 급진화는 **교회와 민주주의의 화해를 어렵게** 만들었다. 비록 그레과르의 제안에 따라 공포정치 시기 이후 1795년 4월 21일

예배의 자유가 다시 인정되고, 국가와 분리된 그리고 근본적으로 로마에 적대적이지 않은 갈리아주의적인 교회가 제도화될 수 있었지만 말이다. 아무튼 1797년과 1801년에 개최된 입헌적 교회의 두 차례 국가 공의회에서 표명된 많은 갈망들은, **2차 바티칸 공의회**에 의해서야 비로소 관철될 수 있을 터였다: 의회적 절차, 주교들의 동료성, 사제 평의회, 평신도가 참여하는 교구 시노드, 전례에서의 모국어 사용 …. 보직補職에 있어서의 선거 원칙(이것은 초대교회의 마티아 사도 선출에 대한 "혁명적" 상기에 근거하고 있다)만은 2차 바티칸에서도 논의되지 못했다.

아무튼 2차 바티칸 이후 **"자유·평등·형제애"**(가톨릭 교회에서는 오랫동안 악마의 표어로 여겨졌고, 1848년에야 프랑스 헌법 안에 정식으로 들어가게 되었다)는 **원그리스도교적 바탕**을 지니고 있다고 공공연히 말할 수 있게 되었다. 물론 이 바탕은, 앞에서 살펴보았듯이, 일찍부터 특정한 교권제도적 권력구조들에 의해 차폐되어왔다. 우리의 패러다임 분석을 통해 드러난 두 가지: 자유·평등·형제애 같은 원그리스도교 이상들(P I)과, 이미 고대교회(P II) 그리고 특히 중세 패러다임(P III) 안에서 이 이상들의 차폐. 종교개혁(P IV)에 의해서도 그저 부분적으로만 부활했던 이 이상들은, 마침내 프랑스혁명(P V)을 통해 강력히 관철되었다. "자유·평등·형제애": "그때부터 그리스도인들은(소수는 1789년 전에도 그랬지만) 이 세 낱말 안에 복음이 메아리치고 있다고 생각했다"는 말로써, 프랑스 교회사가 장 콩비는 "한 국가와 한 교회를 위한 세 원칙"에 관한 상론을 끝맺고 있다.[149]

사실 프랑스혁명의 민주적 표어들이 근본적으로 교회에 적대적일 까닭은 없었다. 다만 당시의 가톨릭 교회와 여타 많은 교회들이 그 표어들을 이해하지 못했고, 또 이해하려 하지 않았을 뿐이다. 왜? 교회들 자신이 원천적 복음적인 자유·평등·형제애에서 너무 멀리 벗어나 있었기 때문이다. 그러므로 당시의 경험에 비추어, 앞으로의 **교회의 민주화**를 위해 유념할 것: 교회는 원천적으로 귀족정체나 절대군주 체제가 아니라 바로 하느님의 "백성", 신앙인들의 공동체인바, 여기서는 모든 구성원이 자유와 연대 안에서 적절한 결정을 통해 공동책임을 진다. 그러한 민주화는 구체적으로 무엇을 의미하는가? 그것은 교회의 중요한 가치들과 지도체계의 강제적·획일적 전복도, 민중의 지배도, 또한

그로 인한 성서·계시·하느님에 대한 인간의 지배도, 변덕스러운 민중의 뜻에
영원한 진리를 내맡김을 뜻하는 것도 물론 아니다. 민주화는 교회를 조직하는
모든 문제에 가능한 한 많은 신자들이 역동적으로 참여하는 과정을 의미한다.
이러한 방식을 통해 교회의 모든 영역에서 정신적으로나(원칙·마음가짐·습관·행동방
식과 관련하여) 제도·구조적으로(체제·법률·조직 형태들과 관련하여) 새로운 삶의 형식(지배
형식이 아니다)이 창출되어야 하거니와, 이것은 모든 신앙인의 연대(형제애) 안에서
그리스도교의 메시지 자체에 그리고 동시에 최대의 자유와 최고의 평등(권리의 평
등)에 대한 근대적 의식에 상응해야 한다.

미래를 위한 물음

미래의 교회는 반민주적 반동의 보루로 비쳐져서는 안되며, 창설자의 정신에
터해, **"자유·평등·형제애"** 공동체로 나타나야 한다:

● 교회는 **자유인** 공동체다! 교회가 지배제도나 심지어 거대한 종교재판소로
비쳐져도 되는가? 오히려 교회 공동체의 조직에서야말로 자유가 드러나야 하
지 않을까? 그리하여 교회의 제도와 구조들이 다시는 억압적 성격을 지니지
않고, 인간에 의한 인간의 지배를 자행하지 않도록 해야 하지 않을까? 그리
스도의 교회는 복음에 의해 가능해진 자유의 공간인 동시에, 이 세상 안에서
자유의 변호인이 되어야 한다!

● 교회는 원칙적으로 **평등인** 공동체다! 교회가 계급교회, 인종교회, 신분교
회 혹은 관청교회로 비쳐져도 되는가? 오히려 교회 공동체의 조직에서야말로
평등이 뚜렷한 결실을 거두어야 하지 않을까? 그리하여 다양한 은사와 직분
이 기계적 평등주의에 의해 평준화되어서는 안되지만, 각양각색의 구성원들
과 집단들의 근본적인 동등권이 보장되고, 제도와 구조들이 결코 불의와 착
취를 조장하지 못하도록 해야 하지 않을까? 그리스도의 교회는 구성원들이
동등한 권리를 향유하는 공간인 동시에, 이 세상 안에서 평등권의 변호인이
되어야 한다!

● 교회는 **형제자매** 공동체다! 교회가 가부장주의적으로 통치되는 지배체제,
가부장주의와 인간숭배를 통해 사람들을 미성숙 상태에 붙잡아놓고 ─ 교회

이제 우리의 패러다임 분석으로 돌아오자: 프랑스는 혁명의 위대한 표어들을 내세워 19세기 전체의 정치적 발전방향을 결정했지만, 언제까지나 결정적인 정치세력으로 머물러 있지는 못했다. 19세기에 세계를 주도한 강국은 프랑스가 아니라 영국이었다. 그리고 이것은 영국에서 이미 프랑스혁명 이전에 또다른 혁명이 시작되었다는 사실과 결부되어 있으니, 근·현대 세계경제 체제, 아니 새로운 세계문명을 창출한 그것은 바로 산업혁명이었다.

7 과학기술과 산업의 혁명

프랑스는 근대세계에 정치적 이념들을 전해주었으나, 혁명과 그후의 전쟁들 때문에 경제적으로는 오히려 뒤처져 있었다. 그러나 이미 프랑스혁명 백 년 전에 "명예혁명"과 정치 체제의 의회주의화를 성취했던 영국은 근대세계에 경제적 추진력과 과학기술의 성과를 가져다주었다: 증기기관, 철도, 공장 등등. 영국이 시작·주도한 과학기술과 산업의 혁명은, 정치적 혁명 못지않게, 유럽 사회와 그리스도교를 근본적으로 변화시킬 터였다.

 어쨌든 당시 많은 사람들은 스스로에게 물었다: 되돌아가는 길은 없을까라고. 옛것의 복원, 복고? 19세기 유럽 역사는 고수와 변화, 정통과 혁명, 복고와 개혁 사이의 팽팽한 긴장 속에 진행되었다. 교회 안에도 놀라운 활력으로 모든 영역에 중요한 변화들을 가져왔던 역사상 가장 다사다난했던 이 19세기를, 여기서 개략적으로라도 기술하는 것은 물론 불가능하며 또 꼭 필요하지도 않다. 우리의 당면과제는 근대적 패러다임의 근본 특징들을 뚜렷이 밝혀내는 것이다. 물론 이제 이 패러다임 안에서는 교회의 일관되고 통일적인 발전과정은 더이상 확인되지 않는다.

옛날로 돌아가기: 복고

공포정치로 말미암아 온 유럽에 일종의 사고의 전환과 **비종교적 계몽주의에 대한 결정적 수정**修正을 야기한 것은 바로 프랑스혁명 자체였다. 물론 이미 대혁명 전에도 극단적 이성주의를 배척하는 반대운동들이 있었다. 특히 루소의 감정 및 자연에의 열중과 염세적인 문명·진보 비판은 18세기에 유럽 곳곳의 많은 사람에게 깊은 감명을 주었으며, 영국 백작 섀프츠베리의 감정윤리도 그러했다. 이미 질풍노도 시대("천재들의 시대")에 적어도 독일에서는, 주관적 내적 생활과 내적 신심이 강력히 부상했다. 원천적이고 단순한 것, 국가 전통, 역사의 발전과정에 대한 새로운 감수성과 의식이 개인과 민족들의 삶에서 뚜렷이 부각되었다. 슐라이어마허에게서 (그리고 요한 고트프리트 헤르더의 역사철학에서도) 나타났듯이, 그리스도교를 인간성의 종교로 복권시키려는 거창한 시도에 관해서는 앞에서 보았다. 이 모든 것은 곧 다가올 초기 낭만주의를 예고하고 있었다.

그러나 뭐니뭐니 해도 프랑스혁명과 나폴레옹전쟁의 공포를 겪은 후에야 비로소 "좋았던 옛날"에 대한 동경이 전반적이고 강력하게 대두할 수 있었다. 그리고 이제는 **가톨릭 영역**(P III)**뿐 아니라 개신교 영역**(P IV)**에서도 예전 패러다임을 복구하려는 시도들**이 많이 행해졌다. 특히 교회들(가톨릭 교회만이 아니다)로서는, "신성동맹"(전혀 신성하지 않은 **재상 클레멘스 벤첼 메테르니히**의 주도로 보수적 국가들인 러시아·오스트리아·프로이센 사이에 체결됨)이라는 상황 변화를 교회의 복고를 위해서도 이용하고자 하는 욕망이 매우 컸다. 사람들은 그것을 **보수주의**라고 지칭했다. 혁명에 대한 심한 두려움 때문에 널리 퍼져나간 보수주의는, 혁명 이전의 확고한 질서를 역사적·유기적으로 성장해온 것으로, 아니 더 나아가 "하느님의 뜻에 따른" 것으로 긍정했다: 군주제적 국가형태, 위계적으로 층지어진 사회, 로마 가톨릭 교회, 가정과 재산은 역사적으로 가변적이긴 하지만, 원칙적으로 언제까지나 존속되어야 하는 근본가치들이었다. 이러한 보수주의는 영국에서는 영리한 혁명 반대자 **에드먼드 버크**[150]의 주도 아래 보전과 개선의 원칙을 긍정했으나, 유럽 대륙에서는 급속히 우악스러운 반동으로 나아갔다. 버크 저작의 번역자였던 메테르니히의 조언자 **프리드리히 겐츠**(본디부터 개혁을 못마땅해했다) 같은 사람들은 구체제의 거의 수정 없는 복구를 노골적으로 선전했다. 과연 유럽의 시계 바늘은 거꾸로 돌아갔던가?

나폴레옹에 대한 승리와 1814~15년의 빈 회의 그리고 특히 시인 코체부에 대한 대학생들의 암살 기도 이후엔 사실 그러했다. 1819년의 칼스바트 결의는 본격적 복고의 정치적 신호탄이었다. 본디 "신성동맹"은 제후들에게 가부장주의적·그리스도교적 국체國體 수호의 의무를 지우기 위한 것이었다. 과연 바로저 오스트리아 재상 메테르니히의 후원 아래, 국가와 교회는 이제 유럽 어디서나 새로운 민주적 자유행동들, 특히 대학을 중심으로 한 모든 새로운 정신적 운동들을 경찰과 검열을 동원하는 고래의 조처들을 통해 탄압하는 데 진력했다. **복고**는 바야흐로 노골적인 구호가 되었다! 스위스 사람 **칼 루트비히 폰 할러**와, 프로이센의 관직을 지니고 있던 **프리드리히 율리우스 폰 슈탈** 같은 정치이론가들이 이 복고를 이데올로기적으로 뒷받침해주었다. 폰 할러는 정통주의적 저작 「국가학의 복고」[151]에서 그 시대에 이름을 붙여주었고, 폰 슈탈은 「역사적 통찰에 입각한 법철학」[152]에서 주권재민이라는 혁명의 원칙에 맞서 제후들의 정통성 원칙을 내세우고, 모든 공권력의 신수설神授說, "그리스도교적 국가" 그리고 불변하는 계급적 신분질서를 신성한 진리로 선전했다 — 이 모든 것의 논거로 성서와 종교개혁 문서들을 끌어댔다.

로마 교황청도 이 새로우나 낡은 시대정신을 이용할 줄 알았다. 교황청은 나폴레옹에 의해 소멸되었던 교황령을 1815년 거의 완전히 되찾았고, 즉시 거기에 전통적인 고위 성직자 관리 체제를 다시 도입했다. 프랑스에서는 가톨릭교가 다시금 국가종교가 되었고, 왕당파 가톨릭 비밀결사들이 이데올로기적 적수들을 밀고·박해했다. 복고적인 가톨릭 사회이론가들(조셉 드 메스트르와 드 보날[153] 등)은 이미 1797년 교황의 확고한 권위에의 복귀를 선전했다. 그들은 특히 교황에 관한 메스트르의 저작[154] 때문에 매우 인기가 높았는데, 그는 그 책에서 당시로서는 신식의 무류성 이데올로기를 주창했다.

개신교회들 역시 복고를 향해 나아갔으나, 물론 길은 달랐다: 그들은 자신들의 정통 신앙고백, 아니 더 정확히 말해, 신조주의를 다시 끄집어냈다. 영국에서도 국교회 안에서 한편으로는 감리교의 영향으로, 또 한편으로는 프랑스혁명에 대한 반동으로, 종교에 대한 새로운 관심이 생겨났다. 아니 더 나아가, 우리가 종교개혁 개신교 패러다임(P IV)과 관련하여 살펴보았듯이, 복음의 "부흥", 각성운동들이 일어났고 마침내는 전前종교개혁적으로 정향된 영국 가톨릭 운동까지 생겨났는데, 물론 많은 사람들은 이 운동을 로마의 교황중심주의(P III)와 유사한 것으로 보아 배척했다.

독일에서는 신新경건주의와 더불어 루터교의 **신정통주의**가 생겨났는데, 이것은 예배 · 신학 · 복음선포 · 교회지도에 있어 17세기의 정통 개신교 패러다임에 정향되어 있었다. 이 개신교판版 복고는 특히 1860~70년대(로마의 금서 목록과 1차 바티칸 시기!) 독일 대학들의 신학부와 목회자들 안에서 정점에 이르렀다. 그리하여 계몽주의로 말미암아 생겨났던, 루터파 · 개혁파 · 연합파 간에 교회적 일치를 이룰 기회와, 또한 교회가 국가와 군주체제로부터 더 많은 자주성을 확보할 기회가 불행히도 사라져버렸다. 그 시대 내내 이 성직자들과 신학자들은 혁명을 원칙적으로 하느님께 대한 반란으로 저주했고, 왕권신수설과 신민들의 복종 의무를 엄숙하게 선언 · 강조했다. 상황이 그러했으니, 자유주의적 · 진보적 시민계급이 교회, 아니 더 나아가 그리스도교를 배척한 것은 당연했다고 하겠다.

이 개신교 정통주의자들은, 로마 가톨릭 전통주의자 동무들과 마찬가지로 근대와의 진지한 대결을 거의 감행하지 못했고, 근대는 포이어바흐 · 쇼펜하우어 · 마르크스 · 니체의 근대적 무신론의 모습 안에서 정점을 향해 치닫고 있었다. 퇴행적인 전통주의자들은 자신들을 둘러싸고 있는 세계가 얼마나 많이 변했는지를 거의 깨닫지 못했다. 교황들과 마찬가지로 개신교 지도자들도 인권과 민주주의를 배척했고, 군주들의 통치권을 옹호했다. 필경 그들은 교황청이 작성한 오류 목록의 대부분도 단죄했을 것이다. 아무튼 그들은 성공했던가?

반혁명의 막간극

유념해야 할 것: 지나치게 합리주의적이고 비종교적인 계몽주의를 배척한, 18세기 말에 시작된 정신적 반대운동들은 무작정 근대적 패러다임 이전으로 돌아가자는 운동이 결코 아니었고, 오히려 여러모로 **근대적 패러다임 안에서의 운동**이었다. 사실 사람들은 단순히 계몽주의 이전으로 돌아감을 통해서가 아니라, 계몽주의를 뛰어넘음으로써 계몽주의를 극복했다. 이것은 영국과 프랑스의 실증주의(밀·스펜서·콩트)에만 해당되는 말이 아니다. "순수한 이성의 경계들 안에 있는" 종교를 긍정했던 칸트의 이성비판 그리고 피히테·셸링·헤겔 등 칸트 이후의 관념론에 특히 더 해당된다. 그리고 이러한 점은 독일 고전주의 문학(레싱과 빌란트로부터 쉴러와 괴테에까지 이르는)에 더욱더 해당되거니와, 이 문학이 주창했던 것은 종교적이거나 도덕적인 세계관이 아니라 어디까지나 심미적 "세계관"이었다. 이 세계관은 그 신인도주의적 교육 이상과 (지나치게 현실적인) 그리스도교보다는 (이상화된) 그리스 문화에 정향된 종교성과 함께, 19세기에도 독일 고등교육기관 안에서 널리 받아들여졌다. 적어도 개신교회들은 설교, 예배, 교리, 찬송가에서 과연 계몽주의적 의식에 대거 순응했다.

1790년대 **낭만주의**와 훗날 그 중세 사회구조 미화 및 계몽주의 구축驅逐조차도, 근대의 발전과정을 부분적으로는 현명하게 수정하고 속도를 줄일 수 있었으나 멈추게 할 수는 없었다. 낭만주의는 에나와 베를린의 심미적 관심을 지닌 문사들(초기 피히테, 슐레겔 형제, 티크, 노발리스)의 작은 동아리와 함께 전진적으로 시작되었다: 감정, 상상력, 자연적인 것에 대한 강조; 동화와 전설, 신화적이고 신비적인 것에 대한 관심. 그러나 바로 그랬기에 낭만주의는 마침내 종교적인 것, 아니 가톨릭적인 것에로 뚜렷한 방향전환을 했는데(심미적인 마리아·성인 공경 등), 물론 흔히는 스피노자의 범신론 성향을 띠었다. 복고 시대에 낭만주의는 거대한 국제적 운동이 되었고(1802년 샤토브리앙의 「그리스도교의 정신」[155]이 프랑스 낭만주의의 시작종을 울렸다), 신앙심(물론 이제 다시금 종파주의적·전통주의적으로 꼴지어진)이 크게 부흥했다.

하지만 정신적·정치적 현실에서의 이러한 역행 운동 역시, 가톨릭 진영에서도 새로운 패러다임을 근본적으로 동요시키거나 흡수해버리지는 못했다. 따라서 다음과 같이 결론짓지 않을 수 없다: **낭만주의와 정치적 복고**는 1848년 이래, 비록 반동이 다시 한번 승리를 거두기는 했지만, **반혁명의 막간극**이었음이 뚜렷이 드러났다. "왕권과의 연대(간섭에의 기꺼운 각오)" 또한 곧 사라졌다. 낭만주의와 정치적 복고는 자신들의 정통성 원칙(다시 확립된 전제군주제와 인간적 질서의 "영원한" 법들을 위한)을 가지고는 새로이 강화되어가던 자유주의적·민주적 세력들을 억누를 수 없었다. 이 세력들의 우선적 관심사는 입헌적·의회정치적 국가 형태(왕이 있건 없건)와 민주적 개혁이었다.

곳곳에서 영국의 본보기를 따라 입헌군주제, 양원으로 구성된 의회를 통한 권력분할 그리고 기본권의 확립이 관철되기 시작했다. 경찰국가는 개인의 자유와 재산을 보호하고 국가행정이 엄격히 법률에 따라 이루어지는 법치국가로 대체되었다. 물론 그 과정에서 영국·프랑스 등 서부 유럽의 진보적 국가들과 프로이센·오스트리아·러시아 등 중·동부 유럽의 보수적 국가들 사이에 현저한 상이점이 나타났는데, 이것은 미래를 위해 중요한 의미를 배태하고 있었다. 아무튼 이 나라들 역시 근대의 세력들(학문, 과학기술, 산업 그리고 민주주의)을 결코 폐위시키지 못했다. 오히려 그 반대였다: 19세기에 바로 산업혁명이 거세게 관철되어, 근대는 산업사회의 모습을 띠게 되었다. 어떻게 그런 일이 일어났던가?

과학기술과 산업의 근본적 변혁

자연과학은 기술의 자랑스러운 어머니였다. 이미 수학자요 자연과학자이며 철학자였던 데카르트와 파스칼은 자신들의 많은 생각들을 기술적으로 현실화하기 위해 진력했다. 그러나 수학과 실험에 근거한 자신들의 새로운 귀납적 학문과 기계 기술이 세상을 (그리고 인간과 그의 환경 그리고 신앙세계 역시) 밑바탕에서부터 바꾸어놓고 말리라는 것은 전혀 예상하지 못했다.

과학기술 혁명의 예를 한 가지만 들어보자: 18세기 중엽 벤자민 프랭클린이 피뢰침을 발명하자, 천 년 이상 꼭 필요하다고 여겨지던 것이 갈수록 쓸데없는 일이 되었다: 이제 지붕에 피뢰침 설치해두었으니, 천둥 번개 친다고 하느님 불러낼 까닭 없다. 아무튼 이 시대에 많은 기술적 발명들이 이루어졌다: 방적

기, 기계 베틀, 석탄 때는 증기기관 … 또한 교통과 운송에 있어서도 근본적인 변혁이 일어났다: 도로·교량·운하가 건설되고, 기관차·기선·전보가 발명되었으며, 1825년 영국에서 최초의 철도가 부설되었다.

이 모든 것은 세상의 모습을 바꿔놓을 터였으니[156], 이것들이 **새로운 생산방식들**의 전제조건을 이루고 있었기 때문이다: 코크스(爐)에 의한 제철, 증기력, 분업 등. 그리하여 기술혁명은 필연적 발전과정을 거쳐 생산의 기계화와 그로 인한 가내공업에서 기계제작과 공장경영으로의 전환으로 귀결되었다. 수많은 사람들이 **산업혁명**이라는, 자신들의 생산과 생활 조건들의 전적인 변화와 경제적 여건, 사회적 환경 그리고 정신상태 전반의 총체적 변혁을 겪었다.

이러한 산업혁명에는 **인구폭발**이 수반되었는데, 이것은 무엇보다도 향상된 의료적 조치와 위생 그리고 **농업혁명**(윤작·개간·농기계·화학비료), 식량 증산(감자와 사탕무 재배), 해외 무역의 증가에 의해 초래되었다. 대중의 불가피한 빈궁화에 관한 영국 국민경제학자 토마스 맬서스의 비관적 예측(식량 생산이 전혀 인구 증가를 따라가지 못할 것이라는)은, 비록 농부들의 소득이 형편없었고 흉작과 기근을 겪긴 했지만, 빗나간 것처럼 보였다. 공장제도와 그로 인한 산업적 대량생산이 직물 생산(면사 방적)과 석탄 채취(증기력 산출을 위한) 부분에 가장 먼저 도입되었고, 곧이어 어디서나 관철되어나갔다.

이 모든 것은 인간들과 사회구조 전체에 엄청난 결과를 가져왔다. 이제 갈수록 많은 인구가 도시에서 살게 되었다. 이 **도시화**는 새로운 주거단지들과 본격적인 공업지역들을 생겨나게 했다. 맨체스터의 예를 들어보자: 이곳 주민 숫자는 1650년에 약 5천 명, 1760년 약 1만 7천 명이었는데, 1801년 벌써 7만 명을 넘어섰고, 1851년에 약 21만 8천 명, 1901년에는 약 54만 4천 명에 이르렀다. 예전에는 농부와 목동이었던 수많은 사람이 이제는 대개 어쩔 수 없이 공장 노동자로서 기계들 앞에 서 있어야 했는데, 생명 없는 힘에 의해 움직이는 기계들이 자신들의 법칙을 인간들에게 강요했다. 전체 사회구조의 전례 없는 양적 변화가 일어났거니와, 대부분의 사람들은 이 변화를 전혀 속수무책으로 자신들의 삶의 방식과 의미 전체의 질적 변화로 체험했다. 여러모로 예전의 존엄성을 빼앗긴, 기가 꺾이고 곤궁하고 힘든 일에 지친 이 사람들을 혹시 전통적인 그리스도교가 도와줄 수 있었던가?

산업화는 과학기술·생산방법·에너지·운송·시장 영역뿐 아니라, 사회구조와 사람들의 정신상태 영역에서도 새 시대를 여는 근본적 변혁을 의미했다. 산업의 위대한 "이륙"take off(로스토)[157]은 영국에서 맨 먼저 일어났으니, 여기서는 이미 18세기 마지막 4반세기에 산업화가 시작되었다. 사실 영국은 정치·사회적 조건들, 천연자원, 비교적 유동적인 사회구조 그리고 해외 무역 독점(면화!) 덕분에 산업혁명의 본보기 사례가 되게 정해져 있었다. 영국에서 시작된 산업화는 19세기 초엽에 네덜란드·벨기에·스위스로 번져나갔고, 19세기 중엽에는 독일에, 그리고 말엽에는 마침내 스웨덴·이탈리아·러시아 그리고 유럽 나머지 지역에까지 퍼져나갔다. 북아메리카와 일본도 머지않아 뒤따를 터였다.

신생 산업국가들은 이제 급속한 경제성장을 이룩했다. 자유주의적 경제정책이 시행되었고, 직업의 자유가 관철되었으며, 성장을 가로막는 통상제한 조처들은 철폐되었다. 그리하여 19세기 후반기에는 분업화된 세계경제와 자유로운 세계시장이 점차 형성·발전될 수 있었다. 나아가: 산업적 기술은 예전처럼 그저 경험에 터해 영위되는 대신, 학문적 바탕에 입각해 영위되는 과학기술이 되었는데, 특히 이제는 중심산업이 된 철강 생산에서 큰 성과를 거두었다 — 이것은 예전에는 생각도 못한 사회적 상호작용과 교통을 가능케 해준 철도 제도의 급속한 발전의 전제조건의 하나였다. 물론 이러한 산업화가 추진되기 위해서는 (특히 석탄·철·강철·기계제작 분야에서의 둘째 단계에) 엄청난 자본이 투자되어야 했고, 그래서 은행들이 설립·확장되었다. 자본이 풍부했던 영국뿐 아니라, 유럽 다른 지역들에서도 신용은행·투자은행·부동산 저당은행이 설립되었다.

이미 18세기에 세계무역을 주도하는 강국이 된 영국이, 나폴레옹전쟁과 빈회의(1814~15) 이후에도 그 지위를 강화해나갈 수 있었던 것은 전혀 놀라운 일이 아니다. 이제 영국은 균형외교를 통해 유럽을 중립화시킬 수 있었을 뿐 아니라, 해외에서도 패권을 확장할 수 있었다. 영국은, 비록 미국 독립전쟁(1775~83)에서는 패배했으나, 그만큼 더 힘차게 캐나다와 아프리카로부터 오스트레일리

아 · 인도 · 스리랑카 · 싱가포르 · 홍콩에까지 이르는 새로운 "대영제국"을 건설
했다. 그와 함께 국내에서는 영국교회의 온갖 반대를 무릅쓰고 개혁이 관철되
었다: 이제 대부분 자유교회들(1828)과 (아일랜드인들의 이주로 인해 갈수록 숫자가 증가해서 무
시할 수 없는 소수집단이던) 가톨릭 교회(1829) 신자들인 비국교도들의 완전한 정치적
동등권이 보장되었다.

이 제국은 영국의 지배적 지위를 공고히했으나, 유럽의 경기침체(1873)와 대
불황 이후 영국은 독일과 미국에게 곧 따라잡혔다. 이 두 나라는 전기와 석유
같은 새로운 에너지원源을 이용하면서 19세기 말엽 경쟁을 첨예화시킬 수 있었
는데, 특히 전기공학 · 기계제작 · 화학공업 등 새로운 산업분야에서 그러했다(나
중에는 자동차와 항공기 산업에서도). 다른 말로 해서: 산업화 과정은 19세기 말에 전세
계적 차원을 지니기 시작했다. 세계경제의 구조들이 뚜렷이 모습을 드러냈다.

이로써 분명해졌다: **산업**(과학과 기술에 의해 가능해졌다)은 19세기가 경과하면서 민
주주의와 함께 **근대의 넷째 큰 세력**으로 발전해갔다. 우리는 산업사회에 관
해 말하거니와, 여기서는 농업중심의 귀족사회가 시민사회에 의해 널리 대체되
었다. 이 **산업사회**는 과거와는 다른 인간의 근본태도를 전제하고 있었다: 공
장 노동자들의 대극對極을 이루고 있던 근대 기업가들의 특징적 덕목은 사실상
"근면"industrie(프랑스에서 생겨나 곧 독일에서도 널리 사용된 주요단어), 저 "창의적 부지런함"이
었다. 이것은 종종 잔인한 개인주의로 표현되기도 했지만, 아무튼 부지런한 기
업활동을 통해 농업사회로부터 어디까지나 성취사회인 산업사회로 전환하기 위
한 정신사적 · 사회사적 전제조건이었다. 분업 · 전문화 · 기계화 · 합리화, 또한
나중의 생산 자동화를 통해 광업 · 에너지 산업 · 건설업 그리고 끝으로 가공산
업에서도 대중을 위한 엄청난 기술공학적 진보가 이루어졌던바, 이것은 물론
점증하는 사회적 변혁과 위기도 초래했다.

어두운 면: 무산계급의 참상

신석기 말의 농업 · 도시 · 문자의 발생 이후, 인류 역사에서 이 산업혁명보다
중대한 경제적 · 사회적 변혁은 없었다고 할 수 있다. 물론 그 결과 생겨난 문

제들도 마찬가지로 엄청났으니, 백 년이 더 지난 지금도 인류는 그 문제들 때문에 고통을 겪고 있다: "만일 산업혁명이 아직 끝나지 않고 계속되어 이제 그 둘째 단계에 들어선다면, 그것은 진보된 산업사회들조차 사회적 재편성과 문화적·정치적 개혁의 문제들과 씨름해야 함을 의미하는바, 이 문제들은 이른바 저개발국가들을 괴롭히는 문제들보다 덜 심각하지 않을 것이다. … 일단 산업화의 길에 들어서자마자, 되돌아가는 것도 멈추는 것도 불가능하다"(치폴라[158]).

오늘날 우리가 분명히 알고 있는 것: 칭송 자자한 산업혁명을 그저 경제적 성장 단계로만 이해해서는 안된다. 많은 비판적 관찰자들이 보기에, 산업혁명의 **사회적 결과들**은 이미 초기 단계에서부터 **긍정적이기만 한 것이 결코 아니었다.** 과연 실제적인 국민총생산은 증가하는 투자율·성장율로 말미암아 전체적으로나 개인적으로나 비약적으로 증대했다. 또한 산업혁명의 전단계인 농업혁명으로 인한 인구증가와 농민해방 때문에 생겨난 대중의 빈곤도 제거될 수 있었다. 그리고 산업화 과정과 늘어난 고용기회가 없었다면, 인구과잉에서 비롯된 문제들로부터 헤어나올 수도 없었을 것이다.

그러나 산업화된 자본주의적 생산과정으로부터 **새로운 계급대립**이 생겨났다. 이제 바로 여기서 우리는 단순한 노동자들이 아니라, 본격적 의미의 **무산계급**(프롤레타리아)에 관해 말할 수 있다: 그 경제적·사회적 발전과정에 특히 부정적으로 연루된 사람들의 계급 말이다. 그들은 낮은 임금, 장시간 노동, 비참한 주거환경, 사회적 불안정 때문에 고통을 겪었다(어린이와 부녀자 노동은 아예 논외로 하고). 무수한 사람들이 그렇게 절망적인 처지에 떨어졌고, 그것은 때때로 기계파괴 운동을 비롯한 자포자기식 돌출행동을 야기했다. 간단히 말해서: 생활환경의 산업화는 바로 "**사회문제**"라 지칭되는 것을 야기했다. 비록 사람들이 "맨체스터 자유주의"의 "자유방임"이 초래한 초기 산업사회 무산계급의 육체적·정신적 비참함을 보다 높은 임금 지불과 국가가 제정한 사회보장법을 통해 점진적으로 해결하고자 시도했지만, 아무튼 다음 사실들을 간과해서는 안된다:

— 장기적으로 보건대, 산업 부분들의 불균형 발전이 고착화되었고, 산업화된 국가들과 저개발국가들 사이의 심각한 격차가 생겨났다.

— 민주혁명과 산업혁명으로 말미암아 전통적인 가치·사회 체계가 끊임없이 침식되었고, 이것은 일찍부터 반작용을 불러일으켰다.

새로운 이데올로기들: 자유주의와 사회주의

프랑스혁명의 충격 이후의 낭만주의와 정치적 복고 역시, 곧 분명히 드러났거니와, 근대의 개선행진을 멈추게 하지 못했다. 오히려 그 반대였다:

— 19세기에 **자연과학**과 **의학**이 과거 그 어느 때보다 크게 발전했다. 19세기 말에 (교육을 많이 받은 엘리트들이 대거 유물론·불가지론·심미주의에 빠져들었거니와) 사람들은, 특히 다윈의 진화론을 빌려, "세계 수수께끼"(자연과학자 에른스트 헥켈이 1899년에 펴낸 책의 제목이다)를 풀 수 있으리라 꿈꾸었다.

— 자연과학과 나란히 비판적 **역사과학**도 못지않게 급속히 발전했는데, 이 학문은 세계사·교회사·신학사의 온갖 문제를 빠짐없이 다시 캐물었다(학문 고유의 교조들은 제외하고).

— 새로운 **인문과학들**도 생겨났는데, 심리학과 사회학은 그때까지 뚜렷이 밝혀지지 않았던 인간의 마음(이제 "영혼"에 관해서는 즐겨 말하려 하지 않았다)과 인간 사회(모든 면에서 더욱 복잡해진)의 근본적인 법칙들을 규명해낼 수 있다고 자부했다.

과연 특히 19세기 후반기 학문들의 숨막히는 발전은 (끊임없는 급속한 인구증가와 갈수록 더욱 발전해 가던 세계 경제와 정치를 배경으로 하여) 일종의 세계문명을 가능케 했다. 이제 인간은 미래를 극히 낙관적으로 내다보아야 하지 않을까? 끝없는 진보는 의심의 여지가 없는 듯이 보였다.

한편 복고 시기에 국가와 교회의 권위주의적이고 반동적인 정책은 유럽 곳곳에서 새로운 혁명을 불러일으켰을 뿐 아니라, **탈교회화와 탈그리스도교화**를 야기했는데, 이러한 현상은 우선 식자층에서 다음으로는 노동자 계급 안에서도 일어났고, 1840년대 이후에는 하나의 광범위한 현상이 되었다. 이미 1820~21년 스페인에서 시작하여 이탈리아와 그리스를 거쳐 폴란드에 이르기까지 사회적 봉기들이 발생했다. 그후, 두 번 모두 파리에서 시작되었거니와, 1830년(7월혁명: 부르봉 왕가에 대한 자유주의적 시민계급의 승리)과 1848년(2월혁명)에 **혁명의 물결**이 온 유럽을 휩쓸었는데, 여기서 사회적 저항과 자유에의 갈망이 걷잡을 수 없이 터져나왔다. 민족적·민주적·자유주의적·사회주의적 요구와 주장들이 서로 뒤섞였고, 상쇄되어버리기도 했다. 그리하여 잠시동안 반동이 다시 한 번 승리를 거두었다. 그러나 이제 바야흐로 형성되어가던 대중사회 안에서, 보다 더 의회정치적인 제도로의 발전과정은 더이상 저지할 수 없는 것이었다. 그리고 혁명들 안에서 뚜렷이 드러난 노골적인 반反성직자주의는 교회가 사회 전체를 또다시 지배해보려는 꿈을 아예 처음부터 깨버렸다. 1848년 이후엔 물론 교회뿐 아니라, 자유주의적 시민계급도 혁명을 두려워했다. 그리하여 하층계급(장인들·공장 노동자들)의 저항이 "붉은 공화국"으로 귀결될지도 모른다는 공포가 널리 번져나 갔거니와, 사실 그것은 1871년 독일-프랑스 전쟁에서의 항복 이후 파리 코뮌의 봉기 안에서 모습을 드러낼 터였다.

이러한 저항운동들은 이제 대부분 하나의 새로운 이데올로기에 의해 떠받쳐 졌으니, 곧 **자유주의**가 그것이었다. 자유주의는 국가정치적으로는 온갖 절대 군주제적 국가권력에 맞서 개인 자유권의 수호와 헌법에 의한 공권력 제한을 위해 노력했고, 경제정책적으로는 경제·사회 영역으로부터의 국가의 후퇴와 생업·통상·기업·경쟁·단결의 자유에 대한 인정을 얻어내고자 애썼다. 주요 증인으로서 스코틀랜드의 계몽 신학자이자 고전적 **국민경제학**의 창시자인 **아 담 스미스**(†1790)를 꼽을 수 있다. 그는 윤리철학 저작[159]에서, 사리私利를 제어하는 "정의"의 규범들(생명·자유·소유권·계약준수)의 법제화를 매우 중시했다. 물론 스미스가 국민경제학 주저主著[160]에서 널리 강조·선전한 것은, 오직 수요와 공급의 자유로운 운동에 터한, 다시 말해 스스로를 조절하는 시장("보이지 않는 손") 테두리 안에서의 제한받지 않는 (국가의 간섭이 전혀 없는) 경제적 경쟁에 입각한 정의와 사회적 조화였다. 스미스의 저작들이 널리 받아들여짐으로써, 시장경제 원칙이 윤리적 원칙을 거의 완전히 축출해버렸다.

아무튼 이로써 스미스는 한창 꽃피던 시민사회에 하나의 과학적이고 경제적 인 자기해석을 제공했으나, 다른 한편으로는 본의 아니게 사적 자본의 무제한 적 군림과 거리낌없는 맨체스터 자본주의가 생겨나는 데 기여했다. 비록 그러한 자본주의는 영국에 국한되어 있었으나, 이제 어디서나 **교육받고 재산을 소유한 시민계급**의 주도 아래 국가정치적·경제적 자유주의가 관철되어나갔다. 이들은 프랑스에서 정치 체제를 좌지우지했고, 영국에서는 체제 안에 통합되어 있었으나, 독일에서만은 귀족계급에게 지나치게 순응했기 때문에 정치적으로는 여전히 대체로 금치산자 비슷한 처지에 있었다.

그런데 산업·상업·금융 분야에서 엄청난 지위상승을 이룬 이 시민계급은 **노동자 계급**의 문제들에 대해서는 점점 미지근한 태도를 보였다. 혁명 특유의 파괴적 역동성을 기억하고 있던 이들은 갈수록 "제4 계급"을 멀리했는데, 특히 노동자 계급이 1848년의 혁명에서, 그리고 19세기 후반에는 더 나은 학교교육과 더 많은 정치적 권리와 관련하여 자신들의 이익을 갈수록 공격적으로 내세우고, 독자적인 지도자들을 추종하며 또한 (시민계급 출신 지식인들의 도움으로) 고유한 이데올로기, 즉 **사회주의**를 발전시켜나간 이후에는 더욱 그러했다. 물론 이 사회주의 노동자 운동은 처음부터 전혀 통일적이지 못했다. 여기서 역사를 창출해내지 못했던 특히 프랑스의 "유토피아적" 초기 사회주의자들(생 시몽으로부터 프루동에 이르는)과 무정부주의자들(바쿠닌)을 논외로 한다면, 익히 아는 바와 같이, 노동자 운동의 역사를 근본적으로 꼴지은 것은 **칼 마르크스**(†1883)와 **프리드리히 엥겔스**(†1895)의 "과학적 사회주의"였다. 이 두 사람은 이미 1848년 **공산당 선언**[161]을 통해 변증법적이고 역사적인 유물론의 세계관을 선포했는데, 스미스(그리고 그의 후계자 데이빗 리카르도)의 이론을 비판적으로 수용한 유물론은 세계 역사의 법칙들을 바야흐로 과학적 토대 위에서 결정적으로 분석해준다고 주장했다. 인류 역사 전체는 경제적 하부구조에 터하여, 언제나 다시금 새로이 변증법적 계급투쟁의 역사로 이해되어야 하는바, 이 역사는 마지막 단계, 즉 후기 자본주의 단계에 자본과 노동의 대립 때문에 필연적으로 사회주의 혁명이 일어나 프롤레타리아 독재로 귀결되며, 마침내 계급 없는 사회에 이르게 된다는 것이었다.

그러나 공산주의자들은 19세기의 노동자 운동을, 조직상으로 볼 때, 단지 부분적으로만 지배했다. 아무튼 영국에서 노동자 정당들은 오히려 실용주의적 성향을 지니고 있었으며, 직접적인 이데올로기적 성향(혁명 정신이나 마르크스주의에 입각해서든 혹은 진화론이나 민주주의에 입각해서든, 사회적 폐해의 척결과 새롭고 정의로운 사회질서 확립에 진력했다는 점에서)은 유럽 대륙에만 존재했다고 하겠다. 보다 중요한 것은 흔히는 노동조합들(사회주의나 자유주의나 그리스도교 혈통을 지닌)이었다. 그동안 사회주의는 곧 **국제적 운동**이 되었다. 칼 마르크스의 적극적 참여 아래 1864년 런던에서 국제 노동자 동맹 곧 "1차 인터내셔널"이 결성되었는데, 이것은 공산당 선언으로부터 "모든 국가의 프롤레타리아여, 단결하라"라는 구호를 넘겨받았다. 이 1차 인터내셔널은, 비록 1871년 파리 코뮌의 봉기가 참혹하게 진압된 후 곧 와해되었지만, 시민(부르주아) 계급에 의해 흔히 공포의 유령으로 불리었다.

1870년까지의 유럽 역사가 무엇보다도 자유롭고 입헌적인 국민국가 질서 확립을 위한 부르주아 계급의 정치적 투쟁에 의해 결정되었던 반면, 그후부터는 자본주의에 맞선 프롤레타리아 계급의 사회적 투쟁이 갈수록 중요한 의의를 지니게 되었다. 다른 말로 해서: 이제 갈수록 관건이 된 것은, 그저 개인의 **자유**(자유주의의 근본 관심사) **대신 사회정의**(사회주의의 근본 관심사)와 그와 결부된 하나의 다른, 보다 **정의로운 사회질서**였다.

1889년(!) 7월 파리에서 "2차 인터내셔널"이 결성되었다. 그러나 정통 마르크스주의자, 혁명적 사회주의자 그리고 사회민주주의적 수정주의자들은 "사회개혁이냐 혁명이냐"의 문제뿐 아니라, 1900년부터 폭발성을 띠게 될 전쟁 문제에 있어서도 입장이 제각각이었다. 1914년 독일과 프랑스의 사회주의자들은 전쟁에 찬성표를 던질 터였다. 어쨌든 여기서 그리스도교와 관련하여 다음 문제를 깊이 고찰해야 하겠다: 교회들은 산업혁명과 사회정의에 대해 어떠한 입장을 취했던가?

그러면 교회들은?

19세기 산업화 과정에 대한 유럽 교회의 반응을 (산업화된 모든 나라에 관한, 여기서 일일이 인용할 수 없는 긴 참고문헌 목록이 있거니와) 자세히 고찰해보면, 거의 개관 불능의 상황에 처하게 된다. 예를 들어 영국의 상황은 프랑스, 벨기에 또는 독일의 상황과 매우 달랐다. 우리는 개신교 교회사가 마르틴 그레샷(기쎈)이 적어도 경제적으로나 문화적으로 주도적 역할을 했던 이 산업국가들을 다루면서, 지금까지 통례적이었던 역사 연구에 있어서의 국가적·종파적 한계들을 극복하고, 또한 교회들과 산업화 시대에 관한 참으로 경제적이고 모든 면에서 공정하면서도 동시에 비판적인 총체적 서술을 제공해준 것에 감사해야 할 것이다.[162] 그레샷이 뚜렷이 밝혀준 사실들:

— 산업화로 말미암아 생겨난 근본적인 변혁은, 경제 영역을 멀리 벗어나 **인간 삶의 거의 모든 영역**에 깊은 영향을 끼쳤다.

— 수백 년간 길들여져 자명한 것으로 간주해오던 것들과의 어쩔 수 없는 단절은, 교회들에게는 오늘날에도 여파를 남기고 있는 엄청난 **충격**을 의미했다.

— 그러나 이 충격은 한편 **교회의 행동의 새로운 방식들**이 많이 생겨나게 했던바, 이것들은 교회 전통으로부터의 이탈이 가장 심했던 노동자 계급을 되찾는 것만을 목표로 했던 것이 아니라, 다른 사회계급들도 겨냥하고 있었다.

— 산업혁명으로 말미암아 **교회생활**, 신학 그리고 개인적인 신심도 **총체적으로 변화**했다. 교회들은 프랑스혁명의 결과인 민주적 변혁과 아울러 이제는 산업혁명의 근본적 변혁과도 맞닥뜨리게 되었거니와, 여기서 그것들이 그리스도교의 근대로의 패러다임 전환에 끼친 영향을 고찰해야겠다. 유럽의 선도적 산업국가들의 교회가 산업혁명에 보인 반응은 무엇이었던가? 그레샷의 상세한 설명에 입각하여 그 반응들을 아래와 같이 구분하겠거니와, 물론 그것들은 구체적인 삶 속에서는 서로 겹치기도 했다:

(1) **인식 불능**: 유럽의 대부분의 교회는 어쨌든 산업혁명의 의미를 포착하기까지 오랜 시간이 필요했다. 교회들은 모두 자기의 전통적 패러다임의 고치 속에서 자신에게 몰두해 살아가고 있었다. 그들은 불변하는 "영원한" 진리·제도·입장들을 보유하고 있다고 망상했다. 그리하여 처음에 교회들은 저 "밖에서" 전혀 새로운 세계, 바로 근대적 패러다임이 수많은 인간들에게 결정적인 것이 되었음을 알아채지 못했다. 또한 교회들 자신이 급격한 발전과정의 소용돌이 속에 끌려들어가 있다는 것도 깨닫지 못했다. 영국교회 주교들(상원의 구성원이다)은 로마 가톨릭 교권제도의 구성원들 및 루터파 국가교회 대표자들과 마찬

〈도〉 이성과 진보에 정향된 근대 패러다임 913

가지로, 할 수 있는 곳이면 어디서나, "하느님이 뜻하신" 질서(그리고 이것과 함께 주어져 있는 정치적·사회적 불의도)를 옹호했다. 산업이 발달한 영국의 국교회가 노동자 계급의 엄청난 분노에 직면하여 더디게나마 의식의 전환에 이르기 위해서는, 일종의 "워털루"가 필요했다. 1819년 8월 16일 맨체스터의 성 피터스펠트(그래서 "피털루"라고 불린다)에서 노동자들의 질서정연한 대규모 시위가 시 참사회의 지시에 따라 잔인하게 진압되었는데, 참사회에는 운명적이게도 성직자가 두 사람 끼어 있었다. 시골 지역에서는 아직도 얼마동안 가능하던 것이, 극적으로 성장하던 도시의 인구 밀집 지역에서는 갈수록 불가능한 것으로 판명되었다: 교회가 사회의 변화과정에 개입하지 않는 것 말이다. 그러나 사람들은 무지와 당혹감 속에서 여러모로 마치 마비된 것 같았다. 여전히 중세 혹은 종교개혁 시대의 문제들에 골몰하던 사람들은, 바야흐로 필수적이 된 시대에 걸맞은 새로운 해석을 그리스도교의 본원적 정신에 터해 수행할 능력과 시간을 교회들에서 거의 찾을 수 없었다. 사람들은 그리스도교계의 모든 패러다임 안에서 유사한 어려움들을 겪었다(헬레니즘 비잔틴-러시아 패러다임(P II)에서는 이것이 훨씬 늦게 드러났다).

(2) **자선사업과 교회 건축**: 산업지역 빈민굴 대중의 비참함이 얼마나 극심하며 탈그리스도교화가 얼마나 크게 진행되었는지를 교회에 알려준 것은, 구세군 창설자 윌리엄 부드 같은 이들의 조사 보고서와 사람들의 의식을 일깨우는 소책자들이었다. 여기서 우리는 성직자들과 신앙공동체들의 수많은 인도주의적 행동을 사회적 알리바이 방책들로 폄하해선 안된다: 영국에서 성행하던 무료급식소, 저축 금고, 다양한 구휼단체의 조직, 부녀자와 아이들의 노동재해 방지, 주택 건축·공중 보건제도·교도소의 개혁(또는 훗날 독일에서의 집단 주거지 건설과 노동자 보호 입법) 등을 위한 헌신. 이 모든 것은 그리스도교적 책임감에서 비롯한 전적으로 새로운 형태의 사회적 행동이었거니와, 절망적 처지에 있던 적지 않은 사람들에게 도움을 주었다. 그러나 다음 사실 또한 인정해야 한다: 기존 사회질서는 이러한 행동들에 의해 근본적으로 변화되지 않았다. 아니 변화될 수가 없었다. 왜냐하면 영국뿐 아니라 유럽 대륙의 교회들에서도 사람들은 기존사회의 정의에 관해 심각한 의문을 지니고 있지 않았기 때문이다. 사실 사람들은

이런저런 심각한 사회적 폐해들이 제거되고 나면, 근본적인 구조개혁 따위로 골머리를 앓아야 할 필요는 없으리라 생각했다. 노동자 계급의 교회로부터의 소외와 예배 참석의 급격한 감소에 대응하기 위한 방책으로서, 교회와 예배당들의 건축이 더 중요하지 않을까? 사람들은 민중의 교육을 위해 종종 교회 건축을 학교 건립과 결부시켰다(흔히는 시민에 대한 가부장주의적 보살핌이라는 기특한 의도 아래).

(3) **교회 단체들**: 19세기 산업국가들의 교회에서 나타난 두드러진 특징은 인권선언에 의해 가능해진 결사結社 현상이었다: 같은 생각을 지닌 사람들이 만든 교회 단체들이 갈수록 많이 생겨났는데, 대부분 평신도들로 이루어진(흔히는 성직자들의 지도 아래) 이 단체들은 종교적·사회정치적 목표가 뚜렷했고, 많건 적건 자체 규정을 따랐으며, 연합·신심회·협회·연맹 등의 형태를 취했다. 이러한 단체들은 곤경에 처한 사람들을 도와주고, 또한 소외·배제되었거나 이탈한 집단들을 자체조직화를 통해 다시금 교회 안으로 통합시키고자 노력했다. 특히 독일에서 많은 가톨릭 단체들이 결성·발전했다(비오회, 빈첸시오회, 보니파시오회 등). 가톨릭 "국민연합"Volksverein은 종교적·사회적으로 그리고 간접적으로는 정치적으로도 많은 창도적 활동을 통해, 마침내 세계에서 가장 큰 가톨릭 단체로서 매우 효과적으로 성장할 수 있었다.

그러나 교회들이 온갖 사회정치적 개혁안을 내놓기는 했지만, 여기서도 대체로 주요 관심사는 어디까지나 프롤레타리아 계급을 신분(계급)에 터해 질서지어진 낡은 사회구조 안으로 편입시키는 것이었다. 이 말은 **빌헬름 엠마누엘 케틀러**에게도 해당된다. 그는 1848년 마인츠에서 대림절 강론을 통해 사회문제를 독일 가톨릭 교회의 주요 의제로 부각시켰고, 1850년 이래 마인츠 주교로서 교회로 하여금 가난하고 고통받는 하층민들의 공적인 변호자가 되게끔 만들었다. 또한 이 말은 일치운동적 성향을 지니고 있던 **요한 힌리히 비헤른**에게도 해당되는데, 그는 독일 개신교에서 "내부 선교"를 창시했고, 그럼으로써 새로운 사회적 도전들에 대해 교회의 시의적절한 응답을 제공하려 노력했다. 아무튼 교회의 사회적 실천의 그 온갖 개혁에도 불구하고, 교회와 교회의 진리 및 질서의 자기이해는 거의 변하지 않았다. 개혁은 그저 우연적이고 외면적인 것,

수단과 형식에 있어서만 허용되었을 뿐, 본질과 실체에 있어서는 그렇지 못했다. 여하간 역사의 변천과정 속에서, 그리스도교의 본질과 실체가 무엇인가에 관해 교회들간에 일치된 견해가 전혀 존재하지 않았다는 사실이 갈수록 뚜렷이 드러났다. 가장자리에서 진척되는 침식작용과 중심부에서의 분열 내지 일치를 위한 투쟁은 서로 상응했다.

아무튼 그리하여 독일 가톨릭 교회에서 사회적 운동은 결국 **1870년 교황 무류성 교의** 결정을 둘러싼 논쟁에 의해 밀려났다. 케텔러를 비롯하여 독일과 프랑스의 대부분 주교들이 그 기회주의를 격렬히 비난했으나 헛일이었던 이 교의는, 끝내 고古가톨릭 교회의 이탈과 근대주의 위기를 초래했다. 그것은 어찌됐든, 케텔러와 독일 주교단의 전략적인 사회참여에 있어서도 처음부터 주요 관심사는 어디까지나 교회였다. 즉, 전제군주제 국가(그리고 개신교 프로이센)에 대한 가톨릭 교회의 자유·독립·자주와 또 그것을 위한 신자들의 결집과 활성화가 관건이었다(사회정책은 2차적 관심사였을 따름이다). 교회 내부의 문제들과 국가교회 문제들(무엇보다도 교황과 교황령 문제)이 1차 바티칸 공의회 시기에 또다시 사회문제들을 가려버렸고, 교황의 무류성에 관한 물음이 사회에 대한 물음을 덮어버렸다.

그러므로 교황령이 마침내 소멸되고 반동적인 무류성 교황 비오 9세가 사망한 뒤에야, 비로소 **교도권의** 최초의 **사회론**이 나올 수 있었다는 사실은 전혀 놀라운 일이 아니다. 마르크스와 엥겔스의 공산당 선언은 이미 1848년에 공포된 반면, 교황 레오 13세의 최초의 사회회칙은 1891년에야 반포되었다. **레오 13세**는 일찍이 프랑스의 보수적 가톨릭 신자들에게 공화국과 화해하라고 엄숙하게 독촉한 바 있었다. 제목이 「새로운 사태」[163]인 이 회칙은 사면팔방으로 비판적인데, 자유주의를 거슬러 국가의 규제와 간섭을 긍정하고, 사회주의를 거슬러서는 사유재산을 긍정하고 있다. 이 교황은 케텔러와 프랑스의 사회적 보수주의자들의 노선을 따라 처음으로 공식적인 "가톨릭 사회론"을 전개했는데, 물론 이 사회론은 새삼 교회의 결정적 영향력 아래 있는 "직업신분적 질서"(P Ⅲ!)라는 퇴행적 이상에 정향되어 있다 ― 두번째 사회회칙인 1931년 비오 11세의 「40주년」도 마찬가지다!

(4) **그리스도교에 대한 새로운 해석들**: 시간이 흐르면서 모든 산업국가에서 사회적 개혁들이 일어났음은 두말할 것이 없다. 그리스도인들의 문제는 다만 얼마나 멀리까지 나가도 되느냐 하는 것이었다. 개인이나 작은 집단들은 대체로 계몽주의의 충격과 자극을 받아들이는 가운데, 그리스도교를 산업화 시대의 요구들에 적응시킬 뿐 아니라, 그 본질을 새로이 정의하고 실천하려 시도했다. 이 일은 대개 매우 급격히 변하는 현세, 그 사회적 곤경이 반드시 해결되어야 할 이 세상에의 보다 실제적인 관심과 참여라는 의미에서 일어났다. 예를 들어 **로버트 오웬**의 협동조합 창설이나 **윌리엄 로베츠**의 보통선거권 획득을 위한 차티스트 운동을 상기해볼 일이다. 그러나 여러 모습을 지닌 사회현실에서의 이 이론적이고 실천적인 새로운 해석들로 말미암아, 거의 필연적으로 교회 제도·신학·신심에서 다원주의가 생겨났다. 다원주의는 개신교에서 〔계몽주의적·합리주의적인 자유·정의·형제애의 주창자들(P V)과 성서주의적·정통주의적인 혁명 반대자들(P VI) 간의 싸움터에서〕 상이하고 흔히는 서로 배척하는 파당·분파·소집단들이 계속 생겨나게 만들었다. 복음선포와 사회활동 — 어느 쪽이 참된 그리스도교인가? 때때로 이러한 성찰과정은 급격히 변화된 사회 현실에서도 자신을 다시금 새로이 추스르려 애쓰는 신앙의 역동성의 표현으로 이해되지 않고, 오히려 아예 그리스도교의 해체로 여겨졌다.

아무튼, 한탄스러운 일이지만, 동의해야 할 사실: 19세기에 새출발과 정신적 개간開墾이 이루어졌던 곳에서는 언제나 (이것은 국가에 유화적이지 않던 가톨릭 교회뿐 아니라, 부분적으로는 예전보다 더 국가와 군주에 의존하고 있던 개신교회와 영국교회에도 해당되거니와) 교회 지도층은 그러한 새출발들을 의심하고 저지하고 흔히는 탄압했다. 왜 그랬던가? 그 까닭은 그렇게 폭풍우 몰아치는 시대에는 과거 그 어느 때보다 교회의 통합과 단결이 최고선으로 간주되었기 때문이었는데, 이것은 공식적 입장과 다른 모든 입장들의 배척을 요구했다. 설득력있는 복음선포와 그에 상응하는 이 세상 안에서의 실천에 시급히 쏟아부어야 할 힘을, 무엇이 참된 그리스도교인가라는 문제를 둘러싸고 벌어진 교회 내의 싸움에 탕진한 사실은, 노동자 계급(사실 미래는 이들의 것이 될 터였다) 안에서 일어난 운동과의 대결에서 특히 뚜렷이 드러났다.

(5) **사회주의와의 대결**: 갈수록 산업사회 모든 교회의 시험사례가 된 것은 자유주의뿐 아니라 **사회주의**〔마르크스주의적 · 혁명적으로 꼴지어졌든(공산주의적), 아니면 사회민주주의적 · 진화론적으로 꼴지어졌든(수정주의적)〕에 대한 입장이었다. 마르크스주의와 결부된 무신론은 물론 교회로서는 받아들일 수 없는 것이었다. 하지만 바로 이 무신론은, (내가 다른 책에서 상술했듯이)[164] 상당 부분 교회 자신이 야기했기 때문에, 실로 교회의 비판적 자기반성의 계기가 될 수 있어야 마땅했다. 그러나 사람들은 "혁명적" 실천행동과 마찬가지로 신학적 자기반성에도 거의 관심이 없었다.

영국의 비국교도들은 그래도 처음에는 가난한 사람들 중의 가난한 사람들에게 매우 중요했던 "곡물법 반대 동맹"(1836)과 같은 사회정책적 선도 운동에 단호히 동참했다. 그러나 나중에는 점차 눈치껏 정세를 살피고, 자신들의 교회적 특성(그들은 이제 대부분 "자유교회파" 신자들이었다), 평신도들에 대한 성직의 권위 그리고 국가의 질서 따위를 강조했던바, 이것은 지위상승을 이룬 신앙공동체 구성원들이 자본주의 방식들을 수용하는 것을 쉽게 정당화해주었다. 요컨대 여기서도 결국은 진정한 구조개혁이 아니라 중산층의 요구에의 적응이 이루어졌는데, 이것은 영국 비국교도들의 순치와 천박화로 귀결되었다.

독일에서도 교회들은 노동자 계급과 멀리 떨어져 있었고, 그래서 1850~75년 라살 · 립크네히트 · 베벨의 주도 아래 성장한 노동당은 애당초 교회들과는 아무 관계도 가지려 하지 않았다. 게다가 무신론적이고 유물론적인 사고방식이 위협적일 만큼 널리 퍼져나갔다. 수많은 저술가들은 비판적 역사과학과 한창 꽃피던 정밀 자연과학의 그동안의 성과들을 교회와 그리스도교를 배척하는 데 요긴하게 써먹었다. 다윈의 진화론만 떠올려보아도 충분할 것인바, 진화론은 성서의 창조 기사와 상충되고 또 이른바 인간의 품위를 크게 손상시켰기 때문에, 처음엔 영국에서 그리곤 온 유럽에서 엄청난 충격을 불러일으켰다.

다음 사실 또한 이론의 여지가 없다: 적어도 독일 개신교 신학에서는 정통주의의 홍수가 지나갔고 사람들이 근대 역사과학의 영향으로 보다 자유로운 신학적 관점들에도 눈을 돌렸으나, 정치적 · 종교적으로 볼 때, 공식적 교회들의 지도층 대부분의 주요 관심사는 여전히 어디까지나 교회였다. 구체적으로 말해

서: 교회 내의 쇄신과 사회적 활동에 많은 노력을 기울이긴 했지만, 무엇보다도 관심을 집중했던 것은, 교회로부터 소외된 사람들을 교회 주도의 **재그리스도교화 프로그램**을 통해 신분계급적이고 집합적인 낡은 사회질서 안으로 다시 통합시키는 것이었다(근대적 정당 국가에 맞서 직업신분제의 부활과 신분제 의회의 창설).[165] 그리하여 교회가 모든 사회계층과 직업(신분)들을 조화롭게 결합시키고, 사랑과 상호봉사의 정신을 통해 영적으로 꼴지어야 한다는 것이었다. 그러나 이러한 이상주의적인 재그리스도교화 사업이 프롤레타리아 계급뿐 아니라 부르주아 계급에게서도 거듭 실패했고, 종교적 무관심·교회 배척·불가지론·무신론에 대한 저항을 불러일으키지 못했음에도 불구하고, 사람들은 예전 패러다임들(P Ⅲ이건 P Ⅳ이건) 안에서의 재통합 정책은 자기기만에 불과하다는 것을 바로 보려 하지 않았다 ― 그리고 오늘 20세기 말에 새삼스레 유럽의 "재복음화"(재가톨릭화)를 꿈꾸는 교황도 이것을 깨닫지 못하고 있다.

나는 그레샷의 결론에 동의할 수밖에 없다: "근대에 맞선 이러한 이론적·실천적 대항 계획은 (가톨릭이 포괄적인 방식으로 전개했고, 실제적 측면에서는 개신교도 적극적으로 떠받치고 동참했거니와) 근본적으로 교회는 자기 자신에게 머물러 있어야 하고, 계시를 통해 자신에게 주어진 본질에 집중해야만 한다는 것을 고집했다: 이 원천에 터해 사회에 자신의 정신을 삼투시키고 이끌어가기 위해." 이것이 의미하는 바: "교회들은 사회적 변혁의 실체, 말하자면 근대 세계를 실제로는 극히 부분적으로만 받아들였다. 아니 원칙적으로는 전혀 받아들이지 않았다. 교회들은 온 세상이 그 변혁에 급습당하고 있음을 알기는 알았다. 그러나 자기들 자신도 그렇다는 것은 보려고 하지 않았다. 현실과의 이러한 간극은 한편으로는 여러 교회에게 스스로를 온갖 당파와 대립들 위에 있는 존재로 이해하는 용기와 양심을 제공해주었다. 그러나 다른 한편으로는 이 신학과 용기가 근대 유럽 산업사회에서 갈수록 기능을 하지 못하게 만든 근원이 되었음도 물론이다."[166]

사회는 결정적 문제들에서 교회의 가르침을 따라야 한다는, 공식 교회와 신학이 주장하는 전통적 견해가 받아들여지지 않았음은, 다른 어디서보다 흔히 "여성 문제"로 손쉽게 그릇되이 지칭되는 사안에서 가장 뚜렷이 드러났다.

여성의 새로운 상황

근대의 거센 혁명적 흐름들을 분석해보면, 여성들의 상황과 관련하여 다음 사실들을 확인할 수 있다:

(1) **철학의 혁명**과 거기서 비롯한 합리적 분위기는, 종교개혁적 패러다임 안에도 독을 퍼뜨리며 널리 퍼져 있던 마녀 망상이 17~18세기를 거치며 사라지게 된 데 크게 기여했음이 확실하다. 또한 17세기 이래, 프랑스에서 시작되었거니와, 상류계층에는 교육을 많이 받은 여성들("femmes savantes")이 존재했는데, 이들은 귀족과 시민 계급 여성들의 이상이 되었다: 이 귀부인들의 살롱은 문화 인텔리들의 만남의 장이었다. 그러나 이러한 사실들이 이론과 실제에 있어서의 남녀의 참된 동등성에 관해 말해주는 것은 거의 없다. 그리고 남녀의 역할에 관한 전통적 관점이 얼마나 단단히 고착화되어 있었는지는, 지적·철학적·문학적 엘리트들조차 그 문제에 있어 거의 아무것도 고치지 않았다는 사실이 잘 보여준다(데카르트·스피노자·라이프니츠·칸트 같은 사람들은 사실 결혼도 하지 않았다). 칸트가 볼 때, 여성은 어디까지나 "아름다움"을 구현하고, 그에 반해 남성은 "숭고함"을 구현한다. "힘겨운 공부나 고통스럽도록 골똘한 사색"은 "그들(여성들)이 그것을 통해 다른 성性에 엄청난 힘을 발휘하는 매력을 감소"시킬 수 있다.[167] 교육 소설 「에밀」을 통해 후대의 교육 이론에 지대한 영향을 끼쳤던 루소에게조차 남자와 여자의 관계는 지배·종속 관계였다. 여자는 남자 마음에 들 정도의 교육만 받으면 된다는 것이었다. 쉴러는 19~20세기 시민계급에게 엄청난 영향을 끼쳤던 유명한 「종鐘 노래」에서 (이 점에선 괴테도 다를 것이 없거니와) 여성들에게는 어디까지나 평온한 "가정" 안의 역할을 할당하고, 남성들만 "전투 같은 생활" 속으로 내보냈다. 그러나 어쨌든 여성들은 당시에 생겨나던 신문과 잡지 그리고 연극 등을 통해, 근대적 교양을 어느 정도 습득할 수 있었다.

이 문제에 있어 **역逆강조**를 감행하고 성별 역할을 새로이 규정하고 사랑에서 정신과 육체의 일치를 온전히 긍정하고 또한 자유로운 자기실현 속에서의 남녀의 행복한 관계를 충만한 삶의 전제조건으로 인식한 것은 초기 **낭만주의 운동**이었다. 여기서 우선 **프리드리히 슐레겔**의 이름을 언급해야 하겠다. 또 **슐라**

이어마허의 이름도 들어야겠으니, 그는 여느 신학자들과는 달리 성性에 관한 신학을 개진하고, 그리스도교 공동체 안에서 남녀 역량의 협력의 중요성을 강조했다. 하지만 낭만주의의 이 모든 새로운 시작들은 너무 미약하여, 복고적 분위기 속의 공공생활에서 거의 아무런 결실도 맺지 못했음은 익히 아는 바다. 바야흐로 대두하고 있던 산업사회 안에서 여성 대중의 경제적·법률적 삶의 조건들은 여전히 암담했다. 슐레겔을 뒤이은 **요한 야콥 바흐오펜**의 방대한 저작 「모권」(1861)[168](나중에 부권 시대 들어 소멸한, 국가 이전의 모권적 사회형태를 역사적으로 입증할 수 있다고 주장함) 역시 여성의 법률적·정치적 해방을 뒷받침하기 위해 씌어진 것이 결코 아니었다. 여러 이유로 신랄한 비판을 받은 이 책이 주장하는 옛날의 모권제도 가설에 대해 어떤 입장을 취했든간에, 문화사학자들과 문화철학자들은 여성들이 지난 수천 년간 (성서에서조차!) 남성들에게 철저히 무시되어왔음을, 아니 흔히는 도구로 취급되고 지배받아왔음을 아주 늦게서야 인식하게 되었다.

(2) **정치적 혁명**은 미국과 프랑스에서 **인권**선언을 가져왔던바, 여기에는 "원칙적으로" 여성도 당연히 포함되어야 했다. 그러나 이 인간의 권리는 (영어 "man"과 불어 "homme"은 "인간"뿐 아니라 "남자"를 지칭하기에!) 쉽사리 그저 남성의 권리(특히 선거권·재산권·단결권·발언권)로 여겨졌다. 그러나 프랑스혁명에 적극 참여했던 여성들은 혁명적 여성단체들을 새로이 결성하고 올림프 드 구즈와 로자 라콩브의 주도 아래 1791년 독자적인 「여성과 여시민의 권리 선언」을 작성했는데, 예컨대 10항에서 다음과 같은 논증을 전개하며 언론(발언) 자유의 권리를 요구했다: "여성은 단두대에 오를 권리가 있다. 마찬가지로 여성은 연단演壇에 오를 권리도 가져야 한다"[169](영국에서는 1792년 메리 울스턴크래프트가 처음 여성 시민권을 요구했다). 그러나 철두철미 남자들이 지배하던 파리의 국민의회는 이러한 노력들을 단죄했다. 남자들은 국가의 군주로부터는 벗어나고자 했지만, 가정의 군주는 폐위시키고 싶어하지 않았다. 그리하여 사람들은 남성, 아버지 또는 남편에 대한 여성의 법률적 예속을 고집했고, 여성에게는 그저 부수적인 시민권만 허용했다.

여성들은 1차대전이 끝날 무렵까지 기다려서야, 주요 산업국가들에서 선거권 (초기 여성운동의 주된 요구사항)을 얻어낼 수 있었다: 전쟁 전에 뉴질랜드(이미 1893년)·

노르웨이·덴마크, 1917년에는 네덜란드와 구소련, 1919년 독일, 1920년 미국, 1928년 영국(프랑스에선 1944년 그리고 스위스에서는 1971년!). 그러나 유념할 것: 헌법에 남성과 여성의 동등권이 명시되었음에도 오랫동안 가정과 직업 영역에서 남녀의 동등성은 실현되지 못했고 정당·의회·정부에의 상당수 여성들의 적극적 참여도 전혀 이루어지지 못했다(법률과 교육 그리고 산업 분야는 아예 차치하고).

(3) 그러나 **산업혁명**은 이미 19세기에 여성들의 상황을 이전의 그 어떤 역사적 전개과정보다 철저히, 물론 처음에는 부정적으로, 변화시켰다. 여성들의 노동과정 참여를 불가피하게 만든 것은, 생산공정의 새로운 기술적 조건들이었다. 실잣기·뜨기·짜기·수놓기를 비롯한 많은 일들이 가정을 벗어나 공장과 도시로 앞다투어 옮겨갔다. 그리하여 많은 여성들이 가정에서의 일감과 수입원 그리고 대화를 상실했고, 증대하는 노동력 수요에 부응하여 공장에서 남자들보다 저렴하고 여러 면에서는 더 솜씨 좋은 경쟁자가 되었다. 그러나 바로 그때문에 여성들은 새로운 예속 상황 그리고 흔히는 극심한 곤경에 떨어졌고, 한편 삶과 노동의 공동체인 가정은 붕괴되었다. 그러나 그와 동시에 여성이 남성과 동등한 지위를 얻기 위한 노력들도 시작되었다. 이 문제에서 앞장선 것은 물론 교회들이 아니라 **자유주의자들** 그리고 특히 **사회주의자들**이었는데, 이들은 산업사회 생산조건들 아래의 여성들 상황을 철저히 반성하고 예리하게 분석했으며, 그것을 부르주아 사회에 대한 격렬한 비판과 결부시켰다. 1848년 **공산당 선언**의 한 단락이 여성들의 상황을 다루고 있음은 전혀 우연이 아니다. 공산주의자들은 "여성 공유"Weibergemeinschaft를 도입하고자 한다는 부르주아 사회의 비난에 대해, 마르크스와 엥겔스는 공산당 선언에서 극히 신랄하게 응수했다: "부르주아 계급은 자신들의 아내에게서 그저 단순한 생산수단만을 보고 있다. 그들은 생산수단들은 공동으로 충분히 이용되어야 한다는 말을 듣고는, 공유라는 운명이 여성들에게도 마찬가지로 해당되리라는 것밖에는 생각하지 못한다. 단순한 생산수단으로서의 여성의 상황을 철폐하는 것이야말로 중요한 문제라는 것을 그들은 짐작도 하지 못한다. 아무튼 공산주의자들의 이른바 공적인 여성 공유라는 것에 대한 우리 부르주아 계급의 지극히 도덕적인 경악보다 더

웃기는 것은 없다. 공산주의자들은 여성 공유를 새삼 도입할 필요가 없으니, 그것은 거의 언제나 존재해 왔다. 공적인 매춘은 아예 논외로 하고, 프롤레타리아 계급의 아내와 딸들을 멋대로 다루는 것으로는 만족치 못하는 우리 부르주아 계급은 자기 아내들을 서로 유혹하는 데에서 주된 즐거움을 발견하고 있다. 부르주아 계급의 결혼생활은 사실상 아내들의 공유다. 사람들은 기껏해야 공산주의자들이 위선적으로 은폐된 여성 공유 대신 공적이고 솔직한 여성 공유를 도입하려 한다고나 비난할 수 있을 것이다. 덧붙여, 자명한 일이거니와, 현재의 생산관계의 소멸과 더불어, 거기에서 비롯하는 여성 공유 다시 말해 공적·비공식적 매춘 또한 사라질 것이다."[170]

그러므로 마르크스와 엥겔스(그는 모건과 바흐오펜의 견해를 받아들여 이혼소송 없는 이혼의 가능성을 강력히 옹호했다)의 주요 관심사는 "단순한 생산수단"으로서의 여성의 처지를 근본적으로 변화시키고, 분업적인 산업사회의 조건들 아래 있는 여성에게 남성과 동등한 권리와 존엄성이 부여되도록 하는 것이었다.[171] 여성해방에 대한 사회주의적 해석의 핵심 사상은 이것이었다: 혁명을 통한 프롤레타리아 계급의 해방은 거의 자동적으로 여성의 해방 또한 가져온다. 「여성과 사회주의」(1883)[172]에 관한 아우구스트 베벨(1840~1913)의 저작에서도 그러한 사상을 읽어낼 수 있거니와, 이 책은 수십 판版을 거듭하며 여성 문제에 관한 사회주의자들과 공산주의자들의 입장을 꼴지을 터였다. 그러나 사회민주주의를 포함한 사회주의의 맥락 안에서도, 사람들이 사회적 혁명과 성의 혁명의 동시성同時性에 관한 환상을 버리기까지는 오랜 시간이 걸렸다. 사실 사회주의자 "서방님들" 역시 (68세대의 대학생 운동에 이르기까지) 자기들 가정에서의 (여성) 착취는 거론함이 없이, 사회적 착취만 비난하는 데 익숙해져 있었다.

비사회주의 진영에서도 여성해방이 촉진되었음은 물론이다. 미국에서는 1848년 여성을 동등한 권리를 지닌 시민으로 인정할 것을 요구하는 여성의회가 개최되었다. 영국에서는 1860년 이후 정치적 해방운동이 시작되었다. 철학자 존 스튜어트 밀은 1867년 영국 의회에서 여성에게 적극적 선거권을 부여하자는 법안을 최초로 제출했다. 독일에서는 1865년 독일 여성 총연합회가 결성되었는데, 이 단체는 주로 여성의 노동과 교육 문제에 헌신했다. 시민계급의 딸들도 이제는 종종 생계를 위한 노동을 해야 했고, 더 수준 높은 교육기관으로 몰려들었다. 어떻든, 여기서 우리의 본디 관심사는 그리스도교에 관한 물음이다: 신학과 교회는 19세기 여성들의 새로운 상황에 어찌 대처했던가?

교회들은 여성해방을 방해했는가 촉진시켰는가?

적어도 다음 세 가지는 일반적으로 확증된 사실이라고 할 수 있다:

— 여러 나라에서 각기 다른 시기에 터져나온 갖가지 여성운동들은 처음에는 교회들 안에서도 거의 지지를 받지 못했다.

— 바로 1848년의 공산당 선언 역시, 처음 몇십 년간은 교회들 안에서 거의 아무런 영향을 끼치지 못했다. 직업 활동을 하는 여성은 전통적인 그리스도교적 이상과는 맞지 않았다.

— 여성해방을 위한 교회들의 한참 뒤늦은 노력들은 여성 산업노동자 계층에게는 거의 미치지 못했고, 그저 시민계급 세계에 국한되었다.

여성의 지위와 역할에 관해 말하는 것이 예전 패러다임들의 테두리 안에서는 그런대로 용이했던 반면, 근대적 패러다임의 틀 안에서는, 각 나라의 상황이 매우 다양하기 때문에, 거의 불가능하다. 그래도 **로만 민족 계통의 가톨릭 국가들**의 상황이 가장 통일적이었으니, 여기서는 로마교회 지배층이 근대에 대한 저항을 여성해방 분야에서도 매우 효과적으로 확대했던 것이다. 전임자들에 비해 상당히 개방적이었던 교황 레오 13세조차 1885년에 이르러서도 회칙 「그리스도교적 국가질서에 관하여」에서, 아우구스티누스(P III 참조)의 말을 그대로 인용하여 "남자는 여자의 윗사람"이라고 선언해야 한다고 느꼈다: 여성들은 "육욕의 충족을 위해서가 아니라 인류의 번식과 가정에서의 공동생활을 위해, 정결하고 헌신적인 순종 안에서 남편들에게" 예속되어 있다는 것이었다.[173] 그 후 이 교황은 사회회칙 「새로운 사태」(1891)에서 인간을 물건처럼 취급하는 사용자들에 의한 무자비한 노동자 착취뿐 아니라 어린이나 부녀자의 중노동도 총체적으로 단죄했으나, 단죄의 논거인즉, 여성은 "선천적으로 집안 일을 돌보도록” 되어 있는바, 그 일이 “여성적 품위의 강력한 울타리”이며 “본디 자녀 양육과 가정의 번성에 적합”하기 때문이라는 것이었다.[174]

비오 12세까지의 후임 교황들 역시, 고대·중세의 자연법 교설에 얽매여, 여성을 오로지 어머니로서의 “자연적 자질”에 터해 보았거니와, 그 자질이라는 것이 뭐라 해도 여성을 가정과 화덕에 붙들어매 놓는다는 것이었다. 이렇게 교황들은 남성의 우월권에서 비롯하는 여성의 전반적 불이익 아니 흔히는 억압의 본질이 어디에 있는지 그리고 근대 특유의 도전이 무엇인지를 전혀 인식하지 못했다. 가톨릭 사회윤리학자 슈테판 퓌르트너는 “신스콜라학적으로 정향된 본성 자연법 철학은 역사적으로 발전되어온 (성의) 역할관계들과 생물학적 자료들로부터 ‘여성의 본성’을 추론해내고는, 그것을 다시 여성적 행동을 결정하는 규범으로 삼았다”라고 확인하고, 사실상 극히 위험한 이 그릇된 이론이 나오게 된 원인을 “신학 및 교회 지배층의 당시 교회 및 사회 안의 비판적 운동들과의 빈약한 상호소통”에서 찾았다: “시민계급과 사회주의 여성운동의 선도적인 해방 이념들은 가톨릭 교회 안에서 거의 진지하게 받아들여지지 않았고, 전반적으로 배척되었다.”[175] 사실 **요한 23세**의 회칙 「지상의 평화」(1963!)와 2차 바티칸 공의회에 이르러서야 비로소 하나의 전환이 이루어질 터였던바, 이 전환은 가톨릭 여성단체들에게도 해방적 작용을 했다. 비록 (처음에는 우물쭈물하다가 나중에 부정적인 쪽으로 결정이 난) 피임 문제가 수백만 여성이 교회를 떠나게 된 한 가지 주요 원인이자 항구적인 부담으로 드러나긴 했지만 말이다.[176]

근대의 개신교 국가들에서의 여성의 상황은 훨씬 복잡하지만, 최근 연구를 통해 점차 역사적으로 분석·확인되고 있다(여성의 역할에 대한 개신교 교회사의 침묵에 맞서). 1985년 “개신교 역사에 있어서의 여성”을 주제로 하여 미국에서 출간된 저작집은 제목으로 「침묵에 대한 승리」[177]를 선택했다. 이러한 사정은 독일어권에서도 마찬가지이다. 지면 관계상 여기서는 이 지역만 다루겠거니와, 아무튼 이곳은 많은 면에서 개신교 국가들에게 범례적 의의를 지니고 있다고 하겠다.[178]

라헬 폰 파른하겐-레빈, 카롤리네 폰 귄더로데, 베티나 폰 아르님-브렌타노 같은 19세기 초의 몇몇 해방된 여성들이 가져다준 충격과 자극은 처음에는 거의 주목을 받지 못했다. 아니, 교회 안에서는 오히려 냉담과 비판에 부딪치게 되었다. 1848년 이전의 독일 초기 여성운동 대표자들(파니 레반트, 말비다 폰 마이젠부르크. 루이세 오토)과 후기 대표자들(특히 1894년 새로이 결성된 "독일 여성단체 연맹" 의장 헬레네 랑에)이 교회에 등을 돌린 것은 놀랄 일이 못 된다: "그녀들 대부분은 그리스도교에 환멸을 느낀 나머지, 결코 다시는 그리스도교 공동체로 돌아가는 길을 찾지 않았다."[179]

하지만 여성운동이 개신교회들 안에 자취없이 사라져버린 것은 아니다. 교회와 결속되어 있던 여성들은 **개신교 구제**救濟 **운동**(앞에서 언급한 힌리히 비헤른 외에 특히 테오도르 플리드너와 빌헬름 뢰에가 주도함)의 탄생 및 확대와 더불어 비로소 적극적으로 활동하게 되었다. 이 운동은 그리스도교 초창기 공동체의 본보기를 따라 부인들에게 교회 직분(집사)을 부여했을 뿐 아니라, 사회적으로 힘없고 산업화 과정으로 말미암아 영락한 가정의 소녀들에게 자신들의 능력을 계발하고 또 미혼녀로서 책임있는 역할을 할 수도 있는 일거리들을 제공했다. 그러한 자유로운 단체들 안에서는 남성과 여성이, 인습적인 지배-복종 관계를 떠나, 협력하며 일할 수 있었다. 그 배경에는 특히 슐라이어마허와 그의 종교관이 있었던바, 그는 남성과 여성의 협력을 중요시하는 교회관을 내세웠다.

여집사 공동체들에서조차 개신교계의 "높으신 남정네들"이 중요한 결정을 내리고 대외적으로 대표를 내세울 때는 남성의 우월성을 법적 수단을 동원하여 수호했다. 여기서는 남자 사제들이 좌우하는 가톨릭 여성단체들의 영향을 뚜렷이 알아볼 수 있다. 사정이 이러했으니, 사회에서의 여성 동등권에 대한 여집사들(그리고 목사 부인들)의 모든 관심은 처음부터 무시되었다. 처음엔 그저 자선활동에만 국한된(1832년 함부르크에서 아말리 시베킹크가 창설한 "빈자·병자 구제 협회") 개신교 내의 이 여성운동은 1848년 혁명 이후, 소녀들과 부인들이 사회적·국가적 기능들을 갖추기 위해 학교·직업 교육을 받게 하는 데도 진력했다. 그후 그리스도교적 사회주의 성향을 지닌 여성 경제학자 엘리자벳 그나욱-퀴네 박사는 1895년 한 개신교 사회문제 회의에서 여성들에게 필요한 것은 동정심이 아니라 정의라고 주장했고, 많은 남자들로 하여금 사고의 전환을 하게 만들었다.

　머지않은 과거에 독일에서 그리스도인 여성으로서 사회적으로 책임있는 활동을 하기 위해 노력한 여성들에 관한 연구는 최근에 이르기까지도 너무나 빈약하며, 여성들 자신의 관점에 터한 연구는 더욱 그러하다. 튀빙언 대학교 일치운동 연구소에서는 〔교부시대(P II)와 관련하여 이미 언급했거니와〕 **"여성과 그리스도교"**라는 **연구 프로젝트**의 테두리 안에서, 그리스도교의 처음 4세기 여성들의 상황뿐 아니라 19~20세기 여성 그리스도인들의 상황도 철저히 파고들었다. 그 결실이 여성 역사학자 도리스 카우프만의 연구서「새출발과 반동 사이의 여성들. 20세기 전반기의 개신교 여성운동」[180]이다. 이 연구서는 바로 우리의 당면 문제에 중요한 내용들을 밝혀주었거니와, 여기서 그것에 관해 언급해야겠다: 특히 개신교 여성들의 역사를 고찰함에 있어서는 지배적인 사고방식들(예컨대 사회를 공적 영역과 사적 영역으로 나누고, 전자는 남자들의 활동장소로 후자는 여성들의 장소로 간주하는)을 내버리는 것이 매우 도움이 된다는 사실이 판명되었다. 요컨대 바로 교회 테두리 안에서 (이것이 프로젝트의 중요한 성과 가운데 하나이거니와) 분리된 것들로 간주되었던 이 영역들간의 빈번한 월경越境이 일어났고, 여성들이 "교회라는 공공연한 남자들의 구역" 안으로 "침입"해 들어왔던 것이다. 이 말은 특히 1899년 결성된 **독일 개신교 여성연맹**에 해당되는바, 이 단체는 사회적 운동으로서 동시대인들의 주위세계 (도리스 카우프만의 주요 연구대상이다)와 긴밀히 결속되어 있었다.

　이 연구가 또한 밝혀준 것: 이 연맹의 여성들은 남녀 양성에 관한 성서적 인간론과 그들의 사명에 대해 자신들 나름의 해석을 내세우면서, 교회 제도와 대규모 개신교 조직들(예컨대 국내 선교 그리고 나중에는 세계 선교에서도) 안에서 새로운 활동영역과 권한을 얻어내기 위해 투쟁했다(개신교 **내부와 교회의** 적지 않은 **저항을 거슬러**). 이 여성들은 교회와 지방 자치단체에서의 선거권 그리고 신앙공동체의 사회사업에서의 유급 직무를 끈질기게 요구했다. 또한 이 개신교 여성들은 매춘 문제에서 복음의 요구들을 내세우며 통례적·인습적 규범들을 공격함으로써, 사회 전체에 있어서도 남녀 양성의 (권력)관계를 변화시키려 노력했다.

　그리하여 국가 안에서 여성 지위의 포괄적이고 새로운 규정을 주된 목표로 삼고 있던(정책적으로는 오히려 보수적인!) 이 개신교 단체는, 전반적인 간間종파적 여성운동을 등에 업고, 과연 전체 개신교 여성들을 위해 **괄목할 만한 성과**를 쟁취했고, 그들의 "해방"에 결정적으로 기여할 수 있었다. 그런데 개신교 여성들이 오랫동안 요구하던 교회와 자치단체 안에서의 선거권을 획득한 것은, 사실 (그들이 배척했던) 1918년 혁명의 결과였다. 그러나 그녀들은 1918년 이전에도 고유한 교육기관(여성 사회학교 등)을 설립하고, 독자적인 사회사업 계획(심신장애 여성·미혼모들을 위한 집 등)을 추진했으며, 정치적 행동을 익혔고, 개신교 사회로 하여금 여자 연설가와 국회의원에게 익숙해지게끔 만들었다. 요컨대 이 조직은 교회에 충실한 개신교 여성들에게 20세기 들어설 때까지는 신앙공동체와 자선사업에서 통상적으로 그저 명예직 정도의 활동을 하던 것을 뛰어넘어, 종교의 테두리를 박차고 나가지 않고도, 여권 확립을 위해 헌신할 수 있는 가능성을 처음으로 열어주었다. 과연: 독일 개신교 여성연맹은 그리스도교의 메시지 자체를 여성 사회참여 운동의 출발점으로 삼고자 노력했다. 이러한 노력들은 1920년대에 상당한 결실을 거두게 되었으나, 좌절과 실망 또한 맛보았다. 그러나 여기서는 1차대전이라는 전환기 이후에 관해서는 다루지 않기로 한다.

도리스 카우프만의 연구가 20세기 전반기 개신교 여성운동의 역사에 관해 밝혀준 것에 대해서도 입다물고 있어서는 물론 안된다: "여성을 해방하는 복음의 능력"을 진지하게 인식하자는 요구에서 출발한 **개별적 해방과정들**이 과연 성공을 거두기는 했다. 그러나 그러한 힘과 관철 능력에 대한 체험들은 뭐라 해도 **중산층 부르주아와 귀족 계층**의 개신교 여성들에게 국한되어 있었다. 개신교 여성연맹 역시 (그리스도교 신앙에 입각한, 여성들의 초당파적 연대를 거듭 새삼 선언했음에도) 정치적·사회적 활동에서 결국은 이 계층들의 이해관계에의 속박으로부터 벗어나지 못했다. 개신교 여성운동은 그리스도교적·사회적·정치적으로 온갖 경계를 넘나드는 포괄적 활동과 성과를 의도하지 않았고, 사실 그럴 수도 없었다.

아무튼 사회와 교회 전반에 걸쳐 양성의 차이를 고려하는 가운데 남성과 여성의 동등권과 동료성에 관한 참신한 토론이 활발히 이루어지는 것을 보기 위해서는 2차대전 후까지, 아니 1960~70년대까지 기다려야 했다. 바야흐로 여성들의 새로운 세대가 성장하고 있거니와, 이들은 이전 그 어느 세대보다 다음 사실을 단호히 주장하고 있다: 그리스도인 여성으로 존재하는 것과 사회적 해방은 결코 상충되지 않는다. 복음이 내포하고 있는 풍성한 자극과 충동은 여성들에게 여성 고유의 존엄성을 확신시켜줄 뿐 아니라, 교회와 사회의 모든 분야에서 남성들과 똑같이 공동으로 결정하고 참여할 수 있는 권리도 확신시켜준다. 이 새 세대는 그리스도인 여성으로서 자신들의 자의식을 위해 새로운 낱말을 만들어냈으니, 곧 "여성신학"Feministische Theologie이 그것이다. 이 낱말이 말하고자 하는 것: 여성들은 이제 더이상 남성들의 신학적 구상들을 군말 없이 넘겨받지 않으며, 자신들의 신앙에서 더이상 남자들이 해 온 체험들을 빌려 살아가지 않으며, 오히려 자신들 고유의 체험세계를 찾아내고, 자주적 신학의 주체가 되기 시작했다. 과연 여기서는 일찍이 엘리자벳 몰트만-벤델이 다음과 같이 서술한 바를 제 것으로 만드는 신학 작업이 수행되고 있는 것이다: "우리가 그리로부터 출발하는 자유(義認)뿐 아니라, 우리가 그리로 향해 가는 자유 또한 강조되어야 마땅하다. 다시 말해서: 새로운 역할들과 생활방식들, 사회적 변화와 온갖 유형의 협력에 대한 개방성. 의인으로부터 비롯하는 인권 역시 많은 사람들에게는 아직 실현되지 않은 미래이다."[181]

　아무튼 교회와 신학은 너무나 많은 기회를 놓쳐버렸고, 교회 지배층은 근대의 새로운 경향들을 뒷받침해주는 데 너무 인색했기 때문에, 바로 여성들이야말로 오랜 세월 동안 현장과 일선에서 교회제도를 떠받침에 있어 남성들보다 훨씬 씩씩하고 옹골찼음에도 불구하고, 그때까지는 극히 소수의 여성들만이 교회와 사회에서의 여성의 역할에 관한 그리스도교적 새 해석을 제 것으로 만들 수 있었다. 그동안 근대 세계 안에서 세속화가 얼마나 멀리 깊이 진행되었는지는 오늘날 특히 여성 문제에서 뚜렷이 드러나거니와, 사실 이미 수세기 전부터 시작된 세속화는 최근에는 그야말로 총체적 현상이 되었다.

종교의 세속화 · 개인주의화 · 다원화

　본디 그리스도교의 위기가 반드시 발생했어야만 했던 것은 아니다: 새로운 이성의 시대에 교회는 한창 대두하던 근대의 힘들(새로운 철학, 자연과학과 기술, 민주주의 그리고 끝으로 산업화)을 극렬히 반대하고 유럽 사회 어디서나 보수계층과 손잡는 대신, 그 힘들과 그야말로 건설적인 대결을 벌일 수도 있었다. 우리는 계몽주의라는 문화혁명과 더불어 돌출한 **세속화**(還俗), 자결(해방) 그리고 세계장악(마법에서 풀어주기) 등의 개념을 이미 분석한 바 있다. 계몽주의로 말미암아 특정 사회생활 영역들이 종교로부터 분리·독립하게 된 것은 실로 의미심장한 일이지만, 그 자체가 반드시 종교의 소멸을 뜻하는 것은 결코 아니었다. 교회는 철학·자연과학·경제·정치·법률·교육·문화를 계속 자신의 중세(혹은 종교개혁 시대)식式 지배 아래 붙잡아두고자 획책하는 대신, 그 영역들을 자유로이 풀어주고 독립시켜줄 수도 있었다. 그리스도 신앙에 입각한 참된 **"세속성"**(세계긍정)은 어디까지나 가능했던 것이다. 그러나 특히 가톨릭 교회는 그 기회를 인식하지 못했거니와, 그리하여 계몽주의 이후 프랑스혁명과 더불어 마침내 유럽 역사 최초로 공격적·반反교회적, 아니 반종교적 세계관이 강력히 대두했던 것이다.

본원적으로 성찰하건대, 그리스도교 신앙은 원칙적으로 철학과 자연과학으로부터 예술과 문화에 이르는 세속 영역들의 독립과 "자율"을 반대할 까닭이 도무지 없었으며, 사람들은 이렇게 "비종교적"으로 되어버린 "속세" 안에서도 어디까지나 믿음의 인간이요 그리스도인으로서 살아갈 수 있었다는 것은, **미국이 종교 문제에서 겪은 전혀 다른 역사적 체험**이 잘 보여준다. 1830년대에 미국을 방문했던 알렉시스 드 토크빌은 그곳의 신심이 매우 깊고, 국가에 종속되지 않은 갖가지 종파들이 유럽보다 훨씬 훌륭하게 발전하고 있으며, 누구나 완전히 자유로이 자신의 교회를 선택할 수 있다는 사실을 경탄 속에 확인했다. 말하자면 미국에서는 다원적 교회 상황 안에서 자유로이 실천되는 그리스도교가 존재했던 것이다. 스스로 재정을 꾸리고, 미국 사회에서 적지 않은 사회적 기능들을 수행하는 교회들이 존재했던 것이다.

그러나 유럽에서는 19세기부터 1차대전까지, 17세기에 생겨나 18세기에 확고한 기반을 다진, 그리스도교에 전혀 우호적이지 않은 계몽주의의 합리주의적·인도주의적 세계관이 널리 지배했던바, 이것에 따르면 인간의 역사는 끊임없는 상승과정에 있으며, 여기서는 과학적·기술적 발전에 도덕적 진보가 상응하게 되어 있다는 것이었다. 프랑스혁명 시기에 적지 않은 사람들이 모든 생활 영역의 세속화의 눈사태 속에서 그리스도교는 소멸하게 되리라고 생각했다. 그리고 콩트로부터 우리 세기의 베버에 이르는 많은 사회학자들은, 종교가 합리화와 탈마법화 과정의 강력한 힘에 의해 해체되리라 확신했다. 이 세계 안의 하느님 부재不在에 대한 의식이 끊임없이 그리고 더욱더 퍼져나가지 않았던가? **갈수록 막강해져가던 근대적 동향들**을 눈앞에 보면서도, 보수적 개신교는 축자적으로 이해된 성서에 몰두했으며(근본주의: P IV), 한편 로마 가톨릭 교회는, 이 또한 앞에서 살펴보았거니와, 자신의 체제와 구조들을 그때까지 유례없는 방식으로 중앙집권화·관료주의화했을 뿐 아니라, 더 나아가 신성화하기까지 했다(무류설: P III). 그리하여 양측 모두에서 흔히 열광성을 내포한 반근대적·방어적 신심이 발전될 수 있었다.

사정이 이러했기에 교회들은 비판적 지식인들의 마음을 얻지 못했고, 섬뜩할 정도로 급속히 집결하던 산업 프롤레타리아 속으로 파고드는 일은 꿈도 꾸지 못했다. 부르주아 자유주의자들뿐 아니라 프롤레타리아 사회주의자들도 대부분 계몽된 합리주의적 이데올로기를 지니고 있었거니와, 이것은 그리스도교에 대놓고 적대적이진 않더라도 아무튼 별로 관심이 없었다. 정치적 이데올로기뿐 아니라 자연과학(특히 다윈의 진화론) 역시 이성과 과학, 진보와 민주주의, 민족과 인간성에 대한 신앙을 역성들었는데, 이 신앙은 너무나 쉽사리 종교적 무관심, 불가지론 혹은 아예 단호한 무신론과 결부되었다. 그러니까 여기서 세속화가 의미하는 것은 그리스도교 신앙에 터해 살아내는 속성俗性이 아니라 이데올로기적인 세속주의였던바, 이것은 전통적인 종교를 인간의 자기소외로서 경멸했고, 종교적인 것은 무엇이든 지적으로나 정치적으로나 반대하여 싸웠다.

아무튼 이제 믿음 좋은 그리스도인들에게조차도 그리스도교는 더이상 모든 것을 규정하는 실재가 아니라, 여러 실재들 가운데 하나일 뿐이었다. 갈수록 그리스도교에 관해 말하는 대신, 종교 아니 종교들에 관해 더 자주 말하게 되었다. 그러나 종교(객관적 제도로서의)든 종교성(주관적 태도로서의)이든 더이상 인간의 삶 전체를 규정하지는 못했고, 개개인에게 그럭저럭 중요한 의미를 지닐 수도 있는, 인간 사회의 한 특수영역이 되어버렸다. 종교는 학문·법률·정치·예술과 함께 사회의 거대한 총체적 구조 안의 "하부구조"를 형성했다. 자연에 대한 해석, 역사에 대한 이해, 일상생활, 언어가 갈수록 덜 종교적으로 꼴지어졌고, "현세화"·"속화"되었다. 이제 유럽 사회에서는, 아주 전반적으로, 교회에 열심인 사람, 종교에 개방적인 사람, 종교에 무관심한 사람, 현세적인(세속화된) 사람을 구분하기에 이르렀다.

그러나 세속화라는 보편적 명제는 받아들이면서도, 다음 두 가지 점은 눈밝게 인식해야 마땅하다. 첫째: **세속화**에는 간과해서는 안될 **어두운 면**이 있다. 옛사람들은 종교로 인한 온갖 어려움에도 불구하고, 어릴 때부터 백발이 될 때까지 종교적으로 틀지어진 전통적 구조들(가정생활과 주거의 구조들에서부터 노동과 휴가의 구조들을 거쳐 정치·국가·교회의 구조들까지)에 의해 떠받쳐지고 보호되고 있다고 느꼈다. 특히 교회들은 자신들의 해석틀과 생활방식들을 통해 사람들의 일상생활을 꼴지었다. 그러나 이제 인간들은 갈수록 (우리 시대의 교육학이 실존철학의 단서를 따라 표현하듯이) "자기 자신의 삶의 연출가"가 되어가고 있었다: "그들은 자기 자신에게 몰두하고 있음을 느끼고 있으니, 그들 자신이 소재이자 과제다. 그들은 선택하라는 요구를 받는 자신을 보고 있다. 그들은 선택할 수 있고 선택해야 하며, 자기가 선택한 것을 통해 자신과 남들에게 자신을 입증해야 한다. 그들은 선택할 권리가 있으며 또 선택에 대해 책임을 져야 한다"(H. 티르쉬)[182]. 그러나 교육학은 우리 시대 들어 비로소 삶의 이 유례없는 **개인주의화**의 바람직하지만은 않은 결과들에 관해 진지하게 성찰하게 되었다: "삶의 가능성들이 열려 있는 이러한 상황은 삶의 의미를 캐묻는 물음을 불러일으킨다."[183] 그리고 훨씬 어렵고 근본적인 물음이 뒤따른다: "마법에서 풀려난" 세속화된 세상, 그 안에서 인간들이 여러모로 매우 낯설고 고향 잃은 것처럼 느끼는 이 세상 그 **어디에서 삶의 의미를** 찾아 얻을 수 있을까? 탈교회화와 탈그리스도교화가 결국 종교의 소멸 그리고 끝내는 사실상의 허무주의로 귀결되는 것을 어찌 저지할 것인가?

둘째: 근년의 연구에 의하면, 서구 사회에서 세속화 과정이 끝없이 계속되리라는 것은 전혀 의심스럽다. 종교의 소멸 역시 그러하다.[184] 이 문제에 관한 사

회학자들과 정치학자들의 온갖 예측은 모두 빗나갔다.[185] 종교는 세속화와 많은 사람들의 무관심에도 불구하고 엄존한다. 과연 유럽에서도 수많은 사람들이 여전히 종교와 교회를 통해 사회화되고 있다. 그러니까 유럽 국가들에서도 사람들에게 중요한 문제는 종교의 해체라기보다는 변형, 즉 종교의 개인주의화와 **다원화**인 것으로 보인다. 사회적·문화적·심미적 다원주의를 배경으로 하여, 바야흐로 윤리적·종교적 다원주의도 생겨난 것이다: 사회학자요 신학자인 칼 가브리엘은 "다원주의는 근대 종교사 안에서 처음으로 개인 차원에까지 이르렀으며, 이로써 새로운 특질을 지니게 되었다"라고 확인하고 있다. 그의 말을 계속 들어보자: "종교적 전통들은 대중문화와 시장市場에 의해 특징지어지는 사회형태 속으로 끌려들어감으로써 개인들이 곧장 접할 수 있게 되었거니와, 한편으로는 자신들의 운명적·결정적 성격을 상실하고 개인들의 취사선택의 대상이 되었다."[186] 그런데 종교의 개인주의화와 다원화로부터는 생산적 결과만이 아니라, 파괴적 결과도 초래될 수 있다. 여기서 후현대를 위한 물음들이 제기된다:

미래를 위한 물음

● **종교의 개인주의화**는 사람들에게 여러모로 경직된 종교적 제도들에 맞서, 종교 영역에서도 자주적으로 선택을 할 수 있는 가능성을 제공해주었다. 그것은 사람들에게 자기 고유의 복된 삶으로 나아가는 독자적인 길을 찾게 하며, 또한 스스로 결정하는 자율적 주체가 될 수 있다고 약속한다.

그러나 그리스도교 신앙에 터해 볼 때, 세속 영역들의 자기체험·자기발견·자기결정·자기실현에 대해 원칙적으로 도무지 반대할 까닭이 없다 하더라도, 자기실현이 자만과 자폐적 자기집착으로 귀결될 위험이 있지 않을까? 왜냐하면 자기실현이라는 것이 자칫하면 자신과 세계, 동료인간과 사회에 대한 책임의 굴레를 벗어던지고, 탈연대와 고립 혹은 전반적인 시대분위기에 함몰되어버리기 때문이다. 종교심은 좋다, 그러나 종교에 터한 사회참여는 싫다?

● **종교의 다원화**는 그리스도교의 배타적·독점적 지위가 상실된 후, 사람들에게 새로운 영성적 전망들과 종교적 가능성들을 제공해주었다: 다른 종교들

과 대안적 운동들의 통찰·신조·윤리적 요구·명상법 등을 통한 자기 고유의 종교성의 확장·풍요화·심화.

그러나 오늘날 그리스도교 신앙에 터해 볼 때, 종교들과 해석체계들의 다원성을 원칙적으로 도무지 반대할 까닭이 없다 하더라도, 진리가 취사선택에 목매달고 있다는 것은, 임의성과 우연성이 구속력을 지닌 모든 것을 해체해 버리는 결과를 낳지는 않을까? 그리하여 사람들이 종교적 가능성들의 자유시장에서 참으로 종교적인 요소들과 이상異狀종교적·유사종교적 요소들을 이리저리 조합하여 자신들 입맛에 맞는 사설종교를 만들어낼 위험이 있지는 않을까?: 하느님 신앙과 심령학, 부활신앙과 윤회설, 섭리신앙과 점성술의 극히 불안정하고 변덕스러운 혼합?

결국 그리스도교는 그때그때 임의로 선택하는 세계관을 위한 휑뎅그렁한 채석장이 되는 것은 아닐까? "하느님"이 여전히 아무도 멋대로 처리할 수 없는 분으로 남아 계신가, 아니면 변덕스런 종교적 욕구의 조작 대상이 되셨는가? 아니 도대체 그러한 다원화를 통해 근대사회의 분열과 파편화를 저지할 수 있을까?

8 근대의 위기

지금까지 철학·과학·기술의 혁명부터 정치적 혁명 그리고 끝으로 산업혁명까지 거대한 혁명의 홍수에 대한 분석 그리고 이성·진보·국가 등의 중심개념들과 사회 및 개인과 결부된 그것들의 의미에 대한 고찰을 통해, 근대적 패러다임의 생성, 본질적 구성요소들 그리고 그리스도교에 대한 영향이 우리가 의도한 대로 어느 정도 재구성되었다고 하겠다. 다른 패러다임들을 고찰할 때에도 뒷단계들은 상세히 기술할 필요성을 거의 느끼지 못했는데, 근대적 패러다임의 경우에도 마찬가지다: 외교전선과 정치동맹의 온갖 변화; 유럽과 다른 대륙들에서 근대 강대국들의 수많은 전쟁; 물리학·화학·생물학·의학, 또한 언어학·역사학·사회과학 그리고 소설에서 오페라까지 예술의 그 모든 전례 없는 발전; 끝으로 인구 증가, 교통·통신의 발달, 생산 증대, 또한 갈수록 위협적으로 전개되는 사회문제 그리고 점증하는 국제사회의 갈등과 이미 대두하기 시작한 새로운 많은 문제들 …. 이것들은 여기서 상세히 다룰 수는 없다. 우리가 여기서 고찰해야 할 것은 1차대전 무렵 갈수록 뚜렷해진 근대의 **위기**다.

이율배반적 결과

근대가 자신을 의식하게 된 이래, 근대에 관해 비판적 명료성을 획득하고자 하는 노력 또한 있어왔다: "고대와 근대의 논쟁"(17세기 말엽에서 18세기 초에 걸친 프랑스 고전주의 문학 옹호파와 진보파 간의 논쟁 — 역자 주)으로부터 시작하여 대혁명과 대복고에 대한 진보적 혹은 보수적 해석들을 거쳐 1차대전이라는 총체적 붕괴가 직·간접적으로 불러일으킨, 게오르그 지멜, 발터 베냐민, 지그프리트 크라카우어, 테오도르 W. 아도르노, 막스 호르크하이머 그리고 특히 미셸 푸코, 장 프랑소와 료타르, 위르겐 하버마스, 안토니 기든스, 스티븐 툴민의 (대체로 비판적인) 시대진단에 이르기까지.[187] 신학자 **칼 바르트**(나의 「위대한 그리스도교 사상가들」[188]에 실린 인물평 참조)는 근대에 대한 철저한 비판에 있어 이 사람들 거의 모두를 앞서거니와, 사실 그는 신학의 후(탈)근대적 패러다임을 주창했다.

오늘날 사려깊은 사람이라면, 그 온갖 엄청난 변혁을 겪고 난 지금, 근대화라는 것이 근대 자신이 생각했던 것과는 다르다는 것을 볼 수 있을 것이다:

● 근대가 과학·철학·기술·산업·국가·사회의 혁명들을 통해 엄청난 성과를 가져다주었음은 예나 지금이나 이론의 여지가 있을 수 없다: 그것은 수백만 인간들에게 그때까지 전혀 존재하지 않았던 강력한 **혁신의 추진**이었음이 확실하다.

● 그러나 이러한 근대와 그것의 중심가치인 이성·진보·국가에 대한 비판적 물음 또한 회피할 수 없으니, 이것들 역시 **인류에 대한** 전대미문의 실존적 **위협**을 초래했던 것이다.

계몽주의를 떠받치던 몇 가지 근본적 가정들은 계몽주의 자체에 의해 크게 흔들렸고, 계몽주의의 자기확신은 증발해버렸다. 사람들은 이것을 호르크하이머와 아도르노를 따라 "계몽주의의 변증법"이라 지칭했다.[189] 우리는 오늘날 근(현)

대의 결과가 여러모로 이율배반적으로 나타나는 현상을 **근대** 전반(자유주의 그리고 사회주의를 포함하여!)**의 변증법**이라 지칭해야 할 것이다:

— 모든 분야에서 **학문 연구**가 진보했다. 그러나 학문(예컨대 물리학·화학·생물학)의 오용을 저지할 수 있는 동시적同時的인 **도덕의 진보**는 어디에 있는가?

— 온 세계를 포괄하는 극히 효율적인 **엄청난 과학기술**이 발달했다. 그러나 어디서나 감지되는 과학기술의 위험을 통제할 수 있는 **영적 에네르기**는 같은 정도로 증대하지 못했다.

— 전세계로 확장된 조작 **경제**가 생겨났다. 그러나 산업화로 인한 역시 전세계에 걸친 자연파괴에 맞서 싸우기 위한 **생태학**의 방책들은 어디 있는가?

— 유럽 밖의 많은 국가들에서도 **민주주의**가 복잡한 발전과정을 거쳐 점진적으로 관철되었다. 그러나 권력을 추구하는 각양각색의 인간과 집단들의 우악스러운 권력욕을 억제할 수 있는 **도덕성**은 그렇지 못했다.

근대적 패러다임과 그것의 중심가치들인 이성·진보·국가의 위기에 대한 다음의 진단은 오늘날 널리 의견일치를 보고 있다 — 그리고 이로써 이제 우리는 "세계윤리 프로젝트"가 강령적으로 제시한 사상들을 따라잡은 셈이다: 이성과 진보 그리고 국가주의·자유주의·사회주의라는 근대의 거창한 이데올로기들에 대한 신앙은 크게 와해되었다.

이성(중심가치 I) **비판**

근(현)대의 이성 절대화, **이성신앙**은 오늘날 **붕괴**된 듯이 보인다. 이론의 여지 없는 것: 철학을 이성의 토대 위에 새로이 정초定礎시킨 것은 불가피했고, 18세기부터 귀족계급·교회·국가·종교에 대한 계몽된 이성적 비판은 절박했으며, 마침내 이성의 자기비판으로까지 나아갔다(칸트의 비판들). 오늘날도 합리성과 과학성을 근본적으로 배척한다면, 그는 실로 어리석은 사람이다. 과연 후현대Postmoderne라는 역사적 전환기에도 원자물리학에서 천체물리학까지, 미생물학에서 유전학과 의학까지, 수학적·자연과학적 방법론들과 명확성·효율성·객관성의 이상들은 여전히 필수불가결한 것으로 남아 있다.

그러나: 인간은 이성으로만 살아가지 않는다. 그리고 인간 정신은 그저 계산하고 측정하고 분석하고 합리적으로 따지는 것 이상을 할 수 있다. 근대철학이 창시된 지 얼마 안되어, 수학자요 물리학자이며 철학자인 블레즈 파스칼은 데카르트의 이성에 대한 과대평가와 수학에 정향된 일종의 보편과학 확립 노력을 경계하면서, 이성과 더불어 소망·감정·상상력·정서·감동·열정도 자신들의 고유한 권리를 지녀야 한다고 강조했다: 방법론적·합리적 사유(데카르트의 "기하학의 정신")뿐 아니라 **직관적·통전적**通全的**인 앎·느낌·감지·체험**(파스칼의 "미묘함의 정신")도 중요하다.[190] 또한 슐라이어마허는 계몽주의의 절정기에 주지하다시피 낭만주의파 친구들과 함께 체험의 근본적 중요성, 감정의 인식적 가치, 내면성의 차원에 사람들의 주의를 환기시켰다.

그러므로 근(현)대 비판자들이 다음과 같이 물었고 또 지금도 묻는 것은 마땅하다: 방법론들과 학문은 그 자체가 목적이 아니라, 인간을 인간답게 만들기 위한 수단이어야 하지 않을까? 질적인 세계와 웃음·음악·미술·노래·사랑 같은 인간 특유의 현상들을 포착·이해하기 위해 수학화·수량화·정식화로써 충분할까? 명백한 진술 같은 보편적인 것 외에, 이성에 의해서는 결코 온전히 포착되지 않는 특수한 것이 있지 않은가?: 직접적 경험, 진짜배기 체험, 어느 순간에 충족되는 행복 등. 인간의 마음과 사회에 관한 물음, 법률·정치·역사에 대한 물음, 아름다움과 종교에 대한 물음들은 그 대상에 맞갖은 고유한 방법론과 고유한 양식에 따라 다루어져야 하지 않을까?

갈수록 자신을 절대화하고 모든 것에게 정당성 증명을 강요하는 이성(주관성의 자유와 결부되어 있다), 전통을 존중하지 않고 우주 질서에 얽매이지도 않으며, 그 앞에서는 거룩한 것이 아무것도 없는 이성은, 결국 자체 붕괴되었다. 이성의 자기확신(세계 지배의 전제다)은 자기기만임이 드러났다. "도구적" 이성은 오늘날의 통전적 경향에 의해 곳곳에서 의문시되고 있으며, 이제는 그 자신이 정당성 증명을 요구받고 있다. 어제의 최고 재판관이 오늘은 피고인이 되었다.[191] 모든 것을 마법에서 풀어주었던 이성이 스스로에게는 마법을 걸었던 것으로 보인다. 오랫동안 세계를 기름칠 잘된 기계처럼 간주했고, 그래서 원했든 아니든 자연에 대한 착취와 파괴의 바탕을 제공해주었던 자연과학에서도 (아인슈타인의 일반 상대성 이론, 하이젠베르크의 양자역학 그리고 관찰하는 주체와 관찰되는 객체의 분리를 의문시하게 만든 소립자의 발견 이후) 더 통전적인 사유가 기반을 다져가고 있으며, 그로써 근대 특유의 기계론적 물리학에 맞선 패러다임 전환이 관찰되고 있다.[192] 자연에 대한 지배 대신, 인간과 자연의 "새로운 계약"(프리고진)[193]이 강력히 대두하고 있다. 이렇게 이성은 자신의 배타적이고 패러다임적 주도기능을 상실했거니와, 그 기능을 이성은 자연과 공유해야 한다.

진보(중심가치 II) 비판

근(현)대의 진보 절대화, **진보신앙** 역시 **붕괴**된 듯이 보인다. 물론: 우리는 오늘날 탈(후)현대의 역사적 전환기에도 과학과 기술의 계속적인 진보를 기대할 수 있고, 또 기대해도 되거니와, 사실 진보는 특히 저개발국가들이 목을 매달고 있는 것이기도 하다. 그러나: 성서 창조설화의 "너희는 땅을 정복하여라"(창세 1.28)라는 말씀은 자연에 대한 책임의식을 지닌 이용과 보살핌을 의미하는 것이지, 우악스런 착취와 누진적 파괴를 뜻하는 것이 아니다.

근(현)대 비판자들이 다음과 같이 물었고 또 지금도 묻고 있는 것은 마땅하다: 자연을 우습게 보고 자신의 이성과 능력을 동원하여 자연을 마음대로 처리·이용할 수 있게 된 것은, 바로 근대 인간의 의심스러운 업적이 아닐까? 이른바 합리적으로 사고한다는 인간, 계산하고 계획하고 만들어내고 이익을 얻어내는 인간의 근대 특유의 월권이, 바로 생태계의 엄청난 훼손과 **우리의 자연적 삶의 터전들의 파괴**를 초래하지 않았는가? 이러한 파괴는 고대 이스라엘이나 신약성서 시대, 중세나 종교개혁 시대가 아니라, 어디까지나 **근대 들어 처음으로 심각한 문제**로 대두했다. 전에는 "진보"로 여겨지던 것이, 지금은 많은 경우 정반대의 것이 되어버렸다.

사실상: 영원하고 전능하고 어디서나 가치있는 진보, **근**(현)**대의** 이 위대한 **신**과 그의 막중한 계명들인 "더욱 많이, 더욱 좋게, 더욱 빨리"는 그 불길한 **두 얼굴**을 드러냈다. 진보신앙은 자신의 신뢰성을 상실했다. 많은 사람들은

현대의 추월 강박을 섬뜩하게 느끼고 있다. 선각자들이 이미 20세기 초에 포착한 것이, 세기말인 지금 일반인들의 의식 속에 자리잡았다: 그 자체가 목적으로서 수행된 경제적 "진보"는, 전세계에 걸쳐 무서운 결과를 초래했다. 그것을 과학자들은 흔히 배짱좋게 과학 발달의 "부수작용"이라 지칭했고, 경제학자들은 경제성장의 "외면적 결과"라고 지칭했다. 그러나 그것은 실제로는 어디까지나 진보 자체에 1순위로(시간적으로는 2·3순위지만) 내재된 작용으로서, 인간의 자연적 환경 파괴와 또 그로 인한 엄청난 사회적 불안을 야기했다.

우리가 이따위 진보의 대가로 치러야 하는 희생은 날마다 대중매체를 통해 똑똑히 볼 수 있다: 자원 고갈, 교통난, 환경 오염, 삼림 훼손, 산성비, 온실효과, 오존층 파괴, 기상 이변, 쓰레기 전쟁, 인구 폭발, 대량 실업, 국제 부채 위기, 제3세계 문제, 군비 경쟁, 원자병 … 이렇게 과학기술의 위대한 승리와 엄청난 재앙은 무서울 정도로 가까이 있다. 끊임없이 증가하는 인류가 나날이 심각해지는 이 어려운 문제들을 해결할 수 있을까? 아무튼 음울한 재앙 예언자나 날카로운 혹평가가 아니더라도, 다음 사실을 쉽게 확인할 수 있을 것이다: 오늘날의 진보사회는 (점진적이건 돌발적이건) 자기파괴의 위험에 직면해 있다. 근(현)대의 진보신화 자체가 "마법에 걸린" 것처럼 보인다. 진보 역시 이론의 여지없는 패러다임적 주도기능을 상실했다.

국가(중심가치 III) **비판**

근대의 국가 절대화, 근대와 더불어 대두한 **국가주의**Nationalismus 역시 1차대전 후 **와해**된 듯이 보인다. 두 차례 세계대전에서 국가들 상호간의 무시무시한 학살을 겪고 난 후, 적어도 유럽 사회에서는 국가주의가 극복된 것으로 여겨진다. 비록 지금도 국가들의 야심과 경쟁이 상존하고, 예전에 공산주의의 강압적 독재 아래 있던 나라들에서 국가주의의 마지막 몸부림이 일어나고 있긴 하지만 말이다. 또한 결국엔 국가주의에 덧씌워진 근대 특유의 두 개의 중요한 이데올로기, 즉 **자유주의와 사회주의** 또한 면목을 잃었으니, 전자는 사회정의를 창출할 수 없었고, 후자는 개인의 자유를 억압했다. 그리고 이들과 결부된 상호

적대적 사회체제들, 곧 **자본주의와 공산주의**도 면목을 잃기는 마찬가지다.
과연: 자유주의와 사회주의의 모든 열망은, 전세계로 볼 때, 너무나 미미하게
성취되었다. 개인의 자유와 사회정의는 우리 지구의 너무나 많은 인간들(특히 아
프리카·라틴아메리카·아시아에 사는)에게 이루어지지 못한 약속으로 남아 있다.

　아무튼 근(현)대 비판자들의 힐문은 마땅했고 지금도 그러하다: 모든 것을 해
석해주고 모든 것을 해결해준다고 주장하던 자유주의와 사회주의 이데올로기들
은 이미 낡아버렸다. 이 개념들은 그렇지 않아도 아무 내용이나 담을 수 있는
껍질이 되었다. 사실 고전적 자본주의는 사회주의적 구성요소들을 받아들임으
로써 수정되었다. 반면 고전적 사회주의(공산주의)는 수정될 수 없음이 밝혀졌다.
"사회주의"(이미 언제나 집산주의적 특성들을 지니고 있었다)라는 낱말은 선견지명이 있는 사
람들 사이에선 오래 전부터 자유로운 "사회-민주주의"라는 말로 대체되었고,
"자본주의"(이미 언제나 개인주의와 철저한 이윤추구에 정향되어 있었다)라는 개념은 "사회적 시
장경제" 개념에 의해 대체되었다! 이제는 사회주의 계획경제와 자본주의 시장경
제를 넘어서서, 다양한 세력들이 사회적으로 서로 조화를 이루고 생태학적 균형
이 유지되는 시장경제 확립이 목표로 대두하고 있거니와, 여기서는 한편으로는
자본의 관심사(효율·이윤)와 다른 한편으로는 사회적·생태학적 관심사 사이의 언
제나 다시금 새로운 균형이 모색되고 있다. 실천적으로 우리는 국가에 의해 생
활이 보장되는 자유로운 사회복지 국가와 함께, 산업국가들 안에서 일종의 혼합
체제 확립을 지향하고 있거니와, 산업국가들 곳곳에서 탈산업화의 근본적 변혁
이 뚜렷이 나타나고 있다. 이러한 사실 역시 이 세상이 새로운 패러다임, **후**後
자본주의적이고 후사회주의적인 패러다임 그리고 (바로 이런 의미에서) **후현대적
생태-사회 시장경제 패러다임** 안에 들어섰음을 말해주는 표지다.

그릇된 대응들: 극단적 현대주의·후현대주의·전통주의

　현대의 종언에 관한 논쟁은 근·현대에 대한 평가를 둘러싼 논쟁이며, 또한
그로써 우리 지구의 현재와 미래에 관한 논쟁이다. 내가 이미 「세계윤리 구상」
에서 윤곽을 그려보였던 사상을 이제 이 맥락에서 다시 개진해야겠다.

(1) **극단적 현대주의**Ultramodernismus는 현대의 위기로부터 벗어나는 길이 될 수 없다. 앞에서 기술한 세계사적 전개과정에 직면하여 오히려 현대의 강화·보강·현대화를 외치는 것은 아무 의미가 없다. 사실 계몽주의는 야만과 전대미문의 인간성 침해를 전혀 저지하지 못했다. 저항할 능력이 있었던 것은 너무나 쉽사리 순응할 줄 알았던 이성이 아니라, 가치·입장·규범들에 대한 인간의 신념이었다. 그런데도 계몽주의적인 극단적 현대주의자들은 한 시대의 파국을 인정하려고 하지 않는다. 그 파국은 두 차례의 세계대전·홀로코스트·수용소 군도·원자폭탄·파시즘과 나치즘의 몰락·식민주의와 공산주의의 붕괴·자본주의와 사회주의의 위기와 함께 시작되었다. 사회주의 국가였던 구舊동독의 총체적 실패를 인정하지 않는 사람들이 아직도 존재한다. 그들은 거듭 새삼 예고되었던 종교의 소멸과 신의 죽음이 일어나지 않았고, 사회과학과 사회철학 안에 만연되어 있던 종교에 대한 무시는 오류였다는 명백한 사실로부터도 아무런 결론을 이끌어내려 하지 않는다.

이 **극단적 현대**의 매우 저명한 옹호자의 한 사람인 독일 철학자 **위르겐 하버마스**가 우리 세기의 시대적 변혁을 성찰하거나, "후현대"Postmoderne 혹은 "탈현대"Nachmoderne(새 시대를 지칭할 적절한 단어가 확정될 때까지의 잠정적 낱말)라는 단어가 사리에 맞는지를 깊이 고찰해보지도 않고, 프랑스 후현대주의자들의 "후현대"를 공박한 것은 놀라운 일이다.[194] (시대마다) 새로운 것은 좋다는 식의 진보주의적 편견은, 현대주의(새것주의) 역시 전통주의가 될 수 있다는 것, 그러한 현대주의는 전환기의 위기 극복에 기여할 수 없다는 것을 쉽사리 간과한다. 아무튼 본격적으로 물어야겠다: 과연 이성이 오로지 이성에 의해 치유될 수 있을까? 근대 학문의 근본적 결함들과 과학기술의 심각한 폐해들이, "고집센 계몽주의자들"이 (많은 기술관료들 및 실용주의 정치가들과의 기묘한 제휴하에) 주장하듯이, 그저 더 많은 학문과 더 많은 기술에 의해 제거될 수 있을까? 자연과학과 기술은 전래된 정신(Ethos)을 해체시킬 수는 있으나, 지금까지의 경험에 따르건대, 새로운 정신을 창출하지는 못한다. 그리고 유토피아적인 이상적 상호소통 사회를 전제하는 "이성적 담론"은, 그것만으로는 새로운 윤리를 정초定礎할 능력이 없다고 할 수 있다.

여기서 물론 다음 물음이 제기된다: (나처럼) "후현대주의자"가 되고자 하지 않기 때문에 후현대라는 개념을 배척하는 많은 사람들도, **실제로는 어쨌든 계몽된 탈현대인**이 아닌가? 뮌헨의 사회학자 울리히 베크를 예로 들자. 그는 우선 현대사회를 엄청난 생태학적·사회적·정치적 재앙으로 말미암아 끝장날 수도 있는 "모험사회"[195]로서 극히 비판적으로 묘사하고, 비관주의와 숙명론에 대항하기 위해 "반성적 현대화"[196] 이론을 발전시켰으니, 그것은 고전적인 현대화 모델은 더이상 쓸모가 없고, 계속되는 현대화는 산업사회의 토대들을 의심스럽게 만들기 때문이다. 여기서는 현대가 사실상 탈현대(엄밀한 의미의!)로 넘어갔다.

(2) **후현대주의**Postmodernismus 역시 위기에서 벗어나는 길이 아니다. 후현대주의가 현대의 종언을 선포하지만, 대안으로서 그저 "철저한 다원주의" 혹은 상대주의를 제시할 따름이기 때문이다: 료타르[197]와 벨쉬[198]의 노선을 따르는 진리·정의·인간성의 복수성複數性에 대한 긍정. 그런데 여기서 "후현대"로 서술되고 있는 것은, 실제로는 이미 20세기에 들어설 무렵 포착되었던 분해·붕괴된 **후기 현**(ㄹ)**대**(P V)의 표지들이다. 아무튼 임의성, 다채성, 온갖 것의 혼합, 사유 방향과 양식들의 난맥, 심미적·문학적 꼴라주 원칙, 방법론상의 "뭐든지 좋다", 도덕적으로는 "즐거운 것은 뭐든지" … 이런 따위의 것들로써 현대의 딜레마를 극복해야 한단 말인가? 여기서는 아무래도 가치·의견의 일치가 결여되어 있기 때문에, 어쩔 수 없이 임의성이 하나의 덕목으로 둔갑하게 된다. 그러나 많은 모순을 내포하고 있는 현대는 그런 식으로는 참으로 극복되지 않으며, 오히려 더욱 켕긴 형태로 다시 되풀이된다. 적어도 이 점에서는 현대에 대한 보수적 비판[199]이 "후현대"로 위장한 후기 현(ㄹ)대에도 해당된다. 다양성 없는 전체주의적 일치와 마찬가지로, 일치 없는 다양성도 보다 나은 미래로의 길이 되지 못한다.[200]

(3) 끝으로 **반현대주의**Antimodernismus도 위기에서 벗어나는 길은 아니다. 왜냐하면 특히 **가톨릭 교회** 안의 전통주의자들은 자신들이 권력과 영향력을 행사했던 중세적 로마 가톨릭 패러다임을 무작정 고수하려 하기 때문이다. 그래서 그들은 당연히 종교개혁에 저항해야만 했고, 계몽주의에 대해서는 더욱 그

러했다. 독선적일 뿐 아니라 우악스럽기까지 한 그들의 역사신학은 오늘날에도 주장하기를, 교황과 교회에 대한 배반(종교개혁 시기)은 필연적으로 그리스도에 대한 배반(18세기)과 하느님께 대한 배반(19세기) 그리고 끝내는 혼돈으로의 추락(20세기)으로 귀결될 수밖에 없었다고 한다. 이 반현대의 저명한 대표자들이 종교개혁과 근(현)대보다 중세(P Ⅲ)에 많은 호감을 느끼는 것은 전혀 놀랄 일이 아니다. 많은 사람들이, 예컨대 선교를 위해, 현대의 첨단 과학기술을 이용하고, 교회가 아무 손해도 보지 않는 분야에서는 심지어 "후현대적으로" 처신하기도 하지만, 정신상태나 주장에 있어서는 중세에 살고 있다. 옛것, "좋았던 옛날"을 좋아하는 보수적 편견은 물론 모든 종파와 종교 그리고 온갖 정파의 정치인들에게서도 흔히 발견된다!

　이러한 원칙적 반현대주의자들이 조직적 반反계몽과 교회적·정치적 복고를 본격적으로 널리 추진하면서도, 그것을 "재복음화"로 위장하고 있는 것은 전혀 놀랄 일이 못 된다. 후현대주의자들은 다원주의를 임의任意주의로 변질시키는 반면, 반현대주의자들은 일치를 성직자중심의 전체주의 형태로 관철시키고자 한다. 정치에서 그 대표적 사례: 이들은 **폴란드**에서 대다수 (가톨릭!) 국민들의 의사를 거슬러, 대중매체법·엄격한 성윤리법(피임약에서 낙태까지 모두 금지)·정교협약·교회법에 따른 결혼에 의한 민법상 결혼의 대체·성직자에 의한 학교 종교교육·"교회"(교권제도)의 막강한 영향력 행사 등을 통해, "유럽의 영적 쇄신"이 무엇인지를 본때 있게 보여주려고 시도했다. 물론 그 결과는 (가톨릭 국가인) 폴란드에서조차 다수의 국민이 교회가 후견인 행세를 하도록 만드는 그러한 정책에 곧 넌더리를 내고, 그래서 해당 정당들이 유럽의 저 거대한 혁명 4년 후(1993) 선거에서 패배하는 것으로 끝났다. 그 정책의 결과 중 가장 심각한 것은, 갈수록 많은 사람들 특히 젊은 세대가 교회 그리고 (교회가 그리스도와 하느님을 제 사유물로 여겼기 때문에) 흔히는 그리스도, 또한 마침내는 하느님까지 멀리하게 되었다는 사실이다. 앞에서 기술한 세속화, 개인주의화, 다원화는 되돌릴 수 없는 현상임이 어디서나 입증되고 있다. 사정이 이러하니, 현대의 종점에서 전前현대의 복구를 꾀하는 것은, 옛날의 시도들 예컨대 19세기의 반동적 낭만주의자들(반동적이지 않은

〈도〉 이성과 진보에 정향된 근대 패러다임　943

사람들도 있었다!)의 시도와 마찬가지로, 실패하게 될 것이며, 잘해야 다시금 일종의 하부문화나 로마 가톨릭의 게토 안에서 종말을 맞게 될 것이다.

가톨릭 전통주의에 해당되는 말은 물론 **개신교 근본주의**에도 해당되거니와, 이것은 코페르니쿠스·다윈 이전의 16세기 종교개혁적 패러다임 안에 언제까지나 머물러 있고자 한다. 가톨릭 전통주의자들이 근대의 "습격"에 맞서 "오류 없는" 목자인 교황에게로 피신하듯이, 개신교 근본주의자들은 "오류 없는" 책인 성서로 도피한다.[201] 전자가 자신의 목표를 "가톨릭" 정치와 종교재판을 통해 관철하려 애쓰듯이, 후자는 전자電子 매체와 묵시록, 임박한 세계 종말의 위협을 통해 그렇게 한다. 그리고 이러한 상황은 (P IV와 관련하여 살펴보았듯이) 근본주의자들과 교황주의자들 간의 동맹을 배제하지 않는다.

요컨대 극단적 현대주의, 후현대주의, 전통주의는 모두 가망 없고 그릇된 현대 대항책들이다. 그러면 현실적이고 적극적으로 우리가 진력해야 할 것은 무엇인가? 우선 원칙적으로 대답할 수 있는 것: 그리스도교가 3천년기에도 살아남고자 한다면, 그리스도교는

● 현대를 단죄하는 대신, 현대의 인도주의적 알맹이를 긍정해야 한다: 로마 가톨릭 하부문화는 안된다! 그러나 그와 동시에

● 현대의 비인간적 속박과 파괴적 작용에 맞서 싸워야 한다: 현대"주의"에 대한 용인容認이나 그리스도교 알맹이의 바겐세일은 안된다! 요컨대 그리스도교는

● 위의 두 입장을 뛰어넘어, 세심하게 차별화된 새로운 다원적·통전적 종합으로 나아가야 하는바, 이 종합을 우리는 바람직한 의미에서 "탈현대적"이라고 지칭할 수 있을 것이다. 이제 이것을 간략히 고찰하기로 하자.

⑨ 탈현대 분석을 위한 과제들

결정적인 것은 딱지가 아니라 내용이다. 사람들이 "후현대"나 "탈현대"에 관해 말하고 싶어하든 아니든, 두 차례의 세계대전 이후 **새로운 시대**(P VI) — 어떠

한 이름을 붙이든간에 — 에 들어섰다는 것은 이론의 여지가 없다.[202] 여기서 나는 "후현대"Post-Moderne 또는 (포스트모더니즘과의 혼동을 피하기 위해) 더 낫게는 "탈현대"Nach-Moderne라는 낱말을 사용하는데, 우리 시대를 앞선 시대와 구별해주는 것을 찾아내기 위한 발견적·모색적 개념으로 사용하고 있다.[203] **엄밀한 의미의 탈현대**(나의 다음 저작에서는 이것을 보다 상세히 분석하고자 한다)는 의문에 붙여진 현대가 실제적으로 자기 뒤에(post) 남겨놓은 전개과정들을, 현대의 업적들을 문화비관주의적으로 부정함이 없이, 서술하고자 한다. 그렇게 함에 있어 세계에 대한 획일적 해석에 되돌아가는 일은 없을 것이다. 참으로 탈현대적인 패러다임에서야말로, 상호이질적 생활설계·행동규범·언어활동·생활방식·학문개념·경제체제·사회모델·신앙공동체들의 다양성이 보존될 것이다. 하지만 이 **다양성**이 근본적인 **사회적 합의** 추구를 배제하지는 않는다. 아무튼 현대의 근본적 문제점의 한 가지 특정한 면이 아예 처음부터 간과되어 왔음이 분명하다.

문제의 한정

우리는 패러다임들을 분석할 때 언제나 현재 — 현대Gegenwart — 를 염두에 두었으나, 현대 자체의 고유한 특징들은 아직 분석하지 않았다. 다만 현대를 이해하는 데 꼭 필요한 역사적 전제들을 최대한 뚜렷이 부각시키려 노력했다. 앞선 시대들에 비해 내용 풍부하고 너무나 복합적인 현대를 패러다임에 담아 고찰하기 위해 그 근본 특징들을 분석하는 것이 극히 어려운 일임을 독자들 자신도 감지했을 것이다. 그래서 부득이하게 방법론적 한정〔분야(예컨대 현대 예술은 다루지 않았다)뿐 아니라 지역에 있어서도〕을 감행할 수밖에 없었으니, 그것은 근(현)대 패러다임(P V)의 구조들을 규정하고 있는 지배적 특징들에 집중하기 위함이었다.

"새" 대륙들의 발견·탐험·정복·착취가 유럽 역사의 새 시대를 여는 중요한 의미가 있음이 우리의 분석을 통해 분명히 밝혀졌다(P IV에 대한 예비고찰에서). 그 중에서도 종교·정치·경제·사회적으로 급발전하던 **북미**, 미국 혁명 그리고 새로운 교회형태들 및 새로운 국가관·사회관의 발달은 특히 중요한 의미가 있다. 북미는 앵글로색슨 운명공동체에 속하고 또 연결 "다리"인 대서양 덕분에 역사적으로 한정된 우리의 유럽중심적 고찰에서 배제되지 않을 수 있었다.

그러나 나머지 대륙들(라틴아메리카·아시아·아프리카·오세아니아)은 이 특수한 고찰의 대상이 될 수 없었다. 이 대륙들 모두가 경제적·정치적 그리고 부분적으로는 문화적 측면에서도 매우 중요했고 지금도 그렇지만, 우리의 주제인 그리스도교와 관련해서는 처음에는 그저 주변적 의미만 지니고 있었기 때문이다. 사실 이 대륙들은 어디까지나 유럽의 식민지 개척과 선교의 객체였을 뿐, 독창적인 그리스도교 신학·영성·생활의 주체가 아니었다. 그런 주체가 된 것은 1·2차대전 이후의 일이다. 근년에는 무엇보다도 라틴아메리카 그리고 부분적으로는 아프리카에서도 해방운동이 활발했으며, 특히 해방신학은 제 나라들뿐 아니라 "어머니 나라들"에게도 처음으로 강력한 충격과 자극을 안겨주었다.

다른 말로 해서: 먼 옛날에는 말할 것도 없고, 세계가 전적으로 유럽 강대국들에 의해 분할되어 있던 19세기 말엽까지도 주체가 되지 못했던 이 대륙들은(북미는 오래 전에 훨씬 앞서 나갔다), 20세기 오늘에야 비로소 국제정치에서 나름대로 주역이 되어 독자적인 역할을 담당하고 있다. 이제는 그리스도교와 교회 영역에서도 유럽 이외의 대륙들이 능동적·적극적이 된 것은, 그리스도교가 새로운 패러다임(P VI) 안에 들어섰음을 말해주는 뚜렷한 표지이다. 이 표지는 1차대전이 끝남과 더불어 이미 그 모습을 드러냈다. 1차대전은 유럽의 세계지배를 뿌리째 뒤흔들어놓았고, 그래서 2차대전 후에는 그 지배가 완전히 와해되었다. 예전의 유럽 식민지들은 이제 모두 유례없는 세계사적 운동 안에서 비교적 짧은 시간 안에 식민지 세력들로부터 독립을 획득했다. 그러므로 우리는, 온갖 과학기술적·경제적 예속은 여전히 남아 있지만, 어쨌든 **탈식민주의·탈제국주의 시대**에 관해 말할 수 있다. 탈현대라는 패러다임은 결코 유럽중심적 패러다임이 아니며, 다양한 국가와 종교들의 **다중심**多中心 **패러다임**이다.

뒤따르는 결론: 오늘날의 종교 상황을 고찰하기 위해서는, 유럽 이외의 대륙들(물론 북미도)에 대해서도 별도로 다루어야 마땅하다. 이 작업은 물론 현재의 그리스도교에 국한되어서는 안되고, 그 대륙들에 그리스도교가 처음 전해질 때의 역사에서부터 다시금 새로이 시작되어야 하며, 그 선교 또한 그리스도교가 전

래되기 전의 역사를 배경으로 하여 고찰되어야 한다. 이것은 상당히 고되지만 매혹적인 작업이 될 것이다. 어쨌든 "역사의 종착점-승리주의"는 나타날 때처럼 재빨리 사라져버렸다. 우리는 세계사의 "지루함"을 불평해서는 안되고, 오히려 첩첩이 쌓인 문제들을 두고 탄식해야 할 것이다.

주요 문제들: 생태계·여성·분배정의·종교

탈현대가 의미하는 것은, 나의 「세계윤리 구상」에서 잠정적으로 윤곽을 그려보였듯이, 건축이나 사회의 낭만주의풍 화장化粧 작업도, 사회·경제·정치·문화·종교 조직의 유일한 구원 이론도 아니다. 오히려 1·2차대전 이후 **새로운 세계정세** 아래 역사적으로 형성되고 있는 모든 것, 적극적으로는 (이것을 희망하고 또 이것을 위해 일해야 하거니와) 상호보충적인 인도주의적 신념들에 관한 **새로운 근본합의**를 도출하고자 애쓰는 모든 것을 나는 "탈현대적"이라 지칭하는바, 이 합의는 되도록 모든 종교의 신자들과 신앙 없는 사람들도 받아들이고 떠받칠 수 있어야 할 터이다. 민주적이고 다원적인 세계사회야말로, 존속하고자 한다면, 바로 이러한 근본합의에 바탕을 두어야 한다. 이 점은 네 가지 문제에서 생생히 드러난다. 17세기부터 1차대전까지 근대의 발전과정은 여기서 서술할 수 있는 것보다 훨씬 많은 문제를 그리스도교에게 남겨놓았다. 그 중에서 네 가지 문제를 꼽겠거니와, 여기서는 첫째 근대로부터 탈근(현)대로의 패러다임 전환이 특히 뚜렷이 드러나며, 둘째 새로운 시대의 그리스도교에 엄청난 과제들이 부과된다. 이 문제들은 **현실의 다양한 차원들**과 결부되어 있다:

— 우주적 차원: 인간과 자연.

— 인간론적 차원: 남성과 여성.

— 사회정치적 차원: 빈자와 부자.

— 종교적 차원: 인간과 하느님.

이 문제들과 관련하여, 다가오는 시대를 위해, 그리스도교뿐 아니라 다른 예언자적 종교들에게 아주 근본적인 물음들이 제기되는바, 이 물음들은 싸구려 처방이 아니라 방향정위를 위한 좌표를 얻기 위한 것이다.

〈도〉 이성과 진보에 정향된 근대 패러다임　947

● 근(현)대는 과학과 기술을 통해 **자연의 지배**에서 엄청난 진보를 가져왔다.

그러나 동시에 현대는 거리낌없는 자연 착취를 통해 인류 삶의 터전을 파괴했다: 오염된 공기, 더러워진 바다와 호수, 중독된 땅, 죽어가는 삼림, 멸종해가는 동식물.

그러므로 탈현대를 위해서는 자연을 착취하고 파괴하는 지배 대신, **자연과의 공생**이 절실히 요구되어야 하지 않을까? 여러 종교들 특히 예언자적 종교들은, 우주적 신심을 바탕으로 하여, 탈현대의 패러다임 안에서 지구적地球的 의식의 전환을 위해 어떠한 기여를 할 수 있을까: **생태계적 차원**에서 과학적·기술적 영역과 윤리적·종교적 영역의 새롭고 통전적通全的 종합, 모든 피조물의 공생을 위해 어떻게 기여할 수 있을까?

● 근(현)대는 민주주의의 확립을 통해 시민계급의 자유 및 **인권**과 관련하여 유례없는 진보를 가져다주었다: 양심·종교·집회·언론 출판의 자유.

그러나 동시에 현대는 남성 우위를 고수함으로써 여전히 인류 절반의 권리를 억압했으니, 겨우 1차대전 무렵에야 여성에게 선거권을 부여했다.

그러므로 탈현대를 위해서는 남성의 차별적 특권 대신 **여성의** 전반적 **동등권**이 절실히 요구되어야 하지 않을까? 여러 종교들 특히 예언자적 종교들은, 남녀 동등권 신심을 바탕으로 하여, 탈현대 패러다임 안에서 세계적인 의식의 전환을 위해 어떠한 기여를 할 수 있을까: 남성과 여성의 **동료성** 차원에서 정치적·사회적 인권의 충만한 실현을 위해 어떻게 기여할 수 있을까?

● 근(현)대는 산업화를 통해 수많은 대중의 **복지**와 관련하여 지금껏 인류 역사가 성취해보지 못한 엄청난 진보를 가져다주었다.

그러나 동시에 현대는 사회 안의 가난한 계층과 부유한 계층 사이뿐 아니라, 가난한 나라들과 부유한 나라들 사이에 무서운 적대관계를 야기했다.

그러므로 탈현대를 위해서는, 남·북 갈등 대신 모든 민족과 인간을 위한 세계적 **분배정의**가 절실히 요구되지 않을까? 여러 종교, 특히 예언자적 종교들은 탈현대 패러다임 안에서, 새로운 해방적 신심을 바탕으로 하여, **사회적**

차원에서 전세계에 걸친 의식의 전환을 위해 어떠한 기여를 할 수 있을까?

● 근(현)대와 근(현)대의 자연·인문과학은 **경험적 실재**에 전념함으로써 철학적으로 정당화되었고, 또한 여타 대상들과는 달리 경험적으로 확인·분석할 수 없는 하느님은 부득이 관심과 논구 대상에서 배제함으로써, 방법론적으로 반대를 받지 않고 승승장구할 수 있었다.

그러나 현대 자연·인문과학은 자신의 성과를 갈수록 일반화했고, 그 결과 궁극적인 영적 실재에 대한 신앙을 위한 여지는 거의 남지 않게 되었으며, 마침내 하느님 신앙은 사실상 과학 신앙으로 대거 대체되었다. 방법론적으로 정당화된 경험지평에의 국한은, 초경험적 문제들과 관련해서는 흔히 회의적인 불가지론이나 독단으로 귀결되었다.

그러므로 탈현대를 위해서는 옹글고 그윽한 궁극실재에 다시금 새로이 마음을 여는 일이 절실히 필요하지 않을까? 현대의 방향상실에 직면하여, 처음이자 마지막인 의미와 척도들, 가치와 규범들, 요컨대 궁극적 의미와 근원을 묻는 물음을 아예 무시할 수 있을까? 오늘날의 새로운 지평 앞에서, 모든 것을 포괄하는 **처음이자 마지막인 영적 실재**, 유다교·그리스도교·이슬람교 전통에서 하느님이라 부르는 실재, 확인·분석될 수 없기에 또한 논리적으로 배제할 수도 조작할 수도 없으나, 어쨌든 신뢰할 수 있고 간접적으로 체험할 수 있는 그 실재에 새로이 마음을 여는 것이 필요하지 않을까? 여러 종교들 특히 예언자적 종교들은 탈현대적 패러다임 안에서, 여러 종교·교파를 아우르는 신심을 바탕으로 하여, **일치적 차원**에서 전세계적인 의식의 전환을 위해 어떠한 기여를 할 수 있을까?

처음 세 가지 문제 역시 경제적·정치적·사회적 성격만이 아니라 깊은 윤리적·종교적 성격을 지니고 있다. 오늘 전환기 인류는 이 문제들과 단호히 대결해야 한다. 그러나 이렇게 현대의 종점에서 이야기가 다시 종교로 돌아가고, 종교들이 그 온갖 소멸 예측에도 불구하고 현대에서도 소멸은커녕 오히려 여러모로 새 활력을 얻어, 전통적이지만 인습적이지는 않은 형태들로 부흥하고 있기에, 많은 시대분석가들은 매우 위협적인 물음을 제기한다: 탈현대에도 바로 거대한 **종교**들이 또다시 새로운 **갈등**을 산출·정당화·고취하게 되지 않을까?

새로운 세계질서를 위한 세 번의 기회

앞에서 살펴본 것: 근대적 패러다임의 테두리 안에서, 구체적으로 말해 프랑스혁명의 연장선상에서, **제후 전쟁**은 **국가 전쟁**이 되었다. 그리고 근대의 종언과 더불어 국가 전쟁은 **이데올로기 전쟁**이 되었다. 유념할 것:

— 1918년 1차대전으로 말미암아 붕괴된 국가주의적 근대세계를 더 평화로운 새 세계질서와 "국제연맹"(1920)을 통해 제대로 추스를 수 있는 **첫 기회**가 주어졌다. 그러나 하나같이 근대에 뿌리를 둔 이데올로기들인 파시즘·공산주의·국가사회주의(나치즘)·일본주의가 그것을 방해했다. 이 이데올로기들은 그후 전 세계를 몇십 년 동안이나 고통에 빠뜨리고, 자신의 추종자들에게도 재앙을 안겨준 파행적 현상들이었음이 밝혀졌다. 새로운 세계질서 대신 세계혼돈!

— 1945년에는 (스탈린주의의 구소련의 방해 때문에) 새로운 세계질서를 위한 **둘째 기회**를 날려버렸다: "국제연합"(1945). 새로운 세계질서 대신 세계분할!

— 1989년 이 모든 반동적 이데올로기(독선적 반反공산주의도 포함)가 종말을 고했다. 거창한 이데올로기 시대는 끝난 것처럼 보였다. 새 세계질서가 다시 널리 선전되었으나, 그 실현을 위한 행동은 물론 없었다. 전쟁들(걸프 전쟁·발칸 전쟁·아프리카에서의 전쟁들)이 사람들을 제 정신으로 돌아오게 해주었다. 그러면 **셋째 기회도** 이미 또다시 날려버렸는가? 새로운 세계질서 대신 이제는 새로운 세계무질서?

사람들은 묻는다: 도대체 "민족들의 공동체"라는 것이 존재할 수 있을까? 어차피 그저 이기적인 주권국가들의 연합만이 존재하는 것이 아닐까? 어떤 이들은 말하기를, 만일 사람들이 너무 "이상주의적으로" 사고·행동하지만 않는다면, 새로운 세계무질서는 방지할 수 있다고 한다. 왜냐하면 세계질서라는 것은 국가들의 이익을, 지나친 "도덕적 감정들"에 개의치 않고, 냉정하게 계산하고 관철시키는 저 "현실정치"를 통해서만 존재할 수 있기 때문이라는 것이다. 이론으로나 실천으로나 이러한 입장의 주요 대표자로 박식하고 노회한 정치가요 정치학자인 **헨리 키신저**를 꼽을 수 있는데, 그는 그러한 "현실정치"에 수년간 직접 종사했고, 지금은 최근 저서 「**외교**」[204]에서 그것을 다시금 큰 소리로 선전하고 있다. 사실상: 미국의 전 대통령 닉슨의 국가안보 고문이요 국무장관

이었던 키신저는, 이상과 이익의 균형을 위해 노력했던 제퍼슨과 프랭클린 같은 미국 정치가들보다는, 리슐리외·메테르니히·비스마르크 같은 유럽의 강권 정치가들을 흠모하고 있다. 키신저는 미국의 국제사회에서의 주도권 요구는, 일찍이 그 어느 나라와도 달리, 미국의 이타주의에 근거한 것이라고 강변하고 있다. 키신저의 자문을 받았던 닉슨은 바야흐로 테오도르 루스벨트(미국 팽창정책의 우두머리 주창자!) 이후의 최초의 "현실주의적" 대통령으로 칭송받는 반면, 베트남 전쟁을 반대했던 평화운동은 오늘날에도 여전히 폄하되고 있다.

그러나 위에서 언급한 역사적 인물들이 추진했던 "현실정치" 역시, 우리의 고찰이 뚜렷이 밝혀주었듯이, 이미 오래 전에 수상쩍은 것이 되어버리지 않았는가? 과연 닉슨의 "현실정치"는, (사실 오래전부터 불가피했던) 중국에 대한 개방으로 나아가기도 했지만, 또한 (선거전략상의 이유로) 베트남 전쟁의 4년 연장(희생: 미국인 사망 20,492명, 남베트남인 사망 약 16만 명)과 그 전쟁의 캄보디아로의 확대(셀 수 없을 만큼 많은 사람이 죽었다)를 초래했다.[205] 그 결과: 미국 여론의 갈수록 격렬해진 반대, 백악관의 편집증, 종착역인 워터게이트 사건과 사임 … 그리고 무수한 사람들의 고통을 쓸데없이 연장시키는 표리부동한 서방 "현실정치"의 비장한 도덕적 연극 역시 마침내 걸프와 유고슬라비아 사태를 통해 미국과 유럽연합 그리고 국제연합의 정치적 신뢰성을 크게 와해시키지 않았는가?

그러므로 우리는 비판적인 키신저 전기작가 월터 아이작슨이 키신저의 "분석가로서의 탁월성"에 깊은 경의를 표하면서도, 키신저가 미국의 민주주의를 그토록 강력한 국제적 힘으로 만들어준 "가치들"에 "낮은 우선권"을 부여한 사실에 대해서는 경의를 "유보"한 것을 수긍할 수 있다.[206] 아이작슨에 따르면, 도덕적 이상과 국가 이익 사이의 갈등 앞에서, 키신저는 도덕적 가치들의 전파를 국가의 결정적 원동력으로 간주하는 "이상주의자들"을 반대하고, 국익·권력·확실성을 추구하는 "현실주의자들" 편에 섰다. 그러나 국익의 추구를 언제나 가치와 이상들의 전파와 결합시켜온 것이야말로 미국 민주주의의 특장特長이 아니었던가? 이제 미국의 대외정책은 도덕, 아니 궁극적으로는 종교에 닻을 내리고 있는 이상과 가치들로부터 완전히 풀려났는가? 국익과 이상은 이를테면 필연적으로 대립할 수밖에 없는가? 아무튼 현실 세상을 위한다는 현실주의적 정치의 주요 관심사는, 이 세상이 스스로 만들어낸 위기들을 벗어날 길을 이념이나 환상들을 뛰어넘어 찾아내는 것이라 하겠다.

문명들의 전쟁?

전쟁은 미래에도 불가피하지 않을까? 사실 그렇다. 그러나 새로운 세계시대에 전쟁은 이데올로기 전쟁이 아니라, 무엇보다 **문명 전쟁**이 될 것이다! 지금 한창 논란되고 있는 이 명제는, 하버드 대학교 전략연구소 소장 **새뮤얼 헌팅턴**이 세간의 이목을 끈 논문 「문명들의 충돌」[207]에서 개진한 것이다. 헌팅턴은 **아놀드 토인비**[208]를 따라, **문명**이라는 말을 종교와 국가를 포괄하는 "문화권"으로 이해한다. 이 문명들은 언어·역사·종교·관습·제도와 같은 객관적 요소들과 인간들의 주관적 자기 정체성 확인에 의해 정의된다. 헌팅턴에 의하면, 오늘날 여덟 개의 "문명들"(상정할 수 있는 하부문명들 포함)이 존재한다: 서구·유교-아시아·일본·이슬람교·힌두교·슬라브 정교·라틴아메리카·아프리카 문명. 그러니까 미래에는 정치적·경제적·군사적 충돌이 예를 들어 이슬람교 문명과 서구 문명 사이에, 혹은 유교-아시아 문명과 서구 문명 사이에 발생할 수 있다는 것이며, 경우에 따라서는 "이슬람교 문명과 유교 문명의 연계"가 일어날 수도 있는바, 과연 이것은 현재 중국과 북한으로부터 중동 지역으로 무기가 계속 흘러들어가는 데서 분명히 볼 수 있다는 것이다. "만일 앞으로 세계대전이 발발한다면, 그것은 문명들간의 전쟁이 될 것이다."[209]

헌팅턴은 지금까지 주로 미국에서 벌어진 토론[210]에서, 정치적·경제적 충돌들을 아예 처음부터 인종적·문화적 충돌로 해석하고, 또 그것에 종교적인 짐을 지운다고(비종교적인 사담 후세인이 걸프 전쟁에서 나중에 뻔뻔스러운 전략으로 시도했듯이) 비난받았다. 여기서 분명히 구별해야겠다: 거의 대부분의 충돌은 (카라바흐 산에서부터 걸프 전쟁과 보스니아를 거쳐 카슈미르에 이르기까지) 물론 일차적으로는 문명과 종교 때문이 아니라, 영토·원료·장사·돈 때문에, 즉 경제적·정치적·군사적 세력다툼 때문에 발생한다. 그러나 헌팅턴의 말도 옳다: 영토 분쟁, 정치적 이해관계 그리고 경제적 경쟁에 있어 인종적·종교적 대립이 항구적인 **저층**底層 **구조들**을 이루고 있는데, 이것들에 터해 정치적·경제적·군사적 충돌들이 언제든 정당화·고취·첨예화될 수 있는 것이다. 내가 보기에 거대 문명들이 직접적으로 새로운 세계시대의 세계정치적 대결들의 **지배적 패러다임**(헌팅턴은 이것으로써 냉전 패러다임과 제1·제2·제3 세계 도식을 대체하고 싶어한다)을 형성하고 있지는 않지만, 그러나 뭐라 해도 국가·민족들의 온갖 적대감과 충돌의 **문화적인 심층차원**을 형성하고 있는바, 항존하는 이 차원을 결코 간과해서는 안된다.

그런데 우리는 이 문화적 차원과 관련하여, 흔히는 경계를 설정하기가 어려운 **문명들**로부터 출발하는 **대신**, 거대 **종교들**(그리고 이것들의 여러 패러다임들!)로부터 출발하는 것이 더 나을 것 같다. 사실 헌팅턴도 이슬람교·힌두교·유교·슬라브 정교 문명들에 관해 이야기할 때, 문명들을 규정하기 위해 종교들을 끌어들이고 있다. 그러나 어쨌든 여기서 두 가지 이의를 제기해야겠다:

— **정교 그리스도교계**를, 이미 토인비가 그랬듯이, 독자적 문명으로서 "서구" 문명과 떼어놓을 수 있을까? 대부분의 동유럽 슬라브 정교 신자들과 러시아인들은, 그들이 "서방" 유럽에 속해야 한다고 하면 당연히 반발할 것이다. 그러나 서방 그리스도교계와 슬라브 정교 그리스도교계는, 우리의 전체적 고찰이 밝혀주었듯이, 결코 두 개의 다른 종교 또는 문명이 아니라, "다만" 동일한 그리스도교계의 두 패러다임(P II와 P III)일 따름이다. 이것들이 2천년기에 따로 떨어져 발전해나가기는 했지만, 앞으로 화해 가능성이 없는 것은 결코 아니다.

— 서구적 북미 문명과 **라틴아메리카 문명**을 그렇게 말끔하게 떼어놓을 수 있을까? 두 대륙은 거의 같은 시기에 (토착 인디오 주민들을 무자비하게 제거하면서!) 유럽에 의해 그리스도교적으로 꼴지어졌다. 다른 점이 있다면 라틴아메리카에서는 라틴 가톨릭 패러다임(P III)이 규범적이었고, 북미에서는 앵글로색슨 개신교 패러다임(P IV)과 곧이어 계몽주의 근대 패러다임(P V)이 규범적이었다는 것뿐이다.

물론 다음 두 가지 단연 중요한 점에서 헌팅턴이 옳음을 인정해야 한다:
● 세계정치의 충돌들의 심층차원을 보지 못하는 모든 천박한 정치가들과 정치학자들을 거슬러, 이미 토인비가 그랬듯, **종교들**에게 세계정치에 있어서의

근본적인 역할을 인정해야 마땅하다: "현대세계에서 종교는 인간들에게 동기를 부여하고 인간을 움직이는 중요한 힘의 하나이다. 아니 어쩌면 **바로 그 힘**이다. … 인간들에게 궁극적으로 중요한 것은 정치적 이데올로기나 경제적 이익이 아니다. 신앙의 확신과 가족, 믿음과 피야말로 인간들이 그것에 터해 자신의 정체성을 확립하고 또 그것을 위해 싸우고 죽는 것이다."[211]

● 종교들은 (이번에는 토인비의 생각과 달리) 인간들의 통합된 사회를 위해 봉사하는, 그리스도교·이슬람교·힌두교·불교의 요소들을 두루 수용한 단 하나인 통합 종교로 결합되지는 않을 것이다. 오히려 우리는 현실적으로 서로 적수·경쟁자인 종교들의 **충돌 가능성**도 염두에 두어야 한다: "국가들이 세계적 사안들에서 가장 강력한 주역들이 될 것이다. 그러나 세계정치의 주된 충돌들은 서로 다른 문명의 국가와 집단들 간에 발생할 것이다."[212]

사실상: 역사에 눈멀지 않은 사람이라면, 현대 동유럽의(부분적으로 아프리카에서도) 국경선들이 일찍이 민족들·종교들·교파들에 의해 그어졌던 저 **오래고 오랜 경계선들** 앞에서 희미해지는 것을 뚜렷이 느낄 것이다: 아르메니아와 아제르바이잔 사이의, 그루지야와 러시아 사이의, 우크라이나와 러시아 사이의 경계선 그리고 유고슬라비아 내의 여러 민족 공동체들 사이의 경계선 역시. 헌팅턴에 의하면, **미래**에도 **문명들의 충돌**을 예상해야 한다: "그러한 충돌들은 미래에도 일어날 우려가 많다. 사실 참으로 두려워해야 할 것은, 미래의 가장 심각한 충돌들이 이 문명들을 서로 갈라놓고 있는 문화적 죄과罪過의 궤도들을 따라 발발하는 것이다."[213] 왜? 우선 **지정학적 원인들**이 있다: 세계는 갈수록 좁아지고 상이한 문명의 인간들간에 상호작용이 갈수록 많아지고, 지역적인 경제 블록들의 중요성이 갈수록 증대하고 있기 때문이다. 또한 **문화정치적·종교정치적 원인들**도 있다: ① 문명들간의 상이점들은 실제적일 뿐 아니라 근본적이며, 흔히는 너무나 오래되었고 또 자녀양육에서 국가체제를 거쳐 자연관과 신관까지 모든 것을 포괄하기 때문이다. ② 많은 인간들이 경제적·사회적 현대화 과정이 야기한 문화적 소외와 서방세계에 대한 환멸로 인해, 마침내 고유의 종교적 뿌리를 되찾으려 애쓰고 있기 때문이다. ③ 인간들의 문화적 특징과

차이점들은 정치적·경제적 특징과 차이점들보다 변하거나 포기하기가 어렵고 (아제르바이잔 사람은 아르메니아 사람이 될 수 없고, 거꾸로도 마찬가지다), 또 종교는 민족보다 훨씬 날카롭고 배타적으로 인간들을 갈라놓기 때문이다: "한 인간이 반쪽 프랑스인이요 반쪽 아랍인이며 동시에 두 나라의 시민일 수 있다. 그러나 반쪽 가톨릭 신자요 반쪽 무슬림으로 산다는 것은 어려운 일이다."[214] 또한 종교는 특히 종교적 근친 민족들(H.D.S. 그린웨이: "친척 국가 증후군") 사이에서(예컨대 정교를 신봉하는 세르비아인·러시아인·그리스인들 사이에서) 무시하지 못할 역할을 하고 있다.

옛 소련이나 유고슬라비아처럼 상이한 문명을 지닌 나라들은 그러한 충돌들 때문에 쪼개질 수 있다. 터키·멕시코·러시아처럼 문화적으로는 상당히 통일적이지만, 자신이 어느 문명에 속하는지를 놓고 국내적으로 불화를 겪는 나라들("찢어진 나라들")은 필수적인 새로운 문화적 방향정위 와중에 극심한 난관에 봉착할 것이다. 과연 문명들과 종교들의 그러한 충돌 가능성에 직면하여, 인류의 미래가 암담하게 보이지 않는가? 우리는 이러한 상황에 어찌 대처해야 하는가?

대안: 종교들 사이의 평화

사람들이 헌팅턴의 견해를 지나친 비관주의, 아니 더 나아가 무책임한 숙명론이라고 비난하는 것도 전혀 부당한 일은 아니다. 만일 미래의 충돌이 무엇보다도 문명들간의 충돌이라면, 그렇다면 그 충돌은 이를테면 천부적이라고 할 수 있는 것이고, 따라서 도무지 피할 수 없는 것이리라. 그렇다면 인간의 미래에는 전쟁이 끝없이 이어질 것이다. 아니 정치 저널리스트 로베르트 카플란이 세인의 주목을 끈 음울한 기사[215]에서 "자원 결핍·범죄·인구 과잉·종족주의 질병"을 근거로 예측한 **"임박한 난세"**가 도래할 것이고, 그러고는 마침내 불가피하게 문명들간의 3차대전이 발발할 것이며, 그것은 결국 인류의 멸망으로 끝장날 수밖에 없을 것이다. 여기에 무슨 대책이라도 있는가?

헌팅턴도 이러한 **문명들의 충돌**은 **방지**해야 한다고 생각한다. 그런데 이것은 단기적 전략을 통해서는 이루어지지 않는다. 장기적으로, 자기네 전통 가치와 문화를 보존하면서도 현대화되기를 원하며 경제력과 군사력이 갈수록 증대될 것이 확실한 비서구 문명들을 정당하게 존중해야 한다. 헌팅턴에 따르면, 이러한 장기 전략은 서방세계가 자신의 이익을 지키기 위해 경제력과 군사력을 고수하는 것 이상의 일을 할 것을 요구한다. 헌팅턴의 분석 전체는 정치학자로서는 진기하달 수 있는 요구(이 요구는 그동안 유럽연합 의장 자크 들로르에 의해 받아들여졌다),[216] 즉 "다른 문명들의 토대가 되어 있는 근본적인 종교적·철학적 전제들과, 사람들이 자기네 문명 안에서 자기네 이해관계를 보는 방식들에 대한 보다 깊은 이해"로 수렴된다: "이것은 서구 문명과 다른 문명들의 공통요소들을 확인하는 노력을 요구하게 될 것이다."[217] 그러나 이 맹맹한 한 구절만으로는 부족하다.

나는 우리 연구소의 프로젝트 "우리 시대의 종교 상황"에서 힘을 얻고 있는데, 이 연구 프로젝트는 바로 "종교 평화 없이는 세계 평화 없다"라는 표어 아래 수행되고 있다. 사실 우리는 이 프로젝트를 통해 "문명들의 충돌"을 피할 수 있는 전략을 면밀히 모색하고 있다. 우리의 출발점은 이것이다: **"종교간의 평화 없이는 문명간의 전쟁이다. 종교간의 대화 없이는 종교간의 평화 없다. 종교들의 바탕에 대한 연구 없이는 종교간의 대화 없다."**

정치학자의 분석은 상당 부분 신학자에 의해서도 확증될 수 있다. 그러나 어떤 부분은 좀더 세밀한 고찰을 필요로 한다:

— 서방과 동방 그리스도교계가 두 개의 종교·문화가 아니라, 한 그리스도교의 물론 매우 상이한 **두 패러다임**(P Ⅱ와 P Ⅲ: 두 패러다임의 상호 접근과 이해가 이미 요한 23세, 2차 바티칸 공의회 그리고 콘스탄티노플 총대주교 아테나고라스에 의해 크게 촉진되었다)이라는 것을 인식한다면, 다음 사실 또한 인식하게 될 것이다: 특히 **교회들의 일치운동적 상호이해**를 통해 (유고슬라비아와 우크라이나에서 그리고 로마와 모스크바 사이에서) 민족 집단들 간의 상호이해를 준비할 수도 있었다. 프랑스인들과 독일인들 간에 가능했던 일이, 왜 예컨대 세르비아인들과 크로아티아인들 간에는 불가능해야 하는가?

— **두 종교**, 예컨대 역사적으로 끊임없이 대립해왔던 그리스도교와 이슬람교 사이에조차 신앙 그리고 특히 윤리Ethos에서 수많은 공통요소들이 있음을 뚜렷이 밝혀낸다면, 다음과 같은 희망을 포기할 까닭이 없다: 종교들·문명들 간에 거의 당연한 듯 존재해온 긴장과 갈등들이, 필연적으로 충돌이나 더 나아가 군

사적 분쟁으로 귀결되는 것은 결코 아니다. 평화는 가능하다. 예컨대 이스라엘인들과 팔레스타인인들 간에 이루어진 상호이해가, 왜 아르메니아인들과 아제르바이잔인들 간에, 인도인들과 파키스탄인들 간에는 불가능해야 하는가?

— **개개의 종교 안에** 대부분 오늘날에도 존속하고 있는 **여러 가지 패러다임들**(원천적·고대적·중세적·근대적 패러다임들)이 있음을 밝힌다면, 다음 사실이 더 잘 인식될 것이다: 근본주의적 선택은 그 어디에서도 유일무이한 선택이 아니며, 모든 거대 종교들(특히 유다교·그리스도교·이슬람교) 안에는 **여러 선택 가능성**이 주어져 있는바, 그것들 가운데 적어도 몇 개는 상호이해를 보다 용이하게 해준다.

권력과 도덕의 세계사적 싸움

서방의 **정치가·외교관·법률가들**이 다른 종교들에 관해 보다 깊이 안다면, 그들은 협상을 하는 데 그치지 않고 **대화를 할 수 있게** 될 것이다. 그렇다면 그들은 예컨대 최근 빈에서 개최된 중국 공산주의자들(그리고 아시아의 여타 독재정권들)을 반대하는 인권회의 같은 국제 회의나 협상에서 낭패를 당하지 않고, 오히려 **인권은 서방세계의 독점물 같은 것이 결코 아님**을 그 정권들에게 상기시킬 수 있었을 것이다. 예를 들어 "인"仁이라는 개념은 중국 전통에서 실로 핵심적인 개념인바, 오늘날 아시아 어디서나 강력한 호응을 얻고 있는, 끝끝내 폭력에 의해 억압될 수 없는 저 인권들이 바로 이 개념 위에 정초定礎되어 있다고 할 수 있다.[218] 과연 공자는 정부는 부득이한 경우에는 군대를 포기하는 것이 가장 낫고, 그다음으로는 식량도 포기할 수 있지만, 백성의 믿음을 저버려서는 안된다는 신념을 지니고 있었다.[219] 중국·티베트·버마·타이로부터 인도네시아·필리핀을 거쳐 케냐와 콩고에 이르기까지, 인권은 지배자들에게 맞선 피지배자들의 깊은 열망의 표현이라는 사실은 두말할 것이 없다. "의견을 달리하는 자들"은 보잘것없는 소수집단이 결코 아니다! 그들은 수백 수천만이니, 노벨 평화상 수상자인 버마의 씩씩한 아웅산 수지 여사가 자유선거를 통해 그들을 움직일 수 있었으며, 중국의 웨이징성도 언론의 자유가 있었다면 그들을 적극적 행동에 나서게 할 수 있었을 것이다.[220]

어쨌든 확실한 것: 비서방 국가 국민들로서는 인권을 그저 서구의 자연법 사상보다는 그들 고유의 민족적·종교적 전통 위에 정초시키는 것이 더 바람직하다. 그리고 서구인들이 다른 종교·문화·전통들을 더 깊이 이해하게 된다면, 왜 많은 아시아인들이 서방세계에 대해 개방적이고 또 현대화도 긍정적으로 평가하면서도, **서구의 가치체계에 대해서는 회의적**인지도 이해할 수 있을 것이다. 그들은 특히 끝없는 개인주의(공동체를 고려하지 않는)와 고삐풀린 자유(이것과 결부된 온갖 서구식 퇴폐도)는 받아들이고자 하지 않으며, 예전과 마찬가지로 대가족 열성적 교육·근면한 노동·검소함·겸손함·국민들의 협력을 중요시한다.[221]

그러나 여기서 극히 현실적인 심각한 물음이 거듭 새삼 제기된다: **권력과 도덕 간의** 중대한 **세계사적 투쟁**에서, 마키아벨리를 따르는 정치가와 언론 종사자들이 끊임없이 우리로 하여금 믿게 하려는 바와 같이, 도덕은 아예 가망 없는 싸움을 하고 있는 것은 아닐까? 대외정책에 있어서도 특정한 인도주의적 "가치들"의 준수를 요구하는 사람은 철없는 "설교자"요, 오로지 "이해관계"에 따라 정치를 하는 사람이 냉정한 "전술가"인가? 정치와 도덕은 중대한 이해관계가 얽혀 있지 않은 한에서만, 그럭저럭 조화를 이루는가? 뭐라 해도 이해관계가 정치도의적 요구보다 힘이 있다는 것이 입증되지 않았는가? "현실정치"를 통해 그토록 뻔뻔스럽게 온갖 짓을 다 하던 동유럽 공산주의 독재정권들이 결국 자기 국민들의 도덕적 요구에 항복하고 만 이후에도, 사람들이 여전히 그러한 이른바 현실적인 요구들을 내세우고 있는 것은 실로 기이한 일이다!

아니다, 정치와 도덕이 본디 서로를 배제하는 것은 아니다. 예를 들어 인종차별 정책을 시행하던 남아프리카 공화국에서는 옳은 일이, 공산주의 독재국가 중국에서는 아예 처음부터 그릇된 일일 수 없다. "설교"와 "현실정치" 사이의 가운데 길은 결단코 존재하니, 곧 **정치적 책임윤리**의 길이 그것이다. 요컨대: 책임윤리에 의해 틀지어진 **인권정책**(예컨대 중국에 대한 미국의 정책)은 그 정책이 **성공을 거둘 수 있는 현실적 조건들을 냉정히 고려해야**만 한다. 구체적으로:
— 정부는 노련한 전문가들의 조언을 받아, 인권에 대한 요구를 관철시키기 위해 자신이 요긴하게 사용할 수 있는 수단들이 무엇인지를 사전에 현실적으로

숙고해야 한다. 그런데 이런저런 압력으로 이상주의적 요구들을 철회하는 것은, 사람들이 극복하고자 했던 정치적 냉소주의를 대내외적으로 조장한다.

— 정부는 한목소리로 말해야 한다. 경제부처와 외무부가 서로 다른 말을 해서는 안된다.

— 영향력이 큰 경제단체들은 경제적 협상에서 인권을 무시하는 자들에게 치근대서는 안되며, 오히려 (그들 나름의 신중한 방식으로) 도덕적 기준 준수의 필요성을 주장해야 한다.

— 정부는 필수적인 온갖 통상협정에 있어서도 자신에게는 언제나 도덕적인 관점들이 극히 중요하며, 그러한 것들 없이는 국가들간의 참된 우의가 이루어질 수 없음을 공식 · 비공식적으로 주장해야 한다.

— 정부는 다른 나라에게 그들 자신의 종종 준수되지 않는 법률(고문은 중국 법률에도 위배된다!)을 상기시키고, 인권이 보편적인(서방세계의 독점이 아닌) 가치와 규범으로서 관철되게 애써야 한다.

물론 이렇게 물어야겠다: 서방세계는 자신이 "나머지 세계"에게 종종 설교하는 그 가치들을 실제로 살아내고 있는가? 이 물음은 헌팅턴의 명제를 둘러싸고 벌어진 지금까지의 논쟁에서 거의 제기되지 않은 물음, 즉 오늘날 전세계에 만연된 방향상실에 직면하여 참된 윤리를 묻는 물음으로 우리를 이끌어간다.

방향상실 — 전세계적 문제

무엇에 인간은 (언제나 어디서나) 의지해야 하는가? **방향 없음**은 세계 문제다:

— 공산주의 몰락 이후 예전의 **소비에트 블록** 어디서나, 그리고 가려져 있지만 예나 이제나 강압적인 공산주의 **중국**에서도: "이 도덕적 · 정신적 진공상태와 진지하게 대결하는 것은, 중국뿐 아니라 모든 문명의 숙제다".[222]

— **미국**에서도: 1960년 이후 인구는 41%가 증가했는데 폭력 범죄는 560%가 늘어났고, 편모偏母 가정은 419%, 이혼은 300%, 부모 중 한 사람에 의해 양육되는 아이는 300%가 증가했으며[223], 총기에 의한 사망이 사고사 다음으로 많다 (1990년에 4,200명의 십대 청소년들이 총맞아 죽었다).

― **유럽**에서도: 리버풀에서 두 살배기 아기가 열 살짜리 둘에게 살해된 뒤, 「슈피겔」 지誌까지 표지 기사에서 "방향 잃은 정글"과 문화사에서 유례를 찾아 보기 어려운 탈脫터부tabus 현상을 개탄했다: "청소년 세대는 가늠하기조차 힘든 가치관의 혼란을 이겨내야 한다. 옳고 그름, 선과 악에 관한 명확한 척도들이, 50~60년대만 해도 부모와 학교, 교회 그리고 때로는 정치가들에 의해서도 중개·전달되었다. 그러나 요즘 신세대는 그런 척도를 거의 모른다."[224]

근대에 대한 가장 눈밝은 비판자(극복자는 못 되었다) **니체**가 이미 19세기에 그 뚜렷한 조짐을 보았던 것, 즉 **"선과 악 저편에"** 있으며 오로지 자신의 "권력 의지"만을 따르는 인간[225], "하느님의 죽음" 그리고 "유럽의 도덕 전체의 와해"가 20세기에 운명적인 현실이 된 것처럼 보인다: 스탈린이나 히틀러 같은 무서운 인간들, 홀로코스트, 수용소 군도, 원자폭탄으로 끝장난 두 차례의 세계대전 안에서뿐 아니라, 나날의 삶, 산업국가들의 주도적 정치가·경제인·노조원들의 계속되는 엄청난 스캔들, 또한 특히 수많은 젊은이들의 이기주의·소비지향성·폭력행위·외국인 적대 안에서.

바야흐로 대두하고 있는 새로운 세계상황 속에서 인류가 어떻게든 이 지구 위에 존속하고자 한다면, **인도주의적 신념들에 대한 전세계적인 근본합의**가 절박하게 요구된다. 수천 년 묵은, 그러나 우리 시대에도 피해갈 수 없는 물음: 왜 인간은 **선한 것은 행하고 악한 것은 행하지 말아야** 하는가? 왜 인간은 뭐라 해도 "선과 악 저편에" 존재할 수가 없는가? 왜 인간은 그저 권력·성공·부·소비·성만을 추구하는 존재일 수가 없는가?[226] 근본적인 물음들이 흔히는 가장 어려운 물음들이다 ― 그리고 많은 윤리·법률·관습들, 종교적 권위에 의해 안전장치가 되었기에 수백 년간 자명한 것으로 간주되어온 많은 것들이 오늘날에는 세계 곳곳에서 결코 자명하게 받아들여지지 않는다. 바야흐로 세계적 차원의 대화가 이미 시작되었거니와, 이것은 공동의 가치·척도·근본태도에 대한 합의로, 일종의 세계윤리Weltethos 창출로 귀결되어야 한다.

왜 인간(개인·집단·국가·종교로서 이해되는)은 짐승처럼 그저 끌리는 대로 행동해서는 안되고, 참으로 인간적으로, **인간답게** 행동해야 하는가? 그리고 왜 인간은

무조건, 다시 말해 어떠한 경우에도 그렇게 행동해야 하는가? 또 왜 **모든 인간**이 그렇게 행동해야 하며, 어떠한 계층·종족·집단·국가·정당도 예외일 수 없는가? 무조건적(범주적)일 뿐 아니라 보편적(세계적)인 의무에 관한 물음 — 바로 이것이 증대하는 과학적·경제적 세계화 경향(그저 국제 금융시장이나 위성방송 정도만 떠올려보라)에 의해 틀지어진 시대의 윤리가 시급히 대답해야 할 근본 물음이다.

여기서 이제는 동유럽도 넘겨받은 **현대 민주주의**의 한 가지 근본적인 문제점을 잠깐 짚고 넘어가야겠는데, 물론 이것에 관해 독선적으로 도덕 설교를 해서는 안되고, 자기비판적으로 성찰해야 한다. 양심과 종교의 자유를 신봉한다고 공언하는 자유롭고 민주적인 법치국가는, 자기이해에 입각하여, 세계관에 있어 중립적이어야 하고 각양각색의 종교·교파·철학·이데올로기들을 관용해야 한다. 하지만 이러한 국가는 자신의 그 세계관적 중립성이라는 것을 손상시키지 않으려면, 어떠한 삶의 의미나 방식도 강력히 제시·권장해서는 안되는가? 바로 여기에 유럽이든 미국이든 인도든 일본이든, 모든 현대 민주주의 국가제도의 딜레마의 근본 원인이 있는 것이 아닐까?

사람들은 일반적으로 무엇엔가 의지하고, 무엇인가를 신뢰하고자 하는 뿌리뽑을 수 없는 욕구를 지니고 있다. 도무지 조망해볼 수도 없이 복잡한 과학기술 세계 안에서 그리고 사생활의 일탈과 혼란 속에서 사람들은 기꺼이 하나인 입장을 가지고 싶어하며, 하나인 준선準線을 따르고 척도들을 사용하며 목표를 설정하고자 한다. 간단히 말해, 사람들은 이를테면 하나인 **윤리적 근본방향**을 정위하고자 하는 뿌리뽑을 수 없는 열망을 느끼고 있다.

그런데 하고많은 경험들이 가르쳐주는 것: 인간은 갈수록 많아지는 법률이나 규정들에 의해 더 나은 인간이 되지는 않으며, 물론 심리학이나 사회학만으로도 그렇게 되지 않는다. 중요한 일에서건 사소한 일에서건, 인간들은 똑같은 상황에 맞닥뜨린다: 사상事象에 대한 지식은 의미에 대한 앎이 아니고, 규제는 방향정위가 아니며, 법은 도덕이 되지 못한다. **법 또한 도덕적 바탕을 필요로 한다!** 우리 도시와 마을들에서의 안전은 그저 돈(그리고 갈수록 많아지는 경찰과 감옥)으로 살 수가 없다. 법규(국가에 의해 발효되고 공권력에 의해 관철되는)의 윤리적 수용이 모든 정치·문화의 전제조건이다. 만일 대다수의 사람 혹은 힘있는 집단들이나 개인들이 전혀 법규들을 준수하려 하지 않고, 타자와 사회에 대한 책임감 없이 자신이나 자기 집단의 이익을 관철하기 위한 온갖 수단과 방법들을 계속 찾아 낸다면, 자꾸만 많아지는 새로운 법규들이 국가나 조직(유럽연합·미국·국제연합 그 어느 것이든)에게 도대체 무슨 쓸모가 있겠는가? 로마의 격언 하나: "도덕 없는 법률로 뭘 어쩌자고!?"

구속력과 결속력 있는 세계윤리를 위해

두말할 것 없는 사실: 세계의 모든 국가에 경제질서와 법질서가 있으며, 어느 나라에서도 그 질서들이 일정한 윤리적 합의 없이, 국민들의 윤리적 의지와 무관하게 기능하지 않는바, 사실 민주적 법치국가는 그러한 합의와 의지에 터해 살아간다. 프랑스혁명 당시 많은 사람들은 원래 인간의 권리와 함께 의무도 작성·선언하려고 했었다. 국가들의 국제적 공동체 역시 이미 온갖 국가·문화·종교를 포괄하는 법률구조들을 만들어냈다(사실 국제적인 조약들 없이는 말짱 자기기만에 불과할 터이다). 그러나 새로운 세계질서가 존립하기 위해서는, **최소한의 공동가치·척도·근본태도들**이 필요하다. 다시 말해 (온갖 시대제약성에도 불구하고) 인류 전체를 위한 구속력과 결속력 있는 윤리, 곧 세계윤리Weltethos가 필요하다.

세계종교의회는 1993년 9월 4일 시카고에서 「**세계윤리 선언**」[227]을 가결했는데, 이 선언은 종교 역사상 처음으로 바로 구속력 있는 가치들, 확고부동한 척도들 그리고 인간의 근본태도들에 관한 최소한의 근본적인 합의를 정식화하여 표현한 것이다. 이 윤리적 근본합의는

— 모든 종교들이, "교리적" 상이점들에도 불구하고, 긍정할 수 있고,

— 종교를 믿지 않는 사람들도 함께 지켜나갈 수 있는 것이다.

이러한 세계윤리가 각양각색 종교들의 고유한 윤리들을 여분의 것으로 만들지 않음은 물론이다. 세계윤리는 산상설교나 토라, 「쿠란」이나 「바가바드기타」, 붓다나 공자 말씀의 대체물이 아니다. 오히려 반대다: 수십억 인간들에게 소중한 이 오래고 오랜 "거룩한 텍스트들"이야말로 세계윤리에 튼실한 토대와

설득력 있는 구체성을 제공해준다. 아무튼 세계윤리는 모든 종교에 공통된 외면적 관점뿐 아니라, 동시에 각 종교에 고유한 내면적 관점도 가지고 있다:

― 종교들의 세계는 이를테면 **밖으로부터** 고찰될 수 있다: 이러한 (종교학적인) 외면적 관점 안에서는 단 하나인 목표로 나아가는 다양한 구원의 길들이 존재하고, **많은** 참 종교들이 있거니와, 이들은 서로를 풍요롭게 하고 보완해줄 수 있으며, 온갖 "교리적" 차이점들에도 불구하고, 윤리에 있어서는 최소한의 공통된 가치들·척도들·근본태도들을 나타내 보여준다. 세계윤리는 찾아내는 것이지, 만들어내는 것이 아니다.

― 그러나 동시에(그리고 첫째 관점과 상충됨이 없이) 종교들의 세계는 또한 **안으로부터** 고찰될 수 있으니, 나로서는 그리스도교 신앙에 터해 고찰한다. 그리고 이 내면적 관점에서 볼 때, 그리스도인인 나에게는(유다인, 무슬림 그리고 다른 종교인들에게도 물론 마찬가지겠지만) 오직 **하나인** 참 종교가 있을 뿐이다: 그것이 나에게는 그리스도교이니, 그리스도교는 내가 이 책 첫머리에 "그리스도교의 본질"로서 명시하려 시도했던 바와 같이, 예수 그리스도 안에서 당신을 알려주신 한 분이신 참 하느님을 증언해준다. 하지만 이 단 하나인 참 종교가 다른 종교들 안에 있는 진리를 배척하는 것은 아니다. 그렇다. 특히 윤리와 관련하여 그리스도교 신앙은 다른 종교들에서도 자신의 것과 유사한 근본 가치·척도·태도들을 발견하며, 따라서 세계윤리와 상충되지 않을 뿐 아니라, 그것을 자신의 고유한 관점에 터해 떠받치고 명확한 근거를 제공하며 구체화·심화시킨다(다음 쪽의 그림들 참조).

종교들과 세계윤리

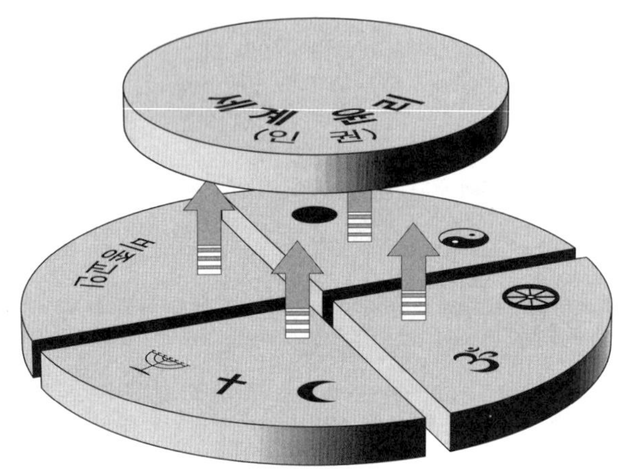

근동 예언자 종교들	인도 신비주의 종교들	극동 지혜 종교들
☰ 유다교	ૐ 힌두교	☯ 유교/도교
✝ 그리스도교	⊕ 불교	● 일본종교들
☾ 이슬람교		

자연종교들과 종족종교들

아프리카 · 아시아 · 오세아니아 · 아메리카 · 원시종족들의 종교들

세계윤리
그리스도교의 내면적 관점

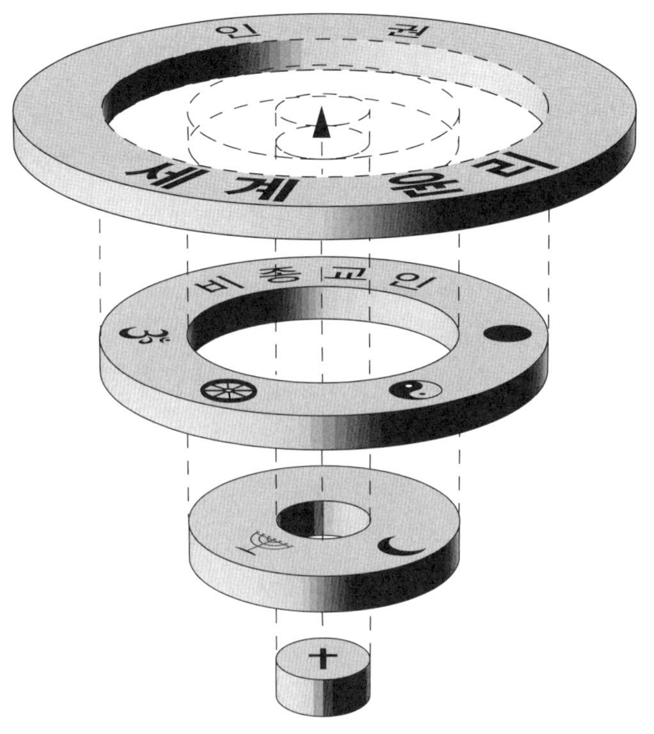

✝ 그리스도인들은 그리스도를 바탕 · 중심 · 척도로 고백하고,

🕎 ☪ 아브라함의 한 하느님 신앙 안에서 **유다인**들 및 **무슬림**들과 결합하며,

✴ ॐ ☯ ● 종교인과 **비종교인**을 포함한 모든 인간들과 협력한다:
의무와 희망으로서의 **세계윤리**!

맺는 말을 대신하여

이 책을 마칠 때가 되었다. 그러나 우리의 일, 곧 "우리 시대의 종교 상황" 분석은 앞으로도 오랫동안 계속되어야 할 터이다. 그것을 위해 우리는 역사를 헤쳐나가며 길을 닦아왔고, 이제는 이미 현대의 문도 열어젖혔다. 이렇게 이 책은 그 특성상 맺는 말이나 발문을 적을 수 없다. 기껏해야 앞으로의 전망이나 미래를 위한 머리말로써 맺는 말을 대신할 따름이다.

하나의 전망

지금까지 그리스도교의 다섯 개 패러다임(유다계 그리스도교 묵시문학, 헬레니즘 비잔틴, 로마 가톨릭, 종교개혁 개신교, 계몽주의 근대)에 대한 역사적 분석은, 여전히 현존하는 그리스도교의 과거에 관한 상당히 깊고 면밀한 통찰을 제공했다.

한편 우리는 현재 속에 여전히 강력히 작용하는 2천 년 역사의 정신적 힘들을 그렇게 역사적·체계적으로 진단하면서, 언제나 **현재**와 결부시켜 고찰했다: 이 현재는 우리 세기에 일어난 근(현)대로부터 탈근(현)대로의 패러다임 전환에 입각하여 별도로 분석되어야 하며, 그럼으로써 **미래**에 내포된 다양한 선택가능성들을 식별할 수 있을 것이다. 이 작업은 뒤이은 책에서 시도될 터이다.

아무튼 하나만은 이미 확실해졌다: 그리스도교의 새로운 패러다임은 (오늘날 일치운동의 "불황"에도 불구하고, 믿고 바라고 또 그렇게 되게끔 애써야 하거니와) 탈교파 **일치운동 패러다임**이 될 것이다(그렇지 않으면 교회들은 파당들로 전락할 것이다!). 이런저런 "교파적" 패러다임들의 흔적들도 여전히 눈에 띌 것이나, 그리스도교적 실존의 새로운 일치운동적 종합 안으로 지양止揚될 것이다. 미래의 이 패러다임은 세 개의 적대적 교파들에 의해 꼴지어지지 않고, 상호보충적인 세 가지 근본태도에 의해 꼴지어질 것이다:

● 누가 **정통적**orthodox인가? 패러다임 Ⅱ 분석이 뚜렷이 밝혀준 것: "올바른 가르침", 참된 교리를 특히 중시하는 사람이 정통적이다. 구체적으로: 하느님의 진리이기에 각자(그리스도인·주교·교회)의 임의에 내맡겨져서는 안되는 **진리**, 전체 교회의 충실한 **전승**을 통해 새로운 세대들에게 언제나 다시금 창조적으로 전해지고 살아내져야 하는 저 진리를 각별히 소중히 여기는 사람.

● 누가 **가톨릭적**katholisch인가? 패러다임 Ⅲ 분석이 잘 보여준 것: 가톨릭 교회, 다시 말해 **전체적**·보편적·포괄적·총체적 교회를 특히 중시하는 사람이 가톨릭적이다. 구체적으로: 온갖 단절에도 불구하고 끝끝내 견지된 신앙과 신앙공동체의 시간 안에서의 **연속성**과 그것들의 공간 안에서의 **보편성**을 각별히 소중히 여기는 사람.

● 누가 **복음적**evangelisch(개신교적)인가? 패러다임 Ⅳ 분석이 밝혀줄 수 있었던 것: 교회의 모든 전통·교리·실천들 속에서 **복음**(성서)에로의 끊임없는 회귀를 특히 중시하는 사람이 복음적이다. 구체적으로: 복음이라는 규범에 따르는 끊임없는 실천적 **개혁**을 각별히 소중히 여기는 사람.

이로써 이미 분명해졌다: 올바로 이해하건대, 오늘날 "정통적", "가톨릭적" 그리고 "복음적" 근본태도들은 결코 서로를 배제하지 않는다. 태생 정교 신자와 가톨릭 신자도 참으로 복음적일 수 있고, 태생 개신교 신자와 가톨릭 신자도 참으로 정통적일 수 있으며, 태생 개신교 신자와 정교 신자 역시 참으로 가톨릭적일 수 있다. 과연 이미 수많은 그리스도인이 세계 곳곳에서 (교회 기관들의 저지에도 불구하고) 실제로 복음에 터한 참된 일치운동을 살아내고 있지 않은가? 참된 그리스도인 실존은 오늘날 일치운동적 그리스도인 실존을 의미한다.

일치운동 신학을 위한 과제들이 남아 있는데, 이 거창한 과제는 뒤이은 책에서 다룰 것이다. 아무튼 오늘날 어지러움을 느끼는 사람들이 상당히 많다. 그리스도교에 대한 현재의 도전들과 미래의 가능성들을 종잡을 수 없기 때문이다. 이 영속적 과제들을 아래에서, 감히 용기를 내어, 도식적으로 열거해보겠다[내가 말하는 대로 될지는 (상당한 예비연구에도 불구하고) 확실치 않지만]. 무릇 사람은 언제나 길의 끝에 이르러서야, 그 길이 참으로 걸을만한 길이었는지 알게 되는 법이다. 이러한 사정을 염두에 두면서 (삼가는 마음으로) 앞으로 수행해야 할 과제들에 관한 (나와 또한 다른 사람들의) **잠정적 개요**를 제시하기로 한다:

현재의 도전들은 무엇인가? 여기서 다루어야 할 주제들:
다중심적多中心的 **세계 속의 다중심적 그리스도교**
- 아프리카 — 신학적 도전
- 아시아 — 그리스도교의 성공과 좌절
- 라틴아메리카 — 절망과 희망 사이에 있는 대륙
- 북아메리카 — 그리스도교의 검증 기회로서의 종교적 다원주의

미래의 가능성들은 무엇인가? 여기서 다루어야 할 주제들:
더 그리스도교적인 그리스도교계를 위한 기회들
- 동방 정교의 부흥
- 가톨릭 교회의 쇄신
- 종교개혁의 개혁
- 제3세계에서 그리스도교의 기회들

더 평화로운 종교 세계를 위한 관점들
- 그리스도교와 유다교
- 그리스도교와 이슬람교
- 그리스도교와 힌두교
- 그리스도교와 불교
- 그리스도교와 유교

새로운 종합들
- 종교와 우주(신학과 자연과학)
- 종교와 정신(신학과 정신요법학)
- 종교와 정치(신학과 정치학)
- 종교와 문화(신학과 미학)

968   맺는 말을 대신하여

인류를 위한 신심

- 인간과 자연: 우주적 신심
- 남성과 여성: 비차별적 신심
- 부자와 빈자: 해방적 신심
- 나의 종교와 남들의 종교: 전세계적 신심

이제 이 책을 덮으며 많은 사람들은 물을 것이다: 과연 그리스도교가 3천년기에도 예전처럼 그렇게 중요한 의미를 계속 보유하고, 그토록 많은 힘과 생명력을 불러일으킬 수 있을까? 여기서 처음의 물음으로 돌아가야겠다: 우리는 (탈그리스도교적인 제3천년기의 도전들에 직면하여) 그리스도교에 절망할 수밖에 없지 않을까?

그리스도교의 비밀

이 역사적 결산을 마무리하며 갖가지 길을 따라 진행되어온 그리스도교의 극적인 역사를 돌이켜보건대, 유다계 그리스도교 묵시문학적 패러다임, 헬레니즘 그리스 러시아 패러다임, 로마 가톨릭 패러다임, 종교개혁 개신교 패러다임, 계몽주의 근대 패러다임에 관해 고찰한 것을 다시 한번 생생히 떠올려보건대, 독자들은 적어도 다음 사실은 인정해줄 것이다: 나는 원전·원천·본원적인 참된 본질로부터의 일탈들, 무서운 타락과 파행적 발전들, 그리스도교 대표자들의 기괴한 범죄와 패덕들을 전혀 숨기지 않고 언제나 분명히 지적했다. 그러므로 여기서 유다인 박해, 이단자 사냥, "거룩한" 전쟁, 마녀 화형, 종교 전쟁 그리고 그리스도교의 이름으로 저질러진 그밖의 온갖 범죄들을 또다시 언급할 필요는 없을 것이다. 그러나 동시에 나는 그리스도교의 역사는 그저 악당과 범인들에 관한 역사, 일종의 "범죄사"로 이야기될 수는 결코 없으며, 오히려 그리스도교의 본질이 온갖 비본질적인 것들을 헤치고 언제나 다시금 힘차게 뚫고나온 역사로서 사리에 맞게 이야기되어야 한다는 것을 뚜렷이 밝히고자 노력했다.

그렇다면 이제 한 가지 물음이 머리를 떠나지 않을 것이다: 어떻게 이 그리스도교는 자기 역사 안의 온갖 비그리스도교적인 것들에도 불구하고, 언제나 다시금 살아남을 수 있었던가? 그 어딘가에서 가냘프게 시작되어 연이어 나타나는 풍경들 속으로 언제나 다시금 새로이 갈라져 들어가는 큰 강처럼, 이 종교 역시 언제나 다시금 새로운 문화적 풍경들 속으로 적응해 들어갔다. 그러는 과정에서 그리스도교는 엄청난 배척을 당하고 근본적인 전환을 겪었으며, 때로는 자신이 세계사적 변혁을 불러일으켰다. 거기서 우리는 수원水源, 곧 복음으로부터 역사를 통해 흘러나오는 호의·자비·동정·배려의 물줄기도 보아야 하지 않을까? 인정해야 할 것: 2천 년 긴 물길 속에는 자갈·진흙·쓰레기들이 수없이 쌓여 있다. 그러나 수원의 물이, 많은 사람들이 말하는 것처럼, 정말 완전히 썩어버렸는가? 그렇다면 어떻게 그리스도교의 요체, 곧 개개인과 신앙 공동체의 구체적 삶을 위한, 또한 동료인간과 사회 그리고 마침내 하느님과의 관계를 위한 본보기요 지향점이요 척도이신 예수 그리스도와 그분의 일이 소멸되지 않고 언제나 다시금 뚜렷이 식별될 수 있었던가?

놀라운 사실: **나자렛 사람의 영**은 인간·제도·구조들의 무능과 거부를 이겨내고 언제나 다시금 자신을 관철할 수 있었거니와, 그런 곳에서는 언제나 말뿐 아니라 실천(그리스도교의 진리는 사실 그저 인식의 진리가 아니라 삶의 진리다)으로 참된 추종이 발생했다. 이교도 황제들, "그리스도인" 독재자들, 권력에 굶주린 교황들, 음울한 종교재판관들, 속된 주교들, 광신적 신학자들 그 누구도 이 영을 꺼 버리지 못한 것은 어찌된 일일까? 왜 교권제도는 봉사활동을, 교의학은 예수 추종을 한 번도 완전히 이겨볼 수 없었을까? 이 영은 도대체 무엇이기에, 어느 시대에나 유례없는 운동 안에서, 사람들을 힘차게 움직이게 하고 사로잡으며, 온갖 문화적·사회적·정치적 경직화, 곧 패러다임의 경직화를 분쇄하고 이웃과 변두리 인생들에 대한 사랑이라는 그리스도교의 본원적 이상을 진지하게 살아내게 하는가? 그리스도교 역사의 불가사의: 고대교회에는 궁정 신학자나 주교들과 나란히 수도자와 성인들이 존재했고, 인노켄티우스 3세와 보니파키우스 8세 옆에는 아씨시의 프란체스코가 있었으며, 레오 10세와 함께 마르틴 루터가 존재했고, 대종교재판관들과 나란히 시에나의 카타리나와 아빌라의 테레사가 있었으며, 프랑스 절대왕정 한가운데 블레즈 파스칼이 있었고, 사회문제가 심

각하게 대두할 때 케텔러 주교가 있었으며, 소시민적 문화 그리스도교와 나치즘에 대한 저항 안에 칼 바르트와 디트리히 본회퍼 그리고 알프레드 델프가 있었다(우리 시대의 요한 23세, 빌렘 비세르토프트, 마르틴 루터 킹, 헬더 카마라, 마더 테레사는 논외로 하고).

널리 알려진 이 사람들은 수많은 이름없는 사람들의 대표자들일 따름이니, 교회사 어디에도 이름이 기록되어 있지 않은 바로 그들이 사실 그리스도교의 숨은 힘과 참된 역사를 이루고 있다! 셀 수 없이 많은 이름없는 사람들의 수수백 년에 걸친 저 신앙운동들을 떠올려보라. 그들은 나자렛 출신 그 남자의 가치·척도·태도에 정향되어 있었다. 그들은 그이에게서 하느님 안에 가난한 자, 폭력을 버린 자, 의로움에 굶주리고 목마른 자, 자비를 베푸는 자, 평화를 이룩하는 자, 의로움 때문에 박해받는 자들은 복되다고 배웠다. 또한 남을 배려하고 나누며, 용서하고 뉘우치며, 위로하고 양보하며 도움을 베푸는 것도 그분에게 배웠다. 오늘날에도 그들은 그리스도교가 참으로 그리스도에게 정향되어 있고 그분에게서 힘을 얻어 살아가는 곳에서는, 믿음·희망·사랑의 정신적 고향을 제공해줄 수 있음을 뚜렷이 보여주고 있다. 이 무수한 이름없는 사람들은 이 세상의 나날의 삶 속에서 가장 귀한 가치들·절대적 규범들·지고한 이상들을 살아낼 수 있음을 언제나 다시금 증언하고 있다. 과연 그들은 깊은 신앙에 터해, 고통과 죄, 절망과 불안까지도 이겨낼 수 있음을 생생히 보여주고 있다. 그리스도에 대한 이러한 신앙은 그저 내세에의 위로가 결코 아니라, 지금 여기서 불의한 현실에 대한 거부와 저항의 토대이며, "전혀 다른 분(것)"을 향한 억누를 수 없는 그리움에 의해 떠받쳐지고 강화된다.

눈에 잘 띄지 않는 그리스도교의 이 역사는 그리스도교 범죄학자와 병리학자 그리고 세상을 떠들썩하게 만들 건수나 찾아 헤매는 특정 언론 종사자들에게는 재미가 없을 것이다. 사실 노약자들을 위한 봉사로 녹초가 되면서도 기쁜 마음으로 깔끔히 그 일을 해내는 현장 신앙공동체의 일선 사목자들에 관해 보도하는 것보다는, 주교의 스캔들이나 교황의 여행에 관해 보도하는 것이 훨씬 쉽고 재미있지 않겠는가? 그러나 예수의 일을 계속해나가는 사람들은 바로 이러한 (서품을 받았건 아니건) 남녀들이다. 그렇다. 앞에서 살펴보았듯이, 고위 성직자들과 신학자들의 삶과 활동에서는 참된 그리스도교를 거의 찾아볼 수 없는 시대가 거듭하여 있었으나, 그런 시대에도 예수 그리스도의 정신을 생생히 살아내는 대부분 이름없는 무수한 그리스도인들("작은 사람들". 그러나 또한 소수의 주교와 신학자 그리고 특히 본당신부와 수도자들)이 언제나 존재했다.

그런 곳에서는 언제 어디서나 힘차게 활동하는 그 힘, 곧 영은 과연 어찌된 것인가? 모든 것이 그저 우연? 그저 운명? 그저 구조적 상황 때문? 천만에! 여기에는 그 이상의 무엇이 작용하고 있음은 믿음 깊은 그리스도인들에게는 의문의 여지가 없다. 힘차게 역사하시는 예수 그리스도의 영은 거룩하지 못한 인간의 영이 아니라, 거룩한 영, 곧 **하느님의** 숨과 힘과 권능이라는 것은 그들에겐 너무나 자명하다: 하느님의 영은 믿는 이의 마음속에 현존하고, 또 그렇게 신앙공동체 안에도 현존한다. 이 영은 그리스도교에 관해 말하고 연구하고 가르치고 설교하게 할 뿐 아니라, 그리스도교를 가슴으로 느끼고 진실로 몸겪고 삶속에서(타고난 성품대로, 소박하고 성실하게, 하느님의 영에 대한 신뢰 안에서) 참으로 실천하고 살아내도록 해준다. 그러므로 그리스도인들은 그리스도교가 3천년기에도 미래를 가지고 있다는 것, 이 영과 믿음의 공동체에게는 독특한 종류의 "무류성"이 주어져 있다는 것을 믿고 바랄 수 있다. 이 무류성은 이러저러한 권위들이 특정한 상황에서는 잘못을 저지르거나 오류를 범하지 않는다는 따위에 근거하는 것이 아니라, 신앙인 공동체는 온갖 잘못과 오류, 죄와 패덕에도 불구하고, 성령을 통해 예수 그리스도의 진리 안에 굳건히 머문다는 사실에 근거한다.

여기서 문득 예수의 동시대인이요 온 백성에게 존경받는 율법학자였던 바리사이 가말리엘의 유명한 충고가 떠오른다. 이 사람은 (사도행전에 따르면) 사도들이 체포된 후, 예루살렘에서 열린 최고의회에서 그리스도인들에 관해 의원들에게 이렇게 말했다: "이 계획이나 일이 사람들한테서 비롯된 것이라면 없어지고 말 것입니다. 그러나 하느님에게서 비롯된 것이라면 물론 그들을 없앨 수 없을 뿐더러 자칫 여러분 스스로 하느님의 적대자가 될 것입니다"(사도 5,38-39).

$$— 주 —$$

이 책의 목적

더 상세한 정보를 얻기 위한 주요 일반 역사학 참고서:

① 세계사: L. Halphen - P. Sagnac 편 *Peuples et civilisations. Histoire générale* I-XX, Paris 1926-37; A.J. Toynbee, *A Study of History* I-XII, Oxford 1934-61; F. Valjavec 편 *Historia Mundi* I-X, Bern 1952-61; M. Crouzet 편 *Histoire générale des civilisations* I-VII, Paris 1953-57; P. Renouvin 편 *Histoire des relations internationales* I-VIII, Paris 1953-58; G. Mann - A. Heuß 편 *Propyläen Weltgeschichte* I-XI, Berlin 1961-65; H. Franke 등 편 *Saeculum Weltgeschichte* I-VII, Freiburg 1965-75; *Fischer Weltgeschichte* 1-36, Frankfurt 1966-81; R. Boutruche - P. Lemerle 편 *Nouvelle Clio. L'Histoire et ses problèmes*, Paris 1966-; D. Hay 편 *A General History of Europe* I-XII, [신판]London 1987; T. Schieder 편 *Handbuch der europäischen Geschichte* I-VII, Stuttgart 1968-92.

② 교회사: J. Lortz, *Geschichte der Kirche in ideengeschichtlicher Betrachtung*, Münster 1935 [21(I-II)]1962/4; A Fliche - V. Martin 편 *Histoire de l'église depuis les origines jusqu'à nos jours* I-XXI, Paris 1946-52; *Pelican/Penguin History of the Church* I-VII, London 1961-92; H. Jedin 편 *Handbuch der Kirchengeschichte* I-VI, 2, Freiburg 1962-73; K.D. Schmidt - E. Wolf 편 *Die Kirche in ihrer Geschichte. Ein Handbuch* Iff, Göttingen 1962-; L.J. Rogier - R. Aubert - M.D. Knowles 편 *Geschichte der Kirche* I-V, Zürich 1971-75; H. Gülzow - H. Lehmann 편 *Christentum und Gesellschaft* I-XV, Stuttgart 1980-; M. Greschat 편 *Gestalten der Kirchengeschichte* I-XII, Stuttgart 1981-85; M. Mollat du Jourdin - A. Vauchez, *Histoire du christianisme des origines à nos jours*, Paris 1990-.

③ 교의사와 신학사: A.v. Harnack, *Lehrbuch der Dogmengeschichte* I-III, Tübingen [4]1909-10; F. Loofs, *Leitfaden zum Studium der Dogmengeschichte* (K. Aland 편) I-II, Halle 1951/53; M. Schmaus 등 편 *Handbuch der Dogmengeschichte*, Freiburg 1956-; R. Seeberg, *Lehrbuch der Dogmengeschichte* I-IV/2, Darmstadt 1959; J. Pelican, *The Christian Tradition, A History of the Development of Doctrine* I-III, Chicago 1971-78.

④ 나의 역사적 定向에 늘 도움받은 책: K. Heussi, *Kompendium der Kirchengeschichte*, Tübingen 1956 [12]1960; Der Große Ploetz, *Auszug aus der Geschichte von den Anfängen bis zur Gegenwart*, Würzburg [31]1991.

〈가〉 그리스도교의 "본질"과 "왜곡"

[1] 이 책의 구상과 사상은 머리말에서 언급했듯이 수십 년 익어온 사색의 소산이므로, 그 구조적 요소들이 분명히 인식될 수 있어야겠다. 중요한 것은 믿을만한 총체적 관점이라는 사실을 독자는 이해할 수 있을 것이다. 종종 주석에서 전에 출간된 나의 책들을 참조하더라도 의례적인 자기 인용이 아니라 사색 여정의 증거 문서로 이해해주기 바란다.

[2] 참조: T.B. Macaulay, *Über die römisch-katholische Kirche*, Frankfurt 1854 (T. Creizenach가 개정) 1-2. 이미 1840년에 저자는 Ranke의 敎皇史 영역판 서평에서 같은 말을 했다.

[3] H. Küng, *Das Judentum*, München 1991 (앞으로 *Judentum*이라 약칭) Kap.2-A I,6.

[4] K. Adam, *Das Wesen des Katholizismus*, Düsseldorf 1924 [12]1949, 17.

[5] Deutsches Volkstum und katholisches Christentum: *Theologische Quartalschrift* 114 (1933) 40-63 중 41 58.

[6] *Das Wesen des Katholizismus* 249.　　　　　　　[7] H. de Lubac, *Méditation sur l'Église*, Paris 1953.

[8] H.U. von Balthasar, *Sponsa Verbi*, Einsiedeln 1961.

[9] G. von le Fort, *Hymnen an die Kirche*, München 1924.

[10] 참조: H. Küng, *Wahrhaftigkeit. Zur Zukunft der Kirche*, Freiburg 1968, Teil A.

[11] 참조: E. Drewermann, *Kleriker. Psychogramm eines Ideals*, Olten 1989.

[12] F. Nietzsche, Der Antichrist. Fluch auf das Christentum: *Werke in drei Bänden* II, München 1955, 1161-235 중 1234.

[13] K. Deschner, *Kriminalgeschichte des Christentums* I-IV, Reinbek 1986-94. 뒤의 인용문은 I, 11.

[14] K. Deschner, *Kriminalgeschichte* I. 커버 문장.

[15] H. Küng, *Existiert Gott? Antwort auf die Gottesfrage der Neuzeit*, München 1978 [신판]1981 (*Existiert Gott?*로 약칭) Teil D.

[16] 참조: H. Küng, *Die Kirche*, Freiburg 1967 [신판]München 1977 (*Kirche*로 약칭) Teil C.

[17] H. Küng, *Strukturen der Kirche*, Freiburg 1962 [신판]München 1987 (*Strukturen*으로 약칭) Kap.VII. 참조: *Kirche*, Kap.E II,3; *Unfehlbar? Eine Anfrage*, Einsiedeln 1970; 개정증보판: *Unfehlbar? Eine unerledigte Anfrage*, München 1989 (*Unfehlbar?*로 약칭).

[18] "지금 서술하는 것의 역사가 나를 그 적으로 만들었다." K. Deschner, *Kriminalgeschichte* I. 53.

[19] Deschner의 역사서술은 내용적으로나 형식적으로나 여러 면에서 반박되어야 한다는 것이 역사학자들과 신학자들의 회합에서 밝혀졌다. 참조: H.R. Seeliger, *Kriminalisierung des Christentums? Karlheinz Deschners Kirchengeschichte auf dem Prüfstand*, Freiburg 1993(예컨대 Constantinus, Julianus, Athanasius, Ambrosius, Augustinus, Leo 1세 관련 부분은 바로잡아야 할 것이 많음이 드러났다. 특히 교황직 비판에 관한 G. Denzler의 논문 참조).

[20] 참조: H. Deschner, *Écrasez l'infâme oder Über die Notwendigkeit, aus der Kirche auszutreten: Opus Diaboli. Fünfzehn unversöhnliche Essay über die Arbeit im Weinberg des Herrn*, Reinbek 1987, 115-29.

[21] 이하 참조: *Kirche*, Teil A: Die wirkliche Kirche.

[22] 애석히도 역사비판적 해석학이 모자란 심리학자 F. Buggle의 *Denn sie wissen nicht, was sie glauben. Order warum man redlicherweise nicht mehr Christ sein kann. Eine Streitschrift*, Reinbek 1992에 대한 K.J. Kuschel의 대답 참조: Ist das Christentum inhuman? Kritische Anmerkungen zu einer Streitschrift: *Herder-Korrespondenz* 46 (1992) 222-6.

[23] *Judentum*에서 나는 세계정신을 지닌 그리스도교 신학자로서 고금의 많은 유다교 신학자들을 원용하며, 여러 시대의 패러다임들 안에 발견되는 유다교의 "본질"을 밝히려 시도했다.

〈갸〉 논쟁 속의 "그리스도교"

[1] L. Feuerbach, Vorlesungen über das Wesen der Religion (1848-49 하이델베르크 강의): *Gesammelte Werke* (W. Schuffenhauer 편) VI, Berlin 1967, 30-1.

[2] 참조: H. Küng, *Existiert Gott?* Kap.C I.

[3] L. Feuerbach, *Das Wesen des Christentums* (1841) (W. Schuffenhauer 편 I-II) Berlin 1956, 408; 참조: 서문 6.   [4] 41.

[5] L. Feuerbach, *Notwendigkeit einer Reform der Philosophie* (1842) (W. Bolin - F. Jodl 편 Sämtliche Werke II) Stuttgart 1904, 218-9.

[6] A.v. Harnack, *Das Wesen des Christentums*, Leipzig 1900.

[7] *Lehrbuch der Dogmengeschichte* I-III, Tübingen 1885-98, [4]1909-10 [신판]Darmstadt [4]1980.

[8] *Das Wesen des Christentums*, 4.

[9] K.J. Kuschel, *Geboren vor aller Zeit? Der Streit um Christi Ursprung*, München 1990, 60.

[10] A.v. Harnack, *Das Wesen des Christentums*, 4.

[11] 참조: E. Troeltsch, *Die Absolutheit des Christentums und die Religionsgeschichte*, Tübingen 1902.

[12] 참조: *Was heißt "Wesen des Christentums"?* (1903): Gesammelte Schriften II, Tübingen 1913 [2]1922 [신판]Aalen 1962.

[13] 참조: H. Hoffmann, *Die Frage nach dem Wesen des Christentums in der Aufklärungstheologie* (Harnack 기념) Leipzig 1921, 353-65.

[14] R. Schäfer, Christentum, Wesen des: J. Ritter 편 *Historisches Wörterbuch der Philosophie* I, Darmstadt 1971, 1008-16 중 1012.

[15] 참조: H. Wagenhammer, *Das Wesen des Christentums. Eine begriffsgeschichtliche Untersuchung*, Mainz 1973.

¹⁶ 특히 121-3 140-3. 물론 저자가 자료들을 개신교 신학에서 끌어왔고 보면 "우리는 '그리스도교의 본질'이라는 말을 개신교가 만들어냈다고 판단할 수 없다"(254; 참조: 165)는, 오히려 "그 고향은 고대 신플라톤주의와 영지주의·헤르메스주의 전통조류에 있다"(165; 참조: 254)는 주장은 설득력이 없다. 저자의 "거만하고 樣式化된 신학적 표현들은 결국 즉결재판식 주장들과 가파른 명제들에 귀결" [Kiel의 사학자 H.J. Birkner의 서평: *Theologische Literaturzeitung* 102 (1977) 376-8 중 377]되므로, 그의 책은 풍부한 자료와 세부분석에도 불구하고 그리스도교의 본질 물음을 밝히는 데 별로 기여하는 바 없다. J. Werbick, *Vom entscheidend und unterscheidend Christlichen*, Düsseldorf 1992가 많은 도움이 된다. 이 저자는 계몽주의와 근본주의 사이에서 그리스도교적인 길을 찾으려 한다.

¹⁷ 참조: H. Wagenhammer, *Das Wesen des Christentums*, 50-4.

¹⁸ 참조: J. Locke, *The Reasonableness of Christianity, as Delivered in the Scriptures*, London 1695.

¹⁹ 참조: J. Toland, *Christianity not Mysterious: or, a Treatise Shewing, that there is Nothing in the Gospel Contrary to Reason, not Above it: and that no Christian Doctrine can be Properly Call'd a Mystery*, London 1696 ^{신판}New York 1978.

²⁰ 참조: M. Tindal, *Christianity as Old as the Creation: or, the Gospel, a Republication of the Religion of Nature*, London 1730 ^{신판}New York 1978.

²¹ M. Schmaus, *Vom Wesen des Christentums*, Augsburg 1947. "그리스도교의 중심은 그리스도"(185)임을 강조하기는 하나, Schmaus의 그리스도에는 문제가 많다. 한 예: "그러니까 그리스도께서 교황직을 제정하셨다. … 교황에 의한 최고의 교회 통수의 가장 포괄적 표현이 교황의 무류성이다. 비록 교황의 무류성이 1869년에야 바티칸 공의회에서 교회에 의해 정식으로 확언되었지만, 교황의 무류성에 대한 믿음은, 비록 오랜 세월 발전되지 않은 형태로 남아 있었지만, 처음부터 존재했었다"(196-7).

²² 참조: R. Guardini, *Das Wesen des Christentums*, Würzburg ³1949. 이 저자 역시 그리스도교에서 그리스도라는 인물의 핵심적 의의를 인상깊게 강조하지만, 자신의 로마 가톨릭적 교회관을 옹호하기 위해 그리스도를 내세워 교회에 대한 비판을 원천적으로 봉쇄한다: "그리스도는 동떨어져 계신 것이 아니라 당신 장소를 가지고 한 질서와 관련되어 계시다. 교회는 역사상 진행하는 실재이며, 그리스도는 이 교회와 관련되어 계시다. 교회는 적절히 세워진 영역(올바로 조직된 공간)이며, 그 안에서 그분의 참모습을 뵙고 그분의 말씀을 똑똑히 들을 수 있다. … 온전히 이해한다면 그 문구의 내용은 이렇다: 어떤 내용이 그리스도에 의해 교회 안에 주어져 있는 한, 그것은 그리스도교적이다"(33).

²³ 참조: 사도 11,26; E. Peterson, Christianus: *Frühkirche, Judentum und Gnosis*, Freiburg 1959, 64-87.

²⁴ 참조: 갈라 1,13.　　²⁵ 참조: Ignatius, 마그네시아인들에게 보낸 편지 10,1.

²⁶ 참조: 10,3; 로마인들에게 보낸 편지 3,3; 필라델피아인들에게 보낸 편지 6,1.

²⁷ 참조: A. Blaise, *Dictionnaire latin-français des auteurs chrétiens*, Turnhout 1954, 556. 라틴어에서는 그후 외래어 Christianismus 대신 Christianitas가 자주 사용되었는데, 이 낱말은 시간이 지나면서 "그리스도교界"라는 의미로 한정되었다.

²⁸ 참조: Josephus Flavius, 고대사 20,9,1; 18,3,3.　　²⁹ 참조: Plinius, 서간 96.

³⁰ 참조: Tacitus, 연대기 15,44; J.B. Bauer, Tacitus und die Christen (Ann. 15,44): *Gymnasium. Zeitschrift für Kultur der Antike und humanistische Bildung* 64 (1957) 497-503.

〈나〉 **바탕인물과 근본동인**

¹ 참조: H. Küng, *Christ sein*, München 1974 ^{신판}1993 (*Christ sein*으로 약칭) Kap.B I,1.

² 참조: *Christ sein*, Kap.C I,3. H. Bardtke, O. Betz, F. Bruce, M. Burrows, G.R. Driver, A. Dupont-Sommer, H. Haag, J. Hempel, J. Jeremias, J. Maier, C. Rabin, K. Schubert, G. Vermes, Y. Yadin의 문헌들도 중요하다.

³ 참조: M. Baigent - R. Leigh, *The Dead Sea Scrolls Deception*, London 1991; B.E. Thiering, *Jesus and the Riddle of the Dead Sea Scrolls. Unlocking the Secrets of His Life Story*, San Francisco 1993; R. Eisenmann - M. Wise, *The Dead Sea Scrolls Uncovered*, Shaftesbury/Dorset 1992.

⁴ 자연과학 분석들의 상대화: J.B. Bauer, Der "Elfenbeinturm" oder Forschung als Kommunikation: K.

Freisitzer 등 편 *Tradition und Herausforderung. 400 Jahre Universität Graz*, Graz 1985, 423-30.

[5] 참조: G. Grönbold, *Jesus in Indien. Das Ende einer Legende*, München 1985. 이 전설은 특히 1894년 N. Notowitsch가 그리고 근자에는 S. Obermeier 등이 널리 전했다.

[6] 예수에 관한 미덥지 못한 "폭로 서적들" 분석: J. Dirnbeck, *Die Jesus-Fälsche. Ein Original wird entstellt*, Augsburg 1994.

[7] 쿰란에 관한 선정적 출판물 비판: J.H. Charlesworth 편 *Jesus and the Dead Sea Scrolls*, New York 1992; O. Betz - R. Riesner, *Jesus, Qumran und der Vatikan. Klarstellungen*, Gießen 1993; K. Berger, *Qumran und Jesus. Wahrheit unter Verschluß?*, Stuttgart 1993; H. Stegemann, *Die Essener, Qumran, Johannes der Täufer und Jesus. Ein Sachbuch*, Freiburg 1993; *Bibel und Kirche* 48 (1993) 1호의 쿰란 특집(특히 J.A. Fitzmyer와 H.-J. Fabry의 논문).

위에 언급한 Heidelberg의 개신교(전에는 가톨릭) 신약학자 Klaus Berger는 근자에 *Frnakfurter Allgemeine Zeitung*에서 전공분야 동료들의 신학 저술들을(나의 책 *Große christliche Denker*도) 방자하게 비방하여 세간의 주목을 끌었다. 그는 중세 초기의 한 유다교 문헌을 신약성서 시대의 것으로 잘못 측정한 전력이 있으므로 오히려 겸손하게 처신했어야 옳았다. 좀더 자세히 말하면, 1989년 그는 *Weisheitsschrift aus der Kairoer Geniza*를 "초간"이라며 내놓았는데, 실상 이 문헌은 1902-4년 A.E. Harkavy와 S. Schechter가 출간했었다. 게다가 내용도 "실제로 나아진 것이 거의 없다"(Tübingen의 개신교 구약학자 Hans Peter Rüger의 평가). Rüger가 그 문헌에 대한 훌륭한 연구를 거쳐 간행한 새 판(*Weisheitsschrift aus der Kairoer Geniza. Text, Übersetzung und philologischer Kommentar*, Tübingen 1991, 앞의 인용문은 2쪽. Berger는 이 책의 출판을 자기 출판사를 통해 고소하겠다고 위협함으로써 방해하려 했다)에서 밝힌 사실(1-19): "superlinear punctuation"은 "Berger가 말하는 것처럼 팔레스티나식이 아니라, 이른바 단순한 바빌로니아식"이다. Berger는 "자음 텍스트의 수많은 곳을 잘못 읽었다". "바빌로니아식 모음부호들을 오해한 곳도 드물지 않다." "Berger의 번역도 언제나 믿을만한 것은 못 된다." 이 문헌은 Berger가 추정하듯 "100년경"에 쓰어진 것이 아니라, 빨라도 "6-7세기" 이후, 어쩌면 "12세기"에야 생겨났을 것이다. Berger는 쓰어진 장소로 이집트를 꼽는데, 그럴 가능성은 거의 없다. "Weisheitsschrift aus der Kairoer Geniza"는 Berger의 생각처럼 "아마도 헬레니즘 철학의 실재론적 성향을 유다교 전통의 지혜문학적 이원론과 결합시키려는 최종적인 시도"가 아니라, "중세 유다교 신플라톤주의의 산물"로 보아야 한다. S. Schechter도 이 문헌은 중세 초기의 랍비 문헌이라 생각했고, 그후 그리스도교와 유다교의 모든 전공학자가 그 사실을 입증했다. 특히 참조: E. Fleischer, *The Proverbs of Sa'id ben Babshad*, Jerusalem 1990, 241-63; G. Veltri, *Theologische Rundschau* 57 (1992) 405-30. Berger의 학문적 통찰력 결여와 — 다른 경우에서 드러난 — 텍스트 연대추정과 해석의 무능은, 잘 팔리는 문필가 Berger가 전공분야 동료들의 학술문헌에 대한 비평가로서는 자격이 없음을 보여준다.

[8] 쿰란 공동체와 예수 제자단의 차이: *Christ sein*, Kap.C I,3.   [9] 참조: Kap.C VI,1.   [10] 요한 14,6.

〈나〉 핵심적 구성요소들

[1] 1고린 12,4-6.

[2] H. Küng, *Christentum und Weltreligion. Hinführung zum Dialog mit Islam, Hinduismus und Buddhismus* (J. van Ess, H.v. Stietencron, H. Bechert와 공저) München 1984 (*Weltreligion*으로 약칭); *Christentum und Chinesische Religion* (J. Ching과 공저) München 1988 (*Chinesische Religion*으로 약칭). 이 두 책에서 전개한, 인도의 신비적 종교나 중국의 깨달음의 종교와 구별되는 전형적인 예언자적 종교에 대한 관점과 구상이 G.T. Sheppard와 W.E. Herbrechtsmeier의 논문(Prophecy: *EncRel*, XII, 8-14)에 의해 뒷받침되었다. 이 두 사람은 예언자들의 다섯 가지 특징을 분석한 끝에 다음과 같은 결론에 이르렀다: "창도적 예언자들은 주요 종교전통들(불교·자이나교·유교·도교 등)을 창시한 사람들과는 다르다. 인도와 중국에 기원을 둔 이 전통들의 창시자들은 인간에게 전할 계시를 담지한, 하느님이 선택하신 사자들이 아니라, 새로운 철학적 통찰과 종교적 문제들을 해결하는 방법으로서의 실천적 수양을 발전시킨 스승이요 현자들이었다"(10).

³ K.-J. Kuschel의 최근 아브라함 연구: *Der Streit um Abraham. Was Juden, Christen und Muslime trennt - und was sie eint*, München 1994. 이 책에는 유다교 · 그리스도교 · 이슬람교의 아브라함 전승들에 관한 감명깊은 종합과 아브라함적 그리스도교 일치운동을 위한 훌륭한 변론이 담겨 있다.

⁴ 율법: H. Küng, *Judentum*, Kap.1-B I,2.　　　⁵ 참조: 탈출 19 - 민수 10.

⁶ 참조: 탈출 34,28; 신명 4,13; 10,4.　　　⁷ 참조: 탈출 20,2-17; 신명 5,6-21.

⁸ 구약성서 神像: W. Eichrodt, L. Köhler, O. Procksch, E. Jacob, G.v. Rad, T.C. Vriezen의 좀 낡은 구약성서신학 후 특히 G. Fohrer, *Theologische Grundstrukturen des Alten Testaments*, Berlin 1972; W. Zimmerli, *Grundriß der Alttestamentlichen Theologie*, Stuttgart 1972; J.L. McKenzie, *A Theology of the Old Testament*, New York 1974; M. Rose, *Der Ausschließlichkeitsanspruch Jahwes. Deuteronomische Schultheologie und die Volksfrömmigkeit in der späten Königszeit*, Stuttgart 1975; H. Vorländer, *Mein Gott. Die Vorstellungen vom persönlichen Gott im Alten Orient und im Alten Testament*, Neukirchen 1975; H.W.F. Saggs, *The Encounter with the Divine in Mesopotamia and Israel*, London 1978; C. Westermann, *Theologie des Alten Testaments in Grundzügen*, Göttingen 1978; O. Keel 편 *Monotheismus im alten Israel und seiner Umwelt*, Fribourg 1980; S. Kreuzer, *Der lebendige Gott. Bedeutung, Herkunft und Entwicklung einer alttestamentlichen Gottesbezeichnung*, Stuttgart 1983; B. Andrade, *Encuentro con Dios en la historia, Estudio de la concepción de Dios en el Pentateuco*, Salamanca 1985; J. Vermeylen, *Le Dieu de la promesse et le Dieu de l'alliance. Le dialogue des grandes intuitions théologiques de l'Ancien Testament*, Paris 1986; A.D. Clarke - B.W. Winter 편 *One God, one Lord in a World of Religious Pluralism*, Cambridge 1991. 유다교 신상의 여성 측면 死藏: O. Keel - C. Uehlinger, *Göttingen, Götter und Gottessymbole. Neue Erkenntnisse zur Religionsgeschichte Kanaans und Israels aufgrund bislang unerschlossener ikonographischer Quellen*, Freiburg 1992; E.S. Gerstenberger, *Jahwe - ein patriarchaler Gott? Traditionelles Gottesbild und feministische Theologie*, Stuttgart 1988; M.S. Smith, *The Early History of God. Yahweh and the Other Deities in Ancient Israel*, San Francisco 1990(특히 Kap.III).

⁹ 참조: 이사 63,7 - 64,11.　　　¹⁰ 참조: 창세 1,27.

¹¹ 참조: *Judentum*, Kap.1-A II,7: Der Bund mit Noach: Menschheitsbund und Menschheitsethos.

¹² 참조: Kap.1- BI: Die zentralen Strukturelemente.

¹³ 역사의 예수와 신약성서의 그리스도론에 관한 근자의 문헌: G. Bornkamm, *Jesus von Nazareth*, Stuttgart 1956; O. Cullmann, *Die Christologie des NT*, Tübingen 1957; N. Perrin, *Rediscovering the Teaching of Jesus*, New York 1957; E. Schweizer, *Jesus Christus in vielfältigen Zeugnissen des NT*, Gütersloh 1968 ⁵1976; H. Braun, *Jesus. Der Mann aus Nazareth und seine Zeit*, Stuttgart 1969; C.H. Dodd, *The Founder of Christianity*, New York 1970; F. Hahn, *Christologische Hoheitstitel. Ihre Geschichte im frühen Christentum*, Göttingen 1974; C.F.D. Moule, *The Origin of Christology*, Cambridge 1977; J.D.G. Dunn, *Christology in the Making. A New Testament Inquiry into the Origins of the Doctrine of the Incarnation*, Philadelphia 1980; J. Riches, *Jesus and the Transformation of Judaism*, London 1980; J. Blank, *Der Jesus des Evangeliums. Entwürfe zur biblischen Christologie*, München 1981; E.P. Sanders, *Jesus and Judaism*, Philadelphia 1985; W. Simonis, *Jesus von Nazareth. Seine Botschaft vom Reich Gottes und der Glaube der Urgemeinde. Historisch-kritische Erhellung der Ursprünge des Christentums*, Düsseldorf 1985; P. Fredriksen, *From Jesus to Christ. The Origins of the New Testament Images of Jesus*, New Haven 1988; M. de Jonge, *Christology in Context. The Earliest Christian Response to Jesus*, Philadelphia 1988; E. Richard, *Jesus: One and Many. The Christological Concept of New Testament Authors*, Wilmington 1988; J. Gnilka, *Jesus von Nazaret. Botschaft und Geschichte*, Freiburg 1990; J.D. Crossan, *The Historical Jesus. The Life of a Mediterranean Jewish Peasant*, San Francisco 1991; N.A. Dahl, *Jesus the Christ. The Historical Origins of Christological Doctrine*, Minneapolis 1991; J.P. Meier, *A Marginal Jew. Rethinking the Historical Jesus* I, New York 1991; R. Schnackenburg, *Die Person Jesus Christi im Spiegel der vier Evangelien*, Freiburg 1993. 역사의 예수에 관한 항목은 L. Boff, O. González de Cardedal, J.J. González Faus, W. Kasper, F.-W. Marquardt, J. Moltmann, K.H. Ohlig, W. Pannenberg, C.H.

977

Ratschow, E. Schillebeeckx, P. Schoonenberg, J.L. Segundo, J. Sobrino의 그리스도론에도 들어 있다. 연구 현황 개관: W.G. Kümmel, *Dreißig Jahre Jesusforschung*(1950-80) Königstein 1985; A.J. Hultgren, *New Testament Christology. A Critical Assessment and Annotated Bibliography*, New York 1988.

[14] 요한 14,28. [15] 루가 18,19.

[16] 참조: K.-J. Kuschel, *Geboren vor aller Zeit? Der Streit um Christi Ursprung*, München 1990, 500-2.

[17] 십자가: H. Kessler, *Die theologische Bedeutung des Todes Jesu. Eine traditionsgeschichtliche Untersuchung*, Düsseldorf 1970; H. Cohn, *The Trial and Death of Jesus*, London 1972; S.K. Williams, *Jesus' Death as Saving Event. The Background and Origin of a Concept*, Missoula/Mont 1975; W.H. Kelber 편 *The Passion in Mark. Studies on Mark 14-16*, Philadelphia 1976; M.-L. Gubler, *Die frühesten Deutungen des Todes Jesu. Eine motivgeschichtliche Darstellung aufgrund der neueren exegetischen Forschung*, Fribourg 1977; F. Zehrer, *Das Leiden Christi nach den vier Evangelien. Die wichtigsten Passionstexte und ihre hauptsächlichen Probleme*, Wien 1980; M. Limbeck 편 *Redaktion und Theologie des Passionsberichtes nach den Synoptikern*, Darmstadt 1981; D. Flusser, *Last Days of Jesus in Jerusalem. A Current Study of the Easter Week*, Tel Aviv 1980; G. Friedrich, *Die Verkündigung des Todes Jesu im Neuen Testament*, Neukirchen 1982; J.D. Crossan, *The Cross that Spoke. The Origins of the Passion Narrative*, San Francisco 1988; K. Grayston, *Dying, We Live. A New Enquiry into the Death of Christ in the New Testament*, Oxford 1990; G. Barth, *Der Tod Jesu Christi im Verständnis des Neuen Testaments*, Neukirchen 1992.

[18] 부활: 앞에서 언급한 예수책들과 그리스도론들: K. Berger, *Die Auferstehung des Propheten und die Erhöhung des Menschensohnes. Traditionsgeschichtliche Untersuchungen zur Deutung des Geschickes Jesu in frühchristlichen Texten*, Göttingen 1976; J. Kremer, *Die Osterevangelien. Geschichten um Geschichte*, Stuttgart 1977; F. Zehrer, *Die Auferstehung Jesu nach den vier Evangelien. Die Osterevangelien und ihre hauptsächlichen Probleme*, Wien 1980; R.H. Smith, *Easter Gospels. The Resurrection of Jesus According to the Four Evangelists*, Minneapolis 1983; H. Hendrickx, *The Resurrection Narratives of the Synoptic Gospels*, London 1984; P. Perkins, *Resurrection: New Testament Witness and Contemporary Reflection*, New York 1984; H. Kessler, *Sucht den Lebenden nicht bei den Toten. Die Auferstehung Jesu Christi in biblischer, fundamentaltheologischer und systematischer Sicht*, Düsseldorf 1985; H.F. Bayer, *Jesus' Predictions of Vindication and Resurrection. The Provenance, Meaning and Correlation of the Synoptic Predictions*, Tübingen 1986. G. O'Collins, *Jesus Risen. An Historical, Fundamental and Systematic Examination of Christ's Resurrection*, New York 1987. P. Hoffmann 편 *Zur neutestamentlichen Überlieferung von der Auferstehung Jesu*, Darmstadt 1988; W.L. Craig, *Assessing the New Testament Evidence for the Historicity of the Resurrection of Jesus*, Lewiston/N.Y. 1989.

[19] 참조: M. Hengel, "Setze dich zu meiner Rechten!". Die Inthronisation Christi zur Rechten Gottes und Ps 110,1: M. Philonenko 편 *Le Trône de Dieu*, Tübingen 1994, 108-94.

[20] 191. [21] 참조: 이사 53.

[22] 신약성서의 윤리: K.H. Schelkle, *Theologie des Neuen Testaments III: Ethos*, Düsseldorf 1970; D. Wendland, *Ethic des Neuen Testaments. Eine Einführung*, Göttingen 1970; H.-J. T. Sanders, *Ethics in the New Testament. Change and Development*, Philadelphia 1975; J.-F. Collange, *De Jésus à Paul. L'éthique du Nouveau Testament*, Genf 1980; B. Gerhardsson, *The Ethos of the Bible*, Philadelphia 1981; W. Schrage, *Ethik des Neuen Testaments*, Göttingen 1982 ²1989; R.F. Collins, *Christian Morality. Biblical Foundations*, Notre Dame 1986; R. Schnackenburg, *Die sittliche Botschaft des Neuen Testaments* I-II, Freiburg 1986-88; S. Schulz, *Neutestamentliche Ethik*, Zürich 1987; E. Lohse, *Theologische Ethik des Neuen Testaments*, Stuttgart 1988; W. Marxsen, *"Christliche" und christliche Ethik im Neuen Testament*, Gütersloh 1989; H. Merklein 편 *Neues Testament und Ethik*, Freiburg 1989; H. Schürmann, *Studien zur neutestamentlichen Ethik* (Söding 편) Stuttgart 1990.

[23] 참조: 골로 3,18–4,1. [24] 필립 4,8.

[25] 덕행 목록: 갈라 5,22-23. 악덕 목록: 로마 1,29-31; 1고린 6,9-10; 2고린 12,20-21; 갈라 5,19-21.

[26] 참조: E. Käsemann, *An die Römer*, Tübingen 1973 [4]1980.

[27] 성서의 성령 이해: 신학사전들의 해당 항목(특히 *Theologisches Wörterbuch des Neuen Testaments* 에 실린 E. Schweizer)과 신약성서 신학들(특히 R. Bultmann)의 해당 단락들: 더 새로운 연구: I. Hermann, *Kyrios und Pneuma*, München 1961; J.D.G. Dunn, *Jesus and the Spirit. A Study of the Religious and Charismatic Experience of Jesus and the First Christians as Reflected in the New Testament*, London 1975; B. Lindars - S.S. Smalley 편 *Christ and Spirit in the New Testament*, Cambridge 1973; M.E. Isaacs, *The Concept of Spirit. A Study of Pneuma in Hellenistic Judaism and its Bearing on the New Testament*, London 1976; E. Schweizer, *Heiliger Geist*, Stuttgart 1978; M.-A. Chevallier, *Souffle de Dieu. Le Saint-Esprit dans le Nouveau Testament* I-III, Paris 1978-91. H.-J. Kraus, *Heiliger Geist. Gottes befreiende Gegenwart*, München 1986. 그밖에 바울로와 요한의 성령관에 대한 논문도 매우 많다. H.U.v. Balthasar, H. Berkhof, L. Bouyer, J. Comblin, Y. Congar, M. Dupny, F.X. Durwell, P. Evdokimov, B.J. Hilberath, J. Moltmann, H. Mühlen, C. Schütz, H, Thielicke, E. Timiadis, M. Welker 들도 성령에 대한 체계적 전공 논문들을 내놓았다. 교회들간에 논란되는 문제: J. Moltmann - H. Küng 편집 *Concilium* 15 (1979): Heiliger Geist im Widerstreit.

[28] 1고린 15,45.   [29] 2고린 3,17.   [30] 필립 1,19; 참조: 로마 8,9; 갈라 4,6; 2고린 3,18.

[31] 참조: 창세 1,2.   [32] 요한 3,8.   [33] 요한 16,13.

[34] 참조: 1고린 12,28. 그리스도 후 예언자들: G. Dautzenberg, *Urchristliche Prophetie. Ihre Erforschung, ihre Voraussetzungen im Judentum und ihre Struktur im ersten Korintherbrief*, Stuttgart 1975; U.B. Müller, *Prophetie und Predigt im Neuen Testament. Formgeschichtliche Untersuchungen zur urchristlichen Prophetie*, Gütersloh 1975; P.S. Minear, *To Heal and to Reveal. The Prophetic Vocation According to Luke*, New York 1976; J. Panagopoulos 편 *Prophetic Vocation in the New Testament and Today*, Leiden 1977; E.E. Ellis, *Prophecy and Hermeneutic in Early Christianity. New Testament Essays*, Tübingen 1978; D.E. Aune, *Prophecy and Early Christianity and the Ancient Mediterranean World*, Grand Rapids 1983; W.A. Grudem, *The Gift of Prophecy in the New Testament and Today*, Westchester/Ill. 1988; A. Clark Wire, *The Corinthian Women Prophets. A Reconstruction through Paul's Rhetoric*, Minneapolis 1990; M.E. Boring, *The Continuing Voice of Jesus. Christian Prophecy and the Gospel Tradition*, Louisville 1991.

[35] 참조: 에페 2,20.

[36] *Weltreligionen*, Kap.A I: Muhammad und der Koran: Prophetie und Offenbarung.

[37] 참조: K. Jaspers, *Die maßgebenden Menschen*, München 1964 [4]1971.

[38] 참조: *Weltreligionen*, Kap.A IV: Der Islam und die anderen Religionen. Jesus im Koran.

[39] 1고린 2,2.   [40] 참조: 요한 14,6.   [41] 참조: 요한 6,35.48.51.   [42] 참조: 요한 8,12.

[43] 참조: 요한 10,7.   [44] 참조: 요한 15,1.5.   [45] 참조: 요한 10,11.

[46] 참조: E. Käsemann, Liturgische Formeln im NT: *Die Religion in Geschichte und Gegenwart* II, Tübingen 1958, 993-6; G. Bornkamm, Formen und Gattungen im NT: *Die Religion in Geschichte und Gegenwart* II, 999-1005. 신경: O. Cullmann, *Die ersten christlichen Glaubensbekenntnisse*, Zürich 1943 [4]1949; K.H. Schelkle, *Die Passion Jesu in der Verkündigung des Neuen Testaments*, Heidelberg 1949, 247-75; J.N.D. Kelly, *Early Christian Creeds*, London 1950 [*Altchristliche Glaubensbekenntnisse*, Göttingen [3]1972].

[47] 1고린 12,3.   [48] 예: 1고린 8,6.   [49] 예: 1고린 15,3-5; 로마 1,3-4.

[50] 참조: 마태 28,19; 2고린 13,13.   [51] 참조: 1베드 3,18-20; *Christ sein*, Kap.C V,I: Legenden?

[52] 참조: *Credo. Das Apostolische Glaubensbekenntnis - Zeitgenossen erklärt*, München 1992 = 이종한 역 『믿나이다 — 현대인을 위한 사도신경 해설』 분도출판사 1999.

[53] 관련된 모든 문제: *Unfehlbar?* 117-2.

[54] 참조: 마르 1,16-20; 마태 4,18-22.   [55] 참조: 마태 7,21.

[56] 참조: J. Gründel - H. van Oyen, *Ethik ohne Normen? Zu den Weisungen des Evangeliums*, Freiburg 1970; A. Auer, *Autonome Moral und christlicher Glaube*, Düsseldorf 1971; D. Mieth, Die Situationsanalyse aus theologischer Sicht: A. Hertz 편 *Moral*, Mainz 1972, 13-33; W. Korff, *Norm und Sittlichkeit.*

Untersuchungen zur Logik der normativen Vernunft, Mainz 1973; B. Schüller, *Die Begründung sittlicher Urteile. Typen ethischer Argumentation in der katholischen Moraltheologie*, Düsseldorf 1973; F. Böckle, *Fundamentalmoral*, München 1977. 근년의 주석학과 윤리학 논쟁 개관: R. Dillmann, *Das Eigentliche der Ethik Jesu. Ein exegetischer Beitrag zur moraltheologischen Diskussion um das Proprium einer christlichen Ethik*, Mainz 1984.

[57] 예수 추종: 주석학 문헌 외에도 D. Bonhoeffer, *Nachfolge*, München [2]1940; K. Barth, *Kirchliche Dogmatik* IV,2, §66,3, Zürich 1955; E. Larsson, *Christus als Vorblid*, Uppsala 1962; A. Schulz, *Nachfolgen und Nachahmen*, München 1962; G. Bouwmann, *Folgen und Nachfolgen im Zeugnis der Bibel*, Salzburg 1965; H.D. Betz, *Nachfolge und Nachahmung Jesu Christi im Neuen Testament*, Tübingen 1967; M. Hengel, *Nachfolge und Charisma*, Berlin 1968; H. Merklein, *Die Gottesherrschaft als Handlungsprinzip. Untersuchung zur Ethik Jesu*, Würzburg 1978.

[58] 참조: *Christ sein*, Kap.C III,1: Das veränderte Bewußtsein.

[59] M.K. Gandhi, M.M. Thomas 口述, *The Acknowledged Christ of the Indian Renaissance*, Madras 1976, 200.

[60] 산상설교: 앞에 언급한 예수 책, 신약성서 신학과 마태 5-7장에 대한 주석서 외에도 W.D. Davies, *The Setting of the Sermon on the Mount*, Cambridge 1964; *Die Bergpredigt. Exegetische Untersuchungen ihrer jüdischen und frühchristlichen Elemente*, München 1970; G. Eichholz, *Auslegung der Bergpredigt*, Neukirchen 1965; H.-T. Wrege, *Die Überlieferungsgeschichte der Bergpredigt*, Tübingen 1968; P. Pokorny, *Der Kern der Bergpredigt. Eine Auslegung*, Hamburg 1969; G. Miegge, *Il Sermone sul monte. Commentario esegetico*, Turin 1970; E. Schweizer, *Die Bergpredigt*, Göttingen 1982; H. Hendrickx, *The Sermon on the Mount*, London 1984; G. Strecker, *Die Bergpredigt. Ein exegetischer Kommentar*, Göttingen 1984; C. Bauman, *The Sermon on the Mount: The Modern Quest for its Meaning*, Macon/Ga. 1985; H.D. Betz, *Studien zur Bergpredigt*, Tübingen 1985; T.L. Donaldson, *Jesus on the Mountain. A Study in Matthean Theology*, Sheffield 1985; A. Kodjak, *A Structural Analysis of the Sermon on the Mount*, Berlin 1986; G. Lohfink, *Wem glit die Bergpredigt? Beiträge zu einer christlichen Ethik*, Freiburg 1988.

[61] 참조: *Judentum*, Kap.2-B II,3.   [62] 참조: 마태 25,18-19.

[63] 참조: W. Trilling, *Das wahre Israel. Studien zur Theologie des Matthäus-Evangeliums*, München 1964, Kap.9: Die Gesetzesfrage nach Mt 5,17-20.

[64] 참조: 마태 5,39-41.   [65] 참조: 루가 6,43-44; 마태 7,16.18.

[66] 참조: *Judentum*, Kap.2-B VII: Jüdische Selbstkritik im Licht der Bergpredigt?

[67] 참조: 마태 5,41.   [68] 참조: 마태 5,40.   [69] 참조: 마태 5,39.

[70] 참조: 탈출 20,2-17; 신명 5,6-21.   [71] 참조: 마태 5,20.   [72] 참조: 로마 13,8-10.

[73] T.S. Kuhn, *The Structure of Scientific Revolutions*, Chicago 1962 = *Die Struktur wissenschaftlicher Revolutionen*, Frankfurt [2]1976, 186.

[74] 참조: H. Küng, *Theologie im Aufbruch. Eine ökumenische Grundlegung*, München 1987 (*Theologie*로 약칭) Kap.B II-IV. C I; *Projekt Weltethos*, München 1990 (*Weltethos*로 약칭) Teil C.

[75] S. Kierkegaard, *Einübung im Christentum* (1850): Gesammelte Werke, 26. Abt., Düsseldorf 1955, 34.

〈다〉 원그리스도교의 유다계 묵시문학 패러다임

[1] J. Le Goff - R. Chartier - J. Revel 편 *La nouvelle histoire*, Paris 1978 = *Die Rückeroberung des historischen Denkens. Grundlagen der Neuen Geschichtswissenschaft*, Frankfurt 1990, 28 (J. Le Goff).

[2] Marc Bloch, Lucien Febvre, Fernand Braudel 그리고 "제3세대"의 역사 편찬에 관해서는 Cambridge 의 역사학자 P. Burke[*The French Historical Revolution. The Annales School, 1929-89*, Cambridge 1990]가 공감을 표현면서도 비판적으로 소개한다.

[3] Marc Bloch는 저항운동가로서 1944년 게슈타포(나치 비밀경찰)에 의해 체포·처형되었다.

[4] 참조: J. Le Goff, *Die Rückeroberung*, 8.   [5] 참조: 37. 18도.

 ⁶ M. Weber, Die protestantische Ethik und der Geist des Kapitalismus: *Gesammelte Aufsätze zur Religionssoziologie* I, Tübingen 1920, 17-206. J. Le Goff와의 대화: *Die Zeit* 1991.4.12.

⁷ H. Jedin 편 *Handbuch der Kirchengeschichte* I-VII, Freiburg 1962-79.

⁸ A. Fliche - V. Martin, *Histoire de L'Église. Depuis les origines jusqu'à nos jours* I-XXI, Paris 1934-52.

⁹ M. Mollat du Jourdin - A. Vauchez, *Histoire du christianisme des origines à nos jours*, Paris 1990. 지금까지 세 권 출간. 프랑스적 기질과 연구자세가 새겨져 있다.

¹⁰ H. Gülzow - H. Lehmann, *Christentum und Gesellschaft*, Stuttgart 1980-. 계획된 14권 중 4권 출간.

¹¹ 가톨릭 교회사 서술도 변화 징조: J. Köhler 편 *Theologische Quartalschrift* 173 (1993) 4집: *Theoriedefizite der Kirchengeschichte?* (U. Altermatt, A. Holzem, A. Angenendt, G. de Rosa의 시사적 논문들).

¹² K. Pomian, *L'ordre du temps*, Paris 1984(사건 · 주기 · 시기 · 구조 · 시대 등 역사의 가본 범주 분석).

¹³ J. Le Goff, *Die Rückeroberung*, 38.   ¹⁴ 9.

¹⁵ J. Le Goff, *Storia e memoria*, Turin 1977. 인용문은 독일어판 47.

¹⁶ 원공동체에 관한 사회학적 연구: M. Weber, *Gesammelte Aufsätze zur Religionssoziologie* III: *Das antike Judentum*, Tübingen 1920, 특히 부록 Die Pharisäer, 401-42; G. Theißen, *Studien zur Soziologie des Urchristentums*, Tübingen ³1989, 특히 Teil II: Evangelien. 물론 "유랑 설교자" 예수像은 한 전승(주로 Q)에 터해 그려서는 안된다. 더 광범한 사회 · 정치적 맥락: E. Stambaugh - D.L. Balch, *New Testament and Its Social Environment*, Philadelphia 1986; H. Küng, *Kirche*, Kap.B(문헌!). 원공동체에 관한 신학적 연구: P.V. Dias, *Viefalt der Kirche in der Viefalt der Jünger, Zeugen und Diener*, Freiburg 1968; *Kirche. In der Schrift und im 2. Jahrhundert*, Freiburg 1974; G. Hasenhüttl, *Charisma. Ordnungsprinzip der Kirche*, Freiburg 1969; J.J. Becker 등 *Die Anfänge des Christentums. Alte Welt und neue Hoffnung*, Stuttgart 1987(특히 J. Becker, C. Colpe, K. Löning의 논문); M. Hengel, *The 'Hellenization' of Judaea in the First Century after Christ*, London 1989; L. Schenke, *Die Urgemeinde. Geschichtliche und theologische Entwicklungen*, Stuttgart 1990; J. Roloff, *Die Kirche im Neuen Testament*, Göttingen 1993.

¹⁷ 참조: 사도 4,32; 4,34-35; 2,44-45.   ¹⁸ 참조: 마태 5,3; 루가 6,20.

¹⁹ B. Brecht, *Die Dreigroschenoper* (Gesammelte Werke II) Frankfurt 1967, 457.   ²⁰ 마태 6,33.

²¹ 참조: 갈라 2,10; 로마 15,26; L.E. Keck, The Poor among the Saints, in Jewish Christianity and Qumran: *Zeitschrift für Neutestamentliche Wissenschaft* 57(1966) 54-78.

²² 참조: 사도 4,36-37; 5,1-1. B. Pixner가 발굴한 신약성서 시대의 門이 Josephus Flavius가 말한 바 있는 "에세네파 사람들의 문"이고, 그리스도인 최초의 집회장소가 시온 산(어떤 유다교 회당?)이라고 전해주는 1-2세기까지 소급되는 전승이 옳다면, 에세네파와 그리스도인들은 이웃에 살았던 셈이다. 참조: B. Pixner, *Wege des Messias und Stätten der Urkirche. Jesus und das Judenchristentum im Licht neuer archäologischer Erkenntnisse*, Gießen 1991; R. Riesner, *Das Jerusalemer Essenerviertel und die Urgemeinde* [예고된 Aufstieg und Niedergang der römischen Welt (ANRW)의 II. 26.2].

²³ 참조: 루가 5,11; H. Braun, *Jesus. Der Mann aus Nazareth und seine Zeit*, Stuttgart 1969, 104-13; M. Hengel, *Eigentum und Reichtum in der frühen Kirche. Aspekte einer frühchristlichen Sozialgeschichte*, Stuttgart 1973, Kap.3: Verkündigung Jesu.

²⁴ 사도 4,32; 참조: 사도 4,34-35; 2,44-45.   ²⁵ 참조: 사도 6,1-6.

²⁶ 재산 공유: L. Schenke, *Die Urgemeinde*, 90-4.

²⁷ 참조: *Judentum*, Kap.1-C III,8: Die Apokalyptiker als Warner und Deuter der Zeit; 이 책에서 언급하는 O. Plöger, C. Rowland, D. Hellholm, G.W.E. Nickelsburg - M.E. Stone, J.J. Collins, M. Goodmann, P.D. Hanson의 저술들도.

²⁸ 참조: *Christ sein*, Kap.C II,1: Apokalyptischer Horizont. 이 주제의 새로운 연구 현황에 대한 훌륭한 개관: K.-J. Kuschel, *Geboren vor aller Zeit? Der Streit um Christi Ursprung*, München 1990, 290-7.

²⁹ 참조: 〈나〉 **2**.   ³⁰ 참조: 마르 9,1; 13,30; 마태 10,23.

³¹ 참조: 마르 13,4-6.32; 루가 17,20-21.

³² 참조: E. Käsemann, *Exegetische Versuche und Besinnungen* II, Göttingen 1964, 82-131.

[33] 참조: 마르 13.

[34] 이 현상에 대한 최근의 역사적·심리학적 재구성 시도: C. Colpe, Die älteste judenchristliche Gemeinde: J. Becker, *Die Anfänge*, 59-79; L. Schenke, *Die Urgemeinde*, 11-23.

[35] 참조: 사도 2,22-36.   [36] 참조: 사도 2.

[37] 참조: J.D.G. Dunn, *The Parting of Ways. Between Christianity and Judaism and their Significance for the Character of Christianity*, London 1991; H. Küng, *Judentum*, Kap.2-B III,4.

[38] 참조: 사도 15,1; 갈라 5,2.   [39] 참조: 마태 24,20.   [40] 참조: 골로 2,16.

[41] 참조: 갈라 2,12-13; 사도 21,20-26.   [42] 참조: 마태 5,23; 사도 2,46; 3,1.

[43] 초창기 그리스도교 신심 분석: L.W. Hurtado, *One God, One Lord. Early Christian Devotion and Ancient Jewish Monotheism*, Philadelphia 1988.

[44] 참조: H. Küng, *Kirche*, Kap.C III,1.

[45] 요한 3,22에서는 예수가 세례를 베풀었다고 하는데, 4,2에서는 예수 친히 베푼 것이 아니라 제자들이 베풀었다고 수정한다.

[46] 마르 16,15-16은 후대에 추가된 부분이다. 요한 3,5가 세례를 말하는 것인지는 확실치 않다. 삼위일체 양식의 마태 28,19-20은 신앙공동체가 물려받은 전승 내지 관습에 소급된다.

[47] 참조: 마르 1,9-11.   [48] 참조: 마르 1,4. 요한의 세례에 대한 예수의 승인: 마르 11,27-33.

[49] 특히 1고린 12,13; 로마 6,3; 참조: 사도 9,18.   [50] 참조: 사도 2,38; 8,16; 10,48.

[51] 참조: 1고린 1,13-15; 갈라 3,27; 로마 6,3; L. Hartmann, *"Auf den Namen des Herrn Jesus." Die Taufe in den Neutestamentlichen Schriften*, Stuttgart 1992.

[52] 마태 28,19.   [53] 참조: H. Küng, *Kirche*, Kap.C III,2.

[54] 참조: 사도 2,46.   [55] 참조: 1고린 11,23-25; 마르 14,22-25; 마태 26,26-29; 루가 22,15-20.

[56] 참조: 1고린 11,23-25. 바울로는 40년대 고린토에서 선교를 시작할 때부터 분명히 주님 자신에게까지 소급되는 만찬례 전승을 전했노라고 증언한다.

[57] J. Jeremias의 고전적 연구 *Die Abendmahlsworte Jesu*, Göttingen [3]1960과 최근의 E. Mazza, *L'anafora eucaristica. Studi sulle origini*, Rom 1992를 비교해 보라.

[58] 참조: 1고린 11,20.

[59] Eucharistia란 말은 Didache 9,10에서 처음 사용되었고, Ignatius와 Justinus의 글에도 나온다.

[60] 참조: 1고린 16,22.

[61] 참조: *Kirche*, Kap.B III: Die endzeitliche Heilsgemeinde; Kap.C: Die Grundstruktur der Kirche.

[62] 참조: E. Stagg - F. Stagg, *Woman in the World of Jesus*, Philadelphia 1978; E. Moltmann-Wendel, *Ein eigener Mensch werden. Frauen um Jesus*, Gütersloh 1980; F. Quéré, *Les femmes de l'Evangile*, Paris 1982; J. Blank, Frauen in den Jesusüberlieferungen: G. Dautzenberg - H. Merklein - K. Müller 편 *Die Frau im Urchristentum*, Freiburg 1983, 9-91; B. Witherington, *Women in the Ministry of Jesus. A Study of Jesus' Attitudes to Women and Their Roles as Reflected in His Earthly Life*, Cambridge 1984.

[63] 참조: 1고린 7; 위 *Die Frau im Urchristentum*의 Kap.VII에 수록된 H. Merklein의 논문.

[64] E. Schüssler Fiorenza, *In Memory of Her. A Feminist Theological Reconstruction of Christian Origins*, New York 1883 = *Zu ihrem Gedächtnis ... Eine feministisch-theologische Rekonstruktion der christlichen Ursprünge*, Mainz 1988, 183.

[65] 186. "Argumentum e silentio"의 한계들: S. Heine, Brille der Parteilichkeit. Zu einer feministischen Hermeneutik: *Evangelische Kommentare* 23 (1990) 354-7.

[66] E. Schüssler Fiorenza, *Zu ihrem Gedächtnis* 186.   [67] 189.   [68] 165-6.

[69] 루가 4,32.   [70] 참조: 마르 3,16; 요한 1,42.   [71] 참조: 마르 8,29; 9,5; 10,28; 11,21.

[72] 참조: 마르 3,16; 마태 10,2; 루가 6,14; 사도 1,13.   [73] 참조: 마르 8,27-33.

[74] 참조: 루가 22,28.31-32.   [75] 참조: 1고린 15,5; 루가 24,34.

[76] 베드로 문제에 관한 개신교의 전형적 해설: O. Cullmann, *Petrus. Jünger, Apostel, Märtyrer. Das historische und das theologische Petrusproblem*, Zürich 1952. 베드로 문제에서 요즈음 가톨릭 성서학의

일치된 견해에 관한 이정표격 연구들: A. Vögtle, Messiasbekenntnis und Petrusverheißung. Zur Komposition Mt 16,13-23 par (1957/58): *Das Evangelium und die Evangelien. Beiträge zur Evangelienforschung*, Düsseldorf 1971,137-70; B. Rigaux, Der Apostel Petrus in der heutigen Exegese: *Concilium* 3 (1967) 585-600; 특히 J. Blank, Neutestamentliche Petrustypologie und Petrusamt: *Concilium* 9 (1973) 173-9; R. Pesch, Die Stellung und Bedeutung Petri in der Kirche des Neuen Testaments. Zur Situation der Forschung: *Concilium* 7 (1971) 240-53; W. Trilling, Zum Petrusamt im Neuen Testament. Traditionsgeschichtliche Überlegungen anhand von Matthäus, 1 Petrus und Johannes: *Theologische Quartalschrift* 151 (1971) 110-33. 위 세 사람의 일치된 견해는 H. Küng, *Fehlbar? Eine Bilanz*, Zürich 1973, 405-14에 요약·강조되어 있다. R.E. Brown - K.P. Donfried - J. Reumann 편 *Peter in the New Testament. A Collaborative Assessment by Protestant and Roman Catholic Scholars*, Minneapolis 1973도 위의 의견을 여러모로 뒷받침해주고 있다. 그밖에도 A. Brandenburg - H.J. Urban 편 *Petrus und Papst. Evangelium, Einheit der Kirche, Papstdienst* I-II, Münster 1977f; L. Sartori 등 *Il servizio di Pietro. Appunti per una riflessione interconfessionale*, Turin 1978; T.V. Smith, *Petrine Controversies in Early Christianity. Attitudes towards Peter in Christian Writings of the First Two Centuries*, Tübingen 1985; S. Benko, *Pagan Rome and the Early Christians*, Bloomington 1984; C.P. Thiede 편 *Das Petrusbild in der neueren Forschung*, Wuppertal 1987; M. Maccarrone 편 *Il primato del Vescovo di Roma nel primo millennio: ricerche e testimonianze*, Rom 1989; C.C. Caragounis, *Peter and the Rock*, Berlin 1990; W.R. Farmer - R. Kereszty, *Peter and Paul in the Church of Rome. The Ecumenical Potential of a Forgotten Perspective*, New York 1990; A.J. Nau, *Peter in Matthew. Discipleship, Diplomacy, and Dispraise ... with an Assessment of Power and Privilege in the Petrine Office*, Collegeville/Minn. 1992; R. Pesch, *Simon-Petrus. Geschichte und geschichtliche Bedeutung des ersten Jüngers Jesu Christi*, Stuttgart 1980.

[77] 참조: 마태 16,17-19.   [78] 참조: 마태 16,17-19; 루가 22,31-32; 요한 21,1-19.

[79] 참조: 갈라 2,9.   [80] 참조: 사도 1,12.   [81] 갈라 2,8.   [82] 갈라 2,8.

[83] 참조: 갈라 2,11-12; 사도 15,7.   [84] 참조: 1고린 1,12.

[85] 가톨릭 주석학자 J. Blank가 *Neutestamentliche Petrustypologie* 177에서 그렇게 말했다.

[86] 참조: Clemens, 서간 5,4.   [87] 참조: Ignatius, 로마인들에게 보낸 편지 4,3.

[88] P. Hoffmann, Papal Primacy and the Universal Church: R.E. Brown 등 *Peter* 149-186 중 156. 최근 가톨릭 주석학자 O.B. Knoch의 연구는 Clemens 서간이 로마 그리스도교 공동체의 확신을 반영한다는 결론에 이르렀다: 로마는 "다른 모든 그리스도교 공동체에 대한 법률적·권위적 우월성의 소유자로서가 아니라. 으뜸 사도인 베드로와 바울로가 활동했고 특히 생을 마감한 장소로서. 사도적 유산을 지니고 있다는 점에서 비할 바 없는 권위를 보유한다"[Im Namen des Petrus und Paulus: Der Brief des Klemens Romanus und die Eigenart des römischen Christentums: *Aufstieg und Niedergang der römischen Welt(ANRW). Geschichte und Kultur Roms im Spiegel der neueren Forschung* II, 27.1 (W. Haase 편) Berlin 1993, 3-54 중 12]. 베드로의 무덤: E. Kirschbaum, *Die Gräber der Apostelfürsten. St. Peter und St. Paul in Rom*, Frankfurt 1957 ³1974. 이 책에서는 E. Dassmann이 추가한 章이 중요한데, 여기서는 로마 고고학자 M. Guarducci의 주장들이 Kirschbaum의 의심에 의해 "애써 궁리한 만큼 나사가 도로 풀려버렸다": "그래서 논쟁은 아직 결판나지 않았으며, 앞으로도 계속 그럴 것이다 …"(243.245).

[89] P. Hoffmann, *Das Erbe Jesu und die Macht in der Kirche. Rückbesinnung auf das Neue Testament*, Mainz 1991, 43-4. 참조: M.N. Ebertz, Die Bürokratisierung der katholischen "Priesterkirche": P. Hoffmann 편 *Priesterkirche*, Düsseldorf 1987, 132-63.

[90] 참조: 마르 6,3; 마태 13,55.   [91] 사도 12,1-3; 참조: 1데살 2,14-15.

[92] 참조: 마르 3,20-21.   [93] 참조: 마르 6,1-3.   [94] 참조: 1고린 15,7; 갈라 1,19.

[95] 최근 야고보 연구 중 특히 M. Hengel, Jakobus der Herrenbruder - der erste "Papst"?: *Glaube und Eschatologie* (W.G. Kümmel 기념) Tübingen 1985, 171-104; E. Ruckstuhl, Jakobus: *TRE*, XVI, 485-8. 참조: W. Pratscher, *Der Herrenbruder Jakobus und die Jakobustradition*, Göttingen 1987.

[96] 참조: Josephus, 고대사 XX, 9,1.   [97] 참조: 사도 21,28; 24,6.   [98] M. Hengel, *Jakobus*, 74.

⁹⁹ 참조: *Judentum*, Kap.2-B IV,5: Die Exkommunikation der Christen.

¹⁰⁰ 참조: K. Wengst, *Bedrängte Gemeinde und verherrlichter Christus. Der historische Ort des Johannes-Evangeliums als Schlüssel zu seiner Interpretation*, Neukirchen 1981; G. Reim, *Studien zum alttestamentlichen Hintergrund des Johannesevangeliums*, Cambridge 1974; M. Hengel, *der das Corpus Johanneum einem einzigen überragenden Theologen und Schulhaupt zuschreibt: Die johanneische Frage. Ein Lösungsversuch*, Tübingen 1993, 특히 Kap.IV.

¹⁰¹ 참조: 요한 7,2-10. ¹⁰² 참조: *Judentum*, Kap.2-B IV,5: Die Exkommunikation der Christen.

¹⁰³ K. Wengst, *Bedrängte Gemeinde*, 58. 참조: R.E. Brown, *The Community of the Beloved Disciple. The Life, Loves and Hates of an Individual Church in New Testament Times*, New York 1979.

¹⁰⁴ 참조: C. Dietzfelbinger, Der ungeliebte Bruder. Der Herrenburder Jakobus im Johannesevangelium: *Zeitschrift für Theologie und Kirche* 89(1992) 377-403.

¹⁰⁵ 참조: 요한 9,22; 12,42; 16,2. ¹⁰⁶ 요한 19,38; 참조: 9,22; 12,42.

¹⁰⁷ C. Dietzfelbinger, *Der ungeliebte Bruder* 399.

¹⁰⁸ 참조: 요한 14,6. ¹⁰⁹ 요한 5,18. ¹¹⁰ 요한 10,33. ¹¹¹ 요한 1,14.

¹¹² M. Theobald, *Die Fleischwerdung des Logos. Studien zum Verhältnis des Johannesprologs zum Corpus des Evangeliums und zu 1 Joh*, Münster 1988, 490.

¹¹³ 참조: 요한 1,4.

¹¹⁴ 참조: L. Abramowski, Der Logos in der altchristlichen Theologie: C. Colpe 등 편 *Spätantike und Christentum. Beiträge zur Religions- und Geistesgeschichte der griechisch-römischen Kultur und Zivilisation der Kaiserzeit*, Berlin 1992, 189-201.

¹¹⁵ L. Goppelt: J. Roloff 편 *Theologie des Neuen Testaments*, Göttingen 1976 ³1980, 634.

¹¹⁶ H. Conzelmann, *Grundriß der Theologie des Neuen Testaments*, München 1967 ²1968, 375.

¹¹⁷ 참조: K.-J. Kuschel, *Geboren vor aller Zeit? Der Streit um Christi Ursprung*, München 1990.

¹¹⁸ 참조: 500-6.

¹¹⁹ 가톨릭 주석학자 Rudolf Schnackenburg은 *Johannesevangelium* I, Freiburg 1965, 446에서 옳게 말했다: "요한의 그리스도론의 바탕은 하늘에서 내려오고 또 그리로 다시 올라가는 구세주에 관한 확고한 신화적 사변이 아니다. 오히려 그리스도교 구세주의 구원 권능을 확증하고자 하는 갈망이 구세주의 선재라는 좀 과도한 주장을 내세우게 했고, 그리하여 이제 구세주의 길은 더욱 분명히 '위로부터' 시작되고 또 그리로 다시 돌아가게 되었다."

¹²⁰ K.-J. Kuschel, *Geboren vor aller Zeit?* 503. ¹²¹ 참조: 요한 10,30.38.

¹²² 참조: K.H. Schelkle, Theologie des Neuen Testaments II: *Gott war in Christus*, Düsseldorf 1973, 215.

¹²³ 참조: J. Gnilka, *Johannesevangelium*, Würzburg 1983, 86.

¹²⁴ 참조: F. Mussner, Ursprünge und Entfaltung der neutestamentlichen Sohneschristologie: L. Scheffczyk 편 *Grundfragen der Christologie heute*, Freiburg 1976, 77-113 중 110.

¹²⁵ 요한 14,9. ¹²⁶ K.-J. Kuschel, *Geboren vor aller Zeit?* 502. ¹²⁷ 502. ¹²⁸ 502.

¹²⁹ 참조: 1고린 3,11.

¹³⁰ 참조: 필립 2,21: "모두들 자기의 것만 추구하지 그리스도 예수의 것은 추구하지 않기 때문입니다"; 1고린 7,32-34: "주님의 일."

¹³¹ 참조: K.-J. Kuschel, *Geboren vor aller Zeit?* 310-96. ¹³² 참조: 필립 2,6-11.

¹³³ 참조: K.-J. Kuschel, *Geboren vor aller Zeit?* 393-4. ¹³⁴ 참조: 갈라 4,4.

¹³⁵ B. van Iersel, "Sohn Gottes" im NT: *Concilium* 18 (1982) 182-193 중 189-90. 이를 확인하는 최근의 철저한 주석학적 연구: J. Habermann, *Präexistenzaussagen im Neuen Testament*, Bern 1970, 422.

¹³⁶ 참조: 사도 2,22-36.

¹³⁷ 1요한 5,7-8의 원문: "실상 증언자는 셋인데, 곧 영과 물과 피이며 이 셋은 일치합니다"가 후대 라틴어 번역본 성서에서는 확장되었다: "하늘에서 증언하는 분들이 셋이니 아버지와 말씀과 성령 이렇게 셋입니다. 땅에서 증언하는 분들도 셋이니 영과 물과 피이며 이 셋은 일치합니다." 이 가운데서

"하늘에서 … 땅에서"는 그리스 원문에는 없는, 라틴어 역 加筆(이른바 "요한 소절")임이 분명하다. 원문은 영, 물(세례), 피(주님의 만찬)에 관해 언급하며, 이 셋이 "일치"한다고 말한다. 두 성사는 같은 성령의 권능에 대한 증언이다. 해석: R. Bultmann, *Die drei Johannesbriefe*, Göttingen 1967, 83-4.

[138] 참조: H. Denzinger, *Enchiridion* 2198항.   [139] 사도 7,55-56.   [140] 2고린 13,13.

[141] 참조: 요한 14,16.   [142] Eusebius, 교회사 III,27,3.   [143] III,5,3a.

[144] M. Jöel(1883) 이후 E. Schwartz, S.G.F. Brandon, J. Munck 그리고 특히 G. Lüdemann, *Paulus, der Heidenapostel* II: *Antipaulinismus im frühen Christentum*, Göttingen 1983, 265-86: Die Nachfolge der Jerusalemer Urgemeinde. Analyse der Pella-Tradition. 최근 J. Verheyden의 학위논문은 편집사적 방법론을 사용하여, (Epiphanius에게 의존하는) Eusebius가 (반유다적) 역사신학적 동기에서 Pella 기록을 꾸몄음을 입증하려 시도했다: *De vlucht van den Christenen naar Pella. Onderzoek van het getuigenis van Eusebius en Epiphanius*, Brüssel 1988.

[145] J. Wehnert는 유다계 그리스도인이 쓴 「假클레멘스書」(Recognitiones 37,39)와 루가 21장을 근거로, 그리고 이주의 역사성을 옹호하는 역사학자들인 E. Meyer와 M. Simon의 입장을 따라, J. Verheyden의 주장을 해석학적·역사적·주석학적으로 꼼꼼히 논박한다: Die Auswanderung der Jerusalemer Christen nach Pella - historisches Faktum oder theologische Konstruktion?: *Zeitschrift für Kirchengeschichte* 102 (1991) 231-55. 참조: C. Koester, The Origin and Significance of the Flight to Pella Tradition: *The Catholic Biblical Quarterly* 51 (1989) 90-106 (특히 G. Lüdemann과의 논쟁).

[146] J. Wehnert, *Die Auswanderung* 252.

[147] 참조: Eusebius, 교회사 IV,5,1-4. 예수의 친척에 관한 복잡한 문제: R. Bauckham, *Jude and the Relatives of Jesus in the Early Church*, Edinburgh 1990. 이와 관련된 유다서: R. Heiligenthal, *Zwischen Henoch und Paulus. Studien zum theologiegeschichtlichen Ort des Judasbriefes*, Tübingen 1962.

[148] 신약성서 학자요 저명한 영지주의 연구자이며 Claremont/Cal. 소재의 Institute for Christianity and Antiquity 소장 James Robinson 교수가 우리 Institut für Ökumenische Forschung에 객원교수로 한 학기 머무는 동안, 나는 귀중한 가르침을 받았다.

[149] 이 분야 집중작업 사례로 *J. Daniélou* 기념 논문: Judéo-Christianisme: *Recherches de science religieuse* 60 (1972) 1-323. 유다계 그리스도교 역사의 모범적 연구: H.-J. Schoeps, *Theologie und Geschichte des Judenchristentums*, Tübingen 1949. 교부 (비영지주의) 문헌에 나오는 유다계 그리스도교 집단 (케린트파·에비온파·나조라파·심마쿠스파·엘케시안파)에 관한 자료: A.F.J. Klin - G.J. Reinink, *Patristic Evidence for Jewish-Christian Sects*, Leiden 1973. Klijn은 유다계 그리스도교 복음서 전승에 관한 최초의 포괄적 연구서(본문과 주석) *Jewish-Christian Gospel Tradition*, Leiden 1992도 펴냈다. 그 밖에도 R.A. Pritz, *Nazarene Jewish Christianity. From the End of the New Testament Period Until its Disappearance in the Fourth Century*, Jerusalem 1988; G. Strekker, Judenchristentum: *TRE* XVII, 310-25(첫 연구를 바탕으로 역사적 전개 재구성); W. Bauer, *Rechtgläubigkeit und Ketzerei im ältesten Christentum*, Tübingen ²1964(부록 I); S. Légasse, La polémique antipaulinienne dans le judéo-christianisme hétérodoxe: *Bulletin de Littérature Ecclésiastique* 90 (1989) 5-22 85-100(反바울로주의 관점에서 유다계 그리스도교 문헌 분석). 고고학적 관점: B. Bagatti, *Alle origini della chiesa* I: *Le comunità giudeo-cristiane*, Rom 1986(II는 이방계 그리스도인). 좀 오래된 연구서들 소개: F. Manns, *Bibliographie du judéo-christianisme* I, Jérusalem 1979. "보수"와 "자유주의" 유다계 그리스도교에 관한 충실한 자료: T. Carran, *Forgetting the Root. The Emergence of Christianity from Judaism*, New York 1986.

[150] Q 공동체는 예수의 십자가 처형을 몰랐다는 가설은, 그 처형이 당시 세간의 이목을 집중시킨 사건이었고 어록이 생겨난 것은 그후 얼마 지나지 않은 때였다는 점을 고려할 때 신빙성이 없어 보인다. 최근 B.L. Mack의 추측에 대해서도 같은 말을 할 수 있다.

[151] Klijn 외에도 W.R. Stegner, *Narrative Theology in Early Jewish Christianity*, Louisville 1989.

[152] 참조: J.L. Martyn, The Law-Observant Mission to Gentiles: The Background of Galatians: *Scottisch Journal of Theology* 38 (1985) 307-24; Paul and His Jewish-Christian Interpreters: *Union Seminary Quarterly Review* 42 (1988) 1-15.

153 참조: 갈라 1,6-9; 3,1-2.5; 4,17.　　　154 참조: 갈라 3,6-29.

155 A. Acerbi, *L'ascensione di Isaia: cristologia e profetismo in Siria nei primi decenni del II secolo,* Mailand ²1989.

156 *Pseudoklementinische Recognitiones* 1,33-71. 참조: H. Waitz, O. Cullmann, E. Schwartz, H.-J. Schoeps 이후 특히 G. Strecker, *Das Judentum in den Pseudoklementinen,* Berlin 1957 ²1981.

157 이 해석: R.E. van Voorst, *The Ascents of James: History and Theology of a Jewish-Christian Community,* Atlanta 1989, 특히 163-180.

158 참조: Hieronymus, *Über berühmte Männer* 3; *In Jes* 40,9-11; G. Strecker, "Judenchristentum" 312 321.

159 이 점 강조: C. Colpe, *Das Siegel der Propheten. Historische Beziehungen zwischen Judentum, Judenchristentum, Heidentum und frühen Islam,* Berin 1990, 166-7.

160 참조: Ignatius, 마그네시아인들에게 보낸 편지 8-10.

161 참조: Irenaeus, 이단 논박 I,26,2; III,15,1; V,1,3.

162 참조: Justinus, 유다인 트리폰과의 대화 48,3-4; 49,1.

163 Epiphanius, *Panarion* 29. 나조라파에 관한 언급은 Hieronymus와 Augustinus에게도 있다.

164 참조: J. Hadot, *La formation du dogme chrétien des origines à la fin du 4e siècle,* Charleroi 1990, 5-6.

165 참조: 마르 4,41; 루가 7,49; 8,25.　　　166 참조: 요한 1,46.

167 G. Strecker, *Judenchristentum* 323.

168 참조: Chrysostomus, Predigten gegen die Juden: *Patrologia Graeca* 48, 843-942.

169 나는 이를 더 깊이 연구하고자 한다. 아무튼 간접적 보증: F. Heyer, *Die Kirche Äthiopiens,* Berlin 1971, 222-3; E. Isaac, *A New Text-critical Introduction to Mashafa Berhan,* Leiden 1973.

170 참조: S. Weil, Symmetry Between Christians and Jews in India. The Cnanite Christians and the Cochin Jews of Kerala: T.A. Timberg, *Jews in India,* New Delhi 1986, 182-94. J. Kollaparambil, *The Babylonian Origin of the Southists Among the St. Thomas Christians,* Rom 1992.

171 퀼른 마니-고사본(목록번호 4780)은 1975-81년 A. Henrichs와 L. Koenen에 의해 해설·출판되었다. 요즘의 표준판: L. Koenen - C. Roemer, *Der Kölner Mani-Kodex. Abbildungen und diplomatischer Text,* Bonn 1985.

172 A. Böhlig, 머리말: L. Cirillo 편 *Codex Manichaicus Coloniensis. Atti del Simposio Internazionale 1984,* Cosenza 1986 (특히 J. Maier, K. Rudolph, G. Strecker, L. Cirillo, A.F.J. Klijn 들의 논문이 중요함). 마니교: K. Rudolph, *Die Gnosis. Wesen und Geschichte einer spatantiken Religion,* Leipzig 1977, Göttingen ³1990; G. Widengren 편 *Der Manichäismus,* Darmstadt 1977; H.-C. Puech, *Sur le manichéisme et autres essais,* Paris 1979; E. Rose, *Die manichäische Christologie,* Wiesbaden 1979.

173 참조: H. Küng, *Weltreligionen,* Kap.A IV,2.

174 A. Schlatter, *Geschichte der ersten Christenheit,* Gütersloh 1926, 367-8.

175 참조: A.v. Harnack, *Lehrbuch der Dogmengeschichte* II, Tübingen ⁴1909 신판Darmstadt 1964, 529-38.

176 참조: H.-J. Schoeps, *Theologie*(C. Clemen, T. Andrae, H.H. Schaeder의 연구결과 수용): "유다인 그리스도교가 그리스도 교회 안에서는 소멸했으나, 이슬람교 안에서 존속하여 오늘에 이르기까지 고유한 추진력을 발휘하고 있다는 사실은 실로 세계사적 역설이다"(342).

177 C. Buch, Bericht vor der American Academy of Religion: *Abstracts AAR/SBL* 1983.

178 G. Strecker, *Judenchristentum* 323.

179 참조: C. Buch, Exegetical Identification of the Sabi'un: *Muslim World* 73 (1982) 95-106; G. Quispel, The Birth of the Child. Some Gnostic and Jewish Aspects: *Jewish and Gnostic Man* (Eranos Lectures 3) Dallas 1986, 3-26. 유다인 그리스도교 선교사로서의 엘케사이파: A.v. Harnack과 좀 오래된 W. Brandt의 전문연구(1912) 외에도 G.P. Luttikhuizen, *The Revelation of Elchasai. Investigations into the Evidence for a Mesopotamian Jewish Christian Apocalypse of the Second Century and its Reception by Judeo-Christian Propagandists,* Tübingen 1985 (2세기 메소포타미아에 살던 유다인이 본래 아람어로 저술한 묵시록을 한 세기 뒤 시리아의 유다인 그리스도인들이 팔레스티나와 로마의 그리스도 교회들

에서 종교적 선전에 사용했다).

[180] 참조: J. Wellhausen, *Reste arabischen Heidentums,* Berlin [2]1927, 231-3.

[181] 참조: C. Colpe, *Das Siegel der Propheten,* 237-8.　　　[182] 수라 33,40.

[183] 참조: Tertullianus, *Adversus Judaeos,* VIII,12.

[184] 참조: C. Colpe, *Das Siegel der Propheten,* 28-34.　　　[185] 238.　　　[186] 169-70.

[187] 참조: S. Pines, The Jewish Christian of the Early Centuries of Christianity According to a New Source: *Proceedings of the Israel Academy of Sciences and Humanities* 2 (1968) 237-309. Pines는 Colpe 로 하여금 Sozomenos 텍스트에 주목하게 한 사람이다.

[188] 참조: C. Colpe, *Das Siegel der Propheten,* 171-2.

[189] C. Schedl, *Muhammad und Jesus,* Freiburg 1978, 565-6.

[190] 참조: H. Küng, *Weltreligionen,* Kap.A I,2.

[191] 참조: A. Schlatter, *Geschichte der ersten Christenheit,* 367-8.

[192] 참조: 로마 1,3-4; 사도 2,36; 필립 2,9-10; 1디모 3,6; 1베드 3,21; 요한 3,14. 프란치스코 수도회 원 E. Testa는 유다계 그리스도교 신학에 관해 흥미로운 진술을 하는데, 구체적 전거들이 너무 빈약하 다: *The Faith of the Mother Church. An Essay on the Theology of the Judeo-Christians,* Jerusalem 1992. 예를 들어 삼위일체에 관한 진술: "유다인 그리스도인들은 성자종속설 유형의 삼위일체를 믿었다: 아 버지만을 가장 높은 하느님으로, 아들은 일종의 천사, 그러나 신적 존재로, 영(루아흐)은 천사·어머 니로 믿었다"(225).

〈다〉 고대 그리스도교의 보편적 헬레니즘 패러다임

[1] 참조: T.S. Kuhn, *The Structure of Scientific Revolution,* Chicago 1962.

[2] 위의 독일어 역 *Die Struktur wissenschaftlicher Revolutionen,* Frankfurt [2]1976, 175.

[3] 안티오키아: J.P. Meier - R. Brown, *Antioch and Rome. New Testament Cradles and Catholic Christianity,* New York 1983; J.E. Stambaugh - D.L. Balch, *The New Testament in Its Social Environment,* Philadelphia 1986.

[4] 참조: 사도 11,19-26.　　　[5] 사도 11,26.

[6] 참조: G. Theißen, *Studien zur Soziologie Urchristentums,* Tübingen [3]1989, 100-1.

[7] 참조: 갈라 2,11-21.

[8] 참조: *Judentum,* Kap.2-B V,1-2: Der umstrittene Paulus; die kongeniale Transformation. 바울로 연 구: R. Bultmann, K. Holl, H. Lietzmann, A. Oepke, R. Reitzenstein, A. Schlatter, A. Schweitzer의 중요 한 옛 논문들을 모아놓은 K.H. Rengstorf, *Das Paulusbild in der neueren deutschen Forschung,* Darmstadt 1964. 현실적으로 거의 개관하기도 어려운 연구현황: H. Hübner, Paulusforschung seit 1945. Ein kritischer Literaturbericht: W. Hasse - H. Temporini 편 *Aufstieg und Niedergang der Römischen Welt. Geschichte und Kultur Roms im Spiegel der neueren Forschung* II.25.4, Berlin 1987 2649-840 (각 바울 로 서간의 최근 해석에 관한 상론도 들어 있다); O. Merk, Paulus-Forschung 1936-1985: *Theologische Rundschau* 53 (1988) 1-81. 사도 바울로의 인물과 활동: 신약성서 입문서들 외에도 최초의 비판적 연 구서들 가운데 특히 M. Dibelius, *Paulus* (G. Kümmel 편) Berlin [2]1956; P. Seidensticker, *Paulus, der verfolgte Apostel Jesu Christi,* Stuttgart 1965; G. Bornkamm, *Paulus,* Stuttgart 1969; E. Käsemann, *Paulinische Perspektiven,* Tübingen 1969; O. Kuss, *Paulus. Die Rolle des Apostels in der theologischen Entwicklung der Urkirche,* Regensburg 1971; K. Stendahl, *Der Jude Paulus und wir Heiden. Anfragen an das abendländische Christentum,* München 1976; F.F. Bruce, *Paul, Apostel of the Free Spirit,* Exeter 1977; E.P. Sanders, *Paul and Palestinian Judaism,* Philadelphia 1977; *Paul, the Law, and the Jewish People,* Philadelphia 1983; *Paul,* Oxford 1991; J.C. Beker, *Paul the Apostle. The Triumph of God in Life and Thought,* Edinburgh 1980; K.H. Schelkle, *Paulus. Leben - Briefe - Theologie,* Darmstadt 1981; G. Lüdemann, *Paulus und das Judentum* I-II, München 1983; W.A. Meeks, *The First Urban Christians. The Social World of the Apostle Paul,* New Haven 1983; H. Räisänen, *Paul and the Law,* Tübingen 1983; G.

Theißen, *Psychologische Aspekte paulinischer Theologie,* Göttingen 1983; F. Watson, *Paul, Judaism and the Gentiles. A Sociological Approach,* Cambridge 1969; J. Becker, *Paulus. Der Apostel der Völker,* Tübingen 1989; E. Biser, *Paulus. Zeuge, Mystiker, Vordenker,* München 1992; P.-G. Klumbies, *Die Rede von Gott bei Paulus in ihrem zeitgeschichtlichen Kontext,* Göttingen 1992.

[9] 참조: A.F. Segal, *Paul the Convert. The Apostolate and Apostasy of Saul the Pharisee,* New Haven 1990. 유다인 쪽의 바울로론과 유다교 · 그리스도교 대화를 위한 근자의 문헌: S. Sandmel, *The Genius of Paul. A Study in History,* New York 1958; H.-J. Schoeps, *Paulus. Die Theologie des Apostels Paulus im Lichte der jüdischen Religionsgeschichte,* Tübingen 1959; S. Ben-Chorin, *Paulus. Der Völkerapostel in jüdischer Sicht,* München 1970; M. Barth 등 *Paulus - Apostat oder Apostel? Jüdische und christliche Antworten,* Regensburg 1977; F. Mußner, *Traktat über die Juden,* München 1979; P. Lapide - P. Stuhlmacher, *Paulus - Rabbi und Apostel. Ein jüdisch-christlicher Dialog,* Stuttgart 1981; P. von der Osten-Sacken, *Grundzüge einer Theologie im christlich-jüdischen Gespräch,* München 1982; *Evangelium und Tora. Aufsätze zu Paulus,* München 1987; F.-W. Marquardt, *Die Gegenwart des Auferstandenen bei seinem Volk Israel. Ein dogmatisches Experiment,* München 1983; E. Biser 등 *Paulus - Wegbereiter des Christentums. Zur Aktualität des Völkerapostels in ökumenischer Sicht,* München 1984; L. Swilder 등 *Bursting the Bonds? A Jewish-Christian Dialogue on Jesus and Paul,* New York 1990.

[10] 참조: 1고린 9,19-23; 1고린 8; 로마 14.

[11] 참조: W. Thüsing, *Per Christum in Deum. Studien zum Verhältnis von Christozentrik und Theozentrik in den paulinischen Hauptbriefen,* Münster 1965.

[12] 주석학에서 일반적으로 인정하듯이, 바울로 율법 비판의 사회적 배경은 율법을 지키지 않는 이방인 그리스도 공동체를 정당화하려는 노력이었다.

[13] 예컨대 나의 *Judentum*에 대한 E.L. Ehrlich의 비평: *Die Weltwoche*(1992.2.13). 논쟁: H. Häring - K.-J. Kuschel, *Hans Küng. Neue Horizonte des Glaubens und Denkens. Ein Arbeitsbuch,* München 1993, Kap.V.

[14] 참조: E. Käsemann, Amt und Gemeinde im NT: *Exegetische Versuche und Besinnungen I,* Göttingen 1960, 109-34. 카리스마: M. Hengel, *Nachfolge und Charisma. Eine exegetisch-religionsgeschichtliche Studie zu Mt 8,21f und Jesu Ruf in die Nachfolge,* Wien 1968; G. Hasenhüttl, *Charisma. Ordnungsprinzip der Kirche,* Freiburg 1969; U. Brockhaus, *Charisma und Amt. Die paulinische Charismenlehre auf dem Hintergrund der frühchristlichen Gemeindefunktionen,* Wuppertal 1972; J. Hainz, *Ekklesia - Strukturen paulinischer Gemeinde-Theologie und Gemeinde-Ordnung,* Regensburg 1972.

[15] 팔레스티나 공동체와 바울로 공동체 상이성의 체계적 분석: E. Schlink, *Der kommende Christus und die kirchlichen Traditionen,* Göttingen 1961, 160-95. E. Käsemann, H. Diem, E. Schlink, K.H. Schelkle와의 토론: H. Küng, *Strukturen,* Kap.VI,3-5.

[16] 참조: 1고린 12,28. "도와주는 은사"와 "지도하는 은사"가 29절에서 반복되지 않는 것은 주목할 만하다. 로마 12,8도 참조.

[17] 주석학에 근거하여 나는 극히 복잡한 그 상황과 발전과정을 상술한 바 있다: *Kirche,* Kap.E II,2: Die diakonische Struktur.

[18] 참조: 필립 1,1.   [19] 참조: 1고린 1,5.7.   [20] 사도 20,28. 여기서 주교(감독)는 複數.

[21] 참조: 열두 사도의 가르침 13-15; 특히 14,1; 15,1-2.

[22] 참조: 사도 11,27; 13,1-3; 21,10-11.   [23] 참조: 1데살 5,12.   [24] 참조: 1고린 16,15-16.

[25] 갈라 3,27-28. 최근 많이 다루어지는 신약성서의 여성(참조: 〈다〉 **[4]**)에 관한 90쪽짜리 참고서 목록: I.M. Lindboe, *Women in the New Testament. A Select Bibliographie,* Oslo 1990. 〈다〉에서 여러 번 인용한 E. Schüssler Fiorenza, *Zu ihrem Gedächtnis* 외에도 특히 O. Bangerter, *Frauen im Aufbruch. Die Geschichte einer Frauenbewegung in der Alten Kirche. Ein Beitrag zur Frauenfrage,* Neukirchen 1971; E.M. Tetlow, *Women and Ministry in the New Testament,* New York 1980; R. Rieplhuber, *Die Stellung der Frau in den neutestamentlichen Schriften und im Koran,* Altenberge 1986; B. Witherington, *Women*

in the Earliest Churches, Cambridge 1988; *Women and the Genesis of Christianity,* Cambridge 1990; B. Bowman Thurston, *The Widows. A Women's Ministry in the Early Church,* Minneapolis 1989; N. Baumert, *Antifeminismus bei Paulus? Einzelstudien,* Würzburg 1992; *Frau und Mann bei Paulus. Überwindung eines Mißverständnisses,* Würzburg 1992; C.S. Keener, *Paul, Women and Wives. Marriage and Women's Ministry of the Letters of Paul,* Peabody/Mass. 1992.

[26] 참조: 로마 16,1-16.

[27] "diakonos"와 "prostasis": E. Schüssler Fiorenza, *Zu ihrem Gedächtnis,* 218-220.

[28] 참조: 로마 16,7.   [29] U. Wilckens, *Der Brief an die Römer* III, Zürich 1982, 135.

[30] 참조: 1데살 5,12; 로마 16,6.12.   [31] 참조: 필립 4,2-3.

[32] 참조: 로마 16,3; 1고린 16,19; 사도 18,2.18.19.26.   [33] 참조: 1고린 16,19; 2디모 4,19.

[34] 1고린 11,5.   [35] 에페 2,20.   [36] E. Schüssler Fiorenza, *Zu ihrem Gedächtnis,* 235.

[37] 참조: M. Küchler, *Schweigen, Schmuck und Schleier. Drei neutestamentliche Vorschriften zur Verdrängung der Frauen auf dem Hintergrund einer frauenfeindlichen Exegese des Alten Testaments im antiken Judentum,* Fribourg 1986.

[38] 참조: 1고린 11,3.   [39] 참조: 1고린 14,34-35.   [40] 1디모 2,11-12.

[41] 참조: 로마 16,7. 상론: B. Brooten, Junia ... hervorragend unter den Aposteln (Röm 16,7): E. Moltmann-Wendel 편 *Frauenbefreiung. Biblische und theologische Argumente,* München 1978, 148-51; V. Fabrega, War Junia(s), der hervorragende Apostel (Röm 16,7) eine Frau?: *Jahrbuch für Antike und Christentum* 27/28 (1984-85) 47-64.

[42] 참조: R. Albrecht, *Das Leben der heiligen Makrina auf dem Hintergrund der Thekla-Traditionen. Studien zu den Ursprüngen des weiblichen Mönchtums im vierten Jahrhundert in Kleinasien,* Göttingen 1986, Kap.5.

[43] 참조: 요한 19,25-7.   [44] 참조: 마르 16,9-11; 요한 20,11-18.

[45] 참조: E. Moltmann-Wendel, *Ein eigener Mensch werden. Frauen um Jesus,* Gütersloh 1980, Kap.3: Maria Magdalena.

[46] 예: 디도 1,5.7.   [47] 참조: 1데살 5,19.

[48] 신약성서의 예언자: 〈냐〉 **3**. 교사: U. Neymeyer, *Die christlichen Lehrer im 2. Jh. Ihre Lehrtätigkeit, ihr Selbstverständnis und ihre Geschichte,* Leiden 1989. 당시와 오늘의 교회에서 예언자와 교사의 의의: Küng, *Kirche,* Kap.E II,2.

[49] 여전히 권위있는 H.v. Campenhausen, *Kirchliches Amt und geistliche Vollmacht in den ersten drei Jahrhunderten,* Tübingen 1953.

[50] 로마 공동체: S, Benko, *Pagan Rom and the Early Christians,* Bloomington 1984; P. Lampe, *Die stadtrömischen Christen in den ersten beiden Jahrhunderten. Untersuchungen zur Sozialgeschichte,* Tübingen 1987 ²1989.

[51] Ignatius: H. Paulsen, Ignatius von Antiochien: M. Greschat 편 *Gestalten der Kirchengeschichte* I, Stuttgart 1984, 38-50 (H.-W. Bartsch, T. Baumeister, K. Bommes, P. Meinhold, H. Paulsen, H. Schlier, T. Zahn의 해설들에 대한 언급도 포함).

[52] 참조: M. Hengel, Jakobus der Herrenbruder - der erste "Papst"?: *Glaube und Eschatologie* (W.G. Kümmel 기념) Tübingen 1985, 71-104 중 103.

[53] 참조: Clemens, 서간 5,4.   [54] 참조: 로마 1,8.

[55] 참조: Ignatius, 로마인들에게 보낸 편지 IV,3.   [56] 참조: 같은 편지 첫머리.

[57] 참조: Irenaeus, 이단 논박 III,3,2-3.

[58] P. Hoffmann, *Das Erbe Jesu und die Macht in der Kirche. Rückbesinnung auf das Neue Testament,* Mainz 1991, 64-5.

[59] 헬레니즘 로마 시대의 그리스도교: 일반 교회사 저작과 사전 외에도 A.v. Harnack, *Die Mission und Ausbreitung des Christentums in den ersten drei Jahrhunderten* I-II, Leipzig ⁴1924; R. Bultmann,

Das Urchristentum im Rahmen der antiken Religionen, Hamburg 1962; F.C. Grant, *Roman Hellenism and the New Testament,* Edinburgh 1962; A.D. Nock, *Early Gentile Christianity and its Hellenistic Background,* New York 1964; Z. Stewart 편 *Essays on Religion and the Ancient World* I-II, Oxford 1972; A. Toynbee 편 *The Crucible of Christianity. Judaism, Hellenism and the Historical Background to the Christian Faith,* London 1969; M. Simon, *La civilisation de l'antiquité et le Christiansme,* Paris 1972; R.A. Markus, *Christianity in the Roman World,* London 1974; T. Christensen, *Christus oder Jupiter. Der Kampf um die geistigen Grundlagen des Römischen Reiches,* Göttingen 1981(덴마크어 초판 1970); M. Sordi, *I Christiani e l'Impero Romano,* Mailand 1983; S, Benko, *Pagan Rom and the Early Christians,* Bloomington 1984; R. MacMullen, *Christianizing the Roman Empire(A.D. 100-400)* New Haven 1984; R.H. Nash, *Christianity and the Hellenistic World,* Grand Rapids 1984; M. Whittaker, *Jews and Christians. Graeco-Roman Views,* Cambridge 1984; R.L. Wilken, *The Christians as the Romans Saw Them,* New Haven 1984; J. Herrin, *The Formation of Christendom,* Princeton/N.J. 1987; E.G. Weltin, *Athens and Jerusalem. An Interpretative Essay on Christianity and Classical Culture,* Atlanta 1987. 초기 그리스도교에 관한 이방 세계와 유다교 문헌: C.K. Barrett, *The New Testament Backgroud. Selected Documents,* London 1956; J. Leipoldt - W. Grundmann 편 *Umwelt des Urchristentums,* Berlin 1966-67 I: *Darstellung des neutestamentlichen Zeitalters;* II: *Texte zum neutestamentlichen Zeitalter;* H.C. Kee, *The New Testament in Context. Sources and Documents,* Englewood Cliffs/N.J. 1984. 초기 그리스도교 예술: P. du Bourguet, *Early Christian Art,* Amsterdam 1971.

[60] E. Gibbon, *The History of the Decline and Fall of the Roman Empire* I-VII, 신판London 1897, I, 1.

[61] 참조: Plinius, 서간 96.

[62] 그리스도인 박해: R.M. Grant, *The Sword and the Cross,* New York 1955; E.R. Dodds, *Pagan and Christian in an Age of Anxiety. Some Aspects of Religious Experience from Marcus Aurelius to Constantine,* Cambridge 1965; W.H.C. Frend, *Martyrdom and Persecution in the Early Church,* Oxford 1965; P.R. Coleman-Norton, *Roman State and Christian Church. A Collection of Legal Documents to A.D. 535* I, London 1966; J. Moreau, *La persécution du Christianisme dans l'Empire romain,* Paris 1956; J.M. Robinson - H. Koester, *Trajectories through Early Christianity,* Philadelphia 1971; P. Keresztes, *Imperial Rome and the Christians* I-II, Lanham/Md. 1989.

[63] Graz의 교부학자 J.B. Bauer가 H. Rahner의 뒤를 이어 Anzeiger für Altertumswissenschaft (Innsbruck)를 통해 1960 · 65 · 70 · 75 · 91년에서 출판한 연구보고서 *Christliche Antike*는 그리스도교 문학, 교회와 사회 분야에 관한 거의 개관하기도 어려운 연구 작업들에 대한 탁월한 안목을 제공한다 (개별 논문들은 이 패러다임 분석의 틀 안에서 특별한 경우에 참조할 수 있을 것이다).

[64] 일반적으로 "사도 교부"의 저술로는 Ignatius의 서간들 외에도 Polycarpus와 Barnabas의 서간들, *Didache*(최초의 교회 규범), Hermas의 목자라는 묵시록을 꼽는다.

[65] Justinus: 고전적 교의사들(A.v. Harnack, F. Loofs, R. Seeberg)과 근년의 것들(J. Pelikan, C. Andresen)과 교부학 저작들(B. Altaner, J. Quasten) 외에도 C. Andresen, *Logos und Nomos. Die Polemik des Kelsos wider das Christentum,* Berlin 1955, 4. Teil: Kelsos und Justin; H.v. Campenhausen, *Die griechischen Kirchenväter,* Stuttgart 1955, Kap.1: Justin; A.v. Harnack, *Geschichte der altchristlichen Literatur bis Eusebius,* Leipzig ²1958, Teil I/1 99-114. Teil II/1 274-84; P. Prigent, *Justin et l'Ancient Testament,* Paris 1964; H. Chadwick, *Early Christian Thought and the Classical Tradition. Studies in Justin, Clement and Origen,* Oxford 1966; *The Early Church,* Harmondsworth 1967 = *Die Kirche in der antiken Welt,* Berlin 1972, Kap.4: Justin und Irenäus; L.W. Barnard, *Justin Martyr. His Life and Thought,* Cambridge 1967; E.F. Osborn, *Justin Martyr,* Tübingen 1973; *The Beginning of Christian Philosophy,* Cambridge 1981 = *Anfänge christlichen Denkens. Justin, Irenäus, Tertullian, Klemens,* Düsseldorf 1987; *The Emergence of Christian Theology,* Cambridge 1993.

[66] 참조: Justinus, 호교론 I,46.　　[67] 참조: I,46.　　[68] 요한 1,1-2.
[69] 참조: Justinus, 호교론 II,13.　　[70] 요한 1,9.　　[71] 요한 1,14.

⁷² 참조: Justinus, 호교론 II,13.

⁷³ 미국 교부학자 R.L. Wilken(Yale)의 그리스도교 적대자 논증 분석: *The Christian as the Romans Saw Them*, New Haven 1984. 배교자 Julianus에 관한 1892년 이래의 중요한 역사학 논문들: R. Klein 편 *Julian Apostata*, Darmstadt 1978. Julianus의 정신적 특징: P. Athanassiadi-Fowden, *Julian and Hellenism. An Intellectual Biography*, Oxford 1981. 요즘의 논쟁: S.N.C. Lieu 편 *The Empire Julian Panegyric and Polemic. Claudius Mamertinus, John Chrysostom, Ephrem the Syrian*, Liverpool 1986.

⁷⁴ 이것은 이미 Bultmann의 제자 H. Conzelmann이 루가의 두 저작 연구에서 밝혔다: *Die Mitte der Zeit. Studien zur Theologie des Lukas*, Tübingen 1954 ³1960.

⁷⁵ Bultmann의 다른 제자 한 사람은 이 신약성서 연구결과에 터해 가톨릭으로 개종할 수밖에 없다고 생각했다: H. Schlier, *Die Zeit der Kirche. Exegetische Aufsätze und Vorträge*, Freiburg 1955 ²1958.

⁷⁶ 논쟁: H. Küng, *Kirche im Konzil*, Freiburg 1963 ²1964, Kap.D I. 종합: H.J. Schmitz, *Frühkatholizismus bei Adolf von Harnack, Rudolph Sohm und Ernst Käsemann*, Düsseldorf 1977.

⁷⁷ 靈智主義 연구는 19세기에 Tübingen의 교회사학자 F.C. Baur에 의해 초석이 놓였고(1835) A.v. Harnack과 A. Hilgenfeld, W. Bousset, R. Reizenstein, R. Bultmann의 종교사학파에 의해 교회사 및 교의사를 위한 결정적 자극과 추진력을 얻었다. 새로운 연구를 위해 근본적으로 중요한 저작: H. Jonas, *Gnosis und spätantiker Geist*, Teil I: *Die mythologische Gnosis*, Göttingen 1934 ³1964; Teil II,1: *Von der Mythologie zur mystischen Philosophie*, Göttingen 1954 ²1966. 참조: 영지주의의 본질·교설·역사·영향에 관한 가장 훌륭하고 간결한 조망: K. Rudolph, *Die Gnosis. Wesen und Geschichte einer spätantiken Religion*, Leipzig 1977, Göttingen ³1990. 그밖에도 E. Peterson, *Frühkirche, Judentum und Gnosis. Studien und Untersuchungen*, Freiburg 1959, Darmstadt 1982; N. Brox, *Offenbarung, Gnosis und gnostischer Mythos bei Irenäus von Lyon. Zur Charakteristik der Systeme*, Salzburg 1966; *Erleuchtung und Wiedergeburt. Aktualität der Gnosis*, München 1989; A. Böhlig, *Mysterion und Wahrheit. Gesammelte Beiträge zur spätantiken Religionsgeschichte*, Leiden 1968; *Gnosis und Synkretismus. Gesammelte Aufsätze zur spätantiken Religionsgeschichte* I-II, Tübingen 1989; W. Eltester 편 *Christentum und Gnosis*, Berlin 1969; M. Krause 편 *Essay on the Nag Hammadi Texts in Honour of Alexander Böhlig*, Leiden 1972; E. Pagels, *The Johannine Gospel in Gnostic Exegesis. Heracleon's Commentary on John*, Nashville 1973; *The Gnostic Paul. Gnostic Exegesis of the Pauline Letters*, Philadelphia 1975; *The Gnostic Gospels*, New York 1979 = Versuchung durch Erkenntnis. Die gnostischen Evangelien, Frankfurt 1981; K.W. Tröger 편 *Gnosis und NT Studien aus Religionswissenschaft und Theologie*, Berlin 1973; 편 *Altes Testament - Frühjudentum - Gnosis. Neue Studien zu "Gnosis und Bibel"*, Gütersloh 1980; *Das Christentum im zweiten Jahrhundert*, Berlin 1988. K. Rudolph 편 *Gnosis und Gnostizismus*, Darmstadt 1975; A. Orbe, *Cristología gnóstica. Introducción a la soteriologia de los siglos II y III*, I-II, Madrid 1976; B. Aland 편 *Gnosis. Festschrift Hans Jonas*, Göttingen 1978; K. Koschorke, *Die Polemik der Gnostiker gegen das kirchliche Christentum. Unter besonderer Berücksichtigung der Nag-Hammadi- Traktate "Apokalypse des Petrus"(NHC VII,3) und "Testimonium Veritatis"(NHC IX,3)* Leiden 1978; B. Layton 편 *The Rediscovery of Gnoticism. Proceedings of the International Conference on Gnoticism at Yale New Haven, Connecticut, March 28-31, 1978*, I-II, Leiden 1980f; *The Gnostic Scriptures*, Garden City/N.Y. 1987; P. Perkins, *The Gnostic Dialogue. The Early Church and the Crisis of Gnoticism*, New York 1980; C. Colpe, Gnosis II: *Reallexikon für Antike und Christentum* XI, Stuttgart 1981, 538-659; A.J.M. Wedderburn 편 *The New Testament and Gnosis. Essays in Honor of R. McL. Wilson*, Edinburgh 1983; K. Berger - R. McL. Wilson, "Gnosis und Gnostizismus": *TRE* XIII, 519-50. W. Schmithals, *Neues Testament und Gnosis*, Darmstadt 1984; J. Taubes 편 *Religionstheorie und Politische Theologie* II: *Gnosis und Politik*, Paderborn 1984; C.W. Hedrick - R. Hodgson, Jr. 편 *Nag Hammadi, Gnosticism, and Early Christianity*, Peabody/Mass. 1986; G. Quispel, Gnosticism from Its Origins to the Middle Ages: *EncRel* V, 566-74; J. Dart, *The Jesus of Heresy and History. The Discovery and Meaning of the Nag Hammadi Gnostic Library*, San Francisco 1988.

⁷⁸ 참조: Irenaeus, *Entlarvung und Widerlegung der falschen Gnosis,* 특히 I과 II [보통 "Adversus haereses"(이단 논박)이라는 제목으로 인용된다]. 콥트어 수사본 몇이 18-19세기에 발견되었다.

⁷⁹ 이 수사본들의 학술적 해석의 첫째 공로는 종교학자 J. Doresse, G. Quispel, H.-C. Puech와 古카이로 소재 콥트 박물관 관장들에게 돌아가 마땅하다. 지난 40년간 Nag-Hammadi의 사본들에 관해 온갖 나라의 전문가들이 약 4천 종의 단행본·논문·비평을 내놓았다. 참조: D.M. Scholer, *Nag Hammadi Bibliography 1948-1969,* Leiden 1971(1971년부터는 *Zeitschrift Novum Testamentum*에서 속간). Leiden 출판사에서 Nag-Hammadi 제13 수사본의 11권짜리 팩시밀리 판은 Claremont/Cal. 소재 Institute for Antiquity and Christianity 소장 J.M. Robinson의 지칠 줄 모르는 노력에 힘입은 바 컸다. Robinson 주도하에 전체 수사본의 영어 번역본(1권짜리)도 출판되었다: *Nag Hammadi Library in English,* Leiden 1977 ³1988. Robinson의 "서문"(1-26)은 수사본 발견 당시의 어지러운 이야기들을 잘 간추려 전해준다. E. Pagels, *Versuchung,* 3-39도 참조.

⁸⁰ 참조: K.-J. Kuschel, *Geboren vor aller Zeit? Der Streit um Christi Ursprung,* München 1990, 168-73(영지주의에 대한 Bultmann의 견해 다룸) 312-20(신약성서와 영지주의의 관계 다룸).

⁸¹ 마니교에 관한 최근의 종합: A. Böhlig, Manichäismus: *TRE* 22, 25-45. Mani und Platon - ein Vergleich: A.v. Tangerloo - S. Giversen 편 *Manichaica selecta,* Löwen 1971, 19-34.

⁸² 이것은 누구보다 R. Bultmann이 여러 저작에서 강조했다: 특히 *Das Urchristentum im Rahmen der antike Religionen,* Zürich 1949. 위의 E. Pagels도 참조.

⁸³ K. Koschorke, *Die Polemik der Gnostiker,* 237.

⁸⁴ 참조: K.-W. Tröger, Einführung. Zum gegenwärtigen Stand der Gnosis- und Nag-Hammadi-Forschung: 편 *Altes Testament,* 29.

⁸⁵ 참조: E. Pagels, *Versuchung,* 32.

⁸⁶ 이 표현은 1966년 Messina에서 개최된 "영지주의의 원천들"에 관한 회의에서 다수의 참가자들이 명제 형식으로 제안한 것이다. 인용문은 K. Rudolph, *Die Gnosis,* 65-6.

⁸⁷ 참조: H. Jonas, *Gnosis,* 특히 Teil I; Bultmann, *Das Urchristentum.*

⁸⁸ 특히 E. Pagels, *Versuchung,* Kap.V에서 강조한다.

⁸⁹ Kurt Rudolph는 얽히고설킨 영지주의 그리스도론들을 영지주의의 구원론과 구원자론의 틀 안에서 분석한다: *Die Gnosis,* 132-86. ⁹⁰ 166. ⁹¹ 169.

⁹² 182-3 (*Nag Hammadi Codex,* VII,2의 내용). 그리스도교 역사에서의 웃음이라는 주제(영지주의 자료들도 참조)에 관해 나의 Tübingen 동료 K.-J. Kuschel의 탁월한 연구: *Lachen. Gottes und der Menschen Kunst,* Freiburg 1994.

⁹³ K. Rudolph, *Die Gnosis,* 170. ⁹⁴ Irenaeus, 이단 논박 III,17,4.

⁹⁵ H. Küng, *Menschwerdung Gottes. Eine Einführung in Hegels theologisches Denken als Prolegomena zu einer künftigen Christologie,* Freiburg 1970 ^{신판}München 1989 (*Menschwerdung*이라 약칭) Kap.V,4.

⁹⁶ 영지주의에서 여성의 역할: A. Jensen, *Gottes selbstbewußte Töchter. Frauenemanzipation im frühen Christentum?,* Freiburg 1992, 367-71.

⁹⁷ E. Pagels, *Versuchung,* 202. 여러 영지주의 문헌에 나타나는 여성적인 것에 대한 긍정적 또는 부정적 관점을 밝히는 최근 저작들: J. Jacobsen Buckley, *Female Fault and Fulfilment in Gnosticism,* Chapel Hill/N.C. 1986; K.L. King 편 *Images of the Feminine in Gnosticism,* Philadelphia 1988.

⁹⁸ 사도신경 해설: H. Küng, *Credo* = 이종한 옮김 『믿나이다』 분도출판사 1999.

⁹⁹ 요한 묵시록, 야고보서, 요한 3서, 베드로 후서(아마 신약성서 중 가장 늦게 씌어짐)의 正經性에 관해서는 오랫동안 논란이 있었다. 「바울로와 테클라 行傳」은 정경으로 받아들여지지 않았다.

¹⁰⁰ 참조: Irenaeus, 이단 논박 III,4,1. ¹⁰¹ 1베드 12,5; 참조: 묵시 1,6.

¹⁰² 마르 12,17. ¹⁰³ 참조: 로마 13,1-7.

¹⁰⁴ P. Brwon, Antiquité tardive: P. Ariès - G. Duby 편 *Histoire de la vie privée* I, Paris 1985, 225-99 중 252.

¹⁰⁵ H. Chadwick, *Die Kirche in der antiken Welt,* 75.

¹⁰⁶ 참조: Humanität: *Reallexikon für Antike und Christentum* XVI, Stuttgart 1993, 663-711 특히 707-8.

교회와 로마 사회의 결합 그리고 교회 성장에 있어서 도시 상류층의 결정적 의의와 관련된 중요한 보완적 고찰: W. Wischmeyer, *Von Golgatha zum Ponte Molle. Studien zur Sozialgeschichte der Kirche im dritten Jahrhundert*, Göttingen 1992.

[107] 참조: W. Bauer, *Rechtgläubigkeit und Ketzerei im ältesten Christentum*, Tübingen 1934. 2차 증보판(G. Strecker 편) Tübingen 1964.

[108] 오늘도 좋은 본보기로 남아 있는 훌륭한 역사적 연구서: A.v. Harnack, *Marcion, das Evangelium vom fremden Gott*(1920). 1960년 Darmstast에서 출판된 3판엔 부록 Neue Studien zu Marcion이 덧붙여졌다. 그밖의 새로운 연구서: J. Knox, *Marcion and the New Testament. An Essay in the Early History of the Canon*, Chicago 1942; E.C. Blackman, *Marcion and his Influence*, London 1948. K. Beyschlag의 깔끔한 요약: Marcion von Sinope: *Gestalten der Kirchengeschichte* I, Stuttgart 1984, 69-81.

[109] Perpetua, Proba, Egeria, Eudokia가 쓴 이 네 가지 문헌은 P. Wilson-Kastner 등의 서문과 각주를 달고 한 권으로 묶였다: P. Wilson-Kastner 편 *A Lost Tradition Women Writers of the Early Church*, Washington 1981.

[110] 참조: K. Thraede, Frau: *Reallexikon für Antike und Christentum* VIII, Stuttgart 1972 특히 197-269 중 240-1. 초기 그리스도교를 포함한 고대의 여성: G. Duby - M. Perrot 편 *Storia delle donne in occidente* I (P. Schmitt Pantel 편) Rom 1990.

[111] Tübingen의 Institut für Ökumenische Forschung에서 Stiftung Volkswagenwerk의 지원을 받아, 나의 주관과 Elisabeth Moltmann-Wendel 박사의 자문 아래, Frau und Christentum 기획 연구를 수행했는데, 두 프로젝트, 즉 "처음 4세기 동안 그리스도교에 있어서의 성, 결혼 그리고 결혼의 대안"(Anne Jensen 박사 담당)과 "20세기 교회와 사회 안에서 그리스도인 여성의 실존"(Doris Kaufmann 담당)으로 이루어졌다. 결과는 지금까지 두 권: D. Kaufmann, *Frauen zwischen Aufbruch und Reaktion. Protestantische Frauenbewegung in der ersten Häufte des 20. Jahrhunderts*, München 1988; A. Jensen, *Gottes selbstbewußte Töchter. Frauenemanzipation im frühen Christentum?*, Freiburg 1992.

[112] 초기 그리스도교 여성에 관한 아직도 모범적인 연구서: A.v. Harnack, *Die Mission und Ausbreitung des Christentums in den ersten drei Jahrhunderten*, Leipzig ⁴1924, 589-611; 그의 제자 L. Zscharnack, *Der Dienst der Frau in den ersten Jahrhunderten der christlichen Kirche*, Göttingen 1902; 고대교회 여성 서품(R. Gryson)과 서품 반대(I. Raming)에 관한 중요한 연구들(상세한 문헌은 A. Jensen); 여러 언어로 번역·해설된 초기 그리스도교 여성 역할에 관한 "Quellensammlungen" (O. Bangerter, J. Beaucamp, M. Ibarra Benlloch, J. Laporte, C. Mazzucco, C. Militello, S. Tunc); 특히 미국 여성해방 운동가들(E. Castelli, E. Clark, R. Kraemer, J.A. McNamara, R. Radford Ruether)의 선구적 연구들.

[113] 참조: A. Jensen, *Gottes selbstbewußte Töchter*, Kap.II: Frauen in den Kirchengeschichten: Die Entwicklung zur Männerkirche.

[114] 참조: Kap.II: Frauen im Martyrium: Mutige Bekennerinnen.

[115] 참조: Kap.III: Frauen in den Verkündigung: Charismatische Prophetinnen.

[116] 참조: Kap.IV: Erlösung durch Erkenntnis: Kluge Lehrerinnen.

[117] 참조: K. Thraede, *Frau*. 특히 244-5.

[118] 최근 논쟁: B. Hübener - H. Meesmann 편 *Streitfall Feministische Theologie*, Düsseldorf 1993.

[119] 참조: 갈라 3,28.   [120] P. Brown, *Antiquité* 256.

[121] H. Chadwick, *Die Kirche in der antiken Welt*, 75.

[122] Origenes: B. Altaner - A. Stuiber, *Patrologie. Leben, Schriften und Lehre der Kirchenväter*, Freiburg ⁷1966, §55 참고문헌에 수록된 좀 오래된 문헌들. 그밖에도 A.v. Harnack, *Der kirchengeschichtliche Ertrag der exegetischen Arbeiten des Origenes* I-II, Leipzig 1918-19; *Geschichte der altchristlichen Literatur bis Eusebius,* ²차증보Leipzig 1958, I/1, 332-405; II/2, 26-54; J. Daniélou, *Origène*, Paris 1948; H. de Lubac, *Histoire et Esprit. L'intelligence de l'Ecriture d'aprés Origène*, Paris 1950; *Recherches dans la foi. Trois études sur Origène, saint Anselme et la philosophie chrétienne*, Paris 1979; H.v. Campenhausen, *Die griechischen Kirchenväter*, Stuttgart 1955, Kap.4: Origenes; H. Crouzel, *Théologie de l'Image*

de Dieu chez Origène, Paris 1956; *Origène et la "Connaissance mystique"*, Paris 1961; *Origène et la philosophie*, Paris 1962; *Origène*, Paris 1985; M. Harl, *Origène et la fonction révélatrice du Verbe incarné*, Paris 1958; H. Kerr, *The First Systematic Theologian. Origen of Alexandria*, Princeton/N.J. 1958; R.P.C. Hanson, *Allegory and Event. A Study of the Sources and Significance of Origen's Interpretation of Scripture*, London 1959; P. Nemeshegyi, *La Paternité de Dieu chez Origène*, Tournai 1960; W. Jaeger, *Early Christianity and Greek Paideia*, Cambridge/Mass. 1961; G. Gruber, *ZOE. Wesen, Stufung und Mitteilung des wahren Lebens bei Origenes*, München 1962; K.O. Weber, *Origènes der Neuplatoniker*, München 1962; R. Gögler, *Zur Theologie des biblischen Wortes bei Origenes*, Düsseldorf 1963; H. Chadwick, *Early Christian Thought amd the Classical Tradition. Studies in Justin, Clement and Origen*, Oxford 1966; J. Rius-Camps, *El dinamismo trinitario en la divinización de los seres racionales según Orígenes*, Rom 1970; P. Kübel, *Schuld und Schicksal bei Origenes, Gnostikern und Platonikern*, Stuttgart 1973; W. Gessel, *Die Theologie des Gebetes nach "De Oratione" von Origenes*, Paderborn 1975; P. Nautin, *Origène. Sa vie et son œuvre*, Paris 1977; L. Lies, *Wort und Eucharistie bei Origenes. Zur Spiritualisierungstendenz des Eucharistieverständnisses*, Innsbruck 1985; *Origenes' Eucharistielehre im Streit der Konfessionen. Die Auslegungsgeschichte seit der Reformation*, Innsbruck 1978; *Origenes' "Peri Archón": eine undogmatische Dogmatik. Einführung und Erläuterung*, Darmstadt 1992; U. Berner, *Origenes*, Darmstadt 1981; J.C. Smith, *The Ancient Wisdom of Origen*, Lewisburg/USA 1992. Origenes 연구(역사 · 주석학 · 철학 · 신학)의 최근 성과: R.J. Daly 편 *Origeniana quinta*, Löwen 1992; W. Haase - H. Temporini 편 *Niedergang der römischen Welt (ANRW)* II.27.4.

[123] C. Kannengiesser, Origenes, Augustin und der Paradigmenwechsel in der Theologie: H. Küng - D. Tracy 편 *Theologie - wohin? Auf dem Weg zu einem neuen Paradigma*, Zürich 1984, 151-67 중 154.

[124] 참조: Origenes 원리론 서문.

[125] H. Görgemanns - H. Karpp, *Origenes, Vier Bücher von den Prinzipien*, 17.

[126] 참조: Origenes, 원리론 서문 10.   [127] 켈수스 논박 III,28.

[128] 참조: 원리론 IV,2,4-6. 지금 남아 있는 Origenes의 성서주석(모세 6경, 구약성서의 역사서 · 시편집 · 예언서, 신약성서)만 해도 얼마나 엄청난지는 A.v. Harnack, *Geschichte der altchristlichen Literatur*, Teil I/1, 343-77의 개관이 잘 보여준다.

[129] C. Kannengiesser, *Origenes*, 160(영어 원문에서 내가 번역).

[130] A.v. Harnack, *Dogmengeschichte*(축소판) Tübingen ⁶1922, 154.   [131] 참조: ⟨나⟩ ④.

[132] F. Loofs, *Leitfaden zum Studium der Dogmengeschichte*, Halle ⁵1951, 97.

[133] 참조: 사도 2,14-40.   [134] 로마 1,3-4.

[135] Ignatius, 마그네시아인들에게 보낸 편지 VI,1.   [136] 에페소인들에게 보낸 편지 VII,2.

[137] 참조: Theophilus, *An Autolykos* II,15.   [138] Tertullianus, *Adversus Praxean*, 12,6-7.

[139] 이 개념의 역사: H. Dörrie, Hypóstasis. Wort- und Bedeutungsgeschichte: *Nachrichten von der Akademie der Wissenschaften in Göttingen aus dem Jahre 1955, philologisch-historische Klasse*, Göttingen 1955, 35-92; H. Köster, Hypóstasis: *Theologisches Wörterbuch zum Neuen Testament* VIII, Stuttgart 1969, 571-88; J. Hammerstaedt, Hypostasis: *Reallexikon für Antike und Christentum* XVI, Stuttgart 1993, 986-1035.

[140] 참조: A.M. Ritter, Dogma und Lehre in der Alten Kirche: C. Andresen 편 *Handbuch der Dogmen- und Theologiegeschichte* I, Göttingen 1982, 99-283 특히 127-9.

[141] 나는 그리스도론 발전과정의 주요 노선들을 역사적 · 체계적으로 밝히려 시도한 바 있다: *Menschwerdung*, Exkurs I: Der Weg zur klassischen Christologie. 이 상론은 특히 A. Grillmeier, A. Glig, J. Liébaert, B. Skard의 교의사 연구에 의존한다. 근년의 연구: L. Bouyer, *Le fils éternel. Théologie de la Parole de Dieu et Christologie*, Paris 1974; M.G. Fouyas, *The Person of Jesus Christ in the Decisions of the Ecumenical Councils. A Historical and Doctrinal Study with the Relevant Documents Referring to the Christological Relations of the Western, Eastern and Oriental Churches*, Addis Ababa 1976; A. Grill-

meier, *Jesus der Christus im Glauben der Kirche* I-II, Freiburg 1979-90; B. Studer, *Dominus Salvator. Studien zur Christologie und Exegese der Kirchenväter*, Rom 1992.

[142] Arius설에 관한 훌륭한 요약: A.M. Ritter, Arianismus: *TRE* III, 692-719.

[143] 참조: H.-G. Opitz 편 *Urkunden zur Geschichte des arianischen Streites 318-328*, Berlin 1934-5. 역사학자들이 새삼 다시 검토하는 Arius 논쟁에 관한 근년의 철저한 연구: R.P.C. Hanson, *The Search for the Christian Doctrine of God. The Arian Controversy 318-381*, Edinburgh 1988. 좀더 광범위한 교회사적 맥락: R. Lorenz, *Das vierte Jahrhundert(Der Osten)* Göttingen 1992.

[144] 이 3절 때문에 Arius는 니케아 공의회(325)에서 끝내 단죄되었다: H. Denzinger, *Enchiridion* 54항. 이 논란 많은 구절의 유래와 해석: C. Andresen 편 *Das Handbuch der Dogmen- und Theologiegeschichte* I, Göttingen 1982, 144-51.

[145] 참조: F. Dinsen, *Homoousios. Die Geschichte des Begriffs bis zum Konzil von Konstantinopel 381*, Diss. Kiel 1976.

[146] 시사적 분석: M. Wiles, Philosophy in Christianity. Arius and Athanasius: G. Vesey 편 *The Philosophy in Christianity*, Cambridge 1989, 41-52.

[147] 참조: M. Tetz, Athanasius von Alexandrien: *TRE* IV, 333-49; C. Kannengiesser, *Athanase d'Alexandrie, évêque et écrivain. Une lecture des traités "Contre les Ariens"*, Paris 1983.

[148] 참조: Athanasius, *Über die Menschwerdung des Logos und dessen leibliche Erscheinung unter uns*, 54; C. Kannengiesser, *Le Verbe de Dieu selon Athanase d'Alexandrie*, Paris 1990.

[149] 니케아: 공의회 역사(특히 C.J.v. Hefele - H. Leclercq)와 교의사 책들 외에도 특히 I. Ortiz de Urbina, *Nicéa y Constantinoplá*, Vitoria 1969.

[150] 참조: H. Denzinger, *Enchiridion* 54항.

[151] 참조: K. Bringmann, Tradition und Neuerung. Bemerkungen zur Religionsgesetzgebung der christlichen Kaiser des 4. Jahrhundert: *Reformatio et reformationes* (L. Graf zu Dohna 기념) Darmstadt 1989, 13-28 중 21; R. Lorenz, *Das vierte Jahrhundert*, 201-2.

[152] 참조: H. Küng, *Judentum*, 195-200.

[153] 참조: H. Schreckenberg, *Die christlichen Adversus-Judaeos-Texte und ihr literarisches und historisches Umfeld (1.-11. Jh.)* Frankfurt 1982; A. L. Williams, *Adversus Judaeos. A Bird's-Eye View of Christian Apologiae until the Renaissance*, Cambridge 1935; S.G. Wilson 편 *Anti-Judaism in Early Christianity* II: *Separation and Polemic*, Waterloo 1986.

[154] 참조: H. Küng, *Judentum*, Kap.2-B IV.

[155] Meliton von Sardes: K.H. Rengstorf - S.v. Kortzfleisch 편 *Kirche und Synagoge. Handbuch zur Geschichte von Christen und Juden. Darstellung mit Quellen* I, Stuttgart 1968, München 1988, 73.

[156] G. Stemberger, *Juden und Christen im Heiligen Land. Palästina unter Konstantin und Theodosius*, München 1987, 46.

[157] *Patrologia Graeca* 48, 843-942의 Chrysostomus 여덟 설교는 반유다주의 캠페인의 병기고다.

[158] 참조: 공의회史와 교의사 저작들 외에도 I. Ortiz de Urbina, *Nizäa und Konstantinopel*; W.-D. Hauschild, *Die Pneumatomachen. Eine Untersuchung zur Dogmengeschichte des 4. Jhs.*, Diss. Hamburg 1967; K. Lehmann - W. Pannenberg 편 *Glaubensbekenntnis und Kirchengemeinschaft. Das Modell des Konzils von Konstantinopel (381)* Freiburg 1982; N. Silanes 등 *El Concilio de Constantinopla I y el Espíritu Santo*, Salamanca 1983.

[159] 참조: H. Denzinger, *Enchiridion* 86항; A.M. Ritter, *Das Konzil von Konstantinopel und sein Symbol. Studien zur Geschichte und Theologie des Zweiten Ökumenischen Konzils*, Göttingen 1965. 나중에 첨가된 라틴어 문구 "filioque"를 둘러싼 문제에 관해서는 뒤에 다루기로 한다.

[160] 이것은 L. Abramowski가 철저한 토론(특히 A.-M. Ritter와의)에서 내세운 가설이다: Was hat das Nicaeno-Constantinopolitanum (c) mit dem Konzil von Konstantinopel 381 zu tun?: *Theologie und Philosophie* 67 (1992) 481-513.

[161] 참조: 공의회사와 교의사 문헌들 외에도 P.-T. Camelot, *Éphèse et Chalcédoine*, Paris 1962.

[162] 참조: 공의회사와 교의사 문헌들 외에도 특히 A. Grillmeier - H. Bacht, *Das Konzil von Chalkedon* I-III, Würzburg 1951-54; P.-T. Camelot, *Ephesus und Chalcedon*.

[163] 참조: H. Denzinger, *Enchiridion* 148항.

[164] 참조: J. Alberigo 등 편 *Conciliorum oecumenicorum decreta*, Freiburg 1962, 28.

[165] A.v. Harnack, *Lehrbuch der Dogmengeschichte* II, 397.

[166] J. Liébaert, Christologie. Von der Apostolischen Zeit bis zum Konzil von Chalcedon (451): M. Schmaus - A. Grillmeier 편 *Handbuch der Dogmengeschichte* III, Freiburg 1965, 1-127 중 127.

[167] K. Rahner, Chalkedon - Ende oder Anfang?: A. Grillmeier - H. Bacht 편 *Das Konzil von Chalkedon. Geschichte und Gegenwart* III, Würzburg 1954, 3-49. L. Abramowski는 *Drei christologische Untersuchungen* (Berlin 1981) 셋째 권에서 삼위일체론과 그리스도론의 통일성을 위한 표현인 synapheia와 asynchytos henosis를 철저히 분석한 후 다음과 같이 결론지었다: 우리는 저 유명한 네 가지 수식어의 변증법을 "극히 불만족스러운 성과"로 간주해도 좋으며, 우리의 신학적 "과업은 오늘날 그것에 반대하는 데 있다". "인간 예수는 뭐라 해도 우리와 함께 머물러 있다. 무엇보다 중요한 것은, 보편적 무신론에 직면하여, 예수의 메시지와 그의 인격의 권위의 구속력에 관해 — 새로운 방식으로 하느님에 관해 말하는 것이 가능하게 될 수 있도록 — 말하는 것이다"(109). 문화史 안에서의 예수의 자리: J. Pelikan, *Jesus through the Centuries. His Place in the History of Culture*, New Haven 1985.

[168] 칼케돈 공의회를 인정하지 않는 교회들에 관한 상세한 정보: 콥트교회학자 A. S. Atiya의 *A History of Eastern Christianity*, London 1968.

[169] 참조: 〈ㄱ〉〈ㄴ〉.

[170] 여느 때에는 철저하고 꼼꼼한 교의사가들조차 이 교의사 전개과정에 관해 분명한 판단을 내려야 할 때면 — 고전적 본보기 인물들(v. Harnack, Loofs, Seeberg)과는 달리 — 정통교리에서 벗어나지 않으려 지나치게 소심한 듯하다. 예를 들어 K. Beyschlag는 "삼위일체 교의는 오늘날 … 신학자들에게조차 전혀 이해되지 못하는 것은 아닐지라도, 거의 관심을 끌지 못하고 있다"고 인정하면서도, 그 까닭은, 자기비판의 흔적은 전혀 없이, 그저 시대정신에 전가한다. 그는 심지어 "삼위일체 교의에서 관건이 되는 것은 … 일찍이 Origenes가 꼴지은 그리스도교적 세계관에 새로운 토대를 부여"하는 것이며, "이 세계관에서는 하느님 — 삼위일체적인 존재의 충만 속에 계시는 — 이 보편적인 그리스도교적 문화의 총괄개념"이라고까지 말한다(*Grundriß der Dogmengeschichte* I, Darmstadt 1982, 275). 다른 교의사가들 예컨대 A.M. Ritter는 삼위일체 교의의 "의미"를 설명해야 할 때, 이 교의가 "그리스도교의 가장 귀중한 계시 財寶"라고 말해도 된다고 믿으면서도, 곧이어 이 교의는 "자칫 오해될 소지가 많으며" "직접적 설득력도 없다"라고 시인한다. "그리스도교의 가장 귀중한 계시 재보"가 직접적 설득력은 없다니 기이한 노릇이다. 아무튼 이 교의사가는, 자가당착은 눈치채지도 못한 채, 말을 계속한다: "그것(삼위일체 교의)은, 종교적 표상과 철학적 개념에 의해 결코 포착·서술되지 않기에, '3중성의 비밀'을 3=1이라는 논리적 부조리가 되게 해버린 것처럼 보인다." 사람이 일단 그렇게 분명한 자가당착에 빠져들면, Martin Luther를 다시 불러낸다 해도(다음 문장에 곧이어 나온다) 그를 구해내지 못한다(*Handbuch der Dogmen- und Theologiegeschichte* I, Göttingen 1982, 213-4 참조). 신약성서에 대한 비판적 재인식이야말로 역사가에게 더 적절하고, 개신교의 금과옥조 "오직 성서"에도 더 충실하리라. 지금까지 교의사에서는 의식적이건 무의식적이건 예컨대 "입양설적" 성서 3절 등을 정통교리의 관점을 옹호하기 위해 적당히 왜곡·변경시켰음을 너무나 간과했다. B.D. Ehrmann, *The Orthodox Corruption of Scripture. The Effect of Early Christological Controversies on the Text of the New Testament*, Oxford 1993은 그 문제를 처음으로 체계적으로 분석했다.

[171] 비잔틴 제국과 정교회의 역사: G. Ostrogorsky, *Geschichte des byzantinischen Staates*, München 1940 ³1963; H. Berkhof, *Der kerk en de keizer, een studie over het onstaan van de Byzantinistische en de theocratische staatgedachte in de vierde eeuw*, Amsterdam 1946 = *Kirche und Kaiser. Eine Untersuchung der Entstehung der byzantinischen und theokratischen Staatsauffassung im vierten Jahrhundert*, Zollikon 1947; C. Every, *The Byzantine Patriarchate 451-1204*, London 1947; W.de Vries, *Der christ-*

liche Osten in Geschichte und Gegenwart, Würzburg 1951; *Orthodoxie und Katholizismus. Gegensatz oder Ergänzung?,* Freiburg 1965; F. Dölger - A.M. Schneider, *Byzanz,* Bern 1952; G. Zananiri, *Histoire de l'église byzantine,* Paris 1954; H.-G. Beck, *Kirche und theologische Literatur im byzantinischen Reich,* München 1959; *Geschichte der orthodoxen Kirche im byzantinischen Reich,* Göttingen 1980; A. Michel, *Die Kaisermacht in der Ostkirche (843-1204)* Darmstadt 1959; J. Meyendorff, *L'église orthodoxe hier et aujourd'hui,* Paris 1960 = *Die orthodoxe Kirche gestern und heute,* Salzburg 1963; *Orthodoxie et Catholicité,* Paris 1965; K. Onasch, *Einführung in die Konfessionskunde der orthodoxen Kirchen,* Berlin 1962; A. Schmemann, *The Historical Road of Eastern Orthodoxy,* London 1963; T. Ware, *The Orthodox Church,* Harmondsworth 1963; J.M. Hussey 편 *The Cambridge Medieval History* IV: *The Byzantine Empire* I-II, Cambridge 1966f; S. Runciman, *Byzanz. Von der Gründung bis zum Fall Konstantinopels,* München 1969; D. Obolensky, *The Byzantine Commonwealth. Eastern Europe, 500-1453,* London 1971; P. Kawerau, *Das Christentum des Osten,* Stuttgart 1972; *Ostkirchengeschichte* I-IV, Löwen 1982-84. F.G. Maier 편 *Byzanz,* Frankfurt 1973; A. Guillou, *La civilisation byzantine,* Paris 1974; D.A. Zakythinos, *Byzantine Istoria 324-1071,* Athen 1972 = *Byzantinische Geschichte 324-1071,* Wien 1979; C. Mango, *Byzantium. The Empire of New Rome,* London 1980; W. Nyssen - H.-J. Schulz - P. Wiertz 편 *Handbuch der Ostkirchenkunde* I, Düsseldorf 1984, 2. Teil: *Die geschichtliche Entwicklung der Ostkirchen;* A. Ducellier, *Byzance et le monde orthodoxe,* Paris 1986 = *Byzanz. Das Reich und die Stadt,* Frankfurt 1990; G. Dagron - P. Riché - A. Vauchez, *Évêques, moines, et empereurs (642-1054)* Paris 1993 = *Bischöfe, Mönche und Kaiser(642-1054)* Freiburg 1994, Teil.I-II.

[172] G. Ostrogorsky, *Geschichte des byzantinischen Staates,* 22.

[173] A. Schmemann, *The Historical Road,* 199.

[174] 참조: P. Ariès - G. Duby, *Histoire de la vie privée* I, Paris 1985 = P. Veyne 편 *Geschichte des privaten Lebens* I, Frankfurt 1989.

[175] 배교자 Julianus로부터 5세기까지에 관한 인상깊은 연구서: A. Quacquarelli, *Reazione pagana e transformazione della cultura(fine IV secolo d. C.)* Bari 1986.

[176] 참조: P. Brown, Antiquité tardive: P. Ariès - G. Duby, *Histoire* I, 225-99 중 265; *The Making of Late Antiquity,* Cambridge/Mass. 1978.

[177] P. Brown, A*ntiquité tardive* 265.   [178] 참조: 265-73.

[179] 참조: R.A. Markus, *The End of Ancient Christianity,* Cambridge 1990.

[180] Constantinus의 그리스도교적 황제 이데올로기에 관한 새로운 연구: F. Heim, *La théologie de la victoire de Constantin à Théodose,* Paris 1992; R. Leeb, *Konstantin und Christus. Die Verchristlichung der imperialen Repräsentation unter Konstantin dem Großen als Spiegel seiner Kirchenpolitik und seines Selbstverständnisses als christlicher Kaiser,* Berlin 1992.

[181] 참조: G. Ruhbach, Die politische Theologie Eusebs von Caesarea: 편 *Die Kirche angesichts der Konstantinischen Wende,* Darmstadt 1976, 236-58.

[182] 참조: F. Dölger, *Regesten der Kaiserurkunden des Oströmischen Reiches von 565-1453,* Teil I-V, München 1924-65.

[183] F. Dölger: A Michel, *Die Kaisermacht in der Ostkirche*의 서문.

[184] 개관: A. Raes, Liturgie, VI,B: Einzeltypen: *LThK* VI, 1087-91; C. Detlef - G. Müller, *Geschichte der orientalischen Nationalkirchen,* Göttingen 1981.

[185] 참조: Clemens, 서간 40,6.   [186] 참조: Origenes, 예레미야서 주석 11,3.

[187] 참조: 1베드 2,10.   [188] 참조: H. Küng, *Kirche,* Kap.E I,2.

[189] 이 문제에 관해 많은 도움과 자극을 준 Fairy von Lilienfeld 교수에게 감사드린다. 그녀는 독일 개신교계에서 동방 정교회에 관한 가장 빼어난 전문가 중의 한 사람이다.

[190] H.-G. Beck, *Byzantinisches Erotikon,* München 1986, 202-3.

[191] 동방의 수도생활: I. Smolitsch, *Russisches Mönchtum. Entstehung, Entwicklung und Wesen 988-*

1917, Würzburg 1953; K.S. Frank, *Angelikos Bios,* Münster 1964; *Grundzüge der Geschichte des christlichen Mönchtums,* Darmstadt 1975; 편 *Askese und Mönchtum in der alten Kirche,* Darmstadt 1975; U. Ranke-Heinemann, *Das frühe Mönchtum. Seine Motive nach den Selbstzeugnissen,* Essen 1964; D.J. Chitty, *The Desert a City. An Introduction to the Study of Egyptian and Palestinian Monasticism under the Christian Empire,* Oxford 1966; B. Lohse, *Askese und Mönchtum in der Antike und in der alten Kirche,* München 1969; L. Bouyer, *La vie de S. Antoine. Essai sur la spiritualité du monachisme primitif,* Bégrolles-en-Mauges ²1977; P. Canivet, *Le monachisme syrien selon Théodoret de Cyr,* Paris 1977; F.v. Lilienfeld, *Spiritualität des frühen Wüstenmönchtums,* Erlangen 1983.

[192] 참조: H. Küng, *Weltreligionen,* Kap.C II,2.   [193] Clemens, *Stromata* 1,15.

[194] 붓다는 "보디사트바"로도 불린다. 마니교에서는 "보디사프", 아랍어로는 "유다사프", 게오르기아어로는 "요다사프", 그리스어로는 "요사프", 라틴어로는 "요사파트". 붓다가 마침내 그리스도교의 성인으로 공경됨: 캐나다의 탁월한 종교학자 W.C. Smith, *Towards a World Theology. Faith and the Comparative History of Religion,* London 1981, 9.

[195] 참조: B. Lohse, *Askese und Mönchtum,* Kap.1-2.

[196] 오늘날 우리에게는 기이하게 보이는 이 현상에 대한 평가: U. Ranke-Heinemann, *Das frühe Mönchtum;* K.S. Frank, *Angelikos Bios.*

[197] 이하 사막교부들의 금언집: P. Brown, *Die letzten Heiden,* 115-138.   [198] 참조: 마태 19,16-24.

[199] 참조: P. Canivet, *Le monachisme syrien,* Kap.VI: Les moines thaumaturges.

[200] E. Brunner-Traut, *Die Kopten. Leben und Lehre der ägyptische Christen in Geschichte und Gegenwart,* München 1991은 이집트 원시 그리스도인들의 신앙세계와 문화를 많은 원전을 인용하며 개관한다. 많은 도움이 되는 저작이다.

[201] 참조: K. Baus, Koinobitentum: *LThK* VI, 368.

[202] 참조: 마르 1,12-13. 마태오(4,1-11)와 루가(4,1-13)는 이 이야기를 크게 확장했다.

[203] 그래서 마태 19,12는 "하늘나라를 위해 스스로 고자된 이들"에 관해 말하고 있는 것이다(많은 주석학자들에 의하면 이 대목은 마태오가 덧붙인 것이다).

[204] 참조: 1고린 7(특히 7절); 9,5.   [205] 사막교부들의 금언집과 전기 등(F.v. Lilienfeld).

[206] 성화상 싸움: G. Ostrogorsky, *Geschichte des byzantinischen Staates,* Kap.III: Das Zeitalter der ikonoklastischen Krise (711-843); L. Ouspensky - W. Lossky, *Der Sinn der Ikonen,* Berlin 1952; J. Kollwitz, Bild III: *Reallexikon für Antike und Christentum* II, Stuttgart 1954, 318-41; H.J. Rothemund, *Ikonenkunst. Ein Handbuch,* München 1954; W. Felicetti-Liebenfels, *Geschichte der byzantinischen Ikonenmalerei. Von ihren Anfängen bis zum Ausklange unter Berücksichtigung der Maniera Greca und der italo-byzantinischen Schule,* Olten 1956; *Geschichte der russischen Ikonenmalerei in den Grundzügen dargestellt,* Graz 1972; E. Benz, *Geist und Leben der Ostkirche,* Hamburg 1957, Kap.1: Die orthodoxe Ikone; G. Lange, *Bild und Wort. Die katechetischen Funktionen des Bildes in der griechischen Theologie des sechsten bis neunten Jahrhunderts,* Würzburg 1969; L.W. Barnard, *The Graeco-Roman and Oriental Background of the Iconoclastic Controversy,* Leiden 1974; C.v. Schönborn, *L'icône du Christ. Fondements théologiques élaborés entre le Ier et re IIe Concile de Nicée (325-787)* Fribourg 1976; 독일어역 증보판: *Die Christus-Ikone. Eine theologische Hinführung,* Schaffhausen 1984; S. Gerö, *Byzantine Iconclasm During the Reign of Leo III, with Particular Attention to the Oriental Sources,* Louvain 1973; *Byzantine Iconclasm During the Reign of Constantine V, with Particular Attention to the Oriental Sources,* Louvain 1977; A. Bryer - J. Herrin 편 *Iconoclasm. Papers given at the Ninth Spring Symposium of Byzantine Studies (University Birmingham, March 1975)* Birmingham 1977. H.-G. Beck, *Geschichte der orthodoxen Kirche im byzantinischen Reich,* Göttingen 1980, Kap.III: Das Zeitalter des Ikonoklasmus; J. Irmscher 편 *Der byzantinische Bilderstreit. Sozialökonomische Voraussetzungen - ideologische Grundlagen - geschichtliche Wirkungen,* Leipzig 1980; D. Stein, *Der Beginn des byzantinischen Bilderstreites und seine Entwicklung bis in die 40er Jahre des 8. Jahrhunderts,* München 1980; H.G. Thümmel - W.v.

Loewenich, Bilder IV-V: *TRE* VI, 525-46; H.G. Thümmel, *Bilderlehre und Bilderstreit. Arbeiten zur Auseinandersetzung über die Ikone und ihre Begründung vornehmlich im 8. und 9. Jahrhundert*, Würzburg 1991; *Die Frühgeschichte der ostkirchlichen Bilderlehre. Texte und Untersuchungen zur Zeit vor dem Bilderstreit*, Berlin 1922; A. Garbar, *L'Iconoclasme byzantin. Le dossier archéologique*, Paris 1984; W. Nyssen - H.-J. Schulz - P. Wiertz 편 *Handbuch der Ostkirchenkunde* I, 2. Teil: Die geschichtliche Entwicklung der Ostkirchen; A. Ducellier, *Byzanz*, 288-98; V. Cândea, Iconoclasm: *EncRel* VII, 1-2; J. Wohlmuth 편 *Streit um das Bild. Das 2. Konzil von Nizäa (787) in ökumenischer Perspektive*, Bonn 1989; H.-D. Döpmann, *Die Ostkirchen vom Bilderstreit bis zur Kirchenspaltung 1054*, Leipzig 1990; L. Müller, *Die Dreifaltigkeitsikone des Andréj Rubljów*, München 1990; J. Pelikan, *Imago Dei. The Byzantine Apologia for Icons*, Princeton 1990. 비잔틴 예술 개관(1000여 그림과 함께): É. Coche de la Ferté, *L'Art de Byzance*, Paris 1982 = *Byzantinische Kunst*, Freiburg 1982.

[207] 참조: E. Benz, *Geist und Leben der Ostkirche*, 11.   [208] 참조: A. Ducellier, *Byzanz*, 288-98.

[209] S. Gerö, *Leo III.*, 129.   [210] 127.

[211] 참조: A. Bryer - J. Herrin에 C. Mango가 쓴 서문(1-6). Mango에 의하면 성화상 파괴는 일종의 "셈족적 운동"이라고까지 말할 수 있다(6). V. Cândea, Iconoclasm, 1도 참조.

[212] 참조: G. Ostrogorsky, *Geschichte des byzantinischen Staates*, 181.

[213] 참조: C.v. Schönborn, *Die Christus-Ikone*, 226.   [214] 참조: S. Gerö, *Leo III.*, 129.

[215] H.-G. Beck, *Geschichte der orthodoxen Kirche*, 69-70.

[216] 참조: H. Denzinger, *Enchiridion*, 302-4 306-8항.

[217] A. Garbar, *L'Iconclasme byzantin*, 301-2.

[218] 이콘의 복잡한 제작과 다층적 상징에 관해 특히 L. Ouspensky - W. Lossky, *Der Sinn der Ikonen*, 11-56; P. Evdokimov, *L'Art de l'icône. Théologie de la beauté*, Paris 1972; W. Felicetti-Liebenfels, *Geschichte der russischen Ikonenmalerei* 1-12; L. Ouspensky, *La théologie de l'Icône dans l'Eglise Orthodoxe*, Paris 1980; G. Distante 편 *La legittimità del culto delle icone. Oriente e Occidente riaffermano insieme la fede cristiana*, Bari 1988. 역사적 비판: H.G. Thümmel, Die Theorie der Ikone. Die ostkirchliche Bilderlehre: *Theologische Literaturzeitung* 116 (1991) 특히 641-9.

[219] 참조: F.v. Lilienfeld, Hesychasmus: *TRE* XV, 282-9.   [220] 마태 27,51; 참조: 히브 10,19.

[221] 참조: A. Jensen, *Die Zukunft der Orthodoxie. Konzilspläne und Kirchenstrukturen*, Zürich 1986.

[222] 참조: A.v. Harnack, *Dogmengeschichte* II, Freiburg 1888 ^{신판}Darmstadt 1980, 490.

[223] 참조: A. Schmemann, *The Historical Road*, 214.

[224] 참조: G. Ostrogorsky, *Geschichte des byzantinischen Staates*, 200.

[225] A. Michel, *Die Kaisermacht in der Ostkirche*, 166: "Epanagoge는 교회에게 서방적 의미의 자유를 얻어주려고 했던 단 한 번의 그러나 헛된 시도였던바, '시대史的 제약을 극명하게 보여주는 일화' 라고 하겠다"(H.F. Schmid).

[226] A. Schmemann, *The Historical Road*, 220.

[227] 슬라브-비잔틴 그리스도교계의 생성 · 발전: 비잔틴 역사서들 외에도 특히 F. Dvornik, *Byzantine Missions Among the Slaws. SS. Constantine-Cyril and Methodios*, New Brunswick 1970; L. Waldmüller, *Die ersten Begegnungen der Slawen mit dem Christentum und den christlichen Völken vom VI. bis VIII. Jahrhundert. Die Slawen zwischen Byzanz und Abendland*, Amsterdam 1976; S.W. Swierkosz-Lenart, *Le origini e lo sviluppo della cristianità slavo-bizantina*, Rom 1992; G. Dagron - P. Riché - A. Vauchez, *Bischöfe, Mönche und Kaiser* IV. 비잔틴과 슬라브족들 간의 복잡다단한 관계: A. Ducellier, *Byzanz*.

[228] 슬라브-비잔틴 교회 전례 및 전통과 뵈멘 · 모라비아 · 파노니아 지역의 라틴 전례 및 전통 사이의 힘겨루기에 관한 정보들(불확실한 출판 연월일에도 불구하고!): E. Winter, *Tausend Jahre Geisteskampf im Sudetenraum. Das religiöse Ringen zweier Völker*, Salzburg 1938.

[229] 러시아 그리스도교 역사: 정교회에 관한 이미 인용한 저작(특히 J. Meyendorff, A. Schmemann, T. Ware) 외에도 해설을 덧붙인 문서집록: P. Hauptmann - G. Stricker 편 *Die Orthodoxe Kirche in Ruß-*

land. Dokumente ihrer Geschichte (860-1980) Göttingen 1988 (*Dokumente*로 약칭). 그밖에 전문 연구:
N. Zernov, *The Russians and Their Church,* London 1945; *The Russian Religious Renaissance of the Twentieth Century,* London 1963; G.P. Fedotov, *The Russian Religious Mind* I-II, Cambrideg/Mass. 1946/66; 편 *The Treasury of Russian Spirituality,* London 1950; A.M. Ammann, *Abriss der ostslawischen Kirchengeschichte,* Wien 1950; H. Schaeder, *Moskau das dritte Rom,* Darmstadt ²1957; P. Kovalevsky, *Saint Serge et la spiritualité russe,* Paris 1958; N. Struve, *Les Chrétiens en U.R.S.S.,* Paris 1963; J. Chrysostomus, *Kirchengeschichte Rußlands der neuesten Zeit* I-III, München 1965-68; K. Onasch, *Grundzüge der russischen Kirchengeschichte,* Göttingen 1967; M. Klimenko, *Ausbreitung des Christentums in Rußland seit Vladmir dem Heiligen bis zum 17. Jahrhundert. Versuch einer Übersicht nach russischen Quellen,* Berlin 1969; H.-D. Döpmann, *Die russische orthodoxe Kirche in Geschichte und Gegenwart,* Wien 1977; P.C. Bori - P. Bettiolo, *Movimenti religiosi in Russia prima della rivoluzione (1900-1917)* Brescia 1978; J.W. Cunningham, *A Vanquished Hope. The Movement for Church Renewal in Russia, 1905-1906,* New York 1981; A. Poppe, *The Rise of Christian Russia,* London 1982; K.C. Felmy 등 편 *Tausend Jahre Christentum in Rußland. Zum Millenium der Taufe der Kiever Rus',* Göttingen 1988; Pitirim v. Volokolamsk 편 *Die russische orthodoxe Kirche,* Berlin 1988; P. Bushkovitch, *Religion and Society in Russia. The Sixteenth and Seventeenth Centuries,* Oxford 1992. 1988년 러시아 교회 창설 1천년제에 즈음하여 여러 연구기관에서 많은 총서가 나왔다: Tübingen 대학교(R.-D. Kluge - H. Setzer 편); Paris X-Nanterre 대학교(D. Obolensky 등); London 대학교(G.A. Hosking 편); Oregon 대학교(A. Leong 편); Fondazione Georgio Cini, Venecia (S. Graciotti 편); Ostkirchliches Institut, Regensburg (A. Rauch - P. Imhof 편); UNESCO, Paris (Y. Hamant 편); USSR Academy of Sciences, Moskau (P.N. Fedoseyef 편). 또한 M. Garzaniti, F. House, J.-C. Roberti는 러시아 교회사를 새로 쓰고 있다.

[230] 참조: L. Müller, *Die Taufe Rußlands. Die Frühgeschichte des russischen Christentums bis zum Jahre 988,* München 1987, 9-16. Müller는 860년경 러시아 교회의 태동에 관한 중요한 기록(특히 러시아 교회 창설에 관한 총대주교 Photius의 기록)도 편집 · 해설했다: *Dokumente* 1-25항. 베드로 기득권을 주장하는 로마에 맞서 비잔틴이 Photius 시대에 정통성의 근거로 내세운 안드레아 전설: F. Dvornik, *The Idea of Apostolicity in Byzantium and the Legend of the Apostle Andrew,* Cambridge/Mass. 1958.

[231] 참조: L. Müller, *Die Taufe Rußlands,* 111-6.

[232] 참조: G. Fedotov, *The Russian Religious Mind* I, 412.

[233] Hilarius(1051-4)와 Smolensk의 Klemens 수석대주교(1147-55)가 그들이다.

[234] 동서 이교: *Échos d'Orient,* Paris 1933-40에 실린 V. Grumel의 논문들; M. Jugie, *Le schisme byzantin. Aperçu historique et doctrinal,* Paris 1941; F. Dvornik, *The Photian Schism. History and Legend,* Cambridge 1948; *The Idea of Apostolicity in Byzantium and the Legend of the Apostle Andrew,* Cambridge/Mass. 1958; *Byzance et la primauté romaine,* Paris 1964 = *Byzanz und der römische Primat,* Stuttgart 1966; Y. Congar, *Neuf cents ans après. Notes sur le "Schisme oriental",* Paris 1954; S. Runciman, *The Eastern Schism. A Study of the Papacy and the Eastern Churches During the XIth and XIIth Centuries,* Oxford 1955; G. Denzler, Das sog. Morgenländische Schisma im Jahre 1054: *Münchner theologische Zeitschrift* 17 (1966) 24-46; Das Morgenländische Kirchenschisma im Verständnis von Päpsten und ökumenischen Konzilien des Mittelalters: *Münchner theologische Zeitschrift* 20 (1969) 104-17.

[235] 참조: J. Meyendorff, Rom und die Orthodoxie - Autorität oder Wahrheit?: *Catholica* 31 (1977) 352-68 중 354.

[236] F. Dvornik, *Byzanz und der römische Primat,* 159-60.   [237] 9.

[238] 참조: H.-G. Beck, *Geschichte der orthodoxen Kirche,* Kap.IV,1: Ignatios und Photios, 159.

[239] 참조: H. Denzinger, *Enchiridion,* 277항.

[240] "filioque" 문제: L. Vischer 편 *Geist Gottes - Geist Christi. Ökumenische Überlegungen zur Filioque-Kontroverse,* Frankfurt 1981.

[241] F. Dvornik, *Byzanz und der römische Primat,* 165.

²⁴² 참조: H.-G. Beck, *Geschichte der orthodoxen Kirche*, Kap.V,1.

²⁴³ B. Roberg, *Das Zweite Konzil von Lyon(1274)* Paderborn 1990은 이 연합 공의회를 "헛쓴 기회"라고 지칭했다: "공의회의 핵심 주제가 될 수 있었고 또 되어야 마땅했던 '정교회와의 만남'은 주제로 채택되지 않았다, 아니 아예 묵살되었다"(384). 페라라–피렌체 공의회: J. Gill, *The Council of Florence*, Cambridge 1959; *Constance et Bâle-Florence*, Paris 1965; G. Alberigo 편 *Christian Unity. The Council of Ferrara-Florence 1438/39-1989*, Löwen 1991 (특히 H. Chadwick의 비판적 고찰).

²⁴⁴ A. Ducellier, *Byzanz*, 12-3.

²⁴⁵ 이것을 Ducellier는 자신의 팀과 함께 다양한 시기에 걸쳐 경제적·사회적·정치적·군사적·문화적 다층성 안에서 탁월하게 분석해냈다.

²⁴⁶ 참조: S. Runciman, *The Fall of Constantinople 1453*, Cambridge 1965.

²⁴⁷ 참조: 앞에서 언급한 키예프 시대 그리스도교 역사에 관한 문헌들.

²⁴⁸ 타타르 제국 지배하의 러시아 교회: *Dokumente*, 26-57항(F.v. Lilienfeld - E. Bryner 해설).

²⁴⁹ *Dokumente*, 28항; 참조: 26항.

²⁵⁰ G. Florovsky, *Ways of Russian Theology* I, Belmont/Mass. 1979, 3. 또한 러시아적 심성의 상당한 反계몽성: *Aspects of Church History*, Vaduz 1987, 186-91.

²⁵¹ A. Schmemann, *The Historical Road*, 305.　　²⁵² 308.

²⁵³ 페라라–피렌체 공의회와 관련된 수석대주교 Isidor의 역할과 비잔틴에 예속되지 않은 수석대주교들의 선출: *Dokumente* 58-66항(F.v. Lilienfeld - E. Bryner 해설).

²⁵⁴ 실제로 Isidor는 교황 Eugenius 4세에게 "리투아니아·리플란트 그리고 전 러시아"와 "폴란드의 도시·교구·지역·당국"을 위한 "밀사"로 임명되었고, "이단자들의 근절, 가톨릭 신앙의 고양과 확장"과 "사도좌의 권위의 수호"를 위한 로마의 전권을 부여받았다. 참조: *Dokumente* 60항.

²⁵⁵ 모스크바와 전 러시아의 "자기 머리의" 수석대주교좌에서의 뒤이은 사건들: *Dokumente* 67-92항(F.v. Lilienfeld - E. Bryner).　　²⁵⁶ 참조: *Dokumente* 67항.　　²⁵⁷ *Dokumente* 253항.

²⁵⁸ 첫 열 명의 총대주교 시절(1589-1700)의 러시아 교회: *Dokumente* 93-104항(P. Hauptmann 해설); M. Batisweiler 등 편 *Der Ökumenische Patriarch Jeremias II von Konstantinopel und die Anfänge des Moskauer Patriarchates*, Erlangen 1971(모스크바 총대주교 역사에 관한 다른 논문들도 수록).

²⁵⁹ 참조: *Dokumente* 73항(Josif)과 75항(Nil의 제자인 Vassian); F.v. Lilienfeld, *Nil Sorskij und seine Schriften. Die Krise der Tradition im Rußland Ivans III*, Berlin 1963.

²⁶⁰ H. Neubauer, *Car und Selbstherrscher. Beiträge zur Geschichte der Autokratie in Rußland*, Wiesbaden 1964는 독재군주 체제가 자기정당화에 걸핏하면 비잔틴을 끌어댔으나, 그밖의 점에서는 안팎으로 현실적 정치를 했음을 밝힌다. H.-J. Torke, *Die staatsbedingte Gesellschaft im Moskauer Reich. Zar und Zemlja in der altrussischen Herrschaftsverfassung 1613-1689*, Leiden 1974는 러시아의 독재군주제가 아시아의 전제군주제와 동일시될 수 없으며, 더 자유로운 서방 절대군주제와도 다름을 밝힌다.

²⁶¹ 흔히 부정적으로만 생각하는 터키 지배에 관한 차별화된 평가: T.H. Papadopoullos, *Studies and Documents Relating to the History of the Greek Church and People under Turkish Domination*, Brüssel 1952; S. Runciman, *The Great Church in Captivity. A Study of the Patriarchate of Constantinople from the Eve of the Turkish Conquest to the Greek War of Independence*, Cambridge 1968; A. Ducellier, *Byzanz*.

²⁶² 참조: E. Amburger, *Geschichte des Protestantismus in Rußland*, Stuttgart 1961.

²⁶³ 참조: G.E. Zachariades, *Tübingen und Konstantinopel. Martin Crusius und seine Verhandlungen mit der Griechisch-Orthodoxen Kirche*, Göttingen 1941; EKD 편 *Wort und Mysterium. Der Briefwechsel über Glauben und Kirche 1573 bis 1581 zwischen den Tübinger Theologen und dem Patriarchen von Konstantinopel*, Witten 1958; C.N. Tsirpanlis, *The Historical and Ecumenical Significance of Jeremias II's Correspondence with the Lutherans(1573-1581)* Kingston 1982; D. Wendebourg, *Reformation und Orthodoxie. Der ökumenische Briefwechsel zwischen der Leitung der Württembergischen Kirche und Patriarch Jeremias II. von Konstantinopel in den Jahren 1573-1581*, Göttingen 1986(이 포괄적 연구에는 신학적 쟁점들에 대한 정확한 분석도 포함되어 있다).

1001

[264] D. Wendebourg, *Reformation*, 334.

[265] G.A. Hadjiantoniou, *Protestant Patriarch. The Life of Cyril Lucaris(1572-1638), Patriarch of Constantinople,* Richmond/Va. 1961 외에도, 특히 새로운 전거들에 대한 해석에 근거한 정확한 역사적 분석: G. Hering, *Ökumenisches Patriarchat und europäische Politik 1620-1638,* Wiesbaden 1968.

[266] "원대한 계획": P. Meyendorff, *Russia, Ritual, and Reform: the Liturgical Reforms of Nikon in the 17th Century,* New York 1991. 총대주교 Nikon이 흔히들 생각하는 것과 달리 세속 권력에 대한 교회 권력의 우위 확립에 애쓰지 않았음을 설득력있게 밝히는 연구: C. Hemer, *Herrschaft und Legitimation im Rußland des 17. Jahrhunderts. Staat und Kirche zur Zeit des Partriarchen Nikon,* Frankfurt 1979.

[267] 참조: P. Hauptmann, *Altrussischer Glaube. Der Kampf des Protopopen Avvakum gegen die Kirchenreformen des 17. Jahrhunderts,* Göttingen 1963; N. Lupinin, *Religious Revolt in the XVIIth Century: The Schism of the Russian Church,* Princeton/N.J. 1984.

[268] 참조: T. Riplinger, *Die ukrainisch-bjelorussische Variante des byzantinisch-orthodoxen Paradigmas. Der Eigenweg der orthodoxen Kirche im polnischlitauischen Staatsverband vom 14. bis zum 17. Jh. als Modell einer zeitgenössischen Erneuerung des orthodoxen Kirchentums;* I. Vlasovsky, *Outline History of the Ukrainian Orthodox Church* I-II, New York 1974-79; I. Moncak, *Florentine Ecumenism in the Kyivan Church,* Rom 1987; A. Jobert, *De Luther à Mohila. La Pologne dans la crise de la Chrétienté 1517-1648,* Paris 1974.

[269] 비잔틴에서 그랬던 것처럼 "세상의 창조 이래" 9월 1일을 새해 첫날로 삼는 대신, 이제 "그리스도의 탄생" 이래 1월 1일을 새해 첫날로 삼았다. 그러나 페터는 그레고리우스曆은 도입하지 않았다.

[270] 페터 대제의 교회 개혁 세기(1700-1801)의 러시아 정교회: *Dokumente* 105-45항(R. Stupperich 해설). 교회 개혁을 중심내용으로 하는 페터 대제의 수많은 전기들 외에도 I. Smolitsch, *Geschichte der russischen Kirche 1700-1917* I-II, Leiden 1964, Berlin 1990; J. Cracraft, *The Church Reform of Peter the Great,* London 1971; A.V. Muller, The Spiritual Regulation of Peter the Great, Seattle 1972.

[271] 참조: *Dokumente* 115항. 이 시기에 反그리스도 개념(러시아에서는 이미 언제나 교황과 결부되었다)이 페터 차르(그리고 스탈린에 이르기까지의 후임 황제들)에게 적용되었음을 밝히는 연구: C.G. de Michelis, *I nomi dell'avversario. Il "papa-anticristo" nella cultura russa,* Turin 1989.

[272] 이 중요한 관점을 얻게 된 데 F.v. Lilienfeld에게 감사한다.　　　[273] F.v. Lilienfeld의 번역.

[274] 국가교회주의와 쇄신의 첫 시도들: *Dokumente* 146-205항(K.C. Felmy - G. Simon 해설).

[275] 참조: L. Tolstoj, *Kurze Darlegung des Evangelium*(러시아어 원본) Leipzig 1892; *Worin besteht mein Glaube?,* Moskau 1884 독일어역 신판 Leipzig 1902. L. Müller, *Russischer Geist und evangelisches Christentum. Die Kritik des Protestantismus in der russischen religiösen Philosophie und Dichtung im 19. und 20. Jahrhundert,* Witten 1951은 근대 러시아 지식인들(이들에겐 진리 탐구가 교회의 교의를 거스르는 일종의 이단이었다)과 개신교의 논쟁에 관해 밝힌다.

[276] 참조: H. Küng, *Dichtung und Religion,* München 1985, Kap. F.M. Dostojewski.

[277] 참조: W. Solowjew, *Die Rechtfertigung des Guten. Eine Moralphilosophie* (Deutsche Gesamtausgabe V) München 1976; L. Müller, *Das religionsphilosophische System Vladimir Solovjevs,* Berlin 1956; H. Gleixner, *Vladimir Solov'evs Konzeption vom Verhältnis zwischen Politik und Sittlichkeit. System einer sozialen und politischen Ethik,* Frankfurt 1978; *Die ethische und religiöse Sozialismuskritik des Vladimir Solov'ev. Texte und Interpretation,* St. Ottilien 1986.

[278] 참조: J. Oswalt, *Kirchliche Gemeinde und Bauernbefreiung. Soziales Reformdenken in der orthodoxen Gemeindegeistlichkeit Rußlands in der Ära Alexanders II.,* Göttingen 1975. 나중의 쇄신운동(그 주된 관심사는 국가 통제로부터의 교회의 해방이었다): J.W. Cunningham, *A Vanquished Hoppe. The Movement for Church Renewal in Russia, 1905-1906,* Crestwood/N.Y. 1981.

[279] 참조: E. Benz, *Geist und Leben der Ostkirche,* Kap.IX-XII; J. Oswalt, *Kirchliche Gemeinde und Bauernbefreiung. Soziales Reformdenken in der orthodoxen Gemeindegeistlichkeit Rußlands in der Ära Alexander II,* Göttingen 1975.

²⁸⁰ G. Petrow - E. Benz의 상게서 132-3에서 재인용(이 텍스트는 유감스럽게도 *Dokumente*에 없다).

²⁸¹ 소비에트 국가(1917년부터)에서의 러시아 정교회: *Dokumente* 210-371항(R. Rössler 해설).

²⁸² W.I. Lenin, Sozialismus und Religion: *Über die Religion. Eine Auswahl*, Berlin 1981, 39-44 중 40.

²⁸³ 정교의 신학과 교회에 관한 근년의 연구: E. Benz, *Geist und Leben der Ostkirche*; S. Boulgakoff, *L'Orthodoxie*, Paris 1958; M.-J. Le Guillou, *L'esprit de l'orthodoxie grecque et russe*, Paris 1961 = *Vom Geist der Orthodoxie. Christliche Überlieferung in Griechenland un Rußland*, Aschaffenburg 1963; T. Ware, *The Orthodox Church*; *The Orthodox Way*, New York 1979 = *Der Aufstieg zu Gott. Glaube und geistliches Leben nach ostkirchlicher Überlieferung*, Freiburg 1983; N.v. Arseniew, *Die russische Frömmigkeit*, Zürich 1964; O. Clément, *Byzance et le christianisme*, Paris 1964; A. Schmemann, *Introduction to Liturgical Theology*, London 1966; *Church, World, Mission. Refelctions on Orthodoxy in the West*, Crestwood/N.Y. 1979; R. Stupperich 편 *Die Russische Orthodoxe Kirche in Lehre und Leben*, Witten 1966; E. Timiadis, *Lebendige Orthodoxie. Eine Selbstdarstellung der Orthodoxie im Kreise der christlichen Kirchen*, Nürnberg 1966; G. Florovsky, *Bible, Church, Tradition: An Eastern Orthodox View*, Belmont/Mass. 1972; *Creation and Redemption*, Belmont/Mass. 1976; *Ways of Russian Theology* I-II, Belmont/Mass. 1979; J. Meyendorff, *Byzantine Theology. Historical Trends and Doctrinal Themes*, Fordham 1974; V. Lossky, *Orthodox Theology. An Introduction*, Crestwood/N.Y. 1978; A. Kallis, *Orthodoxie: Was ist das?*, Mainz 1979; V. Peri, *La "Grande Chiesa" Bizantina. L'ambito ecclesiale dell'Ortodossia*, Brescia 1981; B. Sartorius, *Die orthodoxe Kirche* (불어 원본 1973) Stuttgart 1981; D. Staniloae, *Orthodoxe Dogmatik* I-II, (원본 루마니아어) Gütersloh 1984/90; *Le génie de l'Orthodoxie. Introduction*, Paris 1985; K.C. Felmy, *Die Orthodoxe Theologie der Gegenwart. Eine Einführung*, Darmstadt 1990.

²⁸⁴ W. Nyssen - H.-J. Schulz - P. Wiertz 편 *Das Handbuch der Ostkirchenkunde* II, Düsseldorf 1989는 정교 전례 · 성사 · 시간 계산 · 교회음악 · 이콘學에 관한 역사적 · 체계적 개관을 제공한다.

²⁸⁵ E. Benz, *Geist und Leben der Ostkirche*, 175.

〈더〉 중세의 로마 가톨릭 패러다임

¹ 개신교 역사학자 Albert Hauck (†1918), Heinrich Boehmer (†1926), Hans v. Schubert (†1931), Hermann Dörries (†1977) 들도 중세 재평가에 크게 기여했다.

² Ignaz Döllinger (†1890), Albert Erhard (†1940), Franz Dölger (†1940), Joseph Lortz (†1975) 등 가톨릭 역사학자들과 그 제자들도 중세에 대한 로마-가톨릭적 집착을 극복하는 데 결정적으로 기여했다.

³ A. Angenendt, *Das Frühmittelalter. Die abendländische Christenheit von 400-900*, Stuttgart 1990, 42. 무시되어서는 안될 이 분야에 관한 풍부한 참고문헌을 담고 있는, 일반인도 쉽게 이해할 수 있는 중세 역사 안내서: H. Zimmermann, *Das Mittelalter* I-II, Braunschweig 1975/79; H. Fuhrmann, *Einladung ins Mittelalter*, München 1987.

⁴ 탁월한 교회사가 Paul Hinschius (†1898), Ulrich Stutz (†1937), H.E. Feine (†1965) 들의 표현.

⁵ 19세기 독일의 세속 · 교회 · 교의 사가들이 이것을 지치지도 않고 강조했다.

⁶ 참조: T. Klauser, Der Übergang der römischen Kirche von der griechischen zur lateinischen Liturgiesprache: *Jahrbuch für Antike und Christentum* III (1974) 184-94.

⁷ H.v. Campenhausen, *Lateinischen Kirchenväter*, Stuttgart 1960, 35.

⁸ Augustinus(354-430): B. Altaner - A. Stuiber, *Patrologie. Leben, Schriften und Lehre der Kirchenväter*, Freiburg ⁷1966, §102에 실린 좀 오래된 문헌들; 여전히 중요한 오래되고(A.v. Harnack, F. Loofs, R. Seeberg) 새로운 (C. Andresen, K. Beyschlag, J. Pelikan, M. Schmaus - A. Grillmeier) 교의사 입문서들; É. Gilson, *Introduction a l'étude de saint Augustin*, Paris 1929 ⁴1969 = *Der heilige Augustin. Eine Einführung in seine Lehre*, Hellerau 1930; H.-I. Marrou, *Saint Augustin et la fin de la culture antique*, Paris 1938 ⁴1958 = *Augustinus und das Ende der antiken Bildung*, Paderborn 1981; *Saint Augustin et l'augustinisme*, Paris 1955 ⁸1973 = *Augustinus in Selbstzeugnissen und Bilddokumenten*, Reinbek 1958; F. van der Meer, *Augustinus de Zielzorger*, Utrecht 1947 = *Augustinus der Seelsorger. Leben und Wirken*

eines Kirchenvaters, Köln 1951; A. Zumkeller, *Das Mönchtum des heiligen Augustinus*, Würzburg 1950
²1968. T.J. van Bavel, *Recherches sur la Christologie de saint Augustin. L'humain et le divin dans le
Christ d'après saint Augustin*, Fribourg 1954; J.J. O'Meara, *The Young Augustine. The Growth of St.
Augustine's Mind up to his Conversion*, London 1954 ²1980; R.W. Battenhouse 편 *A Companion to the
Study of St. Augustine*, New York 1955; M. Löhrer, *Der Glaubensbegriff des hl. Augustinus in seinen ers-
ten Schriften bis zu den Confessiones*, Einsiedeln 1955; A.D.R. Polman, *Het woord gods bij Augustinus*,
Kampen 1955; R. Schneider, *Seele und Sein. Ontologie bei Augustin und Aristoteles*, Stuttgart 1957; G.
Strauss, *Schriftgebrauch, Schriftauslegung und Schriftbeweis bei Augustin*, Tübingen 1959; H.v. Cam-
penhausen, *Lateinische Kirchenväter*, Stuttgart 1960, Kap.6: Augustin; C. Eichenseer, *Das Symbolum
Apostolicum beim heiligen Augustinus, mit Berücksichtigung des dogmengeschichtlichen Zusammen-
hangs*, St. Ottilien 1960; C. Andresen 편 *Zum Augustin-Gespräch der Gegenwart* I-II, Darmstadt
1962/81; P. Brown, *Augustine of Hippo. A Biography*, Berkeley 1967 = *Augustinus von Hippo. Eine Bio-
graphie*, Frankfurt 1973; A. Mandouze, *Saint Augustin. L'aventure de la raison et de la grâce*, Paris
1968; C. Boyer, *Essais anciens et nouveaux sur la doctrine de saint Augustin*, Mailand 1970; R.A. Mar-
kus, *Saeculum. History and Society in the Theology of St. Augstine*, Cambridge 1970; E. TeSelle, *Augs-
tine the Theologian*, London 1970; J. Brechtken, *Augustinus doctor caritatis. Sein Liebesbegriff im
Widerspruch von Eigennutz und selbstloser Güte im Rahmen der antiken Glückseligkeitsethik*, Meisen-
heim 1975; W. Geerlings, *Christus Exemplum. Studien zur Christologie und Christusverkündigung Augu-
stins*, Mainz 1978; R.E. Meagher, *An Introduction to Augustine*, New York 1978; W. Wieland, *Offenba-
rung bei Augustins*, Mainz 1978; A. Schindler, Augustin: *TRE* IV, 645-98; K. Flasch, *Augustin. Ein-
führung in sein Denken,* Stuttgart 1980; A. Pincherle, *Vita di San' Agostino*, Bari 1980; H. Fries, Augus-
tinus: H. Fries - G. Kretschmar 편 *Klassiker der Theologie* I, München 1981, 104-29; P. Muñoz Vega,
Introduccíon a la síntesis de San Agustín, Quito 1981; H. Chadwick, *Augstine*, Oxford 1986 = *Augustin,*
Göttingen 1987; P. Guilloux, *El alma de San Agustín*, Madrid 1986; M. Vannini, *Invito al pensiero di
Sant' Agostino*, Mailand 1989. V. J. Bourke, A. Campodonico, N. Fischer, J.A. García-Junceda, A. di
Giovanni, G. Santi, A. Schöpf의 새로운 연구서들은 Augustinus의 "철학"을 다룬다.

[9] 참조: S. Rose, *The Place of Blessed Augustine in the Orthodox Church*, Platina 1983; M. Azkoul, *The
Influence of Agustine of Hippo on the Orthodox Church*, Lewiston/N.Y. 1990. 이 책은 머리말에서부터
의도가 드러난다: "그는 동방과 서방의 분열에 상당한 책임이 있다. 그리고 사실 서방에게는 심지어
교부 정신의 상실이다. ··· 그는 교부 전통의 정점이 아니다. 사실상 새로운 것의 시작이다."

[10] H.-I. Marrou, *Augustinus und das Ende der antiken Bildung*, 489-95 중 495.

[11] B. Altaner, Augustinus und die griechische Patristik: *Texte und Untersuchungen* 83(1967) 316-31 중 321.

[12] Augustinus의 교회관: F. Hofmann, *Der Kirchenbegriff des hl. Augustinus in seinen Grundlagen und
in seiner Entwicklung*, München 1933; J. Ratzinger, *Volk und Haus Gottes in Augustins Lehre von der
Kirche*, München 1954; S.J. Grabowski, *The Church. An Introduction to the Theology of St. Augustine*,
St. Louis/Mo. 1957; É. Lamirande, *L'Église céleste selon saint Augustin*, Paris 1963; *Études sur l'ecclé-
siologie de saint Augustin*, Ottawa 1969; R. Crespin, *Ministère et sainteté. Pastrorale du clergé et solu-
tion de la crise donatiste dans la vie et la doctrine de saint Augustin*, Paris 1965; Y. Congar, *L'Église. De
saint Augustin à l'époque moderne*, Paris 1970; W. Simonis, *Ecclesia visibilis et invisibilis. Untersuch-
ungen zur Ekklesiologie und Sakramentenlehre in der afrikanischen Tradition von Cyprian bis Augus-
tinus*, Frankfurt 1970; P. Borgomeo, *L'Église de ce temps dans la prédication de saint Augustin*, Paris
1972; S. Folgado Florez, *Dinamismo católico de la Iglesia en San Augustín*, Madrid 1977; A. Giacobbi,
La Chiesa in S. Agostino, Rom 1978; F. Genn, *Trinität und Amt nach Augustinus*, Einsiedeln 1986.

[13] *Augustinus*, Sermo 112,8. 폭력 사용 문제: E.L. Grasmück, *Coercitio. Staat und Kirche im Donatis-
tenstreit*, Bonn 1964, 특히 240-50.

[14] P. Brown, *Augustine of Hippo*, 235. [15] 240.

¹⁶ Augustinus의 反Pelagius 은총론: H.v. Campenhausen과 P. Brown 저작의 해당 부분: H. Jonas, *Augustin und das paulinische Freiheitsproblem. Eine philosophische Studie zum pelagianischen Streit*, Göttingen 1930 ²1965; A. Mandouze, *Saint Augustin. L'aventure de la raison et de la grâce*, Paris 1968; J.P. Burns, *The Development of Augustine's Doctrine of Operative Grace*, Paris 1980; (H. Haag, *Biblische Schöpfungslehre und kirchliche Erbsündenlehre*, Stuttgart 1966에서 영감을 받아 철저히 일치운동적인 연구를 제공한) U. Baumann, *die gründliche ökumenische Studie "Erbsünde Ihr traditionelles Verständnis in der Krise heutiger Theologie"*, Freiburg 1970. Institut für ökumenische Forschung Tübingen도 Augustinus의 신학이 여러 단계를 거치며 악을 어떻게 보았는지에 관한 포괄적이고 체계적인 연구를 진행했다(원죄론에 대한 단호한 비판에서 정점에 이름): H. Häring, *Die Macht des Bösen. Das Erbe Augustins*, Zürich 1979. 원죄론의 역사에 관한 네 권: I. Gross, *Geschichte des Erbsündendogmas. Ein Beitrag zur Geschichte des Problems vom Ursprung des Übels*, München 1960-72.

¹⁷ Augustinus의 원죄론이 라틴 신학에 얼마나 무거운 짐을 지웠는지는 무수한 근년의 원죄 연구서들이 말해준다: 예컨대 P.F. Beatrice, I. Bertinetti, J. Bur, F. Dexinger, A.-M. Dubarle, E. Elorduy, D. Fernández, M. Flick - Z. Alszeghy, G. Freund, P. Grelot, E. Kinder, K.M. Köster, G. Martelet, H. Rondet, L. Scheffczyk, K. Schmitz-Moormann, P. Schoonenberg, A. Vanneste, P. Watté, K.-H. Weger ...

¹⁸ Augustinus, *De nuptiis et concupiscentia* 1,24 -5.

¹⁹ 이 모든 것이 Augustinus의 성서주석에 영향을 끼쳤다. 대부분의 그리스·시리아 저자들과는 달리, Augustinus는 최초의 범죄 이후 아담과 하와가 느낀 부끄러움은 분명히 의식한 성적 부끄러움(죄에 대한 벌!)이라고 심리학적으로 해석했다. 아담의 墮罪 후 유전된 인간 본성의 손상은 특히 끊임없는 무질서한 성적 충동에서 드러나는데, 이것은 특히 성교의 시작과 절정에서, 또 잠과 꿈에서도 의지의 통제를 벗어난다(Augustinus, *Sermo* 151; *Contra Julianum Pelagianum*, 특히 IV 참조). 성 자체는 악이 아니다(마니교). 그러나 성을 통제하지 못하는 것은 악이다(Augustinus). 갓 태어난 아기라도 純全하지 않다. 그는 죄 안에서 태어났으며, 영원히 저주받지 않으려면 원죄로부터의 해방이 절대로 필요하다! 이 해방의 행위가 바로 세례이니, 갓난아기에게도 반드시 세례를 베풀어야 한다! 그리고 Augustinus에 따르면, 젊은 사람뿐 아니라 나이든 사람도 결혼생활에서 성적 욕망과 싸워 "정결"을 얻고자 노력해야 하며, 거듭 새삼 침입해 들어오는 성적 상상과 맞서 싸워야 한다. 분명히: Augustinus 이전에 성을 그렇게 냉철하게 심리학적으로 분석한 고대의 저자는 아무도 없다.

²⁰ 참조: Augustinus, *Ep.*217,V,16; Enchiridion XXIII-XXIX. Augustinus의 예정설: G. Nygren, *Das Prädestinationsproblem in der Theologie Augustins. Eine systematisch-theologische Studie*, Lund 1956; J. Chéné가 정선·해설한 Augustinus 저작집 *La théologie de saint Augustin. Grâce et predéstination*, Lyon 1961. 우리 Institut für Ökumenische Forschung도 Augustinus, Thomas Aquinas, Luther, Calvin, Karl Barth의 예정 관념에 대해 적확하게 설명하고 훌륭하게 비판한 연구서를 간행했다: G. Kraus, *Vorherbestimmung. Traditionelle Prädestinationslehre im Licht gegenwärtiger Theologie*, Freiburg 1977.

²¹ 1고린 4,7.

²² Augustin, *In primam epistolam Joannis* VII,8. 참조: D. Dideberg, *Saint Augustin et la première épître de saint Jean. Une théologie de l'agapè*, Paris 1975.

²³ 참조: K.E. Børresen, *Subordination et Equivalence. Nature et rôle de la femme d'après Augustin et Thomas d'Aquin*, Oslo 1968, 특히 Kap.I,1-3.

²⁴ 회심 전·후의 Augustinus의 性觀: P. Brown, *The Body and Society. Men, Women and Sexual Renunciation in Early Christianity*, New York 1988. 성과 죄는 Augustinus에게 매우 중요했으니, 70노인이 되어서도 그는 콘스탄티노플의 Johannes Chrysostomus 후임 총대주교에게 이런 편지(최근 발견)를 썼다: "이 충동은 허용된 대상과 허용되지 않은 대상을 가리지 않고 타오릅니다. 이 충동은 결혼에의 충동에 의해 재갈물려지니, 이것은 분명히 이 충동에 종속되어 있지만, 이 충동이 허용되지 않은 대상을 향해 나아가는 것을 억제합니다. … 모든 정결은 마음의 법과 갈등을 일으키는 이 충동과 맞서 싸워야 합니다: 부부의 정결은 이 육의 충동을 올바로 사용할 수 있으며, 금욕적인 남자와 처녀들은 영예로운 투쟁을 통해 이 충동이 아예 사용되지 않도록 하는 것이 더 바람직합니다. 이 충동이 낙원

에서도 존재했다면, 놀라운 평화 속에서 의지의 명령을 벗어나지 않았을 것입니다. … 부적절하고 허용되지 않은 즐거움에 대한 상념을 정신에게 강요하지 않았을 것입니다. 이 충동을 결혼을 통한 완화에 의해 재갈물리거나, 결과가 의심스러운 금욕적 노력을 통해 맞서 싸울 필요가 없었을 것입니다. 만일 이 충동이 일찍이 요구되었던 것이라면, 이것은 오히려 자연스럽고 진정한 순종의 행위(성교?)로써 인간의 의지를 따랐을 것입니다"(P. Brown, *Keuschheit*, 434에서 재인용).

[25] 참조: 로마 9-11; H. Küng, *Judentum*, Kap.3B IV.   [26] H.-I. Marrou, *Augustinus* 46.

[27] 참조: 〈다〉 **6**.   [28] Augustinus, 고백록 III,VI(11); 참조: 독백 I,I(106).   [29] 삼위일체론 I,III(5).

[30] Augustinus의 삼위일체론: M. Schmaus, *Die psychologische Trinitätslehre des heiligen Augustinus*, Münster 1927 증보신판1967; J.-L. Maier, *Les missions divines selon saint Augustin*, Fribourg 1960; A.D.R. Polman, *De leer van God bij Augustinus*, Kampen 1965; A. Schindler, *Wort und Analogie in Augustins Trinitätslehre*, Tübingen 1965; O. du Roy, *L'intelligence de la foi en la Trinité selon saint Augustin. Genèse de sa théologie trinitaire jusqu'en 391*, Paris 1966; D. Pintarič, *Sprache und Trinität. Semantische Probleme in der Trinitätslehre des hl. Augustinus*, Salzburg 1983; M. Smalbrugge, *La nature trinitaire de l'intelligence augustinienne de la foi*, Amsterdam 1988.

[31] 참조: T. de Régnon, *Études de théologie positive sur la Saint Trinité* I-III, Paris 1892-8, 특히 I, 339-40 362; III, 162-5(神性의 원리인 聖父).

[32] K. Rahner, *Grundkurs des Glaubens. Einführung in den Begriff des Christentums*, Freiburg 1976, 141.

[33] 참조: H. Denzinger, *Enchiridion* 39항; J.N.D. Kelly, *The Athanasian Creed*, London 1964.

[34] 참조: P. Brown, *Augustine of Hippo*, 특히 Kap.24.

[35] 참조: J. Moltmann, *Trinität und Reich Gottes. Zur Gotteslehre*, München 1980. Moltmann에 대한 신랄한 비판이 독일어권뿐 아니라 영어권에서도 제기된다: K.-J. Kuschel, *Geboren vor aller Zeit? Der Streit um Christi Ursprung*, München 1990, 568-82; J.P. Mackey, Are There Christian Alternatives to Trinitarian Thinking?: J.M. Byrne, *The Christian Understanding of God Today*, Dublin 1993, 66-75: "잘못된 것은 … 인간관계에 대한 유행하는 개념들을 신적 존재에 투사하여 일종의 '내재적'인 삼위일체를 이끌어내고, 이것이 다시 일반 사회와 교회 안에서의 인간관계 재건을 위해 규범적인(그저 영감을 주는 정도가 아니라) 것이 된다는 점이다"(67).

[36] Augustinus의 신국: H. Scholz, *Glaube und Unglaube in der Weltgeschichte. Ein Kommentar zu Augustins De civitate Dei*, Leipzig 1911 ²1967; E. Troeltsch, *Augustin, die christliche Antike und das Mittelalter. Im Anschluß an die Schrift "De Civitate Dei"*, München 1915 신판Aalen 1963; A.A.T. Ehrhardt, *Politische Metaphysik von Solon bis Augustin* I-II, Tübingen 1952; J. Pintard, *La sacerdoce selon saint Augustin. Le prêtre dans la cité de Dieu*, Tours 1960; R.A. Markus, *Saeculum. History and Society in the Theology of St. Augstine*, Cambridge 1970; J. van Oort, *Jeruzalem en Babylon. Een onderzoek van Augustinus' De stad van God en de bronnen van zijn leer der twee steden (rijken)* Den Haag 1986; G. Lettieri, *Il senso della storia in Agostino d'Ippona. Il "saeculum" e la gloria nel "De Civitate Dei"*, Rom 1988; D.F. Donnelly - M.A. Sherman, *Augustine's De Civitate Dei. An Annotated Bibliographie of Modern Criticism , 1960-1990*, New York 1991.

[37] Augustinus에 따르면 세계사나 개인사나 6기에 걸쳐 전개된다. 이는 창조의 1주간 도식을 본딴 것이니, 세계사가 세계 週間이 된 셈이다. 창조 후 세상은 6대 시기를 통과해왔다. 이렇게 Augustinus에게는 성서에 터해 문화들의 무상성과 새 시대를 여는 단절 및 "패러다임 전환"의 현실성이 분명했다. 예수 그리스도로 신국의 주인이 세상에 육신을 갖추고 나타나셨다 — 세계사의 정점으로서의 神人! 그때부터 인류는 세계 주간 여섯째 날, 곧 종말시기에 살고 있거니와, 이 주간 끝날에 최후심판이 기다리고 있다. 이 심판은 마지막 세상국가, 즉 로마제국의 멸망에서 통고되었다. 이 제국은 그리스도인 박해를 통해 악마의 나라로서의 정체를 드러냈으나, 어쨌든 평화를 확립한 공도 있으니, 신국 또한 그 덕을 보고 있다. 그러나 Augustinus는 그리스도교적 로마제국도 신뢰하지 않는데, 그것은 이 제국 안에 이교 세력이 계속 영향을 끼치고 있기 때문이다(참조: F.G. Meier, Augustin und des antike Rom, Stuttgart 1955). Augustinus는 로마제국(동·서 막론)의 미래에 관해 거의 아무 말도 하지 않

는다. 그에 반해, 하느님 나라가 이 지상 시간 안에서 구체적 모습(바로 가톨릭 교회)을 취했다는 바위 같은 확신을 지니고 있었다. 가톨릭 교회는 하느님 나라가 지상에 구현되고 가시화된 것이지만 신국과 동일시될 수는 물론 없으니, 교회 안에도 이 세상 국가가 여전히 작용하고 있기 때문이다. Augustinus에게 또한 중요했던 점: 선택받은 사람들은 하느님만이 아신다.

[38] 참조: 〈댜〉 **2**.

[39] 교황직: E. Caspar, C. Falconi, J. Haller, L.v. Pastor, L.v. Ranke, J. Schmidlin, F.X. Seppelt - G. Schwaiger의 정평있는 교황史들; A. Franxen - R. Bäumer, H. Fuhrmann, B. Schmmelpfennig, W. Ullmann, H. Zimmermann의 교황사 입문서들; 특히 지금까지 26권이 나온 방대한 총서 G. Denzler 편 *Päpste und Papsttum*, Stuttgart 1971- 외에도 F. Heiler, *Altkirchliche Autonomie und päpstlicher Zentralismus*, München 1941; M. Maccarrone, *Vicarius Christi. Storia del titolo papale*, Rom 1952; 편 *Il primato del vescovo di Roma nel primo millennio. Ricerche e testimonianze*, Città del Vaticano 1991 (특히 H. Fuhrmann와 H. Zimmermann의 글); B. Tierney, *Foundations of the Conciliar Theory*, Cambridge 1955; *Origins of Papal Infallibility, 1150-1350. A Study on the Concepts of Infallibility, Sovereignity and Tradition in the Middle Ages*, Leiden 1972 (Tierney 자신의 요약이 H. Küng 편 *Fehlbar?* 121-45에 있다); W. Ullmann, *The Growth of Papal Government in the Middle Ages*, London 1955 = *Neuausgabe: Die Machtstellung des Papsttums im Mittelalter. Idee und Geschichte*, Graz 1960; *A Short History of the Papacy in the Middle Ages*, London 1972 = *Kurze Geschichte des Papsttums im Mittelalter*, Berlin 1978; F. Kempf, Die päpstliche Gewalt in der mittelalterlichen Welt. Eine Auseinandersetzung mit Walter Ullmann: *Saggi storici intorno al Papato*, Rom 1959, 117-69; G. Barraclough, *The Medieval Papacy*, London 1968; H. Zimmermann, *Papstabsetzungen des Mittelalters*, Graz 1968; *Das Papsttum im Mittelalter. Eine Papstgeschichte im Spiegel der Historiographie*, Stuttgart 1981; F. Salvoni, *Da Pietro al Papato*, Genua 1970; G. Denzler 편 *Das Papsttum in der Diskussion*, Regensburg 1974; G. Schwaiger 편 *Konzil und Papst. Historische Beiträge zur Frage der höchsten Gewalt in der Kirche*, München 1975; *Päpstlicher Primat und Autorität der Allgemeinen Konzilien im Spiegel der Geschichte*, München 1977; M. Pacaut, *La Papauté, des origines au concile de Trente*, Paris 1976; K.A. Fink, *Papsttum und Kirche im abendländischen Mittelalter*, München 1981; M. Greschat 편 *Gestalten der Kirchengeschichte* XI-II (*Das Papsttum* I-II) Stuttgart 1985; K. Schatz, *Der päpstliche Primat. Seine Geschichte von den Ursprüngen bis zur Gegenwart*, Würzburg 1990. 동·서 분열에 관한 문헌집: F. Dvornik, *Byzanz und die ungezählten systematischaktuellen Veröffentlichungen zum Papsttum*.

[40] Eusebius, 교회사 V,24 참조. 1차 바티칸이 인용한 Irenaeus의 증언(이단 논박 III,3,1-2)도 로마교회와 일치해야 할 다른 교회들의 법적 의무를 말하는 것은 아니다. 로마교회(로마 주교가 아니다)는 법적 수위권의 보유자가 아니라, 2중 계승 때문에(Irenaeus도 베드로와 바울로를 언급한다!) 전통의 가장 탁월한 수호자로 여겨졌다. 로마교회의 신앙을 확인함으로써 다른 모든 교회의 신앙도 확인했다.

[41] 참조: W. Ullmann, *Kurze Geschichte des Papsttums*; 교황사 저작들 외에 특히 예리한 통찰력을 보여주는 F. Heiler, *Altkirchliche Autonomie*, Teil II. 로마교회의 주요 문서들: C. Mirbt - K. Aland 편 *Quellen zur Geschichte des Papsttums und des römischen Katholizismus* I, Tübingen ⁶1967.

[42] H. Chadwick, *The Early Church*, Harmondsworth 1967의 독일어판 186.

[43] 참조: Y. Congar, Titel, welche für den Papst verwendet werden: *Concilium* 11(1975) 538-44.

[44] F. Hofmann, *Der Kirchenbegriff des hl. Augustinus*, 320-1.

[45] J. Ratzinger, *Volk und Haus Gottes in Augustins Lehre von der Kirche*, 180.

[46] Augustinus, *De bapt. contra Donatistas*: "누가 모르랴: 신·구약 정경은 … 후대 주교들의 모든 문헌보다, 사람들이 그 내용이 참되고 진짜인지를 의심해볼 수도 있을 정도로, 우위성을 지닌다는 것; 그에 반해 정경 확정 이후 씌어진 주교들의 문헌들은, 만일 그것들 안에 어떤 점이 진리에서 벗어났을 경우, 그것에 관해 경험이 더 많은 사람의 보다 지혜로운 말이나 다른 주교들의 보다 높은 권위나 보다 박학한 현명함이나 공의회들에 의해 거부될 수 있다는 것; 개별 지역들 혹은 州에서 개최되는 공의회들일지라도 전세계에서 모이는 全員공의회들의 권위에 군말없이 순종해야 한다는 것; 그리고

예전에 개최된 전원공의회라도, 만일 어떤 실질적 견문을 통해 닫혔던 것이 열리고 숨어 있던 것이 인식된다면, 종종 후대의 전원공의회에 의해 수정된다는 것을 말이다"(F. Hofmann, Die Bedeutung der Konzillien für die kirchliche Lehrentwicklung nach dem heiligen Augustinus: *Kirche und Überlieferung*, Freiburg 1960, 82에서 재인용). 나는 H.-J. Sieben의 탁월한 논문(나중에 책으로 나옴: *Die Konzilsidee der alten Kirche*, Paderborn 1979)에 터하여, 나의 *Fehlbar* 414-22에서 "공의회들의 참된(그러나 無謬는 아닌) 권위에 관해 같은 입장을 개진했다.

[47] Concilium Nicaenum I, Can.VI-VII: J. Alberigo 등 편 *Conciliorum oecumenicorum decreta*, Freiburg 1962, 8.

[48] 참조: P. Stockmeier, Leo I. der Große: M. Greschat 편 *Das Papsttum* I, 56-69. 수위권에 관한 Leo의 입장: W. Ullmann, *Kurze Geschichte des Papsttums*, 15-23; G. Corti, *Il Papa vicario di Pietro. Contributo alla storia dell'idea papale* I, Brescia ²1966; P. McShane, *La Romanitas et le Pape Léon le Grand. L'apport culturel des institutions impériales à la formation des structures ecclésiastiques*, Tournai 1979; M.M. Wojtowytsch, *Papsttum und Konzile von den Anfängen bis zu Leo I.(440-461). Studien zur Entstehung der Überordnung des Papstes über Konzile*, Stuttgart 1981.

[49] 참조: 교황 Leo 1세의 서간들 외에도 즉위 기념일에 행한 여러 설교, 예컨대 Sermo III,1-4; W. Ullmann, *Gelasius I(492-496). Das Papsttum an der Wende der Spätantike zum Mittelalter*, Stuttgart 1981, 특히 Kap.III: Die Petrinologie Leos des Großen.

[50] 참조: 마태 16,18; 루가 22,32; 요한 20,15-17.

[51] 참조: A. Grillmeier - H. Bacht 편 *Das Konzil von Chalkedon. Geschichte und Gegenwart* I-III, Würzburg 1951-4 ²1959. 쟁점들: H. Küng, *Menschwerdung*, 특히 *die Exkurse* I-V.

[52] H. Denzinger, *Enchiridion symbolorum definitionum et declarationum(1854)*이 K. Rahner가 편집한 31판(1960)에서도, 초기교회사에서 "로마교황좌의 우위를 옹호하는 (물론 주로 로마 주교들 자신의 입을 통한) 자료들은 죄다 모았으면서도, 새 로마에 관한 칼케돈 보편공의회의 그토록 중요한 카논 28은 말끔히 빼먹은 것은 로마 사학이 역사적 진실을 대하는 방식을 극명하게 보여주는 서글픈 사례다: *Denzinger* — 유례없이 편파적인 텍스트 모음! 1991년 P. Hünermann이 새로 편집한 "개선"되고 "증보"된 라틴어-독일어 대조 *Denzinger* 37판(1706쪽에 이르는 교리문서!)도 마찬가지다. 치하할 만한 엄청난 번역·편집에도 불구하고 *Denzinger*의 경향은 변하지 않았고, 칼케돈의 카논 28도 여전히 수록되지 못했다. 그에 반해 J. Alberigo 등이 편집한 모범적인 *Conciliorum oecumenicorum decreta* (Freiburg 1962) 75-6에는 상당히 긴 카논 28의 그리스어와 라틴어 본문이 있다(71에는 카논 17도).

[53] 참조: W. Ullmann, *Gelasius I*, 특히 Kap.V-X. 로마 지배권 주장이 1000년까지는 서방교회에서조차 잘 받아들여지지 않았음을 M.M. Wojtowytsch, *Papsttum und Konzile von den Anfängen bis zu Leo I* 은 인상적으로 밝힌다.

[54] 1차 바티칸에서 교황 무류성 교의 결정(1870) 전에 이 사례들이 격론을 불러일으켰음은 물론이다: C. Butler - H. Lang, *Das Vatikanische Konzil. Seine Geschichte von innen geschildert in Bischof Ullathornes Briefen*, München ³1933, Kap.XIX; H. Küng, *Unfehlbar?* Kap.II,3; *Fehlbar?*; G. Kreuzer, *Die Honoriusfrage im Mittelalter und in der Neuzeit*, Stuttgart 1975.

[55] Y. Congar, *L'Ecclésiologie du Haut Moyen Age. De Saint Grégoire le Grand à la désunion entre Byzance et Rome*, Paris 1968, 159-60.

[56] 참조: J. Langen, *Das Vatikanische Dogma von dem Universal-Episcopat und der Unfehlbarkeit des Papstes in seinem Verhältnis zum Neuen Testament und der exegetischen Überlieferung* I-IV, Bonn 1871-6.

[57] 참조: E. Caspar, *Geschichte des Papsttums von den Anfängen bis zur Höhe der Weltherrschaft* I, Tübingen 1930, 115-30.

[58] H. Fuhrmann이 새로 편집한 *Das Constitutum Constantini (Konstantinische Schenkung)* Hannover 1968; 참조: Constitutum Constantini: *TRE* VIII 196-202.

[59] 참조: L. Valla: W. Setz 편 *De falso credita et ementita Constantini donatione, dt. Übersetzung aus der Reformationszeit*, Basel 1981; W. Setz, *Lorenzo Vallas Schrift gegen die Konstantinische Schenkung.*

Zur Interpretation und Wirkungsgeschichte, Tübingen 1975; D. Maffei, *La donazione di Constantino nei giuristi medievali*, Mailand 1964.

[60] 참조: E. Caspar, *Geschichte des Papsttums* II, Tübingen 1933, 107-110: "위조자의 명료하고 힘찬 이 표현은 엄청난 성과를 거두었다: '최고좌는 누구에 의해서도 재판받지 않는다' 는 그 이후 교황의 재치권적 수위권을 확증하기 위한 定式이 되었다"(110).

[61] H. Zimmermann, *Papstabsetzungen des Mittelalters*, 5-6. 참조: H. Küng, *Strukturen*, Kap.VII,3.

[62] H. Zimmermann, *Papstabsetzungen des Mittelalters*, 6.

[63] 루가 22,25-26.   [64] 참조: H. Küng, *Die Kirche*, Kap.E II,3; *Unfehlbar?*; *Fehlbar?* Kap.E.

[65] 참조: Arbeitsgemeinschaft ökumenischer Universitätsinstitute 편 *Papsttum als ökumenische Frage*, München 1979.

[66] 참조: J. Martin, *Spätantike und Völkerwanderung*, München 1987.

[67] 문화 붕괴에 관한 탁월한 개관: A. Angenendt, *Das Frühmittelalter. Die abendländische Christenheit von 400 bis 900,* Stuttgart 1990, Teil I,3, Kap.1.

[68] 참조: R. Schneider, *Das Frankenreich*, München 1982; G. Dagron - P. Riché - A. Vauchez, *Évêques, moines, et empereurs (642-1054)* Paris 1993 = *Bischöfe, Mönche und Kaiser (642-1054)* Freiburg 1994, Teil III (P. Riché).

[69] J.A. Jungmann, Die Abwehr des germanischen Arianismus und der Umbruch der religiösen Kultur im frühen Mittelalter: *Liturgisches Erbe und pastorale Gegenwart*, Innsbruck 1960, 3-86 중 3.

[70] 참조: J.A. Jungmann, *Missarum Sollemnia. Eine genetische Erklärung der römischen Messe* I-II, Wien ²1949.

[71] 1디모 2,5.   [72] 참조: 〈다〉 **7**.

[73] Gregorius 대교황: 오래된 저작과 고전 교의사들의 평가 외에도 특히 B. Altaner - A. Stuiber, *Patrologie,* Freiburg ⁷1966; 교황사(특히 W. Ullmann)와 중세사(특히 A. Angenendt) 등 해당 항목 외에도 O.M. Porcel, *La doctrina monastica de San Gregorio Magno y la "Regula Monachorum"*, Madrid 1950; J.P. McClain, *The Doctrine of Heaven in the Writings of Saint Gregory the Great*, Washington D.C. 1956; R. Rudmann, *Mönchtum und kirchlicher Dienst in den Schriften Gregors des Großen*, St. Ottilien 1956; C. Chazottes, *Grégoire le Grand*, Paris 1958. G. Dufner, *Die "Moralia" Gregors des Großen in ihren italienischen Volgarizzamenti*, Padua 1958; *Die Dialoge Gregors des Großen im Wandel der Zeiten und Sprachen*, Padua 1968; V. Recchia, *Gregorio Magno e la società agricola*, Rom 1978; C. Dagens, *Saint Grégoire le Grand. Culture et expérience chrétiennes*, Paris 1977; D. Hofmann, *Die geistige Auslegung der Schrift bei Gregor dem Großen*, Münsterschwarzach 1968; J. Richards, *Consul of God. The Life and Times of Gregory the Great*, London 1980; R.A. Markus, *From Augustine to Gregory the Great. History and Christianity in Late Antiquity*, London 1983; C. Straw, *Gregory the Great. Perfection in Imperfection*, Berkeley 1988; J. Modesto, *Gregor le Große. Nachfolger Petri und Universalprimat*, St. Ottilien 1989. 새 문헌집: R. Godding, *Bibliografia di Gregorio Magno (1890/1989)* Rom 1990 .

[74] 참조: H. Fries - G. Kretschmar, *Klassiker der Theologie* I(Irenaeus부터 Luther까지) München 1981.

[75] 참조: M. Greschat 편 *Gestalten der Kirchengeschichte* XI-II.

[76] 참조: K. Fassmann 편 *Die Großen der Weltgeschichte* II, Zürich 1972, 792-801 (H.-D. Altendorf의 뛰어난 논평 수록).

[77] A.v. Harnack, *Dogmengeschichte*(요약본) Tübingen ⁷1991, 333.   [78] 333.

[79] U. Wicker, Gregor I.: *Religion in Geschichte und Gegenwart* II, Tübingen 1958, 특히 1837.

[80] 참조: R.A. Markus, Gregor I.: *TRE* XIV 135-45 중 137.

[81] A.v. Harnack, *Dogmengeschichte*(요약본) 332-3.

[82] 참조: H. Hucke, Gregor I.: M. Honegger - G. Massenkeil 편 *Das Große Lexikon der Musik* III, Freiburg 1980, 355-6.

[83] Gregor d. Gr., *Regula pastoralis II,* VI,22.

[84] *Epistola XI*, 64 (Ad Augustinum Anglorum episcopum).　　[85] 참조: *Epistola I*, 47.

[86] H. Denzinger 편 *Enchiridion* 1828항.

[87] Gregor d. Gr., *Epistola VIII*, 30 (Ad Eulogium episcopum Alexandrinum).

[88] M. Luther, *Supputatio annorum mundi* (1541. 1545) (*Werke* 53) Weimar 1920, 142.

[89] W. Ullmann, *Kurze Geschichte des Papsttums*, 53.

[90] 참조: H. Stieglecker, *Die Glaubenslehren des Islam*, Paderborn 1956-62.

[91] 참조: H. Pirenne, *Mahomet et Charlemagne*, Paris 1937 = *Mahomet und Karl der Große. Untergang der Antike am Mittelmeer und Aufstieg des germanischen Mittelalters*, Frankfurt 1963.

[92] 참조: D.B. Macdonald, Djihad: A.J. Wensinck - J.H. Kramers 편 *Handwörterbuch des Islam*, Leiden 1976, 112; W. Ende, Heiliger Krieg: K. Kreiser - R. Wielandt 편 *Lexikon der Islamischen Welt*, Stuttgart 1992, 122.

[93] 참조: H. Küng, *Judentum*, Kap.1-B I.

[94] 십자군과 지하드의 비교: A. Noth, *Heiliger Krieg und Heiliger Kampf in Islam und Christentum. Beiträge zur Geschichte und Vorgeschichte der Kreuzzüge*, Bonn 1966; K. Armstrong, *Holy War*, London 1988; P. Willemart, *Pour Jérusalem. Croisade et d'jihâd, 1099-1187*, Paris 1988; E. Weber - G. Reynaud, *Croisade d'hier, d'jihâd d'aujourd'hui. Théorie et pratique de la violence dans les rapports entre l'Occident chrétien et l'Orient musulman*, Paris 1989.

[95] 그후의 역사적 발전: H. Zimmermann, *Das Mittelalter*, Braunschweig 1975, Teil I.

[96] 참조: A. de. Vogüé, Benedikt von Nursia: *TRE* V, 538-49; K.S. Frank, Benedikt von Nursia: M. Greschat 편 *Gestalten der Kirchengeschichte* III, Stuttgart, 1983, 35-46; B. Jaspert, *Die Regula Benedicti - Regula Magistri - Kontroverse*, Hildesheim 1975.

[97] Karl 대제의 전기는 매우 많지만, 근년의 것으로서 학문적 요구를 충족시키는 것은 없다. Karl 대제 업적의 교회적 · 신학적 측면: E. Amann, *L'époque carolingienne*, Paris 1947; E. Ewig: H. Jedin 편 *Handbuch der Kirchengeschichte* III,1, Freiburg, 1966, Kap.1-4. 10-23; P. Classen, *Karl der Große, das Papsttum und Byzanz. Die Begründung des karolingischen Kaisertums*, Sigmaringen 1988; A. Angenendt, *Das Frühmittelalter. Die abendländische Christenheit von 400 bis 900*, Stuttgart 1990. 새 문헌들: R. Schneider, Karl der Große: *TRE* XVII, 644-9.

[98] 교황에 의한 최초 황제 대관의 상론: W. Ullmann, *Kurze Geschichte des Papsttums*, 71-82.

[99] 참조: J.A. Jungmann, *Missarum Sollemnia*. 1-2부는 교회 공동체들의 맥락 안에서 세월과 더불어 변화한 미사를, 3-4부는 미사의 제반 요소들의 변화과정을 다룬다.

[100] 참조: H. Hucke, Gregorianischer Gesang: *Das Große Lexikon der Musik*, 356-63 중 357.　　[101] 358.

[102] 362. Hucke와 1954/55년에 그가 내놓은 연구서들의 도움에 감사드린다. 함께 로마에서 수학할 때부터, 나는 이 음악 분야 연구에서의 그의 센세이셔널한 새 안목에 친숙해졌다.

[103] J.A. Jungmann, *Die Abwehr des germanischen Arianismus*, 21-2.

[104] 참조: P. Anciaux, P. Galtier의 근본적 연구들: 특히 (많은 준비 연구에 바탕한) B. Poschmann, *Buße und Letzte Ölung*, Freiburg 1951 외에도 H. Vorgrimler, *Buße und Krankensalbung*, Freiburg ²1978; K.-J. Klär, *Das kirchliche Bußinstitut von den Anfängen bis zum Konzil von Trient*, Frankfurt 1991(그리스도인 상호간의 비공식적 용서를 특히 강조한다).

[105] H. Wasserschleben과 H. J. Schmitz이 수집한 속죄 규정서들. 참조: C. Vogel, Les *"Libri paenitentiales"*, Turnhout 1978; *Le pécheur et la pénitence au moyen âge*, Paris 1969.

[106] H. Vorgrimler, *Buße und Krankensalbung*, 97.

[107] J.G. Ziegler, *Die Ehelehre der Pönitentialsummen von 1200-1350. Eine Untersuchung zur Geschichte der Moral- und Pastoraltheologie*, Regensburg 1956, 169.

[108] 참조: A. Angenendt, *Das Frühmittelalter*, 345-6. 부부관계 억제와 성의 악마화에 관한 많은 자료: J.G. Ziegler, *Die Ehelehre*, Teil IV.

[109] 이 견해에 대한 가톨릭 측의 비판: S.H. Pfürtner, *Kirche und Sexualität*, Hamburg 1972; *Sexual-*

feindschaft und Macht. Eine Streitschrift für verantwortete Freiheit in der Kirche, Mainz 1992; G. Denzler, *Die verbotene Lust. 2000 Jahre christliche Sexualmoral*, München 1988.

[110] 참조: P. Hinschius 편 *Decretales Pseudo-Isidorianae et Capitula Angilramni*, Leipzig 1863.

[111] 참조: Pseudoclementinen I, Homilien (B. Rehm 편): *Die griechischen christlichen Schriftsteller der ersten Jahrhunderte* 42 (1953) 5-22.

[112] 참조: H. Fuhrmann, *Einfluß und Verbreitung der pseudoisidorischen Fälschungen. Von ihrem Auftauchen bis in die neuere Zeit* I-III, Stuttgart 1972-74; Constitutum Constantini: *TRE* VIII, 196-202. 신학자 Y. Congar의 분석이 많은 역사학자의 분석보다 예리하다: *L'Ecclésiologie du haut moyen-âge. De Saint Grégoire le Grand à la désunion entre Byzance et Rome*, Paris 1968, 226-32.

[113] 참조: H. Fuhrmann, *Einladung ins Mittelalter*, München ³1988.

[114] 200.　　　[115] 202.　　　[116] 205.

[117] Der Internationale Kongreß der Monumenta Germaniae Historica, München 1986, *Fälschungen im Mittelalter*은 150개가 넘는 논문을 수록한 약 750쪽짜리 책 다섯 권으로 출간되었다.

[118] 60년대 Tübingen 동료였던 Horst Fuhrmann은 당시의 즐거웠던 그리고 나로서는 많은 도움을 얻었던 토론을 상기한다면, 나의 역사적·신학적 반문들의 신학적 절박성을 기꺼이 이해할 것이다.

[119] H. Fuhrmann, *Einladung*, 210.　　　[120] 214.　　　[121] 221.　　　[122] 219.

[123] W. Speyer, *Die literarische Fälschung im heidnischen und christlichen Altertum. Ein Versuch ihrer Deutung*, München 1971은 "근대의 純正性 비판"의 중요성에 주의를 환기시킨다. 그 비판은 "비잔틴 교회든 로마교회든 특정 수도회든, 특히 그 교회정치적 지배권 주장을 뿌리째 흔들어 놓았다"(312).

[124] F. X. Seppelt, *Geschichte der Päpste* II, München ²1955, 238.

[125] 참조: H. Fuhrmann, *Einladung*, 220: "모든 폐쇄 체제, 모든 전체주의 사회는 무엇보다도 공식 교조와의 실질적 상이점들을 검사하며, 외적이고 질료적인 진성성은 어디까지나 부차적이다."

[126] 196.　　　[127] 참조: H. Küng, *Strukturen*, Kap.VII,6.

[128] Y. Congar, *L'Ecclésiologie du haut moyen-âge*, 230.

[129] W. Ullmann, *Kurze Geschichte des Papsttums*, 100.

[130] "암흑의 세기" 896-963년에 재임한 최소한 20명의 교황에 관해 두 가지 사례만 들자: Stepahnus 6세(896-97)는 죽은 지 9개월이 지난 전임자 Formosus의 무덤을 파헤쳐, 시체에 교황 예복과 관을 입히고 씌워 재판을 한 후, 강복을 내리던 오른손 손가락들을 잘라낸 다음, 시체를 티베르 강에 던져버리게 했다. 그러나 그 자신도 격노하여 라테란 성당으로 쳐들어온 군중들에 의해 감옥에 갇혔고, 고용된 자객들에게 교살되었다. 또 한 사례로 Marozia의 공포정치: 전해오는 바에 따르면, 이 여자는 한 교황(Sergius 3세)의 정부였고, 또 한 교황(Johannes 10세)의 살해자였으며, 또다른 교황(그녀의 사생아 Johannes 11세)의 어머니였다. Marozia는 세번째 결혼식 때 자신의 적출 아들 Alberic에 의해 체포될 때까지 사생아 아들인 교황을 천사의 성에 가두어두었다. Alberic은 933-54년 "로마의 지도자요 원로원 의원"으로서 로마를 지배했는데, 이 시기 교황들은 그의 꼭두각시였다.

[131] 참조: H. Zimmermann, *Papstabsetzungen des Mittelalters*, Kap.V, Anhang I+II.

[132] Cluny 개혁: E. Sackur, *Die Cluniacenser in ihrer kirchlichen und allgemeingeschichtlichen Wirksamkeit bis zur Mitte des 11. Jahrhunderts* I-II, Halle 1892/94, Darmstadt ²1971; G. de Valous, *Le monachisme clunisien des origines au XVᵉ siècle. Vie intérieure des monastères et organisation de l'ordre* I-II, Paris 1935 ²1970; A. Chagny, *Cluny et son Empire*, Lyon ⁴1949; K. Hallinger, *Gorze-Kluny. Studien zu den monastischen Lebensformen und Gegensäzen im Hochmittelalter* I-II, Rom 1950-51; E. Werner, *Die gesellschaftlichen Grundlagen der Klosterreform im 11. Jahrhunderet*, Berlin 1953; A. Brackmann, *Zur politischen Bedeutung der kluniazensischen Bewegung*, Darmstadt 1955; G. Tellenbach 편 *Neue Forschungen über Cluny und die Cluniascenser*, Freiburg 1959; J. Wollasch, H.-E. Mager, H. Diener: B. Bligny, *L'Église et les ordres religieux dans le royaume de Bourgogne aux XIᵉ et XIIᵉ siècles*, Paris 1960; H.E.J. Cowdrey, *The Cluniacs and the Gregorian Reform*, Oxford 1970; N. Hunt 편 *Cluniac Monasticism in the Central Middle Ages*, London 1971; N. Bulst, *Untersuchungen zu den Klosterreformen Wilhelms von Dijon*

(962-1031) Bonn 1973; J. Wollasch, *Mönchtum des Mittelalters zwischen Kirche und Welt*, München 1973; H. Richter 편 *Cluny. Beiträge zu Gestalt und Wirkung der cluniazensischen Reform*, Darmstadt 1975; R.G. Heath, *Crux imperatorum philosophia: Imperial Horizons of the Cluniac Confraternitas, 964-1109*, Pittsburgh 1976; M. Pacaut, *L'ordre de Cluny (909-1789)* Paris 1986; J. Köhler, *Politik und Spiritualität. Das Kloster Hirsau im Zentrum mittelalterlicher Reformbewegungen*, München 1991.

[133] Cluny 개혁이 Gregorius 개혁의 몇몇 원칙과 방법을 先取했는지(K. Hallinger, A. Brackmann) 아닌지(E. Sackur, G. Tellenbach)의 문제는, Oxford의 역사학자 H.E.J. Cowdrey가 *The Cluniacs and the Gregorian Reform*에서, 특히 대체로 간과되고 있는 사실, 즉 Gregorius 7세가 1080년 단식 시노드에서 Cluny 개혁을 감명깊게 강조하며 승인한 사실을 통해 상당히 뚜렷이 밝혔다고 나는 생각한다. 첫 단계에서 교황은 Cluny 수도원에 큰 자유(특히 마콘 주교들을 위시한 주교 일반에 대한)를 부여했다. 그리고 둘째 단계에서는 거꾸로 Cluny의 자유가 싸워 얻어야 하는 교회 자유의 결정적 본보기가 되었다. Cluny 개혁에 관한 견해들 사이에는 상당한 편차가 있지만, 아무튼 Cowdrey는 Tellenbach 학파(특히 H.-E. Mager)에 반대하여 이렇게 강조한다: "Cluny 수도원 자체에 중점을 둔 것이었든, Cluny 개혁에서 영감을 얻은 사람들 속에서 개혁을 확산시키는 것이었든, 그들 활동의 모든 면에서, Cluny 수도자들은 전반적으로 교황들에게 충심으로 협력했다. 그럼으로써 그들은 Cluny 대수도원장 Hugo가 설정한 목표들에 충실했다. 그러므로 개혁 교황들이 Cluny 수도원과 교황들이 함께 헌신한 사도좌에 대한 Cluny 수도원의 봉사를 치하하는 데 모두 한마음이었던 것은 당연하다"(267).

[134] 참조: 묵시 2,6.　　　[135] 참조: 사도 8,18-24.

[136] Benedictus 9세(열여덟 살 소년으로 교황에 선출되었고, 도덕적으로 타락했다)는 로마에서 폐위되었다. Silbester 3세(대립교황. 그는 銀 1천 파운드의 보상금을 받고 代子 Johannes Gratianus에게 양보했다)는 Sutri에서 폐위되었다. Gregorius 6세(Johannes Gratianus. 1년 동안의 제3 교황)는 Sutri에서 자기 자신의 폐위를 포고해야 했고, 그후 추방되었다.

[137] 참조: K.-H. Kandler, Humbert a Silva Candida: H. Fries - G. Kretschmar 편 *Klassiker der Theologie* I, München 1981, 150-164; G. Tellenbach 편 *Libertas. Kirche und Weltordnung im Zeitalter des Investiturstreites*, Stuttgart 1936; A. Michel, *Die Sentenzen des Kardinals Humbert, das erste Rechtsbuch der päpstlichen Reform*, Leipzig 1943; Die folgenschweren Ideen des Kardinals Humbert und ihr Einfluß auf Gregor VII.: G. Borino 편 *Studi Gregoriani per la storia di Gregorio VII e della riforma Gregoriana* I, Rom 1947, 65-92; K.-H. Kandler, *Die Abendmahlslehre des Kardinals Humbert und ihre Bedeutung für das gegenwärtige Abendmahlsgespräch*, Berlin 1971.

[138] 참조: L.F.J. Meulenberg, *Der Primat der römischen Kirche im Denken und Handeln Gregors VII.*, Den Haag 1965; F. Kempf, Die Kirche im Zeitalter der gregorianischen Reform: H. Jedin 편 *Handbuch der Kirchengeschichte* III,1, Freiburg 1966, 401-61 485-539; G. Miccoli, *Chiesa Gregoriana*, Florenz 1966; C. Schneider, *Prophetisches Sacerdotium und heilsgeschichtliches Regnum im Dialog 1073-1077. Zur Geschichte Gregors VII. und Heinrichs IV.*, München 1972; P.E. Hübinger, *Der letzten Worte Papst Gregors VII.*, Opladen 1973; A. Nitschke, Gregor VII.: K. Fassmann 편 *Die Großen der Weltgeschichte* III, Zürich 1973, 268-81; R. Morghen, *Gregorio VII e la riforma della Chiesa nel secolo XI*, Palermo 1974. H. Zimmermann, *Der Canossagang von 1077. Wirkung und Wirklichkeit*, Wiesbaden 1975; J. Vogel, *Gregor VII. und Heinrich IV. nach Canossa. Zeugnisse ihres Selbstverständnisses*, Berlin 1983; G.M. Cantarella 편 *Il Papa ed il Sovrano. Gregorio VII ed Enrico IV nella lotta per le investiture*, Novara 1985; P.G. Caron 등 *La preparazione della riforma Gregoriana e del pontificato di Gregorio VII*, Fonte Avellana 1985; G. Tellenbach, *Die westliche Kirche vom 10. bis zum frühen 12. Jahrhundert*, Göttingen 1988; G.B. Borino 편 *Studi Gregoriani per la storia di Gregorio VII e della riforma Gregoriana*, Rom 1947-.

[139] H. Fuhrmann, *Einladung*, 87.

[140] 참조: Y. Congar, Der Platz des Papsttums in der Kirchenfrömmigkeit der Reformer des 11. Jahrhunderts: J. Daniélou - H. Vorgrimler 편 *Sentire Ecclesiam. Das Bewußtsein von der Kirche als gestaltende Kraft der Frömmigkeit*, Freiburg 1961, 196-217 중 196; *L'Église de saint Augustin à l'époque moderne*,

Paris 1970 특히 Kap.V.

¹⁴¹ W. Ullmann, *Kurze Geschichte des Papsttums,* 131.

¹⁴² Y. Congar, *Der Platz des Papsttums,* 215.

¹⁴³ 라틴어 원문: E. Caspar 편 *Das Register Gregors VII.,* II, Fasz. 1-2, Berlin ²1955, 201-8. 논평: K. Hofmann, *Der "Dictatus Papae" Gregors VII. Eine rechtsgeschichtliche Erklärung,* Paderborn 1933.

¹⁴⁴ 참조: K. Hofmann, *Der "Dictatus Papae"* 14-24; Y. Congar, *Der Platz des Papsttums,* 204; A. Fliche, *La réforme grégorienne et la reconquête chrétienne (1057-1123)* Paris 1950, 79.

¹⁴⁵ 참조: G.B. Borino, Un'ipotesi sul "Dictatus Papae" di Gregorio VII: *Archivio della R. Deputazione Romana di storia patria,* 67 (1944) 237-52; K. Hofmann, Der "Dictatus Papae" Gregors VII. als Index einer Kanonessammlung?; G.B. Borino 편 *Studi Gregoriani* I, Rom 1947, 531-7; S. Kuttner, P. Feine, P. E. Schramm, W. Ullmann 등.

¹⁴⁶ 참조: H. Fuhrmann, Papst Gregor VII. und das Kirchenrecht. Zum Problem des Dicatus Papae: *Studi Gregoriani* XIII, Rom 1989, 123-50.

¹⁴⁷ 베드로의 공로로 말미암은 교황의 개인적 聖性이라는 Gregorius의 주장은 물론 관철되지 못했다. 아마도 그 주장은 교황의 정당성을 공박하는 데 용이하게 이용될 수 있었을 것이다. 오히려 로마에서 조차 사람들은 교황도 이단에 빠질 수 있고 또 그래서 교회에 의해 재판받을 수 있다는 古來의 교설을 고수했다. Gregorius 자신이 말한 것도 로마 교황이 아니라 로마 교회의 무류성이었다.

¹⁴⁸ P. Hünermann 편 새로운 라틴어-독일어 대조판 *Denzinger (³⁷1991)*에서도 사정은 마찬가지다. 이 책에서는 새 시대를 연 인물 Gregorius 7세에 관해 겨우 17줄(Tours의 Berengarius에게 요구한 신앙고백문)만 인용한다. 그에 반해 요한 바오로 2세(1988년까지)에게는 약 80쪽을 할애한다.

¹⁴⁹ 아래의 본문은 나의 번역이다.

¹⁵⁰ 이 점은 Gregorius의 성격 묘사에서 매우 아름답게 그려져 있다: A. Nitschke, *Gregor VII.*

¹⁵¹ 서임 다툼: F.-J. Schmale - I. Schmale-Ott 편 *Quellen zum Investiturstreit* I-II, Darmstadt 1978/84; W. von den Steinen, *Canossa, Heinrich IV. und die Kirche,* München 1957; N.F. Cantor, *Church, Kingship, and Lay Investiture in England 1089-1135,* Princeton/N.J. 1958; H.-G. Krause, *Das Papstwahldekret von 1059 und seine Rolle im Investiturstreit,* Rom 1960 (Studi Gregoriani VII); H. Kämpf 편 *Canossa als Wende. Ausgewählte Aufsätze zur neueren Forschung,* Darmstadt 1963; O. Capitani, *Immunità vescovili ed ecclesiologia in età "pregregoriana" e "gregoriana". L'avvio alla restaurazione,* Spoleto 1966; J. Deér 편 *Das Papsttum und die süditalienischen Normannenstaaten 1053-1212,* Göttingen 1969; J. Zeise, *Historische Beweisführung in Streitschriften des Investiturstreites,* München 1972; J. Fleckenstein 편 *Investiturstreit und Reichsverfassung,* Sigmaringen 1973; E. Werner, *Zwischen Canossa und Worms. Staat und Kirche 1077-1122,* Berlin 1973; H. Fuhrmann, *Deutsche Geschichte im hohen Mittelalter von der Mitte des 11. bis zum Ende des 12. Jahrhunderts,* Göttingen 1978 ²1983; M. Minninger, *Von Clermont zum Wormser Konkordat. Die Auseinandersetzungen um den Lehnsnexus zwischen König und Episkopat,* Köln 1978; K.F. Morrison 편 *The Investiture Controversy. Issues, Ideals, and Results,* New York 1978; I.S. Robinson, *Authority and Resistance in the Investiture Contest. The Polemical Literature of the Late Eleventh Century,* Manchester 1978; *The Papacy 1073-1198. Continuity and Innovation,* Cambridge 1990; R. Schieffer, *Die Entstehung des päpstlichen Investiturverbots für den deutschen König,* Stuttgart 1981; U.-R. Blumenthal, *Der Investiturstreit,* Stuttgart 1982; J. Vogel, *Gregor VII. und Heinrich IV. nach Canossa. Zeugnisse ihres Selbstverständnisses,* Berlin 1983; J. Laudage, *Priesterbild und Reformpapsttum im 11. Jh.,* Köln 1984; *Der Investiturstreit. Quellen und Materialien,* Köln 1989; *Gregorianische Reform und Investiturstreit,* Darmstadt 1993; K. Pennington, *Popes and Bishops. The Papal Monarchy in the Twelfth and Thirteenth Centuries,* Philadelphia 1984; B. Szabó-Bechstein, *Libertas ecclesiae. Ein Schlüsselbegriff des Investiturstreits und seine Vorgeschichte (4.-11. Jh.)* Rom 1985; W. Goez, Investiturstreits: *TRE* XVI, 237-47; M. Stroll, *Symbols as Power. The Papacy following the Investiture Contest,* Leiden 1991; J. Miethke - A. Bühler, *Kaiser und Papst im Konflikt. Zum Verhältnis von Staat und Kirche im späten Mittelalter,* Düsseldorf

1988; C. Morris, *The Papal Monarchy. The Western Church from 1050 to 1250*, Oxford 1989; R. Somerville, *Papacy, Councils and Canon Law in the 11th-12th Centuries*, Aldershot 1990; S. Beulertz, *Das Verbot der Laieninvestitur im "Investiturstreit" 1077-1123*, Hannover 1991. 연구 현황 개관: W. Hartmann, *Der Investiturstreit*, München 1993.

[152] 새 시대를 연 교황과 왕의 충돌을 모든 극적 단계별로 꼼꼼히 재구성해 보여주는 저작: J. Haller, *Das Papsttum. Idee und Wirklichkeit* II, Urach 1951 ^{신판}Darmstadt 1962, 특히 Gregorius 7세에 관한 탁월한 章인 365-430 중 387. 원전 기록에 대한 면밀한 분석: H. Zimmermann, *Der Canossagang*.

[153] H. Fuhrmann, *Einladung*, 83.　　　　[154] F.X. Seppelt, *Geschichte der Päpste* III, München 1956, 321.

[155] 참조: Y. Congar, *Die Lehre von der Kirche. Von Augustinus bis zum abendländischen Schisma*, Freiburg 1971. Congar는 11세기 "교회론의 전환"에 관해 이렇게 쓴다: "라틴적 교회론은 자신의 길, 즉 교황권력 증대 · 법정화 · 성직자중심주의 · 세속권력 요구의 길을 걸어갔고, 그것은 교회로 하여금 자신을 권력으로 이해하게 만들었다"(60).

[156] M. Maccarrone, I fondamenti "petrini" del primato romano in Gregorio VII: *Studi Gregoriani* XIII, Rom 1989, 55-122 중 122.

[157] Innozenz III.: *LThK* (F. Kempf). *EncRel* (K. Pennington). *TRE* (G. Schwaiger)에 수록된 논문들: C.E. Smith, *Innocent III Church Defender*, Baton Rouge 1951; F. Kempf, *Papsttum und Kaisertum bei Innocenz III. Die geistigen und rechtlichen Grundlagen seiner Thronstreitpolitik*, Rom 1954; Innocenz III.: M. Greschat 편 *Das Papsttum I. Von den Anfängen bis zu den Päpsten in Avignon*, Stuttgart 1985, 196-207; H. Tillmann, *Papst Innocenz III.*, Bonn 1954; H. Wolter, Das Papsttum auf der Höhe seiner Macht (1198-1216): H. Jedin 편 *Handbuch der Kirchengeschichte* III/2, Freiburg 1968, Kap.18-24; H. Roscher, *Papst Innocenz III. und die Kreuzzüge*, Göttingen 1969; M. Maccarrone, *Studi su Innocenzo III*, Padua 1972; C.R. Cheney, *Pope Innocent III and England*, Stuttgart 1976; M. Laufs, *Politik und Recht bei Innozenz III. Kaiserprivilegien, Thronstreitregister und Egerer Goldbulle in der Reichs- und Rekuperationspolitik Papst Innozenz' III.*, Köln 1980; W. Imkamp, *Das Kirchenbild Innozenz' III. (1198-1216)* Stuttgart 1983.

[158] Y. Congar, Titel, welche für den Papst verwendet werden: *Concilium* 11(1975) 538-44 중 541.

[159] F. Kempf, *Innozenz III.*, 197에서 재인용.

[160] Innocentius는 "그리스도의 대리자", "왕 중의 왕", "통치자들의 통치자", "멜키세덱의 법통을 따르는 영원한 사제"로서 언제 어디서나 지배하고 간섭할 수 있다고 생각했다 — 그것도 걸핏하면 그야말로 기상천외한 성서적 전거를 끌어대며. 예컨대 Innocentius는 요한 묵시록에 나오는 하느님의 옥좌(4,6-11)에서 교황좌를, 옥좌 둘레의 네 생물에서는 하녀들처럼 기꺼이 여주인을 섬기는 네 총대주교를 보았다. "그런 식의 아슬아슬한 성서해석이 당시 사람들에게 얼마나 먹혀들어갔는지는 알 수 없다. 그러나 어쨌든 Innocentius가 교황의 재치권적 수위권을 위해 노골적으로 주장하고 정력적으로 실천에 옮긴 근본원칙들은 확실히 지속적으로 통용되었고, 2차 바티칸에 의해서야 비로소 그 일방성에서 해방되었다(F. Kempf, *Innozenz III.*, 198).

[161] W. Imkamp, *Das Kirchenbild Innozenz' III. (1198-1216)* Stuttgart 1983, 324.　　　　[162] 324.

[163] 4차 라테란: J. Alberigo 등 편 *Conciliorum oecumenicorum decreta*, Freiburg 1962, 203-247에 수록된 교령들. 라테란 시노드들의 역사: R. Foreville, *Latran I, II, III et Latran IV*, Paris 1965; H. Wolter, *Das Papsttum*, Kap.22.

[164] 참조: *Constitutiones* 67-70.

[165] 참조: H. Küng, *Judentum*, Kap.I-C IV,8. 유다인 가정 출신의 Anacletus의 교황 선출과 관련된 반유다주의는 시사적이다: M. Stroll, *The Jewish Pope. Ideology and Politics in the Papal Schism 1130*, Leiden 1987.

[166] Gratianus 법령집과 고전적 교회법: J. Gaudemet, *La formation du droit canonique médiéval*, London 1980: S. Kuttner, *Gratian and the Schools of Law, 1140-1234*, London 1983; H.E. Feine, W.M. Plöchl의 교회법사 해당 부분.

[167] W. Ullmann, *Kurze Geschichte des Papsttums*, Kap.X는 중앙집권화와 법정화의 엄청난 정도를 인상깊게 서술한다.

[168] 오늘날도 예컨대 교황청립 Gregoriana 대학교에는 철학부와 신학부 외에 독자적인 교회법학부가 있다(그리고 München 대학교에는 박사학위 수여권을 가진 고유한 교회법 연구소가 있다).

[169] Bernhard von Clairvaux, *De consideratione libri quinque ad Eugenium III, lib.IV*, cap.3.

[170] 같은 곳 참조.

[171] 교황청과 가까운 주교들은 2차 바티칸이 엄숙히 확정한 75세 정년퇴임 규정 준수를 면제받고 있는 반면, 공의회 정신을 따르는 주교들은 75세가 되면 무조건 은퇴해야 한다.

[172] Bernhard의 엄격하고 "기사처럼 용감"하며 중앙집권적인 Citeau 수도회(12세기 말 5백 개의 수도원을 거느린 엄밀한 의미의 최초 수도회)는 유럽 곳곳에 광대한 최상의 농지를 소유한 부유하고 잘 조직된 콘체른으로 발전한 매우 귀족적인 Cluny 수도회 대신 영적 주도권을 쥐게 되었으나, 직접적 정치활동보다는 종교적·금욕적·신비적 침잠에 치중했다(십자가 묵상). Bernhard 자신이 주도한 2차 십자군 전쟁에 완전히 실패하고 1153년 사망한 후, 유럽에서는 성직자 지배 배척 바람이 일었다.

[173] 독일 황제의 옛날 지위를 되찾고자 Barbarossa와 그가 잇달아 세운 세 명의 대립교황과 맞선 교황 Alexander 3세는 비록 오랫동안 프랑스로 피해 가 있어야 했지만, Barbarossa가 롬바르디아인들과의 전투에서 패배(獅子吼 Heinrich의 배신!)한 뒤, 적법한 교황의 지위에 오를 수 있었다. Alexander는 영국과 프랑스의 반 이상을 지배하고 있던 유럽에서 둘째로 강력한 군주 Anjou-Plantagenet의 Henry 2세에게, 노르만 기사들에 의해 살해당한 그의 불구대천의 원수였던 Canterbury 대주교 Thomas Becket의 무덤 위에서 제 몸에 채찍질하는 참회 의식을 강요했다(그래야 그 "대성당 안에서의 살인" 때문에 교황이 내린 파문에서 풀릴 수 있다고 했다). 오랜 기간의 망명이 끝난 후 Alexander는 로마의 지배권도 되찾았고 1179년 의기양양하게 3차 라테란 보편공의회를 개최했는데, 거기서 향후 분열을 방지하기 위해 최초로 (오늘날에도 통용되는) 교황 선출에서 2/3 이상 득표 원칙을 결의토록 했다. 또한 Alexander는 시성을 오직 교황에게만 유보시켰다(이미 10세기 말부터 사실상 교황의 권한이었다). Alexander가 교황으로 재임하는 동안 우리에게 잘 알려진 1200년 이전의 모든 교황 교령의 약 1/5이 생겨났다. 거의 4천5백 개에 달하는 그의 교령들은 Gratianus의 법이론을 생생하고 강제적인 법으로 구체화했다. 이 정치 교황 역시 로마에서 인심을 얻지 못했고, 교황에게 적대적인 분위기 때문에 곧 다시 로마를 떠나야 했으며, 결국 Castellana 성에서 사망했다. 놀랄 것도 없는 얘기다.

[174] F. Kempf, *Innocenz III.*, 198. Gregorius 7세는 일종의 "일원론적 격정"을 지니고 있었다고 서술한 Kempf는, Gregorius와는 달리 실리정치적이고 외교적이었던 Innocentius 3세의 국제정치상의 야심과 "세속 군주들의 자주권 주장에 대한 전반적 인정"을 일종의 "긴장의 조화" 안에서 결합시키려는 (거의 설득력 없는) 호교론적 노력을 매우 많이 기울였다(200). 앞에서 언급한 Kempf의 제자 L.F. Meulenberg의 Gregorius 7세에 관한 학위논문도 똑같은 호교론적 노선에 입각해 있는데, A. Fliche, E. Voosen, G. Tellenbach, J. Haller, R. Morghen, W. Ullmann 등 굴지의 학자들의 견해와 배치된다. Kempf가 수시로 내세운 해석은 H. Barion이 법제사 잡지 *Kanonist. Abt.* 46 (1960) 481-501에서 비판했다(참조: J. Haller, *Das Papsttum. Idee und Wirklichkeit* III, Urach 1952 ^{신판}Darmstadt 1962, 296-480; H.E. Feine, *Kirchliche Rechtsgeschichte. Die Katholische Kirche*, Köln ⁴1964, §27-30). W. Hartmann은 최근(1993)의 연구서 *Investiturstreit*에서 Kempf를 반대하고 Ullmann의 평가에 강력히 동조한다: "Gregorius 7세는 세속적인 사안들에 있어서도 교황권의 우위를 관철하려 애썼으며, 이러한 관념이 Innocentius 3세를 거쳐 Bonifacius 8세에게까지 영향을 끼쳤다"(96).

[175] H.E. Feine, *Rechtsgeschichte*, 300. Innocentius 3세는 원칙적으로 모든 세속 군주를 교황이 즉위시키고 필요한 경우에는 폐위할 수도 있는, 교황의 봉토 보유자로 간주했다. 스콜라-법학 논쟁에서 전혀 막힘이 없던 뛰어난 지력을 지닌 이 남자는, 교황이 독일 왕 선출에 직접 참여할 권한은 없지만, 특정 조건들의 충족과 결부되어 있는 황제위의 수여는 일종의 "사도적" 은총임을 논증하고 또 교령들을 통해 확정할 수 있었다. Innocentius 는 독일의 왕위 쟁탈 와중에 교묘한 외교술을 통해, 싸움 당사자들 여럿에게 모든 정치적 권력으로부터의 "교회의 자유"를 승인토록 요구하고 보증을 받아냈다(이것은 Worms 협약의 타협안을 훨씬 능가하는 것이었다).

[176] 타락은 대부분 성직자에게서 유래하는 중세 풍자시의 주요 소재였다. 참조: P. Lehmann, *Die Parodie im Mittelalter*, Stuttgart ²1963, 특히 25-93. 부록에 수록된 24개 풍자시 가운데 유명한 「돈(錢) 복음서」도 있다.

[177] 예레 48,10. 이 산문적 구절은 형식적으로나 내용적으로 시가 전체의 맥락에서 벗어나 있는데, 많은 주석학자의 견해에 따르면 어떤 독자의 감정폭발이다. 모압에 대한 훗날의 증오가 이런 모진 형태로 표현되었다는 것이다. 참조: A. Weiser, *Das Buch des Propheten Jeremia*, Göttingen 1955, 405-6.

[178] 십자군 원정: C. Erdmann, *Die Entstehung des Kreuzzugsgedankens*, Stuttgart 1935, Nachdruck 1955; S. Runciman, *A History of the Crusades* I-III, Cambridge 1951-54 = *Geschichte der Kreuzzüge* I-III, München 1957-60; J. Richards, *Le Royaume latin de Jérusalem*, Paris 1953; *Croisades et etats latins d'Orient. Points de vue et documents*, Aldershot 1992; K.M. Setton 등 편 *A History of the Crusades* I-VI, Philadelphia 1955-89; *The Papacy and the Levant (1204-1571)* I-VI, Philadelphia 1976-84; A. Wass, *Geschichte der Kreuzzüge* I-II, Freiburg 1956; F. Gabrieli 편 *Storici arabi delle crociate (1957)* = *Die Kreuzzüge aus arabischer Sicht*, Zürich 1973; H.E. Mayer, *Geschichte der Kreuzzüge*, Stuttgart 1965 ⁷1989; *Kreuzzüge und lateinischer Osten*, London 1983; E. Sivan, *L'Islam et la Croisade. Idéologie et propagande dans les réactions musulmanes aux Croisades*, Paris 1968; J. Prawer, *Histoire du royaume latin de Jérusalem (Original hebr.)* I-II, Paris 1969-70; M. Purcell, *Papal Crusading Policy. The Chief Instruments of Papal Crusading Policy and Crusade to the Holy Land from the Final Loss of Jerusalem to the Fall of Acre 1244-1291*, Leiden 1975; T.P. Murphy 편 *The Holy War*, Columbus 1976; R.C. Schwinges, *Kreuzzugsideologie und Toleranz. Studien zu Wilhelm von Tyrus*, Stuttgart 1977; E.-D. Hehl, *Kirche und Krieg im 12. Jahrhundert. Studien zu kanonischem Recht und politischer Wirklichkeit*, Stuttgart 1980; L. Riley-Smith - J. Riley-Smith, *The Crusades. Idea and Reality, 1095-1274*, London 1981; R. Pernoud, *Les hommes de la Croisade*, Paris 1982; P. Rousset, *La croisade. Histoire d'une idéologie*, Lausanne 1983; B.Z. Kedar, *Crusade and Mission. European Approaches towards the Muslim*, Princeton 1984; E. Siberry, *Criticism of Crusading 1095-1274*, Oxford 1985; J. Riley-Smith, *The First Crusade and the Idea of Crusading*, London 1986; *The Crusades. A Short History*, London 1987; R. Chazan, *European Jewry and the First Crusade*, Berkeley 1987; A. Dupront, *Du Sacré. Croisades et pèlerinages, images et langages*, Paris 1987; R. Delort 편 *Les croisades*, Paris 1988; J.A. Brundage, *The Crusades, Holy War and Canon Law*, Hampshire 1991; P.J. Cole, *The Preaching of the Crusades to the Holy Land, 1095-1270*, Cambridge 1991; S. Schein, *Fideles Crucis. The Papacy, the West, and the Recovery of the Holy Land, 1274-1314*, Oxford 1991; J. Flori, *La première croisade. L'Occident chrétien contre l'Islam*, Brüssel 1992; B.N. Sargent-Baur 편 *Journeys Toward God. Pilgrimage and Crusade*, Kalamazoo 1992.

[179] 참조: Bernhard von Clairvaux, *De laude novae militiae ad milites templi* (Opera omnia I) Paris 1862, 특히 921-40.

[180] 프랑스의 역사학자 J. Flori의 *La première croisade*는 그 시대 정신사 연구에 중요한 공헌을 한 저작인데, "이데올로기들"에 관한 부분(107-217)에서, 당시 이슬람 세력과 대결하면서 형성된 "동방 이데올로기"의 여러 요소들을 상세히 분석한다.

[181] 1차 십자군 원정도 교황 Urbanus 2세의 소집에서 비롯되었다. 그는 터키인들과의 전투를 지원해 달라는 비잔틴 황제 Alexius 1세의 간청을 받고, 동방 그리스도인들과 구세주의 聖墓를 무슬림들로부터 해방시키기 위해, 1095년 Clermont 시노드에서 프랑스 귀족들과 기사들에게 성지 순례 서원을 요구했다. 짐작건대 교황 스스로도 자신의 소집에 응한 종군자가 9만 명(그러나 귀족과 기사는 겨우 8% 정도)이나 되어 매우 놀랐던 것 같다. 종군자들은 심한 피해를 입는 악전고투 끝에 놀랍게도 1099년 7월 15일 예루살렘을 정복했다. 군사적 목표를 달성하고 종군자 국가들(Jerusalem 왕국과 Antiochia, Odessa, Tripoli의 봉건 소국가들. 이 나라들은 곧 유럽 강국들 사이의 다툼의 대상이 되었다)을 건설한 것은 이 1차 원정뿐이었다 .

[182] 이에 관해서는 J. Riley-Smith, *The First Crusade*가 훌륭히 강조한다.

[183] 예컨대 Bremen의 대주교가 (십일조 징수를 위해) 농민들을 공격한 Steding 십자군 전쟁, 교황이

황제 Friedrich 2세 그리고 나중엔 그의 아들 Konrad 4세에 맞서 일으킨 십자군 전쟁, 또한 Bohemia 의 Hus파를 박멸한 전쟁 등이 그것이다. 교황들은 거룩한 땅을 정복하기 위한 새로운 십자군 원정을 시도할 생각을 그 뒤에도 오랫동안 지니고 있었다(예컨대 Clemens 5세와 1311/12년 빈 공의회).

[184] 참조: E. Siberry, *Criticism of Crusading*.

[185] 2차 바티칸 중 Wien의 사목신학자 M. Pfliegler가 독일 성직자들의 그 문서를, 공의회 후 가톨릭 의 독신제 비판의 선구격인 문헌 *Der Zölibat*에서 이렇게 요약했다. 나는 그 문헌을 *Theologische Meditationen* (Einsideln 1965) 총서의 하나로 출판했다. 뒤이어 독신제 비판 문헌들이 매우 많이 출간 되었다[예컨대 F. Leist (1968) A. Antweilar (1969)]. 이 문제에 관한 역사적이고 규범적인 저작으로는 Bamberg의 가톨릭 교회사학자 G. Denzler의 *Das Papsttum und der Amtszölibat* I-II, Stuttgart 1973/76; 요약본: *Die Geschichte des Zölibat*, Freiburg 1993을 꼽을 수 있겠다. 이 책에는 Gregorius 개혁과 결 부하여 성직자들에게 독신제를 강요했던 교회 문헌들뿐 아니라, 당시 여전히 합법적이었던 사제 아내 들에 대한 끔찍스러운 배척 사례들도 인용되어 있다. 병적이라고밖에 말할 수 없는 Petrus Damiani의 사제 아내들에 대한 비방(58-62)을 읽어보면, 그의 동료 추기경이었던 교황 Gregorius 7세의 정치적 선동(64-74)도 잘 이해할 수 있을 것이다. 또한 독일에서 대대적으로 벌어졌으나 실패하고 만, 교황과 처음엔 소수였던 로마측 주교들에 맞선 성직자들의 저항에 관한 수많은 증거 자료들도 소중하다. 참 조: A.L. Barstow, *Married Priests and the Reforming Papacy. The Eleventh-Century Debates*, New York 1982; G. Denzler, *Die verbotene Lust. 2000 Jahre christliche Sexualmoral*, München 1988.

[186] 참조: H. Grundmann, *Ketzergeschichte des Mittelalters*, Göttingen 1963; S. Runciman, *The Medieval Manichee. A Study of the Christian Dualist Heresy*, Cambridge 1947 = *Häresie und Chirstentum. Der mittelalterliche Manichäismus*, München 1988; O. Capitani 편 *Medioevo ereticale*, Bologna 1977; 카타 리파(O. Aceves, L. Baier, J. Blum, A. Borst, A. Brenon, J. Duvernoy, H. Fichtenau, E. Griffe, J. Lucienne, R. Nelli, D. Roché, E. Roll, M. Roquebert, G. Rottenwöhrer, C. Thouzellier, G. Wild)와 왈도파(G. Audisio, M. Firpo, G.G. Merlo, A. Molnar, M. Schneider, K.-V. Selge, C. Thouzellier, G. Tourn, V. Vinay)에 관한 방대한 전문 저작들: E. LeRoy Ladurie, *Montaillou. Ein Dorf vor dem Inquisitor 1294 bis 1324*, Frankfurt 1980(주교들의 방문 기록들을 토대로 남부 프랑스 마을의 실제 상황을 재구성).

[187] H. Grundmann, *Ketzergeschichte*, 31: "이단 분파로 단죄된 공동체를 이때 처음 교회에 다시 받아 들였는데, 그들의 종교적 지향을 대체로 인정하고 새로운 규정들을 통해 단속함으로써 이루어졌다. 이것은 이단에 대한 교황청 태도의 큰 전환점이었다. 곧이어 교황은 왈도파의 여러 동아리를 교회와 화해시키는 데도 성공했는데, 이러한 태도 전환은 새로운 탁발수도회들이 생겨난 전제조건이기도 했 다." 참조: H. Grundmann, *Religiöse Bewegungen im Mittelalter. Untersuchungen über die geschichtlichen Zusammenhänge zwischen der Ketzerei, den Bettelorden und der religiösen Frauenbewegungen im 12. und 13. Jahrhundert und über die geschichtlichen Grundlagen der deutschen Mystik*, Berlin 1961.

[188] 중세 종교재판: H.E. Feine, J. Gaudemet, W.M. Plöchl의 교회법史와 스페인·이탈리아·남부 프 랑스에서의 종교재판에 관한 방대한 연구서들 외에도 H.C. Lea, *A History of the Inquisition of the Middle Ages* I-III, New York 1987; 독일어 요약본: *Die Inquisition*, Nördlingen 1985; L. Förg, *Die Ketzerverfolgung in Deutschland unter Gregor IX. Ihre Herkunft, ihre Bedeutung und ihre rechtlichen Grundlagen,*, Berlin 1932; J. Guiraud, *Histoire de l'Inquisition au Moyen Âge* I-II, Paris 1935/38; J. Vincke, *Zur Vorgeschichte der spanischen Inquisition*, Bonn 1941; H. Maisonneuve, *Études sur les origines de l'Inquisition*, Paris 1942 ²1960. C. Reviglio della Veneria, *L'Inquisizione medievale ed il processo inquisitorio*, Turin ²1951; E. van der Vekene, *Versuch einer Bibliographie der Inquisition*, Luxemburg 1959; *Bibliotheca bibliographica historiae Sanctae Inquisitionis. Bibliographisches Verzeichnis des gedruckten Schrifttums zur Geschichte und Literatur der Inquisition* I-III, Vaduz 1982-92 (7110 항목!); A.S. Turberville, *Medieval Heresy and the Inquisition*, London 1964; J.R. Grigulevič, *Ketzer - Hexen - Inquisitoren. Geschichte der Inquisition, 13-20. Jh.* (러시아어 초판 1970) I-II, Berlin 1976; J.A. O'Brien, *The Inquisition*, New York 1973; E. Le Roy Ladurie, *Montaillou, village occitan de 1294 à 1324*, Paris 1975 = *Montaillou. Ein Dorf vor dem Inquisitor 1294 bis 1324*, Frankfurt 1980; R. Kieckhefer, *Repression of Heresy*

in Medieval Germany, Philadelphia 1979; A. Waingort Novinsky, *A Inquisição*, São Paulo 1982. G. Henningsen - J. Tedeschi 편 *The Inquisition in Early Modern Europe. Studies on Sources and Methods*, Dekalb/Ill. 1986; E. Peters, *Inquisition*, New York 1988; A. Dondaine, *Les hérésies et l'Inquisition, XIIe-XIIIe siècles. Documents et études*, Aldershot 1990; A.C. Shannon, *The Medieval Inquisition*, Collegeville/Minn. 1991.

[189] 본문: J. Alberigo 등 편 *Conciliorum oecumenicorum decreta*, 203-47, 특히 Constitutio 3: *De haereticis* (209-21). 4차 라테란: H. Grundmann, *Religiöse Bewegungen*, Kap.II,4.

[190] 오늘날 신앙교리성의 행태에 관해 이 종교재판 당국과 주고받은 나의 편지들: W. Jens 편 *Um nichts als die Wahrheit. Deutsche Bischofskonferenz contra Hans Küng. Eine Dokumentation*, München 1978; N. Greinacher - H. Küng 편 *Der Fall Küng. Eine Dokumentation*, München 1980.

[191] 아직도 법적으로 만반의 준비를 갖추고 끊임없이 종교재판을 하고 있다는 사실이야말로 바티칸이 유럽 평의회의 인권선언문에 서명하지 못하는 주요 이유다. *Golias* (Paris - Bruxelles) 35호(1994): C. Terras 편 *Nouvelle Inquisition*에는 전세계 "혐의 있는" 신학자 1천 명에 관한 2백 쪽 분량의 문건이 실려 있다.

[192] 도미니코와 12-13세기 청빈운동: 여전히 귀중한 저작(M.-H. Vicaire 死後편) P. Mandonnet, *St. Dominique. L'homme et l'oeuvre = St. Dominic and His Work*, London 1945 외에도 M.-H. Vicaire, *Histoire de Saint Dominique* I-II, Paris 1957 = *Geschichte des hl. Dominikus* I-II, Freiburg 1961/62; *Dominique et ces prêcheurs*, Fribourg 1977. 도미니코의 문헌: V.J. Koudelka 편 *Die Verkündigung des Wortes*, München 1989.

[193] H. Grundmann, *Ketzergeschichte*, G 37.

[194] 참조: H. Felder, *Die Ideale des hl. Franziskus von Assisi*, Paderborn 1923.

[195] 참조: K. Esser, *Anfänge und ursprüngliche Zielsetzungen des Ordens der Minderbrüder*, Leiden 1966. 프란치스코 수도회의 역사: T. Lombardi, *Introduzione allo studio del Francescanesimo*, Assisi 1975; *Storia del Francescanesimo*, Padua 1980.

[196] 참조: H. Feld, *Die Totengräber des heiligen Franziskus von Assisi* (E. Boshof 편 Archiv für Kulturgeschichte 68) Köln 1986, 319-50; Franziskus von Assisi als Visionär und Darsteller: W. Haug - D. Mieth 편 *Religiöse Erfahrung. Historische Modelle in christlicher Tradition*, München 1992, 125-53; *Franziskus von Assisi und seine Bewegung*, Darmstadt 1994, 189-214. Feld 교수가 고맙게도 이 책의 이 부분을 비판적으로 꼼꼼히 읽어주셔서 몇 군데를 낫게 고칠 수 있었다.

[197] 참조: P. Sabatier, *Vie de Saint François d'Assise*, Paris 1894, édition définitive 1931 = P. Sabatier - F. Renner, *Leben des hl. Franz von Assisi*, St. Ottilien 1980.

[198] 참조: E. Benz, *Ecclesia spiritualis. Kirchenidee und Geschichtstheologie der franziskanischen Reformation*, Stuttgart 1934, 특히 Teil III, Kap.IV,1.

[199] Franciscus(Assisi)의 전기는 무수히 많은데, G.K. Chesterton과 J. Green 그리고 요즘엔 E. Balducci, L. Boff, A. Holl, R. Manselli 같은 해방신학자들도 그에게 매료되어 전기를 썼다. 근년의 학술적 저작 가운데 탁월한 것들: A. Rotzetter - W.-C.v. Dijk - T. Matura, *Franz von Assisi. Ein Anfang und was davon bleibt*, Zürich 1981; G. Wendelborn, *Franziskus von Assisi. Eine historische Darstellung*, Leipzig 1977; 그리고 간략한 소묘: U. Köpf, Franz von Assisi: M. Greschat 편 *Gestalten der Kirchengeschichte* III, Stuttgart 1983, 282-302.

[200] 마태 10,8-10.

[201] 이것이 Franciscus에게 사회나 교회 소외자(나환자, 가난한 자)들과의 실제적 자기동일시를 의미한 것은 아니다. 참조: H. Feld, *Franziskus von Assisi als Visionär*, 134-8. 결정적 체험은 나환자들과의 만남이 아니라 Damianus 성당 십자가 앞에서의 환시였다. 그는 자신을 그리스도와 동일시했다.

[202] 참조: Franz von Assisi, Canticum fratris Solis vel Laudes Creaturarum: K. Esser 편 *Die Opuscula des hl. Franziskus von Assisi*, Grottaferrata 1976, 128-9: "Sora nostra morte corporale" (129). 해설 덧붙인 독일어판: E. Hug - A. Rotzetter, *Arm unter Armen*, München 1987.

[203] 물론 Franciscus는 충실한 제자 Clara와 영혼의 친교를 나누었지만 여성 교제를 기이하리만큼 금기시했다(옛 규칙 12조 참조). 한편 Clara의 여자 공동체는 처음부터 교회의 심한 제재를 받았다: H. Feld, *Die Totengräber*, 342-6.

[204] Franz von Assisi, Testamentum: K. Esser 편 *Die Opuscula*, 438-44: "Vivere secundum formam sancti Evangeli" (439).

[205] 참조: H. Feld, *Die Totengräber*, 337-42.   [206] 참조: 330-7.

[207] 기초 정보: L. Hödl, Anselm von Canterbury: *TRE* II, 759-778; M.A. Schmidt, Anselm von Canterbury: M. Greschat 편 *Gestalten der Kirchengeschichte* III, 123-47.

[208] 예: K. Barth, *Fides quaerens intellectum. Anselms Beweis der Existenz Gottes im Zusammenhang seines theologischen Programms* (1931) Zürich 1981 (전집 Akademische Werke II).

[209] 참조: H. Küng, *Große christliche Denker*, Kap.IV: Thomas von Aquin: Universitätswissenschaft und päpstliche Hoftheologie. 근년의 Thomas에 관한 저작들은 J. Berthier, P. Castagnoli, H. Denifle, F. Ehrle, M. Grabmann, P. Mandonnet, A. Walz 같은 신토마스주의자들의 면밀한 연구에 바탕을 두고 있다. 가장 훌륭한 역사적 입문서: M.-D. Chenu, *Introduction à l'étude de saint Thomas d'Aquin*, Paris 1950; 증보 독일어판 *Das Werk des hl. Thomas von Aquin*, Graz 1960; *Saint Thomas d'Aquin et la théologie*, Paris 1959 = *Thomas von Aquin in Selbstzeugnissen und Bilddokumenten*, Hamburg 1960. 최근의 역사적 지식수준에 입각한 철저하고 비판적인 전기: J.A. Weisheipl, *Friar Thomas d'Aquino. His Life, Thought and Works*, New York 1974 = *Thomas von Aquin. Sein Leben und seine Theologie*, Graz 1980. 도미니코회 수도자였던 독일 신학자 O.H. Pesch의 *Thomas von Aquin. Grenze und Größe mittelalterlicher Theologie. Eine Einführung*, Mainz 1988 ²1989도 오늘날의 시대 지평에 시사하는 바 많으며 부단히 개신교 신학과 대면하는 새로운 신학적 입문서다. 그밖의 중요 저작: J. Pieper, *Hinführung zu Thomas von Aquin. Zwölf Vorlesungen*, München 1958; S. Pfürtner, *Luther und Thomas im Gespräch. Unser Heil zwischen Gewißheit und Gefährdung*, Heidelberg 1961; J.B. Metz, *Christliche Anthropozentrik. Über die Denkform des Thomas von Aquin*, München 1962; M. Seckler, *Das Heil in der Geschichte. Geschichtstheologisches Denken bei Thomas von Aquin*, München 1964; E. Gilson, *Le thomisme. Introduction à la philosophie de saint Thomas d'Aquin*, Paris 1965, ⁶1983; U. Kühn, *Via caritatis. Theologie des Gesetzes bei Thomas von Aquin*, Göttingen 1965. H. Vorster, *Das Freiheitsverständnis bei Thomas von Aquin und Martin Luther*, Göttingen 1965; L. Oeing-Hanhoff 편 *Thomas von Aquin 1274/1974*, München 1974. W. Mostert, *Menschwerdung. Eine historische und dogmatische Untersuchung über das Motiv der Inkarnation des Gottessohnes bei Thomas von Aquin*, Tübingen 1978; A. Zimmermann 편 *Thomas von Aquin. Werk und Wirkung im Licht neuerer Forschungen*, Berlin 1988.

[210] 교회법전(1917) Can.1366, §2.

[211] 2차 바티칸에서도 명확히 규정되지 못한 성서와 聖傳의 관계(성전의 동등성 혹은 하위?)가 1983년 새 교회법전 Can.252, §3에 나타나 있다. 그러나 새 교회법전은 Thomas에게만 매여 있지는 않다.

[212] Origenes는 인용되지 않으며, 종교개혁가와 정교나 개신교 저자들은 더 말할 것이 없다. 요한 23세는 겨우 5번[회칙 *Humani generis*(6번)보다 적다] 인용된 반면, 비오 12세는 28번 인용된다.

[213] 참조: J. LeGoff, *Les intellectuels au moyen age*, Paris 1957 = *Die Intellektuellen im Mittelalter*, Stuttgart 1986.

[214] Thomas, *Summa contra gentiles* I,2. 여기서 Hilarius, *de trinitate* 1,37을 인용한다.

[215] E. Schillebeeckx, Der Kampf an verschiedenen Fronten: Thomas von Aquin: H. Häring - K.-J. Kuschel 편 *Gegenentwürfe. 24 Lebensläufe für eine andere Theologie*, München 1988, 53-67 중 53-5.

[216] 참조: Bonaventura, *De reductione artium ad theologiam = Die Zurückführung der Künste auf die Theologie*, München 1961.

[217] 참조: Thomas von Aquin, *Summa theologiae* I q.1-26.   [218] 참조: I q.27-43.

[219] 여기서 관심사는 그리스도교의 신앙 진리들, 특히 삼위일체·육화·원죄·성사·부활에 대한 비판과 공격을 방어하는 것이다.

[220] 호교 대전 I,2.

[221] Joachim(Fiore)과 Franciscus 운동: H. Grundmann, *Studien über Joachim von Fiore (1927)* Darmstadt 1966; E. Buonaiuti, *Gioacchino da Fiore. I tempi, la vita, il messaggio*, Rom 1931; E. Benz, *Ecclesia spiritualis. Kirchenidee und Geschichtstheologie der franziskanischen Reformation*, Stuttgart 1934; A. Grocco, *Gioacchino da Fiore*, Neapel 1960; *Gioacchino da Fiore. e il Gioachimismo*, Neapel ²1976; G. Wendelborn, *Gott und Geschichte. Joachim von Fiore und die Hoffnung der Christenheit*, Wien 1974; H. Mottu, *La manifestation de l'Esprit selon Joachim de Fiore. Herméneutique et théologie de l'histoire, d'après le "Traité sur les Quatre Evangiles"*, Neuchâtel 1977; B. McGinn, *The Calabrian Abbot. Joachim of Fiore in the History of Western Thought*, New York 1985; J. Moltmann, Christliche Hoffnung: Messianisch oder transzendent? Ein theologische Gespräch mit Joachim von Fiore und Thomas von Aquin: *In der Geschichte des dreieinigen Gottes. Beiträge zur trinitarischen Theologie*, München 1991, 131-55. 근년 연구서들은 Joachim에 대한 Thomas의 논박(M. Gigante, J.I. Saranyana, W. Schachten)과 Joachim의 영향(G. Hartvelt, H. de Lubac, R.B. Moynihan, M. Reeves, D.C. West)을 특히 상론한다.

[222] *Summa theologiae*, I-II q.106, a.4.

[223] Thomas의 역사신학 사상에 관한 M. Seckler의 주장 — 그리스도교화된 신플라톤주의적 발생-귀환 도식은 "Thomas의 역사공식과 세계공식"(32쪽)을 주요소로 포함한다 — 은, Thomas가 당시의 초보적 역사사상을 벗어나지 못했음을 간과한다. 이 문제에서는 O.H. Pesch가 옳다: "Thomas의 역사신학은 일반적 의미의 역사신학을 전개하지 않았다는 데 그 본질이 있다"(*Thomas von Aquin*, 314).

[224] 참조: *Summa theologiae*, I q.65-74.   [225] 참조: I-II q.90-105.   [226] 참조: III q.34-45.

[227] Institut für ökumenische Forschung Tübingen의 동료요 Thomas 전문가인 Thomas Ripinger 박사가 내가 패러다임 분석을 시작할 때부터 이 점에 주의를 환기시켜준 데 대해 감사드린다.

[228] 참조: Bonaventura, *Itinerarium mentis in Deum*.

[229] Thomas도 Origenes나 Augustinus와 마찬가지로, 구원에 예정된 사람들의 숫자가 있고 비교적 소수라는 견해를 지니고 있었다. 그러나 Thomas는 신약성서에 명확히 증언된 하느님의 보편구원 의지(1디모 2,4 참조)에 관한 Augustinus의 편협한 해석은 받아들이지 않았다. 대신 Thomas는 하느님의 先行의지와 後發의지를 구별한다: "하느님은 먼저 모든 인간이 구원되기를 바라신다. 그러나 뒤이어, 당신 정의의 요구에 따라 많은 인간이 멸망하는 것을 바라신다"(*Summa theologiae*, I q.19, a.6 ad.1). 이 골치아픈 문제: G. Kraus, *Vorherbestimmung. Traditionelle Prädestinationslehre im Licht gegenwärtiger Theologie*, Freiburg 1977, Kap.2.

[230] M.-D. Chenu, *Das Werk des hl. Thomas von Aquin*, 49-50.   [231] 51.

[232] 2차대전 후 "Mission de France"와 노동사제들의 동지요 신학적 동반자였던 이 걸출한 도미니코회 수도자의 운명: F. Leprieur, *Quand Rome condamne. Dominicains et prêtres-ouvriers*, Paris 1989.

[233] M.-D. Chenu, *Das Werk des hl. Thomas von Aquin*, 50.   [234] 참조: 〈더〉**2**.

[235] 비판: H. Küng, *Christ sein*, Kap. CVI, 2.   [236] 참조: *Summa theologiae*, I-II q.109-14.

[237] 참조: I-II q.113.   [238] I-II q.110, a.1. 참조: q.116.

[239] 은총관: H. Küng, *Rechtfertigung. Die Lehre Karl Barths und eine katholische Besinnung*, Einsiedeln 1957 신판München 1986, Kap. 27.

[240] 상설: H. Küng, *Existiert Gott?* A.

[241] 참조: Thomas Aquinas, *Contra errores Graecorum*, II,32-35. 위조문서들은 가톨릭 측의 근년 해설서들(예: R.A. Verardo, *Opuscula theologica, ed. Marietti*, Rom 1954)도 솔직히 취급한다. 철저한 연구: F.H. Reusch, *Die Fälschungen in dem Tractat des heiligen Thomas von Aquin gegen die Griechen*, München 1989.

[242] 참조: *Contra errores Graecorum*, II,36. 교황 교도권을 위해 근본적으로 중요한 이 논증에서 Thomas는 Cyrillus, *Liber Thesaurorum*에 들어 있는 인용문에 의지한다. 그런데 Cyrillus는 그 인용문을 저자 불명의 *Libellus de processione Spiritus Sancti*에서 따왔는데, 이 문헌은 위조와 저자명 도용으로 가득차 있다. 교황직에 관한 인용문들도 — 오늘날 밝혀진 바에 따르면 — 날조다: "Thomas가 교

황 수위권에 관한 자기 주장의 적절한 논거로 *Libellus de processione Spiritus Sancti*에서 이 명제들을 발췌한 것은 확실하다; 그러나 이 명제들은 대부분 날조나 변조된 것들이다(F.H. Reusch, *Die Fälschungen*, 733).

243 *Summa theologiae*, II-II q.1, a.10. 참조: Y. Congar, Saint Thomas Aquinas and the Infallibility of the Papal Magisterium (Summa theol., II-II q.1, a.10): *The Thomist* 38 (1974) 83-105; *Thomas d'Aquin*, London 1984, VIII.

244 Thomas의 정치철학: T. Gilby, *The Political Thought of Thomas Aquinas*, Chicago 1958; P. Veysset, *Situation de la politique dans la pensée de St. Thomas d'Aquin*, Paris 1981; M. Villey, *Questions de saint Thomas sur le droit et la politique. Ou le bon usage des dialogues*, Paris 1987.

245 *Summa theologiae*, I-II q.95-97.

246 13세기에 스페인과 근동 지역에서 프란치스코회와 도미니코회 수도자들의 선교활동과 함께 시작된 이슬람교와 그리스도교의 대결의 새로운 국면 개관: L.B. Hagemann, *Christentum und Islam zwischen Konfrontation und Begegnung*, Altenberge 1983, 73-82.

247 M.-D. Chenu, *Thomas von Aquin*, 86-8.

248 종교간 대화 맥락에서 이 소품을 고찰: L.B. Hagemann,Missionstheoretische Ansätze bei Thomas von Aquin in seiner Schrift "De rationibus fidei": A. Zimmermann 편 *Thomas von Aquin*, 459-83.

249 종교간 대화의 실상: N. Daniel, *Islam and the West. The Making of an Image*, Edinburgh 1958; A.-T. Khoury, *La controverse contre l'Islam*, Paris 1969 = *Der theologische Streit der Byzantiner mit dem Islam*, Paderborn 1969; *Les théologiens byzantins et l'Islam. Textes et auteurs (VIIIe-XIIIes.)* Paris ²1969; *Polémique byzantine contre l'Islam*, Leiden ²1972; *L'Apologétique byzantine contre l'Islam (VIIIe-XIIIes.)* Altenberge 1985. — 이슬람과의 진지한 대화가 얼마나 극적으로 전개될 수 있는지는 그리스도교 학자 Ali at-Tabari가 잘 보여준다. 그는 70세 때 이슬람교로 개종하고, 성서 자체에 의존하는 두 변호서에서 최대한 축자적 성서 주석을 통해 자신의 개종을 정당화했다. 참조: O.H. Schumann, *Der Christus der Muslime. Christologische Aspekte in der arabisch-islamischen Literatur*, Güterlsoh 1972 ^{증보}Köln ²1988, 32-47.

250 참조: H. Küng, *Judentum*, Kap.1-C IV,8.   251 참조: *Summa theologiae*, I q.92, a.1-4.

252 참조: I-II q.177, a.2. 이미 A. Mitterer, Mann und Weib nach dem biologischen Weltbild des hl. Thomas und dem der Gegenwart: *Zeitschrift für katholische Theologie* 57 (1933) 491-556; *Die Zeugung der Organismen, insbesondere des Menschen nach dem Weltbild des hl. Thomas von Aquin und dem der Gegenwart*, Wien 1947(Thomas의 남성중심주의와 여성 열등평가에 주의를 환기시켰다).

253 *Summa theologiae*, I q.92, a.1.

254 참조: A. Mitterer, Mas occasionatus oder zwei Methoden der Thomasdeutung: *Zeitschrift für katholische Theologie* 72 (1950) 80-103.

255 참조: Thomas Aquinas, *Sentenzen-Kommentar* IV d.25, q.2, qla.1, ad.4.

256 참조: *Summa theologiae*, 부록 q.39, a.1.

257 평신도 설교는 그렇지 않아도 이단자 활동이 한창이던 당시에 매우 도발적인 문제였다. Thomas는 설교 직무와 가르치는 직무, "지혜와 학문의 언설 은총"이 여성들에 의해 "공적으로" 사용되는 것을 반대했는데, 그 특별한 논거들(참조: *Summa theologiae*, II-II q.177, a.2):
— 우선, 남성에게 종속된 여성의 조건: 교회 공직인 가르침은 "윗사람들"의 일이지 종속된 사람들의 일이 아니다. 여성은 본질적으로 성 때문에 종속된 사람들에 속한다.
— 다음으로, 남자들이 설교하는 여자들로 인해 육욕이 부추김을 받는다("육욕"은 Augustinus 이래 끈질기게 따라다니는 주제였다!).
— 끝으로, 본디 여성들은 일반적으로 지혜와 관련되는 일에 뛰어나지 못하며, 따라서 여성에게 공적 교도직무를 맡기는 것은 온당치 못하다.

258 참조: K.E. Børresen, *Subordination et équivalence. Nature et rôle de la femme d'après Augustin et Thomas d'Aquin*, Oslo 1968 = *Subordination and Equivalence. The Nature and Role of Woman in Augus-*

tine and Thomas Aquinas, Washington 1981; Die anthropologischen Grundlagen der Beziehung zwischen Mann und Frau in der klassischen Theologie: *Concilium* 12 (1976) 10-7; 편 *Image of God and Gender Models in Judaeo-Christian Tradition*, Oslo 1991. K.E. Børresen - K. Vogt, *Women's Studies of the Christian and Islamic Tradition. Ancient, Medieval and Renaissance Foremothers*, Dordrecht 1993.

[259] 여성 문제에서 (Børresen에 따르더라도) Augustinus와 Thomas 사이에는 중요한 차이점들이 있다. 우선 Augustinus는 상세한 생리학 이론을 정립하지 못했지만 Thomas는 근본적으로 Aristoteles의 생리학에 의존하는데, 이 생리학이 여성에 관한 Thomas의 기이한 진술들의 원인을 제공했다. 또하나 중요한 점: Thomas는 창조계에 대한 (Augustinus보다) 덜 비관적인 견해에 터해 성에 대해서도 더 긍정적 입장을 취했다:

— Thomas는 Augustinus처럼 원초의 "낙원 같은" 창조계를 상정하고, 이원론적 인간관을 내세우지 않았다: 육신의 관능적 감각은 본질적으로 인간에게 주어져 있으며, "낙원 같은" 상태에서도 성교는 죄와 관계없이 존재했다: "자연스러운 욕구 충족은 전적으로 이성에 의해 다스려졌기 때문에, 오늘날 성행위와 결부되어 있는 쾌락보다 귀한 것이었다"(K.E. Børresen, *Die anthropologischen Grundlagen* 12; 참조: *Summa theologiae*, I q.98, a.1,2).

— Thomas는 Augustinus처럼 이른바 원죄로 인해 타락한 성과 그 부조리에 대한 강박적 두려움이 없었다: 그는 원죄와 성욕의 동일시를 삼갔다: "Thomas는 생식(정액은 도구적 원인으로서 원죄의 전달에 작용한다)과 성욕(일반적으로 성적 결합을 동반하지만, 원인적 요소는 아니다)을 구별함으로써, 이 Augustinus 전통에서 벗어났다"(13; 참조: *Summa theologiae*, I-II q.82, a.3; q.85, a.1).

— Thomas는 Augustinus처럼 성과 그 무질서한 욕구는 결혼생활에서 多産의 善에 의해서만 정당화된다고(부부의 이상적 사랑은 금욕적 사랑이다) 생각지 않았다: "다산의 지향뿐 아니라 결혼생활을 욕정 구제의 수단으로 이용하는 것도 성적 행위를 죄로부터 벗어나게 한다"(15. *Summa theologiae*, 부록, q.41, a.3; q.42, a.2; q.49, a.5와 관련).

[260] 참조: Y. Congar, Valeur et portée oecumeniques des quelques principes hermeneutiques de saint Thomas d'Aquin: *Revue des sciences philosophique et théologique* 57 (1973) 611-26.

[261] E. Panofsky, *Gothic Architecture and Scholasticism*, Latrobe/Penn. 1951은 스콜라학과 고딕 양식, 스콜라 방법론과 전형적 프랑스 대성당 건축술 사이에 내적 인과관계가 있다고 하는데, 의심스럽다.

[262] 참조: A.J. Gurjewitsch, *Das Weltbild des mittelalterlichen Menschen* (러시아어 초판 1972) München 1980.

[263] 참조: G. Duby 편 *Histoire de la vie privée* II: "De l'Europe féodale à la Renaissance", Paris 1985 = *Geschichte des privaten Lebens* II: *Vom Feudalzeitalter zur Renaissance*, Frankfurt 1990. 봉건제도 분석: G. Duby: *Les trois ordres ou l'imaginaire du féodalisme*, Paris 1978 = *Die drei Ordnungen. Das Weltbild des Feudalismus*, Frankfurt 1981.

[264] 참조: J. LeGoff 편 *L'uomo medievale*, Rom 1987 = *Der Mensch des Mittelalters*, Frankfurt 1989.

[265] 참조: J. Bumke, *Höfische Kultur. Literatur und Gesellschaft im hohen Mittelalter* I-II, München 1986.

[266] 참조: R. Imbach, *Laien in der Philosophie des Mittelalters. Hinweise und Anregungen zu einem vernachlässigten Thema*, Armsterdam 1989(특히 Lull과 Dante를 다룸).

[267] 참조: A. de Libera, *Penser au Moyen Âge*, Paris 1991.

[268] 참조: A. Borst, *Die Katharer*, Stuttgart 1953.

[269] 참조: *Barbaren, Ketzer und Artisten. Welten des Mittelalters*, München 1988.

[270] 참조: J. LeGoff, *La Naissance du Purgatoire*, Paris 1981 = *Die Geburt des Fegefeuers. Vom Wandel des Weltbildes im Mittelalter*, München 1990.

[271] 참조: P. Ariès, *Essais sur l'histoire de la mort en occident du moyen-âge à nos jours*, Paris 1975 = *Studien zur Geschichte des Todes im Abendland*, München 1976; *L'homme devant la mort*, Paris 1977 = *Geschichte des Todes*, München 1980; N. Ohler, *Sterben und Tod im Mittelalter*, Zürich 1990. P. Ariès, *L'enfant et la vie familiale sous l'ancien régime*, Paris 1960 = *Geschichte der Kindheit*, München 1975; S. Shahar, *Childhood in the Middle Ages*, London 1990 = *Kindheit im Mittelalter*, München 1991.

272 참조: 〈더〉 **4**.

273 풍부한 참고문헌이 실린 새 입문서: M. Mollat, *Les Pauvres au Moyen Âge. Étude sociale*, Paris 1978 = *Die Armen im Mittelalter,* München 1984.

274 입문서(아랍인과 이슬람 포함): H. Schipperges, *Die Kranken im Mittelalter,* München 1990 (문헌).

275 중세의 여성: T. Volgesang, *Die Frau als Herrscherin im hohen Mittelalter. Studien zur "consors regni" Formel,* Göttingen 1954; M. Bernards, *Speculum virginum. Geistigkeit und Seelenleben der Frau im Hochmittelalter,* Köln 1955; G. Koch, *Frauenfrage und Ketzertum im Mittelalter. Die Frauenbewegung im Rahmen des Katharismus und des Waldensertums und ihre sozialen Wurzeln (12.-14. Jahrhundert)* Berlin 1962; I. Raming, *Der Ausschluß der Frau vom priesterlichen Amt. Gottgewollte Tradition oder Diskriminierung? Eine rechtshistorisch-dogmatische Untersuchung der Grundlagen von Kanon 968 §1 des Codex Iuris Canonici,* Köln 1973; J.M. Ferrante, *Woman as Image in Medieval Literature from the Twelfth Century to Dante,* New York 1975; E. Power, *Medieval Women,* Cambridge 1975 = *Als Adam grub und Eva spann, wo war da der Edelmann? Das Leben der Frau im Mittelalter,* Berlin 1984; M. Bogin, *The Women Troubadours,* New York 1976; B.A. Carrol 편 *Liberating Women's History. Theoretical and Critical Essays,* Urbana 1976; F. Gies - J. Gies, *Women in the Middle Ages,* New York 1978; A. Wolf-Graaf, *Frauenarbeit im Abseits. Frauenbewegung und weibliches Arbeitsvermögen,* München 1981; A. Kuhn - J. Rüsen 편 *Frauen in der Geschichte* I-II, Düsseldorf 1982-83; P. Ketsch, *Frauen im Mittelalter. Quellen und Materialien* I: *Frauenarbeit im Mittelalter*; II: *Frauenbild und Frauenrechte in Kirche und Gesellschaft,* Düsseldorf 1983-84; A.M. Lucas, *Women in the Middle Ages. Religion, Marriage and Letters,* Brighton 1983; I. Ludolphy, Frau (V): Alte Kirche und Mittelalter: *TRE* XI, 436-41; E. Ennen, *Frauen im Mittelalter,* München 1984 ⁴1991; D. Herlihy, *Medieval Households,* Cambridge/Mass. 1985; M.C. Howell, *Women, Production, and Patriarchy in Late in Medieval Cities,* Chicago 1986; M.B. Rose 편 *Women in the Middle Ages and the Renaissance. Literary and Historical Perspectives,* Syracuse 1986; B. Frakele - E. List - G. Pauritsch 편 *Über Frauenleben, Männerwelt und Wissenschaft. Österreichische Texte zur Frauenforschung,* Wien 1987; A. Kuhn, Mittelalter: A. Lissner - R. Süssmuth - K. Walter 편 *Frauenlexikon. Traditionen, Fakten, Perspektiven*, Freiburg 1988, 749-60; S. Shahar, *Die Frau im Mittelalter,* Königstein 1988; F. Bertini 등 *Medioevo al femminile,* Bari 1989; G. Duby - M. Perrot, *Storia delle donne in occidente* II (C. Klapisch-Zuber 편) Rom 1990 = *Geschichte der Frauen,* II: "Mittelalter", Frankfurt 1993; J.B. Holloway - C.S. Wright - J. Bechtold 편 *Equally in God' Image. Women in the Middle Ages,* New York 1990; C. Opitz, *Evatöchter und Bräute Christi. Weiblicher Lebenszusammenhang und Frauenkultur im Mittelalter,* Weinheim 1990; C. Walker Bynum, *Fragmentation and Redemption. Essays on Gender and the Human Body in Medieval Religion,* New York 1991; B. Lundt 편 *Auf der Suche nach der Frau im Mittelalter. Fragen, Quellen, Antworten,* München 1991; R. Pernoud, *Leben der Frauen im Hochmittelalter* Pfaffenweiler 1991; K.E. Børresen - K. Vogt, *Women' Studies*[오늘날의 연구 현황에 대한 Børresen의 개관(13-127)은 특히 중요하다]. E. Gössmann이 편집한 문헌집록: *Archiv für philosophie- und theologiegeschichtliche Frauenforschung,* München 1984-88(4권 출간)도 귀중하다.

276 참조: 〈댜〉 **4**.   277 참조: 〈더〉 **6**.

278 J. LeGoff, *L'imaginaire médiéval. Essais,* Paris 1985, 123.

279 예: 당시의 "후견"(여성이라는 이유만의 후견)은 구체적으로 무엇이었던가? 처음엔 아버지, 나중엔 남편이 행사하던 이 性的 후견은 여성에게 법적 자유와 행동의 자유를 허용했던가? 여자가 지참금도 가져오지 않고 결혼 후 남편의 후견도 받지 않는 Friedelehe 같은 게르만족의 별난 결혼 형태는 어찌된 일인가? Langobard(그리고 프랑스와 영국)에서는 7세기에도 여성이 재산을 스스로 관리·사용·증식시킬 수 있지 않았던가? 특히 중세 초기 농촌 가정에서는 남편과 아내의 동업자 관계가 지배적이 아니었던가? 이런 문제들에 관해 판단을 내리기가 어려운 것은, 우리가 극히 남성중심 관점에서 씌어진 문헌들에 터해 중세 여성의 사회적 지위보다 법적 지위에 관해 더 잘 알기 때문이 아닐까?

280 E. Ennen, *Frauen im Mittelalter,* 108.   281 108.   282 A. Kuhn, Mittelalter, 특히 753-4.

[283] 참조: M.C. Howell, *Women*.　　[284] A. Kuhn, Mittelalter, 특히 758-9.

[285] 참조: U. Baumann, *Die Ehe - ein Sakrament?*, Zürich 1988.

[286] 참조: R. Kieckhefer, *Repression of Heresy in Medieval Germany*, Philadelphia 1979, Kap.3. 12세기 말 시작된 수녀원 문화의 쇠퇴: P.D. Johnson, *Equal in Monastic Profession. Religious Women in Medieval France*, Chicago 1991.

[287] E. Ennen, *Frauen im Mittelalter*, 245. 참조: M. Schmidt - K.E. Børresen, Theologin (I-II): E. Gössmann 편 *Wörterbuch der Feministischen Theologie*, Gütersloh 1991, 396-415.

[288] 참조: E. Gössmann, Hildegard von Bingen: M. Greschat 편 *Gestalten der Kirchengeschichte* III, 224-37 (문헌).

[289] 신비주의: 좀 오래되었지만 여전히 중요한 저작들(특히 신판 C. Butler, J. Bernhart, W. Preger) 외에도 L. Bouyer 등 편 *Histoire de la spiritualité chrétienne* I-III, Paris 1960-66. K. Ruh 편 *Altdeutsche und altniederländische Mystik*, Darmstadt 1964; *Geschichte der abendländischen Mystik* I-III, München 1990/93; L. Cognet, *Introduction aux mystiques rhéno-flamands*, Paris 1968 = *Gottes Geburt in der Seele. Einführung in die deutsche Mystik*, Freiburg 1980; F.-W. Wentzlaff-Eggebert, *Deutsche Mystik zwischen Mittelalter und Neuzeit. Einheit und Wandlung ihrer Erscheinungsformen*, Berlin [3]1969; A.M. Haas - H. Stirnimann, *Das "Einig Ein". Studien zu Theorie und Sprache der deutschen Mystik*, Fribourg 1980; J. Sudbrack 편 *Zeugen christlicher Gotteserfahrung*, Mainz 1981; *Mystik. Selbsterfahrung - kosmische Erfahrung - Gotteserfahrung*, Mainz 1988; G. Ruhbach - J. Sudbrack 편 *Große Mystiker Leben und Wirken*, München 1984; 편 *Christliche Mystik. Texte aus zwei Jahrtausenden*, München 1989; R. Beyer, *Die andere Offenbarung. Mystikerinnen des Mittelalters*, Begrisch Gladbach 1989; B. McGinn, *The Foundations of Mysticism*, New York 1991; P. Dinzelbacher, *Mittelalterliche Frauenmystik*, Paderborn 1993.

[290] 개관: D. Mieth, Meister Eckhart: M. Greschat 편 *Gestalten der Kirchengeschichte* IV, Stuttgart 1983, 124-54 (문헌); 참조: Gescheitert und doch fruchtbar: Gründe und Hintergründe des Prozesses gegen Meister Eckhart (ca. 1260-1327/28): H. Häring - K.-J. Kuschel 편 *Gegenentwürfe. 24 Lebensläufe für eine andere Theologie*, München 1988, 81-95.

[291] 참조: O. Karrer, Mystik (IV): *LThK* VII, 734-41.

[292] 참조: F. Gils, *Jésus Prophète d'après les Evangiles Synoptiques*, Löwen 1957; R. Schnackenburg, Die Erwartung des "Propheten" nach dem NT und den Qumran-Texten: *Texte und Untersuchungen* 73 (1959) 622-39; F. Schneider, *Jesus der Prophet*, Fribourg 1973.

[293] 요한 14,9.

[294] 참조: F. Heiler, *Das Gebet. Eine religionsgeschichtliche und religionspsychologische Untersuchung*, München [5]1969, 255-8.

[295] 참조: K. Ruh, "Le miroir des simples âmes" der Marguerite Porete (1975): *Kleine Schriften* II, Berlin 1984, 212-36; *Meister Eckhart. Theologie, Prediger, Mystiker*, München 1985, 95-114.

[296] E. Gössmann, Die Geschichte und Lehre der Mystikerin Marguerite Porete (†1310): H. Häring - K.-J. Kuschel 편 *Gegenentwürfe*, 69-79. 참조: K.E. Børresen - K. Vogt, *Women's Studies*, 70-2.

[297] 상설: H. Küng, *Weltreligionen*, Kap.B I,2.

[298] 마리아 공경의 역사: G. Miegge, *La Vergine Maria. Saggio di storia del dogma*, Torre Pellice 1950 = *Die Jungfrau Maria. Studie zur Geschichte der Marienlehre*, Göttingen 1962; W. Tappolet 편 *Das Marienlob der Reformatoren. M. Luther, J. Calvin, H. Zwingli, H. Bullinger*, Tübingen 1962. W. Delius, *Geschichte der Marienverehrung*, München 1963; H. Graef, *Maria. Eine Geschichte der Lehre und Verehrung*, Freiburg 1964.

[299] H. Denzinger, *Enchiridion* 111a항. 참조: G. Galbiati, *Il Concilio di Efeso. Alle origini dei dogmi e del culto di Maria nel tormentato clima del Concilio di Efeso, tappa miliare per l'avvento della mariologia*, Genua 1977; S, Benko, *The Virgin Goddess. Studies in the Pagan and Christian Roots of Mariology*, Leiden 1993.

³⁰⁰ 참조: K.J. Kuschel 편 *Und Maria trat aus ihren Bildern. Literarische Texte*, Freiburg 1990.

³⁰¹ 마리아 교의들의 성서적 근거 결여: J. McKenzie, Die Mutter Jesu im Neuen Testament: E. Moltmann-Wendel - H. Küng - J. Moltmann 편 *Was geht uns Maria an? Beiträge zur Auseinandersetzung in Theologie, Kirche und Frömmigkeit*, Gütersloh 1988, 23-40. 같은 책 72-87의 K.E. Børresen, *Maria in der katholischen Theologie*는 마리아에 관한 근년의 열두 교의 정식이 "박약한 인간학적 전제들"에 근거함을 밝힌다. 이 교의사와 신학사 전문가의 주장: "그 정식들은 선험성을 고집할 수 없게 되자마자 의미를 상실하고 이해할 수 없을 것이다. 마리아중심주의 언명들은 아버지 쪽의 생식행위로 전달되는 원죄에 관한 Augustinus의 교설이나 육신 부활을 고대하는, 죽은 자의 불멸하는 이성적 영혼에 관한 고전적 이론에 의해 떠받쳐지지 못하면 순전한 추측의 허공에 떠 있을 것이다"(81).

³⁰² C.J.M. Halkes, Maria - inspirierendes oder abschreckendes Vorblid für Frauen?: E. Moltmann-Wendel 등 편 *Was geht uns Maria an?* 113-30 중 114.

³⁰³ 참조: E. Drewermann, *Kleriker. Psychogramm eines Ideals*, Freiburg 1989 특히 Kap. II, B, 2d.

³⁰⁴ J. Moltmann, Gibt es eine ökumenische Mariologie?: E. Moltmann-Wendel 등 편 *Was geht uns Maria an?* 15-22 중 15. 참조: S. Ben-Chorin, *Die Mutter Jesu in jüdischer Sicht*, 40-50.

³⁰⁵ 루가 1,48.   ³⁰⁶ 참조: 마르 3,20-21.

³⁰⁷ 성서의 실상: 앞에 인용한 McKenzie의 논문: 개신교와 가톨릭 학자들의 공동 연구 R.E. Brown - K.P. Donfried - J.A. Fitzmyer - J. Reumann 편 *Mary in the New Testament. A Collaborative Assessment by Protestant and Roman Catholic Scholars*, Philadelphia 1978.

³⁰⁸ 참조: M. Warner, *Alone of all her Sex. The Myth and the Cult of the Virgin Mary*, London 1976.

³⁰⁹ 여권운동에서는 이 점을 당연히 중요시한다: C.J.M. Halkes, *Maria*.

³¹⁰ 동정녀로부터 탄생: 『믿나이다』 분도출판사 1999, 53-71. 예수 그리스도의 선재: 〈다〉 **5**.

³¹¹ 참조: 루가 1,38; 2,34-35.   ³¹² 루가 1,52.

³¹³ 예수의 연인 혹은 심지어 아내(소설, 뮤지컬 그리고 통속문학의 소재)에 관해 신약성서에는 단 한 번 암시라도 없다. Tübingen의 Elisabeth Moltmann-Wendel은 지나치게 강조되어온 성모 "마리아" 전승에 맞서, 뒷전으로 밀려난 친구 "막달라" 전승을 강조하는데, 마땅한 일이라 하겠다: Maria oder Magdalena - Mutterschaft oder Freundschaft: 등 편 *Was geht uns Maria an?* 51-9.

³¹⁴ 갈라 5,1.   ³¹⁵ 2고린 3,17.   ³¹⁶ 갈라 3,28.

³¹⁷ C. Mirbt - K. Aland 편 *Quellen zur Geschichte des Papsttums und des römischen Katholizismus* I, Tübingen ⁶1967, 457(Denzinger에는 없다!).

³¹⁸ 참조: W. Ullmann, *Kurze Geschichte des Papsttums*, 254.

³¹⁹ F.X. Seppelt - G. Schwaiger, *Geschichte der Päpste* IV, München ²1957, 53-4: "Bonifacius는 이단자였더냐는 물음에는 부정적으로 대답하더라도, 우리는 그의 자부심과 권력욕이 병리적 특징을 보이는 황제 망상 징후로밖에 해석할 수 없는 형태로 종종 표출되었다는 인상을 지울 수 없다. 극히 신빙성있는 스페인 Aragonia 사절의 보고서가 전하는 극적 장면: Bonifacius는 주교와 추기경들을 앞에 교황과 황제의 예복을 번갈아 갈아입고 등장하며 외쳤다 한다: '나는 교황이니라. 나는 황제니라.'"

³²⁰ H. Denzinger, *Enchiridion* 469항. 교황주의자 Aegidius Romanus가 실질적 이데올로기 토대를 많은 인용문과 함께 제공했다. 그의 책 *De ecclesiastica potestate* (R. Scholz 편) Weimar 1929에 의하면 지상의 모든 "권력"은 교황으로부터 나온다.

³²¹ 참조: J. Huizinga, *Herfsttij der Middeleeuwen. Studie over levens- en gedachtenvormen der veertiende en vijftiende eeuw in Frankrijk en de Nederlanden*, Haarlem 1919 = *Herbst des Mittelalters. Studien über Lebens- und Geistesformen des 14. und 15. Jhs. in Frankreich und den Niederlanden*, Struttgart 1987.

³²² 이 최근의 표현은 M. Mollat du Jourdin - A. Vauchez 편 *Histoire du christianisme des origines à nos jours* VI, Paris 1990에 실린 B. Guillemain의 논문 Un temps d'épreuves (1274-1449)의 I,1과 III,1-2에서 유래한다. 이 논문은 1274년의 2차 리옹 공의회와 잠시 동안의 교회 연합에서 시작하여 독단적으로 시대구분을 하며, 역사적 주제 전부를 세 가지 교의학적 범주(일치·성성·가톨릭성)에 따라 3부로 나누어 다룬다. 그러다보니 이 글에서는 사도 전래성과 원천적 기준을 찾아볼 수 없다.

[323] Y. Congar, *L'Église. De saint Augustin à l'époque moderne*, Paris 1970, Kap.IX는 두 가지 정신적 경향("성직자 정치주의적이고 교황중심주의적 경향과 교회 백성과 평신도 사회를 지지하던 경향) 사이의 갈등과 충돌을 밝힌다.

[324] 참조: Dante Alighieri, *La Divina Comedia* (1307-21년경) 지옥편 19번 노래.

[325] 참조: *De monarchia* (1310년경).　　[326] 참조: Marsilius von Padua, *Defensor pacis* (1324).

[327] 참조: William Ockham, *Dialogus* (1322-49).

[328] 참조: B. Tierney, *Origins of Papal Infallibility, 1150-1350. A Study on the Concepts of Infallibility, Sovereignity and Tradition in the Middle Ages*, Leiden 1972. Tierney는 내가 편집한 *Fehlbar?* 121-45에서 자신의 연구 결과를 요약한다.

[329] 산아조절에 관한 바오로 6세의 회칙 *Humanae vitae* (1968)는 교황이 전임자들의 수정할 수 없는 교설들에 얽매여 있기에 오류를 뜯어고칠 수 없음을 극명하게 보여준다.

[330] 인용과 해석: B. Tierney, *Origins of Papal Infallibility*, 186-96.

[331] 참조: O. Prerovsky, *L'elezione di Urbano VI e l'insorgere dello scisma d'occidente*, Rom 1960.

[332] 참조: H. Küng, *Strukturen*, Kap.VII,3. 사망과 사임 외에 정신병, 이단, 교회 분열도 교황직 상실의 이유가 된다.

[333] 참조: F. Bliemetzrieder, *Das Generalkonzil im großen abendländischen Schisma*, Paderborn 1904.

[334] 참조: A. Hauck, Die Rezeption und Umbildung der allgemeinen Synode im Mittelalter: *Historische Vierteljahrschrift* 10 (1907) 465-82.

[335] 참조: M. Seidlmayer, *Die Anfänge des großen abendländischen Schismas. Studien zur Kirchenpolitik insbesondere der spanischen Staaten und zu den geistigen Kämpfen der Zeit*, Münster 1940.

[336] B. Tierney, *Foundations of the Conciliar Theory*, Cambridge 1955. 공의회 수위설 이념의 세 시기를 확인한다. 첫째 시기: 교회 지배에 관한 교령중심 이론들(1140-1220); 둘째 시기: 13세기의 교황중심주의와 교회법학의 단체 이론; 셋째 시기: 14세기의 공의회 수위설 이념들. 참조: R. Bäumer 편 *Die Entwicklung des Konziliarismus. Werden und Nachwirken der konziliaren Idee*, Darmstadt 1976; H. Schneider, *Der Konziliarismus als Problem der neueren katholischen Theologie. Die Geschichte der Auslegung der Konstanzer Dekrete von Febronius bis zur Gegenwart*, Berlin 1976; C.M.D. Crowder, *Unity, Heresy and Reform, 1378-1460. The Conciliar Response to the Great Schism*, London 1977; A.C. Leopardi, *Il conciliarismo. Genesi e sviluppo*, Bari 1978; R.N. Swanson, *Universities, Academics and the Great Schism*, Cambridge 1978; G. Alberigo, *Chiesa conciliare. Identità e significato del conciliarismo*, Brescia 1981. 2차 바티칸 때까지 콘스탄츠 공의회 교령들을 둘러싸고 벌어진 토론을 연구한 Schneider의 결론: "콘스탄츠 공의회 교령들에 대한 역사적으로 흡족한 해석은 아직 찾아볼 수 없다"(339).

[337] Tertullianus, *De paenitentia* 13,6-7. Athanasius부터 요한 23세까지 전통: H. Küng, *Strukturen*, Kap.III,2. 돌이켜보건대, Joseph Ratzinger가 나의 Tübingen 교수 취임 강연(1960)에서 강조된 명제 "전체 교회는 하느님과 세상의 대공의회로 나타난다"를 1962년 자신의 말인 것처럼 자기 책에 전용하고(전에는 교회를 "공의회"로 말한 적이 없다) 그후에는 그러나 기이하게 좁은 관점에 터해 교회의 동료성을 주교들의 동료성으로 제한하고자 했고, 그리하여 신앙공동체들의 동료성과 전체 교회의 동료성을 무시한 것은 시사하는 바가 많다. 그런 일에 비추어 보건대, Ratzinger가 교회의 무류성을 간단히 하느님 말씀의 무류성으로부터 이끌어내는 것 또한 놀랄 일이 못 된다. 그러나 당시 Ratzinger의 주장 — "교회는 하느님 말씀 그리고 이 세상 안에 있는 하느님 진리의 현존이라는 사실에 터해 볼 때, 교회의 원칙적 무류성은 저절로 분명해진다" — 처럼 그것이 그렇게 간단할까? 많은 사람들이 기이하게 생각하는, 1962년의 "진보적" 공의회 신학자에서 공의회 후 "반동적" 대종교재판관으로의 변신은 그러한 (그리고 그와 유사한) 진술들을 꼼꼼히 뜯어보면 이해하지 못할 것도 없다. Ratzinger와 나의 "前공의회" 논쟁: *Strukturen*, Kap.VI,5 198-200.

[338] 콘스탄츠 공의회 이후 Martinus 5세가 교서들에서 이전 세 파를 동등하게 취급했고(Pisa파, 그러니까 요한 23세를 약간 우대) 그후 어떤 교황이나 공의회도 이 세 병립교황의 정당성에 관해 최종 판결을 내리지 않았으므로, 우리 시대의 Angelo Roncalli가 진짜 요한 23세로 불려 마땅하다.

[339] 콘스탄츠 공의회: K.A. Fink, Konzil von Konstanz: *LThK* VI, 501-3에 수록된 참고문헌 목록: *Papsttum und Kirche im abendländischen Mittelalter*, München 1981(특히 교회제도를 다룬 1부); P. de Vooght, *Les pouvoirs du Concile et l'autorité du Pape au Concile de Constance. Le décret Haec Sancta Synodus du 6 avril 1415*, Paris 1965. 이 골치아픈 문제의 논구에 있어 귀중한 자극과 근본적 관점들을 얻을 수 있었던 데 대해, 나의 Tübingen 동료였던 Karl August Fink와 베네딕도회의 P. de Vooght에게 감사드린다. 나의 책 *Strukturen*, Kap.VII,4에 받아들인 그 자극과 관점들은 W. Brandmüller, *Das Konzil von Konstanz 1414-1418* I, Paderborn 1991에 의해서도 능가되지 않았다.

[340] P. Hünermann는 *Denzinger* 증보판에서 John Wyclif와 Jan Hus의 "오류들"에 관해서는 (질문서를 포함하여) 약 15쪽에 걸쳐 인용하면서도, 진짜 중요한 공의회 교령들은 빼먹고 작은 문자로 인쇄된 附記에서 교령 Haec Sancta의 한 (불완전한) 문장만 인용하고는, 최근 연구성과는 전혀 고려하지 않고, 교황이 공의회 교령을 어느 정도나 재가했는지의 문제는 논란중이라는 식으로 시대착오적 주장을 반복한다. 또한 1418.2.22. 교황 칙서 *Inter cunctas*는 당연히 인용했는데(1247-8항) 그것에 따르면 이단자들이 교황 Martinus 5세에게 모든 콘스탄츠 교령의 승인을 강요했다고 한다(이 칙서 해석: H. Küng, *Strukturen*, 251에 인용된 K.A. Fink와 P. de Vooght). 이 모든 것은 Würzburg 교의학자 Heinrich Denzinger의 *Enchiridion*이 거듭 최신판을 찍어내기 위한 엄청난 비용에도 불구하고, 편견없는 역사적 원전 자료집이 아니라(J. Alberigo 등 *Conciliorum oecumenicorum decreta*, Freiburg 1962와 비교해 보라) 로마의 교과서 신학과 교회정치에 봉사하는 자료집임을 새삼 뚜렷이 말해주는 증거다.

[341] J. Alberigo 385에서 번역.   [342] 참조: 414-5.

[343] K.A. Fink, *Konzil von Konstanz*, 특히 503. B. Hübler, *Die Constanzer Reformation und die Concordate von 1418*, Leipzig 1867은 아직도 규범적인 연구서인바, F.X. Funk, P. de Vooght, K.A. Fink 등의 근년의 연구는 Hübler의 견해를 확인·보증해주고 있다.

[344] W. Ullmann, *Kurze Geschichte des Papsttums*, 297.

[345] H. Jedin, *Geschichte des Konzils von Trient* I, Freiburg ²1951, 52: "'Execrabilis'는 공의회 수위설에 대한 복고주의적 교황권 최초의 강력한 일격이었으나, 기대했던 성과를 거두지는 못했다. 이 칙서는 프랑스와 독일에서 거센 저항에 부닥치는 등, 로마 밖에서는 그저 산발적으로만 호응을 얻었다." 당시의 논쟁, 특히 Cajetanus와 Almain 간의 논쟁에 관해서는 O. de la Brosse, *Le Pape et le concile. La comparaison de leurs pouvoirs à la ville de la Réforme*, Paris 1965 참조.

[346] H. Denzinger, *Enchiridion* 740항.

[347] R. Bäumer, Lateran-Synoden: *LThK* VI, 특히 818: "교황의 적대자들은 이 공의회를 '자유롭지 못한 공의회'라고 지칭했다. 이 공의회는 트렌토 공의회에서도 포괄적 인정을 받지 못했다." 참조: O. de la Brosse 등 *Latran V et Trente*, Paris 1975 = *Lateran V und Trient*, 1. Teil, Mainz 1978.

[348] 참조: R. Bellarmin, De concillis, liber II, cap.17: *Opera omnia* II, Paris 1870.

[349] 참조: J. Michelet, *Histoire de France* VII: *Renaissance,* Paris 1835.

[350] 참조: J. Burckhardt, *Die Kultur der Renaissance in Italien*, Basel 1860.

[351] J. LeGoff, Pour un long Moyen-Âge: *L'imaginaire médiéval*, 9-13 중 8.

[352] 참조: S. Schüller-Piroli, *Die Zerstörung einer Legende. Die Geschichte einer Dynastie*, Olten 1963; *Die Borgia-Päpste Kalixt III. und Alexander VI*, Wien 1979; *Die Borgia-Dynastie. Legende und Geschichte* I-II, München 1980/82(저자는 1979년 책에서는 기묘하게도 복권에 관해 입다물고 있다. 사실 이 복권은 이탈리아계 쿠바인 O. Ferrara가 훨씬 전에 시도했다: *El Papa Borgia*, Madrid ⁴1952 = *Alexander VI. Borgia*, Züich 1957). 이탈리아 정치에서 Alexander 6세의 정치적 의미에 대한 정당한 강조에도 불구하고, 다음 사항은 짚고 넘어가야 한다: "전설과 역사"의 구별은 물론 중요하고 모든 역사학자의 의무가 되어야 한다(사실 옛 역사학자들도 이것을 소홀히하지는 않았다). 그러므로 Alexander 교황의 "명예 회복" 자체를 반대할 까닭은 없다. 여느 인간과 마찬가지로 그도 훌륭한 측면과 능력(법률 지식·행정 능력·정치 수완·말재주)이 있었다. 그러나 그의 비행과 부패는 교황에게 매우 우호적이던 Ludwig Freiherr도 부인할 수 없었다. 자식복 많던 Alexander가 딸 Lucrezia와 근친상간을 했고, 아들 Cesare가 형제를 살해했다는 등의 이야기는, 무엇보다도 Alexander가 로마나 이탈리아 사람이 아니라

스페인 사람이기 때문에 로마 사람들이 꾸며낸 "흑색 전설"이라는 주장이 옳을 수도 있을 것이다. 그러나 그렇다고 그 보르지아 집안 출신 교황이 "교황직이라는 國是"를 거리낌없이 專有하고, 자신의 목적 달성을 위해서는 다른 모든 르네상스 군주와 마찬가지로 부도덕하게 행동했는데도 명예회복이라는 것이 이루어져야 할까? 어디까지나 정치적이고 그래서 시류를 좇았던, 과연 그 부도덕한 인품에서는 그야말로 "근대적"이던 그 교황은, 그저 시대를 앞서나갔을 뿐이라고? 그 온갖 친척 봐주기와 족벌정치, 또 매우 교활한 외교와 뻔뻔스런 동맹정책 역시, 극히 정치적이고 시류 좇던 교황이 양다리 걸치기 외교정책을 통해 교황좌의 자유를 얻었다고 해서, 정당화되어야 할까? 도덕적 관점을 아예 배제한다면, 딸 Lucrezia의 세 차례 결혼이나 교황이 여러 정부에게서 얻은 다른 일곱 자식 생활비를 교회 돈으로 대준 것도 정당화될 수 있을 것이다. … 이 베드로의 후계자가, 그를 복권시키고자 하는 Piroli가 그녀의 책 서문에 썼듯이, "파란 많고 결실 충성했던 통치 겨우 11년 만에" 살해된 것조차도 정당화된 이 보르지아 가문 교황을 전처럼 악마화하는 대신, "종교적 의무·관심과 세속적 의무·관심 사이의 도덕적 갈등을 평생 몰랐던", "자신의 종교적 의무를 훌륭히 완수할 수 있다고 거의 상상할 수 없을 만큼 단순하게 확신했던" 그런 교황으로 無害化하고 있다(Borgia, 145 참조).

[353] 참조: H. Jedin, *Katholische Reform oder Gegenreformation? Ein Versuch zur Klärung der Begriffe*, Luzern 1946.

[354] 반종교개혁 내지 가톨릭 개혁: 특히 *TRE*에 실린 G. Maron의 논문. 패러다임 전환이라는 맥락에서 중요한 저작: J. Lortz, *Die Reformation in Deutschland* I-II, Freiburg 1940 [신판]1982; L. Cristiani, *L'Église à l'époque du concile de Trente*, Paris 1948; K. Eder, *Die Kirche im Zeitalter des konfessionellen Absolutismus (1555-1648)* Freiburg 1949; P. Janelle, *The Catholic Reformation*, Milwaukee 1949; G. Schreiber 편 *Das Weltkonzil von Trient. Sein Werden und Wirken* I-II, Freiburg 1951; H. Daniel-Rops, *L'Église de la Renaissance et de la Réforme* II: *Une ère de renouveau: La Réforme catholique*, Paris 1955; K. Bihlmeyer - H. Tüchle, *Kirchengeschichte* III: *Die Neuzeit und die neueste Zeit*, Paderborn [15]1956; R.G. Villoslada - B. Llorca, *La Iglesia en la época del Renacimiento y de la Reforma católica*, Madrid 1960 [2]1967; L. Willaert, *Après le concile de Trente. La Restauration catholique 1563-1648*, Paris 1960; J. Delumeau, *Naissance et affirmation de la Réforme*, Paris 1965; *La Catholicisme entre Luther et Voltaire*, Paris 1971; H. Jedin, *Kirche des Glaubens - Kirche der Geschichte. Ausgewählte Aufsätze und Vorträge* I-II, Freiburg 1966; E. Iserloh - J. Glazik - H. Jedin, *Reformation, katholische Reform und Gegenreformation*, Freiburg 1967 (*Handbuch der Kirchengeschichte* VI); E.W. Zeeden, *Das Zeitalter der Gegenreformation*, Freiburg 1967; 편 *Gegenreformation*, Darmstadt 1973; *Konfessionsbildung. Studien zur Reformation, Gegenreformation und katholischen Reform*, Stuttgart 1985; A.G. Dickens, *The Counter Reformation*, London 1968; R.De Maio, *Riforme e miti nella Chiesa del Cinquecento*, Neapel 1973; M. Bendiscioli, *Dalla Riforma alla Controriforma*, Bologna 1974; M.R. O'Connell, *The Counter Reformation 1559-1610*, New York 1974; K.D. Schmidt, *Die katholische Reform und Gegenreformation*, Göttingen 1975; H. Lutz, *Reformation und Gegenreformation*, München 1979; S. Zoli, *La Controriforma*, Florenz 1979; P. Chaunu, *Église, culture et société. Essais sur Réforme et Contre-Réforme (1517-1620)* Paris 1981; A.D. Wright, *The Counter-Reformation. Catholic Europe and the Non-Christian World*, New York 1982; M. Heckel, *Deutschland im konfessionellen Zeitalter*, Göttingen 1983; M. Hroch - A. Skybová, *Die Inquisition im Zeitalter der Gegenreformation*, Stuttgart 1985; C. Brovetto 등 *La spiritualità cristiana nell'età moderna*, Rom 1987; J.W. O'Malley 편 *Catholicism in Early Modern History. A Guide to Research*, St. Louis 1988; J.L. Bouza Álvarez, *Religiosidad contrarreformista y cultura simbólica del Barroco*, Madrid 1990; W. Seibrich, *Gegenreformation als Restauration. Die restaurativen Bemühungen der alten Orden im Deutschen Reich von 1580 bis 1648*, Münster 1991; H.R. Schmidt, *Konfessionalisierung im 16. Jahrhundert*, München 1992.

[355] 참조: H. Jedin, Katholische Reform und Gegenreformation: E. Iserloh 등 *Reformation*, 2. Teil; M. Venard 편 *Le temps des confessions (1530-1620/30)* Paris 1992 = *Die Zeit der Konfessionen (1530-1620/30)* Freiburg 1992, 특히 I, 5.

356 L.v. Pastor는 자신의 교황사 중 인상깊은 다섯째 권을 과도기의 교황 바오로 3세에게 헌정했다. 그는 바오로 3세에게는 전임자들이나 후임자들에게처럼 교황 칭호에 "르네상스 시대"나 "가톨릭 반종교개혁과 복고 시대"라는 말을 덧붙이지 않았다.

357 참조: C. Mirbt - K. Aland, *Quellen* 814항.

358 참조: 817항. 예수회의 역사: J.E. Vercruysee, Jesuiten: *TRE* XVI.   359 참조: *Quellen* 816항.

360 Paul IV., Bulle "Cum ex apostolatus officio"(1559): C. Mirbt - K. Aland, *Quellen* 842항(*Denzinger* 는 이상하게도 바오로 4세의 문헌은 전혀 인용하지 않는다).

361 트렌토 공의회: 공문서 모음 *Concilium Tridentinum der Editio Goerresiana*; H. Jedin, *Geschichte des Konzils von Trient* I-IV/2, Freiburg 1949-75; O. de la Brosse 등 *Latran V et Trente*, Paris 1975 = *Lateran V und Trient* I-II, Mainz 1978/87; R. Bäumer 편 *Concilium Tridentinum*, Darmstadt 1979; J.M. Rovira Belloso, *Trento. Una Interpretación teológica*, Barcelona 1979; A. Duval, *Des sacrements au concile de Trente*, Paris 1985; J. Bernhard - L. Lefebvre - F. Rapp, *L'époque de la Réforme et du Concile de Trente*, Paris 1989.

362 신앙에 관한 교령들은 H. Denzinger, *Enchiridion*과 J. Alberigo, *Konziliensammlung*에 수록되어 있다. 그러나 개혁에 관한 교령들은 J. Alberigo의 책에만 실려 있다.

363 참조: H. Jedin, Katholische Reform und Gegenreformation, 449-50 658.

364 H. Lutz, *Reformation und Gegenreformation*는 확인한다: "교의뿐 아니라 교회조직과 사목의 측면에서 볼 때도, Luther가 제기했거나 그리스도교 인문주의자들에게서 넘겨받은 많은 문제들 안에는 완전한 방어를 위한 키(조종간)가 설치되어 있었다"(69). 그러므로 "오래되고 새로운 모든 문제와 관련하여, 어떠한 용어학적 틀이 Jedin의 중복개념보다 Luther 이후 가톨릭 교회의 행동양식에 더 적절히 상응하는지"를 검사할 필요가 있다. Lutz는 "교회적·문화적으로 복합적인 변화들 가운데 많은 것이 Jedin의 중복개념의 틀 속으로는 제대로 편입되지 못한다는 인상"을 버리지 못하고 있다(155-6).

365 참조: H.R. Schmidt, *Konfessionalisierung*, 67-8.

366 참조: H. Denzinger, *Enchiridion*, 864항(세례에 관한 *Kanon* 8).

367 792a-843항: H. Küng, *Rechtfertigung*.

368 H. Denzinger, *Enchiridion* 783항.   369 참조: 844항.   370 참조: 〈댜〉 **2**.

371 성사의 숫자는 무엇이 성사냐는 개념규정에 좌우된다. 본디 금전 담보를 성사라 지칭했고 그후엔 新兵의 선서나 축성·봉헌 행위를 지칭했다. 나중에 그리스도교에서 — 그리스어 mysterion(신비·비밀)과 연계하여 — 삼위일체·육화·그리스도의 업적 등 신앙의 신비들 그리고 그리스도 생애의 개별적 사실들, 복음서들의 의미 또는 개개의 그리스도교적 예배행위도 성사라 지칭했다. 그후 구체적으로 어떤 예비행위들이 성사로 불려지고 정말 성사라는 개념 안에 포섭되는가라는 문제는 특히 개념규정에 좌우되었다: 세례와 성찬례만? 혹은 서품, 왕에 대한 도유, 수녀들의 서원, 결혼도? 개념의 내용규정이 미약할수록 성사의 범위는 그만큼 넓었으며(이것은 Aristoteles 논리학의 오랜 통찰의 하나다) 성사의 범위가 넓을수록 개념규정은 헐렁했다. 그러므로 성사 개념이 확정적일수록 성사의 숫자는 적어진다: 30개(St. Viktor의 Hugo), 12개(Petrus Damiani), 7개(Petrus Lombardus, 저명한 스콜라 신학자들, 트렌토 공의회), 6개(假-디오니시우스 법령집), 5개(*Summa sententiarum*, Laon의 Anselmus 학파, Champeaux의 Wilhelm), 4개(세례·도유·성체·성혈만 특별히 꼽은 중세 초기 신학자들), 3개(Sevilla의 Isidor), 2개(초창기 교부들부터 종교개혁가들까지 오랜 전통).

372 세례와 성찬례: H. Küng, *Kirche*, C III, 1-2.

373 H. Jedin, *Geschichte des Konzils von Trient* II 참조: "일곱이라는 숫자가 역사적으로 언제 어떻게 생겨났는가라는 물음이 암시적으로라도 제기되지 않았다는 사실은 기이하다고 할 만하다. 사람들은 유추해석할 수 있는 성서 구절들(묵시 1,16; 5,1; 탈출 25,3 등)을 지적하는 것으로 만족했다. 그러나 일곱이라는 숫자가 공의회들의 결정 내용이나 교부들의 문헌에서는 찾아볼 수 없다는 사실 그리고 원시교회 이래 거행되어온 성사적 의식들이 기본 성사인 세례 및 성체성사와의 동질성을 인정받기까지는 천 년 이상이 걸렸다는 사실을 간과했다"(326).

374 H. Denzinger, *Enchiridion*, 989항.   375 참조: 994-1000항.

376 H.R. Schmidt, *Konfessionalisierung*, 25-6.　　377 41.

378 활동방식은 달라도 역시 중요한 사람들: Pius 5세, Carlo Borromeo, Fisher 추기경 등 교황청 개혁 주도자들, 영국 순교자들, Petrus Canisius, Robert Bellarmin, Franz Borgia, Aloysius Gonzaga, Stanislaus Kostka 등의 예수회원들, 십자가의 요한, 하느님의 요한, Alcántara의 Petrus 등 스페인의 신비가요 수도회 개혁자들, 끝으로 프랑스의 위대한 정신들인 François de Sales, Vincent de Paul, Bérulle, Fénelon, Bourdaloue, Massilon, Pascal 등등.

379 총괄: E.W. Zeeden, *Das Zeitalter der Glaubenskämpfe 1555-1648* (*Gebhardts Handbuch der deutschen Geschichte* II, ⁹1970, 118-239).

380 많은 훌륭한 그림을 곁들인 Y. Bottineau, *L'art baroque*, Paris 1986 = *Die Kunst des Barock*, Freiburg 1986.

381 참조: H. Wölfflin, *Renaissance und Barock. Eine Untersuchung über Wesen und Entstehung des Barockstils in Italien*, München 1888.

382 참조:『믿나이다』분도출판사 1999, 20 219-24.

383 참조: H. Jedin, *Katholische Reform oder Gegenreformation*, 41.　　384 참조: 42.

385 참조: P. Sarpi, *Istoria del Concilio Tridentino seguita della "Vita del Padre Paolo" di Fulgenzio Micanzio* I-II, Torino 1974 (1619년 초판 10년 안에 라틴어 · 불어 · 영어 · 독일어로 번역되었다).

386 F. Suárez, *Opera omnia*, Paris 1856-61. 특히 V-VI(거의 1200쪽)은 법철학과 국가철학에 중요하다. 신학사를 제외하면 지금까지 아무도 바로크 스콜라 신학에 관한 총체적 서술을 시도하지 않았다.

387 참조: Y. Congar, *L'Église*, 특히 Kap. X-XIV. 개신교 측의 저작: F. Heyer, *Die katholische Kirche von 1648 bis 1870*, Göttingen 1963.

388 L.J. Rogier, Die Kirche im Zeitalter der Aufklärung und Revolution: 등 *Geschichte der Kirche* IV, Zürich 1966, 1-174 중 29.

389 R Aubert, Die katholische Kirche und die Revolution: H. Jedin 편 *Handbuch der Kirchengeschichte* VI,1, Freiburg 1971, 1-99 중 9.

390 복고 시대 교회사 입문서 가운데 특히 J. Leflon, *La crise révolutionnaire 1789-1846*, Paris 1951; R. Aubert - J. Beckmann - P. J. Corish - R. Lill, *Kirche zwischen Revolution und Restauration*, Freiburg 1971 (*Handbuch der Kirchengeschichte* VI,1).

391 참조: F.-X. Kaufmann, *Kirche begreifen. Analysen und Thesen zur gesellschaftlichen Verfassung des Christentums*, Freiburg 1979; *Religion und Modernität. Sozialwissenschaftliche Perspektiven*, Tübingen 1989.

392 참조: K. Gabriel, Die neuzeitliche Gesellschaftsentwicklung und der Katholizismus als Sozialform der Christentumsgeschichte: K. Gabriel - F.-X. Kaufmann 편 *Zur Soziologie des Katholizismus*, Mainz 1980, 201-25.

393 K. Gabriel, *Christentum zwischen Tradition und Postmoderne*, Freiburg 1992, 165.

394 이러한 과정의 전형적인 예로, 자유주의 연방국가가 창건될 때의 스위스 가톨릭 교회의 행태를 들 수 있다. 당시 상황의 탁월한 분석: U. Altermatt, *Der Weg der Schweizer Katholikens ins Ghetto*, Zürich 1972; *Katholizismus und Moderne. Zur Sozial- und Mentalitätsgeschichte der Schweizer Katholiken im 19. und 20. Jahrhundert*, Zürich ²1991.

395 참조: R. Reinhardt, *Tübinger Theologen und ihre Theologie. Quellen und Forschungen zur Geschichte der Katholisch-theologischen Fakultät Tübingen*, Tübingen 1977.

396 참조: Die Katholisch-theologische Fakultät Tübingen im ersten Jahrhundert ihres Bestehens. Faktoren und Phasen der Entwicklung: *Tübinger Theologen*, 1-42.

397 Hermes 탄압이 실질적 근거가 거의 없고 형식법학적 논란의 여지도 매우 많았다는 것을 로마의 審理에 관한 H.H. Schwedt의 분석이 밝힌다: *Das römische Urteil über Georg Hermes (1775-1831). Ein Beitrag zur Geschichte der Inquisition im 19. Jahrhundert*, Freiburg 1980.

398 참조: H. Denzinger, *Enchiridion*, 1700-80항.　　399 1780항.

[400] 참조: H. Küng, *Unfehlbar?*; *Fehlbar?*

[401] 참조: A.B. Hasler, *Pius IX. (1846-78), Päpstliche Unfehlbarkeit und 1. Vatikanisches Konzil. Dogmatisierung und Durchsetzung einer Ideologie* I-II, Stuttgart 1977; *Wie der Papst unfehlbar wurde. Macht und Ohnmacht eines Dogmas,* München 1979; G. Thils, *Primauté et infaillibilité du Pontife Romain à Vatican I. Et autres études d'ecclésiologie,* Löwen 1989.

[402] 1차 바티칸에 관한 옛 저작들: J. Friedrich, *Geschichte des Vatikanischen Konzils* I-III, Bonn 1867-87(古가톨릭 관점); T. Granderath, *Geschichte des Vatikanischen Konzils* I-III (K. Kirch 편) Freiburg 1903-6(교황청 관점); 특히 공의회의 극적 진행과정과 개별적 조정작업을 생생히 전하는 C. Butler - H. Lang, *Das Vatikanische Konzil. Seine Geschichte von innen gechildert in Bischof Ullathornes Briefen,* München ³1933. 1930년에 간행된 Ullathorne의 서간집에 기초한 C. Butler의 서술을 최근 L. Pásztor가 편집 · 출판한 한 이탈리아 주교이자 역사가의 일기와 비교해볼 것: *Il Concilio Vaticano I. Diario di Vincenzo Tizzani (1869-1870)* I-II, Stuttgart 1991-92. 참조: R. Aubert의 탁월한 공의회사 *Vatikanum I,* Paris 1964 = Mainz 1965; C. Langlois, Unfehlbarkeit - eine neue Idee des 19. Jahrhunderts: H. Küng 편 *Fehlbar?* 146-160. 여러 특수 문제(계시 · 신앙 논증 · 교회와 국가)나 사람들(Döllinger 주교들)에 관해서는 여기서 깊이 다룰 수 없다.

[403] 참조: H. Denzinger, *Enchiridion* 1781-820항; 〈더〉 **9**.

[404] 반근대주의: R. Marlé 편 *Au cœur de la crise moderniste. Le dossier inédit d'une controverse. Lettres de M. Blondel, H. Bremond, F. v. Hügel, A. Loisy ...,* Paris 1960; P. Scoppola, *Crisi modernista e rinnovamento cattolico in Italia,* Bologna 1961; É. Poulat, *Histoire, dogme et critique dans la crise moderniste,* Paris 1962; *Modernistica. Horizons, physiognomies, débats,* Paris 1982; L. Bedeschi, *La Curia romana durante la crisi modernista. Episodi e metodi di governo,* Parma 1968; *Interpretazioni e sviluppo del Modernismo cattolico,* Mailand 1975; M. Ranchetti, *The Catholic Modernists. A Study of the Religious Reform Movement 1864-1907,* London 1969; O. Schroeder, *Aufbruch und Mißverständnis. Zur Geschichte der reformkatholischen Bewegung,* Graz 1969; A.R. Vilder, *A Variety of Catholic Modernists,* Cambridge 1970; R. García de Haro, *Historia teologica del modernismo,* Pamplona 1972; O. Köhler, *Bewußtseinsstörungen im Katholizismus,* Frankfurt 1972; G. Maron, *Die römisch-katholische Kirche von 1870 bis 1970,* Göttingen 1972; J. Greisch - K. Neufeld - C. Theobald, *La crise contemporaine. Du modernisme à la crise des herméneutiques,* Paris 1973; E. Weinzierl 편 *Der Modernismus. Beiträge zu seiner Erforschung,* Graz 1974; G. Schwaiger 편 *Aufbruch ins 20. Jahrhundert. Zum Streit um Reformkatholizismus und Modernismus,* Göttingen 1976; A. Hastings 편 *Bishops and Writers. Aspects of the Evolution of Modern English Catholicism,* Cambridge 1977; N. Trippen, *Theologie und Lehramt im Konflikt. Die kirchlichen Maßnahmen gegen den Modernismus im Jahre 1907 und ihre Auswirkungen in Deutschland,* Freiburg 1977; B. Greco, *Ketzer oder Prophet? Evangelium und Kirche bei dem Modernisten Ernesto Buonaiuti (1881-1946)* Zürich 1979; T.M. Loome, *Liberal Catholicism, Reform Catholicism, Modernism. A Contribution to a New Orientation in Modernist Research,* Mainz 1979; C. Tresmontant, *La crise moderniste,* Paris 1979. P. Colin 등 *Le Modernisme,* Paris 1980; G. Daly, *Transcendence and Immanence. A Study in Catholic Modernism and Integralism,* Oxford 1980; L.R. Kurtz, *The Politics of Heresy. The Modernist Crisis in Roman Catholicism,* Berkeley 1986.

[405] 참조: H. Küng, *Das Judentum,* Kap. 2-A II,5.   [406] 참조: 신명 6,4.

[407] 참조: *Concilium* 11 (1975) 10집.

[408] W. Kasper, Bleibendes und Veränderliches im Petrusamt: *Concilium* 11 (1975) 525-31 중 529.

[409] 수위권 문제의 일치운동적 해결을 위한 나의 제안: *Kirche,* Kap.E II,3.

[410] 참조: Arbeitsgemeinschaft ökumenischer Universitätsinstitute 편 *Papsttum als ökumenische Frage,* Mainz 1979. R. Leuze, Papst, Papsttum: *Evangelisches Kirchenlexikon* III, Göttingen 1992, 특히 1027-33.

[411] 모든 토론 기록은 해당 문서에서 찾아볼 수 있다: W. Jens 편 *Um nichts als die Wahrheit. Deutsche Bichofskonferenz contra Hans Küng. Eine Dokumentation,* München 1978. N. Greinacher - H. Haag

편 *Der Fall Küng. Eine Dokumentation*, München 1980.

[412] 물론 체제영합적 가톨릭 신학자들은 (그리고 적지 않은 개신교 측 친구들도) 로마의 노회한 전략인 "비판자 묵살"(damnatio memoriae)을 다소곳이 따랐다. 한 사례: 예수회원 K. Schatz는 로마 수위권에 관한 호교적 저작 *Der päpstliche Primat. Seine Geschichte von den Ursprüngen bis zur Gegenwart* (Würzburg 1990)에서는 내 이름과 관련된 출판물이나 비판적 물음들(특히 콘스탄츠 공의회와 1차 바티칸에 관한) 그리고 국제적 차원의 토론에 관해 처음부터 끝까지 한 마디도 없다. 그는 내가 교황청립 Gregoriana 대학교 학생이었을 당시의 학업 감독관 C. Boyer SJ가 비판적 가톨릭 신학자들(de Lubac, Rahner, Bouillard, Congar 등)과 관련하여 내게 내린 지시(나는 따르지 않았다), 즉 "그런 저자들의 책을 읽어도 되나 절대로 인용해선 안된다!"를 충실히 지키고 있다. Schatz는 두 권짜리 공의회사 *Vatikanum I. 1869-1870* (Paderborn 1992/93)도 출판했다. 이미 서문에서 A.B. Hasler의 저작들에 대한 평가를 두루뭉술하게 해치우는데, 요절한 이 저자와 본문에서 본격적 대결을 하지 않기 위해서다. 교황의 수위권과 무류성 교의 결정에 관한 그의 셋째 책은 혹시나 기대하며 읽어볼 필요도 없다. Schatz와 정반대되는 최근의 바람직한 사례는 예수회원 H.J. Sieben의 *Katholisches Konzilsidee im 19. und 20. Jahrhundert*, Paderborn 1993이다. Sieben은 이 책에서 나의 "공의회 신학"을 공정하게 소개·비평하면서 객관적으로 다룬다. 공의회 역사에 관한 가장 훌륭한 문헌으로는 Schatz조차도 "예나 지금이나 능가되지 않은"(I 서문) 저작이라 지칭한 R. Aubert의 공의회사를 추천한다.

[413] 1994년 *Le Monde; La Vie; L'Actualité religieuse dans le monde*가 세 주도적 종교사회학자(G. Michelat, J. Sutter, J. Potel)에게 위촉한 대규모 설문조사 결과에 따르면, 프랑스 국민의 83%가 윤리 문제에서 오직 자기 양심에 따라 행동하며, 교회의 가르침에 따르는 사람은 단 1%다. 참조: A. Woodrow(*Le Monde*)의 종합보도: *The Tablet* 1994.5.21. 1993년 Allensbacher Jahrbuch 여론조사(IX)에 따르면, 교황의 중요 결정들에 대해 독일 가톨릭 신자들의 16%만이 어느 정도 의무감을 느끼며 (16-29세는 겨우 3%!) 70%는 아예 무시한다(16-29세는 86%). 유럽의 다른 나라들에서도 비슷한 수치들이 나타나며(폴란드에서도 교회의 권위가 극적으로 추락했다!) 미국과 캐나다도 마찬가지다.

[414] "복음적 가톨릭성"에 관한 개신교 신학자의 탁월한 연구: R. Becker, *H. Küngs Modell einer "evangelischen Katholizität" als der "wahren Katholizität"*.

더. 종교개혁의 개신교 복음 패러다임

[1] 안내서: B. Moeller, *Reichsstadt und die Reformation*, Gütersloh 1962; *Deutschland im Zeitalter der Reformation*, Göttingen 1977 [2]1981; E.W. Zeeden, *Die Entstehung der Konfessionen. Grundlagen und Formen der Konfessionsbildung im Zeitalter der Glaubenskämpfe*, München 1965; *Konfessionsbildung. Studien zur Reformation, Gegenreformation und katholischen Reform*, Stuttgart 1985.

[2] 참조: H. Küng, *Judentum*, Kap. 1-C II,2.

[3] 참조: L.v. Ranke, *Deutsche Geschichte im Zeitalter der Reformation* I-VI, P. Joachimsen 편 [신판]München 1925/26.

[4] Luther 해석: A. Herte, *Das katholische Lutherbild im Bann der Lutherkommentare des Cochläus* I-III, Münster 1943; J. Hessen, *Luther in katholischer Sicht*, Bonn 1947; E.W. Zeeden, *Martin Luther und die Reformation im Urteil des deutschen Luthertums* I-II, Freiburg 1950/52; H. Stephan, *Luther in den Wandlungen seiner Kirche*, Berlin [2]1951; H. Bornkamm, *Luther im Spiegel der deutschen Geistesgeschichte. Mit ausgewählten Texten von Lessing bis zur Gegenwart*, Göttingen 1955 [2]1970; R. Stauffer, *Le catholicisme à la découverte de Luther. L'evolution des recherches catholiques sur Luther de 1904 au 2ᵐᵉ concile du Vatican*, Neuchâtel 1966; *Wandlungen des Lutherbildes*, Würzburg 1966(특히 E. Iserloh, W.v. Loewenich, H. Jedin, F.W. Kantzenbach의 논문들); A. Hasler, *Luther in der katholischen Dogmatik. Darstellung seiner Rechtfertigslehre in den katholischen Dogmatikbüchern*, München 1968; B. Lohse, *Lutherdeutung heute*, Göttingen 1968; W. Beyna, *Das moderne katholische Lutherbild*, Essen 1969; O.H. Pesch, *Ketzerfürst und Kirchenlehre. Wege katholischer Begegnung mit Martin Luther*, Stuttgart 1971; H.F. Geißer 등 *Weder Ketzer noch Heiliger. Luthers Bedeutung für den ökumenischen Dialog*, Regensburg 1982; K. Leh-

mann 편 *Luthers Sendung für Katholiken und Protestanten,* München 1982; G. Maron, *Das katholische Lutherbild der Gegenwart. Anmerkungen und Anfragen,* Göttingen 1982; B. Moeller 편 *Luther in der Neuzeit. Wissenschaftliches Symposion des Vereins für Reformationsgeschichte,* Gütersloh 1983.

[5] Martin Luther와 독일 종교개혁: 좀 오래된 주요 저작들(특히 H. Grisar, H. Hermann, K. Holl, J.K. Köstlin - G. Kawerau, L.v. Ranke, O. Scheel) 외에도 G. Ritter, *Luther. Gesalt und Tat,* München 1925 [6]1959; L. Febvre, *Un destin: Martin Luther,* Paris 1928 = *Martin Luther. Religion als Schicksal,* Frankfurt 1976; J. Lortz, *Die Reformation in Deutschland* I-II, Freiburg 1940 [신편]1982; R.H. Bainton, *Here I Stand. A Life of Luther,* New York 1950 = *Martin Luther,* Göttingen [7]1980; *The Reformation of the Sixteenth Century,* Boston 1952 [3]1985; K.A. Meissinger, *Der katholische Luther,* München 1952; E.H. Erikson, *Young Man Luther. A Study in Psychoanalysis and History,* London 1958 = *Der junge Mann Luther. Eine psychoanalytische und historische Studie,* München 1958; H.J. Iwand, *Gesammelte Aufsätze* I-II, München 1959/80; F. Lau, *Luther,* Berlin 1959; M. Lienhard, *Martin Luther. Un temps, une vie, un message,* Paris 1959 [3]1991; F. Lau - E. Bizer, *Reformationsgeschichte Deutschlands bis 1555,* Göttingen 1964; J. Delumeau, *Naissance et affirmation de la Réforme,* Paris 1965; R. Friedenthal, *Luther. Sein Leben und seine Zeit,* München 1967; E. Iserloh - J. Glazik - H. Jedin, *Reformation, Katholische Reform und Gegenreformation,* Freiburg 1967; R. Stupperich, *Geschichte der Reformation,* München 1967; R. García-Villoslada, *Martín Lutero* I-II, Madrid 1973; A.G. Dickens, *The German Nation and Martin Luther,* London 1974; R. Marius, *Luther,* Philadelphia 1974; H. Bornkamm, *Luther. Gesalt und Wirkungen. Gesammelte Aufsätze,* Gütersloh 1975 (Erikson의 주장에 대한 상세한 비판). *Martin Luther in der Mitte seines Lebens. Das Jahrzehnt zwischen dem Wormser und dem Augsburger Reichstag* (K. Bornkamm 편) Göttingen 1979; P. Chaunu, *Le temps des Réformes. Histoire religieuse et système de civilisation. La Crise de la chrétienté. L'Éclatement (1250-1550)* Paris 1975; *Église, culture et société Essais sur Réforme et Contre-Réforme (1517-1620)* Paris 1981; H.A. Oberman, *Werden und Wertung der Reformation. Vom Wegestreit zum Glaubenskampf,* Tübingen 1977; *Luther. Mensch zwischen Gott und Teufel,* Berlin 1981; *Die Reformation. Von Wittenberg nach Genf,* Göttingen 1986; H. Lutz, *Reformation und Gegenreformation,* München 1979; E. Iserloh, *Geschichte und Theologie der Reformation im Grundriß,* Paderborn 1980; *Kirche - Ereignis und Institution. Aufsätze und Vorträge* II: *Geschichte und Theologie der Reformation,* Münster 1985; P. Manns, *Martin Luther. Ketzer oder Vater im Glauben?* Hannover 1980; M. Brecht, *Martin Luther* I-III, Stuttgart 1981-87; B. Lohse, *Martin Luther. Eine Einführung in sein Leben und sein Werk,* München 1981 [2]1983; W.v. Loewenich, *Martin Luther. Der Mann und das Werk,* München 1982; J.M. Todd, *Luther. A Life,* London 1982; H. Junghans 편 *Leben und Werk Martin Luthers von 1526 bis 1546* I-II, Berlin 1983; H. Löwe - C.-J. Roepke 편 *Luther und die Folgen. Beiträge zur sozialgeschichtlichen Bedeutung der lutherischen Reformation,* München 1983; H.D. Rix, *Martin Luther. The Man and the Image,* New York 1983; G. Vogler 편 *Martin Luther. Leben, Werk, Wirkung,* Berlin 1983; G. Wendelborn, *Martin Luther. Leben und reformatorisches Werk,* Berlin 1983; J.M. Kittelson, *Luther the Reformer. The Story of the Man and his Career,* Minneapolis 1986; R. Schwarz, *Luther,* Göttingen 1986; R.W. Scribner, *The German Reformation,* Atlantic Highland/N.J. 1986; H. Zahrnt, *Martin Luther. Reformator wider Willen,* München 1986.

[6] 가톨릭 측에서 최초로 선입견 없는 분석: J. Lortz, *Die Reformation in Deutschland* I, 1-144. 더 포괄적인 서술: P. Chaunu, *Le temps des Réformes,* 특히 Kap.IV-V.

[7] Luther의 신학: 예컨대 의인론(A. Peters, O.H. Pesch, M. Seils, H. Vorster) 등 개별 주제에 대한 수많은 주요 연구서 외에도 J. Lortz, *Die Reformation als religiöses Anliegen heute. Vier Vorträge im Dienste der Una Sancta,* Trier 1948; H. Bornkamm, *Luthers geistige Welt,* Gütersloh [2]1953; R. Hermann, *Gesammelte Studien zur Theologie Luthers und der Reformation,* Göttingen 1960; *Gesammelte und nachgelassene Werke* I-II (H. Beintker 등 편) Göttingen 1967/81; P. Althaus, *Die Theologie Martin Luthers,* Gütersloh 1962; B.A. Gerrish, *Grace and Reason. A Study in the Theology of Luther,* Oxford 1962; S.

Pfürtner, *Luther und Thomas im Gespräch,* Heidelberg 1963; G. Ebeling, *Luther. Einführung in sein Denken,* Tübingen 1964; *Lutherstudien* I-III, Tübingen 1971-85; L. Pinomaa, *Sieg des Glaubens. Grundlinien der Theologie Luthers* (H. Beintker 편) Göttingen 1964; F. Gogarten, *Luthers Theologie,* Tübingen 1967; H.J. McSorley, *Luthers Lehre vom unfreien Willlen nach seiner Hauptschrift De Servo Arbitrio im Lichte der biblischen und kirchlichen Tradition,* München 1967; H.G. Koenigsberger 편 *Luther. A Profile,* London 1973; T. Beer, *Der fröhliche Wechsel und Streit. Grundzüge der Theologie Luthers,* Leipzig 1974; H.J. Iwand, *Luthers Theologie* (J. Haar 편) München 1974; L. Grane, *Modus loquendi theologicus. Luthers Kampf um die Erneuerung Theologie 1515-1518,* Leiden 1975; R. Weier, *Das Theologieverständnis Martin Luthers,* Paderborn 1976; D. Olivier, *La foi de Luther. La cause de l'Evangile dans l'Eglise,* Paris 1978 = *Luthers Glaube. Die Sache des Evangeliums in der Kirche,* Stuttgart 1982; O.H. Pesch, *Hinführung zu Luther,* Mainz 1982; G. Scharffenorth, *Den Glauben ins Leben ziehen ... Studien zu Luthers Theologie,* München 1982; J. Atkinson, *Martin Luther. Prophet to the Church Catholic,* Exeter 1983; G. Brendler, *Martin Luther. Theologie und Revolution,* Berlin 1983.

[8] 참조: H. Küng, Katholische Besinnung auf Luthers Rechtfertigungslehre heute: *Theologie im Wandel. Festschrift zum 150-jährigen Bestehen der Katholisch-Theologischen Fakultät an der Universität Tübingen 1817-1967,* München 1967, 449-68.

[9] 참조: H. Denifle, *Die abendländischen Schriftausleger bis Luther über Justitia Dei (R 1,17) und Justificatio,* Mainz 1905.

[10] 참조: O.H. Pesch, Zwanzig Jahre katholische Lutherforschng: *Lutherische Rundschau* 16 (1966) 392-406. *Einführung zu Luthers Theologie* (1983)에서는 이 대결의 훌륭한 본보기를 몸소 보여준다.

[11] 참조: H. Küng, *Rechtfertigung.*

[12] 의인들이 교회를 갈라놓지 않는다는 것은 다음 문서들이 확인했다:

a) 루터교 세계연맹과 교황청 일치운동 사무국의 합의문서 "Das Evangelium und die Kirche"("Malta 보고서") 1972: H. Meyer - H.J. Urban - L. Vischer 편 *Dokumente wachsender Übereinstimmung. Sämtliche Berichte und Konsenstexte interkonfessioneller Gespräche auf Weltebene 1931-1982,* Paderborn 1983, 248-271, 특히 26-30항.

b) (1980년 11월 요한 바오로 2세의 독일 방문 후 결성된) 일치운동 공동위원회의 연구 동아리 문서 "Lehrverurteilungen - kirchentrennend?" I: K. Lehmann - W. Pannenberg 편 *Rechtfertigung Sakramente und Amt im Zeitalter der Reformation und heute,* Freiburg 1986, 특히 35-75.

c) 바티칸 일치위원회의 1992.12.15. 의견서. 이 문서는 "(트렌토 공의회의) 의화 교령 카논 1-32는 신앙고백 문헌들에 확정 · 수록된 Luther의 교설에는 해당되지 않는다"라고 확인한다. 성찬교리에서도 "광범위한 일치"가 확인되었다: *Herder-Korrespondenz* 4 (1993) 176.

[13] 참조: M. Luther, Von den guten Werken (1520): *D. Martin Luthers Werke. Kritische Gesamtausgabe* (WA라 약칭) VI, 196-276.

[14] 참조: An den christlichen Adel deutscher Nation von des christlichen Standes Besserung (1520): *WA* VI, 381-469.

[15] 참조: De captivitate Babylonica ecclesiae praeludium (1520): *WA* VI, 484-573.

[16] 참조: Von der Freiheit eines Christenmenschen (1520): *WA* VII, 12-38.　　　[17] 21.

[18] 아래 Luther가 Worms 제국의회에서 행한 연설의 요약격인 선서를 나의 번역으로 게재한다: Verhandlungen mit D. Martin Luther auf dem Reichstage zu Worms (1521): *WA* VII, 814-87 중 838. "나는 달리 할 수 없어 여기 있다"라는 유명한 문장은 Luther의 말이 아니다. 당시의 역사적 맥락: F. Reuter 편 *Der Reichstag zu Worms von 1521. Reichspolitik und Luthersache,* Worms 1971. Luther의 선서: 특히 K.-V. Selge, *Capta conscientia in verbis Dei, Luthers Widerrufsverweigerung in Worms,* 180-207.

[19] 이 점은 오늘날 가톨릭 측에서도 인정한다: W. Trilling, Antichrist und Papsttum. Reflexionen zur Wirkungsgeschichte von 2 Thess 2,1-10a: *Bonner Biblischer Beitrag* 53 (1980) 251-71.

[20] 참조: S. Pfürtner, Die Paradigmen von Thomas von Aquin und Martin Luther. Bedeutet Luthers

Rechtfertigungsbotschaft einen Paradigmenwechsel?: H. Küng - D. Tracy 편 *Theologie - wohin? Auf dem Weg zu einem neuen Paradigma*, Gütersloh 1984, 168-92.

[21] 참조: G. Ebeling, *Luther*.

[22] 참조: Hermeneutik: *Religion in Geschichte und Gegenwart* III, Tübingen 1959, 242-62.

[23] 옳은 해석: U. Baumann, *Die Ehe - ein Sakrament?*, Zürich 1988, 29-44 특히 33-4.

[24] 참조: T.S. Kuhn, *The Structure of Scientific Revolutions*, Chicago 1962 = *Die Struktur wissenschaftlicher Revolutionen*, Frankfurt [2]1976.

[25] 참조: H. Küng, *Theologie*, Kap.B II,5.

[26] 참조: T.S. Kuhn, *Die Struktur wissenschaftlicher Revolutionen*, Kap.XII.

[27] O.H. Pesch, *Hinführung zu Luther*, 44.

[28] H. Zahrnt, Der Zeitgenosse: H.J. Schultz 편 *Luther kontrovers*, Stuttgart 1983, 26-40 중 35.

[29] Kuhn의 책은 많은 비판을 받은 이 결정적인 점을 부수적으로만 언급한다: 자연과학에서도 관건이 되는 것은 "전과 동일한 자료 꾸러미"인데, 그것은 물론 "상호관계의 새로운 체계 안에서 제시된다"는 것이다(98).

[30] Kuhn이 마지막 쪽까지 "진리"라는 낱말을 피함은 주목할 만하다(182).

[31] L. Wittgenstein, Tractatus logico-philosophicus (1921 [2]1933): *Schriften* I, Frankfurt 1960, 7-83 중 82.

[32] 참조: H. Küng, *Existiert Gott?*, Kap.E II; Kap.F IV,3.

[33] 놀랍게도 전 Tübingen 종교개혁사가 H.A. Oberman 같은 고대 후기 전문가조차 Erasmus, *Enchiridion militis Christiani* (1503) — 번역판도 신학 베스트셀러가 되었다 — 의 폭발력을 과소평가하고 "신심사상 가장 지루한 책"이라는 딱지를 붙였다(Luthers Reformatorische Ontdekkingen: *Maarten Luther. Feestelijke Herdenking van zijn Vijfhonderste Geboortedag*, Amsterdam 1983, 11-34 중 31). 또한 Erasmus가 가톨릭의 특정 교회사가들에게도 좋은 평가를 받지 못하고, 흔히는 그의 의의가 묵살되거나 부정적으로 낙인찍히는 것도 놀라울 뿐이다. Münster의 가톨릭 종교개혁사가 E. Iserloh가 집필한 *LThK*의 Erasmus 항목만 읽어봐도 충분할 것이다(Erasmus: *LThK* III, 955-7). Iserloh는 1984/85년에 와서도 Luther를 공박하는 2류 신학자들의 글을 몽땅 모아서 — 종교개혁 직전 명성이 절정에 이르렀고("보편적 박사", "학문의 군주", "참된 신학의 수호자") "가톨릭 신학자들" 가운데는 어깨를 나란히할 만한 사람이 아무도 없었던 Erasmus는 물론 빼놓고 — *Katholische Theologen der Reformationszeit* (I-II, Münster 1984-85)이라는 제목을 붙여 세상에 내놓는 것을 중요한 과업으로 여겼다. Iserloh가 (스승 Joseph Lortz의 노선을 따라) Erasmus를 다룬 방식은, 로마 가톨릭의 종파주의적 교회사 서술에서 전형적으로 사용하는 방식이다: (결국은 사제 독신법에 기인하는!) Erasmus의 어두운 출생 — 사제 Rotger Gerard와 의사의 딸 사이에서 출생 연월일도 확실치 않은 사생아로 태어나, 14세 때쯤 고아로서 후견인들에 의해 수도원에 맡겨졌다 — 을 심리학적이고 도덕적으로 끝도 없이 물고 늘어졌다: "그(Erasmus)가 결코 극복하지 못한 출생의 오점과 가정 및 고향의 결여는 그에게서 나타나는 불안, 의심 많은 회피, 자신을 확립해야 한다는 초조감, 예민함, 자기과시욕의 많은 부분을 설명해준다." 그러므로 이 남자를 조심하라! 이 역사가의 독단적 판결은, 여기서 인용할 가치도 없거니와, 요컨대 이미 요람에서 준비가 끝나 있었다는 셈이다. Erasmus는 가톨릭 신학자들에게도 — F.X. Funk, A. Auer, R. Padberg 등의 글을 읽어보라 — 끝내 올바른 평가를 받지 못했다.

[34] C. Augustijn, *Erasmus von Rotterdam. Leben - Werk - Wirkung*, München 1986, 27. 아마도 오늘날 가장 출중한 Erasmus 전문가요 자신도 네덜란드 사람인 Augustijn은 성향이 비슷한 Johan Huizinga가 1923년에 출판한 Erasmus 전기를 뒤따라, 자신의 이 전기에 독일·프랑스·영국 학자들이 매우 대조적인 연구 결과 — Erasmus: Luther 반대에 망설인 사람, 합리적인 초기 계몽주의자, 고전적 인문주의자 — 를 수용했다. 이 저작은 매우 중요한 역사적 사실들과 관련하여 믿고 의지할 수 있다.

[35] 참조: Erasmus v. Rotterdam, Enchiridion (1503): *Ausgewählte Schriften* (W. Welzig 편) I, Darmstadt 1968, 55-375.

[36] 참조: R.H. Bainton, *Erasmus of Christendom*, New York 1969 = *Erasmus, Reformer zwischen den Fronten*, Göttingen 1972, 67.

[37] C. Augustijn, *Erasmus*, 46.

[38] 참조: Erasmus, Lob der Torheit (1511): *Ausgewählte Schriften* II, Darmstadt 1975, 1-211.

[39] 참조: Adagia (1500 ^{증보}1515): *Ausgewählte Schriften* VII, Darmstadt 1972, 357-633.

[40] 참조: Querela pacis (1516): *Ausgewählte Schriften* V, Darmstadt 1968, 359-451.

[41] 참조: Institutio Principis Christiani (1515): *Ausgewählte Schriften* V, Darmstadt 1968, 111-357.

[42] *Opera omnia*, Leidener Ausgabe, V, 140 C.

[43] 참조: F. Krüger, *Humanistische Evangelienauslegung. Desiderius Erasmus von Rotterdam als Ausleger der Evangelien in seinen Paraphrasen*, Tübingen 1986.

[44] *Opera omnia*, Armsterdam판 IV-3, 753-6 768-71.

[45] 참조: A. Renauder, *Etudes Erasmiennes (1521-1529)* Paris 1939.

[46] 참조: L. Bouyer, *Autour d'Erasme. Etudes sur le christianisme des humanistes catholiques*, Paris 1955.

[47] 참조: F. Heer, *Die Dritte Kraft. Der europäische Humanismus zwischen den Fronten*, Frankfurt 1959.

[48] 7. 특히 인문주의 정신을 지닌 종교개혁 지도자들이 Erasmus의 유산을 어느 정도나 보존할 수 있었는지는, Straßburg의 종교개혁가 Bucer를 연구한 F. Krüger, *Bucer und Erasmus. Eine Untersuchung zum Einfluß des Erasmus auf die Theologie Martin Bucers (bis zum Evangelien-Kommentar von 1530)* Wiesbaden 1970이 잘 밝혀준다.

[49] 참조: M.U. Edwards, *Luther's Last Battles. Politics and Polemics 1531-46*, Ithaca 1983.

[50] 종교개혁과 중세의 연속성을 강조하는 중세학자 G. Tellenbach와 종교개혁에 의해 새로운 사회건설을 위한 근대적 개혁 프로그램이 실현되었다고 보는 종교개혁사가 P. Meinhold의 종교개혁에 대한 상반된 평가: H. Franke 등 편 *Die Saeculum Weltgeschichte* V, Freiburg 1970, 206-8 417-22; Cambridge의 역사학자 R.W. Scribner의 정치한 평가: *The German Reformation*, Atlantic Highland/N.J. 1986, 55-63.

[51] 참조: E.W. Zeeden, *Katholische Überlieferungen in den lutherischen Kirchenordnungen des 16. Jahrhunderts*, Münster 1959.

[52] Luther 종교개혁의 교육적 성과에 대한 역사학자들의 평가는 각각이다: H.R. Schmidt, *Konfessionalisierung im 16. Jahrhundert*, München 1992, 63-67에 실린, Luther의 종파화 교육 성과에 대한 G. Strauss의 부정적 평가와 J. Kittelson 등의 반증.

[53] 참조: G. Franz, *Beamtentum und Pfarrerstand 1400-1800*, Limburg 1972.

[54] 참조: M. Luther, Wider das Papsttum zu Rom, vom Teufel gestiftet (1545): *WA* 54, 195-299.

[55] E. Troeltsch는 "종(분)파"(자발적 가입에 입각한 신앙공동체) 유형과 "교회"(성사적 구원기관) 유형으로 구별함으로써 최초로 비순응주의를 정당한 개신교 운동으로 인정했다: *Die Soziallehren der christlichen Kirchen und Gruppen*, Tübingen 1912. "열광주의"와 종교개혁의 급진적 경향들(세례파 · 영성파 · 복음적 합리주의파 등) 개관: G.H. Williams, *The Radical Reformation*, Philadelphia 1962 ^{3차증보판} Kirksville/Mo. 1992. H. Fast 편 *Der linke Flügel der Reformation. Glaubenszeugnisse der Täufer, Spiritualisten, Schwärmer und Antitrinitarier*, Bremen 1962는 현대어로 다듬은 시사적 원전집을 제공한다. 참조: R. van Dülmen 편 *Das Täuferreich zu Münster 1534-1535. Berichte und Dokumente*, München 1974.

[56] 흔히 간과되는 Karlstadt/Franken 출신 Andreas Rudolff-Bodenstein에 대한 재평가: C.A. Pater, *Karlstadt as the Father of the Baptist Movements. The Emergence of Lay Protestantism*, Toronto 1984.

[57] 참조: R. Wohlfeil, *Der Bauernkrieg 1524-26. Bauernkrieg und Reformation*, München 1975(특히 Wohlfeil의 서문과 후기).

[58] 참조: M. Luther, Ermahnung zum Frieden auf die 12 Artikel der Bauernschaft in Schwaben (1525): *WA* 18, 279-334.

[59] 참조: M. Luther, Wider die mörderischen und räuberischen Rotten der Bauern (1525): *WA* 18, 344-61. Wittenberg에서 출간된 이 저작의 초판은 *Ermahnung zum Frieden auf die zwölf Artikel der Bauernschaft in Schwaben*에 부록으로 들어 있었고, 제목은 Auch wider die räuberischen und mörderischen Rotten der anderen Bauern이었다. Luther는 처음엔 농민들을 훈계하여 평화협정을 체결토록 하려 했

다. 그러나 Thüringen 지방을 여행하면서 비로소 농민들의 폭동에 큰 충격을 받았고, 그래서 여행중에 "부록"을 저술했다("다른" 농민들, 그러니까 폭동을 일으킨 농민들을 거슬러). 나중에 이 "부록"은 따로 출판되었고, 그래서 그 유별난 격렬함이 그대로 부각되고 있다. 어쨌든 이 저작이 사태의 진전에 영향을 끼치지는 못했으니, 폭동이 진압된 뒤에 출간되었기 때문이다.

[60] 참조: F. Engels, Der deutsche Bauernkrieg (1850): K. Marx - F. Engels, *Gesamtaugabe* X, Berlin 1977, 367-443 (Luther와 Müntzer의 비교는 383-93).

[61] 참조: E. Bloch, *Thomas Müntzer als Theologe der Revolution (1921)* Frankfurt 1962.

[62] G. Wehr (1989)와 R. Bentzinger - S. Hoyer (1990)는 현대어로 다듬은 믿을만한 Müntzer의 저작과 서간집을 출간했다.

[63] T.A. Bardy, *Turning Swiss. Cities and Empire 1450-1550*, Cambridge 1962. 그의 결론: *Turning Swiss - A Lost Dream* (222-30).

[64] 참조: H.S. Bender, *C. Grebel c. 1498-1526. The Founder of the Swiss Brethren Sometimes Called Anabaptists*, Goshen/Ind. 1950.

[65] Hamburg의 역사학자 H.J. Goertz의 *Religiöse Bewegungen in der frühen Neuzeit*, München 1993(참고문헌)은 Wittenberg 운동(Karlstadt)부터 급진적 경건주의까지의 종교적 비순응주의 운동에 관해 많은 정보를 제공하면서도 간결한 역사와 오늘날의 연구와 문제점들을 공정하게 개관한다.

[66] H.-J. Goertz, *Die Täufer. Geschichte und Deutung*, München 1980 ²1988; 참조: *Religiöse Bewegungen* 86(W. Klaassen, R. Klötzer, C.A. Snyder, J.M. Stayer 등 여타 세례파 연구자들의 확인).

[67] 참조: M. Luther, Von den Schleichern und Winkelpredigern (1532): *WA* 30, 510-27.

[68] 참조: H.R. Schmidt, *Konfessionalisierung*, Teil B.

[69] 참조: H. Küng, *Judentum*, Kap.1-C V,2.

[70] Huldrych Zwingli: 좀 오래된 O. Farner와 A. Rich의 연구서들 외에도 W. Köhler, *Huldrych Zwingli*, Leipzig 1943, E. Koch 편 신판1983; C. Gestrich, *Zwingli als Theologe. Glaube und Geist beim Zürcher Reformator*, Zürich 1967; M. Haas, *Huldrych Zwingli und seine Zeit. Leben und Werk des Zürcher Reformators*, Zürich 1969; G.W. Locher, *Huldrych Zwingli in neuer Sicht. Zehn Beiträge zur Theologie der Zürcher Reformation*, Zürich 1969; *Die Zwinglische Reformation im Rahmen der europäischen Kirchengeschichte*, Gottingen 1979; *Zwingli und die schweizerische Reformation*, Gottingen 1982; F. Büsser, *Huldrych Zwingli. Reformation als prophetischer Auftrag*, Gottingen 1973; G.R. Potter, *Zwingli*, Cambridge 1976; W.H. Neuser, *Die reformatorische Wende bei Zwingli*, Neukirchen 1977; F.E. Sciuto, *Ulrico Zwingli. La vita - il pensiero - il suo tempo*, Neapel 1980; U. Gäbler, *Huldrych Zwingli. Eine Einführung in sein Leben und sein Werk*, München 1983; H. Veldman, *Huldrych Zwingli. Hervormer van kerk en samenleving*, Goes 1984; A. Ziegler, *Zwingli. Katholisch gesehen, ökumenisch befragt*, Zürich 1984; J.V. Pollet, *Huldrych Zwingli*, Fribourg 1985; *Huldrych Zwingli. Biographie et théologie*, Genf 1988; *Huldrych Zwingli et le zwinglianisme. Essai de synthèse historique et théologique mis à jour d'après les recherches récentes*, Paris 1988; W.P. Stephens, *The Theology of Huldrych Zwingli*, Oxford 1986; *Zwingli. An Introduction to his Thought*, Oxford 1992; P. Winzeler, *Zwingli als Theologe der Befreiung*, Basel 1986; B. Hamm, *Zwinglis Reformation der Freiheit*, Neukirchen 1988.

[71] 참조: W.H. Neuser, *Die reformatorische Wende bei Zwingli*.

[72] 참조: G.W. Locher, *Die Zwinglische Reformation*.

[73] 참조: W.H. Neuser, Zwingli und der Zwinglianismus: C. Andresen 편 *Handbuch der Dogmen- und Theologiegeschichte* II, Gottingen 1980, 167-238 중 167-76.

[74] H. Zwingli, Von Erkiesen und Freiheit der Speisen (1522): *Zwingli Hauptschriften* (F. Blanke - O. Farner - R. Pfister 편) I, Zürich 1940, 5-57.

[75] 참조: Auslegen und Begründen der Schlußreden (1523): *Zwingli Hauptschriften* III-IV, Zürich 1947-52.

[76] Jean Calvin: F. Büsser, *Calvins Urteil über sich selbst*, Zürich 1950; F. Wendel, *Calvin. Sources et évolution de sa pensée religieuse*, Paris 1950 = *Calvin. Ursprung und Entwicklung seiner Theologie,*

Neukirchen 1968; W.F. Dankbaar, *Calvijn, zijn weg en werk,* Nijkerk 1957 ²1982 = *Calvin, sein Weg und sein Werk,* Neukirchen 1959; E. Pfisterer, *Calvins Wirken in Genf. Neu geprüft und in Einzelbildern dargestellt,* Neukirchen 1957; J. Makkinnon, *Calvin and the Reformation,* New York 1962; A. Ganoczy, *Le jeune Calvin. Genèse et évolution de sa vocation réformatrice,* Wiesbaden 1966; W. Neuser, *Calvin,* Berlin 1971; T.H.L. Parker, *John Calvin. A Biography,* London 1975; W.J. Bouwsma, *John Calvin. A Sixteenth-Century Portrait,* Oxford 1988; R.S. Wallace, *Calvin, Geneva and the Reformation. A Study of Calvin as Social Reformer, Churchman, Pastor and Theologian,* Edinburgh 1988; A.E. McGrath, *A Life of John Calvin. A Study in the Shaping of Western Culture,* Oxford 1990 = *Johann Calvin. Eine Biographie,* Zürich 1991.

[77] J. Calvin, Institutio religionis christianae (1559판) IV,2,6: *Corpus reformatorum XXX,* Braunschweig 1864, 특히 772.

[78] W.F. Dankbaar, *Calvin,* 85.   [79] T.H.L. Parker, *John Calvin,* XI.

[80] Calvin의 사상: W. Niesel, *Die Theologie Calvins,* München 1938; T.H.L. Parker, *The Oracles of God. An Introduction to the Preaching of John Calvin,* London 1947; *Calvin's Doctrine of the Knowledge of God,* Edinburgh 1952 ᶜ수정판1969; *Calvin's New Testament Commentaries,* London 1971; *Calvin's Old Testament Commentaries,* Edinburgh 1986; H. Schroten, *Christus, de Middelaar, bij Calvin. Bijdrage tot de leer van de zekerheid des geloofs,* Utrecht 1948; T.F. Torrance, *Calvin's Doctrine of Man,* London 1949 = *Calvins Lehre vom Menschen,* Zollikon 1951; *The Hermeneutics of John Calvin,* Edinburgh 1988; E.A. Dowey, *The Knowledge of God in Calvin's Theology,* New York 1952; H. Berger, *Calvins Geschichtsauffassung,* Zürich 1955; C. Calvetti, *La filosofia di Giovanni Calvino,* Mailand 1955; J.E. Jansen, *Calvin's Doctrine of the Work of Christ,* London 1956; W. Krusche, *Das Wirken des Heiligen Geistes nach Calvin,* Göttingen 1957; R.S. Wallace, *Calvin's Doctrine of the Christian Life,* Edinburgh 1959; J. Moltmann 편 *Calvin-Studien 1959,* Neukirchen 1960; L.G.M. Alting van Geusau, *Die Lehre der Kindertaufe bei Calvin, gesehen im Rahmen seiner Sakraments- und Tauftheologie. Synthese oder Ordnungsfehler?* Mainz 1963; K. Reuter, *Das Grundverständnis der Theologie Calvins unter Einbeziehung ihrer geschichtlichen Abhängigkeiten,* Neukirchen 1963; R.J. Mooi, *Her kerk - en dogmahistorisch element in de werken van Johannes Calvijn,* Wageningen 1965; E.D. Willis, *Calvin's Catholic Christology. The Function of the So-called Extra Calvinisticum in Calvin's Theology,* Leiden 1966; D. Schellong, *Das evangelische Gesetz in der Auslegung Calvins,* München 1968; *Calvins Auslegung der synoptischen Evangelien,* München 1969; H. Scholl, *Der Dienst des Gebetes nach Johannes Calvin,* Zürich 1968; *Calvinus Catholicus. Die katholische Calvinforschung im 20. Jahrhundert,* Freiburg 1974; H. Schützeichel, *Die Glaubenstheologie Calvins,* München 1972; T. Stadtland, *Rechtfertigung und Heiligung bei Calvin,* Neukirchen 1972; W. Balke, *Calvijn en de doperse Radikalen,* Amsterdam 1973 = *Calvin und die Täufer. Evangelium oder religiöser Humanismus?,* Minden 1985; F. Wendel, *Calvin et l'humanisme,* Paris 1976; W.S. Reid 편 *John Calvin. His Influence in the Western World,* Grand Rapids 1982; J.D. Douglass, *Women, Freedom, and Calvin,* Philadelphia 1985; M. Potter Engel, *John Calvin's Perspectival Anthropology,* Atlanta 1988; C.J. Sommerville, *The Secularization of Early Modern England. From Religious Culture to Religious Faith,* Oxford 1992.

[81] J. Calvin, *Institutio religionis christianae* (1559) I,1,1 (Corpus reformatorum 30) 특히 31.

[82] 참조: (1536) I,1,1(Corpus reformatorum 29) Braunschweig 1869, 특히 42-55.

[83] *Institutio* 최종판의 전체 구상과 세목 개관: O. Weber 편 *Unterricht in der christlichen Religion,* Neukirchen 1955(색인 포함 1057쪽).

[84] 참조: G. Kraus, *Vorherbestimmung. Traditionelle Prädestinationslehre im Licht gegenwärtiger Theologie,* Freiburg 1977, Kap.IV.

[85] Bolsec가 마련한 이 Consensus Genevensis de aeterna Dei praedestinatione(1552)가 1000쪽 분량의 E.F.K. Müller, *Bekenntnisschriften der reformierten Kirche,* Leipzig 1903에 수록되지 않은 것은 이상한

일이다. 그 문서는 H.A. Niemeyer, *Collectio confessionum*, Leipzig 1840에 있다.

[86] 주지하다시피 Bolsec는 극히 비판적인. 그러나 그 내용 중의 많은 논박이 오늘날엔 전혀 입증되지 않는 전기 *Vie de Calvin* (1577)를 통해 Calvin에게 앙갚음을 했다. F.C. Roberts와 P.C. Holtrop의 논쟁은 Bolsec 사건이 오늘날도 Calvin 추종자 · 연구자 가운데서 격론을 일으킬 수 있음을 보여준다.

[87] J. Calvin, *Institutio religionis christianae* (1559) III,21,5 (Corpus reformatorum XXX) 특히 683.

[88] 이 복잡한 문제에 관한 비판적 연구: W. Groß - K.-J. Kuschel, *"Ich schaffe Finsternis und Unheil!". Ist Gott verantwortlich für das Übel?*, Mainz 1992, 특히 85-90.

[89] 참조: Ignatius von Loyola, *Exercicios spirituales* (1548) = *Die Exerzitien*, Einsiedeln 1954. 영성수련에서 가장 문제 있는 부분은 "교회 안에서 느끼기"의 18개 규칙이다(특히 제13규칙).

[90] J. Calvin, Institutio religionis christianae (1559) III,14,18: *Corpus reformatorum XXX*, 특히 576.

[91] 참조: M. Weber, Die protestantische Ethik und der Geist des Kapitalismus (1904/06): *Gesammelte Aufsätze zur Religionssoziologie* I, Tübingen 1920, 17-206.

[92] 참조: J.-F. Bergier, *Genève et l'économie européenne de la Renaissance*, Paris 1963; *Anfängen des Kapitalismus - Das Beispiel Genf*, Köln 1972; *Wirtschaftsgeschichte der Schweiz. Von den Anfängen bis zur Gegenwart*, Zürich 1983 [수정판]1990.

[93] *Zu den Anfängen des Kapitalismus*, 21.

[94] 참조: A.E. McGrath, *A Life of John Calvin*, Kap.XI; A. Biéler, *La pensée économique et sociale de Calvin*, Genf 1959; *L'Humanisme social de Calvin*, Genf 1961; M. Miegge - L. Corsani - U. Gastaldi, *Protestantesimo e capitalismo da Calvino a Weber. Contributi ad un dibattito*, Turin 1983; G. Poggi, *Calvinism and the Capitalist Spirit. Max Weber's Protestant Ethic*, Amherst 1983.

[95] 참조: G. Jellinek, Die Erklärung der Menschen- und Bürgerrechte (1895 [4]1927): R. Schnur 편 *Zur Geschichte der Erklärung der Menschenrechte*, Darmstadt 1974(E. Boutmy 등의 논평 포함); H. Lutz 편 *Zur Geschichte der Toleranz und Religionsfreiheit*, Darmstadt 1977(특히 L. Moore의 논문).

[96] Calvin의 교회관: A. Ganoczy, *Calvin, théologien de l'Eglise et du ministère*, Paris 1964; *Ecclesia ministrans. Dienende Kirche und kirchlicher Dienst bei Calvin*, Freiburg 1968; K. McDonnell, *John Calvin, the Church, and the Eucharist*, Princeton 1967; B.C. Milner, *Calvin's Doctrine of the Church*, Leiden 1970; L. Schümmer, *L'ecclésiologie de Calvin à la lumière de l'Ecclesia Mater. Son apport aux recherches ecclésiologiques tendant à exprimer l'unité en voie de manifestation*, Bern 1981; E.A. McKee, *Elders and the Plural Ministry. The Role of Exegetical History in Illuminating John Calvin's Theology*, Genf 1988.

[97] 참조: H. Höpfl, *The Christian Polity of John Calvin*, Cambridge 1982, 103-27; R.C. Hancock, *Calvin and the Foundations of Modern Politics*, Ithaca 1989.

[98] 개혁교회의 강령적 문서들은 — 제네바 밖에서는 Heidelberg 교리서, 스코틀랜드 · 벨기에 · 쿠르팔츠 신앙고백문들 혹은 교회 규율집들을 중요시했다 — W. Niesel 편 *Bekenntnisschriften und Kirchenordnungen der nach Gottes Wort reformierten Kirche*, Zürich 1938에 있다. 참조: P. Jacobs, *Theologie reformierter Bekenntnisschriften*, Neukirchen 1959.

[99] Calvin의 성찬례관: R.S. Wallace, *Calvin's Doctrine of the Word and Sacrament*, Edinburgh 1953; H. Grass, *Die Abendmahlslehre bei Luther und Calvin. Eine kritische Untersuchung*, Gütersloh 1954. G. P. Hartvelt, *Verum corpus. Een studie over een centraal hoofdstuk uit de avondmaalsleer van Calvijn*, Delft 1960; J. Rogge, *Virtus und Res. Um die Abendmahlswirklichkeit bei Calvin*, Berlin 1965. K. McDonnell, *John Calvin*.

[100] 참조: R. Hooker, *Of the Laws of Ecclesiastical Polity* I-V (1593-97).

[101] 바로 이 점을 여러 각도에서 밝히는 책: A. Duke - G. Lewis - A. Pettegree, *Calvinism in Europe 1540-1610. A Collection of Documents*, Manchester 1992.

[102] 참조: G.W. Locher, *Calvin. Anwalt der Ökumene*, Zollikon 1960.

[103] 영국의 종교개혁에 관해 일반적이나 풍부한 자료가 담긴 J. Foxe, *Actes and Monuments of these Latter and Perillous Dayes* (1563)가 여전히 중요하다. 이 책은 *The Book of Martyrs* ([4]1583 [8권짜리 신판]New

York 1965)라는 제목으로 보급되었다. 근년의 고전적 서술: A.G. Dickens, *The English Reformation*, London 1964. C. Haigh 편 *The English Reformation Revised*, Cambridge 1987(1-33에 최근의 중요 저작 목록)은 특히 종교개혁 前代와 영국 종교개혁의 관철 속도에 관한 재고를 시도한다. 그후의 참고문 헌: R. Cust - A. Hughes 편 *Conflict in Early Stuart England. Studies in Religion and Politics 1603-1642*, London 1989; D. Loades, *Politics, Censorship and the English Reformation*, London 1991; J. Spurr, *The Restoration Church of England, 1646-1689*, New Haven 1991.

[104] C. Haigh 편 *The English Reformation Revised*, 209.

[105] 영국교회: P.E. More - F.L. Cross 편 *Anglicanism. The Thought and Practice of the Church of England, Illustrated from the Religious Literature of the Seventeenth Century*, London 1935; J.W.C. Wand 편 *The Anglican Communion. A Survey*, Oxford 1948; *Anglicanism in History and Today*, London 1961; S. Neill, *Anglicanism*, Harmondsworth 1958, Oxford ⁴1977; Anglikanische (Kirchen-) Gemeinschaft: *TRE* II, 713-23.

[106] Thomas Cranmer의 저작들은 H. Jenkyns와 J.E. Cox가 편찬·출간했다. Cranmer의 생애와 작품: G.W. Bromiley, *Thomas Cranmer Theologian*, London 1956; J. Ridley, *Thomas Cranmer*, Oxford 1962; P. Brooks, *Thomas Cranmer's Doctrine of the Eucharist. An Essay in Historical Development*, London 1965; *Cranmer in Context. Documents form the English Reformation*, Cambridge 1989; G.R. Elton, *TRE* VIII 226-9; M.H. Shepperd, Cranmer: *EncRel* IV 137-8; M. Johnson 편 *Thomas Cranmer. A Living Influence for 500 years*, Durham 1990.

[107] 참조: J.I. Tellechea Idigoras, *Fray Bartolomé Carranza y el Cardenal Pole. Un navarro en la restauración católica de Inglaterra (1554-1558)* Pamplona 1977; Carranza: *LThK* II, 957; *Fray Bartolomé Carranza. Documentos históricos* Iff, Madrid 1962-.

[108] 참조: J. Jewel, *Apologia Ecclesiae Anglicanae* (1562) = *An Apologie, or answer in defence of the Church of England, concerninge the state of Religion used in the same*, London 1562 신판Amsterdam 1972.

[109] 참조: R. Hooker, *Of the Laws of Ecclesiastical Polity*.

[110] John Knox: J.S. McEwen, *The Faith of John Knox*, London 1961; J. Ridley, *John Knox*, Oxford 1968; W. Stanford Reid, *Trumpeter of God. A Biography of John Knox*, New York 1974; D. Shaw 편 *John Knox. A Quatercentenary Reappraisal*, Edinburgh 1975.

[111] 참조: E.J. Bremer, Puritanism: *EncRel* XII, 102-6 (문헌!).

[112] Oliver Cromwell의 서간과 연설문은 W.C. Abbot가 편찬·출간했다. C.H. Firth, *Oliver Cromwell and the Rule of the Puritans in England*, Oxford 1900 신판London 1947은 아직도 고전적 전기다. 근년의 연구: M. Ashley, Oliver Cromwell: *The New Encyclopaedia Britannica* XVI, Chicago 1987, 875-9.

[113] 영국교회 대표적 저자들의 원전집: P.E. More - F.L. Cross, *Anglicanism*.

[114] 참조: *39 Articles of Religion*, 6항(현대에 간행된 *Book of Common Prayer*에 있다).

[115] 고전적 전기: R.W. Chambers, *Thomas More*, London 1935 = *Thomas More. Ein Staatsmann Heinrichs des Achten*, München 1946. 이 전기는 E.E. Reynolds, *The Field is Won. The Life and Death of Saint Thomas More*, Milwaukee 1968에 의해 많은 부분이 수정되었다.

[116] 참조: F. Baker, Methodist Churches: *EncRel* IX, 493-5.

[117] 참조: F. Baker(총 35권 Wesley 전집의 편집자이기도 하다) Wesley Brothers: *EncRel* XV, 370-1; J.S. Simon의 5권짜리 Wesley 전기: 근년에 F. Baker, M. Schmidt, C.E. Vulliamy가 저술한 전기들.

[118] 참조: G.F. Moede, *The Office of Bishop in Methodism. Its History and Development*, Zürich 1964; J.K. Mathews, *Set apart to Serve. The Meaning and Role of Episcopacy in the Wesleyan Tradition*, Nashville/Tenn. 1985.

[119] 영국교회는 아래에 열거하는, 주교제도를 가진 교회들과 온전한 교회적 친교(공동 성찬례와 주교 성성에 참여)를 수립했다: 유럽의 古가톨릭 교회, 미국의 가톨릭 폴란드 국민교회, 스웨덴과 핀란드 교회, 필리핀 독립교회, 인도의 시리아 마르 토마 개혁교회, 남부 인도, 북부 인도, 파키스탄, 방글라 데시의 영국교회 지역은 다른 교회들과의 새로운 교회연합 안으로 통합되었다. 영국교회의 핵심 요소

들을 고수하고 있는 이 교회들을 방문하는 국교회 신자들은 온전한 구성원 대접을 받는다.

[120] G. Scharffenorth, Im Geist Freunde werden ... Die Beziehung von Mann und Frau bei Luther im Rahmen seines Kirchenverständnisse: *Den Glauben ins Leben ziehen ... Studien zu Luthers Theologie*, München 1982, 122-202 중 162.　　[121] 174.　　[122] 162.

[123] M. Luther, Welche Personen verboten sind zu ehelichen (1522): *WA* X/2, 263-66 중 266.

[124] 참조: An die Ratsherren aller Städte deutschen Lands, daß sie christliche Schulen aufrichten und halten sollen: *WA* XV, 9-53.

[125] 참조: E. Reichle, Reformation: A. Lissner - R. Süssmuth - K. Walter 편 *Frauenlexikon. Traditionen, Fakten, Perspektiven*, Freiburg 1988, 특히 927-34; R.H. Bainton, *Women of the Reformation* (I: *In Germany and Italy*; II: *In France and England*; III: *From Spain to Scandinavia*) Minneapolis 1971-77.

[126] 참조: ⟨더⟩ **10**.

[127] 참조: I. Ludolphy, Frau (VI. Reformationszeit): *TRE* XI, 441-3; S.E. Ozment, *When Fahers Ruled. Family Life in Reformation Europe*, Cambridge/Mass. 1983; L. Roper, *The Holy Household. Women and Morals in Reformation Augsburg*, Oxford 1989.

[128] 참조: J. Dempsey Douglass, *Women, Freedom, and Calvin*, Philadelphia 1985.

[129] 참조: R.L. Greaves 편 *Triumph over Silence. Women in Protestant History*, London 1985.

[130] 참조: P. Crawford, *Women and Religion in England 1500-1720*, London 1993.

[131] 참조: M.P. Hannay, *Silent but for the Word. Tudor Women as Patrons, Translators and Writers of Religious Works*, Kent 1985.

[132] Crawford는 한 章 전체를 그 여성들 고찰에 할애한다.

[133] 참조: M. Kobelt-Groch, *Aufsässige Töchter Gottes. Frauen im Bauernkrieg und in den Täuferbewegungen*, Frankfurt 1993.

[134] 그녀에 대한 가톨릭 여성신학자의 평가: A. Jensen, Im Kampf um Freiheit in Kirche und Staat. Die "Mutter des Quäkertums" Margaret Fell: H. Häring - K.-J. Kuschel 편 *Gegenentwürfe. 24 Lebensläufe für eine andere Theologie*, München 1988, 169-80.

[135] P. Crawford, *Women and Religion* 138.　　[136] 139.　　[137] 139.

[138] R.L. Greaves 편 *Triumph over Silence*, 12.

[139] 특정 지역 마녀 박해에 관한 상세한 연구가 매우 많다: B. Ankarloo: Schweden; G. Bader: Schweiz; W. Behringer: Südostdeutschland; G. Bonomo: Italien; F. Byloff: Österreich; P.F. Byrne: Irland; G. Henningsen: Baskenland; C. Larner: Schottland; A. Macfarlane: England; R. Mandrou: Frankreich; H. C.E. Midelfort: Südwestdeutschland; E.W. Monter: Frankreich und Schweiz; J. Tazbir: Polen; R. Zguta: Rußland). 독일 마녀 박해에 관한 오늘날 연구 개관: G. Schormann, *Hexenprozesse in Deutschland*, Göttingen 1981; Hexen: *TRE* XV, 297-304. 많은 정보를 제공하는 기록집: W. Behringer 편 *Hexen und Hexenprozesse in Deutschland*, München 1988 ²1993. 근년의 연구서: N.C. Cohn, *Europe's Inner Demons. An Enquiry Inspired by the Great Witch-Hunt*, London 1975; R. Kieckhefer, *European Witch Trials. Their Foundations in Popular and Learned Culture, 1300-1500*, London 1976; H. Döbler, *Hexenwahn. Die Geschichte einer Verfolgung*, München 1977; M. Hammes, *Hexenwahn und Hexenprozesse*, Frankfurt 1977; C. Honegger 편 *Die Hexen der Neuzeit. Studien zur Sozialgeschichte eines kulturellen Deutungsmusters*, Frankfurt 1978; C. Ginzburg, *I Benandanti. Stregoneria e culti agrari tra Cinquecento e Seicento*, Turin 1966 = *Die Benandanti. Feldkulte und Hexewesen im 16. und 17. Jahrhundert*, Frankfurt 1980; E. Wisselinck, *Hexen. Warum wir so wenig von ihrer Geschichte erfahren und was davon auch noch falsch ist*, München 1986; R. van Dülmen 편 *Hexenwelten. Magie und Imagination vom 16.-20. Jahrhundert*, Frankfurt 1987; G. Schwaiger 편 *Teufelsglaube und Hexenprozesse*, München 1987; H. Weber, *Kinderhexenprozesse*, Frankfurt 1991.

[140] H. Haag, *Vor dem Bösen ratlos?*, München 1978, 164. 참조: H. Haag - K. Ellinger, *Teufelsglaube*, Tübingen 1974, Kap. "Die Hexen".

[141] 예: Thomas von Aquin, *Summa contra theologiae*, II-II, q.93, a.2.

[142] 참조: J. Sprenger - H. Institoris, *Malleus maleficarum* (1487). 1906년 J.W.R. Schmidt가 베를린에서 이 책을 처음으로 (3부로 나누어서) 독일어로 번역 · 출간했다. 마녀들이 일삼았다고 비난받던 음행과 성적 도착은 그리스도교 신자들(특히 독신 사제들)에겐 금지되어 있던, 성적 욕망의 대리충족 수단이었으리라는 것은 심리학적 가설인데, 이 책은 그것을 노골적으로 묘사한다: 쪽쪽이 "마녀들은 생식 능력이나 사랑의 향락을 방해할 수 있다"(I,127-136)거나 "주술을 부려 남자의 성기에 마법을 건다"(I,136-145)고 그럴싸하게 꾸며대고, 많은 사례를 제시하며 "마녀들이 남자 성기에 마법을 걸어 떼어가는 방법"(II,78-87)에 관해 기술한다.

[143] 라틴어 원문: C. Mirbt - K. Aland 편 *Quellen zur Geschichte des Papsttums und des römischen Katholizismus* I, Tübingen ⁶1967, 282-3.

[144] G. Schormann, Hexen, 303.

[145] C. Honegger, Hexen: A. Lissner - R. Süssmuth - K. Walter 편 *Frauenlexikon*, 491-500 중 498.

[146] 참조: F. von Spee, *Cautio criminalis, seu de processibus contra sagas (1631) = Cautio criminalis oder Rechtliche Bedenken wegen der Hexenprozesse*, Weimar 1939.

[147] 개신교 내부의 이 교리논쟁에 대한 역사적 · 신학적 분석: B. Lohse, Dogma und Bekenntnis in der Reformation. Von Luther bis zum Konkordienbuch: C. Andresen 편 *Handbuch der Dogmen- und Theologiegeschichte* II, Gottingen 1980, 1-164 특히 102-38. 바로크 스콜라 신학과 마찬가지로 루터파 정통 신학에 관해서도 전체적으로 연구한 훌륭한 저작은 아직 없다.

[148] E.W. Zeeden, *Die Entstehung der Konfessionen*, 9-10.　　[149] 179.　　[150] 179.

[151] 여러모로 "삭막"했다고 여겨지는 종교개혁 이후의 개신교 정통주의 시대가 — 신학 분야는 제외하고 — 역사적 연구에서 오랫동안 충분한 주목을 받지 못한 것을 개신교 신학에서는 안타까워한다. 이 시대에 관한 연구 현황의 훌륭한 개관: H.R. Schmidt, *Konfessionalisierung im 16. Jahrhundert*, München 1992. M. Venard 편 *Le temps des confessions (1530-1620/30)* Paris 1992 = *Die Zeit der Konfessionen (1530-1620/30)* Freiburg 1992는 상당히 프랑스적인 관점에서 종파화 현상과 그리스도인들의 삶에 관한 많은 자료를 제공한다.

[152] 참조: G. Oestreich, *Geist und Gestalt des frühmodernen Staats*, Berlin 1969, 187-97; H.R. Schmidt, *Konfessionalisierung*, 94-8.

[153] 루터파 신앙고백문들: *Standardausgabe der Bekenntnisschriften der evangelisch-lutherischen Kirche, hrsg. vom Deutschen Evangelischen Kirchenausschuß im Gedenkjahr der Augsburgischen Konfession*, Göttingen 1930 ¹⁰1986. 루터파 신앙고백문들의 신학: E. Schlink, *Theologie der lutherischen Bekenntnisschriften*, München 1940 ³1948; F. Brunstäd, *Theologie der lutherischen Bekenntnisschriften*, Gütersloh 1951; H. Fagerberg, *Die Theologie der lutherischen Bekenntnisschriften von 1529 bis 1537*, Göttingen 1965.

[154] B. Lohse, *Dogma und Bekenntnis in der Reformation*, 163.

[155] 참조: J. Gerhard, *Loci theologici (1610-1622)* I-IX, Tübingen 1639.

[156] Leiden의 개혁파 조직신학자 Johannes Coccejus(Bremen 출신 요리사)와의 성과 많은 대결을 상기하라. Coccejus는 교의학을 신앙 항목들("loci")에 따라 구분하지 않고, 성서의 계약에 따라 구분했다("계약신학").

[157] 참조: 〈더〉 **12**.

[158] 개혁파의 신앙고백 문서들: 〈더〉 **6**. 개혁파 정통주의 신학: W.H. Neuser, Dogma und Bekenntnis in der Reformation. Von Zwingli und Calvin bis zur Synode von Westerminster: C. Andresen 편 *Handbuch der Dogmen- und Theologiegeschichte* II, 165-352 중 306-52.

[159] 참조: E.W. Zeeden, *Die Entstehung der Konfessionen*, 181.

[160] 참조: H. Lutz, *Reformation und Gegenreformation*, München 1982, 66.

[161] A. Feil, *Metzler Musik Chronik vom frühen Mittelalter bis zur Gegenwart*, Stuttgart 1993, 171-3.

[162] 173.

[163] H. Lehmann, *Das Zeitalter des Absolutismus. Gottesgnadentum und Kriegsnot*, Stuttgart 1980. 원전집: W. Zeller 편 *Der Protestantismus des 17. Jahrhunderts*, Bremen 1962.

[164] 참조: P. Nicolai, *Freudenspiegel des ewigen Lebens* (1599) 신편Soest 1963.

[165] 참조: J. Arndt, *Vier Bücher vom wahren Christentum* I-IV, Braunschweig/Magdeburg 1906-10.

[166] 경건주의의 역사와 그 이해: Spener, Francke, Arnold, Zinzendorf 등 개인과 지역에 대한 전문 연구서: 특히 최초 출간된 M. Brecht 등 편 *Geschichte des Pietismus* I: *Der Pietismus vom siebzehnten bis zum frühen achtzehnten Jahrhundert*, Gottingen 1993(앞으로 세 권이 더 나옴); G. Küntzel - M. Hass 편 *Die politischen Testamente der Hohenzollern nebst ergänzenden Aktenstükken* I-II, Leipzig 1911; E. Hirsch, *Geschichte der neueren Evangelischen Theologie im Zusammenhang mit den allgemeinen Bewegungen des europäischen Denkens* II, Gütersloh 1951; A. Langen, *Der Wortschatz des deutschen Pietismus*, Tübingen 1954; W. Zeller 편 *Der Protestantismus des 17. Jahrhunderts*, Bremen 1962; F.E. Stoeffler, *The Rise of Evangelical Pietism*, Leiden 1965; H. Weigelt, *Pietismus-Studien* I, Stuttgart 1965; F.W. Kantzenbach, *Orthodoxie und Pietismus*, Gütersloh 1966; H. Lehmann, *Pietismus und weltliche Ordnung in Württemberg vom 17. bis zum 20. Jahrhundert*, Stuttgart 1969; *Das Zeitalter des Absolutismus*; M. Schmidt, *Wiedergeburt und neuer Mensch*, Witten 1969; *Pietismus*, Stuttgart 1972; *Der Pietismus als theologische Erscheinung*, Gottingen 1984; J. Wallmann, *Philipp Jakob Spener und die Anfänge des Pietismus*, Tübingen 1970 ²1986; *Der Pietismus*, Gottingen 1990; H. Leube, *Orthodoxie und Pietismus. Gesammelte Studien*, Bielefeld 1975; M. Greschat 편 *Zur neueren Pietismusforschung*, Darmstadt 1977; 편 *Der Orthodoxie und Pietismus*, Stuttgart 1982; E. Beyreuther, *Geschichte des Pietismus*, Stuttgart 1978; *Frömmigkeit und Theologie. Gesammelte Aufsätze zum Pietismus und zur Erweckungsbewegung*, Hildesheim 1980; M. Scharfe, *Die Religion des Volkes. Kleine Kultur- und Sozialgeschichte des Pietismus*, Gütersloh 1980; T. Baumann, *Zwischen Weltveränderung und Weltflucht. Zum Wandel der pietistischen Utopie im 17. und 18. Jahrhundert*, Lahr 1991; E.M. Laine 편 *Der Pietismus in seiner europäischen und außereuropäischen Ausstrahlung*, Helsinki 1992; M. Schmidt - W. Janasch, *Das Zeitalter des Pietismus*, Bremen 1965(문헌).

[167] 참조: K. Deppermann, Der englische Puritanismus: M. Brecht 등 편 *Der Pietismus*, 11-55.

[168] 참조: E.C. McKenzie, *British Devotional Literature and the Rise of German Pietism* I-II, Diss. St. Andrews 1984.

[169] 참조: J. van den Berg, Die Frömmigkeitsbestrebungen in den Niederlanden: M. Brecht 등 편 *Der Pietismus*, 57-112.

[170] 참조: P.J. Spener, *Pia desideria: oder Hertzliches Verlangen Nach Gottgefälliger Besserung der wahren Evangelischen Kirchen sampt einigen dahin einfältig abzweckenden Christlichen Vorschlagen* (1676) K. Aland의 신판 Berlin ³1964.

[171] 브란덴부르크-프로이센 정치의 신학적 · 교회법적 · 교회정치적 · 국가-권력정치적 측면: H. Lehmann, *Das Zeitalter des Absolutismus*, Kap.II,7.

[172] 참조: K. Deppermann, August Hermann Francke: M. Greschat 편 *Orthodoxie und Pietismus*, Stuttgart 1982, 241-60; C. Hinrichs, *Preußentum und Pietismus. Der Pietismus in Brandenburg-Preußen als religiös-soziale Reformbewegung*, Gottingen 1971.

[173] 남독의 경건주의는 Halle의 경건주의와 관계없이 독자적으로 발전했다: 중용적이고 대중적인 Württemberg 경건주의는 극단(참회투쟁)을 피하고 학문적 신학과도 관계를 유지했으며, 그래서 교회 지도층에서 호의를 보였다(은밀한 신심고취 모임인 "시간들"의 허용). 명상적인 성서주의자 Johann Albrecht Bengel과 神智學者 Friedrich Christoph가 큰 영향력을 행사했다. 그러나 북서 독일에서는 영국 청교파와 Calvin의 금욕적 정신의 영향을 받은 개혁 경건주의가 Utrecht의 교수 Gisbert Voetius의 권위있는 지도 아래 세력권을 형성했다. Mühlheim/Ruhr의 개혁파 신비주의자 Gerhard Tersteegen은 모든 종파에게 영감을 고취했다.

[174] 참조: G. Beyreuther, *Sexualtheorien im Pietismus*, Med. Diss. München 1963.

[175] 경건주의에서의 여성의 지위 그리고 Zinzendorf 부부에 대한 좋은 평가: G. Scharffenorth - E. Reichle, Frau VII (Neuzeit): *TRE* XI 446-50.

[176] 참조: G. Arnold, *Unparteiische Kirchen- und Ketzer-Histoire, vom Anfang des Neuen Testaments bis auf das Jahr Christi 1688* I-IV, Frankfurt 1699-1700 ²1729 신판Hildesheim 1967.

[177] 각성운동: E. Hirsch, *Geschichte der neueren evangelischen Theologie* III, Gütersloh 1951, Kap.33; E. Staehelin, Von der protestantischen Orthodoxie zu den Erweckungsbewegungen: *Historia Mundi* VII, Bern 1957, 227-48; O. Weber - E. Beyreuther 편 *Die Stimme der Stillen. Ein Buch zur Besinnung aus dem Zeugnis von Pietismus und Erweckungsbewegung,* Neukirchen 1959; *Die Erweckungsbewegung,* Gottingen 1963; É.G. Léonard, *Histoire générale du Protestantisme* III: *Déclin et Renouveau (XVIIIᵉ-XXᵉ Siècle)* Paris 1964; D. Lotz, *"The Evangelization of the World in this Generation": The Resurgence of a Missionary Idea among the Conservative Evangelicals,* Hamburg 1970; D.B. Rutman 편 *The Great Awakening. Event and Exegesis,* Huntington/N.Y. 1977; U. Gäbler, *Auferstehungszeit. Erweckungsprediger des 19. Jh.,* München 1991; W.R. Ward, *The Protestant Evangelical Awakening,* Cambridge 1992.

[178] 그래서 M. Brecht 등 편 *Geschichte des Pietismus* III은 현대까지의 각성운동들을 다룬다.

[179] 잠정적 방향설정: S.E. Ahlstrom, *A Religious History of the American People,* New Haven 1972.

[180] 참조: C.G. Finney, *Lectures on Revivals of Religion,* New York 1835, 신판(W.G. McLoughlin 편) Cambridge/Mass. 1960.

[181] 1780년 이후 마침내 스코틀랜드와 영국교회들 안에서도 각성운동이 생성·발전했는데, 이 운동들은 합리주의와 교회·신학·공공생활에서 증대하던 세속화에 대응했다. 이 쇄신운동은 영국교회의 옥스퍼드 운동(J. Keble, E. Pusey, J.H. Newman)에서 구세군(Wiliam과 Catherine Booth)까지 폭넓은 스펙트럼을 보여주었다. 옥스퍼드 운동은 가톨릭적 高교회파 신심을 추구했고, 구세군은 의식이나 성사에 관심을 두지 않고 예수의 복음 정신에 터해 철저히 그리스도교적 사회활동(예컨대 대도시에서 술꾼 치유·고아 양육·빈자와 이재민 구호)에 전념했다.

[182] 개관: G.A. Benrath - W.J. Hollenweger, Erweckung/Erweckungsbewegungen: *TRE* X, 205-27.

[183] 근본주의: 특히 間종교적 연구 The Fundamentalism Project(5부작)의 I,III권으로 출간된 M.E. Marty - R.S. Appleby 편 *Fundamentalisms Observed,* Chicago 1991; *Fundamentalisms and the State. Remaking Polities, Economies, and Militance,* Chicago 1993. 미국의 근본주의: N.F. Furniss, *The Fundamentalist Controversy, 1918-1931,* New Haven 1954; E.R. Sandeen, *The Roots of Fundamentalism. British and American Millenarianism 1800-1930,* Chicago 1970; J. Barr, *Fundamentalism,* London 1977 = *Fundamentalismus,* München 1981; G.M. Marsden, *Fundamentalism and American Culture. The Shaping of Twentieth-Century Evangelicalism: 1870-1925,* New York 1980; W. Joest, Fundamentalismus: *TRE* XI, 732-8; N.T. Ammerman, *Bible Believers. Fundamentalists in the Modern World,* New Brunswick 1987; R.J. Neuhaus - M. Cromartie 편 *Piety and Politics. Evangelicals and Fundamentalists Confront the World,* Washington D.C. 1987; D. Lecourt, *L'Amérique entre la Bible et Darwin,* Paris 1992.

[184] E.R. Sandeen, *The Roots of Fundamentalism,* 273.

[185] G. Ebeling, Hermeneutik: *Die Religion in Geschichte und Gegenwart* III, Tübingen 1959, 242-62 특히 251-2.

[186] M.E. Marty: *Concilium* 28 (1992) 3집(J. Moltmann과 나의 편집): *Was ist Fundamentalismus? Theologische Perspektiven,* 199(유다교, 그리스도교, 이슬람교 학자들의 논문들).

[187] 참조: S. Tromp, *De sacrae scripturae inspiratione,* Rom ⁵1953.

[188] 참조: H. Denzinger, *Enchiridion* 2198항.

[189] 참조: P. Hebblethwaite, *Ist der Papst ein Fundamentalist?*; H. Küng, *Wider den römisch-katholischen Fundamentalismus der Zeit: Concilium* 28 (1992) 254-60; 274-80. 오늘날 가톨릭 교회 안에서 근본주의가 심각한 문제를 야기하고 있다는 것은, 갈수록 많이 출판되는 관계 문헌이 잘 말해준다: J. Niewiadomski 편 *Eindeutige Antworten? Fundamentalistische Versuchung in Religion und Gesellschaft,* Thaur 1988; K. Kienzler 편 *Der neue Fundamentalismus. Rettung oder Gefahr für Gesellschaft und Reli-*

gion? Düsseldorf 1990; T.F. O'Meara, *Fundamentalism. A Catholic Perspective*, New York 1990; H. Hemminger 편 *Fundamentalismus in der verweltlichten Kultur*, Stuttgart 1991; H. Kochanek 편 *Die verdrängte Freiheit. Fundamentalismus in der Kirchen*, Freiburg 1991; S.H. Pfürtner 편 *Fundamentalismus. Die Flucht ins Radikale*, Freiburg 1991; R. Schermann 편 *Katholischer Fundamentalismus. Häretische Gruppen in der Kirchen?*, Regensburg 1991; J. Werbick 편 *Offenbarungsanspruch und fundamentalistische Versuchung?* Freiburg 1991.

[190] J. Neusner, *Worin besteht die Herausforderung des heutigen jüdischen Fundamentalismus?*: *Concilium* 28 (1992) 229-231 중 231.

[191] 종교간 비교: M.E. Marty - R.S. Appleby 편 책들 외에도 B.B. Lawrence, *Defenders of God. The Fundamentalist Revolt against the Modern Age*, San Francisco 1989; T. Meyer, *Fundamentalismus. Aufstand gegen die Moderne*, Reinbek 1989; 편 *Fundamentalismus in der modernen Welt. Die Internationale der Unvernunft*, Frankfurt 1989; M. Riesebrodt, *Fundamentalismus als patriarchalische Protesbewegung. Amerikanische Protestanten (1910-28) und iranische Schiiten (1961-79) im Vergleich*, Tübingen 1990; G. Kepel, *La Revanche de Dieu. Chretiens, juifs et musulman's à la reconquête du monde*, Paris 1991 = *Die Rache Gottes. Radikale Moslems, Christen und Juden auf dem Vormarsch*, München 1991; B. Misztal - A. Shupe 편 *Religion and Politics in Comparative Perspective. Revival of Religious Fundamentalism in East and West*, London 1992.

[192] 참조: G. Hole, *Fundamentalismus - Dogmatismus - Fanatismus. Psychiatrische Perspektiven*: *Concilium* 28 (1992) 213-21.　　　　　　　　　　[193] 참조: H. Küng, *Judentum*, Kap.1-A II,6.

[194] 참조: G. Müller - Fahrenholz, Was ist heute Fundamentalismus? Sozialpsychologische Perspektiven: *Concilium* 28 (1992) 208-12.

[195] 최근 출간된 이러한 신학의 감명깊은 본보기: K.-J. Kuschel 편 *Streit um Abraham. Was Juden, Christen und Muslime trennt - und was sie eint*, München 1994. 이 책은 포괄적 · 비판적 · 성서적 종교신학의 예비 단계다.　　　　　　　　　[196] 참조: H. Küng, *Judentum*, Kap.2-C II,5.

[197] 근본주의에 관한 역사적 기술이라는 지금의 맥락에서는 이 주제를 더 깊이 다룰 수 없다.

[198] 유다교 근본주의의 문제점: J. Neusner, *Worin besteht die Herausforderung des heutigen jüdischen Fundamentalismus;* S.E. Karff, *Wie soll man dem heutigen jüdischen Fundamentalismus begegnen?*: *Concilium* 28 (1992) 232-6.

[199] 이슬람교 근본주의의 문제점: E. Elshahed, *Worin besteht die Herausforderung des islamischen Fundamentalismus?*: *Concilium* 28 (1992) 237-42; M.S. Abdullah, *Wie soll man dem islamischen Fundamentalismus begegnen?*: *Concilium* 28 (1992) 243-8.

[200] J. Moltmann, *Fundamentalismus und Moderne*: *Concilium* 28 (1992) 269-73 중 269.　　　[201] 272.

〈도〉 이성과 진보에 정향된 근대 패러다임

[1] 근대의 구체적 문제들(건축에서부터 신문에 이르기까지)에 관해서는 수많은 연구 문헌이 있다. 그러나 근대 자체에 관해서는 *LThK, RGG, TRE* 같은 이름있는 사전들도 입을 다물고 있다. 근대 개념의 역사에 관한 중요한 논문: H.U. Gumbrecht, Modern, Modernität, Moderne: O. Brunner 등 편 *Geschichtliche Grundbegriffe* IV, Stuttgart 1978, 93-131. 근대 개념의 철학적 발전: R. Piepmeier, Modern, die Moderne: J. Ritter - K. Gründer 편 *Historisches Wörterbuch der Philosophie* VI, Darmstadt 1984, 54-62. 근대 개념의 종교학적 분석: J.F. Wilson, Modernity: *EncRel* X, 17-22.

[2] 참조: R. Bubner, Paradigmawechsel - einige kontinentale Perspektiven: H. Küng - D. Tracy 편 *Das neue Paradigma von Theologie. Strukturen und Dimensionen*, Zürich 1986, 19-28.

[3] 참조: H. Küng, *Theologie im Aufbruch. Eine ökumenische Grundlegung*, München 1987. Kap.C I,2.

[4] 참조: 〈더〉 **11**.　　　　　　　[5] 편집자 주: 원서의 이곳 주석은 저자의 소청에 따라 삭제했다.

[6] 물론 근대는 갖가지 세계사 총서와 입문서에서 대개 여러 권에 걸쳐 다루어지고 있으며, 철학 · 과학 · 경제 · 문화사에서도 그러하다. 현대인들이 비교적 잘 알고 있는 단락과 부분들 하나하나에 대해

참고문헌들을 인용하여 길게 서술하는 것은 거의 없을 것이다. 사실과 책들을 쌓아올리는 것보다는, 간략하지만 알찬 개관을 제공하고 근대적 패러다임의 특징들을 뚜렷이 부각시키는 것이 더 중요하다. 아래의 저작들은 내가 역사적 방향을 설정하는 데 많은 도움을 주었다: 일반사에 관해서는 *Der Große Ploetz. Auszug aus der Geschichte von den Anfängen bis zur Gegenwart (1863)* Freiburg [31]1991; 교회사에 관해서는 K. Heussi, *Kompendium der Kirchengeschichte*, Tübingen [12]1960.

[7] 참조: J. Kunisch, *Absolutismus. Europäische Geschichte vom Westfälischen Frieden bis zum Ende des Ancien Régime*, Göttingen 1986, 특히 개관 179-202. 베스트팔렌 평화조약: H. Lutz, *Reformation und Gegenreformation*, München 1979, 113-116.

[8] 참조: H. Lehmann, *Das Zeitalter des Absolutismus. Gottesgnadentum und Kriegsnot*, Stuttgart 1980, Kap.III,1.

[9] 참조: H. Duchhardt, *Das Zeitalter des Absolutismus*, München 1989, 155-9(문헌).

[10] 참조: H. Küng, *Judentum*, Kap.1-C V,4.

[11] 참조: J. Bodin, *Les six livres de la République*, Paris 1583 = *Sechs Bücher über den Staat* (P.C. Mayer-Tasch 편) I-II, München 1981/86.

[12] 참조: T. Hobbes, *Leviathan or the Matter, From and Power of a Commonweallth, Ecclesiastical and Civil* (1651) = *Leviathan oder Stoff, From und Gewalt eines kirchlichen und bürgerlichen Staates* (I. Fetscher 편) Frankfurt 1984.

[13] 참조: N. Machiavelli, *Il Principe* (1532) = *Der Fürst, "Il Principe"* (R. Zorn 편) Stuttgart 1955 특히 18장. "현실주의자" Machiavelli를 옹호하는 사람들은 정치가 자신의 "자율성"에 터해 윤리적 제약들에서 벗어난 듯한 곳에서 "군주들이 어느 정도 자기들의 약속을 지켜야 하는가"라는 문제에 실패하게 마련이니, 사실 Machiavelli는 단언만 한 것이 아니라 전략적 지침까지 제공하려 했기 때문이다.

[14] 참조: V.-L. Tapié, Louis XIV: *Encyclopaedia Universalis* II, Paris 1985, 259-65.

[15] 참조: 〈더〉 **3**.

[16] 참조: G. Oestreich, *Geist und Gestalt des frühmodernen Staates*, Berlin 1969, 187-97.

[17] 이에 관한 연구의 훌륭한 요약: H. Duchhardt, *Das Zeitalter des Absolutismus*, 74-8.

[18] 이 일과표: P. Erlanger, *Louis XIV*, Paris 1965, 334f = *Ludwig XIV. Das Leben eines Sonnenkönigs*, Frankfurt 1976, 231-2.

[19] 참조: H. Denzinger, *Enchiridion* 1322-6항.

[20] P. Goubert, *Louis XIV et vingt millions de Français*, Paris 1966 = *Ludwig XIV und zwanzig Millionen Franzosen*, Berlin 1973 참조. 인용문은 불어판 241-2.

[21] 참조: F. Bacon, Nova Atlantis (1627) = Neu-Atlantis : K.J. Heinisch 편 *Der utopische Staat*, Reinbek 1960, 171-215.

[22] 참조: S. Toulmin, *Cosmopolis. The Hidden Agenda of Modernity*, New York 1990 = *Kosmopolis. Die unerkannten Aufgaben der Moderne*, Frankfurt 1991.

[23] 참조: N. Coprenicus, *De revolutionibus orbium coelestium libri VI* (1543) [비평신판]Hildesheim 1984 = *Über die Kreisbewegungen der Weltkörper, 1. Buch* (G. Klaus 편) Berlin 1959.

[24] 참조: G. Galilei, *Dialogo* (1632) = *Dialog über die beiden hauptsächlichen Weltsysteme, das ptolemäische und das kopernikanische* (R. Sexl - K.v. Meyenn 편) Darmstadt 1982.

[25] 참조: B. Castelli에게 보낸 1613.12.21 편지: *Opere* V, Florenz 1965, 281-8.

[26] 참조: I. Newton, *Philosophiae naturalis principia mathematica*, London 1687, [3]1726 [두 권짜리 신판]Cambridge/Mass. 1972 = *Mathematische Grundlagen der Naturphilosophie*, Hamburg 1988.

[27] 참조: W. Jens, *Eine deutsche Universität. 500 Jahre Tübinger Gelehrtenrepublik*, München 1977, 106-7.

[28] 참조: T. Campanella, La Città del Sole (1602) = Civitas solis (1623) = Sonnenstaat: K.J. Heinisch 편 *Der utopische Staat*, Reinbek 1960, 111-69.

[29] 가톨릭 교회사의 Galilei 사건 서술에서 아직도 근절되지 않은 "맹목적 호교주의"(근년의 전형적 사례: W. Brandmüller, *Galilei und die Kirche* 혹은 *Das Recht auf Irrtum*, Regensburg 1982) 논박: G.

Denzinger, Der Fall Galilei und kein Ende: *Zeitschrift für Kirchengeschichte* 95 (1984) 223-33.

[30] 참조: R. Descartes, *Le monde ou le traité de la lumière*, Paris 1664.

[31] 참조: *Discours de la méthode pour bien conduire la raison, et chercher la verité dans les sciences. Plus la dioptrique, les météores et la géometrie, qui sont des essais de cette méthode*, Leiden 1637.

[32] 참조: G.W.F. Hegel, *Vorlesungen über die Geschichte der Philosophie* III(H. Glockner 편 20권짜리 전집 중 XIX) Stuttgart 1928, 328.

[33] Descartes와 치열한 대결: H. Küng, *Existiert Gott?* Kap.A I(문헌).

[34] 참조: S. Toulmin, *Kosmopolis*, 특히 3장. 나는 Toulmin과 달리, P III과 관련하여 언급했듯이, 르네상스를 근대로 지칭하고 싶지 않다. Toulmin 자신이 밝힌 대로, 르네상스의 몇몇 대표자(예: Montaigne)가 실천적 합리성을 보여주었지만 전형적인 근대적 합리성은 보여주지 못했기 때문이다.

[35] J. Habermas, *Der philosophische Diskurs der Moderne. Zwölf Vorlesungen*, Frankfurt 1985, 30. 물론 S. Toulmin의 비판도 유념할 일이다: "그(Habermas)는 프랑스혁명과 함께 시작되었고, 윤리에 관한 Kant의 보편주의적 이론 안에서 일종의 합리화를 경험한 해방운동을 '근대화'라 지칭한다. … Habermas에게는 그러니까 근대의 특징은 합리주의적 이론에의 의존이 아니라, 평등주의적 실천의 의무에 있다"(*Kosmopolis*, 277).

[36] 참조: I. Kant, *Kritik der reinen Vernunft* 2판 서문: *Werken in sechs Bänden* (W. Weischedel 편) Darmstadt 1956-1964 (= Werke) II, 20-41 특히 25.

[37] 참조: *Kritik der reinen Vernunft* (1781: Werke II); *Kritik der praktischen Vernunft* (1788: Werke IV); *Kritik der Urteilskraft* (1790: Werke V).

[38] *Kritik der reinen Vernunft* (Werke II) 33.   [39] 694.   [40] 563-4.

[41] Kant와의 치열한 대결: H. Küng, *Existiert Gott?*, Kap.F III,2(문헌).

[42] B. Pascal, *Pensées*, 180항[인용은 *Bibliothèque de la Pléiade* 34째 권으로 출간된(Paris 1954) J. Chevalier의 비판본을 따랐음].

[43] 개념의 역사: H.U. Gumbrecht, Modern: *Geschichtliche Grundbegriffe. Historisches Lexikon zur politisch-sozialen Sprache in Deutschland* IV, Stuttgart 1978, 99-131.

[44] 참조: H. Küng, *Existiert Gott?* A.

[45] 참조: Montesquieu, *De l'espirit des lois* I-II, Genf 1748, G. Truc 편 신판Paris 1949 = *Vom Geist der Gesetze* I-II, Tübingen 1951.

[46] 참조: M. Diderot - M. d'Alembert 편 *Encyclopédie, ou Dictionnaire raisonné des sciences, des arts et des métiers, par une Société de gens de lettres* I-XXXV, Paris 1751-80.

[47] 참조: S. Toulmin, *Kosmopolis*, Teil 1.   [48] B. Pascal, *Pensées*, 264항.

[49] 참조: R. Koselleck, Fortschrift: *Geschichtliche Grundbegriffe* II, Stuttgart 1975, 351-423.

[50] 참조: 〈더〉 **8**.

[51] 참조: H. Küng, *Existiert Gott?*, Kap.G I,1; *Christentum und Chinesische Religion*, München 1988, Kap.IV, 2(*Chinesische Religion*으로 약칭).

[52] 참조: L.v. Pastor, *Geschichte der Päpste seit dem Ausgang des Mittelalters* XV, Freiburg ⁸1961, 284-354 440-1 729-32.

[53] Freiherr Ludwig von Pastor 같은 교황청에 우호적인 역사가조차 이 사건은 비판적 어조로 논평한다: "제사금지령은 예측할 수 없는 엄청난 결과를 초래할 결정이었다. 중국 그리스도인들의 생각으로는 마땅한 예의범절이요 훌륭한 생활양식이, 강희제와 중국 학자들의 해명에도 불구하고, 금지되었다"(XV, 309). 이 금지령은 1710년 중국 代牧區長과 예수회원들의 항의에도 불구하고, 로마 종교재판소의 새로운 판결에 의해 재확인되었다. 당시 의례와 의례 논쟁에 관한 책을 출간한 모든 저자에 대한 파문 협박은 오늘날까지도 철회되지 않았다.

[54] 참조: J. Ching - W.G. Oxtoby, *Moral Enlightenment. Leibniz and Wolff on China*, Nettetal 1992.

[55] 참조: C. Wolff, *Oratio de Sinarum philosophia practica*, Frankfurt 1726 = *Rede über die praktische Philosophie der Chinesen* (M. Albrecht 편) Hamburg 1985.

[56] 참조: G.E. Lessing, Nathan der Weise. Ein dramatisches Gedicht in fünf Aufzügen (1779): *Werke*, I, München 1982, 593-735.

[57] 참조: 〈더〉 **9**.

[58] I. Kant, Beantwortung der Frage: Was ist Aufklärung? (1783): *Werke* VI, 53-61 중 53.

[59] E. Troeltsch, Die Aufklärung (1897): *Gesammelte Schriften* IV, Tübingen 1925, 338-74 중 339.

[60] 참조: 〈더〉 **9**.

[61] 세속화: F. Gogarten, *Verhängnis und Hoffnung der Neuzeit. Die Säkularisierung als theologisches Problem*, Stuttgart 1953; H. Cox, *The Secular City*, New York 1965 = *Stadt ohne Gott*, Stuttgart 1966; H. Lübbe, *Säkularisierung. Geschichte eines ideenpolitischen Begriffs*, Freiburg 1965; H. Blumenberg, *Säkularisierung und Selbstbehauptung*, Frankfurt 1974; R.K. Fenn, *Toward a Theory of Secularization*, Ellington/Conn. 1978; D. Martin, *A General Theory of Secularization*, Oxford 1978; R.N. Bellah - P.E. Hammond, *Varieties of Civil Religion*, San Francisco 1980; H.-H. Schrey 편 *Säkularisierung*, Darmstadt 1981; H. Zabel - W. Conze - H.-W. Strätz, Säkularisation, Säkularisierung: *Geschichtliche Grundbegriffe* V, Stuttgart 1984, 789-829; H. Meyer, *Religionskritik, Religionssoziologie und Säkularisation*, Frankfurt 1988.

[62] 참조: M. Greiffenhagen, Emanzipation: *Historisches Wörterbuch der Philosophie* II, Darmstadt 1972, 448-9; Ein Weg der Vernunft ohne Rückkehr. Ist die Emanzipation in eine neue Phase getreten?: *Die Zeit* 1973.6.22.

[63] M. Weber, Die protestantische Ethik und der Geist des Kapitalismus: *Gesammelte Aufsätze zur Religionssoziologie* I, Tübingen 1920, 17-206.

[64] 참조: 〈더〉 **9**.

[65] "과도기 신학자"로 여겨지는 사람들: 루터교에서는 J.F. Buddeus, C.M. Pfaff, 교회사가 J.L.v. Mosheim, 그의 제자 J.P. Miller, Walch 父子; 개혁교회에서는 스위스인 S. Werenfels, J.F. Osterwald, Turrettini가 있다.

[66] "볼프파": I.G. Canz, J. Carpov, S.J. Baumgarten. 가톨릭 학자도 몇 포함.

[67] "신기파": J.F.W. Jeremias, J.J. Spalding, F. Nicolai, C.F. Bahrdt, 역사학자 J.S. Semler, J.A. Ernesti, I.D. Michaelis.

[68] 이 발전과정(일방적이지만): K. Barth, *Die protestantische Theologie*, Zürich ²1952, 115-52.

[69] 참조: A. Schweitzer, *Geschichte der Leben-Jesu-Forschung*, Tübingen ²1913, 4; 그후의 발전과정에 관해 특히 13-48.

[70] 참조: H.S. Reimarus, *Von dem Zwecke Jesu und seiner Jünger*, Braunschweig 1778, §4.

[71] 참조: §5-7.　　[72] 참조: §8-18.　　[73] 참조: §29-30.　　[74] 참조: §31.

[75] 참조: J.-J. Rousseau, *Émile ou de l'éducation* I-IV, Amsterdam 1762 = *Emil oder über die Erziehung* I-II, Paderborn 1958/61.

[76] 참조: D.E. Strauss, *Das Leben Jesu, kritisch bearbeitet* I-II, Tübingen 1835/36.

[77] 20세기로의 전환기에는 모세 5경의 다양한 출전과 이스라엘 지파들의 실제 역사(Julius Wellhausen)뿐 아니라, Q와 함께 큰 복음서들인 마태오 · 루가 복음서의 본보기로 사용되었음이 분명한 마르코복음서("공관복음서 문제")가 시기적으로 가장 앞선다는 것도 잘 알게 되었다.

[78] 참조: F.C. Baur, *Lehrbuch der christlichen Dogmengeschichte*, Stuttgart 1847. ³1867; *Geschichte der christlichen Kirche* I-V, Tübingen 1853-63.

[79] 참조: A.v. Harnack, *Lehrbuch der Dogmengeschichte* I-III, Tübingen ⁴1909 신판Darmstadt 1964.

[80] 이러한 연구의 결실을 과소평가해선 안된다:

본문 비판은 복음서 연구를 위해 내적 · 외적 비판, 언어적 · 내용적 분석, 본문의 역사에 대한 탐구를 통해, 성서의 원문을 가장 오래된 형태 안에서 가장 정확하고 近似하게 확정했다.

문헌 비판은 성서 문헌들의 문학적 통일성과 완전성을 분석 · 연구했다. 문헌들에 전제된 법률 · 종교 · 사회적 상황들, 언어, 연료, 역사적 정보, 신학적 · 도덕적 관점들의 차이점들을 밝혀냈고, 구전과 서전의 출전 구분을 통해 후대에 첨가된 자료들 가운데서 원천적인 것을 찾아냈다. 또한 신약성서

문헌들의 연대 · 기원 · 독자층 · 문학적 특성을 밝혀냈고, 비교문학적 방법을 통해 성서를 동시대의 유 대교 및 헬레니즘 문헌들과 대결시키고 성서의 특수성을 부각시켰다.

양식 비판과 장르 비판은 신앙공동체와 개개 신앙인들의 삶의 자리와 성서 문헌들의 문학적 장르, 문학적 소단위들의 틀, 원천적 행태에 관해 물음을 제기하고, 그리하여 역사적 신빙성과 전승 내용을 새로이 규정하려 시도했다.

전승사 연구는 기록되기 이전의 과정을 밝혀내고, 가장 오래된 찬가 · 전례용 단편 · 법규 등을 분석 하여 그것들을 예배 · 설교 · 교리교수 · 공동체 생활과 관련시키고, 그리하여 교회 생성에 결정적으로 중요했던 초창기와 교회 발전의 첫 단계를 밝혀내려 노력했다.

[81] 참조: F. Schleiermacher, *Kurze Darstellung des theologischen Studiums zum Behuf einleitender Vorlesungen* (1811) (H. Scholz 편) Leipzig ³1910.

[82] 참조: *Über die Religion. Reden an die Gebildeten unter ihren Verächtern*, Berlin 1799.

[83] E. Hirsch, *Geschichte der neueren evangelischen Theologie im Zusammenhang mit den allgemeinen Bewegungen des europäischen Denkens* IV, Gütersloh 1960(특히 500-520)은 Schleiermacher에 대한 Fichte의 영향을 (일방적으로) 부각했다.

[84] F. Schleiermacher, *Über die Religion*, Berlin 1.4.　　[85] 50.　　[86] 53.　　[87] 133.　　[88] 50.

[89] 참조: G. Ebeling, Luther und Schleiermacher: *Lutherstudien* III, Tübingen 1985, 405-27.

[90] 참조: G.W.F. Hegel, Vorrede zu Hinrichs' Religionsphilosophie (1822): *Werkausgabe* XI, Frankfurt 1970, 42-67 특히 58.

[91] 참조: F. Schleiermacher, Monologen. Eine Neujahrsgabe (1800): *KGA* I.3, 1-61.

[92] 참조: K. Barth, *Nachwort: Schleiermacher-Auswahl* (H. Bolli 편) München 1968, 307.

[93] 참조: P. Seifert, *Die Theologie des jungen Schleiermacher*, Gütersloh 1960. 인용은 15.

[94] 참조: F. Hertel, *Das theologische Denken Schleiermachers untersucht an der ersten Auflage seiner Reden "Über die Religion"*, Zürich 1965, 특히 §4-6. Seifert와 Hertel은 (Hirsch를 반대하여) Fichte의 영향을 상대화한다.

[95] 참조: H.-J. Birkner, *Theologie und Philosophie. Einführung in Probleme der Schleiermacher-Interpretation*, München 1974, 43-4; J.O. Duke - R.F. Streetman, *Barth and Schleiermacher. Beyond the Impasse?*, Philadelphia 1984, 65-113에 수록된 H.W. Frei, S.W. Sykes, R.T. Thiemann 간의 토론.

[96] K. Barth, *Die protestantische Theologie im 19. Jahrhundert. Ihre Vorgeschichte und ihre Geschichte*, Zürich ²1952, 411.

[97] 참조: E. Brunner, *Die Mystik und das Wort. Der Gegensatz zwischen moderner Religionsauffassung und christlichem Glauben dargestellt an der Theologie Schleiermachers*, Tübingen 1924.

[98] 참조: K. Barth, *Nachwort*, 308.

[99] F. Schleiermacher, *Über die Religion*, 51.　　[100] 51.　　[101] 125.　　[102] 286.

[103] 282.　　[104] 참조: 287.　　[105] 287.　　[106] 참조: H. Küng, *Judentum*, Kap.1-C V,6.

[107] F. Schleiermacher, *Über die Religion*, 291.　　[108] 302.　　[109] 302.　　[110] 302-3.

[111] K. Barth, *Nachwort*, 308.

[112] F. Schleiermacher, *Die Weihnachtsfeier. Ein Gespräch*, Halle 1806, 2판 Berlin 1826.

[113] 130.　　[114] 146.

[115] 참조: *Der christliche Glaube nach den Grundsätzen der evangelischen Kirche im Zusammenhange dargestellt* I-II, Berlin 1821-22, 수정된 2판은 Berlin 1830-31. 본문에 언급한 항목들은 "Glaubenslehre" 의 초판에 따랐다: *KGA* I.7, 1-2.

[116] Anselm von Canterbury, *Proslogion* I; *De fide trinitatis et de incarnatione verbi* II.

[117] F. Schleiermacher, *Das Leben Jesu. Vorlesungen an der Universität zu Berlin im Jahr 1832* (K.A. Rütenik 편 *Sämtliche Werke* I.6) Berlin 1864.

[118] 참조: K. Barth, *Nachwort*, 309.

[119] 아래 인용문들은 수정 2판을 새로 낸 M. Redeker 편 *Glaubenslehre* I-II (Berlin ⁷1960)에 따른다.

[120] F. Schleiermacher, *Glaubenslehre* II, 459.   [121] 469.   [122] 43.   [123] 57.

[124] 57.   [125] 57.   [126] 58.   [127] 58.

[128] 참조: D. Lange, Neugestaltung christlicher Glaubenslehre: 편 *Friedrich Schleiermacher 1768-1834. Theologe - Philosoph - Pädagoge*, Göttingen 1985, 85-105 중 101.

[129] F. Schleiermacher, *Der christlicher Glaube* II, Berlin ⁷1960 (M. Redeker 편) 58.

[130] 참조: Über die Glaubenslehre. Zweites Sendschreiben an Lücke: *KGA* I.10, 343.

[131] *Der christliche Glaube* II, Berlin ⁷1960, 48.

[132] 나 자신도 *Christ sein* (1974)에서 시도했다.

[133] 참조: M. Junker, *Das Urbild des Gottesbewußtseins. Zur Entwicklung der Religionstheorie und Christologie Schleiermachers von der ersten zur zweiten Auflage der Glaubenslehre*, Berlin 1990, 210-1.

[134] 참조: D. Lange, *Historischer Jesu*, 170.

[135] 참조: T. Schieder, *Friedrich der Große. Ein Königtum der Widersprüche*, Frankfurt 1983.

[136] 프랑스혁명과 교회: 혁명의 전반적 역사서들 외에도 A. Latreille, *L'Église catholique et la Révolution française. Le pontificat de Pie VI et la crise française (1775-1799)* Paris 1946; C. Ledré, *L'Église de France sous la Révolution*, Paris 1949; M. Zywczynski, *Die Kirche und die Französische Revolution*, Leipzig 1953 (폴란드어 원서 Warschau 1951); H. Maier, *Revolution und Kirche. Studien zur Frühgeschichte der christlichen Demokratie (1789-1901)* Freiburg 1959 ⁵1988; J. McManners, *The French Revolution and the Church*, London 1969; D. Menozzi, *Cristianesimo e Rivoluzione francese*, Brescia 1977; M. Vovelle, *Breve storia della rivoluzione francese*, Rom 1979 = *Die Französische Revolution. Soziale Bewegung und Umbruch der Mentalitäten*, München 1982; *La révolution contre l'Église. De la Raison à l'Être Suprême*, Brüssel 1988; P. Christophe, *1789, les prêtres dans la révolution*, Paris 1986; T. Tackett, *Religion, Revolution, and Regional Culture in Eighteenth-Century France. The Ecclesiastical Oath of 1791*, Princeton 1986; P. Pierrard, *L'Église et la Révolution (1789-1889)* Paris 1988; B. Plongeron 편 *Pratiques religieuses. Mentalités et spiritualités dans l'Europe révolutionnaire (1770-1820)* Turnhout 1988; J. Chaunu 편 *Droits de l'Église et Droits de l'Homme. Pie VI et les évêques français*, Limoges 1989; P. Colin 편 *Les catholiques français et l'héritage de 1789. D'un centenaire à l'autre 1889-1989*, Paris 1989; V. Schubert 편 *Die Französische Revolution. Wurzeln und Wirkungen*, St. Ottilien 1989; S. Desan, *Reclaiming the Sacred. Lay Religion and Popular Politics in Revolutionary France*, Ithaca 1990; G. Cholvy, *La religion en France de la fin du XVIIIᵉ à nos jours*, Paris 1991.

[137] 참조: E.-J. Sieyès, *Qu'est-ce que le Tiers État?*, ohne Ort 1789 = Was ist der Dritte Stand?: E.-J. Sieyès, *Politische Schriften 1788-1790*, Darmstadt 1975, 117-95. 맨 앞에 유명한 세 가지 강령적 물음이 나온다: "1. 제3계급은 무엇인가? 모든 것이다. 2. 제3계급은 지금까지 정치 질서에서 무엇이었던가? 아무것도 아니었다. 3. 제3계급이 요구하는 것은 무엇인가? 중요한 그 무엇이 되는 것이다."

[138] 참조: E. Weis, *Vorwort zu* F. Furet, *Zur Historiographie der Französische Revolution heute*, München 1989.

[139] R. Reichardt는 T. Tackett, Die Stadteliten und der Priestereid von 1791: R. Koselleck - R. Reichardt, *Die Französische Revolution als Bruch des gesellschaftlichen Bewußtseins*, München 1988, 579-605 와 관련하여, "혁명의 비판자와 적수들에게 처음으로 일정한 사회적 · 대중적 기반을 제공한 보수적 의식화 과정"을 언급한다. 이 맥락에서 중요한 독일의 혁명 연구 총서: R. Reichardt - E. Schmitt 편 *Ancien Régime, Aufklärung und Revolution.*

[140] 참조: Pius VI., *Quod aliquantum* (10. 3. 1791)와 *Charitas* (13. 4. 1791): M.-N.-S. Guillon 편 *Collection générale des brefs et instructions de Notre Très-Saint Père le Pape VI*, I-II, Paris 1798.

[141] 참조: A. de Condorcet, *Esquisse d'un tableau historique des progrès de l'esprit humain*, Paris 1794.

[142] 참조: J. de Maistre, *Considérations sur la France*, Basel 1797 = *Betrachtungen über Frankreich*, Lausanne 1991.

[143] Freiburg의 역사학자 E. Schulin은 *Die Französische Revolution*, München 1988 1부의 2백 년간 혁

명사 편찬에 관한 탁월한 개관에서, 오랫동안 강력히 옹호된 혁명에 대한 보수적 해석노선(아직도 *Académie Française* 안에 굳건히 자리잡고 있다)이, 왜 2차대전과 Vichy 정권이 끝난 후 일반사회에서 거의 받아들여지지 않게 되었는지를 설득력있게 밝힌다. 2차대전 후에는 사회주의적·마르크스주의적 해석이 거의 유일하게 군림했는데, 이 노선은 1959년 이래 Sorbonne 대학교가 대표하고 있으며 중심인물은 A. Soboul이다(*Précis de l'histoire de la révolution français*, Paris 1962). 그러나 이 노선도 최근(그러나 사실은 1989년 이전부터!) (*VIème Section der Ecole Pratique des Hautes Etudes*를 중심으로 한) 구조史적 자유주의 학파에 의해 대체되었다. 오늘날 전범적 권위를 지닌 그 대표작: F. Furet - D. Richet, *Le Révolution* I-II, Paris 1965/66; F. Furet, *Penser la Révolution française*, Paris 1798; F. Furet 편 *L'eredità della Rivoluzione francese (1988); frz: L'héritage de la révolution français*, Paris 1989.

[144] 참조: F. Furet - M. Ozouf, *Dictionnaire critique de la Révolution française*, Paris 1988, 162; D. Greer, *The Incidence of the Terror during the French Revolution. A Statistical Interpretation*, Cambridge/Mass. 1935.

[145] 아래 내용에 관해 특히 자료들을 새로이 精査한 M. Vovelle의 역사적이고 통계적인 연구: *La révolution contre l'Église*.

[146] 20세기 전환기에 A. Aulard와 A. Mathiez가 벌였던 논쟁, 즉 이성에 대한 예배에서 최고 존재에 대한 예배로의 전환이 근본적인 철회였는지 아니면 거의 주목할 만하지 못한 전환이었는지에 관한 논쟁은 M. Vovelle, *La révolution contre l'Église* 155-92에서도 명확한 대답을 얻을 수 없다.

[147] D. Menozzi, Die Bedeutung der katholischen Reaktion auf die Revolution: *Concilium* 25 (1989) 51-58 중 54 57. C. Geffré - J.-P. Jossua 편 *Concilium* 1989년도 첫째 권은 "1789: 프랑스혁명과 교회"라는 주제에 관해, 오늘날의 신학적 관점에 터해, 시사하는 바 많은 결산을 제공한다.

[148] B. Plongeron, Die Geburt einer republikanischen Christenheit (1789-1801): Abbé Grégoire: *Concilium* 25 (1989) 19-28 중 24. 특정 고위 성직자들이 프랑스혁명과 화해하지 못했다는 것은, 2백 년이 지난 후 (1989.12.12. 프랑스혁명 2백주년 기념제에서) 파리 대주교 Lustiger 추기경이 Abbé Grégoire의 유해를 Panthéon(프랑스 위인들의 기념묘지)으로 이장하는 "공화국 의식" 참석을 거부한 사실이 극명하게 보여준다.

[149] J. Comby, Freiheit, Gleichheit, Brüderlichkeit. Grundsätze für eine Nation und für eine Kirche: *Concilium* 25 (1989) 13-19 중 18.

[150] 참조: E. Burke, *Reflections on the Revolution in France*, London 1790 = *Betrachtungen über die Französische Revolution* I-II (F. Gentz 편) Berlin 1793-94.

[151] 참조: C.L.v. Haller, *Die Restauration der Staats-Wissenschaft oder Theorie des natürlich-geselligen Zustands, der Chimäre des künstlich-bürgerlichen entgegengesetzt* I-VI, Winterthur 1816-34. 저자는 이미 서문에서 속내를 드러낸다: "정당한 왕권이 회복되었다: 우리는 지극히 높으신 주님께 봉사하는 정당한 학문도 다시 등극시키고자 하거니와, 온 세상이 이것을 참된 학문이라고 증언한다"(I, III-IV).

[152] 참조: F.J.v. Stahl, *Die Philosophie des Rechts nach geschichtlicher Ansicht* I-II,2, Heidelberg 1830-37.

[153] 참조: L.-G.-A. de Bonald, *Théorie du pouvoir politique et religieux dans la société civile ...* I-III, Konstanz 1796.

[154] 참조: J. de Maistre, *Du Pape*, Paris 1819 = *Vom Pabst* I-II, Frankfurt 1822. 이미 1권 1장이 세속 질서 안의 "절대주권"에 상응하는 종교적 질서 안의 "무류성"을 다룬다.

[155] 참조: F.R. de Chateaubriand, *Génie du Christianisme ou beautés de la religion chrétienne* I-V, Paris 1802 = *Der Geist des Christentums* (J.F. Schneller - J. König 편) I-II, Freiburg 1856.

[156] 특히 영국 과학기술 발전: E. Hobsbawm, *The Age of Revolution*, London 1962 = *Europäische Revolutionen*, München 1978, Kap.9; *Industry and Empire. An Economic History of Britain since 1750 (1969) = Industrie und Empire. Britische Wirtschaftsgeschichte seit 1750* I-II, Frankfurt 1969.

[157] 이 개념 토론: W.W. Rostow 편 *The Economics of Take-off into Sustained Growth*, London 1963.

[158] C.M. Cipolla, Die Industrielle Revolution in der Weltgeschichte: K. Borchardt, *Die Industrielle Revolution in Deutschland*, München 1972, 7-21 중 18-9.

[159] 특히 A. Smith, *The Theory of Moral Sentiments,* London 1759 = *Theorie der ethischen Gefühle* I-II (W. Eckstein 편) Leipzig 1926.

[160] 참조: A. Smith, *An Inquiry into the Nature and Causes of the Wealth of Nations* I-II, London 1776 = *Untersuchung über die Natur und die Ursachen des Nationalreichtums* I-IV, Breslau 1794-96.

[161] 참조: K. Marx - F. Engels, Manifest der Kommunistischen Partei: K. Marx. *Frühe Schriften* II (H.-J. Lieber - P. Furth 편) Darmstadt 1971, 813-58.

[162] 참조: M. Greschat, *Das Zeitalter der Industrielle Revolution. Das Christentum vor der Moderne,* Stuttgart 1980(문헌); G. Besier, *Religion - Nation - Kultur. Die Geschichte der christlichen Kirchen in den gesellschaftlichen Umbrüchen des 19. Jahrhunderts,* Neukirchen 1992.

[163] Leo XIII, Renum novarum cupidi (1892): *Acta Apostolicae Sedis* 23 (1890/91) 641-70.

[164] 참조: H. Küng, *Existiert Gott?* Kap.C II,3.

[165] "직업신분제적 질서"는 1931년 교황의 둘째 사회회칙(Pius XI., *Quadragesimo Anno*)에서도 주도적인 가치였다. 오스트리아에서는 1934-38년 일종의 "신분제 국가"를 건설하려는 시도가 있었고, 포르투갈·스페인·이탈리아에서는 신분제 국가식의 집합의회를 설치하고자 했다.

[166] M. Greschat, *Das Zeitalter der Industrielle Revolution,* 236.

[167] I. Kant, Beobachtungen über das Gefühl des Schönen und Erhabenen (1764): *Werke* I, 821-84 중 851-2.

[168] 참조: J.J. Bachofen, *Das Mutterrecht. Eine Untersuchung über die Gynaikokratie der alten Welt nach ihrer religiösen und rechtlichen Natur,* Stuttgart 1861.

[169] *Erklärung der Rechte der Frau und Bürgelin*: H. Schröder - T. Sauter, Zur politischen Theorie des Feminismus. Die Deklaration der Rechte der Frau und Bürgerin von 1791: *Aus Politik und Zeitgeschichte, Beilage zur Wochenzeitung Das Parlament* 48 (1977) 29-54 중 51. 참조: L. Doormann, *Ein Feuer brennt in mir. Die Lebensgeschichte der Olympe de Gouges,* Weinheim 1993.

[170] K. Marx - F. Engels, *Manifest der Kommunistischen Partei,* 838-9.

[171] 참조: F. Engels, *Der Ursprung der Familie, des Privateigentums und des Staats. Im Anschluß an Lewis H. Morgan's Forschungen,* Zürich 1884.

[172] 참조: A. Bebel, *Die Frau in der Vergangenheit, Gegenwart und Zukunft,* Zürich 1879 (나중에 바뀐 제목: *Die Frau und der Sozialismus*).

[173] Leo XIII, Immortale Dei (1885): E. Marmy 편 *Mensch und Gemeinschaft,* 833-907 중 867항.

[174] Leo XIII, Renum novarum (1891): E. Marmy 편 *Mensch und Gemeinschaft,* 510-71 중 551항.

[175] S.H. Pfürtner, Soziallehre, katholische: A. Lissner - R. Süssmuth - K. Walter 편 *Frauenlexikon. Traditionen, Fakten, Perspektiven,* Freiburg 1988, 1051-9 중 특히 1053.

[176] 1993년 Allenbach 여론조사 연구소가 "여성과 교회"라는 주제로 실시한 설문조사에 의하면, 교회와의 "긴밀한 관계"를 시인한 가톨릭 신자 여성의 비율은 지난 10년간 40%에서 25%로 감소했다(개신교회들에서도 물론 비슷하다). 한편 사목 현장교회에 대한 호감은 상당하다: 전체 가톨릭 신자 여성의 43%와 교회에 열심인 여성의 76%가 본당 공동체와 "좋은 경험"을 했고, 또 각기 69%와 80%가 사목자에게 "좋은 생각"을 갖고 있다고 밝혔다.

[177] 참조: R.L. Greaves 편 *Triumph over Silence. Women in Protestant History,* Westport/Conn. 1985.

[178] G. Scharffenorth - E. Reichle의 탁월한 개관: Frau와 Frauenbewegung: *TRE* XI, 443-67 471-81. 참조: M. Perrot 편 *Histoire de la vie privée* IV: "De la Révolution à la Grande Guerre", Paris 1987 = *Geschichte der privaten Lebens* IV: "Von der Revolution zum Großen Krieg", Frankfurt 1992 특히 Kap.II und IV.

[179] E. Moltmann-Wendel, Christentum und Frauenbewegung in Deutschland: 편 *Frauenbefreiung. Biblische und theologische Argumente,* München 1978(*Menschenrechte für die Frau,* München 1974의 대폭 수정증보된 2판) 13-77 중 25.

[180] 참조: D. Kaufmann, *Frauen zwischen Aufbruch und Reaktion. Protestantische Frauenbewegung in der ersten Hälfte des 20. Jahrhunderts,* München 1988.

[181] E. Moltmann-Wendel 편 *Christentum und Frauenbewegung*, 75. Catharina Halkes는 A. Esser - L. Schottroff 편 *Feministische Theologie im europäischen Kontext*, Kampen 1993, 11-37에 실린 Towards a History of Feminist Theology in Europe에서 유럽의 초기 여성신학의 주요 사건 출판물과 저자들 (Gertrud Heinzelmann과 Elisabeth Gössmann에서 Catharina Halkes, Elisabeth Schüssler-Fiorenza와 Mary Daly를 거쳐 Kari E. Børresen과 Ida Raming까지)을 개관한다(1960-75). 이 논문은 1945년 이후 WCC의 중요한 활동들과 출판물들도 분류·정리했다. WCC는 협의·상담·출판(특히 1974의 *Sexism in the 1970s*)을 통해, 개신교 진영에서 남녀동등권 신학 경향의 분출에 결정적으로 기여했다.

[182] H. Thiersch, Das Konfessionsmonopol und Sinnfragen in der säkularisierten Erziehung: G. Klosinski, *Religion als Chance oder Risiko. Entwicklungsfördernde und entwicklungshemmende Aspekte religiöser Erziehung*, Bern 1994, 42-53 중 46. 현대사회 안에서의 선택의 불가피성: P.L. Berger, *The Heretical Imperative. Contemporary Possibilities of Religious Affirmation*, New York 1979 = *Der Zwang zur Häresie. Religion in der pluralistischen Gesellschaft*, Frankfurt 1980; *A Far Glory. The Quest for Faith in an Age of Credulity*, New York 1992.

[183] H. Thiersch, *Das Konfessionsmonopol*, 46. "체험사회"에서는 이 물음들이 더욱 첨예화된다: G. Schulze, *Die Erlebnisgesellschaft. Kultursoziologie der Gegenwart*, Frankfurt 1993.

[184] 이 점은 20세기 말엽에 관한 모든 새로운 경험적 연구들(특히 국제적으로 16개국 21개 연구소가 수행한 연구 보고서)이 밝힌다: A.M. Greeley, *Religion Around the World, An International Social Survey Programme Report*, Chicago 1993.

[185] 세속화에 관한 최근 토론: A.M. Greeley, *Unsecular Man. The Persistence of Religion*, New York 1972; *Religious Change in America*, Cambridge/Mass. 1989; *Religion as Poetry* (1994); J.-P. Sironneau, *Sécularisation et religions politiques*, Den Haag 1982; R. Stark - W.S. Bainbridge, *The Future of Religion. Secularization, Revival and Cult Formation*, Berkeley 1985; T. Molnar - A. de Benoist, *L'éclipse du sacré. Discours et réponses*, Paris 1986; S. Acquaviva - R. Stella, *Fine di un'ideologia: la secolarizzazione*, Rom 1989; J.K. Hadden - A. Shupe 편 *Secularization and Fundamentalism Reconsidered*, New York 1989; S. Martelli, *La religione nella società post-moderna. Tra secolarizzazione e de secolarizzazione*, Bologna 1990; L. Oviedo Torró, *La secularización como problema. Aportaciones al análisis de las relaciones entre fe cristiana y mundo moderno*, Valencia 1990; O. Tschannen, *Les théories de la sécularisation*, Genf 1992.

[186] K. Gabriel은 앞에서 언급한 사회학적 연구를 경험적이면서도 원칙적인 분석을 통해 탁월하게 요약했다: *Christentum zwischen Tradition und Postmoderne*, Freiburg 1992, 150. 최근 스위스를 대상으로 수행된 종교사회학적 연구: A. Dubach - R.J. Campiche 편 *Jeder ein Sonderfall? Religion in der Schweiz*, Zürich 1992(종교의 개인주의화에 관한 M. Krüggeler의 해설도 있다).

[187] 이 저자들 가운데 몇 사람의 신학적 토론: C. Geffré - J.-P. Jossua 편 *Concilium* 28 (1992) 6집.

[188] 참조: H. Küng, *Große christliche Denker*, Kap.VII.

[189] 참조: M. Horkheimer - T.W. Adorno, *Dialektik der Aufklärung. Philosophische Fragmente*, Amsterdam 1947, Frankfurt 1969.

[190] 참조: H. Küng, *Existiert Gott?* A.

[191] 참조: M. Frank, Zwei Jahrhunderte Rationalitäts-Kritik und die Sehnsucht nach einer "Neuen Mythologie": *Conditio moderna. Essays, Reden, Programm*, Leipzig 1993, 30-50.

[192] 참조: F. Capra, *The Turning Point* (1982) = *Wendezeit. Bausteine für ein neues Weltbild*, Bern °1983.

[193] 참조: I. Prigogine - I. Stengers, *La Nouvelle Alliance. Métamorphose de la science*, Paris 1979 = *Dialog mit der Natur. Neue Wege naturwissenschaftlichen Denkens*, München 1981. 자연과학적 배경: *Das Paradox der Zeit. Zeit, Chaos und Quanten*, München 1993.

[194] 참조: J. Habermas, *Theorie des kommunikativen Handelns* I-II, Frankfurt 1981; *Moralbewußtsein und kommunikatives Handeln*, Frankfurt 1983; *Die Neue Unübersichtlichkeit. Kleine Politische Schriften V*, Frankfurt 1985; *Der philosophische Diskurs der Moderne. Zwölf Vorlesungen*, Frankfurt 1985.

¹⁹⁵ 참조: U. Beck, *Risikogesellschaft. Auf dem Weg in eine andere Moderne*, Frankfurt 1986.

¹⁹⁶ 참조: U. Beck, *Die Erfindung des Politischen. Zu einer Theorie reflexiver Modernisierung*, Frankfurt 1993.

¹⁹⁷ 참조: J.-E. Lyotard, *La condition postmoderne*, Paris 1979 = *Das postmoderne Wissen. Ein Bericht* (P. Engelmann 편) Graz 1986(결론 부분에서 보편적인 윤리적 가치에 대한 합의를 위한 Habermas의 노력을 온당치 않게 공박한다. 그러한 것은 "낡아빠지고 수상쩍은 가치"라는 것인데, Lyotard는 "정의"를 위해 이 가치를 기꺼이 포기하고자 한다: 190); M. Frank, *Die Grenzen der Verständigung. Ein Geistergespräch zwischen Lyotard und Habermas*, Frankfurt 1988.

¹⁹⁸ 참조: W. Welsch, *Unsere postmoderne Moderne*, Weinheim ²1988. ³1991 서문에서 수정 사항을 명기한다: 심한 차이들에도 불구하고 다원성의 보존과 수호 = "후현대적 구상"; 피상적 다원주의의 활성화와 다원성의 말살 = "유사후현대적 구상"(xv).

¹⁹⁹ 참조: R. Spaemann, Ende der Modernität?: P. Koslowski - R. Spaemann - R. Löw 편 *Moderne oder Postmoderne? Zur Signatur des gegenwärtigen Zeitalters*, Weinheim 1986, 19-40.

²⁰⁰ Chicago 대학교 신학부 조직신학자 D. Tracy만큼 다원주의의 문제들과 집중적이고 건설적인 대결을 벌인 신학자도 없을 것이다: *Blessed Rage for Order. The New Pluralism in Theology*, New York 1975; *The Analogical Imagination. Christian Theology and the Culture of Pluralism*, New York 1981; *Plurality and Ambiguity. Hermeneutics, Religion, Hope*, New York 1987 = *Theologie im Gespräch. Eine postmoderne Hermeneutik* (W.G. Jeanrond의 서문 포함) Mainz 1993. Tracy와 G. Lindbeck의 논쟁: *Journal of the American Academy of Religion 61 (1993)* 655-703에 실린 R. Lints와 S.L. Stell의 논문.

²⁰¹ 이러한 사정이 미국에만 해당되는 것이 아님은, 독일 고백교회 협의회가 특히 "현대주의 시대정신"의 교회 "포섭"을 경고한 Aufruf der Bekenntnisbewegung "Kein anderes Evangelium" zur Passions- und Osterzeit 1970가 잘 보여준다: R. Bäumer - P. Beyerhaus - F. Grünzweg 편 *Weg und Zeugnis. Bekennende Gemeinschaften im gegenwärtigen Kirchenkampf 1965-1980*, Bad Liebezell 1980, 123-5.

²⁰² 2차대전 후 미국에서 돌아온 Tübingen의 선도적 현대사 교수요 *Vierteljahreshefte für Zeitgeschichte*의 창간인인 H. Rothfels 역시 "현대사"의 기점을 1차대전의 종식으로 잡는다.

²⁰³ M. Schnell의 Institut für ökumenische Forschung Tübingen 학위논문 *Die Herausforderung der Postmoderne-Diskussion für die Theologie der Gegenwart*, Tübingen 1994는 문화와 신학의 여러 분야에서의 Postmoderne 논쟁에 대해 포괄적이고 비판적인 평가를 내린다.

²⁰⁴ 참조: H. Kissinger, *Diplomacy*, New York 1994.

²⁰⁵ 참조: N. Sheehan, Nixon's "Peace" Strategy had a Heavy Price in Blood: *International Herald Tribune* 1994.4.30.; A. Lewis, 20492 Reasons Kissinger Was Wrong: 1994.6.7.

²⁰⁶ W. Isaacson, How the World Works: *Time* 1994.5.2. 참조: *Kissinger, A Biography*, New York 1992, 766: "Kissinger의 권력지향적 현실주의와 국가 이익에의 집중은 도덕의 역할을 너무 간과했기 때문에 실패했다. 비밀리의 폭격, 그후의 캄보디아 침략, 하노이에 대한 크리스마스 폭격, 칠레 정세의 불안 조성 — 이런 따위의 잔인한 행위들은 미국인들이 즐겨 대외정책의 역사적 토대로 여기는 것, 즉 인권 존중, 국제법, 민주주의 등 이상주의적 가치들에 대한 무감각한 태도를 드러냈다. Kissinger가 정치가로서 감수해야 했던 반격들과 인간으로서 야기한 반대들은 그의 지정학적 계산의 명백한 부도덕성에 원인이 있다. Kissinger가 시작한 일은 긴장완화 정세에서의 반대행위로 귀결되었다. 국민들의 정서는 Jimmy Carter의 도덕주의와 Ronald Reagan의 이데올로기적 열정으로 옮겨갔다. 성과로 보건대, Kissinger가 남긴 것은 — Metternich의 경우와 유사하게 — 건실함이라기보다 현란함이요, 대가다운 솜씨로 만든, 그러나 짚을 넣지 않은 점토 벽돌로 이루어진 구조들임이 드러났다."

²⁰⁷ 참조: S.P. Huntington, The Clash of Civilizations?: *Foreign Affairs* 72 (1993) 3호 22-49.

²⁰⁸ 참조: A. Toynbee, *The Study of History* I-XII, Oxford 1934-61 = *Zusammenfassung: Der Gang der Weltgeschichte. Aufstieg und Fall der Kulturen*, Neuaufl. Stuttgart 1958.

²⁰⁹ 참조: S.P. Huntington, *The Clash of Civilizations?* 39.

²¹⁰ 참조: *Foreign Affairs* 72 (1993) 4호(9/10월)에 실린 F. Ajami, R.L. Bartley, L. Binyan, J.J. Kirkpat-

rick, K. Mahbubani의 Huntington 비판 논문들과 5호(11/12월) 186-94에 실린 Huntington의 응답.

[211] Huntington의 응답 191-2 194.

[212] *The Clash of Civilizations?* 22.　　[213] 25.　　[214] 27.

[215] 참조: R.D. Kaplan, The Coming Anarchy: *The Atlantic Monthly* (1994.2.) 44-76.

[216] 유럽연합 의장 Jacques Delors도 "미래의 충돌들은 경제나 이데올로기보다는 문화적 요인들에 의해 야기될 것"이라고 확신하고 경고한다: "서방세계는 다른 문명들의 토대인 종교적·철학적 전제들과 다른 국가들이 자신들의 이해관계를 보는 방식에 대한 더 깊은 이해를 발전시키고, 또한 우리가 공동으로 지닌 것을 확인할 필요가 있다"(Huntington, *Response* 194에서 인용).

[217] S.P. Huntington, *The Clash of Civilizations?* 49.

[218] 참조: Liu Shu-hsien, Das Humanum als entscheidendes Kriterium aus der Sicht des Konfuzianismus: H. Küng - K.-J. Kuschel 편 *Weltfrieden durch Religionsfrieden*, München 1993, 92-108; S. Heilmann, China, der Westen und die Menschenrechte: *China aktuell*, Februar 1994, 145-51.

[219] 참조: 論語, 顔淵篇 7.

[220] 참조: A. Mnouchkine - H.G. Berger 등 *Der Prozeß gegen den Schriftsteller Wei Jingsheng* (AIDA 편) Reinbek 1986; Han Minzhu 편 *Cries for Democracy. Writings and Speeches from 1989 Chinese Democracy Movement*, Princeton/N.J. 1990.

[221] 외교관이며 싱가포르 정책연구소 소장 T. Koh의 견해다: The 10 Values That Undergird East Asian Strength and Success: *International Herald Tribune* 1993.12.12.

[222] Liu Binyan, *Foreign Affairs* 72 (1993) 4호 21.

[223] 싱가포르 외무차관 K. Mahbubani가 Huntington에 대한 응답으로 내놓은 질책: *Foreign Affairs* 72 (1993) 4호 14.

[224] 참조: *Der Spiegel* (1993) 9호.　　[225] 참조: H. Küng, *Existiert Gott?* Kap.D I.

[226] 참조: W.J. Bennett, *The Book of Virtues. A Treasury of Great Moral Stories*, New York 1994. 미국 대통령의 위임을 받아 마약 문제를 담당했고, "파괴자에 대한 방면과 고문 사이의 이성적 중용"을 주장한 Bennett의 이 책은 미국에서 베스트셀러가 되었다. 책임·정직·성실·용기·동정·우정·강인·극기에 관해 다시 한번 진지하고 분명히 이야기해도 좋을 것이다.

[227] 참조: H. Küng - K.-J. Kuschel 편 *Erklärung zum Weltethos. Die Deklaration des Parlamentes der Weltreligionen*, München 1993.

루돌프 K. Rudolph 200
루돌프 Rudolf (Schwaben) 487
루드비히 Ludwig 1세 황제 447-
  8 461
— 4세 578
루벤스 P.P. Rubens 619
루블료프 339
루소 Rousseau 636 801 813 827
  850 881-2 893 900 920
루스벨트 T. Roosevelt 951
루이 Louis 9세 왕 508
— 13세 811
— 14세 617-8 626 806 811 815-
  20 834-6 881
— 15세 618 819
— 16세 618 819 883
루키아누스 Lucianus (Samosata)
  227
루키우스 Lucius 교황 468
루터 M. Luther 50 122 347 368
  371 383 431 531 534 564 578
  583 596-602 606 608-9 611-2
  615 633 652-80 682-90 692-
  707 709-12 714-8 723-5 728-9
  739 742 746-8 758 760-3 771
  773 784-6 793 795 801 822 830
  833 841 845 848 851-2 858 894
  970
루터 K. Luther (Bora) 746
루피누스 Rufinus 225 371
룰루스 R. Lullus 545
륄리 Lully 817
르고프 J. Le Goff 104 106 545
  547 551 594
르브룅 Le Brun 817
르페브르 H. Lefebvre 106
르포르 G.v. Le Fort 33 823
리누스 Linus 183
리베라 A. de Libera 545
리비우스 Livius 103
리슐리외 D.J. du P. Richelieu
  807 810-1 814 824 829 951
리아리오 P. Riario 595
리처드 Richard (St. Victor) 560
리치 M. Ricci 837
리카르도 D. Ricardo 911

리키니우스 Licinius 240
리포마노 Lippomano (Bergamo)
  602
릴리엔펠트 F.v. Lilienfeld 281
  361
립크네히트 W. Liebknecht 918
마니 154-5 193
마더 테레사 Mother Teresa 971
마라 J.P. Marat 893
마레샬 J. Maréchal 558
마루 H.I. Marrou 373 383
마르게리타 Margherita (Cortona)
  560
마르실리오 Marsilio Ficino 593
마르실리우스 Marsilius (Padua)
  578 582 657
마르코 109 228-9 278 500
마르쿠스 R.A. Markus 268
마르크스 K. Marx 42-5 90 359
  636 675 715 835 902 911-2 916
  922-3
마르키아누스 Marcianus 황제
  257 406
마르키온 Marcion 62-3 193 206
  216 226
마르탱 V. Martin 104
마르티 M.E. Marty 787
마르티누스 Martinus 1세 교황
  428
— 5세 585-7 590
마르틴 J.L. Martyn 149
마리아 158 177 235 255-6 282
  294-5 420 456 544 566-73 623
  632-3 643 684 747 795 903
마리아 (막달라) 107 124 128
  177 572
마리아 (Pachomius의 누이) 290
마리우스 Marius Victorinus 386
마쉬토츠-메스롭 Mashtotz-Mesrop
  312
마오쩌둥 毛澤東 595
마이센부르크 M.v. Meysenburg
  926
마자랭 J. Mazarin 810-1 816
마카로네 M. Maccarrone 492
마카베오 110

마키아벨리 N. Machiavelli 595
  690 814 958
마태오 91-2 109 129 142 178
  228 232
마티아 897
마티에 A. Mathiez 888
마틸다 Mathilda (Quedlinburg)
  551
마틸다 (Tuscana) 486 552
막센티우스 Maxentius 239
막시무스 Maximus 428
막시밀라 Maximilla 216
말도나도 J. Maldonado 620
말라파르트 Malaparte 636
말레비치 Malevič 303
말브랑슈 N. Malebranche 635
망사르 F. Mansart 817
매디슨 J. Madison 885
매리 여왕 the Catholic Mary 751
매콜리 T.B. Macaulay 31-2
맬서스 T.R. Malthus 905
메노치 D. Menozzi 894
메르클레 F. Merkle 655
메스트르 J. de Maistre 887 901-2
메옌도르프 J. Meyendorff 319
  321
메테르니히 Metternich 354 630
  900-1 951
메토디우스 Methodius 300 311-
  2 316 320 324-5 337
메흐메트 2세 333
— 3세 807
메히틸트 Mechthild (Hackeborn)
  557
메히틸트 (Magdeburg) 557
멘델스존 M. Mendelssohn 866
멜란히톤 P. Melanchthon 347
  602 653 694 699 707-8 710 713
  719 758 760-1 801 822
멜리토 Melito (Sardis) 249-50
모건 L.H. Morgan 923
모로네 G. Morone 601-3 692
모리츠 Moritz (Orange) 765
모리츠 (Sachsen) 694
모세 69 71 111 120 139 150-2
  154 158 162 271 459 844 849

모세스 마이모니데스 Moses
  Maimonides 537
모어 T. More (Morus) 593 682
  739-40 748 750
모트 J. Mott 781-2
모힐라 P. Mohyla 350-1
몬타누스 Montanus 216
몬테베르디 C. Monteverdi 767
몰라 뒤 주르댕 M. Mollat du
  Jourdin 104
몰리노스 M. de Molinos 768
몰리에르 Molière 817
몰트만 J. Moltmann 571 792
몰트만-벤델 E. Moltmann-Wen-
  del 929
몽테스키외 Montesquieu 636 831
뫼르베케 W.v. Moerbeke 536
묄러 J.A. Möhler 32 634 655
무디 D.L. Moody 781
무릴료 B.E. Murillo 619 807
무솔리니 Mussolini 641
무스너 F. Mußner 137
무스니에 R. Mousnier 808
무함마드 52 69 71 81-2 88 155-
  60 230 368 433 436 438 440-1
  645
뮌처 T. Müntzer 675 696-7
뮐렌베르크 H.M. Mühlenberg
  772 778
미라보 Mirabeau 백작 882
미슐레 J. Michelet 103 591 887
  892
미에츠코 Mieszko 공작 314
미카엘 Michael 3세 황제 326
— 8세 536
미켈란젤로 Michelangelo 590-1
  594 602
미코니우스 Myconius 703
미하일 보이슬라프 313
미헬 A. Michel 272 308
밀 J.S. Mill 636 903 923
바겐하머 H. Wagenhammer 47
바그너 R. Wagner 42
바니니 L. Vanini 823
바로니우스 C. Baronius 469 621
바르나바 164 172 249

바르트 K. Barth 136-7 391 564
  654 679 709 761 859-61 863
  868 873 875 935 971
바사리 Vasari 591
바스케스 Vázquez 620
바실리데스 Basilides 193
바실리우스 (Ochrid) 327
(대)바실리우스 Basilius Magnus
  주교 253 291 294 299
바실리우스 1세 황제 279 308
— 2세 274 313 326
바실리 2세 대공 340
바오로 Paulus 3세 교황 600-2 615
— 4세 603 605 692
— 5세 624
— 6세 331-2 647
바우어 B. Bauer 42 197
바우어 W. Bauer 212
바우어 F.C. Baur 850-1
바울로 55 57 62-3 75-6 79-81 84
  96 109 114-5 118 123 128-32
  138-42 144 148-50 152-4 163-
  71 173-8 180 183-4 186 189
  191-3 201 203 206 208 221 224
  228-9 234 249 279 281-2 284
  292-3 371 378 380 382 384 397
  401 404 408 410 459 481 561
  573 602 609 660-1 663-4 667
  671 676 678-9 681 683 685 703
  739 746 793 853 877
바쿠닌 911
바턴 E. Barton 750
바투 336
바흐 J.S. Bach 767
바흐오펜 J.J. Bachofen 921 923
반 아이크 van Eyck 형제 592
발드윈 Baldwin 백작 330
발라 L. Valla 410 463 593
발레리아누스 Valerianus 황제
  231-2
발렌티누스 Valentinus 193
발렌티니아누스 Valentinianus 3
  세 황제 406
발만 J. Wallmann 769
발자크 H. Balzac 636
발타사르 H.U.v. Balthasar 33

백스터 R. Baxter 769
버년 J. Bunyan 769
버크 E. Burke 901
벅 C. Buck 156
베가 L. de Vega 807
베냐민 W. Benjamin 935
베너트 J. Wehnert 147
베네딕도 Benedictus (Nursia)
  291 421 426 443
베네딕투스 Benedictus 8세 교황
  387 472
— 14세 626
베드로 109 112 121 127-31 133
  148-9 165 172 182-3 234 258
  279 292 323 367 397-8 400-6
  408 411-2 429-33 446-7 461
  471 473-5 481-4 487 490 492-3
  497-8 500-1 517 522 530 535-6
  642 648-9 686
베렝가리우스 Berengarius (Tours)
  470 475
베륄 P. de Bérulle 560 768
베르그송 H. Bergson 558
베르기어 J.F. Bergier 715
베르길리우스 Vergilius 395
베르나르 Bernhard (Clairvaux)
  496-8 501 568-9 659 661-2 761
베르나르디노 Bernardino (Siena)
  593
베르니니 Bernini 617
베버 M. Weber 104 715-6 718
  725 842 931
베벨 A. Bebel 918 923
베우켈센 J. Beuckelssen 699
베이컨 F. Bacon 820
베인턴 R.H. Bainton 683 695
베일 P. Bayle 635 826 847
베자 T. Beza 724
베크 H.-G. Beck 297 325 330
베크 U. Beck 942
베트케 J. Betke 47
벤츠 E. Benz 356 362 515
벨라르미노 R. Bellarmino 588
  620 655
벨라스케스 Velázquez 807
벨쉬 W. Welsch 942

벨하우센 J. Wellhausen 157
보나벤투라 Bonaventura 519
 526 531-2 660
보날 L.-G.-A. de Bonald 901
보니파키우스 Bonifacius 1세 교
 황 402
— 8세 536 573-7 580 603 970
보니파티우스 Bonifatius 442
 444-5 450 458
보댕 J. Bodin 812 815
보로미니 Borromini 617
보르스트 A. Borst 545
보르지아 C. Borgia 592
보리스 Boris 317
보리스 칸 311 313
보봐르 S. de Beauvoir 636
보쉬에 J.B. Bossuet 주교 626
 818 831 838 844
보슈 A. Vauchez 104
보에티우스 Boethius 525
보에티우스 G. Voetius 769
보일 Boyle 820
보티첼리 Botticelli 590
본회퍼 D. Bonhoeffer 59 971
볼레슬라우 1세 314
볼레인 A. Boleyn 728-9 731
 740 750
볼섹 H. Bolsec 713
볼테르 Voltaire 103 628 636
 831-2 834-5 845 881 889 893
볼트 R. Bolt 739
볼티모어 Baltimore 경 776
볼프 C. Wolff 772 839 845-6
볼프람 Wolfram (Eschenbach)
 545
뵈레센 K.E. Børresen 543
뵈메 J. Böhme 768
뵐리히 A. Böhlig 155
뵐플린 H. Wölfflin 618
부드 W. Booth 914
부륵하르트 J. Burckhardt 591
 617-8
부세 W. Bousset 196
부야르 H. Bouillard 643
부커 M. Bucer 47 653 707-8
불링어 H. Bullinger 703 705

불트만 R. Bultmann 196-7
불필라 Wulfila 주교 252 417
붐케 J. Bumke 545
붓다 69 71 154 286-7 962
브라만테 Bramante 590 594
브라운 P. Brown 209 223 268
 376 391
브레데 W. Wrede 850
브레히트 B. Brecht 108 823
브레히트 M. Brecht 769
브로드 M. Brod 823
브로들 F. Braudel 104 106
브루너 E. Brunner 564 863
브루넬레스키 F. Brunelleschi
 590
브루노 G. Bruno 615 768 822
브리스카 176 216 222
블라디미르 대공 316-8
블라우록 G. Blaurock 697
블란디나 Blandina 188 215
블로흐 E. Bloch 697
블로흐 M. Bloch 104 106 464
블롱델 D. Blondel 463
블리멧츠리더 F. Bliemetzrieder
 582
비길리우스 Vigilius 교황 408
비르기타 Birgitta 556 580
비세르토프트 W. Visser't Hooft
 21 727 782 971
비스마르크 O.v. Bismarck 487
 641 951
비오 Pius 2세 교황 587-8
— 5세 621 624 732
— 6세 628-9 887
— 7세 628
— 9세 467 569-70 631-3 635
 637-41 916
— 10세 454 643
— 11세 916
— 12세 533 569-70 643 925
비커트 U. Wickert 424
비토리아 F. de Vitoria 620-1
 813 815
비헤른 J.H. Wichern 915 926
빅토리우스 Victorius 주교 398-9
빅토리우스 2세 교황 477

빈첸치우스 Vincencius (Lerin)
 382
빌 G. Biel 578 660
빌라도 Pontius Pilatus 51 70
 112 187 255
빌란트 C.M. Wieland 903
빌리브로르트 Willibrord 444
빌켄스 U. Wilckens 176
빌헬름 Wilhelm 2세 황제 815
빗겐슈타인 L. Wittgenstein 676
사돌레토 Sadoleto 602
사르트르 J.-P. Sartre 636
사르피 P. Sarpi 621
사바 Sava 331
사바스 Sabas 293
사바티에 P. Sabatier 515
사벨리우스 Sabellius 239
사보나롤라 G. Savonarola 593
 596 668 674
사비에르 F. Xavier 560 623
사울로 115 148 163
사이들마이어 M. Seidlmayer
 582
살라딘 술탄 839
살루스티우스 Sallustius 103
생시몽 Saint-Simon 911
샤르댕 P. Teilhard de Chardin
 643
샤르코 J.-M. Charcot 558
샤르펜노르트 G. Scharffenorth
 747
샤를르 Charles (Anjou) 508
샤토브리앙 F.R. de Chateau-
 briand 103 903
섀프츠베리 Shaftesbury 백작
 900
서머셋 Somerset 공작 724
선데이 B. Sunday 787
세네카 Seneca 76 706
세르게이 338
세르반테스 Cervantes 807
세르베투스 M. Servetus 719 852
세리판도 Seripando 602
세믈러 J.S. Semler 848 850
세풀베다 J.G. de Sepúlveda 804
셉펠트 F.X. Seppelt 466 490

헹엘 M. Hengel 73 132 183
호네거 C. Honegger 757
호노리우스 Honorius 1세 교황
　408 432
호노리우스 황제 374
호르크하이머 M. Horkheimer
　935
호메로스 226 395
호세아 81
호이겐스 Huygens 820
호이징가 J. Huizinga 577
호프만 F. Hofmann 402
호프만 P. Hoffmann 130 185
홀 K. Holl 654
홀라츠 D. Hollaz 762
홀레 G. Hole 789
홉스 T. Hobbes 636 801 809
　812-3 818 826 847
홉스봄 E.J. Hobsbawm 808
화이트필드 C. Whitefield 742
화이트필드 G. Whitefield 742
　778
횔덜린 Hölderlin 775 854
후고 Hugo (Cluny) 486
후골리노 Hugolino (Ostia) 518
후세인 S. Hussein 952
후스 J. Hus 366 583 585 657
　668 728
후커 R. Hooker 732 737 741 751
훅케 H. Hucke 454-5
훔베르트 Humbert (Silva Candi-
　da) 328-9 473-7 479 481-2
　491-2 495 505
흄 D. Hume 636 826-7 847
흐로스비트 Hroswith (Ganders-
　heim) 556
히르셔 J.B. Hirscher 633
히메네스 F. Ximénez de Cisneros
　600
히에로니무스 Hieronymus 150
　371 381 383 401 423
히틀러 A. Hitler 32 357 701 815
　960
히파티아 267
히폴리투스 Hippolytus (Roma)
　202 249

힐데가르드 Hildegard v. Bingen
　556-7
힐데브란트 Hildebrand 329 473
　475 477-80 482 485 488 505
힐라리우스 Hilarius 371

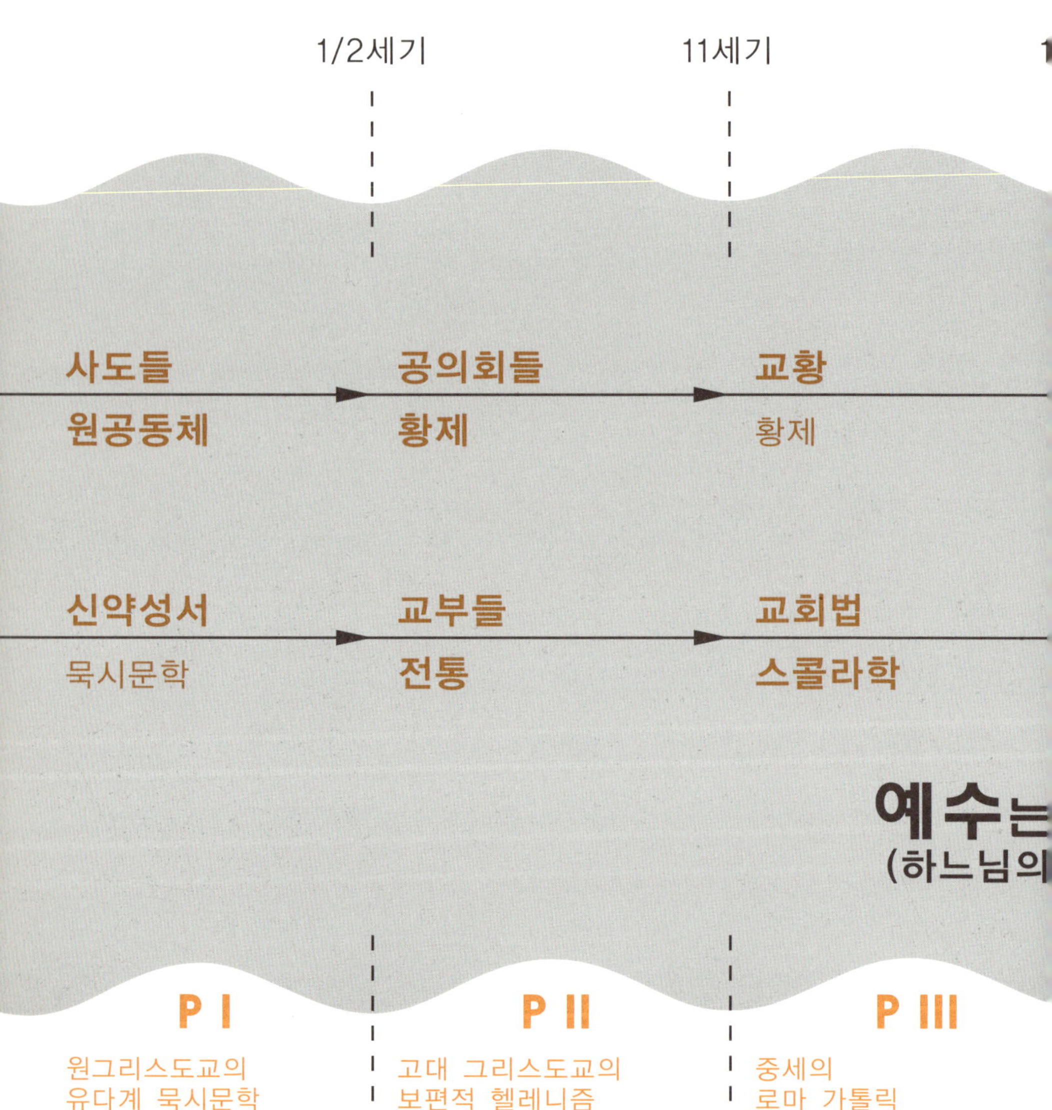
각 패러다임의
1/2세기
11세기
사도들
원공동체
공의회들
황제
교황
황제
신약성서
묵시문학
교부들
전통
교회법
스콜라학
예수는
(하느님의
P I
P II
P III
원그리스도교의
유다계 묵시문학
패러다임
고대 그리스도교의
보편적 헬레니즘
패러다임
중세의
로마 가톨릭
패러다임

요 구성요소

17/18세기
20세기
이성
하나인 세계
?
들/시노드들
민주주의
민족국가
과학기술 진보
국제연합
평화·여성·환경 운동
아들
학문
총체적 사고
?
교 정통교리
역사비판 신학
일치운동
교회들의 일치
종교들의 평화
인류의 윤리
리스도
요 아들)
P IV
P V
P VI
개혁의
교 복음
다임
근대의
이성과 진보
패러다임
포스트모던
일치운동
패러다임?

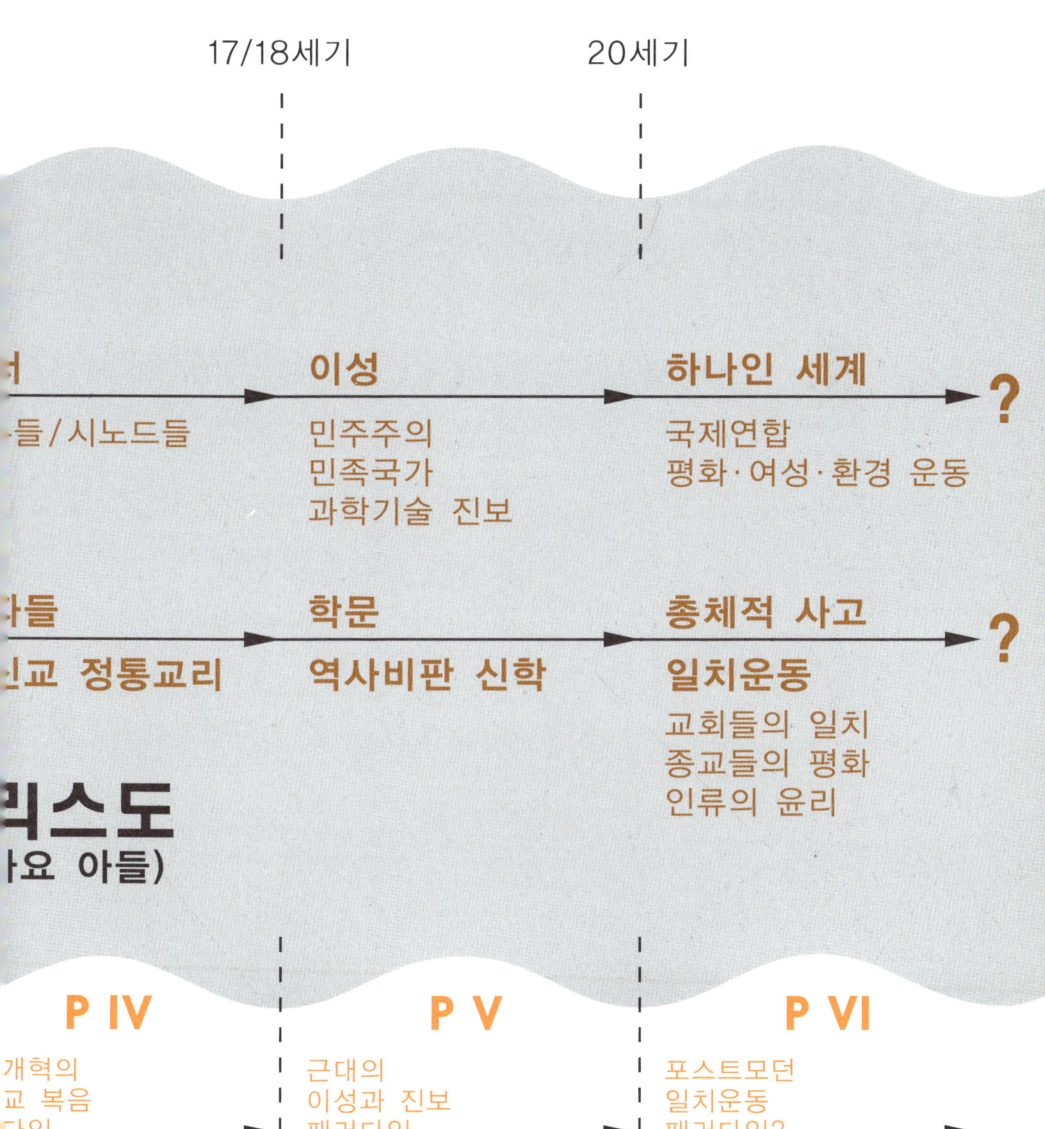